美国货币史

1867—1960　精校本

A Monetary History of
The United States, 1867-1960

上

镀金时代与崩溃

[美] 米尔顿·弗里德曼（Milton Friedman）著
安娜·J. 施瓦茨（Anna J. Schwartz）

巴曙松 王劲松 等译
巴曙松 牛播坤 游春 等校

著作权合同登记号　图字：01-2016-2163
图书在版编目(CIP)数据

美国货币史：1867—1960：精校本/（美）米尔顿·弗里德曼,（美）安娜·J.施瓦茨著；巴曙松,王劲松 等译. —2版. —北京：北京大学出版社,2021.6
ISBN 978-7-301-31761-7

Ⅰ.①美… Ⅱ.①米…②安…③巴… Ⅲ.①货币史—美国—1867—1960 Ⅳ.①F827.129

中国版本图书馆CIP数据核字（2020）第210950号

Original edition, entitled **A MONETARY HISTORY OF THE UNITED STATES, 1867-1960**, 0-691-00354-8, by **Milton Friedman and Anna Jacobson Schwartz**, published by Princeton University Press, 1971. Copyright © 1963 by National Bureau of Economic Research.

All rights reserved. No part of this book may be reproduced or transmitted in any form or by any means, electronic or mechanical, including photocopying, recording or by any information storage and retrieval system, without permission in writing from the Publisher.

书　　　名	美国货币史：1867—1960（精校本） MEIGUO HUOBI SHI：1867—1960（JINGJIAO BEN）
著作责任者	［美］米尔顿·弗里德曼(Milton Friedman) ［美］安娜·J.施瓦茨(Anna J. Schwartz) 著　巴曙松　王劲松 等译
策划编辑	张　燕
责任编辑	裴　蕾
标准书号	ISBN 978-7-301-31761-7
出版发行	北京大学出版社
地　　　址	北京市海淀区成府路205号　100871
网　　　址	http://www.pup.cn
微信公众号	北京大学经管书苑（pupembook）
电子邮箱	编辑部 em@pup.cn　总编室 zpup@pup.cn
电　　　话	邮购部 010-62752015　发行部 010-62750672　编辑部 010-62752926
印　刷　者	北京宏伟双华印刷有限公司
经　销　者	新华书店
	730毫米×1020毫米　16开本　47.75印张　1129千字 2009年1月第1版 2021年6月第2版　2024年6月第3次印刷
定　　　价	138.00元(精校本)(全2册)

未经许可，不得以任何方式复制或抄袭本书之部分或全部内容。
版权所有，侵权必究
举报电话：010-62752024　电子邮箱：fd@pup.cn
图书如有印装质量问题，请与出版部联系，电话：010-62756370

这些争议的经验告诉我们,除非经过理智的考究与阐释,我们不可能从事实中学得些什么。这也教训了我们,使我们知道最鲁莽而又虚伪的,是那些公开声言让事实自作解释的理论家,而或者无意识地,自己在幕后操纵事实的选择与组合,然后提出诸如此类的推论:在这之后,所以这就是原因。

——**马歇尔**
(Alfred Marshall,1885)

本段文字出自马歇尔于1885年2月24日的一篇题为"The present position of economics"的演讲。译文引自张五常《经济解释》卷一《科学说需求》。

译者序

A Monetary History of The United States, 1867–1960

《美国货币史：1867—1960》的中文精校本在经历了数年的校对和修订完善后，终于付梓。2020年这样一个特殊的年份，也必将载入美国乃至全球的货币历史。在《美国货币史》英文版首次出版的57年后，全球央行的资产负债表创出了历史新高，美联储采取了史上最大规模的量化宽松货币政策。《美国货币史》中文版第一版出版于2008年，从那时起，美联储踏上了量化宽松（Quantitative Easing, QE）之路的起点。当时金融界对于美国"直升机撒钱"的量化宽松政策究竟会引发什么——是恶性通货膨胀还是新一轮的危机，全球莫衷一是。12年后的今天，发达国家在应对新冠疫情的新环境下，仍在延续货币大投放的道路。然而，弗里德曼先生在包括《美国货币史》在内的一系列著作中所反复警示的货币的祸害，至少在目前，似乎并未体现为通货膨胀，取而代之的是全球高涨的资产价格。

美联储委员会前主席本·伯南克（Ben Bernanke）曾称大萧条为"宏观经济学的圣杯"。弗里德曼先生的《美国货币史》的最大贡献之一，就是以详实的数据和严谨的逻辑得出了以下结论：美联储货币大紧缩恶化了一场本来普通的金融风暴，并令其最终演变为无法收拾的大恐慌。但与此同时，他也强烈反对以金融政策作为需求管理的手段，指出政府应该严格控制货币供应量以与经济增速相适应。显然，今天主要发达国家央行的操作尽管未将经济引致大萧条，却走向了另一条弗里德曼先生所不愿意看到的宽松之路。因为本质上量化宽松是另一种形式的政府干预。

因此,在当下重读《美国货币史》有着特别的意义。回望近100年前联储的大紧缩,再对照2008年以来一再被频繁使用的货币宽松,以及现代货币理论的兴起,中性货币政策似乎渐行渐远。主要发达国家货币当局的频繁干预并未减弱,而是以无限量的宽松代替了紧缩政策而已。与此同时,频频被动用的货币工具也为我们带来了关于货币理论的新的迷失与思考。

货币的迷失之一:通货膨胀真的彻底消失了吗

2016年10月,时任美联储主席的珍妮特·耶伦(Janet Yellen)在波士顿联储的一次会议上列出了危机之后四个最重要的宏观经济学问题,其中之一就是什么导致了通货膨胀。过去12年中,全球经历了前所未有的货币宽松,全球通货膨胀却迟迟没有来临,通货膨胀似乎成为"求而不得"的稀缺品。这对于宏观经济学无疑是新的挑战,也有不少人质疑弗里德曼关于"通货膨胀在任何时候、任何地方都是货币现象"的结论。为了从"三低"环境中走出来,全球各大央行只有不停尝试新的办法,从量化宽松到负利率,再到最近的平均通货膨胀目标,结果都收效甚微。不少学者从技术进步、全球化、人口老龄化、贫富分化等宏观层面给出了解释,也有学者从货币层面认为美联储的扩表大部分流向了超额准备金,甚至量化宽松也可能就是一个货币扩张的假动作[①]。那么,通货膨胀与货币的传统关系真的彻底消失了吗?在讨论这个问题时,当前特别需要关注的一个重要的边际变化是,过去二十多年来推动发达国家通货膨胀中枢下移的全球化因素正在逆转,供给成本抬升,同时美国2020年M2增速显著上升,已经超出20世纪60年代有该数据统计以来的最高水平。供给端短缺+货币超发恰恰是20世纪美国两次通货膨胀的直接导火索。或许,从历史的轨迹中借鉴观察,货币超发驱动下的美国通货膨胀可能就在不远处。

货币的迷失之二:货币政策是否会影响收入分配结构

从美国的经济数据看,与差强人意的经济增长和通货膨胀形成鲜明对比的

---

① Richard Fisher, Rosenblum H. A Credible Path for Ending Too Big to Fail[J]. Business Economics, 2013, 48(3):167-173.

是,宽松的流动性带来了包括股票和房地产价格在内的资产价格的大幅上涨。有效需求不足进而货币派生受阻叠加信贷意愿下降,剩余流动资金更多地流向股市等资产投资,贫富差距加大,形成"资产通胀不平等"。从某种程度上说,当前货币超发的祸害已经从传统意义上的通货膨胀转向金融不稳定和社会阶层的撕裂。在托马斯·皮凯蒂(Thomas Piketty)的收入分配研究中,他认为不考虑价格因素,资本收入比的均衡水平上涨主要归因于老龄化和长期增长的放缓,但全球金融危机以来这两个变量的影响只占一小部分,资本收入比上涨的主因是资产价格与其他价格比例的快速扩大。但目前美联储显然并未将这一问题纳入其政策考量。2020年6月,当有人问到如何看待贫富差距和社会平等的问题时,现任美联储主席杰罗姆·鲍威尔(Jerome Powell)说:平等性问题已经困扰我们四十多年,但这其实与货币政策无关。

货币的迷失之三:高债务之下,货币政策如何自处

从经济学说演变的历史看,货币学派兴起的历史背景是20世纪70年代的滞胀将凯恩斯和新古典经济学所推崇的政府干预思潮拉下了神坛,经济学回归货币主义、供给学派、新奥地利学派、理性预期学派等所倡导的自由市场,推动经济政策向古典主义的"市场至上"回归。2008年全球金融危机再次带来了经济学理论中政府与市场角色这一经典问题的周期轮替,放任市场的自由主义被认为是全球金融危机的罪魁祸首,后凯恩斯主义重新受到重视。现代货币理论更将货币推向了支持"财政赤字货币化"的角色。截至2019年年底,全球公共政府部门和民间部门的债务总规模达255万亿美元,约为全球GDP的322%,自2008年金融危机以来就增加了87万亿美元。高债务迫使货币政策不得不维持宽松,有的主要国际货币甚至陷入负利率的情形。事实上,现代货币理论主张的"债务上限软约束"和提前进入"最后贷款人"状态已经在西方经济政策中出现了。在高债务之下,货币政策能否回归中性,若能的话又将如何回归中性,恐怕是一个难解之题。

"正是美国联邦储备银行的举动,将这场普通的经济衰退——虽然可能是相当严重的一场,转变为一次主要的经济灾难,而不是试着用它的力量来抵消大衰退。1929—1933年货币供给减少了三分之一便是这场灾难的开端……大恐慌不仅不是一场自由企业体制的衰退,反而是一场政府造成的悲剧。"如果我们把弗里德曼这一判断中的年份替换为2020年,将"减少"替换为"增加",这个

结论会不会在并不遥远的未来被证实呢?日本前央行行长白川方明曾说,日本货币政策的经验教训之一就是货币政策不能定位于力所不及的目标。在全球越来越多国家陷入"日本模式"的今天,我们有必要重温《美国货币史》,以促使我们在眼前的全球化迷雾中,保持一份历史的清醒和对货币相对中性的理性。

是为序。

巴曙松　教授

北京大学汇丰金融研究院执行院长

中国宏观经济学会副会长

中国银行业协会首席经济学家

序 言

A Monetary History of The United States, 1867–1960

本书的由来，起源于十多年前我们中的一员与已故的 Walter W. Stewart 的一次谈话。谈话的内容是如何对商业周期中的货币因素进行统计研究（这是当时美国国民经济研究局所作的关于经济周期研究项目的一部分）。Stewart 强调最好将美国内战之后的货币发展情况加以"分析性描述"（analytical narrative），以作为统计研究的背景，同时也指出有关"描述"的资料在当时并不容易获得，但是这种"分析性描述"会在数据之外为分析增加更为需要的视角。

他的建议使我们在原计划的专题报告中增加了一章来描述货币存量的历史背景。这一章是在我们已经完成其余章节的第一稿之后才开始着手撰写的，但是它的确显示出了自己的生命力：由开始的一章变为两章，然后成为独立的一部分，现在已独立成书。虽然本书与统计分析各自单独成书，但是本书并不是完全独立的。本书所使用的一些统计数据在即将出版的姊妹篇《美国货币存量的趋势和周期，1867—1960》（*Trends and Cycles in the Stock of Money in the United States*, 1867—1960）中有全面的解释（后者成稿在前，但是付印在后）。当我们修订《美国货币存量的趋势和周期，1867—1960》一书时，Stewart 具有先见性的建议一次又一次为我们留下了深刻的印象。按照他的建议所增加的对货币史的描述对我们所作的统计分析工作产生了重大影响。

美国国民经济研究局（National Bureau of Economic Research，NBER）对货

币因素的周期性的兴趣,起源于它对商业周期的研究。与当前研究直接相关的最早研究成果是1947年出版的关于货币和库存现金的技术论文第4号(1947)。[1]该书所作的估算,虽然目前已经被取代,但是它是货币序列研究的第一步,这些内容构成了本书以及Phillip Cagan即将出版的《美国货币存量变化的决定因素和影响,1875—1955》一书中有关统计的主体部分。一些早期的成果发表在两篇关于货币需求的不定期出版物上,以及一篇关于插值计算方法可能存在的问题的技术性论文中。[2]

尽管本书的篇幅已很长,我们还是痛苦地意识到它的覆盖面有限。在市场经济中,货币已经触及经济生活的每一方面,因此它不可能不对政治产生影响。在记录美国货币在过去一个世纪中所扮演的全部角色时,本应对经济和政治历史也进行全面的描述。当然,我们没有那么雄心勃勃。相反,我们紧紧固守着最初的目标,即为有关美国经济中货币的长期性和周期性表现所做的统计研究提供开场白和背景介绍,至于与此目的无关的材料,则被排除在外。

在本书创作的若干年中,我们获得了大量的帮助。几年前,我们就将本书的一份较早版本的手稿发送给了一些学者,他们对书稿的评论和建议使我们受益良多。我们特别要向Clark Warburton致以深深谢意。他对本书数稿所作的评论,都详尽而宝贵,对最终定稿产生了重要影响。我们不止一次地发现,当我们觉得似乎得出了一些原创和新奇的结论时,其实他早已经想到了。在此,我们还非常感谢其他许多人的宝贵意见,包括:Moses Abramovitz, Gary S. Becker, Arthur F. Burns, Phillip Cagan, Lester V. Chandler, C. A. E. Goodhart, Gottfried Haberler, Earl J. Hamilton, Bray Hammond, Albert J. Hettinger, Jr., James K. Kindahl, David Meiselman, Lloyd Mints, Geoffrey H. Moore, George R. Morrison, Jay Morrison, Edward S. Shaw, Matthew Simon和George J. Stigler。

美国联邦储备体(Federal Reserve System)自建立之日起,就一直在美国的货币史中发挥着核心作用,因此我们必须非常细致地研究它的运转。因为很多原始资料并不公开,我们不得不经常依赖二手资料。为此,本书的倒数第二稿曾被送到联邦储备管理委员会以及很多前任和现任美联储官员处征求意见。在此,我们要衷心地感谢三位为本书稿提供宝贵意见的人,他们是:费城联邦储备银行经济顾问Clay Anderson;1930—1938年任纽约联邦储备银行副总裁和副主席的Randolph Burgess;1940—1954年任纽约联邦储备银行主席的Allan Sproul。正是他们的意见使本书的终稿有所变化。另外,Sproul先生使我们注意到哥伦比亚大学图书馆所藏的George Leslie Harrison关于联邦储备体系的若干报告，我们在终稿中大量使用了这些报告。Harrison 的报告与 Charles S. Hamlin（1914—1936 年间任联邦储备委员会成员）的日记，是我们在研究联邦储备体系历史中一些关键时期时所主要依靠的信息来源。

很多学者非常慷慨地为本书提供了一些尚未出版的资料，比如：Phyllis Deane 提供了英国价格指数；Raymond W. Goldsmith 提供了 1900—1919 年间美国净国际资本流动数据（1919 年以后的数据就可以从商务部获得了）；Simon Kuznets 提供了美国年度国民生产净值数据。

在此，我们特别感谢拥有 Charles S. Hamlin 日记全部版权的国会图书馆手稿部主任 David C. Mearns，允许我们引用该日记。我们还要感谢哥伦比亚大学图书馆特别藏品部主任 Roland Baughman，他授权我们可引用前面提到的 Harrison 报告中的著述。感谢纽约联邦储备银行授权我们引用 Harrison 报告中的其他部分。我们还要向 E. A. Goldenweiser 女士表示感谢，她允许我们引用国会图书馆手稿部所存的 Goldenweiser 报告中她已故丈夫尚未发表的著述。

本书需要极其大量的统计计算。其中大量的工作，主要由国民经济研究局的 Mark L. Wehle 完成，他也为本书的手稿提供了宝贵意见。另外，我们在研究的不同阶段还接受过其他很多人的帮助，包括：Edith Hanover, Juanita Johnson, Phyllis A. Wallace, Nadeschda Bohsack, John Helbok, Martha S. Jones, David Laidler, Esther D. Reichner, Sophie Sakowitz, Hanna Stern, Judie Tomkins 和 Tom Teng-pin Yu。Harry Eisenpress 和 Millard Hastay 为解决计算难题提供了宝贵的建议和帮助。另外，感谢行为科学高级研究中心（在本书的创作期间，米尔顿·弗里德曼曾一度在此任研究员）、货币与银行研讨会和芝加哥大学经济研究中心提供了统计方面的帮助。我们感谢上述机构，感谢行为科学高级研究中心已故的 Mary Girschik 和她的助手们，感谢芝加哥大学的 Lilly Monheit 和她的助手们。最后还要提到的是，Janet Friedman 牺牲了很多个夏天愉快地为她的父亲操作计算机。

除了计算方面的帮助之外，行为科学高级研究中心为本书的写作提供了很多便利。在一些研讨会上与其他研究员的讨论，以及一些非正式的讨论都非常有价值。在芝加哥货币与银行研讨会上本书草稿也被讨论过，会上所提出的建议在本书的终稿中都有迹可循。

感谢哥伦比亚大学图书馆、芝加哥大学图书馆、贝克图书馆、达特茅斯学院塔克分校图书馆以及纽约公共图书馆为我们提供了大量的便利。这些地方的图书管理员一直很合作，为我们提供了大量帮助。

感谢 Irving Forman 在绘图方面的卓越工作，感谢 Margaret T. Edgar 提供了编辑上的建议。

最后，我们要感谢国民经济研究局和研究部前后两位主任 Arthur F. Burns 和 Solomon Fabricant，正是在两位主任的管理下，本研究才得以完成。本着专心致志、追求真理的原则，他们一直鼓励和帮助我们沿着既定的方向前进，即使这意味着最终成果的再三延期，意味着最终成果实际上大大有别于我们刚开始的计划。

米尔顿·弗里德曼
安娜·J. 施瓦茨

注释

[1] Anna Jacobson Schwartz and Elma Oliver, *Currency Held by the Public, the Banks, and the Treasury, Monthly, December 1917—December 1944*, New York, National Bureau of Economic Research, Technical Paper 4, 1947.

[2] Phillip Cagan, *The Demand for Currency Relative to Total Money Supply*, New York, NBER, Occasional Paper 62, 1958; Milton Friedman, *The Demand for Money: Some Theoretical and Empirical Results*, New York, NBER, Occasional Paper 68, 1959; idem, *The Interpolation of Time Series by Related Series*, New York, NBER, Technical Paper 16, 1962.

目 录

A Monetary History of The United States, 1867–1960

上册　镀金时代与崩溃

第 1 章　绪　论 /001

第 2 章　绿钞时期 /013

2.1　1867 年货币存量的构成 /016

2.2　货币、收入、价格和货币流通速度的变化 /023

2.3　恢复铸币的政治斗争 /032

2.4　影响货币存量变化的因素 /035

2.5　与绿钞时期相联系的几个特殊问题 /041

2.6　总结 /056

第 3 章　银元政治和价格长期下降（1879—1897） /075

3.1　货币、收入、价格和货币流通速度的变动 /080

3.2　银元政治 /092

3.3　导致货币存量改变的因素 /95

第4章　黄金通胀和银行改革(1897—1914) /119

4.1　经济复苏时期(1897—1902) /124
4.2　相对稳定的增长时期(1903—1907) /132
4.3　1907年的银行业危机 /135
4.4　支付限制解除后的银行改革 /143
4.5　后危机时代(1908—1914) /145
4.6　货币存量数学意义上的变动 /146
4.7　回顾比较 /154

第5章　联邦储备体系的初期(1914—1921) /169

5.1　货币和银行结构的改变 /171
5.2　战时和战后的通货膨胀 /175
5.3　1920—1921年的衰退 /199

第6章　联邦储备体系的发展期(1921—1929) /215

6.1　货币、收入、价格及货币流通速度的发展历程 /218
6.2　商业银行运营的变化 /220
6.3　货币政策的发展 /223
6.4　影响货币存量的因素 /236
6.5　总结 /255

第7章　大萧条时期(1929—1933) /269

7.1　货币、收入、价格、速度和利率的发展历程 /273
7.2　引起货币存量变动的因素 /295
7.3　银行倒闭 /309
7.4　大萧条的国际特征 /316
7.5　货币政策的发展 /319
7.6　其他可选政策 /339
7.7　为何货币政策如此无能 /348

下册 复兴与反思

第 8 章 新政时期银行结构和货币本位的变化 /383
8.1 银行结构的变化 /385
8.2 货币本位制度的变化 /415

第 9 章 周期性变动（1933—1941）/451
9.1 货币、收入、价格和流通速度的变化 /453
9.2 引起货币存量变化的因素 /458
9.3 高能货币的变动 /463
9.4 联邦储备政策 /468
9.5 存款-准备金比率的变动 /485
9.6 1937 年紧缩及随后复苏过程中货币性因素的角色 /492

第 10 章 第二次世界大战时期的通货膨胀（1939—1948）/501
10.1 美国中立时期（1939 年 9 月—1941 年 11 月）/506
10.2 战争赤字时期（1941 年 12 月—1946 年 1 月）/511
10.3 战争结束到价格高峰时期（1945 年 8 月—1948 年 8 月）/525
10.4 收支余额 /532

第 11 章 货币政策的复苏（1948—1960）/545
11.1 货币、收入、价格和货币流通速度的变动 /550
11.2 导致货币存量变化的因素 /554
11.3 货币政策的发展 /568
11.4 为什么货币存量保持稳定增长 /577

第12章 战后货币流通速度上升 /589
12.1 替代资产收益率的变化 /596
12.2 货币替代物的发展 /605
12.3 以上考虑因素的综合效果 /613
12.4 稳定性预期 /613

第13章 总　论 /623
13.1 货币存量与其他经济变量之间的相互关系 /625
13.2 货币关系的稳定性 /627
13.3 货币方面的变动的独立性 /634
13.4 表象的欺骗性 /642

附录A　基本表格 /649

附录B　名义货币存量的主要决定因素 /650

理事评论 /651

主题词索引 /657

第一版译后记 /733

图目录

A Monetary History of The United States, 1867–1960

图1 1867—1960年的存款和通货 /插页1

图2 1869—1960年每年以货币形式持有收入的月数 /005

图3 1867—1879年经济扩张期和紧缩期中的货币、物价相关指标 /024

图4 1867—1879年的货币存量及其直接决定因素 /038

图5 1861—1879年以绿钞表示的黄金的实际与假定购买力平价价格 /044

图6 1861—1878年以黄金和绿钞表示的债券收益率以及以绿钞表示的黄金价格，月度数据 /046

图7 1861—1879年美国国际资本流动净额和购买力平价 /049

图8 1879—1914年经济扩张期和紧缩期中的货币存量、收入、价格和货币流通速度 /080

图9 1879—1914年美国国际资本流动净额占国民收入的比重及购买力平价 /086

图10 1879—1897年的货币存量及其直接决定因素，以及国库现金 /096

图11 1879—1897财年黄金流出净额和国库现金的逐年变化 /102

图12 1879—1897年高能货币的组成部分 /104

图13 1897—1914年经济扩张期和紧缩期中的货币存量、货币收入、价格及货币流通速度 /122

图14 1897—1914年的货币存量及其直接决定因素，以及国库现金 /147

图15 1897—1914年高能货币的组成部分 /152

图16 1914—1933年经济扩张期和紧缩期中的货币存量、收入、价格及货币流通

速度 /176
- 图17 1914—1933年美国国际资本流动净额和单边转移支付占国民收入的比重及购买力平价 /179
- 图18 1914—1921年的货币存量及其直接决定因素 /181
- 图19 高能货币,按财政部和联储银行的资产与负债分类,1914年11月—1921年12月 /185
- 图20 1914—1921年纽约联邦储备银行的贴现率 /188
- 图21 按种类划分的联邦储备信贷余额,1914年11月—1921年12月 /189
- 图22 按种类划分的联邦储备信贷余额,1921年7月—1929年12月 /237
- 图23 1921—1929年的货币存量及其直接决定因素 /238
- 图24 1921—1929年的高能货币,按财政部和联邦储备银行的资产与负债分类 /243
- 图25 1921—1929年对高能货币的主要影响 /246
- 图26 1922—1929年受联邦储备政策影响的季节性模式 /253
- 图27 货币存量、通货和商业银行存款,月度数据,1929—1933年3月 /274
- 图28 价格水平、个人收入和工业生产,月度数据,1929—1933年3月 /275
- 图29 普通股价格、利息收益和纽约联邦储备银行贴现率,月度数据,1929—1933年3月 /276
- 图30 歇业商业银行的存款,月度数据,1929—1933年2月 /279
- 图31 货币存量及其直接决定因素,月度数据,1929—1933年3月 /295
- 图32 高能货币,按财政部和联邦储备银行的资产与负债分类,月度数据,1929—1933年3月 /297
- 图33 按种类划分的联邦储备信贷余额,月度数据,1929—1933年3月 /299
- 图34 货币存量的替代性估计值,1933年2月—1935年6月 /395
- 图35 1928—1939年收益率之间的变化关系 /411
- 图36 1920—1960年美国国际资本流动净额占国民收入的比重及购买力平价 /429
- 图37 经济扩张期和紧缩期中的货币存量、收入、价格和货币流通速度,个人收入和工业产值,1933年3月—1941年12月 /454
- 图38 货币存量及其直接决定因素,1933年3月—1941年12月 /459
- 图39 1933—1941年的高能货币,按财政部和联邦储备银行的资产与负债分类 /460
- 图40 1933—1941年高能货币变化的主要决定因素 /465
- 图41 联邦储备体系货币政策工具的运用,1933年3月—1941年12月 /469
- 图42 1933—1941年受联邦储备政策影响的季节性模式 /472
- 图43 联邦储备体系历史上两个相似时期的比较:1919—1922年和1936—1939年的货币存量、货币存量的变化以及工业产值及其叠加的图形 /481
- 图44 存款-准备金比率,1933年3月—1941年12月,以及假定高能货币每年等值增长的

假设比率,1934 年 1 月—1935 年 3 月及 1936 年 2—6 月 /487
图 45　1939—1948 年经济扩张期和紧缩期中的货币存量、价格、货币流通速度以及工业产值 /504
图 46　货币存量的变化及其直接决定因素,月度数据,1939 年 8 月—1948 年 8 月 /507
图 47　1939—1948 年的高能货币,按财政部和联邦储备银行的资产与负债分类 /508
图 48　联邦储备银行持有的政府债券,1941 年 3 月—1948 年 8 月 /516
图 49　联邦储备体系货币政策工具的运用,1939 年 8 月—1948 年 8 月 /517
图 50　1942—1945 年战争债券发行时期成员银行的存款,包括政府战争贷款账户中的存款以及扣除政府战争贷款账户中的存款,月度和半月度平均数据,未经季节性调整 /523
图 51　1914—1960 年美国国际资本流动净额占国民收入的比重及购买力平价 /533
图 52　1948—1960 年经济扩张期和紧缩期中的货币存量、收入、价格和货币流通速度,以及工业产值 /548
图 53　1948—1960 年的货币存量及其直接决定因素,月度数据 /555
图 54　1948—1960 年收益率及联邦储备体系货币政策工具的运用 /556
图 55　1948—1960 年高能货币变化的主要决定因素,月度数据 /558
图 56　1948—1960 年的高能货币,按财政部和联邦储备银行的资产与负债分类 /559
图 57　1869—1960 年利率和两种货币流通速度的关系曲线,年度数据 /592
图 58　1929—1942 年与 1942—1960 年的货币流通速度及其叠加的图形 /593
图 59　1929—1960 年相对于持有货币,其他可选资产的收益率以及两种货币流通速度的测量 /597
图 60　1945—1960 年货币存量组成和可选的准货币 /608
图 61　1945—1960 年定期存款以及储蓄和贷款协会股权支付的利率或股息率 /610
图 62　1867—1960 年经济扩张期和紧缩期中的货币存量、收入、价格和货币流通速度 /插页 2
图 63　1871—1960 年美国国际资本流动净额占国民收入的比重及购买力平价 /628
图 64　1867—1960 年的货币存量及其直接决定因素 /插页 3

表格目录

A Monetary History of The United States, 1867–1960

表 1　1867 年 6 月末通货及商业银行存款的组成　/016

表 2　1869 年和 1879 年的主要经济变量　/028

表 3　1869—1879 年对国民生产净值（NNP）的不同估计值　/029

表 4　1879—1897 年各因素对货币存量变化的贡献度　/097

表 5　1879—1897 年国库内外的通货，按货币种类划分　/105

表 6　1885—1891 年及 1902—1907 年与稳定价格相适应的货币存量增长率（%）　/134

表 7　1879—1914 年货币存量变化决定因素的分布　/148

表 8　1897—1914 年国库内外的通货，按货币种类划分　/150

表 9　美国货币史上两个相似时期的比较：1873—1892 年和 1892—1913 年各种变量的变化率　/155

表 10　3 个阶段的价格和货币存量的变动，以及引起货币存量变动的因素，1914 年 6 月—1920 年 5 月　/182

表 11　美国货币史上三个相似时期的比较：1873—1892 年、1892—1913 年和 1920—1929 年各种变量的变化率　/219

表 12　1869—1929 年价格相对稳定时期和价格波动时期货币存量和其他变量变化率的稳定性的比较　/248

表 13　银行歇业期前后商业银行的数量和存款　/387

表 14　截至 1933 年 3 月 15 日银行歇业期结束还未获许可证的商业银行，在 1936 年 12 月

31 日前的处置情况 /390
表 15　货币存量的替代性估计值,1933 年 3 月—1935 年 6 月 /393
表 16　1921—1960 年商业银行歇业状况 /398
表 17　1929—1960 年商业银行资产的构成(部分年度) /407
表 18　1928—1941 年成员银行持有的美国政府直接债务的种类 /408
表 19　1929—1960 年成员银行的现金资产与法定准备金以及总资产的关系(部分年度) /414
表 20　1929—1939 年美国的国际收支余额和购买力平价与汇率的比率 /425
表 21　1932—1960 年在财政部及联储银行以外流通的美国货币构成(部分年度) /436
表 22　特定资产的平均利率或收益,1940 年 6 月—1942 年 3 月 /491
表 23　三个阶段的价格和货币存量的变动,以及引起货币存量变动的因素,1939 年 8 月—1948 年 8 月 /505
表 24　两次世界大战中的通货膨胀时期的货币创造比较 /521
表 25　1869—1960 年价格相对稳定时期和价格波动时期货币存量和其他变量变化率的稳定性的比较 /548

第1章

★★★

绪 论

本书讨论了美国货币存量。书中回顾了自美国内战刚刚结束到1960年的将近一个世纪的时间里美国货币存量的变化,研究了其变化的决定因素,并分析了货币存量对历史重大事件的影响。

我们的分析之所以从1867年开始,是因为1867年是美国货币存量估计值形成连续序列的最早时点。当《国民银行法》(National Banking Act)在内战期间通过的时候,人们都相信州立银行很快就将不复存在。结果,联邦针对州立银行的系统的数据统计中止了。但正如我们所知道的那样,州立银行只是经历了暂时的萎缩,并没有完全地衰落。因此,我们的统计数据中有一段严重的缺失。内战前的统计数据也要比1863—1867年的数据更容易获得。

像在其他时期、地点一样,在本书覆盖的这段时期里,货币在美国的政治、经济发展中扮演了重要角色。因此,我们深入探究了这些重要角色背后的细节,这使得本书读起来可能有点像一般的经济史。不过我们要提醒读者事实并非如此,本书所涉及的内容都是经过精挑细选的。自始至终,我们都在跟踪一条线索,那就是货币存量,我们对这条线索的关注也决定了本书将详细分析哪些事件,而哪些将被一带而过。

我们所构筑的货币存量估计值第一次给出了时间跨度超过90年的连续序列。[1]如图1所示(表A-1中给出了具体数据),这些估计值清晰地显示了自南北战争以来,美国历史上大多数主要事件对货币存量的影响。

在我们所研究的时间跨度内,货币存量最显著的特点是其急剧的上升趋势。1867年,也就是我们有估计值的第一年,公众[2]持有大约5.85亿美元的通货[3]和7.29亿美元的商业银行存款[4],也就是共计13.14亿美元的狭义的"货币",本书所使用的"货币"据此定义。其中,通货当时主要包括为内战筹资而发行的"绿钞"(greenbacks)以及国民银行券(national bank notes)和金属辅币(subsidiary coinage)。另外,公众还持有2.76亿美元互助储蓄存款,也就是共计15.9亿美元的广义的"货币"。以上的早期数据并没有将商业银行存款区分为活期存款和定期存款,因为这种区分在当时无论是对于银行还是它们的客户来说都毫无意义。银行的准备金是对存款征收的,并不区分活期还是定期。像定期存款一样,活期存款也支付利息;像活期存款一样,定期存款也可以频繁地通过支票转账。直到1914年《联邦储备法》(Federal Reserve Act)规定了对活期存款和定期存款的不同准备金要求以后,两种存款的区别对银行来说才变得重要,也是从那时起,两种存款才分别有了可靠的连续数据。因此,在1867年我们缺少对第三种可能更为狭义的"货币"(即只包括通货和活期存款)的估计值。[5]

在1960年(图1所示估计值序列的最后一年)中期,公众持有大约290亿美元通货、1 100亿美元活期存款和670亿美元定期存款,总计2 060亿美元本书定义的货币。其中,通货主要是联邦储备券(Federal Reserve notes),也包括一些残余的银元券、金属辅币以及其他一些遗留下来的早期货币。另外,公众还持有大约350亿美元互助储蓄存款以及不到10亿美元的邮政储蓄存款。也就是说,加上这些存款,公众共持有2 420亿美元的货币。根据我们的数据,与1867年相比,1960年年底公众持有的通货增长了50倍,商业银行存款增长了243倍,互助储蓄存款增长了127倍。

本书定义的货币在这九十多年的时间里总计增长了157倍,年增长率为5.4%。[6]由于在此期间美国人口增长了将近5倍,因此人均货币存量增长了大约32倍,年增长率为3.7%。我们把全部增长分为三个部分:1.9%基于人均产出的增长;0.9%基于物价的增长;剩下的0.9%则基于货币余额的增长,表现为公众持有的货币收入的一部分。[7]复合增长率的力量非常强大,以至于小小的增长率对应到公众持有的货币上,从1869年的总共不到3个月的收入一下子增长到1960年的总共超过7个月的收入。当然,如图2所示,这种增长并不稳定。而本书主要关注的就是这种变迁所遵循的方式。

在讨论这些变化时,我们发现利用商业活动的经济周期顶峰或谷底来划分时期很方便。为此,本书使用美国国民经济研究局(National Bureau of Economic Research,NBER)建立的经济周期年表作为参考。我们广泛使用这种年表也从侧面更明确地提醒各位读者,本书提供的不是全面的美国经济周期历史。货币因素在这些经济活动中扮演了主要角色,而非货币因素也常常对货币发展产生重要影响。而且就算是把货币史学家关注的问题加在一起,仍然比经济周期史学家研究的问题要少。

美妙的时代在 1929 年戛然而止,那一年美国经历了预示大萧条(Great Contraction)的低迷时期。在起始阶段,除了货币存量的轻微下降,这次紧缩在货币方面的特征和早期的紧缩没有什么不同。除严重紧缩外,无论在紧缩时期还是扩张时期,货币存量通常还是在上升,虽然在紧缩时期增长率很低。但是此次紧缩的货币特征在 1930 年后期急剧改变,几家大银行的破产导致随后出现了一系列银行流动性危机,包括空前规模的挤兑和银行倒闭,这在美国历史上还是第一次。1931 年,英国脱离金本位以及美国联邦储备体系对该事件的反应强化了银行业的倒闭风潮,即便他们没有将复苏的可能扼杀在摇篮里,他们也没有把握住复苏的最后一线曙光。到 1933 年年初,货币体系的崩溃在银行歇业期(banking holiday)终止时发生,货币存量已经下降了 1/3——这是本书考察的整个时期中规模最大、时间最长的一次下降。虽然联邦储备体系的创始人试图通过联邦储备体系来防止类似银行歇业期这样的危机,但是和以往不同,这次危机远比之前任何一次来得更严重。除此之外,在早期的危机中,许多银行在破产之前就会实行提款限制,以此减少后续破产银行的数量,然而绝大多数银行在 1933 年银行歇业期前已经崩溃了,许多在歇业期前还开业的银行,歇业期之后再也没能营业。1/3 的银行在 1933 年的破产与合并中不复存在(见第 7 章)。

货币存量的急剧下降以及银行业空前严重的危机并不意味着联邦储备体系缺乏防范这些问题的能力。在整个大萧条时期,联邦储备体系都有足够的力量来结束通货紧缩的惨剧和银行业的崩溃。回顾起来,假如联邦储备体系在 1930 年后期、1931 年早期乃至中期有效地行使这些权力,那么几乎可以确定,这场以持续流动性危机为显著特征的紧缩本是可以避免的,货币存量也不会下降,或者说事实上可以上升至任何理想的水平。本来可以采取行动缓解紧缩的严重程度,而且很有可能提前终止危机,然而联邦储备体系没有采取措施。我们猜测部分原因是体系内权力偶然地由纽约联邦储备银行向其他联邦储备银行转移,以及在华盛顿的联邦储备委员会(Federal Reserve Board)的软弱;部分原因是社会和体系自身赋予联邦储备体系维护外部稳定的任务要优先于维护内部稳定的任务(见第 7 章)。

大萧条促成了银行业体系和货币体系的重大改革。在银行业方面,主要的变化是 1934 年设立的联邦存款保险制度。该制度弥补了《联邦储备法》的一个缺陷,它的成功之处在于即使公众对一些银行丧失信心,也不会产生广泛的银行业危机并对货币存量造成严重的下行压力;若果真如此,那么它对后来的美国货币史将是非常重要的。自联邦存款保险公司(Federal Deposit Insurance Corporation)建立以来,银行倒闭已罕有发生。联邦储备体系自身进行了重组,更多的权力被集中在委员会手里,而各地方储备银行的权力有所削弱。联邦储备体系也被赋予更多的权力,其中调节准备金率的权力是迄今为止最为重要的。在货币体系方面,美元对黄金贬值,而且金本位的特征也发生了变化。金币的使用被废止,持有金币或金块不再合法。财政部可以继续自由地以固定的价格从铸币局买入黄金,但自由地以固定的价格卖出黄金只能用于国际支付。随着金本位国家在第二次世界大战中和战后相继抛弃金本位以及其他国家广泛采用外汇管制,美国实际上建立的是一种信用本位。黄金成为一种价格受法律支持的商品,而不再是实际意义上的美国货币体系的基础(见第8章)。

人们观念上的变化和制度方面的变革同样重要。由于紧缩时期银行体系的崩溃以及货币政策在阻止紧缩上的失败,人们不再迷信联邦储备体系在20年代展示出的力量。在学术领域和政策领域,无论对错,这些事件都导致人们将货币置于次要地位,政府财政行为和直接干预成了关注的重点。

上述观念转变的一个后果是联邦储备体系成为一个非常被动的角色,在变化发生时其以有序的方式调节自身来适应改变,而不是承担一个独立的控制中心的角色。除了一次例外,其他都是财政部而不是联邦储备体系在制定并推行货币政策措施。1933年以后货币存量的快速增长归因于两个因素:一是实施了修复货币体系的措施,帮助公众恢复了对银行的信心,并因此提升了存款-通货比率;二是黄金的大量流入(最初是由于美元含金量的下降,之后是由于希特勒权势的增强,欧洲出于对战争的恐惧所导致的资本外逃)。1936年以前,联邦储备体系对此无所作为,既没有抵消这些因素的影响,也没有加强这些因素的影响。随后它使用了新近获得的权力,仅在6个月的时间里就将准备金要求翻了一番——这也就是上面提到的例外。结果造成了那一时期货币存量上升过程中的一次重大中断。这次中断伴随着1937—1938年间短暂而又明显的衰退,加剧了衰退的严重性,并可能在一定程度上导致了这次衰退的发生(见第9章)。

1939年欧洲爆发第二次世界大战以后,联邦储备体系的货币政策继续从属于财政政策,1941年美国参战后更是如此。像第一次世界大战时一样,联邦储备体系事实上成为财政部金融运作的代理机构。联邦储备体系建立起政府债券利率的固定模式,放任政府税收和支出活动以及社会愿意用来在此固定利率下购买政府债券的实际资源来间接影响货币存量。结果是从1939年到1945

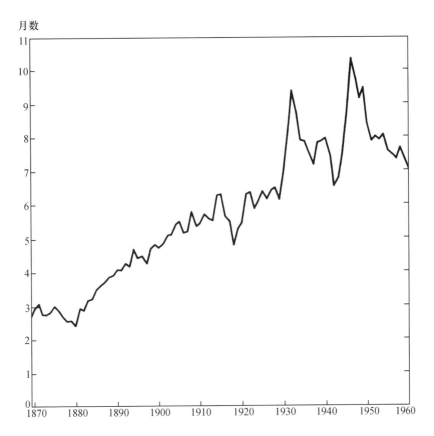

图2　1869—1960年每年以货币形式持有收入的月数

注：月数＝货币存量×12/货币收入

资料来源：货币存量的数据来源于表A-1列(8)，并以6月30日为中心进行平均；1908年之前的年度平均数据是通过上述方法取得的，并采用逐步法(step method)进行插值。货币收入的数据来源同图62。

从1867年到1879年的13年中，内战因素对金融的影响占支配地位。1862年年初，受到北方为战争融资发行货币、外贸混乱、战争带来的金融整体不确定以及财政部筹资策略等因素的综合影响，联盟通货对铸币的可兑换终止了。从那时起到1879年1月1日恢复铸币支付为止，美国采用一个法定的信用货币本位，即所谓的"绿钞本位"。美元通过市场决定的汇率与其他货币联系起来，并且逐日浮动。在这一时期，从不能在固定平价下兑换铸币的传统意义上讲，美元是不可兑换的；而以货币买卖方面受法律限制的现代标准来衡量，美元又是可兑换的。对于国内支付，黄金只是一种商品，和其他商品一样有变化的市场价格。对于国际支付,黄金则等同于外汇,因为这一时期英国自始至终维持金本位,其他一些主要国家在这一时期的后期也是如此。

尽管在战时和战后都有许多商业组织支持不可兑换通货,而且随着农产品价格下跌,农民对不可兑换通货的支持在战后与日俱增,但是人们仍然普遍认为铸币支付的中止是暂时的。政府宣称的金融政策的主要目标仍是以战前平价恢复铸币支付。这一目标最终在1879年1月1日实现。整个事件清晰地反映在图1的序列中,我们在第2章还将对此作详细探讨。回顾起来,1875年到1878年期间,货币存量的下降可以说是恢复铸币支付的必要前奏,此次下降是整个历史序列中为数不多的几次货币存量绝对下降中的一次,并且仅次于降幅最大的那次①。此后,货币存量极为明显的增长也可以部分地归因于铸币支付的成功恢复。

内战带来的另一个后果是银行的急剧增多,这导致存款-通货比率明显提高。战时的金融措施包括建立国民银行体系以及1866年7月1日对州立银行券征收寓禁税(prohibitive tax)。起初,并没有几家国民银行创立,而税负的预期对州立银行形成了极大的威慑。结果,《国民银行法》的主要影响在战后开始显现,加之州立银行的复苏,两者共同促使存款有了明显的增长,如图1(见插页)所示。

铸币支付的成功恢复并没有终结货币本位的不确定性。从19世纪70年代开始,在其后的将近20年里,对于白银在货币体系中地位的争论充斥着美国金融界。

那几十年中西方世界产出的快速扩张以及金本位制的更为广泛的采用,使得在任何给定的价格水平上,对黄金的货币性需求都大量增加。虽然黄金产出增加,但结果仍然是需求的膨胀超出了当时供给的增加。产品价格出现缓慢而又平稳的下降趋势。这种趋势延长和加剧了内战结束以后价格迅速下降所带来的政治上的不满。于是"绿钞主义"(greenbackism)和"银币自由铸造"(free silver)的呼声开始不绝于耳。虽然支持使用白银的力量仍不足以使白银替代黄金成为本位币,但是已经强大到足以迫使当局做出让步,并动摇了维持金本位的信心。因此,这一时期的美国货币史危机重重,立法机构的态度摇摆不定。回顾起来,William Jennings Bryan在1896年总统大选中的失败标志着这一时期的结束(见第3章)。

---

① 指1933年年初的大萧条尾声。——译者注

Bryan 的失败标志着一个时期的结束,而不只是成功路上的小小挫折,因为他的失败碰巧伴随着黄金在南非和美国阿拉斯加州的发现以及萃取黄金的氰化过程日臻完善。这些发展注定了 Bryan 的政治失败,比他任何讲演上的苍白或是其政治组织的不足更致命。世界黄金产量因金矿的发现和冶金技术的完善而快速膨胀。尽管产量在增加,但是巨大的黄金供给仍然在接下来的二十多年中强烈地推动了价格上涨。在美国,货币存量从 1890 年到 1896 年基本保持不变。在此期间,尽管世界范围内黄金存量在温和地加速上升,但货币本位的不确定以及相关的银行业和国际支付问题抑制了美国黄金存量的增长。在此后的 20 年中,美国货币存量以绝对超过 1881 年到 1896 年的速度增长(见图1)。其伴随着的价格的逐步上涨,使得直到第一次世界大战之前,金本位在美国都毫无争议地保持着稳定地位。

有关货币本位的争论消除之后,金融和政治的焦点转移到了银行业体系上。银行业反复出现的危机引发了不满。最为严重的银行业危机发生在 1873 年、1884 年、1890 年和 1893 年。当时,银行破产、挤兑,以及对更多银行破产的广泛恐惧引发了银行业危机。在一些年份,比如最明显的 1893 年,大多数银行中止了客户提现。1893 年的事件反映在图 1 中,表现为通货的增加以及存款的减少,以及通货和存款总额的减少。随着 1907 年银行业危机的又一次爆发,对银行业体系的不满最终达到极点。那次危机重演了早期的现象,包括中止提现。从图 1 中可以看到,那是 1897 年到 1914 年期间货币存量唯一的一次下降,像 1893 年一样,伴随着的依旧是通货增加以及存款急剧下降。结果是国会于 1908 年制定了《奥德利奇-瑞兰法案》(Aldrich-Vreeland Act)作为暂时的解决措施。随后,1910 年国家货币委员会(National Monetary Commission)开展了针对货币和银行业体系的探索性研究,出版了一些关于货币与银行业的著名学术著作。1913 年,《联邦储备法》作为一项永久性的措施被国会采纳(见第 4 章)。

1914 年,联邦储备体系(Federal Reserve System)开始运转。这一美国货币体系内部的深远变革恰好与同样意义非凡的外部变革(随着第一次世界大战的爆发,外部环境与内部货币供给间的纽带有所松动)同时发生,这注定了联邦储备体系会存续下来。两种变革共同促使 1914 年成为美国货币史上的一个重要分水岭。

虽然这两种变革很重要,但它们都是程度上的变化。很长时间以来,财政部都在行使中央银行的权力,由于权力的边界没有明确的界定,并且一直以来在不断拓展,财政部的央行权力十分强大,这在第 4 章中将会介绍。相对于世界经济,美国经济的规模在增长,而且美国经济中对外贸易相对于国内贸易的重要性在降低,这使得美国的内部变革对世界货币环境的重要性日益增加,并且两者之间的关系也变得更为重要。

两种变革起初虽然相互独立,但注定要变得密切相关。国际金本位的弱化赋予了联邦储备体系更大的决策自由以及更广泛的职责;反过来,联邦储备体系使用权力的方式又对国际金本位的命运有着重要影响。不了解之后美国货币史的人很有可能推测这两种变革会通过降低货币存量的不稳定性而彼此强化。外部联系的弱化为国内货币存量免受外部冲击提供了可能。而旨在应对货币不稳定的联邦储备体系则有能力对货币存量进行控制,并且可以利用此控制促进货币稳定。

然而,推测与事实并不相符。图1很清楚地显示,货币存量在1914年以后表现出比1914年以前更大的波动,而且即便排除货币存量在战时的巨大增长,情况也是如此。金本位能够以看不见的、没有征兆的、类似自动的方式产生一种对货币的调节,这种调节带有可预测性和规律性(也许是因为金本位有着客观的、无法回避的机理),能比审慎的、有意的制度安排更好地维持货币稳定。这是一个表面具有迷惑性的典型例子,表面现象下往往运行着不为表象所反映的支配力量。

第一次世界大战期间,美国的货币存量快速增长,当时联邦储备体系被视作为政府支出提供通胀式融资的机器。这种快速增长在战后又持续了大约18个月,起初是政府支出扩张的伴生品,之后是联邦储备体系无意间为私营部门货币扩张融资的结果。联邦储备体系在1920年年初所采取的措施使此次货币扩张得以突然逆转。这是联邦储备体系第一次慎重、独立的重要货币政策行为,然而该行为也受到了严厉的抨击(见第5章)。

在20世纪20年代剩余的时间里,联邦储备体系的功能在很多方面得到了充分发挥。货币存量以非常稳定的速度增长,经济活动也显示出了高度的稳定性。两者都被普遍地归功于联邦储备体系的良好运行。在联邦储备体系内部,对金融市场的运行机制以及联邦储备体系应扮演的角色进行了很多深入而细致的研究,加深了联邦储备体系对自身的运作以及政策工具的理解。在联邦储备体系之外,不仅本国的银行家和商人对联邦储备体系的力量心怀敬畏,而且其他国家也寻求美联储的帮助来完善自己的货币制度。美国联邦储备体系与英国、法国、德国的中央银行合作更加密切;而且通过这样的合作,增强了中央银行家们保持国内外经济稳定的信心(见第6章)。

年,货币存量增长了2.5倍(见第10章)。

在战后的几年,货币存量增长的速度大大放缓,而物价指数则在迅速上升。这个结果被广泛认为(至少一定程度上)是对战时货币存量大量增加的滞后反应。联邦储备体系只要继续以固定水平支持政府债券的价格,那么它用来控制货币存量的一般性手段就显得苍白无力。于是联邦储备体系进行了一系列的尝试,结果无一奏效。争论随之围绕债券支持计划本身展开。随后朝鲜战争爆发,价格的迅速上升放大了债券支持政策对货币存量控制的抑制影响。终于,在1951年,《财政部-联邦储备体系协议》(Treasury-Federal Reserve Accord)应运而生,债券支持政策不再那么僵化,并在两年后被彻底废除。

国外的措施也强化了这些国内事件的影响。许多国家在战后奉行了"低息借款"(cheap money)政策。这样的国家无一例外地经历了公开的通货膨胀,或者采用一揽子措施来平抑通货膨胀的压力,这些措施部分有效,部分无效。事实证明,没有国家能在不采取控制货币存量增长措施的情况下,成功地抑制通货膨胀。国内外事件和学术思潮的变化导致了对货币问题兴趣的回升以及对货币政策的重新强调,这种重新强调反过来也刺激了对所谓的货币政策局限性的重新关注。

在上述态度的转变上,宣言明显多于实际行动。无论是《财政部-联邦储备体系协议》,还是后来有关货币政策方向和路径的任何陈述,都没有在图1的货币存量变化中清晰地显示出来。与早期相比,1947年后的10年中,货币存量上升的显著特点是年增长率高度稳定。从这方面考虑,战后时期与1903—1913年及1923—1929年极其相似。这三个时期在货币存量的变化率和经济环境方面都相对稳定(见第11章)。

也许战后货币发展最令人迷惑的特点是,相对缓慢的货币存量增长与相当快速的货币收入增长同时出现。正如开篇所指出的,在本书研究的90多年里,货币存量比货币收入增长得更快(见图2)。1948年到1960年是例外,货币存量以每年2.9%的速度增长,而收入则以每年5.0%的速度增长;也就是说,货币流通速度在加快。关于这个现象有多种解释,我们倾向于认为,最根本的原因是公众对未来经济稳定性预期的变化(见第12章)。

注释

注：国民经济研究局的理事 Albert J. Hettinger, Jr. 为本书作了一篇评论，请参阅原书第 809—814 页。

[1] 这些估计值及其数据来源的完整描述请见本书的姊妹篇，*Trends and Cycles in the Stock of Money in the United States, 1867—1960*，国民经济研究局项目，即将出版。

[2] 我们在这里使用的"公众"一词包括在美国的所有美元存款与通货的持有者，但不包括银行、财政部办事处（这是对存款来说；而对通货来说，则仅仅排除华盛顿特区办事处）以及美国的铸币和鉴定部门。公众包括个人，合伙企业，公司、州、县、市政当局，政府企业，信用机构。更详细的描述请见 *Trends and Cycles in the Stock of Money in the United States, 1867—1960*。

[3] 根据上文对公众的定义，这组数据不包括存放在银行金库以及美国财政部的通货。

[4] 根据我们对公众的定义，这组数据不包括银行同业间存款以及美国政府存款。我们在数据收集过程中对其进行了调整，从总存款数据中剔除了一些项目，以避免重复加总。

如果一个金融机构为公众提供存款服务，或主要从事信用业务——符合联邦银行监管机构对银行的定义，那么我们就视该金融机构为银行。根据重要程度，本书忽略了信用业务。我们将银行分为两类：商业银行和互助储蓄银行。商业银行包括国家银行（national bank）、合并后的州立银行、信托公司、股票储蓄银行、提供存款服务的实业银行和 Morris Plan 银行、特别类型的存款银行——例如现金保管库（cash depositories）和特定州的合作交易所（cooperative exchanges），以及未合并的或是私人的银行（unincorporated or private bank）。互助储蓄银行（mutual savings bank）包括所有按照国家银行业准则运作的银行。详情请参见 Federal Deposit Insurance Corporation（FDIC），*Annual Report*, 1956, pp. 88–89。

根据这一定义，储蓄贷款联盟和储蓄互助社不属于银行。这些机构的基金持有者更像是股东而不是存款人，虽然它们明显将这些基金看做银行存款的近似替代品，像我们定义的那样。

[5] 在即将出版的 *Trends and Cycles in the Stock of Money in the United States, 1867—1960* 中将会讨论我们把通货加全部商业银行存款称为"货币"的原因。

[6] 这些比率，以及后面将会见到的其他年增长率都采用连续复合增长率假设，即起始日和终止日的货币存量的自然对数之差除以间隔年份。

无论是每年、每半年还是每季度，连续复合增长率都要低于离散复合增长率。以货币增长率为例，连续复合增长率是 5.38%，每季度的复合增长率是 5.43%，每半年的复合增长率是 5.46%，每年的复合增长率是 5.53%。

[7] 本书中的收入，除非特别声明，均定义为国民生产净值，即 Simon Kuznets 在 *Capital in the American Economy: Its Formation and Financing*（Princeton for NBER, 1961）一书中计算出来的变量Ⅲ。

正文中引用的人均产出的增量是以 1929 年的物价水平衡量的国民生产净值；价格则通过以当前价格表示的国民生产净值除以以 1929 年价格表示的国民生产净值得到的隐含物价指数来衡量。

第 2 章

★★★

绿钞时期

货币学者对从美国内战结束到1879年重新实行黄金支付制度的这一时期抱有浓厚的兴趣。这一时期国民银行体系逐渐建立起来,而且从更一般的意义上说,这种银行业结构在联邦储备体系建立之前大体上未发生变化。

这一时期的货币本位制度有其独特之处,其中一些特征直到几十年后才得以重现,而另一些就此销声匿迹。在该时期的信用本位制下,没有任何政府部门承诺向所有法偿货币持有者以固定的价格出售黄金。美国货币与其他国家货币之间的汇率是完全自由浮动的。这种信用本位制后来在1933年才再一次出现。美元与诸如英镑、法国法郎等主要货币的自由浮动汇率制在第一次世界大战时才又出现,但它们在重新出现后延续的时间都没有在内战后持续的时间长。这可能也是在浮动汇率下美国官方交易对黄金和外汇市场均无重大影响的唯一的一段时期[1],也只有在这一时期,绿钞和黄金这两种同时用于国内支付的货币之间的兑换比率是自由浮动的。[2]

最终,在这一将近15年的时间里物价水平下降了一半,与此同时,经济继续高速增长。这一时期有两个特点:一是为货币制度安排的争议埋下了隐患,并将在未来的几十年间困扰美国;二是经济的持续增长注定将使美国进入世界领先国家的行列。两者的同时出现使我们对通货紧缩和经济高速增长不能共存这一如今广为接受的观点的正确性产生了怀疑。

无论是分析本章所涵盖的时期还是本书所讨论的更长时期,1867年货币存量的组成状况都是一个好的起点,本书的数据也是从这一年开始的。流通中的多种货币类型不仅折射出内战时的金融发展,而且还预示着将来的发展进程(见第1节)。从1867年到1879年,货币存量、收入和价格的变化(见第2节)揭示了后来反复出现的一些规律,而另一些特征则是该时期所独有的。第3节考察了恢复铸币支付的政治影响。第4节分析了货币存量发生变化的原因。第5节指出了这一时期的三个特殊问题:黄金溢价、决定黄金存量的因素和成功恢复黄金支付的经济基础。

2.1 1867 年货币存量的构成

2.1.1 通货和存款的区分

在分析中,我们有时会把货币分成通货与存款。这样区分的主要原因是:自从内战起,无论是铸币还是政府的直接或间接债务,都主要是由通货组成的(在后面将详细分析);存款是私人拥有的资产,并且是由接受存款的银行必须以通货或其等价物形式持有的、与其负债的一定比例相等的资产,因此银行的借贷和投资行为通过存款的创造与货币存量产生了联系。此外,在银行部分存款准备金制度下,货币总量对其在通货与存款之间的划分是很敏感的。正如我们在这段历史中看到的,公众对于两种货币态度的变化以及由此导致的持有两者比例的变化,在货币发展过程中不时发挥着决定性的作用。

1867 年,公众持有的货币中通货与存款的比例基本相同,1 美元的通货对应约 1.2 美元的存款(见表 1)。在 1867 年以后的五年里,这个比例上升到 1 美元通货对应 2 美元存款,这种增长反映了内战后经济的快速发展和商业银行的扩张。此后即便中间略有反复,但是直到 1880 年存款-通货比率都在这一水平徘徊,此后一直上升并在 1929 年的时候达到 12 美元存款对应 1 美元通货,然后该比率又逐渐下降,到 1960 年时约为 6 比 1。

表 1 1867 年 6 月末通货及商业银行存款的组成 (单位:100 万美元)

	总额	财政部持有部分	银行持有部分	公众持有部分
通货(1—9 行)				
1. 金币(gold coin)	142	94		48
2. 金元券(gold certificates)	19	0		19
3. 州立银行券(state bank notes)	4	0		4
4. 国民银行券(national bank notes)	292	12		280
5. 美国流通券(U. S. notes)	372	53		319
6. 白银辅币(subsidiary silver)	8	1		7
7. 辅钞(fractional currency)	18	2		16
8. 其他美国通货	124	0		124
9. 总额(1—8 行)	979	162	247	570
调整后的商业银行存款(10—12 行)				
10. 国民银行			33	411
11. 州立及私人银行			0	280

(单位:100万美元)(续表)

	总 额	财政部	银 行	公 众
12. 总额(第10行加第11行)		33		691
13. 通货及存款总额(第9行加第12行)		195		1 261
14. 所有货币存量的名义价值				1 261
15. 超出公众持有的金币、金元券及黄金存款的市场价值的票面价值				26
16. 以绿钞计算的货币存量价值总额(第14行加第15行)				1 287

资料来源(按行):

总　额

第1行:*Annual Report* of the Secretary of the Treasury,1928,p.552,减持有的0.19亿美元金元券(第2行),再减0.25亿美元用来出口或者用于工艺及生产的金币。

第2行:*Ibid.*, p.550.

第3、5、6、8行:*Ibid.*, p.552.

第4行:*Ibid*,减去发行银行现金库中的700万美元(已发行的国民银行券与这些银行国民银行券债务的差额。前者来自 A. P. Andrew, *Statistics for the United States, 1867—1909*, National Monetary Commission, 1911, Vol.21, p.43;后者来自 *Annual Report* of the Comptroller of the Currency, 1918, Vol.2, p.248。)

第7行:*Annual Report*(Treasury),1928, p.552,减预期损失的1 000万美元。

财政部持有部分

第1—9行:总额减银行和公众持有部分。

第10行:*Annual Report*(Comptroller),1918, Vol.Ⅱ, p.249.

第11行:当时财政部的存款都存放在国民银行。

银行和公众持有部分

第1行:*Historical Statistics of the United States, Colonial Times to 1957*, Bureau of the Census,1960(*Historical Statistics*,1960),Series X-285,减在总额中扣除的0.25亿美元。

第2—8行:*Ibid*,Series X-286、X-290、X-291、X-296、X-297、X-298,也减去在总额中扣除的相同数额。

第9行(银行持有部分):这是国民银行、非国民商业银行和互助储蓄银行数字的加总。国民银行的库存现金数据来自 *Annual Report*(Comptroller), 1918, Vol.Ⅱ, p.248, 1867年7月1日的数据。国民银行库存现金的构成情况见表A-2。根据 James K. Kindahl, "Estimates of Nonnational Bank Deposits for the United States, 1867—1875"(芝加哥大学博士学位论文,1958),非国民商业银行的现金从1867年到1868年都保持平稳。1867—1875年互助储蓄银行的库存现金见表A-2,第1列。

第9行(公众持有部分):财政部外流通的通货减银行的通货。

第10行:*Annual Report*(Comptroller),1900, p.583.

第11行:Kindahl, "Estimates of Nonnational Bank Deposits for the United States 1867—1875".

第14行:同第13行。

第15行:银行和公众持有的金币加金元券的总额,乘以 $38\frac{5}{16}$ 黄金溢价,来自 W. C. Mitchell, *Gold, Price, and Wages under the Greenback Standard*, University of California Press, 1908, p.304。银行持有的金币和金元券应该与公众持有的黄金存款相等。

2.1.2 国民银行与其他银行存款的区分

在公众持有的全部商业银行存款中,差不多有60%都是由内战创造的国民银行体系下国民银行的负债,剩下的负债属于在几个州的法律特许下成立的银行或者私人银行。

内战后,国民银行飞速发展。1863年2月,国民银行第一次获准发行标准国家货币,并发行由政府债券保证的银行券为战争筹资。在1864年6月3日原法案的弊端被消除之前[3],很少有新成立的国民银行,紧接着在1865年2月,国家规定各州立银行在1866年7月1日(后又改为1866年8月1日)后发行的银行券都要被征收10%的税,这实际上剥夺了各州立银行在发行银行券上的特权。这个重大变化使各州立银行很希望变成国民银行,所以人们普遍认为州立银行会慢慢消亡。伴随着存款相对于通货重要性的上升和各州相对于联邦法律更为宽松的规定,这一形势迅速得到逆转。到1867年,各州立银行和私人银行存款减少的趋势得到遏制。这些银行发展十分迅速,到1871年,非国民商业银行与国民商业银行中的存款数量基本持平。一直到现在,两者的存款数量都基本相等。实际上,后者还经常少于前者。

私人银行不是由州政府和联邦政府所特许的,而是以个人所有制或者合伙制经营的。它们曾经数量众多,而且包括一些最具影响力的银行机构(J.P.摩根可能是其中最著名的),而近几年私人银行发挥的作用微乎其微。

前面的讨论都是有关公众(包括各州和地方政府,但不包括财政部)持有的通货和存款。另外,1867年财政部持有的存款总额是0.33亿美元,相当于公众在商业银行存款的4.5%;持有的通货总额是1.62亿美元,相当于公众持有通货的30%。很显然,财政部所持有货币的存款-通货比率远低于公众,即前者是20美分对1美元,而后者是1.2美元对1美元。造成这种结果的原因有两个:第一,财政部作为货币发行当局,其财政余额是自身"存货"的一部分,并且可以随时通过印刷更多的通货来增加货币,而无须向公众发行;第二,低储蓄率是独立财政体系的结果。1840年实施的这一体系是关于恢复第二美国银行牌照的所谓"银行战争"的结果,在1841年被中止然后又于1846年重新实施。在1867年前,这种体系下官方支出款项可以由国民银行作为保管人,并且只要国民银行有国家存款或其他美国财政部的债券作保证,财政部也可以把国内收入存在其中。然而,财政部不得将(以黄金支付的)海关收入存在国民银行。除了个别情况下财政部利用存款为货币政策服务外,其存款数量在19世纪末之前都少于其持有的通货数量或者公众的存款数量,而财政部对货币市场的持续干预使这一数字在20世纪的最初几年中相对较高,并且在第一次世界大战时由于大量发行债券使其达到了前所未有的高点之后才回落。

商业银行间也互相持有存款,但是这些银行间存款没有在表1中列出,因为一个银行的资产就是另一个银行的负债,所以银行业作为一个整体并表时该项就不必计入。表1中的存款代表的是整个商业银行体系对公众和财政部的负债,这个体系对自身不应有净负债。

2.1.3 通货的构成

当然,银行体系作为一个整体应该持有通货。1867年6月,银行体系共持有2.47亿美元的通货,这一数字基本等于公众持有量的一半,并且等于银行体系对公众净负债的1/3。通货构成了银行体系全部的净现金资产。我们也可以说这是银行体系的"准备金",但要注意到我们这里所使用的"准备金"并不适用于某家银行的现金资产——很明显包括其他银行的应收款,也不适用于作为法定存款准备金的资金——这通常包括一定条件下在其他银行的存款,并且不是每种通货都可以当作"准备金"。[4]不幸的是,现有的数据不能区分银行与公众之间不同种类的通货,所以我们不得不将两者作为一个整体(表1,第1行到第8行)。

内战对通货的影响要大于其对存款的影响:构成通货的三个最大的项目(国民银行券、美国流通券及其他通货)和其中另一个小的项目(辅钞)都是内战的产物。这四部分构成了1867年公众及银行持有通货总额的90%。如果仅考虑公众持有量,那么接近3/4的货币存量——即以上几项再加上国民银行的存款——都是在内战期间产生的,而这些货币种类在内战以前甚至都还不存在。

国民银行券是国民银行的负债。国民银行在发行国民银行券的同时必须存入相当于所发行票据面额111%的特定政府债券。[5]1874年后,银行还被要求以法定货币在财政部存入相当于所发行国民银行券价值5%的偿债基金。[6]另外,在1900年以前银行可以发行的国民银行券额度最高不能超过银行资本的90%,在1900年之后这一比例变为100%。国民银行券在1864年首次发行,1866年发行余额就已经增长到3亿美元,1874年平稳增长到3.4亿美元。[7]在直到1935年所有含有流通特权的债券都按要求赎回的长达60多年中，国民银行券在货币体系中发挥着重要的作用。

虽然国民银行券名义上是发行银行的负债，但由于其需要政府债券担保及其赎回条件，它们实际上是联邦政府的间接负债。因此，它们的价值并不取决于其发行银行的财务状况。如果发行银行倒闭了，法律就会要求财政部赎回该银行发行的国民银行券并授权货币监理署（Comptroller of the Currency）宣布用于抵押的债券退出流通。对于银行的资产、股东的个人负债，财政部享有第一留置权，这是为了弥补财政部赎回国民银行券的金额和发行银行存放于财政部5%的偿债基金（1874年之后）以及货币监理署销售作废债券收入之间的亏空。

国民银行券与联邦政府直接发行的通货之间的唯一差别是联邦法律不允许前者作为国民银行的法定准备金，而大部分州允许其作为州立银行的法定准备金。只有法定货币才能作为国民银行的准备金，而国民银行券不属于法定货币。但是，因为公众总体上认为国民银行券与其他债券和通货是相同的，它们都是银行库存现金的一部分，所以以上限制在实际中意义不大。我们看到在1874年后银行也没有因此产生重大问题。[8]因此，国民银行券自流通之日起就与其他类型的通货保持了平价关系，我们也很少将它们与由财政部直接发行的通货作区分。内战前由于受到距离发行银行远近等因素的影响，由不同银行发行的银行券之间存在着折价或溢价关系，银行券审查员任由商人及其他人决定某些特定银行券的价值，这些现象在战后就再没有发生过。从该意义上说，内战时期和战后的立法在实现统一国家通货这个首要目标方面是很成功的。

国民银行券就好比财政部的通货，这不仅仅因为它们是联邦政府的间接债务，还因为联邦政府的行政和立法行为间接决定了其最大发行量。这个总量取决于含有流通特权的政府债券的总量。这个最大发行量也部分取决于发行的财务动机，而后者反过来又取决于在市场上购买含有流通特权债券的价格。

这些预期没有完全被实际情况所证实。在1890年以前，国民银行券的实际发行量仅为最大可能量的20%，1900年这一比例上升为28%，第一次世界大战时大约为80%。实际上直到20世纪20年代，当用于担保流通的美国债券及政府存款（它也需要担保）首次接近合法债券总量时，国民银行券的发行量才临近最大值。在1905年以前，国民银行的资本量比较少，相较于合格债券的发行，国民银行券的发行面临较大的限制，但即便如此，实际的发行量仍然远低于可以承受的最大发行量。后来，国民银行的资本量超过了合格债券的数量，这样一来资本金就不是一个有效的限制因素了。尽管没有达到最大发行量，但含有流通特权的联邦政府债券在发行市场的低价格仍使国民银行券的发行有利可图(1884—1891年除外)。最大发行量的一部分随着发行利润的波动而波动,但其仍然始终低于预期发行量。我们对此也困惑不解。[9]

美国流通券是内战时期的"绿钞",其最早发行的目的是补充税收、支付贷款,为战争筹集经费,其总余额(在财政部内部和外部)在1864年1月达到了4.49亿美元的峰值。由于1866年4月12日的法案条款,其余额在1867年年底下降到了3.56亿美元,直到1873—1874年,其数量一直都被法定控制在这一水平。作为1875年《恢复铸币支付法案》(Resumption Act)的一部分,绿钞的退出是与国民银行券的增长相联系的,即国民银行券每增长5美元,财政部就令4美元的绿钞退出流通,然后在绿钞余额降到3亿美元时停止退出。然而,1878年5月31日出台的法案暂停了绿钞退出流通,这一法案规定了当时的余额——3.47亿美元为永久发行量,这一流通券发行水平一直持续到今天。1865—1878年法律的反复是在有关绿钞及其价格下降作用问题上存在着的政治矛盾的体现,我们在下面将对此展开讨论。

"其他美国通货"(表1,第8行)都是在内战中发行的可流通的通货。它包括附息的法偿票据(我们所知道的极少的公众持有附息货币的例子之一)、政府即期债券和其他非法定支付的债券。[10]这些通货在1865年达到2.4亿美元的最大发行量,然后发行量在1867年减少了一半,并于1872年基本退出流通,之后的余额就可以忽略不计了。

除了黄金,只有辅钞和白银辅币的发行规模是任意的。其中,辅钞是在内战时开始发行的,由于白银辅币作为金属比作为货币更加有价值,因此铸币的出口增加。在财政部发行辅钞代替白银辅币之前,邮票和私人发行的"纸币"替代银币发挥作用。

2.1.4 黄金的职能

表1中我们讨论的最后一项是金币和金元券[11],在纸币时期对其进行估计是最不可靠的了。统计的不确定性导致难以确定黄金在经济中的作用和货币分析中对其进行处理的方法。

黄金作为货币,主要用于国际交易。自从像英国这样的重要国家采取金本位后,黄金在国际支付中的作用就相当于外汇。一些主要贸易国家通过买卖黄金来对冲持有外汇负债而产生的汇率波动风险。[12](这种风险在1866年跨大西洋电缆没有建成之前是很高的。[13]在此之前,纽约和伦敦的交易者需要两周的时间才能知道彼此市场的汇率,电缆的竣工大大缩短了信息时滞并使其以小时或分钟计。)

因此,交易者和其他进行大量国际交易的机构发现持有黄金和绿钞都很便利。为了提供这一便利,纽约的银行和其他一些机构都有两种存款账户:普通的绿钞支付存款账户和特殊的黄金支付存款账户。黄金存款像绿钞存款一样用美元来表示,不过这个"美元"的意义有所不同。它表示在内战前和1879年后1"美元"所对应的黄金实物数量。在此期间,黄金实物量对应的1"美元"的价值要高于绿钞所对应的1美元,从1864年中期到1865年年初甚至相当于绿钞的2美元,1867年6月则相当于绿钞的1.383美元。(见后文图5的虚线部分,图中标明了1861—1879年黄金的绿钞价格,从中可以清楚地看出内战前及恢复铸币后100美元的黄金相当于多少美元的纸币。)

黄金在国内支付中的作用尽管不大,但值得关注。海关税使用黄金支付。另外,在铸币支付中断的时期,财政部所有债务本金和利息实际上都是按战前货币价值以黄金支付的,尽管这样做是否符合法律要求还存在争议。[14]一些私人债权的本金和利息也要求用黄金支付。结果,西海岸主要还是铸币本位。在其他地区,人们是用绿钞来报价的,用黄金支付时也要按其当前的市场溢价以绿钞来计算。而在西海岸则相反,人们使用黄金报价,绿钞支付时按一定的市场折价以黄金来计算。[15]

实际上,在这个时期有两种货币本位同时存在,即绿钞本位和黄金本位,其中前者是官方的,而后者是非官方的。两者之间的价格比率是由自由市场,即黄金市场或英镑市场来决定的,而并不存在一个固定的兑换比率。这就是为什么它们能够同时存在而不会驱逐对方的原因。[16]在表 A-1、表 1 的 9—14 行以及其他我们所知道的绿钞时期货币统计的总和中,通过将一单位的绿钞美元视为一单位的黄金美元来得到两者之和的做法,严格来讲是毫无意义的:这就如同现在按 1∶1 的比例把加元加到美元上。为了得到公众持有的货币存量的绿钞价值,他们所持有的金币、金元券以及用黄金支付的存款都应随着黄金的溢价而增长,到1867年6月末增长了约38.3%,这也是表1各项统计截止的日期。不幸的是,因为我们既没有足够的财政部以外银行和公众持有黄金存量的数据,也没有绿钞存款和黄金存款的分类数据,所以即使我们假设表 1 中的黄金存量数据是正确的,也不能精确地对数据进行修正。在表 1 第 15 行我们做了一个修正,即认为银行为每 1 美元的黄金存款持有 1 美元的金币或金元券。人们可能会认为这样修正会低估总额,因为对绿钞存款持有准备金的银行,似乎没有必要持有与以黄金支付的存款负债等量的黄金。然而事实表明,它们确实是这样做的,而且从银行实务和法律监管方面讲,这样做也是明智的。[17]

我们的修正必须考虑到,作为货币的黄金的绿钞超额价值肯定会随着黄金美元的绿钞价格的下降而下降。黄金的存款可能会随着黄金升水的降低而增加,因为这样会减少以黄金形式持有流动性资金的风险,而黄金是以绿钞表示的负债的准备金。[18]然而,事实上黄金的存款好像并没有增长,如果的确有的话,应该能够抵消黄金升水量的下降。因此,虽然我们估算的1867—1879年货币存量低估了经济总量,但低估的数量是逐步下降的。[19]虽然这种低估数值较为可观,但并不显著,正像我们在表1中所作的极小的修正一样,这也是我们没有精确修正表1中数字的原因。

2.2 货币、收入、价格和货币流通速度的变化

在1867年1月,也即我们研究开始的时间,货币存量甚至可能少于内战末期美国北方的货币存量。根据图3中的年度数据,我们看到,这一数量一直在下降,直到1868年1月开始上升,一开始上升速度较慢,后来越来越快,而后又再次放缓,在1873年暂时达到顶峰。经过不断调整,1875年货币存量达到最高值,然而到1879年又下降了9%,跌至谷底。

这是一个很不寻常的现象。这一时期货币存量有5年在下降,有7年在上升,而且上升的平均幅度要大于下降幅度。尽管这样,1879年2月的货币存量仅比12年前(1867年1月)的水平高出17%。通过与后来的经验比较,这是一个很低的增长幅度并且其中的下降与上升幅度的比率非常之高。我们必须由1879年开始向后50年,也就是到1933年才能找到另一个12年,其中有5年货币存量都在下降。从1879年到1960年的整整81年中只有13年货币存量是下降的。[20]而关于上升的幅度,只有1931—1939年的货币存量比12年前仅高出17%,这反映了1929—1933年货币存量的巨幅下降。

如上所述,虽然1867—1879年货币存量的巨幅下降不是典型现象,但当时的环境却很典型。这一时期大部分的货币存量下降都发生于1873—1879年的衰退期间(图3中的最右侧阴影部分),这次衰退也被认为是最长和最严重的衰退之一。除了三次例外,之后所有的货币存量大幅下降的情况也都发生在一些异常严重的经济衰退中。[21]在其他的经济衰退期,货币存量仍然以相对于经济扩张期较低的速度增长。1868年1月—1870年1月货币存量较低的增长速度

伴随着1869年1月—1870年1月的经济衰退,而1870年1月—1872年1月货币存量的高速增长则伴随着1870年12月—1872年10月的经济扩张,以上都是非常典型的例子。

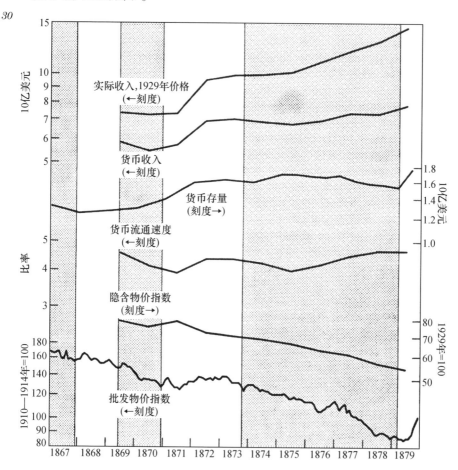

图3　1867—1879年经济扩张期和紧缩期中的货币、物价相关指标

注:阴影部分代表经济紧缩期,非阴影部分代表经济扩张期。

资料来源:批发物价指数的数据来源于 *Historical Statistics of the United States, 1789—1945*, Bureau of the Census, 1949, p.334。其他数据的来源同图62。

货币存量变化率与经济周期的时间关系在以后的实践中得到印证:货币存量在1870年12月的经济周期谷底前加速增长,而在1873年10月经济周期顶峰前减速增长,然后在1879年3月的经济周期谷底前又加速增长。对于1879年的经济周期谷底,货币存量的相对加速表现为比之前更慢的下降速度,因而货币存量水平的绝对低点同时也与经济周期谷底同步,我们可以在半年数据中看到(见图3)。我们发现,货币存量在经济周期谷底之前增长、在经济周期顶峰之前下降的现象(两者都存在相当长的时间间隔),在以后的实践中反复出现。[22]我们还发现,货币存量的谷底经常与经济周期谷底重合,比如1933年的大萧条。

1867—1879年货币存量不寻常的低增长率和大幅下降是与价格的异常表现相伴而生的。从图3可以看出,批发物价在1867—1879年显著下降,这次下降仅在1870年12月经济复苏时中断,之后是1870—1872年的货币存量大幅增长。1873—1879年的隐含物价下降极其剧烈,而同期货币存量最初是缓慢增长,之后4年又连续下降。而后来也一直没有出现过类似1865—1879年这14年批发物价以平均每年6.5%的速度连续下降的现象。[23]

虽然在之后的年份中,货币和价格的变化也存在差异,但是该时期两者的走势却形成了鲜明的对照。从1867年1月到1879年2月,货币存量的名义价值每年增长1.3%,而物价指数以每年5.4%的速度下降,这一对比结果可能部分反映了我们估算中的统计缺陷。我们的货币数据由于没有考虑黄金的市场价值超过名义价值,从而夸大了货币存量的增长。但是,这最多将货币存量的增幅从每年1.3%降到1.1%,对于缩小货币与价格之间的差别作用甚微。我们假定1.1%这一较低的增长率是这一阶段货币存量的真实增长率。

或许更大的缺陷是用绘制指数(plotted index)来衡量一般批发物价,更不要说衡量更广泛意义上的价格水平。每月数据的严重缺乏限制了指数包含的范围,使指数的重点过于集中在农产品和生产原料上。[24]但是在这段时期内,交通的发展降低了运输费用,从而降低了这些产品的价格,而且农民可以选择更肥沃的土地耕种。另外,科技的发展使整体商品的价格相对于本应在消费价格指数中占很大权重的服务价格下降了。基于年度数据的指数表明,价格仅是小幅下降,每年降幅在2.3%—3.9%而不是5.4%。[25]我们假设1867年1月到1879年2月价格下降的合理速度为每年3.5%。

货币存量年增长1.1%和价格年降低3.5%的对比,从数字上来看反映了产出的增长和货币存量作用的加强,也就是说,货币流通速度有所下降,因为它表示的是货币收入与货币存量的比率。从经济学意义上说,这种差异无疑主要反映了产出的增长。

从1867—1879年货币流通速度变化的估算中我们可以粗略地估计产出的增长。我们在之后的章节中可以看到,货币流通速度是一个相对稳定的量,在真实收入增长时会下降,而且它有相当固定的周期形式,即经济紧缩时期下降,经济扩张时期上升或以较低的速度下降。之后的经验表明,无论是粗略估计还是精确计算,1867—1879年货币流通速度相对稳定的下降速度是每年1%。[26] 1867年和1879年都包括经济周期谷底(1867年是经济缓慢衰退周期的谷底,而1879年是经济剧烈衰退周期的谷底),所以一些周期性的因素应该被考虑进来。然而,我们并没有作这样的考虑,因为我们估计它实际上影响到的数值可能只有0.1%,[27]可以忽略不计。因此我们可以就此推断,货币存量增速和价格指数增速之间4.6%的差距或许可从两方面做出解释,其中1%是由于货币流通速度,剩下的3.6%是由于产出的增长。

我们无须依靠这种间接的推测,因为1867—1879年有大量有关产出增长的直接证据可以证实这一点。人口以每年2.3%的极高的增长率增长了30%以上,单这一项就能解释4.6%差距中的一半,再加上人均产出肯定是在上升的。人口的增长本身是间接甚至模糊的证据,移民潮似乎是由美国人均收入的增长引起的,但也有可能仅仅是因为美国的人均收入比其出生国家的人均收入要高。毕竟在1867—1879年后期,全世界范围内的经济都是衰退的。

经济快速增长还有很多其他信号。以1869年铁路连通海岸为标志,这段时期铁路的发展速度非常快。1867—1879年轨道的铺设里程翻了一番还多,其扩张的速度后无来者。[28]我们可以看到纽约州的相关统计数据,由铁路运输的货物量是开始有记录时的5倍,并自有记录以来第一次超过了运河和其他河运的运输量。[29]内战结束了政治上的分歧,从而使密西西比河以西的广大平原得到开拓和发展。政治环境的改善和交通费用的降低使许多区域得到开发。1870—1880年美国全国农场的数量增加了50%。虽然农产品的价格下降很快,但是每英亩平均产出仍然明显在增长——这也是生产率提高的证据。在此期间,煤、生铁和铜的产量都翻了一番还多,铅的产量则翻了6番。

制造业也分享了经济扩张的好处。有调查指出,1879年从事制造业的工人比1869年多了33%。Warren和Pearson编制的制造业指数在1867—1879年增长了1倍(由于1867年也包含了一个经济周期谷底,因此1867年与1879年之间的比较比1869年与1879年之间的比较更少地受到周期性因素的影响)。国际贸易的统计数据很清楚地反映了美国制造业的快速发展。在1867—1879年间,虽然价格在下降,但是1879年用黄金和绿钞计价的制成品出口量分别增加至 1867 年的 2.5 倍和 1.75 倍。这种增长足以使总产出每年增长 3.6%,相当于 12 年增长了 54% 左右,并且从货币量和价格的变动中可以间接推断出人均产出年增长率约为 1.3%。

从 1869 年开始,无论是以当前价格还是以不变价格衡量的年国民生产净值的估计值都可以从 Simon Kuznets 的 *Capital in the American Economy* 一书中得到。[30] 我们可以在图 3 中看到这些数据,其中的早期数据显然缺乏依据,所以我们也不能仅仅依靠这些数据。实际上 Kuznets 本人也不愿意使用这些数据,除非用它们表示年度平均水平或者是用于研究运行趋势。[31] 他注意到导致早期数据失真的最主要原因是 1869—1878 年及 1879—1888 年间实际收入的超常增长。"在这 10 年中,国民生产总值和国民生产净值分别比这 10 年的中期增长了 40%,这在历史上的任何一个 10 年中都从未发生过"。[32] Kuznets 指出,在 Shaw 构建的商品产出数据和他自己的估计中,"这一巨大增长在 1869—1879 年都可以直接得到体现"[33]。他同时引用了 Shaw 和 Francis A. Walker 的观点,即 1869 年的制造业普查数据相对于 1879 年的数据有所低估,其低估的程度在 5%—13% 之间。但是,他总结道:"我们没有调整这种低估,因为我们对 1869 年的 10% 和 1879 年的 0 没有坚实的数据基础,而且这对 10 年平均值的影响微乎其微。"[34]

根据这些年度评估,从 1869 年到 1879 年以当前价格计算的国民生产净值每年增长 3 个百分点[35],以不变价格计算的国民生产净值每年增长 6.8 个百分点,这表明每年的价格下降 3.8 个百分点(表 2,第 2—4 行)。由于在此期间人口以每年 2.3% 的速度增长,实际人均产出的增长率不低于 4.5%(表 2,第 6—7 行)。这样的增长速度以前也有过,但是在总量上远远不及这一时期。起始和终止年份的周期性特征更加惊人。根据国民经济研究局的月度参考数据,1869 年 6 月是一个周期顶峰而 1879 年 3 月是周期谷底,尽管之后的扭转非常迅速,以至于在年度参考数据中 1878 年被视为周期谷底。另外,1879 年才结束的衰退是美国至少从内战开始到现在为止最长的一次。因此,1869 年和 1879 年的比较可能低估了增长率。以上就是 Kuznets 和其他人怀疑他所做估计结果的精确性的原因。[36]

表2 1869年和1879年的主要经济变量

	指定变量的值		年度变化率（%）
	1869	1879	
1. 以绿钞计价的货币存量(年中,10亿美元)	1.298	1.698	2.7
2. 以当前价格计算的国民生产净值(10亿美元)	5.82	7.89	3.0
3. 以1929年价格计算的国民生产净值(10亿美元)	7.36	14.52	6.8
4. 绝对价格指数(1929年=100)	79.1	54.3	-3.8
5. 货币流通速度[a]	4.48	4.65	0.4
6. 年中时的人口(100万)	39.1	49.2	2.3
7. 人均国民生产净值,以1929年价格(美元)计算	188	295	4.5

注:年变化率是以连续复利计算的。
a 此处的货币流通速度不同于研究中基于货币存量名义价值的货币流通速度数字。

资料来源

第1行:表A-1第8列6月底的数据,加1869年金币和财政部外金元券的总额,乘以黄金溢价(Mitchell, Gold, Prices, and Wages, p.310),使用直线插值法。

第2—4行:与图62相同。

第5行:由第2行除以第1行得到。

第6行:*Historical Statistics*, 1960, Series A-2, p.7.

第7行:由第3行除以第6行得到。

我们所做的货币估计可以为1869—1879年国民生产净值数据中可能的错误提供证据。我们从这些数据中看到,从1867年1月到1879年2月实际收入估计每年增长3.6%,即在12年中一共增长了约54%。由于1867—1869年是一个上升期,所以实际收入在这些年中肯定是增长的。以此为根据,从1869年到1879年2月54%的增长比率的确是高估了,然而Kuznets的估计显示1869—1879年的增长率是97%。

我们并未从1867—1879年的估计值中得出结论,而是直接从这些年度货币和价格数据中得到相应的结果,在这种情况下,对货币流通速度粗略测算和精确测算之间存在着更大的差异(见表3)。[37] 对于以当前价格计算的国民生产净值,这些估计值表明国民生产净值从1869—1879年增长了5%—12%,而Kuznets的估算结果是35%。对于以不变价格计算的国民生产净值,这些估计值则表明其增长了54%—63%,而Kuznets的估算结果如上所述是97%。这些较低的预测与我们根据1867—1879年货币和价格统计数据粗略计算出来的结果一致。

表3 1869—1879年对国民生产净值（NNP）的不同估计值

	根据不同指标的年变化率(%)		
	NNP测算	粗略的货币测算	精确的货币测算
1. 总量NNP（当前价格）	3.0	1.1	0.5
2. 总量NNP（不变价格）	6.8	4.9	4.3
3. 人均NNP（不变价格）	4.5	2.6	2.0

资料来源：Friedman, "Monetary Data and National Income Estimates", p.280, Table 2.

需要强调的是，对于以当前价格计算的国民生产净值年变化率的粗略测算，即1.1%（表3，第1行，第2项），在统计上是完全独立于国民生产净值数据的，后者预示的是3.0%的增长率。除了一个极小的例外，在表中基本上没有一个用于计算1869—1879年间国民生产净值的数据被用于粗略的货币测算。[38]在0.5%的精确测算中，货币流通速度是由国民生产净值中的价格指数推导出的，所以没有完全独立于国民生产净值序列，但它完全独立于得出国民生产净值的数据，表中基于货币数据的其他估计值也是如此。

基于货币数据的估计值证实了Kuznets估算中的一个惊人发现，即1869—1879年的产出经历了一个不寻常的高速增长期：总产出的年增长率为4.3%或4.9%，人均产出的年增长率为2.0%或2.6%。像这样从经济周期顶峰一直持续到长时期衰退来临前的快速增长是相当了不起的。从这个方面讲，货币测算证实了Kuznets的估计值从一般意义上讲是可靠的。

同时货币估计值也表明经济增长率没有国民生产净值估计值显示得那么高，后者的误差可能比Kuznets估算的最大值还要大。假定它们是精确的，那么表3中的货币估计值意味着1869—1879年的国民生产净值比率分别被低估了18%（粗略计算）和22%（精确计算），而Kuznets估算的最大误差是13%。

目前为止，我们所引用的货币估计值并没有指出造成1869—1879年数值误差的原因。这些误差可能完全来自1869年国民生产净值的低估，而1879年的数据可能是正确的；或者1869年的数据是正确的，误差完全来自1879年国民生产净值的高估；又或者是其他多种原因的综合。然而，对接下来10年的类似分析表明，1879年的国民生产净值数字相对于1889年是比较高的。[39]如果我们假设1889年的数字是精确的，这就表明1879年的数字太高了。因此，我们可以将误差在1869年和1879年之间进行分摊，提高1869年的数字而降低1879年的数字，这会使收入和货币的数据在1869—1879年及1879—1889年都保持同步。

1869—1879年的货币数据让我们有理由质疑 Kuznets 的收入变化数据,以及图3所示的该时期的收入走势。我们来看一下图3中货币流通速度的变化。货币流通速度从1869年开始下降,1871年之后上升,1873年又开始下降并持续到1875年。截至此时,情况还较为合理。1869年6月是一个顶峰,1870年12月是一个谷底,1873年10月也是一个顶峰,这些变化与实际的经济周期是相符的。但是马上出现了一个严重的矛盾:货币流通速度从1875年到1879年上升了17%,并且最终货币流通速度比1869年上升了4%,比1873年上升了8%,而这两年都是高峰的年份。像这样在经济衰退末期货币流通速度的快速上升在迄今为止的统计记录中都是独有的:在此后的20个衰退期中,只有一个衰退期(1899—1900)的货币流通速度是上升的,并且上升幅度还低于2%,而这个唯一的例外也有可能是源于该衰退期过短而带来的数据上的缺陷。

货币流通速度的变化告诉我们,增长率的高估主要集中在1875—1879年国民生产净值的估算上。国民生产净值年度数据的估计值本身也能证明这一点:以不变价格计算,1873—1879年的衰退期间产出根本没有下降,而只是在最初的几年(1873—1875)里增长率有所下降。估计值显示1875—1879年的增长率很高——实际上,在整个19世纪70年代中只有1871—1872年超过了这个增长率,在衰退期最后4年中的年增长率是9%。即使在经济稳定时期,也只有1933—1937年的4年(即1929—1933年大萧条后的恢复阶段)中的年增长率超过了这一水平。

当然,货币估计值也会受到误差的影响,不可能完全精确。货币存量的误差和货币流通速度的变化可能导致国民生产净值的误差有所放大。但是,它们也可能缩小误差。正如一些独立证据表明的,事实上货币估计值与国民生产净值的估算误差之间是正向变动的关系,而且变动的比率也很相似。这在一定程度上也验证了货币数据的精确度以及用货币存量变化率估计收入变化率的有效性。

无论采用国民生产净值的哪种估算,主要结论都是一样的:由于产出不寻常的高增长,货币存量的低增长表现为价格的快速下降。我们之所以反复考察这一结果并且从多种证据中寻求支持,是因为这与对该时期的定性评价以及当前很多经济学家关于价格变化与经济行为变化之间关系的观点是完全相左的。例如,这与被广为接受的对英国20世纪20年代经历的解释形成了对比。当时英国决定重新使用第一次世界大战前的铸币支付平价,而按照1925年重建铸币平价时的价格水平(那时的价格比战后的价格高峰时期已经下跌了50%),

战前的平价对英镑高估了 10%，因此要回到战前的黄金平价，就要求国内物价水平再下降 10%，人为的进一步通缩造成了经济的停滞和大量的失业，此后直到 1931 年英镑贬值，英国经济才恢复增长。根据这一解释，恢复铸币支付产生影响的传导机制是从人为的通缩到经济的停滞。

在绿钞时期，1865 年后的 15 年里通货紧缩达到 50%。但伴随这一通货紧缩的并不是经济的停滞，相反却是实际收入的高速增长，传导机制是从产出的增长到价格的下降。从 1869 年到 1873 年，货币存量增长的速度大于人口和劳动力增长的速度，所以货币工资没有下降。这无疑使调整过程变得容易，因为这只要求产品价格和工人人均产出的增长之间富有弹性即可。在 1873 年后，货币存量增长放慢并随后下降，但是人口仍继续增长，所以货币工资下降了，这与 1873 年开始的严重衰退有关。尽管如此，由于工资下降得很快，所以也避免了更为严重的失业和生产的停滞。[40]

虽然从整体上来说，价格的下降没有阻止这段时期实际收入的快速增长，但是由此产生了严重的经济社会问题。价格的下降不同程度地影响了社会各阶层，而且给经济带来了不确定性，这使调整变得十分必要。另外我们看到，无论是价格的下降还是实际收入的增加都不规则。与 1873 年开始的周期性衰退相伴的是，1873 年 9 月发生的金融恐慌以及大量公司的倒闭[41]，之后是价格的再次下降——这次下降被 1870—1873 年的增长暂时打断。直到 1879 年 3 月，这次经济衰退才结束。

我们习惯于透过货币面纱来看待经济事件，1873—1879 年价格的平稳下降可能导致当时和以后的观察者夸大了实际产出下降的严重程度。我们可以看到，Kuznets 的估算中以不变价格计算的国民生产净值根本就没有下降，只是在 1874—1875 年增长率有所下降，之后就高速增长。虽然这似乎给我们描绘了一幅较为乐观的景象，但经济衰退的严重性也只是在某种程度上有所减轻，事实上并不能改变其结果。1874—1875 年一些实体经济指标有所下降，而另一些指标在整个经济衰退期中都在上升，在 1875 年后大部分指标都有所上升。[42]

这次衰退是严重的，但是如果分析者只以实物量为基础来评估这次衰退，就低估了其真正的持续时间和严重程度。1873—1878 年价格的下降和货币的不确定性使那个时代的人将其视为大衰退的开端，并且影响了国民经济研究局对衰退起始时间的选择。

当时的评论认为，价格的下降和经济的衰退主要是由货币存量的因素造成的——考虑到经济的快速增长，如果货币存量能够增长得快一些，则可以避免价格的下跌,从这个角度来看,这种说法是正确的。正如我们之前指出的,当时讨论的重点几乎都是绿钞,而对1875年后存款的下降则关注得很少。[43]

2.3 恢复铸币的政治斗争

作为19世纪后30年的标志,政治活动对货币扩张的影响从内战刚一结束就开始了。

在战争接近尾声时,政府、议会和民众总体上都倾向于重新恢复铸币支付,而且认为货币紧缩是恢复铸币支付的必要步骤之一。财政部部长Hugh McCullough在1865年12月的年度报告中写道:"现在的法偿货币法案……一天也不应该存在,人们要准备迎接法定货币的回归。"[44]并且建议绿钞尽早退出流通。最终,议会以144票对6票通过了这一议案。[45]几个月后国会通过了1866年4月12日的法案,这一法案的目的就是推行McCullough所建议的政策。银行和商人当时非常支持恢复铸币支付,尽管他们后来在此问题上产生了很大分歧;工人和农民组织尽管后来是主张绿钞扩张和银币自由铸造的主要力量,但当时却仍然倾向于使用硬通货,他们至少从银行战争以来就一直坚持这一立场。[46]

在经过一段时滞后,战后价格的剧烈下降和经济的衰退使人们的观念发生了巨大的变化。1868年2月,国会中断了绿钞的退出。共和党和民主党的总统候选人都提议用绿钞代替黄金来支付政府的债券,尽管这一提案并没有获得通过。实际上,民主党的竞选纲领中包括了一个该方面的条款——"政府和人民、工人和政府官员、养老金领取者和士兵以及生产者和债券持有者使用统一货币"——虽然民主党的候选人Horatio Seymour遭到了强烈的反对。[47]而共和党的竞选纲领却反对这一提议,在共和党赢得选举以后,国会通过了1869年3月18日的法案,许诺除了个别发行时有明确条款规定以其他方式支付的证券外,其余的证券仍用铸币支付。

无疑,公众的论战仍在继续。一些人认为货币的紧缩是立即恢复铸币支付的必经阶段,尤其是那些从事国际贸易的人、东部的银行家、产业工人和美国新英格兰的纺织工人更希望如此。而另一些人则认为货币的扩张是抵消通货紧缩的良好手段,支持这一做法的人群很广泛,包括起初就是货币紧缩坚定反对者的农民、劳工组织的发言人、西部的商人和银行家、宾夕法尼亚的钢铁业主以及对西部不动产和运输感兴趣的商人。[48]另外还有一些人主张不要干预货币,用 George Opdyke 的话来说就是"巧妙的消极"——把恢复铸币本位看成遥远的最终目标。[49]

在华盛顿,争论的焦点是财政部是否有权力重新发行在 1868 年就退出流通的 0.44 亿美元的绿钞。尽管民主党对此表示支持而共和党表示反对,但是两党之间并没有绝对的分歧,最后由共和党委任的财政部部长多次行使了这项权力。[50]

在争论愈演愈烈的时候,法院也在考虑一个相关的问题:使绿钞成为所有公共和私人债务的法定支付手段,甚至包括那些在《法偿货币法案》(Legal Tender Acts,授权绿钞发行的一系列法案的名称)出台之前就已达成的债务合同的做法是否合法。在 1870 年 2 月 7 日宣判的第一起著名的绿钞案(Hepburn v. Griswold)中,最高法院以多数对少数判定这一做法是不符合宪法的。也许这一判决最吸引人的地方就是,大法官 Salmon P. Chase 就是第一批绿钞发行时的财政部部长,可是他并没有判定自己是失职的,也没有质疑他现在作为大法官审判在其财政部部长任期内发行绿钞这一事件本身就是不符合宪法的!

第一次的判决没有引起骚动,因为在判决时人们认为这只适用于战前的合同——这正是 Hepburn v. Griswold 案件涉及的问题——但后来人们很快就认识到判定《法偿货币法案》不合法的理由同样适用于战争后。为了撤销这一可能引发灾难性后果的裁决,人们发起了一场迫使法院重新查证其他所有未决"法偿货币"案件的行动。自从该项裁决后,法庭的另外两个空缺职位已经被填补,这给了行动支持者巨大的动力。[51] 在 1871 年 5 月 1 日判决的 Knox v. Lee 案件中,扩大的法庭宣布将绿钞作为法偿货币是符合宪法的,以 5 比 4 推翻了之前的判决,其中 Chase 大法官投了反对票。

1873 年 9 月银行业危机和后来的经济衰退刺激了重新扩大绿钞发行的努力。1874 年,一个本要在 1876 年 1 月 1 日前重新发行铸币的议案被改变成扩大绿钞发行的法案,这就是著名的《通货膨胀法案》(Inflation Bill)。在共和党的支持下,该法案在参众两院中获得了通过,但后来被 Grant 总统否决。之后,1874 年 6 月 20 日的法案确定了以当时的流通量作为绿钞的最大发行额度。

在 1874 年的国会选举中,共和党严重失利,自 1860 年以来第一次失去了对国会的控制。在立法期的最后几周,即新一届国会开始前,即将解散的国会违反程序通过了 1875 年 1 月 14 日的《恢复铸币支付法案》,这一法案宣布在 1879 年 1 月 1 日恢复战前的铸币支付平价,同时还赋予财政部部长使用财政盈余和通过出售债券积累黄金储备的权力。在当时,该法案仅仅是一个遥不可及的梦想,如果说它起到什么作用的话,那就是激起了人们对恢复铸币支付的反对。[52]

1875 年"绿钞党"的成立反映了货币发行的重要性。这个党吸收了 19 世纪 70 年代早期以包括独立、反垄断、改革和农民等各种名义成立的第三方组织。绿钞主义在 1873 年的危机之后传播得很快,其目标包括货币的充分供给、打破货币垄断、消除外国投资者在美国的投资和减少债务负担。该党认为铸币的重新使用是银行家紧缩货币供给的阴谋,并在 1876 年提名 Peter Cooper 作为总统候选人,要求无条件撤销《恢复铸币支付法案》。[53]然而绿钞党获得的投票极少,甚至少于全部选票的 1%,但是绿钞党使之前支持货币扩张的一些商业组织开始动摇,例如宾夕法尼亚州的钢铁业主就改变了他们的观点。绿钞党的支持率在 1878 年选举时达到顶峰,获得了 10% 的选票并赢得了 14 个国会席位。到 1880 年,人们对《恢复铸币支付法案》的指责已经司空见惯,取而代之的是要求政府垄断纸币和不限制银币铸造。尽管绿钞党倡导的金融制度仍然存在,但后来该党走向了衰落。

1876 年的总统选举是充满争议的。尽管 Samuel J. Tilden 赢得了大多数人的支持,但是 Rutherford B. Hayes 以一票领先的优势当选总统,也使共和党控制了白宫,民主党在众议院中占据多数,参议员中有 38 个共和党席位、37 个民主党席位和 1 个独立席位(绿钞党)。[54]在 1877 年后期,众议院通过了撤销《恢复铸币支付法案》的议案。该议案在参议院以一票之差未获通过。这一纸决议在政治上是很重要的。1878 年 5 月 31 日颁布的法案禁止绿钞将来以任何形式退出,而且没有改变 1879 年 1 月 1 日恢复铸币支付的承诺,尽管当时人们怀疑这一承诺是否会兑现。

就在大家争论绿钞和《恢复铸币支付法案》时,从 1875 年开始有人呼吁在货币体系中给予白银更大的空间,建立金银复本位制而不是金本位制。在 1873 年的《造币法案》(Coinage Act)取消白银作为货币的权利之前(在下一章中还会讨论到),美国在名义上都是金银复本位制。当时这并没有带来太大的争议,但是后来白银价格的下降引发了政治事件。1876 年国会建立了货币委员会来举行有关白银作用的听证会和撰写报告。由 8 人组成的委员会中,来自参众两院的各有 3 人,还有两位是来自非政府部门的专家。在 1877 年主要的报告中,他们赞成实行金银复本位制但反对绿钞的发行。George S. Boutwell,一位来自马萨诸塞州的参议员,提交了一份同意在国际上使用金银复本位制但反对仅在美国采用的少数派报告。哈佛大学的 Francis Bowen 教授和路易斯安那州的代表

R. L. Gibson 提交了第二份少数派报告,认为复本位制不切实际,因为市场比率与铸造比率会有很大不同,后果肯定是又变成其中一种货币的本位制。[55]这三个报告相当准确地代表了当时的意见。

在下一章我们将详细讨论金银复本位制论者的"银币自由铸造"运动为何接近成功。国际的金银复本位制论者从来就没有达到他们实施复本位制的标准,在此后的二十多年中,他们在国会的支持下与外国政府进行了有关将白银重新作为国际法定货币的谈判,并且组织国际会议,希望在与会国家中确定一个铸造比率,但是他们从未达成有效的国际货币合作共识。

从这一章中我们可以看到,恢复铸币支付的政治措施是混乱而又矛盾的。此外,政治措施与经济因素结合,最终使铸币恢复成为可能,这些我们将从本章关于经济复苏的讨论中看出。

2.4 影响货币存量变化的因素

在上文中,我们假设货币存量的变化是理所应当的。现在我们开始分析货币存量发生变化的原因。

从内战开始,美国的货币体系中日常流通的货币就包括铸币或信用货币,以及公众持有的存款,前两者是政府的直接或间接负债[56],后者是商业银行使用部分准备金向公众支付日常流通货币的承诺。在这样的体系中,区分三个影响货币存量变化的主要因素是十分必要的。[57]

1. 高能货币:公众日常持有的所有现金加库存现金,在 1914 年后,还包括银行在联邦储备体系中的存款。后两项构成了银行的准备金,根据我们的定义,这里面不包括银行间存款,并且 1914 年前只有库存现金。[58]因为银行准备金中的 1 美元可以派生出好几美元的存款,所以这些货币被称为高能货币。在其他因素(即下述两个因素)不变的情况下,高能货币总量的增长会使货币存量发生相同比率的增长。[59]

2. 商业银行存款和银行准备金之间的比率存款-准备金比率。对于给定的准备金率,这个比率越高,存款的数量就越大。然而,这个比率对货币存量的影响不像高能货币的变动对货币存量的影响那么简单,因为假定其他因素不变,存款-准备金比率的增长意味着更多的货币进入公众流通,从而改变准备金的数量。因此这一比率变化产生的影响还与下一个比率相关。

3. 商业银行存款对公众持有货币的比率(存款-通货比率)。给定其他两个因素不变,这个比率越大,高能货币中用于银行准备金的量就越大,从而货币存量也越大。这一比率变化产生的影响也与前一个比率相关。

这三个比率从数学意义上决定了货币存量,给定了它们的数值,就可以计算出货币存量。[60] 因此,我们称它们是货币存量的直接决定因素。

这三个决定因素在经济学上作用很大。它们被认为是影响货币存量的三个近似独立的因素,而且这三个因素在很大程度上由不同的经济部门影响或控制。

1. 在信用货币本位制下,也就是1862—1879年,高能货币是由政府行为决定的。政府对高能货币尚无明确的政策,其发行量完全是税收和支出、借债和偿还的多种其他行为的作用结果。但是政府最终有权决定向公众和银行发行货币的数量,从而决定高能货币的总量。从这方面讲,绿钞党及其前身对绿钞的重视是正确的。

我们在下一章中还会看到,铸币本位制和信用货币本位制之间有明显的差异。在国际铸币本位制下,任何一个国家的货币数量必须能够与其他采用相同货币本位制的国家保持平衡,所以高能货币的数量要根据铸币进出口情况来调整。在单一国家使用铸币本位制或者全世界都使用铸币本位制时,铸币的存量是由可用的实物储量和对货币及其他用途的相关需求所决定的;而其数量的变化是由铸币及其他商品和服务的生产成本决定的。无论在哪种情况下,高能货币的数量都是一个内生变量,而且不受政府左右。绿钞时期,美元与其他货币的弹性汇率切断了货币存量和国际环境的联系。这使高能货币和货币存量完全由国内情况决定。两者仅有的联系也不是货币机制层面的,而是政治层面的:政府要恢复战前平价水平的铸币本位制。

2. 存款-准备金比率首先取决于银行体系。当然,这不是指银行的一致行动,而是指每家银行独立行动的综合作用。一家银行可能只分别关注储蓄和准备金的绝对量而不是它们的比率,并且任何一家银行至少可以在自己的资产范围内确定准备金的数量。而从整个银行体系的视角出发,则是另一番情形。全部准备金的数量受到银行和公众手中全部高能货币数量的限制,银行能得到的份额除了取决于自身的行为,还取决于公众愿意持有存款而不是货币的动机。银行体系能决定的只是存款-准备金比率。不论政府和公众采取何种行动,银行都可以达到任意比率。同时,这一比率与政府规定的准备金率相关;与银行对公众存款变化的预期相关,即与存款-通货比率的变化相关。当然,这一比率还会受其他资产运用渠道收益变化的影响。

3. 存款-通货比率是由公众决定的。同样,这不是指公众的一致行动,而是指所有持有货币的个体行为的综合作用。虽然个体的行为能够决定上面两个变量,但是公众作为一个整体既不能决定存款的数量,也不能决定通货的数量。因为这两个变量取决于银行创造存款的意愿和高能货币的数量。公众仅仅能决定存款-通货比率,而且该比率是与政府和银行密切相关的。对政府而言,存款-通货比率是与货币发行和吸收存款的法律环境相关的,会影响公众的意愿;而对银行而言,该比率是与其向存款人提供的服务和存款利息相关的。

上述两个比率共同反映了在分母中的准备金和通货对增加高能货币总量的重要性。银行可用高能货币发放贷款,投资,支付营运费用,加上银行面临的竞争环境,促使它们向公众提供存款利息,并为了吸收更多存款而提供免费服务。相应地,公众的行为也会决定一个存款-通货比率。如果这一比率使银行的高能货币少于银行希望的持有量,那么银行就要变卖资产以充实其准备金,这样一来存款额就会减少,在给定的存款-通货比率下,公众就会持有更少的通货。如果这一比率使银行的高能货币多于其希望的持有量,那么银行就会用多余的准备金去购买资产,这样一来存款就会增多,公众将会持有更多的通货。在均衡的条件下,银行会从准备金资产或非准备金资产的成本与收益角度来评估,并根据边际成本和边际收益相等的原则来持有存款和准备金,当然两者都包括直接和间接的成本和收益。

上述的简短分析表明,这种决定因素的分析框架是为了便于分析货币存量的各种决定因素之间的相互作用,而不是孤立地去理解它们,这也正是我们希望在这本书中阐释的。

图 4 描述了 1867—1879 年的货币存量及其三个决定因素,它的最大特色就是高能货币以平稳甚至近乎水平的走势运动到 1879 年 2 月的经济周期谷底(后来又伴随着经济的扩张上升,见第 3 章)。从 1867 年到 1879 年货币存量的增长反映了两个存款比率的变化,尽管此时高能货币是下降的。从 1867 年 1 月到 1879 年 2 月,高能货币每年降低 1%。也就是说,如果两个存款比率保持不变,货币存量也会以同样的速度下降。但实际上,货币存量每年却增长了 1.3%。从高能货币下降到货币存量增长的转换过程之中,两个存款比率基本上各贡献了一半作用。[61]

高能货币的影响在 1867—1868 年最为明显,这时其他两个比率的增长仅部分抵消了高能货币的下降,从而使货币存量下降。在其他时期,高能货币对货币存量的影响并没有上述两个存款比率对货币存量的影响这么明显。货币

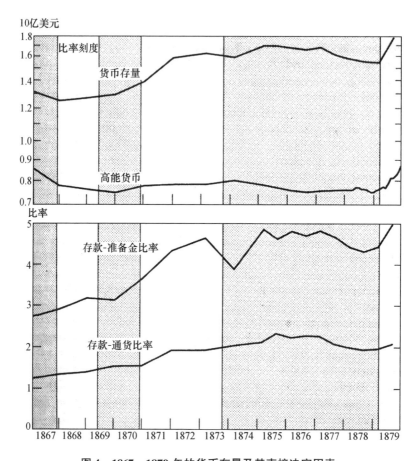

图 4　1867—1879 年的货币存量及其直接决定因素

注：阴影部分代表经济紧缩期，非阴影部分代表经济扩张期。

资料来源：表 A-1 列(8)及表 B-3；从 1878 年 6 月开始的高能货币月度数据同样来自表 B-3。

存量仅在如下年份中与高能货币同方向变动：存款比率与高能货币同方向变化的年份(1870—1873、1878—1879)，或存款比率基本不变的年份(1875—1876)。

1867—1870 年高能货币开始下降是由于为内战融资的各种票据和证券退出了流通，见表 1 中由银行和公众持有的"其他美国通货"，因此反映了这些暂时战争支出的最终和近似自动的清偿。1870—1874 年高能货币的增长是由国民银行券和绿钞近似相同的增长造成的，之后的下降则主要是由于绿钞的退出流通。绿钞的波动一定程度上是由前文提到的法律措施造成的——1874 年法案授权绿钞扩大发行；《恢复铸币支付法案》规定了绿钞有限制的退出；而 1878 年 5 月的法案暂停了绿钞的退出。但是这种波动在一定程度上也是财政紧急需求以及财政部官员决定财政部持有的授权额度的共同结果。特别是从1878年8月到1879年2月银行和公众持有绿钞的最终下降,是由财政部持有绿钞的增长造成的,总的授权额度并没有发生变化。高能货币的波动反映了绿钞和恢复铸币本位间的政治斗争,而较为轻微的波动和较为稳定的总量则反映了政治力量的相对平衡。

这种平衡可能并不是那么势均力敌。虽然高能货币基本保持不变或下降,但是如果存款比率的增长没有引起货币存量的增长,那么政治规则可能使高能货币呈现出完全不同的走势。存款比率的增长不是由于同期的政府行为,而主要是由于政府的前期措施对银行业结构的影响。1874年关于放松国民银行准备金要求的条款则是一个例外。

存款-通货比率最初的增长无疑反映了商业银行的快速扩张和银行存款的作用进一步增强。1872—1874年存款-通货比率增长速度的放缓可能引发了1873年银行业危机,而危机使存款-通货比率的增速进一步下滑,该比率在9月份的银行业危机中达到了峰值。一大批银行的倒闭引发了银行业危机。危机中倒闭的最重要的银行机构是Jay. Cooke公司,这家银行因在内战期间向公众发售政府债券而全国闻名。由于年度数据较为粗略,我们并不能精确地评估该事件的作用。然而,从一般意义上说,任何银行业危机导致的人们对银行信心的下降都可以在存款-通货比率中表现出来,因为人们会把持有的存款转化为通货,这在之后的月度统计数据中可以很清楚地看出来。1876年后存款-通货比率下降的原因也是相似的。1877—1878年,停业的商业银行数量有很明显的上升。

1867—1873年存款-准备金比率的增长一方面反映了国民银行中该比率的增长,另一方面反映了以准备金份额衡量的非国民银行相对重要性的迅速提高。虽然非国民银行的存款-准备金比率是相对稳定的,但它始终是国民银行存款-准备金比率的2—4倍。随着非国民银行重要性的提高,总体上也带动了银行业存款-准备金比率的提高。国民银行的该比率基本上翻了一番,从2.0到3.8,其存款增长了12.5%,准备金降低了41%。这种改变在某种程度上说明了国民银行正在步入正轨。由于国民银行的增长速度放缓并且它们可以根据业务经验不断进行调整,银行发现,相对于存款来说持有较少的准备金是可行且有利可图的。非国民银行持有比国民银行更高的准备金主要反映了两者适用的法定准备金要求不同。而且在1879年,只有6个州对存款有法定准备金的要求,其中只有3个州要求相当于《国民银行法》中的数量。[62]同时,1867—1873年非国民银行所持有的准备金份额从13%增长到33%。在上述两个引起1867—1873年存款-准备金比率增长的因素中,国民银行对该比率增长的贡献要略高于非国民银行地位上升的贡献。

1873—1874年存款-准备金比率的大幅下降是1873年银行业危机的结果。在危机的初期,公众持有的存款变为通货,致使银行准备金减少,这样也会使存款-准备金比率上升,但是银行很快就加强了流动性,所以其准备金在危机后相对存款来说有一个短暂而普遍的增长。之后的一段时间,银行准备金都保持在一个较高的水平,例如,1873—1874年银行吸收了大量的高能货币和公众手中的通货,但存款却略有下降。

1874—1875年存款-准备金比率的大幅上升,无疑在一定程度上是之前银行追求流动性的结果,但是更主要的原因可能是国民银行券发行法律条款的变化。在1874年以前,法律要求国民银行按照其存款和债券的总量持有一定比率的准备金,后来只要求其对存款持有准备金。法定准备金要求上的放松使1874年后的银行存款-准备金比率又创新高。

1877年2月之后存款-准备金比率的下降是由银行停业间接造成的。停业主要集中于非国民银行,并伴随着存款对这些银行的相对重要性的下降。正如我们所看到的,由于非国民银行的存款-准备金比率较高,因此其重要性的下降也导致银行业的存款-准备金比率有所下降。另外,在衰退中非国民银行希望得到更高的流动性,从而也导致了存款-准备金比率的下降。

总结:1868—1872年货币存量快速增长的主要原因是储蓄银行的扩张。这促使公众持有的存款-通货比率上升,从而使银行能用1美元的库存现金创造更多的存款。1877—1879年货币存量的下降主要是一系列非国民银行倒闭导致这些比率反向变动的结果。货币当局的行为影响了货币存量增长和下降的规模,并延长了其时间:首先是1870—1874年货币当局通过高能货币的增长影响货币存量。其次是从1874年开始货币当局通过高能货币的下降影响货币存量。此外,1867—1868年货币存量的最初下降也应该完全归因于货币当局的行为。

2.5　与绿钞时期相联系的几个特殊问题

2.5.1　黄金的升水

1862—1879 年,黄金在国内经济中是作为商品存在的,但黄金还不仅仅是商品:对国外和国内其他一些项目来说,黄金是第二种铸币。黄金支付被认为是合法的,结果这一货币的特殊重要性就造成了黄金的升水,即以绿钞表示的黄金市场价格和其战前名义货币价值的差额,这通常被认为是战争造成的暂时后果。

理解黄金在绿钞时期升水的关键是要知道黄金的价格实质上是美元/英镑的汇率。因此它是由影响国际收支的因素决定的,并反映了以下因素的变化:美国(战争中的北方各州)与其他国家相比在各种产品上的比较优势;美国与其他国家的相对价格水平;美国和其他国家的资本流动。同时期或者后来的学者都没有提到这些因素,他们更多地强调最终用黄金赎回绿钞这一预期的变化。这种预期固然重要,但其重要性远不及上述因素。预期的变化只能通过影响外汇的供求——例如,影响外国人愿意持有的以绿钞计价的资产数量,或者影响美国人愿意持有的以外汇计价的资产数量——来影响黄金的价格。

内战爆发时,以美元计价的英镑价格在 4.86 美元左右小幅变化,这也是美国财政部愿意支付和得到黄金的价格,同时也是英格兰银行支付 1 英镑的价格,这就是货币间的铸币平价。[63]其变动区间是由黄金进出口的费用决定的,这就是所谓的黄金点。外汇的变化超过这个区间就会导致黄金的进口或出口,触发传统的金本位调节机制,后者包含了美国和其他国家的资本流动及收入和价格的变化。

由于美国既不想也无力使汇率变化保持在黄金点以内,因而必将使美国脱离金本位。[64]一旦美国于 1862 年放弃黄金本位,汇率的波动就不再受到限制。美元贬值,即英镑的绿钞价格的上升,黄金的绿钞价格也上升。因为黄金的英镑价格是由英格兰银行的买卖汇率控制的,并在黄金点以内。此后,直到 1879 年重新恢复金本位制,汇率——以及黄金的升水——都是由外汇的供给与需求决定的。[65]

我们强调的重点是汇率与黄金升水的一致性,因为关于国内黄金供求和黄金升水之间的关系存在太多的困惑和误解。对于国内来说,黄金是商品而不是货币,所以有人认为其价格是由国内的供给和需求决定的——即采用分析房租和砖块价格的方法来分析黄金价格。这一想法是错误的,不是因为它把黄金当做商品,而是因为它只把黄金当作国内商品而没有视为国际贸易商品。像其他的国际贸易商品一样,黄金的国内储备相对世界总量来说是比较小的,因此,国内供求的变化对国际价格变化的影响微不足道,其价值是由国际供求关系决定的,而国际上对黄金的需求主要是出于其货币的用途。

另外,因为英国维持金本位制,除了在英国官方设定的黄金买卖价格区间内变化之外,所有黄金国内供求的变化对黄金的英镑价格几乎没有影响。它们对黄金绿钞价格的影响就好像对英镑-美元汇率的影响。从这个方面讲,这些变化与出口产品供给和进口产品需求的变化是同等的。而它们的特别重要之处仅仅在于黄金是美国的一项出口——美国小麦出口数量的增长对黄金的绿钞价格的影响,与以英镑计价与其等值的黄金出口数量的增长对黄金的绿钞价格的影响是相同的。黄金所具备的其他国际贸易商品所没有的唯一特点是,它是一种比较便利的持有外汇的形式。因此,资本或投机目的的外汇供求变化经常以买卖黄金的形式出现,在这种情况下,黄金是投机力量影响国际资本流动的一个媒介。

2.5.2 升水和购买力平价

外汇的供求决定了汇率,反映了美国对国外商品和服务的需求和供给、国外对美国商品和服务的需求和供给、外国居民向美国资本转移和单向转移的意愿、美国居民向国外资本转移和单向转移的意愿,而这些又都取决于国内外的相对价格水平。例如,如果美国的国内价格是现在的两倍,而英国的价格不变,这就会使一定汇率条件下的美国商品的价格是英国的两倍,从而导致英国从美国进口量的减少。同样,这种情况下英国商品价格只有美国的一半,这就会导致美国从英国进口量的增加,也会提高汇出美元的数量。反过来看,也就是说,既定数量的英镑在美国的资本投资仅能购得相当于在英国一半的实物投资,所以这就会阻止外商在美国的资本投资。对于其他国际收支项目来说,道理也是一样。如果英镑的绿钞价格也同步增长一倍,这些效用将被会抵消,真实的供求不发生变化。在其他条件不变的情况下,汇率会根据国内的相对价格水平变化——这就是汇率中的购买力平价理论。当然在美元时期,其他的条件是变化的,就像我们看到的,这使实际汇率的变化水平远远偏离了购买力平价的汇率变化水平。但是在大多数价格变动的时期,美国国内和金本位国家的价格水平的相对变化,以及这些国家的货币、黄金的升水,无疑才是影响汇率最重要的因素。[66]为了考察相对价格水平对黄金绿钞价格变动的影响,我们可以通过Warren Pearson 美国批发物价指数和 Sanerbeck 英国批发物价指数的比率得到大致的相对购买力平价。调整后的比率使 1861—1879 年购买力平价的平均价值与同时期以美元计价黄金的实际价值相等。[67]在图 5 的下半部分黄金实际价格是与黄金的购买力平价价格相联系的,图 5 的上半部分是实际价格与购买力平价价格的比率。[68]

我们之所以用英国作为比较的基准,主要是基于它对美国贸易的重要性,还有部分原因是在这个时期它是世界上唯一采用金本位制的主要国家。1861—1878 年,美国有 1/3 以上的进口来自英国并且有一半以上的出口流向英国。[69]在绿钞时期采用金本位制的地区显著扩大:德国在 1871—1873 年采用金本位制;拉丁货币联盟(法国、意大利、比利时、瑞士)在 1873—1874 年采用金本位制;斯堪的纳维亚联盟(丹麦、挪威和瑞典)及荷兰在 1873—1876 年采用金本位制。以上并未囊括全部,但基本包括了这一时期的主要变化。[70]

从图 5 我们可以很清楚地看出黄金价格的变化主要是由相对价格的变化引起的,且黄金的价格变化范围超过了 2∶1,实际价格与假定价格之比率的变化范围仅是 1.3∶1。在某种程度上,两者变化的差异可能反映了我们对购买力平价计算的误差,但这种差异似乎并不完全是由统计上的误差造成的。[71]

2.5.3 黄金的实际价格与假定购买力平价价格之间的差异

黄金的实际价格和假定购买力平价价格之间主要有两个差异:在内战期间黄金相对高的实际价格和之后直到 1871 年相对低的实际价格。说明如下:

1861—1864 年

在内战前,棉花是美国主要的出口产品并且占出口商品价值的一半左右。当时典型的贸易模式是:北方对国外存在贸易赤字,而对南方存在贸易盈余;南方对国外存在贸易盈余,而对北方存在贸易赤字。战争几乎断了北方原来从棉花出口中间接获得的外汇的来源,而其进口需求并未缩减,因此战争使北方在以前的汇率水平和相对价格水平上出现外汇赤字。[72]

在金本位制和稳定的国外价格下,黄金的流出会导致国内的通货紧缩。在实际信用本位制下,黄金价格(即外汇的价格)相对于国内价格将有更大幅度的增长。实际上,出口货物供给的下降会使黄金价格与购买力平价价格的比率最多增长 20%,特别是在英国统治集团的政治态度对北方不利,并停止了对其贷款的情况下。[73]部分原因可能是价格指数的缺陷使我们低估了贬值的程度。[74]但是即便对上述说法进行实质的修正,也无法弥补结论的不足之处。

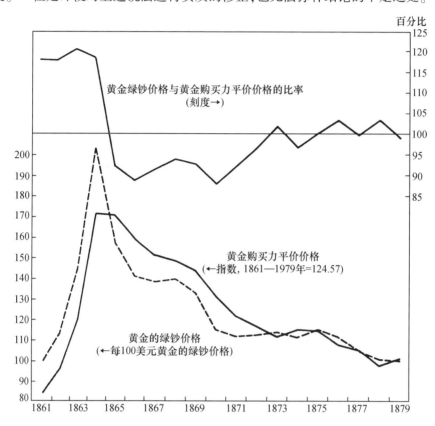

图5 1861—1879年以绿钞表示的黄金的实际与假定购买力平价价格

资料来源:黄金的绿钞价格来自 Mitchell, *Gold, Prices and Wages*, p. 4。

所有的商品都以绿钞计算,用黄金的购买力平价价格、美国批发物价指数(来自 *Historical Statistics*, 1949, p. 232, Series L-2)除以英国的 Sauerbeck 批发物价指数(来自 Sauerbeck, "Prices of Commodities", p. 648),得到的商再以 1861—1879 年为基期,乘以 124.57(124.57 是这段时期中以绿钞计价的黄金平均价格)。

外汇贬值幅度相对较小的一个可能的解释是铸币支付的中止减少了国内对黄金的货币需求,并且增加了出口货物的供给,这就从某种程度上抵消了棉花的损失,然而,数据记录并不支持这一解释。数据显示,黄金出口的增长从来没有超过战前水平。[75]很明显,这一微小的贬值反映了商品进出口供求的高弹性,以及资本的弹性供给。

资本流动扮演的角色很有趣,因为它同时影响着战争期间利率的行为和浮动汇率制下资本投机活动的特征。资本的流入受两个因素的影响:第一,美国的高利率;第二,黄金的绿钞价格(也即外汇价格)的下降预期,这会使外国人持有绿钞变得有利可图。

从图6我们可以清楚地看到利率在内战期间几乎不是一个吸引资本流入的因素。相反,铁路债券的现金收益率从1861年年底到1863年年初是下降的,并且1863年和1864年比战前和战后都要低。短期同业拆借利率(图中没有表示)在1863—1864年略微上升,但即便如此,它也不是前所未有的高水平。政府债券的收益不易衡量,因为我们并不清楚应该把它视为黄金债券(实际上最终确实是如此),还是至少本金甚至利息都是由绿钞支付的债券,而那时普遍认为是后者。在后面我们还会谈到这些,而目前注意到以下一点就足够了,即如果当时认为债券到期时是由绿钞偿付的,那么其收益率也会相对较低。

考虑资本流动时不应关注美国的绝对利率水平,而应关注美国与外国利率水平的差异。然而,即使考察了英国利率也并不能改变上述结论。伦敦的长期利率是稳定的,或者有所上升,但可以肯定的是,没有大幅下降到足以使美国的资本市场相对于伦敦来说更有吸引力。[76]

战争期间最有趣的是美国的利率走势,它令很多历史学家都感到困惑。[77] 人们可能认为战争期间价格的快速上涨——在不到4年的时间里涨了1倍——经过一段时滞后会造成利率的持续增长,因为贷款者要保护自己免受通货膨胀的影响,而借款者有更高的通货膨胀预期,所以也愿意支付高利率。另外,政府出于战争目的控制了大量的国家资源,而且主要通过借款融资,而不是通过直接征税和扩大货币发行量间接征税。政府对资金的需求肯定远远高于私人对资金的需求。综合上述因素,利率应该是上升的,但实际上利率确实是处于异常的低位。

在我们看来,利率远不能解释资本的运动,而由黄金的绿钞价格上升(即以外汇计价美元的贬值)所引起的资本投机可以解释利率的变动。根据对未来汇率预期的不同,这种贬值会有不同的作用。如果人们预期黄金的绿钞价格继续上涨,人们就会把手中的绿钞换成黄金或者外汇,以便在将来的持续升值中获利。另一方面,如果人们预期黄金的绿钞价格上升之后会回归到之前的水平,人们就会把手中的黄金和外汇换成绿钞,以便从将来黄金的低价格中获利。看起来人们的预期更倾向于后者,因此黄金绿钞价格的上升造成投机资本的流入,这样能够为贸易赤字融资,并能够解释为什么相对于北方国际贸易头寸的

046　美国货币史：1867—1960（精校本）

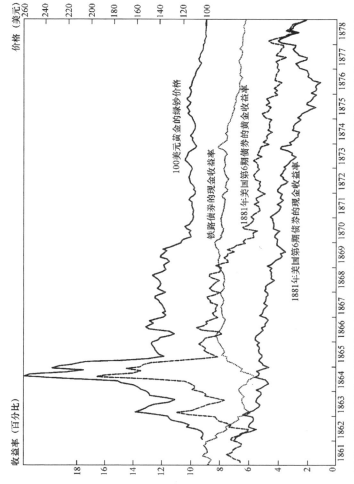

图6　1861—1878年以黄金和绿钞表示的债券收益率以及以绿钞表示的黄金价格，月度数据

资料来源：黄金的绿钞价格，来源同图5。
铁路债券的现金收益，来自F. R. Macaulay, *The Movements of Interest Rates, Bond Yields, and Stock Prices in the United States since 1856*, New York, NBER, 1938, pp. A143–A147；这些年中指数中的所有债券都是现金债券。
1881年美国债券现金收益来自季度收益表，采用 *Annual Report of the Comptroller of the Currency*, 1902, pp.129–131 中的月度最高价和最低价的均值。1861年7月以及之后每年的6月30日选取的债券到期日是1881年6月1日。大部分债券的到期日是当时确定的。部分时期使用的是列线图而不是收益表。同样地，除债券的月度平均价格外，1881年政府债券的黄金收益都除以黄金绿钞价格的月度价格。

显著变化,美元的贬值幅度偏离购买力平价理论预期的幅度是如此之小。资本流入形成了对美国证券的需求,这就解释了虽然物价上升和政府大量举债,但利率还是非常低的现象。

铁路债券收益率的变化间接地证明了该解释。一个外国人如果预期黄金的绿钞价格继续下降,他就会将以金本位货币计价的资产转换成以绿钞计价的资产。他可以先用资产换回外汇,然后(比如说在纽约)再用外汇来买黄金,最后用黄金来买绿钞,但他没必要以现金形式持有收益或将其存入银行,铁路债券的收益率要远远高于银行存款的利率。如果正如他所预期的,黄金价格下降,他可以出售债券,重新买入黄金或者外汇。[78] 对黄金价格继续下降的预期导致投机资本的流入,因此,增加了对美国证券的需求并使其价格上升但收益率下降;投机资本流出的作用恰恰相反。因此,对黄金未来价格的预期与黄金价格的水平而不是其价格变化的方向有关,这使黄金的绿钞价格与债券(比如铁路债券)的收益率之间发生了反向的变动关系。我们从图6中可以看到,在战争期间以及稍后几年中两者之间的关系。黄金的绿钞价格在1864年7月达到顶峰,同时铁路债券的收益率达到谷底,之后铁路债券收益率都与黄金的绿钞价格保持相同的变化幅度。另外,这个解释还与1862年中期到1864年中期这段黄金绿钞价格上升时期的中期和长期利率水平的不同走势相吻合。该时期的短期同业拆借利率和商业票据利率是上升的,这有可能是由于通货膨胀和政府大量举债造成的;同时铁路债券和政府债券的收益率则是下降的,如果把它们视为投机资金主要的投资对象,就很容易理解了。

我们前面提到,美国政府债券带来了一个特殊的问题。正如我们所看到的,无论是利息还是本金实际上都是由黄金支付的。如果当时能够完全预测到这个结果的话,那么政府债券的绿钞价格应该能够完全反映黄金的升水。例如,考虑到1881年美国债券6%的收益率[79],假设同等绿钞债券的收益率为6%,即面值100美元、收益率6%的债券定价为100美元的绿钞,所以政府债券应是相同价格,即黄金支付的100美元,这就是说有6美元的黄金收益。政府债券的绿钞价格后来是黄金绿钞价格的100倍,例如,黄金的绿钞价格是1.5美元,政府债券的绿钞价格应该是150美元,债券的收益是6美元黄金,值9美元绿钞。因此它们的当期收益率无论是用黄金还是绿钞计算都是6%。[80] 在这种情况下,将来黄金价格下跌,政府债券作为投机工具是无用的。持有政府债券和持有黄金是相同的,但与持有绿钞不同。

如果实际情况如同上面描述的那样,那么政府债券的黄金市场收益(即利息、本金和当期市场价格都用黄金来计值)会与同等债券的绿钞市场收益(即利息和本金用绿钞来支付)大致相同。[81]但是实际情况是其黄金收益与绿钞收益相差甚远。在黄金升水的顶峰,铁路债券的收益率低于6%,而1881年收益率为6%的政府债券的黄金收益率高于16%。从1862年到1866年或1867年左右的整个时期,黄金收益率严格按照黄金的升水波动,但如果在上一段的条件下,它应该完全独立于黄金升水。随着用黄金支付的预期变得越来越强,在1867年后黄金收益率逐渐独立于升水了(见表6)。

当然,这一解释意味着在战争期间及战争刚结束的时候实际上很少有人相信政府会用黄金支付本金和利息。[82]债券被视为纸债券(paper bonds),在这个预期下很难计算市场收益率。如果当时的利息是由黄金支付的,投资者对近期收益的支付和未来收益及本金的支付肯定会有不同的预期。在极端的假设下,投资者在购买时预期现在、未来的收益及本金都能用绿钞来支付,即他们把债券看做绿钞债券,在这种假设前提下计算的收益率,一定比他们购买债券时实际预期的收益率要低,然而图6中显示这样计算的收益率只是略低于1863—1864年铁路绿钞债券的收益率,所以这些年的实际情况也很接近于上述极端情况。但是这说明政府债券与那些明确的绿钞债务一样,都是投机黄金的工具。

1864—1865年黄金价格的下降缩小了政府债券的黄金收益率和现金收益率的差距,铁路债券收益率与这两种收益率的关系反映了政府债券黄金支付预期的上升。我们看到,直到1864年,政府债券的现金收益率只略低于铁路债券的现金收益率。在1864年后,随着预期的上升,铁路债券收益率的增长大大超过了政府债券的收益率并且仅仅低于政府债券的黄金收益率。在1868年共和党获胜已成定局时,共和党承诺使用铸币来偿付债券,政府债券的黄金收益率相对于铁路债券的现金收益率下降了很多,而两者在选举时还基本持平。第二年,特别是1869年3月18日法案颁布之后,政府承诺用铸币偿付,政府债券的黄金收益率相对于铁路债券的现金收益加速下降。在1867年后,政府债券的现金收益率与黄金升水的运动方向相反,正如在此之前黄金收益率与黄金升水的运动方向相同一样。

有关资本流入的直接证据极大地支持了我们从债券收益率中得到的间接证据。1863财年基于资本流动的证据不尽相同,虽然这一年的大部分时间里美元贬值,利率下降,但是Frank Graham关于资本流动的测算显示资本流出与前几年是一致的(见图7,显示了美国国际净资本流入和流出的测算,以及黄金的绿钞价格与购买力平价价格的比率。该比率的坐标标示方向与图5中是相反

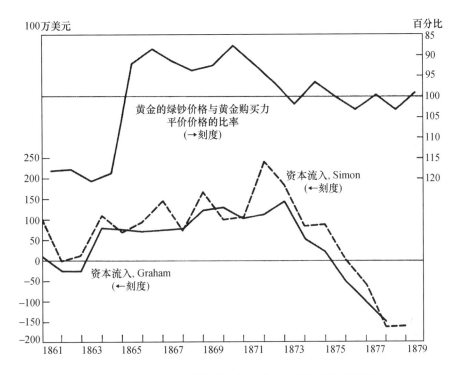

图7 1861—1879年美国国际资本流动净额和购买力平价

注：资本流动以黄金价值计算，图中虚线部分表示资本流出。

资料来源：比率的来源同图5。资本流动的数据来自Graham, "International Trade," p.231; Simon, "The United States Balance of Payments, 1861—1900", Table 27, line 30。

的，以使其预期变动与资本流入的方向相同，以便阅读）。然而，后来在Matthew Simon的测算中，在1863财年出现了一个小规模的资本流入，并且这符合我们对黄金升水和利率变动的解释。另外，Simon的测算有直接的证据支持，即早在1863年2月的时候，荷兰银行就开始小规模购买美国的证券。两个资本流动的测算都显示了从1863年6月30日到1864年6月30日资本流入的显著增加。伴随着1864财年美元的巨幅贬值，资本流入的增长符合我们的解释。荷兰和德国的投资者是当年美国政府债券和用绿钞支付的铁路债券的重要净购买者。[83] 1864年Grant、Sherman和Sheridan的胜利看起来预示了战争的迅速结束和北方的彻底胜利，这在一定程度上刺激了广大投资者对绿钞资产的持有，尽管当年黄金升水的上涨速度很快；而如果战争失败，人们则将预期黄金会进一步升值。Simon指出，这些事件对于恢复美国对英国投资者的吸引力十分重要（英国投资者在战争中曾是反对北方的）。在战争胜利和战后的重建使美国来自棉花的收入得以恢复,这些资本流入为北方提供了所需要的外汇。

如果这个分析是正确的,表现为黄金绿钞价格上涨的汇率贬值通过两种截然不同的方式解决了北方国际收支的困难:一是通过刺激出口、限制进口来影响贸易中的经常项目;二是刺激投机性资本的流入,这削弱了贬值的程度,使贬值仅超过了为弥补价格水平变化而应贬值的幅度的20%左右。

有趣的是,在第一次世界大战后德国通货膨胀早期所发生的事件与美国内战时的情形十分相似。[84]当时马克贬值,德国政府告诉外国投资者马克将会升值,所以外国投资者持有了大量的马克资产,这使马克的外汇价格维持了高于购买力平价的价格。资本的流入为德国带来了大量的资源,但随着德国通货膨胀的持续,这种预期被打破了,资本流入被资本流出所替代,马克的贬值比购买力平价所决定的还要快。当然,不同之处在于:在美国内战中,投机者最终是正确的且他们的投机起到了稳定的作用;而在德国的问题上,他们的判断是错误的且投机也是不稳定的,但这是我们事后的判断。就1864年年末和1922年年末的情况而言,很难预测到会有如此截然不同的两种结果。

1865—1871年

资本在战争结束后继续流入,寻找长期投资的资本理所当然地会部分替代原来由黄金的高升水而吸引的投机资本。另外,战争的结束意味着出口相对于进口会提高,因为南方在经济上又与联邦融为一体。结果是黄金的价格相对于购买力平价价格有较大的变动,从高出大约20%到低出大约10%,绿钞外汇价值约30%的升值体现了被战争破坏的贸易关系对国际收支的压力。

1865—1871年黄金的价格比假设的购买力平价价格低10%,这就产生了上面说到的第二个主要矛盾,然后在1873年黄金价格相对于购买力平价价格提高了,后来又围绕购买力平价价格浮动。正如Graham对从战后到金本位制重新实行之间升水变化趋势的精辟分析所指出的[85],相对低的黄金价格——也就是说,绿钞美元的高价值——从1865年到1871年,是由外国的资本流入造成的。在那段时期,国外的投资者最初在政府债券和铁路债券之间的比较中倾向于前者[86],而在1870年时转向后者。这种转变反映了政府债券吸引力的下降,政府债券作为国民银行券和政府存款的担保,在银行的竞相购买中价格被抬升,而预期黄金绿钞价格的下降使得以政府债券持有资金也不再有意义,因为政府债券实际上成为黄金债券。在图6中可以看出,铁路债券的货币收益率在1869年比政府债券的黄金收益率要高,并且从1870年起就保持了2个百分点的差距。由于政府偿还债务,欧洲持有的美国政府债券也在此时开始下降,并持续了10年,收益率更高的铁路债券取代了政府债券,成为大西洋彼岸欧洲投资者追逐的对象。[87]

然而,之后1871—1873年美元的贬值则让人困惑,因为Graham的估计值和Simon最新的估计值总体上都表明,直到1873年之前,美国都有大规模的资本流入。一个可能的解释是,美元贬值是国内经济繁荣导致进口大量增加和1871年棉花歉收导致出口供给减少两个因素共同作用的结果。[88]由于这些现象是暂时的,所以它们可以通过贬值或短期资本流入进行调整。先是国外短期资本流入,后来扩大为股票市场的活期贷款和纽约货币市场的英镑贷款,据记载,这种现象从1872年夏天开始并一直维持到1873年9月。[89]

1873年后一直维持的低价美元,就像1865—1871年的高价美元,很自然地也归因于资本的流动。根据前面的两个测算,1873年资本流入速度下降并迅速被净流出所替代。如果前面对于1871—1873年变化的解释是正确的,那么这种下降部分是偿还前些年短期资本流入的结果,同时也反映了铁路融资难度的加大和某些铁路贷款的违约。这在很大程度上导致了1873年银行业的危机[90],而危机又反过来加大了铁路的融资难度。

如果说这个时期对上述解释应提出什么质疑的话,那就是为什么在极端不利的资本流动情况下美元没有贬值到一个更低的水平。一个可能的解释是(我们并没有检验过),在内战以及后来的10年中,农业和工业的扩张在提升美国国际出口竞争力方面的作用要大于其本身扩张所引发的进口。也就是说,外国人对美元的需求(用来买美国的商品)要大于美国人对外汇的需求(用来买外国的商品)。这种比较优势的提升会提高美元的货币价格。用图7来描述这一解释,意味着黄金价格相对于没有资本流动情况下的购买力平价价格会一直下降,或者如果转换该图的坐标,应该是上升的曲线。与图中的曲线而不是水平线的背离,表现出了与资本流动相一致的规模。至少在过去的几年中,这样的背离要比与水平线的背离和资本流动的相关程度更高。第3章中的图9体现了在更长的时期中相关价格与资本流动的关系,支持了这一解释。因为贯穿于这一时期的美国价格水平,相对于符合任何给定的资本流动趋势的国外价格水平而言,是趋于上升的。

2.5.4 黄金的存量

正如任何一种以固定的世界价格出口的商品的国内价格将随汇率变化一样,在内战中相对高的黄金的绿钞价格可能会刺激黄金的生产,而1865—1871

年的相对低价格又会使其产出收缩,后来的高价格又会推动其产出增长。这就是大概的情况,虽然产出和价格变动之间有一定的时滞,部分是由于当时的生产条件,部分是由于加州与其他地区较为隔绝。黄金的产量从 1862 年的 190 万盎司增加到 1866 年的 260 万盎司,然后在 1875 年迅速滑落为 160 万盎司,然后在 1878 年又急剧增长到 250 万盎司。

黄金的净出口则是另外一番情形。1862—1876 年黄金的出口量飘忽不定,基本围绕着战前 10 年的水平变动,然后在 1877 年下降很快并于 1878 年和 1879 年变为负值。因此在绿钞时期的最后几年,黄金的产量增加但出口减少。

造成黄金出口变化的主要原因是国内市场对黄金的需求。1862—1876 年黄金出口的短期年度变化反映了对外贸易的短期变化,因此,也反映了外汇收支的短期变化。另一方面,这种变化发生在 1877 年,这无疑也反映了货币形势的变化。恢复铸币支付的前景很不明朗,因此持有黄金的主要动机是投机或者将其兑换成外币支付出口。我们在本章第 1 节中指出,后者无疑是持有黄金的主要动机。[91]因此黄金的非货币化造成了最初对黄金需求的下降。后来虽然产量有所下降,但已开采黄金的出口还是相对稳定的,避免了黄金产量的下降对黄金绿钞价格形成进一步的压力。一旦恢复铸币支付的日期临近,黄金就变为持有国内资金更有吸引力的方式,因此这方面的私人需求可能会增加。另外我们看到,在 1877 年后财政部大规模地进入该市场积累黄金。在公众和财政部两方面对黄金的需求增长的共同作用下,黄金的出口大幅下降,黄金的绿钞价格相对于购买力平价价格也上升了。[92]

2.5.5 恢复铸币本位的经济学

在 1879 年,多种因素使铸币支付成功地恢复到战前平价水平,而这些因素的相对重要性是这个时期最有趣的问题之一。本章的前面部分对这一问题的答案提供了事实以及分析的基础,在这里我们只需要选择几个相关的元素加以分析。

我们看到,在内战前美元和英镑的汇率在 4.86 附近波动,波动的幅度取决于黄金的运输费用。从 1862 年开始汇率不再受到限制,当然其变化幅度就远远超出了这个范围。正如我们在本章第 5 节的前几页中提到的那样,它是由外汇的供求决定的,而且美国政府并没有承诺会干涉由国际收支自行形成的汇率水平。要回到战前平价水平,最重要的是要使汇率在黄金输送点内变化,如果要在英镑的美元价值跌到这一水平之前这样做的话,势必会导致英镑的短缺,就像第二次世界大战后很多国家高估自己国家的货币从而造成"美元荒"一样。外汇管制和对进出口的相关限制遏制了第二次世界大战后的美元荒,而在绿钞时期这些手段尚未发明(或者说尚未完善),因此英镑的短缺就意味着黄金的损失,而这会使铸币支付再次中断。

决定美元和英镑汇率的因素纷繁复杂。但是,显然从第5节对黄金升水的讨论中可以看出,最重要的一个因素是内战后美国国内价格相对于以英国为代表的金本位制国家价格的变化。因此,铸币支付的主要条件是美国的绿钞价格要像在1861年停止使用铸币以前那样与英国的英镑价格保持相同的变化关系。以Sauerbeck批发物价指数衡量的1879年英国价格水平比1861年下降了15%[93],而以Warren-Pearson每月批发物价指数衡量的美国价格水平在1864年8—9月达到顶峰,在1865年1月时只略微下降,这两个顶峰是1861年平均价格水平的2.5倍,1865年略高于1861年水平的2倍。为了在战前平价水平上恢复铸币支付,价格需要下降到1865年水平的一半以下,当然事实也确实如此:1865年平均价格指数是185(1910—1914年是100),1878年12月是86,1879年1月是87,这比1861年的水平大约低了3%。

在第2节中我们看到,虽然货币存量有小幅的增长,但是价格还是下降了很多。这是因为产出的飞速增长和货币流通速度的下降,即单位产出对货币的需求提高了。造成价格下降的因素也恰恰使铸币支付变得可能,这个主要因素就是实际收入的快速增长——经济的增长与货币存量相适应。[94]

恢复铸币支付始终是一个主要的政治目标,而政府为了达到这一意图而采取的行动是否过快或过慢则是一个主要的政治问题。我们在第3节中看到,这一特点在有关1875年《恢复铸币支付法案》的争论中可能达到了极致。因此,十分有趣的是,人们在解释铸币支付的成功时往往只把政府作为一个并不重要的角色。政府通过出让公共土地、授权修建铁路以及类似的措施促进西部扩张,以推动产出增长。但是在当时并不是每个人都认为政府的这些行为的直接目的是恢复铸币支付。

政府的行为对货币存量温和的增长速度产生了综合的影响。一方面,联邦和州政府的立法为商业银行的快速成长奠定了基础,尤其是在1867年后对州立银行的作用更大。我们在上面看到,这带来了战后大多数时期内存款-准备金比率及存款-通货比率的增长。另外,1874年美国取消了对国民银行券的准备金要求,这使存款-准备金比率上升。这两个存款比率的增长又促使货币存量上升,从而抑制了价格的下降并推迟了恢复铸币支付先决条件的完成。另一方面，政府成功地使高能货币存量小幅下降，这主要是通过1865—1869年政府使用政府盈余和偿还债务的方式使"其他美国通货"退出流通领域来完成的，这在一定程度上抵消了两个存款比率增长的作用。

考虑到反复出现的要求扩大绿钞发行的政治压力——对政府来说主要是在1873—1874年——以及为了获得预算盈余以偿还债务的政治困境，哪怕高能货币很小幅度的下降都是不小的成就。[95] 但人们往往忽视了政府的这一成就。

很有趣的是，在恢复铸币支付之前的几年中，货币存量的下降促使价格快速下降。而正如我们看到的，对于这一货币存量的下降，银行业危机所带来的两个存款比率的下降要比财政部的行为影响更大。

在1877—1879年，财政部利用低利率的优势偿还了一半的附息公债。对于持有债券的国外投资者来说，债券赎回得正是时候，因为新发行的债券可以替换旧债券，如果新债券的销售金额不足以支付赎回旧债券所需的资金，财政部可以动用经常账户盈余来偿付退出流通的旧债券，而无须出口美国的黄金。实际上，美国在那几年中黄金的净进口额超过了500万美元，而美国政府这一阶段向国外投资者偿还了3亿美元的政府债券。[96]

在铸币支付恢复以前及刚恢复时，财政部为了不给外汇市场造成过大的冲击，偿还计划拖延了很久。如果当时财政部采取了错误的措施，势必会影响铸币支付的恢复。因此，财政部的举措值得称赞。

1875年《恢复铸币支付法案》像政府的其他行为一样，对铸币支付最终的成功恢复起到了多重作用。直到John Sherman在1877年3月成为财政部部长后才开始正式积累铸币储备。在这个法案条款之下，铸币储备的借贷与积累行为对恢复铸币支付有三方面的作用：

1. 该法案的实行以及铸币储备加强了人们对铸币支付未来可持续性的信心，而这既防止了投机资本从美国抽逃，又阻止了投机性的铸币积累行为，还增强了外国人持有美元的动机。如果没有《恢复铸币支付法案》，1876—1878年外国人对美国证券的抛售可能会比实际情况更加严重。更重要的是，政府通过设立一个确定的汇率以及达到这一汇率水平的日期来使投机者相信政府可以达到这些目标，并且使汇率稳定在某一水平上。实际上，到1878年3月黄金的每月平均升水降到了2%以下，并且以后再也没有超过这个水平。这明显有利于铸币支付的恢复。

2. 卖出债券是一种公开市场操作。如果债券以国内货币卖出，获得的收入会增加财政部持有的通货,减少货币体系中的高能货币基础并加剧货币紧缩。实际上,债券不是以通货而是以黄金卖出的。以黄金卖出债券与以绿钞卖出债券再把绿钞换成黄金是等价的。在一个非金本位制的体系中,用新发行的通货或者用货币当局持有的通货来购买黄金是一种公开市场购买,具有货币扩张效应。因此,以黄金卖出债券的效果相当于公开市场卖出债券以及相同数量的公开市场购买黄金,这两项操作一起进行,并不会改变货币基础。实际上,虽然黄金不是法定本位货币,但我们注意到它与绿钞都服务于货币目的。结果,国内公众或银行出于货币目的的黄金购买,首先减少了货币体系中的储备基础。然而,如果银行愿意,它们可以在国内外的自由市场上通过购买黄金或其等价物(如英镑)的方式补充准备,实际上它们也是这样做的。财政部的黄金储备增长并不是明显以公众和银行持有高能货币的低增长为代价的[97],因此这样的考虑并不能改变的一个结论就是:国内外市场上以黄金卖出的债券对货币基础的效用是中性的,这也意味着这样的操作会影响黄金溢价,在第3点中我们会提到。

3. 因为黄金是外汇的等价物,财政部对黄金的购买增加了外汇需求。[98]借用国外的资源相应增加了贷款,进而增加了外汇供给。这种对国外资源的借入一定是以向这个国家的贷款为代价的(尽管这个国家的净资本是向外流动的,借款也在进行)。在某种程度上,即便有国外借款,供给的增长仍小于需求,而国内的借款影响更大。通过向国内借款,财政部获得了一些本该用于其他用途的资源,其中也包括一些外汇需求。本来这些资源中仅有一部分会用来购买外汇,而现在财政部将它们全部用来购买外汇。需求比供给更大幅度的增长使英镑的绿钞价格比应有的水平高出许多,从而进一步加大了铸币支付实行的难度,因为这不仅要求国内价格下降至足以平衡国际收支以达到期望汇率的水平,还要有大量的盈余用来积累铸币准备。《恢复铸币支付法案》总体上是否能帮助或阻碍铸币支付的恢复,取决于该效应与对恢复铸币支付的信心和投机效应孰重孰轻。

不论由此可以得出什么样的结论,一旦铸币支付得到恢复,政府就会停止用于建立黄金准备的借款,此举将消除汇率压力的来源,并且允许国内价格在铸币支付恢复后立即快速上升,而不带来国际收支问题。我们将在下一章中进一步分析该问题。

如果前面的叙述让我们认为铸币支付与其法案中的日期的达成纯属巧合,那么以下两个解释会让我们觉得这种巧合不完全是偶然的:(1)直到黄金溢价降为顶峰时期的 1/10 时,该日期才被敲定,所以当时铸币支付所需的大部分调整已经完成了。(2) 大量的研究表明,只要人们对官方汇率的稳定有信心,国际收支还是有很大的回旋余地的,毕竟投机以及相应的资本流动的调整也需要时间。这意味着成功恢复铸币支付的条件并不是苛刻的,而是较为宽松的,恢复铸币支付有可能比原定日提前一年甚至更早完成,而在原定日之后则肯定可以实现。

2.6 总结

1862—1879 年绿钞与黄金之间没有法定的联系,所以在美国通货与英镑之间也没有固定的平价,而英镑是严格与黄金挂钩的。黄金的绿钞价格实际上是英镑的绿钞价格。

黄金和英镑每月的平均价格在这一时期变化很大。在战前价值 1 美元的黄金到 1864 年时,价格升高到 2.5 美元。这相当于每英镑折合 12 美元以上,即之前及之后平价(4.86 美元)的 2.5 倍。随后黄金和英镑的价格不规则地下降,并在 1879 年 1 月 1 日恢复铸币支付时达到平价水平。黄金的价格变化主要是由美国与国外商品及服务的相对价格水平的变化造成的,而这又主要是由美国国内价格水平的变化造成的。战争期间批发物价上涨了两倍多,但在后来的 15 年中又超常地下降到原来的水平。价格的下降是成功恢复铸币支付到战前平价的必要条件。

在内战期间,仅仅商品价格的运动还解释不了美元大幅度贬值(即英镑的美元价格大幅上升)。可信的解释应该是南方、北方以及与世界其他地方联系的切断:南方用出口棉花的收益从北方进口商品,而北方则用向南方出口的盈余向国外购买商品。由于国外预期美元升值,所以投机性资本涌入美国,这在一定程度上弥补了北方的外汇流失。因此,贬值幅度仅超过由价格变动水平引起的贬值的 20%,投机性资本的流入也造成了 1863—1864 年异常低的利率。

内战后的五六年中,英镑的美元价格要低于商品价格变动所预示的水平。这是由于 1870 年前国外的大量资本到美国进行投资,尤其是投资美国政府债券和后来的铁路债券,使美元没有大幅度贬值。当资本流入在 1873—1879 年大幅下滑的时候,英镑的美元价格先是高于美国与英国的物价比率,然后与这一比率的变动保持一致。

内战期间美国最初的价格增长伴随着为支付政府支出发行绿钞和其他法

定货币而导致的货币存量的大幅增长和银行存款的扩张。不幸的是,无论是战争期间价格的上升还是战争刚结束时价格的下降,我们都没有令人满意的统计数据。我们可用的连续的统计数据始自1867年,而那时的价格与战争期间的最高水平相比降幅已经超过了25%。

从1867年1月到1879年2月,我们对货币存量的估计接近于恢复铸币支付日的货币存量,货币存量增长了17%,或者说其年增长率是1.1%。这主要发生在1870年到1872年年初。从1875年起,货币存量实际是下降的。价格的走势与此类似,价格的上升主要发生在1871年到1873年年初,而在1876—1879年则大幅下降。以后来的标准来看,货币存量的这种变化是很不寻常的:在如此长的时期中增长的幅度如此之小而下降的年份又如此之多。而在之后的时期,货币存量的增长率倾向于在经济周期顶峰来临之前减速,在经济周期谷底来临之前加速。

货币存量小幅增长的原因是1868—1878年高能货币(公众持有现金以及银行持有现金准备的总和)的数量保持稳定。高能货币在内战后起初是短暂下降的,因为战时政府债务工具退出流通。然后随着关于恢复铸币支付、绿钞和银币势均力敌的政治争端,高能货币在一个稳定水平周围波动。直到铸币支付的恢复成为既定事实,关于恢复铸币的争论才平息,并被银币的问题所取代。

由于公众持有美元存款数量和银行派生存款数量的增加,这种高能货币的持续稳定就转化为货币存量的增加。存款-通货比率的增长某种程度上反映了商业银行的扩张。存款-准备金比率的增长反映了国民银行几乎两倍的增长以及非国民银行相对重要性的提高。这两个存款比率的增长都集中在1873年以前,而在1875年后这两个比率都下降了,这也是货币存量与其有相同的变化趋势的原因。

由于产出的快速增长,相对缓慢的货币存量增长造成了物价的大幅下降。我们不能精确地计算出产出的增长。唯一可用的综合性指标(以不变价格衡量的国民生产净值)是从1869年开始的,我们有充分的理由相信这一估计值严重高估了此后10年的产出增长率。不过也有很多的证据证明,虽然仅凭国民生产净值并不能完全说明产出的增长,但事实上产出的确增长得很快。

收入数据的不完全使我们无法得到有关货币流通速度的准确结论。仅有的数据显示,1869—1879年收入有小幅上升。更精确的测算可能显示其是下降的,但我们无法知道下降的幅度。

1873—1878年或1879年是一个非常有趣的阶段,同时代的观察家都认为这个时期是"经济的低潮期和混乱期"[99]。国民经济研究局指出,从1873年10月的经济周期顶峰到1879年3月的经济周期谷底是美国历史上最长的经济紧缩期,国民经济研究局的这一判断与当时观察家的结论是相符的。然而,如果数据显示的结论是准确的,至少在这一阶段的后期,产出是增长的。如果仅仅从产出上来衡量,经济衰退可能在1877年以前就来临了。

显然,价格的走势(1877年到1879年年初急剧下降)和成功恢复铸币支付之前货币的不确定性态势解释了这种明显的矛盾。无疑,紧缩是漫长和严酷的,但是金融变量的迅速下降(表现得十分明显,并且比其实物变量记录更为完备)可能使当时的观察家和之后的学者高估了紧缩的严重程度和持续时间。当时的经济观察家(数量不亚于现在的观察家)理所当然地认为价格的急剧下降与产出的迅速上升是不相容的。这一时期值得更深入的研究,因为它颠覆了许多从前我们深信不疑的观点。

注释

A Monetary History of The United States, 1867-1960 ★ ★ ★

[1] 一个可能的例外是1877—1879年财政部以较低的利率赎回内战时发行的债券。

[2] 在银行业的衰退中,通货与存款作为两种主要的货币形式在很短时期内是采用浮动比率兑换的(见第3章和第4章)。

[3] 见Bray Hammond, "The North's Empty Purse", America Historical Review, pp. 8-11, Oct. 1961。文中谈到北方政府为战争融资的三种方式,即发行绿钞、税收和借款。为了更方便地从国民银行提款并且扩大政府债务的市场,政府制定了《国民银行法》,这个法案的许多重要思想体现了1838年建立的纽约自由银行体系及1858年马萨诸塞州立银行法案的精髓。见Fritz Redlich, The Molding of American Banking, New York, Hafner, 1951, Vol. Ⅱ, Part Ⅱ, pp. 99-105。

另见Simon Newcomb对以国民银行体系为战争融资的猛烈批评(A Critical Examination of Our Financial Policy during the Southern Rebellion, New York, Appleton, 1865, pp. 199-222)。他的这本小书对我们在内战时期融资的理论问题作出了精辟、深刻以及具有原创性的分析。

[4] 更多讨论见附录B。

[5] 后来这一规定改为100%:1900年3月14日的法案授权国民银行可以以票面价

值从货币监理署处回收流通中的国民银行券。

〔6〕这是在1874年6月20日的法律中规定的,这实际上放松了以前的管制,而只要求国民银行持有一定的准备金。

〔7〕最初国民银行券的发行量被限制在3亿美元,在1870年7月被提高到3.54亿美元,1875年的《恢复铸币支付法案》完全取消了该限制。

〔8〕1873年年初,纽约市国民银行折价出售国民银行券以换回绿钞(*Commercial and Financial Chronicle*, Jan. 18, 1873, O. M. W. Sprague, *History of Crises Under the National Banking System*, National Monetary Commission, GPO, 1910, p. 29)。

由于货币的季节性流动,大量包括其他地区银行票据在内的通货流向纽约,而这些票据在纽约的作用不如绿钞大,原因是如下两项制度安排:(1)与其他城市的清算所不同,纽约清算所规定只能用法定货币结算赤字。(2)在1874年以前,国民银行券只能在发行银行的柜台或其指定(在纽约或其他储备城市的)的代理机构的柜台赎回。发行银行往往在后者保有存款以满足法定存款准备金要求。

纽约的银行本可以简单地通过减少发行银行相应金额存款的方式来赎回票据,Sprague认为这是纽约的银行可以偶尔采取的合理措施。采取这种方式赎回可能会减少纽约的银行的存款准备金,因此每赎回1美元的票据就会投放25美分的法定货币。然而,这种形式的赎回会导致发行银行准备金的减少并增加其他银行的责任,所以纽约的银行有充足的理由避免这样做。它们可以以0.25%的折扣向经纪商卖出票据,然后经纪商以0.125%的折扣再把票据卖给乡村银行,从中赚取绿钞。

国民银行券的折价是否在1874年回购程序改变以前就存在还不是很清楚。1874年2月纽约市国民银行的主席Jemes Buell证实,当国民银行券"泛滥"时,纽约市国民银行拒绝国民银行券作为存款,但是"国家通货和绿钞并没有长期的差异",他又提到在衰退期中(1873年9月)绿钞有"2%—4%"的溢价,不过从那以后"两者就完全一致了"(见 *Statement to the Committee on Banking and Currency of the House of Representatives*, New York, 1879, pp. 5-9)。Sprague形容货币溢价是由银行在1873年9月到10月拒绝货币和存款之间的转换造成的,这也是绿钞和国民银行券价格不同的原因。10月22日是他最后一次记录报价,其中有一条说明写道:银行券维持票面价值。

在1874年6月赎回程序改变以后,财政部总是以票面价值赎回国民银行券,财政部用每家银行交付的相当于发行量5%的基金来赎回银行券。这5%的基金仍然可以用作存款的准备金,当然,通过银行券的赎回,每家银行的准备金都降低了。然而发行银行无法确认是哪家银行将银行券出售给财政部,所以纽约市其他银行可以合法地进行操作。

波士顿国民银行的职员C. B. Patten在19世纪80年代写道:"国民银行券在华盛顿的某个中央机构——以及发行银行的柜台上——被以法定货币赎回……因此它们的市场价值与法偿财政票据,即绿钞相同"(*The Methods and Machinery of Practical Banking*, 7th ed., New York, Bradford Rhodes, 1896, p. 37)。

〔9〕也可参见Phillip Cagan即将出版的有关决定和影响1875年以来美国货币存量的专著,这是一项国民经济研究局的研究。文中所讨论到的发行利润是基于Cagan自己的计算。他认为收益率等于债券的收益减发行的费用,再除银行获取债券时的资本占用额度。资本占用,简单地说,就是债券市场价格及在其基础上发行票据总额之差。另一方面,货币监理署认为资本占用与债券全额市场价格相等(见其1873年的年度报告, p. xxxiii,以及后续年度报告),这种方法计算出的收益率较低,并且被其他人所采用,见 *Report of the Monetary*

24　　*Commission of the Indianapolis Convention*, University of Chicago Press, 1898, pp. 186 - 196; J. Laurence, *Money and Prices*, New York, Scribner, 1924, pp. 239-245, 270-271。在 Laughlin 的计算中,把债券的票面价值当做占用资本的数量,并且将债券市场价值超出票面价值的部分从"可贷流通资金"中减去。监理署和 Laughlin 都比较了债券的利息加上可贷流通资金的利息减去票据发行的费用所得的收益,与直接将占用资本以 6% 的利息贷出所得的收益。Laughlin 和货币监理署的计算是一致的,除了 Laughlin 从"可贷流通资金"中减去发行银行将票据存在财政部所需的 5% 的偿债基金。因为该基金要作为法定存款准备金,所以在计算发行收益时不必考虑这个因素。

在 1894 年 12 月对货币和银行委员会的陈述中,财政部部长 Carlisle 采用了货币监理署的方法得出了较低的发行收益,相较于直接借贷 100 美元所获得的 6 美元收益,每 100 美元市值的债券利润为 6.52—7.83 美元。根据 Cagan 的计算,发行债券的收益率是 9.2%,而其他资产的收益率只有 4.2%。银行家们在货币和银行委员会前的陈述中都沿用了货币监理署的方法。纽黑文国民银行总裁宣称 5 万美元对我们银行来说根本不值一提。纽约一家州立银行的总裁说,他之所以保留州许经营权,不是一时冲动,而是因为国民银行体系内确实无利可图。Carlisle 总结了当时的观点:"当然,众所周知,国民银行内的流通金额只能赚取相当少的利润"(*National Currency and Banking System*, Report and Hearings before the House Committee on Banking and Currency, Dec. 1894, H. Rept. 1508, 53d Cong., 3d sess., Report, pp. 7-9; Hearings, pp. 49, 154, 176)。

银行家们没有意识到发行票据盈利是因为表示这一利润的基础是错误的。或者,更有可能的是我们忽视了发行票据的某些成本,而且这一数字还很大。

25n　　[10] 从 1868 年 1 月到 1873 年 2 月,我们估计的其他美国通货包括"3% 凭证",其目的是使复利票据(compound-interest notes)退出流通。两者都是法定货币,但复利票据是法定货币而"3% 凭证"不是。

[11] 1863 年 3 月 3 日的法案授权财政部部长发行不超过黄金存款账户 20% 的金元券。第一次发行是在 1865 年 11 月,这种流通券对海关、银行、纽约黄金交易所中的交易者来说都很便利。1878 年,当铸币支付准备重新执行的时候,财政部部长 Sherman 停止了其发行。1882 年 7 月 12 日的法案再次授权发行金元券,而实际上仅仅是仓单。

从 1865 年开始,金元券是信用货币还是仅仅作为仓单现在不是很清楚,根据财政部 1928 年的年度报告的第 550—554 页,从 1866 年到 1882 年的每年 6 月的数据中,财政部相对于发行金元券而持有的黄金数量总是与财政部外金元券的价值相等。

我们惊异地看到,Mitchell 在 1863 年 3 月 3 日法案的描述中并没有提到发行金元券的授权(W. C. Mitchell, *A History of the Greenbacks*, University of Chicago Press, 1903, pp. 110-118)。他提到(pp. 225-226),由于财政部从关税收入中获得的金元券已经超过了公众债务的利息要求,1864 年财政部部长 Chase 试图以略低于当前溢价水平的价格向进口单位出售金元券以便换回绿钞。国会也参与了此次出售金元券的授权。市场拒绝金币和金元券之间的不同报价,于是这个尝试被迫放弃。

26n　　[12] *A Hundred Years of Merchant Banking*, J. C. Brown, pp. 281-282, New York, 1909; *Evolution of the Foreign Exchange Market of the United States*, A. H. Cole, *Journal of Economic and Business History*, pp. 417-418, 1929.

[13] Cole(见注释[12])根据 1879 年在 *Commercial and Financial Chronicle* (pp. 414-415)中第一次提及电缆传送判断出,直到当时电缆通讯才刚刚被采用,而且外汇交易商对

于它的接受速度出奇的慢。出现如此长时间的滞后似乎令人难以置信,两位19世纪的作家也证实了事实并非如此。Henry Clews(*Fifty Years in Wall Street*, New York, Irving Publishing Company, 1908, p. 508)提到从1866年8月开始,伦敦的报价就使用电缆传送了。Henry M. Field(*The Story of the Atlantic Telegraph*, New York, 1893, p. 391)提到几个月间在美国发生的商业革命——"相距千里的伦巴第街和华尔街从今以后可以像邻居一样方便地交谈"。

[14] 有一个小的例外就是有6%的债券利息是用非黄金通货来支付的,这占到1867年政府全部长期债务的1%。

从铸币支付中止开始,立法赋予政府根据不同情况决定是否使用铸币支付利息的权力,这些法律中的"铸币"(coin)在当时指的是黄金,虽然这个词在后来引起了很大的争议。支持绿钞的人称,既然债务的利息只能用黄金来支付,那么政府就可以用绿钞来支付本金。为了应对投资者的质疑,政府在1869年3月18日颁布了《公共信用法案》(Public Credit Act),说明了政府偿付其债务时使用铸币或等价物的理由,这种支付是有国家信用的。银币的提倡者则声称,使用银币而不是金币支付才满足法定承诺(Joseph Dorfman, *The Economic Mind in American Civilization*, New York, Viking, 1949, Vol. III, pp. 4–20)。

[15] Mitchell指出,1863年加州通过《特别合同法案》(Specific Contract Act)规定,使用某种货币来支付合同应当具有可行性。"允许绿钞流通,但是在流通时不应该按其名义价值,而要根据其黄金价值计算"(Mitchell, *A History of the Greenbacks*, p. 144)。

[16] 根据格雷欣法则(Gresham's Law),劣币驱逐良币,但仅限于在固定的兑换比率下。这也解释了绿钞如何在流通中驱逐白银辅币,从而迫使政府发行辅钞,因为白银辅币以其名义值进行兑换,即其与绿钞间是固定汇率。如果白银的市场价值超过了其货币价值,通过以其市场价值而不是名义价值计价,白银仍可作为流通货币,正如黄金曾发挥的作用一样,但这时白银作为货币已经背离了其便利小额交易的初衷。

格雷欣法则经常被误解和滥用,特别是在一些非货币领域,因为这个法则最基本的一个要求(必须有固定的兑换比率)经常被遗忘。

[17] 1873年货币监理署的年度报告中对纽约州国民银行1872年10月3日和1873年9月3日的黄金资产及负债、货币资产及负债进行了分析。分析表明,在这两天银行以黄金支付的特殊存款分别为617.1万美元和1210.2万美元,这些银行持有的金币分别是637.5万美元和1458.6万美元,这已经达到1美元黄金存款对应1美元黄金准备。

银行既可以将黄金看做绿钞存款的准备金,也可以将其当做黄金存款的准备金,但银行不会只因为这个原因而持有黄金。既然绿钞也可以发挥同样的效力,为什么持有黄金要比持有绿钞更加有价值呢?这就是纽约的银行持有大量黄金和黄金存款的原因。

黄金作为黄金存款的准备金,在给货币监理署的报表中当然也要作为法定准备金。国民银行的报表、法定准备金实施情况,以及我们看到的大多数这个时期的货币统计都基于同一个假设,即1美元就是1美元本身。因此,一家被要求持有25%的法定准备金、没有超额准备金的银行,要增加名义价值为100美元的存款,就必须增加名义价值为25美元的绿钞及其等价物或者黄金来作为法定准备金。

下面这个假定的例子会证明为什么对1美元的黄金存款持有1美元的黄金准备对于部分准备金银行是适合的。假设纽约的一家银行的法定准备金率是25%而且没有超额准备金,这时它有100美元的黄金存款,因此需要25美元作为准备金,可以是绿钞或黄金。假设它持有黄金,那么除法定准备金外,它还有75美元的黄金。假设它用这75美元去代替之前作为其他存款准备金的75美元绿钞,然后用绿钞去购买能够生息的资产,在考虑黄金溢价(如37.5%)的情况下,用这些资产的绿钞市场价值衡量的话,就会增加137.5美元的存款和62.5美元的准备基金(100美元黄金的市场价值减从准备金中拿出的75美元绿钞),另外还有75美元的生息资产。这就是银行黄金存款和绿钞存款的部分准备金制度,虽然这个准备金的比率不低(我们的举例中是62.5/137.5,即45.5%),然而这里包括了持有需以黄金支付的存款负债等价值的黄金。

对银行这种行为的一种解释是当时法律允许的黄金美元的投资机会很少。纽约的国民银行中黄金的应付贷款在1872年和1873年时分别是以黄金计的应付特别存款的55%和36%。某种程度上对黄金贷款的需求是有限的,在黄金溢价变化引起的自身持有资产和负债的不同变化之中,银行保护自己的唯一方式就是持有黄金本身。

[18] 以某种形式持有余额的风险取决于与之相联系的负债,如果负债是黄金,那么任何升水变化的风险都可以通过持有黄金资产来对冲。

[19] 假定其他条件一样,两种货币的并存理所当然地会增加人们想持有的货币资产,也就是说,会使得加总货币总量的货币流通速度低于货币存量各要素能够完全替代情况下的货币流通速度,这种作用某种程度上可以抵消一些按照名义价值计算这两种资产所造成的统计误差。

31n [20] 为了进行该计算,我们比较了以下数据:1879—1881年每年2月与之前一年2月的数据,1881年2月和1882年6月的数据,1882—1906年每年6月的数据(因为这些年中我们一年仅有一个数据),以及之后每年12月的数据。我们假设1906年12月的数据(我们并没有该数据)高于1907年12月的数据,并认为1926年是没有变化的。

[21] 这三次例外分别是:1926年8月—1926年12月货币存量下降了1.2%;1948年1月—1949年11月货币存量下降了1.3%;1959年9月—1960年6月货币存量下降了1.1%。在两次世界大战中,债券发行时,货币存量一到两个月的急剧下降也曾发生,因为债券发行将资金从私人的存款账户转移到政府的战争贷款账户。政府后来对公众的偿还又减少了政府存款并且恢复了私人的存款账户。

32n [22] 我们在即将发表的"Trends and Cycles"一文中将会提到货币存量发生变化的具体年份。在1873年10月经济周期顶峰之前,并没有明显的货币存量的变化率的拐点可以与我们货币时间序列中的三个经济拐点相对应:它们分别是1867年11月的经济周期谷底、1869年6月的经济周期顶峰、1870年11月的经济周期谷底。没有相应的货币存量变化率的拐点与1867年11月的经济周期谷底相对应,原因可能在于更早期的数据不够充分。而其他两个经济拐点没有相应的货币存量变化率拐点相对应,我们推测是因为使用每年1月的数据(这是我们仅有的数据)不够精确。

[23] 来自1865年及1879年第一季度的Warren-Pearson平均指数计算(数据来源见图62)。

33n [24] "使用批发物价指数来衡量1890年以前的价格水平,很显然农产品的比重过大了。"(Wesley C. Mitchell, *What Happens During Business Cycles: A Progress Report*, New York, NBER, 1951, p. 270.)

[25] 1867—1879年包含所有项目的Hoover消费价格指数每年降低3.1%,服装类指数下降得最多(每年4.7%),然后是能源类指数(每年3.5%)和食品类指数(每年3.3%)。房租每年下降0.8%,服务和其他类下降0.6%。(Ethel D. Hoover, "Retail Prices After

1850", *Trends in the American Economy in the Nineteenth Century*, Studies in Income and Wealth, Vol. 24, Princeton for NBER, 1960, p. 143.)

就在同一时期,Snyder-Tucker 一般价格的年度指数每年下降 3.5%;纽约联邦储备银行的生活消费指数在这个时期是以 Mitchell 的指数为基础的(*Gold, Prices, and Wages Under the Greenback Standard*, University of California Press, 1908, p. 91),每年的比率是 2.1% (*Historical Statistics of the United States,1789—1947*, Bureau of the Census, 1949, Series L-1, p. 231;L-36, p. 235)。

然而,因为是基于年度数据,这些指数都低估了从 1867 年 1 月到 1879 年 2 月的下降速度。我们可以对此进行粗略的修改,即根据图 3 中 1867—1879 年 Warren-Pearson 月度指数推算出每年 4.9% 的下降速度,这与 1867 年 1 月到 1879 年 2 月每年 5.4% 的下降速度形成了对比。我们采用 5.4% 与 4.9% 之比来提高该脚注中总体指数的变化比率。

[26] Milton Friedman, "Monetary Data and National Income Estimates", *Economic Development and Cultural Change*, Apr. 1961, pp. 277, 279-280.

[27] 同上,周期性的因素会使 1879 年的货币流通速度比它的趋势值要小 4.6%。根据该文章的表 1,第 278 页,1867 年货币流通速度应该比趋势值低 3.1%。因此,处于经济周期不同的时点解释了期间下降的速度,即每年 1.5/12 =0.125%。

这个时期的一些特殊因素对货币流通速度产生了不同方向的影响:第一,价格由内战期间的上升转为战后的下降,这意味着持有货币的成本降低,即货币的购买力先下降再上升。这可能会导致较低的货币流通速度。然而,一旦价格下降作出调整,那么价格的继续下降固然是低货币流通速度的原因,但不一定会导致货币流通速度的下降。调整应该是渐进的,而且在 1867 年并没有完成,这可能会导致货币流通速度进一步下降。第二,价格在 1867 年后的降低速度减缓了,根据前面的原因,应该会造成较高的货币流通速度。第三,相对于家庭的自给自足来说,货币经济的扩张速度比以后快许多,这也可能是造成货币流通速度降低的一个原因。第四,货币标准的不确定性可能是造成货币流通速度上升的原因。

我们很难说清楚到底是什么原因造成了货币流通速度与以后趋势相比如此之大的变化。

[28] *Historical Statistics*, 1949, Series K-1, p. 200.

[29] *Historical Statistics*, 1949, Series K-168 & K-169, p. 218.

[30] 本章其余内容大部分是以弗里德曼的"Monetary Data and National Income Estimates"(pp. 273-282)为基础的。

[31] 在 1869—1888 年,推算出的年度数据甚至综合总量——无论是国民生产总值还是国民生产净值——都不是很准确。在之后的 20 年(1889—1908)中,推算出的年度数据仅仅能用于国民生产净值、资本形成以及消费商品的流量。

"为了研究资本形成和融资的长期趋势,这些年度数据的估计值只能作为粗略的数据以计算 5 年或更复杂的变化,这样可以消除短期的波动,从而精确地显示出长期的变化和波动。"(Simon Kuznets, *Capital in the American Economy: Its Formation and Financing*, Princeton for NBER, 1961, pp. 534 and 535.)

见 Kuznets 的另外两部著作:*National Product Since 1869*, New York, NBER, 1946,特别是第 59—90 页;"Long-Term Changes in the National Income of the United States of American Since 1870", *Income and Wealth of the United States: Trends and Structure*, Income and Wealth, Series II, Cambridge, Eng., Bowes and Bowes, 1952,特别是第 34—38 页。

[32] Kuznets, "Long-Term Changes", p.37.

[33] 引自"Long-Term Changes", p. 37, 另见 William H. Shaw, *Value of Commodity Output Since 1869*, New York, NBER, 1947。

[34] Kuznets, "Long-Term Changes", p.38.

37n [35] 由于这种10年普查在整个测算中十分重要,所以像1869年和1879年这样的普查年份的估计比其他单个年份要可靠得多。

38n [36] 另一个同时期的研究也显示了产出的高速增长,根据Gallmall对商品产出的测算,1869—1879年这10年间人均产出的变化率要高于战前的20年,而且只有1879—1889年、1919—1929年及1939—1949年超出了这个变化率(Robert. E. Gallman, "Commodity Output, 1839—1899", *Trends in the American Economy in the Nineteenth Century*, Studies in Income and Wealth, Vol.24, NBER, Princeton, pp. 16,19)。

另一方面,在A. F. Burns所著的 *Production Trends in the United States Since 1870* (New York, NBER, 1934)中提到,19世纪70年代的10年产出增长得比较平均而并不是增长飞快。他考察的4组综合生产数据的中值都接近于10年增长率的指数曲线,其中三个略高而一个略低(第181页)。

[37] 关于估计值更详细的数据见 Friedman, "Monetary Data and National Income Estimates", pp. 273-280。

39n [38] 该例外是1878—1885年经济周期前两年的货币流通速度是由1878年和1879年的国民生产净值决定的,这是计算温和衰退的12个周期因素之一。

40n [39] 这10年间货币流通速度的下降速度,超过了根据实际收入的增长率所预期的速度。

42n [40] Rendigs Fels (*American Business Cycles, 1865—1897*, University of North Carolina Press, 1959, pp. 107-108)所提供的证据证明了我们的观点。

要明确指出的是,我们的论断引出了分析的核心问题。在人均货币存量相对稳定的情况下产出是否有很快的增长,并且价格的下降某种程度上能否证明产出的增长? 或者人均货币存量的相对稳定是否是产出快速增长的一个原因,以致能够推断出如果整个货币环境都是扩张的话,就有可能会造成产出增长速度的降低? 或者以上两点都夸大了货币因素的影响,产出的增长是与货币因素相对独立的?

现代经济学思维的趋势显然会倾向于第一个解释。但是近来关于美国和英国的实证结果并不完全一致。Kuznets的美国数据并没有很清楚地告诉我们美国在1896年的通缩期前人均产出的增长是否显著地快于之后的通胀期,这个结果完全依赖于比较的起始和结束年份(见第3章)。根据以不变价格对英国人均收入的估算,在通缩期中产出的增长要比通胀期中快得多。(参见James B. Jefferys and Dorothy Walters, "National Income and Expenditure of the United Kingdom, 1870—1952", *Income and Wealth*, Series V, Cambridge, Eng., Bowes and Bowes, 1955, Tables III and XVI。这些国民收入的估算是基于 A. R. Prest, "National Income of the United Kingdom, 1870—1946", *Economic Journal*, Mar. 1948, pp. 58-59。)

[41] 国民经济研究局认为经济周期顶峰是1873年10月,但是更多的证据表明应该比这再早几个月,这也是我们有关经济周期顶峰和金融恐慌的时间关系的表述不是很精确的原因。我们很感激Clark Warburton在这一点上对我们的提醒,另见Fels的 *American Business Cycles*, pp. 98-99。

〔42〕见 *Historical Statistics of the United States*, *Colonial Times to 1957*, Bureau of the Census, 1960 (*Historical Statistics*, 1960), pp. 357, 360—361, 366—368, 370, 415—417, 428, 448, 451, 455；同上，1949, pp. 149, 218 中的年度数据。也可参见 Burns, *Production Trends*, p. 288 中的年度数据。

43n

关于在这次经济衰退时期工程建设变化的证据不尽相同。在 Kuznets 的测算中，从 1875 年到 1878 年以当前价格衡量的建设水平有轻微的下降；如果以不变价格衡量，那么它最终呈现轻微的上升。另一方面，无论是以美元价值还是以数字衡量，建筑许可证数据在 19 世纪 70 年代后期都出现了较大的下降。修建铁路的里程在 1875 年经历了一个谷底，在 1876 年有所回升，不过在 1877 年又开始下降，而后又在 1878 年和 1879 年再次回升。对那些受管制公共事业(19 世纪 70 年代主要是铁路)的工厂和设备资本支出，如果以当前价格计算，1876 年是一个谷底并且后来只有微幅的增长；如果以不变价格测算，1875 年是一个谷底，但是后来的增长要比以当前价格测算时强劲得多。Moses Abramovitz 总结说，前面提到的这些证据以及他考察的其他序列清晰地表明 19 世纪 70 年代建设方面出现了停滞，建设活动的绝对水平有所下降（见他的"Evidences of Long Swings in Aggregate Construction Since the Civil War"，一份国民经济研究局的报告，正在准备中）。

1873—1879 年货币数据方面严重的下降是毫无疑问的：物价、结算、铁路收入、进口值等，以上这些方面的变化让我们更清楚地认识到衰退的状况。A. R. Eckler ("A Measure of the Severity of Depressions, 1873—1932", *Review of Economic Statistics*, May 1933, p. 79) 认为 1873—1879 年是严重的衰退期，这是根据他使用的三个货币序列、两个实物量的序列和另一个不知应归为货币还是实物的序列得出的。David A. Wells (*Recent Economic Changes*, New York, Appleton, 1889) 认为，1873—1879 年是"最奇怪的，并且在很多方面史无前例混乱和贸易严重衰退的时期" (p. 1)。然而如果我们仔细研究他的意见，就会发现价格的下降是他强调的重点，并且他的确将价格的下降归因于产能和实际产出的上升（例如，见第 11、12、25、49、62、82、338 和 432 页的评论）。

很难说人们在衰退期的不满情绪究竟在多大程度上反映了工资的下降而不是失业的上升。在 1878 年，Carroll D. Wright（马萨诸塞州劳动局的负责人）认为，全国的失业人数少于 50 万，虽然现在很多人预测是 300 万 (Samuel Rezneck, "Distress, Relief, and Discontent in the United States During the Depression of 1873—1878", *Journal of Political Economy*, Dec. 1950, p. 498)。1877 年的工人骚乱就是因为一系列削减工资和引进劳动力节约型机器而引发的。

〔43〕见 Charles F. Dunbar, *Economic Essays*, New York, 1904, p. 213; Dorfman, *The Economic Mind*, pp. 15-18。但是我们也认识到，因为绿钞不能作为银行的准备金，所以绿钞的增长也会使存款增加。

44n

〔44〕*Annual Report on the Finance*, 1865, p. 4.

〔45〕Mitchell, *A History of the Greenbacks*, p. 128.

〔46〕R. P. Sharkey, *Money, Class, and Party*, Baltimore, Johns Hopkins University Press, 1959, passim.

〔47〕民主党的竞选纲领，参见 K. H. Porter and D. B. Johnson, *National Party Platforms*, 1840—1956, Urbana, University of Illinois Press, 1956, pp. 37-39。

45n

见 John Stuart Mill 对民主党竞选纲领的评论：

> 这是强加在某些人身上的请求,而这些人会在他们自己否定的事情面前退缩,即绿钞,无论其如何贬值,都是美国的法定货币和法定支付手段;其他人必须以这些货币收到其应收款项,而为什么公共债权人可以例外……但是对于这个问题的答案是多种多样的……如果那些把自己的储蓄借给政府的人被告知他们借出的每 1 000 美元将以绿钞来偿还,这可能意味着收到的钱不会多于 1 000 美分(法郎的贬值甚至比这更加严重),那么没有任何人能承受得起,除非他能把自己的钱像礼物一样送给国家,或者有足够的利息可以抵偿这种极高的风险。美国政府得到了这笔钱,而且在一个新国家资本稀缺的情况下并没有支付较高的利率;在获得好处,并且利用这种帮助保卫了国土安全之后,他们现在却极力控制价格,这是以牺牲国家声誉为代价的。(节选自致一位英国朋友的信,发表于 *Nation*, Oct. 15, 1868, pp. 308-309, 题为"John Stuart Mill on National Faith"。)

虽然 Mill 的逻辑是无可辩驳的,但他对事实的假定却不正确。我们在本章第 5 节将会看到,内战期间政府债券的市场价格说明,购买者是将其视为绿钞债务,而不是期望政府能以黄金偿还本金和利息。

46n 〔48〕Irwin Unger, "Businessmen and Specie Resumption", *Political Science Quarterly*, Mar. 1959, pp. 36-70.

〔49〕见他的 *Letter on National Finances*, New York, Sun Job Print, 1869, pp. 19-44。在其丰富的职业生涯(包括曾任纽约市市长)中,Opdyke 也曾经是与 Jay Cooke 的私人银行有密切联系的商业银行家。

〔50〕1872 年 10 月,财政部部长 Boutwell 增加了 460 万美元的绿钞发行量,但是未获议会通过(E. B. Patten, "Secretary Shaw and Precedents as to Treasury Control over the Money Market", *Journal of Political Economy*, Feb. 1907, p. 73,金融年度报告并没有提到这些,这些是在每月的公共负债表中表现出来的)。作为回应,他宣布退出流通的票据可以作为减轻季节性压力的准备金。议会的金融委员会也讨论了这个问题,并且以多数对少数否定了财政部部长的该项权力。截至 1873 年 3 月,460 万美元的票据都退出了流通,并且始终没有发行新的票据。然而,为了应对当前的支出压力,当月有 250 万美元的绿钞发行,而后在 5 月时又退出流通。到了这年秋天,1873 年的经济衰退加大了财政部重新发行绿钞的压力。总统 Grant 和财政部部长 Richardson 于 9 月 21 日(周日)在纽约会见华尔街的代表,股票交易所在前一日关闭后一直持续关闭了 10 天,但是他们反对这些金融家的计划。取而代之的是,财政部用绿钞买回国债并且在 1873 年的年度报告中说道,"购买这些国债并没有使用作为准备金的 0.44 亿美元美国流通券"。报告中虽然没有提及,但是实际上从 1873 年 10 月到 1874 年 3 月财政部由于持有的现金数量不足,又重新发行了 0.26 亿美元的绿钞以弥补日常开支。

47n 〔51〕1863 年 3 月 3 日的一项法案将助理法官的名额增加到了 9 名,加上大法官,一共有 10 名法官。由于国会对法官和总统 Andrew Johnson 的不信任,1866 年 7 月 23 日的法案又将人数降为 7 人,从而避免了总统再填补空缺的可能。

在 1869 年 Grant 当选总统一个月后,国会使法院的人数增加到 9 个人,并且赋予总统在下一届议会期间提名另外一名法官的权力。8 名法官审理了 Hepburn v. Griswold 案件,但只有其中 7 位的决定留有记录,另外一位在宣判日之前就退休了。因为议会拒绝了总统 1869 年对新法官的提名人选,所以 Grant 总统在 1870 年时有两个空缺人选的提名权力。在 1870 年 2 月 7 日,也就是第一起绿钞案的表决日,他向议会提交了两个候选者的提名。

这个巧合很容易让人联想到总统是要向议会施压从而希望形势能够得到逆转。"the definitive history of Court"的作者 Charles Warren 否认了这种施压的有效性(*The Supreme Court in United States History*, Boston, Little Brown, 1935 ed., Vol.2, pp.517–518)。3月25日,在 Grant 提名被批准的4天后,美国司法部长介入最高法院,提出这两个悬而未决的法偿支付案件(涉及法定支付法案出台之后的合约)应继续辩论。虽然法院同意了,但诉讼当事人在4月18日撤回了案件,Warren 说道:"很显然,如果撤销该裁决,就会引发通过增加更多的法官来撤销第二次表决的政治斗争。"(p.524)1869年的法案成为后来否决1937年罗斯福总统扩大最高法院议案的判例,这引起了著名的"法院重组计划"(court-packing)的争论。

[52] 这个法案包括了一系列对下述人士具有吸引力的条款:银币拥护者(用银币代替辅钞);纸币拥护者(消除一切对国民银行券和相关绿钞退出流通的限制,并使流通量不低于3亿美元,而且要增加国民银行券的数量);金本位拥护者(该法案主要条款)。

[53] Richard Hofstadter, *The Age of Reform*, New York, Knopf, 1955, p.73.

[54] Horace White, *Money and Banking*, Boston, Ginn, 1935, p.259. 根据 *Historical Statistics*, 1949, pp.53–56, 在第45届国会中,全部议员由39名共和党人、36名民主党人和1名独立人士组成,此时由于各党派的分支实在太多,很难对党派进行划分。

[55] *Report and Accompanying Documents of the United States Monetary Commission*, organized under Joint Resolution of Aug.15, 1876, 2 vols, 44th Cong., 2d sess., S.Rept.703, GPO, 1877.

[56] 见本章第1节,我们认为与其他的存款相比,国民银行券是政府的负债而不是银行的负债。

[57] 完整的分析详见附录B。

[58] 注意这个定义并不要求所有的货币都能作为日常流通的货币和银行的准备金,例如,在绿钞时期,国民银行券就不能被国民银行用来发挥上述两种功能。目前,联邦储备银行里的存款也不能被用作流通货币(见附录B)。

[59] "高能货币"这个概念并不是我们提出的。见 W.R.Burgess, *The Reserve Banks and the Money Market*, New York, Harper, 2nd.ed., 1936, pp.5–8;3rd ed.,1946,pp.5–8("中央银行管理着高能货币……");另见 Board of Governors of the Federal Reserve System, *The Federal Reserve System: Purposes and Functions*, 2nd.ed., Nov.1947, p.16("与普通储蓄存款相比,联邦准备金经常被称为高能货币……");3rd ed., Apr.1954, pp.20,27; 4th ed., Feb.1961, pp.19,27。

[60] 表示这三个因素与货币存量关系的公式是:

$$M = H \cdot \frac{\frac{D}{R}\left(1 + \frac{D}{C}\right)}{\frac{D}{R} + \frac{D}{C}}$$

其中,H 代表全部的高能货币,D 代表商业银行存款,R 代表商业银行准备金,C 代表公众持有的通货,所以,D/R 是文中的第二项因素,D/C 是文中第三项因素(见附录B,第5节)。

[61] 见附录B中各变量对货币存量变化的贡献率的计算方法的讨论。从1867年1月

到1879年2月的数字是：

各因素的单独作用对货币存量的影响

决定因素	每年变动比率(%)	对总额的影响
高能货币	−1.03	−0.77
存款-准备金比率	1.06	0.80
存款-通货比率	0.93	0.70
两个比率的相互作用	0.37	0.28
总计	1.33	1.00[a]

a 因为有四舍五入，所以加总不为1。

56n [62] R. G. Rodkey, *Legal Reserves in American Banking*, Michigan Business Studies, Vol. Ⅵ, No. 5, University of Michigan, 1934, p. 32.

在两个州中，实行准备金要求的法律要早于《国民银行法》(路易斯安那州，1842年；马萨诸塞州，1858年，并且在1865年重新执行)，后来又有4个州通过了该方面的法律(密歇根州，1871年；康涅狄格州，1872年；新罕布什尔州，1874年；明尼苏达州，1878年)。另外还有很多州在内战前就实行了准备金要求，只不过仅限于发行票据。

57n 《国民银行法》要求所谓中心储备城市的银行以法定货币形式持有相当于存款25%的准备金；储备城市的银行也必须持有与中心储备城市的银行相同的总准备金，但可以将最多一半的准备金存在这些中心储备城市的银行里；其他城市的银行必须持有15%的准备金，但可以将最多60%的准备金存在储备城市或中心储备城市的银行里。

对于合并报表的银行系统，我们从总准备金中扣除了一家银行以另一家银行的存款形式持有的法定准备金(参见附录B)。

我们也扣除了偿债基金，它由至少相当于流通票据5%的法定货币组成，从1874年起由国民银行按要求存放于财政部。

59n [63] 根据Mitchell的观点，铸币平价是109.45⅝cents = 54d，换算结果为4.8647美元兑1英镑。他指出以前"英镑报价的方式起源于殖民地时期，当时西班牙元差不多值54d的英国银币。现在英镑对美元和美分的报价方式(1英镑=4.86.65美元)直到1874年1月1日才开始使用"(Mitchell, *Gold, Prices, and Wages*, p. 252)。

[64] 有很多文献都详细地讨论过在中止金本位之前财政部与银行之间的关系。大多数学者认为造成法案中止的主要原因是财政部部长Salmon P. Chase在1861年筹集资金为战争融资的方法。具体地说，是由于财政部部长未能终止独立财政体系中的一项条款，该条款要求贷款利息必须用铸币立即向财政部支付。见Mitchell, *A History of the Greenbacks*, pp. 23-27, 42-43；以及Don C. Barrett, *The Greenbacks and Resumption of Specie Payments, 1862—1879*, Harvard University Press, 1931，特别是其中的第2章。

与一些更为复杂的政策相比，政策上的细节错误可能以不同的方式更早地引起金本位的中止。我们的观点是，这些原因在某种程度上被夸大了，尽管这些因素较为粗浅，但其在当时是有报道价值并且在记载中较为突出的，而真正发挥作用的基本因素则被忽视了。在下面的讨论中，考虑到战争对于美国国际贸易的影响，避免中止金本位要求美国国内价格下降。这就意味着美国政府要避免以任何借口征铸币税来为战争融资，从而带来通货膨胀的隐患。实际上，避免中止金本位要求美国政府以别的方式融资，比如以其他方式征税或者从国内外以必要的利率借款——这样不但能为战争融资，还能够使价格下降。在没有意愿或者没有能力去执行这样一个斯巴达克式的严格政策的情况下,金本位的中止是迟早的事情。

我们并不是说这样一个斯巴达克式的政策只要技术上有可行性,就是我们所需要的。相反,与早期学者的看法不同,我们倾向于认为中止金本位本身是可取的,虽然当时一个合理的金融政策也许应包括更多的税收和较低的通货膨胀。同时,考虑到两次世界大战,尤其是第一次世界大战中的经历,美国内战中的融资造成的通货膨胀微乎其微,这可能是巧合而不是由政策所致。第一次世界大战前学者的研究——Mitchell 的成果是其中最重要的一部分——普遍认为,为内战融资是造成通胀的可耻事件,这反映了他们认为在货币本位应用中应坚持正确的价值取向。鉴于过去半个世纪以来货币的反复无常,对现在的学者来说,这种想法是乌托邦式的。见 Friedman, Prices, Income and Monetary Changes in Three Wartime Periods, *American Economic Review*, May 1952, pp. 623-625。

60n

我们看到,反对这种通货膨胀式的金融政策中最有说服力的评论是 Newcomb 的 *Financial Policy during the Southern Rebellion*,Newcomb 很清楚地说明了通过货币发行以零利率借款——某种程度上代替黄金并且不会引起价格上涨或者政策中断——和强行征税的区别。并且他预测了可以零利率借款的数量为 2.5 亿美元(p.161)。他认为,在不超过这个数量的时候,以零利率借款不但对战争有利,而且会对以后明确用税收融资或以任意利率借款时带来较少的问题。考虑到当时工资和物价的灵活性大于两次世界大战期间,Newcomb 的结论也适用于内战,虽然这并不适用于后面的战争。

[65] 我们在这里以及本书后面提到的供需是指在一种价格作用下——此处,是在汇率的作用下——的数量的供给与需求,而不是指供给量和需求量。

[66] 计算各国购买力平价最优的价格指数应该是各国采用的生产要素价格指数,其中产品价格指数更优,因为它们能够区分生产中的不同变动,并将其作为影响汇率的实际因素而非货币因素。无须赘述,这一时期我们很难找到比产品价格指数更易于获取、更综合的指标了,所以大多数研究购买力平价和汇率的学者都喜欢使用产品价格指数。

62n

自从国际贸易商品具有统一的世界价格以后,除运输费用外,以本国货币计量的贸易商品的价格都要随着汇率的变化而变化,但这并不意味着它们要从相关价格指数中排除。以教科书中的例子为例,将问题简化成每个国家只生产一种商品,并且有一部分商品是出口到对方国家。所有的产品都是国际性的,没有严格的国内商品(虽然肯定有国内因素),所以排除国际产品会使我们无法作比较。这个例子表明,对每个国家来说,价格指数中应该包括出口商品,以便反映国内价格因素的变化,但是进口商品不应该被包括在内;每个国家出口商品的权重是以代表国内资源使用量的国内产量来衡量的,这就意味着出口商品不应包括"再出口品",而应只包括"国内增加值"。

实际上,国际贸易商品带来的主要问题是:第一,这些指数中不加区分地同时包含出口商品和进口商品;第二,在一些数据缺乏的时期,例如绿钞时期,可获取的指数更多地由大范围市场中原材料的价格所决定,但是原材料大多数都是国际贸易商品,这就造成国际贸易商品的权重在这些指数中被严重高估。由于存在这种缺陷,并且这种缺陷很难消除,国内商品的指数可能要优于实际可用的指数,尽管这也不是最优的结果。可以通过从现有指数中剔除一些主要为国内商品的项目来构造这些大致的指数。然而,如此大的工作量得到的结果似乎也并不令人满意。对美国来说,在任何情况下,我们从以往的研究中很清楚地看到国内商品与国际商品的价格变动基本保持一致。见 Frank D. Graham 的分析(International Trade Under Depreciated Paper, The United States, 1862—1879, *Quarterly Journal of Economics*, Feb. 1922, pp. 253-254)以及 James K. Kindahl 的分析(Economic Factors in Specie

63n　Resumption: The United States, 1865—1879, *Journal of Political Economy*, Feb. 1961, pp. 34-35),以上的研究是以 Mitchell 收集的数据为基础的(*Gold, Prices, and Wages*, pp. 256 ff)。对英国来说(我们用英国代表金本位世界),因为大多数指数中包括进口商品,所以其与美国的情况截然不同。以棉花为例,其价格在内战期间相对于其他商品而言上升得很快,这是由于南方作为主要的生产商停止了供给。对于英国来说,棉花是完全进口的,所以不应该包括在价格指数中。然而,英国作为除美国之外世界的代表,棉花又应该被包括在内,并以美国之外的生产数量为权重(见本章注释〔67〕)。

从上面的分析我们清楚地看到,该类价格指数和与那些出于比较国际生活水平等其他目的的价格指数之间有很大的不同。在后一种情况下,指数中各项的权重应由消费而不是生产确定,如果能够使用某一确定的一揽子商品则更好。因为在不同国家的一揽子商品或者消费形式的不同会给我们带来不同的结果,即"指数-数量"问题。在前一种情况下,我们并不推荐使用同样的商品,上面第二段中提到的简化的教科书中的例子显然说明了这一点。这是常见的"指数-数量"问题,但是这是与每个国家分别获取权重的具体年份相关的,而与不同国家权重的区别无关。

〔67〕Warren-Pearson 指数和黄金的绿钞价格都有月度数据。Sauerbeck 指数可能是这个时期英国最为知名和广泛使用的指数,它是一个年度指数(Augustus Sauerbeck, Prices of Commodities and the Precious Metals, *Journal of the Royal Statistical Society*, Sept. 1886, p. 648)。如果有间隔更短的数据更好,因为这样可对实际状态下和购买力平价下的黄金价格进行更精确的比较。因此,我们考虑使用经济学家价格指数,这个指数在每年6月和12月可以得到(*Economist*, London, Aug. 26, 1911, pp. 421-425; Feb. 4, 1911, pp. 206-207)。可以说,上述指数没有一个接近最优标准,因为它们的权重都是随意的(只是相对价格的简单平均,Sauerbeck 指数是从1867到1877年,而经济学家指数是从1845到1850年),它们中有一半以上的权重赋予了进口商品。然而,相对于 Sauerbeck 指数,经济学家指数给予棉花和烟草更大的权重,22种商品中有5种是直接或间接地反映这些项目的价格的(印第安粗棉、羊毛棉、棉纺线、棉制衣服及烟草),在1863年12月时这5项占到指数总量的42%。Sauerbeck 指数的45个项目中有两项是棉花(不包括烟草)。我们认为,虽然对于美国之外国家的指数中还是应该含有一些棉花和烟草的权重,但经济学家指数中两者的权重明显过高,因此我们采纳了 Sauerbeck 指数,虽然其在绿钞时期只是年度数据。

64n　在内战期间,上面两个指数的表现差异巨大。Sauerbeck 指数在1864年达到顶峰,比1861年时高7%。1864年按平均值计算出的经济学家指数(1863年12月、1864年6月和1864年12月的加权平均,权重分别是1/4、1/2和1/4)比1861年时高38%。通过一些假设计算,我们判断两者的差别大部分是由于经济学家指数中赋予棉花和烟草的权重太大。

在以后章节对后续时期购买力平价的计算中,我们使用价格指数的比率,即将以当前价格衡量的国民收入转换为以不变价格衡量的国民收入的平减价格指数,对英国则用更一般意义上的价格指数来代替批发物价指数。美国平减价格指数和英国一般价格指数包含项目较广,并且赋予国内和国际商品相同的权重,这也是我们选择它们的原因。遗憾的是,在内战期间我们找不到这样的指数。

〔68〕因为在图5的上半部分中比率的分母调整了,所以分子也要进行相同程度的调整。比率本身的平均值接近1,这是表中上半部分以100作为基线的唯一意义。

〔69〕*Historical Statistics*, 1960, Series U-134, U-142, U-116, U-124.

〔70〕在一些国家中,最显著的是拉丁联盟(Latin Union)国家,银和黄金是同时作为铸币金属的,但是对银币的数量有严格的限制,所以实际上实行的还是金本位制。

〔71〕如果使用经济学家指数并对半年数据使用相同的方法计算,黄金的价格范围是1—2.3,而实际和假设价格比是1.8∶1。相对于文章中的计算方法,这种对相对价格水平变动的计算方法解释了更细微的黄金价格变动。两者的不同主要是由于经济学家指数赋予了棉花和烟草更大的权重,这也就反映了它自身的缺陷。例如,从1866年到1879年,当战争对棉花和烟草的影响逐渐消退时,黄金的年度平均价格范围是1—1.41,而基于6月和12月的数字是1—1.45;基于Sauerbeck指数和基于经济学家指数的实际价格与假设价格的比率范围分别是1—1.17和1—1.20,所以在这两个指数中购买力平价变动对黄金价格变化的作用是相等的。 65n

〔72〕有必要补充的是:即使不考虑战争中增加的进口需求,结果也是如此。然而,我们也并不清楚是否能证实补充这一遗漏是合理的,进一步对其细节进行分析超出了我们的研究范围。在资源的占用方面,政府代替了个人,政府利用税收,包括隐含在通货膨胀货币发行中的铸币税,还有就是利用借款。对国际贸易状况的影响取决于政府或个人使用每一单位资源时,是否对进口有更大或更少的需求。答案显然并不清晰。 66n

〔73〕1860—1865财年,以战前黄金美元衡量的美国商品出口下降了1.79亿美元,即从3.16亿美元下降到1.37亿美元,仅原材料出口一项,就下降了1.83亿美元,即从2.17亿美元下降到0.34亿美元,其中棉花出口下降尤为明显(*Historical Statistics*, 1960, Series U-10, U-62, U-75)。我们使用1860财年而不是1861财年的统计数据,主要是因为1861年所记录的数据在出口方面有一个大幅的下降,这是由于忽略了对南方港口的棉花出口而造成的(*Annual Report* of the Secretary of Treasury, 1864, p. 246; *Statistics of the Foreign and Domestic Commerce of the United States*, Treasury Dept., 1864, p. 40)。我们用战前黄金美元来描述这些数据是基于与"美国商业金融月度汇总"的对比(*Monthly Summary of Commerce and Finance of the United States*, Treasury Dept., Apr.1903, pp. 3315-3316)(*Historical Statistics*, 1960, p. 533)。

Matthew Simon没有意识到商品出口数据的失真,这导致他计算当年美元净资本输入的数据为1.044亿美元("The United States Balance of Payments, 1861—1900," *Trends in the American Economy in the Nineteenth Century*, Studies in Income and Wealth, Vol. 24, Princeton, NBER, 1960, pp. 699-700)。这是一个不太可能的结果。根据Douglass C. North的统计,在此前40年中最大的资本输入是1836财年的0.622亿美元("The United States Balance of Payments, 1790—1860", p. 621)。在内战爆发的时候外国人难道会把超过1亿美元的资本放在美国? 67n

另见R. A. Kessel和A. A. Alchian, "Real Wages in the North during the Civil War: Mitchell's Data Reinterpreted", *Journal of Law and Economics*, Oct. 1959, pp. 95-113。

〔74〕选用经济学家指数进行的替代计算会使贬值无论是在程度上,还是在时间的走势上都有所不同。从1861年到1864年6月贬值速度很快,最快时达到55%,然后又迅速减缓。文中所指的更大的下降程度似乎也可以接受,但除了能体现棉花和烟草权重过大之外,走势的差异才是最令人难以置信的。我们很难弄清楚为什么"真正的"贬值应该在这个时期大幅上升,尤其是在1863年年末和1864年年初,因为这个时候有大量的资本流入。这种走势上的不可信也是我们选择Sauerbeck指数而摒弃经济学家指数的原因。

至于贬值程度,可能真实的数据应该是介于两者之间,也可能更接近Sauerbeck指数给出的估计量。

〔75〕Historical Statistics, 1960, Series U-6 显示了 1856—1860 年 5 个财年中黄金净出口总量为 2.56 亿美元, 之后的 5 个财年为 2.05 亿美元。在这之后的 5 年中有一个上升的过程, 从 1861 年的净进口转变为后面 3 年略高于战前 5 年平均水平的出口。尽管如此, 这一变化也不算大。1864 年以前的数字包括国内黄金和白银的出口; 后来只包括黄金。然而, 从这种重分类后白银出口小幅上升的记录判断 (同上, Series U-6), 1864 年以前白银国内出口数据的剔除几乎不影响上面的计算。

〔76〕见政府公债的月度价格 (*Statistical Abstract of the United Kingdom*, 1852—1866, *Parliamentary Papers*, 1867, Vol. LXXI. p. 113), 英格兰银行的月度平均贴现率从 1861 年年初的 8% 下降到 1862 年中期的 2%, 然后在 1864 年秋上升到最高值 9%, 伦敦货币市场 1862 年夏的宽松是因为英国的债券持有人卖出了美国债券导致黄金从美国的流入 (*Economist*, July 26, 1862; Simon, "Cyclical Fluctuations and the International Capital Movements of the United States, 1865—1897", unpublished Ph. D. dissertation, Columbia University, 1955, p. 82), 英格兰银行的利率走势的确与 1861—1862 年末来自美国的资本流入一致。这种走势也与从 1862 年年末到 1864 年向美国的资本流出一致, 但是, 事实上, 在那个时期并没有从英国向美国的资本流出。1863—1864 年荷兰和德国购买了美国证券; 而英国是在这之后, 即确定了北方一定会赢得战争后才这样做的。

70n 〔77〕Mitchell, *A History of the Greenbacks*, pp. 360-379; Irving Fisher, Appreciation and Interest, *Publications of the American Economic Association*, Vol. XI. No. 4. Aug. 1896, pp. 38-45. Mitchell 提供了多种可能的解释, 但显然他自己也十分怀疑这些解释是否能令人满意, 事实证明这些解释的确不尽如人意。

71n 〔78〕当时私人机构的证券无论是本金还是利息都使用纸币为法偿货币, 而不是用黄金偿付的, 即不包括黄金条款。后来黄金条款的出现是绿钞实行的结果。在 Macaulay 的列表中有 150 种铁路债券, 1865 年以前发行的 32 种都是用纸币偿付的, 1865 年发行了第一只用黄金偿付的债券, 但直到金本位重新实行前, 以黄金来支付债券都是很少见的。1865—1878 年发行的 24 种债券中, 只有 6 种以黄金偿付, 后来以黄金偿付渐渐变成惯例。1879—1886 年发行的 22 种债券中有 14 种使用黄金偿付, 而后来的 72 种债券中使用黄金偿付的债券数目则达到了 70 种。(F. R. Macaulay, *Movements of Interest Rates, Bond Yeilds, and Stock Prices*, pp. A5-A16.)

72n 〔79〕该债券的报价在绿钞时期是连续的, 1862 年的第 5 期债券是最受国外投资者青睐的, 但其债券报价并不连续。

〔80〕这里计算绿钞到期收益率时有个小问题, 由于它取决于在支付本息时黄金绿钞价格的状况, 这里所说的收益率 6% 是当且仅当黄金的价格保持不变时。

这意味着文中所说的黄金债券的绿钞价格并不全面, 虽然字面上是正确的。当然, 套利的存在会保证黄金债券的绿钞价格等于其黄金价格。但是这种黄金债券和纸币债券的收益率可能不一样。持有纸币债券是为了将来黄金价格下降时投机黄金; 而持有黄金债券则可以在黄金价格上升时投机黄金。如果市场预期黄金的绿钞价格是下降的, 它将以一个较低的收益率给纸币债券定价, 而相反将给黄金债券一个较高的定价。

〔81〕考虑到注释〔80〕中提及的因素, 两者是大致相同的。

〔82〕注意，这与部分国内外投资者对黄金绿钞价格下降的预期是一致的。原因有以下几点：第一，黄金的绿钞价格会下降，但不会回到战前水平。第二，就算价格回到战前水平，也只有在债券被偿付之后才可能发生，即使在这之前发生，期中的利息也会用绿钞支付。第三，购买政府债券的主体比单一的外汇投机者复杂得多，因此我们要考虑两种截然不同的购买者的预期。

见 Newcomb 的类似分析(*Financial Policy during the Southern Rebellion*, pp. 108 - 111)。从 1862 年 3 月到 1864 年 12 月的每一个月，他都列示了黄金的绿钞价格；100 美元绿钞的黄金价值；票面价值 100 美元、收益率 6% 的 20 年期政府债券的黄金价值。他认为债券的低价值反映了公众对其用黄金偿付信心的缺失，并引用"同类的马萨诸塞州债券的更高价格"来作为其解释的结论性证据。

〔83〕Simon, "Cyclical Fluctuations", pp. 83-84, 87, 110.

〔84〕见 Graham, *Exchange, Prices, and Production in Hyper-inflation: Germany, 1920—1923*, Princeton University Press, 1931, pp. 49 - 56; Cagan, The Monetary Dynamics of Hyperinflation, *Studies in the Quantity Theory of Money*, Friedman, University of Chicago Press, 1956, p. 91。

〔85〕Graham, International Trade, pp. 242-244.

〔86〕Simon, "Cyclical Fluctuations", p. 150.

〔87〕1870 年后美国政府债券的回流本身并不会给美国证券市场带来什么困难，前提是原来购买政府债券的资金现在转向了铁路债券或其他债券。另外，在 1876—1878 年，除国民银行对政府债券的持续需求外，那些在挤兑中没有消亡的储蓄银行(尤其是在罗得岛州、马萨诸塞州、宾夕法尼亚州和纽约州)也倾向于用政府债券代替抵押单据，从而获得更高的安全性；以前的那些储户也将从这些银行取出余额来购买政府债券(Simon, "Cyclical Fluctuations", p. 237)。然而，在 1873 年后，铁路债券的海外需求下降，从而整体上海外对美国债券的需求数量也相应减少。

〔88〕1871—1872 财年，进口增加了 1.07 亿美元，即提高了 21%，并一直到 1873 年进口都保持平稳增长，后来就大幅下降。1871—1872 财年，在此之前一直增长的出口总量基本上保持稳定，其中原材料的出口有所下降；在 1873 财年，整个出口增长了 0.78 亿美元(*Historical Statistics*, 1960, Series U-10, U-13, K-302, U-627)。

〔89〕Simon, "Cyclical Fluctuations", pp. 146-149. Simon 指出，这种短期的资本流动部分解释了 Graham 直接测算的长期贷款净浮动和他自己测算的总量资本流动之间的差异，其中后者是根据 1872 财年国际收支达到顶峰时的数据间接测算得出的。

〔90〕O. M. W. Sprague, *History of Crises*, pp. 35-38.

〔91〕需要指出的是，自由外汇市场的存在消除了近些年盛行的持有黄金逃避外汇管制的动机。

〔92〕Graham 指出："在大量举债时期，黄金净出口量非常大。由于举债行为可以压低黄金的升水，从而使黄金变得相对便宜，这也是我们能够预期到的。我们注意到在金本位下会有相反的趋势。"("International Trade", p. 232.)

这种观点无疑是错误的：黄金的升水越低，相对来说黄金就越便宜，这样就会打压黄金的生产，从而减少黄金的出口，准确地说，就是在金本位下相对便宜的黄金价格。如果出口仍然很大,可能是由于经过抵消后,黄金生产供给的减少仍然大于其存量供给的增长,以及国内黄金使用需求的下降,这两者都反映了黄金的非货币化。

这只是我们在 Graham 对该时期完美分析中找出的一点瑕疵,从他的分析中我们受益良多。

80n 〔93〕从 1861 年 6 月到 1879 年 6 月,经济学家指数也显示了相同的变化。

81n 〔94〕或者就像 Schumpeter 指出的,"经济有机会逐步与货币量相适应"(J. A. Schumpeter, *Business Cycles*, New York, McGraw-Hill, 1939, Vol. I, p. 315)。

82n 〔95〕我们认为使铸币支付回到战前平价的目标是理所当然的,但我们并不是说这个目标是合意的。考虑到重建金本位,我们倾向于金本位平价的重新建立应该使美元/英镑的汇率介于战前汇率和战后汇率之间。

我们曾写道,这个判断受到"目前形势的很大影响",但之后 Gottfried Haberler 提醒我们注意 Ricardo 的观点,Ricardo 认为在经历了拿破仑战争期间货币贬值之后,英国于 1821 年恢复到战前平价的铸币支付是明智的。"我知道你误解了我在这个问题(1813—1819 年价格水平的下降)上的观点——我从来没有建议政府去恢复一种货币,而且是贬值 30% 的货币;我应该像你提议的那样建议,只不过方式有所不同,即货币应该通过降低货币本位被固定在贬值的水平上,并且此后与之背离的现象不能再发生。从 1813 年到 1819 年并没有立法规定货币价值的增加,并且在黄金价值的 5% 以内——而不是货币贬值 30%。所以我建议使用旧的货币本位。"(Ricardo to John Wheatey, Sept. 18, 1821, *The Works and Correspondence of David Ricardo*, ed. by Piero Sraffa with the collaboration of M. H. Dobb, Cambridge U. Press for Royal Economic Society, 1952, Vol. IX, p. 73.)

〔96〕在 1877—1879 年的两年中,财政部一共偿付了 17.9 亿美元附息公债(*Historical Statistics*, 1949, Series P-136, p. 306)中的 8.45 亿美元(John Sherman, *Recollections of Forty Years in the House, Senate, and Cabinet*, Chicago, Werner, 1895, Vol. II, p. 723)。财政部的偿债行为,见 *Specie Resumption and Refunding of the National Debt*, Letter from the Secretary of the Treasury, Dec. 2, 1879(*Annual Report on the Finances*, 其中与"恢复铸币支付和国家债券偿还"相关的文件),46th Cong., 2d sess., H. Exec. Doc. 9。外国投资者抛售美国政府证券数量的估计值,见 Simon, *Cyclical Fluctuation*, p. 378。我们引用的是 1876—1878 年的估计值,该估计值相对于 1877—1879 年来说太低了,这是因为 1876 年实际上没有资本流动而 1879 年有大量的资本流出。

84n 〔97〕财政部的账目余额仅在 1877 年后有较大的增长,从 1877 年 2 月的 1.01 亿美元增加到 1879 年 2 月的 1.96 亿美元。在同一时期,高能货币量,也就是说,公众持有的通货加上银行的准备金基本保持平稳,仅仅从 7.57 亿美元降为 7.52 亿美元。这个时期国民银行持有的铸币实际上并没有减少,反而增加了。国民银行和政府持有铸币的增加大致上与国内黄金产量相等。因此可以把这一操作视为国内的债券购买者用本国货币在国内购买黄金,然后用黄金去与财政部交换债券。这里面涉及货币从债券购买者到金矿矿工的转移,但货币总量并没有发生变化。当然,这只是在数字上的描述,因为我们无法确认其中具体的交易来源。

〔98〕有必要重申的是,供给与需求习惯上是指作为价格函数的供给量和需求量的计算表,而这里指的是汇率。

87n 〔99〕这一表述来自 David A. Wells, *Recent Economic Changes*, p. 6。

第3章

★★★

银元政治和价格长期下降
（1879—1897）

1879年美国恢复了金本位制,当时美国大部分重要贸易伙伴国都采用金本位制,所以此举基本上颠覆了货币存量在经济中扮演的角色。在之前的浮动汇率制度下,货币存量是受国内因素影响的外生变量。产生影响的主要路径是由货币存量影响货币收入水平,再传导至价格水平,最后影响美元汇率。当然不排除其中某些环节的影响是反向的。要回归到战前平价的铸币支付,就意味着货币存量必须有相应的调整。然而这种调整只能借助或明或暗的政治手段达到,经济力量无法"自动"完成这些调整。但这些经济力量的确左右了事态的发展,使得政治干预达到其预期的目的,否则这些干预可能根本无法发挥作用。

　　然而,在金本位制的固定汇率下,货币存量最终是由外部因素影响的内生变量,至少对金本位制世界中的小经济体是这样的。[2]此时货币存量发挥作用的机制是由固定汇率经国际收支差额,传导到货币存量,最后传导到与汇率相适应的国内价格。同样,毫无疑问,其中一些环节的影响方向可能会有所不同。另外,各经济变量之间相互联系、相互影响,因此由国内政策创造的货币存量可能与国外因素所决定的存量值在短时期内有较大幅度的偏离,信用本位制下的经济作用机制也是如此。除了短期内的这种偏离,只要还是在金本位制下,国内政策只能通过两种方式影响货币存量:一是改变和固定与汇率相适应的价格水平(比如,通过关税影响国际贸易,或者影响资本流动);二是改变与价格水平相适应的货币存量(比如,通过影响持币动机)。只要金本位制存在,这两种影响方式就存在。

　　虽然美国自从1879年就一直采用金本位制(除了第一次世界大战期间和1933年的少数几个月[3]),但是上面的理论在1914年以前比较符合实际。因为1914年以后大部分国家不再实行金本位制,或者即使名义上实行金本位制,实际上实行的金本位制也远不如第一次世界大战前那么灵活,易于控制。第一次世界大战结束时美国在世界上的经济影响力迅速变大,以至于无法再将其视为世界金本位制中的小经济体。1934年以后,美国仅仅是维持名义上的金本位制了。[4]

1879—1914年这段时期,根据国内外经济的不同特点可以分为两个阶段。在第一阶段,尽管商业银行业和一些其他货币工具的快速扩张,使得在既定的黄金基础上增加了更多的货币存量,但是由于世界黄金储备增长速度下降、众多国家纷纷采用金本位制以及经济总产出大幅度上升等一系列原因,最终导致了从19世纪60年代到19世纪末,以黄金计量的价格水平经历了一个长期的下滑过程。在第二阶段,虽然金本位制没有较大的扩张,但是黄金的使用和消耗却变得更为"节省"。19世纪90年代南非,美国阿拉斯加、科罗拉多州的一系列金矿的发现,以及黄金开采提炼方法的进步,尤其是"氰化过程"的采用,使得世界范围内价格下滑的趋势被扭转,而实际产出则仍保持快速上升。

以黄金计量的世界价格的下降和随后的上扬,很自然地在美国国内价格上得到反映。而国内价格的变动趋势又会反映在国内的货币政策上。第2章讲述了美国一场政治运动的开端。这场运动以扩张货币存量为目的,从1879年一直持续到19世纪末,唯一不同的是银元取代绿钞成为货币扩张的主要工具。而这20年的政治运动是导致币值不稳、国内外价格变动的主要原因。1897年后,通过廉价黄金,银元拥护者追求的目标得以实现,银元运动因此而失去了经济基础。金本位的地位进一步得到巩固。对金本位制的质疑直到20世纪30年代才重新开始在货币史上产生影响。

据我们估计,在1879—1897年和1897—1914年两个阶段内货币存量均有所增长。前一阶段的货币增速以现在的标准来看是很快的,比绿钞时期也快得多,但却仍然比后一阶段慢。1879—1897年货币存量的平均年增长率为6%;1897—1914年则为7.5%。不同的货币增长速度伴随的是不同的价格变动趋势。1879—1897年,价格水平以每年大于1%的速度下降;而1897—1914年,价格水平则以大于2%的速度上涨。[5]前一阶段货币存量的增速不仅比较慢,而且较为不规则:1879—1881年增长异常迅速,年均增幅大于19%;而1892—1897年增幅基本上为零。前一阶段的货币增速的不规则和经济活动周期的不规则有关。1882—1885年,经济紧缩持续时间异常持久,并且程度相当严重;19世纪90年代,两次相对严重的紧缩接踵而至,其间只有一段短暂的扩张。对比来说,1897—1914年这段时期中只有一段相对较短的急剧紧缩时期,发生于1907年。[6]这段时期的经济史学家和其他学者搜集到的历史资料可能比官方的统计数据给人留下的印象更深刻。19世纪八九十年代这20年间以政治动乱、抗议运动以及动荡的时局而著称;而20世纪初的政治则相对稳定,人们对经济的快速增长也充满信心。

这些货币上的差异虽然可以从政治环境上明显地反映出来,但是在实体经济(去除货币因素)表现中却鲜有痕迹。两个阶段都以经济的高速增长著称。在19世纪最后20年里,人口以每年超过2%的速度增长,铁路网络快速扩张,西部开发基本结束,农业用地面积及农业产出快速增长。农场数量增长近50%;尽管价格有所下降,农业用地和建筑的总价值仍然增长近60%。[7]与此同时,制造业以更快的速度发展。1890年人口普查显示,制造业的净附加值第一次超过农业产品价值。在19世纪80年代,西部土地热横扫整个美洲大陆。"就人均可再生有形财富的10年平均增长率来说,19世纪80年代为3.8%,显然达到了1805—1950年间的最高水平。"[8]

在20世纪的第一个10年里,人口、农场数量和农业产出和前20年相比,增长速度有所放缓。但是制造业产出仍保持着之前的高增长率,国家继续由农业社会向工业社会转变。

那么在早期价格下降阶段和后来价格上升阶段中,到底哪个阶段的经济增长速度更快呢?遗憾的是,从已有的数据中不能得出一个简单、明确的答案。1879—1897年以不变价格衡量的Kuznets国民生产净值的年增长率为3.7%,1897—1914年的增长率为3.2%。这就意味着在前一阶段,人均国民生产净值的增速为每年1.5%,后一阶段为1.4%。但是这种计算方式对数据的选择特别敏感:如果选择1880年、1896年和1913年,而不是1879年、1897年和1914年的数据,将得出如下的结果:国民生产净值在1880—1896年增长2.6%,1896—1913年增长4.4%。通过对国民生产净值的考察,可以看出在整段时间内增速没有重大的变化,但是在1892—1896年有一个严重的停滞,随后在1896—1901年急速增长,正好弥补了之前的损失(见图8)。如果这个推论是正确的,那么价格总体下降或价格总体上升对经济增长率几乎没什么影响,但是在19世纪90年代早期货币政策极大的不确定性造成了价格对长期趋势的严重偏离。这个现象进一步证实了第2章得出的结论,即在多个商业周期过程中推动经济增长的因素,在很大程度上是与价格的长期趋势相独立的。

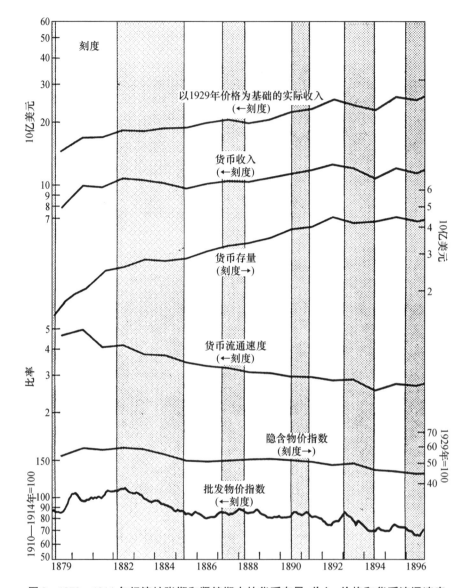

图 8　1879—1914 年经济扩张期和紧缩期中的货币存量、收入、价格和货币流通速度

我们现在开始对 1879—1897 年间货币、收入、价格和货币流通速度的变化进行更仔细的考察。

3.1　货币、收入、价格和货币流通速度的变动

图 8 绘制了 1879—1914 年期间的数据,这些数据我们在第 2 章"绿钞时期"

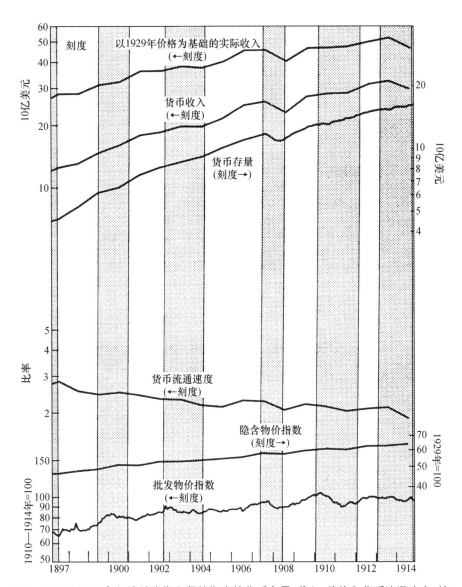

图 8　1879—1914 年经济扩张期和紧缩期中的货币存量、收入、价格和货币流通速度(续)

注：阴影部分代表经济紧缩期，非阴影部分代表经济扩张期。

资料来源：批发物价指数来自 George F. Warren and Frank A. Pearson, *Prices*, New York, Wiley, 1933, p.13。其他数据的来源同图 62。

已经进行了考察，包括：(a) 货币存量；(b) 以当前价格衡量的国民生产净值；(c) 以不变价格衡量的国民生产净值；(d) 货币流通速度，或以当前价格衡量的国民生产净值和货币存量的比率；(e) Kuznets 以不变价格衡量的国民生产净值中反映的物价指数,以年度数据为基础;(f) Warren-Pearson 批发物价指数,以月度数据为基础。和上面一样,阴影区域表示国民经济研究局作为参考数据的"紧缩"时期,也就是顶峰和谷底之间的时期。

一个让人吃惊的事实是,这张图反映出 1879—1897 年货币流通速度出现了相当规则的大幅下降——速度为平均每年 3%。在此期间,货币收入的增长要求货币存量必须以更大的幅度扩张,这从货币存量和以当前价格表示的国民生产净值的两条曲线逐渐发散的形状就可看出。

这段时期通常被认为是一个价格长期下滑的时期。但是图 8 的两个价格序列都表明下降过程并不规则。1879—1882 年,价格开始明显增长(批发物价指数大概增长了 1/5);此后到 1886 年,价格出现了更为剧烈的下降;1886—1891 年,价格大致保持平稳;1892—1893 年价格又一次急剧下降,期间只有一次短暂的反弹;而随后几年里,价格则以较慢的速度下降。

根据以上价格变动的不同趋势(这种趋势在我们的其他序列中也有所反映),我们可以将 1879—1897 年这段时期合理地划分为 4 个界限分明的阶段。

1. 1879—1882 年的周期性扩张阶段。这个阶段的特征是货币存量以及以当前价格或不变价格衡量的国民生产净值都有异常快速的增长。货币存量增长了 50% 以上,以当前价格衡量的国民生产净值增长了 35% 以上,以不变价格衡量的国民生产净值增长了近 25%。三者分别以每年 16%、10%、7% 的速度快速增长。[9]

2. 1882—1885 年的周期性紧缩阶段。这次紧缩持续了很长时间。在此期间,货币存量和以不变价格衡量的国民生产净值在继续增长,但是增长率大幅降低——分别增长了 9% 和 4%,即分别以每年 3% 和 1% 的速度增长。以当前价格衡量的国民生产净值下降了近 1/10。

3. 1885—1891 年的相对稳定时期。这一时期包含两个经济周期,期间的经济变化都比较温和并伴随短暂的紧缩。这段时期的特征为:货币存量以及以当前价格和不变价格衡量的国民生产净值以相当稳定的速度增长,年增长率分别为 6%、3% 和 3.5%。

4. 1891—1897 年的混乱时期。这一时期也包含两个经济周期。两次的紧缩都非常严重,并且期间的扩张是短暂而无力的,所以这 6 年通常被认为是美国经济史上最混乱的时期。货币存量在 1891—1892 年经历最初的飞速增长后,在 1892—1896 年间下降了 5%,结果 1891—1896 年这 5 年间只增长了 6%;尽管在 1897 年货币存量出现了大幅增长,也只不过使其在 1891—1897 年的年增长率提高到接近2%。1891—1896年间以当前价格衡量的国民生产净值平均每年下降约1%，以不变价格衡量的国民生产净值平均每年增长约2%。1896—1897年经济的快速反弹使得以当前价格和不变价格衡量的国民生产净值赶超了1891年的水平；1891—1897年两者的年均增长率分别为1%和3%。

总体来说，我们对这段时期的不同情况所作的解释是十分清楚的。

3.1.1 1879—1882年的扩张阶段

最初的迅速扩张反映出实体经济和金融状况都十分乐观。在实体经济方面，前一阶段的经济紧缩时期出奇漫长；一旦紧缩结束，就会有一个非常有力的反弹。这是一个十分典型的经济反应模式。[10]而在金融方面，铸币支付的恢复减轻了外汇的压力，使国内价格的上升不会引起外部经济的失衡。其原因有两个：第一，它缓解了财政部因增加黄金储备而暂时产生的外汇需求压力，这在第2章第5节已经提及；第二，人们普遍恢复信心，相信金本位制会得以维持，并且美元不会再次贬值。这促进了外国投资者持有美元余额的增长，以及本国居民持有外汇余额的下降。[11]同时，气候的原因又强化了这两种因素的作用：美国的农作物连续两年获得丰收，而世界其他地方又是严重歉收。[12]结果，出口空前增长。在1880年和1881年的6月30日，食物原料出口量都大约达到了前5年或后5年的平均水平的2倍。这两年的水平比之前的任何一年都要高，直到1892年这个纪录才被打破。[13]

随之而来的对美元需求的增加，意味着美国只有保持相对高的国内价格水平，才能保持国际收支的平衡。价格的迟迟不上涨，导致了黄金的大量流入。据估计，美国的黄金储量从1879年6月30日的2.1亿美元上升到1881年6月30日的4.39亿美元。在传统的金本位制下，黄金的流入导致了国内货币存量的扩张和价格的上升。美国的隐含物价指数在1879—1882年期间上升了10%，而当时英国物价指数则基本保持不变，因此美国与英国的相对价格水平从89.1%上升到了96.1%。[14]

同时，在传统的金本位制下，其他国家的黄金流出使这些国家的货币存量和价格面临着下降的压力。英格兰银行在银行部门的储备从1879年中期到1881年中期下降了近40%。相应地，银行利率从1881年4月的2.5%逐步上升到1882年1月的6%。利率上升影响了价格和资本的运动，使黄金停止向美国流出，随后更是从美国流入英国。这种滞后反应造成美英两国之间黄金流动的拉锯式运动，这很有可能是两国经济周期转折点呈现特殊模式的原因，值得更加深入的研究。[15]

铸币支付恢复前后的黄金运动具有截然不同的经济意义。正如前一章所指出的,铸币支付恢复前的黄金流入一直是美国财政部追求的目标,反映了外汇需求的增长。这就需要国际收支有足够的盈余。而国际收支盈余只能通过美国价格水平相对国外的降低,或者美元贬值来实现,实际上就是要通过美国国内价格的相对降低来实现。所以实际上,黄金的流入是国际收支余额其他部分进行调整的重要因素。而铸币支付恢复后,农业收成引起的美元需求增加,则成为推动国际收支调节的积极因素。虽然黄金流入暂时弥补了国际收支的差额,但它只是一种被动的反应。如果没有黄金的流入,美元可能相对别国货币升值,或者美国国内价格更快地增长,而前者在金本位固定汇率制度下是不可能实现的。同时,黄金的流入为国内货币存量扩张提供了基础和动力,随后国内价格的增长、货币存量和国外价格下降的压力使得黄金不再有必要大幅流入。这可以说是传统金本位制下政策操作方面最经典的例子!

3.1.2 1882—1885 年的紧缩阶段

到 1882 年年底,美国的价格和货币收入已经超过了固定汇率下所能维持的最高水平。在一定程度上,价格和收入的增长是前几年异常有利的出口形势的结果。这种反常形势一旦终止,价格和收入必然会相应作出调整。但是,如果单就这一点来说,只要微小的调整便能顺应改变了的国际贸易形势。如前文所述,美国的购买力平价指数在 1882 年达到 96.1,在 1885 年降到 95.1。如果外国价格水平保持不变,这个转变本身只需要美国价格水平降低 1% 或 2%。[16] 如果假定当时国内和国外的价格都对上述反常的出口形势作出了充分的调整,那么这种形势一旦停止,国外价格就会上升。但事实上,英国的价格不仅没有上升,反而出现了大幅度的下降——1882—1885 年降低了 12% 以上。其之所以下降,至少在一定程度上是对前几年黄金流向美国的滞后反应。因此,美国价格下降的主要原因是当时的价格未对上述反常的出口形势作出充分调整。为了使美国价格相对英国价格下降 1%,美国的绝对价格需要在 1882—1885 年这 3 年间下降 13%。

在经济紧缩阶段,资本流入的减少进一步加剧了价格和收入的下降。资本流入之所以减少,在一定程度上也是英格兰银行应对黄金流失所采取措施的滞后反应。另外,外国投资者对美国的铁路部门和金融管理丧失信心,开始质疑美国维持金本位制的能力。相应地,这些投资者没有继续增加投资,而是减少了在美国的投资。[17] 1884 年 5 月发生的金融恐慌应归咎于外国投资者抛售美国证券导致的黄金流出。[18]这次金融恐慌尽管严重,但是并未引发对提现的限制,而且恐慌很大程度上局限在纽约地区。[19]

从数学角度来看,美国价格的下降也是由货币存量增长率和实际产出增长率的急剧下降(货币存量增长率从每年16%下降到3%,实际产出增长率从每年7%下降到1%),以及货币流通速度的持续快速下降所导致的。从经济学上讲,这些是经济作出必要调整的渠道,而不是经济该如何调整的最终决定因素。假设美国将保持金本位制,并且本国的价格和收入与世界其他国家价格和收入的变动方式相同,那么美国的价格或收入或两者一起不管通过什么样的方式都必须大幅下降。例如,如果流通速度保持不变或上升,而不是下降,那么货币存量就会以较慢的速度增长甚至下降,因为实际产出不可能出现更快的增长。货币存量增长速度减缓或者下降,可能是由实际的或潜在的国际收支逆差和黄金流出所导致。货币流通速度和实际产出的影响因素对于解释经济调整的形式——为什么货币流通速度、实际产出以及货币存量是这样而不是那样运动的——是极其重要的。但是它们在解释价格和收入如何变化的时候却居于次要地位。金本位制下的国际收支原则加强了这种调整,并且决定了调整的幅度。

我们会在第3.3节考察影响货币存量变化的因素。那时,我们同样要对同一现象的经济意义和数学意义进行对比。如果货币存量的变化是出于经济的内在要求,那么即使它不以这种方式发生,最终也会以其他的方式发生。然而在1882—1885年,货币存量变化的方式产生了特殊的次生效应,这种效应在影响价格和收入所需调整的幅度方面发挥了十分重要的作用。这个次生效应是指,人们逐渐倾向于购买白银,于是削弱了对金本位制的信心,从而刺激了资本流出或减少资本流入。银元运动对经济的影响,主要是通过影响人们的预期产生的,而不是通过直接购买白银来实现货币存量的扩张。我们在后文会对这一观点进行更详细的阐述。

3.1.3 1885—1891年的相对稳定时期

这一时期的经济状况无须特殊说明,因为这段时期的波动并非由任何特殊的"干扰"因素引起的,因此在没有经过检验的周期理论的指导下,我们无法解释其波动原因。[20]这段时期经济波动相对温和,产出和收入增长相对稳定,价格出现了轻微下降。以一般物价指数衡量的英国价格大约增长了2.5%,美国对英国的相对价格先升后降——购买力平价指数从1885年的95.1上升到1887年的100,在1888年轻微下降到99.1,在1891年又急剧下降至91。所以,这段时期整体上对美元的需求是相对下降的。伴随这些相对价格变动的还有美国的资本净流入和国际黄金净流入。(见图9,这张图描绘了相对于以下两项的购买力平价指数:美国的净国际资本流入;美国的净国际资本流入和净国际黄金流出之和。两个指数都是以它们与国民生产净值的比率表示;这些比率是每个财年的数据,这里的财年与日历年的起点相同[21]。)1885—1888财年,资本流入出现大幅增加,之后一直下降,直至1892财年,资本流入回到1885财年的水平。另外1888—1891年美国有大量的黄金外流。资本流入的下降和黄金外流都很可能是资本外逃的早期阶段,而资本逃离主要是由于人们怀疑美国可能不愿意继续保持金本位制,这一解释可以从相对利率走势的变化中得到支持。[22]然而,之后1885—1891年期间美国价格对于英国价格的下降,并没有使美国产生严重的通货紧缩压力。因为英国价格有所提高,所以美国绝对价格只要下降大概2%就可以达到平衡。

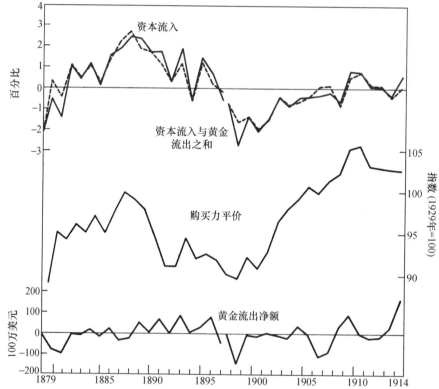

图9　1879—1914年美国国际资本流动净额占国民收入的比重及购买力平价

注:图中的年份为日历年。每个财年的净流动额都在日历年年初被表示出来。资本流入和黄金流出以总和的形式表示。

资料来源:表A-4。黄金流出净额,参见表A-4的来源。

准确地说,正是由于这段时期如此普通,它恰好为我们提供了一个基准,用以判断美国历史上这段时期在稳定价格下的货币需求。货币存量以每年约6%的速度增长,其中有一小半被货币流通速度的下降所吸收,一大半被货币收入的增长所吸收。因为价格略微下降,所以货币存量以每年略高于6%的增长即可维持稳定的价格。最令人困惑也最有趣的一点是,这个货币存量增长速度中又包括货币流通速度下降所要求的部分。

1890年7月到1891年5月期间短暂的经济紧缩,结束了1885—1891年的价格稳定时期,伴随而来的是货币市场的严重混乱。英国在19世纪90年代中期把投资转向阿根廷,导致在作物收割季节的初期纽约遭遇了黄金流出,也就意味着纽约储备流失到了国内其他地方。在国库券公开市场上购买债券只是暂时缓解了储备短缺的压力。货币市场的混乱在11月初达到了顶点,有很多经纪商和银行家由于证券价格的下跌而破产。11月15日,巴林银行(Baring Brothers)在伦敦的停业公告导致混乱的最终爆发,又有不计其数的银行破产,但没有出现对储户支付的限制,纽约的货币市场在一个月后又重新恢复了稳定。

3.1.4　1891—1897年的混乱时期

这部分是迄今为止美国货币史上最有趣的一部分,所以我们将对它进行更详细的考察。这段时期的重重困境是由两个原因共同导致的。首先,从英国的一般物价指数来看,世界黄金价格大幅下跌,在1891—1897年期间下降了11%。仅仅这一点就会引起美国可比收入或价格的下降。其次,对启用银本位的煽动达到了顶峰,支持银币自由铸造的政治势力几乎获得胜利。这使得国内外民众纷纷丧失了保持金本位制的信心,导致美国的"资本外逃",或者不如说是随舆论的改变而产生的一系列的资本逃离和回流(参阅图9中资本流动的剧烈波动)。为满足这种不利的资本流动,价格和收入承受了更大的压力。这种资本流动或者由黄金流出来达到,这将对货币存量产生压力;或者由国外超额收益满足,而这需要相对低的价格或收入。[23]

美国在1891—1897年间的经历和英国第二次世界大战后的汇率危机十分相似。在这两种情况下,政府都试图维持固定汇率平价;两种情况下,政府能否成功都不确定;同样,两种情况下,如果有什么变化的话,那只能是相关货币的贬值。因此在这两种情况下,人们都有减持问题货币的动机,同时这种动机的强烈程度随着维持固定汇率平价的可能性的变化而相应变化。美国和英国的两次危机都导致了短期国际收支余额的快速波动和严重的经济混乱。当然两者也有明显的不同：英国承诺的完全就业政策给它的国内货币政策留下了更小的余地；直接兑换管制和贸易管制的发展使它通过影响国际收支差额，而不是通过影响价格和收入的运动来达到维持固定平价的目的；对英国来说，对外贸易变得相对重要；最后，英镑确实出现了贬值。这种对比为我们提供了一个同时代的例子，来说明在固定汇率制度的可维持性受到怀疑时投机性国际收支余额的波动。[24]

对金本位制可维持性怀疑的最初起源——或者更准确地说，这种怀疑愈演愈烈的根本原因——很可能是1890年7月14日通过的《谢尔曼白银购买法案》(Sherman Silver Purchase Act)。传说该法案是共和党国会为了得到西部对1890年制定的、宣扬贸易保护论的《麦金利关税法案》(McKinley Tariff Act)的支持而做出的让步。该关税法案是工业发达的东部谋求通过的一项法案。《谢尔曼白银购买法案》规定，财政部每月应购买450万盎司的白银，或者按1878年《布兰德-埃里森法案》(Bland-Allison Act)所规定数量的两倍购买白银。购买要求以新货币进行支付。新货币即所谓的1890年国库券，是财政部部长指定的具有完全法定效力的货币，可通过黄金或白银赎回。

《麦金利关税法案》征收更高的进口关税，降低了对所保护商品的进口需求，因而减少了相应的外汇支付。从这个角度看，它在一定程度上抵消了银元立法对美元投机需求的影响。但另一方面，它又加强了这种影响。它取消了对糖——作为关税重要来源的商品——收缴关税，因而减少了总关税收入。同时，国会批准了对养老金、河流港口建设方面增加支出。在这两方面因素的共同作用下，财政很可能由盈余变为赤字，这会被人们理解为（不管这种理解正确与否），政府可能将更加无力维持金本位制。

1891年春天，黄金大规模地异常流出，财政部黄金储备大幅下降，所以财政部采取了一系列的权宜之计来获取和保存黄金。[25]似乎可以合理地认为，黄金流出以及相关的英国对美国证券的持续抛售，都是由于人们日益怀疑美国可能无法维持金本位制。如果真是如此，假如没有碰到像1879—1881年间那样的好气候，那么金融压力以及银行和经纪人的破产（1890年秋）所导致的1890—1891年的温和紧缩很可能会被资本外逃进一步激化和延长。1891年夏欧洲谷物歉收，而美国谷物收成却达到历史最高纪录。结果，美国到1892年6月30日为止的年粮食原料出口量是前一年同期的2.5倍，出口量第一次超过了1881年，几乎和1880年的纪录相等。由于出口而增加的美元需求使黄金的流出暂时变为流入。1891—1892 年的黄金流入使货币存量快速增加,随后批发物价在 1892 年中期至 1893 年 2 月间不断上升。在 1893 年 1 月,经济达到了周期顶峰。

但是对黄金流出的遏制只是暂时的,而且可能使得接下来的经济反应比原来更剧烈。世界黄金价格和资本流入都继续下降。[26] 美国再一次出现了黄金外流,同时 1892 年 12 月后财政部的黄金储备出现了下降。政府没有采取任何举措来消除公众对白银取代黄金的恐惧。相反,参议院在 1892 年 7 月通过了一项银币自由铸造法案,虽然它一直不具备法律效力,但是仍然加深了公众的这种恐惧。公众对维持金本位制的怀疑迅速蔓延,之后这种怀疑又因为银行和财政部尝试积累黄金的举动而进一步加深。财政部声明其目的只是维持黄金清偿,但是该声明反而加深了人们的怀疑。[27]

人们对货币的普遍焦虑势必会导致一场危机的出现。在股价低迷数月之后,1893 年 5 月一家人们颇为看好的公司的倒闭终于引发了危机。到此时为止,人们还未对银行丧失信心。但是在股市崩盘一个月之后,货币流向发生逆转,大量的货币从纽约的银行中被提走。而平常在这个季节,货币都是从美国内陆流向纽约。货币反向流动导致许多银行破产或停业,有国民银行、州立银行、私人银行,主要分布在美国的西部和南部。货币反向流动的直接原因是公众对银行偿付能力的怀疑,而不是对货币的不满。1893 年上半年诸多商业公司的破产敲响了银行不良贷款的警钟。但是同许多类似的例子一样,更为根本的原因无疑是之前的通货紧缩。如果价格保持稳定或上升,贷款将是优质的,银行也会有足够的偿付能力。现在在通货紧缩的压力下,贷款变成坏账,银行则丧失了偿付能力。另外,毫无疑问,一些银行的破产反过来会导致对其他银行的挤兑,然后造成银行停业,停业银行甚至包括那些在不发生挤兑的情况下具备充分偿付能力的银行。在此紧要关头,有公开消息称,当局将召开新闻发布会宣布废除《谢尔曼白银购买法案》中的购买条款,这时,黄金外流才于 1893 年 6 月暂时停止。[28]

银行的挤兑使公众期望更高的通货-存款比率,从而进一步加深了黄金外流对货币存量的影响:到 1893 年 6 月末,公众持有的现金比上一年增长了 6%,而存款下降了 9.5%,存款-通货比率大幅下降(参见下面第 102 页的图 10)。[29] 货币总量下降了大概 6%,这是自 1875—1879 年后第一次大幅下降。因此第二次对银行信心下降的风潮在美国西部和南部蔓延,并引发了对纽约银行现金储备的大量提现。之后在 7 月,埃瑞铁路(Erie Railroad)公司破产清算,而股市也出现了当年最严重的衰退。[30] 美国东部、南部和西部都有银行停业。[31] 从纽约的银行开始,全国的银行都开始部分地限制现金支付,也就是限制存款转化为通货。这显然是因为某些持有大量其他银行存款的特定银行的储备不足,而不是因为总体储备不足。

对现金支付的限制[32]结束了银行破产的连锁反应,但是它也创造了双重货币体系——通货和存款不能以固定的比率进行兑换。从8月初到9月初通货可以溢价兑换成保付支票,9月初大量的黄金进口补充了储备,通货溢价结束。通货溢价当然意味着以黄金或外汇储备表示的美元存款的折价;同时,由于人们预期这种情况不会持久,通货溢价使他们将外汇结余(即黄金)转换为美元存款。但是应当引起注意的是,早期账户中黄金的流入,不是由于通货溢价,而是其他因素作用的结果。[33]

通过创造双重货币体系,现金支付限制也降低了存款的用途。这意味着给定的名义货币存量只等价于其中可完全兑换的那一小部分货币存量。即使公众相信银行的偿付能力,这一点也会导致公众降低存款-通货比率。这就是饱受诟病的"通货荒"。国民银行一方面增加货币发行和黄金进口,另一方面发行各种紧急通货作为补充手段,后者的总额估计有8 000万美元。[34] 一些城镇的银行临时委员会经常发行一种名为"清算行凭证"的票据,面值从25美分到500美元不等,主要在美国东南部发行,因为这里没有清算行。银行到处签发按面值发行的保付支票。另外,在银行不能供应货币的地方,工厂以支票和各式各样的票据和凭证作为支付手段。这些都由公司和个人发行,同样作为货币为人们接受。

关于这次金融恐慌,我们需要再一次强调其所谓的数学意义和经济意义的不同。这次恐慌对银行业的结构以及其后的政治论调都产生了十分重要的影响,并且毫无疑问,它也影响了经济调整的时机、方式和效果。同时,它本质上只是其他因素推动的经济调整的自我实现方式。国外的价格下降和公众对美国维持金本位制的能力的怀疑意味着只有两种选择:(1)美国价格大幅度下降,货币收入下降或增长速度放缓;(2)放弃金本位制,美元贬值。倘若要保持金本位制,价格和收入的调整就是不可避免的,即使它们不是通过银行业危机和随后经济衰退的加剧实现,也会通过其他方式实现。实际上,我们也可以从当时有关"拯救"银行业的建议中清楚地看到这一点,该建议是通过保持更高贷款质量实现银行的早期贷款紧缩。这种人为设计的方法和未经设计的恐慌产生的经济效果几乎是一样的。

也许应该指明的是,我们并不是说放弃金本位制的选择在经济上是不可取的;相反,我们的观点是,相对于19世纪90年代总体萧条的状况,放弃金本位制可能是更好的选择。我们之所以排除了这种选择,只是因为其在政治上不被接受。

尽管美国于1893年9月取消了对现金支付的限制,但是接下来的3年还是出现了连续的通缩,期间只在1894年6月到1895年12月出现了一次短暂的周期性复苏。这次周期性复苏中总产出和人均产出都没有达到上个周期的最高水平,像这种情况,美国历史上仅有过几次,并不多见。世界黄金价格继续下降,英国的一般物价指数在1896年达到了谷底。随着政治动荡的进一步快速加剧,美元的投机压力依然存在。财政部的黄金储备在1895年1月达到4 500万美元的低点,同时财政部接连采取诸多措施补充黄金储备。关于措施的具体内容,我们不在这里详述,重要的是财政部当时确实采取了行动。[35] 首先,这些措施将外部压力传导至国内货币存量,然后再向价格和收入传导;正如我们之后要详细叙述的那样,这些措施对1892—1897年间价格保持基本稳定起到了重要作用。其次,财政部愿意采取这些措施,就相当于再一次向美元持有者保证美国政府必会维持金本位制,于是这些措施降低了美元的投机压力。在绝大多数情况下,财政部只要不采取任何行动就可以延缓铸币支付,更不必说采取积极的措施了。

在1896年的第二个季度,之前主张银本位制的政治力量明显变强,受其刺激,黄金出口再次增长,造成政府黄金储备严重下降。7月10日民主党大会上Bryan被提名,受该事件影响,美国及外国投资者增加了对外汇的需求,导致短期和长期资本外流速度加快。金融界对政治前景非常担忧,开始紧密团结起来;7月20日后,纽约、波士顿、费城和芝加哥的银行把它们持有的部分黄金储备转移到财政部。另外,外汇交易中心和黄金运输行达成协议,组成辛迪加来阻止黄金流出。[36] 从经济学角度看,这意味着这些辛迪加成员努力用自己在国外的信用借入外汇,再卖给想要购买外汇的美国投资者,或卖给想把手中美元换成外汇的外国投资者。这样就可以让持有美元的人直接把美元兑换成外汇,而无须先兑换成黄金。也就是说,辛迪加成员致力于创造有利的资本流入来抵消投机资本的流出。辛迪加的形成本身就可充分证明人们对美元兑换价值的信心,从而为阻止短期资本和长期资本的外逃提供了希望。8月底,到了农业出口和相应黄金流入的季节,辛迪加解散,自始至终没有进行过一笔交易。此后,美国的黄金储备再也没有出现过危机。但是到秋季,有迹象显示,一些人有意将资产转换为可以用黄金或外汇支付的资产,尽管有黄金流入,黄金价格依旧上涨,人们还是很难以之前的利率从银行获得贷款。共和党在大选中获胜后,国内停止了黄金积累;由于世界黄金供应的快速增长,美元的压力也得到长久的缓解。但是经济活动直到1897年中期才发生实质性的改善。

3.2 银元政治

19世纪最后30年(尤其是1890年之后)最显著的特征是政治在货币问题中起到了一定的作用。正如我们所看到的,政治在一定程度上导致了19世纪90年代早期的经济混乱,而混乱的经济反过来又加剧了货币问题的政治性。

早在1875年国家绿钞党形成以前,八九十年代银元运动的祸根就已经显现。这就是所谓的"1873罪案"(Crime of 1873),即1873年2月12日通过的一项法案,其目的是"修订美国造币厂、鉴定局(assay-office)及造币相关的法律"。这项法案终止了标准412.5格令银币(含有371.25格令纯银)的铸造。[37]

由于白银的市场价格高于铸币法定价(mint price),1836年以来银元一直未进入流通,所以美国人对银元一无所知。1873年,人们普遍认为,标准银元废止令只不过在法律上确认了这一事实,而国会中白银议题的发言人也并未反对该项立法。但是在1872年银价开始下滑,并随即演变成一次长期剧烈的过程。银价下降的原因看起来十分明显:从供给方面来看,主要是美国西部许多富矿的开采,以及世界范围内白银采掘生产率的提高;从需求方面来看,许多欧洲国家从银本位制或金银复本位制转为金本位制,因而大大减少了白银的货币性需求。1875年前,美国的白银供应商沮丧地发现,此时将白银用于货币铸造是有利可图的,但是1873年的法案却禁止他们这么做。他们视该法案为一项罪行,宣称终止标准银元铸造的这项规定是东部银行家和立法官员的阴谋。该时期的历史学家否认了这项指控[38],但是近来研究这方面的学者得出结论:该项苛刻法案的起草者完全知道银价可能会下降,并且绝对怀有确保黄金成为美国货币体系基础的企图。[39]不管问题的最终定论如何,该时期的白银支持者无疑都认为白银禁令是一场阴谋。恢复铸币支付的一个流行解释是,白银禁令是英国人的阴谋,他们这样做的目的是确保美国政府债券到期时以黄金支付,以提高债券的内在价值。[40]

作为补救方案,银元制造商要求以16:1的比率,自由、毫无限制地铸造银币。美国中西部和南部陷入债务危机的农场主对白银价格的上升并不感兴趣，他们加入银元制造商的阵营，是因为他们坚信"自由铸币""自由银元"能够增加货币供应量，从而减轻其债务的实际负担。绿钞党的拥护者也同意这种观点：向流通中投放银元和发行绿钞具有同样的效果，都可以增加货币存量。

1876年夏天，众议院提出了许多白银议案，但是都未被参议院考虑。第二年，参议院对其中的一个议案进行了修订，废除了其中自由铸币的条款，众议院只有勉强接受。该法案在被 Hayes 总统否决后，于1878年2月28日获得通过，被世人称为《布兰德-埃里森法案》(见下文)。自由银元的鼓吹势力并不满意该法案，因为法案并未规定可以无限制地铸币。从那时起，对自由银元的鼓吹显示出宗教信仰般的热情。在接下来的20年里，支持白银的演说一次又一次地以"1873罪案"为主题。绿钞党在1882年的地区选举和1884年的全国选举中表现欠佳，后来逐渐消失，没有留下任何系统的支持白银的政治主张，直到19世纪80年代新组建了名为"联盟"的农民组织。起初该组织并无任何政治特征，在西部土地热潮消退后，"联盟"从1890年开始逐渐参与政治活动。[41]

美国的人民党正式组建于1892年，是由西北联盟和小部分南部联盟组成的代表农民利益的党派。其政纲除了其他内容外，主要包括要求自由、无限地铸造银币；流通中人均拥有货币存量增加到50美元；由政府发行所有的通货。人民党候选人在1892年总统选举中，获得了1 200万张选票中的100万张。对人民党来说，1893年废除的《谢尔曼白银购买法案》中的购买条款以及当年的货币危机，可以视为农业负债人背叛东部抵押贷款债权人的进一步证据。

劳工组织同样非常活跃。1892年年中至1893年2月期间在卡内基工厂和水牛城铁路修车场，以及1894年春在煤矿和大西北铁路，都发生了许多著名的罢工，但这些罢工最终以失败告终。1894年5月，针对普式火车公司的罢工发展为整个铁路系统的罢工，直到联邦军队设立了军事法规，直至 Eugene Debs 因违反一系列的禁令而入狱，罢工才得以平息。Jacob S. Coxey 将军是一名绿钞党及人民党成员，他在华盛顿领导了一场失业人员的游行示威(这些失业人员曾是 Coxey 手下的士兵)，要求政府发行5亿美元的法定票据，而这只是提交给政府的长长的请愿书中的一项。

1894年国会两院通过了一个法案，在该法案下，财政部可以将其以铸币税形式持有的白银铸造成货币。当时白银的官方货币价值，即银币的名义价值为每盎司1.29美元，而在《谢尔曼白银购买法案》下购买白银则是另一个价格，两者之差就是铸币税。但是这个法案遭到了 Cleveland 总统的否决。1895 年,由于公开发售债券已注定不可能成功,于是财政部通过私下谈判将债券出售给了辛迪加。该事件被视为当局和银行家们为了维护高价黄金美元而达成的阴谋。[42] 最高法院支持对 Debs 的禁令激起了许多劳工组织的愤怒。虽然这种愤怒是针对整个经济系统的,但矛头仍然指向了货币存量,其中批评家的首要要求就是白银自由铸造。一时间,对白银自由铸造的鼓吹甚嚣尘上。成立于 1895 年并创办 The Bimetallist(《复本位制》)周刊的国民复本位联盟(National Bimetallic Union),在 1896 年与美国复本位同盟(American Bimetallic League)及名为国民白银委员会(National Silver Committee)的政治同盟合并。

William H. Harvey 支持白银、反对金本位制的方式极具戏剧性。他创作了一部名为《双国记》(Tale of Two Nations)的小说,以及题为"铸币金融学派"(Coin's Financial School)的陈述,并为该陈述配上卡通图,使其观点更为生动。反对白银的阵营在银行家的支持下组建了国家稳健货币同盟(National Sound Money League),并创办了自己的周刊——《稳健货币》(Sound Money)。Horace White 在《铸币金融傻瓜》(Coin's Financial Fool)中向 Harvey 展开反击。但是许多反银组织的成员并不反对国际上的复本位制,所以他们的观点并不能被视为绝对的反对白银货币化。

银本位制的反对者当然也认识到当前货币体系存在许多缺陷,周期性的货币危机就是一个例子,而这也正是白银支持者一再抱怨的。反对者提出的解决方案[43] 是改革票据发行。其中一项计划是 1894 年 10 月美国银行家协会(American Bankers Association)在巴尔的摩大会上提出的所谓"巴尔的摩计划"——发行资产支持货币,并由联邦政府无条件担保。[44] 而另一项计划则是废止州立银行发行票据的禁税。白银阵营愿意支持后者,但是却反对巴尔的摩计划。

由于同时涉及阶级冲突和地域冲突,1896 年的竞选在一片混乱中进行。恐吓、诽谤,无所不用。自由银元支持者成功地控制了民主党州际大会,操纵民主党国家大会通过了一项自由银元的政策条款,并选举 William Jennings Bryan 为总统候选人。国家白银党和人民党为了争取白银问题上的胜利,背离了其更为彻底的改革道路,并且同样提名 Bryan 作为候选人。一个保守民主团体从白银同盟中退出,召开了一次独立大会,并提名了自己的候选人——John M. Palmer。McKinley 接受了共和党的提名,同时在其劝说下接受了一条政纲,即同意支持金本位制,直到"世界上的商业主导国……就有关黄金、白银的固定铸币比率达成国际性协议"[45]。组织中有一小部分人退出大会,转而投向民主党阵营。

最后共和党赢得了选举的胜利。据称,共和党获胜主要是因为1896年秋农产品出口数量和价格的提高使该党获得了更多的农业选票。一旦执政,共和党关于货币或银行改革的政治措施就受到了限制。虽然一群印第安纳波利斯商人组织了一次由主要银行家和商人参加的会议,并在1897年组织了一个货币委员会,但是其报告并未获得国会的支持。然而Bryan在竞选中展示出强大的力量,这迫使共和党恪守其在竞选中所作的承诺:1897年在欧洲再次举行国际会议,推动白银货币化的进程。尽管白银通货膨胀论者的失利已经增加了美国谈判的砝码,但是当时逐渐增加的黄金出口已经令白银阵营失去了实现国际复本位制的机会。

尽管如此,直到1900年3月14日《金本位制法案》(Gold Standard Act)才获得通过。该法案宣布黄金为美国本位货币,并指定1.5亿美元的财政储备用于纸币的赎回。金本位制终于在美国取得了胜利,同时,Bryan在1900年秋的总统选举中再次失利,从而结束了白银问题在国家政治活动中的主导地位。农民们曾寄望于通过白银实现价格反弹,最终在1897年后借助于国际货币黄金供给的大幅增加而实现。货币问题从此退出了政治漩涡的中心。

3.3　导致货币存量改变的因素

从上文我们可以看出,货币存量的变化在很大程度上是由国内货币体系外的因素最终决定的。这些因素主要包括:(1)国外价格的变化;(2)国内农业丰收和国外农业歉收的同时出现;(3)对美国能否保持金本位制所持的态度。但是,货币存量改变的过程,以及该过程中的一些短期变化,都反映了国内货币因素的影响。

图10描绘了1879—1897年货币存量变化的情况,以及在上一章中所讲的3个影响货币存量变化的直接因素:(1)高能货币总量;(2)存款-准备金比率;(3)存款-通货比率。另外,该图也描绘了以下两个变量:财政部持有的通货(国库现金)以及高能货币和国库现金之和。国库现金反映了财政运作对货币存量的影响,因而短期内的作用十分显著。

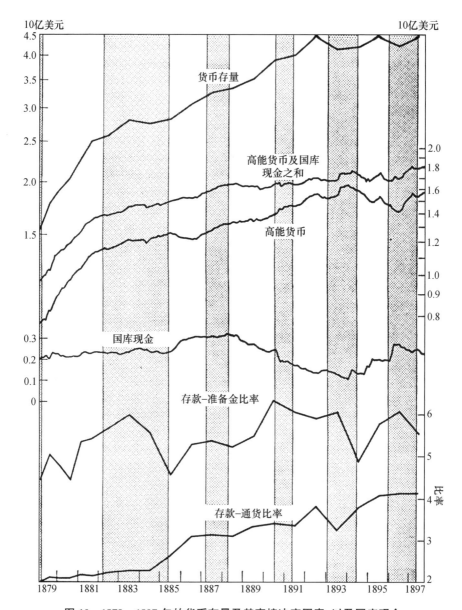

图 10　1879—1897 年的货币存量及其直接决定因素,以及国库现金

注:阴影部分代表经济紧缩期,非阴影部分代表经济扩张期。下方三条曲线以比率为刻度,上方三条曲线以数量为刻度。

资料来源:货币存量,表 A-1 列(8)。高能货币,同表 B-3。存款-准备金比率以及存款-通货比率,表 B-3。国库现金:1879 年 1 月—1887 年 2 月,Annual Report of the Secretary of the Treasury,1898,pp.124-133；1887 年 3 月—1898 年 1 月,Circulation Statement of U. S. Money (Treasury Dept.),对每月月中值进行平均并利用总移动比率法进行季节调整。

这张图最显著的特征是货币存量和高能货币的两条曲线近似平行。之所以不完全平行,主要的干扰来自以下因素:存款-准备金比率和存款-通货比率的提高,导致两条曲线之间的距离不断扩大;存款-准备金比率明显的周期性波动,反映在货币存量上是相应的温和得多的周期性扰动。之前我们提过,在恢复铸币支付后的经济反弹中,货币存量增长得十分迅速。从1879年2月至1881年8月的两年半内,货币存量总共增长了62%,而从1881年8月到1897年6月的16年内,货币存量一共才增长了79%,两者的实际增长数量很接近。1879年2月到1881年8月期间,由高能货币增长导致的货币存量的增量占其总增量的81%,也就是说,如果两个存款比率保持不变,货币存量的增长量将是其实际增长量的81%(见表4)。[46] 接下来的16年中,货币存量在1881—1892年

表4 1879—1897年各因素对货币存量变化的贡献度

直接决定因素	其他条件不变,各因素变动所引起货币存量的变化			
	1879年2月—1881年8月	1881年8月—1892年6月	1892年6月—1897年6月	1879年2月—1897年6月
	年变化率(%)			
1. 高能货币	15.7	2.9	-0.1	3.9
2. 存款-准备金比率	2.3	0.2	-0.5	0.4
3. 存款-通货比率	1.2	2.1	0.6	1.4
4. 各因素的相互作用	0.1	0.1	0.0	0.2
5. 总计	19.3	5.4	0.1	5.8
	各因素对货币存量变化的贡献度			
1. 高能货币	0.81	0.55		0.66
2. 存款-准备金比率	0.12	0.04		0.06
3. 存款-通货比率	0.06	0.39		0.24
4. 各因素的相互作用	0.00	0.02		0.04
5. 总计	1.00	1.00		1.00

注:年变化率是按连续复利计算的。由于四舍五入,各个数据的加总可能不等于总计数据。由于1892—1897年货币存量的实际变化较小,故该时期各因素的贡献度计算的结果不合理,因此没有计算。

货币存量在1896年6月达到最低点。以该月为界,划分为两个子阶段,各自的数据如下:

1892年6月至1896年6月

年变化率(%)　　(1) -2.2　　(2) 0.3　　(3) 0.8　　(4) 0.0　　(5) -1.2
各因素对货币存量变　　1.91　　-0.22　　-0.68　　-0.01　　1.00
　化的贡献度

1896年6月至1897年6月

年变化率(%)　　(1) 8.6　　(2) -3.7　　(3) 0.0　　(4) 0.0　　(5) 4.9
各因素对货币存量变　　1.74　　-0.75　　0.0　　0.0　　1.00
　化的贡献度

资料来源:表B-3。也可参见附录B,第7节。

的前 11 年保持相对稳定的增长,后 5 年则保持近似不变。1881—1892 年期间,由高能货币变动导致的货币存量的增长占其实际增长的 55%,余下的 45% 基本上是由存款-通货比率的上升所致。从整体来看,1892—1897 年期间货币存量的变化很小。但是这段时期又可以分为两个阶段:(1) 1892—1896 年,货币存量的减少反映了高能货币的下降,但是同时两个存款比率上升,从而几乎将高能货币的作用抵消了一半;(2) 1897 年,高能货币上升对货币存量的影响超过了存款-准备金比率下降对它的作用,而存款-通货比率保持不变,因此货币存量上升。

接下来,我们进一步详细讨论这些因素的变动,首先考察两个存款比率,然后考察高能货币。

3.3.1 存款-通货比率

从整体上来看,1879—1897 年是商业银行体系迅速扩张的一段时期。期初,公众每持有 1 美元通货,平均持有不到 2 美元存款;而到期末时,公众每持有 1 美元通货,平均持有的存款达 4 美元以上。存款相对于通货快速增长,一定程度上是由于结算工具的广泛使用,即持有存款有效成本的降低所造成的。但是,另一个更重要的原因可能是人均实际收入的增长。对收入可观者来说,存款是比通货更为优越的货币余额持有方式。当收入有所增长时,他们更倾向于持有存款,而不是通货。[47]

但是存款-通货比率在整个时期并不是匀速增长的。1879—1883 年期间,该比率的增长缓慢而稳定;1883—1884 年期间,其增长出现停滞。这种停滞可能是对 1884 年春的银行业危机的反应,也可能反映了经济紧缩前期该比率整体下降的趋势。接下来的两年内,存款-通货比率的增长速度达到这段时期的峰值,对于这点我们无法给出合理的解释。其后是更为缓慢的增长,期间有两次停滞:一次是在 1887—1888 年经济紧缩的时候;另一次是在 1890—1891 年,由 1890 年下半年银行业危机所导致。最为严重的一次停滞发生于 1892—1893 年期间,这显然与 1893 年的银行业危机有着密切的联系,这次银行业危机导致当年夏天出现了恐慌和对现金的支付限制。

在这 18 年间的 3 次银行业危机中,每一次危机都在年度数据中有所反映。如果有月度数据的话,这些数据很有可能会更清晰地描述银行业危机,我们也可以根据这些数据更精确地了解危机的演进过程。之后章节涉及的年代基本上已具备了月度数据。从这些章节我们可以看出,直到 1934 年联邦存款保险制度建立,我们才能得到比存款-通货比率更为灵敏的指标来衡量公众对银行的信心状况。

3.3.2 存款-准备金比率

存款-准备金比率变化的趋势是在波动中逐渐上升。其温和的变动趋势反映出以下因素未发生重大变化:(1) 法定准备金要求;(2) 以高能货币衡量的不同法定准备金要求下国民银行和非国民银行的相对重要性;(3) 影响银行审慎保留超额准备金的其他长期因素。[48]

存款-准备金比率的变动呈现出明显的周期性,在经济扩张时期上升,在经济紧缩时期下降。这种变动模式在很大程度上是受三次银行业危机的影响。这三次银行业危机我们之前在讨论存款-通货比率时有所提及,都是在经济紧缩时期发生的。1884 年银行业危机后,存款-准备金比率紧接着在 1884—1885 年间急剧下滑;1890 年银行业危机后,该比率于 1890—1891 年间缓慢下降;1893 年危机后,该比率的下降最为剧烈。

在 1893 年的危机中,存款-通货比率下降一年后,存款-准备金比率开始下降。1884 年的危机同样遵循了这种模式(虽然不如 1893 年危机时那么显著):1883—1884 年间存款-通货比率保持稳定,随后 1884—1885 年存款-准备金比率开始下降。在 1890 年的危机中,存款-准备金比率和存款-通货比率在 1890—1891 年都发生了下降。前两次危机和 1893 年危机的模式有所不同,部分原因在于之前的两次危机不是特别严重,部分原因在于两次危机发生的日期与我们使用的每年 6 月的数据并不一致。存款-通货比率在 1892—1893 年间的大幅下降反映了银行遭受的挤兑,导致了 1893 年 7 月出台的现金支付限制。同时,存款-准备金比率微幅上升,可能是由于银行储备已被客户提取殆尽,尽管银行试图重建储备。一旦危机过去,公众对银行恢复信心,存款-通货比率立即开始上升,同时银行也能够获得更高的流动性。一次次的危机使银行相信,它们必须提高这种流动性以防范危机的再次发生。因此,存款-准备金比率逐渐下降。我们可以回忆一下上一章提到的,在 1873 年危机的第二年,存款-准备金比率也发生了类似的下降。但是在那个例子中,存款-通货比率在危机当年几乎保持不变,并没有下降。分析其原因,可能在于我们使用的 1873 年数据来自危机发生的 7 个月前。

除了银行业危机的影响,存款-准备金比率之所以呈现出温和的周期性变化,更多的是由于非国民银行存款相对于国民银行存款的变化,而不是单个银行法定准备金的变化:在经济扩张时期,非国民银行存款相对于国民银行存款有所上升;在经济紧缩时期,则相对下降。经济周期中两种类型银行相对重要性的变化,使存款-准备金比率呈现周期性变化,进而导致了货币存量的周期性变化。

3.3.3 高能货币的变化

假设存款-通货比率和存款-准备金比率保持不变,高能货币总量最终是受外部条件的影响而发生变化的:当黄金流入时,高能货币增加;当黄金流出时,高能货币减少。当然,外部因素的调整并不是瞬间完成的,因此在短期内国内因素有充分的空间来影响高能货币总量。此外,国内因素会影响国际贸易,并在此过程中影响和国际经济状况联动的国内经济。上一章结尾我们提到过一个例子。财政部在铸币支付恢复前积累黄金储备,从而需要增加国际贸易盈余或减少贸易赤字。因此,财政部的行为导致美国国内价格水平相对于国外价格有所下降。

1879—1897 年,导致高能货币变化的主要国内因素或与国库现金有关,或与财政部在两个白银法案下购买白银的行为有关。前者是直接或间接地通过财政手段对国民银行券施加影响而实现的。在许多情况下,国库现金对我们来说并不是一个很有用的总量,因为通过简单的簿记式交易就可以轻易地改变它。但是在这段时期,相关法规规定财政部不能通过修改簿记科目来更改其公布的余额。法律上不允许财政部自由发行信用货币,并将其收入加入自己的财政余额。财政部唯一发行的一种信用货币是低值硬币和银币的信用成分。[49] 从来没有人想过为了获得铸币税以及增加国库现金而购买青铜、黄铜、镍和白银,更别说这样做了。国库现金只能由以下方式改变:通过财政盈余或者借款而增加,两者会导致高能货币的减少;通过财政赤字或者偿还债券而减少,两者会导致高能货币的增加。

国库现金

从图 10 中我们可以清楚地看出,在高能货币中,国库现金与高能货币的比例一直很小,该比例在9%—27%这一范围内波动,并且在这段时期的大部分时间内变化十分微小。但是很显然,高能货币大部分的短期变动都是由国库现金的这些微小变化导致的:高能货币本身与它和国库现金两者之和相比,要更加不稳定。

国库现金变动对货币存量稳定性影响的净效应是很难判断的。有些由国库现金造成的高能货币的变动也可能会由国际贸易条件引起。即使国库现金保持不变,高能货币及货币存量仍会由于黄金流动而发生变化,并最后表现为高能货币与国库现金之和的变动,或者高能货币本身的变动。但是既然国库现金的变动主要发生在短期,那么我们同样也可以说是其变动导致了货币存量实际变动模式与由国际贸易条件所决定的模式的偏离,并造成了其他情况下可能不会发生的黄金流动。这种解释可以由图11来充分说明。

图11显示了每年6月30日之间国库现金的变化,以及相应的财年中黄金国际流动净额。该图显示,1880—1884年间和1888—1892年间,两个变量的短期变化呈现出十分明显的负相关关系。而1884—1888年间,二者又呈现出明显的正相关关系。如果我们忽略由白银问题所支配的最后几年,图中显示出有两次,黄金流动由于国库现金的变动而更加剧烈;同样有两次,其变动幅度由于国库现金的变动而缩小。[50]

如果这个结论是正确的,那就意味着,从这方面来看,国库现金是不稳定的。在这种情况下,高能货币和国库现金之和的变动比实际情况更加剧烈,但是仅就高能货币自身来说,其变化应该是比较稳定的。但是,国库现金的变化与两个存款比率的变化之间存在的相关性,可能会抵消甚至改变国库现金对货币存量的这种扰动。1885—1886年间急剧增加的国库现金,在一定程度上抵消了当年两个存款比率急剧上升对货币存量产生的影响(1884年银行业危机后的反弹),因而缓和了货币存量的上涨,即便如此,该年货币存量的增长率也高于其前后两年。同样,1890—1891年国库现金的减少,帮助抵消了这些年份中两个比率下降的影响,从而将货币存量从本来的绝对下降趋势转变为相对减缓的增长趋势。然而另一方面,1891—1892年国库现金的进一步减少,导致了当年货币存量的急剧增长,而第二年的货币存量必然出现下降。

但是以上判断忽略了两个存款比率的变化,即使国库现金没有发生变化,两个存款比率本身也会有所不同。如之前所假设的,如果国库现金更加稳定,

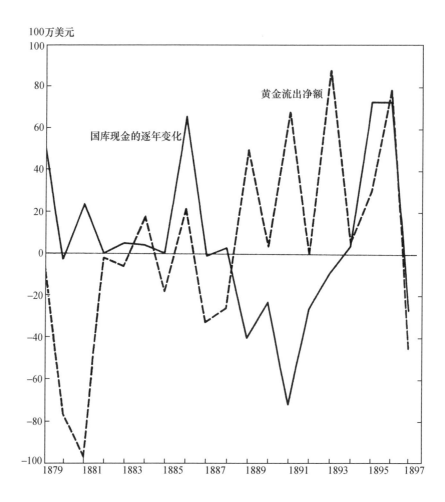

图 11　1879—1897 财年黄金流出净额和国库现金的逐年变化

注：图中所示为日历年。财年间的变动以日历年的年初值表示。

资料来源：*Historical Statistics*, 1960, Series U-6, pp.537-538；同表 5，第 6 列（见下文），1878 年的数据和表 5 中 1879 年数据的来源相同。

高能货币总量也会更为稳定，那么这种稳定性必然会影响银行的头寸，从而影响两个存款比率。但是，我们并没有一个简单的办法来估计这种间接作用的大小甚至方向。

无论国库现金的波动对货币存量起着稳定还是干扰作用，有一点总是肯定的：只有明确而谨慎的财政行为才能尽可能减小国库现金的波动。在独立的财政系统下，关税收入这一最大的财政收入来源，是不能存放在银行中的——在支出前,必须以通货的形式存放于财政部。多数情况下,政府都持有财政盈余。这个盈余相对于国民收入的比例虽小,但是相对于高能货币却是不可忽略的,年度盈余最大可达到高能货币的10%以上,而1879—1892年间积累的盈余在该时期末达到了高能货币的2/3。如果任由该盈余在财政部中积累,会导致巨大的货币紧缩,只有通过进口大量黄金才能填补这个货币缺口。为了防止这种情况发生,政府用盈余来偿还债务或支付债务的利息,或者将除关税外其他形式的财政收入存进银行。但是,这些措施同样具有反向作用,因为清偿债务会减少债务的数量,从而提高债券的价格。而这些债券是国民银行券的抵押,因此导致国民银行券数量从1882年的峰值(3.5亿美元)跌落到1891年的谷底(1.6亿美元)。这些措施在金融紧缩时同样会使财政部采取类似的公开市场操作,因而财政部承担了中央银行的功能,虽然其行为总是飘忽不定、无迹可寻。结果,这段时期的货币史充斥着财政部干预货币市场的例子。

1888—1893年由于债务偿还额度超过财政盈余,国库现金出现了稳定的大幅度下滑。财政部参与了公开市场净购买,结果在一定程度上导致了前文所提及的,货币存量在1891—1892年间出现了短暂的高速增长。更为重要的是,此举也导致了黄金出口的增加或者黄金进口的减少。1890—1893年《谢尔曼白银购买法案》下的白银货币化使货币存量大幅扩张,进一步激化了这个结果。1893—1896年,尽管出现了财政赤字,但国库现金仍旧有所上升,原因在于政府实施了更大规模的借贷——财政部在公开市场上出售债券。站在财政部的角度来看,它这么做是为了维持和补充其黄金储备,然而为了保持国际收支平衡,又必须允许资本出口,最后的结果是进一步加剧了货币紧缩。

银元立法

银元立法对高能货币的构成有直接影响(见图12及表5;表5同时还给出了国库现金的构成)。银元立法的影响可以从白银及1890年国库券的增长中得到体现。

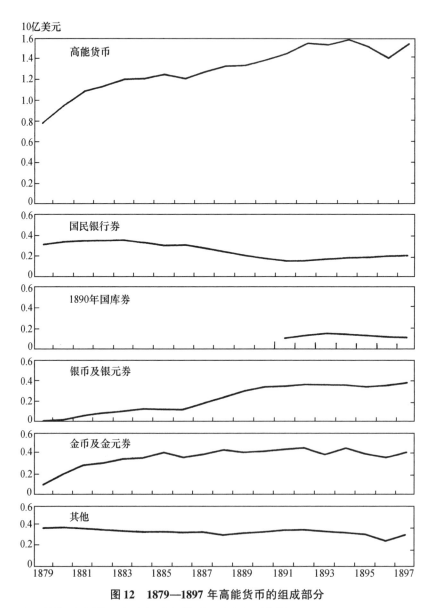

图12 1879—1897年高能货币的组成部分

注:"其他"包括美国流通券、白银辅币以及大额通货凭证。
资料来源:表5,第7—12列。

表5　1879—1897年国库内外的通货,按货币种类划分

(单位:100万美元)

6月底	黄金(1)	白银(2)	1890年国库券(3)	国民银行券(4)	其他(5)	总计(6)
			国库通货(国库现金)			
1879	120	28		8	54	210
1880	118	39		7	43	207
1881	157	23		5	46	231
1882	143	33		6	49	231
1883	138	39		8	51	236
1884	134	39		9	58	240
1885	120	64		10	46	240
1886	157	93		4	52	306
1887	187	69		2	47	305
1888	194	43		7	64	308
1889	187	22		4	55	268
1890	190	16		4	35	245
1891	118	17	10	6	22	173
1892	114	5	4	5	19	147
1893	95	6	7	4	26	138
1894	65	15	18	7	37	142
1895	108	29	30	5	43	215
1896	102	36	34	11	105	288
1897	141	31	31	5	53	261
6月底	(7)	(8)	(9)	(10)	(11)	(12)
			国库外通货(高能货币)			
1879	90	8		313	368	779
1880	198	25		331	383	937
1881	282	68		341	381	1 072
1882	319	87		341	377	1 124
1883	359	108		342	375	1 184
1884	365	136		327	362	1 190
1885	421	140		298	374	1 233
1886	384	140		301	368	1 193
1887	414	198		275	373	1 260
1888	457	256		240	356	1 309
1889	438	311		204	366	1 319
1890	449	353		178	386	1 366
1891	469	365	40	159	400	1 433
1892	483	384	98	162	401	1 528
1893	424	383	141	178	394	1 520
1894	482	378	135	192	382	1 569
1895	439	372	116	200	375	1 502
1896	400	383	95	208	312	1 398
1897	450	410	84	216	364	1 524

(单位：100 万美元)(续表)

6月底	黄金(13)	白银(14)	1890年国库券(15)	国民银行券(16)	其他(17)	总计(18)
国库内外的通货						
1879	210	36		322	423	991
1880	316	64		339	426	1 145
1881	439	91		346	427	1 303
1882	463	119		348	427	1 357
1883	497	147		350	427	1 421
1884	499	175		336	421	1 431
1885	541	204		308	420	1 473
1886	541	234		305	420	1 500
1887	601	267		277	420	1 565
1888	651	299		247	421	1 618
1889	625	334		208	421	1 588
1890	640	369		182	421	1 612
1891	587	382	50	165	421	1 605
1892	598	388	102	168	420	1 676
1893	519	390	147	182	420	1 658
1894	547	394	153	198	419	1 711
1895	547	401	146	205	419	1 718
1896	502	419	130	219	418	1 688
1897	591	441	115	221	417	1 785

注：由于四舍五入，国库内外的通货总和与第13—18列的数据可能会存在偏差。第6列和第12列的数据未经季节调整，所以和表A-1、表A-3列(1)有所不同。"黄金"包括金币及金元券。"白银"包括银币及银元券。"其他"包括美国流通券、白银辅币以及大额通货凭证。低值硬币被忽略不计。第1列至第6列是未经修订的财政部数据，也就是位于华盛顿的财政部提供的、报表编制完成时当月最后一天的持有量。

资料来源：同表 A-1、表 A-3 列(1)。

如图12所示，1886年以前白银增长缓慢，高能货币增量中更多的是黄金。那时起至1893年，白银保持快速增长，几乎完全替代黄金成为高能货币增量的主要来源。因此，白银、黄金和高能货币都在一个几乎固定的水平周围波动。

1879—1893年，国库外白银和1890年国库券两者之和增长了大约5亿美元，这是白银阵营势力增强的一个标志。这些增加的购买量导致了高能货币的相应增加，从而使货币存量大幅扩张。当时人们认为，这对金本位制构成了威胁。但是很显然，白银购买对货币存量的直接影响事实上并未威胁到金本位制。首先，由于到期偿债，未清偿的国民银行券有所减少，这在一定程度上抵消了白银通货增长对货币存量的影响。其次，也更为重要的是，高能货币在

1879—1893年间增长了7.4亿美元,比白银通货增量高出2.4亿美元。如果没有白银购买,黄金存量——或者货币存量的其他组成部分——将会比实际增长得更多。

对金本位制的真正威胁来自白银购买对国外投资者持有美元意愿的影响。白银购买体现了白银的支持力量,从而阻碍了资本的流入,或者说造成了大量投机性资本的外流,并为更大的资本流失埋下了伏笔。资本流入的减少或者说实际上是资本的大量外流,导致了高能货币增长放缓。因此,如果没有这些影响,白银通货增量占高能货币增量的比重会更小。再加上为了防止潜在资本外流所采取的措施,这些都构成了对货币的紧缩性影响,从而满足了国际收支差额必要的调整。所以,银元运动对货币体系造成的破坏非常荒谬地与其初衷正好相反。它并没有带来货币存量的快速增长,而是相反地,抑制了货币存量的过快增长。[51]

还有一点也是自相矛盾的。财政部一直考虑如何让白银流出国库并进入流通领域。这个问题最终通过授权发行小面值的银元券而得到解决。但是,让白银进入流通领域与财政部维持金本位制的目标是背道而驰的。在财政部内以增加国库现金的形式积累白银,则购买白银并不会增加财政部外的货币存量,也不会加剧国际贸易收支逆差和黄金出口。这样,购买白银与购买煤炭用于供暖一样,只属于一般的政府支出,不会产生直接的货币性影响。购买所用的资金必须由税收或者借贷来支付,而两者都将使用一定的资源,这部分消耗的资源和购买白银所增加的资源总量是相等的。白银购买计划仅仅是一项原料储备操作,或者是一个最近几十年已经为我们所熟知的价格支持计划。

白银的购买可以分为界限分明的三个时期。1878年春至1890年8月,购买是在1878年的《布兰德-埃里森法案》下进行的。该法案要求财政部每月购买200万美元到400万美元的白银,而实际购买量总是趋向于最低值。所以每年银元的增量在2700万美元到3500万美元之间。上文已经提到,在同一时期由于使用财政盈余偿债,流通中的国民银行券逐渐减少。在1880—1890年间的所有财年(1879年6月至1890年6月),白银存量中增加的银元达到3.33亿美元,国民银行券减少1.4亿美元,国库现金增长3500万美元,所以11年间财政部所有货币措施对高能货币的净贡献只有1.58亿美元,即平均每年1400万美元。高能货币增长了3.75倍,增量达到5.87亿美元。的确,财政的净贡献每年都在变,主要原因就是我们已经提及的国库现金的波动。即便如此,我们也可以明显地看出,这段时期内财政操作(包括白银购买)对货币的影响并不是最重要的。

1891—1893 年的 3 个财年中,在《谢尔曼白银购买法案》下白银购买量急剧上升,银元和 1890 年国库券增量达到 1.68 亿美元。同时,国民银行券停止了减少,而国库现金却非但没有增长,反而减少了 1.07 亿美元。结果在这 3 年中,财政通货操作对高能货币的净贡献达到 2.75 亿美元,几乎是前 11 年的两倍——3 个财年分别为 1.18 亿、0.87 亿和 0.7 亿美元。同时,高能货币总量仅增加 1.54 亿美元。其中的差额主要是由于黄金的净出口高于黄金产量所造成的。于是,这 3 年的财政措施因为规模巨大而变得尤为重要。因为如果这样的规模一直持续下去,财政措施对货币存量的直接影响将完全推翻美国的金本位制。但是必须注意的是,其中超过 1/3 的影响是通过减少国库现金余额实现的,每年由白银引起的货币增量只有 6 000 万美元。如果白银是通货增加的唯一来源,并且对维持金本位制的信心并无直接影响,那么这些增量肯定在真正威胁金本位制前就已经被完全吸收了。

1893—1897 年,白银存量仅增加了 0.19 亿美元(主要是在 1893 年 6 月 30 日后,到白银购买条款被废除之前进行的购买),国民银行券增加了 0.53 亿美元,国库现金增加了 1.23 亿美元,财政措施对货币具有紧缩效应,其净效应为 0.51 亿美元。因此,这段时期白银购买的直接影响可以忽略不计,但是其对货币存量的间接影响仍然处于鼎盛时期。

有关白银的这一部分是一个极好的例证,证明了人们对某种货币的看法是多么重要。由于害怕白银会带来通货膨胀而使美国脱离金本位制,人们便采取了严苛的紧缩政策以保持金本位制。回过头来看,如果在早期就干脆接受银本位制或者承诺保持金本位制,其结果都要比这种尴尬的折中好得多。折中带来的是人们对最终结果的不确定,以及由不确定性带来的通货的剧烈动荡。[52]

注释

A Monetary History of The United States, 1867-1960

[1] 根据国家统计局的月度数据,本轮经济周期的谷底是 1897 年 6 月,但由于 1897 年全年经济扩张的速度非常快,因此从年度数据来看,1896 年,而不是 1897 年,是本轮经济周期的谷底。尽管我们的数据多为年度数据,但我们仍把 1897 年作为这一时期的分界点。

值得注意的是,Rendigs Fels 根据月度数据得出的经济周期谷底是 1896 年 10 月

(*American Business Cycles*,1865—1897,University of North Carolina Press,1959,pp. 204-205)。

〔2〕在恢复铸币支付的时候,美国仅持有世界货币黄金存量的5%,这部分存量中大约有8%是黄金储备;一年后,这两个比率分别上升为9%和13%;之后一直到19世纪末,两个比率基本上都在20%以下。根据这两个比率来判断美国经济在整个金本位世界经济中的相对重要性,方法的确是有些粗略,而且该方法肯定高估了美国经济的重要性,因为由于美国的单一银行制和中央银行的缺位,美国黄金储备与货币存量的比率比其他金本位制国家都要高。

因为我们没有其他主要金本位国家的可靠数据,所以无法充分地证明这一点(参见 National Monetary Commission, *Statistics for Great Britain, Germany and France*,1867—1909, Vol. XXI,1910,61st Cong., 2d sess., S. Doc. 578, p.75,可以得到对英国相关情况的一些估算数据,该资料还指出了这些数据的缺陷);但是我们可以得到有关中央银行及政府间黄金储备分布的数据。最早的数据可追溯到1913年12月,英国和美国分别持有世界黄金储备量的3.4%和26.6%。(参见 *Banking and Monetary Statistics*, Board of Governors of the Federal Reserve System,1943, pp. 544,551。虽然该统计称它采用的数据代表了美国黄金总量,但是事实上这只是财政部的黄金储量,其中包括未偿金元券的保证金。它很可能低估了国民银行和非国民银行持有的金币、金元券以及财政部的黄金净持有量。)但是如果根据国民收入、国际贸易量或者其他这类指标来比较的话,美国在世界经济中的重要性绝对不会是英国的7.8倍。举一个例子,根据 Simon Kuznet 的估计(*Capital in the American Economy: Its Formation and Financing*, Princeton for National Bureau of Economic Research,1961),1913年美国国民收入是英国的2.9倍,其中英国国民收入是根据 Jefferys 和 Walters 的估计,按照官方汇率转换成美元(参见 James B. Jefferys and Dorothy Walters, "National Income and Expenditure of the United Kingdom,1870—1952", *Income and Wealth*, Series V, Cambridge, Eng., Bowes and Bowes,1955, p.8)。在国际贸易方面,这个比率毫无疑问会更低。

〔3〕从1917年9月到1919年6月,虽然黄金仍然在国内流通,但却被禁止出口,除非经过美国联邦储备委员会授权。1933年3月美国暂时脱离了金本位制,接下来直到1934年1月,美国实行浮动汇率制度,在此过程中美元不断贬值。

〔4〕参阅第8章第2节。

〔5〕Fels 同意 Rostow 的观点,提出在1879—1897年这段时间内利率的长期下降,说明了货币存量增长的速度再快,也不会阻止价格的长期下降趋势。在这方面,他引用了 Rostow 的论点(Fels, *American Business Cycles*, pp. 68-70,81)。D. Coppock 同样声明,"利率的表现是反驳价格下降货币理论的关键论据"("The Causes of the Great Depression 1873—1896", *Manchester School of Economic and Social Studies*, Sept. 1961, p. 209)。

我们不认同这样的结论。相反,即使在关于利率的最极端、最幼稚的流动性偏好理论中,利率下降的事实也意味着流动性偏好不是绝对的。也就是说,在现存的利率条件下,流动性偏好曲线也不是完全具有弹性的。因此,即使在这个理论下,货币存量更加快速的增长也会导致利率更快的下降。因此,在最极端、最严格的收入—支出理论下,货币存量快速增长也会带来投资和货币收入的增长。

在任何其他利率决定理论下,利率的下降都可能在一定程度上被认为是价格下降的反映,进而被解释为提高货币存量增长率的必要手段,以保证价格可以在任何水平下降。之所以被认为是价格下降的反映,是因为预期价格变化会导致"真实利率"和"货币利率"之间的差异。在贷款人和借款人预期货币购买力将有所变化的情况下,因为本金真实价值的上升可以看做名义利息外的又一项收益,所以与商品价格上涨时相比,商品价格下降时债券价格更高,债券的名义收益则更低。一般情况下,对价格的下降预期总是出现在价格实际下降之后,所以利率会在适应价格的调整过程中随着价格一起下降。然后,较低的利率会使货币相对于其他固定名义利率的资产更有吸引力,所以货币存量将有更快速的增长,以保证价格可以在任何水平下降。

也可参见 Phillip Cagan 即将出版的有关 1875 年起美国货币存量变化的决定因素及影响的专著(一项筹备中的国民经济研究局研究项目),第 6 章。

[6] 如果将 1882—1914 年间所有经济萧条按照严重程度排列,1882—1897 年这一时期的平均严重程度要远高于 1899—1914 年这一时期(Arthur F. Burns and Wesley C. Mitchell, *Measuring Business Cycles*, New York, NBER, 1946, p. 403)。

[7] *Historical Statistics of the United States*, *Colonial Times to 1957*, Bureau of the Census,1960(*Historical Statistics*, 1960),Series. K-1,K-4, p. 278.

[8] R. W. Goldsmith, "The Growth of Reproducible Wealth of the United States of America from 1805 to 1950", *Income and Wealth of the United States*, *Trends and Structure*, *Income and Wealth*, Series Ⅱ, Cambridge, Eng., Bowes and Bowes, 1952, p. 247.

[9] 货币存量增长的计算期是从 1879 年 2 月到 1882 年 6 月;国民生产净值的计算期是 1879—1882 年。

[10] 参阅我们即将出版的 "Trends and Cycles in the Stock of Money in the United States, 1867—1960",它是本书的配套读物,也是国民经济研究局的研究成果。

[11] 下面这种情况会在一定程度上抵消这种信心。铸币支付恢复前的几年,美元的升值使人们形成了持有美元的投机性动机。铸币支付恢复后,这种动机消失。原因很明显,如果美元和英镑挂钩,那么美元就该贬值而不是升值。但是,由于美元相对于 1878 年 4 月的平价只浮动了 1%,所以上述情况不会在铸币支付恢复的前一年发挥主要的作用。

[12] 正如 J. K. Kindahl 指出的那样,恢复铸币支付的潜在条件在 1879 财年就已经具备,并不需要借助 1880—1881 年的小麦出口来保持铸币的支付。小麦出口的作用是允许美国价格水平相对英国价格水平上升,并且这种价格的增幅比其他情况下要大得多("Economic Factors in Specie Resumption", *Journal of Political Economy*, Feb. 1961, p. 38)。

[13] *Historical Statistics*, 1960, Series. U-63. 除了粮食,由于印度棉花歉收,美国的棉花也出现了异常高水平的出口。

[14] 我们应该感谢剑桥大学应用经济学系的 Phyllis Deane 为我们构建的 1871—1913 年英国物价指数,这个指数基于贸易委员会批发物价指数(包括房租及工资)。

美英价格比率可以参见表 A-4,第 1 列。

[15] 我们应该感谢 Clark Warburton 让我们注意到这种拉锯式运动及其条件。这种反应机制可以将影响国际贸易条件的一个随机性冲击,转变为一系列的周期性波动。还应注意,大西洋两岸周期的差异是可预测的。

第3章 银元政治和价格长期下降(1879—1897) 111

英格兰银行的储备头寸和银行利率可以参见 R. G. Hawtrey, *A Century of Bank Rate*, London, Longmans, Green, 1938, pp. 289。

随着黄金不断流入美国,对美国有利的长期利率差额从 1877 年 3 月的峰值逐渐下降到 1881 年年中的最低谷(纽约-伦敦、纽约-巴黎、纽约-柏林的数据可以参阅 Oskar Morgenstern, *International Financial Transactions and Business Cycles*, Princeton for NBER, 1959, pp. 472-473 的图表)。利率的变化很大程度上是应对黄金流入所采取措施的结果。理论上,利率的变化也反映出有些因素导致了美国国内对资本投资的吸引力相对国外大幅下降,从而反映出一种独立的矫正力量。但是这看起来似乎有些不合情理,因为这一时期美国度过了金融困难时期,经济开始扩张,但是其对资本投资的吸引力却下降了。

〔16〕如果按照批发物价指数计算,结果与用隐含物价指数计算的结果是不一样的。用批发物价指数计算,美国相对英国的价格水平需要下降 10%。 100n

〔17〕1876—1883 年,国外投资者持有的铁路债券总量激增(从 3.75 亿美元增加到 15 亿美元)。1882—1885 年,国外投资者则以每年 2 500 万美元的速度出售这些证券,从每年净购买 2 亿美元变成了净出售 2 500 万美元(M. G. Myers, *The New York Money Market*, Columbia University Press, 1931, pp. 290-291)。Matthew Simon 认为,到 19 世纪 80 年代中期,国外投资者所持有的除铁路外的美国其他证券总量是可以忽略不计的("The United States Balance of Payments, 1861—1900", *Trends in the American Economy in the Nineteenth Century*, Studies in Income and Wealth, Vol. 24, Princeton for NBER, 1960, pp. 696-697)。

1882 年起反复的价格战和个别线路的管理失当,大大破坏了公众对铁路债券的信心。同时,在 1878 年《布兰德-埃里森法案》下的白银购买以及随之而来的财政余额的增长,减少了财政部持有的黄金量,造成了公众对金本位制的忧虑。

〔18〕O. M. W. Sprague, *History of Crises Under the National Banking System*, National Monetary Commission, GPO, 1910, p. 109; Fels, *American Business Cycles*, p. 131.

〔19〕由于外国投资者的抛售,证券价值出现下降,造成 5 月 8 日一家经纪公司破产,结果导致纽约一家曾违法保付该公司支票的国民银行倒闭。纽约另外一家国民银行挪用公款的丑闻也被曝光,又有几家经纪公司和私有银行破产,一家拥有其他银行大量存款的国民银行由于行长的投机行为而被迫停业。5 月 15 日纽约清算行协会立即开始发行清算行贷款凭证,缓解了货币市场的压力,从而并没出现现金支付限制。当时财政部此类凭证的最大发行量曾达到 2 200 万美元。乡村银行几乎没有出现倒闭,城外的银行接收了纽约市场上因当地银行倒闭而清算的贷款。纽约储备内部流失影响有限。(Sprague, *History of Crises*, pp. 108-123, 353.) 101n

〔20〕有一种可能性是,这些周期运动在一定程度上反映了经济反应机制(注释〔15〕曾提及)的第二及第三波影响。 102n

〔21〕之所以将黄金流出和资本流入加到一起,是因为两者都构成了外汇的来源,可以用来支付进口或进行其他国际支付。同样,资本流出和黄金流入也必须用外汇支付,而这些外汇则来自出口或其他外汇资金来源。

〔22〕对美国有利的长期利率差额在 1889 年中期触到谷底后进一步扩大,于 1891 年中期达到最大值(参见 Morgenstern, *International Financial Transactions*, pp. 472-473 的

图表)。由于利差的扩大伴随着资本流入量的降低,所以其原因必定是美国资本供给曲线向左发生了相对移动。

104n 〔23〕为了避免误解,也许应该强调,我们并不认为在那段时期对保持金本位制信心的丧失是净资本流入下降的唯一原因。然而我们倾向于相信,这是19世纪90年代资本流动极度不稳定的最重要的原因,因为随着人们对金本位制的信心变强,投机资金便会流入;反之则会流出。

在下一章我们将会讲到,数据显示,资本流入在1896年大选之后持续下降,而人们一般认为这次选举平息了最严重的一次金本位制信任危机。这就足以说明除了对金本位制的忧虑外,还有其他因素在起作用。这些因素包括:1890年的巴林银行业危机和随后英国严重的经济紧缩;A. K. Cairncross (*Home and Foreign Investment*, 1870—1913, Cambridge University Press, 1953) 和 Brinley Thomas (*Migration and Economic Growth*, Cambridge University Press, 1954) 在解释1891—1904年英国总资本输出水平较低的原因时提到的一些因素;1893年美国公司和银行的破产,等等。但是不管这些其他因素是什么,人们对金本位制的信心的缺乏确实会减少资本流入,或增加资本流出。并且实际上,直到1896年维持金本位制的措施采取后,这些因素的一些效果才显现出来(见下文)。

Fels (*American Business Cycles*, pp. 195, 203) 承认,外国投资者相信银本位制的确会威胁金本位制在美国的地位,并且表示:

> 在19世纪90年代,即使是在1896年,国内外大部分的投资者都不相信美国会真的脱离金本位制。如果对金本位制的威胁到了十分严重的地步,黄金的流出比率会过大,使得美国不得不放弃金本位制。资本流入或流出取决于国内短期的形势是否有利。不应该将资本的流出完全归咎于对金本位制的威胁。1893年的巨大危机让美国证券失去了吸引力,而危机的产生是有其他原因的。

这个判断和我们的立场并不完全一致。只要有少数人——哪怕是很小的比例——"相信美国真的会脱离金本位制",或者有稍多的人相信美国脱离金本位制的可能性有所上升,比如从1%上升到30%,就会导致资本的大量流出。当然,政府采取的维持金本位制的措施——主要是财政部通过出售国债来回收黄金——通过其紧缩效应鼓励了资本流入。在这么多例证中,重要的是未来可能的资本流出,即资本流出之前的预期而不是资本流出之后的分析,促成了均衡点的形成;或者说,是资本曲线的移动而不是资本流出量的变化,促成了均衡点的形成。

106n 〔24〕参阅 Milton Friedman, *Essays in Positive Economics*, University of Chicago Press, 1955, p. 163;同时参阅 Simon, "The Hot Money Movement and the Private Exchange Pool Proposal of 1896", *Journal of Economic History*, Mar. 1960, pp. 31-50。

〔25〕1890年8月,财政部纽约分部改变了以前几乎完全用金币或金元券来进行清算行余额结算的惯例,而改用1890年国库券或美国流通券。之前银行向需要缴纳关税的客户支付黄金,因此纽约的关税收入大部分是金币和金元券。随着纽约分库对结算惯例的改变,关税收入中,金币和金元券的比例剧烈下降,取而代之的是美国流通券和1890年国库券("Annual Report of the Treasurer", *Annual Report on the Finances*, 1891, p. 49)。

1891年3月,尽管黄金供给绰绰有余,但是财政部仍然规定每出口1000美元的金条要征收40美分的费用。结果在1893年美国黄金净输出中,大部分是金币。在1891年夏,财政部出售具有完全法偿效力的西部汇票,规定只要以黄金支付,每1000美元的汇票价格将降低60美分(A. D. Noyes, "The Banks and the Panic of 1893", *Political Science Quarterly*,

Mar. 1894, p. 27, n. 2; J. DeWitt Warner, "The Currency Famine of 1893", in *Sound Currency*, Feb. 15, 1895, p. 3)。Cf. Frank Fetter 认为财政部应该对不同形式的货币一视同仁,他对这一点的重要性有详细论述("The Gold Standard: Its Function and Its Maintenance", *Political Science Quarterly*, June 1896, pp. 245-246)。

〔26〕据估计,1890 年国外持有的美国证券总量达 30 亿美元。1890—1894 年,有 3 亿美元的证券回到美国国内。所以,外国投资者的年均净购买额从 1885—1889 年的约 2 亿—3 亿美元,下降到 1890—1894 年的 6 000 万美元(Myers, *New York Money Market*, p. 291)。

〔27〕银行开始在票据和抵押业务中增加条款,要求以黄金或其等价物支付。1893 年 2 月,财政部部长成功地使纽约银行向财政部支付 600 万美元的黄金,以兑换完全法偿票据(legal-tender notes),而这些黄金是银行之前用完全法偿票据赎回的。但是在这次交易之后,对财政部的挤兑仍然没有停止(*New York Tribune*, Feb. 10, 11, 1893)。

1893 年 3 月 4 日就职的新当局发现,财政部拥有 1.01 亿美元的黄金,而其他货币形式的通货仅 2 500 万美元。在 3 月和 4 月,银行自愿将 2 500 万美元的黄金归还到财政部,用以交换票据(*Annual Report on the Finances*, 1893, p. lxxii; 1896, p. 130)。4 月 15 日,财政部部长发布通知,将遵照 1882 年 7 月 12 日的法律暂停财政部金元券的发行。之后便谣言四起,人们认为既然财政部的储备已经降到法定最低线以下,那么它将用白银而不是黄金来偿还 1890 年国库券。4 月 20 日财政部部长在一个公共访谈里,试图消除谣言所导致的这种疑虑,但是并未获得成功。尽管总统坚定无疑地宣布这些票据将用黄金来偿还,但货币市场的混乱依然没有得到缓解(Allan Nevins, *Grover Cleveland*, New York, Dodd, Mead, 1944, p. 525)。

〔28〕由于议案的通过受到阻碍,《谢尔曼白银购买法案》中的购买条款直到 11 月 1 日才得以废除,尽管国会早在 8 月 7 日就为此召开过特别会议。

黄金的外部流失和内部流失之间是有区别的。用这一点来解释 1893 年危机及其原因,似乎要比 Sprague(*History of Crises*, pp. 153ff.)或 A. D. Noyes 的解释(*Forty Years of American Finance*, New York, Putnam, 1909, pp. 159-173, 182-206)更加合理。

整体上来说,Sprague 过于轻视白银对于引发危机的重要性(参阅第 162、165、169、179 页),尽管 1891—1893 年白银确实导致了大量黄金的流出。Noyes 主要用白银事件来解释这次危机,因此无法解释西部银行的挤兑现象,也无法解释为什么公众迫切希望将其他资产转换为国库券和银元券。因此,他说:"恐慌从本质上来说就是不理性的;因此,虽然 1893 年的金融恐慌是由于人们担心法偿货币的贬值,但是这些惊慌的银行存款人的第一个行动却是从银行提取这些法偿货币。"(第 190 页)而 Sprague 的辩驳则更为中肯:

> 在东部金融中心,银行破产和停业主要应该归咎于白银的影响。但是应该注意到的是,破产和停业主要发生在美国西部和西南部,没有证据显示这些地方的民众对白银货币失去了信心。假设货币的影响真的那么大,我们应该发现东部的很多银行破产,存款者也会对流通中的不同货币产生歧视。银行挤兑、无数银行破产和停业的直接原因显然是对银行流动性的怀疑,而不是对流通媒介的不满(第 169 页)。

简而言之,两种不同的力量是导致两种不同类型的黄金流失的原因:对财政部维持白银和黄金平价能力的不信任导致了黄金的外部流失;对银行流动性尤其是西部银行的不信任导致了黄金的内部流失。两者之间也有联系,那就是:对金本位制的怀疑导致了资本流入的减少,由此产生了额外的紧缩效应,而该紧缩效应则对银行流动性产生了巨大的影响。

〔29〕不幸的是,我们没有那段时期货币存量的月度数据,所以我们不能更精确地了解存款-通货比率下降和银行挤兑之间的关系。但是关于国民银行的存款和财政部之外的现金这两项,我们可以得到所有赎回日的数据。从这些数据我们可以看出,存款-通货比率直到1893年5月4日至1893年7月12日期间才出现下降,而在这段时间里正好发生了第一次股市崩盘和第一批银行挤兑。从国民银行的数据看,存款-通货比率在1893年10月3日这一赎回日达到了低点。但是存款-通货比率的低点很有可能出现在9月,那时现金支付的限制刚取消。10月3日那一天,存款-通货比率已经开始上升。到1894年6月,所有银行的存款-通货比率又恢复到了1892年6月的水平,但是以国民银行的数据为基础计算出的7月的数据还是比1892年7月的数据低5个百分点。

〔30〕股价的崩溃刺激了国外投资者的购买,因为白银购买法案的废除已被认为是既定的事实了。

〔31〕1893年停业的360家国民银行和州立银行的负债达到1.1亿美元,其中,343家位于宾夕法尼亚州的西部和南部,总负债为9600万美元。另外,有250家私人和储蓄银行停业,负债为4200万美元,其中224家在新英格兰和美国东海岸中各州以外的地区,其总负债为3600万美元(Noyes,"The Banks and the Panic of 1893",pp. 15–16)。其中许多银行都具有非常好的偿债能力,挤兑让它们陷入尴尬的境地,但是持续时间非常短——将钱从纽约装船运输到当地时,它们的窘境就结束了。

110n 〔32〕银行在客户要求支付时一致拒绝把存款转换为通货,这样的行为在文献中被称为"银行的暂停支付"。我们使用"现金支付的限制"或"存款转化为通货的限制",是为了避免混淆银行的"暂停支付"和银行的"停业":前者是指类似于1862年和1933年货币当局对铸币的暂停支付;后者是指单个银行的停业,它包括银行的暂时关闭和经营的中断。这些银行接下来可能会重新营业,也可能会通过破产或兼并而永远消失。

〔33〕参阅 Noyes, "The Banks and the Panic of 1893", p. 24; Sprague, *History of Crises*, pp. 191–195。

〔34〕Warner, "The Currency Famine of 1893", p. 8.

111n 〔35〕根据《恢复铸币支付法案》,财政部在1894年1月和11月连续向纽约各银行发行了5000万美元债券,但是这并未成功重建财政部的黄金储备。债券收入的大部分用于当前的政府开支,而且认购债券的金币主要是人们用法偿货币从财政部赎回的。

1895年2月8日,财政部和以摩根、贝尔蒙特牵头的银团辛迪加签订了一份合约,这些银行同意在1862年3月17日的法案的条款下向政府出售350万盎司的黄金(合6500万美元)——其中一半是从欧洲获得并运回美国的——以104.5美元的价格获得30年期、利率为4%的国库券。这些国库券由辛迪加以112.5美元的价格在市场上卖出。随后双方都同意对合约进行修改,所以只有1450万美元的黄金从欧洲运至美国,在欧洲市场上出售的债券的剩余部分在美国继续出售。辛迪加同时承诺,在行使合约时将防止黄金从财政部流
112n 出。第一步,辛迪加在伦敦以等于或者低于黄金出口行所能接受的价格出售了其自身的银行汇票,并且不包含通过铸币汇款方式进行的销售。辛迪加集团忍痛将新政府贷款的一部分分给几乎所有和国外有联系的银行业机构,以此来消除外汇市场的竞争,条件是它们只能在黄金输出点以上输出黄金和出售外汇。在合约签订后的5个月里,财政部的黄金流出停止,人们对金本位制的信心重新建立,同时欧洲对美国证券的需求又出现了反弹。伦敦的债权人纷纷追捧纽约签发的汇票,辛迪加因此偿还了它的大部分伦敦借款。1895年7月,辛迪加的

兑换价格固定在 4.90 美元的最低水平,比包含铸币运输的伦敦汇票可能获利的水平高出 1 美分。但是,当一家和欧洲有来往的纽约咖啡进口公司提供了比辛迪加低 1 美分的汇率时,辛迪加最终瓦解了。这家公司从财政部提走黄金并运出来以支付其英镑汇票。第一次是以自己的名义汇出,之后则是以其他公司的名义汇出。关于整段时期的情况,参见 A. D. Noyes, "The Treasury Reserve and the Bond Syndicate", *Political Science Quarterly*, Dec. 1895, pp. 573-602。所谓的相关机构秘密安排的负有法律责任的合约条款,在民粹主义者文献里始终被称为"国际银行家的阴谋",并演变为 1896 年竞选争执的焦点。

1896 年 1 月,财政部公开发行了 1 亿美元利率为 4% 的债券,被公众超额认购。同样,这次认购所用的黄金仍然主要是从财政部中提出来的。

[36] 参见 Simon, "The Hot Money Movement", pp. 31-50。

[37] 1873 年 2 月 12 日通过的这项法案中明确说明,美国的银币将由重新发行的、含有 420 格令 (378 格令纯银) 的美元及辅币组成,这些辅币的面额包括 0.5 美元、0.25 美元、0.1 美元,"在不超过 5 美元的任何交易中具有其面额的完全法偿能力"。这项法案中还详细规定了 5 美分、3 美分和 1 美分三个小额硬币的币种。

于 1874 年 6 月被批准的第 3586 项修正的条例中规定,包括 1873 年法案列举的银币在内的所有银币,在不超过 5 美元的总额中都具有其面额的完全法偿能力。因此,这些银币中包括了 412.5 格令标准银元,虽然并无报告显示当时流通中存在这种标准银元。

投入使用贸易美元是为了同东方国家进行国际贸易的清算。其设计初衷是为了接替墨西哥美元。墨西哥美元含有 377.25 格令纯银,和中国进行贸易的美国商人通常从美国银行以溢价买入,然后将其用于对远东的汇款支付。贸易美元最初并不计划在国内流通;Laughlin 称,规定贸易美元在不超过 5 美元的交易中具有其面额的完全法偿能力,完全是随意决定的。但是银价的下降使得在加州将贸易美元投入流通变得有利可图,因为不同于美国其他地区,加州主要使用的货币是黄金,而美国其他地区以绿钞所表示的白银仍然有所溢价。为了遏止其在国内的流通,国会于 1876 年 7 月 22 日通过了一项法案,取消了贸易美元的完全法偿能力,并且授权财政部长可以酌情停止贸易美元的铸造。1877 年前白银价格十分低廉,美国除加州外其他地区的贸易美元相对于绿钞是折价流通的。尽管已经没有完全法偿能力,但依然有货币经纪人在偏远地区平价发行了大量的贸易美元,因此财政部部长下令中止了贸易美元的铸造。投机者将贸易美元从中国回收,期望能以其面额兑换回黄金。国会后来通过了一项法案,将 6 个月内现存的贸易美元按其面额赎回,从而使投机者达到了他们的目的。这项法案于 1887 年 3 月 3 日获得通过,在没有 Cleveland 总统签字的情况下成为法律 (J. Laurence Laughlin, *The History of Bimetallism in the United States*, New York, Appleton, 1901, pp. 102-105, 256-258)。

[38] D. R. Dewey, *Financial History of the U. S.*, 7th ed., New York, Longmans, 1920, pp. 403-405; Noyes, *Forty Years of American Finance*, pp. 35-36; Laughlin, *History of Bimetallism*, pp. 95-101。

[39] Paul M. O'Leary 在他颇有创见、趣味横生的笔记中评论,1873 年法案确实是一宗罪案,因为 1873 年法案的起草人 H. R. Linderman 早就认识到会有长期因素起作用而使白银供给增加、需求减少,但是他仍然故意将标准银元排除在美国货币体系之外,希望能消除"铸币支付恢复后建立事实上的金本位制"的可能 ("The Scene of the Crime of 1873 Revisited: A Note", *Journal of Political Economy*, Aug. 1960, p. 392)。关于 Linderman 的博识以及他起草该法案的目的, O'Leary 的评价十分令人信服,但是他有可能曲解了

Linderman 于 1877 年发表的对该法案的陈述。他之所以发表陈述,是因为当时白银支持者已经意识到他们勉强同意通过法案是十分错误的,也认识到该法案起草人的渊博学识及先见之明。1869 年 Linderman 和当时的货币监理署署长 John Jay Knox 受命修订所有和铸币相关的法规。在 1870 年递交的报告中,他们建议废除银元,此时,Linderman 不大可能意识到银价将来的变化,其决策更不会受此影响。O'Leary 最后的观点是无可挑剔的:如果 1873 年法案中包含标准银元铸造条款,那么这段历史可能真的会被改写。

[40] Richard Hofstadter, *The Age of Reform*, Knopf, 1955, pp. 74-77. 在白银党和人民党有关通货和货币问题的文献中,有关财阀统治的阴谋一般有三个象征:华尔街、英国银行家以及犹太银行家。"在农民政治家和人民党眼中,华尔街一直是最广受抨击的对象,现在依然如此。尽管他们中有些人对犹太人有着特别的仇恨,但人民党的支持者们还是举起伦理的大旗,多少有点不分青红皂白地对英国人和犹太人进行了同样的抨击。"(C. Vann Woodward, "The Populist Heritage and the Intellectual", *The American Scholar*, Winter 1959—1960, p. 64.)

Woodward 指出,近期评论家总是强调人民党教条不合理和邪恶的一面。这些评论家中,Hofstadter 就是一个典型。Woodward 指出,这种评论忽略了 19 世纪 90 年代政治危机中其他政党"歇斯底里的反应和夸张的预示灾难的幻觉"。"对 90 年代进行进一步的研究,我们不能不对整个 10 年的疯狂和愚蠢留下深刻印象,而这些特征在美国社会的各个阶层都可以反映出来"(pp. 68-69)。

[41] "联盟"本身并不是 1890 年《谢尔曼白银购买法案》的主要支持者。该法案的支持者主要是美国白银制造商,纽约、伦敦的白银所有者联盟,以及欧洲大陆的白银巨额投机者。这些投机者在该法案通过一周后,成功将银价抬高到每盎司 1.29 美元。但是银价最后依然崩溃,投机以失败告终(Laughlin, *History of Bimetallism*, p. 264)。

[42] 见上文注释[35]。有关这段时期及其之前事件的讨论,可以参考 Grover Cleveland, *Presidential Problems*, New York, Century, 1904, pp. 132-159。

[43] 比如可以参考《稳健货币》(*Sound Currency*)包含的有关票据改革的小册子,这是一个反对银元的刊物,由纽约改革俱乐部发行,起初是半月刊,后来改为季刊(1891;1894—1900)。

[44] 货币监理署署长 Eckels(货币监理署年度报告,1894, pp. 32-36)和财政部部长 Carlisle(财政部年度报告, pp. 76-77)都建议废除所有将美国债券的保证金视为发行担保的法规,并建议代之以资产支持货币。他们的具体建议有所不同:Eckels 建议国民银行券发行量应该以银行资本量为限。发行中的一部分由一般资产担保,一部分由存在财政部的完全法偿资金担保,完全法偿保证的票据可以作为存款储备。而 Carlisle 则建议发行量应该以银行资本量的 75% 为限,发行量的 30% 由完全法偿储备担保,发行的票据拥有银行资产的第一留置权。

Carlisle 进一步建议,应该废除存款的法定准备金要求。

> 如果任由每个审慎管理下的银行根据其自身利益和股东利益来管理存款和贴现,银行毫无疑问都将保留合理的存款准备金,不仅是为了满足普通的需求,也是为了应对银行所处地区时常发生的紧急状况;法律不应该禁止因审慎目的而动用法定存款准备金……这样一来,为了避免罚款,银行即使在银根最紧、信用危机最严重的时候也不会动用其准备金。这件事可以说明,立法不当会严重影响贸易和金融的自然定律发挥其作

用。(p.80)

也可参见他的证词,*National Currency and Banking System*, House Committee on Banking and Currency, Dec. 10, 1894, H. Rept. 1508, 53d Cong., 3d sess., Hearings, pp. 13–56。

在当时以及此后至少半个世纪内,美国是世界上唯一对商业银行存款有法定准备要求的国家(R. G. Rodkey, *Legal Reserves in American Banking*, Michigan Business Studies, Ⅵ, no. 5, University of Michigan, 1934, p. 4)。1946 年年底伦敦清算行在和英格兰银行磋商时同意的 8% 的通货比率,并非法定准备金的要求(U. K. Committee on the Working of the Monetary System [Radcliffe Committee], *Report*, Cmnd. 827, Aug. 1959, p. 119, para. 351)。

〔45〕有关共和党货币政策条款的内容,参见 K. H. Porster and D. B. Johnson, *National Party Platforms*, Urbana, University of Illinois Press, 1956, p. 108。

〔46〕这些百分比的具体计算过程可以参见附录 B。请注意,这里以及文中其他地方所提到的比率都是按连续复利计算的年增长率。 *121*n

〔47〕Phillip Cagan, *The Demand for Currency Relative to Total Money Supply*, New York, NBER, Occasional Paper 62, 1958, p. 4. *122*n

〔48〕这段时期唯一影响到国民银行的法定准备金率的变化,是在 1887 年 3 月 3 日法案条款之下,芝加哥和圣路易斯银行的地位从储备城市银行上升为中心储备城市银行,其他近十个城市银行的地位从乡村银行上升为储备城市银行。该法案规定,人口在 5 万以上的城市(1903 年 3 月 3 日法案将其更改为 2.5 万人)在全市 3/4 国民银行的申请下,可以成为储备城市;人口在 20 万以上的城市可以相应地成为中心储备城市。这些银行地位的上升至多影响国民银行存款的 10%,而不能实质性地降低国民银行的存款–准备金比率。 *123*n

1879 年前有 6 个州实施了存款的法定准备金要求,至 1897 年又有 9 个州实施了这项要求。其中大部分州的高能货币准备金和总准备金都在《国民银行法》规定的标准之下(R. G. Rodkey, *Legal Reserves*, pp. 30–35)。在此期间,非国民银行存款–准备金比率大概是国民银行的两倍。非国民银行所持有准备金的比率从原来的稍低于 1/3,上升到现在的稍高于 1/3。

〔49〕低值硬币和银币的信用成分是指财政部的青铜、黄铜、镍和白银的货币价值减去购买成本的余额。这项铸币税被加入财政部的普通基金内,但是并未被加入记录的国库现金中。作为 1890 年国库券担保所持有的白银的价值是按照其货币价值计算的,所以其信用成分等于货币价值减去银条价值的余额,但是并未被包含在我们计算的国库现金的数据内。因为未被铸造的白银并不算通货,所以也未被包括在国库现金数据内。国库现金中的白银包括银元券、银币以及 1890 年国库券。 *125*n

〔50〕可能存在反应时滞。但是年度数据包含的时间间隔太长,不能用来分析可能只持续了几个月的时滞。季节调整后的月度数据和季度数据显示,黄金流动对国库现金的反应存在 1—3 个季度的时滞。 *126*n

〔51〕如果我们要归纳银元运动对货币本位的信心,以及相应的经济波动和经济危机的影响,我们会发现白银购买究竟是对社会有利还是有弊取决于增加货币存量的可选模式。如果选择黄金进口,那么购买白银则对社会有益,因为白银的市场价格与货币价格之间存在差 *132*n

额，因此生产白银要比为了替代黄金出口、满足黄金进口而进行的出口贸易消耗更少的资源。如果选择信用货币(虽然这种情况似乎不可能出现)，那么将是完全相反的情况。

134n [52]尽管这是一个困难而复杂的判断，但是在每盎司白银的名义货币价值为1.29美元时就采用银本位制，与一开始就承诺坚持金本位制这两者间，整体看来似乎前者更为可取。

美国采用银本位制肯定可以缓解甚至消除本国的紧缩趋势，并且很有可能缓解或消除整个世界的紧缩趋势。美国对黄金的货币性需求会急剧降低。另外，美国成功的例子可能会鼓励其他国家保持或转换成银本位制，从而进一步减轻黄金供给的压力。

因此在1897年前，人们对白银和黄金的选择主要取决于他们对价格趋势的评价。如果人们的看法和我们一致，认为通货紧缩的价格趋势不好，而平稳的价格更为可取，那么尽管可能还存在一些疑虑，在当时人们仍然会较为偏好白银。另外当时唯一较为重要的因素是，这个选择可能对国际汇率体系产生影响。如果美国采用了银本位制，那么美国和其他银本位制国家之间的汇率是严格固定的，而银本位制国家和金本位制国家之间的汇率则是浮动的。我们同样认为这种影响是采用银本位制的优点，而不是缺点。中国在1929—1931年的经历是一个更接近现在且更为显著的例子，能够充分说明银本位制的优点。由于采用的是银本位制，中国几乎完全避免了始于1929年的世界范围内的经济萧条所带来的负面影响(见下文第8章第2节)。

从19世纪70年代开始，白银的黄金价格就开始迅速下滑，该世纪末时已经下降到不足世纪初水平的一半。那么这是否意味着，美国用银本位制替代金本位制后，美国价格趋势就不会是紧缩，而是更为急剧的上升？答案显然是否定的。白银的黄金价格迅速下滑本身反映了白银的非货币化和金本位制的广泛采用。美国如果采用银本位制，黄金的货币性需求将会减少，白银的货币性需求将增加。这两个方面会同时提高白银的黄金价格。美国的行动对其他国家的影响会进一步加剧价格的上涨。粗略的检验结果显示，美国如果在1879年采取的是银本位制而不是金本位制，则很有可能会消除实际所发生的白银的黄金价格的下降，并使金、银本位制国家的价格都保持大致的稳定。

另一个反对白银的论点则更为尖锐：1897年后，黄金本身出现了一次通货膨胀的趋势。如果美国采取了银本位制，那么这个趋势是否不会被加剧，至少在金本位制国家是这样？同样，答案也不是显而易见的。1896年前以黄金表示价格的通货紧缩，是刺激黄金开采、提高矿石冶炼技术的一个重要因素。如果没有这次紧缩，可能也就不会有1897年相应的黄金产量激增。

第4章

***

黄金通胀和银行改革
(1897—1914)

1897—1914 年,美国物价水平上涨了 40%—50%;按照批发物价指数计算,上涨幅度接近 50%,或者说平均每年上涨 2.5%;按照平抑国民生产净值的隐含物价指数计算,上涨了 40%,或者说平均每年上涨 2%(参阅图 13)。1914 年的价格达到了 1882 年恢复铸币支付后的顶峰水平。

这种价格走势在美国历史上可能是独一无二的。从可获得的数据判断,在和平时期,价格水平从未出现过如此长时间的持续上涨。1948—1960 年价格虽然持续上升,但随后趋势发生了逆转,否则第二次世界大战后的这段时期将成为类似的价格长期上涨时期。[1]美国历史上也曾出现过更大幅度的价格上涨,但是无一例外都发生在战争期间或者战争刚刚结束的时候——比如在独立战争、内战和两次世界大战期间,物价都几乎翻了一番。但就和平时期而言,在价格上升总体幅度上唯一可以与之相提并论的,是 19 世纪 50 年代初加利福尼亚黄金大发现后的那段时期,该时期价格的上涨速度高于 1897—1914 年间,但持续时间还不及其一半。

1897 年以后,全球商品的价格都出现了上涨,美国的价格变化只是其中一部分。其他西方国家通过统一的货币本位制紧密联系在一起,我们可以将英国的批发物价指数作为其他西方国家价格水平的合理代表。根据交易所指数计算,英国批发物价指数在 1897—1914 年增长了 26%。[2]

世界范围内的价格水平之所以会出现上涨,很明显,最直接的原因是南非和美国的阿拉斯加、科罗拉多发现了金矿,同时黄金开采和提炼技术得到了提高,导致 1890 年以后黄金产量出现了大幅增长。据估计,1890—1914 年,世界黄金存量以年均 3.5% 的速度增长了一倍多。相比之下,在之前的 24 年中,黄金存量增长了 40%,或者说年均增长率为 1.5%。[3]甚至这样的对比也低估了两段时期的差别。1866—1890 年,美国重新开始实行金本位制(1879 年),德国

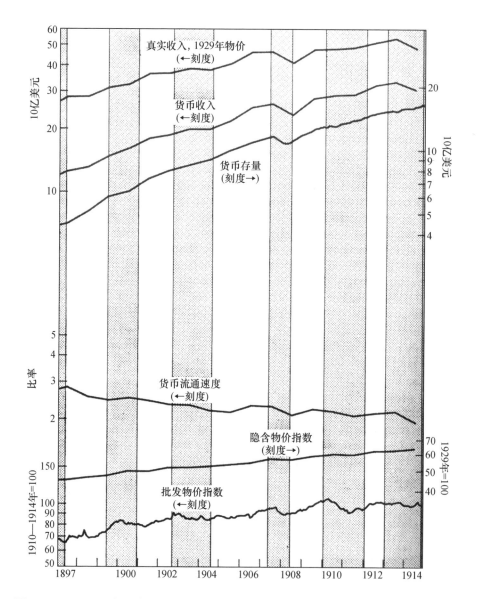

图 13　1897—1914 年经济扩张期和紧缩期中的货币存量、货币收入、价格及货币流通速度
注：阴影部分代表经济紧缩期，非阴影部分代表经济扩张期。
资料来源：同图 8。

（1871—1873）、拉丁货币联盟（1873 年）和荷兰（1875—1876）以金本位制取代了金银复本位制或银本位制。而 1890—1914 年，并未出现如此大规模的黄金需求。1866—1890 年，由于存款-通货比率的增长，在一定程度上，美国的黄金需求量有所下降。但是，1890年后存款-通货比率继续以类似的速度上升。因此，它对两个时期的黄金需求的影响是相同的。

　　由于银元运动造成的货币危机，直到1891年以后很长时间，美国的黄金存量才开始增长。而1891年时，世界各国的黄金存量已经普遍开始加速增长。1890年6月，美国的货币黄金存量（国库内外）为6.4亿美元，1896年6月跌到5.02亿美元，1897年6月又回升到5.91亿美元。然而，自从美国的黄金存量开始增长，其增长速度就远远高于世界上其他国家——其年均增长速度达到6.8%。到1914年，美国黄金存量已经达到18.91亿美元，是1897年黄金存量的3倍。1897年美国拥有世界黄金存量的14%；到1914年，该比例增长到将近1/4。

　　尽管存款-通货比率和存款-准备金比率都出现了大幅度增长（参见第155页图14），而且人们预期两者的大幅增长会导致货币存量的增长速度远高于黄金，但是美国的货币存量增长速度却仅仅略高于黄金存量（每年7.5%）。原因在于，高能货币的增量部分几乎全部来自黄金和国民银行券。高能货币的其他主要组成部分——银币、银元券、1890年国库券和美国流通券——几乎都没有增加（参见第160页图15）。1897年，黄金和国民银行券仅占高能货币的44%，1914年该比例为68%。

　　正如我们所看到的，在货币存量每年7.5%的增长中，有2%被价格的上升所吸收，略高于3%被商品和服务实际产出的增加所吸收，略低于2.5%被货币流通速度的下降（即货币余额相对于收入的增长）所吸收。

　　这段时期（1897—1914）的总体平均数据反映出一些问题，但同样也掩饰了一些问题。如图13所示，1897—1914年的数据变化并不是完全一致的。从最初的1897年到1901年或1902年，反映的是对以前四五年经济紧缩的反弹：货币存量、实际产出和价格都以极高的速度增长。从1901年或1902年到1914年，经济增长相对稳定，除了中途遭遇1907年银行业危机，以及相伴随的一次严重但短暂的经济紧缩。这次危机的出现对我们至关重要，因为它使银行业改革变得刻不容缓，并最终促成了《联邦储备法》的通过。因此，我们有必要将该时期划分成以下部分分别加以考察：（1）1897—1902年的经济复苏时期；（2）1902—1907年的稳定增长时期；（3）1907年的银行业危机；（4）支付限制解除后的银行改革；（5）1907—1914年的后危机时代。

4.1 经济复苏时期(1897—1902)

4.1.1 货币、收入、价格和货币流通速度的变化

在19世纪末的最后几年时间里,美国经济发生了戏剧性的逆转。1892—1897年间的货币存量大致在固定水平附近波动;1896年6月的货币存量水平低于1892年6月,1897年6月又回到1892年6月的水平。从那以后,货币存量以极快的速度跳跃式增长:从1897年到1898年增长了15%,从1898年到1899年增长了17%,从1899年到1900年增长了6%,从1900年到1901年增长了15%,从1901年到1902年增长了9%——5年间累计增长了将近80%。

从1893年年初到1896年,美国的价格水平不仅在绝对值上出现了下降,而且相对于英国的价格水平也出现了下降。从1897年中期开始一直到1900年年初,批发物价指数一直处于某种不规则的上升状态中,然后在经历了短暂的下滑后又开始上升,在1902年最后几个月和1903年前几个月达到了顶峰,之后4年的价格都没有超过这一峰值。从1897年6月这一经济周期谷底到1902年9月的顶峰,批发物价指数增长了32%;根据以经济周期转折点为中心的3个月平均值判断,从1902年9月的顶峰到1914年12月的谷底,批发物价指数增长了13%。在从1897年谷底到1914年谷底的17年半时间里,价格共上涨了49%,其中2/3发生在前5年。一直到1900年,美国价格水平的增长速度几乎与英国持平。美国的购买力平价指数(见图9)在1897年是90.1,在1900年是90.8。在接下来的两年间,英国价格水平出现了下降,而美国价格水平继续上扬,购买力平价指数攀升到96.3。

伴随着1893—1896年间货币存量的停滞不前和价格水平的下降,商业活动普遍陷入萧条状态。此时同样也发生了一个戏剧性的逆转。从1896年到1902年,按不变价格计算的国民生产净值增长了45%,年增长速度超过6%。人口每年增长不到2%,因此人均产出每年增长近4.5%。很明显,这是一个迅速扩张的时期。根据国民经济研究局的商业周期编年表,这段时期中出现了一次紧缩:从1899年6月的顶峰到1900年12月的谷底。上文提到的1899—1900年货币存量增长速度的下降正是这次紧缩的反映。但是,这是一次极为温和的经济紧缩,仅仅表现为以不变价格计算的国民生产净值增长的温和减速。1896年后实际产出的迅速扩张与1879年以后的情形极为类似,又一次证明了这样

一种趋势,即在每次严重的经济紧缩之后都是强有力的反弹。[4]

考虑到在很大程度上正是美国货币本位的不确定性导致了19世纪90年代初的经济困境,因此实体经济复苏的一个关键因素在于金融环境得到了改善。这一点与恢复铸币支付后的情形相似。

1896年总统竞选中Bryan及其自由银元计划的失败标志着经济转折点的出现。用这个事件来标志经济转折点,简便且富有戏剧性。毫无疑问,它在某种程度上降低了货币本位的不确定性,也减少了对美元的投机行为。然而,值得怀疑的是,这一政治事件的发生是否完全是必然的。毕竟,在普选中McKinley仅仅获得超过Bryan不到10%的选票,并不是压倒性的胜利。如果当时的经济环境有利于自由铸造银元的话,那么1896年之后四年的问题就会像1896年之前四年一样难以解决。

4.1.2 贸易收支记录的变化

在1896年后的经济急剧扭转中,两个经济因素发挥了至关重要的作用。其中一个因素我们在上文中已经提及,即世界黄金产量的急速扩张。以英国物价指数为代表的世界黄金价格在1896年跌至谷底,然后开始稳定增长。这就意味着,即便由于货币本位制的不确定性而导致的资本外逃继续维持在以往的水平上,美国货币存量和物价的增长仍然是与国际收支平衡相一致的。事实上,正如上文提到过的,直到1900年,美国物价指数和英国物价指数一直在同步上涨。换言之,如果美国的货币存量和物价没有出现增长的话,结果将是国际收支盈余,或者是比实际发生额还要高的国际收支盈余。

世界性的价格上涨早晚会导致美国货币存量和价格的增长。但是如果没有第二个因素,这种增长很可能会比实际情况发生得晚一些,其增长速度也必然会降低。第二个因素就是在美国国内农作物丰收的同时,国外却出现了歉收。在19世纪美国经济史上,这一因素有时是至关重要的,特别是刚刚恢复铸币支付后的时期。1897年欧洲小麦比1896年减产超过1/5。与此同时,美国的农作物产量却远高于上一年。美国的小麦和小麦产品出口翻番。不仅如此,1897年7月的《丁利关税法案》(Dingley Tariff Act)还大幅度提高了进口关税。伴随上述事件的发生,商品贸易收支记录也出现了重要的转变。在截至1896年6月30日的12个月时间里,美国出口额超过进口额1.03亿美元;在接下来的12个月的时间里,净出口为2.86亿美元;再往后12个月则不少于6.15亿美元。而之前净出口额最高纪录是2.65亿美元,发生在截至1879年6月30日的

12 个月时间里。但是 1897—1909 年间,每个财年的净出口额都超过了这个最高值,这一时期的最低值发生在最初一年和最后一年——如上文所述,第一年的净出口额为 2.86 亿美元,而最后一年的净出口额为 3.51 亿美元。事实上,贸易收支记录的变化如此突然,规模如此庞大,持续时间如此之久,以至于引起了我们对这些数据准确性的怀疑。然而,经过大量的努力,我们还是没有发现任何数据编制方法方面的变化或者其他任何能够解释这种变化的误差来源。[5]

商品净出口的强劲增长很快反映在黄金流动上。在截至 1896 年 6 月 30 日的 12 个月时间里,黄金净出口大约为 0.79 亿美元,接下来三个财年黄金的净进口量分别是 0.45 亿美元、1.05 亿美元、0.51 亿美元;之后从 1900 年到 1903 年黄金的净流量都很小。

从货币存量角度来看,这一总和确实非常可观。1896 年 6 月 30 日,美国的货币黄金总存量是 5.02 亿美元。接下来三年间的黄金净进口总计为 2.01 亿美元,占最初储备的 40%。另外,国内黄金产量以每年大约 6 000 万美元的速度增加。截至 1899 年 6 月 30 日,国外黄金流入以及国内黄金产量的增加使货币黄金存量达到了 8.59 亿美元。

从国际收支角度看,这些黄金流动的规模则要小得多。从 1896 财年到 1897 财年,年度黄金流动的变化吸收了商品贸易收支余额的 2/3;1896 财年到 1898 财年略高于 1/3;1896 财年到 1899 财年略低于 1/3;而 1900 财年到 1903 财年该比例几乎可以忽略不计。

在金本位制下,国际收支盈余的大幅增加通常会导致黄金流入(或者减少黄金流出);黄金流入会导致国内货币存量的增加和国外货币存量的减少(或者是国内相对于国外货币存量的增加);而货币存量的变化,则令国内的收入和价格相对于国外收入和价格有所增加;相对收入和价格的变化会使出口下降,进口增加,从而使国际收支重新恢复平衡。1880—1881 年的情况便是如此。图 9(该图给出了美国相对于英国的价格比率、资本流动占国民生产净值的比率以及黄金流动状况)表明,1880—1881 年间美英价格比率呈现出显著的增长趋势,在这些财年中大量的黄金流入美国。然而,在现在讨论的这段时间里,这种连锁反应却中断了:黄金的流入增加了国内货币存量的绝对额,也几乎必然增加了其与国外货币存量的相对额。但这时反应链条中止了。尽管美国的绝对价格水平是上升的,但显然直到 1901 年其与国外的相对价格水平才开始上升(参见图 9)。到 1899 年为止,大规模的黄金净流入逐渐消失。然而,贸易收支仍然处于盈余,事实上,在截至 1901 年 6 月 30 日之前的 12 月时间里,贸易收支达到了更高的水平,高于1896—1902年间任何其他财年。类似地,我们对资本流动(经国际收支中"隐形"项目调整后的贸易收支余额)的估算表明,资本输出在1896年几乎是零,1897年则数额可观,之后一直到1906年都保持在可观的水平。资本输出在1900年达到历史最高点,之后开始下降,1901—1902年的下降幅度最大(参见图9)。

4.1.3 为什么会出现资本输出?

为什么会出现资本输出?这个问题很令人费解。为什么1897—1906年美国会变成一个资本净流出国,而且资本流出的规模还如此之大?[6]对贸易收支盈余以及资本输出的一般性解释是,从1897年到1898年农业出口异乎寻常地增加之后,《丁利关税法案》抑制了进口,而同时美国不断增强的工业实力却刺激了制造业商品的出口。[7]但这根本不是答案。美国出口竞争力的提高首先会导致美国持有的外国资产余额的增加,但是这些外国资产的所有者没有理由在国外投资。除非在出口竞争力提高的同时,碰巧存在一些独立的因素,使国外的投资或基金比国内的投资和基金相较以前更具吸引力,否则将会出现上一段提到的连锁反应:首先是黄金的流入,然后是货币和价格方面的一连串变化。结果,美国对外竞争地位的提高会导致国内相对国外价格水平的提高,但这种提高可能会出现滞后——这或许可以解释为什么1901年后会出现价格上涨,而同时资本输出记录会出现大幅度的下降(参见图9)——但是仅仅如此并不会产生资本输出。事实上,结果可能恰恰相反。美国工业实力的逐步强大很可能意味着美国的投资机会越来越有吸引力。

货币本位的不确定性使得外国资金比美国资金更具吸引力,因此这一因素会导致资本的外流——所谓的"强制性的"资本输出。但这并不能解释当时的情况。与1896年以后相比,1896年以前货币本位的不确定性毫无疑问要更大。然而,虽然1896年以前出现了黄金净流出,却没有出现资本的净输出。按照图9的估计,大规模的资本输出仅出现在1896年的大选之后,而如果说这次大选有什么影响的话,那只能是增强了人们对美元的信心。

另外一个导致资本输出的重要因素是移民汇款和旅游支出的增长。然而,就它们发挥的作用而言,从1897年到1914年,移民汇款和旅游支出都呈逐渐增长的态势,因此很难解释1896年后出现的资本输出的急剧增长,也无法解释1896年到1902年如此大规模的资本输出。[8]

在此期间,有三个事件可能导致了资本输出:

1. 1896年以前,股价一直下跌。从1896年夏末开始,股价开始回升,起初速度较慢,然后逐渐加快。1896年8月到1899年8月,股票指数上涨了近70%。同时,债券收益率从1893年开始下跌,一直持续到1899年,因此债券价格和股票价格同时上涨。1896年以前,美国已经出现了资本输出——主要是以出售外国人所持债券的形式,并且债券价格的上涨进一步刺激了资本输出,但资本输出由于股票价格的下降受到了抑制。股价上升之后,外国人持有的美元资本很可能随之撤回,同时债券价格的继续上升会刺激外国投资者进一步出售美元债券。当时有迹象表明,高股价确实会诱使外国投资者卖掉他们持有的股票。[9]

2. 1898年4月,对西班牙宣战尽管短暂地扰乱了金融市场,但对资本流动却可能没有产生直接的影响。[10]但是它对资本输出还是产生了一些间接影响。1898年6月,财政部发行了2亿美元的债券,以备战争支出。[11]战争费用是逐渐支出的,因此债券的发行增加了财政余额,并且在一开始产生了通货紧缩效应,这可以从批发商品价格中反映出来。批发物价在1898年5月经历了突然的上涨之后,下滑了几个月——事实上,一直下滑到1898年8月停战——降低到宣战之前的水平之下。尽管稍后政府支出的规模超过了抵消债券发行产生的紧缩效应所需的规模,但是财政部的措施很可能未能完全达到效果。[12]因此,债券的发行和税收的增加使美国的物价低于其应有的水平,进而相对刺激了出口。但是,我们仍然对这次紧缩效应的大小持怀疑态度。毕竟,尽管债券发行产生了紧缩效应,但从1898年6月30日到1899年6月30日货币存量仍增加了17%以上,同时从1898年10月到1900年3月,批发物价以每年13%的速度稳步上涨。此外,无论这次债券发行对进出口乃至短期资本流动产生了什么样的影响,仍然存在一个问题:为什么短期资本积累没有回流到国内?

其他与战争相关的影响包括1899年4月付给西班牙关于菲律宾、关岛、波多黎各的赔款2 000万美元,以及用于维持在菲律宾的美国军队的开支。这些都意味着对外币需求的自主增加,从而直接导致了资本输出,尽管影响很小。

3. 1899年10月爆发的布尔战争有着特殊的货币意义,因为它威胁到德兰士瓦(Transvaal)的黄金开采,并最终导致了黄金的大规模减产,而此处生产的黄金总是最先运往英国。对黄金产量的威胁无疑引起了伦敦部分金融界人士比预期更强烈的反应,因为人们通常预期战争本身是短暂的。当这种预期破灭的时候,战争带来的重负取代货币影响成为关注的重点。当时的观察家断言,战争形势的扭转将会导致1899年年末英国收回对这一国家的投资。[13]如果这个断言是正确的,那么它反映出英国金融机构增强流动性的意愿,希望以此来应对其债权人因受到战争的不确定性尤其是黄金流入下降的影响而提款的要求。换言之,投资的撤回并不意味着英国资本的净流入,而只是在一个地区出售资产来偿还另一个地区的债务。[14]但是,对于美国——英国的净债务人——来说,这意味着资本的撤回。最初的影响或许不如后来英国政府发行债券为战争融资的影响程度大。据估计,从1900年到1902年大约有3亿美元的英国政府债券在纽约市场发行。为了销售出去,债券必须具有足够的吸引力。因此这次债券发行导致了外国投资相对于国内投资回报率的上升。当时的观察家不假思索地得出结论:国外利率必然要比国内利率高得多。[15]

上述因素,尤其是第一个和第三个因素,可能有助于解开谜团。但是即使将所有这些因素加起来,仍然不足以完全解释这个问题。从1897年到1901年,资本输出总计约为11亿美元。即使我们算上美国人购买的在纽约市场发行的3亿美元的英国政府债券,加上美国贷给加拿大、墨西哥、古巴和欧洲一些国家的贷款,以及美国控制的3亿美元的海外工商业风险投资,仍然有近一半的资本输出无法解释。[16]此外,还有两个深层次的因素可能对资本输出起重要的作用。第一,对金本位制不确定性的降低,其重要性和上文中提到的那些因素不相上下,且作用的方向是相反的;第二,美国在1896年以前是一个典型的资本输入国。[17]

换一个角度看待这一谜团,图9给出了1879—1914年间美英两国的相对价格指数,以及美国资本流动占国民生产净值的比例。两个序列在主要运动趋势上显示出了相当的一致性,这正好符合我们的经济分析。然而1896年以后,资本流动序列的总体水平相对于1896年以前有所下降。因而这个难题还是没有被解决,尽管资本出口在1902年停止扩大。

有关英美两国的利率差异的数据,也证明了美国对投资的相对吸引力的下降。从1887年到1897年,美国的铁路债券的收益率比英国统一公债(British consol)的收益率高出约0.9%。1897年以后美国债券的收益率下降,1901年两国债券收益率之差减少到0.2%;后来又有所回升,在第一次世界大战以前一直在0.5%上下波动(考虑到英国统一公债序列的不连续性)。[18]如前所述,1901年左右两国利率差异的超低水平可能是受布尔战争的影响。

两国利率差异的变动为我们提供了一个确定的证据,证明数据所示的资本流动的变化确实发生过。但是它对我们理解事件的原因却没有帮助,因为两国利率差异的变化仅是资本输出问题的另一面。[19]如果我们使用的有关资本流动规模和方向的数据都是正确的,那么利率差异的微小变化导致资本流动的大幅变化,表明当时外国投资的资本供给弹性相当高。

如果图9中1896年以后资本流动水平的变化统计数据有效且被接受的话,对这种变化唯一合理的解释是:1897年和1898年偶然出现的大量农产品出口,加上《丁利关税法案》,以及上述三个事件造成了1902年以前的出口盈余;这为移民汇款和旅游消费的增长导致之后几年的出口盈余提供了时间。前面的讨论解释了为什么上述推理并不尽如人意。因此,我们倾向于认为,要么是我们忽略了其他一些重要的经济因素,要么是统计数据存在一些我们未能发现的错误。

美英两国相对价格水平的变化则更容易解释,这种变化与相对价格水平相独立,但是却与资本流动的年度变化相关。有人认为,巨额的黄金流入之后,美国的价格水平相对于英国会上升,而且根据图9我们用来计算相对价格序列的指数来看,在1898年美国的相对价格确实开始上升,之后英美相对价格达到了自1879年以来的最低水平,并且直到第一次世界大战期间再也没有低于该水平。同时,资本流动也达到了1861—1914年间的最低水平。

1899—1900年间价格的下降中断了这一轮的价格上涨,从而使相对价格回落到1898年的水平。价格上升的中断可能是受美国温和的经济紧缩(从1899年6月开始)和布尔战争爆发(1899年10月)的影响。之后,1899年秋天发生了货币紧缩、股市恐慌和一批银行及金融机构倒闭等事件。[20] 从1899年6月到1900年6月,货币供应量处于增长态势,但如前所述,其增长的速度远低于前一年和后一年,这些年度数据可能掩盖了中间出现的短暂的货币供应量下降。1899年年末,批发物价的增长速度明显受阻,并于1900年年初达到峰顶,之后一直处于下降状态。1900年12月,经济触及谷底,6个月之后,1901年中期,批发物价达到最低点。而同期,英国的批发物价在1899年到1900年开始飙升。从1900年美英相对价格陷入谷底开始,一直到1902年,美国对英国的相对价格比率迅速增长,这段增长其实是对1898年开始的价格比率变动的反弹。

我们很容易将1900年至1902年相对价格水平的迅速上升与可能影响投机的国内政治事件联系起来。1900年3月,美国通过了《金本位制法案》;同年秋天McKinley第二次在选举中击败了主张实行自由银元的Bryan,而且此次的胜利更具压倒性。通过坚定人们对美国金本位制的信心,这些事件无疑能够提高国内价格水平。但是,我们怀疑这些事件的定量影响并不明显。它们可能仅仅是加强了已有的价格变化趋势,因为美国价格水平一直处于上升趋势,只是在1899年至1900年间该趋势被暂时中断了。

4.1.4 财政部的中央银行活动

从国内角度而言,有两个变化因其对货币的重要性而应给予特别关注。首先是非国民银行(尤其是贷款和信托公司)重要性的相对提高。在纽约迅速涌现的信托公司与其他商业银行相比,所需准备金更低,所受监管也更为宽松,因此注定要在1907年的危机中发挥重要的作用。其次是财政部开始对货币市场进行频繁、有规律的干预。财政部的央行活动正从作为应急措施向进行有规律、可预见的操作转变。

财政部在1899年年末的货币紧缩时期采取了干预措施;在1901年中期再次进行干预,当时,Morgan和Harriman两个利益集团都试图垄断北太平洋股票,5月9日发现已卖出的股票多于事实上存在的股票,随后股市崩盘[21];1901年秋天,麦金莱(McKinley)总统被暗杀,财政部为防止股市发生危机,又一次进行了干预。[22]

1902年,在Leslie M.Shaw被任命为财政部部长后,财政部的干预行为达到极致。对于运用财政部力量去控制货币市场,他是一个激进的支持者,并对财政部的能力抱有很大的信心。1906年年末,Shaw四年任期届满,此时距1907年的危机只有不到一年的时间。在最后提交国会的报告中他写道:"如果给财政部部长1亿美元,允许他在他认为合适的时候存入银行或从银行中取出,此外,他有权控制一些银行的准备金,有权自由紧缩国民银行的货币流通,那么在我看来,只要不是工业停滞,财政部部长就有能力扭转危机的形势,而不至于使其威胁到美国或欧洲。然而,就目前财政部部长所拥有的权力来说,世界上没有任何一个政府或中央银行可以这样自如地影响金融市场。"人们很容易把这个声明当作典型的官僚夸口加以嘲笑。[23]事实确实如此,但这却又不只是个笑柄。尽管他的话有些夸张,但也包含着许多事实的成分。当时财政部在货币上的权力事实上是非常大的。如果财政部的权力被扩大到Shaw所要求的程度,那么财政部可能会被赋予有效的权力,虽然与后来联邦储备体系的权力不同,但也不会明显亚于后者。[24]

1897年到1902年这段时期快结束的时候,Shaw获得了应用其理念的第一个机会。国民经济研究局编年表显示,始于1900年12月的通货膨胀在1902年9月到达了顶峰。货币市场出现严重的紧缩,纽约城市银行的现金准备与存款净额的比例达到了 1883 年以来所有赎回日的最低点。财政部部长 Shaw 采取了史无前例的措施,以减轻银行的压力。他提前支付了 11 月份的流通债券利息,以异乎寻常的高溢价(37.75%,并且支付了到赎回日为止的利息)为偿债基金购回了债券,增加了政府在国民银行的存款(放弃准备金要求)——通过上述措施把共 5 700 万美元的可用资金投放到了货币市场。[25]

然而,这些措施并没有阻止紧缩的到来。货币市场在 11 月和 12 月继续吃紧,银行开始赎回前两年为华尔街发展提供的辛迪加承销贷款,股票市场清算压力加大。辛迪加不得不销售较早发行的高信用等级的股票和债券,以及之前承销的有价证券中未出售的部分。它们的大量抛售使得市场陷入崩溃——所谓"富人的恐慌"——而且价格的下降几乎在 1903 年持续了一年。新工业联盟也出现了紧缩迹象,特别是美国钢铁公司已经停止支付其普通股股息。铁路企业发现已经很难用普通条件筹到贷款,于是对钢铁的需求减少。其他公司的经营也遇到了困难,并且有一些金融商行(financial house)破产。

这些事件并没有使 Shaw 认为他的干预是失败的。他写道:"直到纽约市许多著名的银行家认为金融环境演变到应该发行清算所凭证的时候,以及人们开始认真地考虑如何采取措施解决困难的时候,这些财政措施才开始实施。"[26]他认为政府干预防止了一场严重的银行业危机,这种看法可能是正确的,因为虽然出现了周期性的经济紧缩,但是并没有出现银行业危机。与前一年相比,1903 年歇业的银行数量也没有出现明显的变化。

4.2　相对稳定的增长时期(1903—1907)

根据国民经济研究局编年表,从 1902 年 9 月开始的经济紧缩一直延续到 1904 年 8 月,共持续了 23 个月。虽然紧缩持续时间相当长,但还是相对温和的;之后爆发了自 1879—1882 年恢复铸币支付后的扩张期中最有活力也最为持久的经济扩张。如图 13 所示,批发物价受紧缩的影响不是很大。自 1902 年至 1906 年年末,批发物价的波动一直维持在一个几乎恒定的水平上,然后急剧上升,在经济达到周期顶峰之后又持续上升了几个月,在 1907 年 9 月达到顶峰,比 1902 年年末高出了约 10%。同时年度隐含物价指数的变动也很正常,在 1902 年到 1907 年间一直处于上升状态。在此期间,该指数的总上升幅度与批发物价指数的上升幅度基本持平。

与英国的价格相比,1902—1905 年美国的价格水平一直持续上升,尽管比

1900—1902年的上升速度要慢。同时,美国的资本输入额占国民生产净值的比率也在不规则地上升,也就是说,之前提到的资本流动曲线和相对价格变化曲线之间的平行关系仍然存在。

这种状况在1905—1906年被打断。虽然美国的价格水平确实在上升,但是英国价格水平上升的幅度更大,以至于美国的价格水平相对于英国来说是在下降。然而,1906—1907年间美国的资本流动却从资本输出转变为小规模的资本输入。美国相对价格水平上升趋势的中断可能是因为美国价格水平对于世界价格水平上升的调整不充分;如果充分调整的话,美国价格水平的上升幅度会更大。黄金的流动状况充分证明了这一点。1899—1904年黄金流动净额的波动幅度约为零。1905年年初,已经出现了相当明显的黄金输入趋势;从1905年第二季度到1907年第一季度的8个季度中,仅有一个季度表现为黄金外流;这8个季度的净黄金流入额总共为1.43亿美元。毫无疑问,这笔黄金流入导致了伦敦1906年的货币紧缩。正如我们曾经提到的,伦敦的货币紧缩反过来造成了美国货币扩张的中止——这种拉锯运动与恢复铸币支付后的那些年份很相似。

尽管1902年年末经济开始紧缩,但1902—1903年的国民生产净值仍然迅速增长——按当前价格计算,增长了6%;按不变价格计算,增长了5%。1903—1904年间,按当前价格计算的国民生产净值基本保持不变,而按不变价格计算的国民生产净值也仅下降了2%,但在此后的三年中又强势上升——按当前价格计算,上升了33%;按不变价格计算,上升了23%。

1902—1907年的经济特征是工业的增长——其中最为明显的标志是煤、铁的输出及铁路运输容量的迅速增长——同时股票市场投机活动盛行,并出现了移民风潮。从1898年的低潮开始至1907年,除了1903—1904年间略微有所减少以外,移民人数每年都在增加,并且在1905年首次超过了100万人,在1906年和1907年仍维持在100万人以上——历史上记录的唯一一次连续三年每年接收的移民超过100万人。

货币存量保持稳步增长,到1907年6月,货币存量已比五年前的水平高出45%。由于这一时期货币存量呈现出相对稳定的增长,我们可以根据这段时期的货币存量表现推测与稳定价格相适应的货币存量增长率,就像我们在第3章第1节中根据1885—1891年进行推测一样,即使这段时期远没有之前的时期那么稳定(见表6)。从1902年到1907年,货币存量的年增长率略高于7%,并且这一变动幅度不会随我们所选的起止日期的变化而变化。如果把1902年替换成 1901 年,或者把 1907 年替换成 1906 年,再或者同时进行替换,增长率仍基本相同。从 1902 年到 1907 年,无论是以批发物价还是隐含物价指数计算,价格的年均增长率均为 2%。这意味着,与稳定价格相适应的货币存量的年增长率应为 5% 左右。

表6　1885—1891 年及 1902—1907 年与稳定价格相适应的货币存量增长率(%)

年变化比率:	1885—1891 年	1902—1907 年
1. 货币存量	5.8	7.3
2. 隐含物价指数	-0.3	2.1
3. 给定货币流通速度变化情况下稳定价格所需要的货币存量	6.1	5.1
4. 货币流通速度	-2.6	-0.4
5. 货币流通速度不变情况下稳定价格所需要的货币存量(与实际收入的实际变化相等)	3.5	4.7

注:假定实际收入按照实际情况中的那样变化。
资料来源,按行
第1行、第2行和第4行:同图62。
第3行:第1行减第2行。
第5行:同图62;或第3行加第4行(含四舍五入误差)。

这个估计与基于 1885—1891 年做出的稍高于 6% 的推测十分接近。但是两者还是有一个很重要的不同点。在前一段时期推测的 6% 中,几乎有一半是由货币流通速度的降低引起的,而后一段时期的 5% 中只有不到 1/10 是由此引起的。根据我们所掌握的数据推测,两者的数值之所以相近,是因为后一个五年阶段的实际收入增长率要高于前一个六年阶段的实际收入增长率。两段时期货币流通速度和实际收入的变化之所以会出现差异,可能是由我们采用的样本数据引起的;或者是由于前一段时期的比较是在两次经济周期谷底之间进行的,而后一段时期的比较则是在两次经济周期峰顶之间进行的;甚至有可能是因为我们采用的周期转折点不同。但是,货币流通速度变化幅度的不同仍然可以用价格趋势的不同来解释。在前一段时期,价格是下降的,由于人们适应该现象有一个过程,货币流通速度下降得较快;而在后一段时期,价格是上升的,同样由于适应的过程,货币流通速度出现上升或者下降的速度减缓。[27]这就是为什么在 1885 年至 1891 年,货币流通量以大约每年 3% 的速度下降,而在 1902 年至 1907 年,货币流通量则以每年低于 0.5% 的速度下降。

Shaw 部长继续表达他的中央银行干预倾向。1903 年,尽管没有遇到任何类似于以前那种需要财政部干预的特殊货币困境,他仍在夏天采取了收紧银根的措施,在秋天采取了放松银根的措施,而这正是一个常见的季节性紧缩时期。[28] 1905年年末,尽管货币市场严重吃紧,Shaw却始终置身于货币市场之外,没有介入其中。[29] 其中一个原因可能是他不愿意干预由于股票市场投机活动造成的货币紧缩。另一个原因就是他只能依靠调节财政余额或者使用税收盈余来对此进行干预,而部分由对巴拿马运河的巨额投入导致的财政赤字已经使财政余额异常地低。[30] 1906年,财政收入有所增加,使其得以重返市场。Shaw在2月和4月着手缓解市场压力,夏季的时候撤回资金,在秋季极度紧缩出现的时候再次放松银根。在春秋两季,他都试图利用政府存款引导银行进口黄金,从而增强他的货币扩张措施的作用。[31] 我们以前提到过,国际支付头寸总是引发黄金输入,但是我们认为Shaw采取的措施并不会对黄金的输入量产生太大的影响,尽管它们可能会影响黄金输入的时机。

1906年9月和10月,当纽约货币市场由于主要来自英国和德国的黄金输入变得宽松时,伦敦货币市场陷入混乱。9月13日,英格兰银行将贴现率从3.5%提高到4%,10月11日提高到5%,10月19日提高到6%。德国国家银行(Reichsbank)同样提高了利率。同时,英格兰银行告知伦敦的私人银行,它不愿看到美国金融债券继续流通。其后,除非存在先前约定的续借合同,金融债券不得不在到期时支付。这些措施首先使流入美国的黄金量下降,然后使黄金流向发生了逆转,并导致了美国经济形势的变化。其影响首先表现在金融市场上。1907年3月,股票市场出现了严重的价格下跌。曾被广泛用于融资债券抵押的太平洋联合股票(Union Pacific stock)的价格在不到两周的时间内下跌了30%。[32] 尽管财政部采取了扩张政策[33],并且股票价格暂时回升,然而繁荣已经走到了尽头,国民经济研究局将1907年5月定为这个周期的峰顶。

4.3 1907年的银行业危机

从1907年5月到1908年6月的经济紧缩尽管相对短暂,但却相当严重,出现了产量和就业的急剧下降。1907—1908年,以不变价格和当前价格计算的年国民生产净值下降幅度均超过11%,月度数据则呈现出更大幅度的下降。尽管年度隐含物价指数没有什么变化,但是月批发物价指数下降了5%。各种各样的指标都显示出,这次紧缩是自1879年以来美国历史上最严重的五六次紧缩之一。[34]

这次紧缩被 1907 年 10 月的银行业危机分割为两个部分。从 5 月到 9 月,紧缩并没有呈现出明显严重的迹象。价格持续上涨;各行业的产量不再增加,但也并未出现严重的下降,而且货运量也与之前差别不大;银行清算系统运转相当稳定,而且破产企业的债务没有出现急速上升的迹象。一个重要的变化是,先前提到的黄金流动从净进口转变为净出口。10 月发生了银行业危机,这一危机在银行系统实行支付限制时到达顶峰,即像 1893 年一样,银行系统一致拒绝了存款人将存款兑换成钞票或铸币的要求。经济紧缩同时变得更加严重。工业产量、货运量、银行清算额等都出现急剧下降,破产企业的负债急速增加。1908 年年初银行支付限制取消,几个月后经济开始复苏。

我们对货币存量的统计自这次紧缩始变为每月评估,这样我们能够比之前更密切地跟踪整个事件的过程。[35] 从 1907 年 5 月到 1908 年 2 月,季度调整后货币存量每个月都在下降,银行业危机之前的下降态势比较温和,之后幅度变大。从 5 月到 9 月底,货币存量下降了 2.5%,从 9 月到第二年 2 月下降了 5%。危机之前的货币存量下降尽管比较温和,但却值得注意,它表明存在一股很强的下降压力,至少在货币领域是这样的。由于强有力的上升趋势,货币存量通常在温和的紧缩期会增加,即使是下降也最多持续 1 到 2 个月。后来只发生过三次这样的经济紧缩,即紧缩期每月的货币存量较之前峰值下降的幅度都大于从 1907 年 5 月到 9 月的下降幅度(2.5%)。这三次经济紧缩分别发生在 1920—1921 年、1929—1933 年和 1937—1938 年,历史上只有这三次经济紧缩的严重程度堪比 1907—1908 年的紧缩。从那时起到 1960—1961 年的紧缩,中间又发生了 10 次经济紧缩,但货币存量与之前峰顶相比的下降幅度从未超过 2.5%,有时甚至根本没有任何下降。从我们月度数据的统计误差幅度来说,这个结论不一定完全成立;但是它可以充分表明,金融危机之前的迹象预示的绝不仅仅是一场普通的温和的经济紧缩。

货币存量最初和随后下跌的直接原因大相径庭。最初约 2.5% 的下跌(从 1907 年 5 月至 9 月),一方面是因为高能货币下跌了大约 1%,这主要是出口黄金导致的结果;另一方面是因为存款-准备金比率的下降。尽管高能货币总额下降,但银行的高能货币持有量仍然提高了 5%。同时存款-通货比率出现了增长,在一定程度上抵消了存款-准备金比率的下降。尽管存款和通货的绝对数量都下降了,但存款量降低了 2%,通货量降低了 5%。上述存款比率的变化表明人们对经济紧缩的反应相当迟钝:银行在不断增加准备金头寸,货币持有者也并未对银行表现出不信任。

另一方面,1907年9月至1908年2月,货币存量的下降表明公众和银行都在积极增强自身的流动性。在这5个月时间里,高能货币存量增长了10%,而货币存量下降了5%。1893年,在货币兑换受到限制后,公众开始不信任银行,存款的有效性下降。这体现在公众持有现金的增长和存款的下降上,前者增长了11%,而后者下降了8%。这两者的综合作用使存款-通货比率从6.0下降到了5.0。与此同时,银行试图通过提高通货持有量来满足公众需求。但是在危机发生的10月,它们根本无法做到这一点,相反其通货持有量却出现了小幅下降。此后,它们实现了这一目标,尽管存款额下降了,但是与1907年9月末相比,1908年2月末的准备金却高出了8%。结果是存款-准备金比率从8.2下降到7.0。就其自身而言,存款比率每下降1%都会引起货币存量7%—8%的下降,总体上会导致货币存量下降将近14%。而实际下降的幅度只有5%,因为高能货币同时增长了10%,这一方面是由于进口黄金,另一方面是由于国库现金余额的减少。

这次金融危机的第一个直接信号出现在10月14日那一周。当时纽约清算所的五个成员银行和其他三个非成员银行请求帮助,一些清算所银行给予了帮助。[36]到10月21日星期一,秩序看似恢复了正常。当天,拥有6200万美元存款的纽约市第三大信托公司Knickerbocker信托公司,由于与最初陷入困境的银行之间存在关联关系,其在清算所的余额开始变得不利。[37]第二天,由于受到挤兑影响,该公司被迫停业。如果Knickerbocker信托公司是清算所成员的话,它可能会得到援助,甚至后来的危机也因此可以避免。[38]

10月23日,拥有6400万美元存款的纽约市第二大信托公司也遭到了挤兑。第二天,另一家信托公司也未能幸免。此时形势已经十分明朗,整个信托结构已处于危机边缘,因此这些公司得到了援助。然而,援助进展得很缓慢,而且成效并不明显;援助把这两家公司从危难中挽救过来,但是并没能缓和纽约以外美国整体上的恐慌。

10月21日至23日,也就是信托公司挤兑严重的这段时间里,纽约清算所银行不得不为那些在银行存有储备的信托公司提供流动资金,并且把流动资金运送到美国内陆的银行,然后由这些银行通过柜台把钱支付给惊慌的储户们。10月24日,1907年3月起上任的财政部部长George Cortelyou伸出了援助之手,把2500万美元存入了纽约市的那些主要中央储备城市银行里。[39]尽管采取了这样的措施,纽约仍然受到危机的威胁,贷款变得很难获得,并且股价暴跌。[40]为了阻止汇率的进一步下跌,J.P.摩根集中了主要银行和金融家缴纳的

2 500万美元,第二天以类似的方式又筹集了1 000万美元的资金。储蓄银行要求所有储户出示合法的提款通知。到该周末,当地出现的挤兑好像已经平息了。

当纽约的危机得到控制时,危机已经蔓延到了乡村。虽然只是由于当地的某些原因出现了一些分散的挤兑事件,但是乡村银行却开始丧失信心,甚至比公众还严重。过去的经历已经让乡村银行明白在危机时期,从城市银行获取流动资金是很困难的。于是乡村银行开始向纽约方面以存款或拆借的方式要求货币资金。10月26日,纽约清算所开始发放清算所贷款凭证,这种票据早在之前危机中就曾作为通货的替代品,至少可以用于清算当地银行同业间的余额。[41]

尽管纽约的银行此时还可向借款人提供更多的贷款,并且它们可用的准备金虽有波动,但离耗尽还很远,但它们还是很快就限制了存款到通货的转换。如果通过集中准备金和满足乡村银行的通货需求来维持支付的话,或许会很快抑制人们对现金的提取要求,而不会导致准备金的严重减少。如果采取了这样的措施,纽约就会获得通常在12月中旬左右开始的季节性通货回流,从而很快恢复纽约市银行的准备金头寸。但是银行不愿意冒险用光它们的准备金,于是支付限制便出现了。[42]

就在纽约的银行开始实施支付限制的同时,这种做法迅速蔓延到全国。一部分州以法律形式批准了这种支付限制[43],其余的州也持默认态度。

由于支付限制,通货相对于存款开始出现溢价,最高溢价率达4%。这反映出,尽管通货-存款比率已经上升,但是明显人们希望这个比率更高一些。存款不再像以前那样受欢迎,一方面是因为对银行的不信任,另一方面则是由于存款交易用途的减少。因此,人们努力把存款转换为通货,这种转变被称为通货"囤积"。[44]通货的溢价刺激了黄金的进口,在一定程度上导致了外汇存款的美元价格的上升。[45]通货的溢价增强了高利率、出口上升、进口下降等因素对黄金流动的影响,仅11月和12月,黄金流入的价值就超过了1亿美元。政府存款和额外发行的银行券补充了黄金进口,以至于从9月末到12月末高能货币增加了2.39亿美元。[46]

正如以前实行支付限制时的情况一样,通货的替代物开始发行。清算所贷款凭证被发放给银行用来进行同业间的支付。和1893年发行的6 900万美元相比,这次总计发放了2.56亿美元,尽管这些凭证并不会被一次性使用。另外,小型清算所的支票和凭证、银行本票和制造商支付支票总计超过2.5亿美元。[47]这些替代物总共大约占到我们所估计货币存量减少量的一半。工资支付困难明显没有1893年那么显著,因为银行通常用各种方法满足客户这方面的要求。当然,这种国内兑换的混乱导致了不同地区间汇款的延迟。

尽管12月4日以后财政部要求对它的所有支付必须采用通货形式,但是直到1908年1月初支付限制才完全取消。在1月期间,公众继续增加通货的持有量,银行持有量没有多大变化。存款继续下降,速度与11月、12月的下降速度相同。2月末的数据清楚地显示危机结束:银行库存现金增长了8 100万美元,反映了公众持有现金的回流,同时存款只下降了2 800万美元。从那时开始,货币存量平稳攀升,在6月上升了4%,达到了周期性峰顶。公众对银行重树信心,存款的有效性得到恢复,反映在公众持有的现金下降了5%,存款上升了6%。这些变化使公众存款-通货比率又恢复到一个较高水平,尽管存款-通货比率仍略低于1907年5月高峰时期的水平。然而银行不仅设法增加高能货币准备金,而且力图维持一个相对较低的存款-准备金比率。6月的存款-准备金比率是7.0,和2月大致持平。

当时对这个事件的标准解释是,银行业危机和金融系统的支付限制,使一个明显相当温和的紧缩演变为严重的衰退。正是这个解释为后来进行的货币改革运动提供了主要推动力,《联邦储备法》的通过正是这场改革的高潮。

根据更多近来的经验,特别是那场始于1929年、结束于1933年银行业危机的经济紧缩,我们认为这个解释过于草率,没有对银行业危机本身和伴随银行业危机出现的支付限制加以区分。银行业危机加剧了紧缩,这一点毋庸置疑:它的出现伴随着统计指数和对这些指数进行的定性说明的显著变化。如果完全避免了这场危机,经济紧缩肯定要温和得多。但是,从另一方面来看,既然银行业危机已经出现,对银行的不信任感也开始蔓延,如果不及时实施支付限制,只会使经济紧缩更加严重、更加持久。

从这个角度来看,判断每件事情的好坏,取决于如果采取其他措施,产生的结果是否优于我们所采取的措施产生的结果。其中一个可能是采取及时和有效的措施,防止公众对银行系统的健全性产生任何严重的怀疑,避免使用支付限制。这些措施足以防止公众的提现行为,也不会出现相应的银行加强现金头寸的现象。Sprague是当时纽约市银行行为的主要评论家,他指出若早期对Knickerbocker信托公司施以援助,则可以达到这种效果,但是,他也指出:"清算所当局(救助Knickerbocker信托公司)的失败,无疑是理所当然的。尽管结局很不幸,可清算所也不该遭到指责。"[48]

更为可行的是,在人们开始提现且乡村银行加强自身储备之后,采取措施避免支付限制。Sprague 对纽约的银行的批评主要在于这一阶段。它们在储备仍然十分充足的时候,推迟了清算所贷款凭证的发行,过于依赖支付限制。"如果(纽约的)六大银行一致行动,"他写道,"则本能够通过贷款及同时向外部银行提供通货来控制纽约的局势。这样的话,这个国家的危机大体上很快就会有所缓和——在采取有损信誉的支付限制前,纽约市的危机已经处于缓解之中。"[49] 在相信采取这些措施可能会延迟或阻止支付限制这一点上,Sprague 也许是正确的。然而,其结果是否会优于实际的结果,尽管在 1910 年的 Sprague 看来答案可能很明确,但是后来 1929—1933 年的经验告诉我们,答案远没有这样确定。

1907 年,银行系统在面对公众流动性偏好的改变时,比以往任何时期都更加脆弱。原因有两点。首先,存款-通货比率稳步增长:从 1879 年的 2∶1 到 1907 年 6 月的 6∶1。由公众兑换通货所导致的货币存量的潜在下降更为严重了。其次,银行存款与库存现金比率——与银行高能货币准备金的比率——在 1898 年以前一直是无规律地缓慢上升,后来大幅加速:从 1879 年 2 月的 4.4 到 1898 年 7 月的 5.9,再到 1907 年 6 月的 8.9。最后的快速增长可能部分是由于财政部不断承担起干预货币市场的义务,从而减少了银行保持自身储备的动机。无论原因是什么,存款-准备金比率的上升无疑增强了公众提现的影响。

存款比率变化的定量意义可以通过一个数字例子来说明。如果 1892 年存款-准备金比率保持不变,那么 1893 年危机时期,公众可以通过降低存款-通货比率来使货币存量-高能货币存量比率下降 6.3%。假设在 1907 年存款-通货比率变化相同的幅度,在 1892 年的存款-准备金比率下,它将使货币存量-高能货币存量比率下降 7.8%,而在 1907 年的存款-准备金比率下,将下降 9.8%。[50] 因此,从 1892 年开始,两个存款比率变化的共同作用加剧了货币存量对超过 50% 的存款-通货比率变动的脆弱性。实际情况甚至比这还要严重。我们仅仅考虑了储蓄者提现的影响,而假定银行会被动地保持其存款-准备金比率不变。事实上,由于存款-准备金比率的增长可能对银行家的态度产生影响,它也严重加剧了这种脆弱性,但是我们无法量化其影响。由于银行降低了利用自身高能货币准备金可以实现的存款-准备金比率的偏离程度(也就是说,让存款-准备金比率进一步上升),上升的存款-准备金比率使银行在面对挤兑时更容易倒闭。于是,这就使得银行一旦发现公众有轻微的现金需求迹象,就会更努力增加自身的现金头寸。

在这种情况下,假设在最初的金融危机,包括 Knickerbocker 信托公司停业和随后的倒闭事件中,纽约的银行没有实施支付限制,那是不是就不会存在对银行的不信任因素,也不会导致银行挤兑了呢?如果是这样的话,那么要想维持非限制支付,只能通过不断紧缩货币供应量。这反过来又会迫使一些财务"健全"而仅仅流动性不足的银行倒闭——1908 年 3 月,Knickerbocker 信托公司重新营业。这些接连的倒闭事件会导致公众不信任,从而增强公众的提现需求,也会促使银行增加储备。最终结果可能是发生比实际更加严重的紧缩,而支付限制可能仅仅是被推迟到发生更严重的后果之后。

正如实际所发生的那样,银行相对较早地实施支付限制,切断了上述假设的反应链条。1907 年第四季度和 1908 年前半年的歇业银行数目增长率远高于前一年和后一年,这是事实。然而,如果以其占银行总数的比率表示,还没有达到罕见的高水平。根据年度统计,前几年歇业商业银行数目占全部银行的比率为 0.33%—0.5%,1904 年上升到 0.74%;1907 年,该比率只有 0.5%,完全在正常范围内;1908 年上升到 0.73%;此后,又跌落到以前的水平。然而仅通过歇业银行的数目估计,可能低估了银行的困难。[51] 尽管银行业危机表现得比较温和,但歇业银行的存款负债仍反映出一个较大的反差:1900—1906 年,负债占商业银行存款总额的 0.2%—0.4% 之间;1907 年为 1.22%;1908 年下跌到 0.65%,稍微高于以前的水平。如果用存款者损失的数据作对比,危机的影响一样明显,然而同样比较温和。在前些年,存款者损失已经在每 100 美元存款 2—6 美分之间变化,只有 1904 年达到 10 美分。1907 年存款者损失为每 100 美元 18 美分,1908 年为每 100 美元 14 美分。[52]

这些数据表明危机对银行结构产生的影响非常小。也许由于新建银行的数目始终多于歇业银行的数目,虽然发生了银行业危机,银行的数目依然有所增加。由于支付限制,几乎没有银行仅仅因为暂时的流动性不足而停业。同之前一样,也存在银行的破产,但破产原因主要是自身制度的"不健全";而且一家银行的破产也没有导致连锁反应。因此,支付限制保护了银行系统,为消除危机和获得更多的通货争取了时间。直到挤兑风险基本消失后,支付限制才被取消;接着经济开始迅速复苏。

1907—1908 年与 1929—1933 年两个对比鲜明的实例可以解释这一点,我们将在第 7 章详细探讨。在这两个例子中,金融的转折点是银行系统的支付限制。但是在 1907—1908 年事件中,限制发生在银行结构受到严重影响之前,如果我们的分析是正确的话,此举防止了银行破产的扩散,减轻了可能会更严重的通货紧缩,同时使货币存量最高减少额保持在 8% 以下。在 1929—1933 年期间,缓慢的通货紧缩持续了三年多后,才实施支付限制,当时银行破产导致银行数目减少了 1/4,同时货币存量下降了 1/3,这次支付限制仅仅是起到了"亡羊补牢"的作用。因此,1929—1933 年金融形势更为严峻——1907 年的限制仅涉及银行拒绝存款人将存款转化为通货;但它并没有在任何规模上涉及银行的临时关闭或者业务的中止,更不用说永久性破产。支付限制持续了几个月,而且一旦两种可转换的付款媒介——现金与存款的用途发生了变化,它可能会在不导致经济衰退的情况下持续更长的时间(像在早期的一些危机中那样),并且确实可能持续到经济复苏。1933 年的支付限制,将所有的银行关闭了一个星期,完全停止了它们的业务,在那段时期之后,大部分被关闭的银行都重新开始营业,有 2 000 家以上的银行宣布永久破产或者被清算。这比以往在更大范围内扰乱了金融交易。很难理解这次支付限制如何能在没有造成经济极度混乱的情况下维持这么长的时间。

正如我们将在第 7 章里看到的,1929—1933 年早期的情况与 1907—1908 年经济紧缩有许多相似性。如果 1929 年的银行系统与 1907 年相同,那么可能在 1929 年 10 月股票市场崩溃时就实施支付限制了。即使不这样,那么最晚也一定会在 1930 年 11 月 11 日美国银行破产时实施支付限制。回顾一下,如果那时实施支付限制的话,可能会在 1930 年秋便产生比实际发生的更为严重的恐慌,但是却可以防止银行系统的崩溃和货币存量的急剧下降。而正是后两者大大加剧了这次紧缩的严重程度,甚至可能正是它们才使得一次一般严重的紧缩转变成一场灾难性的萧条。[53]

当然,这只是推测的历史——"如果……那么当初会是什么样的情形"。我们无法精确地重现这一历史,也无法以此来详细检验这些推测的正确性。同样,对 1907 年的分析——如果避免实施付款限制,可能对经济发展更为有利——也是如此,这只是一种可能发生的情况。实际上,所有的分析性历史——试图解释而不是简单地记录过去的历史——都具有这一特征。这就是为什么随着新证据的发现,历史必须不断地被改写的原因。就目前的例子来说,关于 1929—1933 年的推测有助于我们对 Sprague 关于 1907—1908 年的推测提出质疑,同时也断定当时的支付限制并不像他评论的那么一无是处。

4.4 支付限制解除后的银行改革

尽管1907年的支付限制在当时来说,与其他可采取的措施相比,产生了更有利的效果,但是这也正说明了金融体系结构的严重缺陷。如果说银行业文献无法充分理解和分析这些缺陷的话,至少也早就认识到了这一点。正是由于1907年的惨痛经历,才使得政治上不得不采取一些强制性的改革措施。

当时对银行体系的批评集中地指向所谓的货币存量"无弹性"。[54]关于"无弹性"有两个不同的认识,一个是明显合理的,另一个则是值得怀疑的。被认为合理的认识是货币和存款缺乏有效的互相转换能力,当时直接流通的通货主要有国民银行券、铸币、美国流通券和银元券,这些货币既可以用于银行的零星支付,也可以用于存款负债的最终准备金(见附录B)。我们定义的高能货币总量在短期内是刚性的。唯一可以大幅度变动的部分是通过进口获得的铸币,它仅能通过国际收支剧烈变动而发生大规模变化。[55]然而,对于总量确定的高能货币,一旦公众想要将其拥有的存款转变为通货,首先会耗尽银行的准备金,然后反过来迫使仅有小额准备金的银行用数倍于准备金的损失收缩它们的债务余额,进而减少了持有的货币总量。在一个拥有大约20 000家银行的单一制银行体系里,这样的影响肯定不是均等的,最终会迫使一些银行歇业,公众把存款转化为现金的要求不断积累,使银行系统面临连锁反应的威胁。为了避免货币供应总量的"弹性"(这种弹性会令货币存量迅速减少),货币存量的组成部分——通货必须具有短期的良好"弹性"。

第二种将货币"无弹性"视为缺陷的看法受到了质疑,这一看法与将货币存量视为一个整体有关。当时,人们普遍认为,货币存量应当符合交易需求,即应当在经济活跃期扩张,在经济不活跃期收缩。这种观点部分是由于没有充分认识到存款作为货币的重要作用而混淆了对"无弹性"的第一种认识;部分是对普遍存在的"真实货币"学说的阐释。[56]《联邦储备法》部分采纳了这个观点,说明这种观点在当时是具有一定影响力的。

存款与通货之间有效的相互转换能力可以通过执行三条主要原则中的任何一条而得到提高。(1)建立一些中央通货储备,当人们需要通货时可以使用这些储备。但是一般情况下,这些储备是闲置的,也就是说这些储备具有特殊的持有目的,而不是用来盈利。当时以及早些时候的财政部运作中就包含了这种做法,后来被财政部部长Shaw明确提出,一些中央银行的倡导者也曾考虑过

170 这种做法。(2)制定一些应急条款,在紧急情况下,银行可以使用少量的准备金来发行更多的货币。最简单的方案就是使银行持有的以同种资产支持的通货与银行存款负债相匹配。极端地说,如果日常流通的货币发行条件与银行存款负债的产生条件相同,就不存在通货与存款相互转化的问题。在危机发生后不久递交给国会的一系列议案中都体现了这个原则,其中两个议案建议发行通货的准备金要求与商业银行存款的准备金要求相同:《福勒议案》(Fowler bill)建议货币由清算所协会发行;美国银行家协会提交的议案与纽约商会早期的计划很相似,建议货币由国民银行发行。还有一个议案建议建立中央银行,通过对商业银行资产的贴现来发行自己的票据。(3)对银行存款实行担保,从而使一小部分银行的破产不会因为公众挤兑而发生连锁反应。这样的担保本身并不能在不减少货币存量的情况下使存款转化为现金。它的有效性完全取决于其能否成功地说服公众不为存款担心,从而防止公众降低存款-通货比率的挤兑行动。

最终的结果是,对应每条原则,当局都采取了一些相应的措施。财政部关于第一条原则的干预行为我们已经提过。第二条原则的直接产物是《奥德利奇-瑞兰法案》,该法案作为一个权宜之计在1908年5月30日通过。这一法案建立了银行团体的基于一般银行资产的紧急通货发行制度,并附有惩罚条款以强制银行在发生紧急事件之后回收这些货币。[57]

171 《奥德利奇-瑞兰法案》的一个条款规定了国家货币委员会的任命,该委员会包括9位参议员和9位代表。主席是参议员 Nelson W. Aldrich,副主席是代表 Edward B. Vreeland。委员会负责举行听证会,并安排大量专项研究。1912年,它向国会提交了报告。[58]以委员会报告为参考,经过广泛的国会争论,1913年12月23日美国通过了《联邦储备法》,建立起了一个与委员会的改革建议在结构上大体相似、在很多细节上相同的体系。[59]

172 关于上面提到的第三条原则,在1907年12月到1917年3月,西部、中西部和南部的八个州陆续出台了有关存款保证金的立法。[60]

在1915年6月30日到期之前,《奥德利奇-瑞兰法案》只被用到过一次。这唯一一次使用是在第一次世界大战爆发时,纽约股票交易所在1914年7月31日关闭,加剧了人们对金融危机的恐慌。当时,为了防止市场受到欧洲债券倾销的不利影响,当局实施了相应的措施。[61]乡村银行开始从城市银行抽调资金。8月3日,纽约清算所发行了清算所贷款凭证。随后,其他城市的清算所也予以配合。全国共发行了2.12亿美元的清算所贷款凭证。一旦发生挤兑,《奥德利奇-瑞兰法案》的紧急通货就进入流通。到 11 月底，紧急通货发行了近 4 亿美元，并且赎回了大约 1/3。最多的一天未清偿数额是 3.64 亿美元，这相当于战前公众手中持有货币总量的 1/4，相当于高能货币总量的近 1/8。[62] 此次紧急发行阻止了货币危机和银行支付限制的发生。

从这一时期看，《奥德利奇-瑞兰法案》是一个有效的制度安排，其在不发生货币紧缩的情况下避免了挤兑危机和大范围的银行破产。这也从其他角度进一步强化了我们的观点，即这个法案在 1930 年年末的挤兑危机中本可以同样奏效。正如上面提到的，我们在第 7 章中得出，在《联邦储备法》的货币体系还远没有建立起来的时候，支付限制在真实事件中几乎可以确定是可取的。《奥德利奇-瑞兰法案》很有可能是可取的，但不一定适合那些本可以实施但在后来体系中没有实施的政策。

另一项银行改革也值得一提。通过 1911 年 1 月邮政储蓄银行的开业，之前由人民党所倡导的国有银行体系从一个根本上的庸医之策转变为神圣化的机构。[63] 直到 1929—1933 年大萧条之前，邮政储蓄体系一直无足轻重。大萧条时，由于公众普遍对银行体系存在不信任，几年内邮政储蓄体系的存款增长了 8 倍。在那次增长之后，它基本上不再发挥重要的作用。[64]

4.5 后危机时代（1908—1914）

除了刚才提到的银行改革，该时期的其他问题与我们的分析并无多大关系。尽管实际产出稳定增长（但幅度不大），这一时期的大部分时间仍被经济周期分析人士描述为周期性紧缩。总的来说，从 1854 年到 1961 年，美国经济扩张月份的数量是紧缩月份数量的 1.57 倍。在 1908—1912 年和 1912—1914 年两个周期的 78 个月中，只有 31 个月是扩张期，其余 47 个月都是紧缩期，或者说，扩张月份是紧缩月份的 0.66 倍。

1907—1908 年货币存量、货币收入、实际收入、价格等突然紧缩之后，有一个强势反弹，并于 1910 年 1 月达到顶峰。其后出现了长时间的衰退，一直持续到 1912 年 1 月。此前货币供应量增长速度有所减缓，同时批发物价指数大幅下降。从图 9 可以看出，货币和价格的变化趋势都反映出对 1906—1907 年大量黄金流入的过度反应。一旦危机结束、存款利率上升，这些黄金输入会带来货币存量和美英两国价格比率的剧烈上升，而这些将使黄金的流向发生逆转。如果有关资本流动的数据是可信的,那么1909年和1910年的资本输入是非常高的。也许资本输入是对美国相对高价格的短暂反应——适应性资本流动;或许这是一股独立的力量,正是它使美国的价格上升得如此之高。无论是哪种情况,伴随着1910—1911年资本输入绝对量剧烈下降的是美国价格的绝对下降,它降低了美国对英国的相对价格水平。

虽然持续时间较长,但是这次紧缩还是相对温和的。按不变价格计算的Kuznets国民生产净值没有下降,而是有一个缓慢的上升;其他一些反映实体经济活动的指标也说明了这次紧缩很温和。

本次经济周期的谷底于1912年1月出现,随后是一次经济扩张,此次扩张在持续12个月后,即1913年1月结束,是历史上历时最短的经济扩张之一。在扩张之前,批发物价指数曾在1911年中期出现低谷,扩张使批发物价指数迅速上升,一直涨到1912年10月,随后到1915年年末一直在恒定水平附近波动。直到1914年战争爆发后,英美两国的物价水平几乎平行变动(美国的隐含物价指数和英国物价指数也是这样)。所以,从1911年开始,两国的相对物价水平基本没有变动。1909年到1914年,货币存量稳定增长,仅在1910年和1913年增长率有短暂的下降。

从1911年到1913年,按不变价格计算的国民生产净值不断增长,然后在1914年迅速下降,原因是第一次世界大战在欧洲爆发带来的不确定性和无序性加剧了这场始于1913年1月的紧缩。

4.6　货币存量数学意义上的变动

图14显示了1897—1914年货币存量的变动和三个直接决定因素:(1)高能货币总量;(2)商业银行的存款-准备金比率;(3)公众持有的存款-通货比率。

以上三个因素都对货币存量的增长起到了显著作用。表7显示了在整个时期和两个子时期内三个因素对货币存量变化率的各自影响及所占比例。两个子时期分别是:1897—1902年,货币存量迅速增长;1902—1914年,货币存量稳定增长(除了1907年的危机外)。此外,为了便于比较,表7还重复列出了表4中的早期数据。

1879—1897年货币存量每年增长5.8%,1897—1914年货币存量每年增长7.5%,这些作用因素的相对重要性在这两个阶段是非常相似的。[65]1897—1914年

第4章 黄金通胀和银行改革(1897—1914) 147

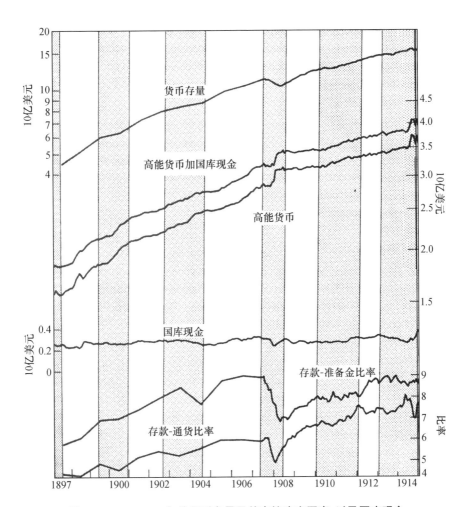

图14　1897—1914年的货币存量及其直接决定因素,以及国库现金

注:阴影部分代表经济紧缩期,非阴影部分代表经济扩张期。下方的三条曲线以比率为刻度,上方的三条曲线以数量为刻度。

资料来源:货币存量,表A-1,列(8)。高能货币:1897年至1907年4月的月度数据和年度数据都来自表B-3;1907年5月起,表B-3。国库现金:1897年至1907年4月的月度数据和年度数据都来自表A-3;1907年5月起的数据来自表A-3。

就像1879—1897年一样,高能货币的变动是决定性因素,存款与公众持有通货的比率的上升是第二大因素。一个显著的不同是,1897—1914年存款-高能货币准备比率在存款-准备金比率中的作用比1879—1897年的作用更大。

表 7　1879—1914 年货币存量变化决定因素的分布

决定因素	仅此因素单独变化引起货币存量的改变			
	1879年2月—1897年6月	1897年6月—1902年6月	1902年6月—1914年6月	1897年6月—1914年6月
	年变动率(%)			
1. 高能货币	3.9	6.8	4.0	4.9
2. 存款-准备金比率	0.4	2.6	0.4	1.0
3. 存款-通货比率	1.4	1.8	1.4	1.3
4. 比率的相互作用	0.2	0.4	0.1	0.4
5. 合计	5.8	11.6	5.8	7.5
	占总变动的比重			
1. 高能货币	0.66	0.59	0.69	0.64
2. 存款-准备金比率	0.06	0.23	0.06	0.13
3. 存款-通货比率	0.24	0.15	0.23	0.17
4. 比率的相互作用	0.04	0.04	0.01	0.05
5. 合计	1.00	1.00	1.00	1.00

注：因为四舍五入，各部分加总可能不等于总数。
资料来源：表 B-3。参见表 4 和附录 B，第 7 节。

虽然对于整个时期来说，高能货币的变动非常重要，但是对于这个时期的短期变化，它的重要性要低得多。高能货币有规律地增长，但在 1908 年因为黄金流入和 1907 年危机出现快速增长，在 1914 年由于《奥德利奇-瑞兰法案》的紧急通货发行也出现了短暂的快速增长。1908 年高能货币的迅速增长，本身可能带来货币存量的增加，但是由于存款-准备金比率和存款-通货比率的下降，其后出现了货币存量的下降——上述这一连串事件都与 1907 年的危机有关。1914 年高能货币的较快增长伴随着货币存量的小幅增加，尽管同时发生了短期内存款-通货比率的剧烈下降。与 1907 年相对比，这证明了应急现金发行的效力。如果没有这个发行的条款，为了刺激高能货币的增长，存款-通货比率的下降可能会像 1907 年那样造成货币存量的下降。给定当时的国际环境，它也可以不这样做。如果那样，随之而来的银行经营困难，可能会加剧存款-通货比率的下降并延长其持续时间，从而可能将其短暂下降（如图 14 所示）转变成像 1907—1908 年那样更剧烈、更广泛的下降，对货币存量的影响也更深远。然而事实上是，公众对货币的需求迅速得到了满足，从一开始就切断了这个情况的恶化过程。

两个存款比率在整个时期中的变化都不平稳，表现出相当大的异动，而不仅仅是在 1907 年的危机中。这使我们回想起了 1879—1897 年间，存款-准备金比率表现出了一个清晰的周期模式。在那段时期的后期，也是在经济扩张时上升，在经济紧缩时减速上升或下跌。这次，危机加大了它们的变化幅度但并没有改变其变化方式。除了危机时期,尽管存款-通货比率也表现出一定的在扩张期上升、在紧缩期减速上升或下跌的趋势,然而它变动的周期性规律不如存款-准备金比率的变动显著。

值得注意的是,两个存款比率的变动有两个十分有趣的区别。首先,危机带来了两个比率的绝对值下跌和相对趋势上的更大幅度的下降。存款-通货比率很快反弹,并且在一年内似乎已经恢复了原来的趋势。存款-准备金比率在1908年恢复了上涨,但是是在一个比原来趋势更低的水平。若要对此进行解释的话,其中一部分原因是存款-高能货币比率较高的银行破产的数量较多。更重要的是,危机的经历使商业银行与储户相比在一个更长的时间内明显提高了对流动性的偏好。两个比率变动的类似对比在1884年货币危机后和1890—1893年的困难时期非常明显(参见图10和图14)。我们将看到1933年危机后的情况也是如此。银行家和储户的不同反应并不一定意味着银行家们记性更好或是行动迟缓,而是它们的风险更大,所以有更多的理由记住教训。

这两个比率之间的第二个有趣的区别是它们在1897—1914年和1879—1897年两个时期的变动。存款-通货比率在两个时期的增长率基本相同。如表8所示,单独由它所引起的货币存量在1897—1914年的增长率与前段时期是相同的,表中其他两个变量(国库外通货与国库通货)也是如此。[66]很明显,我们可以将两次增长归因于共同的因素作用,而两段时期内的幅度也基本相同。在这些因素中,实际收入的上涨和银行服务便利性的提高(即成本的下降)可能是最重要的。另一方面,存款-准备金比率在1897—1907年间的增长比1879—1897年间要快。仅从表7看,我们可能认为全部的差异都集中在1897—1902年,但是如果对比图14就可以看出,事实并非如此。1902—1914年由存款-准备金比率变动导致的货币供应量的增长幅度之所以不如1879—1897年大,不是因为存款-准备金比率恢复了其1897年以前的增长速度,而是因为它在1907年以后出现了大幅的下降。1902—1906年和1908—1914年,存款-准备金比率的上升速度比1879—1897年更快。关于上升速度的加快,其中一个次要的原因是1897年之后,那些存款-准备金比率较高银行的存款相较1897年前增长得更快。这些银行包括非国民银行和中央储备城市之外的国民银行。[67]而主要原因是银行开始加快减少其自身的"审慎"准备金,即减少其认为需持有的高能货币准备金和法律规定需持有的高能货币准备金之间的差额。这个趋势部分反映了利率的上升,利率上升增加了持有高能货币准备金的成本,并鼓励银行以他行付息存款的形式持有准备金。如前所述,这种趋势也可能一定程度上是由于财政部干预货币市场、承担维护货币市场状况职责的意愿日益提高。

表8给出了按货币种类划分的国库现金、高能货币与两者之和,图15给出

表8 1897—1914年国库内外的通货,按货币种类划分

(单位:10亿美元)

6月底	黄 金 (1)	白银和 1890年国库券 (2)	白银 辅币 (3)	美国流通券 (4)	国民银行券 (5)	全部加 低值硬币[a] (6)
			国库通货(国库现金)			
1897	141	62	16	37	5	261
1898	167	13	12	34	5	231
1899	241	7	6	15	4	273
1900	221	17	7	26	9	280
1901	249	24	11	14	9	307
1902	252	25	14	10	11	312
1903	252	27	9	10	13	311
1904	215	26	12	12	16	281
1905	217	29	13	14	15	288
1906	285	12	7	10	12	326
1907	300	10	9	4	14	339
1908	213	22	24	6	66	334
1909	223	14	27	6	23	296
1910	237	13	20	10	29	310
1911	227	37	21	6	37	330
1912	263	25	29	9	40	368
1913	251	23	20	9	43	348
1914	241	16	22	8	33	322
6月底	黄 金 (7)	白银和 1890年国库券 (8)	白银 辅币 (9)	美国流通券 (10)	国民银行券 (11)	全部加 低值硬币[a] (12)
			国库外通货(高能货币)			
1897	450	494	54	310	216	1 524
1898	587	547	59	313	216	1 722
1899	619	558	65	332	232	1 806
1900	696	549	70	321	291	1 953
1901	753	545	73	332	340	2 071
1902	814	546	76	336	341	2 143
1903	870	546	85	337	392	2 262
1904	981	548	88	334	425	2 410
1905	1 007	539	93	333	471	2 478
1906	1 053	556	103	336	542	2 628
1907	1 166	558	113	343	584	2 805
1908	1 405	547	114	340	623	3 067
1909	1 419	554	123	341	650	3 127
1910	1 399	555	136	336	675	3 146

（单位：10亿美元）（续表）

6月底	黄金(13)	白银和1890年国库券(14)	白银辅币(15)	美国流通券(16)	国民银行券(17)	全部加低值硬币[a](18)
			国库内外的通货			
1911	1 526	530	138	341	682	3 266
1912	1 555	542	141	338	695	3 322
1913	1 620	545	155	338	702	3 414
1914	1 650	551	160	339	705	3 461
1897	591	556	70	347	221	1 785
1898	754	559	71	347	221	1 952
1899	859	565	71	347	235	2 077
1900	916	567	76	347	301	2 233
1901	1 001	568	84	347	349	2 377
1902	1 067	570	90	347	352	2 456
1903	1 122	573	95	347	406	2 575
1904	1 198	573	99	347	440	2 691
1905	1 226	568	107	347	487	2 770
1906	1 342	568	110	347	554	2 959
1907	1 466	568	122	347	598	3 142
1908	1 618	568	138	347	689	3 401
1909	1 642	568	150	347	673	3 423
1910	1 636	569	155	347	703	3 456
1911	1 753	568	160	347	719	3 596
1912	1 818	568	171	347	735	3 690
1913	1 871	569	175	347	745	3 762
1914	1 891	568	182	347	738	3 783

注：由于四舍五入，国库内外各种通货的总和与第13—18列的数字会有少量差异。第6列和第12列未经季节调整，所以和表A-3和表B-3的第1列有所区别。"黄金"包括金币和金元券；"白银辅币"包括银元和银元券，"美国流通券"包括大额通货凭证。

a 低值硬币没有分开列示。其在国库中的数量从未超过320万美元；在国库外的数量从1900年的2 600万美元上升到1914年的5 700万美元。

资料来源：同表A-1和表A-3的第1列。

了高能货币的组成。高能货币总存量的增加主要是因为黄金（金币和金元券）和国民银行券的增加。对于1897—1914年的增长，这两者共贡献了87%，其中，黄金为62%，国民银行券为25%。白银——这个在以往时期非常重要的元素，仅仅占了3%，并且其重要性已经被占5%的白银辅币超过。美国流通券和低值硬币占余下的5%。

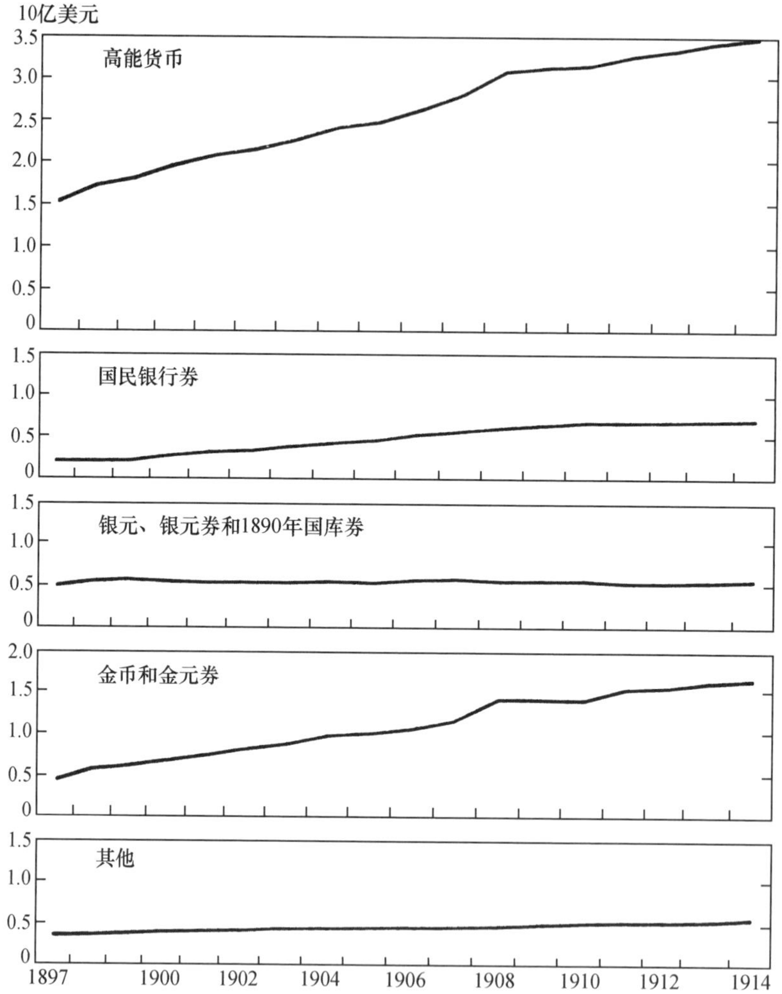

图15　1897—1914年高能货币的组成部分

注:"其他"包括美国流通券、白银辅币,从1900年起,还包括低值硬币。
资料来源:表8,第7—12列。

除黄金和国民银行券之外的货币没有实质性的增长,这反映了当时的发行情况:国库内外的美国流通券基本处在1878年法案规定的最大值不变;1890年国库券到期,银元券替代了其位置;银元和银元券增加,以致1893年前国库购买的银条被铸造;白银辅币和低值硬币(从1900年开始,后者包含在表8中)是按需发放的,所以其流通中数量的增长率处于公众持有的通货和商业银行存款之间。

1900年《金本位制法案》使银行发行更加有利可图,于是此后国民银行券的数量快速增长。[68]1907年法案的一个较小调整也产生了类似的效果。[69]

虽然国库现金在绝对数量上基本保持稳定,但是相对于高能货币存量却是迅速下降的。经过了货币本位危机,国库现金的规模和组成变得不再至关重要。国库中黄金的数量不再是报纸经常评论的对象,小的改变也不再引起投机性恐慌。经过危机也降低了这样的可能性:某种形式的国库现金因为始料未及的法定票据赎回而耗尽。尽管财政部对货币市场的干预程度更高了,但是国库现金在两年间的波动幅度却比早些时候更小了,尽管在某些年份中,年度波动更加剧烈。[70]这些情况一定程度上是由财政部的干预引发的,而这种干预一方面是为了减少仅仅由收入盈余带来的现金余额,另一方面也是为了抵消公众对现金季节性需求的变化。然而,国库现金对高能货币总额比率的下降,最主要反映了财政部采取措施以维持其在商业银行大规模的存款,从而能够通过改变存款的规模来控制货币市场。结果,这些存款相对于商业银行存款总额有所增加,特别是从1900年到1909年,同时也表现出更大幅度的波动。

虽然从数学意义上来说,高能货币的变动是1897—1914年货币存量上升的主要因素,但是其他因素不论是从整个时期还是短期角度看,都是不容忽视的。一个假设也许能比表8更清楚地表现出这些因素的重要性。假设从现在开始,忽略美国政府增加货币存量对世界其他国家货币存量和价格的反作用。美国货币存量总的增长基本上是一样的,无论它是如何实现增长的。假设两个存款比率在1897—1914年保持不变,要达到实际获得的货币增量,高能货币在1914年的增量需要达到1897年的3.6倍,而不是2.28倍;也就是说,1914年高能货币量应该为54.89亿美元,而不是34.82亿美元——1897—1914年间的增长应为39.65亿美元,而不是19.58亿美元。假设黄金在高能货币增长中发挥的作用与实际情况相同,那么要使高能货币增长这么多,国库外的黄金存量应当增长24.3亿美元,而不是12亿美元。后一个数字接近于1897—1914年世界黄金货币存量增长量的1/3;而若假设的数字更大,将超过3/5。因此,考虑到这些情况,忽略美国货币存量增长方式对世界其他国家的反作用,而满足于近似情况下得到的一个估计值,显然是站不住脚的。商业银行存款相对于准备金的增长,以及公众持有存款相对于通货的增长,都对世界范围内货币存量的增加和世界金价的走势有很大的影响。当然,它们对美国的货币存量和物价的变动也具有可预测的影响。

4.7 回顾比较

我们可以采用一种和上文截然不同的方式来划分本章和前两章所讨论的这段时期,从而总结出其更广泛的特征。之所以采用这种方式,是因为以国民经济研究局编年表中指定的 1893 年 1 月的经济周期顶峰为中心,前 20 年和后 20 年的经济活动有惊人的相似性。两者都是从一个很长的经济困境期开始的:1873—1879 年间的严重经济紧缩和 1893—1896 年或 1897 年的混乱时期。虽然国民经济研究局认为从 1894 年 6 月至 1895 年 12 月的 18 个月处于经济扩张期,然而该轮经济扩张是温和的,并且 1895 年的顶峰仍低于充分利用经济潜力的水平。在这两段困难时期——美国之外的其他许多国家也处于经济困境中——货币的不确定性都大大加剧了经济紧缩:一次是由于恢复铸币支付;另一次是由于美国可能用银本位制代替金本位制。

两段时期中,都是由一个政治性事件结束了不确定性——1879 年官方恢复了黄金支付和 1896 年 Bryan 竞选总统的失败——并且因为偶然的美国农作物丰收和国外歉收而得到巩固。两个时期之后,都出现了货币存量、物价和产出异乎寻常的急剧上升,这看起来似乎是对前期经济困境的反弹。最后,在两个时期中,经济反弹之后都是 10 年左右的经济持续温和增长期,中间被银行业危机所打断,但银行业危机并没有造成持久的经济混乱,因为它主要反映的是没有因国外支付而严重复杂化的国内情况——第一段时期是在 1884 年;第二段时期是在 1907 年。在两个时期的产出行为上,可能唯一值得注意的不同是1882—1885 年出现了不同寻常的持久且严重的紧缩,后一个时期中并没有这样的情况,除非将 1908—1914 年这段以周期性紧缩为特征的时期也算上。当然,除此以外,两时期价格的走向也截然不同——前一个时期为普遍下降,后一个时期则为普遍上升。

表 9 体现了两时期对应阶段中各种变量走势的相似性。时间段的选择具有一定的任意性。为了提供某种客观的标准,我们采用了国民经济研究局的参考年表。货币不确定性的开始阶段是从经济周期顶峰到经济周期谷底——尽管在两个时期二者都不是紧密相随的;反弹阶段是从周期性谷底到周期性顶峰;稳定增长阶段是从一个周期性顶峰到下一个周期性顶峰。理论上,决定用哪一个顶峰或谷底作为一个阶段的起点或终点具有随机性。而实际操作中,这些经济周期都被非常清晰地区别开来,因此在选用哪个转折点上很少存在疑

问。一个更为棘手的问题是,应采用国民经济研究局的年度数据还是月度数据,因为这会在至少一种情况下造成不同的结果。[71] 月度数据是货币序列,年度数据则是其他序列。1907年之后,货币数据是月度性的。1882—1906年,货币序列给出了连续几年6月30日的货币存量;在该时期,每月参考日期所在年份是基于货币数据日期和参考转折点的最小差距进行选择的。1875—1881年,有2月底和8月底的货币数据,这样误差会更小。然而,收入序列只有年度数据,为了具有可比性,对于价格序列我们也采用了年度平均数据。我们用这些序列来决定上述问题,因此我们采用的是年度参考日期。通过采用可获得的平均年度数据,我们将整个表格中的货币序列变为年度数据。除了下面提到的一点,不论采用哪个数据集,总体情况都是十分相似的。

表9 美国货币史上两个相似时期的比较:
1873—1892年和1892—1913年各种变量的变化率

序列和时期	时间段		
	货币不确定 或货币紧缩期 1873—1878年 1892—1896年	反弹期 1878—1882年 1896—1903年	温和的 稳定增长期 1882—1892年 1903—1913年
	年　数		
时间段			
1873—1892	5	4	10
1892—1913	4	7	10
	变化率(%,每年)		
货币存量			
1873—1892	-0.6	12.6	5.4
1892—1913	-1.0	9.9	6.0
货币收入			
1873—1892	0.9	9.6	1.5
1892—1913	-2.3	8.0	5.2
批发物价			
1873—1892	-7.6	4.3	-3.5
1892—1913	-2.9	3.5	1.6
实际收入的隐含物价指数			
1873—1892	-4.3	1.2	-2.0
1892—1913	-2.2	2.0	2.0

(续表)

序列和时期	时间段		
	货币不确定 或货币紧缩期 1873—1878 年 1892—1896 年	反弹期 1878—1882 年 1896—1903 年	温和的 稳定增长期 1882—1892 年 1903—1913 年
实际收入			
1873—1892	5.2	8.4	3.5
1892—1913	−0.1	6.0	3.3
人均实际收入			
1873—1892	2.9	6.2	1.3
1892—1913	−2.1	4.1	1.4
货币流通速度			
1873—1892	1.5	−3.0	−3.9
1892—1913	−1.3	−1.9	−0.8

注：变化率是从初值到终值，假定是连续复利；由终值和初值的自然对数之差除时间间隔得到。

资料来源：货币存量，表 A-1 中的年度平均数据，列 (8)，以 6 月 30 日为中心。批发物价，*Historical Statistics of the United States, Colonial Times to 1957*, Bureau of the Census, 1960, Series E-1, E-13, pp. 115–117。人口数量，资料来源同批发物价，Series A-2, p. 7。其他序列，资料来源同图 62。

在表 9 中用 1903 年取代 1902 年作为反弹阶段的结束，是因为我们在表 7 中选用的是年度参考数据，而不是月度参考日期所在的年份。但遗憾的是，这违背了我们先前评论的经济事实，即在紧缩发生前货币存量就有增速下降的趋势。货币存量在 1901—1902 年以低于 1900—1901 年的速度增长，1902—1903 年的增长速度则更低。

表 9 中的数据表明 1893 年的前后 20 年情况显著相似，特别是前面提到的经济反弹（参见本章第 1 节）。在货币不确定性阶段，物价的变动比实际收入的变动更具相似性。表中数据显示，实际收入总额和人均实际收入在 1873—1878 年的紧缩期中都以非常快的速度上升，而在 1892—1896 年中却都降低了。然而，正如我们在第 2 章中看到的，前一阶段的收入数据是近似的，并且在紧缩期几乎肯定是高估了实际收入的上升。所以，这个结果可能更多地反映了我们资料的准确性，而不是两个时期的有效差异。

表中最有趣的结果可能是两个经济稳定增长的 10 年间，实际收入和名义收入变动的对比。总收入和人均收入的增长率在 1882—1893 年和 1903—1913

年大体相同。另一方面,在第一时期,物价以 2%—4% 的速度下降——取决于采用的物价指数;在第二时期,以 2% 左右的速度上升。从这里给出的数字来看,这些差异主要是货币流通速度的差异。货币存量的增长在第一时期也略低于第二时期。然而,前面提到过,具体日期的选择会带来可预测的差异。按照我们的估计,1892 年的货币存量是高于 1891 年和 1893 年的。如果用月度周期高峰所在的 1893 年作为相对稳定增长时期的结束,则货币存量的变化率将是 4.4% 而不是 5.4%;另一方面,在第二时期采用包括月度数据的年份(即 1902—1913 年,而不是 1903—1913 年),会略微提高增长率——从 6.00% 提高到 6.02%。如果包含月度参考数据的年份被包含年度参考数据的年份所代替,那么相对于稳定增长的前 10 年,后 10 年的货币存量增长率会比表中显示得更快。在图 8 和图 13 中对所选择的初始值和终值,将两个 10 年作为一个整体进行分析,而不是单独进行分析,得出的结论是相同的。

实际量和货币量的比较关系到两个主要的问题,这两个主要的问题与我们这里未直接关注的货币现象紧密相连。第一个主要问题是我们前面提到的长期价格变动和长期实际产出增长之间的联系。人们普遍认为,在长期中,覆盖多个经济周期的物价上升,会刺激经济增长,反之,物价下降会抑制经济增长。当前的比较质疑了这一简单关系。1882—1892 年的 10 年和 1903—1913 年的 10 年,看起来有基本相同的实际产出增长率,但是在其中一个时段,物价以 2% 甚至更快的速度下降,而在另一时段中,物价基本以 2% 的速度上升。如果这些数据是可靠的,覆盖多周期的物价变动率与产出增长率就没有关系。那么是不是物价变动率对人们预期的经济增长率产生了较大的影响,而不是对实际的经济增长率产生了影响呢?

第二个主要问题是经济活动中所谓的"长周期"或"长波动"的存在或阐述。从货币的角度观察,我们倾向于认为这 20 年在性质上不具有周期性。表中包含的解释是,一个相对稳定的增长率被两个货币事件打断,在这两个货币事件之后,经济又重新回到了最初的路径。以后的章节我们会再次回到这个问题,但是这里我们有必要提一下另一种解释。这种解释指出 1879 年或与其相近的几年为长周期的谷底,19 世纪 80 年代的某时期为顶峰,19 世纪 90 年代中期为第二个谷底,1906 年前后的几年为另一个顶峰。这种解释不仅仅是以这 40 年为依据,而是基于更多的数据,这些数据表明在之前和之后更长的时期内,确实存在持续时间大体相同的经济波动。根据这种替代的解释,货币危机其实部分上是潜在周期过程的一个产物,并且表 9 的时期划分是通过将一系列首尾相连的截线,简单地等同于近似平滑曲线函数来进行的。[72]

这些解释看起来是相互矛盾的。然而,事实并非如此。我们可以认为,一方面货币事件引起了经济的周期反应,另一方面它又是前一时期周期反应的结果。例如,毋庸置疑,19世纪90年代前的长期物价下降是刺激黄金开采和黄金萃取技术开发的一个重要因素。但是世界黄金存量在经历了一个时期的快速增长之后,增速逐渐放慢,因为新发现的矿区已经开采完毕,或者说更根本的原因是物价的上升减少了采掘黄金的动力。同样,对于美国来说,资本的流入和流出在货币变化中扮演着重要的角色。我们也可以认为它们处于长期的波动中,并且反映了那些导致经济活动调整性长期波动的基本因素。

注释

135n [1] 第二次世界大战后,价格指数的上升可能是战争的滞后反映。为避免战争的直接影响,我们把1948年作为战后价格水平上涨的起点。截至1960年,批发物价指数上涨了15%,消费物价指数上涨了23%,隐含物价指数上涨了27%,其年增长速度分别为1.1%、1.7%和2.0%。根据指数判断,这次价格的39%—59%的上涨发生在1950—1952年的两年朝鲜战争期间。在1952—1960年的和平时期,批发物价指数上涨了7%,消费物价指数上涨了11%,隐含物价指数上涨了14%,其年增长速度分别为0.9%、1.4%和1.6%。因此,无论是从持续的时间还是从价格上涨的速度来判断,第二次世界大战后一直到1960年的这段时期,都远远比不上1897—1914年的那段时期。

[2] *Board of Trade Journal*, Jan. 13, 1921, p. 34.

137n [3] 参阅 *Interim Report of the Gold Delegation of the Financial Committee*, League of Nations, Geneva, 1930, Joseph Kitchin 的估算, pp. 83–84。有证据表明, Kitchin 对1913年(可能1914年也是如此)黄金存量的估计量太低,大概比实际低了14% (*ibid.*, p. 114; C. O. Hardy, *Is There Enough Gold?* Washington, Brookings, 1936, pp. 205–207)。然而,我们不知道应该对 Kitchin 的数据作多少修正,因此也无法判断这种修正会对黄金存量的增长率造成什么样的影响。

139n [4] 参见表9和表22,以及下文即将提到的"Trends and Cycles in the Stock of Money in the United States, 1867—1960"(国民经济研究局的研究项目之一)中的序列相关分析。

140n
141n [5] Wesley C. Mitchell(*Business Cycles*, Berkeley, University of California Press, 1913, p. 69)提出了一些关于净出口变化的观点,并指出了数据误差的来源,但是他没有考虑与1897年以前相比,1897年后这些误差是否更为严重或者方向是否发生了变化。但是,他的观点表明,他多少对这一贸易收支变化的统计精确性表示怀疑。

第 4 章　黄金通胀和银行改革(1897—1914)

[6] 为简单起见,我们仅就这一时期的绝对规模单独讨论,在某方面来说这是过于简化了,因为这个问题关系到这一时期与其他时期变动趋势的区别。例如,假设有关资本流动的估计值都存在一个共同偏差:低估了资本流入,如果纠正了这个偏差,数据就可能显示美国在这一时期是资本输入国。但是即使这样也无法解释上述问题,因为如果是这样,数据应该显示美国在这一时期的资本输入速度大大低于其他时期。另一方面,假设——正如我们在某种程度上所怀疑的——数据统计存在不同的偏差性,早期的数据可能比后来的数据更加高估了资本输入(这并不是说早期或后来的数据有错误)。那么这一难题就迎刃而解了,即纠正后的数据是否反映出 1897—1906 年这段时期的资本输出或资本输入。

[7] A. D. Noyes, *Forty Years of American Finance*, New York, Putnam, 1909, pp. 269-276,280-283.

[8] Charles J. Bullock,John H. Williams 和 Rufus S. Tucker 在他们的文章"The Balance of Trade of the United States"(*Review of Economic Statistics*,July 1919,p. 228)里,解释了贸易收支变化的原因。但是,他们只给出了 1896—1914 年整个时期的总体数据,因此他们没有直接指出贸易收支变化的时间模式问题。

据 Simon 估算,游客支出总额——包括美国旅游支出、移民汇款和移民资金——从 1897 年的 1.16 亿美元增长到 1900 年的 1.62 亿美元。这是 1861—1900 年 Simon 估计区间的最高值。游客支出总额虽大,但在这段时期内的变化太小,无法解释 1897 年到 1900 年贸易收支账户的变化。(Matthew Simon,"The United States Balance of Payments,1861—1900", *Trends in the American Economy in the Nineteenth Century*, Studies in Income and Wealth,Vol. 24,Princeton University Press for NBER,1960,p. 704.)

[9] 当时的一些评论家认为这一解释相当重要。例如,在"每年回顾"专栏中,*Commercial and Financial Chronicle* 对于 1897 年评论道:"欧洲公众坚定地认为,除非我们的货币与金融体系彻底恢复正常,否则国家前途未卜。于是他们拒绝在美国进行任何新的大规模投资。另一方面,他们还不时趁着证券价格走高之际,卖掉手中的证券来撤回投资。"(1898 年 1 月 1 日,第 5 页)对于 1899 年,它评论道:"对股票市场疯狂的投机买卖使我们赞成从欧洲持有者手中大量购回债券。在前几个月,一直有国外投资者在出售金边债券(gilt-edged securities),当时这类证券高昂的价格刺激了出售行为。"(1900 年 1 月 6 日,第 4 页)对于 1900 年,它评论道:"……11 月选举之后,股票价格飞涨,其欧洲的持有者出售了手中的大量股票和债券。"(1901 年 1 月 5 日,第 6 页)另外可参阅 C. A. Conant,"Securities as Means of Payment", *Annals of the American Academy of Political Science*,Vol. XIV,1899, pp. 193-194。

当然,这些评论同样和下面这种情况是一致的,即资本的转移不是出于对美元不信任而产生的投机行为,而仅仅是为了获得比在美国更高的投资回报率。

[10] 财政部部长 Gage 这样描述公众的反应:

> 这些弥漫在东部和北部海岸的病态恐惧已经或多或少地向我们发出了警报。头脑简单的存款人从储蓄银行里提走了资金;大城市商业银行的现金准备流向存款机构。存款利率上升,债券价格下降。甚至美国较早发行债券的年收益率也跌至 3.1%—3.25%。这就是 4 月末 5 月初金融市场的状况(*Annual Report on the Finances*,1898, p. xciii)。

即便是直接影响,其方向也根本无法预测。国内利率的升高会吸引资本流入;对于货币稳定性的不确定又会促使资本流出;国内银行或金融机构增强自身头寸的意愿会导致国外的资本回流。

〔11〕此次发行为平价发行,利率为3%,很大程度上是因为它可以充当国民银行券的担保,对国民银行来说十分具有吸引力(*Annual Report on the Finances*,1898, p. xciii)。

〔12〕在1898年的9月和10月,Gage预付了利息和到期政府债券的本金,同时还增加了政府在国民银行的存款。从1898年11月到1899年,政府存款的水平一直居高不下,因为西班牙战争的支出低于为该战争筹备的资金。

〔13〕"The Financial Situation", *Commercial and Financial Chronicle*, Dec. 16, 1899, p.1216.

〔14〕这个推测是1900年提出的,当时英国资本的净出口估计值略高于1899年。在1901年和1902年,当发起战争的金融成本变为最重要的因素时,资本输出下降到1899—1900年水平的大约一半(A. K. Cairncross, *Home and Foreign Investment, 1870—1913*, Cambridge University Press, 1953, p. 180)。

〔15〕"货币在国外比国内更值钱,当年的大部分时间都是如此……"(*Commercial and Financial Chronicle*, Jan. 5, 1901, p. 8)。

〔16〕Cleona Lewis(*America's Stake in International Investments*, Washington Brookings,1938,pp.335-340)收集了美国这些年持有的外国债券组合已知的变动情况。第179—329页介绍了有关1897—1901年美国直接投资的资料——往往不是定量数据,这些投资包括下列领域:贸易和银行业、金银开采、石油生产、铜和其他工业矿产、农业企业、公共事业和其他企业等。

〔17〕根据我们资本流动的年度数据,1897—1908年间美国的资本净出口为17亿美元。因此,人们可能预期那段时期美国的净外债减少了。然而,根据已有的数据,事实恰好相反:美国的净外债增加了12亿美元;尽管1897—1908年间美国的海外投资增加了18亿美元,其外债还是增加了30亿美元(Lewis, *America's Stake in International Investments*, p. 455)。

根据Goldsmith发布的1900—1912年的数据,美国的资本净出口为13亿美元,净外债没有发生变化:美国的海外资产增加了24亿美元,而在美国的外国资产增加了23亿美元(R. W. Goldsmith, *A Study of Saving in the United States*, Princeton University Press, 1955,Vol. Ⅰ, Tables K-6,K-7 and K-1,col.8,pp.1089,1093,1079)。

关于国际金融统计数据中的流量和存量,即使两组数据都是完全准确的,它们之间也可能存在差异。一些影响存量的因素可能不会影响流量的变化,例如海外利息和分红的再投资以及股票的再估值。另外,存量的组成部分与流量的组成部分并不是严格一致的,例如,Goldsmith的流量数据中包含了黄金存量的变化,而美国的黄金存量并没有包含在美国对外的债权中。

对于20世纪前10年这段时期,即使有更新和更加精确的数据,流量和存量之间仍存在不可解释的差异。流量数据通常被认为更加可靠。

〔18〕Oskar Morgenstern, *International Financial Transactions and Business Cycles*, Princeton for NBER,1959,Chart 58,facing p. 472.

〔19〕我们之前的讨论关注的是可能用来解释外国投资资本的需求曲线和供给曲线的因

第 4 章 黄金通胀和银行改革(1897—1914)

素。我们讨论的是这些曲线的数量轴,因此实际上考虑的是既定价格下数量的变化。同样,我们也可以讨论价格轴,在这里价格即利率。我们也可以不问为什么会发生资本输出,转而问为什么两国利率的差异会缩小。

[20] 为了缓解1899年11月货币市场的压力,财政部部长L.J.Gage 于11月15—30日以溢价230美元的价格购买了1840万美元的政府债券;12月1—23日,又购买了约100万美元的政府债券。当时,12月面临更严峻的挑战,纽约各银行组成银团借给纽约交易所1000万美元,同时Gage宣布会将3000万—4000万美元的财政收入存到国民银行存款机构。 *148n*

[21] 在1901年4月2日至6月30日期间,财政部部长为偿债基金以190万美元的溢价买了1440万美元的政府债券(*Annual Report on the Finances*, 1901, p. 20)。 *149n*

[22] 财政部以210万美元的溢价购买了770万美元的债券,增加了500万美元的政府银行存款,并且预付了将在10月1日到期的政府债券的利息(*Annual Report on the Finances*, 1901, pp. 20, 152; *Commercial and Financial Chronicle*, Sept. 14, 1901, p. 535)。

[23] *Annual Report on the Finances*, 1906, p. 49;另外参阅 A. Piatt Andrew, "The Treasury and the Banks under Secretary Shaw", *Quarterly Journal of Economics*, Aug. 1907, pp. 554-556。 *150n*

[24] 不管在过去,还是在现在,财政部的债务管理权力都可与联邦储备体系的公开市场操作权力相提并论。这种在商业银行存入或撤出资金的权力,与现在对商业银行准备金施加影响是等同的。这种影响是通过将政府存款从商业银行转移到储备银行,或通过支出储备银行的政府存款来实现的。

Shaw 这样描述他所要求的改变存款准备金要求的权力:"……一个较好的计划,在我看来,应该是赋予财政部部长这样的权力,令所有银行在他指定的时期内少量逐渐地增加准备金,并在它们自己的金库中储有同样数额的储备;同样在他认为合适的时候可以让所有银行释放准备金来最好地服务于国家的经济利益。"(*Annual Report on the Finances*, 1906, p. 48.)这种权力同联邦储备体系目前的改变准备金要求的权力是相同的,联邦储备体系在1935年被永久赋予了这项权力。

Shaw 同样希望获得权力来控制票据的发行。他建议的一项控制措施是授权财政部改变银行每个月存放的、用来减少流通中票据的法定货币的限额:"……应该赋予财政部部长权力,在任何时间终止货币的流通,并使这一限制最好地服务于国家的经济利益"(同上,第46页)。另一个措施是改变偿债基金要求:"假设财政部部长有权令国民银行每15天向偿债基金存入它们发行通货的1%(在夏天),这将会令国民银行发行的通货数量减少6000万美元,并且通过要求债券仍然存储在财政部,如果有必要的话,国民银行可以在秋冬再次发行相同数量的通货"(同上,第49页)。另外一个措施是增加对国民银行券的政府债券担保要求的弹性,从而使银行能以超出存储债券的面值发行国民银行券:"通过删除目前银行票据法规中'以存放在美国财政部的美国债券为担保'的字样,使额外货币发行不需要特殊性质"(同上,第44页)。最后的措施是确定不同情况下银行发行紧急通货的税率,"财政部应该有权制定信用货币发行的税率"(Leslie M. Shaw, *Current Issues*, New York, Appleton, 1908, p. 306)。对票据发行的这些控制权较之联邦储备体系发行联邦储备券的权力可能较弱,但是这些权力可能会使财政部对流通票据规模施以有效的间接控制。 *151n*

如果按 Shaw 的要求扩大财政部的权力,那么其权力与第一次世界大战后联邦储备体系的权力之间的主要区别并不在于可使用的控制手段,而在于与第一次世界大战后相比,战前任何货币当局在采取措施时都要受到金本位制的严格限制。

C. A. E. Goodhart 对我们这个注释的早期版本,以及该章的其他部分提出了意见。我们在此表示感谢。

〔25〕 *Annual Report on the Finances*,1906, p. 37.

除此之外,在银根最紧的时期,他令国民银行增加了 2 600 万美元的发行额。在前一年的夏天,他曾建议中央储备城市的 18 家较大的国民银行增加它们的发行额,以备秋天所需。其中 15 家银行同意发行 1 200 万美元的货币,但是实际上只发行了 700 万美元。在银行同意创造相等的,甚至两倍于存款数量的通货的前提下,政府又增加了在这些银行的存款。通过这一方式,国民银行又增发了 400 万美元通货。

他还允许以部分州债券和市政债券作为政府存款的担保,条件是由此发行的政府债券必须用来作为发行另外的国民银行券的担保。几个星期之内,银行吸收了 2 000 万美元作为担保的州债券和市政债券,票据发行额增加了 1 500 万美元(*Annual Report on the Finances*, 1902, p. 58;1903, p. 138)。

直到 1908 年,纽约城市清算所协会在计算银行准备金要求时仍然包括了政府存款,尽管财政部部长已经免除了政府存款的准备金要求(参见注释〔57〕)。

*152*n 〔26〕 *Annual Report on the Finances*,1906, p. 37.

*154*n 〔27〕 对"适应过程"进行的强调是必需的,因为与对价格以特定速度上升的充分调整相比,对价格以一定速度下跌的现象作出充分调整,意味着货币流通速度要降低,但是由实际收入变化而导致的货币流通速度的年变化不会比大时小。

看起来人们在 1885—1891 年"仍处于对价格下降的适应过程中"似乎是不可能的,因为从一个更长的时期来看,我们会发现大约自 1865 年起价格就一直在下降。尽管如此,1879 年的铸币恢复支付可能明显影响了人们对价格走势的预期,而这种预期为 1879—1882 年价格的急剧上升所证实。因此与我们的讨论相关的价格下降应始于 1882 年而不是 1865 年。

*155*n 〔28〕 因为法律禁止财政部在银行存放关税收入,所以对于 Shaw 来说,唯一可以存入银行的美国资金就是国内税收和各种杂项收入。8 月 27 日,Shaw 宣布他已经将国内税收和各种杂项收入中的 3 850 万美元用于补贴货币市场。虽然把已经上缴财政部的钱再次转给银行这样的做法与现存程序恰恰相反,但是 Shaw 坚持,银行存款机构实际上也只不过是财政部的一个部门,将资金转给它们不过是在财政部内部从一个部门转给另一个部门。秋季,Shaw 在国民银行存了 1 400 万美元,购买了几乎相同数量的国债来预防市场季节性吃紧。(Andrew,"The treasury and the Banks", pp. 540-541;*Annual Report on the Finances*, 1906, pp. 37-38.)

〔29〕 当纽约银行的准备金低于法定要求时,通知存款利率在 11 月升到 25%,在 12 月时该利率甚至更高(*Commercial and Financial Chronicle*, Jan. 6, 1906, pp. 19-20)。

〔30〕 Andrew,"The Treasury and the Banks", p. 543; idem,"The Partial Responsibility of Secretaries Gage and Shaw for the Crisis of 1907", *Publications of the American Economic Association*, 3rd series, Vol. IX, 1908, p. 224; and unsigned "Note from Washington",*Journal of Political Economy*,Jan. 1908, p. 31.

〔31〕2月,Shaw 在 7 个主要城市存了 1000 万美元证券,而不是国债,并称在 7 月可以将存款取出。1906 年 4 月初,纽约银行准备金吃紧,财政部部长增加了国民银行的存款,国民银行保证进口同等数量的黄金。存款可以作为临时贷款,只要黄金一到就会还给财政部。银行获准将运输中的黄金作为部分储备,与财政部办理进口黄金事宜的有效时间是 4 月 14 日到 5 月 29 日。大约 5000 万美元黄金以这种方式进口,尽管在第二季度黄金净输入量仅为 4100 万美元。

9 月,纽约银行准备金再次跌落到法定要求以下,导致短期拆借利率升到 40%(Commercial and Financial Chronicle, Jan. 5, 1907, pp. 17-18)。9 月 5 日,Shaw 宣布从 9 月 10 日开始,他会再次在银行存放政府资金以抵御黄金危机,在随后的一个月里,他存了 4660 万美元。9 月 27 日,他在 26 个不同城市的银行又存了 2600 万美元政府存款,此款项在 1907 年 2 月 1 日后返还;12 月 5 日又存入 1000 万美元,此款项在 1 月 20 日和 2 月 1 日之间返还(Annual Report on the Finances, 1906, pp. 8, 39-40; Andrew, "The Treasury and the Banks", pp. 547, 551-552)。

Andrew 认为(p. 544), Shaw 试图使银行在不需要等待汇率下降到正常输入点时通过输入黄金来获利,然而 Shaw 否认银行获利。他宣称,如果银行买入外汇的话,英镑汇率已经下降到可以确保黄金输入的水平(Annual Report on the Finances, 1906, p. 39)。总体上来说,Andrew 并不赞同 Shaw 采取的对货币市场进行季节性调整的改革。 156n

〔32〕O. M. W. Sprague, *History of Crises Under the National Banking System*, National Monetary Commission, GPO, 1910, p. 241.

〔33〕应该在 1907 年 2 月 1 日收回的 1906 年 9 月的政府存款,由于"不利条件"直到 6—7 月才收回(Annual Report on the Finances, 1907, pp. 50-52)。在 3 月 14 日到 6 月 24 日之间,财政部收回了当年到期的 2500 万美元的贷款,利率为 4%,利息在 7 月 1 日预先支付。1907 年 3 月 4 日之后,除所在地有财政部从属机关之外,所有关税征收者都将收取款项直接存入当地国民银行存款机构(资料来源同上)。

〔34〕A. F. Burns and W. C. Mitchell, *Measuring Business Cycles*, New York, NBER, 1946, p. 403, Table 156, and a revision and extension of that table in *Business Cycle Indicators*, G. H. Moore, ed., Vol. I, Princeton University Press for NBER, 1961, p. 104. 157n

〔35〕此时数据变为月度数据并非简单的巧合。货币因素在经济紧缩中起到的关键作用使所有银行开始对其数据进行改进,从而使我们可以以月度数据为基础进行分析。第一份按周划分的非国民银行资产负债表,可以追溯到 1909 年 4 月 28 日,由国家货币委员会编纂。危机过后,非国民银行向州监管机构提交的报告有了很大的改进。这些数据作为月度数据的雏形,结合国民银行数据,使我们构建所有银行年度数据间的赎回日估计成为可能(参阅表 A-1 的资料来源)。

〔36〕其中四个是国民银行,三个是州立银行,一个是信托公司,它们的总存款额为 7100 万美元。 159n

一些在金融界没有多大名望的人通过保证金获得了股权,从而操纵了这些银行。他们利用银行进一步对开采铜矿公司的股票进行投机买卖。当这些股票的价格急剧下降时,储户就会变得恐慌,挤兑由此产生。(Sprague, *History of Crises*, pp. 246-251; Mitchell, *Business Cycles*, pp. 515-516.)

〔37〕Knickerbocker 信托公司总裁与陷入困境银行的某个董事的企业有业务往来。10

月21日,为Knickerbocker信托公司清算的清算所的成员银行宣布它第二天将不会继续为这家企业清算。Knickerbocker信托公司总裁立刻辞职,但这并没能减轻储户对公司的不信任。

〔38〕Sprague, *History of Crises*, p. 252. 直到1911年6月,信托公司才成为纽约清算所的成员。1903年,清算所出台了一项规定,要求通过该协会成员清算的所有信托公司必须积累一定的准备金,这些储备低于银行的准备金,但是比当时大多数信托公司持有的准备金都要高。有些信托公司为了维持其清算安排,接受了该规定,Knickerbocker信托公司就是其中的一家。

〔39〕*Response of the Secretary of the Treasury to Senate Res. No. 33 of Dec. 12, 1907*, S. Doc. 208, 60th Cong., 1st sess., 1908, pp. 8—9, 23, 227. 事实上,这些存款为当地的取款提供了资金。在10月19日至31日,财政部部长在纽约银行总共存入了3 600万美元。另外,从8月28日至10月14日,又有2 800万美元主要存在了外部银行。

〔40〕这一时期重要的学者Sprague认为,清算所银行应该发放清算所贷款凭证,使银行能够更自由地向借款者扩大贷款,而且也能防止某些银行因清算余额不足而变得脆弱。他把清算所协会的不作为归因于其错误的理念,即认为清算所贷款凭证的发放可能会引起铸币支付限制(参阅Sprague, *History of Crises*, pp. 257-258, 272-273)。

〔41〕清算所贷款凭证是清算所银行的负债,其成员银行和其他银行都同意接受其作为通货的替代物,来处理其反向余额。清算所凭证面向各银行发行,用来交换银行的以银行家协会接受的资产做担保的债务。清算所凭证则面向公众发行,作为通货使用。

〔42〕支付限制出现后一周内,纽约清算所成员银行流失了3 100万美元的通货,此后的三周里仅流失了800万美元的通货。11月23日后,库存现金呈现出正常的增长态势。尽管银行声称它们流失的通货基本上是"运给城外的客户,以及通过柜台用于薪水的支付,还有满足通常每年这一时期都很大的信贷扩张的需求"(*Response of the Secretary of the Treasury*, p. 215),但是内部地区的银行却抱怨它们在11月无法从纽约获得通货(*Refusal of National Banks in New York City to Furnish Currency for Needs of Interior Banks*, S. Doc. 435, 60th Cong, 1st sess., 1908, p. 2)。财政部部长Cortelyou于12月3日指出,43家抱怨的银行中只有8家持有低于要求的准备金(包括库存的和在储备专员手上的)(*Refusal of National Banks*)。

然而,很难以此来判断如果没有支付限制的话纽约银行不得不提供的通货数量。一方面,限制或许激化了已有的形势,结果引起了更大的流动需求。另一方面,这些银行可能会为维持支付而采取一些无效的措施从而增加流动性需求,但既然纽约之外的支付限制随即而来,这或许压制了某些乡村银行的流动需求(详见下面进一步的讨论)。

纽约清算所银行在11月30日那一周增加了同业贷款——而不是商业贷款,接管了信托公司和外部银行不愿意再负担的贷款。但是其他地区国民银行收缩的贷款要大于纽约银行增加的贷款。11月之后,纽约的银行也开始减少贷款。

〔43〕实际上,内华达州州长宣布了一个法定假日,从10月24日持续到11月4日。这件事不具备普遍的意义,真正影响全国的是纽约的行为。俄勒冈州州长宣布了一个法定假日,从10月28日持续到12月16日;在加利福尼亚州,法定假日从11月31日持续到12月21日。

在所有这些州里,银行在节假日开业,发放贷款,支付现金替代品。然而,整个司法系统由于节假日而关闭,即使是犯罪案件也不能审理。于是各州宣告了一种"特殊"假日,在此期间只有基于合同支付的民事案件起诉不被受理。在印第安纳州,司法部部长授权银行可以"在某种程度上实施现金支付的限制,通过发放保付支票和汇票来结算到期余额"。在南达科他州,银行的监管员建议只支付 10 美元以内的现金,而且可以开出支票以取代通货进行支付。在艾奥瓦州和俄克拉何马州,也有限制现金支付的官方批准。(A. P. Andrew, "Substitutes for Cash in the Panic of 1907", *Quarterly Journal of Economics*, Aug. 1908, p. 498 and Table I; A. L. Mills, "The Northwest in the Recent Financial Crisis", *Annals of the American Academy of Political and Social Science*, 1908, p. 414.)

〔44〕Andrew, "Hoarding in the Panic of 1907", *Quarterly Journal of Economics*, Feb. 1908, pp. 290–299.

〔45〕假设美元存款对英镑的汇率按平价:1 英镑 = 4.86 美元,那么在外汇市场 1 英镑将购买 4.86 美元存款。假设通货对存款的溢价为 4%,如果海运黄金,然后拿到财政部兑换,1 英镑将购买 4.86 美元通货,转而将购买 5.05(4.86 × 1.04) 美元存款。因此,只要存款汇率保持在每英镑 4.86 美元,海运黄金便有利可图。当然,这意味着英镑的美元存款价格倾向于上升。它上升到 4.8875 美元,"超过正常时期黄金输出点,然而黄金仍然继续大规模输入"(Sprague, *History of Crises*, p. 283)。

〔46〕根据财政部的计算,其"可用营运余额"到 11 月中旬已经减少到大约 500 万美元(*Annual Report on the Finances*, 1908, p. 21)。该余额是从财政部的总资产,包括金元券和银元券的担保里,扣除以下 4 项:(1) 财政部的以下负债:所有未清偿的金元券、银元券和 1890 年国库券——包括财政部自有的普通基金中的此类凭证。(2) 财政部"机构账户"中的负债,包括 5% 的偿债基金、未清偿支票和凭证、邮局欠款账户等。(3) 作为绿钞担保的 1.5 亿美元黄金的准备基金。(4) 在国民银行和菲律宾国库的存款。国库现金的数据见表 A-3,包括了刚才没有计算的所有未重复的国库现金持有量,与财政部"可用营运余额"的定义无关。

既然如此定义后可用的营运余额如此之少,那么财政部一般使用的干预手段,如在银行存款、购买债券等,就无法实施。于是,Cortelyou 在 11 月 7 日发行了 5 000 万美元利率为 2% 的长期债券,还有 1 亿美元利率为 3% 的公债,目的是向银行提供额外的证券作为发行银行票据的支持。财政部授权银行可以将其购买的 90% 的债券和 75% 的公债作为存款。但是债券只出售了 2 460 万美元,公债只出售了 1 540 万美元(*Annual Report on the Finances*, 1908, pp. 21–22)。12 月,未清偿的国民银行券增加了 3 400 万美元。

财政部部长这样为他的行为辩护,他认为如果向人们表明银行具有充足的通货来源,那么危机就可以避免(*Response of the Secretary of the Treasury*, p. 17)。但是,他采取措施的时间已经太晚而无法达到这样的目标;如果这样的措施在 10 月就实施的话,可能效果会更好。

由于银行库存现金增加,财政部在 12 月从银行提走 600 万美元的存款,在 1 月提走了 1 000 万美元。但是一直到 1908 年 3 月,政府存款都处于前所未有的高水平,并没有出现净减少。

〔47〕Substitutes for Cash, p. 515; *Annual Report*, Comptroller, 1915, I, p. 90.

〔48〕*History of Crises*, p. 253.

〔49〕*History of Crises*, p. 273.

〔50〕没有明确的方法来界定存款-通货比率相同幅度变动所产生的影响。在上面的计

算中,假定货币存量不变,我们用转化为通货的存款占全部存款的比重来表示1892—1893年存款-通货比率的变化。这个比重为3.459%,因为存款-通货比率从3.81下降到3.25。然后仍然假定货币存量不变,如果1907年6月有3.459%的存款转化为通货,那么存款-通货比率的变化是多少? 答案是该比例将下降到4.69,而不是实际观测到的5.84。用这个比率分别加上1892年和1907年的存款-准备金比率,在附录B的式(12)中可以得出文中的结果。

[51] 商业银行歇业数目来自未发布的FDIC修正版本,*Annual Report*, 1934, p.93(参阅下文中表16第一部分中的资料来源注释);商业银行数目来自 *All-Bank Statistics, United States, 1896—1955*, Board of Governors, FRS, 1959, p.37。*Dun's Review* 中记录了1894年以来每季度歇业银行的数目和银行债务。因为对银行和歇业的定义不同,Dun的序列和FDIC的序列明显没有可比性。除了1904—1905年以及1915—1924年(1924年是Dun序列的最后一年),Dun序列中歇业银行数目季度数据的年度总和大于FDIC序列。

[52] 歇业银行的存款负债和存款者的损失来自FDIC未公开的估计值(见注释[51])。

[53] 为了避免误解,我们需要明确,在1929—1933年的银行体系下,本来还可以采取其他更好的方法,来防止银行的倒闭和货币存量的下降。这里与1929—1933年的比较仅仅是为了解释1907年的事件(参阅第7章)。

[54] Clark Warburton, "Monetary Control under the Federal Reserve Act", *Political Science Quarterly*, Dec.1946, pp.509-513.

[55] 在流通中增加国民银行券需要时间来完成以下步骤:(1)国民银行购买政府债券来为票据发行做担保;(2)将债券转交给财政部;(3)货币监理署署长签发通知将票据转寄给银行;(4)运输。流通中的美国流通券数量存在法定限制。随着白银购买计划在1893年年末被废止,购于法令停止之前的银条所铸造的银币以及银元券的发行部分取决于财政部黄金数量,部分取决于行政程序。1898年6月13日的一个法案,要求财政部部长尽快将财政部的所有银条铸造成标准银元,每月不少于150万美元。

[56] L. W. Mints, *A History of Banking Theory*, University of Chicago Press, 1945, pp.9-10.

[57] 由10家或者更多的国民银行组成的国家货币协会向其成员发行紧急通货。每家国民银行都拥有未减少的资本,公积金不少于其负债的20%,其总资本及公积金不少于500万美元,其发行紧急通货的额度最多可达成员存于协会的商业票据的75%,可达被批准的州及当地政府债券市场价值的90%。单个国民银行可被财政部部长授权以该类债券的存款为支持,发行类似的通货。为了加快消除紧急情况后的票据收回,所有发行紧急通货的银行在第一个月被以每年5%的税率征税,随后每个月加收年税率为1%的税,直到税率达到10%。(1913年12月23日的《联邦储备法》,将前3个月的税率降至3%,随后每个月的额外税率为0.5%,最高税率为6%。)总紧急发行额被限制在5亿美元,每家银行的紧急发行限额根据其资本和公积金的不同而不同。(1914年8月的法案授权财政部部长暂停总发行数量的限制,并可将单个银行最大发行数量提高到资本和公积金的125%。)

因为这一紧急发行计划当时未被作为现存缺陷的永久性解决措施,法案在1914年6月30日被终止。尽管如此,通过建立联邦储备体系的法案,上述法案得以延续到1915年6月30日,届时区域联邦储备银行预计将开始运作。

《奥德利奇-瑞兰法案》也要求政府存款利率每年不低于1%,并且正式免除了银行对这

第4章 黄金通胀和银行改革(1897—1914)

些存款的准备金要求(非正式允许始于财政部部长 Shaw 1902 年 9 月的法案)。

[58] 委员会报告——24 卷出版物的最后——总结了现有银行体系的不足,并且建议国家储备联盟合作去改革银行体系。改革计划就是 Aldrich 计划,是在他当选委员会主席之后提出的。

让委员会更加著名的是之前的 23 卷,那 23 卷是委员会雇用的国内外的经济学家和财务专家完成的。这些卷大约有 2/3 的内容是有关国外的银行业。美国的材料包括:美国财经法律和银行法律摘要;从 1867 年以来 40 多年的财经数据;财经方面的图表;关于描述美国清算所运用方法和信贷工具使用的专著;关于内战前美国第一银行和第二银行操作实践、纽约州安全基金银行制度、独立的财政体系、国民银行体系的起源以及国家通货的历史研究;对内战后国民银行和信托公司增长情况的研究。主要的分析资料是:E. W. Kemmerer in *Seasonal Variations in the Relative Demand for Money and Capital in the United States*, George Paish in *The Trade Balance of the United States*; O. M. W. Sprague in *History of Crises under the National Banking System*。

虽然国家货币委员会没有对美国的金融史进行系统回顾,但是很多独立专论都具有长期价值。

[59] 国家货币委员会是由共和党议会任命的,并且其主席也是共和党党员。《联邦储备法》是民主党议会通过的。它的主要议会发起者——众议院议员(随后的参议员)Carter Glass,自然试图使共和党的提案与民主党提出的内容有所区别,并且坚持《联邦储备法》和 Aldrich 计划几乎没有共同点。两者的相近之处见 Paul M. Warburg, *The Federal Reserve System, Its Origins and Growth*, New York, Macmillan, 1930, Vol. I, Chaps. 8 and 9,在相关表格里对国家货币委员会的提案和《联邦储备法》进行了比较。

[60] Fritz Redlich, *The Molding of American Banking*, New York, Hafner, 1951, Vol. 2, Part II, pp. 215-217,讨论了先于这些州计划的关于存款担保的提议。

[61] 由于官方市场的关闭,非法市场就在华尔街路边运作起来。其后,股票交易所于 12 月 12 日对限制性交易开放,公布的报价等于或高于 7 月 30 日的价格。1915 年 4 月 1 日,取消了所有的限制。1914 年 11 月 28 日,债券交易以固定最大价格恢复。

[62] 毫无疑问,大部分奥德利奇-瑞兰紧急通货是在公众手中的,但是在一定的时期,也有一部分在银行中。应该注意到,不像 1893 年和 1907 年的紧急情况那样,奥德利奇-瑞兰紧急通货是包含在我们对货币存量的估算当中的。另外参阅 *Annual Report*, Comptroller of the Currency, 1915, Vol. I, pp. 45, 49, 103。

[63] 根据 1910 年 6 月 25 日的法案,银行要将相当于存款的 5% 的资金作为准备金存在国库;银行资金的其余部分可以不低于 2.25% 的利率再存入国家或州立银行;或者,不高于 30% 的存款可被托管人投资于政府债券。按照总统的指示,其余的资金也可以投资于政府债券。存款利率是 2%。

从 1911 年 7 月到 1935 年 7 月,存款者可以选择把存款换为 2.5% 的免税邮政储蓄债券,一年内可赎回,并且从发行日起 20 年可偿付,半年付息。1911 年 7 月该免税邮政储蓄债券第一次发行,随后到 1935 年 7 月有半年一次的增发。1911 年 11 月,邮政储蓄债券的市场价格下跌,托管人宣布以票面价格在到期之前回购这些债券。

[64] 1919 年,邮政储蓄存款数额达到了共同储蓄银行存款总量 4% 的峰值,在 1929 年跌至 2%,在 1933 年上升到 13%,并且直到第二次世界大战前都保持在此比例附近,随后

在 1947 年上升到 20%,到 1960 年年末又回落到 2%。

176n 〔65〕这些比率的计算参见附录 B。

178n 〔66〕增长率在第一个时期为 1.8%,在第二个时期为 1.4%,而总体上只有 1.3% 的原因在于用来计算的基数存在指数数量问题,并且反映在整个时期中相互作用的因素的大小上。如果我们以第二个时期而不是以第一个时期为基数,那么该比率将是 2.2%、1.5% 和 1.7%(参见附录 B,第 7 节)。

〔67〕我们的存款-准备金比率仅将高能货币视为准备金。法律授权非国民银行和储备城市外的国民银行将很大比例的法定准备金作为存款存在其他银行,也就是说,法定高能货币准备金率是相对比较低的。

如果各类银行(非国民银行、中央储备城市国民银行、储备城市国民银行、乡村国民银行)各自的存款-准备金比率在 1879—1914 年与 1914 年一样,它们间的存款分布变化将使存款-准备金比率在 1879—1897 年间每年增长 0.4%,1897—1914 年间每年增长 0.8%。实际上,存款-准备金比率在 1879—1897 年间每年增长 1.10%,1897—1914 年间每年增长 2.55%。

如果我们计算的是除 1914 年以外的其他年份的存款-准备金比率,结果显然是不一样的。但是,这不足以改变我们文中的定量结论。

182n 〔68〕此法案授权国民银行接收来自货币监理署的票据,数额上等于存款债券的票面价值——之前是票面价值的 90%。同时,此法案解除了银行在美国国库存入法偿货币后 6 个月内发行额的限制——此限制从 1882 年开始生效,目的是减少银行发行额。通过规定国民银行成立的资本仅为 25 000 美元,此法案同样促进了国民银行发行额的增长。

〔69〕通过把退出流通国民银行券的每月限额从 300 万美元提高到 900 万美元,1907 年 3 月 4 日的法案减少了银行对暂时增加发行额的不情愿。

〔70〕国库现金的年内波动差异在图 15 和图 10 中是看不到的,因为那里显示的是季节调整后的数据。1899—1913 年季节指数的平均误差比 1879—1892 年的平均误差高 11%。

〔71〕在月度数据的基础上,连续的时间段是 1873—1879 年、1879—1882 年、1882—1893 年、1893—1897 年、1897—1902 年和 1902—1913 年。

188n 〔72〕参阅 Moses Abramovitz, statement in *Employment, Growth, and Price Levels*, Hearings before Joint Economic Committee, Part 2, 86th Cong., 1st sess., 1959; and idem, "The Nature and Significance of Kuznets Cycles", *Economic Development and Cultural Change*, Apr. 1961, pp. 225–248。另外参阅 the contributions of Abramovitz in NBER, *Annual Report*, 38th, 1958, to 41st, 1961。

第 5 章

★★★

联邦储备体系的初期
（1914—1921）

经济平稳时期颁布的《联邦储备法》,在经济陷入混乱的年代经历了第一次考验。伴随着第一次世界大战而来的对金本位制大范围的放弃或松动,这一法案生效的环境与制定者们原有的期望迥然不同。为了使联邦储备体系适应战时要求,法律的制定推动了货币和银行结构的进一步变化。

本章第 1 节所勾勒的这些货币和银行结构的变化,对美国中立时期的通货膨胀及与之伴随的超过 45% 的货币存量的增长起到了一定的作用,而对战时与战后的通货膨胀及与之伴随的货币存量接近一半的增长则发挥了显著作用(第 2 节)。根据新法律建立的货币当局所采取的行动在很大程度上决定了 1920—1921 年货币存量大规模下降的时机与特征,该时期美国出现了急剧的经济紧缩以及价格水平空前快速的下跌(第 3 节)。

5.1 货币和银行结构的改变

正如法案的宗旨所说,《联邦储备法》所产生的最根本变化是"提供富有弹性的通货"。[1]当时,高能货币包括黄金、国民银行券、白银辅币和低值硬币,以及之前货币时期遗留下来的形式各异的货币——绿钞、银币、银元券和 1890 年国库券。从此,联邦储备券成为交易通货或银行的库存现金;同时在联邦储备银行账户上的银行存款可用于满足法定准备金要求,并且从商业银行体系的整体角度看,该存款与作为满足存款人现金要求的联邦储备券或其他通货是等价的。[2]因此我们把联邦储备券和联储存款都视为高能货币[3],并把它们定义为联邦储备货币。

正如内战这样的紧急事件迅速确立了一种新形式的高能货币——绿钞在总量中的主导地位一样,第一次世界大战促进了联储货币的快速增长。到 1920

年,69%的高能货币都是由联邦储备券和存款组成的。

联储货币与其他货币的不同之处在于其富有"弹性",即在短期内联储货币量的重大变化不能是为了满足发行者的眼前利益,在铸币本位的情况下也不能迎合进出口方或生产者的利益。这就需要:(1)由某个或某些机构来监管、控制联储货币的发行和退出流通,并且负责其中的技术细节;(2)确定联储货币发行和退出的方法;(3)确定某种标准(取代利润)来决定联储货币发行或退出的数量。

1. 联邦储备委员会和联邦储备银行共同行使联储货币发行和退出以及负责技术细节方面的职能。最初它们之间的职能是怎样划分的这一问题回答起来较为复杂,并且对于我们的分析来说意义不大。然而,职能划分的最终结果十分重要,并且引发了联储体系内部大量的矛盾,其中最引人注目的便是纽约联邦储备银行和联邦储备委员会之间无休止的权力争斗,并且伴随着两个阵营中参与者的变化,权力的重心也不时地发生转移。在之后对20世纪20年代和30年代早期的讨论中,我们将回顾这段权力争夺的历史(第6章、第7章)。最初,纽约联邦储备银行占主导地位,但是随着时间的推移,呈现出了权力向联储委员会手中集中的大趋势。因此到了30年代末期,联储银行的作用主要体现在技术操作和咨询方面。联储银行中善于游说的干将们通过加重其观点在整个联储委员会或储备体系决策中的分量来施加间接影响,而不是通过各联储银行施加直接影响。

2. 最初,发行联储货币的方法包括收购黄金;对合规票据进行再贴现;对外贸汇票进行贴现;以及在公开市场购买政府债券、银行承兑汇票和汇票,而其反向操作可以实现货币退出流通。1916年,一项修正案扩大了联储货币发行的途径,该修正案批准联邦储备银行可以基于成员银行所持有的15天票据对其预先支付款项,而15天票据须由可再贴现的合规票据或政府债券担保。1917年的修正案又批准了联邦储备银行可以基于成员银行上述15天抵押票据发行联邦储备券。[4]

3. 最初的《联邦储备法》中包括了两个隐含标准,它们决定了联储货币发行和退出的额度:其一,金本位制。这体现为对美联储的黄金储备要求——在法案通过时,金本位制是至高无上的规则,并且随后理所当然地延续了这一最高权限。其二,"真实票据"论。依据此理论,货币发行数量应与"有真实贸易背景的票据、银行汇票和汇票"(第13章)相关,贴现率应"促进商业和贸易的发展"[5](第14章)。这两个标准在操作中都被认为带有自动调节的性质。

从字面上理解,决定货币总量(存款和通货)的上述两个标准显然是矛盾的。正如我们反复强调的,保持金本位制意味着,货币存量必须与国际收支相平衡;另一方面,真实票据论并没有对货币数量形成有效限制。[6]然而,事实上两者之间的矛盾并不突出。金本位制决定了货币总量的长期变化,但给短期变动留下了较大余地。黄金储备和国际资本市场为短期失衡提供了缓冲。更重要的是,金本位制不能决定通货和存款各自在货币总量中所占的份额,但真实票据论却与之相关。联储体系的创始人们对中央银行政策目标的认识是在国民银行时代的货币恐慌中形成的。在他们看来,基本的货币问题是银行业危机,这是由公众把存款兑换成通货而引发的。为了阻止这种兑换引起大范围的银行破产或银行对现金支付的限制,必须采取措施,使得在不减少两者总量的前提下,将存款转换为通货。这就需要某种能迅速扩张的通货,即联邦储备券,以及能够使银行把资产转换成这种通货的办法,即贴现。[7]因为当时商业银行以"有真实贸易背景的票据、银行汇票和汇票"的形式持有大部分资产,限定"最后贷款人"仅向此类票据再贴现虽无益处,但也不存在严重的缺陷。这一不合理要求无疑反映出:一方面,货币当局对与"商业"活动对立的"投机"活动不认可;另一方面,货币当局在货币量的一部分相对于其他部分具有"弹性"和货币总体具有"弹性"问题上存在混淆[8]——这种对投机活动的不认可和对弹性的混淆使联储体系时至今日仍饱受困扰。

这一法案刚通过不久,其适用的环境就发生了变化。在这一体系开始运作之前,第一次世界大战爆发了。交战国很快放弃了金本位制,大量黄金开始涌入美国用来支付协约国的贷款。到战争后期,美国已经严禁黄金流出。金本位制没有形成对货币总量的有效限制。在20世纪20年代,世界范围内金本位制的重建只维持了一个短暂的时期,并对联储政策产生了非常重要的影响;但此后金本位制再也没能发挥法案制定者们所预期的作用。

真实票据论的境遇同样糟糕。美国参战后,政府债券贷款(loans on government securities)就开始与作为储备银行再贴现抵押的商业票据一样,成为再贴现的抵押品,并且两者数量不相上下。如上所述,联储体系授权发行的联邦储备券是基于再贴现资产而非商业票据的,成员银行的15天票据主要是由政府债券所担保的。

因此,在缺乏有效、合法的决定货币总体存量标准的情况下,联储体系开始运行。一些人的相机抉择不可避免地取代了金本位制的自动调节,而这些人的行为甚至没有法规的明确指导——除了《联邦储备法》的所谓"提供弹性的通货,提供商业票据再贴现的方法"的目标或者"以促进商业和贸易发展"来确定贴现率的指导意见——也没有意识到环境的改变扩大了他们手中的权力和肩负的责任。因此,随后若干年间,当我们看到如此频繁的朝令夕改、如此之多的目标和权力混淆以及如此反复无常的权力行使时,也就不再感到奇怪了。

虽然真实票据论实质上没有对货币数量起到有效的限制,但人们对此并没有广泛认识——今天依然如此——并且真实票据论尽管在《联邦储备法》中体现得较为有限,但影响深远。多年以来,联储体系一直强调其提供了再贴现便利,通往弹性货币量的道路被认为是由成员银行的再贴现商业票据铺筑而成的。特殊种类商业票据的合法性甚至成为一个专门的研究领域。联储之所以有时会推行相互矛盾的货币政策,是因为对于联储来说,是否任何证券的再贴现、公开市场购买和黄金流入,都与合规票据再贴现一样,对货币量有完全相同的作用,这一问题的答案还不是很明朗。[9]

到目前为止,我们还没有讨论联储体系最具特色的银行系统的机构重组:成员银行和联储体系的关系;以及联储体系要求成员银行将其准备金以联储银行存款的形式保存——一开始是准备金的一部分,之后是全部准备金,再后来又改回准备金的一部分。[10]正如奥德利奇-瑞兰紧急通货以及英格兰银行和其他中央银行的例子所展示的,这一重组尽管较为重要,但并非提供"弹性通货"的必要条件。重组银行体系一方面是为了更有效地监督商业银行,另一方面是为了集中准备金以"节约"黄金。它与弹性通货唯一的重要联系在于这一措施向联储体系提供了黄金储备,使其能够满足最初发行联邦储备券时相当苛刻的双重要求:既要求40%的黄金储备,又要求以商业票据做抵押,并且抵押面值应等于发行额度。最初,成员银行存款是"法定货币"的账面价值,由黄金或财政部可用来兑换黄金的货币组成。[11]由于要求联储持有其存款35%的黄金(或法定货币)储备,所以联储可以用成员银行缴存的超过该值的资金来满足对联邦储备券40%的准备金要求。之后改变了对联邦储备券的双重要求:除40%的黄金储备外,抵押品要求下降到发行额度的60%,并且黄金和合规票据均可用作抵押。[12]最初双重标准的制定以及对联邦储备券和存款不同的黄金储备要求,不恰当地把存款从联邦储备券中割裂出来,这在货币史上意义重大。[13]如上所述,对银行来说,联邦储备券和存款可以互相转换,因此它们在本质上是等价的,两者都是联储体系的负债且都具有高能货币的作用。[14]然而,直到1945年的修正案,两者在发行上的准备金要求才最终统一。[15]

银行重组对货币存量有重要意义,它主要通过影响银行体系的存款-准备金比率发挥作用。法定准备金的集中伴随着法定准备金的显著降低(见本章第2节),从而提高了银行体系的存款-准备金比率,因此也提高了既定的高能货币量所对应的货币存量。而且,它为此后授权联储体系通过改变法定准备金控制货币存量铺平了道路。在早期,联储体系一致认为成员银行的准备金要求主要是为了强化存款转化为通货的可兑换性,而不是为了控制货币存量。因为成员银行最初是将现金转移到联储银行,成员银行的准备金被认为是银行的存款余额而非联储体系创造的,所以人们未能认识到联邦储备券和存款在本质上是等价的。

银行重组极大地降低了区分国民银行和非国民银行的重要性。成员和非成员银行的区分取而代之变得更为重要。当然,按照官方的一贯做法,这一新的划分并没有取代之前的划分,只是添加了新的分类。技术上每个成员银行都受到两个名义上相互独立机构的监管:所有银行都受联储监管,国民银行同时受货币监理署监管,州立银行同时受州立银行机构监管。1933年9月起,又增加了第三个监管机构——联邦存款保险公司(见第8章第1节)。

5.2 战时和战后的通货膨胀

当美国经济正处于衰退时期时,第一次世界大战爆发了。正如前面一章所指出的,第一次世界大战最初的影响是加剧了美国经济的衰退,特别是在金融市场。到1914年11月中旬联储银行成立时,美国已经从欧洲宣战的短暂震荡中恢复过来,这要极大地归功于奥德利奇-瑞兰通货发行的作用。

尽管国民经济研究局将衰退期的结束确定为1914年12月,但直到1915年年初美国经济才进入快速扩张阶段,当时交战国对军火、食品和船运服务的紧急需求,以及中立国转向美国的制造品需求的影响全面地展现出来。如图16所示,在1915年第四季度前批发物价指数基本保持稳定,然后开始了一个快速的、仅有很小扰动的上升,并一直持续到1920年5月,当时批发物价指数几乎达到了1915年9月的2.5倍。美国参战前,物价在1916年和1917年上半年上升较快,并且在1919年中期再次开始快速上升。唯一一次明显的下降是1918年9月到1919年2月,对应着1918年8月到1919年3月的周期性衰退,且仅下降了5.5%。

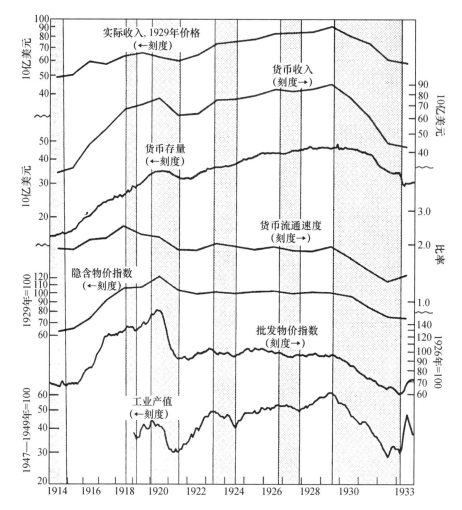

图 16　1914—1933 年经济扩张期和紧缩期中的货币存量、收入、价格及货币流通速度

注：阴影部分代表经济紧缩期，非阴影部分代表经济扩张期。

资料来源：工业产值，经过季节性调整，来自 *Industrial Production, 1959 Revision*, Board of Governors of the Federal Reserve System, 1960, p. S-151（仅含制造业和采矿业的产量）。其他数据同图 62。

以当前价格计算的国民生产净值（即货币收入）显示出相似的变动轨迹：1914—1915 年轻微上升，然后连续快速地上升到 1920 年的顶峰，峰值将近 1914 年水平的 2.5 倍。以不变价格计算的国民生产净值（即实际收入）在 1914—1916 年期间急剧上升，经过短暂停滞后，1917—1919 年再次快速上升，1919—1920 年的下降把实际收入拉回到比 1916 年略高一点的水平。[16] 结果，隐含物价指数的升幅低于以当前价格计算的国民生产净值的升幅，从而低于批发物价指数的升幅,没有实现从 1914 年到 1920 年时的翻番。

整个 1914 年,货币存量一直缓慢上升,到 1915 年年初开始加速增长,从 1915 年末期到 1917 年中期,与价格一样,它以最快的速度增长,而后在 1918 年年底前再次恢复快速增长,并先于价格开始增长。货币存量在 1920 年 6 月达到顶峰,其规模大概是 1915 年 9 月的两倍,比 1914 年 11 月联储银行成立时的两倍还多。

我们只有向前追溯半个多世纪到内战时期,或者向后延展四分之一世纪到第二次世界大战时期,才能再次找到价格和货币存量如此快速和长期增长的时期。

在分析这些变化时,我们必须改变前两章强调的重点。在前两章中,我们把维持外部金融关系的平衡看作货币存量的决定性因素。我们认为内部因素仅仅是在控制短期流动,通过国际收支来进行操作,或者是在货币量变化的方式(我们称之为货币供给算术)等方面发挥主要作用。而在第一次世界大战时期和战后时期,外部金融关系的平衡——也可以说不平衡——继续在货币存量的变化及其变化的方式上发挥着一定的作用。但是与《联邦储备法》的银行改革相联系的内部因素,开始逐步在整个货币存量的变化上起主导作用,而且事实上从某些角度来看,内部因素是货币存量变化的决定性因素。就这一方面而言,这一时期的情况和绿钞时期颇为相似。

研究的重点之所以改变,是因为战时国际贸易和金融安排的特点发生了变化。在参战国中,政府通过控制金融机制,广泛地取代了能够对价格刺激做出反应的私人部门,成为国际市场上的主要交易商。参战国对美国商品持续、紧迫的需求,造成了美国出口大于进口的贸易顺差。并且在美国处于中立时,参战国通过运输价值 10 亿多美元的黄金,在政府强制下卖出其公民所持有的 14 亿美元美国债券,将本国公民对美国短期贷款缩减了 5 亿美元,以及在美国金融市场融资约 24 亿美元等措施,筹集到至少 53 亿美元来弥补这个贸易差额。[17]美国参战后,出口顺差继续扩大,但是这些顺差主要是由美国政府提供给协约国的信贷,而不是由黄金或私人持有的美元证券的变现来弥补的。上述资本流动转变了美国的国际投资头寸,使美国从一个在 1914 年时长短期债务共计 37 亿美元的净债务国变成到 1919 年年底拥有同等数量债权的净债权国。[18]

美国中立时期的黄金流入和资本输出对国内经济和货币的作用,实质上与其在和平环境下所应有的作用是一致的。尽管联储体系后来坚持对冲黄金流入,但其在当时尚无该项权力,而这会在较小的程度上加强黄金流入的影响。然而,黄金流动在国外发挥的货币效应与其在和平时期并不相同。流失黄金的政府不会允许黄金流失对国内价格产生通货紧缩影响;黄金并不随着收支赤字而相应地自由流动,并且也不是矫正机制的第一步;黄金作为一种流动性较高的资产,与外国债券相似,可以被政府调动以支付进口货款。与常规模式不同的是,尽管英、法两国流失黄金而美国流入黄金,但英、法两国的物价却比美国上涨得还要快。到 1917 年 4 月,英国的批发物价指数比 1914 年 7 月上升了 100%,法国批发物价指数上升了 150%,而同期美国的价格却只上升了 70%。另一个与常规模式不同的是资本和黄金流动的关系。一般认为资本输出增加的国家通常黄金会流出,至少在资本转移阶段如此,而资本输入国将会流入黄金。然而在这一时期,美国既是资本输出国,同时又是黄金流入国。

在金本位制条件下,资本输入会导致美国相对于其他金本位制国家拥有较高的价格水平,而资本输出则会导致美国拥有相对较低的价格水平。在非金本位制条件下,如在绿钞时期,如果价格随汇率波动而变化的话,上述结论同样成立。这样看来,战时仍然遵循了早期的模式:美国输出资本,并且价格水平相对较低。这种一致性正是源于上一段所指出的两种不一致性:一方面,黄金流动和价格变动缺乏一致性;另一方面,黄金流动和资本流动也缺乏一致性——负负得正。但是这种一致性并不单纯是两个非常规现象巧合的数学结果,而是当时的经济状况使然。协约国通过运输黄金、变卖它们的投资和借款来购买美国商品——这些形成了资本和黄金的流动——因为协约国想把国内资源用于满足战时需要而不是生产出口商品。因此协约国通常出口的商品相对匮乏,并且以外币计价的价格偏高。不管是在战时还是在和平时期,如果一国卖出的产品极少,那么与国外的商品价格相比,它所销售的以外币计价的商品价格就会相对较高。

在判断相对价格时,需要考虑汇率变动因素,然而对于第一次世界大战时的英国来说则可以忽略这一因素。英镑的美元价格在战争爆发时迅速上升并达到 7 美元/英镑的顶峰后,下跌到了 1915 年 9 月 4.5 美元/英镑的低点,1916 年 1 月被英国政府稳定在 4.76 7/16 美元/英镑,只比战前平价低 2%。[19] 在黄金不能自由流动的情况下,为了促进汇率的稳定并获得战时需要的外汇,英国政府运用行政和非行政的手段来控制英国居民的外汇交易。然而,这些控制手段的作用较为有限,仅仅是在战争初期较为严格,并且即使对外汇的控制更为广泛和严格,如果国内价格水平已经严重偏离了与资本和黄金流动相联系的汇率水平,英国能否长期保持固定汇率仍是未知的。

同样,法国法郎基本上也没有明显偏离战前19.30美分/法郎的汇率。根据月度平均水平统计数据,其最低价格是1916年4月的16.74美分/法郎。随后英、法两国政府一致同意稳定法郎价格。1917年4月,即美国参战时,法郎升值到了17.51美分/法郎,并且在1918年夏季之前一直非常稳定地保持在该水平上。当战争临近尾声时,对汇率不久将会返回正常水平的预期使法郎价格于1918年11月再次上升到了18.37美分/法郎。[20]

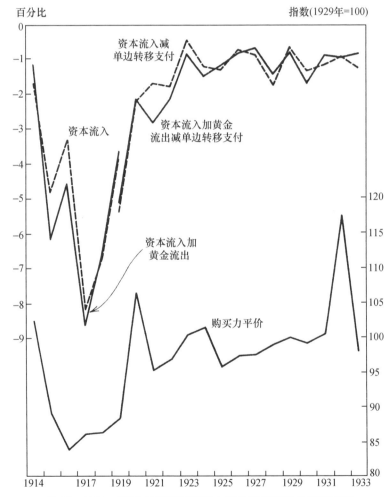

图17 1914—1933年美国国际资本流动净额和单边转移支付占国民收入的比重及购买力平价

注:以日历年显示。资本流入减单边转移支付用虚线描出,表示正值。黄金流出用虚线描出,表示正值。

资料来源:表A-4。

图 17 作为图 9 的 1914 年后的一个延续,清晰地表明战时的相对价格水平没有大幅偏离资本和黄金的流动。美国资本输出和黄金流入的绝对数量之和远远大于 1860 年以来的任何一年。相对于国民收入,战时大多数时间内资本和黄金流动是 1873 年以来任何一年的 2 倍之多。并且正如所预料的,根据汇率变化调整后的美国对英国的价格指数比率,在整个战争期间比自内战以来的任何一年都要低(对比图 7 和图 9 可知)。此外,资本流动和价格比率呈现出了相似的变化模式。

在当时的汇率下,即使英、法没有实施汇率管制,大量从美国输出并主要流入英国和法国的资本,也会使英、法两国维持相对于美国及自身历史水平来说较高的国内价格。从另一个角度来看,如果没有实施管制并且考虑到国内的价格变动,资本输出将会使本国货币的美元价格高于之前其与美国的购买力平价决定的汇率水平。如果没有美国的资本输出以及向美国运送黄金的综合作用,仅凭汇率管制能否使英国和法国的进口减少到足以使国内价格和本币的美元价格保持在当时的水平,这一点仍是未知的。国内价格和本币的美元价格两者之一可能不得不降低。

基于之前经验的计算表明,在不考虑汇率管制影响的情况下,资本和黄金的流动足以解释英、法两国较高的国内价格(或者,从另一个角度说,可以说明汇率较战前水平没有大幅下降的原因)。[21] 这个估算并不足以证明汇率管制对此并无任何作用,但至少说明它们的存在并没有使得价格与资本流动间的关系与之前经验相比有显著的差异。

尽管货币存量在 1914 年至 1920 年间持续增长,然而增长的因素却不尽相同,具体可分为 3 个阶段:(1) 1917 年 4 月 6 日美国参战前;(2) 在美国积极参战期间,政府支出远远超过税收时;(3) 在接下来发生的价格暴涨期间,政府收入等于或超过支出时。

图 18 概括了货币存量变化的主要因素,表 10 概括了它们在上述 3 个阶段的作用。

5.2.1 美国中立阶段

第一阶段的起点和终点都极其鲜明。它始于战争在欧洲战场的爆发,终于 1917 年 4 月 6 日美国向德国宣战。我们采用 1914 年 6 月和 1917 年 3 月的统计数据来分别考察该阶段开始和结束时的情况。在不到 3 年的时间内,货币存量上升了 46%,批发物价指数上升了 65%,实际收入和货币流通速度也上升了。在接下来的 3 年多时间内,价格在 1920 年 5 月达到顶峰(这一阶段没有在表 10

中被单独列示),货币存量进一步上升了49%,批发物价指数也上升了55%,实际收入和货币流通速度的变化较小。因此,美国参战的时点不仅大致处于战争爆发和战后价格达到峰值时的中点,也大致处于货币扩张阶段的中点以及价格上升阶段的中点之后。

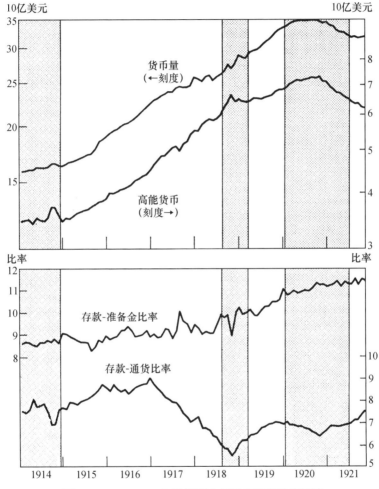

图18　1914—1921年的货币存量及其直接决定因素
注:阴影部分代表经济紧缩期,非阴影部分代表经济扩张期。
资料来源:表A-1列(8)和表B-3。

在中立期,货币存量变化的计算异常简单:90%的总量增长归因于高能货币的增长;其余10%归因于两个存款比率的适度增长,而高能货币的变化中又有87%是由于黄金存量的增加引发的(见表10)。因此,这完全是一次由黄金引发的通货膨胀。

表 10　3 个阶段的价格和货币存量的变动,以及引起货币存量变动的因素,1914 年 6 月—1920 年 5 月

	阶　　段			战后价格顶峰期		1914年6月—
	1914年6月—1917年3月 美国中立期	战争或战时赤字期		1918年11月— 1920年5月	1919年5月— 1920年5月	1920年5月 整个时期
		1917年3月— 1918年11月	1917年3月— 1919年5月			
月数	33	20	26	18	12	71
变动百分比:						
1. 批发物价指数	65	23	22	22	23	147
2. 货币存量	45	18	27	26	16	115
3. 高能货币	40	33	35	12	10	107
年变动百分比:						
4. 批发物价指数	18	12	9	13	21	15
5. 货币存量	14	10	11	15	15	13
6. 高能货币	12	17	14	7	9	12
货币存量的变化中各因素变化所贡献的比例(总变化=1.00):						
7. 高能货币	0.90	1.72	1.25	0.48	0.60	0.95
8. 商业银行存款与库存现金加上联邦储备银行存款的比率	0.03	0.34	0.20	0.13	0.26	0.13
9. 商业银行存款与公众持有通货的比率	0.07	−0.98	−0.42	0.37	0.14	−0.07
10. 比率的相互作用	0	−0.07	−0.02	0.01	0.01	−0.01

第 5 章　联邦储备体系的初期（1914—1921）

（续表）

高能货币的变化中各因素变化所贡献的比例（总变化=1.00）：

	1914年6月—1917年3月 美国中立期	战争或战时赤字期		战后价格顶峰期		1914年6月—1920年5月 整个时期
		1917年3月—1918年11月	1917年3月—1919年5月	1918年11月—1920年5月	1919年5月—1920年5月	
11. 货币黄金量	0.87	0.04	0.04	-0.41	-0.51	0.26
12. 联储对公众和银行的债权	0.15	1.24	1.26	1.44	1.41	0.87
13. 其他固定资产和法定货币	-0.02	-0.28	-0.30	-0.03	0.10	-0.13

资料来源，按行：

第 1 行：*Historical Statistics*，1949, p. 344.
第 2 行：表 A-1。
第 3 行：表 B-3。
第 4—6 行：以连续复利计算；各时期变量的自然对数的变化除月数再乘 1 200。
第 7—10 行：如附录 B 第 7 节描述的那样计算。货币存量，存款和通货，表 A-1。高能货币和存款利率，表 B-3。由于四舍五入，相加后精确值可能不等于 1.00。
第 11—12 行：如附录 B 第 8 节描述的那样计算。各月月末的黄金量，来自 *Banking and Monetary Statistics*，第 536 页，加上每月由联储扣除的 2.87 亿美元，1914—1933 年，我们对其进行了补正（见第 8 章，注释〔45〕）；通过 Shiskin-Eisenpress 方法进行季度性调整（见 Julius Shiskin and Harry Eisenpress, *Seasonal Adjustments by Electronic Computer Methods*, New York, NBER, Technical Paper 12, 1958）。联储对公众和银行的债权：联储信贷和所持有的美国政府证券，来自 *Banking and Monetary Statistics*, pp. 373-374，通过 Shiskin-Eisenpress 方法对每个数值进行季节性修正，并且从前者中减去后者。
第 13 行：用 1.00 减去第 11 行，再减去第 12 行。

存款-通货比率

在中立期,居民持有的存款-通货比率的上升速度基本与之前相同。存款-通货比率仅使货币存量上升了3%,并不是因为在绝对数量上它的重要性比之前下降了,而是因为高能货币以更快的速度在增长。

存款-准备金比率

一个小疑问是,为什么从1914年12月到1917年3月存款与准备金(库存现金加上商业银行在联储银行的存款)的比率没有像战前那样表现出上升的趋势,特别是考虑到《联邦储备法》降低了数量可观的准备金要求?这一部分是由于与货币量有关的比率(存款-高能准备金比率)和与单个银行有关的比率不同。《联邦储备法》不仅降低了准备金要求,而且改变了持有准备金的形式。在法案通过前,中心储备城市(纽约、芝加哥、圣·路易斯)以外的国民银行能在其他具有储备代理人资格的银行中以存款的形式,持有大量的法定准备金。[22]该法案最初规定所有的准备金最终都必须是库存现金或在联储银行的存款,我们把这两者都计为高能货币。法案提供了一个过渡期,即在联储银行成立一年后开始,在此期间以存款形式持有的准备金以6个月为一期逐渐提高。因此,高能货币与活期存款和定期存款之和的法定比率以及高能货币与能够满足准备金要求的存款比率开始时都下降了。[23]但是过渡期后,乡镇银行和储备城市银行的法定高能货币比率都比《联邦储备法》实施前提高了。到1916年年末,法定准备金形式的变化已经基本抵消了法定高能货币-存款比率变化的作用。在通过了进一步降低准备金要求的修正案后,该比率才出现了净下降,该修正案于1917年6月21日生效,其规定的准备金率维持了近20年(对于活期存款,乡镇银行为7%,储备城市银行为10%,中央储备城市银行为13%;对于定期存款,所有银行均为3%)。该修正案同时特别指出,对于期限相同的存款,只有在联储银行的存款才可被视为准备金。[24]如图18所示,存款-高能准备金比率在这一变动后立即临时性地上升。然而,在1918年中期,它又下降到之前的水平,紧接着开始了一轮一直持续到1929年的上升。

尽管这些准备金要求的变化有助于解释存款-准备金比率的变动,但并不能完全解释其变动。在1914年年末释放出了相当数量的高能储备,但这些高能储备直到1916年年末才被联储银行完全吸收。然而,存款-准备金比率从1914年至1915年基本保持平稳,之后到1916年轻微上升,然后在1917年中期之前基本保持不变。我们猜想导致这一走势的原因有两个:第一,战争爆发引发了金融环境的不确定性,从而导致了银行挤兑和紧急通货的发行,并促使银行保持极高的流动性。与早期的同类事件一样,这一影响必将持续一段时间。第二,黄金的流入极大地宽松了准备金头寸,并且由于黄金的持续流入,延缓了萧条的到来。

高能货币

由于联储体系的干预,高能货币的组成有多种划分的方法。

最直接的方法是,依据公众或银行持有的形式,将其分为联邦储备券、财政通货、联储存款、金币和金元券等(图19),这实质上是我们在前面章节中应用

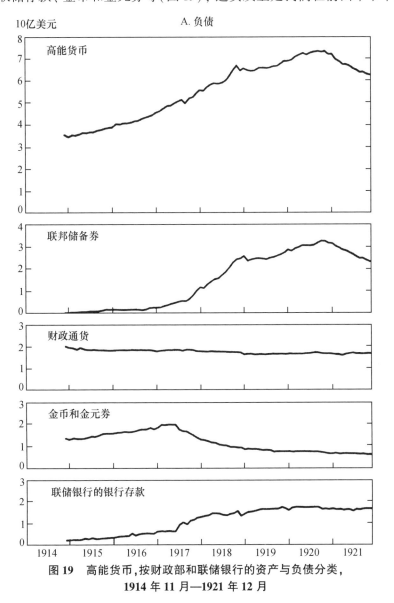

图19 高能货币,按财政部和联储银行的资产与负债分类,
1914 年 11 月—1921 年 12 月

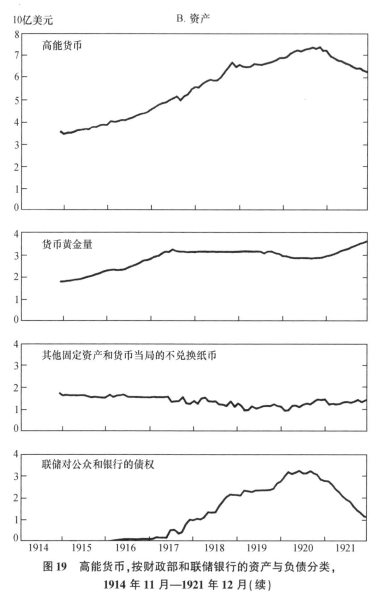

**图19 高能货币,按财政部和联储银行的资产与负债分类,
1914年11月—1921年12月(续)**

注:财政通货(银元、白银辅币、低值硬币、联邦储备券和国民银行券)和其他通货是在财政部和联储银行之外发行的。

资料来源:高能货币,表B-3。联邦储备券、财政通货、金币和金元券,同表A-1,第(1)列,对财政部和联储银行之外货币量指数进行了季节性的修正。联储银行的银行存款,表A-2,第(2)列。货币黄金量、联储债权,同表10的注释。

的方法。但这一方法的问题在于它没有从总体上区别信用货币和非信用货币的因素。举例来说:黄金流向联储,将引起成员银行和非成员银行在联储存款的增长;联储的证券购买行为,也可以带来成员银行和非成员银行在联储存款的同等数量的增长。上述方法将两者视为完全等同的。这种方法掩盖了表10的第一阶段和第二阶段之间对于我们而言本质的差异:高能货币在第一阶段的增长是由黄金流入引起的,而在第二阶段的增长是因联储信贷余额增加导致的,但是在两个阶段,其增长都是以联邦储备券和存款增加的形式表现出来的。这一问题在战前就存在了,但是由于当时财政收支的规模较小,其表现并不明显。

另一种方法是从货币当局资产账户的角度来分析高能货币。该方法的不同之处在于把按财政部成本计价的黄金视为与公众和银行手中的高能货币每一美元都一一对应。如果通过发行金元券来交换公众和银行持有的黄金,并只有通过这一途径才能获得黄金的话,这种方法是完全正确的。该方法把剩余的高能货币视为联储通过其对公众和银行的债权(例如,贴现票据、买入票据,以及其他除持有政府债券外的联储银行信用)创造的;或者是联储体系和财政部基于它们所持有的固定资产(联储体系的银行不动产、财政部的白银储备)发行的;或者是财政部基于其不兑换纸币(fiat)发行的信用货币(见附录 B,第8节)。因此我们把高能货币的变化(图19)区分如下:以财政部成本计价的货币黄金量的变化——这意味着我们排除了财政部在1934年1月基于黄金贬值时所占用的黄金的超额价值,因为这是一个信用因素(见第8章);联储对公众和银行债权的变化;其他固定资产及联储与财政部的不兑换纸币的变化。

最初,联储体系尚无能力抵消黄金流入对货币的影响——用20世纪20年代的术语说便是"对冲"黄金流入。为了进行对冲,联储必须采取以下三项措施之一:第一,封存与流入黄金等额的黄金或高能货币,使其不能进入银行储备和公众流通中;第二,促使银行充分降低存款-准备金比率来抵消黄金流入对货币量的影响;第三,引导公众充分降低存款-通货比率来达到此目的。然而联储体系不能采取其中的任一措施。为了封存黄金或其他高能货币,联储必须积累资金以获得黄金或高能货币,而不是通过创造高能货币来达到这一目标,否则联储必须一边创造高能货币一边又封存高能货币。但是起初,联储体系没有债券或其他资产可以出售以积累资金。当时以及之后联储体系都没有权力发行证券,也无权在公开市场上通过其他途径借款,尽管这些方法在理论上都是可行的。[25]并且联储也无法直接影响存款-准备金比率和存款-通货比率。[26]

联储体系因此处在了一个不对称的位置上。一方面,它有权创造高能货币并可通过再贴现票据、购买债券或其他金融资产使其进入公众和银行手中,因此能对货币存量施加扩张性影响。但另一方面,它却没有效的权力去收缩货币存量。在这种情况下,联储只能尽量避免创造超额的高能货币。但即便如此,也要求联储银行在其金库中积累成员银行转交的作为准备金的黄金和其他法定货币,获得非营利资产,并且仅通过对成员银行收取核定额来维持其开支。因此,联储银行不愿采纳这样一个苦行僧般的政策是可以理解的。联储银行想要获得有价证券,因为一方面,这样它便能持续"置身于市场中";另一方面,从有价证券获得的收入也可使其不再依赖对成员银行收取核定额。[27]因此联储银行力争获得有价证券。1914年11月联储银行成立时将再贴现率定在6%至6.5%之间,这一比率逐渐降低到1915年的4%,并一直维持到1916年9月,当时纽约联邦储备银行和圣·路易斯储备银行将它们的贴现率降到3%,而其他地区的贴现率位于3.5%到4%之间(见图20中纽约联邦储备银行的贴现率)。[28]尽管利率较低,再贴现的票据量也还是较少的。这促使联储银行购买短期票据、承兑汇票、美国政府债券和市政凭证来赚取收入(图21)。1917年3月31日联储信贷余额总计是2.86亿美元,约为高能货币总量的6%,并且是1914

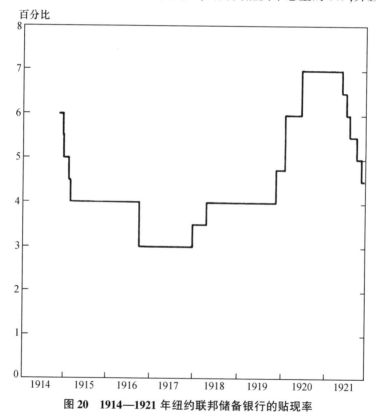

图20　1914—1921年纽约联邦储备银行的贴现率

资料来源:*Banking and Monetary Statistics*, pp. 439–440.

第 5 章 联邦储备体系的初期(1914—1921) 189

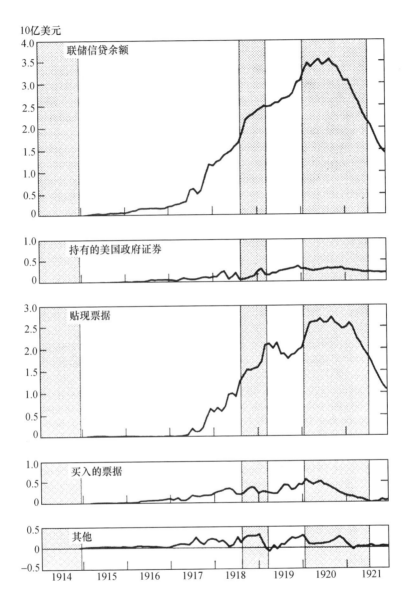

图 21 按种类划分的联邦储备信贷余额,1914 年 11 月—1921 年 12 月

注:阴影部分代表经济紧缩期,非阴影部分代表经济扩张期。

资料来源:联储信贷余额、持有的美国政府证券、贴现票据、买入的票据,均来自 *Banking and Monetary Statistics* 的月末数据,第 373—374 页,经过 Shiskin-Eisenpress 法的季节性调整(Julius Shiskin and Harry Eisenpress, *Seasonal Adjustments by Electronic Computer Methods*, N. Y., NBER, Technical Paper 12, 1958)。"其他"是剩余的信贷余额。

年以来高能货币增长总量的21%。因此,联储的行为对货币存量的扩张起到了微小但不容忽视的作用。

在美国中立时期,作为货币当局负债的高能货币的构成也发生了重大变化。这一变化主要是由黄金的流入引发的,这提高了黄金在总体高能货币中的比例,引发该变化的另一个原因是成员银行从完全以库存现金形式持有准备金转变为主要以联储银行存款形式持有准备金。在1914年11月,高能货币总量的56%是财政通货(包括国民银行券),金币和流通中的金元券占到37%,联邦储备券只占很低的比重,联储银行存款占到7%。到1917年3月,3.3亿美元的国民银行券退出流通,这并没有完全被财政通货其他组成部分的轻微增加所抵消,加之高能货币总量增加,财政通货的份额下降到了38%;黄金的流入将金币和金元券的份额提高到了41%;联邦储备券和联储存款分别上升到7%和14%(见图19A)。

5.2.2 战时赤字期

美国在1917年4月6日参战,这显然给金融环境带来了重大变化。美国的新盟友购买美国商品的资金,此前大部分来自运输黄金、出售其所持有的国外证券和在私人资本市场上筹集贷款,而此后则来自美国政府对其提供的贷款。[29]除此之外,美国开始明确地出于战争目的动用其资源。很快,政府不仅为协约国购买物资,还开始为美国军方购买物资。尽管赋税上升了,在交战激烈时期,政府的一般收入与支出相比仍严重不足,并且这种情况持续到1918年11月停战后,且贯穿了1919财年的剩余时间。联邦政府的巨额赤字(总计约230亿美元,约为从1917年4月到1919年6月的320亿美元总支出的3/4)都是通过借款和货币发行筹集的。[30]联储实际上成为政府债券的销售窗口,其货币权力几乎完全服务于此。尽管没有印制"绿钞",但是通过使用联邦储备券和联储存款这一更为间接的方法达到了同样的效果。在美国参战之初,联邦储备券和成员银行在联储银行存款分别占到高能货币的7%和14%;到停战时,两者已分别占到了38%和21%。另一方面,金币和金元券的份额则从41%下降到14%,财政通货的份额从38%下降到27%。[31]

美国参战后金融环境变化的实际效果并没有表面上那么显著,并且这种变化伴随着在实际资源配置潜在变化格局上的轻微改变。国外的需求调动了美国的大量资源用于军备品及其他战时需求品的生产,而国内需求并没有因为美国参战而改变。主要的影响体现在融资来源上,而不是体现在战争支出的上升速度上。尽管融资来源的改变阻止了黄金流入,但这并没有阻止高能货币量和货币总量的持续扩张。

令人多少感到诧异的是,通货膨胀速度并未像之前预期的那样由于参战而提高,而是降低了。可能同样令人诧异的是,在战时赤字性财政状况即将结束时,美国的通货膨胀率上升。这种模式显然不是偶然的,因为它在第二次世界大战时得以重演。

表 10 显示了不同阶段价格和货币存量上升的比率,战争或战时赤字期的两个阶段分别为:从宣战前的 1917 年 3 月到 1918 年 11 月停战时;从 1917 年 3 月到 1919 年 5 月(此时净政府付息债务达到 250 亿美元,并围绕着该值小幅波动,因此这也标志着战时巨额财政赤字的结束)。[32] 这两个阶段与之前较长的中立期相比,期间的价格和货币量的上升比率不仅在总量上小得多,而且在年度上升比率上也显然要小。与表 10 所划分的最后一段较短时期相比,战时或战时赤字期的价格和货币存量上升的比率与其在总量上大致一样,而在年度数据上显然较小。

为什么在美国参战后通货膨胀率上升速度放缓,这一问题的答案并不清晰,尽管表 10 中的数据显示了货币政策是一个原因。[33] 在战时阶段,货币存量上升的比例低于高能货币的上升比例,然而在这之前和之后的阶段里,货币存量的上升比例都高于高能货币上升的比例。货币存量的年均增长率在战争时期比之前和之后的时期都要低,然而该时期高能货币的增长率却较高。从表中显示的导致货币存量改变的因素中,可以很清楚地看出战时货币存量和高能货币增长存在差异的原因。到停战时,存款-通货比率的下降抵消了大约一半的由高能货币上升和存款-准备金比率上升所产生的货币扩张影响。在战争开始时,对应于每 1 美元通货,公众持有超过 8 美元的存款;而停战后不久,对应于每 1 美元通货,公众仅持有 6 美元的存款。然而,对于为什么通货相对于存款的需求迅速增长,我们尚无法给出十分满意的解释。Cagan 认为,在第二次世界大战时与此相类似的通货增长,部分是由于作为避税方法的现金交易的增加,其他因素还包括通货灵活性的提高使其使用范围更为广泛和外国对美元需求的增加。[34] 这些因素可能是第一次世界大战时货币存量变动的主要原因。无论如何解释,效果是明显的:通货从流通中退出是一个导致通货紧缩的因素,这抵消了联储信用创造的通货膨胀效应,有助于放缓通货膨胀速度,并且确保了由联邦政府通过联储发行的既定数量的美元,可以支配更多的实际资源。[35]

如表 10 下半部分所示,联储对私人债权的扩张导致的结果不仅仅是货币存量的增长(也可参见图 19B)。如果仅是联储对私人债权发生改变,而影响高能货币的其他资产保持不变的话,高能货币的增幅将会比实际更大。并且,如果没有存款-通货比率下降带来的抵消作用,高能货币的变化将会导致货币存量更大幅度的增长。联储私人债权增加的主要来源是对由政府战争债券(government war obligations)担保的短期票据的贴现。成员银行向用贷款资金购买政府债券的客户发放贷款,而需要准备金的银行又到联储银行用客户贷款或其持有的由政府战争债券担保的抵押票据进行再贴现。这与第二次世界大战时的情况形成了对比,那时联储信贷余额的增加主要是联储银行直接购买政府债券的结果。

在战争时期,货币黄金量对高能货币量变化的作用甚微。美国的宣战迅速终结了黄金流入并引发了黄金外流的趋势。自从美国政府实际上承担了协约国贸易赤字的融资责任后,美元供应充足。更关键的是,协约国作为一个整体,其贸易头寸为赤字并且黄金外流。当外流的趋势得到证实后,总统(1917年9月7日)下令禁止所有未经联储委员会和财政部允许的黄金出口,并明确对外汇交易实施管制。上述和其他措施足以使黄金存量保持平稳。

财政部与联储银行的其他固定资产及不兑换纸币(见表10第13行)对高能货币的变化所产生的反作用,是新货币发行方法全面取代旧方法的标志。联储发放贷款和对银行贴现创造出新货币,并且政府通过相关操作间接吸收了这部分货币,这足以使财政部削减净直接信用货币发行量;财政部所积累的现金余额用以抵消财政通货和其他负债余额。

从1917年3月到1918年11月,不含黄金在内的高能货币的增长总额大约是15亿美元,从1917年3月到1919年5月是16亿美元,这大致是政府用来支付战时支出所发行的信用货币量。[36] 从1917年3月到1919年5月期间,高能货币的增长总额约为73亿美元显性税收的1/5,约为240亿美元借款的1/15。换句话说,该时期联邦政府的支出总量为320亿美元,还要加上20亿美元的库存现金余额。在这340亿美元总量当中,大概有25%是通过显性税收和非税收入筹集的,70%通过借款,5%通过直接发行货币,后者可视为通过物价上升课征的隐性税收。[37] 货币存量总体上升了64亿美元,即比政府发行的信用货币多了大概48亿美元。当然,这是部分准备金制度的结果,这意味着货币当局每创造1美元货币,银行体系能创造3美元货币。存款-通货比率的大幅下降导致货币乘数较低,这也是货币总量的增长幅度小于高能货币增长幅度的原因。由于银行创造货币的增加主要与银行或其客户所持政府债券的增长相匹配,所以可以认为,银行创造货币的增长与战争支出的融资间接相关。

5.2.3 战后通货膨胀

批发物价指数在 1918 年 9 月达到一个暂时的高点,紧接着停滞不前,随后在一个短暂的下降后恢复上升。价格徘徊时期正好对应着国民经济研究局标明的 1918 年 8 月到 1919 年 3 月的紧缩期。战争的结束旋即带来了军火订购的结束,同时也带来了对未来短期和长期的困惑和不确定。毫无疑问,总产出急剧下降,但是价格与产出的下降是短暂的,并且紧接着便是新一轮的扩张。1919 年 3 月,价格开始以比激战时更快的速度上升,并且以存货迅速积累和商业投机为标志呈现出一派繁荣景象。

如表 10 所示,和战前时期一样,该时期价格上升率与货币存量增长率大致相等。然而,两个时期货币存量增长与高能货币量增长的关系却截然不同。战时存款-通货比率的下降抵消了相当大一部分高能货币的增长,而该时期存款-通货比率又开始上升并产生了相反作用。此外,相对于银行持有的高能货币,存款一直在上升。因此,依据所考察时期的不同,高能货币的增长对货币总量增长的作用仅为 1/2 或 2/3。

尽管在 1919 年 6 月解除黄金出口禁令后黄金净流出近 3 亿美元(见图 19B),但高能货币还是增长了。黄金流出额度更多地被联储信贷余额持续增加的额度所冲抵,联储信贷余额增长的主要原因是再贴现的增加,同时购买政府债券和主要源于对外贸易的银行承兑汇票也在一定程度上促进了其增长。1917 年 12 月纽约联邦储备银行的再贴现率已提高到 3.5%,随后于 1918 年 4 月上升到 4%,并一直保持到 1919 年 11 月(图 20),其他储备银行的变化也大致如此。而再贴现率明显低于市场利率。考虑到当时以对银行贷款巨大需求为特征的投机氛围——当然这种需求本身部分地反映了先前的货币扩张的作用——可以预计高能货币量和货币总量将会持续上升。纵观整个时期,可以认为成员银行完全是在依赖借入准备金运作:从 1918 年 9 月到 1921 年 7 月,联储银行的贴现票据余额超过了成员银行的准备金余额。

联储委员会注意到银行贴现率在整个 1919 年低于当时的市场利率,这加剧了货币扩张,进而加剧了通货膨胀。"在 1919 年 4 月,委员会对由若干联储银行提出的提高贴现率的建议给予了认真考虑"[38],但委员会仅采取了道义劝告,力劝银行区别"必要和非必要信贷"——该方法从那时起沿用至今,对联储逃避责任而言,这是一个很有吸引力的方法,但并不能有效地控制货币扩张。当然,委员会也认为货币存量的扩张是价格上涨的结果而非原因。[39]尽管该观点从某种意义上说是正确的,但这与适当的联储政策毫不相干。任何水平的联储贴现率可能都与货币扩张或货币收缩相吻合,这取决于当时贷款需求的情况。在1919年中期,极其强烈的贷款需求使商业银行在当时的贴现率下扩大货币量变得有利可图。而在贷款需求疲软的情况下,同样的贴现率可能意味着紧缩的货币政策和通货紧缩。例如,最终在1920年初期6%的贴现率伴随着或者说产生了通货紧缩;如果这一贴现率出现在1919年初期或中期则不会导致紧缩压力。因此,可以确定的是,给定了贴现率后,对商品的需求(反映在对贷款的需求上)决定了货币存量的走势。但是,很难将固定的贴现率理解为储备体系的"中立"政策——这是第二次世界大战后关于债券支持计划争论的本质所在(见第10章和第11章)。在1919年的情况下,如果当时提高贴现率,可能会缓和或者终止(如果提高得足够多)——尽管可能会滞后一些——贷款扩张的上升,从而终止货币存量的上升,进而终止价格的上升——这恰好是一年后实际发生的情形。

在美国中立初期,联储不作为并不是因为缺乏控制货币扩张的技术能力。一方面,当时的情况是黄金流出而不是黄金流入;另一方面,联储体系已经拥有了大量的有价证券。通过提高贴现率和在公开市场上出售债券,联储体系显然能把货币存量的增速控制在任意水平。而且至少在1919年春季后,为财政赤字融资也不再是联储不作为的原因。由于商业银行始终在其账户中持有大量的从1919年4月25日到5月10日发行的胜利债券,并且持有大量的以这些债券为抵押的贷款余额,因此所谓的便利财政浮息债券融资和避免政府债券价格下降也只是一个托词而已。[40]

Charles S. Hamlin 的日记记述了许多当时联储体系的领袖及其对随后政策的影响。Hamlin 原是波士顿的一名律师,先后在克利夫兰第二届政府和威尔逊第一届政府中担任财政部副部长。1914年8月,他被任命为任期两年的联储委员会成员,以及联储委员会第一任主席。W. P. G. Harding 接替了他的职务,但是在1916年和1926年 Hamlin 又两次连任了委员会成员,每次都长达10年,一直担任到1936年他被任命为特别顾问时。在这段漫长的时期里,Hamlin 详细记录了他的日常工作活动,包括委员会的工作进程。这个日记为了解当事人之间的相互指责和委员会决策中面对的压力提供了宝贵的信息。在1935年之前,当联储委员会年报对政策事件的记录尚不完整时,这个日记是我们两大主要信息来源之一。

另一个主要信息来源是 George Leslie Harrison 关于联储体系的文件。在

1928 年,Harrison 成为纽约联邦储备银行的总裁,之前他曾担任副总裁。他在 1940 年年底辞职,担任了纽约人寿保险公司(New York Life Insurance Company)的总裁,他带走了自己在储备银行时(1920—1940)的文件资料。作为这些文件的托管人,他于 1957 年把它们送给了哥伦比亚大学。由于这些文件的起始日期比 Hamlin 日记稍晚,并且在 Harrison 成为总裁后的时期是最有价值的,因此我们在接下来的章节中主要使用了这些文件,但这些文件也涉及很多早期的官方便函和其他文件。[41] Harrison 文件向学者们提供了第二个内部人士对联储体系的看法以及许多未发表的文件证据。这两个来源相互补充,并且,从某种程度说,互相印证,对两者的比较增强了我们对这两个信息来源可靠性的信心。

Hamlin 日记中战后时期的内容展示了 Benjamin Strong 的相关事迹,后者从 1914 年起在纽约联邦储备银行担任总裁,直到 1928 年英年早逝。作为联储体系的领袖人物,斗争中他首要的目标就是把联储从隶属于财政部的关系中解放出来。1919 年 9 月底,在从欧洲回来后——他整个夏天都在欧洲与中央银行家们、政府官员们和美国从事救济的工作者们讨论相关问题——Strong 开始主张提高贴现率。事件的焦点是两个问题,并且这两个问题在 1928—1929 年再次把联储体系分为两个阵营:(1) 联储银行不提高贴现率而通过道义劝告来阻止成员银行为投机贷款,从而抑制信贷余额的增长,是否可行?(2) 如果必须提高贴现率,能否在抑制投机性借款的同时保持"合法"借款——在 1919—1920 年是由财政部债券担保的票据——的优惠利率?对于这两个问题,Strong 的回答都是:不可能。另一方面,财政部部长 Carter Glass 则坚信联储体系无须提高利率便可排斥"非合意"信贷。此外,在 1920 年 1 月中旬前,他和副部长 Russell C. Leffingwell 把任何紧缩货币市场的计划都视为对财政融资方案的粗暴干涉。尽管欠佳的身体状况迫使 Strong 之后休息了一年,并且联储委员会和其他储备银行的大多数总裁都不支持他,但 Strong 仍坚持反对财政部的观点。从日记中可知,Strong 不断受到攻击和阻挠,并且有时他力图达到较高贴现率目标的强硬态度也被其策略性的退让所掩盖。

在 1919 年 10 月 28 日的一次总裁会议中,Strong 提出由短期公债担保的 15 天票据的贴现率应该从 4% 上调到 4.75%,而不是 4.25%,4.25% 是在 Glass 部长(当时的委员会主席)、Leffingwell 副部长、Harding 总裁和 Strong 总裁讨论后起草的计划表中提议的。然而,鉴于财政部的反对,Strong 宣布他会建议董事们把利率定在 4.25%。按照计划,由自由公债担保的 90 天票据的利率将提高到 4.75%。会后 Glass 在与 Hamlin 私下的讨论中驳斥了提高利率的建议。Hamlin

称两天后，Strong 从纽约打电话说"他的董事们担心 4.75% 的利率会把自由公债的价格打压到 90，并且可能会引起恐慌"。Strong 说他想重新考虑这一贴现率是否合适。10 月 31 日在华盛顿，Strong 说他"将不得不坚持提高贴现率，否则有损纽约联邦储备银行的声誉……"结果，贴现率计划表 11 月 4 日在纽约生效，由 4.25% 的短期国债担保的 15 天票据的贴现率上升到 4.25%，由自由公债担保的 15 天票据和 90 天票据的贴现率上升到 4.5%。15 日内到期的商业票据的贴现率，包括由这种票据担保的成员银行的抵押票据的贴现率，从 4% 提高到 4.75%；16—90 天的商业票据的贴现率仍维持在 4.75%。

在 11 月 13 日，Strong 告诉委员会："今年 8 月份，当财政收入开始等于支出时，不管提高贴现率对财政部操作有何影响，提高贴现率的时机已经成熟了……他说他已经忠实地履行了财政部和委员会的控制政策，没有提高贴现率，这样下去危机将不可避免，但是此后他宁可辞职也不再执行这一政策。他引用 Bagehot* 的例子，说明了每次战争中财政部所表现出来的狡猾手腕，并且说去年夏天在英国也有同样的争论，但英格兰银行已经提高贴现率，英国的贷款利率为 5.5%。"[42]波士顿和纽约联邦储备银行建议在 11 月 24 日进一步提高贴现率，但是由于财政部的反对，委员会拒绝了这一建议。[43]

几周后，由于财政部的收支状况有所改善，财政部不再坚决反对提高贴现率，联储委员会随即通知了各储备银行。在 1919 年 12 月 12 日，纽约联邦储备银行由短期公债担保的 15 天票据的贴现率提高到了 4.5%，而由自由公债担保的 15 天和 90 天票据的贴现率都提高到了 4.75%。Hamlin 说某些纽约联邦储备银行董事"称他们被迫同意"Strong 的提高贴现率的建议。在 12 月 30 日当 Strong 由于身体状况休假后，由短期公债担保的 15 天票据的贴现率提高到了 4.75%，实现了纽约联邦储备银行所有贴现率的统一，这也是 Strong 期待实现的目标。[44]

尽管 Strong 为提高贴现率进行了有力的斗争，但他明显开始怀疑已经错过了采取行动的最佳时机，甚至在斗争中期也怀有这样的疑虑。据 Hamlin 记录，在 11 月 29 日 Strong"说现在不应提高贴现率——而应在很久之前——现在提高会引发危机"。故事在 1929 年几乎精确地重演：在漫长而又痛苦的斗争后，委员会最终允许纽约联邦储备银行提高其贴现率。然而那时，纽约方面担心已经错过了执行限制性措施的最佳时机。[45]

---

* 英国经济学家(1826—1877)。——译者注

1919年间的联储政策在当时和之后都引发了大量争议,并且遭受了严厉的批评。在应对1920年的价格暴跌时,成立于1921年的农业调查联合会议委员会(The Joint Congressional Commission of Agricultural Inquiry)得出了在我们看来正确的结论:

> 委员会认为理应在1919年的前半年就提高贴现率,在此期间联储委员会和联储银行未能采取措施限制该时期的货币扩张、通货膨胀、投机和过度消费,其失职行为是难以开脱的。[46]

Harding对此的回应(记载在他的回忆录中)也很具有代表性:

> ……联储委员会采取迅速提高贴现率外的各种措施以抑制1919年的货币扩张、通货膨胀、投机和过度消费;当公众不关心支出时,委员会甚至完全不能确定提高贴现率是否有效。在所有事件中……委员会认为自己有责任与财政部当局进行配合。如不能有效地与之配合,就等于委员会承担了指导财政政策的职能。在这种情况下,我想委员会应该听闻了《奥弗曼法案》(Overman Act)。该法案在当时仍然有效,根据该法案,总统可以通过行政命令,把联储委员会的任一职能转移给财政部部长,或转移给政府的其他官员。[47]

显然,委员会不作为的主要原因是个人的缺陷,而非原则的错误。[48]

事情往往如此,个人的缺陷并不能阻止人们对委员会的批评和Harding主席的离任;事实上,它可能使批评更为严厉且使Harding的离任更加不可避免。如果联储委员会在1919年早期就实施了强有力的政策,虽然当时可能也会招致批评,但是,该措施通过阻止随后的通货膨胀,将会避免委员会在1920年被迫采取严厉的通货紧缩措施,以及剧烈的价格下降,从而免受后来的指责。在Harrison文件的备忘录中记载了这一事件的结果:"由此引发的批评和政治敌意,直接导致了联储委员会主席在期满后连任的失败,并且在委员会内部形成了一个不稳定的政治因素,这一因素虽不能决定,但却影响了未来的信贷管理。"[49]

1919年联储信贷余额的持续扩张加上禁运令撤销后的黄金外流,两者共同导致了联储体系准备金率的快速下降。这一比率在战时也曾出现迅速下降,并在1918年12月达到48.1%的谷底,然后它又不规则地回升到1919年6月的50.6%。此后,它开始持续大幅地下滑,于1920年1月降至42.7%,1920年3

月又降至40.6%。"自由"准备金(超额准备金)从1919年6月的5.69亿美元下降到1920年1月的2.34亿美元,并且在3月份达到了1.31亿美元的低点。准备金的下降最终促使委员会出台了强制性措施。委员会有权暂不执行法定准备金要求,但由于联储的信贷创造助长了国内通货膨胀并导致了准备金的下降,委员会显然没有理由采取此措施。因此,较长时间后,委员会才最终允许联储银行第一次提高贴现率,如上所述,在1919年11月和12月,大多数联储银行将贴现率提高到4.75%的水平;然后在1920年1月底或2月初,所有银行的贴现率统一提高到6%的水平。第二次,大多数联储银行将贴现率提高了1.25%,这是联储体系在整个历史上最大幅度的单次提升贴现率。这导致了货币存量增长速度的立即下降,尽管货币存量一直持续缓慢上升到9月。

鉴于财政部早期的作用,令人奇怪的是,据Hamlin日记记载,联储将贴现率快速上调到6%竟然是采纳了财政部的建议。1920年1月14日,纽约联邦储备银行提议所有票据的贴现率应统一上调到5.5%。然而,财政部坚持短期公债的贴现率应保持在4.75%,因此纽约联邦储备银行递交了保持较低短期公债贴现率的修订计划。关于这一点,Leffingwell副部长在1月21日早间会议上代表Glass部长,建议把商业票据的贴现率提高到6%,自由债券担保的票据贴现率提高到5.5%,而由短期公债担保的票据暂时保持4.75%的贴现率。Leffingwell"指出了我们较低的准备金头寸,认为只有商业票据贴现率迅速地升高到6%才能阻止这种情况。他说我们处在抛弃金本位制的边缘……那样又会导致新的黄金禁运令……"Hamlin写道,"我指出有必要实行6%的贴现率,但不应立即上升1.25%,这样可能会导致恐慌。Leffingwell……说即便纽约真的发生恐慌,他也坚持迅速提高贴现率。"下午,Glass参加了会议,让Hamlin感到惊奇的是,他赞同立即上调贴现率。在早间会议休会前打给纽约联邦储备银行的一个电话已使委员会注意到,执行委员会和委员会理事J. S. Alexander"共同反对贴现率如此剧烈的上升。Alexander先生指出,贴现率迅速上升至6%会引起人们的忧虑,人们会认为联储委员会已无人领导,或者认为情况一定已相当危急,不得不对贴现率进行如此剧烈的调整;他还说这极有可能引发恐慌"。最终,将商业票据贴现率提高到6%的提议以4:3获得通过,赞成票来自Harding主席、委员会的经济学家Adolph Miller、纽约投资银行家Albert Strauss和Glass部长,他们投的都是关系选票。[50]第二天,纽约、波士顿和费城储备银行接受并实施了该贴现率;并且一天后计划正式生效。[51]

由于健康原因,Benjamin Strong从1919年12月中旬开始离开了纽约联邦储备银行总裁达 13 个月,期间他进行了环球旅行且并没有与银行官员保持紧密联系。Strong 认为,1919 年 11 月的提高贴现率已经错过了最佳时期,如果提前这样做,危机就不会爆发。根据他的这一观点判断,如果他当时领导储备银行的话,他可能不会同意 1920 年 1 月贴现率的急剧上升。而如果 Strong 反对的话,Glass 部长将可能会重新考虑这个问题,因为据 Hamlin 称,Glass 的投票仅仅是试探性的。

5.3　1920—1921 年的衰退

联储体系在 1920 年 1 月提高贴现率不仅为时已晚而且幅度太大。国民经济研究局把扩张的峰值定在 1920 年 1 月,与利率的上升是同步的,并且发生在高利率生效之前。此次衰退以空前的价格崩溃为特征,开始较为缓和,之后变得异常剧烈。

直到下半年经济才出现剧烈下滑的迹象。事实上,直到初秋,当时的观察家们才一致认为一次大规模的衰退已经来临。如前所述,9 月之前货币存量一直缓慢增长,批发物价指数一直上涨到 5 月。经季节性调整后的工业生产总值、制造业就业人口和工资水平在 1 月达到最高点,之后到秋季前仅温和下降。

从 1920 年年中开始,经济衰退改变了其特点,不再缓慢下行或单向运动,而变成了有记录以来速度最快的经济衰退之一。在 5 月份的顶峰过后,批发物价指数缓慢下降了两个月,然后崩溃了(见图 16),到 1921 年 6 月,已下降到 1920 年 5 月的 56%。3/4 以上的下降发生在 1920 年 8 月至 1921 年 2 月的这 6 个月中。毫无疑问,这是我们有货币数据记录以来最急剧的物价下跌,并且可能在美国历史上也是仅有的一次。只有 1812 年战后和内战结束后的两次价格下跌可以与之"匹敌"。

许多实体变量的变动也与价格变动类似。1920 年秋季,工业生产总值、制造业就业人口等类似的一系列指标的下降速度都陡然升高。因此,尽管这次衰退相对短暂——国民经济研究局把谷底的时间确定为 1921 年 7 月——却是记载中最严重的衰退之一。由于此次衰退较为短暂,年度数据低估了其严重性。即便如此,以当前价格计算的 1921 年的 Kuznets 国民生产净值也比 1920 年低了 18% 还多;以不变价格计算的话,低了 4% 还多。

货币存量在 1920 年 9 月达到了最高点,之后,开始持续稳步下降至 1921 年 7 月的谷底,然后趋于平稳,并且在 1922 年 1 月达到最低点。货币存量总共下降了 9%。虽然下降的幅度比价格或产出的下降幅度要小得多,但从货币存量的历史走势来看,这是一次较大的下降,因为在商业轻度收缩时期和经济扩张期货币存量都是普遍趋于上升的。事实上,尽管此次下降的比例仅比 1879 年恢复铸币支付前稍大一点,但这仍是到该时期为止记录中最大比例的下降。的确,我们 1907 年以前的数据是年度数据和半年度数据,这使变化的幅度被低估了,但是月度统计数据能否改变这个结论也并不确定。此外,在之后的记载中,仅有一次更大规模的下降,即 1929—1933 年大萧条时期货币存量的下降。

如图 18 所示,从 1920 年 1 月到 1920 年 9 月货币存量的最初上升与高能货币的变化是同步的:从 1 月到 9 月货币总量上升了 3% 多,高能货币大概上升了 6%。银行继续扩大存款-高能准备金比率,并且其对货币存量的增加作用大于居民持有的存款-通货比率下降所产生的减小作用。

高能货币的增加,主要是由于联储银行贴现票据的增加额度超过票据购买量的下降额度引起的。由于成员银行债务沉重,且明显接近最低法定准备金要求,1920 年 1 月贴现率的迅速上升直接并强有力地促使它们降低贷款和投资的扩张速度,并且有所收缩。但是贴现率的上调发挥效力存在一定时滞。在这一时期,尽管一定程度上由于存款从活期向定期账户转移,存款总量增长,但成员银行还是经受了高能货币持有量的轻微下降。活期存款在 3 月份达到顶点,定期存款在整个 1920 年持续上升。在 1920 年上半年,成员银行削减了对政府债券和其他证券的投资,但继续以较低增长率扩张信贷,其贷款在 1919 年最后 6 个月上升了 18%,之后的 6 个月中却只上升了 8%。原因可能是,为了保证已承诺业务的开展,并保持与客户的良好关系,银行即使要承担损失,也愿意在一定时期内以 6% 的贴现率从联储借入资金。

此外,在 1920 年年初的情况下,当时价格仍在上涨,且不能确定经济的转折点是否已到来,对贷款的需求还很强烈。因此,银行即便是以 6% 的贴现率从联储体系借款,而后发放更多的贷款也是值得的。当时,尚未形成限制成员银行向联储银行持续借款的规定。在 6% 贴现率生效前的一年多时间里,成员银行的借款额一直比其总准备金余额高。对于成员银行来说,以之前的贴现率借款当然比以 6% 的贴现率借款有利可图,且从长期来看,以 6% 的贴现率借款是否会持续盈利也令人怀疑。正如较高的贴现率最终影响成员银行的信贷行为会有时滞,较高的公开市场利率和银行重新设定的较高利率要影响商业和其他借款者也需要时间。因此,如果保持 1 月份 6% 的贴现率,极有可能不用太久,便足以导致货币总量的下降。

贴现率的进一步升高使这一结果成为必然。6月1日,纽约联邦储备银行的再贴现率提高到7%,大多数其他储备银行也采取了同样的行动或者采取了包括提高贴现率在内的一系列措施。[52]这是联储体系有史以来实行的最高贴现率。此次贴现率的上调发生在经济周期顶峰的6个月之后,大致与批发物价指数和货币存量的顶峰相吻合,并且紧接着就是价格的崩溃。

显然,联储体系对自身储备头寸的关注支配了贴现政策。如上所述,联储体系的准备金对存款及票据负债的比率在1920年3月跌到了40.6%的低点,尽管在临近年底时该比例开始非常平稳地攀升,但在整个1920年之后的时间里,始终在略高于40.6%的水平徘徊。尽管在1920年最后几个月发生了价格崩溃,但直到1921年5月纽约联邦储备银行才将贴现率降低到6.5%,当时准备金率已攀升到56.4%。[53]此时已是经济周期顶峰的16个月后,仅是经济周期谷底的2个月前。在该年余下的时间里,联储体系共4次降低贴现率,最终贴现率在11月降到了4.5%。

Hamlin日记清晰地表明,Strong总裁在1921年1月中旬已恢复了对纽约联邦储备银行的掌控权,他反对在1921年春季降低贴现率。3月29日,财政部部长Mellon说"贴现率从7%调到6%的时机已经逼近了"。委员会在4月4日对波士顿储备银行把利率降为6%的申请进行了讨论,但并未达成一致。这周稍后在华盛顿,Strong"强烈反对降低波士顿储备银行的贴现率",因为考虑到公众会要求纽约联邦储备银行也这样做,这会引发股票市场严重的投机行为。Strong认为应等工资率较低时再采取行动。他解释说,存款已经大幅下降,零售物价业已平稳下降,而批发物价指数陡然下降,但工资几乎没有受到影响。降低贴现率会推动批发物价指数上涨,且价格和工资会稳定在一个极高的水平上。Strong建议,"等到工资、存款和价格(批发和零售)三者的曲线更接近时,即在一个更低的基础上"再降低贴现率。[54]在4月12日的总裁会议上,"除了波士顿和亚特兰大外的储备银行,每个储备银行的总裁都反对下调贴现率"。[55]与此同时,Harding主席告诉记者"总体上联储委员会将降低贴现率并帮助农民",结果是,为避免受到主席影响的嫌疑,仅有的两个赞同下调贴现率的纽约联邦储备银行的董事也不得不反对。Hamlin在4月28日记述道"英格兰银行已将贴现率降至6.5%……这可能会影响Strong总裁"。[56]

尽管在1920年1月和6月贴现率迅速上升,但由于贴现量持续上升,经季节性调整的联储信贷余额(图21)一直持续上升到1920年8月(未经调整的数据是10月),然后猛烈下降,在不到一年时间里联储信贷余额减少了一半。这是由于成员银行从联储银行的借款迅速下降导致的,并反过来导致了成员银行迅速缩减对客户的贷款。从1920年10月的最后一周到1921年年底,周报制成员银行(weekly reporting member banks)把贷款(未经季节性调整)削减了1/6。[57] 从1920年第二季度开始的黄金流入一定程度上抵消了联储信贷的下降,即便如此,高能货币总量从1920年9月到1921年7月的经济周期谷底还是下降了约11%。

货币紧缩急剧增加了破产银行的数量,从1919年的63家到1920年的155家再到1921年的506家,但是并没有出现流动性危机,以及对银行存款的普遍恐慌或者普遍性挤兑的迹象。事实上,公众持有的存款-通货比率,从1920年9月的6.52略微上升到了1921年7月的7.00(表B-3),并且银行几乎也未采取措施来强化自身流动性,存款-准备金比率从11.29下降到11.24。由于存款-通货比率的上升,高能货币11%的下降仅使货币总量下降了8%。

在经济周期谷底后,高能货币继续下跌到1922年1月,尽管速度比之前略有减缓。高能货币从1920年10月的峰值到1922年1月的谷底,共计下降了17%。根据我们的数据,可与之"匹敌"的下降仅有如下几次:1867—1870年高能货币的下降,是由内战时各种通货退出流通造成的;1933年,当银行重新开业后,公众把通货重新转为存款造成了高能货币的下降(见第8章);1948—1949年,由于联储阻止退出流通中的政府债券价格的上升,成员银行的准备金都下降了(见第10章和第11章)。然而,在上述时间段中,高能货币的下降幅度都仅为11%。在1867年至1960年高能货币的其他下降时期,包括货币存量下降更大的大萧条初期(1929—1930),没有一个时期能达到该时期高能货币下降幅度的一半。从1920年10月到1922年1月,本应由高能货币下降引起的货币存量一半的下降被存款-通货比率的上升所抵消了。而在1929—1933年,存款-通货比率的下降成倍地放大了高能货币下降对货币存量的影响,并且该比率的持续下降远远抵消了后续高能货币增长对货币存量的影响。

当然,第一次世界大战后美国价格和产出的变化,是世界范围内价格变化的一部分。全世界的大部分国家,包括战胜国、战败国和中立国,价格在1920年前或进入1920年时都急剧地上升且在之后迅速下降。而那些当时免遭价格下降的国家之后也未能逃脱恶性通货膨胀的厄运。尽管许多国家的通货——其中较重要的如英镑和法国法郎——都没有固定地与黄金或美元联系在一起,但中央银行政策还是产生了强有力的相互作用,导致了大多数国家普遍的国内价格波动。灵活的汇率机制被认为是回归金本位制之前的权宜之计,并且货币当局寻找各种方法来促成向固定平价的回归。因此,各种经济指标同固定平价下的表现类似。当局出于稳定汇率并以此作为回归到金本位制的步骤之一而采取的货币措施,如同金本位制下的黄金流动一样,起到了传导贸易和资本收支变化的作用。

联储委员会强调价格变动的国际特征,以为该时期其政策的合理性辩解。[58]委员会指出美国价格的变化是结果而不是起因,委员会只能被动地接受变化,其政策已经阻止了国内的金融恐慌且缓和了价格变化。显然,委员会的态度不够坦诚。美国的政策那时已经能够对整个世界产生重大影响,且不再与其他国家亦步亦趋。此外,由于美元以弹性汇率与许多货币挂钩,因此在一定程度上美国国内价格是可以独立变动的。最后,有证据表明美国价格的变动是其他国家价格变动的源头,黄金的运动确定无疑地说明了这一点。从1919年中期到1920年年初黄金流出美国——如果美国价格上升是其他国家价格上升的原因的话,可以预料到这一结果——且在这之后黄金流入美国,开始是缓慢地,然后从1920年年底开始加快——如果美国价格下降是其他地方价格下降的原因,可以再次预料到这一结果。尽管黄金流动不是绝对的证据,因为它们还受到资本流动的影响,而美国向欧洲的资本输出在1920年和1921年急剧下降,但它们却是最具启发性的证据。

第一次世界大战对世界经济不同寻常的冲击确实更大范围地引发了国内和国际资源在实际配置上的调整,并且毫无疑问是不确定性的一个来源。这次冲击似乎使美国不可避免地遭受了比平时更剧烈的周期性波动,尽管第二次世界大战后的经验表明,这一结果并不是必然的,但是,可以肯定的是,联储政策作为一个重要因素进一步加剧了波动。如果早一点提高贴现率,至少可以缓和1919年的通货膨胀。就其本身而言,通货膨胀的这种缓和将会减轻随之而来的衰退。考虑到1919年联储行动迟缓的错误,在1920年6月把贴现率提高到一个极高的水平可能是另一个错误,而如此长时间地保持高利率则确定无疑是一个失误。尽管1920年下半年宽松的货币不能阻止价格的大幅下降,但确实已缓和了下降的幅度,因为在1921年年末之前成员银行的借款已经超出其储备余额,货币结构对联储政策异常敏感。并且,考虑到存货在周期中所扮演的非比寻常的重要角色,价格变动很可能对货币市场的情况也异常敏感。

联储体系的储备头寸并不足以证明其随后的政策是合理的。首先,除1919年宽松的货币政策时期外,其他时期联储储备头寸一直较为宽松。其次,在1920年年末之后,联储体系的头寸迅速改善,即便当时采取更为宽松的货币政策,其头寸仍会有所改善。最后,委员会有权在任何时候以较低的成本临时性地中断准备金要求。[59]

设想一下,如果《联邦储备法》未获通过,那情况又会如何呢?

在美国参战前,发展的态势可能会略有不同。当时大多数货币扩张都是由黄金流入引发的,无论《联邦储备法》是否通过,黄金流入都会发生。然而,如果没有联储体系,就不会有信用货币的发行,那么高能货币上升的幅度将会比实际减少10%—15%,货币量和物价的变动也大致如此。

在美国积极参战期间,可以确定能够找到联储信贷的替代品——为政府的部分支出融资的绿钞的等价物。但是,如果没有《联邦储备法》及其修正案降低准备金要求,为政府支出融资所发行的既定货币量对货币总量的影响将较小。因此,从1917年3月至1919年5月,货币扩张和价格上涨幅度会比实际要少。但是,差异并不会太大。

战后事件的进展则会有较大的差异。当庞大的政府借款在1919年第二季度结束时,可以肯定货币扩张应该会结束,并且与此同时,物价也应该会达到顶峰。内战的情况与此类似,物价在战争即将结束前达到顶峰。因此1919—1920年间价格本不应井喷式上涨。但很难判断在此情况下究竟会发生什么。如果黄金流入美国,价格井喷式上涨可能会被渐进上升所取代;或者,如果货币量还保持相对稳定且货币流通速度像实际发生的那样下降,价格可能会下降。

我们可对上述影响进行大致的数量估计。1920年5月的批发物价指数是1914年6月时的2.48倍,货币存量是1914年6月时的2.15倍。假定:(1)从1914年6月到1917年3月黄金量的增长是高能货币增长的唯一来源;(2)从1917年3月到1919年5月高能货币的增长与实际一样;(3)从1919年5月到1920年5月高能货币无任何变化;(4)银行存款-准备金比率保持在1914年6月的水平上;(5)存款-通货比率的变化与实际相同。那么1920年5月的货币存量将会是1914年6月水平的1.74倍,而不是2.15倍。假设1914—1920年的价格增长与货币增长之比仍为2.48/2.15,那么1920年5月的价格将会是1914年6月的2.00倍。在上述假设下,价格上升幅度约是实际上升幅度的2/3。并且这可能会高估增幅。因为一方面,较慢的价格上升意味着战时货币流通速度较小的上升,因此价格上升比率低于货币上升比率;另一方面,我们还没考虑伴随较低存款-准备金比率的政府货币发行的更大经济效益,也没考虑一种可能性,即缺少在以较隐蔽方式创造信用货币的新工具的情况下,政府会面临同时控制货币发行和为其支出融资的巨大压力。另一方向上唯一的抵消作用可能来自政府直接发行货币(而非通过联储间接发行)对货币流通速度的消极影响。不难想象,货币流通速度将会加快,尽管我们怀疑这种影响可能甚微。

1919—1921年的商业周期是《联邦储备法》所建立的新的货币调控体系在实践中面临的第一次考验。最初,联储体系无权抵消黄金流入。在美国积极参战期间,联储也不是一个独立的机构。因此,它在这次考验中欠佳的表现可以理解。从严格意义上来说,没有类似的其他阶段可作为政策基准或用来判断该时期刺激或减缓货币扩张措施的效果。尤其是,关于联储采取措施和政策发挥效力之间的时滞长度无任何依据。如果说有遗憾的话,那就是在通往紧缩政策之路前徘徊得太久,做出决策太艰难,而当紧缩政策没能立即控制住货币扩张时,又再次"急刹车"。同期的黄金储备率对于理解该时期的货币政策提供了一个简单明了的指导,而经济稳定则是一个复杂精巧的迷人之物。

注释

[1] 法案宗旨全文如下:"本法案致力于建立联邦储备银行,提供富有弹性的通货,提供商业票据再贴现的手段,在美国建立更有效的银行监管,以及实现其他目标。"   189n

[2] 尽管在满足法定准备金方面,两者并不等价。1914年以来的大多数时间里,只有联储存款可作为法定准备金。 190n

[3] 见附录B,第2节,尽管上一注释指出两者不同,但我们仍将两者视为等价的。

[4] 1932年扩展了联储银行可以预付资金的抵押品的范围,批准联储银行可以对成员银行的任意资产垫款。1932年2月27日紧急出台的《格拉斯-斯蒂格尔法案》(Glass Steagall Act)赋予了储备银行这一权力,并且《1935年银行法》永久性地授予了这项权力。之后另一个值得关注(现已不再重要)的变化是在一定条件下联邦储备银行可直接向国内借款者发放贷款(于1934年颁布)(见第8章)。 191n

同样,《格拉斯-斯蒂格尔法案》还扩充了联邦储备券发行的抵押品的范围。法案规定,除黄金外,储备银行资产组合中的政府债券也可作为60%抵押品的一部分。

[5] 见《联邦储备法》,联邦储备委员会1914年年度报告的第34页和第36页对其进行了转述。

[6] 见L. W. Mints, *A History of Banking Theory*, University of Chicago Press, 1945, pp.9–10。关于在《联邦储备法》形成过程中真实票据学说的作用,也可参见Clark Warburton, "Co-ordination of Monetary, Bank Supervisory, and Loan Agencies of the Federal Government",

Journal of Finance, June 1950, pp. 153–155; Clark Warburton, "Monetary Control under the Federal Reserve Act", *Political Science Quarterly*, Dec. 1946, pp. 507–509。

[7] J. Laurence Laughlin 在 1913 年的陈述 (*Banking and Currency Reform*, Hearings before a Subcommittee of the House Banking and Currency Committee, 62d Cong., 3d sess., Jan. 7—Feb. 28, 1913) 中阐明这个国家迫切需要的是信贷改革, 稍后应关注货币改革的问题：

……这主要是信贷组织的问题, 而不是本质上创造交换媒介的问题……信贷组织的问题比银行票据的问题更重要 (第 108 页) ……

……由贴现机构组成的信贷组织必须成为整个改革的核心, 而紧随其后应进行货币弹性的改革 (第 110 页)。

[8] 见第 4 章第 4 节。"货币的灵活性 (弹性) ——而不是整个银行信贷的灵活性——是联邦储备体系创建者的目标, 并且通过在银行准备金中提供稳定性, 联邦储备体系的创建者期望通过这种灵活性提高整个银行信贷的稳定性。" (Warburton, "Co-ordination of Monetary", pp. 154–155.)

[9] 例如, 在 1928 年的下半年, 联储体系试图限制再贴现, 同时允许联邦储备银行增持银行承兑汇票。

[10] 1913 年的《联邦储备法》要求成员银行在联储银行中存放一定比例的准备金, 另一部分留在它们的金库中, 剩下的存放在它们自己或储备银行的金库中。法案批准在 1917 年 11 月之前储备城市银行和国民成员银行可以自行决定是否保存剩余的部分, 也包括在中心储备城市和储备城市的国民银行, 但是规定, 1917 年 11 月以后在其他银行的余额将不会被计为准备金。同时, 该法案制定了对于要求保留在联储银行的部分准备金立即 (即在 1914 年) 转账的条款; 一年后, 其他银行的余额, 应当每 6 个月支付一次, 共支付三次。联邦储备委员会在 1916 年年度报告的第 22 页提到的在 1915 年 5 月 16 日进行了准备金转账这一说法并不准确; 第二次转账发生在 1915 年 11 月 16 日 (*Commercial and Financial Chronicle*, Nov. 6, 1915, p. 1515)。1916 年 9 月 7 日通过了法案的修正案, 允许成员银行可以立即把存放在金库中的准备金转移到联储银行, 但几乎没有银行响应。在 1917 年 6 月 21 日, 该法案的另一修正案提出, 库存现金不再被视作法定准备金; 此后只有在联储银行的存款才可被视为准备金。

1959 年 7 月 28 日, 该法案的一个修正案授权联邦储备委员会允许成员银行将库存现金视为准备金。1959 年 12 月, 委员会准许把一定比例的库存现金作为准备金, 1960 年 9 月调高了这一比例, 在 1960 年 11 月后允许把全部的库存现金视为准备金。

[11] 这是在联储委员会 (在 1914 年 10 月 28 日) 下达到成员银行的第 10 号通知性条款 (*Annual Report* for 1914, p. 167) 要求下, 由成员银行完成的第一笔转移到联储银行的准备金的分期支付。根据《联邦储备法》的第 19 节, 此后的各次分期支付中, 可以有不超过 1/2 的部分以合规票据支付。

[12] 1917 年 6 月 21 日的修正案。

[13] J. Laurence Laughlin 在议院小组委员会 (House subcommittee) 前的陈述, 见上面的注释 [7], 提倡联邦储备券的发行条件应有别于存款："基于联邦储备券从银行进入公众手中, 因此与存款账户不同, 联邦储备券有准公众性作用……银行和储户间的私人合同则是另一个层面

的问题。"(第138页)Laughlin认为,保护存款的方法是"改善持有的票据种类"(第139页)。

〔14〕见附录B。

〔15〕当然,从最终支付手段的角度来看,它们是不同的,因为非银行公众可以持有存款,而只有银行才可持有联邦储备券。从这一角度来看,公众手中的通货和商业银行存款是可以互换的。对这两种支付媒介要求相同的黄金储备意味着联邦储备券比联储存款享有更低比例的黄金储备要求,前者乘以1美元联储存款所对应的商业银行存款等于后者。例如,如果1美元联储存款对应7美元的商业银行存款,且联储存款有35%的黄金(或法币)储备要求,这等于1美元商业银行存款对应5%的黄金储备。为了在法定黄金头寸不变的情况下,实现公众的1美元商业银行存款向1美元通货的转化,该转化以联邦储备券的形式完成,联邦储备券的黄金储备率也应达到5%。

〔16〕1917—1919年的国民生产净值数字修正了Kuznets的估计值。对于战争期间,我们认为,Kuznets估计值会误导我们的研究。根据Kuznets的定义,政府服务对消费者的价值用直接税收度量。1917—1919年间政府支出比直接税收增长得更快,实际上,他的估算并没有完全包含这些年份的政府支出。(Simon Kuznets, *Capital in the American Economy: Its Formation and Financing* 一书中的工作表,Princeton for NBER,1961。) 197n

John W. Kendrick对Kuznets的估计值从1889年开始进行逐年调整,通过加入国家保障费用以得到他所谓的国民生产净值的"国家保障形式"(见Kendrick, *Productivity Trends in the United States*, Princeton for NBER, 1961, pp. 235ff.; Table A—I, col. 7, pp. 290 - 292,显示了以1929年美元计价的一系列数字;我们从Kendrick的未出版的工作表中获得以美元现值计价的数字)。

我们用美元现值计价的"国家保障形式"作为Kuznets估计值的插入值。对于1917年、1918年和1919年,我们通过线性内插法来计算国家保障形式的对数与从1916年和1920年的国家保障形式对数获得的匹配值的差额。我们把差额加到1917年、1918年和1919年的值上,这些数值是在1916年的对数和1920年Kuznets估计值中通过线性内插法得到的,由此得到这些年份的调整后的国民生产净值估计值。

〔17〕W. A. Brown, Jr., *The International Gold Standard Reinterpreted, 1914—1934*, New York, NBER, 1940, Vol. I, p. 65. 199n

〔18〕*Historical Statistics of the United States, 1789—1945*, Bureau of the Census, 1949, Series M-1, p. 242.

〔19〕J. P. Morgan and Company是英国财政部在美国的代理机构。 200n

〔20〕*Banking and Monetary Statistics*, Board of Governors of the Federal Reserve System, 1943, p. 670; Brown, *International Gold Standard*, Vol. I, pp. 50-70. 201n

〔21〕我们采用两种方法对资本和黄金流动相对于国民生产净值的数据,以及美国物价相对于英国物价的数据进行了计算(如表A-4所示;为了使之与1871—1913年的数据有可比性,没有剔除1914—1919年的资本流动数据中的误差和遗漏项;为了使之与1919—1960年的数据有可比性,表A-4和图17中的1914—1919年的资本流动数据剔除了误差和遗漏项)。 202n

1. 我们首先确定资本和黄金数据的主要顶峰和谷底的日期,如下:

顶　峰	谷　底
财政年度1872年	财政年度1878年
财政年度1888年	财政年度1898年和日历年度1898年
日历年度1909年	日历年度1913年

然后我们计算记录的资本和黄金流动从一个转折点到下一个转折点之间的差额、调整后的相对价格比率对数间的差额(为了适用于财政年度,我们把两个相关的日历年度的比率平均),以及后者与前者的比率。基于表A-4序列数据的结果如下表所示。

变　动	资本和黄金流动的变化 (1)	相对价格比率对数的变化 (2)	(2)÷(1) (3)
财政年度			
1872—1878	−6.734	−0.0667	0.00990
1878—1888	+4.751	+0.0538	0.01132
1888—1898	−5.469	−0.0445	0.00814
日历年度			
1898—1909	+3.542	+0.0692	0.01955
1909—1913	−1.167	−0.0207	0.01775

最后一列记载的数字,得出的加权平均数是0.01317,其权重是变化的持续期。

资本和黄金流动从1914年到1916年的变动是−7.360。它与0.01317的乘积,即−0.0969,等于在先前经验的基础上可以预计的调整后价格比率的对数的变化量。实际的变化量是−0.0864。因此,根据之前的经验,调整后价格比率的下降幅度将会比实际超出约1/8。或者,换一种表达方式,上表最后一栏中对1914年到1916年的记录将会是0.01174,恰好在前期经验数值的范围内。

2. 我们再计算从1871年到1913年购买力平价x、资本流入和黄金流出y及时间t之间的多元关系。结果是:

$$x = 94.89 + 2.122y + 0.3327t, \quad R^2 = 0.52 \tag{i}$$

$$y = 15.42 + 0.1646x - 0.085t, \quad R^2 = 0.45 \tag{ii}$$

其中,R^2是多元相关系数的平方,式(i)是x关于其他变量的回归,式(ii)是y关于其他变量的回归。在式(ii)中求解x得

$$x = 93.67 + 6.075y + 0.5166t \tag{iii}$$

在一系列非常宽泛的假设条件下,式(i)和式(ii)约束了x和y之间的"真实"关系,这一真实关系应当采用无误差数据,并考虑其他影响两者关系的变量。

然后我们用式(i)和式(ii)去估算1914年到1919年的数值。实际数值和估算数值如下表所示。

年　份	购买力平价		
	实　际	采用公式计算	
		(i)	(iii)
1914	102.6	103.4	105.3
1915	89.1	92.7	77.5
1916	84.1	88.5	64.9
1917	86.3	90.2	69.3
1918	86.5	96.6	67.3
1919	88.5	92.2	74.3

实际数值在两估算值之间并且十分接近两个数值中较高的那个。所以这种计算方法得出了与第一种方法同样的结果。

[22] 乡镇银行15%法定准备金中的最高3/5和城市储备银行25%法定准备金中的最高1/2可以该形式持有。而中心城市储备银行必须将25%的法定准备金全部以法币的形式保存在它们的金库中（见第2章，注释[62]）。

此外，1914年1月13日前，国民银行可以把国民银行券偿还基金的5%计为法定准备金的一部分（Annual Report of the Comptroller of the Currency, 1914, Vol. II, p. 191）。实践中，它们从净存款法定准备金中扣除数倍偿还基金，中心储备和城市储备银行扣除4倍的偿还基金，而乡镇银行扣除 $6\frac{2}{3}$ 倍。1913年12月23日通过了《联邦储备法》，尽管法案的第20节于当日废除了批准偿还基金作为部分法定准备金的1874年规定，但监理署立即在随后的宣告中最后一次允许包含这个项目。在接下来关于《联邦储备法》对法定准备金影响的讨论中，鉴于它的数量影响是微不足道的，我们忽略了偿还基金处理方式发生变化的影响。在1913年年底，偿还基金总计大约仅达到公众在国民银行总存款的0.5%。

我们关于银行准备金的统计数据从未包括偿还基金，因为我们把它当做库存现金的一部分，而不是银行现金的一部分。由于将偿还基金排除在外，该法案使法定存款与银行持有的高能货币比率——正如我们计算的总量——比包括偿还基金略低了一些。

[23] 见上面的注释[10]。

[24] 该修正案不包括在最初的法案出台的5个月前在其他银行的储备存款。

由于《联邦储备法》对定期存款提出了单独准备金要求，准备金要求的实际影响变得更加复杂。Phillip Cagan 全面考虑了各种复杂性，对这些变化的影响进行了细致的研究，这里的结论是基于他的发现做出的。他估算《联邦储备法》准备金要求变化的直接影响（并没有排除偿还基金）是：在1914年11月16日降低了国民银行高能货币13%的准备金要求；在接下来的1915年11月16日、1916年5月16日和11月16日，法定准备金向联储银行的转移将高能货币准备金要求提高了14%；1917年6月21日的最后变化使高能货币准备金下降了21%（见Cagan即将发表的关于美国自1875年以来货币存量变化的决定因素和影响的研究，这是国民经济研究局的一项研究）。

最后对准备金下降的影响被高估了。尽管库存现金不再被视为法定准备金，但银行显然不得不在其现金库中保留现金以用于日常经营，所以我们把这些现金计入我们所说的准备金总量中。

[25] 很多文章作者都建议授予联储体系在公开市场上借贷的权力，从而使联储即使在有价证券匮乏时也能采取紧缩措施（Jacob Viner, "Recent Legislation and the Banking Situation", *American Economic Review*, Mar. 1936, Suppl., p. 118）。在第72届国会第一次会议上，Rep. Goldsborough 提出了一项法案（H. R. 10517），该法案的第二段指出，"为了稳定货币购买力"，如果联储体系在出售证券时耗尽所持有的证券，应有权发行新的债券。但是该法案并未获通过。

[26] 当然理论上，法定准备金的提高已经抵消了黄金流入。在1916年12月，联储委员会向国会申请提高法定准备金的权力（*Annual Report* for 1916, pp. 28, 140），但是这一申请没有被批准。联储体系可以购买带有流动特权的债券来降低货币存量，但是这仅仅是用联邦储备券替换了国民银行券。

[27] "储备银行需要应对支出,尽管仅把它们视为利润创造者并使用普通的商业标准来判断其成败是错误的,但如果储备银行较好地履行了其职能且在管理上没有超过审慎边界,没有理由不允许其赚取支出甚至获取合理的利得。进一步说,尽管联邦储备银行应当成为货币市场上首要和重要的因素,但它们永远都难以完成这一使命,除非它们的资源有相当大的部分能得到规范和持续的使用"(Federal Reserve Board, *Annual Report* for 1914, p.18)。

214n [28] 在1921年之前,不同期限和类型的票据贴现率不同。这里所示的贴现率是不同类型和期限票据的最低利率,这些票据包括:在整个1916年8月发行的31—60天的商业、农业或畜牧票据;从1916年9月到1920年12月发行的15天票据或15天以下的票据。从1917年到1921年11月一些储备银行对由政府担保的票据实行优惠贴现率,但是这里没有引用。所示的范围包括12家地区性储备银行。

216n [29] 从美国参战一直到停战,美国财政部向协约国提供了73亿美元的贷款;在接下来的两年里,又提供了22亿美元的贷款。

[30] *Annual Report* of the Secretary of the Treasury, 1919, p. 213; Chap. 10, pp. 557 and 574.

217n [31] 从流通领域中收回十余亿美元的金币和金元券,是联储体系黄金集中政策的一部分,并且通过要求银行配合来达到这一目的,联储要求银行"从实收现金(incoming cash)中分离出金元券,除非特许,否则不能通过柜台支付任何这种金元券,所有银行都应向(纽约联邦储备)银行上交超过库存现金的金元券"(*Federal Reserve Bulletin*, Sept. 1917, p. 660)。联储要求这些银行对外支付联邦储备券,并且也不鼓励公众购买金币(ibid., Dec. 1917, pp. 931, 951)。

财政通货的下降,与美国中立期时的下降不同,主要的起因不是国民银行券退出流通。英国急需把银锭运输到印度,当时印度还是银本位制并且有很多战事。依据1918年4月通过的《彼特曼法案》(Pittman Act),英国可为此从美国财政部购买银锭。交易的过程为:通过联储银行积累银元券,将它们转移到财政部兑换彼特曼债券,该项资产包含在联储银行贷方的资产项目中;财政部取消银元券,从而释放出运输到印度的银锭;并且,联储银行发行由彼特曼债券担保的联储银行券来取代银元券。到停战时,1.85亿美元的银元券从流通中收回,但仅发行了7500万美元联储银行券。到1920年年底,这些联储银行券的总量达到了最大值,为2.59亿美元。

218n [32] 第一次世界大战时最后发行的债券是在1919年4月至5月发行的胜利债券。

[33] 也可以提供一些其他可能的因素,但是全面的分析将会使我们偏离对主要问题的关注:(1) 只有一小部分的战争支出是由税收来筹集的,但是这些税收的确吸收了本应由私人消费的资金,而且在中立期协约国根本没有消费的对应税收项目;(2) 债券的发展可能促进了自愿储蓄,从而在价格不发生变动的情况下私人的储蓄率会上升;(3) 利率稳步上升;(4) 价格管制、资本项目上的自愿控制、强制的外汇管制和其他战时措施已缩减了一些开支,否则将会有更多的资源用于战时需求;(5) 刚刚停战后,未来的不确定性、经济的恢复和军人复员定然共同影响了通货紧缩。

219n [34] 见 Phillip Cagan, *The Demand for Currency Relative to the Total Money Supply*, New York, NBER, Occasional Paper 62, 1958(影印于 *Journal of Political Economy*, Aug. 1958, pp. 303-328);并且见他即将出版的关于1875—1955年美国货币存量变化的决定因素及影响的专著(一项国民经济研究局的研究)。

[35] 我们可以根据政府支出的融资给出货币退出流通对通货膨胀速率的影响。我们把

联储看做一个政府机构,并且将其账目与财政部账目合并,同时,我们也不考虑表 10 所示的高能货币的构成,并且把这一时期的高能货币看成具有不同重要性的两部分的组合:黄金与政府直接或间接发行的信用货币。对每 1 美元的信用货币,政府都获得多于 1 美元的资源控制权。(严格地说,国民银行券和不太清晰的银通货应被分离出来,因为这一说法对它们来说并不适用。但是在战争期间国民银行券基本没有变化。银通货的主要变化就是部分被联储银行券代替,见注释[31],这对美国政府可控制的资源没有实质影响。因此将国民银行券和银通货包括在信用货币内,不仅简化了论述,而且使之更为准确。)在没有价格上升的情况下,这等同于以零利率借款,在价格上涨情况下,这等同于强制征收铸币税(见 Milton Friedman, *Essays in Positive Economics*, University of Chicago Press, 1955, pp.254-255)。如果没有部分准备金制度,那么所有货币都构成高能货币,我们也就无须讨论这个问题了。但如果部分存款准备金制度存在,则是另外一番情况。对于政府创造的每 1 美元,银行系统都可以创造出数美元,因而只有部分额外的高能货币进入流通领域,部分成为银行准备金。事实上,政府与银行系统达成了共同安排,双方分割了公众愿意以零利率(或在有息存款的情况下,比其他类型贷款低的利率水平)借出的金额以及价格上涨所带来的隐性铸币税收入。两者分割的比例如下:例如,基于每单位政府创造的货币,银行系统可创造的货币数量取决于银行的准备金率(在高能货币方面)和公众的存款-通货比率。公众将存款向通货的转化降低了银行系统的份额而增加了政府的份额,因此政府以一个较少的货币增长量获得了资源。

在数量方面,高能货币中的信用货币自美国参战到停战阶段大约提高了 15 亿美元。这相当于战时通过零利率贷款或隐性铸币税收筹集到的战争开支。如果公众没有把存款转为通货,存款-准备金比率实际上还是上升了,信用货币将只会上升 6 亿美元,而货币存量的增长幅度也不会大于实际的增长幅度。这会要求政府以其他方式筹集额外的 10 亿美元。另外,如果公众没有把存款转为通货,由政府实际发行的 15 亿美元将会使货币量提高 40% 而不是 18%。但是如果那样的话,价格肯定会比实际上升更多。最终,对于政府来说,通过发行信用货币筹集到等量的实际资金将会造成高能货币的增长超过 15 亿美元,同时伴随着通货膨胀影响。从这些数字中,可清晰地看到我们讨论的影响显然是不可以被忽略的。(见 Friedman, Price, Income, and Monetary Changes in Three Wartime Periods, *American Economic Review*, May 1952, pp.612-625。)

[36] 之所以使用"大致"这个词是因为国民银行券的数量在该时期轻微下降,并且我们是否可以把它定义为政府发行的信用货币尚不明确(见附录 B 和上面的注释[35])。而且,由于银通货的存在,也可能有其他的解释。

[37] 由于额外货币的发行为公众所接受,且没有带来价格的上升,因此可以将其视为一个零利率的隐性贷款。然而,货币流通速度的大致稳定表明货币余额占收入的比重并没有上升,而且实际收入的大致稳定意味着该项目不需要额外的实际货币余额——因此我们认为,该时期发行的额外货币是一项税收。

[38] W. P. G. Harding, *The Formative Period of the Federal Reserve System*, Houghton Mifflin, 1925, p. 148.

[39] "由于高工资和高额利润,公众的购买力比之前要强得多;加之来自欧洲必要的出口需求,使物价提高到一个极高的水平上……对信贷有着无限的需求……"(*Annual Report for 1919*, p. 3.)

[40]《1919 年年度报告》的第 3 页写道:"……显然当政府拥有巨额的浮息债务且自由

债券仍有很大部分没有被吸收时,贴现率的提高可能加大政府融资的难度。由于战时限制的取消,仍需要对信贷进行管理和控制,委员会认为通过过早地调整贴现率来施加控制将不利于财政部的处境,即使不会完全阻止也会削弱政府试图达到的结果。"财政部和商业银行达成的共识强化了财政部对此事的敦促,它们认为储备银行将会使商业银行和其客户对6个月胜利债券的认购利率等于普通贷款利率(H. P. Willis, *The Federal Reserve System*, New York, Ronald, 1923, pp. 1395-1396)。阻止银行利率上升的另一个力量是1918年年初联储委员会和纽约清算银行间达成的协议,后者对活期银行余额支付2.25%的利息,纽约联邦储备银行90天的商业票据利率每上升0.5%,该利率就会提高0.25%,其上限为3%。1919年联储委员会不愿看到储备银行利率的上升,这将会导致其他地区利率的上升,并且可能导致寻求最高回报的银行存款的整体转移(*Federal Reserve Bulletin*, Apr. 1918, p. 252; Jan. 1920, p. 3)。

225n 〔41〕Harrison 文件为国内货币政策的三个主要问题提供了翔实的书面证据:(1) 20世纪20年代末,联储体系内关于对股票市场繁荣进行控制的争论;(2) 从1929年10月股市崩溃到1933年3月银行歇业期间影响联储体系政策的种种考验;(3) 在罗斯福新政(New Deal)下联储体系的角色。这些事件部分超出了 Harrison 文件所记载的时期,但是大多数事件的时期都与其重合。书面证据包括公开市场业务委员会的会议记录、与这些会议相关的官方信件往来和备忘录,以及纽约联邦储备银行董事会会议记录(在会议上对联储体系的政策进行了评价和分析)。最后,文件中含有 Harrison 与联储体系、银行、政府机构和外国中央银行重要人士谈话内容——电话交谈或面谈——的详细记载,谈话内容经常是谈话刚刚结束或几天后就被记录下来。包括 Harrison 文件在内的8个文件当中,有4个文件主要是关注国内货币政策的,本书主要参考了这4个文件(另外4个主要是关于国际中央银行关系的)。

在接下来的涉及 Harrison 文件的部分,以文件章节的标题进行如下区分:交谈(1926—1940年, Harrison, Conversations),办公室备忘录(1924—1940年, Harrison, Office),两个都记录了交谈的内容,并带有副本;多方面的信件和报告(1920—1940年, Harrison, Miscellaneous),包括与联储委员会和其他部门信件的副本;公开市场投资委员会(1928—1940年, Harrison, Open Market),包括常规会议记录、管理人员会议记录、备忘录、信件、决议;总裁会议(1921—1940年, Harrison, Governors),包括会议的详细议程;讨论笔记(1930—1940年, Harrison, Notes),包括纽约联邦储备银行董事会会议记录和执行委员会会议记录;专用备忘录(1933—1940年, Harrison, Special),包括由银行研究人员准备的政策问题讨论。

227n 〔42〕Charles S. Hamlin, 日记(1887—1937, Hamlin Papers, Manuscipt Division, Library of Congress), 第5卷, 10月28日—11月1日和12日—13日, 1919年, 第41—47, 54—57页。

〔43〕这一段插曲包括 Strong 与财政部部长 Carter Glass 关于委员会对贴现率权限的争论。虽然司法部长支持 Glass 的观点,认为委员会有权调整贴现率并规范贴现率的制定,但相关法律问题仍然没有解决(Lester V. Chandler, *Benjamin Strong, Central Banker*, Washington, Brookings, 1958, pp. 162-165)。

联邦咨询委员会(由12个银行家组成,每个储备银行选举一个)建议"目前不需对贴现率做进一步的变动",一周后波士顿和纽约联邦储备银行提高了贴现率(*Federal Reserve Board, Annual Report* for 1919, p. 530)。

〔44〕Hamlin Diary, Vol. 5, Dec. 12, 30, 1919, pp. 82-87, 109-110. 尽管 Strong 赞成单一贴现率,但他坚持"为了鼓励银行在乡村的发展,并且这种特殊类型的票据资产比其他任何商业票据产品都要好",承兑汇票的优惠贴现率是合理的(Chandler, *Benjamin*

Strong, p. 160)。这个主张与财政部给予由政府债券担保的票据优惠贴现率的理由在本质上是一样的,Strong 在几年之后摒弃了这一观点(见第 6 章的注释〔66〕)。在 12 月 30 日,纽约也把它的购买承兑汇票的最低贴现率提高到 4.75%。

〔45〕Hamlin Diary, Vol.5, p. 89. Strong 在 1919 年年初就作出应提高贴现率的判断,这一判断隐含在他稍后在农业调查联合委员会之前的陈述中(Benjamin Strong, *Interpretations of Federal Reserve Policy*, W. Randolph Burgess, ed., New York, Harper, 1930, pp. xvi, 85-88)。这段插曲也可参见 Harold L. Reed, *The Development of Federal Reserve Policy*, New York, Houghton Mifflin, 1922, pp. 298-315; and Chandler, *Benjamin Strong*, pp. 119, 139-160。也可见本书第 6 章的第 3 节和第 4 节。

〔46〕*Report of the Joint Commission of Agricultural Inquiry*, 67th Cong., 1st sess., H. Rept. 408, 1922, part II, p. 15.

〔47〕Harding, *The Formative Period*, p. 223.

〔48〕另一家中央银行行长的回忆录与 Harding 的回忆录形成了有益的对比,它戏剧性地揭示出在完全相同的法规环境下,中央银行官员的个性是如何影响其相对财政部的立场的。见 Emile Moreau, *Souvenirs d'un Gouverneur de la Banque de France*, Éditions M.-Th. Genin, Librairie de Médicis, Paris, 1954, *passim*。Moreau 在 1926—1928 年法郎稳定时期是法兰西银行的行长。

〔49〕Harrison, Special, No. 2, Credit Policies of Federal Reserve System, 1914—1934, p. 2a.

可以注意到,该备忘录没有像我们那样对 1919 年行动可能产生的结果和 1920 年实际行动产生的结果进行区别,正如引用的这句话前面的句子所阐述的:"在制止 1919—1920 年经济过热时,联储体系的措施并不为人们所认可,不管采纳的政策从长期来看多么有利,中央银行制止过热的行动从来都没有,并且将来也不会受欢迎。"

1922 年,当 Harding 没有再次被任命为主席后,他离开了委员会,并且在 1923 年 1 月担任了波士顿联储银行的总裁,他的工资要比先前在委员会时高出两倍还多!1930 年,Roy A. Young 辞去联储委员会主席且成为波士顿联储银行的总裁,同样的情况再次发生。同样,Young 在担任联储委员会主席期间的表现也不尽如人意(见第 7 章的注释〔104〕)。

〔50〕Hamlin 对 Miller 的行为非常不满。

在会议前,Miller 博士告诉我他决不会投票支持 6% 的利率,并在会议上强烈反对这一提议,第一次投票时投了反对票。然而,第二次投票时,他犹豫了,并且说协调是必要的,他还说财政部部长和 Harding 主席赞成 6% 的利率,因此他会投票支持 6%!这就是 Miller 所谓的协调。最终会议以 4:3 通过了这一提议,而如果他没有退缩,结果将反过来,成为 4:2(Glass 部长将不会投票)。古怪的协调!Miller 曾一次又一次指责委员会被财政部支配,而今天他公开宣布他改变了投票,违背了他的信念,仅仅是因为财政部部长和 Harding 主席赞成 6% 的利率。(他是一个见风使舵者!!!)

在当晚稍后的宴会上,Glass 向 Hamlin 承认"他不确定他的投票是否正确……他看起来非常不安和担心"(Hamlin Diary, Vol.5, Jan. 21, 1920, pp. 134-142)。

〔51〕在接受了委员会投票决定的贴现率计划后,纽约联邦储备银行的董事们从一家华尔街法律公司获得了关于委员会决定贴现率权力的意见。该意见对委员会的做法表示支持:

"因此,我们的结论是,储备银行有权自己确定贴现率,但是委员会有权改变已确定的贴现率。"(Chandler, *Benjamin Strong*, p. 167.)Chandler 对委员会措施的评论是:"如果 Strong 仍在职,委员会这样做,将会引发一场多么激烈的斗争啊!"

233n 〔52〕波士顿、芝加哥和明尼阿波利斯储备银行在 6 月把再贴现率提高到 7%。4 月和 5 月,亚特兰大、圣·路易斯、堪萨斯城和达拉斯储备银行采取了累进的贴现率计划,将之作为约束成员银行借贷的方法。如果联储体系在 1919 年发起该计划的话,就不会在 1920 年提高贴现率。1920 年 4 月的《费伦法案》(Phelan Act)允许储备银行在委员会同意下,首先,决定每个成员银行的再贴现额度的最大值;其次,对于所有成员银行的再贴现,如果额度超过正常限额,可以确定向上的累进贴现率,这一累进贴现率应当平等地适用于所有成员银行。在 1920 年年末或是 1921 年储备银行放弃了该贴现率累进计划,亚特兰大和达拉斯储备银行都实施了 7% 的贴现率。农业地区的脆弱的银行对贴现率累进计划尤其不满。1923 年 3 月 4 日的《农业贷款法案》废止了《费伦法案》的条款。

234n 〔53〕波士顿储备银行在 4 月 15 日把利率降到 6%,它是唯一先于纽约联邦储备银行行动的银行。

〔54〕10 天前,Strong 指出英格兰银行指定了黄金的用途,"不再把黄金计入联储银行准备金,这样可以降低基于高准备金率调低贴现率的压力"。

〔55〕如上所述,波士顿储备银行获准可以降低贴现率,而亚特兰大储备银行不得不等到 5 月 6 日之后才采取行动。

235n 〔56〕Hamlin Diary, Mar. 29, Apr. 4,9,12,28, May 5, 1921, pp. 66-72,81,87-90. 这篇日记证实了 Chandler 关于 Strong 不会赞同 1920—1921 年政策的判断是正确的 (Chandler, *Benjamin Strong*, pp. 169-170)。尽管有证据表明,当 1920 年 12 月 Strong 在伦敦时,他明显倾向于适度放松紧缩的货币政策(也可参见 Strong, *Interpretations*, pp. xvi, 133)。Chandler 指出 Strong 对联储体系存在误解,认为联储体系采纳了 Bagehot 以高利率进行自由借款的规则,并且联储体系忽视了 Bagehot 的规则仅限于短期货币市场恐慌,而不适用于长期紧缩(*Benjamin Strong*, pp. 173-174)。

〔57〕贷款在东部地区比在农耕地区流通性更强。1920—1921 年大量的再贴现反映了这个事实:为了保证准备金比率在法定最低比率之上,农耕地区的储备银行主要向东部工业地区的银行寻求帮助。农产品价格的剧烈下降开始于 1920 年 1 月,大约在物价指数总体到达顶峰的前 4 个月,主要是因为随着欧洲农业产量的恢复,来自国外的需求减少了。因为农民很难获得银行的贷款,所以他们在 1920 年秋通过熟悉的财政资金农产品贷款,或向恢复经营的战争金融公司(War Finance Corporation,该公司在 1920 年 5 月曾暂停业务)寻求融资。在 1921 年 1 月 4 日通过了一项联合方案,推翻了总统的否决票,国会重新允许战争金融公司为农产品和其他产品出口发放贷款。战争金融公司的年度直接贷款总量从 1920 年的 4 500 万美元上升到了 1921 年的 1.12 亿美元以及 1922 年的 1.96 亿美元。

236n 〔58〕*Annual Report* for 1920, pp. 6-17; 1921, p. 1.

238n 〔59〕《联邦储备法》的 11(c)节批准联储委员会可以"暂停法定准备金要求的时间不应超过 30 天,并且对于重新恢复暂停法定准备金要求的时间不应超过 15 天;例如,对于低于本法案在下文设定的法定水平的准备金应设立累进税;比如,联邦储备券的黄金储备比率若低于 40%,联储委员会应该对不足额度设立一个每年不超过 1% 的累进税,直到储备比率降到 32.5%……"

第6章

★★★

联邦储备体系的发展期
(1921—1929)

1921—1929年这段时期之所以引起了我们的特别关注,是基于如下原因:

(1) 这段时期没有大的衰退,并且经济保持快速增长。追溯起来,大危机前的这段时期更让人乐观,所以被誉为"新时代"。

(2) 工业和金融业的发展重塑了商业银行的角色。在这10年中,银行资产的特点及结构都有显著变化。除信贷与投资外,很多银行开始涉足其他领域,主要是信托业务及证券的承销与发行,而这些变化影响了银行的数量与规模。同时,汽车数量的增长、农业地位的相对下降以及公司规模的扩大,削弱了小城镇银行的地位。因此,较高的破产率是这一时期商业银行体系最突出的特征。

(3) 由于摆脱了满足财政部要求及内部流动性的压力,联邦储备体系第一次感到自身是一个自由的机构。此外,由于受其黄金头寸及当时国际货币形势的影响,联邦储备体系意识到了自身存在的问题与早期中央银行问题的差别,这就迫使它不得不重新制定一项货币政策标准来取代金本位制的自动调节。而这一行为的结果之一是使政府试图干预经济,即通过行使中央银行的权力达到促进国内经济稳定发展、保持国际收支平衡以及防范或缓和金融危机的目的,这在货币史上可能也是第一次。回顾起来,我们看到这是政府明确承担起保持经济稳定职责的关键一步。随着时间的流逝,联邦储备体系在保持经济的稳定性上赢得了——可能更多的是被给予了——声望,人们对政府实施的货币政策也寄予了厚望。

(4) 联邦储备体系的新模式、研究活动以及完全依赖于货币政策促进经济稳定的方式,都引起了学术界对联邦储备体系问题的广泛关注,研究之广泛、分析之深入是其他时期所不能企及的。[1]

(5) 联邦储备委员会与各联邦储备银行在如何控制股票市场投机的问题上的公开分歧标志着这段时期的结束。联帮储备体系内部一直存在着潜在的权力争夺,在此后的几年间,这一斗争导致权力从储备银行,尤其是纽约联邦储备银行向联邦储备委员会集中。

对于1921—1929年这段发展时期,我们将从以下4个方面进行总结:(1)货币、收入、价格及货币流通速度的发展历程;(2)商业银行运营的变化;(3)联邦储备委员会对货币政策的评价;(4)联邦储备体系采取的措施,尤其是那些影响货币存量变化的措施。

6.1 货币、收入、价格及货币流通速度的发展历程

同早期严重的经济衰退一样,1920—1921年间的经济衰退之后紧接着是巨大的经济扩张。从1921年7月经济发展的谷底到1923年5月的顶峰,联邦储备委员会工业生产指数提高了至少63%,批发物价指数提高了9%,货币存量提高了14%(参见图16)。毫无疑问,一方面,工业产值高估了实际总收入的增长幅度;另一方面,可获得的收入估计值又低估了实际总收入的增幅,因为对于仅持续22个月的变动来说,以年为基础的估计是一个极其严重的缺陷。尽管如此,从1921年到1923年,以不变价格衡量的国民生产净值仍增长了23%。

在之后的6年中,即1923—1929年间,经济保持相对稳步的增长,期间有两次温和而短暂的经济衰退:一次是从1923年5月到1924年7月;另一次是从1926年10月到1927年11月。批发物价非常稳定,围绕着一个水平的或略有下降的总走势而上下波动。货币存量一直稳步增长,这种状况一直持续到1928年年初,之后联邦储备体系基于对股票市场发展过快的担忧采取了紧缩的货币政策,从而使货币存量一直轻微下降到1929年年底。尽管股票市场的暴涨作为该时期的一个特征并没有反映在我们的图表中,但却对货币政策运行产生了深远的影响。

总之,从战后1920年的通货膨胀顶峰到1929年的经济周期顶峰的这段时期尽管短暂,但却与我们在第4章末所比较的两段时期(1873—1892年和1892—1913年)的事件进程有着惊人的相似。这三个发展周期遵循着同样的规律,即首先是经济的衰退,紧接着便是强劲的反弹,然后又进入一个经济稳定增长期。表11对这三个时期的异同点作了总结,即在表9中的基础上又增加了1920—1929年这段时期相应的内容。

表 11　美国货币史上三个相似时期的比较：1873—1892 年、1892—1913 年和 1920—1929 年各种变量的变化率

	时　期		
	货币不确定或紧缩期	反弹期	货币稳定增长期
	1873—1878	1878—1882	1882—1892
	1892—1896	1896—1903	1903—1913
	1920—1921	1921—1923	1923—1929
序列和时期		年　数	
时间段			
1873—1892	5	4	10
1892—1913	4	7	10
1920—1929	1	2	6
		变化率(%)	
货币存量			
1873—1892	-0.6	12.6	5.4
1892—1913	-1.0	9.9	6.0
1920—1929	-5.7	5.4	4.0
货币收入			
1873—1892	0.9	9.6	1.5
1892—1913	-2.3	8.0	5.2
1920—1929	-20.3	9.1	3.3
批发物价			
1873—1892	-7.6	4.3	-3.5
1892—1913	-2.9	3.5	1.6
1920—1929	-45.9	1.5	-0.9
实际收入的隐含物价指数			
1873—1892	-4.3	1.2	-2.0
1892—1913	-2.2	2.0	2.0
1920—1929	-16.0	-1.4	-0.1
实际收入			
1873—1892	5.2	8.4	3.5
1892—1913	-0.1	6.0	3.3
1920—1929	-4.3	10.5	3.4
人均实际收入			
1873—1892	2.9	6.2	1.3
1892—1913	-2.1	4.1	1.4
1920—1929	-6.3	8.9	2.0
货币流通速度			
1873—1892	1.5	-3.0	-3.9
1892—1913	-1.3	-1.9	-0.8
1920—1929	-14.7	3.7	-0.7

注：变化率是从期初值到期末值的连续复合增长率；通过用期末值和期初值自然对数的差除以两者的时间间隔得到。

资料来源：同表 9。

从年变化率来讲，1920—1921年间的衰退是最严重的。尽管持续时间很短，但其货币存量下降的幅度比另外两个时期更大。货币存量的下降幅度越大，货币收入、价格及实际收入下降的幅度就越大。另一方面，严重衰退后的强劲反弹，尽管表现为对实际经济变量更为强有力的拉动，但对货币存量及价格反弹的影响却温和得多。

正如我们对前个时期的比较一样，这两个时期比较中最有趣的特征便是，在相对稳定的增长期内货币走势与实体变量变化特点的不同。不论是总量还是人均，实际收入的增长率都极其相似；而价格的增长率却存在巨大差异。批发物价在第一时期（1873—1892）每年下降3.5%，第二时期（1892—1913）每年上升1.5%，第三时期（1920—1929）每年下降近1%。隐含物价在第一时期下降2%，第二时期上升2%，第三时期基本没有变化。但在这三个稳定增长期内，实际总收入都以年均近3.5%的速度增长，实际人均收入都保持每年1.3%—2.0%的增速。这些发现进一步证实了我们先前的结论：在一段涵盖几个商业周期的时期内，价格的变动方向与相应的实际产出长期增长率没有必然的联系。显然，价格变动的稳定性比其变动方向更重要。

1903—1913年与1923—1929年时期，价格走势的差异与货币存量走势的差异几乎完全相同，且两者是相关的。1923—1929年间批发物价的变动幅度比1903—1913年小2.5%，隐含物价的变动幅度比1903—1913年小2.1%，货币存量的变动幅度比1903—1913年小2.0%。

如表11所示，在前两个时期中，价格走势与货币走势之间并不存在明显的一致性。隐含物价在1882—1892年的变化率比1903—1913年低4%，而货币存量变化率比1903—1913年仅低0.6%。这3.4%的差异，从数学角度讲，是由于1882—1892年期间实际收入的增长率高出了0.2%，货币流通速度的下降加快了3.1%。第4章将这一数据偏差区分为实际收入和货币流通速度，一定程度上反映第一时期收入数据的缺陷，这个偏差本身也部分反映了货币与价格数据的缺陷。之后两个时期的数据明显更为完善，隐含物价变化率与货币存量变化率的特征也更为相似，从而为价格与货币走势的相关性提供了一定证据。

6.2 商业银行运营的变化

在这一时期，商业银行在金融体系中的角色发生了重大变化。这些变化主要反映在信贷运作特征与银行的数量、规模方面。1914年，商业银行信贷总额的53%为商业贷款,33%为证券贷款,不到14%为不动产贷款。[2]不动产贷款占比较低,主要是因为在1913年《联邦储备法》建立联邦储备体系之前尚不允许国民银行开展不动产贷款业务,之后虽放松了管制,但也仅限于对农场的信贷。[3]而分期付款形式的信贷则鲜为人知。在20世纪20年代,相对于证券和不动产的贷款,商业贷款明显下降。《联邦储备法》1916年修正案以及1927年《麦克法登法案》(McFadden Act)促进了国民银行发放非农业不动产贷款。分期付款金融公司,尤其是其中最重要的汽车金融公司,从大型商业银行获得的贷款有所增长。基于1920—1921年间贷款清偿的经历,商人们不愿从银行贷款,这可能导致了20世纪20年代商业信贷重要性的下降。不论怎样,1921年后企业丰厚的利润以及证券市场发行新股的迫切需求,使得内源融资和直接融资都可以在不涉及银行贷款的情况下完成。到1929年为止,商业银行信贷总额的45%为商业贷款、38%为证券贷款、17%为不动产贷款。

商业银行的投资占贷款额的比例从1914年的29%增长到1919年的42%,又回落到1920年的29%,随后再次升高,并在1922—1929年围绕着40%的水平上下波动。[4]第一次世界大战期间,尽管联邦政府主要通过向非银行类的公众直接出售证券来为赤字融资(参见第5章),但银行通过向以政府债券为抵押的客户提供贷款也间接参与其中,因此商业银行的投资仍出现了增长。同时,银行自身也购买了较多的联邦政府债券,从而构成了战争期间投资-贷款比率增长的主要原因。商业银行在20世纪20年代的投资比例比战前更高,部分是由于持有更多的联邦政府债券,部分是由于其持有的州证券、市政证券、公司证券及国外证券的增长。

商业银行较高的投资比例一定程度上也反映了当时附属于商业银行的证券承销与发行公司的运作,通过这种附属机构,商业银行在大多数主要城市实际上变成了债券与股票的承销商与经纪商。附属机构先是通过发行债券融资,然后是发行股票(先发行优先股,再发行普通股),同时也成为投机于股票价格上升的多方。

除了把承销业务与信贷扩张业务结合起来,在《联邦储备法》与战争期间的修正案批准了国民银行参与信托业务后,商业银行还强化了其信托业务。为了将银行吸引到它们各自的管辖权内,针对特许经营权的要求和对银行业务的限制,州立和国民银行系统都放松了管制,从而引发了激烈的竞争。

银行业的上述发展是20世纪20年代整个金融业蓬勃发展的一部分。这一时期的金融活动以股市的极度繁荣为终结。在这一时期,美国实现了历史上第一次大规模公开发行国外证券,国内公司的融资方式实现了从依赖银行贷款到发行股票与债券的显著转变,导致了信贷余额平均质量的下降,即在20年代末发行的证券和发放的贷款比20年代初经历了更频繁的违约和丧失赎取权。[5]这种差别一定程度上反映了20年代初的借贷者比后期借贷者更长时间地分享了经济繁荣时期带来的好处,经济繁荣有利于他们全额或部分地归还贷款,也有利于他们借入资金增强自身经济实力。然而,对这种差异的各种解释表明,上述理由并不能完全说明违约率的差异。[6]20年代经济的高度繁荣及大多数人对新时代的信心导致了对偿还前景的乐观估计,由此也增强了项目融资和抵押品信贷的发放意愿。

当然,亡羊补牢比先见之明更重要。考虑到1929—1933年灾难性的经济崩溃,之前对20年代末的估计过于乐观。该时期贷款人的收益并不能够完全弥补这种风险,但这并不能表明贷款人的行为在当时的情况下是错误的,这就像输掉赌注并不能说明赌注有问题一样。1929—1933年的经济危机既没有任何预兆也并非是不可避免的,正如我们将在下一章中所看到的,实际上,联邦储备体系完全有理由提前预见危机,并且其政策应该能够在很大程度上缓和危机。如果联邦储备体系采取了有效的措施缓和危机,那么债权人的行为就是完全合理的。而且,尽管20年代末的借款比20年代初的违约率及拖欠概率更高,但平均来看,债权投资人获得的收益也应和预期一致。[7]

信贷质量的下降影响了商业银行及其他投资者持有的资产种类——尤其是外国政府债券、国内市政公债、其他债券以及城市抵押贷款[8],然而,存在一种相反的力量抵消了这种影响。20年代末,商业银行一直面对准备金的巨大压力,毫无疑问这促使信贷余额以更大的幅度下降。结果,这种由准备金要求强制产生的对贷款质量选择更为严格的行为可能抵消了现存资产质量的平均下降带来的影响(参见第7章第3节的论述)。即便最终的结果是商业银行资产总体质量确有下降,这也与30年代早期银行系统的崩溃关系不大。资产质量下降的影响并没有使银行系统的崩溃变得不可避免或更有可能发生,而是开启了货币政策的错误之路,使货币体系在这种错误面前显得更为脆弱。

信贷质量的周期性波动是由于贷方评价风险标准及借方评价投资前景标准的变动所引起的,同时对周期变化又起了一定作用。然而,是周期性波动,而不是信贷质量,起到了这样的作用;是评估标准方面的变动,而不是事后信贷质量的变动,导致了信贷机制走向进一步的失调。在评估标准没有任何变化时,事后信贷质量波动是其他因素作用的结果,反过来它又影响了这些因素,信贷机制仅仅是周期性波动的传导机制。1929—1933年间,事后信贷质量的波动远比评估标准的波动显著得多。

商业银行的数量从1914年的27 000家增长到1921年的30 000家,而后开始回落,到1929年下降到25 000家以下。银行数量的下降一方面是由于银行间的兼并,另一方面也在一定程度上反映了银行极高的破产率。1915—1920年间,仅有大约500家商业银行倒闭,而在1921—1929年间有近6 000家银行倒闭。[9]在其后的几年间,平均每天至少有一家银行倒闭,到1926年,这个数字上升到了2.7家,这一时期大部分倒闭银行的资本金不超过25 000美元,并且主要集中在西部7个农业州的近2 500个城镇。

银行的破产与前面提到的信贷质量的降低没有联系,而主要是由于交通的发展与城市化进程使大银行受益,小银行受损;同时,这也与20世纪20年代农业的困境有关。

6.3 货币政策的发展

1920—1921年经济衰退期间,货币政策显然受制于联邦储备体系的黄金储备头寸(参见第5章)。货币存量的下降以及黄金的大量流入减轻了储备压力。到1921年年末,联邦储备体系的黄金持有量是其票据与存款负债量的65%。在20世纪20年代的剩余时期内,围绕储备比率困扰联储体系的只有一个问题,即怎样通过除货币扩张外的其他手段来降低这一比率。[10]

从1921年到1929年年末,对联邦储备体系与货币政策原则的总体作用,委员会的年度报告中只有两次合理、正式的论述:一是1921年的报告;二是更著名的1923年的《第十个年度报告》(*the Tenth Annual Report*)。

6.3.1 关于货币政策原则的1921年年度报告

1921年的年度报告很显然是防备批评的,对我们的研究意义不大。该报告称,"过去的一年中,关于联邦储备体系的评论和著述甚多,这些加起来却导致了一个完全错误的印象"。相应地,该报告包括了标题为"联邦储备法案基本原则"的一节,"目的是更清晰地展示决定联邦储备委员会政策及联邦储备银行运作原则的货币政策基本原则"[11]。这一节包括了大量的联邦储备体系运作的细枝末节,但对联邦储备政策的主要问题却只字未提。

我们不可避免地会得出这样的结论,即这一节的大部分内容不符合实际,是因为其目的是回避批评。该报告既没有直面这些批评,也没有明显地违背事实进行阐述,而最终选择性地进行分析,集中描述细节,同时强调联邦储备体系政策的无效。例如,尽管该报告关于贴现有大量复杂的讨论,并且在这一节前面的章节中对1921年贴现率的变化进行了说明,把"对贴现率的控制"描述为"一项重要和深远的权力",然而,在这一长达9页的节中并没有出现过贴现率及其他相近的词[12],这种遗漏以及报告的总体基调与内容显然是故意的。[13]

6.3.2 关于货币政策原则的《第十个年度报告》

1923年的《第十个年度报告》显然水平更高。[14]这一年对联邦储备体系措施的讨论为以下基本问题提上日程提供了契机:公开市场操作、公开市场操作在总体政策中的作用、公开市场操作与贴现的关系。该报告强调了公开市场操作与联邦储备体系总体信贷政策相结合以及协调单个储备银行间行为的必要性。基于1922—1923年的经验,该报告阐述了联邦储备体系通过公开市场购入证券以降低贴现量以及通过卖出证券以提高贴现量的趋势,即所谓的"剪刀效应"。尽管联邦储备体系早就意识到公开市场的买入与卖出对货币市场的影响,但这是第一次明确地认识到公开市场操作与再贴现对于总体信贷政策同等重要。在单个储备银行以获利为目的的公开市场购买行为证明了这种购买对总体信贷的影响,以及对这种行为进行协调的必要性之后,该报告为公开市场委员会的成立提供了合理的依据。公开市场委员会于1922年试运营,后于1923年重组。[15]

该报告最重要的部分是题为"信贷政策指引"的10页内容,这部分详细、具体地分析了设计另一标准来替代黄金储备比率作为判断货币政策效果的标准。我们很难对这一部分做出精确的总结,只能大致概括其主要观点:不存在任何单一标准能胜任政策指南的角色,例如储备比率、汇率或价格指数等[16];政策"是且必须是对形势的判断"[17],这种判断应建立在生产、贸易、就业、价格及商品储备变化尽可能充分的证据之上。报告重点强调了应区分信贷的用途是"生产性的"还是"投机性的"。判断"经济体系良性运行"的主要标准是商品生产与消费的"均衡"。如果信贷被用于为商品的投机性囤积融资,就可能引发风险,这反过来会引起生产与消费间的不平衡,进而导致价格下降与经济活动的衰退。"如果将信贷严格地仅限于生产性用途,联邦储备银行创造和投放的信贷出现过剩的风险是很小的。"[18]毫无疑问,传统的真实票据学说与商业周期存货理论的结合受到了1920—1921年间经济活动的启发。

尽管这部分报告中充满了敏锐性与技巧性,但作为信贷政策指引来说还远远不合要求。必要的"判断"不能仅仅建立在事实之上,还必须对事实进行解释,并预测其他行为路径的可能影响。除了在指导人们如何进行判断以便于在适当的时间做适当的事情这一方面颇有见地以外,这一部分对其他内容提及很少,至于什么是适当的事情,这一部分非常含糊其辞。正如 Hardy 所言,即使是这些含糊其辞的解释也是模棱两可或相互矛盾的。这一部分中明确阐明的信贷政策"贸易需求"原则清楚地表明:

>……联邦储备体系应该根据变化的周期发展来调整政策,正如根据不同的季度采取不同的政策一样,当经济紧缩时,应该紧缩信贷,当经济扩张时,应该扩张信贷……这种分析思路的结论是:通过人为地降低货币在经济衰退期的价格,或提高其在扩张期的价格来刺激经济发展并不是联邦储备体系的职责,其职责是在发现经济进入衰退或扩张期时调整自身以适应变化的情况……另一方面,与上面观点背道而驰的是……(这一观点是在同一份年度报告中提出的)联邦储备体系有责任采取行动来避免通货紧缩或通货膨胀两种极端情况,而不仅仅是被动地调整自己来适应经济的波动。[19]

Reed 与 Hardy 对 1924 年联邦储备体系宽松政策的不同理解表明了这一部分确有含糊其辞之嫌。Reed 认为联邦储备政策是对上述原则的背弃;而 Hardy 在他稍后的分析中则认为,联邦储备体系所采取的宽松政策与这一部分中所阐述的原则是一致的。[20]

尽管联邦储备体系认为信贷的投机性应用与生产性应用之间的差异至关重要,但它们却很少关注一个随后成为联邦储备政策焦点的问题——股票市场投机。1920—1921 年间的经历使商品投机而非证券投机看似成为主要的风险。

随后的年度报告对总体信贷政策的评价都很简短,且缺乏系统性(大多数其他公开声明都重复《第十个年度报告》中的观点)。随后的报告增加的一项重要内容是投机原理在证券中的应用及对证券市场高涨超乎寻常的关注,尤其是在 1928 年和 1929 年的报告中,尽管直到 1929 年,报告的重点才非常明显地转移到了证券投机上。

6.3.3 关于通过"直接施压"控制投机行为的争议

股票市场的繁荣导致了联邦储备体系内部严重的政策分歧,人们往往过于简单地将此总结为联邦储备委员会与纽约联邦储备银行之间的分歧。[21] 1928—1929 年联邦储备委员会与纽约联邦储备银行之间的分歧最早可以追溯到 1919 年后期,当时联邦储备委员会在财政部的指示下拒绝批准提高贴现率,相反,委员会要求纽约联邦储备银行通过"直接施压"(1929 年及后来的年度报告中的用语)来防止成员银行的过度借贷(见第 5 章)。这一问题在 1925 年 10 月再次被提出,当时 Walter W. Stewart 作为《第十个年度报告》的起草者,出人意料地倡导直接施压。而纽约联邦储备银行总裁 Strong 并不赞同,他指出直接施压在纽约不会奏效,除非联邦储备银行拒绝为进行投机性借贷的银行提供贴现,这样就意味着信贷的定量配给,而"信贷的定量配给将会是灾难性的"[22]。1928 年 5 月,联邦储备委员会的经济学家 Adolph Miller 召集了纽约各大银行的总裁们并警告其必须减少投机活动,尽管几个月后他自己也不再赞同这样的警告。[23]

联邦储备委员会与纽约联邦储备银行都认为,证券投机行为是其担忧的根源。两者的分歧在于,对于旨在引导银行减少投机性信贷量的"定性"控制技术,它们的要求不同。《第十个年度报告》的"信贷政策指引"部分强调了对联邦储备信贷的最终用途进行控制是行不通的,其他的报告也反复重申这一观点。然而,联邦储备委员会认为,直接施压会限制投机性信贷,同时又不会过度限制生产性信贷,而能够有效限制投机行为的提高贴现率或公开市场卖出总体上对商业活动过于苛刻。毫无疑问,联邦储备委员会之所以不同意提高贴现率,一定程度上是由于 1920—1921 年通货紧缩期间联邦储备体系受到了猛烈抨击。直到 1929 年 8 月,联邦储备委员会才最终允许纽约联邦储备银行提高其贴现率,但纽约联邦储备银行认为那时采取行动为时已晚。

联邦储备委员会与纽约联邦储备银行之间的争执使货币政策在关键的 1929 年陷于瘫痪。不仅如此,这一争执很可能是联邦储备体系内部权力争夺的焦点所在。而这种长期潜在的争夺时不时变得更激烈。问题最终是通过权力的转移解决的,即权力从储备银行,尤其是原先在体系内部占主导地位的纽约联邦储备银行那里转移到了联邦储备委员会手中,而且联邦储备委员会目前仍然处于控制地位。只要 Benjamin Strong 还在世,尽管他不能阻止主要来自委员会成员和其他一些储备银行代表们的不满与抱怨,但他毫无争议的卓越地位能使权力斗争隐藏起来。[24] 斗争在 Strong 去世前的几个月趋于平静,而当他在 1928 年 10 月去世后,权力斗争变得公开化。权力斗争的结果不论对于 1929 年,还是对随后经济衰退期间的政策措施来讲都很重要。对此我们在下一节会有更具体的讨论。

之所以围绕着股票市场投机行为展开了激烈的斗争，仅仅是因为它恰巧是最显而易见的问题。如果没有这个问题，其他问题无疑将成为冲突的焦点。实际上，最初的争论都没有围绕主要问题展开。其中一个争论是围绕着公开市场投资委员会的构成与控制权展开的。联邦储备委员会建议把公开市场投资委员会的成员从原先的 5 位储备银行总裁扩大到所有区域储备银行的 12 位总裁，这个建议至少得到了一些总裁的同意，并最终于 1930 年 3 月被通过。通过此举，联邦储备委员会实际上也宣称了它将更具体地操控公开市场投资委员会的运作。[25]另外一个争论围绕着纽约联邦储备银行对其票据（如银行承兑汇票，不含国库券）购买利率可自行微调的权力展开。这显然是 George L. Harrison（自 1920 年起担任纽约联邦储备银行副总裁，1928 年 11 月接替 Strong 担任总裁）与 Roy A. Young（1927 年后任联邦储备委员会主席）个人间的权力斗争。Harrison 显然是胜者，他立场坚定，旁征博引，迫使 Young 放弃了其主张。[26]另外，在联邦储备委员会成员中，Young 本人是直接施压政策最消极的支持者之一。他是政策的勉强跟随者而不是一个主要的推动者，这可能与他早期担任明尼阿波利斯联邦储备银行总裁的经历有关。

论战主要集中在证券投机方面。Harrison 文件及 Hamlin 日记清楚地记载了联邦储备委员会与联邦储备体系的其他机构之间的分歧。委员会认为遏制证券投机的方法是取消发放证券贷款的成员银行的再贴现权力。而联邦储备体系的其他机构认为：(1) 储备银行没有权力取消持有合规票据的成员银行的再贴现权力；(2) 只有当个别成员银行的借款超期或借贷数量远远超过其他银行时，才可直接施压；(3) 成员银行调整其在联邦储备银行头寸的方法——无论是通过出售政府债券、减少商业借款还是减少抵押担保借款的手段实现——是银行内部管理的问题，而非联邦储备银行的权限；(4) 遏制证券投机的方法是提高再贴现率。

联邦储备委员会在 1929 年 2 月 2 日致所有联邦储备银行的一封信中明确表达了其观点，信中写道："当成员银行为投机行为发放信贷或维护投机借贷行为时，它们向联邦储备银行提出的再贴现要求是不合理的。"信件要求每个联邦储备银行总裁对以下三点进行回复："(1) 他们如何保证对成员银行信贷的使用情况完全知情；(2) 他们采用何种措施阻止成员银行对信贷的滥用；(3) 这些措施的有效性如何。"[27]

作为对这封信的回应，Harrison 于 2 月 5 日在华盛顿拜会了联邦储备委员会,以阐明纽约联邦储备银行的立场。他指出,在过去的一年中,信贷出现了过度扩张——与商业活动3%的增长速度相比,信贷的增幅为8%。然而,过高的利率会威胁经济的持续增长,较低的利率是必要的。应当通过包括提高贴现率在内的一系列"激烈、果断的措施""快速控制信贷总量长期持续的扩张,之后采取宽松的政策"。[28] 当然,我们并不清楚这项措施是否能够发挥效力,但其极有可能会加速牛市的终结。

令 Harrison 惊讶的是,在他与联邦储备委员会会见后的当天,委员会便向媒体发布了一项声明,表达了对"将联邦储备信贷过度投放在投机证券贷款上"的关注。而在 Harrison 与委员会讨论期间,委员会并没有提及这项声明,而当他得知这项声明时,已经来不及阻止了,尽管他竭尽全力甚至请求财政部部长 Mellon 来干涉此项决议。毫无疑问,缺乏被信任感在一定程度上促使他最终在一周后摊牌。[29]

2月14日,Harrison 致电 Young 称,他的董事们一致同意6%的贴现率,当然,这需要委员会的审批。Young 打电话告知 Harrison,联邦储备委员会准备稍后再讨论此事,直到收到有关2月2日警告信的答复。Harrison 坚持要联邦储备委员会就是否同意提高贴现率在当天作出答复,他说他的董事们不会散会,直到委员会考虑此事并达成决议。"他们今天所确定的贴现率可能随时会由委员会批准生效,这是一个公众所不知的内幕信息,因此,没有任何一个董事想离开会议。"Young 再次打电话说明了委员会的修正声明,即委员会既没完全同意也没完全否决提高贴现率。随即,纽约联邦储备银行的一位董事,Charles E. Mitchell 试图说服 Young,他强调"如果他在未得到联邦储备委员会关于提高贴现率的答复的情况下,被迫离开会议的话,那么他的处境将会非常不利"。如果董事会对此事继续悬而不决,他"作为纽约国民城市银行的总裁,是否可以根据自己的判断行事,尤其是在票据承兑及证券交易时"。Young 答复道:"联邦储备委员会需要时间考虑是否提高贴现率,这也的确是一个需要花时间来考虑的重要问题,而纽约联储银行的董事们试图以种种方式强加给联邦储备委员会采取行动的责任。"Harrison 反驳说:"委员会有责任在今天对我们的决定表决……我们今天的行动以及采取行动的条件……对联邦储备委员会来说并不意外,这些都是委员会已知晓的事情。"最终,Young 在收到了关于贴现率讨论的第一个电话的三个小时后,致电 Harrison,称委员会已重新考虑了之前的行动,决定反对提高贴现率。[30]

一周后,纽约联邦储备银行回复了联邦储备委员会的警告信:

……得出这样的结论是有依据的,一些银行通过卖出投资或收回贷款的方式调整其头寸,偿还了联邦储备银行的债务,这会导致国内或纽约市的其他成员银行向我们寻求帮助以恢复其储备,而这些银行可能之前并没有向我们借款。直接施压的控制手段可以分散压力或使不同银行间的借贷重新组合,但对信贷余额总量的影响有多大却是个未知数……董事们相信能够成功影响或控制国内信贷总量最可靠、有效的方法……是应用贴现率手段,如有必要可以辅之以公开市场操作。[31]

在随后的10次会议中(最后一次是在1929年5月23日),纽约联邦储备银行的董事们一再投票决定提高贴现率,且每次都要求委员会当天给出答复,而每次都遭到委员会的否决,尽管否决是以较微弱的票数胜出——2月14日委员会最后投票一致反对;5月23日,反对与支持的比例是5:3。[32] 在这期间,Harrison多次通过谈话、电话、写信的方式与Young及委员会的其他成员沟通以说明提高贴现率的必要性。最终,他说服Young本人投了赞成票,并赢得了Mellon财长的支持。同时,纽约联邦储备银行的部分董事也与委员会成员会面。联邦储备银行总裁会议和联邦顾问委员会一致同意提高贴现率。在一份记录了4月25日Harrison与财政部副部长Ogden L. Mills的一段较长对话的备忘录中,Harrison深有感触地写道:

纽约联邦储备银行的官员及董事们、联邦储备顾问委员会以及12个联邦储备银行的总裁们最终一致同意主要的储备银行应该提高贴现率……在经过长时间的搁置后,这项决议终于战胜了华盛顿的联储委员会中少数人持有的观点。[33]

联邦储备委员会自身明显感觉到纽约联邦储备银行并没有完全配合实施直接施压政策。Harrison试图确立一套达标纪律,同时又要避免可能引起货币市场危机或恐慌的行为。其中,一个插曲使问题凸显了出来。3月25日,在股票价格下跌后,Charles E. Mitchell(纽约联邦储备银行董事及国民城市银行总裁)宣布"不管联邦储备委员会持何种态度",他的银行准备向短期资金市场投放2 500万美元的贷款来阻止价格更剧烈的下跌,尽管他的银行此时正在向纽约联邦储备银行借款。当时,这项声明被视为对委员会的公开挑衅,然而Mitchell向短期资金市场提供信贷的行为至少得到了Harrison总裁的默许。[34]

Harrison在4月和5月至少对两家纽约市的银行采取了直接施压政策,即第一国民银行和担保信托公司。Harrison认为他的介入在阻止第一国民银行的行动上是成功的,而在财经报道中这些行为则被认为是与联邦储备银行的公然对抗。而他对担保信托公司的介入则另有原因。该公司的总裁在联邦顾问委员会中代表纽约区,Harrison 试图确认他是否理解联邦储备银行的主张。[35]

5月1日,联邦储备委员会致信部分联邦储备银行,信中列出了那些"持续从联邦储备银行借款,但从2月6日以来,在证券借贷方面一直没有实现实质清还的银行"。这封信总结道:"委员会希望每家相关的成员银行确认,既然它们还没有重新调整自己的头寸,为何不按照委员会的期望重新调整呢?"这封信起草时 Young 不在华盛顿,虽然他通过电报坚决反对发出这封信,但他的反对是徒劳的。据 Harrison 称,"很显然,Young 暗示他不同意这封信的内容,也不同意将其下发到银行去"。[36]

第二天,Harrison 告知联邦储备委员会副主席 Edmund Platt,出于以下几个原因,"对于这封信,他很惊讶也很困惑":(1)委员会早先并没有暗示他对纽约联邦储备银行的运作方式有任何异议;(2)他已被告知纽约区的任何一家银行都不在 100 家"黑名单"银行中,但后来联邦储备委员会讨论时却又确认了 37 家银行在"黑名单"中。Young 把列入黑名单银行的标准描述为持续进行借款,同时又把资金拆借给短期市场上的经纪人和交易商——而对 Harrison 来讲,该标准并不令人满意,因为它只禁止向经纪商发放投机性贷款,而不限制向其他客户发放。当时,Harrison 告诉 Platt,"我想任何成员银行读了委员会的信都必然会得出这样的结论,即我们正准备基于银行是否发放证券贷款的事实来定量配给信贷;一旦成员银行认为,在它们需要资金时,不管以何种价格可能都无法获取资金,就会导致异常严峻的形势……"[37] 在财政部部长 Mellon 的建议下,纽约联邦储备银行董事会在 5 月 10 日详尽地回复了委员会的信,实际上是重申了 Harrison 的建议并宣称:"假如成员银行能为贴现提供合法的票据以弥补其准备金,我们不确定仅仅依据这些事实(即成员银行发放证券贷款),联邦储备银行是否有权拒绝成员银行的贷款要求。"[38]

5月底,资金需求规律性增长的季节临近了,纽约联邦储备银行的董事们在给联邦储备委员会的信中写道:"……如果对未来计划缺乏充分的了解,对贴现率再长时间的讨论都是徒劳的。"在最后的会议中,他们决定,在与委员会关于影响未来资金季节性需求的总体政策方面达成一致后,再对贴现率采取行动。因此,纽约联邦储备银行的董事们应邀于 6 月 5 日在华盛顿与委员会成员见面。

Harrison 与董事们共同陈述了由 Mitchell 准备的备忘录,这份备忘录概述了他们曾讨论过的年中计划。这项计划要求纽约联邦储备银行做到以下几点：(1) 不管成员银行是否有抵押信贷余额，纽约联邦储备银行都应为成员银行提供自由的贴现；(2) 如果通过再贴现仍未满足合理要求，纽约联邦储备银行可通过购买政府债券或票据来放松银根；(3) 如有证据表明在证券、不动产、商品或存货方面有投机行为，应提高贴现率；(4) 如果情况允许，应及时再降低贴现率。Harrison 认为，会议并没有提高贴现率的迹象，所以纽约联邦储备银行坚持把贴现率问题作为仍需进一步讨论的问题。

6月12日，在 Young 缺席的情况下，联邦储备委员会的成员给纽约联邦储备银行起草了一封回信，拒绝了这项计划："自2月份以来，联邦储备体系的政策主要通过'直接施压'来体现，联邦储备委员会已慎重采纳了该项政策并完全赞同该项政策，对政策的合理性与必要性也很满意……"委员会通知储备银行：

> 可以通过暂时中断直接施压这项刻板政策以更好地满足季节性需求，然而，直接施压政策不应被抛弃，而应进行调整，以允许那些遵照委员会的原则但无法重新调整头寸的成员银行，运用联邦储备银行的再贴现。这样做的目的是在满足农业、工业以及商业的季节性需求的前提下，尽量避免过度紧缩信贷或使信贷成本升高。

在信的结尾，联邦储备委员会承认，如果直接施压政策本身不能充分快速地发挥作用，"他们很乐意考虑其他的矫正措施"——这意味着贴现率有望得到提高。[39]

7月底，Harrison 对秋季以及早冬的计划表示了担忧："……季节性需求几乎一直伴随着我们，除非联邦储备政策有所变化，利率在不久的将来仍将偏紧。当前的问题是联储的政策是否应该发生变动。"他认为持续的高利率可能会损害美国的出口，并扰乱国际货币形势。他建议联邦储备银行的总裁们应举行一次会议，讨论联邦储备体系是应该在"现行的基础之上"施加更多的紧缩压力，还是应采取宽松的政策。

在8月2日与联邦储备委员会的一次会议上，Harrison 表达了如下观点：作为以"着眼于未来更宽松的货币形势"为目的施加紧缩压力或通货紧缩计划的一部分，"采用较高贴现率的时机已经过去了"。相反，他"建议贴现率应升高到6%作为对信贷过度投放的一种警告，同时降低票据利率以吸引承兑票据，并且可能的话，如果联邦储备体系持有的票据没有增长或增长太慢，可以买入债券"。[40] 而委员会中的某些成员不确定，如果没有给予商品票据优惠利率而且承兑利率较低的话,提高贴现率是否可取。该项建议被提交到了8月7日由联邦储备委员会和联邦储备银行代表参加的会议上。

在8月8日的会议上,银行总裁们通过了一项决议,要求那些通过购买票据以满足上升的季节性信贷需求的银行增加票据投资,并且应该在"纽约区有效贴现率的保护下",即在较高的贴现率保护下进行这些操作。在他们看来,季节性商业需求期内,很少有其他的联邦储备银行需要再提高贴现率。"因此,建议联邦储备委员会批准纽约联邦储备银行提高其现行贴现率的请求。"8月9日,联邦储备委员会最终同意了在纽约实行6%的贴现率。[41]

6月后,Young 主席意识到直接施压政策彻底失败了;但是 Miller,尤其是 Hamlin 坚持认为该政策是正确的。对直接施压政策成功与否的不同评价导致了1930年春季联邦储备委员会内部的争议,当时正是向众议院提交《1929年年度报告》的时候。由于该年度报告赞同直接施压政策,Young 主席起初拒绝签署这份报告。最后,他打破惯例在报告的开头而不是结尾签署了这份文件。[42]

追溯起来,尽管直接施压政策对证券借贷的来源产生过轻微的影响,但其对证券借贷的总量是否有重要的影响仍很值得怀疑。从数量角度来考察,这类问题经常充满了争议,而其最终结果往往是折中的;这些限制措施对于终结牛市显然太宽松,而且几乎可以肯定,这些政策对于没有严重价格下行压力的持续经济扩张则又显得太过紧缩。

在联邦储备体系的发展史上,该争论焦点屡次出现。每当联邦储备体系感到外部环境限制了其推行紧缩货币的定量手段时,便会采取定性标准。之所以这样做,一方面是希望避开外部的限制,另一方面是向自己和他人证明,联邦储备体系正采取行动应对这些明显而迫切的问题,尽管联邦储备体系知道甚或非常怀疑这个希望多半会成为泡影。类似的事件不仅仅在1929年发生过,在1919年、第二次世界大战时以及战后到1951年前都重演过。在1919年,满足财政部需要是当时的外部限制条件;在第二次世界大战时以及战后到1951年,债券支持计划是当时的外部限制条件。在上述三个时期内,联邦储备体系对直接施压以及"道义劝告"所抱有的任何希望都注定会破灭。

6.3.4 票据与政府债券

联邦储备委员会对直接施压政策的重视与其对货币政策的总体看法是相关的,该观点对作为信贷扩张来源的贴现、票据(银行承兑票据)与政府债券进行了明确的区分。从定性标准方面,即"真实票据"的角度来看,重要的是信贷的最终用途。Hamlin 在他 1923 年的日记中记录了这一观点并引用了前委员会成员 Paul M. Warburg 的话,表达了对以下观点的认同:"使货币进入流通领域有两种本质不同的方法:购买政府债券与购买票据……通过购买票据投放的货币主要是为了帮助真正意义上的商业交易,而对于通过购买政府债券投放的货币,没有人能够弄清它可能的去向,例如,被借给了华尔街等。"1928 年 9 月,Hamlin 记录了时任波士顿联邦储备银行总裁的 Harding 告诉他的话,即"承兑票据进入市场的速度要比政府债券慢得多"。1929 年 1 月,他向 Young 报告时也表达了相同的观点。[43]

当然,这个观点在联邦储备委员会之外也很盛行,实际上,也并非所有的委员会成员都赞成该观点。应用到贴现方面,该观点意味着信贷资金的影响取决于其具体用途,因此,该观点明显倾向于支持直接施压政策。然而,两者之间没有必然的联系。例如,在委员会成员中,Adolph Miller 是直接施压政策最坚定的支持者,然而,很显然,他并不赞同真实票据学说。[44]另一方面,Young 本人也只是直接施压政策的勉强跟随者。

从当时很多联邦储备体系内的技术人员持有的定量观点来看——现在可能几乎所有的经济学家都接受这样的观点——贴现、票据以及政府债券都是信贷工具,购买这些工具可以增加联邦储备信贷余额,而卖出会减少联邦储备信贷余额。只有当联邦储备资产的构成会影响银行及货币市场其他参与者的判断时,其重要性才凸显出来。票据与政府债券可以归为一类,贴现与这两者有所不同,因为如果银行持有相同的资产,当其对联邦储备银行存在负债时,增加额外贷款或进行额外投资的意愿会下降。

对贴现、票据与政府债券这三种信贷扩张方式无意义的区分,不仅体现为对直接施压政策的支持,而且还反映在联邦储备体系(包括联邦储备银行与联邦储备委员会)的诸多决策上。例如,在回复公开市场投资委员会 1928 年的建议时,联邦储备委员会这样写道:

> 除非将购买政府债券作为最后的手段,联邦储备委员会并不倾向于同意贵委员会购买政府债券。从与贵委员会的讨论中,我们了解到,你们倾向于通过票据市场来放松银根,而只有在不得已的情况才采用政府债券的手段来实现。因此,联邦储备委员会同意公开市场投资委员会购买政府债券,但限额是 1 亿美元。[45]

另外,在1929 年 6 月 12 日给纽约联邦储备银行的信中,联邦储备委员会同意暂时停止直接施压政策,委员会愿意考虑"通过购买票据,发放一部分联邦储备信贷,但如果……力度不够或不可行……可以通过购买短期政府债券来实现"[46]。公开市场投资委员会的建议及联邦储备委员会的信件中也表达了同样的观点。结果,联邦储备体系采取了一些事后看来是自我防御性的措施。例如,1928年下半年提高承兑票据的持有量,同时有意调低贴现率;1929年8月降低承兑利率,同时提高贴现率;尽管承兑票据数量在1930年早期急剧下降,但联邦储备体系却不愿扩大政府债券的持有量,一方面想获得承兑票据,另一方面却抱怨其无效。

6.3.5 贴现率与其他利率的关系

联邦储备贴现率与其他利率的关系是整个20世纪20年代反复出现的一个政策问题。最初的看法建立在英国的先例之上,认为贴现率是惩罚利率(penalty rate),应高于成员银行再贴现的利率水平。即便如此,联邦储备还是很快认识到再贴现率才是惩罚利率,因为成员银行向储备银行借款的信贷质量与成员银行信贷资产的质量是有差别的,而正是信贷质量与成本的差异使银行对不同的贷款采用不同的利率。显然,如果借贷存在明显的风险,而银行的贷款利率仅略高于存款利率,那么银行是无利可图的。在《第十个年度报告》(1923年)中,委员会认为伦敦银行业出现了类似的情况,即贴现率高于银行承兑汇票及短期政府债券的利率,可能这不是基于贴现率与商业贷款利率间的比较,而是基于贴现率与作为次级储备的证券利率的比较,因为对单个银行来说,后者最有可能替代再贴现成为弥补储备不足的手段。

实际上,银行利率通常设定在一个保证银行持续从联邦储备体系借款能够盈利的水平上,因为大部分时期的贴现率甚至低于实质上无违约风险的短期贷款利率。正如我们所看到的,第一次世界大战后的连续几个月内,成员银行从联储银行的借款都高于它们的储备余额。毫无疑问,由于以上原因,持续的借款在一定程度上引起了联邦储备体系的反感,因为联邦储备体系认为自己是"最后贷款人",而不是持续资金的来源。相应地,为了替代惩罚性贴现率,联邦储备体系制定了一项政策,规定"除了特殊情况外,向联邦储备银行连续借款是对联储银行信贷的滥用,""为满足暂时性与季节性需求才是向联邦储备银行借款的正当理由。"[47]这项政策强化了第一次世界大战前银行间相互借贷的传统——接着,由于银行在压力面前存在相互依赖性,这项传统被完全合理化了。尽管这项措施不能消除贴现总量与贴现收益间的相互依赖性,但显然,它在限制贴现的使用方面发挥了作用,使贴现数量少于本应有的水平。从技术的角度来讲,该措施使贴现的需求曲线向左移动,但没能使其完全失去弹性,甚至可能没有影响它的弹性。[48]

联邦储备通过传统手段而不是提高贴现率来抑制持续借贷的决定产生了重要影响。它使公开市场操作而非再贴现成为主要的数量控制手段。[49]它建立了成员银行与储备银行间的联系,使定性控制变得简单,例如对1929年股票市场的控制。最后,贴现成为银行的"软肋"之一,这在很大程度上引发了如何保证联邦储备有充足的合规票据作为联邦储备券抵押的问题,该问题在20世纪30年代早期一直困扰着联邦储备体系(参见第7章第6节)。

6.3.6 国际因素

联邦储备文献强调了在世界范围内重建金本位制的重要性,并对自身取得的卓越成就深感欣慰。与此同时,文献却几乎没有提及实现该目标的政策手段。纽约联邦储备银行,特别是总裁Benjamin Strong在处理联邦储备体系与其他国家的关系中发挥了领导作用。其中,最重要的措施是同意向波兰、捷克斯洛伐克、英国、比利时、意大利及罗马尼亚等国家扩大信贷,其中与英国达成的协议最为重要,信贷规模也最大。

联邦储备体系经常引用国外的评价说明其采取的总体信贷政策的合理性。然而,我们倾向于同意Hardy的看法,他总结道,联邦储备体系在决定采取的政策时,很少将国外的评价作为一个重要因素,而当国内外的评价恰巧一致时,则会引用国外的评价来进一步说明国内政策的合理性。[50]

6.3.7 银行倒闭

回顾起来,联邦储备文献中遗漏的重要信息之一是对银行破产的政策讨论,尽管当时银行的破产率空前地高。每年联邦储备委员会都要披露倒闭银行的数量,并把这些银行严格地划分为成员银行与非成员银行、国家银行与州立银行等,并且注意到倒闭银行数量分布不均的问题:非成员银行多于成员银行,小社区的银行多于大社区的银行,农业领域的银行多于工业领域的银行等。但文献中没有涉及如何才能降低银行倒闭对储户的影响,也没有谈及降低银行破产率的方法。联邦储备体系尚未意识到较高的银行破产率可能会损害公众对银行体系的信心,这为随后的银行挤兑埋下了隐患。

1926年11月举行的总裁会议上,讨论的议题之一是"联邦储备银行应如何采取进一步的措施来防止成员银行的破产"。亚特兰大联邦储备银行总裁 M. B Wellborn 宣读了一份题为"关于联邦储备银行在防止成员银行破产中的责任"的备忘录。各储备银行总裁一致认为,"过去几年中,银行破产的主要原因是管理不善以及战争对经济的破坏"[51]。不仅在有合理理由的 20 世纪 20 年代,即便是在形势发生剧烈变化的 30 年代早期,联邦储备体系内部显然仍基本持以上观点(参见第 7 章第 3 节)。

6.4 影响货币存量的因素

在实践中,联邦储备政策主要通过改变贴现率及公开市场操作来实现对货币存量的调整。这些措施首先会冲击联邦储备的信贷余额,包括:联邦储备体系购买与贴现的票据总量、持有的美国政府债券以及"其他"部分。"其他"部分主要包括承诺给成员银行的"浮动"或超额信贷、成员银行还款中产生的其他项目(图 22)。联邦储备信贷余额的变化反过来引起了高能货币总量(包括公众持有的通货和银行持有的准备金)的变化,而高能货币总量的变化又引起了存款负债总量的变化。

假定其他条件不变,联邦信贷的增长会增加货币量,从而形成宽松的信贷环境;联邦信贷的下降则会降低货币量,从而形成紧缩的信贷环境。但由于其他条件经常变动,联邦储备政策必须将其考虑在内,这些因素包括:高能货币,最显著的是黄金储备,而非联邦储备,不时地出现波动;对任意给定的高能货币量,存款-通货比率及存款-准备金比率的变化会改变流通的货币总量。联邦储备体系有权削弱或加强这些因素的影响,实际上,它经常尝试这么做。因此,如果联邦储备信贷余额的下降幅度不能完全抵消其他货币量扩张因素的作用,那么联邦储备信贷余额数量的下降可能实质上最终完全表现为宽松的货币政策,反之亦然,因此,尽管简单的数学计算便可以区分联邦储备信贷余额的变化,但要解释上述变化对货币量及信贷环境有意或无意的影响却并不容易。

贴现率亦是如此。若其他条件不变,贴现率的上升会降低成员银行贴现量,而贴现量的下降又会导致联邦储备信贷余额的下降,使信贷形势趋于严峻,反之亦然。但其他条件经常变动。首先,联邦储备体系本身所采取的其他措施可能会抵消这种影响。例如,当联邦储备体系需要紧缩信贷形势时,它可以卖出债券、票据,并提高贴现率。债券及票据的卖出会降低成员银行的储备,由此可以提高它们以任意给定贴现率贴现的积极性,反之亦然。一般来说,这比直

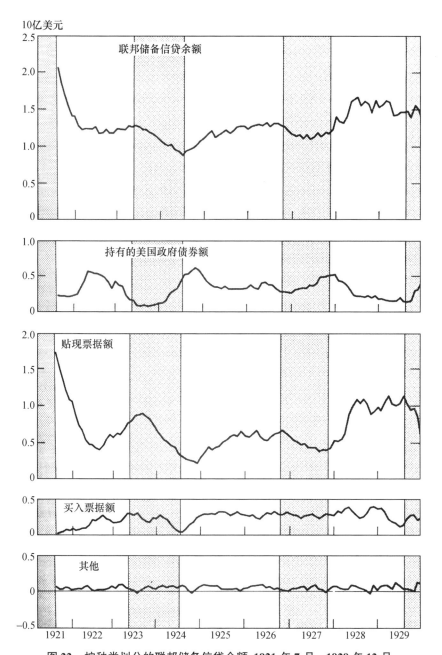

图22 按种类划分的联邦储备信贷余额,1921 年 7 月—1929 年 12 月

注:阴影部分代表经济紧缩期,非阴影部分代表经济扩张期。
资料来源:除对 1925—1928 年的买入票据额特别补充了季节性调整外,其余的同图 21。

接提高利率的效力更大,因此贴现量通常与贴现率呈同向而不是反向变动——这就是我们之前提到的公开市场运作与贴现率的剪刀效应。[52]其次,并非由联邦储备体系行为引发的货币市场环境的变化,可能会改变既定贴现率水平下的贴现量。我们已经看到,1919年能够刺激贴现的"宽松"贴现率在1920年会使信贷环境变得异常"严峻",并且可能抑制贴现。如果贴现率的上升幅度不足以抵消其他导致市场利率上升的因素,那么它实质上是宽松的货币政策,反之亦然。简言之,在解释联邦储备体系的行为时,必须考虑影响货币总量及信贷环境的所有因素。[53]

图23描述了货币存量的走势及我们在对货币供给的数量分析中使用的三个决定因素——高能货币、公众的存款-通货比率及银行的存款-准备金比率。图中的数据均为经季节性调整后的月度数据(见附录B,表B-3)。

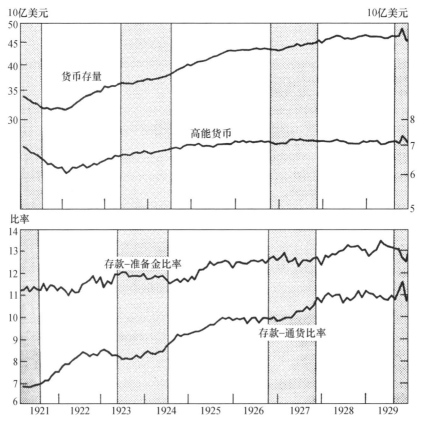

图23 1921—1929年的货币存量及其直接决定因素

注:阴影部分代表经济紧缩期,非阴影部分代表经济扩张期。
资料来源:表A-1第(8)列和表B-3。

上述两个存款比率延续了第 5 章描述的第一次世界大战前的上升趋势。尽管在 1923—1924 年及 1926—1927 年经济衰退期,存款-准备金比率停滞或有轻微的下降,但总体上保持稳步上升。这是我们在早期就观察到的一种周期性的反应。存款-通货比率上升得更快却更不规则。在 1921—1923 年经济扩张早期,存款-通货比率急剧上升,但在 1923—1924 年经济衰退之前及其前期,又显著下降。之后该比率的增长都是在 1927 年经济衰退期发生的。高能货币却呈现出截然不同的走势:1920—1921 年间高能货币持续下降,一直到 1922 年 1 月才停止,之后数量明显上升直至 1925 年,之后到 1927 年是较为温和的增长,此后直到 1929 年,高能货币保持了适度的下降。

从整个时期来看,即从 1921 年 7 月经济周期的谷底到 1929 年 8 月经济周期的顶峰,货币存量增长了 45%,即以每年 4.6% 的速度增长。其中,存款-通货比率上升的作用占到了 54%;存款-准备金比率占到了 15%;高能货币占 27%;其他的则是由于两个存款比率的相互影响造成的。因此,从数量的角度分析,存款-通货比率是影响整个时期货币存量的最重要因素。

"数量"这个条件在前面的判断中是十分必要的,因为在很多情况下,从数量角度进行分解不一定能解释货币存量的增幅。联邦储备体系控制着高能货币的存量。因此,如果存款-通货比率保持不变而不是上升,联邦储备体系可以增加高能货币的存量以达到货币量的实际增长。在这种情况下,从数量角度分解将把货币存量上升的最主要原因归结为高能货币的增加,而与存款-通货比率完全无关。

那么,联邦储备体系是否会采取这种方式?我们可否认为货币存量的增幅正体现了联邦储备体系的政策意图?结论绝非如此简单。因为联邦储备体系并没有把货币存量的变化作为衡量政策合理性的明确标准,很显然,联邦储备体系对此关注甚少。联邦储备政策的标准几乎全部体现在《第十个年度报告》中。正如我们所看到的,那些标准本身较为模糊,并没有说明在不同情况下应采取何种措施。另外,我们也不能确定存款-通货比率的不同走势会对标准涉及的变量有什么影响。然而,或许答案就存在于以下两个极端之间:要么完全抵消了存款-通货比率和存款-准备金比率的不同影响,要么就没有任何抵消。

假如存款-通货比率在 1922 年保持不变,那么,相对于它的实际运行,货币存量将会出现下行的趋势;这可能会延缓 1922 年货币收入的增长并增加价格下行的压力(或减少上升的压力),在这种情况下,对联邦储备体系来说,较为稳妥且必要的做法是允许高能货币比原先更大幅度的扩张。类似的结论也适用于之后的年份。假定货币存量的下降是由银行较大的储备压力所致——事实上，银行储备由于流通货币的回流而增加了——反过来，这意味着货币市场更高的利率。这可能会首先刺激联邦储备体系采取更为宽松的货币政策。

我们之所以怀疑两个比率的变动是否完全被抵消，甚至相信高能货币变动影响可能极小，是因为在联邦储备体系正通过购买政府债券实施宽松货币政策时，存款-通货比率出现了增长。这段时期包括 1923—1924 年和 1926—1927 年经济衰退期的后期以及之后扩张期的前期（比较图 22 中联邦储备银行持有美国政府债券的变化趋势及图 23 中存款-通货比率的变化趋势）。如果存款-通货比率不上升，可能会促使联邦储备体系加大债券的购买力度。[54] 但是，考虑到这些措施本质上是试验性的，以及联邦储备体系通过购买债券的总量或购买债券对储备的影响或两者兼具来判断操作的具体幅度，我们倾向于认为，在上述情况下通过购买债券不可能产生实质性的货币扩张。在某种程度上，对两个比率变动的抵消很有可能在上述两种情况下以贴现票据额小幅下降的形式出现，或者，表现为更紧缩的货币形势，并对之后的政策产生累积效应。

正如这些评论表明的，在 1921—1929 年间，货币量直接决定因素的变动并不稳定。在这三个直接决定因素中，高能货币的变化尽管从整个时期来看微不足道，但对货币存量的变化影响最大。两个存款比率的主要作用是引起了货币存量比高能货币量更大幅度的上升——从经济学角度来看，这个变化使联邦体系创造了少于货币存量实际上升所需要的高能货币。1921 年中期到 1922 年 1 月，高能货币量的下降表现为货币存量的小幅下降；之后，高能货币相对快速的增长一直持续到 1925 年，相应地，也表现为货币存量相对快速的增长，尽管在 1923—1924 年经济衰退前及期间货币存量增长有明显的停滞，这在一定程度上也反映了高能货币增长的相应停滞，但主要反映了存款-通货比率的同步下降。1925—1927 年，高能货币增长率的下降也体现为货币存量增长率的下降，当然两个存款比率的大体稳定对这一结果也产生了影响。1927—1929 年高能货币量的温和下降，从 1928 年起体现为货币存量的轻微下降。

6.4.1 存款-准备金比率

根据 Cagan 的详尽分析，这两个存款比率并没有受到联邦储备政策的直接影响，而是受到因联邦储备体系的建立而引起的银行结构变化的影响。[55]

存款-准备金比率的持续上升反映了三个相互抵消因素变化的净效应：

(1)因为定期存款比活期存款增长更快,法定准备金与存款的比率下降了;(2)因为成员银行存款比非成员银行存款增长更快,法定准备金与存款的比率上升了;(3)银行持有的准备金相对于法定准备金下降了。Cagan 发现,前两个因素基本上可以相互抵消,所以存款-准备金比率的净增长相当于第三个因素单独引起的上升。以上三种变化至少一定程度上反映了存款-准备金比率根据银行结构的变革做出了相应的调整。

最明显的是第一项,即定期存款相对于活期存款上升得更快。《联邦储备法》规定定期存款的法定准备金应低于活期存款的法定准备金。在这一规定的推动下,银行力图让储户认为定期存款比活期存款更有吸引力,从而提高定期存款与活期存款的比率。因此,银行增大了两种存款的利差,并为定期存款提供相关服务以使其与活期存款同等便利。联邦储备体系内部(1940 年)编写的关于 20 世纪 20 年代的备忘录中这样写道:"银行系统内存在着引导储户把他们的资金从支票账户向储蓄账户转移的趋势。联邦储备银行不仅允许这种转移而且还鼓励其发展,以便为信贷的扩张建立更广泛的基础,并从中获利……在很多情况下,尤其是在大的中心城市,由于允许定期存款的储户开立一定数量的支票,存款的界限变得更加模糊。"[56]

联邦储备体系当时已经意识到了这种趋势,并对其进行了反复讨论,然而并没有采取任何行动。[57]商业银行定期存款与活期存款供给条件的变化有助于说明我们发现的问题,即包括商业银行两种存款类型在内的货币概念要比排除定期存款的货币概念显示出与其他经济变量更加一致的关系。这也解释了为什么更广义的货币总量与其他经济变量的关系看上去并没有受到联储体系建立的显著影响。

第二项显示,成员银行存款比非成员银行存款增长得要快,这主要是由于城市和乡村地区人口分布的变化及非成员银行在乡村中的过度集中,且存款的增长集中在人口超过 10 万的城市中规模较大的银行。[58]

Cagan 提出,对第三项(即相对于法定准备金,实际准备金的下降)最有可能的解释是,联邦储备体系作为"最后贷款人"会促使银行比原先更频繁地调整其储备余额。联邦资金市场的发展,形成了银行间相互借贷以弥补储备不足的有效体系。该市场的发展一定程度上是银行调整其储备的结果,而反过来又为银行调整储备头寸提供了便利。[59]如果上述解释成立的话,这些因素必须足够有力方能降低银行极高的破产率。不同于 1930—1933 年间的银行破产,20 世纪 20 年代的银行破产是由于农业及乡村地区存在的特殊问题,这一时期的银行破产既没有引发流动性危机,也没有导致银行信任危机。然而,银行破产至少可以使存续下来的乡村银行通过降低违约贷款的占比并提高准备金与存款的比率来增强自身的实力。

6.4.2 存款-通货比率

Cagan 把存款-通货比率的持续上升主要归因于同期人均实际收入的增长。另外,存款-准备金比率的上升必定促使银行力图让储户认为持有存款比持有现金更加诱人。从这个意义上讲,存款-通货比率的上升也可归因于联邦储备体系的建立。

6.4.3 高能货币的结构

不管存款比率对货币存量的最终影响如何,存款比率的变化对高能货币的结构(由公众持有,还是由银行持有)有显著的影响(图24)。存款-通货比率的上升使联邦储备存款相对于其他形式的高能货币也有所上升,因为成员银行须持有联邦储备存款以达到法定准备金要求。存款-准备金比率的同步上升从反向发挥作用,但从数量的角度来说,其影响并不显著。因此,联邦储备体系对成员银行的存款债务在高能货币总量中的占比从1921年7月的25%上升到1929年8月的33%。

联邦储备券在高能货币中占比的下降不仅是由于上述原因,还因为1922年联邦储备体系放弃了第一次世界大战时用联邦储备券替换公众手中的金元券以在联邦储备银行积累黄金的政策。这项政策随后就被彻底颠覆了。为了降低联邦储备体系黄金储备率以减轻货币扩张的压力,联邦储备体系再次使用金元券进行支付。相应地,黄金和金元券在高能货币总量中的占比由1921年7月的10%上升到1929年8月的17%。

高能货币中联邦储备存款、黄金储备和金元券共15%的增长,大部分被联邦储备券的下降所抵消,联邦储备券占高能货币的比例从39%降到26%。剩下的两个百分点则被财政通货的下降所抵消,财政通货在绝对数量上是增长的,但其占高能货币总量的比例从26%降到24%。[60]

第6章 联邦储备体系的发展期(1921—1929) 243

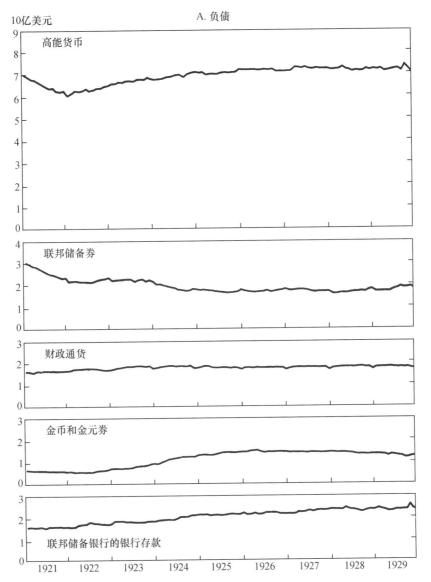

图24 1921—1929年的高能货币,按财政部和联邦储备银行的
资产与负债分类

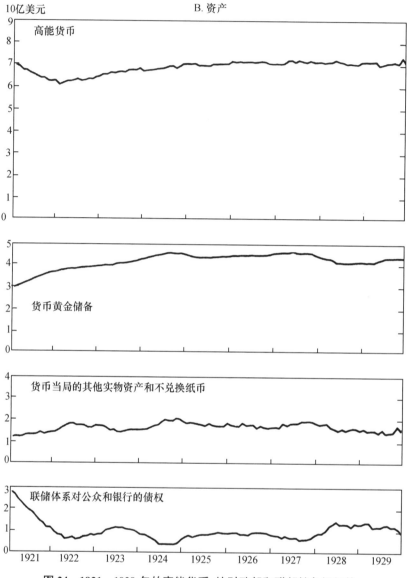

图 24 1921—1929 年的高能货币,按财政部和联邦储备银行的
资产与负债分类(续)

注:联邦储备券、财政通货、金币和金元券是在财政部和联邦储备银行之外流通的。
资料来源:同图 19。

6.4.4 黄金变动及黄金对冲

相比对存款比率及高能货币结构的影响,联邦储备政策对高能货币总量变化的影响更为直接。如图 24 所示,纵观整个时期,高能货币增长的主要直接来源是黄金储备量的增长。从 1921 年 7 月到 1929 年 8 月,联储体系对公众及银行的债权实际上下降了,尽管从整个时期来看,情况并非完全如此,因为在 1921 年 7 月到 1922 年上半年持续的严重紧缩后,联储体系对公众及银行的债权完全呈现出一种增长态势,通过这种增长,联储体系清偿了战时及战后急剧扩张形成的债务。

图 25 把影响高能货币季节性变动的主要因素分离出来:货币黄金储备、联邦储备信贷余额(两者都是经季节性调整的月度数据),以及纽约联邦储备银行的贴现率,它与市场利率的关系可以改变成员银行贴现的收益,进而影响联邦储备信贷余额。

图 25 最突出的一个特征是 1923 年后货币黄金储备与联邦储备信贷余额的反向变动。从 1922 年到 1923 年,货币黄金储备量的增长对高能货币产生了全面影响,这种影响在某些时期甚至被联邦储备信贷的增长所强化。这一方面是因为 1920—1921 年剧烈的经济衰退后,有必要扩大货币存量,贴现率的急剧下滑也证实了这一点;另一方面是由于公开市场的操作尚不协调,各储备银行独立开展公开市场操作,并主要以提高储备银行的收益为目的,而不是将其作为整体信贷政策的一部分。从 1923 年起,黄金流动大部分被联邦储备信贷的变动所抵消,这导致黄金流动与高能货币总量间没有实质性的联系;黄金储备量极不规则的波动转化为高能货币总量的水平运动。

最初,联邦储备体系从三个方面来证明对冲黄金流动的合理性:第一,根据其他国家重建金本位制的经验,美国持有的大部分黄金也应当是暂时性的;第二,由于世界上大部分国家放弃了金本位制,黄金流动无法再充当传统的平衡角色;第三,考虑到黄金流入的对冲,美国短期国际收支的增长要求扩大黄金储备。[61] 第三个原因是完全有根据的,唯一的问题在于黄金储备规模。前两个原因也是有充分依据的,只要其他国家不采用金本位制,或它们以至少暂时是低估了本币的汇率重建金本位制,就可能会导致这些国家国际收支的盈余,进而导致黄金从美国流向这些国家,同时又不会引发美国的通货膨胀。实际上,这正是法国所遵循的模式。

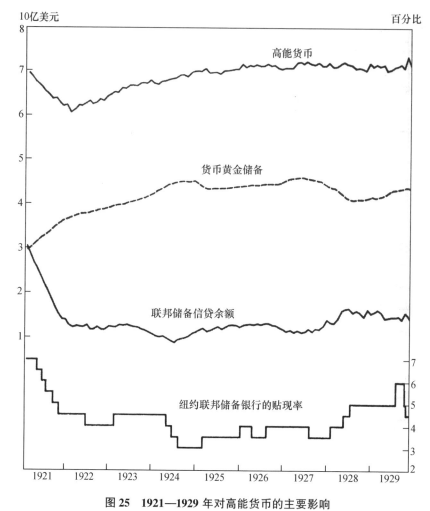

图 25 1921—1929 年对高能货币的主要影响

资料来源：高能货币，表 B-3。货币黄金存量，同表 10。联邦储备信贷余额，同图 22。贴现率，*Banking and Monetary Statistics*, pp. 440–441。

一旦其他国家重建金本位制（尤其是英国在 1925 年重建金本位制），这些理由就站不住脚了，即便联邦储备体系一再重申上述理由。联邦储备体系认为黄金对冲的合理性在于这是一种使国内货币形势与国际变化隔离的手段。然而，黄金对冲的国际影响会使维持国际金本位制更加困难。假如由金本位制联系在一起的所有国家都对冲黄金流动，则没有力量能够终止或改变黄金流动。只有当黄金流动能够对暂时的、极小规模的收支不平衡进行自我调整，并且没有导致这些国家的黄金储备流失时，联邦储备体系才可以使用对冲手段。[62] 自我均衡效应可能会使这些国家不必进行小幅调整，但却是以积累成更大规模的调整为代价的。这将使个别国家,主要是美国,对冲了黄金流动,而把调整的全部负担转嫁到其他相关国家身上。实际上,国家的行为是不对称的,各国往往愿意对冲黄金流入而不是黄金流出,因此,广泛使用的对冲手段意味着主要是黄金流出的通货紧缩效应在发挥作用。然而,矛盾在于,当面临的是通货紧缩而不是通货膨胀时,内部的调整将更为困难。

这段时期面临这一问题的主要是英国,英国于1925年以高估英镑的比价重建了金本位制。从长期来看,英国只有通过持续的国内通货紧缩压力,才能阻止黄金流出。严格的措施有效减轻了国内价格下降带来的通货紧缩压力,取而代之的是导致了普遍的萧条。毋庸置疑,如果美国,甚至法国,允许更大规模的货币扩张,就可以在很大程度上缓解英国的萧条,结果就应该是1925—1929年的批发物价指数保持稳定而不是下降8%。[63] 当然,后续政策的最终结果是世界范围内金本位制被放弃。

在对冲黄金流动方面,美国处于尤为有利的地位,因为相对于国内贸易,其对外贸易重要性较低且黄金储备量较高。然而即便如此,美国也不愿且不能完全实施对冲政策。在这一时期,美国确实进行了小规模的对冲,但我们在前一章已经看到,当1920年黄金储备比率大幅下降时,联邦储备体系认为有必要采取应对措施。我们在下一章也将会看到,当英国于1931年最终放弃金本位制时,黄金外流首先从美国开始,联邦储备体系再次采取了严厉的通货紧缩措施,并产生了更加严重的后果。两次措施都反映了普遍存在的对冲行为的不对称性,因为两者都仅对黄金外流做出了反应。

回顾起来,一旦国际金本位制被采用,货币当局要么应该允许金本位制的各项规则完全发挥效力,要么应该采用另一种标准来完全取代金本位制。对小规模的黄金流动置之不理,而只对较大规模的黄金流动采取措施,这种折中做法导致了20世纪20年代初期和后期的不稳定,仅使20年代中期保持了稳定,而所实施政策既没有实现稳定国内经济的内部目标,也没有实现稳定国际金本位的外部目标。

上述分析表明,对冲黄金使黄金流动变得更不稳定。当然,如果允许黄金流动影响货币数量,可能会产生一些降低黄金流动规模的动态力量。比较上文所说的三个相对稳定时期的黄金储备量的变化可以证实这一点:1882—1892年、1903—1913年和1923—1929年,如表12所示,20世纪20年代黄金储备年变动百分比的标准差明显要高于之前两个时期。[64]

表 12 1869—1929 年价格相对稳定时期和价格波动时期货币存量和其他变量变化率的稳定性的比较

时期	年变化率百分比的标准差					
	货币黄金存量(1)	高能货币(2)	货币存量(3)	货币流通速度(4)	批发物价指数(5)	实际收入(6)
1869—1882	20.3	5.7	6.9	8.1	7.0	7.8
1882—1892	**4.4**	**2.0**	**3.7**	**3.4**	**4.6**	**3.7**
1892—1903	8.8	4.6	7.1	5.6	5.5	6.9
1903—1913	**3.5**	**2.7**	**3.7**	**5.3**	**4.7**	**7.4**
1913—1923	10.1	8.8	6.9	9.9	20.3	8.7
1923—1929	**5.5**	**1.4**	**2.8**	**4.3**	**3.7**	**2.5**

注：黑体字代表相对的经济稳定时期。数据源自国民经济研究局经济周期年表的年度峰值。

资料来源：表25。

因此，不能采用实际黄金流动来估算不进行黄金对冲操作对货币存量的影响大小。可以肯定，如不进行黄金对冲操作，货币存量会有更大幅度的变化，但幅度可能不如黄金储备的实际走势所预示的那样大。

通过比较1923—1929年与相对稳定的1882—1892年、1903—1913年的高能货币、货币存量的走势，我们或许会对实际政策的影响有所了解（参见表12）。高能货币及货币存量的较小变动反映了黄金流动仅在一定程度上影响了货币存量的规模。可以推测，如果允许金本位制发挥效力，黄金流动的变化量将会降低到早期相对稳定的水平，即仅为实际变动的3/5或4/5。相应地，该项政策可能会使高能货币及货币存量的变化量上升到早期规模，即高能货币的变化量为实际规模的1.4—1.9倍，货币存量的变化量为实际规模的1.3倍。

货币存量更大幅度的变化对经济的稳定性又会产生怎样的影响呢？我们再次通过与早期的比较来寻求答案，这次以实际收入走势作为参照，这较之上述对不同时期货币变化的比较更为困难。除了实际收入，表12中其他变量在这三个较为稳定时期的变化都明显小于其他三个时期。另外，1903—1913年实际收入的变化要大于其他两个经济稳定时期，而与另外三个波动时期接近。这是由1907—1908年严重的经济衰退所致，这一点即便在表12显著提高变动标准的年度数据中也表现得十分充分。然而，纵观这六个时期，货币存量与实际收入的变化仍有较高的相关性。[65]货币与实际收入的标准差在数量上差别不大,只在1903—1913年有显著差异。因此,有理由推断,如果推行使金本位制完全发挥效力的政策,货币存量的标准差将提高1/3,实际收入的变化也是如此,但即使实际收入的标准差从2.5提高到3.3,仍低于1882—1892年的水平。

价格走势是衡量经济稳定水平的另一项指标。从上述分析可知,批发物价在1923—1929年间的变化比其他任何时期都要小。价格和货币存量的标准差高度相关,但在1913—1923年间两者有明显的偏离,价格的变化幅度要比货币存量变化所预示的幅度大得多。当然,这一偏差反映了货币流通速度在战时与战后的巨大差异。另外,我们可以推断,如果货币存量的变化是实际变动的1.3倍,那么价格的变化也应如此。这意味着1923—1929年价格的变动幅度将与前两个相对稳定时期的变动幅度相当。

当然,不同时期的比较仅供参考。除了黄金流动政策外,各时期还存在诸多其他方面的差异,而且黄金流动政策也绝不仅仅是影响货币存量变化的唯一因素。然而,这种比较有助于我们考察政策的效力,而且由于其结果与我们先前定性推理揭示的方向一致,我们也对之前的推理更有信心。

6.4.5 高能货币的其他变动

由于黄金对冲政策的影响,联邦储备信贷余额的变化并不能成为联储制定其他政策的有效依据。联邦储备信贷的变化主要受抵消黄金储备变化政策的影响。通过观察高能货币总量的变化,并把信贷的实际变化视为主要是"按计划进行的",我们可以进一步得出联储其他政策的影响,同时利用其他信息确保我们并没有因为计划与实施的不匹配而误入歧途。

值得关注的是图23中三个看似微小的变动:(1) 1923—1924年,高能货币增长滞后;(2) 1926年后期高能货币轻微下降,随后在1927年又开始复苏;(3) 从1928年第一季度末到1929年股票市场崩溃,高能货币总体呈下降趋势。前两个变动无须赘述,而第三个变动非常重要。

1922年的经济活动及价格的快速增长,起初因被视为对1920—1921年经济萧条的良性反弹而受到欢迎,而从1923年年初开始这一势头引发了联储的担忧,并导致了"适度紧缩"[66]政策的出台。如图25所示,在经济周期顶峰前的约三个月,即2月末,纽约提高了贴现率,并且联邦储备体系于大约一个月之前已开始卖出政府债券。随着黄金储备的增长,联邦储备信贷从1922年后期起一直呈增长态势,并于5月份达到了顶峰,随后便快速下跌。下跌的幅度之大,足以抵消从1923年到1924年中期的大规模黄金流入,并导致了高能货币增长的明显停滞。同时出现的轻微却明显的经济衰退使联邦储备政策发生了逆转。纽约的贴现率从1924年4月的4.5%连续三次下调至8月的3%。在贴现率变动之前,联邦储备体系仍进行了公开市场操作。联邦储备体系持有的政府债券从1923年11月较低的0.73亿美元增长到一年后的5.88亿美元,大部分增长发生在1924年2月到9月的7个月内。[67] 1924年6月,联邦储备信贷下滑到一个谷底;高能货币的增长率恢复到了早期的水平。经济衰退于1924年7月宣告结束。

我们很难解释该时期联储政策与商业活动的同步性。毫无疑问,路径和原因对这种同步性均有影响。然而,这种同步性给当时联邦储备体系内外的人士留下了深刻的印象,并增强了体系内外对联邦储备体系权力潜能的信心。而且,这段时期的形势几乎构成了1923年政策报告的主要陈述内容。

1926—1927年在很多方面是对上述时期的重复。在1924年中期经济陷入谷底后,便迎来了经济复苏,同时伴随着房地产的繁荣,1926年后又趋于平稳发展,股票市场也迎来了牛市。1926年年末,即在1926年10月经济周期顶峰的前期,联邦储备体系开始实施适度的紧缩政策,之后的经济衰退极其温和。在1927年11月经济周期谷底前不久,联邦储备体系又采取了宽松的政策。从1927年7月到8月,银行承兑票据利率降低了0.25%;联邦储备体系持有的票据上升了2亿美元;从1927年7月到9月,所有银行的贴现率从4%下降到3.5%。从1927年6月到1927年11月中旬,联储在公开市场上的政府债券购买量达到34亿美元。联邦储备信贷的下降及随后的上升一定程度上抵消了黄金流动,因此黄金流动对高能货币的净影响很小。然而,1927年存款-通货比率明显上升,因此较之高能货币,货币存量总量的变动极其可观——货币存量在1926年后期停止增长,1927年又重新增长。货币存量的变动无论是明显的还是隐含的,都应纳入联储政策的考虑之列。

正如一些细节所表明的,极少有时期像从1928年年初那样,由于联邦储备体系采取措施抑制股价暴涨而备受争议。尽管1927年年末经济才刚刚复苏,并且商品价格没有上升的趋势——从1927年10月的96.6下降到1928年3月的95.5,联邦储备体系还是在1928年年初采取了紧缩措施。[68] 到7月份,纽约的贴现率上升到了5%,这是自1921年以来的最高点;尽管黄金流出,但联邦储备体系持有的政府债券从1927年年末的超过6亿美元下降到1928年8月的2.1亿美元。由于贴现量的急剧上升,联邦储备信贷余额持续上升到1928年中期。贴现量的上升一定程度上是公开市场卖出引起的剪刀效应的结果。不仅如此,在快速增长的股票价格及"门市贷款"(street-loans)旺盛的需求下,贴现率的上涨滞后于市场利率的上升。因此,相对于市场利率,贴现率下降了,这更刺激了银行向联邦储备体系借款。联邦储备体系由于没有采取有力的措施而备受批评;且正如我们所看到的,纽约联邦储备银行想及早采取更猛烈的措施,但却导致了它与联邦储备委员会之间发生公开争执。[69]对股票市场暴涨的批判者大多都将矛头指向了1927年的"宽松"货币政策。

1928年中期以后,虽然联邦储备政策几经摇摆,但联邦储备体系持续实施了紧缩措施。尽管如上所述,直到1929年8月(国民经济研究局将此时点确定为经济周期顶峰),纽约的贴现率一直保持稳定,之后才上升到6%。然而,纽约联邦储备银行对票据购买利率拥有更有效的控制,其变化在某种程度上替代了贴现率的调整。60天承兑票据的最低购买利率从1928年7月到12月一直保持在4.5%,低于贴现率1.5个百分点,在此期间,票据的持有量急剧上升,远大于通常的季节性增长。经过5次调整,票据利率上升到1929年3月的5.5%,高于贴现率1.5个百分点。票据持有量在1929年上半年的下降幅度甚至比其在1928年下半年的上升幅度更大,这也构成了同期联邦储备信贷余额下降的主要原因。7月份,票据利率下调至5.25%;8月份,当贴现率上升时,它又降到了5.125%。

正如我们所看到的,由于强调信贷的最终用途,联邦储备委员会认为贴现率与票据利率的反向变动是正常的。然而,Harrison关于在限制贴现率的同时可以放宽票据利率的观点值得怀疑。他在1929年8月的目标是放宽货币市场利率。通常认为,票据利率的下降是纽约联邦储备银行为了使委员会批准其上调贴现率所做出的让步。而我们有充分的证据表明,事实恰恰相反。在贴现率上升的绝佳时机已经错过后,形势的发展最终迫使委员会提高贴现率。然而,要想让正在运转且反应滞后的传导机制停止下来,没有长期的斗争是难以实现的。因此,考虑到能够通过降低票据利率来抵消其影响,Harrison接受了提高贴现率的提议。[70]

1928—1929年,高能货币总体保持稳定,间或略有下降。货币存量也有轻微下降,1929年8月经济周期顶峰的货币存量比16个月前即1928年4月的水平要低。从1907年至今的月度数据来看,仅在1907—1908年和1920—1921年经济严重衰退期间出现过低于16个月前货币存量水平的情况。之前或之后的经济扩张期都没有如此长时期的货币存量停滞不前的记录。

在1929年2月联邦储备委员会要求直接限制证券投机的著名陈述报告中,联储委员会指出:"联邦储备委员会既没有权力也没有打算使自己成为证券投机或价值的仲裁者。"[71]然而,在1928年和1929年,遏制股票市场上涨即便不是影响联邦储备措施的决定性因素,至少也是一个主要因素。这些措施显然没能遏制股价的暴涨,但却对经济产生了持续的紧缩压力。[72]在1928年的第二和第三季度,批发物价有所上升,但此后直到1929年全年一直处于下降态势。以经济周期顶峰(1929年8月)为中心的三个月平均批发物价比以经济周期谷底(1927年11月)为中心的三个月平均批发物价还要略低。这是自1891—1893年以来,第一次经济扩张期间批发物价指数未出现上涨的情况,并且这种情况在1960年前都再未重现过。

我们认为,黄金对冲政策表明,追求双重目标的政策最终会使联邦储备体系陷入困境。如果联邦储备体系的目标集中在遏制股票市场暴涨上,那么,它是不会在1927年采取宽松政策的。相反,联邦储备体系应该在当时而非1928年就采取紧缩政策,而且所采取的措施应当比1928年实际采取的更为严厉。毫无疑问,如果当初联邦储备体系采取了这样的政策,牛市会终结。[73]另一方面,如果联邦储备体系专心致力于1923年政策声明中制定的促进经济稳定增长的目标,它在1928年就应采取比实际更宽松的措施,从而使高能货币及货币存量以正常的速度增长。然而,联邦储备体系却采取了一项对打破投机性繁荣而言太宽松,而对保持经济健康增长而言太严厉的政策。

我们认为,联邦储备委员会不应使自己成为"证券投机或价值的仲裁者",对股票市场暴涨的干预力度也不应超过联储早期对佛罗里达地价飞涨事件的干预力度。同时,我们认为专心致力于单一政策目标的效果要比同时追求双重目标的效果更佳。1928年初联邦储备体系推行的严厉紧缩政策已经挤出了股票市场的泡沫,但没有必要长期执行这项政策,以至于严重地拖累了整个经济发展。[74]

6.4.6 季节性变动

到目前为止,图22至图25中的数据都是季节性调整后的数据,因而这些数据遗漏了联邦储备政策的一个重要方面,即对信贷进行季节性调整,以适应贸易的季节性波动。在联邦储备体系建立前,货币市场在夏季较为宽松,而在秋收季节与圣诞节(从9月到12月)期间则较为紧缩。季节性波动的一个表现是存款-通货比率的波动,这导致了银行储备头寸随之也出现了周期性松紧,并导致了活期存款利率及其他短期利率明显的季节性变化。[75]由此,季节性波动根植于联邦储备体系创建者的思想中,并成为他们固守"弹性"通货信念的重要原因。

图26显示了20世纪20年代如下变量的季节性模式:联邦储备信贷余额、财政部及联邦储备银行以外的通货(包括"公众持有的通货"及银行金库中的通货)以及联邦储备银行的银行存款。联邦储备信贷及流通中通货的变化模式在形式和数量上都极其相似。与之前一样,联邦储备体系"对冲"了季节性提款与通货的季节性回流,这样就使成员银行在联邦储备银行的大部分(尽管不是全部)存款免受季节性波动的影响。

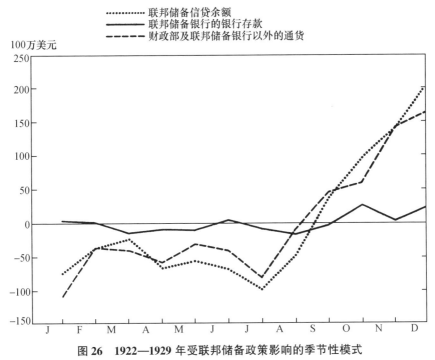

图26　1922—1929年受联邦储备政策影响的季节性模式

资料来源:联邦储备信贷余额,每月月末数据(*Banking and Monetary Statistics*,pp. 373ff.)的季节性调整因子是通过Shiskin-Eisenpress方法得到的(见图21的资料来源)。对1922—1929年间每年的每个月度数据取平均值,然后对12个平均值进行调整,使它们的总和等于1200。将1922—1929年联邦储备信贷余额的每月均值作为12个季节指数和100之间差额的不变乘数。

联邦储备银行的银行存款,表A-2,列(2)。采用上述方法计算季节性模式。

通货,取月末数据(*Banking and Monetary Statistics*,pp. 373ff.),用同样的方法计算,在国民经济研究局文件中季节性调整因子例外,其是通过比例移动加总方法得到的。

对冲季节性波动，明显地改变了1914年以前的季节性模式，加大了财政部之外通货的季节性变动幅度，而缩小了活期货币利率的季节性变动幅度。[76] 联邦储备体系基本成功地实现了其陈述的消除季节性压力的目标。

进一步区别两种类型的季节性变动至关重要，联邦储备体系适应了这些变动并改变了其形式：其一，是存款-通货比率的变动，这要求改变高能货币存量或商业银行的准备金率，以确保货币流通数量保持不变；其二，是公众持有的货币总量（通货和存款）的变动。两者都引发了货币的"弹性"问题：第一个变动是从存款、通货相互转换的角度引出了"弹性"问题；第二个变动则是从完全不同的货币总量变化的层面引出了"弹性"问题。

在联邦储备体系建立之前，第一个问题（即存款-通货比率的变动）主要通过银行准备金率的变化解决，而后者大部分是由短期利率的变动引起的；第二个问题（即公众持有的货币总量的变动）主要通过黄金的季节性流动解决。无论哪一种季节性变动，促使银行调整准备金率的利率的同等变动都降低了季节性变动的幅度。在通货或货币需求旺盛时期，高利率能够引导经济减少资金的需求量——反之亦然。

联邦储备体系通过充分扩张或紧缩高能货币进而抵消存款-通货比率的变动，并允许货币总量的季节性变动来应对季节性变动。这基本上消除了银行储备头寸的季节性宽松与紧缩，从而消除了利率的季节性波动。但同时，这反过来也消除了限制季节性变动幅度的因素，因此，我们推测财政部及联邦储备银行之外的通货在20世纪20年代货币总量中的季节性变动幅度要明显大于之前的时期。

季节性波动与周期性波动在表现形式上通常很相似，而这种相似性恰恰是货币政策混淆的来源，尤其与"弹性"概念的大量滥用有关。这两种波动中均出现了两种形式的变化，即存款-通货比率及货币存量总量的变化。联邦储备体系应对存款-通货比率的季节性波动和周期性波动的措施应类似，即限制存款-通货比率的波动以免影响货币总量。公众持有货币形式的变化能够影响货币存量，这完全是银行部分准备金制度导致的技术结果。我们很难发现，允许存款-通货比率变化并导致上述结果会有怎样的经济功效。这种结果并不合意，也非政策的初衷，应尽可能避免。

第二种类型的变化，即货币存量的变化，则完全不同。从整个一年来看，货币量在夏季下降，在秋冬季上升，并不会对经济产生不利影响，而且可能还有不少裨益。很显然，相对于收入来说，不论利率水平如何，公众在夏季对货币的需求更小,而在秋冬季对货币的需求更大。相应地,允许货币存量波动意味着实际上抵消了因货币量下降带来的货币流通速度的上升,反之亦然。货币总量此种类型的"弹性"很可能是必要的。[77]

从表面上看,与季节性政策相对应的周期性政策表现为扩张期货币量的上升(或以比现在更快的速度上升)、衰退期货币量的下降(或以比现在更慢的速度上升)。这在货币量应符合"贸易需求"以及广为流传的关于货币量"弹性"需求的错误观念中被奉为神圣的教条。然而,从深层次分析来看,实际情况恰恰与上述观点相反。相对于收入,必需的实际货币余额在经济扩张期下降了,而在经济衰退期上升了。[78]因此,通过货币存量的反向变动来抵消货币流通速度变动的政策——货币季节性调整的基本理由——要求货币存量在经济扩张期下降(或以比现在更慢的速度上升),在经济衰退期上升(或以比现在更快的速度上升)。

联邦储备体系的政策声明使我们相信,联邦储备体系至少模糊地认识到了——不管是在何时以何种程度——合理的季节性调整都与周期性调整有所不同。但据我们所知,联邦储备体系从未明确地强调过这一问题,几乎可以确信,这使"贸易需求"教条观念得以延续,同时也促使联邦储备体系默认货币存量的变动与经济周期变动正相关,并由此加剧了周期性波动,尤其是在随后的1930年及1931年。

6.5　总结

总体上,20世纪20年代是一个高度繁荣和经济稳定增长的时期。一股强劲的建设热潮重塑了美国。汽车改变了美国人的生活,股市的牛市行情折射出美国人对未来的美好憧憬。1921—1929年中间的两次经济衰退打断了经济的发展,但影响甚微,以至于很多工作及生活在那段时期的人都没有意识到经济的衰退。显而易见,这些经济衰退只被记录在了经济学家与统计学家开发的精密的经济监测系统中。

在货币方面,最显著的特征是经济活动的变动与联邦储备体系明确的政策措施在时间上紧密相关。1923年年初,通过出售政府债券及提高贴现率,联邦储备体系实施了适度紧缩的政策,紧随其后便是经济周期顶峰及1923—1924年开始的经济衰退。1923年年末1924年年初,联邦储备体系开始采取相反的宽松政策,随后便是1924年7月的经济周期谷底及强劲的周期性复苏。1926

年第三季度的适度紧缩之后是 10 月的周期性顶峰,1927 年的宽松措施之后是 11 月的周期性谷底。

经济活动的变动与联邦储备体系政策措施之间紧密的同步性在联邦储备体系内外产生了极大的信心,人们认为新的货币机制为熨平经济波动提供了精确有效的手段,其操作者能娴熟地运用它以实现政策目标。与这种信心相伴的是,对现存货币工具的改进、对政策工具运作的进一步理解以及对其应用标准更明确的关注,这些反过来又增强了这种信心。最重要的进展是,公开市场操作对成员银行储备的影响迅速在联邦储备体系内部得到认同,并通过代表所有储备银行的公开市场委员会的联邦储备体系账户,实现了 12 家储备银行在公开市场操作上的自主协调。另一个进展是联邦储备体系认识到了贴现与公开市场操作的相关性,即所谓的"剪刀效应",也即联邦储备体系出售证券,降低成员银行储备,这可能导致银行通过贴现增加从联邦储备体系的借款——反之亦然——因此,如果贴现率的上升伴随着货币紧缩计划一部分的公开市场卖出,则实际上可能会导致贴现量的上升。

我们很难总结决定这一时期货币政策总体方向的标准。传统的真实票据或贸易需求理论得到了很大关注,然而它却与要求完全相反措施的商业循环存货理论结合在一起。根据前者,"联邦储备体系应在经济扩张期提供必要的超额信贷,在经济紧缩期则应紧缩信贷"[79]。根据后者,防止经济衰退要求抑制过度的存货扩张,缓和经济衰退要求抑制过度的存货下降,因此,在扩张的后期,应抑制贸易需求,而在紧缩的后期应促进"萧条"。解决这对矛盾的折中办法从未被找到,1929—1933 年经济危机期间货币政策商议中出现的僵局也可以追溯至这一问题。

从具体的操作层面来看,另外两个直接的标准一直在发挥作用:(1) 禁止黄金流动影响高能货币总量。从实践的客观角度看,黄金流动被对冲了,黄金流入被公开市场卖出所抵消,黄金流出被公开市场买进所抵消。因此,1923 年后联邦储备信贷余额的短期变动与黄金储备的变动恰好完全相反。(2) 禁止公众持有通货的季节性变动影响成员银行的储备。储备的上升被公开市场买进所抵消,其下降被公开市场卖出所抵消。因此,成员银行的储备几乎未显示出季节性波动,利率的季节性波动幅度也明显要小于第一次世界大战前。

由于缺乏明确单一的法定目标,货币政策目标具有随意性,存在冲突是在所难免的。其中,两个最显著的冲突发生在国外金本位制的重建过程中以及股票牛市的出现过程中。金本位制的规则要求美国允许黄金流动影响货币存量与价格,然而国内经济的稳定却要求对冲黄金流动。如我们所看到的,这种冲突是通过在 20 世纪 20 年代对冲较少的黄金流动,并在每个 10 年之末,即在 1920—1921 年及 1931 年较大规模的对冲而得以解决的。而看起来正是之前小规模的对冲行为导致了后来较大规模的黄金流动。

促进经济活动的目标与限制股票市场投机的愿望之间的冲突在牛市中愈演愈烈。在 1928 年及 1929 年,由于联邦储备体系采取了货币政策,冲突得以解决,然而该货币政策并不足以中止牛市的发展,而对于促进经济扩张却显得太过猛烈。1928 年 10 月,随着 Benjamin Strong 的去世,联邦储备体系内部的权力斗争在很大程度上导致了该政策的出台。如何限制投机成了争论最激烈的焦点:以纽约联邦储备银行为代表的联邦储备银行要求对较高的贴现率与公开市场卖出采用定量标准;而联邦储备委员会却要求采用定性标准,对提供证券借款的银行直接施压。在关键的 1929 年,双方僵持不下,这不仅阻碍了 1929 年决定性措施的实施,而且还留下了分歧性意见的传统并导致了之后几年联邦储备体系内部的冲突。

1929—1933 年的经济崩溃导致了人们对 20 世纪 20 年代的误解,当时盛行的观点是上涨的经济指标必须回落,经过早期上涨已经回落的指标仍需下调,再加上股票市场的暴涨,所有这些使很多人认为美国在 1929 年以前经历了严重的通货膨胀,而这主要是由联邦储备体系造成的。事实并非如此,到 1923 年为止,批发物价指数只恢复了它在 1920—1921 年下降部分的 1/6。从那时起直到 1929 年,批发物价以平均每年 1% 的速度下降。1927—1929 年扩张期间,经济周期顶峰三个月的批发物价仍略低于周期谷底开始的三个月,这在我们的记录中是罕见的。货币量不但没有上升,甚至在扩张期内有轻微的下降——这在此前及此后的经济扩张期内从未出现过。20 世纪 20 年代非但不是通货膨胀的 10 年,而是恰恰相反。联邦储备体系也并非造成通货膨胀的罪魁祸首,相反,如果当初允许黄金流动对货币存量变化的效应完全发挥,联邦储备体系很有可能会极力控制货币存量的上升。

注释

A Monetary History of The United States, 1867-1960 ★ ★ ★

241n 〔1〕特别值得关注的是：W. R. Burgess, *The Reserve Bank and the Money Market*, New York, Harper, 1927; Winfield W. Riefler, *Money Rates and Money Markets in the United States*, New York, Harper, 1930（这两者都是联储体系聘用的经济学家的研究成果）；H. L. Reed, *Federal Reserve Policy, 1921—1930*, New York, McGraw-Hill, 1930; C. O. Hardy, *Credit Policies of the Federal Reserve System*, Washington, Brookings, 1932（这两者都是联储体系外的经济学家对联邦储备政策的评价）。

242n 〔2〕采用 *All-Bank Statistics, United States, 1896—1955*（Board of Governors of the Federal Reserve System, Apr. 1959, p. 34）中的数据计算。原文中所指的"其他贷款"此处指"商业贷款"。

〔3〕这些贷款的期限为5年以下。根据1916年7月17日的《联邦农业贷款法案》，于次年2月和3月成立了12个联邦土地银行，负责发放期限超过5年的农场土地贷款，财政部提供了其中的大部分资本金——900万美元。这些银行受到联邦农业贷款委员会的监管。在1933年之前，联邦土地银行发放的新的农业抵押贷款从未超过总额的9%。

〔4〕采用 *All-Bank Statistics*（pp. 34-35）的数据计算。

246n 〔5〕参见 Geoffrey H. Moore, "The Quality of Credit in Booms and Depressions", *Journal of Finance*, May 1956, pp. 292, 294-296。

〔6〕最具说服力的证据是 Ilse Mintz 对国外政府债券的分析（见 *Deterioration in the Quality of Foreign Bonds Issued in the United States, 1920—1930*, New York, NBER, 1951, esp. pp. 34-40）。Mintz 的方法是：根据发行人1937年而非发行当年的状况，将债券分为良好和违约两类，从而考虑了违约率的差异。如果借款人在1937年有一笔违约，即使其中一些已经在更早的时候全额偿还，她也在计算"违约指数"时将其发行的所有债券都视为违约。这种方法只有当大多数借款人在所有契约期都借款时才完全适用。例如，如果每个借款人只发行一种债券，这种调整就毫无意义。对于国外政府债券，借款人的数量相对于发行品种是较小的，因而这种方法是可行的。此外，调整后数据存在的巨大违约率差异很难完全归因于上文提及的发行人信用状况的差异。

W. Braddock Hickman 在对国内公司债券的分析中（见 *Corporate Bond Quality and Investor Experience*, Princeton for NBER, 1958, pp. 104-107）试图通过比较1930年1月1日信用状况良好债券的违约状况来调整偏差。这种调整远不如 Mintz 的方法令人满意。Hickman 认为计算结果偏向于文中结论的相反方向，是因为"20世纪20年代末高等级的债券已被赎回或偿还，因而被自动排除在外"。他将样本限制为1930年1月1日信用状况良好的债券，这种限制能消除使用事后结果判断事先质量差异时可能产生的偏差。但该限制具有一个隐含假设，即假定对于事前等级相同、在20年代同一日发行并且1930—1935年存续期相同的债券，其市场表现没有差别。而 Hickman 未能给出支持这一隐含假设的证据。相反，我们认为，不同存续期债券的违约状况在正常时期是不同的，而在极端恶劣的环境下，如大萧条时期，价差将非常大。无论在通常情况下债券的存续期对违约概率有怎样的影响，Hickman 的调整并未校正早期借款人在较好的经济环境下使用贷款来强化其优势经济地位的可能。这就好比在研究某一传染病的死亡率时比较10岁儿童和5岁儿童的初始死亡率，

第 6 章　联邦储备体系的发展期(1921—1929)　259

把死亡人数与初始存活的 10 岁儿童和 5 岁儿童的比率作为传染病死亡率,而不是用死亡人　247n
数与 10 年或 5 年前出生人口的比率作为传染病前后的死亡率。前一种算法的确排除了 10
岁儿童早期死亡的风险效应,但未能排除不同年龄的儿童抵御疾病的不同能力。

　　Hickman 引用的机构评级(原书第 179 页)证实了主要发行于 1928 年和 1929 年两年间
的债券平均质量有所下降。来自评级的偏差可能与之后实际的偏差方向相反。因此,前者似乎
更具说服力。同时,两者都清晰地表明国内债券等级的下降程度明显低于国外政府债券。

　　[7] 高等级证券的利率在 20 世纪 20 年代下降了,至少在 20 年代末风险溢价也明显下
降了(见 Mintz, *Deterioration in the Qulity of Foreign Bonds*, p. 70)。但这与文中的结论并
不矛盾;这仅意味着一部分投资者由于兴趣的变化而非错误的预期使需求发生了变动。

　　认为平均而言高等级的债券一定比低等级的债券对社会和个人贷款者更为有益是一种
盛行的经济谬误。对于服务或商品或许如此,而对于贷款绝非如此。与上述观点相反的一个
观点是我们总是需要更多的投机或更多的风险资本,这一观点也不正确。尽管很多人同时持
有这两种观点,却未意识到它们是自相矛盾的。贷款的等级必须与其数量、成本相均衡。对
于债券而言,要求均一的高质量只会使资本市场成为经济中一个极其微小的角色,而这将降
低经济体的生产率和效率。20 世纪 30 年代早期的借贷困难反映了贷方,尤其是最后贷款人
联邦储备体系制定的不恰当的高等级标准,而 20 年代后期的情况则是标准不恰当放松的结
果,这种说法并非没有道理。或者,换种说法,20 年代盛行的高标准应当使借款人支付更高
的利率、减少投资数量。事实上,根据对商品价格的判断,20 年代没有通货膨胀的压力。因
此,结果应当是较低的产出和增长率。

　　30 年代早期纽约联邦储备银行委员会的会议记录包含了对商业银行声称的不愿承担投　248n
资风险的大量批评(见 George Leslie Harrison 关于联邦储备银行的文件,Columbia
University Library,第 5 章注释[41]中有描述,并参见 Harrison, Notes, Vols. Ⅰ—Ⅲ)。

　　[8] 对于城市抵押贷款,Carl F. Behrens 指出 20 世纪 20 年代末发放贷款的丧失赎回权
比率比 20 年代初在数量上增长了 4 倍,在贷款总量上增长了 8 倍之多(基于 116 家商业银
行提供的贷款样本)(见 *Commercial Bank Activities in Urban Mortgage Financing*, New
York, NBER, 1952, p. 62)。J. E. Morton 得出了与 Behrens 大致相似的结论,只是在样本上
有所不同,前者采用了非农地财产、住宅和生息资产两种商业银行抵押贷款(*Urban Mortgage
Lending: Comparative Markets and Experience*, Princeton for NBER, 1956, pp. 98-101)。
但是,20 年代末的完全分期付款非农地住宅商业贷款的丧失赎买权记录比 20 年代初要好,
只是有略高的损失率(第 103、114 页)。这两个研究结论都受到注释[6]中所说的偏差的严
重影响。如果事前抵押贷款质量不改变,结论将是完全一致的,结论的差异反映了抵押贷款
到期时环境的差异。上述两个作者的概率检验结果都不令人满意。

　　[9] 银行的数量来自 *All-Bank Statistics*, (p. 37);关于停业数量,见未发表的 FDIC,　249n
Annual Report (1934, p. 93) 的修订本,以及 *Federal Reserve Bulletin* (Sept. 1937,
pp. 868, 873) (见表 16 第一部分的资料来源注释)。因为来源不同,严格地讲,1921 年之
前的停业数量与其后年份不具可比性:1921 年之后年份的停止数量包括暂时停止和永久性
停业,而之前的至少不包括一些暂时停业的银行。

　　[10] 例如,最终采取了以金元券代替联邦储备银行券支付的权宜之计来实现这一目标。
见 Benjamin Strong, *Interpretations of Federal Reserve Policy*, W. Randolph Burgess, ed.,
New York, Harper, 1930, pp. 300-302; Lester V. Chandler, *Benjamin Strong, Central
Banker*, Washington, Brookings, 1958, pp. 192-193。

[11] Federal Reserve Board, *Annual Report* for 1921, p. 90.

[12] *Annual Report* for 1921, p. 30. 我们来看另外一个例子，摘自一个子段——"联邦储备银行券问题"。"有些人似乎存在这样一种印象，联邦储备委员会拥有任意收缩和扩张货币的权力……流通中联邦储备银行券规模的增长或下降不是预先决定的政策或预先考虑的计划，而是完全依赖于商业活动或是其他需要货币而不是账簿上的信贷的活动……1917年到1920年年末流通中联邦储备银行券规模的增长不是直接交换黄金和金元券的结果，而是工资和物价上升带来的效应，如同过去的几年中联邦储备银行券的下降是低物价和商业规模缩小的结果，而非它们的起因。"（同上，第96—98页）

从字面上来看，上述结论是正确的，但仅仅因为它仅限于联邦储备银行券，而对联邦储备信贷总量及存款和货币的关系只字不谈。

报告没有涉及贴现率，隐含地表明联邦储备体系尚没有讨论基本原则中决定贴现率的标准或者贴现率水平对联邦信贷的影响。然而，在报告的前一章节关于1921年贴现率的变化中，联储指出1920年的高贴现率是有必要的，因为"显然，继续执行战争时期过低的贴现率将给公众、成员银行以及联邦储备银行等带来灾难"（第32页）。

最后一个例子是评论，"因为联邦储备银行是所有成员银行唯一的法定存款准备金保管人……联邦储备银行有必要保持自身的流动性；这就意味着，其贴现的票据必须是短期的，应当能够很容易地变现"（第93—94页）。

[13] 希望因好的结果得到好评而避免因坏的结果遭受谴责，这是人性所致。逐一通读联邦储备委员会的年度报告，一个有趣的收获是可以发现联储体系权力的周期模式。在繁荣的年份，货币政策被视为有效的工具，对其娴熟运用是值得称道的；在萧条的年份，货币政策则被说成是没有操作空间的，在很大程度上是由其他因素决定的，而正是由于娴熟地运用了极其有限的货币政策工具，才没有使情况变得更糟。

[14] 该年度报告第一次覆盖了全年（1923年），Walter W. Stewart 是当时的研究主管，他对该报告的编写可能发挥了重要作用。

[15] 从1921年10月到1922年5月，联邦储备银行购买了大约4亿美元政府债券以获取收益而明显未考虑其购买行为对货币市场的影响。它们各自为政的操作扰乱了政府债券市场，1922年5月，这些银行成立了由东部储备银行的总裁组成的委员会，负责共同买进和卖出，以避免与财政部账户指令的冲突。1923年春季，该委员会被联邦储备体系的公开市场投资委员会所取代，由联邦储备委员会任命了5名成员——这5名成员就是之前委员会的成员，之后的操作都置于联邦储备委员会的总体监督之下。从1923年11月12月起，联邦储备体系账户建立了起来，交易按比例分配给各个地区性银行。各联邦储备银行仍保留了由公开市场投资委员会代为执行的单独操作，但总体上数量很小。

Strong 总裁和其他银行的总裁认为，通过新的委员来协调公开市场操作是一项自愿性的协议，个体银行保留了主动参与公开市场操作的合法权利。委员会的部分甚至可以说大部分成员都认同该观点。但是，至少一个成员 Adolph Miller 认为，委员会有权控制每一家银行公开市场操作的各项细节。这个想法没有能说服其他总裁，因此也没有被写入委员会章程（见 Chandler, *Benjamin Strong*, pp. 221-228; Charles S. Hamlin, Hamlin Papers, Manuscript Division, Library of Congress, Diary, Vol. 8, May 29, 1924, pp. 169-170; Vol. 10, Mar. 29, 1925, pp. 134-137; Vol. 11, Mar. 20, 1926, pp. 124-125; Vol. 13, Apr. 24, 1927, pp. 155-157）。

在1930年3月之前，公开市场投资委员会的组成一直没有变动。1930年3月，通过由每个联邦储备银行各派出一位代表，美国内陆的联邦储备银行成功地将它们的代表纳入委员会中,委员会得以壮大,并由此更名为公开市场政策委员会(见第 7 章,第 5 节)。

1922 年年底,尽管各储备银行总裁仍认为收益是很重要的,但他们达成了公开市场操作的营利性需求应服从总体信贷考虑的正式共识。早在 1922 年中期,联邦顾问委员会就赞同这一观点。但是,联邦储备委员会中的一些成员,特别是 Hamlin,多年以来一直坚持收益需求至关重要,使其处于从属地位与《联邦储备法》的初衷不符。不仅如此,不时会有银行将收益需求掺杂到政策建议中。(Chandler, *Benjamin Strong*, pp. 213-222; Hamlin Diary, Vol. 7, Oct. 13, 1922, pp. 3-8; Vol. 8, May 7 and 23, 1924, pp. 131-133, 136-137.)

1924 年的联邦储备年度报告是最后一个将联邦储备银行的信贷认为是联邦储备体系"营利性资产"的报告。在 1924 年 5 月的总裁会议上,议题之一是"在不以联邦储备银行的盈利为决定性因素的情况下执行公开市场操作的重要性"。1925 年 4 月,由于堪萨斯城市银行入不敷出,储备银行能否不经公开市场投资委员会授权就购买政府证券的问题再次被提出。"Strong 总裁接着指出,公开市场投资委员会在这次会议上建议重新分配目前的债券持有量,以渡过这一难关。"(Harrison, Governors, Vol. I.)

[16] 有趣的是,上述关于"单一的标准"的讨论忽略了货币存量的平稳变化率。显然,纽约联邦储备银行的 Carl Snyder 极力主张的单一标准(New Measures in the Equation of Exchange, *American Economic Review*, Mar. 1924, pp. 709, 712-713, 文章暗示了单一标准的可取性而并未明确地主张这一政策);另外,Reed 也极力主张这一政策(*Federal Reserve Policy*, 1921—1930, pp. 63, 198-201)。值得注意的是,在 Reed 早期的书中(*The Development of Federal Reserve Policy*, New York, Houghton Mifflin, 1922),他赞成单一标准并进行了类似《第十个年度报告》那一部分的分析。两者主要的不同之处是 Reed 没有特别强调存货的变动。

[17] *Tenth Annual Report* (for 1923), p. 32.

[18] *Tenth Annual Report*, p. 34.

[19] Hardy, *Credit Policies*, pp. 78-80. 也可参见 Clark Warburton, "Monetary Control Under the Federal Reserve Act", *Political Science Quarterly*, Dec. 1946, pp. 505-534, 尤其是 pp. 523-524。

[20] Reed, *Federal Reserve Policy*, p. 60; Hardy, *Credit Policies*, pp. 79-81.

[21] *Operation of the National and Federal Reserve Banking Systems*, Hearings before a subcommittee of the Senate Committee on Banking and Currency Pursuant to S. Res. 71 (Jan. 19—30, 1931), 71st Cong., 3d sess., part 1, p. 71, 纽约联邦储备银行总裁 George L. Harrison 的证词; Hardy, *Credit Policies*, p. 132。

[22] Hamlin Diary, Vol. 11, Oct. 16 and 27, 1925, pp. 25, 29.

[23] Hamlin Diary, Vol. 14, May 1 and July 28, 1928, pp. 159-160, 193.

[24] 关于在体系运作的最初几年中储备银行和联邦储备委员会的冲突见 Chandler, *Benjamin Strong*, pp. 68-76。1919 年 10 月,Hamlin 记录财政部部长 Garter Glass(同时当然也是联邦储备委员会的委员)曾说过,"Strong 总裁试图主导财政部和联邦储备委员会"(Hamlin Diary, Vol. 5, Oct. 28, 1919, p. 44)。关于这一段,也可见 Chandler, p. 163。

1925 年 1 月,联邦储备委员会的成员之一 George James 报告说,Herbert Hoover 告诉他 Coolidge 主席非常不安,因为他担心联邦储备委员会的公开市场政策被纽约联邦储备银行所主导。当 1925 年 5 月 Coolidge 重新任命 Daniel Crissinger 为联邦储备委员会的主席时，Harding 总裁（前一任联邦储备委员会主席，时任波士顿储备银行总裁）认为是 Strong 总裁让 Crissinger 再次当选，因为 Strong 可以支配他（Hamlin Diary, Vol. 5, Jan. 27 and June 15, 1925, pp. 65,141）。同时参见第 7 章第 5 节以后的内容。

256n 　　〔25〕在公开市场投资委员会的第一次会议上以及 Strong 去世后的联储总裁会议上（1928 年 11 月中旬——公开市场投资委员会先开会，之后其他总裁也参会），联储委员会提交了讨论修改公开市场操作安排的提议，这项提议是依据联邦咨询委员会 1928 年 9 月的建议做出的（Federal Reserve Board, *Annual Report* for 1928, p. 229）（"咨询委员会并不是要批评现行的安排，而是为了所有的联邦储备银行都能参与到促成公开市场委员会行动的讨论中来，建议联储委员会考虑由所有联邦储备银行总裁组成公开市场投资委员会，并由五人组成全权执行委员会"）。对于 1928 年 11 月会议上的建议，联储委员会延迟了两个星期才做出答复。联储委员会一反形式上的致谢和对委员会早期建议的认可，没有同意这一建议。事实上，这一行为有效地确立了联储委员会对于任一买进和卖出行为以及总体计划和政策都有通过和否决的权威。公开市场投资委员会在之后的 1929 年 1 月 7 日会议上对于这一答复表示了极大的担忧，认为这是联储委员会政策上的重大变化。（Harrison, Open Market, Vol. Ⅰ, documents for Nov. 13, 15, and 27, 1928, and Jan. 7, 1929.）

　　〔26〕争议发生在 1929 年 1 月 3 日和 4 日。与之前一样，Harrison 在 1 月 3 日告知 Young，纽约联邦储备银行董事会通过的改变购买利率的决议将于第二天生效。在一系列电话沟通之后，Young 要求 Harrison 在经委员会同意之前应停止调整。根据 Harrison 当晚的电话交谈记录，Young 说"自从来到华盛顿，他就尽了最大的努力与各储备银行合作，特别是与纽约联邦储备银行，但是他不打算再任人摆布。他似乎非常生气"。第二天早上，Young 再次接到 Harrison 的电话，在多番讨论之后，Young 退让了。（Harrison, Conversations, Vol. Ⅰ, entry for Jan. 25, 1929.）

　　对同一事件的评论，Hamlin 写道："Platt 说联储主席 Young 对 Harrison 用语近似粗鲁。"（Hamlin Diary, Vol. 15, Jan. 4, 1929, p. 121.）

　　〔27〕这封寄给联储代表和纽约联邦储备银行主席 Gates W. McGarrah 的信收录在 Harrison, Miscellaneous, Vol. Ⅰ。在 20 世纪 20 年代联邦储备委员会与储备银行间的官方通信都是寄给联储代表或由其签字的，他们被视为委员会派驻在各储备银行的代表；出于官方目的，总裁只是银行的雇员。这封信的前几段也出现在 Federal Reserve Board, *Annual Report* for 1929, p. 3。文中引用的第二段文字未包括在这封信的打印部分。

　　〔28〕Harrison 也写到了这次会议：

　　　我特别问到，除了我们已经采取的措施，委员会是否已想好了进一步的适当措施，可用以影响成员银行的贷款……Miller 博士……说如果是他管理纽约联邦储备银行并且收到由委员会写的这样一封信，他要么给纽约的每个主要成员银行写一封信，要么召集他们开会，宣布他到过华盛顿了解到委员会反对使用联储信贷支持投机信贷，在这样的环境下，他会告诉他们"应如何行事"。

　　Harrison 答复道：

258n 　　　……所谓的直接施压行动，或许足以协调个别的成员银行或避免它们仅仅为了利润而滥用联邦储备信贷，但对于发放的信贷总量却不会有实质性的影响，我们在最后的分析中相信只有通过利率才能适当地控制信贷总量。（Harrison, Conversations, Vol. Ⅰ.）

第 6 章 联邦储备体系的发展期(1921—1929)　263

〔29〕Harrison, Conversations, Vol. I；媒体声明(1929 年 2 月 7 日)见 Federal Reserve Board, *Annual Report* for 1929, pp. 2–3。

〔30〕Hamlin Diary, Vol. 15, Feb. 14, 1929, pp. 167–170；Harrison, Conversations, Vol. I。

〔31〕1929 年 2 月 21 日寄给联邦储备委员会的信件，由 Gates W. McGarrah 签署，见 Harrison, Miscellaneous, Vol. I。

〔32〕Harrison, Conversations, Vol. I；Hamlin Diary, Vol. 15, Feb. 14, 1929, pp. 167–169；Vol. 16, May 24, 1929, pp. 80–81。

〔33〕Harrison, Conversations, Vol. I；Office, Vol. II. 在 4 月的一次与 Mellon 的私人会谈中，Hamlin 反对提高利率，因为利率的升高一定会遭到国会的调查；民主党将会联合一些激进的共和党人士执行调查决议；Hoover 总统如果反对决议，将会在执政之初就遭受挫折。对 1920 年加息引发的灾难性后果的记忆也影响了 Hamlin 的态度。他告诉 Paul M. Warburg(委员会的成员之一，1914—1918 年)，"如果我们通过提高贴现率打压股票市场，将会引起比 1920 年的 25 亿美元更大的通货紧缩"，而 Warburg 并不同意这一观点(Hamlin Diary, Vol. 16, Apr. 18, May 21, 1929, pp. 24, 68)。

〔34〕3 月 26 日，在 Mitchell 采取行动之前，Harrison 打电话让他知道"联邦储备银行不希望也不能武断地拒绝向成员银行提供合规票据的贷款"，尽管 Harrison 不想被理解为鼓励或反对国民城市银行在短期市场上拆出资金。随后，Harrison 立即打电话向 Young 报告了他与 Mitchell 的谈话。一个月之后，与 Mellon 部长交谈时，Harrison 回忆：

……3 月 26 日星期二，当利率为 20% 时……我们的观点是……向短期贷款市场提供资金或决定短期贷款的利率是由纽约的银行和银行家决定的，而与联邦储备银行无关；我们不应要求或建议它们在非常紧急时期投放资金；那是它们的问题，这个观点必然得出，如果必要的话，我们应该准备好自由的放贷以为纽约市的银行发放的贷款提供储备。(Mitchell 的声明，见 *New York Times*, Mar. 28, 29, 1929；Harrison, Conversations, Vol. I and Special, Vol. II。)

联邦储备委员会对 Mitchell 的声明非常恼火，并写信问他新闻报道是否属实，如果不是，他究竟说了些什么。但是，据 Harrison 称，Young 主席认为 Harrison 的立场是"100% 正确的"。也许委员会非常不赞同的是 Mitchell 向新闻界发表声明的行动。议员 Carter Glass 强烈反对 Mitchell 的举动并公开要求他辞去纽约联邦储备银行的董事一职。Glass 是一个有影响力的政治人物，可能是他的影响力促使委员会质问 Mitchell 的。(Harrison, Conversations, Vol. I；*New York Times*, Mar. 29, 1929.)

〔35〕Harrison 要求第一国民银行减少从储备银行贷款，因为其贷款数额"与其他贷款银行相比非常之高"。老 George F. Baker，第一国民银行的主要政策制定者，在 4 月告诉 Harrison，他认为国家的金融稳健需要更宽松的货币环境。他打算通过降低短期货币利率来达到这一目的，为此，他已从储备银行借了 5 000 万美元。在概述了他对银行内部决定和联邦储备应关注问题两者之间的界限以及第一国民银行借款的主要观点之后，Harrison 告诉 Baker："如果第一国民银行或其他银行坚持 Baker 之前所提倡的政策，将会损害我们在华盛顿的形象，甚至还有可能引起我们一直竭力避免的(国会)调查，或者是来自联邦储备委员会禁止性的管制。"

一个月之后，Baker 告诉 Harrison，如果不是因为他们先前的谈话，他将不会只借 5 000

万美元——他的银行仍负债于储备银行——而是多达 8000 万、9000 万甚至 1 亿美元,以使短期货币市场更为宽松。Harrison 总结道:

> 我们都同意我们最终需要的是宽松的货币政策。他认为可以通过在目前投放货币实现这一目标。而我们怀疑由于对信贷贪得无厌的需求,目前这样做是否可行……他竭力想通过向我们借款来办到这一点,但我们都认为目前想要实现这一点是不明智的。Baker 指出他并不在意银行界其他人的想法,他认为他是对的,而我们是错的……

小 George F. Baker 在政策上遵从他的父亲,他告诉 Harrison 他们父子俩人都认为他们有权通过使用政府债券向联邦储备银行借款来获取短期贷款利润……

> 他们采用政府债券的策略(对他们来说,投资于政府债券意味着比投资于短期货币更少的利润),他们相信当时机来临时政府债券能够获得利润,可以补偿他们预购和持有债券的损失;而且他们认为这个时机已经来临了……

Harrison 还就担保信托公司向储备银行借款的规模问题会见了担保信托公司总裁 William C. Potter。Potter 解释说,由于兼并,他的银行存款流失,但他的一些重要客户还对证券贷款有巨大的需求。"他说……如果我们提高贴现率,这些借款人的压力将会更大,每个银行在拒绝这些客户的进一步借款时都会处于更有利的地位,而无须担心这些客户会流失到那些不太合作的银行那里。" Potter 告诉 Harrison,如果为了偿还储备银行的贷款而出售政府债券,他的公司将会遭受损失,目前他在短期市场上的资金很少,有时会为那些来不及向华尔街借款而求助于担保公司的客户提供隔夜贷款(Harrison, Office, Vol. Ⅱ)。

〔36〕这封信见 Harrison, Miscellaneous, Vol. Ⅰ;Young 的评论见 Harrison, Conversation, Vol. Ⅰ。

〔37〕Harrison, Conversations, Vol. Ⅰ.

〔38〕Harrison, Miscellaneous, Vol. Ⅰ.

〔39〕1929 年 5 月 31 日由主席 Gates W. McGarrah 写给行长 Young 的信,以及 6 月 12 日委员会的信见 Harrison, Miscellaneous, Vol. Ⅰ。Harrison 认为联邦储备委员会 6 月 12 日的信是委员会和储备银行之间妥协的象征,并否认了委员会在贴现率问题上停滞不前(Hamlin Diary, Vol. 15, May 21, 23, 28, June 5, 7, 12, 1929, pp. 72-73, 79, 87, 96-97, 99-100, 104, 108-109)。

〔40〕Harrison, Conversations, Vol. Ⅰ.

〔41〕见 Harrison 1929 年 7 月 30 日写给洛杉矶储备银行总裁 Calkins 的信(Harrison, Miscellaneous, Vol. Ⅰ)。他与委员会的会谈内容见 Harrison, Conversations, Vol. Ⅰ。委员会在一年前与公开市场投资委员会的会议上就表达了对优惠贴现率的偏好,委员会提出对农业票据和因农作物季节性波动开立的承兑汇票实行优惠贴现率,而公开市场投资委员会表示反对。

总裁会议的报告和通过的决议见 Harrison, Conversations, Vol. Ⅰ。只有亚特兰大储备银行总裁 Black,"受银行的董事之托,不投票赞同任何可能导致亚特兰大贴现率升高的措施",没有投票赞同决议。Harrison 投了赞成票,而对其他储备银行是否应提高贴现率则没有表态。他赞同如果购买票据不足以提供充分的储备信贷以应对季节性需求或避免紧缩货币利率,可以破例购买政府债券或外汇(也可参见 Hamlin Diary, Aug. 2, 8, 1829, pp. 146, 155-156)。

〔42〕1929 年年度报告,第 4 页,对直接施压政策进行了如下描述:

> 不应由联邦储备委员会评估通过直接施压进行干预的总体效应或社会效应……但

是,值得注意的是,委员会采取的施压过程引发了国民银行系统,特别是联邦储备银行,对于今年信贷必要需求的信贷资源的实质性紧缩。

避免让联邦储备信贷进入投机渠道,构成了联邦储备体系致力于寻求信贷控制技术最困难和紧迫的问题,信贷控制技术能够使国家形成稳定的信贷环境,保持经济的稳定,而这些得益于对体系内资源的适当管理。无论实现这些结果的方法或方法的组合具体是什么,最终可能都会获得成功以及公众的认可。联邦储备体系最近在直接施压政策可行性方面的突出表现阐明了这一问题并推动了问题的解决。

据 Hamlin 称,第一段是由委员会的研究主管 E. A. Goldenweiser 在其年度报告的草稿中陈述的。Hamlin 抱怨说草稿中对直接施压的讨论不够充分,Miller 又起草了上面的第二段文字。主席 Young 指责 Miller 的草稿没有正确地陈述事实。因此 Miller 提议删除如下句子:"在处理某些无序贷款方面,直接施压政策的潜能和实用性不应再遭到怀疑。"尽管主席 Young 和副主席 Platt 都反对,Miller 的草稿还是被采纳了。(Hamlin Diary, Vol. 17, Feb. 12, 21, Mar. 17, Apr. 6, 7, 1930, pp. 101-106, 117-118, 127-130.)

[43] Hamlin Diary, Vol. 7, Apr. 12, 1923, pp. 85-86; Vol. 15, Sept. 7, 1928, and Jan. 4, 1929, pp. 27, 124-125.

[44] Hamlin Diary, Vol. 7, Apr. 12, 1923, p. 86; Vol. 8, Feb. 14, 1924, p. 19.

[45] Harrison, Open Market, Vol. I, Young 写给 Harrison 的信件(日期为 1928 年 8 月 16 日)。

[46] Young 写给 McGarrah 的信件, Harrison, Marcellaneous, Vol. I。

[47] 引自 Annual Report for 1928, p. 8; for 1925, p. 16。

[48] 更全面的讨论见 A. J. Meigs, *Free Reserves and the Money Supply*, University of Chicago Press, 1962, pp. 8, 46-48。

[49] 见 Hardy, *Credit Plicies*, pp. 228-232。认为公开市场操作足以作为实施货币政策的有效工具,而再贴现则是有缺陷的观点见 Milton Friedman, *A Program for Monetary Stability*, New York, Fordham University Press, 1960, pp. 30-45。

[50] Hardy, *Credit Policies*, p. 108.

[51] Harrison, Governors, Vol. I.

[52] Burgess, *The Reserve Banks*, pp. 201-202; Hardy, *Credit Policies*, pp. 228-229.

[53] 最近,在解释超额准备金水平时会犯与解释贴现率水平时相同的错误,即在评价其宽松还是紧缩时,忽略了影响市场利率水平的其他因素。见第 11 章第 2 节及 Friedman, *A Program for Monetary Stability*, pp. 41-42。

[54] 当然,也有可能是联邦储备体系的操作导致了存款-通货比率较为特殊的变化趋势。扩张性的公开市场购买首先影响了存款。公众需要一段时间来重估所期望的存款-通货比率。结果,体系大量的购买可能使得本应稳定增长的存款-通货比率快速增长,之后保持不变或下降。假设存款-通货比率没有潜在的上升趋势,与这些效应相对应的是与体系的扩张性行动一致的比率的暂时上升,之后会返回初始水平。这并不影响文中的主要观点。在这样的假设下,要达到货币存量的同等增长需要比实际更大量的公开市场购买,而具体效果则取决于采取行动的时机。

276n 〔55〕见 Phillip Cagan 即将出版的关于 1875 年以来美国货币存量变化的决定因素和影响的专著(一项国民经济研究局的研究)中对两个存款比率的讨论。

277n 〔56〕Harrison, Special, No. 36, Part 2, pp. 98-99.

〔57〕下面的例子说明了联邦储备体系内部对这个问题的担忧。

1924 年 3 月:"……过去的几年中成员银行出现了将活期存款转化为定期存款,以及降低其在储备银行准备金率的趋势,委员会认为目前对准备金要求的任何变动都可能导致额外的信贷扩张,是极其不明智的。"(Report of Federal Reserve Agents Committee on Reserves, in Harrison, Governors, Vol. I.)

1927 年 5 月:"……联邦储备银行的总裁们极其担忧由于事实上的活期存款转为所谓的定期存单或储蓄账户的行为持续增加,银行的准备金头寸将会减少……"(Harrison, Governors, Vol. II.)

1927 年 6 月:"联邦储备委员会向联邦储备银行写信征集建议,询问委员会应采取什么合法的措施来应对将事实上的活期贷款转为所谓的定期存单或储蓄账户的趋势。"(Harrison, Governors, Vol. II.)

1928 年 5 月:"……为了阻止一些已经出现的滥用行为,比如通过储蓄支票支取定期存款和活期存款,以及活期和定期存款缺乏严格界限",联邦储备委员会的 D 条例对存款的定义应该扩充。(Recommendation of the Federal Advisory Council in Federal Reserve Board, Annual Report for 1928, p. 278.)

〔58〕由联邦储备委员会向分行、集团和主要银行暗示,见"Changes in the Number and Size of Banks in the United States, 1834—1932", mimeographed, 1932, pp. 19, 35, 48。其中,银行规模用贷款和投资衡量。

278n 〔59〕The Federal Funds Market, A Study by a Federal Reserve System Committee, Board of Governors of the Federal Reserve System, 1959, pp. 1-2, 21-29; P. B. Willis, The Federal Funds Market, Federal Reserve Bank of Boston, 1957, pp. 1-10.

279n 〔60〕财政通货,我们将其定义为包括国民银行券和联邦储备银行券,由于战争时期的相反操作,其组成发生了显著变化(第 5 章,注释〔31〕),目的是使英国得到黄金。银元券增长了两亿美元,联邦储备银行券几乎停止了流通。以《彼特曼法案》流通券为保证,1918—1920 年发行了联邦储备银行券以代替银元券,银元券退出流通释放出白银并运往印度。在 1921 年,财政部进行了反向操作,从国内生产商购得银锭,铸造了标准的银币,然后用银币来回收《彼特曼法案》流通券,联邦储备银行此后取消了联邦储备银行券。

283n 〔61〕见 Federal Reserve Board, Annual Report for 1923, pp. 20-22; for 1925, p. 2; for 1926, p. 16。

〔62〕在黄金的平均净流动为零的情况下,尽管这些国家现在处于并能保持长期的均衡,但随着时期的拉长,任意数量的黄金储备都将被累积的随机不均衡所耗尽。这是所谓的平均律(law of averages)的推论。考虑一系列独立随机变量,随着样本个数的增加,它们之和的方差将无限增长,而它们均值的方差将下降。在这个例子中,主要是其变量之和的方差无限增长。

284n 〔63〕一般估计,当再次与黄金挂钩时,英镑被高估了 10%。见 Report of the [Macmillan] Committee on Finance and Industry, Great Britain, Cmnd. 3897, June 1931, pp. 110-111。但是,要注意英国重返金本位制之前价格下跌了 50%,所以最好将英国需要

进行的总调整描述为价格约 55% 的下降幅度。

〔64〕我们并不完全清楚该比较基准是否合理,因为不受货币适应性过程变化的影响,国际贸易形势的变化也会带来黄金流动的变化。另一个办法是将黄金存量的变化表述为其对高能货币总量同期变化的比率,因为这个比率完全反映了货币适应性过程的变化。正如人们所预料的,这会产生更显著的差距:这些比率的标准差在 1882—1892 年是 1.17,在 1903—1913 是 0.40,在 1923—1929 是 3.38。但是,这样的比较可能会高估这些时期的差距,因为最后一个时期高能货币较小的增长率使得比率的分母较小,从而使其在统计上不稳定。

〔65〕货币存量和实际收入标准差的乘积矩(product-moment)相关系数是 0.78,这个值对于 6 个观察值来说,(代数值)被超过的可能性低于 1/20。再增加后来的 3 个时期(1929—1939 年、1939—1948 年、1948—1960 年;见第 11 章)之后,相关系数上升到 0.88,这个数值对于 9 个观察值来说,(代数值)被超过的可能性低于 1/2 000。

〔66〕财政部反对这项政策。在给纽约联邦储备银行的一封信中,一位财政部官员建议对基于短期政府债券的贷款采用优惠贴现率,以巩固市场。Strong 总裁通过发表一份反对优惠贴现率的声明给予了答复(Harrison, Special, No. 35, Part 4, p. 8; Harrison, Miscellenous, Vol. Ⅱ)。

〔67〕这些数据源自联储的每周声明,均未经季节性调整,政府债券的持有量是每周三收市时的持有量。

联邦储备委员会在美国创造了比英国更为宽松的信贷环境,一定程度上是为了帮助英国重建金本位制,同时也是为了实现国内目标。

〔68〕财政部反对"立即推行强有力的紧缩政策",因为当时财政部正进行再融资,但它并没有严重地干涉联邦储备政策(Harrison, Special, No.35, Part 4, p. 8)。

〔69〕见 Strong, *Interpretations*, p. xxii; Chandler, *Benjamin Strong*, pp. 454 – 455。1928 年 5—8 月 Strong 正在欧洲,他对当时的联邦储备政策几乎没有影响。他回到美国后健康状况恶化。

〔70〕引自 Harrison 1929 年 8 月 2 日向委员会的政策建议,第 264 页以后。

也可参见 1929 年 9 月 30 日 Harrison 给 Young 的信,建议授予公开市场投资委员会在购买票据的同时购买政府债券的权力,"购买政府债券的利率应设定在允许成员银行逐步降低贴现量的水平上,并逐步为最终宽松的利率铺平道路……"(Harrison, Miscelleneous, Vol. I)。

〔71〕见 *Annual Report* for 1929, p. 3;以及上面的注释〔29〕。

〔72〕引自纽约联邦储备银行的一个文件:"有人提出我们助长了 1928 年到 1929 年大部分时间里信贷的紧缩,信贷总量的增长率低于正常情况……"(Harrison, Notes, Vol. Ⅰ,纽约联邦储备银行董事执行委员会的会议记录,1930 年 5 月 19 日。)

〔73〕J. K. Galbraith 摒弃了联邦储备当局在 1927 年春季降低再贴现率及大量购买政府债券的行为对投机行为以及之后的暴跌有重要影响的观点,理由是:"该观点显然是假定只要人们能筹集到资金,他们总会投机。而事实并非如此。之前有很长一段时期贷款很充裕并且利率较低——远比 1927—1929 年要低——但投机微乎其微。如我们之后所看到的,1927 年后的投机中也并没有失控,除非人们并不想控制投机而且的确也无法控制,投机才会失控。"(*The Great Crash, 1929*, Boston, Houghton Mifflin, 1955, p. 16.)

假如在 1927 年后投机没有失控,且股票市场没有获取额外的资金,可以肯定控制投机不成问题。如果当局采取更消极的或更紧缩的货币政策代替 1927 年的扩张政策,一定可以阻止投机。

J. A. Schumpeter(*Business Cycles*, New York, McGraw-Hill, 1939, Vol. Ⅱ, p. 899)也认为 1927 年联邦储备的政策与 1928—1929 年的股市暴涨及其后的暴跌没有联系。但他认为,如果 1927 年联邦储备迫使"银行收回对经纪人发放的贷款,其他的贷款人也会退却"(p. 900),毫无疑问这会成功地阻止大萧条。事实上,银行资产从 1926 年 6 月到 1928 年 6 月的增长完全是 1927 年宽松货币政策的结果,资产的增长集中在投资和证券贷款,很难理解为何 Schumpeter 认为联邦储备体系不应承担对市场提供了过多资金的责任,只需限制额外的资金即可达到 Schumpeter 建议的实行有选择的货币控制的目标。

292n   [74] 这很显然是总裁 Strong 的观点(Strong, *Interpretations*, p. 22)。据 Irving Fisher 记录,在 1928 年,当 Strong 在亚特兰大城身体渐愈时,"他在地板上踱步,因为他发现他的同事们并没有提高再贴现率以阻止他预见的即将来临的萧条"(*Annals of the American Academy of Political and Social Science*, Jan. 1934, p. 151)。

这也是 Harrison 的观点,尽管如我们所看到的,他的这一观点没有获得委员会的支持(见 Harrison, Miscellaneous, Vol. Ⅱ, 1932 年 4 月 18 日 Harrison 给议员 Glass 的信,在第 7 章注释[134]引用)。

[75] E. W. Kemmerer, *Seasonal Variations in the Relative Demand for Money and Capital in the United States*, National Monetary Commission, S. Doc. 588, 61st Cong., 2d sess., 1910, pp. 16, 19, 21, 24-25, 147.

[76] 采用国民经济研究局计算的下列数据的季节性指数进行比较:

	最高值	最低值
财政部之外的通货,1908—1914(月末)	100.5(11 月)	99.3(6—7 月)
财政部和联邦储备银行之外的通货,1922—1929(月末)	103.6(12 月)	97.6(1 月)
活期货币利率,纽约市,1897—1911(周数据的月平均值)	173 (12 月)	65 (8 月)
活期货币利率,纽约市,1924—1929(周数据的月平均值)	112 (12 月)	94 (3—4 月)

295n   [77] 我们的结论反映了认为货币存量变化比利率季节性变动更好是毫无理由的。引发早期金融恐慌的原因更多来自存款和通货间缺乏转换性,而不是货币存量缺乏弹性。

此外,在货币当局有效控制货币存量的体系中,它们必须明确地决定采用多大幅度的季节性调整——这项决定的标准并不唯一。它们是否应当根据利率的季节性变动决定货币的季节性变化?如果应当,那么是哪种利率?或者,它们是否应当根据观察到的货币流通速度的季节性变动决定货币的季节性变化?在这一点上,也可参见 Friedman, *A Program for Monetary Stability*, p. 92。

[78] 见 Friedman, *The Demand for Money: Some Theoretical and Empirical Results*, New York, NBER, Occasional Paper 68, 1959。

297n   [79] Federal Reserve Board, *Tenth Annual Report* for 1923, p. 10.

第7章

★★★

大萧条时期
（1929—1933）

在我们所研究的近百年的美国历史中,1929—1933年的大萧条显然是最为严重的一次经济周期紧缩,也很可能是整个美国历史上最为严重的一次紧缩。尽管相对于其他大多数国家而言,美国经历的大萧条更为猛烈,持续的时间也更长,但是从范围上来看,这次大萧条是世界性的,是现代历史上危害程度最大、波及范围最广的一次国际性经济紧缩。在1929—1933年间,按照当前价格计算,国民生产净值的下降幅度超过了50%;按照不变价格计算,下降幅度超过了1/3;按照隐含价格计算,下降幅度超过了1/4;按照月度批发物价计算,下降幅度超过了1/3。

在我们的月度数据所涉及的50多年时间里,大萧条来临之前的情况是空前绝后的。如第6章所述,历史上其他任何一段萧条时期都不像这次一样,在发生之前会经历如此长的货币存量未见提高的时期。大萧条时期的货币走势更加引人注目。从1929年8月达到周期性顶峰到1933年跌入周期性谷底,货币存量的下降幅度超过了1/3。在前文我们研究的各段时期中,最大的下降幅度是1875—1879年以及1920—1921年的9%。而大萧条时期的下降幅度是这一最大值的3倍还多。美国有1/5的商业银行(在大萧条开始时,共持有近10%的美国存款)由于财务困难而停业。再加上主动清算、吸收整合、兼并等,商业银行的数量因此减少了1/3以上。更为严重的是,1933年年初,许多州的银行进入了歇业期,而从3月6日(周一)至3月13日(周一),全国范围内的银行全部歇业,不仅所有的商业银行如此,联邦储备银行也是如此。全国范围内的所有银行在如此长的时间里同时歇业,这在美国是史无前例的。

如果要在美国的历史上找出与1929—1933年货币崩溃哪怕是稍稍具有可比性的经历,也必须要回到近一个世纪之前,即1839—1843年的萧条时期。那次萧条也发生在世界性危机的背景之下。美国第二银行(Second Bank of the United States)的政治斗争、该银行的营业执照未能更新,以及在州营业执照授权下后继银行所采取的一系列投机活动,都导致了国内货币的不确定性。大萧条的爆发加剧了这种不确定性。该银行的联邦营业执照失效之后,政府采取的一系列措施——财政盈余的分配、铸币流通令、1840 年独立财政部的设立及其在次年的解散——进一步加剧了国内货币的不确定性。和 1929—1933 年间一样,在 1839—1843 年间,大量银行倒闭——初期约有 1/4,到萧条末期超过了 1/3——货币存量下降了约 1/3。[1]

1929—1933 年的大萧条在很多方面产生了深远的影响,尤其是货币机构的建立,以及关于货币因素在经济中所扮演角色的学术性和大众性的思考。在大萧条时期,一些货币机构得以建立,包括著名的复兴金融公司(Reconstruction Finance Corporation)和联邦住房贷款银行(Federal Home Loan Banks),联邦储备体系的权力得到了极大的修正。大萧条后不久,联邦银行存款保险制度开始实施,联邦储备体系的权力也进一步得到了重要的修正。另外,黄金交割制度也被暂时取消。接着,金平价制度进行了重大调整,其影响力大不如前(参见第 8 章)。

20 世纪 20 年代,人们长久以来的一种信念得到了增强,即货币力量是经济周期过程中非常重要的因素,货币政策是维持经济稳定的有力工具。而大萧条动摇了这种信念,并将其推到了另外一个极端,即"货币政策无关紧要";货币作为被动因素,反映的是其他因素的影响;货币政策在维持稳定方面发挥的作用微乎其微。本章其余部分总结的证据表明,这些判断并不是合理的经验推断。货币崩溃并不是其他因素导致的无法避免的结果,它在很大程度上是一个独立的因素,并对后续事件的发展产生了重要影响。联邦储备体系未能阻止货币崩溃的发生,这反映的并不是货币政策无效,而是货币当局所采取的特定政策无效,并在一定程度上反映了当时特定的货币安排无效。

大萧条以惨痛的事实证明了货币因素的重要性。的确,正如事实所呈现的那样,货币存量的下降、银行体系的几近崩溃,这些都可以看成美国的非货币因素、世界其他国家的货币和非货币因素共同作用的结果。所有的一切都取决于货币当局认为这种局面在多大程度上是注定的。正如我们将要看到的,同样是事实的是,如果货币当局采取其他的可行措施,就可以阻止货币存量的下降——事实上,可以带来货币存量几乎任意一个合理幅度的增长。相同的行动同样可以极大地缓解银行业危机。如果货币当局采取了措施来防止或抑制货币存量的下降,就可以减轻大萧条的危害程度,同时几乎毫无疑问可以缩短萧条的持续时间,更不要说采取货币扩张措施了。大萧条可能仍然会造成相当程度的损害。但是,如果货币存量不下降的话,则很难相信货币收入在 4 年时间里会下降超过 1/3,而价格水平会下降超过 1/3。[2]

7.1 货币、收入、价格、速度和利率的发展历程

图 16(第 186 页)跨越了 1914—1933 年共 20 年的时间,从一个更长的时期反映出此次紧缩的规模。货币收入在 1929—1930 年间下降了 15%,1931 年下降了 20%,1932 年又下降了 20%,1932—1933 年间又进一步下降了 5%,尽管公认的周期性谷底是在 1933 年 3 月。价格水平的迅速下降在相当大的程度上减缓了实际收入水平的下降速度,但是,即便如此,实际收入水平在这 4 年中仍然分别下降了 11%、9%、18% 和 3%。即使就单独一年而言,出现这样的下降幅度也是不寻常的,更不要说连续 4 年如此。总之,在 4 年时间里,货币收入下降了 53%,实际收入水平下降了 36%,即分别以年均 19% 和 11% 的速度下降。

到 1931 年,货币收入已经低于 1917 年以来任何一年的货币收入水平。尽管在 1916—1933 年,人口增长了 23%,但是到 1933 年,实际收入水平还略低于 1916 年的水平。1933 年的人均实际收入水平与 1/4 世纪前的 1908 年经济萧条时期持平。4 年的大萧条时期暂时性地抵消了 20 年来的进步,当然,这不是通过技术倒退的方式,而是通过使工人和机器闲置的方式实现的。在大萧条谷底时期,每三个就业人口就对应着一个失业人口。

从年平均数值来看——这样做是为了与年收入估计值具有可比性——货币存量的下降速度毫无疑问要低于货币收入的下降速度——在 1929—1933 年的 4 年时间里,每年的下降速度分别为 2%、7%、17% 和 12%,总的下降幅度为 33%,相当于平均每年下降约 10%。因此,货币流通速度降低了近 1/3。正如我们所看到的,这是一种常见的定性关系:在经济扩张时期,货币流通速度往往会上升;在经济紧缩时期,货币流通速度倾向于下降。一般而言,货币流通速度的变动量是与收入和货币量的变动规模直接联系在一起的。例如,与 1929—1933 年货币流通速度的急剧下降相反的是,第一次世界大战期间货币流通速度急剧上升,并伴随着货币存量和货币收入的迅速增加;与 1929—1933 年货币流通速度的变动方向相同的是,1920 年货币流通速度急速下降之后,货币收入和货币存量也随着下降。而在经济平缓发展阶段,货币流通速度的变动也是温和的。[3]在 1929—1933 年间,尽管变动速度的下降毫无疑问要快于大多数经济平

缓发展阶段,但是仍然比人们原先根据收入的迅速减少所预期的下降要慢。原因在于,大萧条期间的银行破产极大地降低了银行存款作为财富持有形式的吸引力,因此减少了公众的货币持有数量,否则公众会持有更多的货币(参见本章第3节)。即便如此,如果当时能够避免货币存量的下降,货币流通速度的下降很可能就会减缓,由此货币在控制收入水平下降方面的作用就可以得到增强。

为了更进一步研究这些令人不愉快的年份,我们从研究年度数据转向月度数据。图27重新绘制了图16中的货币存量数据,时间跨度集中在1929年至1933年3月,并且添加了存款和通货序列。图28在此时间序列基础上重新绘制了工业生产和批发物价指数数据,并添加了个人收入序列。图29标绘出了一些利率数据(利率至关重要,因为在大萧条期间,利率通过金融市场的变化发挥着重要的作用),还标绘出了标准普尔的普通股价格指数,以及纽约联邦储备银行的贴现率。

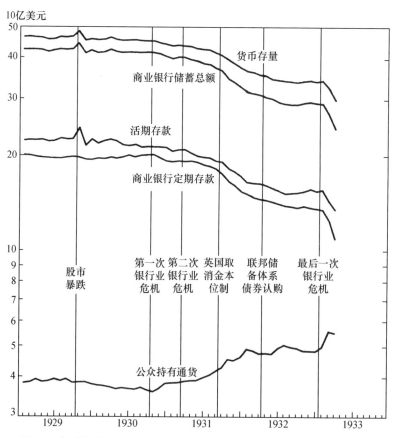

图27 货币存量、通货和商业银行存款,月度数据,1929—1933年3月

资料来源:表A-1。

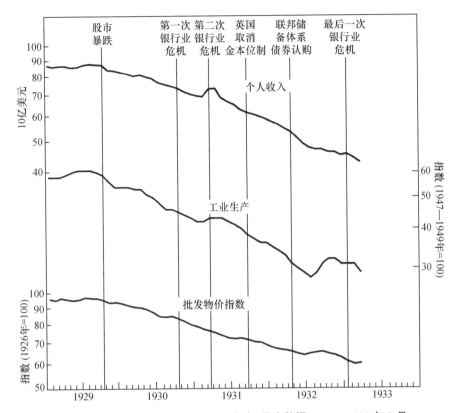

图 28　价格水平、个人收入和工业生产，月度数据，1929—1933 年 3 月

资料来源：工业生产，同图 16。批发物价指数，同图 62。个人收入，*Business Cycle Indicators*（Princeton for NBER，G. H. Moore，ed.，1961），Vol. Ⅱ，p. 139。

显而易见，大萧条的发展过程绝不是千篇一律的。图中垂线将大萧条时期划分成几个不同的阶段，以便下文进一步分析。尽管这里选择的分界线代表的是一些货币事件——这正是我们关注的焦点所在——但图 28 和图 29 表明，经济周期年表对其他经济变量的走势同样可以做出很好的划分。

7.1.1　1929 年 10 月，股市暴跌

图 27 中第一条垂线标注的时间在 1929 年 10 月附近，在这个月内，股票价格出现暴跌。股票价格在 9 月 7 日达到了顶峰，在接下来的 4 周时间里，股市逐步下跌，没有造成任何的恐慌。事实上，股价指数于 10 月 4 日下跌后，又于 10 月 10 日上升。此后的股指下跌导致股市于 10 月 23 日陷入了恐慌之中。第二天，大量股票在市场上被抛售，成交量达到近 1 300 万股。10 月 29 日，股指跌至

276 美国货币史：1867—1960（精校本）

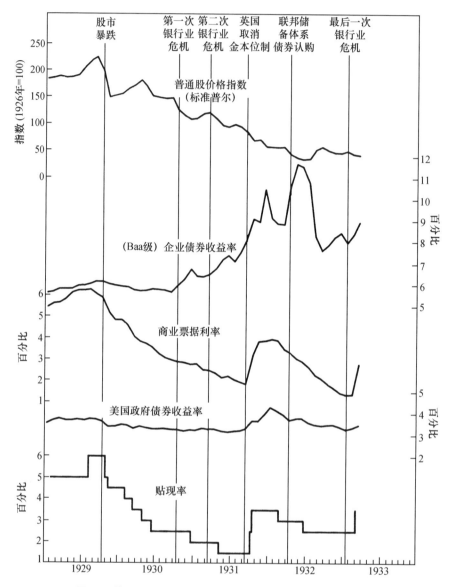

图 29　普通股价格、利息收益和纽约联邦储备银行贴现率，
月度数据，1929—1933 年 3 月

资料来源：普通股价格指数（标准普尔），*Common-Stock Indexes*, *1871—1937*（Cowles Commission for Research in Economics, Bloomington, Ind., Principia Press, 1938），p. 67。贴现率，*Banking and Monetary Statistics*, p. 441。其他数据，同图 35。

新低,成交量达到了近 1 650 万股,而 9 月份的日平均成交量仅略高于 400 股。[4] 股市暴跌体现在货币序列的急剧波动上。货币序列的波动完全是由活期存款的相应波动造成的,而后者又主要反映出股票经纪人和交易商从纽约的银行那里所获贷款的增加,这种增加是由其他银行贷款数量的急剧减少造成的。[5] 这种调整井然有序,这在很大程度上要归功于纽约联邦储备银行迅速、有效地通过公开市场购买,为纽约的银行提供了额外储备(参见本章第 2 节)。尤其是,这次股市暴跌并未对公众所持通货造成影响。其直接的金融影响仅限于股市,而并未导致存款人对银行失去信任。

股市暴跌的同时,恰逢经济滑坡速度逐步加快。从 1929 年 8 月的周期性顶峰至股市暴跌的两个月时间里,产出、批发物价和个人收入分别以每年 20%、7.5% 和 5% 的速度下降。在接下来的 12 个月时间里,这三个经济变量的下降速度明显加快,分别为 27%、13.5% 和 17%。截至 1930 年 10 月,产出共下降了 26%,批发物价共下降了大约 14%,而个人收入共下降了 16%。货币存量的变化趋势从持平变为温和下降。1929 年 10 月之前基本处于上升趋势的利率此时开始下降。即使随后并未发生货币存量的下降,经济紧缩在 1930 年年末或 1931 年年初结束,那也将是历史上较为严重的一段萧条时期。

毫无疑问,在某种程度上,股市暴跌是那些促使经济活动陷入萧条的根本力量的表现,但是在某种程度上,股市的暴跌也必然加深了经济的萧条。它改变了商人和其他人制订计划的环境,给一个原本陶醉在新时代即将到来的希望中的社会带来了广泛的不确定性。人们普遍相信,它打击了消费者和商业企业的消费积极性;[6] 更准确地说,股市暴跌减少了他们在任何给定的利率、价格和收入水平上愿意购买商品和服务的数量,并相应增加了他们愿意持有的货币余额。股市暴跌在影响货币流的同时,可能也对资产负债表造成了相应的影响,即从股票转向了债券,从持有各种证券转向了持有货币。

货币流通速度的急剧下降——从 1929 年至 1930 年,下降了 13%——和利率的变化,与上述解释都是一致的,虽然该解释不是决断性的,因为这两方面的下降代表的都是非常典型的周期性反应。我们已经看到,在萧条时期,货币流通速度往往会下降,并且下降幅度越大,萧条越严重。例如,货币流通速度在 1907—1908 年间下降了 10%,在 1913—1914 年间下降了 13%,在 1920—1921 年间下降了 15%——值得注意的是,1907 年的银行业危机、1914 年战争的爆发和 1920 年商品价格的下跌,很可能对货币需求产生了与 1929 年股市暴跌类似的效应。在那些较为温和且没有出现上述种种事件的萧条时期——1910—1911年、1923—1924年,以及1926—1927年——货币流通速度仅仅下降了4%—5%。看起来,其他年份出现的较为迅猛的货币流通速度下降至少在部分上是上述种种特殊事件作用的结果,而不仅仅是其他因素导致货币收入出现异常下降的结果。如果的确如此,那么股市暴跌就提高了收入的下降幅度。毫无疑问,股市暴跌和萧条的加剧恰好同时发生,支持了这种观点。

股市暴跌对经济预期和消费意愿造成了影响——这些影响可以全部总结为货币流通速度的独立下降——这种影响对收入造成了下降的压力。无论压力的大小如何,货币存量的走势都极大地加剧了这种下降压力。与随后两年的急剧下跌相比,截至1930年10月的货币存量下降似乎是较为温和的。但从更为长期的角度而言,其下降幅度事实上是相当大的。从1929年8月的周期性顶峰——为了排除股市暴跌所导致的直接影响,即货币存量的急剧波动——至1930年10月,货币存量下降了2.6%,其幅度超过此前除了4个经济紧缩时期(1873—1879、1893—1894[7]、1907—1908、1920—1921)以外的任何时期。所有的这些例外时期都是异常严重的萧条时期,其严重性也体现在其他参数方面。上述下降幅度也高于其后的所有经济紧缩时期,尽管仅略高于1937—1938年,而后者是继1929—1933年大萧条之后,唯一在严重程度上可以和上述时期相提并论的萧条阶段。

货币存量的下降尤为引人注目,因为它发生在一个其他方面并未出现显著困难的货币和银行环境中。没有任何迹象表明,存款人对银行存在不信任;也没有任何迹象表明,银行担心会出现这种不信任。正如图27所反映出的那样,公众所持通货的下降比例超过了存款下降比例——前者为8%,后者为2%——尽管在早期银行业危机中无一例外是相反的,即存款的下降比例超过通货的下降比例。类似地,银行并没有采取特殊的行动来加强自身的流动性头寸。超额准备金——我们无法获得1929年之前的超额准备金预测值数据——仍然可以忽略不计。正如下一节中将详细叙述的,截至1930年10月的货币存量下降反映的完全是联邦储备银行信贷余额的下降,后者足以抵消黄金存量的上升以及公众从持有通货转向银行存款所带来的影响。

7.1.2 1930年10月,第一次银行业危机的开端

1930年10月,经济萧条在货币方面的特征发生了巨大的变化——这一变

化体现在图 30 中歇业银行的存款数额的异常增长上。1930 年 10 月之前,歇业银行的存款或多或少地都要高于 1929 年的大多数时期,但这种现象并没有违背上一个 10 年的经验。1930 年 11 月,上述银行存款总额达到了 1921 年以来所有月度数据最高值的两倍还要多。大量的银行破产,尤其是在密苏里州、印第安纳州、伊利诺伊州、艾奥瓦州、阿肯色州以及北卡罗来纳州等地的银行破产,促使人们试图将活期存款和定期存款转化为通货,或者转化为邮政储蓄存款,但后一种情况所占的比例要小得多。[8]一种恐慌的氛围在储户中蔓延开来,首先从农业领域开始,因为这一领域在 20 世纪 20 年代受银行破产的影响最为严重。但是这种恐慌的蔓延并没有受到地域的限制。1930 年 11 月,256 家银行破产,流失的存款总额为 1.8 亿美元;接着,同年 12 月,破产银行达到了 352 家,而流失的存款总额则高达 3.7 亿美元(所有数据均未经季节性调整),

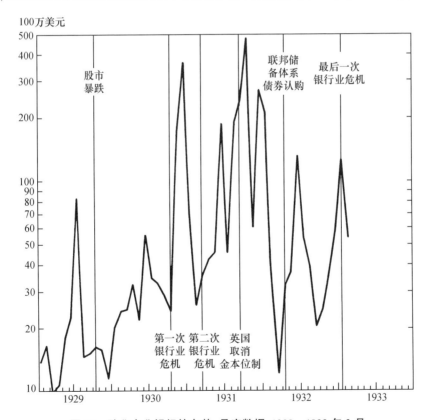

图 30　歇业商业银行的存款,月度数据,1929—1933 年 2 月

资料来源:数据来自 *Federal Reserve Bulletin*, Sept. 1937, p. 909,运用月度平均法进行了季节性调整。

其中最具戏剧性的是 11 月 11 日美国银行(Bank of United States)的破产,其流失的存款量超过 2 亿美元。[9]这次破产具有十分重要的意义。以存款规模来衡量,美国银行是截至当时美国历史上破产的最大的一家商业银行。不仅如此,尽管它是一家普通的商业银行,但是其名称使国内外许多人或多或少地将该银行看成官方银行,因此相对于其他名称较为普通的银行而言,这家银行的倒闭对人们的信心打击更大。除此以外,美国银行是联邦储备体系的成员之一。纽约联邦储备银行发起了一项联合行动来拯救美国银行——在之前的类似情况下,银行业经常采取这一类的措施——但最后清算所银行退出了援助计划,这对联邦储备体系的威信造成了沉重的打击(参见本章第 3 节)。

图 27 清楚地反映出此次萧条特征的变化情况。公众持有的通货数量止住了跌势,开始回升,因此,和以前的银行业危机一样,存款和通货开始朝着相反的方向发展。银行方面的反应也和通常情况一样,都寻求加强自身的流动性。尽管储户大量提现的做法理应减少银行准备金,但是经季节性调整的准备金数量却出现了小幅度的上升。因此,从 1930 年 10 月至 1931 年 1 月,银行存款与银行准备金之比出现了急剧下降。

在上文中(原书第 167—168 页),我们表达了这样一种观点,即在联邦储备银行体系时代以前,1930 年的最后几个月时间里,存款与通货的兑换将很可能受到类似于 1907 年的限制。正如 1893 年和 1907 年的兑换限制迅速结束了主要由缺乏流动性而导致的银行歇业风潮,通过切断一系列为寻求流动性而产生的恶性循环,这种限制毫无疑问将可以抑制接下来 1931 年、1932 年和 1933 年的银行倒闭浪潮。事实上,在这种环境下,美国银行是有机会重新营业的,正如 Knickerbocker 信托公司于 1908 年重新营业那样。不管怎么说,尽管在接下来两年的金融困境下不得不变现其相当大一部分资产,美国银行在 1930 年 12 月 11 日关门时最终还是偿还了 83.5% 的调整后债务。[10]

事实上,联邦储备体系的存在,从直接和间接两个方面阻碍了银行业统一实行上述限制:从直接角度而言,它减少了强势银行的担心(这种银行在过去的此类联合行动中往往发挥着领导作用),因为联邦储备体系以贴现的形式为它们提供了一个逃生机制;从间接角度而言,一个一般性的假设得到了支持,即联邦储备体系的成立使得银行业没有必要采取这种行动。因此,为支撑银行体系而采取的这种个别行动非常有限。[11]结果是,这一事件并不是银行困境时期的结束,而仅仅是一系列流动性危机的开端。这种流动性危机成为大萧条时期其他阶段的特征,直到 1933 年 3 月的银行歇业期才告结束。

最初的危机并没有维持很长时间。1931年年初,银行倒闭情况急剧减少,银行不再采取急切追求流动性的行动。从1931年1月至1931年3月,存款-准备金比率显著提高,而1931年3月是我们讨论的阶段的最后一个月,也是第二次银行业危机的开端。在1月和2月期间,公众减少了对额外通货的需求;继1月的下降之后,活期存款和定期存款在2月增长了3倍,在3月则基本保持平稳。

利率清楚地反映出银行业危机所带来的影响。直到1930年9月,即第一次银行业危机发生前的那个月,长期利率和短期利率都处于下降之中,Baa级企业债券也是如此。与第一次银行业危机同步的是,低评级企业债券和政府债券之间的收益率差距不断扩大。企业债券的收益率大幅度提高,政府债券的收益率则处于持续跌势之中。其中的原因显而易见。在追求流动性的过程中,银行和其他经济主体倾向于首先卖出自身持有的评级较低的债券;对流动性的迫切追求使政府债券作为二级储备更受青睐;因此,评级较低的债券的收益率出现了上升,也就是说,评级较低的债券的价格出现了下跌,而政府债券的收益率则出现了下降。正如我们在下文中将详尽阐述的那样,债券价格的下降也推动了其后银行业危机的发生。这使银行更加害怕持有债券,而这又进一步推动了债券价格的下降。债券价格的下降降低了银行债券组合的市场价值,这反过来又降低了银行监管人员对银行资本利润率的评估,由此推动了随之而来的银行倒闭风潮。[12]第一次银行业危机的结束是以1931年年初债券市场获得极大改善为标志的;而当第二次银行业危机开始时,债券市场状况又重新恶化。

第一次流动性危机的开始并没有在图28所示的经济序列中留下明显的印记。然而,1931年年初,这些经济活动指标呈现出了改善的迹象——毫无疑问,这是推动货币领域出现略微改善的部分原因,同时也是改善的结果。从1月至4月,工业生产出现了增长。经季节性调整的工厂就业率从1929年8月开始就一直处于持续下跌之中,此时仍然处于下跌状态,但是下跌速度大大放缓了;从1929年8月至1931年2月,除了一个月以外,其他月份的下跌规模都等于或大于1931年2月至5月这三个月下降数量的总和。其他的实体经济指标也呈现出类似的结果。个人收入大幅度提高,从1931年2月至4月提高了6%,但是个人收入这一指标具有误导性,因为该指标的增长在很大程度上得益于政府为退伍军人发放的津贴。[13]总而言之,如果不与其后的实际经济状况相比较,1931年前四个月的数据从很多方面反映出经济已经处于周期性谷底,并且开始复苏。

如果这些经济复苏的迹象能够得到货币存量积极扩张的支持,它们很可能演变成持续性的经济复苏。但是实际情况并非如此。公众和银行信心的恢复,有助于通过提高存款-通货比率以及存款-准备金比率的方式来实现货币扩张,但是这种影响在很大程度上被联储信贷余额的减少所抵消(参见本章第5节)。因此,1931年3月的货币总存量比1月高出不到1%,而比1930年12月要低。3月份,伴随着货币存量的下降,新一轮的银行业危机席卷而来,并且货币存量的下降速度在不断加快。一两个月后,经济活动呈现出新一轮的普遍下跌势头,关于这一时期经济复苏的希望破灭了。

7.1.3　1931年3月,第二次银行业危机的开端

如图30(第295页)所示,歇业银行的存款数额于1931年3月开始上升,在6月时达到一个高点。从3月开始,公众重新又开始将存款提现,4月起,银行开始加强自身的准备金头寸,变现可得的资产,以此来满足公众对通货的需求以及银行自身对流动性的需求。根据现有的数据可知,自1929年开始,超额准备金于1931年1月第一次达到了1亿美元的水平,随后开始下跌,直到随着公众和银行信心的恢复,超额准备金再次上升,在6月和7月达到1.25亿—1.3亿美元。[14]"一朝被蛇咬,十年怕井绳。"与1930年的最后几个月相比,储户和银行家在面对新出现的银行倒闭或银行困境事件时,反应必然要迅速得多。

国外事件进一步增加了金融体系的脆弱性——反馈效应,因为这些事件本身在很大程度上是美国以往严重的经济衰退和货币存量下跌的结果,衰退和下跌导致了对商品和服务以及外国证券需求的减少。1931年5月,奥地利最大的私营银行Kreditanstalt银行倒闭,对整个欧洲大陆都产生了影响。紧接着,德国的一些银行于7月14日和15日倒闭,其他国家的银行也未能幸免,英国的短期资产在德国被冻结。1年期政府间债务延期偿付令(intergovernmental debt moratorium)、商业银行承诺相互间不会催讨短期国际贷款的"暂缓还款协议"(standstill agreement),都由胡佛总统提议并于7月份获得批准。[15]它们暂时缓解了相关国家的压力,这正如德国对外汇实行严格管制、法国和美国对英国的借款实行严格控制一样。

这些事件对美国的货币环境造成了多重影响。一方面,这些事件吸引了大量资本涌入美国,进一步增加了本来就已经非常庞大的黄金存量。另一方面,美国商业银行持有大量的短期外国银行债权,这些债权当时已经被冻结。不仅如此,金融恐慌不分国界。举世闻名的金融机构的倒闭、大国出现的大规模银

行倒闭,这些情况使世界各地的储户开始惶恐不安,各地的银行家也不得不开始增加自身的头寸。

存款者试图将存款转换成通货,而银行试图增加与债务相对应的储备数量,存款者和银行的努力对货币存量造成了下降的压力,但是这种压力在某种程度上被国外的黄金输入抵消了。但是,这是唯一的抵消效应。联储信贷余额只是沿着通常季节性变动的方向在发展,尽管6月到8月间,为了熨平市场波动,实施了小规模的公开市场购买(参见本章第5节)。总之,从2月至8月中旬,尽管商业银行体系经历了一场前所未有的破产浪潮,但联储信贷余额净值并未因此出现变化。

结果是,与第一次银行业危机相比较,第二次银行业危机对货币存量造成的影响要严重得多。从1931年2月至8月的6个月时间里,商业银行存款减少了27亿美元,即下降了近7%,下降幅度超过了从1929年8月周期性顶峰至1931年2月整整18个月的下降幅度的总和。从1931年2月至9月的7个月里,商业银行存款下降了9%,比1920—1921年萧条时期最大的存款下降幅度要高出1个百分点。公众持有的通货数量上升,吸收了黄金增加量和准备金减少量,因此总货币存量的下降幅度小于存款。即便如此,从1931年2月至8月,总货币存量还是下降了近5.5%,或者说年下降速度达到了11%。

在银行寻求变现资产、债券价格进一步走低的过程中,评级较低的债券的收益率出现了新一轮、更为迅猛的上升,这清楚地反映出第二次银行业危机对利率的影响。到此时为止,经济萧条再一次严重地削弱了公司的盈利能力,极大地提高了债务的违约风险。长期政府债券的收益率进一步下降,并于1931年中期下降到了异常低的水平;因此低评级债券和高评级债券收益率的变动进一步扩大了两者收益率的差距。如上文所述,其原因之一在于对流动性的迫切追求有助于提高政府债券的价值。另一个原因在于,这些债券可以作为向联邦储备银行贷款的抵押资产,因此联邦储备贴现率的下降有助于使这些债券成为更受青睐的二级储备。商业票据的收益率也出现了下降,基本上与贴现率保持着稳定的联系。

7.1.4　1931年9月,英国脱离金本位制

1931年9月21日,当法国和荷兰致使英镑出现挤兑之后,英国脱离了金本位制,外国危机的浪潮随之而来。[16] 9月16日至10月28日,一些国家——主要包括法国、比利时、瑞士、瑞典和荷兰等国家——预期美国也会采取类似的行

动,于是这些国家的中央银行和私人持有者将他们在纽约货币市场的大量美元资产兑换成黄金。由于美国货币市场利率较低,外国中央银行在一段时期内卖出以往为纽约联邦储备银行账户购买的美元银行汇票,其收益算做外国中央银行的美元银行存款。从9月16日的那一周开始,大量票据被抛售给了联邦储备银行,导致恐慌日益严重。外国中央银行取出存款,以此来增加黄金储备量,其中相当部分的黄金都在接下来的6周时间里被输出到国外。从9月16日至9月30日,美国黄金存量下降了2.75亿美元;从那时起至10月底,又进一步下降了4.5亿美元。这些损失大体上可以抵消近两年来美国黄金存量的净变化,将其大致恢复到1929年的平均水平。

在国内黄金存量开始出现流失之前及流失当时,银行体系内部也出现了严重的流失现象。8月份,歇业银行的存款数量仅次于1930年12月的水平。9月份,歇业银行的规模进一步扩大。仅在这两个月的时间里,就有存款规模为4.14亿美元,或者说存款数量超过当时缩水后的商业银行存款总额1%的银行破产倒闭了。9月份黄金的输出更增加了银行储备的压力。国内存款者有理由担心银行的安全问题,因此将大量存款提现;外国人担心的是金平价制度能否继续维持下去,因此将大量黄金输出美国。国内流失和国外流失一起发挥作用,尤其是秋季对通货的需求达到季节性顶峰时两者更是同时出现。在这样的情况下,在前联邦储备体系时代,银行肯定会对从存款向通货的兑换实行限制。假设其他条件都保持不变,如果前联邦储备体系还在发挥效用,并且如果1930年12月银行没有实行支付限制,1931年9月则几乎毫无疑问地会实行上述限制,这样,至少随后发生的银行倒闭就很可能得到避免。[17]

联邦储备体系对黄金外部流失的反应强烈且迅速,而对内部出现的流失却并未如此。10月9日,纽约联邦储备银行将再贴现率提高到了2.5%,10月16日又进一步提高到了3.5%——在整个联邦储备体系历史上,在如此短暂的时间里,这是再贴现率变动幅度最大的一次,并且是空前绝后的。在再贴现率变动之后的两周时间里,黄金外部流失结束了。到10月底,黄金存量下跌到了周期性谷底,此后一直处于上升状态,一直到12月底黄金再次出现流失。但是,再贴现率的变动也加剧了国内的金融困境,在再贴现率变动的同时,银行倒闭和银行挤兑也出现了大规模的增长。仅仅在10月份,就有522家商业银行倒闭,它们的存款规模达到4.71亿美元。在接下来的3个月里,又有875家存款额达5.64亿美元的银行倒闭。总的说来,在从1931年8月至1932年1月的6个月时间里,共有1860家银行暂停营业,存款规模为14.49亿美元。[18]那些成功渡过难关的银行,其存款也出现了更大规模的下降。这 6 个月时间里存款总额的下降金额几乎达到歇业银行存款总额的 5 倍,或者说不低于营业银行最初存款水平的 17%。

通货的增加部分抵消了存款下降对货币存量的影响,但是,这种抵消作用是微乎其微的。从 1931 年 8 月至 1932 年 1 月,货币存量减少了 12%,或者说年下降速度达到 31%——在我们月度数据覆盖的 53 年间[19],以及我们能够收集到的关于货币存量连续序列的 93 年时间里,这一下降幅度要远远高于其他任何一个可比时期。

为什么黄金流失和随之而来的贴现率提高会如此严重地加剧国内的金融困境呢?如果当时能够采取广泛的公开市场购买措施,以此来抵消黄金外部流失对高能货币的影响,以及国内通货流失对银行储备的影响的话,那么这种情况就不会发生。不幸的是,公开市场购买措施并未得到实施。事实上,在从 9 月中旬到 10 月底的 6 周时间里,联邦储备体系持有的政府债券数量下降了 1 500 万美元,此后至 12 月中旬为止,持有量一直保持不变。尽管联邦储备体系在提高贴现率的同时提高了票据的买入价,但在关键的 6 周时间里,它的确又买入了 5 亿美元的票据。然而,这一数量甚至无法抵消输出的黄金量,更别提国内出现的流失了。结果是,银行发现,两方面的因素共同导致了储备的流失——对外的黄金输出和内部的通货需求。银行只有两条融资渠道:向联邦储备体系借款,或者在市场上变现资产。尽管这两种融资方式都不尽如人意,但是银行都使用了。

尽管贴现率提高了,但是贴现量仍然达到了 1929 年以来的最高水平。其具体情形和影响,在 1932 年 2 月为公开市场政策委员会的一次会议准备的备忘录中有详尽的描述。备忘录中描述的情形仍然与 1931 年 10 月的状况非常相似。

> ……分布在主要中心城市之外的银行承担了最多的由票据贴现造成的压力。事实上,这些银行的贴现额要远远超过 1929 年时的数量。当时,联邦储备体系正在尽最大努力防止通货紧缩。除战争期间以外,目前的成员银行借款数量一直证明着通货紧缩的存在。根据目前的敏感心理状态,只要贴现压力仍然像现在一样大,那么通货紧缩似乎就不可能终止。[20]

由联邦储备体系在 20 世纪 20 年代加强的避免向银行借款的倾向在此时更加强烈。储户担心银行的安全性,他们非常细致地审阅银行的资产负债表,以便找出接下来哪家银行要倒闭。这正是引文中"敏感心理状态"所指的情况。

图29(第292页)生动地反映出银行试图变现资产所带来的影响。长期政府债券和商业票据的收益率随着较低信用评级公司债券收益率的上升而出现急剧上升,这在历史上尚属首次。显而易见,这些债券收益率的上升反映的不是经济萧条对公司盈利的影响;它们反映的是流动性危机,以及银行不愿意也没有能力从联邦储备体系那里继续借款。在当时以及以后较长的一段时期里,相关的一些讨论将政府债券价格的下降归因于联邦赤字(1931年的财政赤字低于5亿美元,1932年的财政赤字达到了25亿美元),归因于人们对"不负责任的"立法的恐惧,但是如果与银行变现资产的巨大压力相比,很难令人相信上述因素会产生很大的影响。毫无疑问,商业票据利率的上升从时间和规模两个方面反映了贴现率的变动。

这里我们再次引用1932年1月为公开市场政策委员会准备的一份原始备忘录。

> 在几个月的时间里,美国政府债券的价格下跌了10%,较高评级的公司债券价格的下跌幅度达到了20%,较低评级的公司债券价格的下跌幅度更大。如此大幅的下降必然会加剧银行面临的困境,单个机构为了增加自身头寸所做的种种努力已经严重地恶化了银行业的普遍头寸状况,这一点目前已经是显而易见的了。[21]

为了缓解银行困境,人们采取了一些措施,或者提出了一些政策建议,例如,纽约联邦储备银行采取了一些措施来鼓励对银行资产实行更为宽松的估价,减少铁路债券价格承受的压力,加速倒闭银行的存款清偿工作。[22]尽管这些措施已经得到了充分的实施,但是它们仅仅是治标不治本的。影响更为深远的政策建议来自联邦储备体系之外。在胡佛的敦促和银行界勉强的合作下,1931年10月一家私营的国民信用公司(National Credit Corporation)得以创立,以此来扩大向单个银行的贷款规模,各个联邦储备区内银行形成合作体,接受常规上不被接受的证券抵押品及合作成员银行的联合担保。然而,国民信用公司的贷款较为有限。用胡佛的话来说:"在经过了几周的开拓进取之后……(它)变得极为保守,进而畏首畏尾,最后破产倒闭。它完全没有尽其所能。其成员——以及商业界——放弃努力,要求政府采取行动。"[23]这些政策安排很明显是仿效临时性的《奥德利奇-瑞兰法案》。《奥德利奇-瑞兰法案》在1904年应用时,效果卓著。根据胡佛的建议,1932年1月成立了复兴金融公司。该公司有权向银行和其他金融机构以及铁路发放贷款,这些金融机构中的相当一部分在保税债务方面都存在违约风险。[24]银行倒闭风潮的结束几乎恰逢复兴金融公司的建立,尽管这两件事可能毫无关联。在1932年剩余的时间里,复兴金融公司向银行提供的贷款总额至少有9亿美元,歇业银行的存款在1930年年中的存款水平附近波动。

1932年2月27日通过的《格拉斯-斯蒂格尔法案》(Glass-Steagall Act)最初是由财政部和白宫提出的。该法案最初的目的主要是拓宽储备体系为联邦储备券持有的抵押品范围,允许政府债券和合格的票据作为抵押品。[25]但是,该法案中一些条款是为了放宽单个银行向联邦储备体系借款的条件。[26]

1932年5月,众议院通过了一项关于向银行提供联邦存款保险的议案。该议案被提交给了由Carter Glass担任主席的参议院银行和货币委员会的子委员会,但是这份法案自始至终都没有公开过。[27]在最初的《联邦储备法》获得批准时,Glass曾对类似条款提出过反对意见。[28]他认为,解决方案应该是改革商业银行的业务操作,并提出了数个改革议案。[29]但没有任何一个议案得到行政当局或联邦储备体系的支持,也没有任何一个议案获准通过。[30]

1932年7月,在再一次试图解决冻结资产问题——尤其是住房融资机构(即储蓄和贷款协会、储蓄银行和保险公司)的冻结资产问题——的尝试中,《联邦住房贷款银行法案》(Federal Home Loan Bank Act)获准通过。该法案允许联邦住房贷款银行以住房融资机构持有的一级抵押品为担保,向这些住房融资机构预付贷款。

图28(第291页)中更为宽泛的经济指标显示出,在英国脱离金本位制之后的金融发展并没有给美国的经济指标带来多大的影响。相反,从1931年3月第二次银行业危机开始到1932年年中,这些经济指标一直处于持续下降中。如果说有什么影响的话,下降的速度倒是呈现出某种程度的提高,但是任何加速也不及由始至终的高降速那么引人注目:个人收入的年均降幅达到31%,批发物价为14%,而产出为32%。

大萧条的严重程度促使美国出现了许多货币领域外的救市行动,包括政府性的,也包括非政府性的。1931年秋天,全国向私营救济机构提供援助的努力促成了"总统失业救济组织"的成立,该组织是由胡佛总统任命的70名成员组成的。许多州的失业人员用他们自创的代用券系统组成了自助组织和以货易货组织。胡佛总统加大了在公共设施工程上的联邦支出,但是他担心会因此导致联邦赤字。1931年9月,胡佛总统任命12位来自公众、工业和劳动者的代表组成一个委员会,该委员会对一项由公共资金融资的建设计划提出了反对意见。然而,国会中支持提高政府开支、扩张货币的呼声日益高涨,而商业界和金融界将这些政策建议斥责为"绿钞主义""通货膨胀"。商业界、金融界以及其他领域内的许多人将联邦赤字视为困境的主要来源。人们要求预算平衡的压力最终导致了政府在1932年6月大幅度地提高税收。这种从现在来看很难令人信服的观点的影响体现在1932年的总统选举上,两位候选人都是以传统的金融做法为竞选纲领,即都承诺保持联邦预算平衡。

7.1.5　1932年4月,大规模公开市场购买的开端

1932年4月,在国会的压力下(参见本章第5节),联邦储备体系开始了大规模的公开市场购买行动,到8月初,联邦储备体系持有的抵押品数量增加了近10亿美元。其中95%的购买是在6月底完成的,8月10日之后就没有净买入发生了。此后,联邦储备体系持有的抵押品数量基本保持平稳,直到第二年年初,抵押品数量下降到往常的季节性水平。最初,这些购买行动主要是为了抵消再次出现的黄金输出的影响,但是6月份之后,适度的黄金输入加强了公开市场购买的影响。从公开市场购买结束到1932年年底,持续的、更大规模的黄金输入取代公开市场购买,起到了保持高能货币增长的作用。

1932年1月和2月,伴随着2月至5月流通货币的回笼,银行倒闭事件逐渐减少,具体情况可以参阅上文。1932年年中,银行倒闭风潮再次席卷而来。在复兴金融公司向一家牵头的芝加哥银行提供贷款之前,6月份在芝加哥有超过40家银行倒闭。如果没有债券购买,这次银行倒闭风潮很可能会演变成一场大危机。事实上,银行倒闭风潮再次渐渐地平息下来,因此继5月至7月公众持有的货币数量上升之后,公众持有的货币数量紧接着再次出现下降。

更为有利的银行环境和债券购买计划的共同作用清楚地反映在货币存量的走势上。如图27(第290页)所示,银行存款和货币存量的下降都放缓了。活期存款于7月份跌入谷底,存款总额和货币存量于9月份跌到最低点;接下来的上升是温和的。以绝对量来衡量,货币存量变化的幅度很小;与之前急剧的下降比起来,变化是很大的。

债券购买计划的影响在图29(第292页)中体现得更为明显,图29反映的是利率问题。1932年第一季度,利率开始从1931年12月或1932年1月的峰值水平下跌。然而,到了第二季度,Baa级的公司债券收益率迅速上涨至最高点

（即 5 月份的 11.63%）——1919 年之后的月度数据中，没有任何一个月的数据可以与其相提并论——长期政府债券的收益率也出现了略微的上升。第二季度，在 2 月 26 日纽约贴现率下降的引导之下，商业票据的利率出现了进一步下降。公开市场购买计划启动之后，所有利率都呈现出下降的态势。6 月 24 日，纽约贴现率的下降再次对商业票据利率起到了引导作用。8 月份，商业票据利率下跌到了贴现率之下，并稳定在这一水平，这是联邦储备体系建立以来第一次出现商业票据利率低于贴现率的情况。

商业票据利率和贴现率之间关系的逆转标志着贴现所扮演的角色发生了重大的转变，我们在第 9 章中将更为细致地讨论这种转变。除了在 1933 年银行业危机期间贴现突然变得非常重要以外，贴现在其他时候并不具有重要意义，直到第二次世界大战结束后很长一段时间，情况才有所改变。此后银行通过持有"超额"准备金来寻求安全性，随即又通过持有价格固定不变的政府债券，而不是依赖于借款渠道。当然，这种变化是防止利率出现进一步下降的重要因素，例如，在整个 1932 年期间，长期政府债券的收益率显著高于 1930 年 5 月至 1931 年 9 月间的任何收益率水平。

货币存量的下降逐渐减缓，同时公开市场购买计划启动后，一般性的经济指标随即出现了同样引人注目的变化，如图 28（第 291 页）所示。批发物价指数于 7 月份开始上升，产出于 8 月份开始上升。个人收入继续下跌，但下跌速度大大减缓。工厂就业率、铁路吨英里数以及其他许多实体的经济活动指标反映了类似的情况。总而言之，类似于 1931 年年初的情况，经济数据再次明显地表现出周期性经济复苏的迹象。事实上，一些学者认为 1932 年是经济周期谷底。Burns 和 Mitchell 将这一时期看成是"双重底"的一个例子，尽管他们认为 1933 年 3 月才是经济周期谷底。[31]

当然，我们无从知晓经济改善是否是货币改善的结果。但是，显而易见的是，反过来并不成立。除了货币改善发生在经济改善之前这一事实之外，大规模的公开市场购买计划是联邦储备体系经过深思熟虑后采取的行动。这一行动是货币改善的主要原因。

时间先后关系、以往的经验以及一般性的思考都充分表明，经济改善反映的是货币改善的影响，而不是另外一种解释，即经济改善在货币改善后发生完全是巧合。我们已经观察到，以往在货币增长速度提高——在目前情况下，是从快速下跌到温和下降，然后再到温和上升——之后，经济总会陷入谷底。在三年的萧条期过去之后，经济中必然存在很多可以刺激经济复苏的因素。与持续的金融不确定性环境相比较,这些因素在有利的货币环境下自然更容易发挥作用。

7.1.6　1933年的银行业危机

事实上,经济复苏仅仅是暂时性的,随后经济又衰退到了更为糟糕的地步。银行困境再一次成为经济衰退的显著特征。在1932年第四季度,银行倒闭风潮再次席卷而来,主要集中在中西和远西地区。1933年1月份,更多地区爆发了银行倒闭风潮。存款-通货比率下降;货币存量停止增长,1933年1月后开始急剧下跌。全州范围内银行歇业的情况蔓延,导致通货需求增加。和早期的银行业危机中的情况一样,货币替代物被引入进来,这部分抵消了我们预测的货币存量下降幅度。[32]在货币陷入困境的同时,利率向相反的方向变动,经济开始衰退。实体经济指标停止上升,并且再次开始下降,价格和其他商业活动指标也是如此。

复兴金融公司发放的贷款未能遏制住这一次的银行倒闭风潮,这部分是因为1932年7月通过的一项法案规定,从8月份开始,复兴金融公司要公布上个月获得贷款的银行的名称。银行名称出现在借款人名单上会被视为该银行经营不善的信号,因此往往会导致银行挤兑的出现。结果,银行不敢向复兴金融公司申请借款。1933年1月,根据众议院的决议,复兴金融公司公开了1932年8月之前所有的贷款名单,其负面影响进一步扩大。[33]在内华达州单个银行出现的挤兑事件很可能会危及整个州的银行的情况下,银行于1932年10月31日宣布进入歇业期,在此期间,银行没有必要履行对债权人的义务。1933年1月20日,艾奥瓦州在类似的环境下也如法炮制;路易斯安那州也于2月3日宣布银行进入歇业期,以此来为新奥尔良市的银行提供援助;密歇根州于2月14日紧随其后。2月时,根据国民银行所在州关于歇业期的规定,国会决定不再因为国民银行限制或延迟存款提现而对这些银行实行惩罚。到3月3日为止,大约有一半的州宣布进入歇业期。[34]当某个州在银行歇业期内停止存款提现时,其他州所承受的压力却增加了,因为那些压力暂时得到缓解的银行从它们在其他州对应的银行中取出资金,以此来增加自身的头寸。除此以外,正如过去限制存款的取现一样,银行货币的替代物变得不可或缺,内部交换也终止了。在从1932年年底至1933年2月的两个月时间里,公众持有的货币数量增加到7.6亿美元,或者说上升了16%。

国内流失的主要负担落在了纽约城市银行身上。1933年1月1日至3月1

日期间,内陆银行从自身在纽约城市银行的账户上提取了 7.6 亿美元。2 月份,纽约城市银行将自身持有的政府债券数量减少了 2.6 亿美元——这一措施引起了货币市场紧缩——并且转向从储备银行借款。这种情况造成了纽约联邦储备银行间的紧张氛围,这些银行更加不愿意借款。3 月初,它们在银行间账户中仍然持有 9 亿美元。

对于再次出现国外流失的担心,加剧了商业银行和联邦储备体系两方面的忧虑。有关下一任总统任期内将出现美元贬值的传闻——后来的事实证明了这一传闻——导致私营银行和其他美元持有者投机性地囤积大量外币,同时也导致了黄金的大量增加。部分国内流失也首次以对金币和金元券的特定需求的形式,而不是联邦储备券或其他通货的形式发生。在 3 月份的最初几天里,储蓄银行的大量提现和内陆银行对货币的需求使得纽约城市银行本来就已经处于不断升级中的恐慌氛围进一步加剧了。

联邦储备体系对这些事件的反应与 1931 年 9 月非常相似。1933 年 2 月,作为对国外流失的回应,联邦储备体系提高了贴现率,它没有通过增加公开市场购买来抵消国内外流失的影响。尽管在 1933 年 2 月,联邦储备体系提高了自身的政府债券持有量,但是它在 1 月份时允许政府债券持有量下降了近 1 亿美元,因此银行歇业期内的政府债券持有量比 1932 年 12 月底仅仅高出了 3 000 万美元。在提高贴现率的同时,联邦储备体系提高了票据的买入价,买入的票据再一次增加,但是仍然远远低于同期银行准备金的流失量。正如 1931 年 9 月和 10 月,银行再次被迫在更高的贴现率水平上进行贴现,同时在市场上抛售债券。因此,所有种类债券的利率都出现了急剧的上升[参见图 29(第 292 页)]。

由于上述种种事件,这次的处境比 1931 年 9 月还要糟糕。此外,此次危机波及的范围更大。在 3 月份的最初几天里,国内和国外两种渠道出现的黄金大量流失将纽约联邦储备银行的准备金比例降低到了法定限额之下。3 月 3 日,Harrison 行长告诉联邦储备委员会主席 Meyer"他不会承担在由于准备金不足而违反《联邦储备法》要求下继续经营该银行的责任"。联邦储备委员会勉强在 30 天内暂时停止了准备金要求。[35]

联邦储备体系本身和纽约共同经历了这次危机。Harrison 非常支持银行歇业期的做法,他认为取消准备金要求的做法并不是治本之策。3 月 3 日早上,Harrison 向财政部部长 Mills 和联储委员会主席 Meyer 提议,在全国范围内推行银行歇业期的做法。尽管纽约和华盛顿就这一问题展开了大量讨论,但是晚上之前最终宣布否定全国性银行歇业期这一提议。接着，Harrison 和纽约清算所银行以及州立银行监管局一起，要求纽约州州长 Lehman 宣布在整个州范围内实行银行歇业期。[36] Lehman 的确这样做了，该措施从 3 月 4 日开始生效。伊利诺伊州、马萨诸塞州、新泽西州和宾夕法尼亚州等州的州长也采取了类似的行动。3 月 4 日，和所有主要的交易所一样，各联邦储备银行仍然处于关闭状态。建立中央银行体系的目的主要是防止商业银行实行支付限制，然而它本身和商业银行一起，实施了一次范围更广、更为彻底、经济干扰性更强的支付限制，这在美国是史无前例的。对于这一事件，人们毫无疑问地会赞同胡佛的说法："我可以作这样的总结，在全国性的危急时刻，联邦储备委员会事实上根本不值得依靠。"[37]

3 月 6 日午夜之后，罗斯福总统最终宣布，在全国范围内实行银行歇业期，将所有银行都关闭至 3 月 9 日，并暂停了黄金偿付和黄金对外输出。在 3 月 9 日的一个特别会议上，国会批准了《紧急银行业法案》（Emergency Banking Act），确定了总统有权宣布实行银行歇业期，这为解决未获许可证银行的问题提供了一种方式，并且允许在紧急情况下，通过发行联邦储备券来满足货币需求。此后，罗斯福总统又延长了银行歇业期；直到 3 月 13 日、14 日和 15 日，银行歇业期才会结束，具体日期根据银行所在的地点来决定，只有经过联邦或州立银行当局的批准，银行才有权重新营业（更为细致的讨论，参见第 8 章第 1 节）。

如第 4 章第 3 节所述，尽管这次的银行歇业期与 1814 年、1818 年、1873 年、1893 年和 1907 年的支付限制在本质上是相同的，但是这一次的危害要严重得多。据我们所知，在早期实行支付限制时，没有多少银行能够关闭一整天的时间，更不要说关闭至少 6 个工作日了。[38] 在早期的支付限制中，银行还继续发放贷款，用支票转移存款，并开展除了无限制地将存款转化为所需现金业务以外的其他业务。事实上，支付限制可以使银行继续这些业务活动，同时还可以扩张银行的贷款规模，因为支付限制有助于缓解银行的压力，使它们不必获取大量现金来满足其储户的要求——人们认为，除了使货币存量出现急剧下降之外，这种压力对整个银行体系而言是事与愿违的。的确，为了给重新营业做好准备，银行往往在实行支付限制之后，会降低存款-准备金比率。但是，存款-准备金比率的下降以及由此导致的对货币存量减少的压力，都是温和且渐进发展的，因此由铸币流入导致的高能货币的扩张可以在很大程度上或全部地抵消这些压力的影响。[39] 因此，即使真的出现了货币存量的收缩，这种收缩也是相对温和的,而且往往只会持续一年的时间,而不是像 1929—1933 年期间那样持续几年的时间。如我们在上文所述,银行倒闭的出现完全是因为银行业整体无法满足流动性需求,而支付限制作为一项修正措施,其目的是防止这种银行倒闭事件的不断出现。在这一方面,支付限制成功地实现了其目的。除了 1839 年至 1842 年的支付限制之外[40],在以往的任何时期,实行支付限制之后都没有出现过大规模的银行倒闭事件。银行之所以倒闭,是因为它们"不健全",而不是因为流动性不足。

当然,支付限制并不是解决恐慌问题的令人满意的方法。如果我们在上文的描述使这个解决方法看起来非常完善的话,那也仅仅是与 1930—1933 年更加不尽如人意的做法相比较而言。事实上,经历过第一次世界大战前的支付限制的人们都不会认为这种做法是令人满意的,这正是为什么他们强烈要求实行货币改革和银行改革。在早期实行支付限制的同时,货币出现了升水,这实际上产生了两种独立的支付媒介;本地银行向异地银行收取汇款手续费,因为当地的货币替代物无法成为本国其他地区的支付媒介,而银行不愿动用能在全国被普遍接受的准备金。O. M. W. Sprague 认为,支付限制导致的"国内汇兑混乱"对国家贸易造成了严重影响。[41]

早期"暂停支付"这个术语得到了广泛的应用,但实际上这种表述并不恰当,因为只有一种支付暂停下来,即由存款向通货的兑付。之所以停止存款的兑付,正是为了保证其他支付的顺利进行。"暂停支付"这个术语仅仅适用于 1933 年,那时的银行体系确实暂停了所有支付和所有普通业务。储户无法兑付银行中的任何一种存款。这种暂停支付发生在流动性压力导致的史无前例的银行倒闭风潮之后,不是之前。然而,暂停支付不仅未能遏制银行倒闭风潮的进一步发展,相反,它使银行倒闭风潮愈演愈烈。有超过 5 000 家在歇业期开始时仍营业的银行,到银行歇业期结束时,并没有重新开始营业。其中,超过 2 000 家的银行此后再也没有重新开始营业(参见第 8 章第 1 节)。"治疗方案"几乎比危机本身的危害更大。

通过对比早期的支付限制和联邦储备体系下的银行歇业期(而建立联储体系的目的正是避免此类事件的发生),我们可以发现,立法的最终结果和其初衷会出现多么大的偏离,人们的确很难再找出一个比这更为极端的例子。

关于银行业危机的种种事实一目了然,但是其直接起因却并非如此。为什么试探性的复苏之后,银行业又再次陷入衰退之中?为什么经历了数月的平静之后,银行体系又再次面临压力?答案绝不是一目了然的。

一个重要的因素在于,商业银行的资金头寸已经受到了非常沉重的打击,以至于即使是微小的流失也会让商业银行无力招架。人们普遍认为,记录在案的资本数据夸大了银行可得资本的数量,因为账面上的资产价值要高于其市场价值。[42]联邦储备体系的公开市场购买行为本来可以通过提高市场价值来改善商业银行的资金头寸,但是这些购买行动在1932年8月就结束了。另外,如果复兴金融公司的资金采取的是资本的形式,本来也可以改善商业银行的资金头寸状况。[43]然而,这些资金并未能改善商业银行的头寸状况,直到1933年3月9日《紧急银行业法案》出台,该法案授权复兴金融公司投资商业银行的优先股或资本券。

总统竞选活动很可能是另外一个因素。在选举过程中,共和党总结了金融体系曾面临的所有危机,宣称已经成功渡过了这些危机;但是民主党预言,如果让共和党继续执政,更严重的危机还在后面。竞选辩论加剧了人们对于银行安全性的担忧。不仅如此,如上所述,1933年1月,复兴金融公司公布了它在1932年8月之前发放贷款的银行名单;同月,参议院考虑提交格拉斯议案,该议案建议对银行存在问题的业务操作进行改革。这些都加剧了人们对于银行安全性的担忧。

经济的不确定性,尤其是新政府在货币政策方面的不确定性,同样使经济再次陷入衰退之中。[44]在竞选过程中,罗斯福的声明自相矛盾,人们——当然包括Glass参议员以及其他人——认为,罗斯福决定在当时的金平价制度下保留金本位制。[45]选举过后,有传闻说新一届政府计划实行货币贬值,George Warren已说服罗斯福实行一项改变美元黄金含量的政策,以此来刺激物价。1933年年初,这些传闻已经沸沸扬扬地传开了,在罗斯福拒绝澄清这些传闻的情况下,传言开始变得可信。这些传闻和罗斯福拒绝否认这些传闻的事实,导致国内流失部分表现为对金币和金元券的需求,这进一步加强了由投机性外汇囤积导致的外部性流失,这在大萧条期间是史无前例的。

关于黄金的传闻仅仅是空位期内对于金融和经济政策的整体不确定性的表现之一。在通常情况下,认为这些传闻和不确定性是导致如此严重、广泛的金融危机的主要原因的说法的确值得怀疑。但是,当时的情况很特殊。在这种不确定性出现之前,整个国家已经经历了三年多的严重经济萧条和两年多的银行困境期。在银行困境期,银行倒闭风潮此起彼伏,整个银行体系处于异常脆弱的状态。联邦储备体系本身也笼罩在危机的大氛围中。从危机开始的那天起,它就开始自我蔓延。

7.2 引起货币存量变动的因素

在从 1929 年至 1933 年的四年时间里,引起货币存量变动的因素明显不同于我们所研究的其他时期。一般而言,高能货币的发展模式对货币总存量的影响最为深远,而两个存款比率变动的主要作用是改变相对于高能货币失衡而言的货币存量失衡。图 31 中,上述关系仅仅在 1930 年 10 月第一次银行业危机开始之前的那个时期成立。从那以后,两个存款比率开始发挥主导作用。高能货币与货币存量呈反方向运动,高能货币大部分的短期变动更不会对货币存量产生影响了。

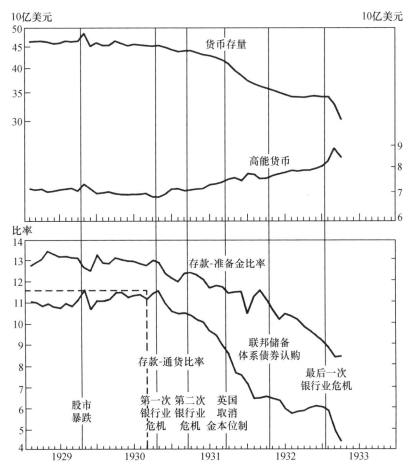

图 31 货币存量及其直接决定因素,月度数据,1929—1933 年 3 月

资料来源:表 A-1 列(8)和表 B-3。

从1929年8月至1933年3月,高能货币本身的变化就可以导致货币存量上升17.5%;存款-通货比率本身的变化可以使货币存量下降37%;存款-准备金比率本身的变化可以使货币存量下降20%;两个比率之间的相互作用可以使货币存量上升10%;上述三种因素的综合作用,可以使高能货币对货币存量的影响从上升17.5%变为下降35%。[46]上一节中,我们明确地划分了各个时期,并在图中加以标明。为了更为细致地研究上述货币存量的变化情况,下面我们对各个时期分别进行考察。

7.2.1 1929年10月,股市暴跌

在股市暴跌之前,货币存量的三个决定因素以及货币存量本身,都大致保持在稳定的水平上。高能货币保持稳定,这反映出我们所划分的货币当局的各类资产都大致保持在稳定的水平上:货币性黄金存量、联邦储备体系私人存款,以及货币当局的其他实物资产和不兑换纸币(参见图32B)。然而,联邦储备体系的私人存款保持稳定,这并非是微不足道的细枝末节,正如图33所示。图33反映了联邦储备信贷余额的各个组成部分。买入票据的增长正好抵消了贴现票据的下降,因此总体规模保持不变。买入票据和贴现票据会背道而驰,是因为在1929年8月,纽约联邦储备银行的贴现率从5%上升到了6%,与此同时,票据(银行汇票)的买入利率从5.25%下降到了5.125%。在第6章(第4节)中,我们分析了出现这种明显的反向变动的原因。由于出现这种反向变动,银行不需要增加自身的负债,只要发行银行汇票,然后将这些汇票出售给联邦储备银行,就可以从联邦储备体系那里获得资金,从而实现盈利。

股市出现暴跌时,股票持有人大量抛售股票,纽约以外的银行和其他贷款方大幅度地缩减贷款规模。与所有这类情况一样,所有参与者集中的头寸与单个参与者的头寸是不一样的。从净值角度而言,长期债券无法在短期内变现,而只能在不同持有者之间进行转移。持有者大量抛售长期债券,其结果仅仅是使其价格下降到了供需平衡的水平。

从某种意义上来说,证券贷款,尤其是通知贷款(call loan)要更为复杂。在很大程度上,证券贷款涉及的同样是债务在不同贷款者之间的转移,而不是总量的变动。但是,除此之外,债务总量也可能会出现更加急剧的变动。除了违约之外,另外一种改变总量的方式是其他资产的转移。其直接表现形式是,借款人将货币转移到贷款人手中,同时降低自身的货币存量;其间接表现形式是,

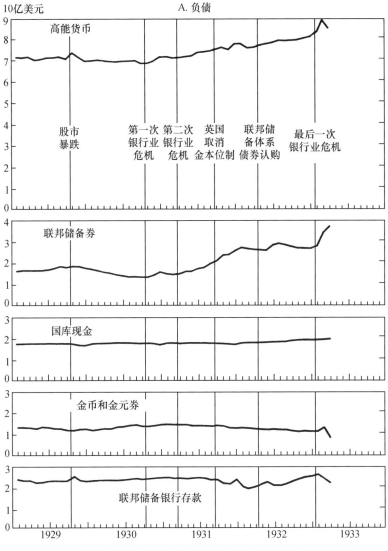

图 32 高能货币,按财政部和联邦储备银行的资产与负债分类,
月度数据,1929—1933 年 3 月

借款人出售已经给其他人作为抵押的证券来获得现金,而该证券买方为了获取证券而降低了自己的货币存量。还有一种改变债务总量的方式是,债务人和债权人实际上互相抵消了双方的债务。一个最明显但意义不大的例子是,两笔贷款的借款人互相发放贷款,彼此抵销债务。另外一个不太明显但更为重要的例子涉及更长的债务链,比如,一家公司在股市发放通知贷款,同时从银行那里获得贷款。如果银行接管通知存款成为债权人,以此来抵销公司在银行的债务,

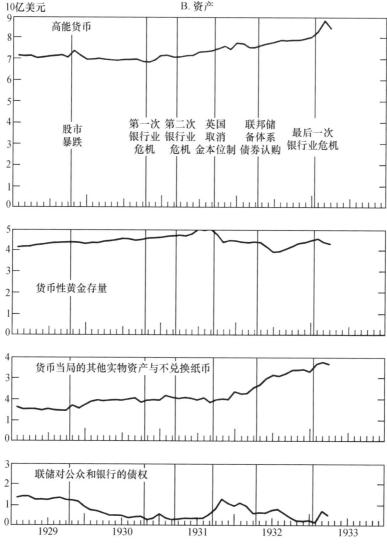

图32 高能货币,按财政部和联邦储备银行的资产与负债分类,
月度数据,1929—1933年3月(续)

注:联邦储备券、国库现金、金币和金元券都是在财政部和联邦储备银行之外的。
资料来源:同图19。

那么这两种债务的未清偿总额就会出现下降。另外,通过创造债务也可以改变债务总量,例如,一家在市场上发放通知贷款的公司愿意接受银行汇票或者——更为现实的是——银行存款,以此来抵偿公司的债权。在这种情况下,这两种债务的总额就得到了提高。

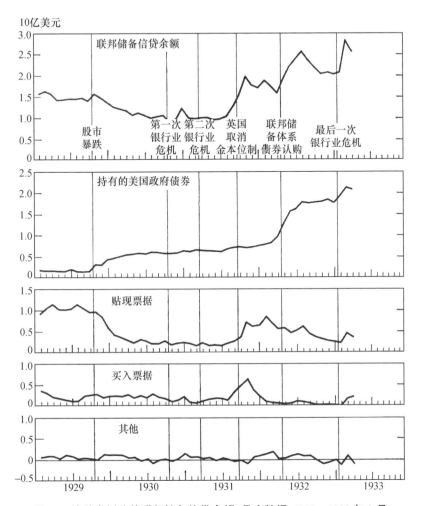

图 33　按种类划分的联邦储备信贷余额，月度数据，1929—1933 年 3 月

资料来源：同图 22，除了所有的季节性调整都是用 Shiskin-Eisenpress 方法（参见图 21 的资料来源）进行的。

我们讨论的核心在于，证券贷款的清偿需求涉及以下三种安排中的一种：（1）寻找到某个愿意接收贷款的人，就证券而言，这可以通过改变价格来实现，即提高利率；（2）找到某个愿意用现金购买资产的人，借款人可以用这些现金来偿还贷款，这可以通过降低资产价格来实现；（3）或多或少地安排债务的相互抵消或创造出新的债务，这需要改变各种资产的相对价格。以上任何一种安排均可以增加资金供给量，从而加速贷款清偿，缓解利率和证券价格所承受的压力。

在股市出现暴跌的情况下，纽约的各个银行愿意接管贷款成为债权人，这极大地改善了上述境况。在股市出现暴跌后的第一周里,这些银行向经纪人和交易商发放的贷款数量增加了10亿美元,其他贷款数量增加了3亿美元。[47] 在很大程度上,这涉及新债务的创造。以前的债权人,即纽约联邦储备银行发放贷款时的"其他"账户,同意接管在纽约联邦储备银行的存款来抵消自身发放的贷款,纽约联邦储备银行则接管对债务人的债权,但是它们不会催债务人立即偿还贷款。这正是为什么股市暴跌对货币存量序列造成的货币性影响会体现在活期存款的急剧增长上,也是为什么存款增长会出现在纽约市。事实上,我们所预计的增长幅度低估了纽约联邦储备银行的行动力度。在那些被接管的贷款中,一部分属于外埠银行账户,在这些贷款被接管的同时,纽约市周报制成员银行的银行间存款增长了5.1亿美元。但是,我们所估计的货币存量并不包括银行间存款。

为了增强存款扩张能力,纽约联邦储备银行要么必须提高存款-准备金比率,要么必须获得更多的准备金。第一种方案根本不可能实现,因为纽约的各银行没有超额准备金。事实上,纽约的存款-高能货币比率要低于国内其他城市,因为中心储备城市的银行的法定存款准备金标准更高。因此,相对于国内其他城市而言,纽约市的存款数量在1929年10月出现了增长,这导致全国总体的平均存款-准备金比率出现了下降。相应地,纽约的各银行必须获得超额准备金,并且事实上确实获得了超额准备金,正如高能货币急速增长所反映的那样。在股市暴跌的一周时间里,一方面,纽约的各银行从纽约联邦储备银行借款来获得超额准备金,正如Harrison所言,纽约联邦储备银行"大开贴现之门,向公众显示,成员银行可以自由地筹集所需的准备金,以此来抵消由于接管其他银行贷款所有权所导致的贷款增长"[48];另一方面联邦储备购入了约1.6亿美元的政府债券,这也为纽约的各家银行提供了超额准备金。这一购买量远远超过了联邦储备体系公开市场投资委员会所允许的联邦储备体系账户购买的限额。这是纽约联邦储备银行主动为自己的账户购入的,并没有征求公开市场投资委员会或联邦储备委员会的意见。尽管这种做法随后得到了正式的批准,但是正如我们在本章第5节中详细讨论的那样,这是纽约联邦储备银行和联邦储备委员会间的另外一场斗争,它对萧条阶段余下时期的联邦储备政策产生了重要的影响。

纽约联邦储备银行的行动非常及时、有效。尽管股市出现了暴跌,但是与以往的市场危机不同,货币市场利率并没有出现恐慌性的增长。与此同时,以往如果证券贷款偿还过程中出现了任何大规模的违约行为,银行的威信都会受到间接影响,但是这一次情况却有所不同。Harrison 本人表达了这样一种观点,即"要是我们没有如此自由地购买政府债券,这种情况并不是完全不可能发生,因此通过大量增加贴现来补充准备金数量,股票交易所可能不得不屈服于自身在 10 月份最后那几天糟糕日子里所受到的沉重压力而关门"[49]。Harrison 可能夸大其词了——毕竟,他写信的目的是支持纽约联邦储备银行所采取的种种行动——但是,其结果是确定无疑的。

在股市出现暴跌后的一个月中,情况出现了逆转。持续时间更长的股票市场贷款的转移和下降取代了这些贷款中的大部分向纽约联邦储备银行的短暂转移,导致存款数量出现了下降。存款数量的变化使得存款-通货比率继 10 月份的上升之后又陷入下跌之中,而这次存款-准备金比率的下降幅度要比 10 月份温和。不仅如此,高能货币也出现了下降,这是因为贴现票据和黄金存量的下跌,而后者主要是由纽约货币市场上外国投资者的取现所导致的。[50] 其净影响是,货币存量要低于以往的水平。1929 年 11 月底,货币存量要比 9 月底下降 13 亿美元,即下降了 3%。到 12 月底,这种差距基本消失了;货币存量大约要比 9 月份低 5 亿美元,即 1%。上述变化主要集中在活期存款上。从 1929 年 12 月至 1930 年 10 月,货币存量围绕一个大致恒定的水平上下波动,尽管呈现出温和下降的趋势。1930 年 10 月的货币存量水平与 1929 年 11 月大致持平,比 1929 年 12 月底的水平要低近 2%。

在从 1929 年 8 月至 1930 年 10 月的整个时期内,货币存量下降了 2.6%,高能货币自身下降了 5%。然而,存款-通货比率上升了近 7%,这足以抵消存款-准备金比率的略微下降以及高能货币下降幅度的一半。在我们讨论的 93 年时间里,1930 年 10 月的存款-通货比率达到了最高水平,除了比股市暴跌那个月的水平略低以外(参见图 31、图 64 和表 B-3)。正如上文所述,当时公众很明显并不十分担心银行存款的安全性。但是,高存款-通货比率使联邦储备体系在公众信心的任何变化面前都变得非常脆弱,接下来若干年的惨痛事实证实了这一点。

尽管黄金存量增长了 2.1 亿美元,同时货币当局的法定货币增长了 4.7 亿美元,但是高能货币数量仍然出现了下降。法定货币的增长主要体现在联邦储备体系持有的政府债券的增长上,也就是说,以无息债务取代付息政府债务。这些扩张因素都不足以抵消联邦储备体系私人保险金 10.2 亿美元的下降——买入的短期债券减少了 1 亿美元,同时贴现票据和其他保险金下降了 9.2 亿美元(见图 32B)。事实上,联邦储备体系未能以其他信贷形式的余额来替代贴现金额的下降,正是这一失误使得货币存量出现了下降。

尽管贴现率急剧下降——在纽约联邦储备银行,贴现率从6%下降到了1930年6月的2.5%(图29)——但是贴现数量仍然出现了下降。贴现率的连续下降——第一次下降发生在1929年11月,即国民经济研究局确定的经济周期顶峰日的三个月后——发生在贷款需求急剧下降、安全资产需求出现上升的时期,尽管根据以往的标准判断,贴现率的这些连续下降是急剧和迅速的。贷款需求下降和安全资产需求上升都导致了市场利率的下跌。尽管从绝对值意义上讲,贴现率是出现了下降,但是相对于相关市场利率而言,也就是说,相对于那些违约风险几近为零的短期债券的利率而言,贴现率可能是上升的。因此,贴现已经不再那么有吸引力了。可能值得一提的是,这不仅仅是回顾过去而得出的判断。纽约联邦储备银行希望贴现率能够以比当时更快的速度下降。1931年5月,Harrison指出:"1929年9月,要是没有联邦储备体系的话,货币利率很可能会比实际下降得更快……"1930年9月,联邦储备委员会的Adolph Miller在一次与所有银行行长的会议上指出:"货币其实并不真的便宜和易得。"1930年中期,Harold L. Reed在其关于联邦储备体系的第二本著作中写道,"然而,在笔者看来,我们更有理由认为贴现率的下降过于缓慢,并且过于延迟",而不是过于迅速。[51]

正如几乎保持恒定的存款-准备金比率所反映的那样,银行并没有积累超额准备金的倾向。在后来的几年时间里(尤其在1934年之后,积累了大量的超额准备金),人们认为,通过联邦储备信贷量的扩张或其他方式实现的高能货币的增长仅仅是增加了银行储备,并没有用来增加货币存量。换言之,高能货币的增长将会被存款-准备金比率的下降所抵消。在下文中,我们会说明,即使是对后来几年而言,这种观点也并不成立。对于1929年8月至1930年10月这段时期,这种观点显然是不成立的。在这段时期,超额准备金几乎是毫无疑问地会被立即使用掉。因此,货币存量的下降不仅仅在数学上可以归因于联邦储备信贷余额的下降;从经济角度而言,也是联邦储备信贷余额下降的直接结果。

7.2.2　1930年10月,第一次银行业危机的开端

第一次银行业危机的开端显著地反映在所有三个主要变量上,尤其是两个存款比率上(图31)。从1930年10月的峰值11.5开始,存款-通货比率急剧下跌——除了中途出现了一次小的中断之外,一路下跌到了1933年3月的4.4的水平。同样地,存款-准备金比率也从1930年10月的12.9——就整个时期而

言,最高值是1929年4月的13.4——一路下跌到了1933年3月的8.4。这些下降使得存款-通货比率恢复到了19世纪末20世纪初的水平,而存款-准备金比率恢复到了1912年的水平。至此,之前大肆宣传的在联储体系下的存款的广泛使用与准备金的"经济性"的好处荡然无存。

很明显,银行业危机导致的货币存量下降——下降幅度略高于1930年10月至1931年1月的3%,或者说高于接下来14个月的下降幅度——是两个存款比率下跌的结果,因为高能货币上升了5%。如图32B和图33所示,在经季节性调整之后,高能货币之所以会出现3.4亿美元的增长,部分是因为有8 400万英镑的黄金输入国内[52]——在前联邦储备体系时代,黄金输入一直是解决危机的主要途径——也是联邦储备信贷余额增长了1.17亿美元的结果。联邦储备信贷量的增长,部分是因为政府债券增长了4 100万美元,这是在浮动增长中的平衡。贴现量的增长恰好可以抵消买入票据量的下降。在美国银行破产之后的两周时间里,贴现票据迅速上涨了大约2亿美元,但是这一增长在图33经季节性调整之后的月末数据中并没有体现出来。

毫无疑问,联邦储备信贷量的增长有助于抵消银行业危机造成的一部分直接影响,但是,联邦储备信贷量的增长是小规模的。许多早期的年末数据反映出了类似的变动规模;即使在1930年12月的高点,经季节性调整后的联邦储备信贷量也仅仅是1929年夏天时该水平的84%(当时联邦储备体系正试图抑制投机活动)。联邦储备体系应对银行业危机的另外一项措施是在1930年12月底,将纽约联邦储备银行的贴现率下调至2%——以此来增强公众信心。[53]

联邦储备信贷量的增长是暂时性的。1930年12月之后,贴现率出现了下降,买入票据被允许外流,而不需要加以补充,而政府债券持有量的上升仅占贴现金额和买入票据下降总金额的一小部分。1931年1月,高能货币出现了增长,但这仅仅是因为持续不断的黄金输入抵消了联邦储备信贷量的下降。2月份,尽管黄金仍然继续输入,但是高能货币出现了下降。3月份,伴随着联邦储备信贷量和黄金存量的上升,高能货币出现了小幅度的上升。1930年12月至1931年3月期间联邦储备信贷量的下降规模要大于黄金输入量。事实上,联邦储备体系不仅仅对冲了黄金输入,而且对黄金输入的紧缩性影响要大于其扩张性影响。

1931年2月,尽管高能货币出现了下降,但货币存量仍然出现了小幅度的上升,因为两个存款比率都出现了增长。而两个存款比率会出现增长,是因为银行业的倒闭浪潮逐渐平息下来,公众对银行的信心或多或少地得到了恢复。

如上文所述,如果存款比率的提高能够被高能货币的有力扩张所加强,而不是被高能货币的下降所抵消的话,那么所取得的成绩就可能得到巩固和扩展。

7.2.3　1931年3月,第二次银行业危机的开端

第二次银行业危机的开端在图31中表现得很清楚,即存款比率的再次下降以及货币存量开始以自大萧条时期以来最快的速度下降。不考虑英国9月份脱离金本位制所带来的影响,从3月至8月的5个月时间里,货币存量下降了5.25%,下降幅度几乎是大萧条的前19个月的下降幅度的总和。货币存量以每年13%的惊人速度下降,但这一速度很快就进一步提高了。

和第一次银行业危机之后的情况相同,货币存量的下降完全是存款比率下降的结果。从3月至8月,高能货币增长了4%,因此抵消了存款比率下降造成的近一半的反向影响。然而,第二次银行业危机和6个月之前发生的第一次银行业危机在两个方面存在差异。

(1) 第二次银行业危机中,高能货币的增长几乎完全是由黄金的持续输入引起的,而在第一次危机中,联邦储备信贷量至少出现了暂时性的增长,这有助于消除危机的某些最初影响。第二次危机中,联邦储备信贷量几乎完全保持稳定,仅仅在1931年7月和8月出现了略微的上升。尽管商业银行体系开展了史无前例的清算行动,但是"最后贷款人"的记录显示:从2月底至4月底——在这一期间,通常季节性变动是上涨——票据贴现量出现了下降;从4月至8月底期间,票据贴现量的增长使得2月至8月的增长量低于通常的季节性增长;买入票据呈现出不寻常的增长和下跌,8月底的买入票据总量要比2月底高出7 500万美元,但是8月底的买入票据总量仍然低于年初时的水平;政府债券的购买量增长了1.3亿美元,其整个增长是从6月份才开始的。在这一增长规模中,有5 000万美元的增长完全是技术性变动,而不是应对国内金融困境的结果:它仅仅抵消了联邦储备信贷余额的其他下降因素。其余8 000万美元的增长代表的是放松银根的谨慎的,或者说是有点怯懦的一步。[54]

(2) 第二次银行业危机持续的时间更长。1930年年末,在两三个月之后,经济出现了改善的迹象。在这种情况下,如图31所示,存款-通货比率——反映公众对银行态度的最为敏感的指标——不仅开始下降,而且是在加速下降。当英国脱离了金本位制从而使危机加重之时,没有迹象表明危机已经趋于平息。

就货币存量而言,除了7月份和8月份温和的公开市场购买以外,联邦储

备体系在国内采取的与货币存量有关的唯一其他行动是在 5 月份——6 月份银行倒闭数量出现急剧增长之前——将纽约联邦储备银行的贴现率进一步下调到 1.5%。正如我们所看到的,贴现率的下降并没有刺激借款的增长。从另一个角度来看,作为避免国外金融风暴的国际性努力的一部分,联邦储备体系加入向外国银行发放贷款的行列中来,而这对国内货币存量具有非常重要的潜在意义。[55]

7.2.4 1931 年 9 月,英国脱离金本位制

如图 31 所示,在英国脱离金本位制之后的几个月时间里,货币存量的主要决定因素延续了前 5 个月的走势,只是这一次的走势更为明显。货币存量下降速度进一步加快:在 1931 年 8 月至 1932 年 1 月的 5 个月时间里,货币存量下降了 12%,相当于以年均 31% 的速度下降(相比之下,此前的 5 个月,货币存量下降了 5%,相当于以平均 13% 的速度下降)。高能货币再次出现增长,这一次增长了 4.5%。高能货币的增长再次抵消了存款比率下降,尤其是存款-通货比率下降的部分影响,只是抵消的比例有所下降。银行在满足储户需求方面承受了相当大的压力,以至于尽管它们竭尽全力,仍无法降低其存款-准备金比率。必须等到一个更为有利的时机,这正是为什么存款-准备金比率的最快下跌会发生在存款-通货比率下跌逐渐平息之后,以及存款-准备金比率的最慢下跌会发生在存款-通货比率下跌达到最快速度之前。在后面的章节中,我们可以看到,直到萧条结束、经济开始复苏之时,银行方面才进行了大的调整。在 1931—1932 年的经济萧条时期,两个存款比率变化之间的时间关系符合我们在早期的每次银行业危机中观察到的趋势。

1931 年 8 月至 1932 年 2 月的 5 个月和此前 5 个月相比,除了规模上的差异以外,主要的差异在于高能货币增长的来源不同,这一点在图 31 中没有反映出来,而是反映在图 32B 和图 33 中。截至 1931 年 8 月,高能货币的增长主要是由黄金输入引起的。如本章第 1 节所述,在英国脱离金本位制之后,尤其是在 1931 年 9 月和 10 月,黄金大量输出,输出规模足以抵消萧条阶段早期的黄金输入量。高能货币出现增长,是因为联邦储备信贷余额出现了增长。而后者的增长主要是因为银行没有其他的融资渠道可以依赖,不得不从联邦储备体系借款,从而引起了贴现量的迅速增长,尽管 1931 年 10 月空前大幅地提高了贴现率。买入票据在 9 月份和 10 月份出现了大幅度的上升,但是随即买入票据就被允许流向国外,这导致 1932 年 1 月的买入票据量下跌到了 1931 年 8 月的水

平之下。总而言之，从1931年8月至1932年1月，高能货币之所以会出现3.3亿美元的增长，是因为贴现量增长了5.6亿美元，政府债券增长了8000万美元，货币当局的其他资产增长了2.7亿美元，而同时黄金存量下降了5.8亿美元，部分抵消了上述增长。

在高能货币增长3.3亿美元的5个月时间里，公众持有的货币量增长了7.2亿美元。另外的3.9亿美元增长只可能来自银行准备金。这3.9亿美元相当于银行业在1931年8月准备金总额的12%。银行不愿意也没有能力降低相对于其存款量而言的准备金规模[56]，因此这3.9亿美元货币资金的增长只能是通过存款的乘数紧缩效应实现的。经计算，乘数大致为14，因此存款下降了57.27亿美元，或者说存款在1931年8月水平的基础上下降了15%。为了使公众手中持有的货币量增加1美元，存款必须下降14美元，正是这一点使公众对银行丧失信心的情况愈演愈烈，最终造成了沉重的损失。这是著名的银行体系乘数扩张效应的反面例证，这种效应也解释了一个看起来很小的措施怎样产生了重大的影响。如果用4亿美元额外的高能货币来应付通货漏出，在不减少银行准备金的情况下，本可以防止大约60亿美元的存款下降。

在讨论1907年危机时，我们说明了存款比率的增长是如何使银行体系在面对将存款转化为货币的举动时更加脆弱的。1931年的情况甚至更为极端。在1907年的任一时刻，公众每持有1美元货币，其持有的存款量都不高于6美元；1931年3月，当第二次银行业危机开始时，公众每持有1美元货币，其持有的存款量超过10美元，到1932年1月，每单位货币的存款持有量下降到了7美元之下。1907年，银行每持有1美元高能货币来作为准备金，其对应的存款量都低于9美元；1931年3月，银行每持有1美元高能货币，其对应的存款量要超过12美元。存款使用范围的拓宽——在20世纪20年代，人们普遍认为，这是美国金融结构得到很大程度改善的表现——和存款-准备金比率的提高——人们普遍认为，这是联邦储备体系有效提高准备金使用的"经济性"的表现——使货币体系在面临广泛的银行信任危机的情况下，变得更加脆弱。实践证明，为了避免这种可能的局面而专门采取的防御性措施远远没有早期顺其自然发展出来的措施有效。

1932年2月至3月间，当银行业倒闭风潮逐渐平息下来时，存款-通货比率暂时停止了下降。然而，在这两个月期间，尽管黄金输出减缓下来，高能货币仍然减少了1.68亿美元，这主要是因为储备银行的信贷量发生了变化：贴现量下降了2.8亿美元，买入票据进一步减少了5000万美元，而政府债券的持有量上升了大约1.8亿美元。贴现量下降,是因为银行承受的债务清偿压力暂时得到缓解。银行顺应了这一潮流,尽管纽约联邦储备银行在2月份时将贴现率下调到3%。同时,银行利用偿债压力暂时得到缓解的时机,或多或少地加强了自身的准备金头寸,因此从1932年1月至2月,存款-准备金比率出现了略微的下降。结果,货币存量进一步下降,尽管下降的速度有所减缓。在这两个月间,货币存量进一步下降了2%,即以年均13%的速度下降。和之前的31%的降速相比较而言,这一下降可以说是温和的。

7.2.5 1932年4月,大规模公开市场购买的开端

1932年4月,联邦储备体系开始了大规模的政府债券购买行动,在当月买入了3.5亿美元的政府债券(参见图32中经季节性调整的月末数据),这一大规模购买行动对货币存量的走势并没有造成直接的影响。在接下来的4个月时间里,货币存量又进一步下降了4.5%,即以年均14%的速度下降。接着,货币存量的下降速度急剧降低。从1932年7月至9月的两个月时间里,货币存量下降了0.5%,即以年均3%的速度下降。从1932年9月至1933年1月,货币存量呈现出温和上升的趋势。1933年1月,货币存量要比1932年9月高出0.5%,这意味着年均增长速度为1.75%。

债券购买之所以未对货币存量产生更大的影响,原因在于其影响部分被再次出现的黄金输出所抵消,部分被存款比率的进一步下跌所抵消。从1932年4月至7月,联邦储备体系的政府债券持有量上升了约10亿美元,而黄金存量下降了约5亿美元,大量的黄金流向法国。与此同时,银行倒闭风潮在6月份再次袭来,这引起了存款-通货比率的进一步下降,银行为加强自身头寸而采取的种种努力也导致了存款-准备金比率的进一步下跌。

1932年6月中旬,黄金输出停止了,黄金输入取而代之。在同年的其余时间里,黄金存量增长了6亿美元,这使得1933年1月的黄金存量水平要高于上一年的同期水平。1932年8月,联邦储备体系的债券购买行动偃旗息鼓。从7月份开始,贴现量和票据买入量都呈现出下降的态势,因此联邦储备信贷余额在当月达到了顶峰,从那时起到1933年1月,下降了5亿美元。然而,从1932年4月至1933年1月,高能货币继续以大致恒定的速度增长,这是因为黄金流动的方向发生了逆转,同时国民银行券增长了1.4亿美元。后者之所以会出现增长,是因为通过了一项对1932年7月《联邦住房贷款银行法案》(Federal Home Loan Bank Act)的修正案,使得长期国债成为国民银行券的合格抵押资

产。[57] 一旦存款-通货比率在1932年7月跌到了谷底,高能货币的增长再加上存款-通货比率的增长就足以抵消存款-准备金比率的持续下跌,使货币存量呈现出如上文所述的变化模式。

银行头寸的改善体现在存款-准备金比率的变化上。究竟采用的是何种形式来改善银行头寸,这一点值得一提,因为这预示着在未来几年间将出现的至关重要的变化。银行开始积累大量超过法定要求的准备金。由于联邦储备体系将所谓的"超额准备金"视为货币松动的一个信号,因此超额准备金的积累导致联邦储备体系采取措施,将政府债券总量维持在8月初的水平。很多人将超额准备金解释为银行资金需求不足的表现,认为超额准备金意味着货币当局有能力发放"信贷",但是不能保证信贷得到利用。有一句名言可以最为贴切地描述这种情况,即"货币政策犹如一条绳子,你可以拉动它,但是不可以推动它"。我们认为,这种解释是错误的。这些准备金仅仅从严格的法律角度而言是超额的。在最为萧条的两年时间里,银行发现,无论是法定准备金还是假定的"最后贷款人"在困境时期都很难发挥作用。这种情况很快就重演了。这就难怪银行出于谨慎而持有的准备金量会远远超过法律规定的持有量。[58] 如上文所述,银行的反应与以往危机时的反应相同,只是由于此次危机比以往更为严重,所以它们采取的行动规模更大。

7.2.6 1933年的银行业危机

最后一次银行业危机结束于1933年3月初的银行歇业期间。从本质方面而言,此次银行业危机是前两次危机的重复,但是程度上要更为严重。从1933年1月至3月的两个月时间里,货币存量下降了12%,即以年均78%的速度下降。由于我们在下一章中将详细讨论的种种原因,我们高估了货币存量的下降幅度,尽管如此,也几乎没有任何合理的误差理由可以将其降低到1931年8月至1932年1月的31%以下。和以往的几次危机相同,高能货币出现了增长,这主要是因为贴现出现了增长,同时买入票据出现了较小幅度的增长。图33反映出,政府债券出现了可观的增长。这种增长源自季节性调整,最初的数据并没有出现增长。在1933年之前的年份里,年初数月的一般性特征是政府债券在储备组合中的比重下降,这是由于这一季节中常见的货币回流。1933年,货币毫无疑问地处于外流而不是回流中:尽管政府债券在1月份降低了9 000万美元,但是2月份又增长了7 000万美元,此时的政府债券量和3月末的水平是相同的。经过季节性调整,1月份的下降和2月份的温和上升转化为大规模的增长,季节性调整将3月初的数据提高了一点。

3月份的银行歇业期使所有的货币数据都和以往不具可比性,因此我们单独讨论1月份至2月份的变化量,以此作为到银行歇业期为止下降总量的近似值。在这一个月间,货币存量下降了4.5%,即年均下降速度为56%。公众持有的货币量增长了6亿美元以上,高能货币增长了5.35亿美元——增长规模几乎相同。差额6 500万美元只能通过银行准备金来加以补充。但是,即使是这剩下的6 500万美元,再加上银行业为争夺准备金而展开的竞争,也使得存款在当月下降了超过20亿美元,或者说占已缩水存款总量的7.5%。此时的乘数不是14,而是29。

最后一次银行业危机和以往的几次危机相比,其货币方面最主要的差异在于,在最后一次银行业危机中,国内的黄金外流一部分采取的是金币和金元券的形式,这在历史上尚属首次。如图32A所示,金币和金元券存量在1930年出现了温和的增长,但是随后便保持稳定或者下降,直到最后一次银行业危机开始。1933年1月,财政部和联邦储备银行体系外的金币和金元券存量比1930年12月的峰值要低4.2亿美元,比1931年1月的峰值低3.4亿美元。显而易见,这种下降在某种程度上是联邦储备体系有意采取措施的结果,也就是说,在可行的情况下,联邦储备体系通过支付联邦储备券而不是金元券来增加自身的黄金储备量,联邦储备体系在20世纪20年代为了降低准备金比例曾经采取过相反的政策(参见第6章第4节)。[59]尽管金币和金元券的总量出现了下降,但是金币本身的数量从1931年4月的6 500万美元增长到了1932年12月的1.81亿美元,增长了近1.2亿美元。这一增长可能反映出了早期对金币的偏好,尽管在某种程度上,它也反映了各种形式的货币相对于存款的增长。但是,即使这一增长的确反映出对金币的偏好,那么这一偏好在范围上不够广泛,在程度上也不够显著,无法引起人们的足够重视。1933年2月和3月,情况就截然不同了,这一点从图32A所示的金币和金元券在1933年年初的暴涨中可见一斑。出于对货币贬值的担心,公众对黄金的偏好非常明显。1933年2月23日,Harrison告诉纽约联邦储备银行的董事们:"外国人几乎无法破坏我们的黄金头寸……真正的危险来自国内。"[60]

7.3 银行倒闭

在上文关于萧条时期接连发生的种种事件的论述中,我们将一系列的银行倒闭事件放在了非常重要的位置。对于这些倒闭事件，有三个问题值得进一步研究：为什么这些倒闭事件至关重要？银行倒闭的根源究竟在哪里？联邦储备体系如何看待这些银行倒闭事件？

7.3.1 银行倒闭事件造成的影响

银行倒闭事件造成了两方面的影响。第一，正如其他商业集团的倒闭会给其所有者和债权人造成损失一样，银行的倒闭使得其所有者和储户的资本遭受了损失。第二，考虑到联邦储备体系随后采取的措施，银行倒闭事件是引起货币存量出现急剧下降的诱因。从经济发展的角度而言，上述两个影响当中哪一个更为重要呢？

就美国而言，上述两方面之间的联系如此紧密，以至于看起来似乎不可能将它们截然分开。但是，即使是仅就美国而言，一些数据也反映出，后者比前者重要得多。仅就第一个方面而言，在从1930年至1933年的四年时间里，银行倒闭事件给超过9 000家歇业银行的股东、储户和其他债权人造成了总额大约为25亿美元的损失。储户遭受的损失略超过损失总金额的一半，其余损失由其他债权人和股东承担。[61]毫无疑问，25亿美元的损失已经相当可观，但是如果单就这25亿美元损失本身，尚不足以引起我们和当时其他学者对银行倒闭事件如此高度的关注。相比较而言，同样在这四年时间里，据估计，美国所有企业的所有优先股和普通股的价值下跌了850亿美元。或者，作一个不同的比较，据估计，1929年10月，在纽约股票交易所挂牌上市的所有股票的总市值下降了大约155亿美元。[62]就其占总财富的比例而言，银行倒闭事件造成的损失规模并不算大，与其他方面如房地产类似规模的损失相比较而言，并不值得更多的关注。

对于第二个方面，情况就完全不同了。从1929年至1933年，总货币存量下降了超过1/3，商业银行存款规模下降了超过42%；以绝对数值来衡量，商业银行存款减少了180亿美元。仅就歇业银行而言，其存款总量要远远高于其损失金额。在这四年间，歇业银行的存款总量接近70亿美元。如果说银行倒闭事件值得特别关注的话，那么显然是因为它们是引起货币存量出现急剧下降的机制，是因为货币存量在经济发展中发挥着重要的作用。银行倒闭事件很重要，主要不是因为倒闭事件本身的影响，而是因为其间接影响。如果银行业发生了同等程度的倒闭事件，但是没有引起货币存量的急剧下跌，那么倒闭事件很可能仍然会引人注目，但是不会如此至关重要。而如果没有发生银行倒闭事件,但是其他因素导致货币存量出现了相应的急剧下降,那么萧条至少会与事实发生的同样严重,甚至很可能会变本加厉。

加拿大的经历为上述最后的观点提供了有说服力的证据。在大萧条时期,加拿大未出现任何银行倒闭事件;加拿大的 10 家银行在全国范围内拥有超过 3 000 家的分支机构,它们甚至没有发生过任何挤兑风波,尽管作为一种预防性措施,第 11 家经过特许且拥有少数几家分支机构的银行于 1931 年 5 月与一家规模更大的银行实现了合并。但是,在英国脱离金本位制之前,加拿大一直保持着与美元的固定汇率制度,在英国脱离金本位制之后,加拿大将汇率定在了一个新的水平上。在这一新水平下,加拿大货币的贬值幅度比英镑的贬值幅度要小。因此,加拿大的国内收入和货币存量不得不进行调整来保持外部均衡。尽管这种调整所需要的价格和收入的下跌幅度都非常大,但是加拿大货币的贬值使得价格和收入的下降幅度要小于美国的下降幅度。同样,加拿大的货币存量虽然出现了急剧的下跌,但其下跌的幅度也远小于美国。然而,即使是这种较小幅度的下跌,也接近于美国自内战以来除 1929—1933 年以外任何一次萧条时期的下降幅度的 1.5 倍。因此,这种下跌规模不能算作是无关紧要的。相关数据如下所示:[63]

	1929—1933 年各指标下降幅度	
	美国	加拿大
货币存量	33%	13%
国民生产净值	53%	49%
货币流通速度	29%	41%

为什么美国的货币存量相对于收入的下降幅度远远大于加拿大?换言之,为什么加拿大的货币存量不需要更为急剧的下降,以与收入的急剧下降保持一致?我们认为,之所以会出现这种差异,主要是受美国银行倒闭事件的影响。受银行倒闭事件的影响,在美国,存款作为一种资产持有形式,不再像以往那样或者像在加拿大那样令人满意。这正是银行倒闭事件会导致美国的存款-通货比率出现变动的原因。尽管通货是一种可选的资产持有形式,但是这种形式并不尽如人意,否则存款不会在货币总存量中占有如此大的比重。因此,随着存款吸引力的减弱,对存款和通货的需求总和出现了下降——银行倒闭事件所带来的这一影响是人们迄今未考虑的。当然,这种影响尚不足以完全抵消人们对相对于收入的货币需求的增长,这是与萧条相关的其他一些因素作用的结果,

例如不确定性的大大增强、权益和实体商品吸引力的下降,等等(参阅第12章)。如果银行倒闭事件的影响完全抵消了人们对货币需求的增长,那么货币下降的幅度会大于收入下降的幅度;换言之,货币流通速度应该是提高,而不是像实际情况中那样出现了下降。但是,银行倒闭事件的影响足以使美国货币流通速度的下降幅度明显小于加拿大,因为后者并没有受到同类事件的影响。在加拿大,存款一如既往地具有吸引力,因此该因素没有引起货币需求的下降。其他提高货币需求的因素则充分发挥了作用。

因此,银行倒闭事件通过对货币需求的影响,反而部分抵消了由于自身对货币供给的影响而造成的危害。这也正是为什么我们说,如果同样的货币存量下降幅度是由其他因素引起的,那么收入水平的下跌很可能会比现实中的灾难性下跌更为剧烈。

7.3.2 银行倒闭事件的起源

人们最为关注的问题可能集中在银行倒闭事件的原因上。银行倒闭主要是过去数年来金融实践的结果?还是20世纪30年代初发展影响的结果?即使第一种观点是正确的,倒闭事件导致的间接性货币影响和倒闭事件本身也是分离开来的,因此这种影响就不会也是发展造成的近乎不可避免的结果。而如上文所述,银行倒闭事件造成的最为重要的影响正是其间接影响。

如第6章所述,有迹象表明,在20年代后期,个人、银行以及其他金融机构的贷款和投资的质量相对于20年代初期而言出现了下降,这是一种事前恶化,即如果20年代后期的贷款和投资处于和20年代初期相同的经济环境之下,那么由违约行为所导致的损失比例会更高。只有在外国贷款上,这种质量下降的证据才非常充分。在其他贷款和投资上,各种研究尚未将事前恶化与事后恶化截然分开,有些研究甚至尚未辨别出这种差别。我们刚才已经说明了事前恶化,而事后恶化的出现,是因为贷款和投资已经形成,必须在严重萧条的时期中得到清偿。假设贷款和投资在各个方面都相同,只是在时间上有差异,那么在20年代后期发放的贷款和开展的投资要比20年代初期的境况更加恶劣。大多数研究者关注的是事后的经历,所以他们理所当然地扩大了事前质量存在的任何差别。事实上,许多研究结果与事前没有出现恶化这一说法是一致的。

如果从总体上说,贷款和投资的质量呈现下降的证据不充分,那么对于商业银行来说,这种证据就更不充分。人们有理由相信,银行的经历很可能不同于其他贷款者。20年代后期,尤其是在1928年和1929年,银行一直处在持续的准备金压力之下。正如我们所看到的,从1928年年初到1929年8月的经济周期顶峰结束之后的时期,银行的存款总量一直保持在大致平稳的水平上。如果银行能够获得充足的准备金,那么在这一时期普遍乐观和景气的经济环境下,可能会有所行动,但此时此刻,它们都别无选择,只能对自身的贷款和投资慎之又慎。

如果说银行贷款和投资的事前质量有任何恶化的话,那么这种恶化必然是程度很低的,因为其显现的速度相当缓慢。正如我们所看到的,在从1929年8月的经济周期顶峰至1930年10月的14个月时期内,尤其是在股市暴跌之后的12个月的时期内,经济萧条极为严重。原因之一可能在于,银行被迫通过降低高能货币数量来进行紧缩,因此在这14个月的时期内,银行的存款数量减少了2%。然而,在这14个月的时期内,歇业银行的存款量仅仅比从1923年5月的经济周期顶峰或从1926年10月开始的14个月时期内的存款量高出1/5—1/3:1923—1924年的存款量为2.63亿美元,1926—1927年为2.81亿美元,1929—1930年为3.47亿美元。在前两个萧条阶段,一般性经济活动的衰退以及由此导致的债务人承受的压力,要比1929—1930年更为温和;不仅如此,在这两个萧条阶段,商业银行的存款数量还上升了5%—6%,而不像1929—1930年那样出现了下降。

1930年10月之后的第一次银行业危机是以银行倒闭浪潮为标志的。之所以会爆发这种倒闭浪潮,可能是因为20年代的贷款和投资质量欠佳。继美国银行于1930年12月倒闭之后,Harrison总裁告诉委员会:"储备银行已经为美国银行头寸的改善努力了一年或一年以上,尽管没有什么证据显示银行的头寸遭受了损失。"委员会主席J. H. Case指出,美国银行的情况在1929年7月时可能并不令人满意。[64]然而,接下来美国银行清算期间的对外支付记录表明,如果在倒闭时银行资产已遭受了任何永久性的损失,那么其对外支付量就不会如此之大。

无论在第一次银行业危机时最初的银行倒闭事件实际情况如何,20年代后期贷款和投资质量的任何事前下滑或者在那一时期收购的低质的贷款和投资,都仅仅对接下来的银行倒闭事件产生了非常微小的影响,即使20年代后期的贷款和投资质量与20年代早期相比没有任何差别,情况也是如此。正如我们所看到的,银行体系作为一个整体,试图仅仅通过存款的乘数紧缩效应,进而通过资产的乘数紧缩效应来满足储户的货币需求。在这种情况下,无论银行持有的资产质量如何,任何原因导致的银行挤兑在某种程度上都是合理的。银行不得不在市场上抛售资产,这不可避免地会使这些资产的市场价值下跌,进而导致银行持有的其他资产出现贬值。正是银行所持资产市场价值的下跌,尤其是债券组合市值的下跌,而不是特定贷款或特定债券出现违约,成为导致资本受损最为重要的原因,而资本受损又进一步导致了银行歇业。[65]在 W. R. Burgess 担任纽约联邦储备银行的副总裁期间,他于 1931 年 2 月向纽约联邦储备银行的董事会提出,许多银行面临的主要问题是其债券账户出现了严重的贬值:"如果债券市场的境况能够更好一些,并且债券价格处于上升之中……那么在很多情况下,目前由于债券账户贬值而遭受损失的那些银行的状况就可以自动得到改善,不会立即陷入危机之中。"[66]根据银行监管部门的判断,当银行持有的债券质量好、到期时能够得到全额承兑时,由于这些债券有活跃的市场和连续报价机制,银行的资本反而要比其持有那些缺乏有效的市场和报价的债券时更有可能受到损害。因为对后一种债券而言,只要没到期,债券很可能就以面值来记账;只有发生了实际违约和推迟支付才会降低监管部门对其的评价。因此,看起来似乎很矛盾的是,正是银行认为流动性特别好、可以作为次级储备的那些资产最终对银行的清偿力带来了最为严重的威胁。

上述情况的一个最为极端的例子就是英国脱离金本位制之后的经历。英国的政府债券价格下降了 10%,高等级企业债券价格下降了 20%(参阅 1932 年 1 月 11 日公开市场政策委员会的原始会议记录,上文已引用),显然,这种下降反映的不是 20 年代的信贷质量出现了任何下滑,也不是银行业任何真正意义上的"不健全"。这种下降是银行强制抛售债券造成的必然结果,而银行抛售债券是由发放给储户的超额货币的巨大乘数效应使得银行必须减少自身持有的资产数量而导致的。

如果说信贷质量的下滑或不健全的银行业是危机的"触发器"的话(某种程度上来说的确如此),那么其导致的后果就是,在不引起存款的乘数紧缩效应的情况下,银行体系无法获得更多的高能货币来满足由此产生的储户对货币的需求。银行体系的这种无能为力影响了银行倒闭事件的严重程度和重要性,同样也导致了银行倒闭事件对货币存量的间接影响。在未能获得更多高能货币的情况下,在法定准备金之外仅仅持有美国政府债券对于因为"不健全"银行的最初倒闭而遭受挤兑的那些银行来说根本无济于事。如果这些银行未能通过增强储户对其资产构成的信心来阻止挤兑行为,那么银行仍然不得不在市场上抛售其持有的政府债券,以此来获得所需的高能货币,并且很多银行会倒闭。[67]相反,如果银行从任何途径获得了更多的高能货币来满足储户的货币需求,而不需要利用贷款和资产的乘数紧缩效应,那么银行资产的组成就几乎是无关紧要的了。这样,"触发器"只会触发一场虚惊。银行就没有必要抛售自身持有的资产。资产的市场价格就不会出现大幅度的下降,银行的资本账户也就不会遭受损失。一些不健全银行的倒闭就不会引起如此多的其他银行出现清偿力不足的问题(比20年代大量银行倒闭时还要多)。而且即使大量的银行由于不健全而倒闭了,由储户、其他债权人和股东来承担损失,并且损失的规模可以和实际情况相提并论,如果没有伴随着货币存量的大幅度下降,那么这也只会是一个令人遗憾的事件,而不是一场大灾难。

7.3.3 联邦储备体系的态度

美国银行的倒闭使得纽约联邦储备银行的董事们进行了深刻的反省。从1930年12月中旬到1931年4月,他们一次次地开会,讨论储备银行在成员银行歇业问题上应当承担什么样的责任,以及应当采取什么样的措施来避免这种歇业的出现。他们非常清楚,银行倒闭事件不仅严重冲击了人们对商业银行的信心,也严重冲击了人们对联邦储备体系的信心。当时的纽约联邦储备银行董事会副主席Owen D. Young向董事们转述了纽约州北部地区一位银行家的评论,即美国银行的倒闭"比近年来的任何其他事件都更为严重地冲击了人们对联邦储备体系的信心"[68]。银行业陷入困境之后,在联邦储备委员会和公开市场政策委员会举行的第一次联合会议上,联邦储备委员会委员Adolph Miller指出"目前银行的处境要比信贷的状况更为重要,他还询问各位总裁,如果银行的处境进一步恶化,他们打算在各自地区采取什么行动"[69]。纽约联邦储备银行委员会的会议纪要和公开市场政策委员会的会议备忘录都反映出,纽约联邦储备银行和联储委员会的技术人员非常清楚银行业和信贷现状之间的相互联系,他们清楚地知道通过清偿债券来满足储户需求会造成的影响。[70]在接下来的两年间,联邦储备体系一次又一次地开会讨论银行倒闭和银行监管问题。

尽管上述问题在1930年后引起了联邦储备体系的关注,但是联邦储备体系针对银行倒闭问题而采取的措施仅仅是上文中我们提到过的一些建议,建议的一些措施可能可行,其中联邦储备体系尤为强调的是,应当采取措施使得在银行稽核过程中资产能够更为自由地定价。无论是对内还是对外,联邦储备体系评论的基调都是防御性的,强调银行倒闭是由于银行管理出现了问题,而不是联邦储备体系的责任。

毫无疑问,联邦储备体系之所以如此晚才关注到银行倒闭问题,并且在回应这一问题的态度上如此消极,主要是因为联邦储备体系对银行倒闭、银行挤兑、存款紧缩以及债券市场缺陷之间联系的了解很有限——在本章的前面部分,我们试图详细地介绍这些联系。纽约联邦储备银行的技术人员明白这些联系,毫无疑问,联邦储备体系内的其他许多人也明白这些联系;但是大多数的联储银行总裁、委员会委员以及联邦储备体系的行政官员并不了解这些联系。他们往往认为银行倒闭是管理不善和银行业操作不当的遗憾结果,或者是对以往过度投机的必然反应,又或者是当时正愈演愈烈的金融和经济崩溃的结果,而不是这种崩溃的起因。正如上文引用的 Miller 评论中所揭示的那样,他们认为银行业状况和信贷状况是两回事。

还有四个理由可以解释为什么联邦储备体系未能较早地关注到银行倒闭问题,而当它关注到该问题之后,又为什么没有采取更为积极的措施。(1) 联邦储备体系的官员对非成员银行缺乏责任感。在1921—1929年和1930年的前10个月时间里,大多数倒闭的银行都是非成员银行,非成员银行持有的存款在所涉及的存款总量中占有非常高的比例。(2) 这一期间倒闭的银行大部分为规模较小的银行,由于联邦储备体系内最有影响力的是那些大城市的银行家,他们强烈反对小银行的存在,因此小银行的倒闭可能多少让他们感到自鸣得意。(3) 即便在1930年11月和12月,当银行倒闭数量急剧增长时,80%以上的倒闭银行仍为非成员银行。(4) 1930年年底,相对少数的一些大成员银行倒闭了,但许多联储官员将这些银行的倒闭看成管理不善的遗憾结果,因此中央银行没有采取任何补救行动。[71]

1931年9月,Harrison 总裁召开了一次会议,和一些商业银行家讨论应采取哪些措施来保证倒闭银行的存款,Harrison 回忆道,"对于处于市中心的我们而言,大多数人都曾经认为……社区中小银行倒闭的影响能够被隔离开来",但"显而易见,城市中越来越多的银行倒闭,目前已经造成了严重的后果……"[72]

7.4 大萧条的国际特征

1929年,西方世界的大多数国家重建了在不同国家货币之间保持固定汇率的货币本位。这一货币本位就是人们通常所说的金汇兑本位制(gold-exchange standard),因为许多国家是用可以按固定价格兑换成黄金的其他货币(尤其是英镑和美元)作为货币准备金,而不是以黄金本身作为货币准备金。这些国家的官方机构(往往是中央银行)通常是通过随时准备按照以其他货币表示的固定汇率买入或卖出本国货币来直接维持固定汇率,而不是随时按照以本国货币表示的固定价格来买入或卖出黄金来间接维持固定汇率。

由于金汇兑本位制和金本位制一样,涉及的是固定汇率,因此它同样意味着,只要金汇兑本位制维持下来,那么不同国家的价格和收入最终都是联系在一起的。它们不得不尽量保持各国之间的收支平衡。然而,金汇兑本位制的运用的确意味着各国之间调整的空间减小了——大致平衡也不会达到完全金本位制下的平衡程度。金汇兑本位制使得国际金融体系在各种冲击面前更加脆弱,其原因与存款-准备金比率的上升会使国内的货币体系更加脆弱的原因一样:因为金汇兑本位制提高了对相关高能货币——这里最终指的是黄金——的需求量与可用来满足这种货币需求的高能货币量的比率。

由固定汇率制度建立起来的联系使得收入和价格在1929年之后出现了全球范围的下降,正如1920年由刚性较弱的固定汇率制度建立起来的联系使得收入和价格出现了全球范围的下降一样。如果没有这些联系作为国际传导机制,那么任何涉及价格大幅度下降的大萧条,都不会在任何一个国家蔓延。这些联系中有足够的空间允许小规模、非一致性的变动,但不允许大幅度的变动。

和1920年一样,尽管经济萧条已经是全球性的,但是这并不意味着萧条不是起源于美国。至少从第一次世界大战开始,美国就已经是国际贸易以及国际资本和金融市场中的重要参与者,持有世界黄金储备中非常大的比重,因此它有能力引起世界性的波动,而不仅仅是对这种波动做出回应。当然,如果美国的确引发了全球性的冲击,反过来它毫无疑问会因为世界其他国家的反应而受到影响。

在第5章中,我们看到,我们有充足的理由认为1920—1921年的萧条主要源于美国。最初的措施——在1920年1月大幅提高贴现率——的确是以往黄金输出的结果,而黄金输出又是1919年美国通货膨胀的结果。贴现率的上升导致黄金在5月份出现了反方向的变动。接下来的措施——1920年6月将贴现率提高到联邦储备体系历史上空前绝后的水平——则是精心策划的政策行动,这一行动的力度超过了实际的需要,因为黄金输入已经开始。接下来,便出现了大规模的黄金输入,这从正面证明了其他国家不得不进行调整来适应美国的变化,以便清点自身的黄金损失,而不是相反的情况。

1929年的情况也不例外。最初的高潮性事件——股市暴跌——再一次发端于美国。一系列事件的发展导致货币存量在1930年后期开始加速下跌,而这一系列事件又是主要发端于美国。事实上,人们很难将一系列的银行倒闭事件归因于当时国外任何重大事件。黄金流向再一次坚定地证明了,美国是事态的主导者而不是追随者。如果是其他国家的下降传导到了美国,那么传导机制就是美国的国际收支赤字,这种赤字是由其他国家价格和收入水平相对于美国的价格和收入水平的下降所引起的。这一下降会导致黄金从美国流向国外,反过来,这往往会——如果美国遵守金本位制规则的话——降低货币存量,从而降低美国的收入和价格水平。然而,在萧条开始后的最初两年时间里,美国的黄金存量出现了上升而不是下降。这表明,和1920年一样,其他国家不得不进行调整来适应美国的货币政策,而不是相反的情况。

国际影响如此严重,传导如此迅速,这不仅仅是因为金汇兑本位制使得国际金融体系在面对冲击时更加脆弱,而且也是因为美国未遵守金本位制规则。我们不允许通过黄金输入扩张美国的货币存量。我们不仅没有使货币存量得到扩张,而且还正好相反。我们的货币存量出现了不合情理的变动,当黄金存量上升时,货币存量却在下降。1929年8月,我们的货币存量是黄金存量的10.6倍;到1931年8月,货币存量是黄金存量的8.3倍。结果,其他国家不仅被迫承担全部的调整压力,而且还要面对相同方向的进一步冲击,并且不得不对此做出相应的调整。正如Harrison在1931年年初时所指出的,外国评论家对美国的货币政策进行了强烈的抨击,因为

> 随着黄金流入美国,成员银行以这种或那种形式用这些黄金清偿联邦储备信贷,结果导致这一时期的联邦储备信贷总量出现了下降,下降规模和黄金输入量持平。因此,人们说美国抵制住了输入黄金的通常或正常影响……给世界造成灾难性影响的持续黄金荒……如此严重,以至于人们希望能够详细地审查联邦储备体系的公开市场政策。[73]

这些影响首先严重地冲击了那些已重建金本位制,但实际黄金储备量较小的国家,以及那些金融结构在第一次世界大战中遭到严重削弱的国家——奥地利、德国、匈牙利和罗马尼亚。为了维护这些国家的金融体系,一些国际贷款得以发放,联邦储备体系也参与其中。但是,只要美国的通货紧缩给这些国家造成的基本压力未得到缓解,或者这些国家的货币与美元之间形成的固定汇率制度联系不被切断,这种援助充其量只是权宜之计。这一事实在一个又一个国家得到了验证。正如我们所看到的,当这些国家遭遇金融困境之时,美国反过来受到自身引发的一系列事件的反射性影响。

中国的例子强有力地说明了固定汇率制度在国际传导机制中发挥的关键性作用。当时中国实行的是银本位制,而不是金本位制。因此,与金本位制国

家相比,中国相当于实行的是浮动汇率制度。以黄金表示的白银价格的下降,以及以外币表示的中国元的贬值,这两种情况的影响是相同的。其影响是,将中国国内的经济环境与全球性的萧条隔离开来。随着以黄金表示的全球价格的下降,以黄金表示的白银价格也出现了下降。因此,以白银表示的商品价格将大致保持不变,中国将在不引起国内通货紧缩的情况下继续保持其外部平衡。现实情况也正是如此。从1929年至1931年,中国国内几乎未受到横扫金本位制世界的灾难的影响[74],正如1920—1921年,德国通过恶性通货膨胀和相联系的浮动汇率制度将自身与外界隔离开来。[75]

第一个切断这种联系的主要国家是英国,它在1931年脱离了金本位制。随着英国脱离金本位制,英国和其他一些国家的萧条在1932年第三季度到达了谷底。而在那些维持金本位制的国家,如加拿大,它们仅仅走过了英国所走的部分道路,萧条仍在持续。在中国,由于英镑相对于黄金出现了急剧的贬值,因此中国元相对于英镑升值,中国于1931年首次陷入了这场萧条之中。

当然,引导这场国际性运动的先锋国家并没有原地踏步。由于在1928年以低估法郎的汇率水平重新恢复了金本位制,法国积累了大量的黄金,因此有很大的自由空间,在某一点上可以超越美国,不仅增加自身的黄金存量,而且在1931年后期,开始从美国输入黄金。1933年3月,美国暂停了黄金支付(事实证明,此时正是美国以及与美国联系紧密的国家的经济周期谷底),法郎和美元之间的联系就被切断了。在法国,金本位制继续维持了一段时间,因此萧条持续了更长时间。尽管从1932年7月至1933年7月,情况出现了一次好转,但是直到1935年4月才到达两次世界大战之间的经济周期谷底。

7.5 货币政策的发展

在艰难和危急的大萧条时期,货币政策的进程在很大程度上受到联邦储备体系内部权力斗争的影响,我们在上一章已经阐述了这一斗争的开端。在股票市场崩溃的时候,纽约联邦储备银行展现出了其一如既往的优点,行动迅速、果断、独立。而联邦储备体系的负面反应则严重阻止了纽约联邦储备银行采取进一步的独立措施。

1930年,纽约联邦储备银行强烈建议采取扩张性的公开市场操作,但是直到当年下半年,纽约联邦储备银行仍然无法说服其他银行总裁——当时,这些银行总裁已全部成为重组后的公开市场政策委员会的成员,该委员会取代了早期的公开市场投资委员会——或者说是无法说服联邦储备委员会。1931年的情况和上一年相同,只是纽约联邦储备银行不再如此积极地倡导扩张性操作,尽管这一建议已经得到了联邦储备委员会新任主席Eugene Meyer的支持。

人们对英国脱离金本位制的反应并未导致上述冲突的激化。几乎所有联邦储备体系相关成员对当时采取的措施表示赞成。这种一致性反映出联邦储备体系和整个社会当时对维持金本位制的重视程度,并认为外部稳定重于内部稳定。时隔不久,联邦储备体系内部一度消失的争议于1931年秋再次卷土重来。纽约联邦储备银行一贯主张实行扩张性的公开市场操作,这一建议得到了联邦储备体系主席、其他董事会成员和一些联储银行总裁的支持,但是大部分联储银行总裁对这一主张表示反对。

1932年的公开市场操作得到批准,主要是由于国会的压力,以及新的《格拉斯-斯蒂格尔法案》明确赋予联邦储备体系实行扩张性货币政策的权力。同年8月,公开市场操作在国会休会后很快终止了,原因在于,太多的联储银行主席并不热衷于这项政策,勉强或者不情愿实施。这一僵局在大萧条余下的时间里始终持续。

7.5.1 1929年10月,股市崩盘

在股市崩盘期间,公开市场投资委员会由五位银行总裁组成,其中纽约联邦储备银行总裁担任委员会主席。1929年9月4日,公开市场投资委员会向联邦储备委员会建议,如果有必要,可以通过购买"每周不超过2 500万美元"的短期政府债券作为对汇票购买的补充,"以此来避免增加或者尽可能地减少成员银行的贴现总量……"联邦储备委员会于10月1日批准了这一建议。但是由于短期国库券的增加,直到结束于10月23日的那一周,公开市场投资委员会并未购入任何政府债券。联邦储备体系持有的政府债券量下降了1 600万美元,而短期国库券则增加了1.15亿美元。[76]

当股市崩盘来临时,纽约联邦储备银行对应当采取什么样的措施胸有成竹,并将这些措施付诸实施。除了鼓励纽约的商业银行自由贴现,纽约联邦储备银行还额外购买了1.6亿美元的政府债券。这一购买量已经远远超过了公开市场投资委员会的购买权限,但是纽约联邦储备银行声称此次购买不是以联邦储备委员会的名义进行操作的。它还声称有权以自己的账户购买政府债券,将其作为一种一般性的信贷政策,因此不需要经过联邦储备委员会的批准。[77] Harrison告知联邦储备委员会主席Young,其董事们授权他可以无限量地购买

政府债券。并且在 10 月 29 日,在短期同业拆借利率(call loan rate)公布之前,他就已经进行过一次购买操作。

纽约联邦储备银行未获得当局批准就采取了行动,联邦储备委员会成员大都将其视为对其权威的不服从之举,虽然其中有些人认为该行动本身是可取的。从法律层面来看,纽约联邦储备银行显然并未越权。在 1923 年建立公开市场投资委员会的协议中规定,每家联邦储备银行自身都保留了以自己的账户购买和持有政府债券的权力。Young 和其他联邦储备委员会成员虽然承认其法律权利,但仍感到挑战委员会的权威是不可容忍的。经过多次商讨,联邦储备委员会最终授权 Young 告知 Harrison,如果纽约联邦储备银行希望其贴现率下降到 5% 获得批准,必须满足一个条件——除非得到联邦储备委员会的同意,否则不得再次购买政府债券。[78] 11 月 1 日,纽约联邦储备银行的贴现率降到 5%。对纽约联邦储备银行的董事来说,联邦储备体系显然应当立即继续进行公开市场操作,因为"如果不这么做,在前几周的事件之后,可能会面临更大经济衰退的危险,随后会出现萧条和失业。而这正是我们应当竭尽所能避免的局面",11 月 7 日他们在一个决议中如此宣布。[79] 在 Harrison 的领导下,公开市场投资委员会在 11 月 12 日召开会议,建议"取消现有的每周 2 500 万美元的政府债券购买限额,建议授权委员会为参与银行的账户购买不超过 2 亿美元的政府债券",并了解"现有情况有可能发展到这样一种地步,即必须迅速地购买大量政府债券,以此作为保持银行业及商业稳定的紧急措施,避免出现任何信用的过分紧缩。"[80]

第二天,联邦储备委员会通知公开市场投资委员会,"现在的总体情况并未清晰至联邦储备体系必须制定和采用一种永久的公开市场政策的地步",但同意让步,"如果情况真的非常紧急,无法和主席商讨,联邦储备委员会并不会阻挠任何公开市场操作,但公开市场投资委员会应当及时通知联邦储备委员会。"[81]

11 月 15 日,Harrison 和拜访纽约的联邦储备委员会主席 Young 并交换了意见。"我告诉他,"在 Harrison 的采访记录中记载,"我希望和他就购买政府债券上的不同意见进行开诚布公的对话……联邦储备委员会和纽约联邦储备银行的董事们关于各自权力的观点如果不能够达成某种可行的互相谅解或者协议,后果显然会十分严重……我还告诉他,联邦储备委员会越来越把自己定位于操作层面而不是监管层面,并且干预各个联邦储备银行的具体交易行为。" Harrison 接着回顾了在 1929 年年初的四个月时间内,联邦储备体系否决了纽约联邦储备银行董事们反复要求提高贴现率的提议;以及联邦储备体系当年规定了储备银行方面可操作的票据承兑买入利率的向上浮动范围,而以前从未有过这样的规定,并且,还在秋季实际规定了最低利率,行使了一直属于各储备银行自身的特权;最后提到:

> (他认为)进行任何政府债券交易前都必须获得联邦储备委员会的批准……我告诉他,他的观点——联邦储备委员会必须提前批准所有交易——的逻辑结论是,联邦储备体系将变成在华盛顿运作的中央银行……他唯一的评论是,联邦储备委员会被授予了最广泛的权力。只要联邦储备委员会还拥有这些权力,就会尽情行使这些权力,而国会会决定他们是否反对一个在华盛顿运作的中央银行。[82]

双方都不准备作出任何让步,直到11月22日联储委员会主席Young和纽约联邦储备银行董事会副主席Owen D. Young,在联邦储备委员会的当然主席(ex-officio)、财政部部长Mellon的办公室中会面并探讨联邦储备委员会在政府债券交易上的权力问题。Mellon部长表示,他愿意给予纽约联邦储备银行的董事们最广泛的自主权力,但他同时也必须考虑联邦储备委员会在此事中的权利和职责。Owen D. Young指出,除了无可非议的紧急突发状况外(对此双方并无争议),纽约联邦储备银行的董事们没有理由不去征求联邦储备委员会对所有主要交易的批准。而联邦储备体系主席Young回答说,这正是联邦储备委员会想要的结果。[83]

第二天,即11月23日,Young主席、Mellon部长和Harrison进行了会面。Harrison表示:"纽约方面愿意,也做好了执行任何政策的准备,无论最后达成的协议是使用自己账户还是使用联邦储备体系的账户。"Young回答,他准备毫无保留地同意公开市场投资委员会11月12日的提议,但是他首先想知道

> 这将把纽约联邦储备银行用自身账户操作这一富有争议的问题带向何方? 我(Harrison)告诉他,我认为这涉及程序和权限的问题,我倾向于过一段时间,等我们度过了这个艰难的时期,等经济环境趋于平稳、人们的情绪趋于平静时,等我们能设计出一个令双方都满意的程序时,再来解决这个问题。于是我这样建议:如果联邦储备委员会无条件通过公开市场投资委员会的报告,由公开市场投资委员会来执行,我会在下周三(11月27日)向我们的董事们建议,在得不到联邦储备委员会批准的情况下,银行应暂停使用自身账户购买政府债券作为一般性的信用政策,直到最后和联邦

储备委员会制定出令双方都满意的程序。

基于上述共识,联邦储备委员会在重新考虑之后,于 11 月 25 日投票通过了公开市场投资委员会的建议,并通过了纽约联邦储备银行董事们提出的解决方法中的政策草案。[84]虽然公开市场投资委员会有权购买 2 亿美元的政府债券,但是它在 1929 年 11 月 27 日至 1930 年 1 月 1 日期间仅仅购买了 1.55 亿美元的政府债券。

为了回答其他联储银行对股市崩盘那一周纽约联邦储备银行公开市场操作的询问,Harrison 于 11 月 27 日给所有的联储银行总裁写了一封长信。信中描述了当时纽约所处的情形,解释了银行采取措施的原因,并为这些措施进行了辩护。一些总裁支持纽约的行动,并表示愿意参与债券的购买。其他人则批评这一行动,因为这些措施仅仅推迟了"自然清算"(natural liquidation),并导致了复苏的延后。[85]

股市崩盘后的最初几个星期里纽约联邦储备银行面临的处境,在接下来的几年中反复出现:纽约联邦储备银行提出一项政策,但联邦储备委员会和其他银行不赞成,或者经长时间辩论之后勉强通过。在股市最糟的时候,纽约联邦储备银行独自采取了有效的行动。但是 1929 年 11 月它屈服于联邦储备委员会的压力,虽然其后它又重新考虑放弃联邦储备委员会账户而用自身账户购买政府债券,但最后并未(像 1929 年 10 月那样)实际采用该办法。

7.5.2 1929—1931 年,从股市崩盘到英国脱离金本位制

从股市崩盘开始,纽约联邦储备银行就赞成通过降低贴现率,以及购买大量的票据和证券来抵消贴现量的下降。1929 年 11 月 14 日,纽约联邦储备银行的董事们第一次申请将贴现率从当时的 5% 下调到 4.5%,获得了联邦储备委员会的批准。1930 年 1 月 30 日,纽约联邦储备银行再次申请将贴现率下调到 4%,却被联邦储备委员会以平票否决。同年 2 月 7 日,纽约再次提出申请,并同样被联邦储备委员会以平票否决。具有戏剧性的是,委员会中的一名成员将其否决票改成了同意票,原因并非是他同意降息,而是他不同意平票否决的制度。如此一来,降息再次获得了批准。3 月 14 日,纽约方面首次申请将贴现率下调到 3.5%,得到了联邦储备委员会的批准。4 月 24 日,纽约方面申请将贴现率下调到 3%,遭到了委员会的否决。5 月 1 日再次申请时,纽约方面甚至考虑,如果再次遭到否决的话,将会发布公开声明;然而,联邦储备委员会批准了

这次降息。类似的决策延迟在申请降低票据购买利率的过程中也重复出现。[86]

相比较而言,纽约关于公开市场购买的建议就更不成功了。1929年最后几个月时间里的公开市场购买行为是符合联邦储备信贷余额的正常季节性增长模式的。此后,公开市场投资委员会非常不愿意进一步购买债券。一些成员甚至提议像往常圣诞节后的做法那样出售债券。公开市场投资委员会在1月份的会议上所提出的最后建议是,"目前没有必要为了阻碍或加速当前的信贷趋势而进行任何有关政府债券的公开市场操作"[87]。

3月初,由于担心经济形势会进一步恶化,同时担心纽约联邦储备银行无法维持其票据的投资组合,纽约联邦储备银行的董事们投票授权购买5 000万美元的政府债券。获得联邦储备委员会的批准之后,纽约联邦储备银行进行了操作,并致所有银行总裁一封公告信,询问他们是否愿意参与。在3月底的公开市场投资委员会正式会议中,委员会总结道,"现在并非进一步购买政府债券的时机"。[88]

这是公开市场投资委员会的最后一次会议,之后委员会被12位银行总裁组成的公开市场政策委员会替代,并由之前为公开市场投资委员会成员的5位总裁(纽约、波士顿、芝加哥、克利夫兰、费城)组成执行委员会。但是这个执行委员会和以往的公开市场投资委员会肩负的职责不尽相同。执行委员会负责执行会议所制定的政策,而不是像之前的投资委员会那样,既制定政策,又执行政策。委员会依然采取平等和自愿参与的组织形式。每个银行自主决定是否参与公开市场政策委员会建议的操作,但是不同意者必须通知联邦储备委员会和执行委员会主席,并告知不参与的原因。银行也保留退出委员会的权力。纽约联邦储备银行并不满意这种变化,只是勉强同意,并且还有明确的附带条件:委员会无权干涉银行的承兑交易。[89]正如1929年,纽约联邦储备银行希望购买政府债券,尽管无法说服联邦储备体系的其他成员参与。遗憾的是,纽约联邦储备银行最后还是无功而返。

在1930年5月的第一次会议中,公开市场政策委员会并未作出任何建议,而只给执行委员会留下很有限的权力。6月初,Harrison向联邦储备体系建议每周购买2 500万美元政府债券,为期两周。他指出"此时少量地购买政府债券是没有坏处的……也是可取的",同时,和前些年一样,他建议只有在通过承兑市场来发挥扩张作用的计划未能奏效的情况下才购买债券。该建议比在纽约联邦储备银行的董事会上所作的表述要温和得多,所建议的购买量也比后者认为合适的量要小得多。事实上,纽约联邦储备银行的部分董事"并不愿意接受这一计划,因为信贷管理的困境已经扩大到无法解决的程度,不能再拖延行动,也不应再进行力度不够强的补救行动"。但是,Harrison 觉得一个大胆的计划肯定会受到排斥,小规模的计划却能得到批准,这样总比大规模计划遭到否决要好。经过电话、电报的咨询,大部分执行委员会成员和银行总裁都表示同意,联邦储备体系也批准了,购买操作最终得到执行。这两周中,联邦储备体系持有票据的减少大大抵消了购买政府债券的效果,因此 Harrison 于 6 月 23 日建议每周继续购买同样数量的债券。然而,这次委员会以 4:1 的票数否决了该建议。[90]

在自身的领导地位被明显否决的情况下,纽约联邦储备银行考虑了三种替代方案:(1) 作出让步,不采取任何进一步的行动,希望自己的观点最终会得到广泛的认同;(2)"退出……委员会,假设可以得到或根本不需要得到联邦储备委员会的批准,使用自己的银行账户购买债券";(3) 开展游说活动。也许部分是因为 Harrison 对纽约联邦储备银行立场的正确性始终还是有些持怀疑态度,银行最终选择了第三种方案。正如相关董事会议的报告中提到的那样,"在那些有能力做出决断的人之间,对于仅凭廉价且充足的信贷是否就足以带来商业环境和商品价格的改善,存在着实实在在的意见分歧",纽约联邦储备银行受此影响才会选择第三种方案。[91]

于是,1930 年 7 月,Harrison 给所有的银行总裁写了一封长信,告诉他们纽约联邦储备银行的董事们"是如此热心于继续购买政府债券,他们要求我写信给各位,大致说明为何连续数月以来,纽约联邦储备银行希望联邦储备体系在力所能及的范围内,竭尽全力地加快经济的复苏"。信后附上了对于当前经济形势和货币政策问题的分析,该分析逻辑紧凑、信息充分、条理清晰。他强调了衰退的严重性,表示虽然衰退还有许多其他原因,但前两年的货币紧缩政策肯定是造成衰退的重要原因,特别强调了当前低迷的债券市场和十分有限的长期融资的资金来源。"在之前的几次经济衰退中,"他写道,"有一个强有力的债券市场是经济复苏的必要条件。"Harrison 承认,短期融资需求量并不大,"当联邦储备体系购买债券时,短期的货币会变得更为充足和廉价"。但是,"过去的经验证明,在这样的环境下通过进一步增加成员银行的储量,将有利于为债券市场提供资金,把资金从短期市场等比债券收益低的市场转移到债券市场"。他还指出,联邦储备信贷量下降了,银行也很惜贷,"现在即使很小的贷款量也和一年前较大的贷款量有着相同的调控效果"。他总结道:"虽然并不能保证政府债券的公开市场操作会立即带来经济复苏,但我们也看不出该政策会有什么负面影响。我们认为,鉴于现在的衰退已经非常严重,我们有理由采取任何有可能促进经济恢复的措施。"[92]

值得注意的是,Harrison 信件中没有提到货币存量这样的变量。正如其他 20 世纪 50 年代以前联邦储备体系的货币政策文献一样,他仅仅关注了信贷条件而不是货币存量。但是,这并未影响到最后的政策结论,而只是改变了推理的过程。即使考虑到货币存量的变化,也会得出一个完全相同的结论:联邦储备体系理应购买债券,以此来避免高能货币的减少,并设法使其有所增加。此外,正如我们在本章第 3 节讲到的,当时债券市场和货币市场间有着非常紧密的联系。债券市场的改善将有助于防止随后发生的银行倒闭。虽然在信中表达得并不十分明确,但这种联系却是毫无疑问的。[93] Harrison 的信件及所有对其回复向我们展示了一幅图画,清晰而全面地描绘了当时联邦储备体系内部关于货币问题的态度。只有两位总裁——亚特兰大的 Eugene Black 和里士满的 George Seay——旗帜鲜明地赞同 Harrison 的分析,并支持该政策建议。其他总裁都不同意,并且大部分人表示了强烈反对。

芝加哥的 James McDougal 写道:"市场上有足够的资金,在这种情况下,审慎起见,联邦储备体系的政策应该是保留一定力量,以满足将来可能上升的资金需求,而不是在不需要的时候向市场投放更多的货币。"他进一步强调,"其他方面而不是股市更容易产生投机危险"。McDougal 一直是纽约联邦储备银行所提议政策的最公开的反对者,在大萧条余下的时期里,他几乎在所有的场合都一直支持出售债券。要求联邦储备体系节约资源的呼声此后不绝于耳。McDougal 的观点颇有影响力,因为芝加哥是美国国内除纽约外最重要的金融中心,他本人在联邦储备体系内也非常有资历。在 1914 年芝加哥储备银行成立之初,McDougal 就被任命为总裁,当时纽约联邦储备银行的总裁还是刚刚上任的 Strong。在之前的某些场合中,他就与纽约方面有过分歧。[94]

旧金山的 John U. Calkins 也与 McDougal 同样直截了当。在之前致 Young 主席的一封信中,他解释了芝加哥未参与 6 月份公开市场购买的原因。他说:"信贷已经廉价而过剩,我们并不认为更加廉价和多余的信贷能够促进经济复苏。"在他回复 Harrison 的信件中,他重申了此观点,并表示"创造、促进和鼓励债券市场"不在"联邦储备体系的职责范围之内","鼓励外国债券市场发展并不能抵消最近批准的关税法案对国际贸易所产生的负面影响"。他还表示:"我们相信,到目前为止,强制增加的信贷投放并没有产生很好的效果,最近几个月当然也就更不会有什么明显的效果。我们也相信,每次当我们徒劳地增加信贷投放量时,我们也就失去了在将来时机恰当时投放更多信贷所能带来的潜在好处。"[95]

达拉斯的 Lynn P. Talley 写道,他的董事们"并不倾向于支持人为地干预经济发展趋势,以扭转在当时被认为是荒谬的事件(这里指的是 1928—1929 年的股市投机)造成的经济形势"。和其他人一样,Talley 的信件反映出人们对纽约方面没有成功度过 1929 年灾难的不满,认为当前的困境是对当时联邦储备体系未能控制住牛市这一失误的惩罚。他写道:"不管是由于医生的疏忽,还是医生已在最佳判断下和专业技能的范围内,竭尽全力进行了救助,只要病人已经死亡了,那么即使再进行人工呼吸或者注射肾上腺素,也不可能使病人复活。"[96]

明尼阿波利斯的 W. B. Geery 写道:"尽管试图使融资更加便捷的努力有助于增加消费,但是这样刺激融资可能会导致进一步的生产过剩。"[97]

费城的 George W. Norris 答复道,他和一位保险公司执行官以及一位私营银行家的讨论更加坚定了他的观点,即"现在试图进一步压低已经异常低的利率是不明智的、毫无结果的"。同年 9 月,在公开市场政策委员会的会议上,强烈反对联邦储备体系现行政策的 Norris 宣读了一份很长的备忘录,总结了费城方面的观点。费城储备银行反对"目前异常低的利率",认为这是对"货币市场供求自然规律"干预的结果,并得出结论:"这是与联邦储备委员会《第十个年度报告》所规定的政策背道而驰的。我们一直在衰退时期扩张信贷,但这种额度目前无人问津且用不出去,而当其真正为人所需又能发挥作用时,我们又不得不紧缩信贷。"[98]

在我们看来,这些观点是具有迷惑性和误导性的,持有这种观点的人并不只限于联邦储备体系内部。由全国主要银行家组成的联邦顾问理事会一直坚持与这一观点一致的建议,即"当前形势下的最佳选择是,不进行公开市场操作,以免阻碍信贷的自然流动"[99]。但是,在金融界还有其他人对当前形势的看法和纽约联邦储备银行相同。1930 年 7 月,加拿大皇家银行(Royal Bank of Canada)在每月来信中总结道:"联邦储备银行立即而果断地采取行动,在市场上大量投放新资金,是阻止当前严重而持久的价格下滑、改变市场心理状态所必需的行动。"

任何读到上述和 Harrison 的来往信件、公开市场投资委员会和公开市场政策委员会的会议记录以及联邦储备体系的相关文献的人,都无法不对纽约银行和其他储备银行在货币问题复杂性理解上的巨大分歧留下深刻印象。多年来直接负责在国家中央货币市场上实施货币政策,以及与世界其他主要货币市场的管理人员合作的经历,使得纽约联邦储备银行的技术人员、官员和董事们能够准确地洞悉货币关系,敏锐地认识到货币政策行动的效果。这种特质是那些主要考虑地方和区域问题的其他储备银行,以及在政策的一般性实施中只扮演很小角色且并无重要操作职能的联邦储备委员会所不具备的。

Harrison 的信件激起了大量的反对意见,这使得纽约联邦储备银行在 7 月间多次考虑,仍用自身账户进行公开市场购买,但希望先得到联邦储备委员会的批准。Harrison 试探了联邦储备委员会对这一行动的看法。结果相当不利,以至于使纽约联邦储备银行无法采取进一步的行动。[100]

到 1930 年 9 月,部分银行甚至还在反对季节性的货币扩张政策。正如 Harrison 对他的董事们所言:

> 其他一些联邦储备银行——包括大部分组成联邦储备体系的公开市场政策委员会执委会的总裁们所在银行——都支持事后修正的政策而不是事前预期的政策。他们愿意放任货币市场紧缩、市场利率走低的形势发展,然后再通过购买政府债券来改变这种形势。

几天之后,在纽约联邦储备银行官员的一次会议上,Carl Snyder 建议"应该通过进一步购买政府债券来有力地制止这次通货紧缩",Harrison 则回答道:"站在联邦储备体系的立场,现在是不可能实施这样一个行动的——因为这么做将意味着主动地割裂联邦储备体系的政策。"[101]

尽管联邦储备体系的信贷余额出现了下降,联邦储备委员会仍将其 1930 年的政策描述为"宽松货币……由不时增加购买政府债券、累进降低联邦储备银行的贴现率和承兑利率便可看出"[102]。这句话明显地说明了"宽松货币""偏紧"这些术语的模棱两可,以及之前强调过的使用所有影响货币存量和信贷条件的因素来解释联邦储备体系的行动的必要性(第 188—190 页)。将该政策形容为"宽松货币"看起来有些矛盾,因为它允许货币存量在 14 个月内以相当大的幅度下降,而该幅度在此前 54 年内也仅出现过四次,并且仅在严重紧缩的时候才出现过。在其他因素都趋向于增加货币存量,而完全是因为联邦储备信贷余额的减少才使潜在的扩张变成了紧缩时,这种对政策的评价看起来尤其荒谬。

在当时经济和货币市场发生转变的背景下,该政策理应被视为"紧缩"而不是"放松"信贷。在历时一年多的严重经济紧缩中,联邦储备体系放任贴现量和信贷余额的下降,结果是前者的下降幅度为政府债券净购买量的两倍,后者的下降幅度为黄金增量的接近三倍。在1932年年初之前,联邦储备体系所持有的票据和政府债券的显著特点是其季节性模式,上半年紧缩而下半年扩张。从1929年8月至1930年10月,政府债券外加票据的购买都集中在1929年的下半年。1930年7月底,联邦储备体系的政府债券外加票据的持有量比1929年12月底的持有量低了2亿美元。即使是机械地延续联邦储备体系之前的黄金对冲计划,也要求1929年10月至1930年10月间必须有一个更加有力的扩张。实际上,通过该计划,联邦储备体系也早就清楚地认识到根据不可控的外部因素采取行动的必要性。这样的行动本可以把联邦储备体系货币存量的下降限制在2.1亿美元以内——这也是同时期黄金储备的增加量——而不是像实际发生的那样,经季节性调整后下降了5.9亿美元。正如之前的联邦储备委员会的政策声明中提到的,要做的不仅仅是机械地对冲黄金,还要考虑当期的经济情况。既然股票市场已经崩溃,商品市场中又无投机的迹象,任何信贷扩张都会如《第十个年度报告》(1923年)所述的那样,"只会被限制于生产性用途"。[103]

联邦储备体系内部的僵局持续到第二年,形势只发生了略微的变化。Harrison一方面受到来自银行官员和董事们的压力——尽管他们不再像上一年那样一再坚持——要求进一步放松货币和购买更多债券;另一方面,作为公开市场政策委员会主席,他又必须忠实地执行委员会所采纳的政策。形势的主要变化之一是,Eugene Meyer顶替Roy Young成为联邦储备委员会主席。Young于1930年9月成为波士顿联邦储备银行的总裁,以及执行委员会的一员,联合McDougal一起反对购买债券,支持出售债券。[104]Meyer总体上同意购买债券,由于没有经历过类似Harrison 1930年时的挫折,所以倾向于大力推动购买。

公开市场政策委员会于1931年1月的会议明显改变了形势。从1930年10月到12月中,联邦储备体系的债券持有量并未有实质性改变。12月的第二个星期美国银行的倒闭导致纽约银行业出现业务困难,迫使纽约联邦储备银行购买了4 500万美元的政府债券。债券是向两家出现挤兑的银行购买的,这使这两家银行免于借贷。另外还用联邦储备体系的账户购买了8 000万美元政府债券。Harrison解释"此举是避免由于大量账面粉饰(window dressing)行为而引起大规模信贷紧缩"。此次公开购买是依照委员会于1930年9月25日的会议上,在"事前预期"和"事后纠正"两种建议间折中而批准的1亿美元的季节性扩张政策。[105]在1931年1月的会议上,委员会建议"在不干扰或紧缩货币的情况下,处理一部分持有的政府债券"。[106]而随后在联邦储备委员会成员和董事们会面时,Adolph Miller和Eugene Meyer都提出反对。Harrison在其委员会主席职能范围内支持此建议,他指出"目前一部分人希望大量出售债券,而另一部分人认为只有当确实需要收紧银根时,才应采取类似的温和的出售政策,上述建议代表了这两种观点的妥协"。对政治反响较为敏感的Meyer声明:

> 联邦储备体系减少票据和贴现一般不意味着任何主要政策的出台,然而出售政府债券却通常被视为联邦储备体系政策的较大变动。在去年的一些季度中,联邦储备体系寻求采取紧缩政策就备受谴责,所以现在出售债券无疑是火上浇油。在目前的形势下,如果不是确实必要,尽量避免采取任何体现政策巨大变化的行动才是明智之举。

尽管Meyer持保守态度,联邦储备委员会还是通过了委员会的建议。虽然人们担心会引起债券市场的紧缩,但到1931年1月为止,债券持有量仍然减少了1.3亿美元。[107]

1931年4月,作为公开市场政策委员会的主席,Harrison向主席委员会出示了一份报告。报告中表达了他对黄金流入以及美国持续对冲黄金会对世界造成危险的担忧。[108]在谈到国内的形势时,他则表示:

> 虽然通常认为最近几个月的货币形势逐渐变得宽松,并且利率也确实下降到了很低的程度,但是在数月的时间里并未出现联邦储备体系的剩余资金急于等待市场使用的情况……另外,虽然大城市中银行的头寸相对宽松,但并不能说整个国家的信贷是廉价和充足的。[109]

公开市场政策委员会讨论了Harrison的报告,在他的推动下,一个使黄金输入更为有效、信贷更为活跃的计划得以展开。该计划分为三部分:首先,尽可能保持票据的组合;其次,降低票据买入利率,也尽可能降低贴现率;最后,如果购买票据不能维持盈利资产,那就授权执行委员会可购买最多1亿美元的政府债券。这个温和的计划,包括最后一个部分——唯一属于委员会专有权限的部分——勉强得到四位官员的支持,其中三位是执行委员会成员。[110]

直到6月22日,在Harrison的推动下,执行委员会才开始按照上述计划进行公开购买,购买了5 000万美元的债券。到会的Meyer鼎力支持Harrison,指出"联邦储备委员会本身倾向于购买更多的债券"。授权得以通过,只有一人投了反对票,即波士顿的Young。费城的Norris选择了弃权,而芝加哥的McDougal违背自己的意愿投票赞成,因为两天前胡佛总统发布了公告,建议延缓偿付州际债务("作为对总统公告的支持,公众欢迎购买政府债券的政策")。7月9日,执行委员会同意再购买5 000万美元政府债券,完全执行4月获得授权的1亿美元购买量。但是因为Harrison担心国外的事态发展,因而不顾Meyer的反对,于16日在购买量达到3 000万美元的时候停止了购买。[111]

8月初,Harrison和Meyer再次要求进一步购买。在和纽约联邦储备银行执行委员会的官员讨论当前形势的时候,Meyer出示了从1930年11月1日至1931年8月5日的数据。在此期间,美国黄金存量增长了4.21亿美元;通货增加了3.5亿美元,而不是通常至少1亿美元的季节性减少;法兰西银行从市场上提取了1.25亿美元(可假设是从承兑市场上提取的)。他接着指出:"在信贷扩张的基础没有发生主动紧缩的情况下,联邦储备体系消极地允许对冲了比总流入更为巨额的黄金。"他说:"如果去年12月有人问起,是否支持或允许对冲4亿美元黄金,我们毫无疑问会否定。"[112]

8月11日,公开市场政策委员会召开了一次全体会议,当时委员会中的部分人不赞成进一步的购买行动。Harrison提出了一个可在时机适当的时候付诸实施的计划,即授权执行委员会购买最高3亿美元的政府债券。除了亚特兰大的Black支持Harrison以外,其余所有总裁都持反对意见,所以最后会议通过投票授权执行委员会购买或出售1.2亿美元的债券。[113]

在我们所知的范围内,这是首次提及自由黄金问题的会议,而该问题后来被认为是联邦储备体系停止购买债券的主要原因。但是,自由黄金问题(我们将下一节中进行讨论)并没有影响会议的最终结果。

当天公开市场政策委员会和联邦储备委员会成员会面时,Harrison又一次陷于这样的处境:必须提出一个他并不赞同的建议并且为之辩护。他解释,委员会反对立即大量购买政府债券,因为银行并不会使用超额准备金。银行的观点是:"大部分主要投资都在收益很低的基础上出售,而二级债券包含大量铁路债券。其中很大一部分由于一些州政府相关法律条款在短期内不适合储蓄银行、保险公司或是信托基金来投资。另外,对倒闭银行持有的投资组合的强制清算给债券市场带来了压力,从而产生了不确定性。"Meyer和其他联邦储备体系成员对公开市场政策委员会采取的行动表示失望,认为其"将购买量限制到了有效水平以下"。但是,他们抱怨的结果只是使联邦储备委员会和公开市场政策委员会的会议时间得到更改。之后双方讨论了公开市场政策委员会采纳建议之前而不是之后的政策行动。当后来正式考虑这项建议时，联邦储备委员会并未立即批准，而是决定授权 Meyer 批准购买而不是出售。[114]在该事件当中，甚至所授权的 1.2 亿美元的购买量都没有得到贯彻执行。

7.5.3　1931 年 9 月，英国脱离金本位制

英国脱离金本位制及其造成的美国黄金流出，使政策制定的焦点从公开市场政策委员会转移到了纽约联邦储备银行。从过去到现在，纽约联邦储备银行一直对国际货币关系负有主要责任。英格兰银行、法兰西银行和其他中央银行一直将纽约联邦储备银行视为等同于自己地位的伙伴，并一直与之进行沟通和商议。在拟定政策的过程中，联邦储备委员会会了解信息，参与协商，最终批准，但却从来不是主要的决策者，而其他储备银行大部分时候也仅仅是获得通知而已。这个惯例在 Strong 在世时就已经存在，现在仍然保留着。最近的例子是大萧条时期，纽约联邦储备银行于 1931 年夏代表美国就对国外银行的贷款问题进行协商。

纽约对该采取什么行动毫无疑虑。在 10 月 8 日的会议中，董事会投票决定将贴现率从 1.5% 提高到 2.5%。会议中的争论有两点：一是黄金流出本身；二是"来自法国的建议，那里是国外对美元恐惧最集中的地方，提高贴现率会更受欢迎"。有人担忧上调贴现率会对国内有不利的影响，尤其是会干预胡佛总统建立国家信用公司(National Credit Corporation)的努力，但这种担忧最后没有得到重视。Harrison 表示，任何对债券市场的不良影响都可以通过购买债券来抵消，因为按照 8 月 11 日会议所赋予的权力，执行委员会仍然可购买最高达 1.2 亿美元的政府债券。[115]唯一不和谐的声音是代表纽约联邦储备银行前往欧洲公干的 Burgess 所发来的电报。他不建议采取任何会提高美国货币利率的行动。[116]该电报在会议上宣读后就被弃于一旁。联邦储备委员会迅速批准了提高贴现率的建议，因为实际上有些成员自黄金流失开始时就强烈主张提高贴现率。[117]

一个星期之后，Eugene Meyer 参加了在纽约联邦储备银行举行的主管会议。Harrison 提议将贴现率进一步提高到 3.5%，理由是持续的黄金流出。董事 Charles E. Mitchell 表达了他对此举将对国内造成影响的忧虑。Meyer 回答道："所有已知规则都要求提高贴现率，不提高的话会被国外方面视为缺乏勇气。"他表示，"债券市场已经进行了自我调整，以适应较高的利率，因此只会受到很

小的影响"。[118] 一个月之后，Owen D. Young 提出希望购买政府债券以抵消国内的不利影响。Harrison 更加难以定夺。[119]

支持大幅调高贴现率的观点不只存在于联邦储备体系内部，在外部也同样存在。[120] 许多不同观点的人已经团结起来，准备维持金本位制不动摇。黄金流失是一个引人关注的事件，对此已有很多先例，因而该问题和其解决方案都非常直截了当。[121] 事实上，人们有这样一种印象：在和陌生的、难以捉摸的、微妙的问题打过交道后，联邦储备体系对于终于遇到一个可以说是黑白分明、没有争议的问题，几乎是感到了些许的轻松。

在第二次提高贴现率大约两星期之后，公开市场政策委员会的执行委员会召开会议。会议的原始备忘录概述了通货发生的剧烈变化，指出国内事态的发展已经比黄金流失对国内经济的影响更为重要，并表示"这次存款的减少是联邦储备体系自成立以来成员银行存款最大的一次萎缩"。虽然联邦储备体系通常在季初增加债券持有量，而当时商业银行也面临前所未有的压力，但是 McDougal 仍然建议联邦储备体系减少债券持有量。最终结果是，会议投票否决了出售债券的建议，而是决定再次要求联邦储备委员会授予执行委员会与 8 月 11 日所授予的相同的出售债券的应变权力。[122]

11 月底委员会全体会议的原始备忘录满意地指出，"国内外银行准备金流失的问题，已经通过提高贴现率与自由借贷政策相结合的典型办法加以解决了"。该备忘录指出，提高贴现率和其他市场利率的"其中一个结果"，是"使得银行家和其他人，在考虑开始使用资金和开展事业的时候，更加小心谨慎"。备忘录中强调了债券价格的急剧下降及其引起的银行头寸的恶化。其中还讨论了年终季节性问题，建议采取"类似于去年的"购买政策，而在第二年年初前不作任何有关长期政策的决定。委员会采纳了一项方案，授予执行委员会购买最高 2 亿美元政府债券的权力，以满足季节性调整的需要。[123] 而执行委员会实际上只执行了所授权的购买量中的一小部分。政府债券持有量在 1931 年 12 月底前增加了 7 500 万美元，然后在 1932 年 1 月又减少了 5 000 万美元。

在这段时期，我们不清楚 Harrison 是否像之前以及之后一样，不满意所采取的政策。他对黄金问题的担忧抑制了他扩张联邦储备体系信贷量的想法。只要联邦储备委员会批准，纽约联邦储备银行依然控制着票据购买利率。正如我们所看到的，纽约联邦储备银行一直反复试图通过购买票据来实现其无法通过联邦储备体系公开市场账户实现的目标。但是买入利率（在 10 月曾随着贴现率的上升而从 1.25% 升到了 3.125%）只出现了缓慢而适中的下降，11 月 20

日下降到3%,1932年1月12日下降到2.75%。两次降低后的利率仍在市场利率之上,所以并未导致票据持有量的增加。

1932年1月初,部分是由于来自员工和董事们的压力,Harrison在公开市场政策委员会当月会议上提出的全国性计划中,再次重申了进一步大规模购买计划。该全国性计划的主要特点是:通过法案建立复兴金融公司,再交由国会决议;基于铁路和工会关于降低工资率的协议,有组织地支持债券市场;联邦储备银行和成员银行在其融资计划方面与财政部通力合作;需要时由联邦储备体系购买票据;降低贴现率;最后一步,"如果有必要,减少自由黄金的头寸以支持政府的债券购买政策"。最后这句话提及了一个当时正在考虑的建议,该建议后来被收入《格拉斯-斯蒂格尔法案》。虽然有三张反对票,委员会会议仍然授予执行委员会"在必要时刻"购买最高2亿美元债券的权力。[124]但是该授权并没有得到执行。在1932年1月11日和2月24日的两次委员会会议之间,政府债券持有量减少了1100万美元,票据持有量减少了8000万美元,而贴现量则增加了2000万美元。联邦储备信贷余额在六个星期内一共减少了1亿美元。

尽管正在等待通过的《格拉斯-斯蒂格尔法案》解决了自由黄金的问题,公开市场政策委员会2月份的会议在很大程度上仍是1月份会议的翻版。虽然被同时提名为复兴金融公司主席,Meyer仍然继续担任联邦储备委员会的主席。在正式经济会议前的联邦储备委员会联席会议上,他声称:"看起来没有必要因为资金被提取储藏而使银行遭受严重的压力。要采取大胆的操作,没有比现在更稳妥的时机。"他进一步表示"他会同意较现在所讨论的数额更为巨大的购买量"。而McDougal仍然反对,他表示"按常理,他更愿意看到银行借入资金来确保资金的供给"。结果是执行委员会权力小幅扩张,被授权以大约每周2500万美元的速度购买总计不超过2.5亿美元的债券,当时McDougal和Young都投了反对票。本次会议后,执行委员会立即以3比2通过并开始实施这项计划。[125]

7.5.4 1932年的公开市场购买计划

如果没有来自国会的直接或间接的压力,这个小规模的计划不可能扩展成为大规模计划,甚至可能根本不会实施。Harrison在4月4日告诉其董事会的执行委员会,"如果要预防国会某种激进的金融立法,很显然就必须深入和加快实施我们的计划"。4月7日,Harrison在董事会全体会议中报告说,在是否应该加速购买计划的问题上,公开市场政策委员会执行委员会中有着很大的分歧，并已经投票决议继续执行现有计划。此时其中一位官员询问"联邦储备体系推行一个更为有力的计划对于击败《托马斯奖金法案》(the Thomas bonus bill)和其他类似法案是不是并没有帮助。Harrison 总裁指出，Thomas 议员向他表示，如果联邦储备体系能够推行一个更为有力的计划，Thomas 将会感到满意而不会要求国会采取行动"。纽约联邦储备银行的董事们因此投票决议，要求银行经联邦储备委员会批准，在 4 月 12 日公开市场政策委员会会议之前，用自己的账户而非联邦储备体系的账户，购买不超过 5 000 万美元的政府债券。[126]

在公开市场政策委员会商业会议开始前的与联邦储备委员会的联席会议上，Meyer 主席"呼吁人们注意这样一个事实，即一份议案已经提交给参议院，要求联邦储备委员会向政府陈述其计划……对议案的考虑已经被延迟。他声明，联邦储备体系可以采取更多的行动来帮助经济实现复苏，现在时机已经到来，联邦储备体系应该在权力范围内尽其所能阻止信贷的紧缩"。联邦储备委员会其他成员纷纷支持 Meyer。2 月 13 日上任的财政部部长 Ogden L. Mills 一直支持扩张行动，他表示："对于一个如此巨大的中央银行体系，在这种情况下手握 70% 的黄金储备而袖手旁观，不采取任何积极策略，是令人难以置信的，也是不能原谅的。联邦储备体系应当使用规模与当前紧急状况相适应的资源。"

联邦储备委员会委员离开之后，公开市场政策委员会以 10∶1 的投票结果批准了 Harrison 提出的解决方案：除 2 月 24 日会议上被授予的尚未到期的权力外，执行委员会另被授权购买最多为 5 亿美元的政府债券。行动必须尽可能快，并且应该尽可能在当前声明结束的第二天，也就是 4 月 13 日，购买不少于 1 亿美元的政府债券。[127] 加入最后的附加条件，是因为 Harrison 告知委员会，他被安排于第二天在众议院的附属委员会前为一项法案作听证，该法案要求联邦储备体系进行公开市场购买，直到批发物价上涨到 1926 年的水平。Harrison 说"对他来说，到时可能很有必要参考这一计划"。[128]

在 4 月 12 日投票通过最初的计划后，联邦储备体系以每周 1 亿美元的速度购买政府债券，持续五周。在 5 月 17 日的会议上，委员会再次投票决议是否进一步购买 5 亿美元的债券，McDougal 和 Young 表示不同意。在 Meyer 的建议下，会后调低了每周购买的比率。Harrison 对其表示遗憾："国会的脾气并未改善，提出不稳妥的信贷计划的危险依然很大。因此，为所谓'联储体系很快会放弃其公开市场计划'的论点提供不必要的支持可能是不明智的。"但是在 6 月，可能是由于无法说服 McDougal 和 Young，他向执行委员会建议：调整每周购买的速度，以将成员银行的超额准备金保持在 2.5 亿美元和 3 亿美元之间，将购买量尽可能减少到恰好需要的程度,同时保持联邦储备体系的持有量逐周增加,以"避免公众产生联储政策发生了改变的感觉"。[129]

就像 Burgess 向纽约联邦储备银行的董事们总结上述计划的结果时所述,截至 6 月底,总共购买的 10 亿美元债券被 5 亿美元的黄金流失和 4 亿美元的贴现和票据购买量的减少所抵消,剩下的 1 亿美元为联邦储备信贷余额的净增额。对于 Owen D. Young,这意味着"我们大部分的努力事实上被用来阻止信贷紧缩而不是刺激信贷扩张。我们只是为行动扫清了障碍,而并未实际采取行动……"一周后,在讨论来自芝加哥和波士顿方面要求停止该计划的压力的时候,他表示:

> 事实上,当计划刚刚进行到一半的时候,在我们继续购买政府债券就会对成员银行有实际影响的情况下,我们被要求停止……当计划恰好到达可以发挥你当初预计的影响力的时候,突然停止,是多么荒谬的一件事情。如果这么做,我们就再也无计可施了。[130]

芝加哥和波士顿方面用同样的事实作为证据来证明他们的观点,即该计划仅仅是用不理想的信贷形式替代了理想的形式。根据 Harrison 的报告,McDougal"没有看到公开市场购买有什么效果,因此赞成停止该计划"。而 Young 觉得"还会有更多银行倒闭,联邦储备银行的借款量也会大幅增加,因此我们购买政府债券只是在浪费资源"。[131]

纽约联邦储备银行的一些官员(特别是 Burgess)以及一些董事,赞成在得到联邦储备委员会准许的情况下继续执行该计划,即使这意味着纽约将在没有芝加哥和波士顿支持的情况下孤军奋战。既然联邦储备委员会希望继续执行该计划,毫无疑问会批准纽约联邦储备银行的行动。但是 Harrison 不想这样做。纽约联邦储备银行的黄金储备率只有 50%,联邦储备体系是 58%,而芝加哥储备银行是 75%。但是芝加哥储备银行不愿意参与该计划。Harrison 表明了他自己的想法:"我们必须继续执行公开市场计划,而且也许要逐步加快,但是必须有一个前提条件——该计划必须成为真正的整个联邦储备体系的计划,尤其是芝加哥和波士顿储备银行必须给予支持。"有人提出建议,当纽约联邦储备银行黄金储备率低于 50% 的时候,联邦储备委员会有权要求其他银行向其再贴现。对此 Harrison 回答道:"我们非常不愿意在无视其他储备银行意愿的情况下继续该计划,然后强制他们帮忙排忧解难。在这种情况下,联邦储备体系政策和公开市场政策委员会可能也会被置之不理。"[132]

在这个关键时刻，Harrison 为保证波士顿和芝加哥储备银行的合作而做着最后的努力。他不仅向两家银行的总裁和董事们，还向两个城市的商业银行和商人们解释情况。Owen D. Young 专程去了一次芝加哥，试图说服芝加哥储备银行的董事们，但是都无济于事。[133]

为了就该问题作出决议，公开市场政策委员会于 7 月 14 日召开了全体会议。在和联邦储备委员会的联席会议上，Meyer 主席建议："在制定未来政策的时候，必须考虑到中断已执行政策的不连贯性给公众造成的负面影响。在制定未来政策的时候，应尽最大努力保证其成为一个有效而一致的联邦储备体系政策。"他进一步指出："国会中存在加强联邦储备体系中央集权的趋向，而公开市场操作计划则可以检验现有形式下的联邦储备体系是否具备有效行使职责的能力。"[134] 委员会投票决议，同意购买之前已经授权但并未执行的数额（即 2.07 亿美元）以内的债券，以此将超额准备金保持在 2 亿美元左右。作为对执行委员会的指导，公开市场政策委员会建议在之后总共四周内，每周购买量不超过 1 500 万美元——除非在异常或无法预料的情况下——且不低于 500 万美元。McDougal、Young 和来自里士满的 Seay 仍然投票反对该决议。[135]

没有了国会的压力——国会在 7 月 16 日休会——公开市场政策委员会又恢复了其早期的政策。[136] 采纳的仅仅是一个给面子的最小计划，执行的几乎是与推荐信一致的最低水平。McDougal 和 Young 拒绝参与进一步的购买行动，而 Harrison 也不愿意独自行动。结果是，在委员会会议后的四个星期内，总购买量只达到 3 000 万美元（第一个星期 1 500 万美元，之后每星期 500 万美元）。从 8 月 10 日到 1932 年年末，联邦储备体系的债券持有量几乎没有任何变化。

7.5.5 1933 年的银行业危机

1933 年 1 月 4 日，公开市场政策委员会会议的原始备忘录中描述，经济形势"本来朝着复苏的方向已经有了一个好的开端，但是在这个时候却被中断了，所以现在的形势更加令人犹豫不决、无法确定"。会上，Meyer 主席和财政部部长 Mills 都强调，联邦储备体系对公开市场政策的任何松懈都会为国会采取通货膨胀政策提供借口。Harrison 总裁将国会的形势作为保持联邦储备体系政府债券组合完整性的三个理由之一；第二个理由是，减少债券持有量"可能会对债券市场产生抑制作用，从而延缓整个经济的复苏过程，并且进一步损害银行债券组合的价值"；第三个理由是，更大量的超额准备金会导致主要资本中心存款利率的下降，从而扰乱"资金更广泛地发挥作用"。相对于这三个理由，Harrison

又列出三个支持减少债券组合的理由。首先,"联邦储备体系的公开市场政策并不是要积累特定数量的债券,而是要通过减少银行债务和创造大量超额准备金(这一点已经实现),阻止通货紧缩";其次,进一步大量增加超额准备金并不会增加银行借贷和投资的压力,只会使必要时的控制最小化;最后,公开市场购买使财政借贷更为便宜,"因此在某种程度上鼓励了预算不平衡的持续"。

大部分银行总裁的观点显然倾向于减少债券组合,而最后的决议也反映了这一观点。该决议授予执行委员会减少联邦储备体系所持有财政票据的权力,但1月份的减少额不能超过1.25亿美元,不能使超额准备金减少到5000万美元以下;授权委员会在必要的情况下为了防止超额准备金低于现有程度,可以购买债券,但是只能维持而不能超过现有量。在任何证券持有量超过现有水平前,必须召开新的委员会会议。[137]

虽然Burgess和财政部官员担心债券市场的疲软以及新一轮银行业危机的出现,但上述政策建议仍然得到了执行,1月份债券持有量减少了9000万美元。截至1933年2月1日,超额准备金降到5亿美元以下,而公开市场购买量不足以使其恢复原有水平。从1月的最后一周到2月15日,联邦储备体系增持债券4500万美元,允许联邦储备信贷余额总共上升7000万美元。但是,仅这三个星期中,成员银行在联邦储备银行的准备金余额就下降了2.8亿美元。

2月份,因为银行业危机不断加剧,Harrison"在当时近乎不可能的情况下"召开了公开市场政策委员会会议,此时公开市场操作——联邦储备体系最为有效的货币工具——陷入的状况生动细致地显现出来。纽约联邦储备银行转向购买票据作为替代。2月16日,纽约联邦储备银行要求将票据最低买入利率从1%降低至0.5%,并得到了联邦储备委员会的批准。接下来的两个星期内纽约联邦储备银行购进了3.5亿美元的票据,虽然第二个周末,为了与贴现率的上升保持一致,银行又两次提高票据买入利率,2月27日提高到1%,3月1日提高到1.5%。第一个星期还购进了2500万美元的政府债券,第二个星期购进了200万美元,主要是为了使银行能够通过出售政府债券而不是借贷来获得流动性。[138]

在银行进入歇业期前的最后两个月,可以说联邦储备体系根本没有采取任何可以称之为"政策"的行动。整个联邦储备体系内部士气低落,各储备银行各自为政,人们都沉浸于在整个金融界和社会蔓延的恐慌气氛中。一个独立的中央银行体系所应有的市场领导力、承受政治压力和盈利压力的能力,以及按照与整个市场相反的方向行动的能力——这些能力原本是建立这种具有广泛权力的准政府机构的理由——明显地缺失。

7.6 其他可选政策

很明显,1929—1933年的货币政策并不是外部压力造成的不可避免的结果。在这段时期内,其他的可选政策一直都是存在的,联邦储备体系内的领导人物也一直都强烈推荐执行这些政策,而且,从技术上说,联邦储备体系也一直都具备采取这些政策的条件。

为了清晰地显示实际上所执行的政策的效果,我们考虑在三个关键时期分别有哪些明显的其他可选政策,以及它们的可能效果。这三个时期分别是:(1) 1930年年初至1930年10月;(2) 1931年年初至1931年8月;(3) 1931年9月英国脱离金本位制后的四个月。然后我们评价一些有关联邦储备史的文献中提出的主要观点:1931年年底到1932年年初联邦储备体系实际采取政策的主要原因是,在1932年2月底通过《格拉斯-斯蒂格尔法案》之前,"自由黄金"的短缺大大阻碍了可选政策的使用。

我们在本章第2节已经讲过,在第一个时期后发生的、横跨后两个时期的连续的银行业危机,一个比一个严重。能够应对前一时期危机的措施不一定足以应对下一时期的危机。另一方面,我们可以看到,1932年春夏所购买的债券确实中止了货币存量的下降,但是不足以防止其几个月后的故态复萌。但如果早点采取这一措施,就能够化解早期的危机了。正如俗话所说,"小洞不补,大洞吃苦"。

7.6.1 1930年1月至1930年10月底

如上所述,那些后来提出的认为联邦储备体系的货币扩张政策无效或是没有必要的观点都不适用于该时期。我们可以看到,没有迹象表明公众对银行失去了信心,或者银行对自身安全问题存在过分的担忧。银行正最大限度地利用其准备金,任何准备金的增加都可能会被用来扩充银行的资产。扩张性政策并不构成对金本位制度的威胁;相反,黄金储备保持高位,且黄金持续流入。整个20世纪20年代,联邦储备体系都在担忧所持黄金占世界总量的比例过大;唯一一个引起联邦储备体系内部讨论(1930年)的和黄金有关的问题,是如何抵制黄金的流入。最后,国外并未出现任何严重的货币危机。

为了评估一个替代性政策可能带来的数量效果,我们来考察如果1932年实际执行的购买计划改在1930年执行,效果将会如何,即联邦储备体系着手增加其债券持有量,使其在1930年的前10个月增加10亿美元。从1929年12月到1930年10月,经季节性调整后,政府债券持有量实际增加1.5亿美元。如果当时再多购买8.5亿美元的债券,那么高能货币会增加6.9亿美元,而不是像实际发生的那样,减少了1.6亿美元。高能货币的增加量会全部用于增加准备金,因为在1930年的前10个月里公众减少了通货的持有。但是,联邦储备体系其他形式信贷的变化可能会降低所假设的增加购买债券的效果。从1929年12月至1930年10月,票据购买量降低了1.1亿美元(从2.4亿美元降至1.3亿美元),票据贴现量也降低了3.9亿美元(从5.9亿美元降至2亿美元)。额外购买的8.5亿美元债券必然会进一步导致票据贴现量的减少,也可能会导致票据购买量的减少,因为银行会使用一部分资金偿付借款,并且银行承兑的需求可能会进一步增大。为了将这种抵消效果极端化,我们假设贴现量和票据购买量都下降到5000万美元。即便如此,额外购买的效果仍会使联邦储备信贷余额增加1.3亿美元,而不是像实际中那样,下降了4.9亿美元,并且高能货币将会增加4.6亿美元。

如果两个存款比率的变动与实际中相同,而高能货币增加6.5%而不是降低2.5%,会使实际降低2%的货币存量变为增加7%。在这种情况下,存款比率可能朝抵消所假设的高能货币增加的方向变动。但即使如此,也无法改变这样一个大致的结论:在1930年的前10个月,如果联邦储备体系债券持有量增加10亿美元而不是1.5亿美元,会极大地扭转货币形势,扭转力度之大几乎肯定会远远超过使货币存量从下降转变为明显增加所需要的操作力度。

货币形势的变化可能会影响黄金的流动,可能减少黄金流入,甚至可能导致黄金流出。但是,这只能通过其对经济活动趋势和资本市场状态的影响来完成。货币形势的好转只有在能减缓经济紧缩,并缓解资本市场压力的情况下,才会影响黄金的流向。而这样的结果正是替代性政策所要达到的目的。因此,黄金流入的减少应被视为替代性政策成功的标志,而不是抵消该政策效果的因素。

我们所假设的额外政府债券的购买会通过两种途径降低1930年秋银行业危机发生的可能性:其间接途径是通过影响经济紧缩的严重程度,其直接途径是通过影响银行的资产负债表。上述间接影响会改善借款人偿还借款的能力,直接影响则意味着银行准备金会大幅上升而非大致保持不变。虽然我们不能说这种做法一定能防止银行业危机的发生(虽然很有可能),但是肯定会降低任何实际发生危机的严重程度,进而减缓危机的余波。

对资本市场的影响和国外黄金流入的减少会对国外产生正面影响。再次指出,虽然这些政策可能无法完全阻止后来的金融危机的发生,但是肯定可以缓解危机。

7.6.2　1931年1月至1931年8月底

1931年年初的几个月是货币政策的第二个关键时期。银行业危机已经停止,也出现了对银行信心的回升和经济条件改善的迹象。我们已经在本章第2节提到,当时如果实行强而有力的货币扩张政策,会使朦胧的复苏迹象转化为实际的复苏。

我们假设直到1930年年底(包括第一次银行业危机期间),联储所采取的实际政策保持不变,但是在1931年的前8个月,经季节性调整后,联储将其债券持有量增加了10亿美元,而不是实际中的8 000万美元。在这8个月期间,由于银行体系内部流失,公众持有的通货增加了3.7亿美元,银行准备金减少了1.2亿美元。通货增加量和银行准备金减少量的差额,即2.5亿美元,就是高能货币的增加额。额外购买的9.2亿美元政府债券,在票据贴现量或购买量没有减少的情况下,会增加11.7亿美元的高能货币。这足以在抵消当时通货流失的同时,增加8亿美元的银行准备金。有如此大规模的准备金增长(而不是实际中1.2亿美元的下降),银行将无须清算其债券,向联邦储备体系的借贷量也会减少,而不是增加了4 000万美元。债券市场也会相应变得更为坚挺,银行倒闭数量将大大减少,因此挤兑现象(如果有的话)也会大为减少。结果是,进入流通的通货会比实际数量少很多,而银行准备金的增加会比这些数据所显示的更多。

和之前一样,我们假设票据贴现量和购买量都减少到5 000万美元,如果联邦储备体系在1931年的前8个月额外购买9.2亿美元的政府债券,那么联邦储备信贷余额将会增加4.7亿美元而不是4 000万美元。在这种情况下,高能货币会增加6.8亿美元,即增长10%而不是3.5%。即使两个存款比率如实际般下降,货币存量增加的结果也不会改变,而不是实际中降低5.5%的结果。

但是在这种情况下,货币形势对存款比率变化的影响肯定是会使其增强而不是抵消所假设的公开市场购买的扩张性效果。存款人不会再急于将存款兑换为通货,银行也不会再急于增加准备金头寸。因此两个存款比率的下降幅度都会比实际中更小。在这样一个已经改变的货币环境下,第二次银行业危机可能根本不会发生。同样,购买 10 亿美元债券可能比完全扭转货币形势所需的数量要大得多。但是,即使第二次银行业危机发生了,而且如实际中一样严重,这种假设的公开市场购买也可以完全消除其对货币存量的影响。

同样,这种变化可能会减少黄金流入甚至将其转变为黄金流出,从而缓解欧洲各国的金融困境。同样,这理应被视为所假设之购买计划的成果,而不是其抵消因素。

7.6.3 1931 年 9 月至 1932 年 1 月底

我们之前曾引用了一份完成于 1931 年 11 月的联邦储备体系备忘录,其中记载了"(英国脱离金本位制后)国内外银行准备金流失的问题,已经通过提高贴现率与自由借贷政策相结合的典型办法加以解决了"的言论。这份备忘录中引用了中央银行政策的经典著作,Bagehot 的《伦巴第街》(*Lombard Street*) 一书。但是实际上,联邦储备体系采纳 Bagehot 的建议只限于应对外部流失,而不是内部流失。为了应对外部流失,Bagehot 提议提高银行利率,这部分建议被联邦储备体系采纳。而为了应对内部流失,他则提议自由借贷。"恐慌,"他写道,"用一个词来形容,就是一种'神经性疼痛',并且根据科学原理你一定不能用饥饿疗法来治疗。现金储备的持有者应准备好,不仅用这种储备解决自己的负债问题,还必须慷慨地贷给他人解决他人的负债问题。"[139]尽管存在这一与备忘录中观点相反的断言,但无论是在外部流失之前还是结束之后,联邦储备体系对 Bagehot 的此部分建议都只是采取了口惠而实不至的态度。的确,在 10 月份内外部流失最严重的时候,联邦储备体系允许其贴现量和票据购买量大幅上升。但这还是出于成员银行的倡议(尽管贴现率和票据购买利率大幅上升),是双重流失所造成的成员银行绝境的结果。正如我们所看到的,即使在危机顶峰过后,纽约联邦储备银行也只是逐渐调低买入利率,但仍使其保持在市场利率之上,所以票据买入量出现了急剧的下降。联邦储备体系并未采取任何有效措施减缓内部流失,而这本来可以通过市场公开购买做到的。不妨将联邦储备体系的表现和 Bagehot 满意的陈述对比一下:

> 通过增加货币制止 1825 年的恐慌的方法被广为流传,其过程已成为经典。英格兰银行代表 Harman 先生表示:"我们竭尽所能地借钱出去,甚至用我们之前从未采用过的方法;我们增加债券存量,然后进一步增加财政部票据,预付财政部票据,我们不仅立即贴现,而且还将汇票存款预付到

一个极大的数额;简而言之,任何一种和银行安全相符的方法我们都采用了,有时对形式不太讲究。"[140]

虽然联邦储备体系对外部流失的反应堪称"经典",但是却和它在20世纪20年代逐步形成的替代性政策——黄金对冲政策格格不入。该政策要求的不是通过紧缩而是通过扩张来应对黄金流失,或者更清楚地说,就是在黄金流失的前后时期扩张,以应对内部流失。[141]

在20年代,联邦储备体系对冲了流出和流入的黄金。它不仅仅对冲了从1929年8月到1931年8月的黄金流入,而且持续的政策还要求对冲1931年9月之后的黄金流出。从技术上说,联邦储备体系当时具备强有力的执行该政策的条件。恰好在英国脱离金本位制前,美国的黄金储备达到了历史最高水平——超过了47亿美元,约占世界货币黄金储备总量的40%。联邦储备体系的储备百分比——黄金储备与其票据、存款负债的比率——在7月超过80%,在9月平均达到74.7%,在10月也从未降低到56.6%以下。即使在其最低点,也就是10月底的时候,联邦储备体系的黄金储备也超过了法定要求的10亿美元。[142]而且这个数额可以通过简单的记账调整而增加8000万到2亿美元。[143]此外,联邦储备委员会暂停黄金储备要求的法定权力,而1933年年初它的确使用过此权力。

法国所持有的短期账户余额存在提现压力。法国的短期账户余额自1929年起就一直下降,1931年1月为7.8亿美元(欧洲持有总量为18亿美元),9月为7亿美元左右。[144]法国非常忠于金本位制度。法国金融界(包括法兰西银行)非常担心美国保持金本位的能力和意愿,这也是法国短期账户余额异常不稳定的原因。正如我们所看到的,法国的短期账户余额尽管在1931年10月未被提取[145],但到1932年春几乎被提取殆尽。[146]即使在10月提取余额最终对黄金头寸也无任何影响,但是可能将联邦储备体系的准备金率降低到49%以下,从而产生和余额实际提取时不一样的心理影响,因为当时联邦储备体系的准备金率从未低于58%。1932年公开市场操作时期达到的最低准备金率是56%(日数据的月平均值)。其结果看起来是,如果实施了黄金对冲政策,黄金外流在达到法定准备金率之前就可以被制止,更不用说在黄金储备被耗尽之前了。[147]

假设联邦储备体系在采纳治理外部流失的"经典"方案,即在提高贴现率的同时,实施了治理内部流失的"经典"方案(也是其早期黄金对冲政策所要求的举措)——政府债券购买。再具体一些,假设联邦储备体系的债券持有量增加了10亿美元,结果会如何呢?

1931年8月至1932年1月间,公众持有的通货增加了7.2亿美元,而银行准备金下降了3.9亿美元,这意味着作为贴现量增加和其他变化的结果,尽管出现了黄金流失,高能货币仍然增加了3.3亿美元。假设其他条件保持不变,联邦储备体系购买10亿美元的政府债券则意味着增加了13.3亿美元的高能货币。这个数额将足以覆盖公众提取的全部通货,即7.2亿美元,同时还可增加6.1亿美元的银行准备金,而不是如实际中那样,减少了3.9亿美元,降幅达1/8。银行准备金的增加将带来存款的乘数扩张效应,而不是实际发生的乘数紧缩效应。

在这种情况下,银行所承受的压力当然会比实际小很多,也就不会从联邦储备体系大量借贷,因此会抵消一部分所假设的高能货币的增加。但是,这种抵消影响将体现为倒闭银行数量的下降,以及公众将存款转换为通货的意愿的降低。因此,公众持有通货的增量会比实际小。这些互相抵消的因素对银行准备金的净效果可能是扩张性的,也可能是紧缩性的。

同样,为了表明这些调整的数量级,假设从1931年9月至1932年1月贴现量和票据购买量保持不变,而不是实际中的前者从2.8亿美元增加到8.4亿美元,后者从3.1亿美元减少到1亿美元。即使在这种情况下,购买10亿美元政府债券也将意味着高能货币的增加量要比实际增加量再多6.5亿美元。即使我们作进一步的极端假设,在这样一个已经大为好转的货币形势下,两个存款比率的下降幅度仍然和实际中一样大(对于存款-通货比率,这样短时期内的下降已经是历史上的最大幅度了),结果是此期间货币存量的减少额也会低于该期间实际减少额的一半。在这样的环境下,存款-通货比率即使是很微小的改善——从8.95降低至7.10而非6.47——也会使货币存量保持稳定而不是下降12%。

危机正日益变得严重,所以这次我们作为比较标准的10亿美元,并不像在前两个时期那样,是扭转货币形势所需金额的数倍。但是上述计算显示,即使是这个规模的公开市场购买也已经足够了。并且在货币形势得到如此改善的情况下,经济形势不可能像实际中那样急剧恶化。

7.6.4 自由黄金问题

在从联邦储备体系退休后出版的著作中,Goldenweiser简要地分析了联邦储备体系对英国脱离金本位制的反应。在讨论提高贴现率以应对外部流失的时候,他称其为"对传统的简单回归"[148],"对银行体系和萧条过程只有短暂的影响"。此后,他继续对内部流失问题发表看法:

> 更为严重的是,联邦储备体系未能通过贴现票据为成员银行提供足够的帮助,而且未能实施有力的公开市场购买政策。人们将联邦储备体系在紧急情况下未能施以援手的主要原因归咎于法律——法律对于可用于贴现的合规票据有严格的规定,同时阻碍了政府债券成为联邦储备券可接受的抵押物。[149]

Goldenweiser 所提及的问题就是所谓的自由黄金问题。内部流失使得联邦储备券的发行规模扩大。法律详细规定,联邦储备体系对所发行货币必须持有40%的黄金储备,另外60%的储备可以是黄金或者是合规票据(包括商业、农业、工业贷款,或者由美国政府债券担保的贷款;向成员银行发放的由符合再贴现规定的票据或政府债券担保的贷款;以及银行承兑汇票,即联邦储备账户中的术语"购买的票据")。由于联邦储备体系没有足够的合规票据来为联邦储备券的发行提供60%的抵押,一部分超过最低储备要求的黄金被用做抵押。因此,无须用来满足最低储备要求以及抵押要求的自由黄金数量,要少于全部超额黄金储备的数量。联邦储备体系在1932年年报中,以及Goldenweiser在上述引言中以及其他场合都表示,自由黄金的缺乏正是阻碍如前文所假设的更大规模的公开市场购买的原因。他们指出,这样的购买会减少再贴现,进一步减少合规票据的持有量,因此只能以很小的规模进行,才不会完全消除自由黄金。解决此问题的《格拉斯-斯蒂格尔法案》于1932年2月27日出台,规定除40%的最低黄金储备要求外,联邦储备银行投资组合中的政府债券和合规票据都可以作为联邦储备券的抵押。[150]

我们亲自对证据进行检验,会得到一个完全不同的结论。尽管上述观点历来备受重视,但我们并不认为缺乏自由黄金对联邦储备体系政策有任何影响。原因有以下五点:

(1) 我们能找到的最早对1929—1933年大萧条时期自由黄金问题进行正式讨论的文件是 Benjamin Anderson 于1930年9月29日在《大通经济公报》(*The Chase Economic Bulletin*)上发表的一篇文章。Anderson 作为一位真实票据学说的坚定支持者和公开市场操作的坚定反对者,在文章中警告说:"我们没有足够的自由黄金用来支持人为的廉价货币。"[151]我们并未发现任何证据显示这篇文章对联邦储备体系产生了影响。在其发表之前,纽约联邦储备银行在争取扩张性公开市场购买的战斗中已经败北,主导1932年春季之前政策的主要思路也已经形成。

(2) 我们所能找到的有关自由黄金最早的未公开发表的联邦储备体系文献,是 Goldenweiser 于1930年1月3日写的一份备忘录。他提到了一次联邦储备委员会的讨论,在这次讨论中,Anderson 声明"自由黄金已经降到6亿美元……"(在1929年12月30日对美国经济协会和美国统计协会的演讲中);Anderson 总结,"到了联邦储备体系该看看自己储备的时候了……"该备忘录表明,联邦储备体系定期地监控自由黄金,当时自由黄金的水平并未引起联邦储备委员会的担忧。

联邦储备体系对自由黄金问题给予的关注非常有限:在 Hamlin 日记中最早提及自由黄金问题的是1931年7月30日的记录,在 Harrison 文件中最早提及自由黄金的是1931年8月3日为公开市场政策委员会会议(1931年8月11日)准备的原始备忘录。两个文献都显示7月29日的自由黄金总量为7.48亿美元,并且经过内部记账调整(包括将大部分储备银行的备有现金储存量中的联邦储备券减少到"合理的最低程度")可以增加到10.86亿美元。[152]之后一份纽约联邦储备银行准备的备忘录(1931年8月21日)考虑了许多假设的情况(包括大规模的公开市场购买、货币和黄金的内部流失和外部流失)可能对自由黄金产生的影响,并总结道,即使在非常极端的假设下,自由黄金都不会成为联邦储备体系政策选择的重大限制。[153] 10月26日公开市场政策委员会会议的原始备忘录指出,由于黄金外流,自由黄金几乎未发生任何变化。超额黄金储备由1931年9月16日的19亿美元,降低到10月21日的11亿美元,但是由于合规票据持有量的增加,自由黄金储备仍大致保持在8亿美元的水平。10月30日会议的原始备忘录甚至并未提及自由黄金,而仅仅表示"仍然有足够的黄金剩余"。第二年年初,即1932年1月至2月期间,自由黄金的数量下降至4亿美元,经记账调整可能增加到5.25亿美元。[154]因此,整个时期的自由黄金实际总量足以允许大规模的公开市场购买。

(3) 虽然在公开市场政策委员会及其执行委员会的会议上、在联邦储备委员会的会议上、在纽约联邦储备银行董事会议上,自由黄金问题被一再提及,并且几乎总是由那些基于其他理由而历来反对公开市场操作的人提及;但它从不是反对购买政策的主要论据,而且基于此点的反对意见总是立即被数据所反驳,因为数据显示缺乏自由黄金并未对政策形成严重限制。[155]即使通读1931年9月至1932年2月期间公开市场政策委员会的所有会议记录以及纽约联邦储备银行董事会的所有会议记录,也无法看出自由黄金问题重要到成为决定政策走向的因素。最接近于严重关注的提法出现在1932年1月和2月,而此时《格拉斯-斯蒂格尔法案》已在制定中,问题即将得到解决。[156] 这段时期对黄金问题的担忧主要不是来自联邦储备体系,而是来自白宫和财政部。1931年10月6日,在与国会领导协商的会议上,胡佛总统提出了相关的建议,这些建议最终体现在《格拉斯-斯蒂格尔法案》中。[157]

(4) 如果说黄金构成了政策的严重障碍,那么即使在黄金流失的最高峰,也存在可行的政策,既与联邦储备体系过去的政策相协调,又能解决自由黄金问题。① 前文提及的记账式调整显然已在某种程度上得到使用,但无论如何也称不上是充分使用。② 既然票据能够作为联邦储备券的抵押,那么就可以购买票据来代替政府债券。继在危机的最高峰(1931年9月至10月)急剧上升之后,票据持有量从1931年10月到1932年2月持续下降,因为其买入利率一直高于市场利率。[158] ③ 可以鼓励成员银行增加贴现。在成员银行的投资组合中,一直都有充足的合规票据。[159] Goldenweiser 和其他人认识到了这一点,但是声称增加联邦储备银行券持有量的唯一方法,就是出售债券,强迫成员银行贴现。[160] 他们还补充道,这样的措施会导致通货紧缩,说得一点儿没错,但是这并不是唯一的方法。银行无法贴现,部分是由于联邦储备体系对银行持续借贷的压力长期存在。1929年联邦储备体系更进一步采取"直接施压"的办法来劝阻成员银行为某些特殊目的贴现。在1931年和1932年,采取直接施压手段来鼓励成员银行增加贴现会更加容易,因为此举会给成员银行带来丰厚的利润。[161]

(5) 最后,1932年2月27日《格拉斯-斯蒂格尔法案》的通过完全消除了自由黄金问题。但是正如我们所看到的,该法案的出台并未带来联邦储备体系政策的改变。1932年的大规模公开市场操作在六周后才开始进行,而且主要是为了应对国会的压力,但是在国会休会后不久就逐渐结束了。

因此,我们不可避免地得出以下结论:自由黄金的缺乏并未对联邦储备体系的政策选择构成严重限制。黄金数量一直很充足,足以支持大规模的公开市场购买。缺乏黄金最多只能作为政策的补充解释。该问题的解决本身也没能带来政策的改变。自由黄金问题很大程度上是对所采取政策的事后解释,而不是出台政策的原因。

7.7 为何货币政策如此无能

我们相信,根据本章前几节的内容,本节标题中用来描述1929—1933年危机期间货币政策的形容词——无能,会强烈地震撼我们的读者,正如那段时期的真实历史过程给我们带来的震撼一样。在本可以避免的情况下,货币体系却崩溃了。

防止货币体系崩溃所必须采取的行动并不要求具备与银行体系运作、货币因素作用或者经济波动有关的知识。这些知识只是在后来才得到了发展,联邦储备体系当时并无法获得这些知识。但是,正如我们之前指出的,执行由联邦储备体系自身早在20世纪20年代就已经提出的政策,或者Bagehot早在1873年就提出的政策,是完全可以避免这场大灾难的。建立联邦储备体系的人本身对货币理论和银行运作有很多的误解。按照他们对货币问题的理解所制定的政策,很可能无法阻止货币存量于1929年至1930年年底的大幅下降。[162]但是他们非常清楚,该问题是由企图将存款转化为通货的恐慌引起的,所以他们在法案中规定了足够的权力以治理恐慌。毫无疑问,一项政策只要是基于对《联邦储备法》立法前所有听证会的彻底研究,并对其有适当的理解,那么该政策就肯定可以大大缩短流动性危机持续的时间,也许在1930年年底前就可以遏止这场危机。[163]

尽管有些值得注意的例外,但总体而言,当时的经济评论对于大萧条时期发挥作用的经济力量的理解无论在正确度上还是在深度上都不够突出。许多经济学家和其他人一样,将这次萧条视为消除低效率和疲软所必需的经济发展,理所当然地认为危机的适当疗法就是政府与私人部门都节衣缩食,并将货币的变化解释为偶然的结果,而不是危机的一个原因。[164]

但是,我们必须将银行业危机和流动性危机从整个经济萧条中分离出来。这次危机是个更为特定的现象,有着被仔细研究和分类的先例,大家对此记忆深刻。因此,与大萧条的整体情况相比,人们可能会对银行业危机、流动性危机及其可行的解决方案有一个更好的理解。在某种程度上的确如此。比如,在Eugene Meyer拒绝了伊利诺伊州国会议员A. J. Sabath的建议(对银行倒闭数量增加的正确反应,应该是放松对票据资格的要求以鼓励贴现)之后,Sabath致信Meyer表示:"联邦储备委员会是否仍坚持认为此时并无紧急状况存在?在我看来,如果存在所谓的紧急状况,那么现在就是紧急状况,任何人都无法否认这一点。因为在1929年有439家银行倒闭,而在1930年有934家被迫停业。"在众议院,Sabath指出:"我坚持认为减轻金融业和工商业的压力是联邦储备委员会力所能及的事情。"[165]有些学者,如Harold Reed、Irving Fisher、J. W. Angell和Karl Bopp等,都表达了类似的观点。[166]

除了这些重要例外,有关银行业危机和流动性危机的文献,尤其是学术文献,几乎和有关经济衰退的文献一样令人沮丧。最让人感到意外的是,一些《联邦储备法》的奠基人,以及与其最终成型息息相关的人——比如O. M. W. Sprague、E. W. Kemmerer和H. Parker Willis——最缺乏洞察力,可能是因为他们太执着于自己的观点,认为联邦储备体系已经一劳永逸地解决了流动性问题。只有仔细翻阅美国经济协会(American Economic Association)和政治科学学院(Academy of Political Science)的会议记录,我们才能发现偶尔的零星迹象,显示学术界已经知晓这场正在进行中的空前的银行业危机,更不用说理解其原因和解决方法了。

这种学术意见的大气候有助于解释,为何联邦储备体系在1929—1933年间的行为,未被外部强有力的真知灼见所阻止或逆转。但是无论是学术意见还是外部压力,或者是本身缺乏实际权力,都无法解释联邦储备体系的行为,也无法解释为何在20世纪20年代积极的、有力的、满怀信心的政策,会继之以1929—1933年间消极的、防守的、迟疑的政策,甚至无法解释为何联邦储备体系没有如其创建人的初衷那样抵御内部流失。从1929年到1930年秋,流动性危机开始前的经济紧缩,比1923—1924年或1926—1927年的情况更为严重。但是在对前几次衰退的反应中,联邦储备体系增加了其持有的政府债券,1923年12月至1924年9月增加超过5亿美元,而1926年11月至1927年11月增加超过4亿美元(所有数据都来自当月最后一个周三)。相比之下,其1930年9月的债券持有量比1929年任何时候都高出不足5亿美元,并且其中4/5的增量是在1929年年底之前为了应对股灾才实现的。在1930—1931年这段金融业动荡不安的时期,联邦储备体系政府债券的持有量只在一个很狭窄的范围内变动,比除了1922—1928年间两个相对平静的年份——1925年和1926年——以外的所有时期都更为狭窄。

在本章的前些部分已经讨论过,联邦储备政策在1929年前后的鲜明对比,以及1929年之后政策无能的原因,是由于联邦储备体系内部权力交接和权力接班人对此的理解和经验的缺乏。直到1928年,纽约联邦储备银行一直是联邦储备体系国内外政策的主要推动者,而其首届总裁Benjamin Strong,则是联邦储备体系的权威人物。这段时期每个中央银行都有一个杰出的代表人物:英格兰银行是 Montagu Norman,法兰西银行是 Emile Moreau,德意志银行是 Hjalmar Schacht,而 Strong 则代表美国联邦储备体系和世界上其他央行进行商榷。在联邦储备体系早期,Strong 任主席,同时也是总裁会议(Governors Conference,一个由 12 个储备银行 CEO 组成的组织)的权威人物。之后,该会议于 1922 年成立了一个总裁委员会(Governors Committee)负责公开市场操作,即公开市场投资委员会的前身,而 Strong 则被任命为其永久主席。[167]

Strong 在其职业生涯的初期是一位商业银行家。他曾深陷于 1907 年银行业危机,期间担任了银行家信托公司(Bankers Trust Company)——一个类似于"银行家的银行"的机构——的秘书长,同时还担任纽约金融界们为了"决定哪家机构可以挽救以及评估用于贷款抵押的资产"而成立的一个委员会的主席。[168]正如这场危机给整个银行界带来的冲击一样,这段经历也给 Strong 留下了很深的印象,使他对银行及货币改革产生了浓厚的兴趣。他后来能够成为纽约联邦储备银行的首届总裁也与此息息相关。

Strong 比其他任何人都拥有更多的联邦储备体系内外金融业领导的信任和支持,拥有使其观点广为接受的个人影响力,以及据此行动的勇气。他在最后一封有关联邦储备体系政策的信件,即在 1928 年 8 月致 Walter Steward 的信件中,谈到了实行宽松货币政策,以预先应对 Steward 所担心的"临界点"的迫近的必要性,并评论道:

> 对此,我担心联邦储备体系内的犹豫不决和意见分歧所带来的后果……如果联邦储备体系不愿采取行动,那么我认为纽约联邦储备银行应该独自采取行动。尽管这不符合我们一直以来致力于建立和保持的传统,即不应由单个银行进行大规模的公开市场操作,但是在非常时期需要非常措施。[169]

1932 年 4 月,联邦储备体系终于开始采取大规模的公开市场购买措施。纽约联邦储备银行的一位董事回忆,当时他曾经询问过 Strong,"为什么储备银行购买政府债券的权力要加入《联邦储备法》中",而 Strong 的回答是:将权力加入法案中的目的是为了更好地使用权力。Strong 进一步表示,这种权力如果能够得到广泛使用,将会消除任何我们可能面对的恐慌。[170]如果 1930 年秋 Strong 仍然在世,且仍然是纽约联邦储备银行的领袖,他很有可能清楚地认识到了即将到来的流动性危机的本质,并且在其经验和信念的支持下,会采取有力而适当的措施对危机给予迎头痛击,他也会有足够的威望得到整个联邦储备体系的支持。Strong 深知货币政策不会产生立竿见影的效果,因此也不会因为暂时持续的经济下滑而对扩张性政策失去信心。[171]

Strong 于 1928 年 8 月退休,并于当年 10 月离开人世。一旦他退出了这一舞台,正如我们所看到的到的,无论是联邦储备委员会还是各储备银行都未做好继续接受纽约联邦储备银行领导的准备。[172] Chandler 在他的自传中写道:

> Strong 的过世使得联邦储备体系失去了事业的中心和公认的领导。联邦储备委员会决定不再由纽约联邦储备银行担此重任。但联邦储备委员会本身也无法胜任。当时它还很软弱,分歧明显,尽管 1927 年 Young 接替了 Crissinger 的位置。另外,几乎所有的联邦储备银行(包括纽约联邦储备银行)都不愿意接受联邦储备委员会的领导,部分原因在于其人事,部分原因在于它们认为联邦储备委员会只是监管和评估机构。这些都使得联邦储备体系在行动中很容易举棋不定,陷入僵局。[173]

除纽约联邦储备银行外的其他储备银行为了在决定公开市场政策时获得更大的决策权,于 1930 年 3 月扩展了公开市场投资委员会的成员范围,使其包含所有联邦储备银行的总裁。公开市场操作现在需要得到 12 位总裁(而不是原来的 5 位总裁)中大部分人的同意。同时这 12 位总裁"分别听命于各自董事",而不是像 Strong 在位时那样,5 位总裁皆听命于纽约联邦储备银行。

如果 Strong 还在世,肯定不会发生权力中心的转移,这种转移有着重大而深远的影响。Strong 在纽约联邦储备银行的接班人 Harrison 是名律师,1914—1920 年任联邦储备委员会的顾问,然后成为 Strong 在纽约的副手之一。在 1929 年和 1930 年,他的行动颇有 Strong 的遗风,试图发挥相同的领导力。然而,随着时间的流逝,他回归到自己本身的个性——一名能力很强的律师以及优秀的管理者,他希望能够考虑事件的方方面面,并花费极大精力调和不同人的见解,以达到和谐的状态。他的观点的确令人信服,但是他过于通情达理从而无法主导整个联邦储备体系。然而,如果公开市场委员会的构成没有发生变化,他的政策在 1930 年 6 月可能会被广为接受——虽然该变化可能是对纽约联邦储备银行独自应对股票市场崩溃的反应。但事实是,他在联邦储备体系内没有足够地位,在联邦储备体系外没有足够声望,也不具备在面对激烈的反对甚至是反应平平的情况下,仍然使其政策观点被广为接受的个人能力。他的建议一次又一次地被其他银行的总裁们投票否决。当总裁们最终于 1932 年春同意进行大规模公开市场操作的时候,他们也并不热心,只希望能尽快结束。1933年1月20日,Harrison告诉Hamlin,大部分总裁事实上希望进行相反的公开市场操作,即大量出售政府债券。[174]

我们之前提及,纽约联邦储备银行与其他储备银行在对货币问题的理解程度和水平上表现出很大的差别。考虑到某些银行的操作环境及其职责,这种差异是可以理解的。纽约是全国最活跃的金融中心。证券市场(尤其是政府债券市场),以及国际金融交易的中心都集中在纽约。纽约是美国唯一一个既是国内也是国际的货币市场。尽管《联邦储备法》企图削弱纽约在银行体系中的统治地位,但是国内其他地区对资金的需求仍然通过其他储备银行集中到纽约联邦储备银行,并且其他地区的银行仍然和纽约的银行保持相应的联系,尤其是在股市繁荣时期之后。因此纽约联邦储备银行对金融市场的状态,以及纽约和全国其他地方银行所面临的流动性压力非常敏感。所以在各储备银行中,只有纽约联邦储备银行实际上具备全国性的视野,并且一直习惯于认为自身可以影响信贷市场的状态,而不仅仅是被动地做出反应。而其他储备银行无论在地位还是眼界上都更为狭窄,更趋向于对源自其他地方的金融事件做出反应,更关心眼前的地方性问题。因此,他们更有可能认为联邦储备体系应该根据其他因素做出调整,应该来主导整个局面。他们从未有过担任领导者和承担全国性职责的背景,而且倾向于嫉妒纽约联邦储备银行,对后者的任何提议都提出质疑。

权力转移的形式——纽约联邦储备银行从一个5人委员会中的领导者,变为一个执行12位总裁所采纳政策的执行委员会的领导者——同样有着重要的影响。一个由12位总裁组成的委员会,其中每个人都认为自己与所有其他人的地位相同,都是为了加强地区间独立性而设置的某个机构的首席执行官,更容易在采取观望态度而不作为的政策上达成一致,而不是采取决定性的和大规模行动的一致政策,以避免承担公共责任。[175]有句话被用来形容委员会,诙谐但却不失真实:委员会是一群不知道该做什么的人,聚集在一起决定什么都不做。这句话用来形容公开市场政策委员会尤其适合,其成员来自分散的不同城市,对于具体问题的见解,以及对长期合作过程中所产生的责任的理解都存在很大差别。这样一个委员会根本不能果断地采取行动,除非其中碰巧有一个能够服从,并习惯于做主的人。Strong也许可以胜任这一角色,而Harrison却不能。

如果联邦储备委员会拥有足够果断和睿智的领导力来帮助Harrison克服来自其他银行的阻力,从纽约联邦储备银行到其他储备银行的权力转移就不会起到决定性作用。但是,联邦储备委员会内一直不具备这样的领导力。在整个 20 世纪 20 年代,联邦储备委员会在联储体系政策的制定方面从未扮演过关键角色。一直以来,它都只是监管及评估的机构。[176] 在 1929 年年初,在处理投机问题上它用"直接施压"的方法取代了数量方法,是因为它对改变贴现率拥有否决权,而不是因为它能赢得其他银行的支持。

在金融界和联邦储备体系内,没有任何一个联邦储备委员会成员拥有和 Strong 相当的声望,或可以与之相比较的经验、能力和勇气。Roy Young,在 1930 年 9 月 1 日前担任联邦储备委员会的主席,显然也是个很有能力的管理者,而 Strong 也支持过他的上任。然而,他在储备银行和联邦储备委员会的冲突中起到了领导作用,并且强烈反对进行政府债券的公开市场操作。后来他离开联邦储备委员会担任波士顿储备银行的总裁,这个职位使他得以继续施加影响,反对纽约联邦储备银行所主张的政策——并且还和从前一样有效。接替 Young 的是 Eugene Meyer,他在 1917 年离开华尔街的经纪公司任职于一个战时机构,成为战时金融公司的首脑,其后又在包括联邦农业贷款委员会在内的许多政府机构任职,最终于 1930 年加入联邦储备委员会。Meyer 的就职时间恰好在 Harrison 未能说服其他储备银行总裁参与公开市场购买,以及第一次流动性危机发生之前——两种情况都很难使联邦储备体系大幅改变其政策方向。也许,如果他能有更多时间培养在联邦储备体系的领导力,他确有可能带领联邦储备体系走向一条完全不同的道路。[177] 在任职初期,Meyer 希望能采取扩张性措施,几乎整个 1931 年他都在说服公开市场委员会批准更大规模的公开市场购买,但是最后还是失败了。在 Meyer 作为复兴金融公司主席的 6 个月期间 (1932 年 2 月至 7 月),联邦储备委员会成员认为他作为委员会主席疏忽了他的职责。除了以上提及的官员,联邦储备委员会内没有其他任何全职人员或员工有能力、声望来行使所需的领导力。[178]

历史上每次银行业危机都表明,我们非常需要一位或者更多的杰出人才,勇于承担责任、担任领袖。[179] 当然,发生危机时必须借由这样的领导力来度过,是金融体系的一个缺陷。金融危机的最终原因当然是有这种缺陷的金融系统本身,而不是纽约联邦储备银行向其他储备银行的权力转移,或者联邦储备委员会的软弱无能,因为是该体系允许这些事情产生了如此深远的影响。尽管如此,在这种金融系统已经存在的前提下,权力的转移以及联邦储备委员会的软弱无能大大降低了果断采取行动的可能性,因而未能将流动性危机化解在萌芽状态。

在缺乏联邦储备委员会有力而正确的领导,缺乏整体舆论对正确政策的支持,缺乏储备银行总裁们愿意且能够为独立方针承担责任的情况下,观望和犹豫不决的倾向四处蔓延。而且,随着时间的推移,这种力量进一步积聚。一次失败,下一次就更容易走向失败。人们更倾向于将缺乏能力而不是缺乏判断作为失败的借口(用于向他人解释,也用于自我安慰)。从1919年至1921年联邦储备体系如何对待政策批评中,我们已经见识过这种倾向。1930—1933年,联邦储备委员会解释经济下滑以及随后的银行倒闭时提出,尽管采取了行动,危机还是发生了,认为这是不可控因素的结果,这同样是这种倾向的表现。并且毫无疑问,联邦储备委员已成功地说服了自己和其他人认为它的推理是正确的。因此,随着事态的发展,联邦储备委员会越来越倾向从别处寻找解决办法,首先希望问题能够不治而愈,随后又接受了以下观点,即危机和繁荣是私有经济社会不可避免的产物,是在委员会控制能力以外的。既然联邦储备委员会未能有力地阻止1930年秋的第一次流动性危机,在下一次危机中就更不可能有所作为。只是因为来自国会批评的强大压力,才使其于1932年年初进行了早该进行的大规模公开市场购买。当这一操作未能带来即时的明显改善时,联邦储备委员会又立即回到之前的消极被动状态。

前述的将金融危机主要归因为从纽约联邦储备银行到其他储备银行的权力转移,以及当权领导者的个人背景和性格特征,看起来可能很牵强。一般来说,重大事件总有重大的起源,因此只是当权的某些特定的人或机构的特征,似乎不足以解释像美国1929—1933年金融灾难这样的大事件。

但是我们得承认,有时小事件也同样能造成严重的后果,并且是存在连锁反应和累积作用的。而在这样一个支离破碎的银行储备体系中发生的流动性危机,碰巧正属于可能触发——也确实触发了——连锁效应的那种小事。经济崩溃也常常具有逐渐累积的特点。放任危机超过某一程度时,它往往可以因自身的发展得到更多的力量,从而影响并加剧经济崩溃的过程。虽然无须多大力量就可以阻止造成山崩的那一小块石头,但我们却不能因此就安慰自己,山崩不会具有大规模杀伤力。

注释

〔1〕关于这两次萧条时期的有趣比较，请参阅 George Macesich, "Monetary Disturbances in the United States, 1834—1845", unpublished Ph. D. dissertation, University of Chicago, June 1958。

300n

〔2〕对于这一观点，Clark Warburton 在以下一系列重要的论文中进行了非常透彻的分析，包括："Monetary Expansion and the Inflationary Gap", *American Economic Review*, June 1944, pp. 320, 325–326; "Monetary Theory, Full Production, and the Great Depression," *Econometrica*, Apr. 1945, pp. 124–128; "The Volume of Money and the Price Level Between the World Wars", *Journal of Political Economy*, June 1945, pp. 155–163; "Quantity and Frequency of Use of Money in the United States, 1919—1945", *Journal of Political Economy*, Oct. 1946, pp. 425–450。

301n

〔3〕参阅 Milton Friedman, *The Demand for Money: Some Theoretical and Empirical Results*, New York, National Bureau of Economic Research, Occasional Paper 68, 1959, p. 16。

303n

〔4〕因为在联邦储备体系时代之前，J. P. 摩根公司通过组建资金池，将资金在短期同业拆借市场上贷出或者购买股票，从而承担起领导重建有序市场的责任。但是，银行家的资金池并未能遏制住股市抛售的狂潮。到股市暴跌后的第二周，这种有组织的救市行动就宣告结束了。

305n

〔5〕在10月23日股市恐慌爆发之前的两周时间内，股票经纪人从纽约市周报制成员银行的其他银行账户上获得的贷款减少了1.2亿美元。这在很大程度上是因为外国人从银行提走存款。从此时开始至年末为止，这些贷款数量下降了23亿美元，或者说下降了不少于60%。外埠银行账户贷款又进一步下降了10亿美元。更为全面的数据表明，从10月4日至12月31日，股票经纪人从外埠银行和其他银行那里获得的贷款数量减少了约45亿美元，占经纪人贷款总额的一半以上。

306n

关于纽约市周报制成员银行向股票经纪人和交易商发放贷款数量的数据，参阅 *Banking and Monetary Statistics*, Board of Governors of the Federal Reserve System, 1943, Table 141, p. 499。关于所有贷款者提供的此类贷款的季度综合数据，参阅的资料同上，Table 139, p. 499。尽管这两个表格对主要贷款者的题注是类似的——他们的大部分资金由纽约联邦储备银行代为投资——除了纽约城市银行以自己账户里的资金发放的贷款以外，但是它们的统计分析并不具有可比性。在周时间序列中，"国内外埠银行"包括纽约市外的成员银行和非成员银行，另外还包括这些银行名下数量未定的客户。而在综合时间序列中，"国内外埠银行"仅仅包括纽约市外的成员银行。类似地，周时间序列中的"其他"类主要包括公司和国外银行机构，但是在综合时间序列中，还包括其他股票经纪人、个人以及非成员银行。

纽约市周报制成员银行向除了股票经纪和交易商以外的人发放的贷款，在股市暴跌之后的一周时间里有所上升。关于这些贷款，参考资料同上，第174页。另外，请参阅本章第2节中关于这一时期的讨论。

〔6〕参阅 A. H. Hansen, *Economic Stabilization in an Unbalanced World*, Harcourt Brace, 1932年, pp. 111–112; J. A. Schumpeter, *Business Cycles*, McGraw-Hill, 1939, Vol.

Ⅱ, pp. 679–680；R. A. Gordon, *Business Fluctuations*, Harper, 1952, pp. 377–379, 388；J. K. Galbraith, *The Great Crash, 1929*, Boston, Houghton Mifflin, 1955, pp. 191–192。另外请参阅 Federal Reserve Board, *Annual Report* for 1929, p. 12。

307n　〔7〕由于在这一时期,我们仅能获得货币存量在6月份的估计值,因此这一时期货币存量的下降是用1892年6月—1894年6月的月度参考数据,而不是用1893年1月—1894年6月的月度参考数据来衡量的。

308n　考虑到1867年1月—1868年1月(我们有估计值的最早日期)货币存量5.4%的下降,另外一个可能的例外时期是1865年4月—1867年12月的经济紧缩期。

〔8〕1929—1933年邮政储蓄存款数量的增长反映出公众对银行不信任情绪的蔓延。1914年11月,邮政储蓄存款总额为5700万美元。到1929年10月,邮政储蓄存款仅仅增长了1亿美元。到1930年10月,其总额达到1.9亿美元；此后至1933年3月,邮政储蓄存款总额增长到11亿美元。

309n　〔9〕*Annual Report of Superintendent of Banks*, State of New York, Part I, Dec. 31, 1930, p. 46.

310n　在美国银行倒闭之前两个半月的时间里,纽约州立银行监管官 Joseph A. Broderick 提出了各种合并方案——其中部分方案几近完成——这些合并方案本来可以挽救美国银行。Harrison 行长设计了最终的重组方案。该方案的成功看起来似乎是确信无疑的,以至于在银行倒闭前两天,联邦储备银行发表声明,为合并方案提名了一些理事人选。该方案本来是可以得到实施的,可是清算所银行在最后一刻退出了这一方案,否则按方案,清算所银行要向重组后的机构捐助3000万美元。根据 Harrison 的计划,美国银行将与制造商信托银行(Manufacturers Trust)、公众国民银行(Public National)以及国际信托银行(International Trust)等合并——与美国银行相同,这些银行的大部分股东和管理层都具有相同的种族和金融背景——纽约联邦储备银行董事会主席、联储代表 J. Herbert Case 将出任总裁。清算所银行最终决定不挽救美国银行,这一决定是在纽约银行的一次会议上做出的。尽管 Broderick 和纽约州副州长 Herbert H. Lehman 以个人名义呼吁采取援助行动,但是这未能改变清算所银行的最终决定。尽管 Broderick 不断要求获准与会议室的银行家们共同开会商讨,但他仍然在接待室等了数个小时,直到 J. P. 摩根公司的 Thomas W. Lamont 和纽约联邦储备银行董事 Owen D. Young 的调解下,Broderick 的请求才最终获得批准。据 Broderick 说,他当时对诸位银行家的部分陈述内容如下：

> 我说,它(美国银行)拥有数以千计的借款者,为经营规模较小的商人提供资金,尤其是那些犹太商人。美国银行的倒闭有可能,甚至是很可能会引起其客户的大范围破产。我曾警告过,美国银行的倒闭会导致市内至少10家其他银行倒闭,也有可能会影响储蓄银行。我告诉他们,倒闭所带来的影响甚至可能会超越纽约市的范围。
>
> 我提醒他们,仅仅在两三周之前,他们曾经挽救了纽约市最大的私营银行中的两家,他们为此自愿筹集到了所需的资金。我记得,仅仅在七八年前,他们为纽约市最大的信托公司提供了援助,当时所筹集到的资金是现在挽救美国银行所需资金的数倍,但是那仅仅是他们中的几个头凑到一起做出的决定。
>
> 我问他们,放弃援助计划这个决定是否是最终的。他们给了我肯定的答复。于是我警告他们,他们正在犯纽约银行史上最可怕的一个错误。

Broderick 的警告未能引起第一国民银行和清算所协会主席 Jackson Reynolds 的重视。Jackson Reynolds 告诉 Broderick,美国银行倒闭仅仅会对"本地"造成影响。

这次并不是重组计划的真正破产,美国银行的部分支行于 12 月 9 日开始出现挤兑。Broderick 认为,这样做会使得情况更加恶化,于是他开始要求银行关闭,以保留住该银行的资产。在上次与银行家的会议结束之后,Broderick 在与银行负责人开会时,回忆起曾说过这样一段话:"我认为,银行清偿能力仍然是现在要关注的问题……我无法理解为什么清算所银行在对待美国银行的房地产资产问题上会持怀疑的态度。我告诉他们,我认为这是因为其他银行都对这一领域没有兴趣,所以对此一无所知。"Broderick 说,直到那时为止,他都仍然没有找到合理的理由关闭美国银行。

Broderick 的确成功地说服了与会的银行家们立即批准两家银行的清算所作为成员,参与到所提议的合并活动中来,以便当第二天 Broderick 宣布美国银行倒闭时,他们可以利用清算所的全部资源。所以,尽管上述两家银行像美国银行一样受到了挤兑的影响,但这两家银行并没有关闭。

一个纽约郡的大陪审团两次对 Broderick 提起诉讼,控告他玩忽职守,未能更早地将美国银行关闭。关于 Broderick 为挽救美国银行所做出的种种努力,在第二次审判中有详尽的说明。1932 年 2 月,第一轮诉讼程序最终以无效审判的判决结果。5 月 28 日,Broderick 被宣判无罪。参阅 Commercial and Financial Chronicle, May 21, 1932, pp. 3744 - 3745; Harrison 的证词参阅 Commercial and Financial Chronicle, June 4, 1932, p. 4087。

[10] Annual Report of Superintendent of Banks, Sate of New York, Part 1, 1931—1945,每个报告中的 E 计划。在该银行倒闭后的两年时间里,4/5 的储户和其他贷款人将得到清偿。

[11] 在某些社区里,金融重组是通过一家强势银行和一家弱势银行的合并来实现的,或者如果有若干家弱势银行参与的话,则筹建一家新的机构,吸收额外的新资本来接管倒闭银行的负债,并且由倒闭银行的股东来承担损失(F. Cyril James, The Growth of Chicago Banks, New York, Harper, 1938, Vol. II, pp. 994-995)。

[12] 根据一份为公开市场政策会议执行委员会而准备的 1930 年 12 月 19 日备忘录的记载,银行"抛售证券,以改善自身的流动性",因此增加了债券市场的压力。疲软的债券价格反过来又导致"许多银行的投资组合出现了大幅度贬值,在某些情况下,银行资本出现缩水"。除此以外,债券市场几乎完全没有新债券发行(George L. Harrison Papers on the Federal Reserve System, Columbia University Library, Harrison, Open Market, Vol. I, Dec. 19, 1930;论文全稿请参阅第 5 章注释[41]以及相应的正文)。

[13] 1931 年 2 月 27 日的立法规定,政府可以向一战时期的退伍军人预支经调整的服务凭证面值的 50%。法案实施之后的四个月时间里,这些贷款总额达到了 7.96 亿美元。

[14] Banking and Monetary Statistics, p. 371.

[15] Herbert Hoover, Memoirs, The Great Depression, 1929—1941, Macmillan, 1952, pp. 61-80.

[16] 第二年,另外 25 个国家效仿了英国的做法。大约有 12 种货币——英镑区,即英国在金融和经济方面仍然发挥着主导作用的地区——与英镑的变动方向大体上一致。

由于英国在刚刚脱离金本位制时英镑走势疲软,所以在接下来的几个月时间里,传统的金融平价制度内部并未放松:英国重新调整了财政预算,偿还了对外债务;银行利率在银行歇业日上升到了 6%,1932 年 2 月下调到 5%,在此之前,一直未出现过下降。从 1932 年 2 月起,人们普遍认为没有必要再保卫英镑;人们担心英镑汇率上升会消除低汇率水平对英国出口的刺激作用,因此管制措施转向预防英镑汇率升水。2月份出台的一项新的保护性关税政策限制了进口规模。与这项保护性关税政策一起出台的还有一项低息的货币政策,该政策的本意是为战争期间发行的债券以低利率进行再融资。1932年第二季度,银行信贷规模开始扩张;根据国民经济研究局经济周期年表的记录,1932年8月,英国的经济紧缩陷入了谷底。

316n 〔17〕经历过1907年危机的人不会不从中吸取教训。1931年12月,Samuel Reyburn(纽约市百货公司 Lord and Taylor 的主席,纽约联邦储备银行董事)在一次董事局会议上提议:"如果银行业危机进一步恶化,银行可以像1907年那样暂时停止现金支付,但是继续营
317n 业。"他认为,将会出现一次银行困境,"这种困境在1907年并未出现,那就是联邦储备银行不能暂停现金支付"。1933年3月,事实证明这并不是问题;储备银行与其他银行一起实行支付限制。一位银行官员如此评论道:"1907年和当前时期具有更深层次的差异:1907年的银行困境并不是偿付能力出现问题,而是银行没有能力继续支付货币,但是现在,如果有必要,银行有能力支付大量货币,但是这样做可能会使银行陷入破产危机。"(Harrison, Notes, Vol. Ⅱ, Dec. 7, 1931)。

这种解释很难说切中要害,因为它将单个银行的问题和整个银行体系的问题混为一谈。偿付能力不足的威胁之所以会出现,是因为在假定联邦储备体系无法创造足够的超额高能货币的前提下,银行体系作为一个整体,没有能力在不减少存款总额的情况下支付货币。银行试图通过资产变现来获取高能货币,这迫使资产价格下跌,使得原本完全不存在偿付能力问题的银行陷入偿付能力危机中。早期的支付限制切断了这一过程,因此防止了由暂时性的流动性问题向偿付能力不足问题的转变。

〔18〕关于纽约市规模最大、最著名的一些银行状况的传闻,在欧洲引起了恐慌(Harrison, Conversations, Vol. Ⅰ, Oct. 2, 1931)。然而,Harrison 认为,"与长期相比较而言,1931年10月,这些银行的头寸更为强大,更具流动性"。1931年12月8日的一份备忘录记录了第二联邦储备区成员银行资本金的缩水情况,其中并未包括23家纽约清算所银行,Harrison 将这份备忘录呈递给了 Meyer 总裁(Miscellaneous, Vol. Ⅰ, Dec. 8, 1931)。上述资本金的缩水幅度从最高等级银行的56%到最低等级银行的200%以上。据说纽约城市银行不愿意向储备银行借款,其原因之一就在于,银行担心欧洲人会将这种借款解读为银行经营不善的信号。

318n 〔19〕剔除了跨越银行歇业期(1932年10月—1933年3月)的5个月的时期——1933年2月到7月,记录的数据显示,该时期的下降幅度与1931年8月—1932年1月的下降幅度属于同一数量级。我们将在第8章第1节看到,银行歇业期导致了货币存量数据的不连续性,所以记录的数据下降可能是统计学上的人工结果。

〔20〕Harrison, Open Market, Vol. Ⅱ, memorandum, dated Feb. 23, 1932.
319n 〔21〕*Ibid*., memorandum, dated Jan. 8, 1932.

〔22〕(1)银行试图采用一种统一的方法来对银行资产估价,这种方法涉及在预测折旧的过程中,稽核师放松标准。货币监理署规定,对于评级最高的四种债券,国民银行不得提取折旧,而对于其他所有的债券而言,除了违约债券必须全额提取折旧以外,其他都仅仅提取25%的折旧。然而,这条规定仅仅适用于部分银行,即如果这些银行所有投资的折旧和其他资产的全部损失额要冲销的话,这些银行的资本金不会被冲销。因此,这一规定对那些最需要放宽折旧要求的银行却没有帮助(Harrison, Notes, Vol. Ⅱ, Aug. 6, 13 and Dec. 7, 1931)。(2)它试图重新修订关于纽约州储蓄银行、保险公司和信托基金允许投资的项目的

相关规定。铁路债券可能将不再是这些机构的合法投资对象,随着受投资项目限制的投资者出售铁路债券,其价格可能出现进一步的下降。结果,持有铁路债券的商业银行遭受了损失(ibid., Aug.13, 1931)。(3) 在铁路的成本和收益之前得到了调整的条件下,这促进了铁路债券池的形成,以此来恢复债券价值(ibid., Oct. 5, and Dec. 7, 1931;另外参阅 Conversations, Vol. I, Dec.5, 1931)。(4) 它寻求一些成员银行的帮助,以便加速倒闭银行的存款清偿工作。持续经营银行被要求购买倒闭银行的资产,并且立即预付购买资产的款项,因此按照一个商定的百分比,存款中的一部分可以立即支付给储户(Harrison, Office, Vol. II, Sept.11, 1931)。

[23] Hoover, *Memoirs*, p. 97. 参阅已准备好的声明副本——要求建立国民信用公司——该声明是在 1931 年 10 月 4 日 Mellon 部长公寓中召开的 19 位纽约联邦储备银行家的会议上公布的;1931 年 10 月 5 日胡佛总统写给 Harrison 的信件,以及 Harrison 10 月 7 日的回复(所有内容参阅 Miscellaneous, Vol. I)。Harrison 强调,为了提高银行资产中的铁路债券的价格,有必要建立铁路债券池,以此作为除国民信用银行以外另一个为银行提供援助的必要措施。另外,关于大多数银行董事勉强接受国民信用银行的情况,请参阅 Notes, Vol. II, Oct.5, 12, 15, 1931。

[24] 1932 年 7 月 21 日通过的《紧急救济和建设法案》(Emergency Relief and Construction Act)将复兴金融公司的贷款权限从 5 亿美元提高到 33 亿美元,另外还包括公司自身 5 亿美元的认缴资本。该法案授权复兴金融公司以 3% 的利率预付最高 3 亿美元给州县作为失业补助金;向自偿性的公共设施工程发放贷款(直到年底为止,事实上几乎未向补助金和公共设施工程发放预付款);为农产品在外国市场和美国的推广提供资金;由任何土地银行区的复兴金融公司认缴资本,创建地区性的信用公司。这些措施的实施没能抑制农场收入和农场土地价值的持续下降,农场被取消抵押品赎取权的事件依然在发生,欠税导致的强制销售仍在持续。

[25] 该条款应当在 1933 年 3 月 3 日到期,但在 1933 年 2 月 3 日被延期一年。此后,该条款的有效期不定期地得以延长,直到 1945 年 6 月 12 日的法案规定,该条款永久有效。

[26]《格拉斯-斯蒂格尔法案》允许成员银行在特定条件下以不合格的资产为抵押品来向储备银行借款(利率为惩罚性利率)。在联邦储备委员会至少 5 家成员银行的一致同意下,5 家或 5 家以上合格资产不足的成员银行集体出具的票据可以用来贴现。在例外的情况下,如果征得了联邦储备委员会至少 5 家成员银行的同意,资本金不足 500 万美元的单一银行也有权以不合格的资产向储备银行借款。在这些规定下,贷款数量并未增加多少。因此,1932 年 7 月 21 日通过的《紧急救济和建设法案》规定,如果私营企业、合作制企业和公司制企业无法从其他渠道获得资金,中期债券和汇票等可以用于向成员银行贴现的资产,它们可以从储备银行那里申请贴现。这些权限发挥的作用非常有限。1933 年 3 月,私营企业、合作制企业和公司制企业的贴现金额达到了 140 万美元的顶峰。这些贴现权限于 1936 年 7 月 31 日作废。

[27] 1932 年 5 月 28 日提交给参议院银行和货币委员会的众议院 11362 号法案(*Congressional Record*, 72d Cong., 1st sess., p. 11515)。

[28] 1913 年时,Glass 担任众议院银行和货币委员会主席。1913 年参议院通过的法案中包括了存款保险制度,众议院通过的法案却并未涉及。在会议上,众议院与会者成功地废除了这一条款。(Paul M. Warburg, *The Federal Reserve System*, New York, Macmillan,

1930, Vol. I, p. 128.）

〔29〕第71届国会第二次会议,1930年7月17日,S.4723,关于全国银行业联合会(*Congressional Record*, p. 10973);第72届国会第一次会议,1932年1月21日和3月17日,S.3215和S.4115,关于联邦储备银行(*ibid.*, pp. 2403, 6329);也可参阅1932年4月18日,S.4412,关于联邦储备银行和全国银行业联合会。

〔30〕也可参阅本章注释〔134〕。

324n 〔31〕A. F. Burns and W. C. Mitchell, *Measuring Business Cycles*, New York, NBER, 1946, pp. 82–83; A. F. Burns and W. C. Mitchell *Production during the American Business Cycle of 1927—1933*, New York, NBER, Bulletin 61, Nov. 1936, pp. 2 and 4.

〔32〕据估计,整个银行歇业期间,美国流通中的代用券很可能高达10亿美元(H. P. Willis and J. M. Chapman, *The Banking Situation*, New York, Columbia University Press, 1934, p. 15)。另外,参阅第8章第1节。

〔33〕胡佛在其回忆录中坚持认为,在签署这里所提及的议案(1932年7月21日,《紧急救济和建设法案》)之前,他确定向复兴金融公司借款银行的名单是保密的,不会公开。如果不是这样的话,他"很可能不得不否决这项议案"。(*Memoirs*, pp. 110–111.)

法律仅仅规定,复兴金融公司每个月向美国总统和国会报告上个月的所有贷款。8月份时,当时的众议院发言人John N. Garner命令议会秘书公开了这些报告。民主党声称,公开复兴金融公司的贷款,是为了防止贷款发放过程中的不公平行为。另外,直到1932年7月之前,一直有人对复兴金融公司主席Eugene Meyer、财政部部长和董事局成员Mills感到不满,认为他们没有向民主党官员报告关于复兴金融公司的行动。(Jesse Jones, *Fifty Billion Dollars*, Macmillan, 1951, pp. 72, 82–83, 517–520.)关于众议院的决议,参阅 *Congressional Record*, Jan. 6, 1933, p. 1362。

〔34〕根据立法或行政命令,银行歇业期主要包括以下类型:(1)在特定时期内,州管辖下的当地银行不得根据储户的要求,向储户支付现金;(2)单个银行有权通知储户,银行决定在一定金额或存款的一定比率范围内限制存款提现,无论银行这么做是自发性的还是经过州立银行部门的批准;(3)一个州内所有银行的储户最多只能提取银行存款的一定百分比。

327n 〔35〕Harrison, Notes, Vol. III, Mar. 3, 1933.

〔36〕Harrison认为,暂时取消准备金要求是最不理想的解决方案,因为储备银行仍然有义务向储户支付黄金和货币。另一种解决方案是暂停硬币支付,Harrison认为这种方案也不尽如人意,因为"这可能导致狂热和恐慌,由此美国很可能会出现银行挤兑"。Harrison总结道,最好的方法是宣布实行全国范围内的银行歇业期,"这样可以使整个国家冷静下来,也可以争取时间以便于通过立法来缓解目前的处境"。

作为对Harrison建议的回应,财政部部长Mills和联邦储备委员会主席Meyer提出了另一种方案,即在纽约州实行银行歇业期。Harrison拒绝向Lehman州长要求对纽约联邦储备银行采取这种行动,因为他相信,在州范围内实行银行歇业期只会导致更大的混乱,因为纽约联邦储备银行仍然不得不向外国人支付黄金,如果纽约宣布实行银行歇业期,国家银行体系的其余部分就无法正常运作。纽约联邦储备银行的董事们作出决定,他们要求联邦储备委员会敦促美国总统宣布3月4日周六和3月6日周一为全国性的银行歇业期。Harrison和胡佛总统通过电话进行了交流,但是胡佛总统并未公开表明自己的意见。当晚晚些时候,华盛顿发来报告称,总统和当选总统都已经休息,不可能再宣布实行全国范围内的银行歇业期。

Harrison 立即离开银行,参加在纽约 Lehman 州长家中举行的一次会议。在这次会议上,最终决定在整个州范围内实行银行歇业期。当天早些时候,Lehman 已经告知 Harrison,如果州立银行歇业期计划看起来可行的话,他会宣布实行这项计划。但是,清算所银行让 Lehman 非常生气,因为它们诱使 Lehman 作出他不想作的声明。当天晚些时候,清算所银行同意,如果 Lehman 宣布州立银行歇业期计划,它们会合作,但不强求 Lehman 这么做。它们担心,如果它们给人留下的印象是迫切地寻求歇业期,它们的威信就会大打折扣;如果真是这样,"它们宁可继续营业,接受挫折"(参考文献同上)。

[37] *Memoirs*, p. 212.

[38] Clark Warburton 注意到:"到 20 世纪 30 年代中期为止,大多数州已经采用或正在逐步推广普遍的银行规范。它们加入了一些条款,对那些未能用硬通货来偿付纸币的银行实行严厉的惩罚;或者,它们在评审许可证或授予新许可证的时候,在银行许可证中加入这些条款。根据这些条款,暂停铸币支付意味着放弃许可证,或者说至少在重新恢复铸币支付之前缩减银行业务规模。在某些情况下,后者为州立法的特殊条款所允许。在这些条件之下,暂停铸币支付可以使银行避免立即陷入危机之中,但是这会导致银行缩媒现象的出现。"("Variations in Economic Growth and Banking Developments in the United States from 1835 to 1885", *Journal of Economic History*, Sept. 1958, p. 292.)我们从来没有听说过,任何立法或银行监管当局曾经宣布,因为银行实行一般性的支付限制而作废银行的许可证。相反,通过立法,推迟或缓解了银行因为暂停硬通货支付而应当受到的惩处。

[39] 参阅 Bray Hammond, *Banks and Politics in America*, Princeton University Press, 1957, p. 713。Bray 谈到了 1857 年在美国而未在加拿大出现的支付限制问题,他指出:"和往常一样,停止铸币支付并没有造成直接的不良影响。银行从偿还自身的负债中解脱出来,这也缓解了其带给银行债务人的沉重压力。人们普遍相信,总有一天铸币支付会得以恢复,这种观念得使银行清算事件虽然还是不断出现,但是要温和多了。"

[40] 有一点很重要,1839—1842 年出现大量的银行倒闭事件时,实行存款兑换限制制度的仅仅限于西部和南部的银行,而纽约联邦储备银行和新英格兰银行继续存款兑付。

我们怀疑 1837 年的支付限制是一个例外,尽管 Willard L. Thorp 在 *Business Annals* (New York, NBER, 1926, p. 122) 中指出,1837 年"超过 600 家银行倒闭"——当然,这些银行的倒闭可能发生在 5 月份的支付限制实行之前。这一数字的可靠性值得怀疑。我们现在唯一能够获得的关于 1834—1863 年银行倒闭的数据是在一些关于银行的报告中。根据 1832 年一项决议的要求,这些报告每年提交到国会(这些数据见 Annual Report of the Comptroller of the Currency, 1876, Appendix, p. 94)。根据这些资料,倒闭银行数量从 1836 年的 713 家上升到 1837 年的 788 家,到 1838 年的 829 家,再到 1839 年的 840 家。这一系列数据反映的是一个连续的上升态势,尽管如果按照 Thorp 的数据,倒闭银行超过 600 家,那么无疑出现了下降。毫无疑问,倒闭银行的数量被低估了,可能完全没有包括非法人的私营性银行,而银行倒闭事件恰恰集中在这些非法人的私营性银行上。即便不考虑这些私营性银行,如果倒闭的所有类型银行的数量只有 600 多家,新银行的数量也不可能会超过 1837 年倒闭的银行数量。

[41] *History of Crises Under the National Banking System*, National Monetary Commission, 1910, pp. 75, 206, 291.

[42] 关于1931年年末货币监理署对国民银行资产组合中债券的估值方法的变化,参阅本章注释[22]。州立银行管理局仿效了监理署的估值程序。

331n　[43] 复兴金融公司的贷款在一定程度上发挥了作用,但是复兴金融公司将困境中银行的最好资产用于贷款抵押,因此没有多少资产可以用于满足储户的进一步需求。到1933年3月为止,许多受到复兴金融公司援助的银行因为资本金不足而关闭了。Owen D. Young 对纽约联邦储备银行的董事们如此评论道:"根据目前的做法,在银行最终关闭之前,复兴金融公司发放的贷款在很大程度上是支付给某些储户的,这使得其他储户孤立无援,因为复兴金融公司用部分资产作为贷款的抵押品。如果事实的确如此的话,那么很可能不发放贷款会更好些。"(Harrison, Notes, Vol. Ⅱ, July 7, 1932.)

[44] 选举的结果早在1932年11月就出来了,但是新任总统直到1933年3月才就任。这段空位期几乎恰好赶上复苏开始停止、经济又陷入急剧滑坡的阶段。胡佛在回忆录中声称,如果罗斯福不支持任何货币贬值或预算失衡的行动,如果罗斯福能像自己先前不断要求的那样,同自己合作,同心协力地遏制银行困境的升级,最后一次银行业危机本来是可以避免的。(Memoirs, pp. 206-216; J. M. Burns, Roosevelt: The Lion and the Fox, New York, Harcourt, Brace, 1956, p. 147.)

罗斯福认为,人们从银行中取出存款,并不是因为对他信心不足,而是因为对银行信心不足;因此人们需要的是实行银行业重组和改革,而不是让他公开发表乐观的声明。(A. M. Schlesinger, Jr., The Age of Roosevelt, Vol. 1, The Crisis of the Old Order, 1919—1933, Boston, Houghton Mifflin, 1957, pp. 476-477.)

胡佛总统本来可以在自己的职责范围内采取一些措施,但是随着他的任期逐渐接近尾声,他理所当然地不愿意在没有征得下一任政府同意的情况下采取任何政策行动。在下一任总统就职之前,财政部和联邦储备委员会敦促胡佛宣布全国银行歇业期,但是胡佛提出,如果罗斯福同意的话,将实行一项控制外汇和黄金兑付的行政命令。罗斯福再一次拒绝和胡佛合作。

332n　[45] Frank B. Freidel, Franklin Delano Roosevelt, Vol. 3, The Triumph, Boston, Little Brown, 1956, p. 351; Rixey Smith and Norman Beasley, Carter Glass, New York, Longmans Green, 1939, pp. 321-323。当1933年5月12日《农业调节法案》的《托马斯修正案》授权罗斯福降低美元的黄金含量时,曾经在选举活动中代表罗斯福作过重要发言的 Glass,在参议院上猛烈地抨击罗斯福。(Smith and Beasley, pp. 349-356.)

[46] 1933年4月,货币存量下跌到了周期性谷底。尽管1929年8月至1933年4月货币存量的下降幅度仅仅略高于1929年8月至1933年3月的下降幅度(即35.7%略高于35.2%),但是如果上述引起货币存量变动的因素本身在较长的时期内发生了变动,那么334n　每种因素对货币存量变化比率的影响将呈现出显著的差异:13%、-35%、-19%和9%,对应的顺序参见正文。原因在于,银行歇业期结束之后的货币收入流不仅大幅度地减少了高能货币,而且提高了1933年3月至4月间的存款-通货比率。

大萧条结束于1933年3月和4月,下表列出了在大萧条期间,各种因素对货币存量的定量影响。

在其他因素不变的情况下,各种因素单独发生变化可能对货币存量变化带来的影响

主要影响因素	每年的变化率(%)		在总变化中所占的比例	
	1929.8—1933.3	1929.8—1933.4	1929.8—1933.3	1929.8—1933.4
高能货币	4.6	3.2	−0.37	−0.28
存款−准备金比率	−6.2	−5.9	0.52	0.49
存款−通货比率	−13.0	−11.8	1.07	0.98
相互作用	2.6	2.3	−0.22	−0.19
总计	−12.1	−12.0	1.00	1.00

注:由于四舍五入的影响,各项加总之和不一定等于总计数。

[47] 数据来源,参阅本章注释[5]。 335n

[48] Harrison, Miscellaneous, Vol. I, 1929 年 11 月 27 日 Harrison 写给所有行长的信。在结束于 1929 年 10 月 30 日的那一周时间里,所有储备银行的贴现总额增长了 2 亿美元,其中 1.3 亿美元是纽约市周报制成员银行向纽约联邦储备银行借款导致的增长。 339n

[49] Harrison, Miscellaneous, Vol. I, 1929 年 11 月 27 日 Harrison 写给所有行长的信。

[50] 外国资金的回流使投机盛行时期的外汇压力得到暂时缓解。由于外国人将资金汇入这里的证券市场,外币相对于美元曾一度贬值。在股票价格达到 1929 年的高峰之前,这些货币的价格已经下跌到了美国的黄金输入点水平。股市暴跌之后,资金的回流将这些货币的价格恢复到了黄金输出点水平。例如,1929 年 9 月的英镑汇率低到了 4.845857 美元的水平,而到了 12 月份,英镑汇率高达 4.882010 美元(这些数据是纽约的电汇午市买入价,参阅 Commercial and Financial Chronicle, Sep. 21, 1929, p. 1969; Dec. 27, 1929, p. 4017)。 340n

[51] 参阅本章第 5 节关于纽约联邦储备银行的立场的内容。关于 Harrison 的引言,摘自 Harrison 的 Notes, Vol. I, May 21, 1931;关于 Miller 的引言,摘自 Charles S. Hamlin, Hamlin Papers, Manuscript Division, Library of Congress, Diary, Vol. 18, Sept. 25, 1930, p. 86;关于 Leed 的引言,摘自 Federal Reserve Policy, 1921—1930, New York, McGraw-Hill, 1930, p. 191。同年早些时候,Miller 可能并不这样认为。据 Hamlin 记录,5 月份时,"Miller 指出,纽约联邦储备银行始终认为,放宽货币有助于商业复苏"(Hamlin, Diary, Vol. 17, May 9, 1930, p. 151)。 341n

[52] 1930 年 6 月,《Hawley-Smoot 法案》获准通过,该法案将关税提高到了美国有史以来的最高水平。黄金输入反映了这一法案的影响,也反映了美国对外借款的减少、国外投资的利息和红利以及战争债务偿付的居高不下。此外,还反映了美国通货紧缩对进出口的影响。参阅本章第 4 节。 342n

[53] Harrison 行长写道:"他承受了来自四面八方的压力,种种压力都迫使他发表稳定民心的公开声明,这种声明可能有助于稳定银行业环境。实际上,这种公开声明不可能实现,因为要想发挥作用,这种声明需要足够有力,而这可能会和随后发生的任何小银行的倒闭相矛盾。不考虑其他因素,下调贴现率是向公众表明货币唾手可得的一种方式。"(Harrison, Open Market, Vol. II, Jan. 21, 1931.) 343n

344n 　　[54] Federal Reserve Board, *Annual Report* for 1931, pp. 7–8. 这些数据全部是截至周三的数据。在 1.3 亿美元的政府债券购买量中，8 000 万美元是联邦储备体系的账户购买的，5 000 万美元是纽约联邦储备银行的自身账户购买的(Harrison, Open Market, Vol. Ⅱ, minutes of June 22 and Aug. 11, 1931, Open Market Policy Conference meetings; Miscellaneous, Vol. Ⅰ, letter, dated July 9, 1931, Harrison to Seay; Notes, Vol. Ⅰ, July 16, 1931, and Vol. Ⅱ, Aug. 4, 1931)。后一部分的政府债券购买量是为了抵消外国持有的头寸由承兑市场向联邦储备银行转移所带来的影响。

　　[55] 1931 年第二季度和第三季度，在奥地利国民银行、匈牙利国民银行、德意志国家银行和英格兰银行提供黄金偿付保证的情况下，纽约联邦储备银行联合其他联邦储备银行购买了主要的商业票据。将这些银行单独和联邦储备银行签订的信贷协议的最大值相加，可以

345n 达到大约 1.56 亿美元，这一数值几次被更新。就可以用外币偿付的票据而言，联邦储备银行的持有量从 3 月底的 100 万美元增长到 8 月份的 1.45 亿美元(Federal Reserve Board, *Annual Report* for 1931, pp. 12–13)。

　　关于外国信贷的讨论，也可参见 Harrison, Miscellaneous, Vol. Ⅰ, letter, dated July 9, 1931, Harrison to McDougal; Open Market, Vol. Ⅱ, minutes of meeting, Aug. 11, 1931; and Notes, Vol. Ⅰ, June 1, 15, 22; July 13, 16, 1931; Vol. Ⅱ, July 28, 30; Aug. 4; Sept. 24, 28, 1931。Harrison 引用纽约联邦储备银行的董事之一 Charles E. Mitchell 的话，"在所有的这些情况中，他担心的是联邦储备银行将采取的措施的有效性，这些操作在国内业务中已尽可能不担风险了。在考虑这些外国信贷时，困扰他的是在国内业务中联邦储备银行不冒任何风险的危险"(Harrison, Notes, Vol. Ⅰ, June 22, 1931)。

346n 　　[56] 1932 年 1 月底，银行的超额准备金总量为 4 000 万美元。

348n 　　[57] 该修正案允许在三年之内使用利率在 3.375% 或以下的长期国债(包括将在这段时期内发行的债券)作为国民银行券的抵押资产。从 1929 年 8 月至 1932 年 7 月，流通中的国民银行券数量出现了小幅增长——上升了 6 000 万美元，因为国民银行在某种程度上过于充分地运用了自身的权力，即银行有权以三次发行的长期国债为抵押来发行银行券。这些长期国债的年利率为 2%，它们有流通优先权。

　　[58] 参阅第 8 章第 1 节中对这一观点的论证。1932 年 12 月，Meyer 行长提出："如果银行早知道超额准备金在很长的一段时间内会保持在一个稳定的水平上，那么这一稳定的水平就会相对比较低，而且要比规模更大但是不稳定的超额准备金水平更为有效……由于对我们未来的政策存在不确定性，因此近期的大规模超额准备金并没有充分发挥其作用。" (Harrison, Notes, Vol. Ⅲ, Dec. 22, 1932.)

350n 　　[59] 在 1931 年和 1932 年期间——和 1933 年 2 月和 3 月的银行歇业期之前的情况一样，用金元券进行支付可能部分是因为其他形式的货币不足——除了 3 个月以外，流通中的金元券一直处于下降中，净变化量为 4.6 亿美元。尽管 1931 年和 1932 年的年报中并没有承认这种赎回政策发挥了效用，但是重要的是 *Federal Reserve Bulletin* (Nov. 1931, p. 604) 进行了如下评述：

　　　　在考虑国家的黄金头寸问题时，人们同样应当考虑到，有 10 亿美元的金元券处于流通之中，联邦储备银行可以通过发行等量联邦[储备]券的方式来赎回其中大部分的金元券。金元券的赎回可以提高储备银行的黄金持有量，其中 40% 的增长量会被要求作为新发行的联邦储备券的准备金，而另外 60% 的增长量会用来补充联邦储备体系的超

额准备金。

〔60〕他继续说道:"在最后 10 天的时间里,这家银行向外支付的黄金量或者说可能是所有联邦储备银行向外支付的黄金量,要比近期任何一个类似的时期都要高。这种变动反映的不仅仅是出于对银行不信任的货币囤积行为,还反映出对货币本身的不信任,关于美元贬值、美元通货膨胀的传闻加剧了这种不信任。"(Harrison, Notes, Vol. Ⅲ.)

Harrison 作出种种努力来促使银行阻止货币囤积行为。他建议,银行应当拒绝提供黄金的保管设备,拒绝以等量黄金为抵押物发放贷款。就前者而言,Harrison 建议银行可以不必阻止人们获得黄金,而是不提供保管设备;就后者而言,Harrison 建议,银行应当拒绝发放为买入黄金而申请的贷款,理由是这种贷款是用于资本目的的。他指出:"在这种时刻,尤其是当如此多需要贷款从事商业活动的人都无法获得贷款的时候,我认为成员银行没有什么理由为那些想要购买黄金来进行囤积的客户发放贷款。这仅仅是一种孤注一掷的行为,赌我们一定会脱离金本位制。"(Conversations, Vol. Ⅱ, Feb. 9, 1933.)绕了一圈,直接的压力又回到了原点。

〔61〕据估计,储户承担的损失为 13 亿美元(未公开发表的 FDIC 预计值;参阅表 16 的资料来源注释);其他债权人承担的损失量是粗略的估算值;据估计,股东承担的损失为 9 亿美元(Federal Reserve Bulletin, Sept. 1937, p. 897)。其中相当一部分损失是直到银行歇业期结束之后才实现的。在 1930 年至 1933 年,9 000 多家的歇业银行中,3 500 家以上是在 1933 年 3 月 15 日之后歇业的。

〔62〕Historical Statistics of the United States, Colonial Times to 1957, Bureau of the Census, 1960, Series F-175, p. 150; Business Statistics, 1932 Supplement, p. 104.

〔63〕加拿大货币数据是无中心的月度数据年平均值。除此以外,以上数据都是以 6 月 30 日为中心的月度数据的年平均值。加拿大的数据是加总特许银行的活期存款、通知存款以及省政府存款全额,减去重复部分(Canada Gazette, Dominion of Canada, Jan. 1929-Jan. 1934),再加上公众持有的货币量(Canada Year Book, 1947, Dominion Bureau of Statistics, p. 1023)。作为要素成本的一部分,加拿大的国民生产净值数据参阅 Canadian Statistical Review, 1953 Supplement, Dominion Bureau of Statistics, p. 15。

〔64〕Harrison, Notes, Vol. Ⅰ, Dec. 18, 1930.

〔65〕1931 年 10 月 30 日由纽约州立银行督察(New York State Superintendent of Banks)关闭的联邦银行和信托公司(Federation Bank and Trust Company)主席解释道,该银行多年来一直繁荣发展,"事实上,直到过去的数月,由于债券和其他证券陷入了全国性的迅速、不可预见的贬值之中,公司所持债券和证券价值的逐渐下降才导致银行的资本结构受损"(Commercial and Financial Chronicle, Nov. 7, 1931, p. 3038)。

在同一时代,R. W. Goldsmith 在其对美国银行体系的解释中写道:"债券价值的下跌最早开始于 1929 年的城市房地产债券,接着在 1931 年延伸到外国债券和土地银行债券上。而当一级债券受到极大的影响之后,债券价值的下跌就开始威胁到整个银行体系,尤其是大型的城市银行:从 1931 年中期至 1932 年中期,铁路债券的市场价值下降了近 36%,公共事业债券下降了 27%,工业债券下降了 22%,外国债券下降了 45%,甚至连美国政府债券的市场价值都下降了 10%。"(R. W. Goldsmith, The Changing Structure of American Banking, London, Routledge, 1933, p. 106.)我们感谢 Manuel Gottlieb 提供了这一资料来源。

Bray Hammond 在其对 1932 年银行歇业事件的评论中写道:"情况已经发展到了这样

一种地步,较为稳健的银行被较为弱势的银行拖累了,这部分是因为后者利用了前者的准备金;部分是因为处于困境中的银行不得不对其投资组合进行清算,这损害了其他所有银行的投资组合的价值。"("Historical Introduction", *Banking Studies*, Bord of Governors of the Federal Reserve System,1941, p. 29.)

[66] Harrison, Notes, Vol. I, Feb. 26, 1931. 另外,参阅本章注释[12]。

[67] 当然,如果银行除了法定准备金之外,仅持有美国政府债券,那么联邦储备体系将面临更大的对市场进行干预的压力,即通过提供更多的高能货币来支持这些债券的价格。但是,这只是问题的一个方面,与信贷质量下滑可能造成的影响完全是两回事情。

[68] Harrison, Notes, Vol. II, Aug. 13, 1931.

[69] Harrison, Open Market, Vol. II, minutes of meeting, Jan. 21, 1931, p. 7.

[70] 例如,可参阅本章注释[12]中的引文。

[71] 感谢 Clark Warburton 提供了这段文字。

[72] Harrison, Office, Vol. II, Sept. 11, 1931.

[73] Harrison, Open Market, Vol. II, Apr. 27, 1931.

[74] Arthur Salter, *China and Silver*, New York, Economic Forum, 1934, pp. 3-6, 15-17.

[75] Frank D. Graham, *Exchange, Prices, and Production in Hyperinflation: Germany, 1920—1923*, Princeton University Press, 1931, pp. 287-288.

[76] Harrison, Open Market, Vol. I, minutes, Sept. 24, 1929, and letter, dated Oct. 1, 1929, Young to Harrison.

[77] 在10月末那周纽约联邦储备银行所购买的1.6亿美元政府债券中,7500万美元被转到联邦储备体系的账户。在随后的两周内,纽约联邦储备银行又直接以联邦储备体系的账户购买了2500万美元的政府债券。

[78] Hamlin, Diary, Vol. 16, Oct. 29, 30, 1929, pp. 187-196. Miller 并不认为购买政策是可取的。他提出了一个决议,大意是如果咨询委员会,委员会不会同意,并且指出纽约更关心股市而不是整个信用形势,迫使商业银行贴现才是正确的对策。

[79] 决议详见 Harrison, Miscellaneous, Vol. I。

[80] Open Market, Vol. I, minutes of meeting, Nov. 12, 1929.

[81] *Ibid*., letter, dated Nov. 13, 1929, Young to Harrison.

[82] Harrison, Conversations, Vol. I, Nov. 15, 1929.

[83] Hamlin, Diary, Vol. 17, Nov. 12, 13, 22, 1929, pp. 13, 17, 20-22, 31-32.

[84] 该提议以5:3通过。其中,财政部部长、审计署审计长、Young 主席、Platt 副主席和 Hamlin 投了赞成票。而 Miller 投了否决票,他认为"货币已经非常廉价,购买政府债券会进一步促使其贬值",这将是"让位于纽约联邦储备银行的"不良政策。另外两张否决票则来自联邦储备委员会成员 Edward Cunningham(一位来自艾奥瓦州的农场主)和 George James

(一位来自孟菲斯的商人)(参见本章第 7 节)。Harrison, Miscellaneous, Vol. Ⅱ, letter, dated Nov. 25, 1929, Young to Harrison; Office, Vol. Ⅱ, memorandum of Nov. 25, 1929; Hamlin, Diary, Vol. 17, Nov. 24, 25, 1929, pp. 35-36, 38-40.

〔85〕Harrison, Miscellaneous, Vol. Ⅰ, Nov. 27, 1929;对此的批评,参见 Notes, Vol. Ⅰ, meeting of executive commitee, June 9, 1930。

〔86〕在 1930 年 4 月 7 日前,也就是 Harrison 文件中纽约联邦储备银行的董事会议记录的起始日期前,我们主要借助于 Hamlin 的日记来了解联邦储备委员会对于纽约方面降低贴现率的要求表现出的迟疑。Hamlin 只是简单地记录了联邦储备委员会于 1929 年 11 月 14 日批准了该提议,但并未说明该申请是否是第一次向联储提出。他也没有提到 1930 年 3 月 14 日生效的降低贴现率的情况。(参见 Hamlin, Diary, Vol. 17, Nov. 14, 1929; Jan. 30, Feb. 6, Apr. 24, May 1, 1930, pp. 23, 87, 97, 139-141, 145-146;另外参阅 Harrison, Miscellaneous, Vol. Ⅰ, letter, dated Feb. 5, 1930, Harrison to all governors; another letter dated Mar. 17, 1930, Case to Governor Young; and a letter, dated Apr. 29, 1930, Harrison to Platt; Notes, Vol. Ⅰ, Apr. 24, May 1, 1930。)

在 1930 年 5 月 21 至 22 日的公开市场政策委员会会议上,Harrison 总裁报告说:"在近几个星期中,联邦储备委员会未能及时批准纽约联邦储备银行降低票据最低买入利率的申请,以至于在这个非常时期,纽约联邦储备银行票据买入利率没有任何下行的弹性。"(Open Market, Vol. Ⅰ.)

〔87〕*Ibid.*, minutes of meeting, Jan. 28—29, 1930.

〔88〕Miscellaneous, Vol. Ⅰ, letter, dated Mar. 7, 1930, Case to all governors; Open Market, Vol. Ⅰ, minutes of meeting, Mar. 24—25, 1930.

〔89〕根据 Hamlin 的记载,来年 Harrison 是如此评论这个变化的:"我一直认为,让所有的总裁都成为公开市场政策委员会成员是一个错误;现在总裁得听从其董事们的指示,而在此前的体制下执行委员会从未如此听命于人。"(Hamlin, Diary, Vol. 19, Aug. 1931, p. 123.)也可参见 Harrison, Open Market, Vol. 1, minutes of meeting, Mar. 24—25, 1930; Notes, Vol. 1, May 1, 1930; Open Market, Vol. Ⅰ, letter, dated May 15, 1930, Case to Young。

〔90〕Harrison, Open Market, Vol. Ⅰ, minutes of meeting, May 21—22, 1930; Miscellaneous, Vol. Ⅰ, telegram, dated June 3, 1930, Harrison to Young; Notes, Vol. Ⅰ, June 5, 1930; Open Market, Vol. Ⅰ, June 23, 1930.

〔91〕Harrison, Notes, Vol. Ⅰ, June 26, 1930. 在一些场合,Harrison 表现出他的这种疑虑(Notes, Vol. Ⅰ, July 17, Sept. 17, 1930)。银行内部文件清楚地表明,技术人员(尤其是 W. R. Burgess 和 Carl Snyder)一直赞成大规模的扩张政策。也许由于他的疑虑,也许由于他达成共识的愿望压倒一切,Harrison 依然向联邦储备体系其他成员提出小规模的公开市场购买建议,规模远小于一些董事们和技术人员所建议的规模。

〔92〕Miscellaneous, Vol. Ⅰ, Harrison 于 1930 年 7 月 3 日致所有行长的信件。

〔93〕明确地关注货币量有一个非常重要的优点,就是现在或将来都有一个清晰的变量,能够定量地衡量政策的必要性及其效果。外行人阅读联邦储备体系内部讨论报告时,往往被其模棱两可的标准弄得晕头转向。比如,在"经济需要"未得到明确定义时,一个人可能认为

"信贷"（同样未得到明确定义）是"充足"的，而另一个人则认为是"偏紧"的。交流中缺乏通用的专业术语，以及未能将意见分歧定量分析归纳，可能就是导致分歧长期存在、无法达成共识的一个重要因素。

〔94〕Harrison, Miscellaneous, Vol. Ⅰ, letter, dated July 10, 1930, McDougal to Harrison; Lester V. Chandler, *Benjamin Strong, Central Banker*, Brookings, 1958, pp. 79, 445.

〔95〕Miscellaneous, Vol. Ⅰ, letter, dated June 16, 1930, Calkins to Young; letter, dated July 10, 1930, Calkins to Harrison.

〔96〕Miscellaneous, Vol. Ⅰ, letter, dated July 15, 1930, Talley to Harrison.

〔97〕*Ibid.*, letter, dated July 7, 1930, Geery to Harrison.

〔98〕Harrison, Miscellaneous, Vol. Ⅰ, letter, dated July 8, Norris to Harrison; Open Market, Vol. Ⅰ, memorandum read by Norris at Sept. 25, 1930, meeting. 该备忘录非常明确地陈述了在当时和之前都被广为接受的真实票据学说，值得我们大幅引用：

> （该政策）人为地压低了利率，抬高了政府债券的价格……造成了对成员银行的不公平。该政策导致公开市场操作剥夺了银行贴现的功能，并且容易让人产生一种不良的印象，即成员银行的借贷行为中有不当行为的存在……在未经要求、并无需求的情况下联邦储备委员会向已经流动性过剩的货币市场注入了大量的资金，其结果是我们手中共持有了6亿美元的政府债券，而这些债权我们最后又必须处理掉……我们并不是说目前应该使用多少联邦储备信贷，而是说绝大部分的联邦储备信贷必须建立在成员银行借贷需求的基础上，并且和成员银行共同使用。但是今天，只有不到1/6的信贷满足这一要求。

除了上文引用的这些信中以及Black与Seay之间的两封信件外，还有一封圣路易斯储备银行副主席O. M. Attebery代表正在休假的银行主席Martin写给Harrison的一封简短的信件。信件中表示了一定的疑虑，并指出第八区域的状况并不能证明还需要进一步的公开市场购买（Miscellaneous, Vol. Ⅰ, letter, dated July 9, 1930）。波士顿储备银行主席Frederic H. Curtiss寄来了一封日期为7月9日的长信（当时波士顿储备银行并没有总裁，Harding已于4月过世，而Young还未被委任）。Curtiss在信中强烈反对进行进一步的购买，他认为通过这种方式注入的资金更可能流入股票市场，而不是债券市场。

只有克利夫兰储备银行没有回信，但是该银行总裁电话确认已经收到信件。在给Young主席的信件中，Harrison总结了克利夫兰银行总裁Fancher和其大部分董事的观点，即"继续购买政府债券不会对经济复苏有实质性的贡献，因此他们不支持进一步的购买政策"（Miscellaneous, Vol. Ⅰ, letter, dated July 23, 1930, Harrison to Young）。

〔99〕引自recommendation, dated Nov. 18, 1930（Federal Reserve Board, *Annual Report* for 1930, p. 228）。

〔100〕Harrison, Notes, Vol. Ⅰ, July 10, 24, 1930; Office, Vol. Ⅱ, June 5, 1930.

〔101〕Notes, Vol. Ⅰ, sept. 11, 17, 1930.

〔102〕Federal Reserve Board, *Annual Report* for 1930, p. 1.

〔103〕但是应该注意到，宽松的货币条件会加剧股市中投机的可能性，是该时期内被一

再议论的主题。比如,Harrison, Miscellaneous, Vol. I, dated Mar. 17, 1930, J. H. Case to Governor Young; Notes, Vol. I, Apr. 24, 1930; Miscellaneous, Vol. I, letter, dated Apr. 29, Harrison to Platt; ibid., letter, dated July 10, 1930, J. B. McDougal to Harrison。

〔104〕据Hamlin称,当局是因为对Young的领导力感到失望才解除其联邦储备委员会内的职务。若果真如此,那么这样做的结果会南辕北辙。作为波士顿银行总裁和执行委员会成员,他可对公开市场操作,施加比他作为联邦储备委员会主席时更大的影响(参见 Hamlin, Diary, Vol. 18, Sept. 4, 6, 24; Oct. 3, 10; Nov. 24, 1930, pp. 67, 70, 84, 89, 91-93, 118-119)。

〔105〕参见Harrison, Open Market, Vol. 1, minutes of meeting, Jan. 21, 1931,其中Harrison回顾了自1930年9月25日的会议以来,货币市场所发生的变化。同时参见1930年12月19日W. R. Burgess为Harrison准备的一份备忘录,其中指出,自1930年9月25日到备忘录完成当天,联邦储备体系账户并未发生任何变化。直到当时,纽约方面仅仅从一家大银行处购买了4 000万美元债券。而12月20日之后用联邦储备体系账户购买的债券是纽约联邦储备银行根据其自身判断而进行的。当天在华盛顿召开的执行委员会会议上,Meyer主席和其他几位联邦储备委员会成员同意"将在被授权的1亿美元限额内,进一步购买政府债券的决定权留给纽约联邦储备银行,相信纽约联邦储备银行会和其他委员会成员保持紧密的联系"(ibid., minutes of executive committee meeting, Dec. 20, 1930)。

〔106〕原先通过的解决方案中,在"紧缩"一词前有"过度"二字(后来被删除了)。

〔107〕Harrison, Open Market, Vol. II, minutes of meeting, Jan. 21, 1931,以及McClelland(代表联邦储备体系)于1931年1月29日致Harrison的信件,信中批准了该项建议;Notes, Vol. I, Jan. 15, 19, 22, 1931。

由联邦储备体系研究主任E. A. Goldenweiser所写的公开市场委员会会议(1930年1月21日)备忘录中写道:

> Meyer强烈反对证券出售量高于12月因季节性调整和其他原因而购买的债券量……其他总裁没有改变主意,但是却对Meyer的真诚和魄力留下很深的印象。这似乎是他和联邦储备体系内顽固的紧缩派所进行的第一次较量。

该备忘录是议会图书馆的手稿区中Goldenweiser文件的一部分(Container 1, folder of Confidential Memoranda, 1922—1933)。在7个卡纸板的书信文件箱(即该区记录中所谓"Container")中,只有6个对读者开放;第7个只在1965年对持有Goldenweiser女士书面批准的人开放。公开的文件收藏中只有一小部分包含对1919—1945年间(即Goldenweiser在联邦储备体系任职期间)联邦储备体系政策的分析。Goldenweiser文件涵盖的范围比Harrison文件相对要窄,也不像Hamlin的日记那样详尽地记录了联邦储备体系内部观点。因此,我们只略微参考了这些文件。

〔108〕参见本章第4节中对其报告的引用。

〔109〕Open Market, Vol. II, Apr. 27, 1931。

〔110〕费城的Norris、波士顿的Young,以及芝加哥的McDougal。第4个是旧金山的Calkins(ibid., minutes of meeting, Apr. 29, 1931)。

〔111〕Harrison, Open Market, Vol. II, minutes of executive meeting, June 22, 1931; Miscellaneous, Vol. I, letter, dated July 9, 1931, Harrison to Seay; Notes, Vol.

Ⅰ, July 16, 23, 1931.

〔112〕Notes, Vol.Ⅱ, Aug. 10, 1931.

〔113〕Open Market, Vol.Ⅱ, minutes of executive committee meeting, Aug. 4, 1931; minutes of meeting, Aug. 11, 1931. 1.2亿美元包括通常的1亿美元和4月获得授权但未使用的2000万美元。

〔114〕Harrison, Open Market, Vol.Ⅱ, minutes of meeting, Aug. 11, Nov. 30, 1931; and letter, dated Aug. 18, 1931, Meyer to Harrison.

虽然Harrison和Meyer在该政策问题的实质上达成了共识,但是他却十分恼火联邦储备委员会对公共市场政策委员会建议的反应,他对Meyer抱怨说这是和委员会建立时确立的原则相违背的。他是这样对其董事会成员说的:

……整个形势增加了现有的公开市场操作进程的固有困难。如果制定政策的委员会的12个人还必须同时兼顾联邦储备委员会的反应,则有可能根本无法制定出任何政策。一些联邦储备银行总裁在参加会议时本身带有成见,所以无法接受别人的意见;另外一些总裁则不顾别人的意见,或考虑到其银行无法进一步参与政府债券的购买,所以从个人角度狭隘地看待整个问题。(Notes, Vol.Ⅱ, Aug. 20, 1931.)

根据Hamlin的记录,在评论该次委员会会议的结果时,Meyer主席说:"Harrison主席可以温文尔雅地阐述一个问题,但是却无法将其推销出去;如果联邦储备委员会参与这次协商会议,他相信在座的总裁会唯联邦储备委员会和纽约联邦储备银行马首是瞻。"(Hamlin, Diary, Vol. 19, Aug. 11, 1931, p. 129.)就这次会议而言他可能说得没错,但是之后的事实证明他过于乐观了。

〔115〕尽管如此,三天前,在一次执行委员会会议上中,Harrison指出,"考虑到此时联邦储备体系的黄金头寸极为重要,因此他不倾向于购买政府债券"。(Harrison, Notes, Vol.Ⅱ, Oct. 5, 1931.)

〔116〕Burgess于10月9日到达巴塞尔国际清算银行(Bank for International Settlements, BIS)参加每月例会。这是联邦储备体系官员第一次在世界银行中正式参与欧洲中央银行家的讨论。在1930年BIS成立的时候,由于美国国务院禁止纽约联邦储备银行认购其股份,因此纽约联邦储备银行未能成为其成员。但是两个机构之间却存在非正式的联系,而由于BIS行长Gates W. McGarrah曾任纽约联邦储备银行主席,这种关系得到加强。

〔117〕至少Hamlin和Miller就强烈主张提高贴现率。他们认为,即使考虑到对债券市场的可能影响,也不能以此作为政策拖延的理由。(Harrison, Diary, Vol. 19, Oct. 1, 1931, p. 148.)

〔118〕Harrison, Notes, Vol.Ⅱ, Oct. 5, 1931.

〔119〕Ibid., Nov. 25, 1931.

〔120〕"我们认为本周真正有建设性的事件是……纽约联邦储备银行提高再贴现率的行动……该措施是早就该采取的,事实上采用像纽约联邦储备银行这样低的贴现率实在是一个可悲的错误。"(Commercial and Financial Chronicle, Oct. 10, 1931, p. 2305.)"……纽约联邦储备银行被迫再次提高再贴现率整整1个百分点……这无疑是个明智的抉择。"(ibid., Oct. 17, 1931, p. 3460.)据《纽约时报》报道,这次加息"受到几乎所有银行家的欢迎"(Oct. 11, 1931),"受到银行业的热烈欢呼"(Oct. 16, 1931)。

〔121〕进一步的讨论参见本章第6节。

〔122〕Harrison, Open Market, Vol. II, memorandun and minutes of executive committee meeting, Oct. 26, 1931. 会议中,Harrison 提出"自由黄金头寸……此时还不在需考虑的范围内……"

〔123〕McDougal 总裁在会上要求保证不会立即进行任何购买。Norris 总裁和 Fancher 总裁指出,"他们不会仅仅为了使纽约和芝加哥银行在年底摆脱负债状态,而同意购买政府债券"(ibid., memorandun and minutes of meeting, Nov. 30, 1931)。

〔124〕Harrison, Open Market, Vol. II, minutes of meeting, Jan. 11, 1932. 芝加哥的 McDougal 总裁、里士满的 Seay 总裁,以及代表旧金山 Calkins 总裁的副总裁 Day,这三位投了反对票。波士顿的 Young 总裁没有出席会议,也没有派其他代表出席。堪萨斯城市银行派了一名董事作为代表参会,但上述决议被采纳时,他并不在场。

〔125〕*Ibid.*, minutes of meeting, Feb. 24, 1932.

〔126〕Notes, Vol. II, Apr. 4, 7, 1932.

〔127〕唯一的反对者是波士顿银行的 Young 总裁,在和联邦储备委员会的联席会议上

(他)不确定拉高中心城市储备的证券购买,是否也会实现资金向全国其他地方的分散。他不确定能否得到一些关键银行的配合,没有这些银行配合的话,将很难取得成功。他深知这种计划会激起许多银行家的反感,也担心这种大范围的政府债券购买计划会削弱公众对联邦储备银行的信心。他举出1931年的例子来说明购买政府债券是毫无作用的。

芝加哥的 McDougal 主席问道:"联邦储备体系在采取这种在某种程度上是通胀性质的政策后能否继续保持公众的信心,尤其因为政策中包括了使用政府债券作为联邦储备券的抵押。"(Harrison, Open Market, Vol. II, minutes of meeting, Apr. 12, 1932.)

〔128〕众议院负责管理银行、通货和 H. R. 10517(一项由众议员 T. Alan Goldsborough 提出的稳定物价的法案)的附属委员会举行了听证会,该听证会有可能发展为对联邦储备体系的全面调查。Harrison 总裁作证说,联邦储备体系在他出席听证会的两天前才"开始真正利用"《格拉斯-斯蒂格尔法案》(*Congressional Record*, House, June 8, 1932, p. 12354, remarks of Mr. Goldsborough)。也可参见 *Stabilization of Commodity Prices*, Hearings before the House Subcommittee on Banking and Currency, 72d Cong., 1st sess., part 2, pp. 477–478, 500–501。

〔129〕Harrison, Open Market, Vol. II, minutes of meeting, May 17 and June 16, 1932; Notes, Vol. II, May 26, 1932.

〔130〕Notes, Vol. II, June 30, July 5, 1932.

〔131〕Office, Vol. III, July 5, 1932; Notes, Vol. II, June 30, 1932.

〔132〕Notes, Vol. II, June 30, July 5, 1932. Harrison 起初倾向于这样一个建议,即由联邦储备委员会向其他银行施压,迫使它们参与购买计划。当涉及几家银行的储备头寸时,联邦储备委员会要求某一银行为其他银行再贴现票据的权力,也可以适用于政府债券的购买(*ibid.*, June 30, 1932)。经过再三考虑,他觉得联邦储备委员会没有施加这种压力的权力,而且"在其他情形下,本银行会第一个站出来反对联邦储备委员会的这类行动"(*ibid.*, July

5,1932;July 11,1932)。

[133] Notes, Vol. Ⅱ, July 7, 14, 1932; Office, Vol. Ⅲ, letter, dated July 8, 1932, Harrison to Owen D. Young.

[134] Harrison, Open Market, Vol. Ⅱ. Meyer 指的是 Glass 议员提出的一系列法案（见本章注释[29]），其中最近的是1932年3月17日的法案，即《1933年银行法》的前身。在经纽约联邦储备银行董事批准后，Harrison 向参议院银行和货币委员会主席 Peter Norbeck 参议员致信。信中附带了2月6日致 Glass 议员的信件，主要内容是关于之前的一个法案草案。部分内容如下：

> 该法案中许多条款的目的是进一步限制储备银行的自治权，进而将更多的权力集中到联邦储备委员会……你的法案中授权公开市场委员会进行票据和政府债券的操作的条款，十分烦琐，不利于联邦储备体系业务的开展……法案要求操作不仅必须得到联邦储备委员会的批准，还必须得到一个由几家联邦储备银行的12位代表组成的委员会的同意……在这个法案下，如果没有得到委员会的批准，任何债券和银行票据的操作都将无效，即使是每日间的交易，即使是在紧急时刻……在某种程度上，你的法案进一步将权力和权威从联邦储备银行转移到联邦储备委员会，就这一点而言，我认为该法案的目的在于通过一个位于华盛顿的政治机构实现集中的操作和控制。

4月9日，Glass 回复了 Harrison 致 Norbeck 的信件，信中写道：

> 我的观点是，这将构成对法定权力的挑战和对任何限制的顽固对抗情绪……你和你的董事会因此用表述明确的词语，阐述了对联邦储备银行操作的错误理解，这种错误一直以来就反映在纽约联邦储备银行在国内外业务中执行的特别政策中。

对真实票据学说坚信不疑的 Glass 所指的"特别政策"，包括政府债券的公开市场操作和没有对非真实票据贷款加以限制。在他看来，这种限制的缺乏既是经济繁荣的原因，也是经济危机的祸首。

4月18日，Harrison 的回信总结了这次书信交流：

> 本银行的官员和董事们与您和其他任何人一样，希望在力所能及的范围内阻止银行信贷被用来过度投机。根据在这个货币中心运作该银行的实际经验，他们认为长期而言只有一个真正有效的方法可以达到这个目的，那就是最传统的办法，即有力地使用贴现率和公开市场操作……我们认为，1928年和1929年的悲剧在于联邦储备体系未能迅速而有力地使用这些信贷控制工具，而这些工具经过几十年的实践检验，被证明是强大而有效的。(Miscellaneous, Vol. Ⅱ.)

[135] Open Market, Vol. Ⅱ, minutes of meeting, July 14, 1932.

[136] 1932年7月11日 Harrison 向纽约联邦储备银行董事会执行委员会报告他和 Meyer 的一次讨论，其中"Meyer 主席赞同继续执行联邦储备委员会的公开市场计划，他指出，如果没有其他原因，在这个特殊时期从政治上来说停止该计划是不可能的。该计划大概是在向国会提出《戈尔兹伯勒法案》(Goldsborough Bill) 的同时开始的，如果计划在国会休会的时候正好终止，下个冬天我们都将被钉死在十字架上"(Notes, Vol. Ⅱ, July 11, 1932)。

[137] Harrison, Open Market, Vol. Ⅱ, preliminary memorandum, dated Dec. 31, 1932, and minutes of meeting, Jan. 4—5, 1933.

[138] Notes, Vol. Ⅲ, Jan. 16; Feb. 2,6,16,27, 1933; Conversations, Vol. Ⅱ, Jan.

18,1933. Quotation from Notes, Vol. Ⅲ, Feb. 16, 1933.

〔139〕Walter Bagehot, *Lombard Street*, London, Henry S. King, 1873, p. 51.

〔140〕*Lombard Street*, pp. 51,52.

〔141〕比如,在 Benjamin Strong 的备忘录中列举了联邦储备体系 1924 年实行宽松货币政策的原因。其中一个就是"减轻西部和西北部银行的压力,阻止倒闭和灾难的发生……"(*Stabilization*, Hearings before the House Banking and Currency Committee, 69th Cong., 1st sess., Mar.-June 1926; Feb. 1927, pp. 335-336)。Strong 提议的检验联邦储备体系政策的变量之一是倒闭银行的数目(p. 476)。同时可以参考联邦储备委员会的 Adolph Miller 对联邦储备体系角色的描述,即向"紧急情况中的银行"提供贷款,满足紧急的货币需求(pp. 861, 898-899);还可以参考 W. R. Burgess,当时的纽约联邦储备银行驻联邦储备体系的助理代表,有关联邦储备体系稳定危机的力量的描述,其中包括"死马当做活马医"的疗法(p. 1019)。

〔142〕对比而言,联邦储备体系的黄金储备率最高时,即 1919 年联邦储备体系允许通胀不受阻碍地发展,也才达到 53%。直到 1920 年黄金储备率下降到 43% 时,联邦储备体系才采取紧缩行动。

〔143〕储备银行金库中的联邦储备券要满足与流通中票据一样的抵押和准备金要求。1931 年 10 月 31 日,在这些发行银行的金库中总共有 3.2 亿美元的此类票据。而根据一份联邦储备体系内部备忘录,金库中保留 1.2 亿美元就足够了(Harrison, Miscellaneous, Vol. Ⅰ, enclosure, dated Aug. 20, 1931, in letter, dated Aug. 21, Harrison to McDougal)。如果少保留这 2 亿美元票据,将节省 8 000 万美元的黄金储备要求。如果是以黄金而不是 60% 的合规票据作为联邦储备券的抵押,又可以从法定准备金中释放出 1.2 亿美元黄金。

〔144〕*Banking and Monetary Statistics*, p. 574. 这些是 1931 年 1 月 31 日法国和整个欧洲在纽约报告制成员银行持有的短期账户余额的估计值。一年前的峰值分别是 8.9 亿美元和 20 亿美元。

〔145〕Harrison 在 10 月告知法兰西银行,如果后者不愿意在美国货币市场投资,他不会持有超过 2 亿美元的法国存款。他建议法兰西银行购买黄金,既可留作专用,也可出口到法国。法方代表对 Harrison 愿意舍弃黄金感到惊讶,但他们此时也不愿撤回黄金,因为他们担心黄金进口到法国会对其经济带来通胀影响,此时撤回也会影响法兰西银行的收益。但是最后还是达成协议,法兰西银行将逐渐撤回其在纽约账户的很大一部分余额。(Harrison, Open Market, Vol. Ⅱ, Oct. 15 and 26, 1931.)

有关 Harrison 和法方对话的谣言错误地传达了事件的实质:谣言声称,他要求法国不要从美国带走更多的黄金,但是却被拒绝;谣言还称他答应保持稳定的货币政策。他在和 Meyer 主席的通信中否定了上述谣言:

> 我详细地回顾了这些事情,是因为不断有报道称纽约达成了一项"交换"。报道称,纽约联邦储备银行牺牲了其在信贷和贴现率政策上的行动自由,是为了换取法国不从美国市场撤走资金的承诺。事实上根本没有此类协议和交换。法兰西银行绝对自由,随时可以撤走其资金。纽约联邦储备银行也在信贷和贴现政策上享有同样的自由。事实上,我没有在任何一次与外国中央银行的对话中,要求过或建议过双方达成会破坏或限制我们为自身利益而采取行动的绝对自由的协议。

Harrison 的陈述和时任联邦储备体系研究统计部门主管的 E. A. Goldenweiser 的断言不见得不一致。Goldenweiser 说:"法兰西银行当时在美国拥有大量的存款。管理层有理由相信,如果美国利率不上调,这些存款就会被兑换成黄金撤出美国。"

如果不是法国要求一个承诺,而 Harrison 又给了一个承诺,法方代表仍然可以将美国不提高贴现率的行为视为美国并不真正像所宣称那样,会采取一切必要措施来坚持金本位制。[Harrison, Miscellaneous, Vol. I, Harrison 于 1931 年 12 月 18 日致 Meyer 的信件;同前,Harrison 于 1931 年 12 月 22 日致 Calkins 的信件(Calkins 显然已将谣言信以为真);E. A Goldernweiser, *American Monetary Policy*, New York, McGraw-Hill, 1951, pp. 158-159。]

398n   [146] 某些日期法国在纽约报告制成员银行持有的短期余额如下:1931 年 9 月 16 日,68 500 万美元;1931 年 12 月 30 日,54 900 万美元;1932 年 5 月 11 日,30 400 万美元;1932 年 6 月 15 日,10 200 万美元;1932 年 6 月 29 日,4 900 万美元(*Banking and Monetary Statistics*, pp. 574-575)。这些统计数据包括法国在美国报告制成员银行和银行家处的所有存款和短期证券,但是可能不包括其他美国对法国公民的短期负债,比如由代理机构而非报告制银行持有的票据和短期证券。因此上述数据可能低估了法国的资金撤出量。

尽管广为报道,但是 Harrison 否认,法国最终撤出其短期余额是基于法国对联邦储备委员会于 1932 年春改变政策的不满。他指出,"有些人可能会指责我们的政策要为近期的黄金大量流出负责,但我们知道央行的这种撤回短期余额的行动,在任何情况下都是可能发生的"(Notes, Vol. II, June 30, 1932)。

[147] Goldenweiser 的观点恰好相反,他写道:"一个成熟的宽松性政策(从语境中看,他指的是低贴现率,而不是公开市场操作)……应包括中止联邦储备存款的准备金要求。"(*American Monetary Policy*, p.159.)但是,Goldenweiser 没有为其观点提供足够的证据。这可能是当时权威的观点,但是我们无论在 Goldenweiser、Harrison 的众多文件中,还是 Hamlin 的日记中,都未发现这样的内部文件——明确指出该政策或其对准备金率的影响曾被郑重地考虑过。这些文件表明,提高贴现率看起来几乎是一种条件反射,而非经过周全考虑后做出的抉择。

400n   [148] 但是,在所有储备银行于 1931 年 10 月、11 月提高贴现率的数月后,达拉斯、里士满和纽约联邦储备银行又将其降低。纽约联邦储备银行的这次降息发生在 1931 年 10 月第二次提息的四个多月后,并且将贴现率降到黄金流失之前水平的 1/4。四个月后,纽约联邦储备银行再一次将贴现率降低到 2.5%(只是黄金流失前水平的一半),之后一直保持到 1933 年 3 月才再次调高。

[149] *American Monetary Policy*, pp. 159-160.

[150] 见本章注释[26],《格拉斯-斯蒂格尔法案》的其他条款。

401n   [151] Anderson 在 1930 年 3 月 14 日的一篇文章(p.13)中提到了自由黄金的重要性,并表示以后想全面地讨论这个问题。事实上,他的确在 *Federal Reserve Bulletin*(Sep. 1930, p.8)中的 "The Free Gold of the Federal Reserve System and the Cheap Money Policy"一文中对该问题进行了讨论。W. R. Burgess 告知联邦储备委员会,Anderson 的一篇有关黄金的文章(*Chase Economic Bulletin*, Mar. 16, 1931)极大地破坏了联邦储备体系在国外的形象(Hamlin, Diary, Vol.19, Oct. 30, 1931, p.173)。

[152] 参见 Goldenweiser Papers, Container 1, folder of Confidential Memoranda, 1922—1933;*New York Times*, Dec. 31, 1929(提到 Anderson 的演讲);Hamlin, Diary,

Vol. 19, p. 132；Harrison, Open Market, Vol. Ⅱ。

［153］在给所有官员传递备忘录的信件中，Harrison 总结道："除了储备银行各自的头寸，整个联邦储备体系拥有足够的资金以应对任何可能发生的情况。从政策上说，我们可以做任何对本国经济有利的事情。"

备忘录中指出，购买3亿美元政府债券的直接作用，就是减少1.37亿美元的自由黄金，这样联邦储备体系还剩6亿美元的黄金，而通过减少储备银行金库中的联邦储备券，则可将其增加到9亿美元。根据该备忘录，对联邦储备券或黄金需求的大幅增长不会影响到自由黄金的头寸。因为同时联邦储备体系贴现量和票据持有量也会大幅增长，而这些增量可以为联邦储备券提供作为抵押的合规票据，从而释放出作为抵押的黄金。除自由黄金以外，当时作为抵押的黄金，足够为30亿美元以上的额外流通票据提供40%的储备，或者提供12.5亿美元的黄金输出。(Miscellaneous, Vol. Ⅰ.)

［154］Open Market, Vol. Ⅱ. 1931年和1932年的年报和联邦储备委员会公告中都未提供这一关键时期中自由黄金的连续数据，在其他的联邦储备体系出版物中也无法找到。我们对1932年1月和2月自由黄金的估计量是基于联邦储备委员会的一张图表(Annual Report for 1932, p. 17)，外加发行银行所持有的票据量(p.91)。

［155］1931年8月11日的公开市场政策委员会会议上，Calkins总裁和Seay总裁在回应Harrison大量购买政府债券的建议时指出，他们的银行没有足够的自由黄金来参与进一步购买。Harrison引用了上文提及的1931年8月3日备忘录中自由黄金的数据，并指出"问题并不在于个别银行能否参与，而是要试图制定一个有益的联储体系政策"。当天晚些时候，公开市场政策委员会和联邦储备委员会面时，Meyer总裁询问授权执行委员会购买2亿或3亿美元政府债券是否会"给联邦储备体系带来任何危险"。"Goldenweiser先生指出，这么做并无任何危险，因为我们拥有7.5亿美元的自由黄金，如果从代理行处再撤回一些，这个数字还可以增加到10亿美元"(Harrison, Open Market, Vol. Ⅱ)。

在10月5日纽约联邦储备银行董事的执行委员会会议上，Owen D. Young 询问联邦储备银行如何购买政府债券可以满足最新提议的成立一个公司(即后来的国家信用公司)的计划。Harrison回答道："他认为当时联邦储备体系的黄金头寸至关重要，不会利用该账户购买任何政府债券。"但是在三天后的纽约联邦储备银行董事会上，Harrison指出"联邦储备体系所持有的自由黄金数量并未受到近期黄金流失的重大影响，因此还是有购买政府债券余地的"(Notes, Vol. Ⅱ, Oct. 5, 8, 1931)。

在1931年10月26日的公开市场政策委员会会议上，Harrison指出"自由黄金头寸此时还不在应考虑的范围之内"(Open Market, Vol. Ⅱ)。10月27日，Goldenweiser向联邦储备委员会报告说，尽管之前五周黄金持续出口，自由黄金仍维持原有状态(Hamlin, Diary, Vol. 19, pp. 169-170)。在1931年10月30日的公开市场政策委员会会议上，并未提及自由黄金问题。当时该会议授权执行委员会在年底前可购买最高达2亿美元的政府债券(Open Market, Vol. Ⅱ)。

我们所能找到的最早提及自由黄金问题的联邦储备委员会出版物是 Bulletin, Sept. 1931, pp. 495-496。文中定义了"自由黄金"这一术语，列出了一张有关1925年起自由黄金和各联邦储备银行超额准备金的图表。在当年11月的Bulletin中，该问题被再次提起(p. 604)，但在当年的年报中却并未提及。虽然在年报中列出立法建议是联邦储备体系的标准程序，但是不论是这份还是之前的任何一份年报中，都没有出现通过立法解决该问题的建议。直到1932年年报在评论《格拉斯-斯蒂格尔法案》的通过时，才第一次包含了有关自由黄金问题的讨论。

[156] 1932年1月4日,Harrison告知纽约联邦储备银行执行委员会,"我对于建议大幅购买政府债券的唯一疑虑",就是在账户中只有相对很少的自由黄金"可供我们支配",所以应授权储备银行用其所有资产作为联邦储备券的抵押(Notes,Vol. Ⅱ,Jan. 4,1932)。

上述疑虑并未阻碍他在1932年1月11日委员会会议上,力主公开市场购买(见本章第5节)。在2月24日(《格拉斯-斯蒂格尔法案》制定前)的会议上,联邦储备体系并未进行票据购买、降低贴现率,也未如1月11日建议的"如有必要,购买政府债券,同时缓和自由黄金头寸"的原因被解释为:

> 国内形势持续变化无常,大量黄金流出至欧洲尤其是法国,以及担心本国发生通货膨胀,都是导致无法展开包括降低贴现率和购买政府债券的扩张性政策的重要因素。而联邦储备体系持有相对少量的自由黄金,则是限制购买政府债券的另外一个重要原因。(Open Market,Vol. Ⅱ,minutes of meetings,Jan. 11,and Feb. 24,1932.)

[157] Hoover, *Memoirs*, pp. 115 - 118;也可参见Benjamin Anderson,"Our Gold Standard Has Not Been in Danger for Thirty-Six Years", *Chase Economic Bulletin*,Nov. 10,1932,p. 10。

[158] 联邦储备体系可以声称持有量的降低并非其本意,因为对承兑汇票的买入利率低于再贴现率,但是唯一拥有票据的纽约城市银行早在1931年10月就实际上不对纽约联邦储备银行负债,所以它并无出售票据的动机(H. H. Villard,"The Federal Reserve System's Monetary Policy in 1931 and 1932", *Journal of Political Economy*,Dec. 1937,p. 727)。然而,问题的关键在于买入利率和市场利率,而不是和再贴现率的关系。正如Villard所指出的,在1931年8月至1931年10月期间,虽然联邦储备体系的票据持有量有所增加,但是其买入利率是等于或低于市场利率的;之后其买入利率比市场利率高出1/8至1/4个百分点(*ibid.*,pp. 728-732)。如果储备银行降低买入利率,纽约的银行可能会向其出售承兑票据。这些银行非常清楚,要考虑的是买入利率和市场利率的关系,而不是买入利率和再贴现率的关系,正如其在1929年8月的行动中显示出的一样。1932年1月21日,Harrison告知其董事会:"我们本应该降低票据利率,因为它们大大高于有效市场利率,而我们的票据组合正在快速减少。"(Harrison,Notes,Vol. Ⅱ.)

Benjamin Anderson一直认为自由黄金是对联邦储备委员会扩张性政策的限制(正如我们之前提到过的,他对此类政策持反对意见),仍然否认《格拉斯-斯蒂格尔法案》在本质上消除了这种限制。他罗列出许多增加自由黄金的可选方法,类似我们文中所举出的4项。关于第(4)项第②点,他写道:

> 另外,增加公开市场票据以供储备银行购买本来很容易,只要协调一下政策,包括银行和大公司的合作——事实上,一些重要的工业巨头的确如此建议过。("Our Gold Standard Has Not Been in Danger",p. 9.)

[159] 参见全国和各储备城市的成员银行的合规资产(包括合规票据和未用于国民银行券流通抵押的美国政府债券)的数据(1926年6月至1932年12月间的6月30日或所有赎回日),见Federal Reserve Board, *Annual Report* for 1932,p. 126。

合规票据(包括再贴现票据)持有量是成员银行借贷量的4倍,而这个比率还只是位于1931年12月的一个低点。当然,成员银行借贷由美国政府债券和合规票据担保,因此1931年12月基于合规票据的借贷量增长的可能性被低估了。

1932 年 3 月 24 日,在参议院银行与货币委员会就 S. 4115 的听证会上(National and Federal Reserve Banking System, 72d Cong., 1st sess., p. 109),Glass 参议员指出:"就在上周六晚的一次会面中,联邦储备体系负责银行操作的首席官员告诉我,银行有足够充裕的合规票据。"

根据 Glass 在《格拉斯-斯蒂格尔法案》的参议院辩论中提供的数据,所持有的合规票据也是很分散的。他说他支持法案中的一部分内容,即允许银行无须合规票据,持储备银行认可的其他票据也可再贴现。但是这并非因为银行不再持有足够的合规票据,而是因为该方案具有很强的心理作用,将使银行不再害怕再贴现它们持有的合规票据。(Congressional Record, Senate, Feb. 17, 1932, p. 4137; H. P. Willis and J. M. Chapman, *The Banking Situation*, New York, Columbia University Press, 1934, pp. 678-679.)

[160] Goldenweiser, *American Monetary Policy*, p. 160; Federal Reserve Board, *Annual Report* for 1932, p. 18. Benjamin Anderson 认为强迫是没有必要的:

> 其实并不用强迫,只要协调一致,将其作为一项全面的政策,通过和国内大银行达成某种最多是小幅紧缩银根的协议安排,它们(储备银行)应该就会这么做(出售政府债券)。

[161] 联邦储备体系需要做的仅仅是以低于政府债券市场收益的利率,为有政府债券(这些政府债券是可接受的联邦储备券的抵押品)支持的成员银行票据提供贴现。在 1932 年 1 月 11—12 日公开市场政策委员会会议上,财政部部长 Mills 显然也是这么建议的。财政部为了在 6 月 30 日前筹集 15 亿美元,打算鼓励银行购买政府债券(从 1931 年 9 月开始政府债券急剧贬值)。"降低联邦储备的贴现率,可以使利率和政府债券收益率具有一定的差异,从而增加银行购买政府债券的倾向。如果能够促使银行借贷和购买债券,则会产生信用扩张的净效应。"(Harrison, Open Market, Vol. Ⅱ.) 该建议未被采纳。

406n

1930 年一位纽约联邦储备银行董事曾建议"改变直接施压的方式(1929 年尝试却失败),联邦储备体系不会否决借贷",但是该建议并未被视为切实可行的解决方案(Notes, Vol. Ⅰ, May 26, 1930)。在任何时候,每个储备银行对其成员银行贴现所给予的鼓励程度都有所不同。比如说,Charles E. Mitchell 评论旧金山银行有关合规要求的解释不够灵活(Notes, Vol. Ⅱ, Oct. 15, 1931)。就连 Harrison 此时对于邀请银行家前来就此事会面也显得有些犹豫,尽管他曾在 1931 年 10 月建议纽约城市银行"只要形势需要"就可以向联邦储备体系自由借贷。用他的话说就是"因为我们必须做好准备,我们的行动将被理解为邀请他们到我们银行来借贷,然后充分利用借来的资金。因此,这个举动责任重大"。Owen D. Young 指出,他想在召开银行家会议,即实际上作出邀请成员银行向其借贷的行动前,"先停下,多看看,多听听"。(Notes, Vol. Ⅱ, Oct. 26, 1931; Mar. 24, 1932.)

Clark Warburton 坚持认为,储备银行非但不鼓励成员银行贴现以增加合规票据,而且"随着银行倒闭更加频繁,联邦储备银行面对需要借贷以满足提款需求的成员银行,态度变得十分冷漠无情"。("Has Banking Supervision Been in Conflict with Monetary Policy", *Reviews of Economics and Statistics*, Feb. 1952, pp. 70-71.)

[162] 比如 H. Parker Willis,他曾在《联邦储备法》的形成中起到重要作用。1931—1932 年间在 *Commercial and Financial Chronicle* 的专栏中曾频繁地报道(他于 1931 年 5 月辞去了 *Journal of Commerce* 的编辑工作)他是如何抨击公开市场操作的,并认为联邦储备体系的唯一任务就是对合规票据进行贴现。Willis 在 1932 年 1 月刊登于一份法国出版物《经济与金融事务所》(*Agence Economique et Financière*)的文章中,宣称联邦储备体系开始

407n

采取通胀性措施,在欧洲金融界掀起了不小的波澜。法兰西银行的 Moret 行长将这篇文章电报给 Harrison。其中部分内容如下:

> 通货膨胀箭在弦上……下一次纽约联邦储备银行董事会会议可能就会调低贴现率。(可能是因为 Wills 的文章,贴现率直到 2 月 26 日才被调低。)周二(1 月 12 日)承兑票据买入利率下调是联邦储备银行在此类状况下一直采取的预备措施。金融界普遍认为这是货币政策改变的信号,预计将会出现大幅购买政府债券、承兑票据和其他票据……有理由相信,所有基于长期票据以抑制通胀、紧缩信贷的企图都会遭到普遍的反对。通货膨胀的思想已经在金融界许多人心里深深地扎根……华尔街为通货膨胀欢呼,因为这样确保了证券价格的上扬。最大的危险在于联邦储备银行扩大贴现和贷款操作所面临的风险……考虑到这些变化,一些观察员评论说,不久前刚停止的黄金流出现象很容易再次出现,而能够自由输出黄金的市场所剩无几。(Harrison, Miscellaneous, Vol. Ⅱ, Willis article, dated Jan. 13, 1932, quoted in full in cable, dated Jan. 15, 1932, Bank of France to Harrison.)

在 Willis 文章掀起的波澜平息之前,纽约联邦储备银行和法兰西银行间频繁通过电话和电报交换信息(Conversations, Vol. Ⅱ, Jan. 14, 1932, dictated Jan. 20; Miscellaneous, Vol. Ⅱ, cable, dated Jan. 15, 1932)。纽约各银行也收到了巴黎分行关于该文章的咨询电文。1 月 16 日,Harrison 要求 Glass 参议员利用其影响力,阻止这场"Willis 风波,以及关于美国头寸的警示性文章"(Miscellaneous, Vol. Ⅱ)。

Willis 跟随其导师 J. Laurance Laughlin 拥护真实票据学说(参见第 5 章,注释[7])。1912—1913 年在参议院银行和货币委员会担任专家期间(Carter Glass 时任该委员会的附属委员会主席),他将这些标准应用于联邦储备银行的运作,协助起草了《联邦储备法》。在 Glass 成为参议员后,Willis 仍然与他保持密切联系。

[163] 参见 Banking and Currency Reform, Hearings before a subcommittee of the House Banking and Currency Committee(Carter Glass 任该附属委员会主席),62d Cong., 3d sess., Jan. 7-Feb. 28, 1913; and A Bill to Provide for the Establishment of Federal Reserve Banks, Hearings before the Senate Banking and Currency Committee(R. L. Owen 任主席),63d Cong., 1st sess., Sept. 2-Oct. 27, 1913, vols。尤其在众议院听证会上,许多参会人士显然理解了解决流动性危机的方法:比较前财政部部长 Leslie M. Shaw 的证词(pp. 99-101);圣路易斯银行家 F. J. Wade 的证词(pp. 219-211);前纽约城市清算所协会主席 W. A. Nash 的证词(pp. 338-339);威斯康星州立银行家 A. J. Frame 的证词(pp. 415-412)。Frame 不赞同建立一个储备体系;他力主将《奥德利奇-瑞兰法案》扩展到州立银行,以便银行在"危急时刻可以获得额外的现金"。如果这样,"美国将再也不会停止现金支付"(p. 421)。在参议院听证会中,比较芝加哥银行家 G. M. Reynolds 的证词(Vol. Ⅰ, p. 228);艾奥瓦州商人 Nathaniel French 的证词为"只要提出一个关于票据的弹性发行以及准备金转移的条款,并在必要时加以使用,我们就可以防止类似 1907 年的危机再次发生"(Vol. Ⅲ, p. 2075)。

同样必须注意到 Clark Warburton 的评论:

> 很明显,联邦储备体系能够如成立初衷般运作——在不紧缩成员银行储备的同时提供弹性化的货币供给——当且仅当联邦储备银行需要增加资产时……以发行联邦储备券的形式最大限度地增加货币发行……显而易见,在联邦储备体系操作过程中必须将这个原则时刻牢记在心——根据联邦储备体系建立之前文献中的讨论,以及《联邦储备

法》的条款——联邦储备官员对联邦储备体系的管理未能和 30 年代保持一致性,导致违背了法律的初衷。("Monetary Difficulties and the Structure of the Monetary System", *Journal of Finance*, Dec. 1952, p. 535.)

[164] 例如,可参见 Alvin H. Hansen, *Economic Stabilization in an Unbalanced World*, New York, Harcourt, Brace, 1932, pp. 377-378。接连不断的抑制联邦开支和 1932 年税收急剧上涨都证明了这些观点的影响。A. B. Adams 于 1932 年写道(*Trends of Business, 1922—1932*, New York, Harper, 1932, p. 68):

> 此时此刻本国出现银行信贷的膨胀是非常不利的。在经济稳定之前,我们有许多陈旧的通胀泡沫需要去除。暂时的通货膨胀只能延缓无法避免的通缩和再次调整,因而只能延长当前的萧条。

[165] *Reconstruction Finance Corporation*, Hearings before the House Banking and Currency Committee, 72d Cong., 1st sess., Jan. 6, 1932, pp. 78, 102-104. 俄克拉何马州前参议员 R. L. Owen,在 1907 年竞选进入参议院之前曾是一名银行家和律师,在《联邦储备法》通过时他担任参议院银行与货币委员会主席。也可参见他于 1932 年 3 月所作的证词:

> 联邦储备委员会和联邦储备银行如果具备运用法律所赋予它们的权力和远见,将拥有足够的能力来阻止价值的崩溃。
>
> 在信用紧缩时它们并未扩张信用,以扭转危险的局势,相反,它们于 1929 年 12 月至 1930 年 6 月进一步紧缩信贷,幅度达到 7 亿美元。直到银行储户于 1930 年 8 月在恐惧下开始囤积货币,它们才以联邦储备券的方式扩张信用。从 1932 年 1 月起,它们开始再次紧缩信贷。
>
> 很明显,联邦储备体系官员应该做的是在公开市场中购买美国政府债券和票据,并发行联邦储备券,直到足以阻止这场由信贷和货币紧缩引起的大萧条。加拿大皇家银行的专家和其他人不止一次这么建议。它们本不需要别人为其建议如此不言而喻的措施。

(*Stabilization of Commodity Prices*, Hearings before the House Subcommittee on Banking and Currency, 72d Cong., 1st sess., part 1, p. 136.)

同时参考 D. H. Fisher 的证词。他是美国最大的国家农业贷款协会的董事,同时担任一家印第安纳州乡村银行家协会的(*ibid.*, pp. 289-293)董事。

1932 年 7 月加拿大皇家银行的每月来信中写道:

> 很明显,1930 年至 1931 年联邦储备体系对信用紧缩持消极的态度。当资金囤积(信件中标明日期为 1930 年 10 月)开始时,信用进一步的紧缩只有部分被买入的债券所抵消。非常有必要进一步积累超额准备金,这样银行才会感到安全,并对其客户施行更大方的政策。值得注意的是,由于大萧条程度很深,超额准备金的积累大大低于以往时期。

[166] 参见本章注释[51];以及 H. L. Reed, "Reserve Bank Policy and Economic Planning", *American Economic Review*, Mar. 1933 Supplement, pp. 114, 117(他随后在定量控制需要辅以定性控制的基础上证明了他的观点,参见"The Stablization Doctrines of Carl Snyder", *Quarterly Journal of Economics*, Aug. 1935, pp. 618-620); Irving Fisher, *Booms and Depressions*, New York, Adelphi, 1932, pp. 96, 106, 126-134, 148-152; J. H. Rogers 写道,"因为未能创造急需的信用和价格扩张的基础,许多研究政策的著名学者认为,联邦储

备体系必须负直接责任。有人强烈主张,在类似现在这种时期中,联邦储备体系这样的中央机构要么运用其强大的'公开市场'力量挽救急剧下降的价格,要么就得承受其应得的骂名"(*American Weighs Her Gold*, Yale University Press, 1931, pp. 206-209); W. I. King 写道,"假设1930年价格急剧跳水时,联邦储备体系官员开始向流通中投放货币,难道不会抬高价格,恢复公众信心或乐观心理,并在1931年将经济带回到正轨上吗? 这个问题的答案自然是肯定的!"("The Immediate Cause of the Business Cycle", *Journal of the American Statistical Association*, Mar. 1932 Supplement, p. 229); J. W. Angell, "Monetary Prerequisites for Employment Stabilization", in *Stabilization of Employment*, C. F. Roos, ed., Bloomington, Principia, 1933, pp. 207-214, 222-226; Karl Bopp 写道: "A. C. Miller 先生似乎是联邦储备体系的权威人物。他对公开市场操作——这个刺激经济从严重的萧条中恢复的唯一方法——表示反对,除非是作为'外科手术'。即使面对1932年这样的情况,他仍然认为'外科手术'没有必要。"("Two Notes on the Federal Reserve System", *Journal of Political Economy*, June 1932, p. 390.)

〔167〕参见 Chandler, *Benjamin Strong*, pp. 41-53, 69-70, 214-215, and Chaps. Ⅶ—Ⅺ。

〔168〕Chandler, *Benjamin Strong*, pp. 27-28.

〔169〕Chandler, *Benjamin Strong*, p. 460.

〔170〕Harrison, Notes, Vol. Ⅱ, Apr. 4, 1932. 这位董事 Clarence A. Woolley 接着问,为何公开市场购买"不能早点进行"。他说:"整个国家的神经体系已经紧绷了29个月了,而在之前的经济衰退中,只需五六个月就可以收拾残局。联邦储备体系是否对这种敷衍塞责负有责任呢?"Burgess 指出,"联邦储备体系的存在既会延长刺激的时间,也会拖延经济萧条的时间"(ibid)。

〔171〕参见 Strong 于1923年8月26日致 Adolph Miller 的信件复本(Goldenweiser Papers, Container 3, folder of Open Market Commitee, 1923—1952)。其中 Strong 这样写道:

> 我可以相当肯定地说,信用现象在某种程度上和肺结核的症状相似。肺结核病毒携带者的任何轻率或无节制行为,经常在几周或几个月内都不会表现出任何影响。精神上或身体上的过度疲劳可能会引发轻微的炎症,然后渐渐发展,引起病变,造成高烧、心悸、咳嗽等症状。在我们的操作中,所谓的轻率行为是指在纽约市场上出售5 000万或1亿美元的投资……通过出售债券,我们可能在不经意中非常快速而危险地摧毁了信用结构,立即带来了更大规模银行贷款变现的压力。这个过程在出售行动后的某一不确定的时期达到最大限度(表现为高烧和心悸),并且可能由于我提到的这种滞后而使我们无法发觉危机的起因。

Owen Fisher 指出,"Strong 主席于1928年过世。我一直坚信,如果他还在世,并且他的政策能够持续,我们可能会大大地缓和这次股市的崩盘,之后也不会出现工业大萧条了"(*Annals of the American Academy of Political and Social Science*, Philadelphia, 1934, p. 151)。同时参考 Carl Snyder, *Capitalism the Creator*, New York, Macmillan, 1940, p. 203。

〔172〕早在有关处理股市繁荣的争论之前,1927年秋联邦储备委员会和储备银行间就发生了斗争,当时芝加哥储备银行不愿意和其他储备银行一样调低贴现率,推行 Strong 提出

而由联邦储备委员会采纳的宽松货币政策。联邦储备委员会最后(以4:3的投票率)命令芝加哥银行降低其贴现率,这一行动是史无前例的。"此举引起了联邦储备体系内外更大的争议。大部分批评集中在行动的合法性上,所有人都认为在非紧急时期滥用权力是不明智的。"虽然Strong本身希望能调低芝加哥的贴现率,他"十分不满联邦储备体系的行动并试图制止,或至少推迟"(Chandler, *Benjamin Strong*, pp. 447-448)。也许他认为保持各储备银行的独立性及其在联邦储备体系内的主导地位,比当时的特定事件本身更为重要。

Grissinger总裁的辞职可能和该事件有关。联邦储备委员会于9月9日召开会议,强制推行利率政策。Grissinger并未告知联邦储备委员会,Strong在一天前曾致电他,并要求他推迟会议,直到财政部部长Mellon第二天赶回华盛顿,而Mellon和Strong早在纽约就已进行过协商。也许Mellon会试图劝说联邦储备委员会不要采取行动,并且无论怎样都能使投票打成平手(Hamlin, Diary, Vol. 14, Sept. 15, 1927, p. 38)。Grissinger于9月15日辞职。

[173] *Benjamin Strong*, p. 465. Hamlin一直对纽约联邦储备银行的支配地位心存不满(Hamlin, Diary, Vol. 19, Aug. 10, 1931, p. 126),然而却这样评价Strong:"他是个天才——银行家中的Hamilton。他的位置无人能够取代。"(Hamlin, Diary, Vol. 16, Oct. 18, 1928, p. 60.)

[174] Hamlin, Diary, Vol. 22, p. 61.

[175] 比较本章注释[89]和[114]中Harrison的讲话。

[176] 联邦储备体系当时的薪金结构某种意义上能反映出储备银行和联邦储备委员会的相对地位,也能体现它们吸引人才的能力。直到1935年,一名联邦储备委员会成员的年薪是1.2万美元。虽然和内阁成员薪金相等,但是却和银行总裁(之后是主席)的薪金相去甚远。纽约联邦储备银行的Strong从1919年至去世,年薪都是5万美元,而Harrison也是如此。20世纪中期,其他银行总裁的年薪最低是2万美元(6个南部和西部银行),最高是3.5万美元(芝加哥银行)。相对差距在1960年有轻微的改善:联邦储备委员会成员为2万美元(主席再加500美元);总裁中年薪最高的可达6万美元(纽约联邦储备银行),最低的也有3.5万美元(除芝加哥和旧金山外的所有其他储备银行)。

[177] 在Meyer任期内,联邦储备体系的两个委员会(包括一些储备银行的官员)受任研究总分银行、连锁银行、集团银行以及准备金的问题。报告虽然递交了,但是建议并未真正被采纳(参见Report of the Federal Reserve Committee on Branch, Group, and Chain Banking, mimeographed, 1932; and "Member Bank Reserves—Report of the Committee on Bank Reserves of the Federal Reserve System", Federal Reserve Board, *Annual Report for 1932*, pp. 260-285)。Meyer向参议院银行和货币委员会建议,通过限制国家特许机构的银行业特权,在美国建立一个统一的商业银行体系。联邦储备委员会总体上支持该项立法的合宪性(ibid., pp. 229-259),但是并未采取进一步行动。

[178] Harrison反对Meyer同意担任复兴金融公司的主席(Notes, Vol. II, Jan. 21, 1932)。

1929年至1932年联邦储备委员会余下的成员有:Edmund Platt(担任联邦储备委员会副主席,直到1930年9月15日离职),Adolph Miller, Charles S. Hamlin, George R. James, Edward Cunningham(至1930年10月28日),以及Wayland W. Magee (1931年5月5日后)。Platt学习过法律,曾任报社编辑、国会成员(任职于银行与货币委员会),最后于1920年任职于联邦储备委员会。Miller和Hamlin是最初的联邦储备委员会成员,于1914年上任。Miller，一位学术能力很强的经济学家，曾撰写过许多关于货币问题的优秀文章。但是他和 Hamlin 一样，在第一次世界大战后就表现出无法发挥领导力、独立决断的缺点。用 Chandler 的话说，Miller "毫无疑问是联邦储备委员会任命的成员中最有能力的，但他是一名外部的顾问和评论家，而不是富有想象力、勇敢无畏的企业家"（*Benjamin Strong*，p. 257 and also pp. 44-45）。如果 Hamlin 对 Miller 多次的评价是可信的，那么这句话就是对他很慷慨的评价。Hamlin 的日记将 Miller 描述为一个以自我为中心的人，对利用其公共地位牟取私利毫不犹豫，可以为一些芝麻小事改变在重要问题上的立场（参见 Vol. 4，Aug. 6，1918，pp. 180-181；Vol. 6，May 6，1921，p. 90；Vol. 14，Jan. 6，June 9，1928，pp. 105，106，180；Vol. 16，Oct. 30，1929，p. 194）。

417n　　Charles S. Hamlin 是一名律师，Chandler 形容他是"有智慧的，但正如他一位助手所言，'他是抄写员一样的人，不能独立判断任何事情'"（*Benjamin Strong*，pp. 256-257）。他的日记证实了这一观点。他很精明，尤其在政治问题和管理细节上。自认为具有公众精神，如果是作为一个坚定的支持者十分诚实可靠。对我们而言，很幸运，他是个积习难改而且在我们看来十分准确的饶舌者。但日记显示，他对货币政策更广义的问题所知甚少，思想和行为上都不具备冒险精神。James 是来自田纳西州的一名小商人、制造业者，担任了几年某商业银行的行长；Edward Cunningham，一个农场主；Wayland W. Magee，也是一个农场主、牧场主，曾是堪萨斯市储备银行奥马哈分行董事会成员，之后成为堪萨斯市银行的一名董事（参见 Chandler's comments，*Benjamin Strong*，pp. 256-257）。

　　在所有成员中，E. A. Goldenweiser（1926 年至 1945 年任研究统计部董事）可能是最具影响力的，但他主要是一名技术人员。他的前任 Walter W. Stewart（和 Strong 走得很近）对他影响极大，在 1926 年离开联邦储备委员会后他们仍继续保持联系。Goldenweiser 是一个温和的人，比不上 Stewart 对政策的影响力。

　　联邦储备委员会的当然成员 Andrew W. Mellon 是货币监理署署长、财政部部长，曾于 1921 年至 1932 年 2 月间担任主席。委任时，他已是著名的金融家和实业家。1933 年 3 月，Ogden L. Mills 继任。Mills 曾是律师、税收专家、国会议员，之后于 1927 年成为财政部副部长，是一个有能力、有手腕的人。如上文中所述，他对《格拉斯-斯蒂格尔法案》的通过给予了很大的帮助，因为他认识到自由黄金的缺乏限制了联邦储备委员会的行动。Mills 显然将其主要的意见体现于 1933 年 3 月 9 日的《紧急银行业法案》中（参见第 8 章）。

　　J. W. Pole，前美国国家银行首席审查员、1928—1932 年货币监理署署长，提倡将分支银行限制在重要城市周围"贸易区域"或地区，作为一项银行改革方案。但是他对银行立法或该时期联邦储备体系的政策都毫无影响（参见 Comptroller of the Currency，*Annual Report*，1929，p. 5；1930，p. 5；1931，p. 1）。Hamlin 形容他"总体上是一个好人，而不是一个强人"（Diary，Vol. 21，Sept. 1，1932，pp. 105-106）。

　　[179] 参见 Sprague，*History of Crises*，文中各处。

美国货币史

1867—1960 精校本

A Monetary History of
The United States, 1867-1960

下
复兴与反思

[美] 米尔顿·弗里德曼（Milton Friedman）
安娜·J. 施瓦茨（Anna J. Schwartz） 著

巴曙松 王劲松 等译
巴曙松 牛播坤 游春 等校

北京大学出版社
PEKING UNIVERSITY PRESS

美国货币史

1867—1960　精校本

A Monetary History of
The United States, 1867-1960

下

复兴与反思

[美] 米尔顿·弗里德曼（Milton Friedman）
　　安娜·J. 施瓦茨（Anna J. Schwartz） 著

巴曙松　王劲松 等译
巴曙松　牛播坤　游春 等校

目 录

A Monetary History of The United States, 1867–1960

下册 复兴与反思

第 8 章　新政时期银行结构和货币本位的变化 /383
8.1　银行结构的变化 /385
8.2　货币本位制度的变化 /415

第 9 章　周期性变动（1933—1941）/451
9.1　货币、收入、价格和流通速度的变化 /453
9.2　引起货币存量变化的因素 /458
9.3　高能货币的变动 /463
9.4　联邦储备政策 /468
9.5　存款−准备金比率的变动 /485
9.6　1937 年紧缩及随后复苏过程中货币性因素的角色 /492

第 10 章　第二次世界大战时期的通货膨胀
　　　　　（1939 年 9 月—1948 年 8 月）/501
10.1　美国中立时期（1939 年 9 月—1941 年 11 月）/506

10.2　战争赤字时期(1941年12月—1946年1月) /511

10.3　战争结束到价格高峰时期(1945年8月—1948年8月) /525

10.4　收支余额 /532

第11章　货币政策的复苏(1948—1960) /545

11.1　货币、收入、价格和货币流通速度的变动 /550

11.2　导致货币存量变化的因素 /554

11.3　货币政策的发展 /568

11.4　为什么货币存量保持稳定增长 /577

第12章　战后货币流通速度上升 /589

12.1　替代资产收益率的变化 /596

12.2　货币替代物的发展 /605

12.3　以上考虑因素的综合效果 /613

12.4　稳定性预期 /613

第13章　总　论 /623

13.1　货币存量与其他经济变量之间的相互关系 /625

13.2　货币关系的稳定性 /627

13.3　货币方面的变动的独立性 /634

13.4　表象的欺骗性 /642

附录A　基本表格 /649

附录B　名义货币存量的主要决定因素 /650

理事评论 /651

主题词索引 /657

第一版译后记 /733

第8章

★★★

新政时期银行结构和货币本位的变化

在罗斯福新政时代,货币变化与银行业变化形成了鲜明的对比。一方面,货币政策在经济事件的发展进程中几乎没有发挥什么重要作用,而且实际上后来的货币政策迟疑不决,几乎完全是消极的。另一方面,美国金融体系的基础和货币本位制的特征发生了深刻的变化。这两方面的变化都是前些年经济剧烈变化的直接产物。货币政策明显未能阻止大萧条的发生,这导致货币政策在影响经济事件进程方面作用甚微。同时,银行体系的崩溃迫切需要补救性的立法。这些法律导致了联邦存款保险制度的建立,同时也改变了联邦储备体系的权力,并且加强了对银行和其他金融机构的监管。经济低迷、前期物价的大幅下跌、英镑和其他货币的贬值导致的美国出口竞争力的下降,所有这些再加上罗斯福新政时期的政治氛围,共同促进了对货币本位制度的新尝试,包括暂时脱离金本位制,一段浮动汇率和货币贬值时期,购买白银,随后在较高金价下对金本位制的名义回归,以及私人主体持有、购买黄金的条件的巨大变化等。

本章描述了银行结构(第 1 节)和货币本位(第 2 节)的变化。下一章将讨论罗斯福新政时期采取的货币政策。

8.1 银行结构的变化

1933 年银行业危机之后,政府采取了三种法律手段:设计紧急措施,以重新开放危机期间被关闭的银行,并提高这些银行的经营能力;采取了一些对商业银行体系,或者更广泛地说是对金融体系产生更为持久影响的措施——其中,最重要的就是联邦存款保险制度;另外采取了一些措施,改变了联邦储备体系的结构和权力。此外,银行自身对以前萧条经验的反应也对银行体系产生了影响,我们这里所说的反应是独立于前述立法影响的。

8.1.1 紧急措施

我们前面曾提到过 1933 年 3 月 9 日《紧急银行业法案》。法案的第一章批准并确认了罗斯福总统采取的行动:宣布从 3 月 6 日至 3 月 9 日为全国范围内银行歇业期。该行动的法律依据是 1917 年 10 月 6 日的战时措施,该措施授予了美国总统在银行业和货币上的充分权力。[1] 不仅如此,第一章还对战时措施进行了修订,授权总统在发生全国性的紧急事件时,管制或禁止所有银行机构兑付存款提现。当总统宣布进入紧急状态时,所有的成员银行不得开展任何银行业务,除非在总统批准的情况下得到财政部部长的授权。

法案的第二章允许一些资产减值的国民银行在一定限制条件下重新开业运转,这些银行在现有法律制度下很可能会被接管或清算。货币监理署将为这些银行任命监察官。货币监理署指派的监察官可对现有存款实行即时兑付,只要他认为兑付的数量是安全的;在货币监理署批准的情况下,监察官可以吸收新存款,这些新存款的即时兑付不受限制,并与银行的其他债务分开。另外,在得到货币监理署的批准后,监察官还负责制订重组计划,这些计划在得到 75% 的银行存款人和其他债权人同意,或者得到 2/3 股东同意的情况下可以实施。

法案的第三章规定了国民银行向公众或复兴金融公司发行无追加出资义务的优先股。复兴金融公司也可以购买州立银行发行的类似股票。

第四章允许在紧急状况下,发行联邦储备银行券,额度不超过作为担保存款的美国政府直接债务的面值,或者不超过根据《紧急银行业法案》条款获得的合规票据和银行承兑汇票估值的 90%。1933 年 3 月 6 日,总统宣布进入紧急状态,紧急情况结束之后,联邦储备银行券只能在美国政府直接债务的担保下才能发行。1933 年发行了超过 2 亿美元的联邦储备银行券。此后一直到战争爆发,这些银行券一回笼就被收回了。1935 年 3 月,财政部承担了这些银行券债务。

法案第四章规定,在一些特殊或紧急的情况下,当成员银行以任何可接受的资产提供了担保时,联邦储备银行有权以自身的银行券向成员银行发放贷款,一直到 1934 年 3 月 3 日为止。该条款取代了《格拉斯-斯蒂格尔法案》中有关贷款给成员银行的条款(参阅第 7 章注释[26])。该条款到期后,总统宣布将其有效期延长到 1935 年 3 月 3 日。《1935 年银行法》中的条款省略了这样一个限制条件,即只有在一些特殊或紧急的情况下才可以发放贷款,并且只能发放给那些从联邦储备银行不再有其他融资渠道的成员银行(参阅原文第 447—448 页)。

银行开业

在《紧急银行业法案》的授权下,罗斯福总统在 3 月 9 日发布了一项声明,宣布延长银行歇业期,并在 3 月 10 日发布了一项行政命令,授权财政部部长向成员银行发许可证使其重新开业。每家成员银行可以直接向其所属地区的联邦储备银行提交许可证申请,地区性的联邦储备银行作为财政部的一个代理机构为银行颁发许可证。这项行政命令同时授权州立银行权力机构重新开放那些经营良好的非成员银行。3 月 18 日发布的另一项行政命令允许州立银行权力机构在遵守州法律的情况下,向未获得许可证的州成员银行派驻监察官。

在 3 月 11 日的媒体声明以及 3 月 12 日的广播演讲中,总统宣布在 3 月 13—15 日重新开放那些获得许可证的银行。3 月 13 日,在 12 个联邦储备银行城市中,经财政部部长许可的成员银行和经州立银行权力机构许可的非成员银行"可以开始无限制地经营日常业务,不包括银行和储户之间就提款或提款通知签订的法律合同所影响的业务"[2];3 月 14 日,上述措施在大约 250 个拥有活跃的合法清算所协会的城市实施;3 月 15 日,上述措施在其余城市实施。

对银行数量和银行存款的影响

1933 年年初,在银行进入歇业期之前的两个月,根据当时的银行定义(参见表 13),有将近 17 800 家商业银行在运营。银行歇业期结束时,只有 17 300 家仍然记录在案,其中不到 12 000 家获得了许可证,可以重新开业。剩下的 5 000 多家未获许可证的银行身处困境,其中 3 000 家后来重新开业,2 000 多家被永远关闭,或者被清算,或者被其他银行合并(参见表 14)。存款的变化幅度也非常惊人。从 1932 年 12 月到 1933 年 3 月 15 日,开业经营的银行存款减少了 1/6。其中 70% 的下降规模来自那些既未获准开业、最终也没有获得妥善安排的银行(表 13,第 3—7 行,第 2 列)。

表 13 银行歇业期前后商业银行的数量和存款

银行定义和银行类型	数 量 (1)	存款(10 亿美元)		比 例 (3)÷(2) (4)
		活期加定期,经季节性调整 (2)	活期加定期,未经季节性调整 (3)	
		1932 年 12 月 31 日		
根据 *All-Bank Statistics* 定义:				
1. 活跃的商业银行	18 074	29.2	36.1	1.24
2. 根据 1932 年的定义未被归为银行之列	278	1.0		

(续表)

银行定义和银行类型	数量 (1)	存款(10亿美元)		比例 (3)÷(2) (4)
		活期加定期，经季节性调整 (2)	活期加定期，未经季节性调整 (3)	
根据 Federal Reserve Bulletin (1932) 定义：				
3. 活跃的商业银行	17 796	28.2		
			1933年3月15日	
4. 1932年12月31日到1933年3月15日之间停业、被兼并或者被清算的银行	447		0.2	
5. 商业银行总数(第3行减第4行)	17 349			
6. 有许可证的银行	11 878	23.3	27.4	1.18
7. 无许可证的银行	5 430	3.4	4.0	
8. 有许可证的银行加上无许可证的银行(第6行加第7行)	17 308	26.7	31.4	
9. 差额(第5行减第8行)	41			

注：由于四舍五入，可能存在误差。当没有可得数据时，我们在得出第8行数据时只对其中于推导有用的数据进行了估计。这一点在数据来源的注释中有说明。

资料来源，序号为行

1. 第1列：1932年6月和1933年6月数据(All-Bank Statistics, p.37)的内插值；内插值是根据1932年6月和12月以及1933年6月的银行数量数据(Banking and Monetary Statistics, p.19)计算的。1932年和1933年6月数据的差额是根据直线内插的，然后该差额与同一篇参考文献中12月份的数据进行加总。

第2列：表 A-1。

第3列：1932年6月和1933年6月数据(All-Bank Statistics, p.36)的内插值；内插值是根据1932年6月和12月以及1933年6月的银行存款数据(Banking and Monetary Statistics, p.19)计算的。用12月数据与其自身的内部6月直线趋势值的比例乘以在12月底计算的直线趋势值，使用前述的 All-Bank Statistics 中的6月数据。

2. 第1列：第1行减第3行。

第2列：1932—1933年6月调整过的活期存款加上定期存款(All-Bank Statistics, pp.60, 36)，减去 Banking and Monetary Statistics (p.34) 中的相应总额，得到的差额即列中的数据；对该列数据的估计是由12月的直线内插法得到的。这个估计又加上了包含在 Banking and Monetary Statistics 中，但不包含在1932年的 Federal Reserve Bulletin (FRB) 中的商业银行存款(在1932年 FRB 表格中有提及)。1932年的 FRB 中没有公布调整过的存款，所以我们只能用 FRB 公布的总存款减去其中的银行间存款(Dec. 1933, p.746)来与 Banking and Monetary Statistics (p.19) 中该数据进行比较。对调整过的存款的粗略估计是按如下方法得到的：将上面得到的总存款减去 FRB 的数据，然后再加上 All-Bank Statistics 中调整过的存款与 Banking and Monetary Statistics 中对应数据的差额。

3. 第 1 列:*FRB*,Dec. 1933,p. 746。
第 2 列:第 1 行减去第 2 行。
4. 第 1 列、第 3 列:*FRB*,Sept. 1937,p. 867。
5. 第 1 列:1933 年 3 月 15 日有许可证的成员银行数目(*FRB*,June 1935,p. 404),加上 1933 年 3 月 22 日有许可证的非成员银行数目(*Annual Report*,Treasury,1933,p. 24)。

第 2 列:从表 A-1 得到的 3 月底的数据:(a) 乘以 3 月 15 日有许可证的成员银行的存款总额与 3 月 29 日相应数据的比率(25,554/25,850,*FRB*,June 1935,p. 404 and Apr. 1933,p. 216),从而将数据调整为 3 月 15 日的数据;(b) 减去第 2 行第 2 列,从而将数据调整为符合 1932 年银行定义的数据。将其下调 10%,作为假定的 1932 年 12 月 31 日到 1933 年 3 月 15 日的存款变化。

第 3 列:1933 年 3 月 15 日(*FRB*,June 1935,p. 404)有许可证的成员银行的存款,加上 1933 年 4 月 12 日(*FRB*)有许可证的非成员银行的存款,减去 3 月 15 日到 4 月 12 日期间获得许可的非成员银行的存款估计值的总数。将这些数据下调 10%,作为 1932 年 12 月 31 日到 1933 年 3 月 15 日假定的存款变化,得到 1932 年 12 月 31 日的存款。

6. 第 1 列、第 3 列:基于下三项的加总:

	数 量	存 款 (100 万美元)
(a) 1933 年 3 月 15 日无许可证的成员银行(*FRB*)	1 621	2 867
(b) 1933 年 4 月 12 日无许可证的非成员银行(*FRB*)	2 959	1 321
(c) 1933 年 3 月 15 日到 4 月 12 日失去许可证的非成员银行	850	325
	5 430	4 513

对于(c)项,即 1933 年 3 月 15 日至 4 月 12 日的数量变化,我们是通过以下方法估计的:

	数 量
(1) 3 月 22 日有许可证的非成员银行 (*Annual Report*,Treasury,1933,p. 24)	6 800
(2) 4 月 12 日有许可证的非成员银行(*FRB*,June 1935,p. 404)	7 392
(3) 3 月 16 日到 4 月 30 日有许可证和无许可证的非成员银行的 破产清算数(*FRB*,Apr. 1934,p. 251)	258
数量变化:(2)+(3)-(1)	850

我们没有与上述银行数量相匹配的存款信息。我们姑且武断地认为 1933 年 3 月 22 日到 4 月 12 日有许可证的非成员银行中平均每家银行存款的变化与 1933 年 3 月 15 日到 4 月 12 日有许可证的成员银行中平均每家银行存款的变化接近。成员银行在两个日期的存款数据之间的比例是 105.0。对于非成员银行,我们使用 104.0。用 4 月 12 日的平均存款乘以此比例得到 3 月 22 日的平均存款,再乘以有许可证的非成员银行的数量以得到 3 月 22 日有许可证的非成员银行的估计存款。

	存 款 (100 万美元)
(1) 3 月 22 日有许可证的非成员银行(计算方法如上所述)	4 803
(2) 4 月 12 日有许可证的非成员银行(*FRB*,June 1935,p. 404)	5 020
(3) 3 月 16 日到 4 月 30 日有许可证和无许可证的非成员银行的 破产清算数(*FRB*,Apr. 1934,p. 251)	108
存款变化:(2)+(3)-(1)	325

关于银行数量的数据不需要作进一步的调整。非成员银行存款被高估,调整后减少 1.61 亿美元;成员银行的存款也被高估,调整后减少 3.21 亿美元。1933 年 4 月 12 日非成员银行的存款和 1933 年 3 月 15 日成员银行的存款是这些银行在 1932 年 12 月 31 日的存款。

我们有一个测算1933年6月30日非成员银行存款的高估量的方法:1935年6月无许可证的成员银行和非成员银行的数量和存款的数据(*Federal Reserve Bulletin*, p.404)中,成员银行的存款是这些银行在1933年6月30日所持有的存款,非成员银行的存款是这些银行在1932年12月31日所持有的存款。可以用这些数据与 *All Bank Statistics*(p.72)的数据(扣除6家互助储蓄银行持有的估计700万美元的存款,获得所有商业银行的存款数据)相比较,后者大致反映了1933年6月30日成员银行和非成员银行的实际数据。1932年12月对于非成员银行的数据高估了1933年6月30日的存款12.2%。用这个比例乘以上面(b)行的数字(13.21亿美元),得到1.61亿美元。

对于成员银行的高估程度也是建立在与上述1933年6月底数据比较的基础上。1933年6月28日,无许可证的银行的存款是这些银行在1932年12月31日的存款(*FRB*, July 1933, p.453)。我们有1933年6月30日无许可证的银行的实际存款数据(*FRB*, June 1935, p.404)。两套数据的差异为11.2%。用这个比例乘以上面(a)行的数字(28.67亿美元),得到3.21亿美元。

7. 第2列:第3列中无许可证的银行的数据除以第6行第4列的比例得到。

8. 第1列:第3行减去第4行和第8行的总和。第4、6和7行的任何一行的不同都可能造成基于第3行总数基础上的误差结果不是41家银行。(在 *Banking and Monetary Statistics*, p.19,总数是17 802,可能算上了一些没有向州立银行权力机构报告的私人银行和一些早些时候没有归为商业银行的机构。)例如,第4行的数据就是修正过的。早些时候的原始资料显示,从1933年1月1日至3月15日的歇业银行数量是462家(参见 *Federal Reserve Bulletin*, Apr. 1934, p.251)。根据后来的资料,如果去除1933年6月30日前重新开业的15家银行(在银行歇业期后未获许可证的银行如果截至该日前重新开业,那么这些银行不算在歇业范围内),那么我们从第4、6和7行所得到的在1932年12月的活跃银行总数就会小得多。第6行和第7行的部分数据是估计值。使用3月22日的有许可证的非成员银行的数据稍稍夸大了第6行中所有银行的总数。第7行中的无许可证的非成员银行的数据是间接获得的,这个数据可能过小,不仅因为41家银行这一差额,也可能因为第6行的数据被高估。

表14 截至1933年3月15日银行歇业期结束还未获许可证的商业银行,在1936年12月31日前的处置情况 (存款以100万美元计)

日期	未获许可证的银行数量 (1)	银行数量的变化			未获许可证的银行中的存款[a] (5)	银行存款的变化		
		总数 (2)	获许可证重新开业 (3)	停业、清算或者被兼并的银行 (4)		总数 (6)	获许可证重新开业 (7)	停业、清算或者被兼并的银行 (8)
1933年								
3月15日	5 430				4 031			
6月30日	3 078	2 352	1 964	388	2 200	1 831	642	1 189
12月30日	1 769	1 309	576	733	1 025	1 175	496	679
1934年								
6月30日[b]	622	1 147	477	670	346	679	225	454
12月26日	190	432	174	258	96	250	79	171

(存款以100万美元计)(续表)

日期	未获许可证的银行数量 (1)	银行数量的变化			未获许可证的银行中的存款[a] (5)	银行存款的变化		
		总 数 (2)	获许可证重新开业 (3)	停业、清算或者被兼并的银行 (4)		总 数 (6)	获许可证重新开业 (7)	停业、清算或者被兼并的银行 (8)
1936年12月31日	0	190	107	83	0	96	67	29
总数(1933年3月15日—1936年12月31日)		5 430	3 298	2 132		4 031	1 509	2 522

a 存款未经银行间存款、流通券或者季节因素调整。
b 对于非成员银行,采用的是1934年6月27日的数据。
    资料来源,按列(由于四舍五入,可能存在误差)
(1,5) 成员银行和非成员银行的数据加总。
1933年3月15日:从表13第7行第1列中得到的不太精准的数据。
1933年6月30日:*All-Bank Statistics*, p.72(在获得的所有未获许可证的商业的银行存款数据中,已扣除6家互助储蓄银行持有的估计为700万美元的存款)。其他数据:*Federal Reserve Bulletin*, Jan.1935, p.62。1936年12月31日的数据为零,尽管当时还有10家未获许可证的银行,共有1 748 000美元存款,但在这个时点上这些银行既没有获得许可证重新开业,也没有被清算或破产或被接管(*FRB*, Sept.1937, p.867)。我们在处理数据时将这些银行视为破产了。
(2) 第1列中的变化。
(3) 第2列减第4列。
(4,8) *Annual Report*, the Comptroller of the Currency, 1934, pp.785-790; 1935, pp.807-808。1936年12月31日的数据是由截至1936年12月31日这段时期的总额减去截至1934年12月30日的总额得到的,数据来自*FRB*, Sep.1937, p.867。
(6) 第5列的变化。
(7) 第6列减去第8列。从1933年7月1日至1936年12月31日获得许可证的银行中的存款,共计7.16亿美元,而表中显示的是8.67亿美元。

获得许可证重新开业的银行一般都不会受到什么经营限制,尽管在某些情况下,法律合同实际将存款者的提款金额限制在账户余额的一定比例内。[3]许多未获得许可证的银行也陆续地可以在限定范围内经营业务,在监察官的授权下可以应储户要求吸收新存款,但是这些存款必须与其他资金相隔离。因此,获得许可证的银行和未获得许可证的银行之间在实际操作中的界限并没有记载中那么分明。

未获许可证的银行的命运

表14说明了未获许可证的银行在之后几年发生的情况。1933年6月底,

将近 2 300 家银行得到了处置,这些银行共持有近一半的受限制存款——其中近 2 000 家银行经许可重新开业,388 家关闭。然而,关闭的银行持绝对多数的存款,接下来几年的情况也是如此。因此,最终重新开业的银行数目虽占 3/5,但其持有的存款仅占 3/8。

在银行歇业期前复兴金融公司曾试图支持银行体系,但最终以失败告终。在银行体系的重建中,复兴金融公司再次发挥了主要作用。它投资的银行资本总额超过 10 亿美元,占 1933 年美国所有银行总资本的 1/3,购买了 6 139 家银行发行的股票,这些银行几乎占银行总数的一半。[4] 此外,复兴金融公司以银行的最优资产做担保,为开业的银行提供了 1.87 亿美元的贷款,供其支付储户的美元存款,为关闭的银行提供了超过 9 亿美元的贷款。这些贷款是银行业危机后发放的。此外,在银行业危机之前,它还曾为开业银行提供了 9.51 亿美元的贷款,为关闭的银行提供了 0.8 亿美元的贷款。[5] 5 816 家开业银行和 2 773 家关闭银行获得的 RFC 贷款总共超过了 20 亿美元。毫无疑问,RFC 和其他联邦权力机构在促进银行兼并中也发挥了重要作用,特别是促进了大银行对有可疑资产组合的小银行的兼并,从而进一步减少了银行的数量,而且很有可能提高了这些银行的偿债能力。

对货币存量指标的影响

银行歇业期及其后续影响使货币存量的记录值——作为一种标志货币的持续经济指标——比起其他时期来说更不可靠。在银行歇业期之前,许多银行为了避免歇业,而对存款的使用有所限制。这些受到限制的存款全部记入了货币存量。另一方面,在银行歇业期之后,所有未获许可证的银行中的限制存款和非限制存款完全没有计入货币存量。[6] 1933 年 3 月货币存量记录值会出现剧烈的下降,主要是因为上述处理方式上的变化与其在经济重要性上的变化不相匹配。遵循一致性的会计原则,货币存量的计算要么始终排除限制性存款,要么始终包括限制性存款。遵循经济重要性原则,应该把一定比例的限制性存款计入货币存量内,这个比例是不断波动的。进行上述任何一种处理都可能消除 1933 年 3 月数据的不连续下降,从而使得 3 月之前的下降和 3 月之后的上升都更加温和。

不幸的是,我们没有充足的统计数据来估计 1933 年 3 月以前限制性存款的数量。[7] 因此,我们很难从货币存量中将它们剔除。为了消除货币存量变化趋势在 1933 年 3 月的不连续性,表 15 和图 34 通过在整个测量期的货币存量中加入限制性存款得出一个替代性的估计值,以使得货币存量在银行歇业期前后的组成结构相似。我们对这个替代性估计值和基本表内的估计值进行了比较。

表15　货币存量的替代性估计值，1933年3月—1935年6月

（单位：100万美元）

日　期	未获许可证银行的总存款与获许可证银行的总存款的比率 （1）	调整过的商业银行存款 （2）	未获许可证银行的调整后的存款 （3）	商业银行（获许可证和未获许可证的）调整后的存款 （4）	公众持有的通货 （5）	通货加商业银行(获许可证和未获许可证的)调整后的存款 （6）	记录的货币存量 （7）
1933年							
3月29日	13.49	24 461	3 300	27 761	5 509	33 270	29 970
4月12日	12.84						
5月3日	10.96	24 545	2 690	27 235	5 202	32 437	29 747
5月31日	8.87	25 081	2 225	27 306	5 019	32 325	30 100
6月28日	7.18	25 138	1 805	26 943	4 949	31 892	30 087
6月30日	7.07						
8月2日	6.30	25 274	1 592	26 866	4 886	31 752	30 160
8月30日	5.71	25 342	1 447	26 789	4 850	31 639	30 192
9月27日	5.17	25 431	1 315	26 746	4 830	31 576	30 261
10月25日	4.69						
11月1日	4.50	25 584	1 151	26 735	4 803	31 538	30 387
11月29日	3.82	25 719	982	26 701	4 844	31 545	30 563
12月30日	3.18						
1934年							
1月3日	3.10	25 968	805	26 773	4 839	31 612	30 807
1月31日	2.58	26 463	683	27 146	4 491	31 637	30 954
2月28日	2.15	27 101	583	27 684	4 513	32 197	31 614
3月5日	2.08						
3月28日	1.78	27 690	493	28 183	4 550	32 733	32 240
5月2日	1.41	28 015	395	28 410	4 556	32 966	32 571
5月30日	1.17	28 232	330	28 562	4 566	33 128	32 798
6月27日	0.97	28 489	276	28 765	4 584	33 349	33 073
6月30日	0.95						
7月25日	0.80						
8月1日	0.77	28 957	223	29 180	4 609	33 789	33 566

日期	未获许可证银行的总存款与获许可证银行的总存款的比率 (1)	调整过的商业银行存款 (2)	未获许可证银行的调整后的存款 (3)	商业银行（获许可证和未获许可证的）调整后的存款 (4)	公众持有的通货 (5)	通货加商业银行（获许可证和未获许可证的）调整后的存款 (6)	记录的货币存量 (7)
1934年							
8月22日	0.70						
8月29日	0.67	29 606	198	29 804	4 628	34 432	34 234
9月26日	0.57						
10月3日	0.53	29 470	156	29 626	4 627	34 253	34 097
10月31日	0.38	30 155	115	30 270	4 590	34 860	34 745
11月28日	0.34	30 547	104	30 651	4 631	35 282	35 178
12月26日	0.26						
1935年							
1月2日	0.25	30 502	76	30 578	4 559	35 137	35 061
1月30日	0.20	31 414	63	31 477	4 621	36 098	36 035
2月27日	0.18	32 065	58	32 123	4 700	36 823	36 765
3月27日	0.14						
4月3日	0.13	32 103	42	32 145	4 714	36 859	36 817
4月24日	0.12						
5月1日	0.12	32 669	39	32 708	4 708	37 416	37 377
5月29日	0.11	32 866	36	32 902	4 715	37 617	37 581
6月30日		33 341	0	33 341	4 708	38 049	38 049

资料来源，按列（由于四舍五入，可能存在误差）

(1) 在斜体的日期中，获许可证和未获许可证的银行的数据都可以获得。非斜体日期（对应于表A-1中最接近月末的周三）的比率，是对斜体日期比率的对数使用直线插值法得到的。

获许可证和未获许可证的银行的数据是所有成员银行和非成员银行的总数。成员银行的数据，参见 *Federal Reserve Bulletin*，1933年4月，第216页；1934年9月—1935年6月各期。非成员银行的数据：1933年3月29日，如表13，第6行、第7行、第3列估计；1933年4月12日、1933年6月30日（获许可证的银行）和接下来的斜体日期，参见 *FRB*，1934年9月—1935年6月各期；1933年6月30日（未获许可证的银行），参见 *All-Bank Statistics*，第72页。

1933年3月29日和4月12日的原始数据是1932年12月31日获许可证和未获许可证的银行持有的存款。基于第1列未受影响的假设，没有对1932年12月之后存款的下降进行调整。1933年6月30日获许可证以及未获许可证的成员银行的数据就是当天的数据；获许可证的非成员银行的原始数据是这些银行在1932年12月31日持有的存款数据；为了与其他银行的该日数据具有可比性，这些数据被减去了10%。1933年10月25日的成员银行的数据就是当天的数据；非成员银行的数据是这些银行在1932年12月31日持有的存款数据；同样出于可比性，获许可证的非成员银行的数据也减去了10%，未获许可证的非成员银行的数据减去了12.2%。此后的数据都被认为是当日的数据。

(2,5,7) 表A-1。

(3) 第1列乘以第2列。

(4) 第2列加第3列。

(6) 第4列加第5列。

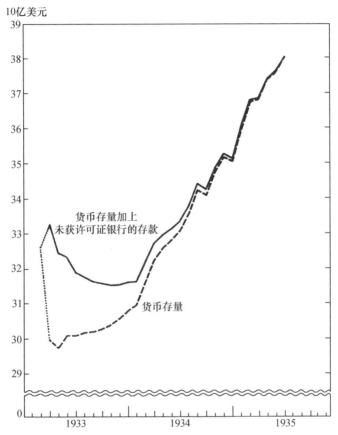

图 34　货币存量的替代性估计值，1933 年 2 月—1935 年 6 月

资料来源：表 15 第 6 列和第 7 列，表 A-1 第 8 列。

然而这两个估计值在经济意义上都不理想。替代性的估计值可以被看做对货币存量"理想"估计值的上限，而我们在表 A-1 中的货币存量数据则被看做下限。我们已经注意到表 A-1 中的数据从 1933 年 2 月到 3 月是不连续的，因为 2 月的数据包括限制性存款，而 3 月的数据却不包括限制性存款。这就是我们在图 34 中用虚线连接 2 月和 3 月数据的原因。然而即使使用 3 月底的替代性估计数据，它与 2 月底的数据也不是严格连续的，所以这两个数据之间也是用虚线连接的。3 月底，对于那些既没有监察官进驻又没有被接管的未获许可证的银行，储户有理由认为在这些银行中的存款与银行歇业期之前相比，更难以转化为现金。在 3 月份的货币存量中加入未获许可证的银行的所有存款，以保持与 2 月份数据的连续性。这个方法，即使以 2 月底估计值中暗含的定义来衡量，也高估了 3 月份的货币存量。[8] 而且这个定义自身也高估了货币存量，因为它将 1 美元限制性存款与 1 美元非限制性存款视为等值的。

我们的数据中还有一个缺陷要归因于银行歇业期,即在银行业危机之前、期间和刚刚结束的时候,一些没有银行的社区曾引入了 10 亿美元左右的货币替代物[9],然而我们的数据中并没有包括这部分。由于储户无法提取限制性存款,因而使用货币替代物,这些货币替代物在银行业危机之前虽然没有被计入表 A-1,但是表 A-1 却包含了限制性存款,从这一角度来说,两种误差相互抵消。货币替代物在银行业危机之后仍被使用,从这一角度来说,这些货币替代物应该加入表 A-1 中,因为该表中没有包括未获许可证的银行的存款,但是不应该加入表 15 和图 34 的替代性估计值中,因为它们包含了未获许可证的银行的存款。而货币替代物被用来替代倒闭银行的存款与开业银行减少的存款,即提高了公众的通货-存款比率,从这一角度来说,表 A-1 和表 15 又都应该包括它们。然而,现在看来无法估计从 1932 年到 1933 年这些货币等价物变化的规模。

最后,我们注意到表 A-1 中数据的两个小瑕疵:没有包括未获许可证的银行中的非限制性存款;商业银行存款的数据可能在 1933 年 2 月过低而在 1933 年 3 月过高。[10]

尽管已经考虑到了数据的各种缺陷,但是我们仍然无法得到更多的信息,仅有一个简单的结论,即"理想"的估计值应该在图 34 中的两条曲线之间。几乎任何这样一条可行的中间曲线(条件是它与我们所了解的其他缺陷一致,并且在分割原有两条曲线之间的空间时,分割比例在月与月之间没有太大的差异)都可以说明在危机后半年中的经济复苏不是由货币扩张造成的;货币存量的增长只是一个表面的统计假象。银行体系的紧急重建对经济复苏的促进作用是通过重树人们对货币和经济体系的信心,引导公众缩减与收入有关的货币余额(提高货币流通速度)来实现的,而不是通过货币存量的增长来实现的。

8.1.2 影响银行结构的改革措施

银行存款的联邦保险

银行存款的联邦保险是 1933 年危机引致的银行体系最重要的结构变革。实际上,在我们看来,它是自内战后州立银行券发行由于被课以重税而几乎停止以来,对货币稳定最为重要的一项结构变革。各州开始尝试建立存款保险制度,许多年来不计其数的关于联邦存款保险制度的议案被递交到美国国会。1932 年,一个关于存款保险的议案由众议员 Henry B. Steagall(住宅银行和货币委员会主席)提出并在众议院通过,但是因为参议员 Carter Glass(参议院银行和货币委员会中的一位很有影响力的成员）的强烈反对而在参议院被否决。Glass 主张仅仅建立一个清算公司来向那些破产银行的储户支付其最终损失估计数。1933 年，Steagall 和 Glass 同意把两个议案合并在一起，并写入《1933 年银行法》中。最终法案的这个部分规定了一个建立永久的存款保险制度的计划，该计划覆盖了很多方面，于 1934 年 7 月 1 日生效。[11]

这是一个很好的关于制度发展、成型的例子：最初于 1934 年 1 月 1 日生效的法案，实际上源于一个少数党的参议员提出的对《1933 年银行法》的修正案，而且最初遭到了罗斯福总统的反对。[12] 它也遭到了一些主要银行家和联邦储备体系高级官员的反对。[13] 该修正案是由参议员 Arthur Vandenberg 提出的，要求在 1934 年 7 月 1 日永久的存款保险制度实行之前，建立一项临时的存款保险制度。该临时计划的效力因为 1934 年的修正案被延长至 1935 年 7 月 1 日，又通过总统签署的国会决议被延长到 1935 年 8 月 31 日。1935 年 8 月 23 日，按照《1935 年银行法》第一章的规定，一个大致与现代形式相同的永久存款保险制度正式生效。

《1933 年银行法》既没有废除，也没有削弱当时任何与银行相关的政府机构的权力。它仅仅是增加了一个机构——联邦存款保险公司（FDIC），该机构既是对现存机构的补充，也在一定程度上与现存机构的功能有所重复。根据法案条款，所有联邦储备体系的成员银行都必须加入 FDIC 的存款保险；非成员银行在向 FDIC 申请并得到同意后可以参保。最初（1934 年 1 月 1 日）的保险金额被限制在每个储户最高 2 500 美元；此限额在 1934 年 7 月 1 日被提高到 5 000 美元，在 1950 年 9 月 21 日被提高到 10 000 美元。[14] 要求参保的银行按照存款的一定比例交纳保费[15]，如果不是联邦储备体系的成员，还要接受 FDIC 的检查。FDIC 只有获得了货币监理署或联邦储备委员会的书面同意后，才有权检查国民银行或州立银行。然而，1950 年，FDIC 被授权自行决定对成员银行进行特殊检查。因此，成员银行实际上受三个机构的监管：联邦储备体系、货币监理署（监管国民银行）或州立银行委员会（监管州立银行）、联邦存款保险公司。非成员参保银行受两个机构的检查：州立银行委员会和联邦存款保险公司。当然，实际上，不同机构之间都达成了协议，以最大限度地减少重复检查。[16]

存款保险制度最初在 1934 年 1 月 1 日生效。6 个月内，全国 15 348 家商业银行中的近 14 000 家参加了保险，参保存款占所有银行存款总数的 97%。未参保商业银行的数量降至不到 400 家，其存款不到所有银行存款总数的 1%。互助储蓄银行也符合参保的条件，但参保对它们没有太大吸引力。在 1934 年中期,565家互助储蓄银行中只有66家参加保险,参保存款额略高于所有互助储蓄银行存款总额的1/10。第二次世界大战前,互助储蓄银行的参保率一直缓慢上升,到二战时,才开始加快。到1945年年底,542家互助储蓄银行中的192家参保,其存款占全部存款的2/3;到1960年年底,515家互助储蓄银行中的325家参保,其存款占全部存款的87%。[17]

联邦存款保险实施期间,商业银行破产数量和破产银行储户所遭受的损失都发生了剧烈变化(参见表16)。从1921年到1933年,每年新歇业银行的数量都达到三位数;从1934年起,变成了两位数;从1943年到1960年,所有参保和未参保银行的破产数加起来还不到10家。从1921年至1933年的13年间,储户遭受的损失年均达到1.46亿美元,或者说相当于所有商业银行调整后的存款中每100美元损失45美分。之后的27年间,储户年均损失为706 000美元,或者说相当于所有商业银行调整后的存款中每100美元损失不到0.2美分;而且,在这27年间的总损失中,有一半以上都发生在第一年,并且这些损失大部分都是联邦存款保险公司成立之前留下的。

表16 1921—1960年商业银行歇业状况

第一部分,FDIC成立前

年 份	歇业银行数量 (1)	存 款 (1 000美元) (2)	储户遭受的损失 (1 000美元) (3)	在所有商业银行调整过的存款中,每100美元对应的储户损失 (美元) (4)
1921	506	172 806	59 967	0.21
1922	366	91 182	38 223	0.13
1923	646	149 601	62 142	0.19
1924	775	210 150	79 381	0.23
1925	617	166 937	60 799	0.16
1926	975	260 153	83 066	0.21
1927	669	199 332	60 681	0.15
1928	498	142 386	43 813	0.10
1929	659	230 643	76 659	0.18
1930	1 350	837 096	237 359	0.57
1931	2 293	1 690 232	390 476	1.01
1932	1 453	706 187	168 302	0.57
1933	4 000	3 596 708	540 396	2.15

第 8 章 新政时期银行结构和货币本位的变化 399

第二部分，FDIC 成立后 （续表）

年 份	歇业银行数量 （1）	存 款 （1 000 美元） （2）	储户遭受的损失 （1 000 美元） （3）	在所有商业银行调整过的存款中，每 100 美元对应的储户损失 （美元） （4）
		所有的商业银行		
1934	61	37 332	6 502	0.022 82
1935	31	13 902	600	0.001 80
1936	72	28 100	185	0.000 49
1937	82	33 877	155	0.000 39
1938	80	58 243	293	0.000 76
1939	71	158 627	1 374	0.003 29
1940	48	142 787	57	0.000 12
1941	17	29 797	33	0.000 06
1942	23	19 517	20	0.000 03
1943	5	12 525	13	0.000 02
1944	2	1 915	4	0.0
1945	1	5 695	0	0.0
1946	2	494	0	0.0
1947	6	7 207	0	0.0
1948	3	10 674	0	0.0
1949	8	8 027	69	0.000 06
1950	5	5 555	0	0.0
1951	5	6 097	394	0.000 31
1952	4	3 313	0	0.0
1953	3	18 652	70	0.000 05
1954	4	2 948	407	0.000 28
1955	5	11 953	8	0.000 01
1956	3	11 689	178	0.000 11
1957	2	2 418	0	0.0
1958	9	10 413	277	0.000 16
1959	3	2 595	46	0.000 03
1960	2	7 990	546	0.000 31

	第二部分，FDIC 成立后					(续表)
	倒闭的商业银行					
	参加保险的银行			未参加保险的银行		
年 份	歇业银行数量 (1)	存 款 (1000美元) (2)	储户遭受的损失 (1000美元) (3)	歇业银行数量 (1)	存 款ᵃ (1000美元) (2)	储户遭受的损失ᵇ (1000美元) (3)
1934	9	1 968	19	52	35 364	6 483
1935	25	13 319	415	6	583	185
1936	69	27 508	171	3	592	14
1937	75	33 349	110	7	528	45
1938	73	57 205	33	7	1 038	260
1939	59	156 188	936	12	2 439	438
1940	43	142 429	31	5	358	26
1941	15	29 718	33	2	79	0
1942	20	19 186	5	3	331	15
1943	5	12 525	13	0	0	0
1944	2	1 915	4	0	0	0
1945	1	5 695	0	0	0	0
1946	1	347	0	1	147	0
1947	5	7 040	0	1	167	n. a.
1948	3	10 674	0	0	0	0
1949	4	5 475	0	4	2 552	69
1950	4	5 513	0	1	42	0
1951	2	3 408	0	3	2 689	394
1952	3	3 170	0	1	143	0
1953	2	18 262	0	1	390	70
1954	2	998	0	2	1 950	407
1955	5	11 953	8	0	0	0
1956	2	11 329	62	1	360	116
1957	1	1 163	0	1	1 255	n. a.
1958	4	8 240	55	5	2 173	222
1959	3	2 595	46	0	0	0
1960	1	6 955	289	1	1 035	257

资料来源，按列（由于四舍五入，可能存在误差）

第一部分

(1—3) 经 FDIC 的许可,使用 FDIC 研究统计部的未公布数据。FDIC 对银行数量和存款数据(来源于 *Federal Reserve Bulletin*, Sept. 1937, pp. 868,873)进行了少量修订。损失是

FDIC 通过将从样本中得到的合理的损失百分比应用到存款上估计得出的(参阅 FDIC, *Annual Report*, 1934, pp. 84, 86; 1940, pp. 70-73)。

(4) 用第 3 列的数据除以表 A-1 中 6 月份的商业银行存款数据。

第二部分
所有商业银行

(1—3) 各列数据都是相应的参保银行和未参保银行数据的总和。

(4) 用第 3 列数据除以表 A-1 中 6 月份商业银行存款数据。

参保银行

(1—3) FDIC, *Annual Report*, 1958, pp. 5, 27-28; 1959, p. 5; 1960, p. 5. 所列银行是那些要求 FDIC 支付的银行。包含在公布数据中的两个互助存款银行被我们剔除(*ibid.*, 1938, pp. 250, 256, and 1939, p. 216)。

未参保银行

(1—3) FDIC 研究统计部的未公布数据;第 1、2 列的数据来自 FDIC 提供的修正数据, *Annual Report*, 1960, p. 181,来源已在那里标明。

a 在下列年份,分别有若干家歇业的未参保银行的存款数据丢失,年份和银行数目如下: 1938 年,1;1939 年,2;1941 年,1;1954 年,1。

b 在下面的某些年份,一些未参保的歇业银行中储户遭受损失的数据已经丢失,这些数据以 "n. a." 表示,其余年份的损失在下面列出。

年 份	银行数量	存款(1 000 美元)
1934	6	341
1938	1	n. a.
1939	2	n. a.
1940	2	12
1941	1	n. a.
1942	1	101
1951	1	1 600
1954	1	n. a.
1958	3	454

n. a. 代表无法获得相关数据。

从技术层面上说,只有不超过一定额度的存款才在保险范围之内(从 1950 年开始是 10 000 美元)。1960 年,参保的存款只占参保银行存款总量的 57%。然而,从表 16 中可以看出,实践中几乎没有银行破产的记录。这说明,实际上所有存款都得到了有效的保险。破产银行数量的减少不一定是因为同时期银行管理质量的大幅改善或者监管机构效率的提高;也不是因为又增加了一个监管机构,尽管联邦存款保险公司的设立表面上看加强了对参保州立银行的监管和检查。它主要反映了其他两个因素:第一,尽管"坏"银行的数目并没有减少,但是如果它们参加了保险,就很少会破产;相反,它们会被重组,换上新的管理层,或者被好银行兼并,而联邦存款保险公司承担与贬值资产有关的损失责任。第二,小储户已经意识到即使银行经历金融危机,他们的存款也可以收回。这就防止了由于一家银行破产导致其他银行发生"挤兑",进而可能导致一家"好"银行停业的现象。因此存款保险其实是降低了保险范围内破产发生的概率。

20世纪30年代初的银行破产造成了大规模的损失,由此催生了联邦存款保险制度。该制度,至少到1960年为止,成功实现了至少一个世纪以来银行改革追求的主要目标,即防止银行业危机。公众对银行兑现能力的信心的丧失和由此导致的公众对以通货形式持有财富的需求增加,导致了或很大程度上加强了这种危机。在部分准备金制度下,银行挤兑只有在危机早期公众信心得到恢复的情况下才能得到解决。否则,银行就不可避免地会实施支付限制。

正如我们所看到的,《奥德利奇-瑞兰法案》和联邦储备体系的建立都试图通过使银行有能力将其资产转化为额外的高能货币,用来满足储户对通货的需求,以此来解决流动性问题。目的是一旦发生挤兑或类似情况,在不采取强令银行歇业或统一实施支付限制的情况下,直接满足客户的提款需求。《奥德利奇-瑞兰法案》在第一次世界大战爆发时得以实施,并获得了成功。20世纪30年代初,联邦储备体系却没能成功地控制住局面,但我们看到,如果当时它适当地运用了自身的权力,那么那场危机就有可能避免。但是,联储在运用它的权力时,只是反复试图拖延最终危机的发生,当危机最终来临时,它比任何前期的危机都更加严重,影响更加深远。

联邦存款保险试图通过消除挤兑的最初原因——对存款转化为通货能力的信心的丧失——来解决问题。从1934年起,尽管通货-存款比率也发生了重大变化(参阅第9章到第11章),但是再没有发生过1934年以前那样短期内的巨大变化。这种变化一直是流动性危机和银行业危机的标志。而且也很难相信,在可预见的未来,通货-存款比率还会发生如此严重的短期变化。

确实是这样,如果货币存量由于某种原因出现持续、大规模的下降,如同1929—1933年那样,那么它对银行资产价值产生的影响很可能会导致许多银行破产,从而耗尽联邦存款保险公司现有的储备资金。然而,1929—1933年货币存量的下降很大程度上是与最初的银行破产相关的。货币存量的下降其实是银行破产导致的结果,因为破产对存款-通货比率产生了重大的影响,而联邦储备体系也没能通过大幅增加高能货币来抵补这一比率的下降。如果1930年就存在联邦存款保险制度的话,它很可能会阻止1930年年末存款-通货比率的最初下降以及一连串后续事件的悲剧性结果,包括货币存量的剧烈下降。当然在今天,货币当局在面对存款-通货比率的剧烈下降时可能会采取不同的、更适当的应对措施。因此,即使不存在联邦存款保险制度,银行业危机一旦爆发,可能也不会加剧。联邦存款保险的存在即使没有消除,也在很大程度上降低了对货币当局适当应对措施的依赖程度。

正如我们在前几章看到的,银行业危机只有在严重萧条的情况下才会发生,并且它即使不是导致温和的萧条逐步恶化的首要原因,也在很大程度上加剧了这种萧条。这就是为什么我们认为联邦存款保险制度是美国银行结构方面的一个重要变化,并且对货币稳定作出了巨大贡献——事实上比联邦储备体系的建立意义更为重大。[18]

其他变化

在罗斯福新政时期,商业银行和储蓄银行体系中发生的其他变化不如联邦存款保险公司的成立影响那么深远,因此我们只对其进行大致介绍。

1. 对联邦储备体系成员银行的条件进行了修改,允许莫里斯计划和互助储蓄银行加入。关于建立分行的法规有所松动,不再要求国民银行承担双重责任。禁止商业银行建立投资性质的附属机构,限制商业银行和投资公司之间实行连锁董事制度。

2. 国民银行券被转化为财政负债。财政部采取了一些措施使它们退出流通。发行该类票据的条例在 1935 年 8 月 1 日被废除,当时拥有流通特权的两只美国长期债券也被赎回。[19] 截至 1935 年 8 月,国民银行券的流通量下降到 6.5 亿美元。从那时起,它一直在稳定地下降;即使如此,1960 年年底,记载的流通量仍有 0.55 亿美元。[20]

3. 法律法规禁止银行支付活期存款利息,并且规定银行对定期存款支付的利息不得超过联储委员会规定的成员银行的该类利息以及联邦存款保险公司对参保非成员银行规定的该类利息。禁止成员银行作为非银行贷款人的代理人在股票市场中以担保贷款的形式处置资金。[21]

在美国银行史上,以下观点被一再提出:支付存款利息会导致银行之间"过度"竞争,这会"迫使"银行为了增加收入以支付利息,而把准备金降低到理想水平之下,并且从事高风险的投资和借贷。禁止银行支付利息的建议不断出现。[22]《1933 年银行法》禁止成员银行支付活期存款利息,《1935 年银行法》又禁止其他参保银行支付活期存款利息。其中部分是因为 1933 年之后,人们更强烈地希望对经济活动进行立法规范,部分则是因为这样一种观点——在我们看来,这种观点在很大程度上是错误的——20世纪30年代初的银行业危机源自股票市场繁荣的大量交易,以及银行作为直接的贷款人和其他人的代理人参与股票市场。[23]

禁止银行支付活期存款利息的一个结果就是,银行间存款的重要性大大下降了——这些活期存款的利息曾经是最普遍的,利率也是最高的。对于成员银行而言,1933年年底其在国内银行的存款余额占其在联邦储备银行存款的76%。到1937年年底,这一比例下降到49%,1948年下降到28%。从那之后,曾经上升到大约50%。除此之外,该禁令产生的影响直到最近几年才愈发显著。20世纪三四十年代,银行资产收益率很低,以至于银行需要向储户收取服务费,也就是说,活期存款利率本质上是负的,因此活期存款的固定价格高于活期存款的市场价格。事实也是如此。银行开始通过改变服务费的收取标准以及向储户提供特殊服务来开展竞争。

对定期存款利息率的限制[24]尽管在最初受到了商业银行的欢迎,但随着时间的流逝,这越来越成为它们与其他机构,特别是储蓄银行和储蓄贷款协会竞争存款的障碍,因为后者可以支付更高的利率(参阅第12章)。这些利率限制在很长时间内并没有生效。然而在它们生效后,却发生了诸多不连续的变动,这导致商业银行定期存款的变动十分混乱。

银行间存款的减少,加上禁止银行作为非银行贷款人的代理人向股票市场投放资金,使得银行的担保贷款大幅下降,也使得短期同业拆借市场作为二级储备投资工具的重要性下降了。

8.1.3 联邦储备体系结构及其权力的变化

《1935年银行法》将联邦储备委员会更名为联邦储备理事会(the Board of Governors of the Federal Reserve System);通过解聘前任非正式成员重组了委员会;提高了委员的薪酬并延长了委员的任期;重组了联邦公开市场委员会,使其由7名联储委员会的成员和5名联邦储备银行的代表组成,取代了《1933年银行法》关于委员会由12名储备银行主席组成的规定。[25]此外,该法案取消了储备银行以自己的账户买卖政府债券的权力,除非得到联邦公开市场委员会的明确许可或直接授意。[26]这一措施在《1933年银行法》中有所体现,在《1935年银行法》中落实。这些措施承认并加强了联邦储备体系的权力从储备银行向华盛顿转移的趋势。同样的措施还包括要求联储委员会和联邦公开市场委员会保存并公开其采取的措施以及动机的完整记录。

联邦储备体系权力的扩大比其内部的结构变化更为重要。联储委员会和储备银行很自然地把联邦储备体系没能阻止1929—1933年大萧条和银行业危机归因为其权力不够,而不是它如何使用自己的权力。它要求被赋予更多的权力,并急切地要接受它们。其中第一个措施发生在银行业危机之前,即我们前面讨论过的《格拉斯-斯蒂格尔法案》,该法案放宽了联邦储备券的可接受担保物的范围,并允许以任何资产为抵押向成员银行紧急预付款项。《1935年银行法》中其他扩大了联邦储备体系权力的规定如下:

(1) 扩大了委员会改变准备金要求的权力。1933年,在《农业调整法案》的《托马斯修正案》中,规定该项权力仅在总统许可的情况下可以作为紧急权力使用。在《1935年银行法》中,这项紧急权力获得了永久授权,不再需要总统许可,准备金要求的变动范围最低限为1917年6月法案规定的最小百分比,最高限为这个百分比的两倍。[27] 准备金要求的另外一个变动是规定政府存款也需交纳准备金。还有一个条款,允许将"应收"项目从总活期存款中扣除,而不是仅从"应付"项目中扣除。

(2) 扩大了联邦储备银行的贷款权力。《格拉斯-斯蒂格尔法案》中允许紧急贷款预支的部分被放开,并且成为永久规定。它授权储备银行以任何其满意的担保在任何需要的时候向其成员银行贷款,该行为只受到委员会法规的约束。作为联邦储备信贷基础的合格性理论于是寿终正寝了。

(3) 授权委员会对成员银行支付的定期存款利率规定上限。该项权力在《1933年银行法》中已经有所规定,在《1935年银行法》中被重申,并将相同的权力赋予联邦存款保险公司,用来约束参保的非成员银行。

(4) 授权委员会规范银行和经纪人为其客户购买和持有记名证券提供的预付贷款。这一权力于《1934年证券交易法》中得到确认,委员会因此对成员银行和非成员银行在股票上的贷款(条例U)和全国性证券交易所的成员在股票和债券上的贷款(条例T)提出了保证金要求。[28] 委员会对20世纪20年代后期的股票市场投机倍感忧虑,并且试图使用"直接施压"的方法对股票市场信贷和其他信贷进行区别对待。这最终导致了委员会获得了前述权力。此后还出现了其他旨在控制信贷特定用途的权力——特别是,对购买消费品和房地产的信贷控制,但事实证明这两者都只是临时权力。我们在后面会再次提到信贷控制(参阅第9章和第10章)。

联邦储备体系获得的这些新的权力,跟它已有的权力一样,可以分为三种:货币政策工具,主要作用是使委员会控制货币数量;信用政策工具,主要作用是使委员会控制贷款的价格和使用;[29]银行监管工具,主要作用是使委员会对银行运作进行监管。当然,我们使用"主要"这个词,说明三者之间没有严格清晰的界限,每项权力都可能会对货币数量、贷款的价格和使用、银行运作产生影响。公开市场业务和再贴现是联储最初的主要货币性权力;考虑到银行业,于是又增加了改变准备金要求的权力。合格性要求是最初的主要信贷控制权力;新增加的权力包括对证券信贷的控制,以及后来对消费品和房地产的信贷控制;此外,赋予储备银行以任何满意的担保向成员银行提供贷款的权力,使得最初的合格性要求在很大程度上失效了。最初的主要监管权力包括银行检查、联邦储备体系准入的要求,以及对于联储体系的作用的最初想法——准备金要求;新增加的权力包括对定期存款利率的控制、对担保贷款占银行资本金和公积金比例的控制,以及禁止银行对活期存款支付利息的政策。

8.1.4 银行政策

那些从20世纪30年代初的大灾难中幸存下来的银行也许本来就和当时破产的银行有所区别。此外,可能更为重要的是,它们无疑从这些经历中吸取了教训,从而影响了它们未来的行为。基于以上两点,不难理解为什么幸存的银行比1929年的那些银行更加重视流动性。

正如我们所看到的,流动性压力是对银行资产结构两大变化的最好解释。这些变化是:首先,银行持有的现金资产(库存现金、在途资金、在其他银行包括储备银行中的余额)比例大幅上升,这个变化在上文(第7章第2节)已经讨论过,它与1932年出现的"超额"准备金有一定关系;其次,相对于贷款而言,投资大幅增加。

1929年,现金资产占总资产的14%,贷款比投资多2.5倍(参见表17)。到1933年中期,现金资产上升到总资产的18%,同时总资产下降了三分之一还多。毫无疑问,如果没有银行资产的冻结,这一比例会更高。同期,贷款仅稍稍大于投资。此外,投资结构有所变化,其中美国政府债券所占比例从1929年的不到40%上升到1933年的超过50%。[30]从成员银行数据中可以看出,之前近四分之三的美国债券是以长期债券的形式持有的,一般期限较长,到后来只有稍多于二分之一比例的债券是以该形式持有的(参见表18)。这些变化无一例外都是朝着这样一个方向发展的,即增加流动性好的资产,这些资产能够很快变现,同时又不会导致较大的资本损失——前几年的金融危机使商业银行家们充分认识到这类资产的重要性。

表 17 1929—1960 年商业银行资产的构成(部分年度)

日期[a]	资产(10亿美元)					占总资产的比例(%)				贷款占投资的比例(%)(10)
	贷款(1)	投资(2)	现金资产(3)	其他(4)	总和(5)	贷款(6)	投资(7)	现金资产(8)	其他(9)	
1929	36.1	13.7	9.0	3.6	62.4	57.9	22.0	14.4	5.8	2.6
1933	16.5	14.1	7.4	2.6	40.5	40.7	34.8	18.3	6.4	1.2
1934	15.7	17.1	9.6	2.5	45.0	34.9	38.0	21.3	5.6	0.9
1935	15.0	19.7	11.8	2.4	48.9	30.7	40.3	24.1	4.9	0.8
1936	15.6	23.1	14.5	2.4	55.6	28.1	41.5	26.1	4.3	0.7
1937	17.5	22.1	15.0	2.3	56.9	30.8	38.8	26.4	4.0	0.8
1938	16.1	21.1	16.8	2.2	56.2	28.6	37.5	29.9	3.9	0.8
1939	16.4	23.0	19.9	2.2	61.4	26.7	37.5	32.4	3.6	0.7
1940	17.4	23.8	24.6	2.0	67.8	25.7	35.1	36.3	2.9	0.7
1941	20.3	27.3	25.8	1.9	75.4	26.9	36.2	34.2	2.5	0.7
1945	23.7	90.9	30.2	1.5	146.2	16.2	62.2	20.7	1.0	0.3
1948	39.9	74.0	34.2	1.8	149.8	26.6	49.4	22.8	1.2	0.5
1957	91.0	73.5	40.0	3.9	208.4	43.7	35.3	19.2	1.9	1.2
1958	95.6	84.3	43.5	4.4	227.8	42.0	37.0	19.1	1.9	1.1
1959	103.4	82.7	42.9	4.7	233.7	44.2	35.4	18.4	2.0	1.3
1960	115.3	74.8	47.1	5.3	242.5	47.5	30.8	19.4	2.2	1.5

a 所选取日期为 6 月 30 日或者最近的可以获得数据的报告日期。
资料来源:第 1—5 列,来源于 *All-Bank Statistics*,pp.34-35;*Federal Reserve Bulletin*。

1933 年后,随着总资产的显著增加,银行抓住机会增加现金比例、扩大投资,其中,政府债券比贷款增长得要快。到 1940 年年底,现金资产占总资产的 36%(参见表 17)。贷款额仅是投资额的 70%,而投资中有 70% 是美国政府债券。

表 18 1928—1941 年成员银行持有的美国政府直接债务的种类

截至	成员银行持有量（100 万美元）				占成员银行全部证券持有量的百分比				持有量占联邦储备银行之外的总额的百分比		
	总和(1)	国库券和一年期公债(2)	中期国债(3)	长期国债和自由公债(4)	国库券和一年期公债(5)	中期国债(6)	长期国债和自由公债(7)	总和(8)	国库券和一年期公债(9)	中期国债(10)	长期国债和自由公债(11)
1928 年 12 月	4 312	554	729	3 028	12.85	16.91	70.22	28.0	29.4	32.7	26.8
1929 年 6 月	4 155	446	704	3 005	10.73	16.94	72.32	27.6	28.3	32.7	26.6
1930 年 6 月	4 061	259	463	3 340	6.38	11.40	82.25	29.4	22.2	33.6	29.7
1931 年 6 月	5 343	901	403	4 039	16.86	7.54	75.59	36.1	47.4	94.8	32.4
1932 年 6 月	5 628	962	503	4 163	17.09	8.94	73.97	34.6	42.5	50.8	32.0
1933 年 6 月	6 887	1 113	2 049	3 725	16.16	29.75	54.09	36.2	50.2	53.4	28.7
1934 年 6 月	9 137	1 427	2 871	4 838	15.62	31.42	52.95	40.0	65.5	52.9	31.8
1935 年 6 月	9 871	1 099	4 314	4 458	11.13	43.70	45.16	41.7	75.9	50.7	32.5
1936 年 6 月	11 721	1 266	5 161	5 295	10.80	44.03	45.18	41.2	73.0	52.2	31.4
1937 年 6 月	10 870	821	4 361	5 689	7.55	40.12	52.34	35.8	48.9	46.2	29.6
1938 年 6 月	10 215	316	3 653	6 246	3.09	35.76	61.15	34.5	63.3	45.8	29.6
1939 年 6 月	10 946	441	2 720	7 786	4.03	24.85	71.13	35.1	52.2	44.8	32.0
1940 年 6 月	11 600	797	2 543	8 261	6.87	21.92	71.22	36.5	61.2	48.4	32.8
1941 年 6 月	14 238	1 127	2 631	10 481	7.92	18.48	73.61	40.3	70.3	53.9	36.3

资料来源：按列

(1) 第 2—4 列的总和。
(2—4) 将联邦储备银行持有的债券总额从四种未偿债券总额中扣除（*ibid.*, pp. 332, 343, 375, 509–510）。所有联邦储备银行持有的长期债券都被视为长期国债或自由公债。第 1 列被看做差额的一个百分比。
(8) 与第 1 列的推导过程相同，除了 1929—1931 年没有 6 月份联邦储备银行债券持有量的数据。假设 1929 年 6 月和 1930 年 6 月所持有的四种债务的百分比和上一年 12 月 31 日相同，1931 年 6 月的数据与 1931 年 12 月 31 日相同。
(9—11) 与第 8 列的推导过程相同。

注：因为四舍五入，各数之和可能和总数有出入。

可惜的是，在银行投资的期限结构方面我们无法得到充足的数据。从1928年年底开始，我们可以得到所有成员银行持有的以下三类政府债券的数据：国库券和1年期公债、中期国债、长期国债（参阅表18）。发行时，第一类债券的期限为1年以下，第二类债券的期限为1—5年，第三类债券的期限为5年以上。然而，就某种债券来说，当购买或持有时其剩余的到期期限可能和初始到期期限完全不同。举例来说，某种长期国债在购买或持有时其距离到期日可能不到一年，因此其到期期限和国库券类似。因此，上述各类债券持有量的分布最多只是衡量其期限结构分布的一个粗略指标。

数据显示，在1928年和1929年以后，银行持有的证券结构出现了显著的变化。在1928年、1929年和1930年，成员银行持有的长期国债占其持有的美国证券总数的70%—80%，剩余的债券中，中期国债略多于国库券和1年期公债。在1931年和1932年，长期国债仍然占总额的75%，但余额中有2/3是国库券和1年期公债，1/3是中期国债，这说明在接连不断的流动性危机的压力之下，银行更偏好于短期证券。1932年以后，长期国债的比例逐步下降至1933年6月的54%、1934年6月的53%，以及1935年6月和1936年6月的45%。1932年以后，尽管与国库券、1年期公债相比，中期国债持有比例迅速上升，占三者总额的比例从1932年的1/3上升到1933年和1934年的2/3，又上升到1935年和1936年的4/5。然而，这种变动很大程度上是由于国库券和1年期公债的供给有限。从1931年到1933年，成员银行持有的国库券和1年期公债占储备银行之外总量的近50%，从1934年到1936年占大约70%。从1932年到1936年，成员银行持有的中期国债大约占50%，长期国债占1/3。相比较而言，1928年银行持有的国库券和1年期公债、中期国债各占联邦储备银行以外总量的30%，长期国债大约占25%。银行在联邦储备体系以外吸收国库券和1年期公债、中期国债的比例远高于长期国债，以至于银行成为这些短期债务市场的主导者。

毫无疑问，贷款需求和投资供给的变化以及黄金流入引起的储备大幅增加——这些都改变了银行资产的供给——在银行资产构成的变化中起到了重要作用。然而，最主要的因素不是这些，而是商业银行流动性偏好的变化，即银行对资产需求的变化，也就是说，对于任何给定的收益结构，它们试图借助投资结构获得流动性。黄金的流入——供给方面最强烈的驱动力——首先增加了银行体系的现金资产。但各个银行可以自由地将额外的资产转化为其他形式，从整体上看，这种转换本也可以反映在货币存量和银行总资产的增加上。如果银行进行了资产转换,应该可以完全抵消黄金流入对现金资产占总资产比例的影响。实际上银行的反应只是部分抵消了这种影响。当然,银行的反应有些滞后。毫无疑问,这种滞后使得在黄金稳定流入时期现金资产占总资产的比例比其他时期要高。然而,这种滞后不能解释在黄金流入速度没有同步增加的情况下,为什么现金资产占总资产的比例仍然继续上升。此外,这种滞后也不能解释非现金资产结构的变化。

非现金资产结构的变化不能由银行资产供给的变化解释,而只能由银行的流动性偏好解释,利息的变化趋势是最重要的证据。假设银行对不同类型资产的偏好没有发生变化,其资产组合的变化主要反映了供给的变化。在投资组合中重要性相对增加的资产,应该也是那些收益相对于其他资产的收益上升了的资产,因为该资产的发行者为了吸引银行增持这种资产,必须提高该资产的收益。[31]事实上,利率结构朝着不利于除现金资产外的其他资产的收益的方向变动。[32]按照早期的标准,1933年后的消费者贷款利率和长期国债收益率都很低,消费者贷款利率比长期国债利率下降得更多;然而,短期商业票据、银行承兑汇票和短期美国债券的利率——这几类资产在银行投资组合中的相对重要性上升得最多——按照早期标准更低(参阅图35)。[33]在公司债券中,1929—1936年低等级债券的收益下跌幅度比高等级债券的收益下跌幅度要小,再次印证了人们的偏好转向收益具有较大确定性的资产。1929—1933年大萧条前后收益率结构最显著的变化是,不同资产的收益率之间的差距急剧扩大,对应的是持有者对其能否在需要时迅速转化为一定数量现金的信心程度。这说明,最初的关于银行投资组合的变化主要反映了资产供给的变化的假设是站不住脚的。这种变化必然反映了银行和其他投资者对不同资产需求的转变。[34]而且,银行和其他持有者对不同到期时间的政府债券的持有份额有所变化,只能是因为银行流动性偏好的变化比其他持有者偏好的同期变化更大。

C. O. Hardy 和 Jacob Viner 对从银行歇业期到1934年9月1日芝加哥联邦储备区的银行信贷可得性的研究证实了利率所提供的证据。这项研究主要是基于对银行家和经纪人的采访,用来"尽可能地找出银行贷款量很小,是否以及从多大程度上,是因为银行希望保持或获得流动性、监管官员的态度、商人不愿承担借钱维持或扩张产业的风险,或是因为在大萧条时期发生的损失对许多商人资本的破坏力使得他们害怕银行风险"。作者总结:"对于那些有偿付能力的商人确实存在着真正未被满足的贷款需求,许多这样的商人都可以很好地运作营运资本……这些未被满足的需求中最严重的问题之一是以前的营运资本贷款

第 8 章　新政时期银行结构和货币本位的变化　411

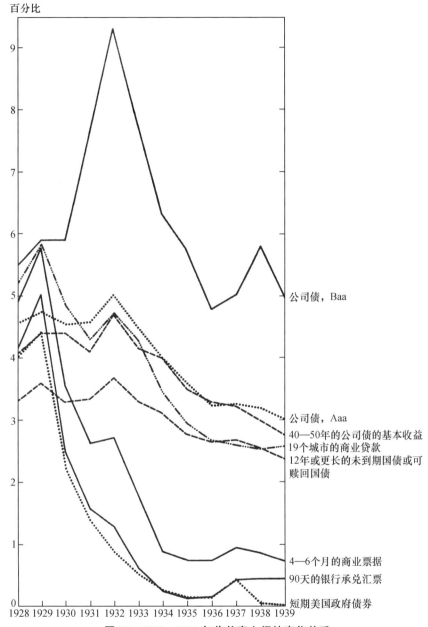

图 35　1928—1939 年收益率之间的变化关系

资料来源：Baa 和 Aaa 级公司债、商业贷款、银行承兑汇票，*Banking and Monetary Statistics*，pp. 448,464,468。商业贷款利率，年度平均数；1939 年的数据仅基于 1—2 月的数据；从那以后，基于可比基础的月度数据无法获得。40—50 年公司债的基本收益，*Historical Statistics*，1960, p. 657, Series X-347。美国政府债券，*Federal Reserve Bulletin*, Dec. 1938, p. 1045; Feb. 1940, p. 139。商业票据，*Historical Statistics*, 1949, p. 346, 年度平均值。短期美国政府债券，*FRB*, May 1945, p. 483：3—6 个月的 1 年期公债和中期国债，1928—1930 年；3—9 个月的国库券，1931—1942 年。

(甚至是好的贷款)的流动性压力。这样的压力部分是因为银行家将近期银行倒闭浪潮的大部分责任归因于错误的放贷,这使他们决定避免类似的错误重新发生……"[35]

与短期投资比例的增加不同,银行现金资产比例的增加可以部分归因于供给因素。如前所述,对黄金流入的滞后反应可能是一个因素。更重要的是,因为黄金流入的持续时间较长,利率基本上是下降的,这使得现金资产比其他资产更具有吸引力(换言之,收入损失得更少)。此外,偏好的变化压低了尤其是短期高流动性资产的收益,促使更多的资产向现金转换,例如1933年国库券的平均收益是0.515%,1934年是0.256%,1935年是0.137%,1936年是0.143%。由于准备金要求加倍(参阅第9章),它在1937年升至0.447%,1938年降至0.053%,1939年降至0.023%,1940年降至0.014%。从这些收益中可以看出,持有债券不如持有现金划算。因此,在1936年银行持有的政府债券占总资产的比例达到峰值时,现金资产占总资产的比例仍继续上升,直到1940年才达到峰值。

尽管供给可以部分解释银行持有的其他资产向现金资产的转移,但它们不能完全解释这种转移,因为后者也是由向投资转换时对流动性的需求驱动的。获取现金资产和投资一样是为了满足流动性需求;1936年以后,获取现金资产成为满足流动性需求最便捷和成本最低的方式。这些观点可以由投资转换中的利率所反映的银行对流动性偏好的变化来间接证明。这种变化显然也会影响到现金资产,因为这些资产同样可以实现持有短期投资的最终目的——随时根据需要在很短的期限内转换为既定的数额。此外,还有很多其他小证据,合起来看还是相当重要的。

其中,最惊人的证据也许就是由 George R. Morrison 作的关于美国和加拿大的比较。[36]加拿大在1929—1939年的周期性经历几乎与美国相同,但是没有发生任何银行破产或者普遍的银行挤兑现象。利率的变化方式与美国大致相同——这是从两个国家金融市场的紧密联系中得出的。加拿大银行提高了其现金资产相对其存款的比例,但远不如美国银行提高得多。

第二个证据来自 Morrison 对1929年以前和1939年以后美国现金资产和利率之间关系的解释。基于早期以及后来的经历,20世纪30年代现金资产的增加量比预期的仅由收益的下降所引起的增加量要多得多。

我们就1936年和1937年成员银行对准备金要求加倍的反应所进行的分析是另一个证据:它们之所以积累现金资产,是因为它们对流动性的需求提高了。一旦准备金要求的提高冻结了已积累的现金,银行就不得不为了流动性目标而迅速地积累额外的现金(更为详细的讨论请参阅第9章)。[37]

毫无疑问,禁止支付活期存款利息影响了增加现金资产所采用的形式。如果该禁令不存在,更多的现金资产增量可能采取其他商业银行余额的形式,而不是存入联邦储备银行。既然禁止支付活期存款利息,银行就没有动力出于流动性需要而在其他商业银行持有现金资产。没有人清楚这条禁令的影响有多大。短期资产的低收益可能意味着银行间拆借的低利息甚至是零利息,在这种情况下,在其他商业银行持有现金资产和将资产存入联储银行的结果是一样的。

银行流动性偏好的转移注定是暂时性的。根据早期经验判断[38],如果一段时期内没有出现广泛的银行破产事件,会使银行管理者警惕的神经有所放松,从而对流动性的重视程度下降。联邦存款保险公司的成立使银行破产比例大大降低,并对防止可以带来银行流动性偏好转移的"挤兑"现象的发生提供了额外的保障。虽然这种在联邦存款保险公司成立之初并不明显的保障最终变得越来越明显,但银行仍需时间来使它们的行为适应新的实际情况。因此,现金资产与总资产的比例一直持续升高到1940年也就不足为奇了。

尽管在战时现金资产占总资产的比例剧烈下降且此后保持在更低的水平上,但它仍高于1929年的水平(参阅表17,第18列)。原因不是银行对现金资产继续上升的偏好,而是准备金要求的提高。银行对监管部门要求的准备金的形式没有选择余地。它们不得不保持一定比例的现金资产作为在联邦储备体系中的存款余额,直到1959年。并且它们付出了1930—1933年间的惨痛代价才发现,这部分资产无法在不加速银行破产的情况下被提取出来,以应付危机。因此,由准备金要求变化引起的银行现金比例变化与资产偏好转移引起的银行现金比例变化是两个不同的现象。

我们只能得到成员银行关于法定准备金的合计数据。相应地,表19只限于成员银行,它把法定准备金从现金比率的分子、分母中都减去了。1929年,除法定准备金外,成员银行总资产中的11.3%是以库存现金、在途资金、银行(商业银行和联邦储备银行)中超过法定准备金要求的余额的形式持有的。这一比例从1933年到1936年一直稳步上升,在1936—1937年因为准备金要求加倍而下降,然后在1940年重新上升到接近30%的顶峰。到1945年这一比例又基本回到了它1929年的水平,并且从那之后一直围绕这个水平波动,但是所有现金资产占总资产的比例(第3列)围绕比1929年高几个百分点的水平波动。

表 19 1929—1960 年成员银行的现金资产与法定准备金以及总资产的关系

(部分年度) (10 亿美元)

日期[a]	总资产 (1)	现金资产 (2)	现金资产占总资产的百分比 (3)	法定准备金 (4)	法定准备金占总资产的百分比 (5)	现金资产超过法定准备金部分占总资产超过法定准备金部分的比例 (6)
1929	45.5	7.2	15.8	2.3	5.1	11.3
1933	33.0	6.2	18.8	1.8	5.5	14.1
1934	37.4	8.2	21.9	2.1	5.6	17.3
1935	40.7	10.1	24.8	2.6	6.4	19.7
1936	46.5	12.5	26.9	2.9	6.2	22.0
1937	47.5	13.0	27.4	6.0	12.6	16.9
1938	47.1	14.8	31.4	5.1	10.8	23.1
1939	51.9	17.6	33.9	5.9	11.4	25.4
1940	57.8	21.8	37.7	6.9	11.9	29.3
1941	64.9	22.7	35.0	7.8	12.0	26.1
1945	126.4	25.8	20.4	13.3	10.5	11.1
1948	127.3	30.3	23.8	16.7	13.1	12.3
1957	176.5	35.3	20.0	18.3	10.4	10.7
1958	194.0	38.5	19.8	18.3	9.4	11.5
1959	197.3	37.9	19.2	18.0	9.1	11.1
1960	204.2	41.9	20.5	17.7	8.7	13.0

a 6 月 30 日或者最接近的可以获得数据的日期。

资料来源, 按列

(1) *Banking and Monetary Statistics*, pp.72 and 74;*Member Bank Call Report*.

(2) 在联邦储备银行中的准备金、库存现金、在国内和国外银行中的余额、在途资金项的总和与第 1 列的来源相同。

(3) 第 2 列除以第 1 列。

(4) 1929—1941 年:*Banking and Monetary Statistics*,pp.395-396。

1945—1959 年:*Member Bank Call Report*。

1960 年:截至 1960 年 6 月 15 日的周平均数,参阅 *Federal Reserve Bulletin*, Dec. 1960, p.1350。

(5) 第 4 列除以第 1 列。

(6) 从第 1、2、4 列中计算得出。

不同于现金比例,投资与贷款的比例在战时继续上升。尽管该比例之后开始下降,但仍为 1929 年水平的约两倍。然而,现金比例和投资-贷款比例的不同变化并不意味着流动性偏好增加对投资需求的影响的持续时间比对现金需求的影响长。正如从 1932 年到 1940 年两项需求都在扩张一样,随后这两项需求本该一起下降,原因是实际比例的不同变化可以从供给方面的差异很容易地得到解释。战时政府债券的供给增长很快,对银行贷款的相对需求可能有所下降,因为很多公司通过联邦政府资金融资。和这个解释相一致的是,高流动性和低流动性的银行资产在收益上的差距在战争期间确实缩小了,并且如果将联邦储备钉住价格的政府债券看做高流动性资产,则缩小的程度非常大。战后,政府债券的供给一直保持在很高的水平,越来越多的企业发现可以从公开市场上募集到所需的资金。1960 年,两者收益率之间的差距继续缩小。到那时为止,供给状况在某种程度上已开始逆转,但并没有完全恢复到战前状况。因此,投资-贷款利率保持在高于 1929 年的水平。

应该注意到,我们对于银行资产构成的变化,尤其是对 20 世纪 30 年代挤兑中出现的大量"超额准备金"的解释,与人们普遍接受的解释相左[39]——后者在 20 世纪 30 年代的联邦储备政策中也有所体现,但是从那时起体现得就越来越少了。根据那种解释,超额准备金主要是银行所持有的多余资金,说明当时银根放松、私人贷款需求不足。银行处于一种亚稳定的均衡状态。银行获得的额外资金主要被简单地加在现金余额中;银行面临的额外需求通过缩减余额得到满足。对应于给定的资产收益率也没有唯一要求的资产结构,使得对此结构的扰动会促使银行努力去恢复;它们也就此保持新的结构了。根据这一观点,只要法定准备金要求的变化没有吸收所有银行或任何大型银行集团中的所有超额准备金,它就不会产生影响。[40]这是联邦储备委员会就 1936—1937 年的准备金要求加倍而明确提出来的观点。[41]正如我们所阐述的以及我们将在第 9 章关于 1937—1938 年萧条的讨论中详细指出的那样,银行对于准备金要求加倍的反应证明了这一官方观点是错误的,并且支持了我们的解释。

8.2 货币本位制度的变化

8.2.1 黄金政策

1933 年 3 月 6 日,罗斯福总统发布了关于银行歇业期的公告,禁止银行在此期间支付黄金及交易外汇。1933 年 3 月 9 日出台的《紧急银行业法案》,承认了 3 月 6 日公告的有效性,并扩充了其内容,赋予了总统在银行交易、外汇交易、黄金和货币流动等方面应对紧急事件的权力。法案出台的第 2 天,即 3 月

10日,总统发布了行政命令:扩充了在银行歇业期之外对黄金及外汇交易的限制,事实上是禁止银行及非银行类似机构在未取得财政部部长所签署许可证的情况下用黄金进行支付。这一法令也严格地限制了外汇交易。上述措施拉开了为期约一年的对货币本位制度进行修补的序幕,自内战时期放弃金本位制以及其后于1879年恢复以来,这是对货币本位法律架构最为深远的一次调整。[42]

虽然有效地暂停了对黄金的支付,金价或是以美元兑其他货币(如法国法郎)的汇率仍严格地与黄金联动,并围绕"平价"波动了一个多月。这次歇业被视为银行业应急措施的一部分,因此人们预测那只是临时性的。外汇交易被严格管制;管理部门没有做出计划允许美元贬值的官方声明;几周以后,政府批准了几个出口黄金的许可证。此外,由于从技术上来看黄金的头寸很足,因此人们丝毫不怀疑前述金平价能得以维持。黄金存量与总货币存量的比率达到了自1914年以来的最高点。

在这一时期,美国迈出了空前重要的一步。4月5日,一项行政命令禁止了黄金"贮藏"行为并要求包括成员银行在内的所有黄金持有者,将其持有的金币、金块或者金元券在5月1日之前(含5月1日)移送至联邦储备银行,仅可以保留用于工业及艺术的合理数量的稀有铸币,并确定了每人可以保留的金币和金元券的最高限额——100美元。[43]金币和金元券按面值兑换为其他通货或存款,金块按每盎司20.67美元的法定价格支付。根据财政部部长1933年12月28日发布的一项命令,储备银行以外的黄金也在稍后一段时间完成了"国有化"。该项命令要求除稀有铸币及其他少量项目外的所有金币、金块和金元券均应根据每盎司20.67美元的法定价格按其面值转让给美国司库。截止日期定于1934年1月17日[44],当时黄金市价接近每盎司33美元。[45]

1933年4月20日出台的行政命令,扩充并修改了黄金禁运规定。加上前一天总统在新闻发布会上的评论,结束了金价的稳定期。总统明确指出,当局将允许美元相对外国货币贬值,以此促进国内价格的上升。该行政命令对外汇交易加以限制,这不仅是针对在3月10日行政法令下取得许可证的银行,而且还针对参与外汇交易的所有个人。在同一天,《农业调整法案》的《托马斯修正案》被提交至国会。5月12日,这一修正案被制定为法律。该修正案明确提出要通过货币存量的扩张来达到价格上升的目的;此外,该修正案还赋予总统将美元含金量降到其以前比重的50%的权力。黄金的美元价格立即开始上升,也就是说,外国货币的美元价格也在上升,这既包括保留金本位制的法国法郎,也包括早些时期放弃金本位制的英镑。在接下来的3个月中,黄金的市场价格上升到每盎司 30 美元的水平;其后,在 1934 年 1 月 30 日《黄金储备法案》通过之前,价格一直在 27—35 美元之间不规则地波动。[46] 在那个时期,美国同 1862—1879 年一样,仍实行由市场决定的逐日浮动汇率制。但是,政府加强了对市场的干预。1933 年 9 月 8 日,按照每日评估的世界市场数据扣除装运及保险成本后的价格建立了固定的官方金价。财政部同意按该价格收购黄金,以向美国的金矿开采者支付在未实施出口禁运时其本应获得的高价格。

自 1933 年 10 月起,政府对市场进行了积极的干预,以提高金价。从 10 月 25 日开始,复兴金融公司(RFC)被授权收购国内新采黄金;几天之后,该公司又被授权通过储备银行的代理购买国外黄金。购买价格几乎每天都在上涨。复兴金融公司大规模的国外购买曾一度使国内新采黄金的公布价格成为有效的市场价格。但是,从 1933 年 11 月末至 1934 年 1 月末这段时期,公布的价格高出了国外的黄金市价。[47]

黄金政策的目标是提高商品的价格水平,尤其是农产品及原材料的价格水平,这些商品的价格在通缩的前几年下降幅度最大。同时,新政的其他措施也力图实现这个目标。在新政措施中,最引人注目的要数国家复兴部(National Recovery Administration)颁布的"守则"(codes)以及农业调整部的产量控制措施。虽然《托马斯修正案》在未经联储同意的情况下为货币数量的增长提供了法律依据,但是正如我们所看到的,货币数量的显著增长并没有实现令价格上涨的目标。美国出口的大部分农产品和原材料都有一个世界市场,在这一世界市场中,尽管作为供应商与购买者的双重角色,美国有时会显示出其重要性,但几乎没有占据过支配地位。这些商品以外国货币表示的价格由世界的供求状况决定,只有当美国发生的事件反过来影响到美国的供求数量时,才会受到这些事件的影响。即使是这样,与美国购销变化相比,这些价格所受的影响也要小得多。因此,美元外汇价值的下降意味着这些商品的美元价格约有同比例的上升,事实上,棉花、石油产品、烟叶、小麦及类似产品的美元价格确实发生了这样的变化。因此,黄金政策提高农产品及原材料价格的目的在很大程度上得以实现。

美元外汇价值的下降最初只是由于人们基于贬值预期而投机性地出售美元的结果——表现为短期的资本外流。由于国内通货紧缩结束而产生的对进口需求(指需求曲线)和出口供给(指供给曲线)的移动,支撑了这种下降。银行业危机得以解决,人们对货币体系的信心得以恢复,同时货币流通速度上升,消费率提高,物价上涨。结果是美国物价相对于他国物价出现了上涨。如果美元不贬值,物价的上涨将会抑制出口而促进进口。美国在国内外购买黄金的行为随后加强了上述因素的影响。

由于黄金是一种潜在的出口商品,美国对国内黄金的收购减少了黄金的出口供给,因此减少了(以购买美国黄金为目的的)外币持有者对美元的需求。对国外黄金的收购增加了对进口商品(即黄金)的需求,因此增加了(以购买国外黄金为目的的)对以外汇标价的美元的需求。上述两种影响合在一起,造成了以贬值前汇率表示的美国收支平衡表的潜在赤字。在浮动汇率制下,如果美元贬值(可以通过出口的增长或进口的减少或投机资金的流动实现)的幅度足够大,足以产生大量的外汇,超过用于其他目的的外汇需求,从而用来支付黄金的购买,那么就可以消除这种潜在赤字。

这些影响并不取决于黄金是买卖商品的事实。在浮动汇率制下,如果政府用同等数量的美元购买小麦、香水和外国艺术品,或是像二战后实施的那样,建立外国所产战略物资的储备,那么对国际贸易货物的美元价格产生的影响在本质上是相同的。当然,倘若这些其他商品中的一种成为购买计划的载体,那么黄金就属于本国生产货物的范畴,美元贬值将刺激其出口;同时黄金也属于外国生产货物的范畴,美元贬值会抑制其进口。结果,这种假定的替代性购买计划就会使黄金净流入小于其应有的净流入,或者使净流出大于其应有的净流出。事实上,在此将黄金作为载体必然意味着黄金的积累,正如将小麦、香水或国外艺术品作为载体也将意味着该种商品的积累一样。

选择黄金作为载体使该计划对外国的冲击发生了重要的影响。首先——相应的影响可体现在任意一种特定商品上——该计划会对生产黄金的国家产生特殊影响。其次——这种影响仅体现在作为货币本位的商品上——该计划会对金本位制国家产生特殊影响。由于那些国家承诺以本币表示的固定价格出售黄金,所以其黄金储备必然会受到压力,这反过来会使这些国家放弃金本位制或面临国内通缩压力。完全不考虑这项黄金购买计划对其进出口货物的相对供求的影响,那些国家仍然不得不调整其整体名义物价水平。[48]

为了达到降低美元汇率的目的,美国采取了(通过发行 RFC 证券)借入资金以购买黄金的措施,该措施并非没有先例。同样的措施被写入《恢复铸币支付法案》,并在 1879 年前实行,但当时却正好出于相反的目的:提高美元汇率。在讨论那个事件时,我们曾指出,黄金储备积累的机制影响而非心理影响使恢复金本位制变得更困难而非更容易。其原因和刚指出的黄金购买导致美元贬值的原因完全相同。在这两种情况下,我们都怀疑这一措施起到的作用是否与潜在起作用的不那么引人注目的驱动力一样重要,但在 1879 年,当该措施对既定目标起阻碍作用时,与 1933 年该措施对既定目标起促进作用时相比,这一点更为明显。

要以黄金为载体达到美元贬值进而抬高物价的目的,其主要障碍是许多政府和私人债务以及私人合同中存在的所谓的黄金条款。该条款要求用真金或等价于特定重量黄金价值的名义货币量进行支付,其使用可以追溯到南北战争后的绿钞时期。制定该条款的目的是保护债权人等不受货币贬值的影响。该条款增加了联邦政府及众多个人债务人对本息的名义债务,增加的幅度为黄金新旧价格的比例。此外,它还削弱了由货币贬值引致的负债-收入比降低对私人活动的刺激作用。因此,1933 年 5 月 6 日,一项联合议案被提交给国会,并于同年 6 月 5 日通过。该项议案废除了过去所有公共和个人合同中的黄金条款,将来也不再设立这种条款。1935 年 2 月,高等法院以 5 : 4 的投票裁定该议案符合美国宪法。[49]

最初,黄金政策仅是罗斯福总统同时实施的与货币本位制相关却相互冲突的两项政策中的一项。另一项政策是组织了一次世界货币与经济会议,该会议于 1933 年 6 月在伦敦召开。1932 年 5 月,胡佛总统为召开该会议进行了一系列安排,会议原定于 1933 年 1 月召开。其宗旨是在国际经济问题上达成合作,人们寄希望于在该会议上就稳定汇率安排问题达成共识。但是这个会议几乎完全是一个败举。一个原因是在其召开过程中,总统显然已经明确地决定采取货币贬值的政策。他于 1933 年 7 月 2 日向该会议发出信息,否认美国与任何达成所谓"就几个大国而言,临时的而且也许是人为的汇率稳定"的努力有关,并称之为"华而不实的谬论"。[50]当时的舆论将会议的失败归咎于这一信息。但是,无论总统说了什么,也无论美国政策如何稳定,对于达成一个可行的汇率稳定协议的经济前提是否存在,都是令人怀疑的。其根本困难包括:英镑集团成员国与金本位制国家之间在汇率上可能不相容,以及当时的金本位集团成员国不愿意改变其金平价。

金价可变的时代于 1934 年 1 月 31 日结束,当时总统在前一天通过的《黄金储备法案》所赋予的权力下,规定了买卖黄金的固定价格——每盎司 35 美元,从而将美元的含金量降到了其原来重量的 59.06%。按照该法案中的条款,所有金币和金块的所有权都归属于美国政府;所有金币将退出流通,熔成金块,并停止新的金币铸造活动。财政部部长将控制所有的黄金交易;总统有权将美元含金量固定在其早先法定含金量的 50%—60% 之间。[51]

财政部先前将其持有的黄金估值为每盎司 20.67 美元,并以该价格向个人、商业银行及联邦储备体系收购黄金。自那时起,它就意识到可以从美元的重新定价中获得巨大的"账面"利润。也就是说,财政部可以发行名义价值近 30 亿美元的名为金元券的额外纸币,而不需要取得额外的黄金,并且还能符合对其发行的每一美元均须持有特定含量黄金(现在含量小于以前的含量)的法律规定。那些金元券不能由私人合法地持有,但是可以由联邦储备银行持有。因此,为了实现其利润,财政部必须将金元券交给联邦储备体系;作为回报,财政部将收到存款信贷,该信贷可以转换成联邦储备券或开立支票进行支付。揭开法律表象,其经济影响相当于授权财政部,在《农业调整法案》的《托马斯修正案》所明确授权的 30 亿美元的绿钞外,又印制了近 30 亿美元的法定货币并将其投入流通。[52]

在财政部的账面利润中,20 亿美元被分给一个在财政部部长控制下成立的稳定基金,并赋予了其买卖黄金、外汇、证券及其他信用工具的权力,以达到稳定美元汇率的目的。[53]

自 1934 年 2 月 1 日以来,黄金的官方价格一直固定在每盎司 35 美元的水平。从该意义上来说,这个日期标志着金本位的恢复。但是无论是从国内角度还是从国外角度考虑,美国所恢复的金本位与其在不到一年前所放弃的金本位相比,都有很大的区别。铸币局以每盎司 35 美元的价格收购向其提供的所有黄金,但是只出于国外支付的目的而出售黄金。如前所述,在美国禁止个人持有金币和金块,除非将其用于工业、艺术或钱币收藏并且不再进入国内流通。联储继续实行黄金准备金要求,但是准备金状态自 1933 年开始从未对政策产生过直接影响,尽管自 1958 年美国黄金存量开始大幅下降起,就存在这种可能性。举例来说,当 1945 年联储体系开始接近当时的准备金要求(票据的准备金率为 40%,存款的准备金率为 35%)时,法律发生了变动,要求准备金率统一为 25%。

美国不再主要依靠固定的黄金买卖价格来维持与其他货币的刚性汇率,即使那些国家仍在实行名义上的金本位。取而代之的是稳定基金——一个新的中央银行机构,该机构具有参与外汇和非货币黄金公开市场买卖以影响汇率的权力。20 世纪 30 年代末期,大多数所谓黄金集团的成员国最终都放弃了金本位,名义上的浮动汇率以及通过稳定基金进行政府投机,成为一种惯例。战争期间,很多国家固定了"官方"汇率,但这一汇率水平并不是通过按黄金或外币的固定价格进行自由买卖来维持的,而是效仿 20 世纪 30 年代德国 Schacht 所发展的策略,通过对外汇交易的广泛控制来维持的。从那时起,种类更为繁多的实际汇率安排同时存在。

也许对于1934年后黄金在美国所扮演角色的最好描述并不是货币体系基础,而是一种价格受官方支持的商品,就如同在许多农业支持计划下的小麦价格一样。两者最大的区别在于对农产品的支持价格仅针对国内生产者,而对黄金的支持价格则对国内外生产者均有效。积累的农产品可以按支持价格自由地出售给任何买家,而黄金只可以出售给某些外国购买者而不能出售给任何国内购买者。结果,黄金计划建立了一个以美元标价的世界金价的下限。

1934年1月,黄金固定价格取代了早期购买计划下的浮动价格,这意味着美国当局不再对用于购买黄金的美元数量实行直接控制。实行固定价格后,美国当局有义务购买向其供给的所有黄金。但是这种购买的作用与早期计划下购买的作用相同。对美国来说,由于汇率变化及不同国家国内物价水平变化的影响,就国内货物来说国际贸易货物价格上涨,购买黄金意味着其他出口品的美元价值相对于进口品的美元价值上升。对黄金生产国来说,美国的黄金购买意味着其一种产品的价格上升,因此将带来黄金产业相对于其他产业的扩张和收入的上升。对金本位国家来说,美国所固定的金价决定了其本币兑换美元的汇率。它们要么根据新的汇率调整其国内物价水平(在这一过程中,可能会卖掉以盎司计量的部分储备),要么改变其黄金的固定价格。对所有金本位国家和黄金生产国(不包括美国)以及所有非金本位国家和非黄金生产国来说,黄金购买意味着一次国际贸易的重新洗牌,以应对美国对除黄金以外产品需求的减少,以及黄金生产国对此类产品需求的增加;该计划意味着来自美国的产品供给增加以及来自黄金生产国的产品供给减少。最后,国际贸易不得不根据金本位国家采取的措施进行自发调整,以弥补其储备损失。

当然,最初确定的黄金固定价格相对于黄金本身过高,因此刺激了生产的快速增长和政府库存的快速积累。美国包括其原有黄金在内的黄金产量从1933年的不到260万盎司上升到1940年的600万盎司;世界产量则从1933年的2 500万盎司上升到1940年的4 100万盎司。自1940年起,其他商品和服务的价格上升,拉低了黄金的相对价格,并且使得1960年的美国黄金产量降到其1933年水平以下,尽管当年世界产量仍超过了1933年的水平。财政部所持有的黄金存量从1934年固定支持价格时的2亿盎司上升到1940年年末的6.3亿盎司,这一增长是干预时期世界黄金总产量的1.75倍。黄金存量在战争期间有所下降,之后在1949年达到最高点。到1960年年末,它又再次下降到约5.1

亿盎司,但仍然是确立固定价格时水平的2.5倍。

同购买农产品及其他商品的过程一样,在购买黄金的过程中,人们认为美国政府拥有三项直接[54]资金来源:税收、借款和货币创造。[55]一个区别在于,对其他商品(除了下文将讨论的白银)的支持计划没有获得货币创造的许可,而黄金支持计划却并非如此,因此后者自动地获得了持续的融资手段。用金元券购买黄金可以增加财政部在联邦储备银行的存款,存款的增量等于黄金购买量乘以黄金的官方价格。除了少量的操作费用(0.25%)外,事实上这也等于财政部购入黄金时使用支票从其存款中支出的数量。黄金购买通常按上述方法筹措资金,因此,黄金储备的增长并没有自动带来预算压力。黄金购买与财政部创造高能货币的权力之间的联系当然是黄金的历史角色的延续,也仍然赋予了黄金一定的特殊货币重要性。值得一提的是,1937年财政部使用了另外一种融资方法,即用发行债券筹集的资金"对冲"黄金(参阅第9章第3节)。

描述1934年后美国的黄金政策要比描述作为其结果的美国货币本位容易得多。从黄金量或黄金名义价值在固定价格水平上的维持是否直接或者间接地决定货币量的变动的定义上说,美国采用的并不算是金本位制。通常人们将其视为一种——就像罗斯福总统所说的——有管理的金本位制,但这种说法仅仅是回避了定义的难题。显然,它是一种信用本位而非实物本位,但是又不可能具体说明由谁以及基于何种原则来对其数量进行管理。联储、财政部及其他机构均出于各种目标通过各自的行为对黄金数量施加影响。理论上,联储有权在较大的范围内随意地调控货币量,但是它很少说明其行为的目的何在。有时,联储会为了支持国债价格而明确放弃控制权。而且黄金流动显然不会不影响到联储的行为。只要美元对其他货币的汇率保持固定,不同国家之间相对货币存量的变化就会与相同汇率下的金本位导致的变化相似,尽管变化机制可能完全不同。也许"自由决定的信用本位"(discretionary fiduciary standard)是用来概括这一演化了的货币本位的最简单用词。如果你认为这种概括含糊不清,那么你就对了,因为它表示的货币本位正是如此。

起初,黄金集团国家的货币相对于美元的升值幅度比未与黄金挂钩国家的货币升值幅度更大。从1933年1月到1934年9月,法国、瑞士、比利时、荷兰以及意大利的货币升值了70%,而英镑升值了不到50%。因此,金本位国家的货币不仅相对于美元升值了,相对于其他货币也升值了。这两种不同的升值衡量了美国的黄金价格支持计划对金本位国家的特殊影响。事实上,这些国家的黄金流失意味着它们比其他国家承担了更多的美国出口扩张和除黄金以外的进口缩小的影响,因此缓和了对其他国家的最初影响。

正如我们所看到的,如果没有其他因素的干扰,为了维持金本位,也就是说,为了使诸如新的汇率结构之类的因素不对收支余额产生压力,金本位国家将不得不相对于其他国家降低其国内物价水平。事实上,在此过程中确实受到了其他因素的干扰,但是其干扰并非减弱而是加剧了金本位制国家的难题。美国在固定价格支持计划下的黄金购买,与来自欧洲的资本外逃恰巧同时发生,后者主要是由政治变化引起的:首先,在德国,希特勒权力的扩张导致德国人(尤其是犹太人)大规模地将资本转移到国外;其次,对战争恐惧的日益增长导致来自法国、英国及欧洲其他国家的资本外逃。

由于这种资本外逃增加了对美元的需求,其对美国商品和服务贸易(不含黄金在内)及汇率的影响,与黄金价格支持计划的影响恰好方向相反,并对后者起到了抵消的作用。[56] 一方面,美国政府为了购买黄金不断增加美元的供给;另一方面,外国人为持有美元不断增加对美元的需求。通过以海外资产交换黄金并将黄金转移至美国财政部,外国人可以获得美元而财政部可以得到黄金,却不影响美国其他国际收支项目的平衡。由于这种抵消,黄金计划并没有按照上文所述的方式影响美国的贸易账户,以及美国的国际贸易货物的相对价格。由于这种贸易账户和相对价格的变化趋向于减少在固定价格水平下出售给美国的黄金数量,资本的流入意味着这个国家在每盎司 35 美元水平上获得的黄金量比没流入时其本能购买到的黄金量更大。因此,虽然资本流入和黄金价格支持计划对美国的汇率和商品服务贸易(不含黄金在内)产生了相反的影响,但这两方面均导致了黄金存量上升的趋势。

对于发生资本外流的金本位国家——所有在 1933 年以后仍实行金本位的主要的黄金集团成员国——来说,资本外流加剧而非抵消了黄金价格支持计划的影响。这要求国内物价水平进一步下降,下降的幅度超过了黄金价格支持计划所要求的幅度。如果它们想在不引起黄金持续外流的前提下为资本流出融资,那么出口相对于进口必须进一步增加。

在美国黄金价格支持计划和资本外流综合作用下所需的货币贬值幅度超过了黄金集团成员国愿意承受的限度,也许上述两个因素单独作用的结果也是如此。因此,在 1936 年秋,法国和瑞士根据美国、法国和英国达成的三方协定实行了本币贬值。其他黄金集团成员国或是遵循了这一套路,或是放弃了金本位制。

没有一种直接的方法可用来划分资本流动和黄金价格支持计划对美国国

际贸易的相反影响;人们只能记录下它们对于国际贸易的综合影响,当然,还包括诸如商业活动变动水平等其他因素的影响。但表 20 表明,就 1934—1939 年整个时期而言,黄金价格支持计划比资本流动对美国国际贸易的定量影响更为重要。但是证据稍显混杂,因此这一结论在很大程度上是未决的。

证据中的主要不确定因素在于表中前两部分的收支余额数据。正如我们所看到的,单独采用黄金价格支持计划会增加商品和服务(除黄金外)的贸易余额,这种增加可以通过汇率变化或是国际价格变化实现,而国际价格的变化必须足以降低美国价格相对于外国的价格水平(以同种货币表示)。[57] 单独的资本流入会产生相反的效果。由于收支余额数据的误差,我们无法清楚地得知实际发生的状况。第 1 行和第 5 行给出了根据进出口数据直接估计的贸易余额,第 1 行是绝对值,第 5 行是占国民收入的百分比,其中民收入根据价格变化和经济规模变化进行了调整。根据这些统计数据判断,1934—1939 年间贸易余额远低于 20 世纪 20 年代的水平,稍低于 1930—1933 年大萧条时期的水平。第 2 行和第 6 行给出了根据资本和黄金流动数据间接估计的贸易余额;第 1 行和第 2 行核算的区别在于记录在收支平衡表官方数据中的"错误与遗漏"项目。这些错误和遗漏足够大以至于可以改变贸易余额的符号。第 2 行和第 6 行表明 1934—1939 年贸易余额显著大于 20 世纪 20 年代或 1930—1933 年的贸易余额(在第 2 行中,1934—1939 年与 20 世纪 20 年代的贸易余额相等,但由于其价格水平比 20 年代低,因此其实际水平高于 20 年代)。第 1 行和第 5 行暗示了资本流动的定量影响更为重要;第 2 行和第 6 行则暗示了黄金购买计划的定量影响更为重要。

与第 1 行和第 5 行的数据相比,我们倾向于认为第 2 行和第 6 行的数据更为重要,原因如下:第一,对数据误差来源的测试表明,间接估算可能比直接估算准确得多。[58] 第二,正如我们下面将要看到的,价格数据相当明确地表明黄金购买计划更为重要。第 6 行的估计值恰好与我们在说明相对价格和资本流动之间关系的几个图表(图9、图 17 和图 36)中的估计值相对应。

根据对法国法郎和瑞士法郎贬值前的 1934—1936 年和贬值后的 1937—1939 年的测算,黄金购买计划在后一时期明显比前一时期更为重要。通过从其货币账户给资本出口商提供黄金,金本位制国家促进了资本和先前所描述的黄金流动之间的直接抵消。的确,第 5 行和第 6 行的数据表明,在早些时期,资本流动对贸易余额的影响要大于黄金流动对贸易余额的影响。

表20 1929—1939年美国的国际收支余额和购买力平价与汇率的比率

	1923—1929	1930—1931	1932—1933	1930—1933	1934—1936	1937—1939	1934—1939
年平均量（10亿美元）							
除黄金以外的商品和服务项贸易余额（出口减进口）（第1行，第2行）							
1. 直接估计	1.07	0.74	0.34	0.54	0.16	0.78	0.47
2. 通过资本流动估计	0.86	0.95	0.41	0.68	0.47	1.27	0.87
3. 资本流入减去对外国的单方面资本转移	-0.84	-0.90	-0.49	-0.69	0.86	0.74	0.80
4. 黄金流出	-0.02	-0.05	0.08	0.02	-1.33	-2.01	-1.67
平均占国民收入的百分比							
除黄金以外的商品和服务项贸易余额（出口减进口）（第5行，第6行）							
5. 直接估计	1.32	1.03	0.78	0.91	0.33	1.09	0.71
6. 通过资本流动估计	1.07	1.32	0.94	1.13	0.89	1.76	1.32
7. 资本流入减去对外国的单方面资本转移	-1.03	-1.28	-1.13	-1.21	1.42	1.01	1.21
8. 黄金流出	-0.04	-0.04	0.19	0.08	-2.31	-2.76	-2.54

(续表)

	1923—1929	英国放弃金本位制		1930—1933	法国法郎和瑞士法郎贬值		1934.1—1939.8
		之前 (1930.1—1931.8)	之后 (1931.9—1933.12)		之前 (1934.1—1936.9)	之后 (1936.10—1939.8)	
			平均每月（百分比）				
9. 购买力平价对汇率的比率（1929年=100），美国隐含物价指数相对于：							
a. 英国生活成本除以美分/英镑表示的汇率	98.8	97.4	108.2	103.7	87.7	85.5	86.6
b. 法国生活成本除以美分/法郎表示的汇率	112.2	86.9	71.6	78.0	52.0	80.2	66.5
c. 瑞士生活成本除以美分/瑞士法郎表示的汇率	100.7	94.2	79.4	85.6	58.1	80.3	69.5

注释：由于表中四舍五入，在最后一位小数上可能有误差。

资料来源，序号为行数

1. 所记录的商品和服务的贸易余额包括黄金产量与非货币性黄金消耗的余额（参阅 *Balance of Payments,1949—1951*, Office of Business Economics, Dept. of Commerce, 1952., pp.23,113）。减去黄金出售量（*ibid.*, pp.11–12, line 23）所得的余额。
2. 为表中第3,4行的合计数，只是符号相反（第2行与第1行的差额即为OBE的"错误和遗漏"）。
3. *ibid.*, pp.11–12, 第24,30,41行的加总。
4. 1923—1933年：*Banking and Monetary Statistics*, Board of Governors of the Federal Reserve System, 1943, p.538。1934—1939年：*Federal Reserve Bulletin*, 1947—1949 issues。
5—8. 与第1—4行相同，除了每年的每个项目先账以国民收入（来源同图62）。
9. 美国隐含物价指数：同图62。
英国及瑞士的生活成本：*Statistics Yearbook of the League of Nations*, 1931/32—1939/40 issues。
法国生活成本：1923—1931年6月，1931年6月—1938年10月—12月，资料来源同上（只有巴黎的数据是按季度给出的）；1931年7月—9月，每月数据中还插入34种家庭用品的月均价（*Annuaire Statistique*, 1946, France, Institut National de la Statistique, p.199）。1939年1月—8月的国家联盟数据由季度的生活成本（*ibid.*, 1940—1945, p.211）指数推知。
汇率：*Banking and Monetary Statistics*, pp.670,680–681。

虽然在不同国家中存在不同的价格变动,但表 20 中第三部分的价格数据表明黄金计划比资本流动更为重要,这主要反映了不同时期贬值的效果。虽然理论上还有许多其他因素会影响相对价格,但事实上这些因素的影响是微乎其微的。举例来说,在 1879—1914 年间的整个时期,英、美继续实行金本位政策,价格比率如表 20 所示(根据表 A-4 中第 1 列 1871—1960 年的年比率得到),仅在 90 至 106 之间变化,而且正如我们所看到的,上述变动可以部分由资本流动解释。因此,这段时期的价格比率是灵敏而精确的经济指标,用以衡量货币变动以及黄金计划和资本流动这两种主要因素的影响。

经汇率变动调整后,美国隐含物价指数与英国、法国和瑞士生活费用指数相比,其在 1933 年后的水平低于其在 20 世纪 20 年代或 1930—1933 年的水平。这个结论是建立在黄金价格支持计划的影响大于资本流入影响的假设之上的。

在 1936 年法国法郎和瑞士法郎贬值前,英国物价与法国和瑞士物价之间的差别反映了前文提及的黄金购买计划对法国和瑞士的最初影响是不成比例的:其黄金的流失意味着很大的国际收支赤字,反映出其国内物价水平高于美国物价水平。一旦两种货币贬值,这种不同的影响便会消除。如果只有黄金购买计划单独运作,人们会发现与法国和瑞士的比率上升相对应,表中的英国比率会下降——与 1931 年英镑贬值后价格变动的方向恰好相反。实际上,英国的比率大致保持不变,而法国与瑞士的比率则大幅上升以适应不变的英镑比率。其原因在于这几个国家资本流出的影响相似,并且有将各自比率上升到黄金价格支持计划单独运行下的比率水平之上的趋势。

我们暂且离开主题:从某些角度看,表 20 最显著的特征是,1923—1929 年与 1930—1933 年的收支余额之间,比这两者中任意一个与 1934—1939 年的收支余额之间具有更大的相似性。从前两组数据中显然看不出席卷世界的经济灾难的痕迹。照推测来说,美国应该逐渐停止向世界贷款,然而在 1930—1933 年间,其每年资本输出的净额与 1923—1929 年间几乎相等,就其占国民收入的比例来说还要高出后者。原因在于,假设生产条件、海外投资动机及货币制度安排没有发生本质变化,无论经济灾难最初是因何而起,表 20 中数据一般模式的延续恰恰是经济灾难进行国际传导和协调的媒介。美国试图改变这种模式,例如停止向国外贷款,但是美国的行为引起了海外的消极反应,以至于在很大程度上使美国的尝试没有起到作用,并且事实上还迫使美国继续向国外贷款。

当然,如果在没有黄金价格支持计划的情况下发生了资本流动,那么 1934

年以后美国的商品和服务贸易差额(不含黄金在内)将会小于其实际发生额,而且相对于外国价格而言,美国价格下降的幅度会比实际情况小,或者可能会上升。这也是因为资本流动导致的美元升值将会阻碍出口而鼓励进口。那么贸易余额将会减少多少?由于资本流动本身意味着黄金的进口,贸易余额的减少当然不会超过16.7亿美元(表20第4行,最后一列)——但16.7亿美元是如此高的一个上限,以至于缺乏实际意义。同样,如果不存在资本流动,贸易余额将会增加,但是我们同样无法有效测算出其增加的幅度。

如果我们将1923—1929年作为比较基准,忽略其他因素而从名义美元总额的角度考虑,我们可以对黄金价格支持计划和资本流动的综合影响进行如下分析。统计数据显示,1934—1939年的6年间,美国政府每年购买的黄金数量比其和美国公民一贯购买的数量多出了17亿美元;同时,美国其他商品和服务的净出口额(国外销售减国外购买)每年缩减6亿美元——销售净额减少或购买净额增加——或者净出口额保持不变,这完全取决于对所记录的6亿美元错误和遗漏项的处理(比较表20中1923—1929年时期第1、2行之间的差别和1934—1939年时期第1、2行之间的差别)。记录在案的外国货币融资有23亿美元,或者购买净增加了17亿美元,支持上述购买的外国货币来源于两个途径:在国外的美国公民原来每年支出8亿美元用于净贷款或资产购买,转化为每年8亿美元的净借款或资产出售;或者是如果将误差归为资本项目,那就是同方向的规模更大的资金流动。资本从净出口到净进口的转变主要反映了许多外国人希望以美元或美国证券的形式,而不是以欧洲国家的货币或证券的形式持有其资产。

图36中按年给出了较长时期中的相同证据,显示了美国与其他国家之间相对价格(经汇率调整后)的关系,也显示了1920—1960年间美国资本流入及黄金流出的变动情况(以其占国民生产净值的比例表示)。

1932年前,表示资本流入减单边转移以及两者与黄金流出之和(或者除黄金外的商品和服务的贸易余额,与三者之和等价,但符号相反)的两条曲线,无论从规模还是从年度变化上来说,都几乎没有区别。资本流动的规模如此之大,以至于支配着黄金流动。在更早的时期(参阅图9、图17),我们发现资本流动和收支余额的年度变化与英、美相对价格变动之间存在着比较密切的关系,而1929年前这种关系变得比较松散。

从1929年至1933年,美、英物价比率曲线与资本流动曲线逐步分离。1932年该物价比率上升到了顶峰,高于1871年(物价比率指标从这年开始统计)以

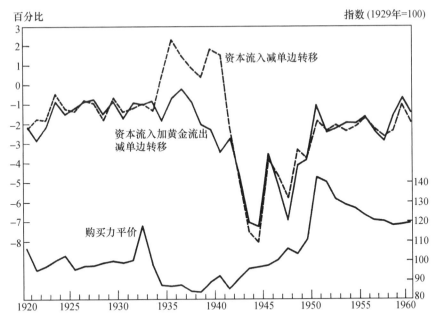

图36　1920—1960年美国国际资本流动净额占国民收入的比重及购买力平价

注：资本流入减单边转移绘制为正值，黄金流出绘制为正值。

资料来源：表A-4。

来的所有值。收支余额仅仅轻微地反映了物价比率的急剧上升，资本流动对此的反映更为不明显。这是因为1931年英国放弃金本位制以及英镑集团和黄金集团的出现增加了世界价格模式的多样性。在这一时期，不可能将英国物价变动视为世界物价变动的一个可靠指标。从图51美国与瑞士的相对价格曲线中可以看出这一点。1929年，该相对价格和美英相对价格挂钩。从1929年到至少1937年这段时期，两条曲线明显分离。1937年两者相当接近，仅在1939年第二次世界大战开始后才再次分离。正如早期的英国贬值引起了英镑价格相对于美国和瑞士价格的下降一样，1933年的美元贬值引起了美国价格相对于瑞士价格的下降。从1931年起，英国和瑞士之间的某条曲线可以被看做早期美英相对价格曲线的适当延续。

在1932年(特别是1933年)以后至1941年之间，资本流动数据与除黄金外的商品和服务贸易余额数据之间存在着巨大的差异，这一差异在数量上远远大于1932年之前和1941年之后。该差异体现了黄金购买计划和来自欧洲的资本流动导致的前所未有的大规模黄金流动。单独与资本流动的数据相比，比起20世纪20年代或更晚些的四五十年代，美国的价格水平相对英国要低些，相对于瑞士就更低了。正如我们所看到的,这一差别在很大程度上反映了黄金购买计划的影响。另一方面,如果我们使用介于英国和瑞士之间的某条曲线,单独的贸易余额数据与相对价格之间显示了几乎一致的关系。

8.2.2 白银购买计划[59]

1933 年 5 月 12 日通过的《托马斯修正案》授权总统降低美元含金量,并赋予总统与白银相关的更为广泛的权力。该权力直到 1933 年 12 月 21 日才开始被行使。当时由于黄金购买计划的效果令人失望,以及迫于来自产银州的参议员及其他货币扩张支持者的压力,罗斯福总统运用《托马斯修正案》赋予其的权力,命令美国造币厂在 1937 年 12 月 31 日之前以每盎司 $64\frac{64}{99}$ 美分(即 0.6464 美元/盎司)的价格收购向其供给的所有国内新产白银。

当时的白银市价约为每盎司 44 美分,比 1932 年年末 1933 年年初的银价高出大约 75%。此次银价上升的幅度稍大于同时发生的美元贬值幅度,这次上升主要反映了美元汇率变动对国际市场所有商品的影响。但毋庸置疑,这次银价上升在某种程度上也具有预期推动的投机性质,这种预期源自《托马斯修正案》以及美国在伦敦经济会议上与其他国家达成的美国将"对白银采取一些行动"的协议。

白银的名义货币价值以前是(而且现在仍是)每盎司 $1\frac{22}{99}$ 美元(1.2929 美元)。这一价值始于 1792 年,当时将 1 银元定义为包含 371.25 格令纯银。[60]但是自从 1834 年美元含金量下降后,这一定价就不再是一个有效的市场价格了。从 1834 年到 1873 年,当时确定的铸币比例高估了黄金,因此白银的市场价格高于 1.29 + 美元的定价,造成无人铸造银币的局面。虽然当时美国名义上实行复本位制,但事实上实行的是金本位制(除了绿钞时期)。在 1873 年后,由于美国禁止自由铸币,白银相对黄金的价值回落(第 3 章注释[52]),由于 1878—1890 年及 1890—1893 年间的早期白银购买计划,这个不规则的下降趋势在 1889—1890 年间明显中止,在第一次世界大战期间又重新开始下降。除第一次世界大战时期外,白银的市场价格从 20 世纪初开始一直处于略低于名义铸币价值一半的水平。从那时起,美国政府并未大量购买白银,除了第一次世界大战后为了弥补战争期间运往印度的白银而进行过购买(参阅第 5 章注释[31])。虽然新增了存量,但白银作为一种货币形式,始终处于货币的边缘状态:被用来制造辅币;少量的标准银元主要在以白银为主要产业的州内流通;此外,还残留着一定数量的银元券作为早期白银震荡波动的纪念品。[61] 1933 年 12 月,作为银币使用或在财政部内外作为货币补充的白银存量达到 6.5 亿盎司,其名义货币价值为 8.4 亿美元,其中有 3 亿美元以辅币的形式存在。当然,在白银购买计划启动时,白银存量的市场总价值更低,约为 2.85 亿美元——仅比 1932 年年末的总价值高 70%。由于假定白银的货币价值包括了 50 美分的铸币税,因此出现了每盎司白银 64$\frac{64}{99}$ 美分这一颇为奇特的购买价格。

尽管总统下达了购买新采白银的命令,但那些对白银感兴趣以及将白银视为货币存量扩张有效工具的人们,仍然强烈要求采取进一步措施。他们提出了大量的有关白银进一步措施的议案,其中许多议案提出将"铸币税利润"用于特殊目的,如士兵津贴、农产品的购买等。结果,《白银购买法案》随后于 1934 年 6 月 19 日颁布,其内容与总统 1934 年 5 月 22 日公告中的建议大体相同。该法案命令财政部部长在国内外购买白银,直到白银市价回到每盎司 1.29 + 美元,或财政部持有的白银存量的货币价值达到黄金存量货币价值的 1/3。在执行该命令的过程中,财政部部长被赋予较大的自主权。

根据该法案及后续法案建立的白银购买计划到 1962 年仍然具有法律效力;撤销白银购买立法的种种努力屡次受阻。[62] 在这些法案以及总统公告的授权下,财政部共购买了 32 亿盎司白银,其中一半的购买是在截至 1937 年 12 月 31 日的 4 年里完成的,另一半的购买是在 1937 年 12 月 31 日至 1961 年 6 月 30 日完成的。

其中,大约有 1.1 亿盎司的白银是在 1934 年 8 月 9 日被"国有化"的。当时总统命令,除用于艺术和铸币的白银外,所有白银持有者必须将其持有的白银以每盎司 50.01 美分的价格卖给美国铸币局。这种措施类似于黄金国有化的措施,两者的目的是相同的:通过提高白银价格为政府攫取利益。[63]

其中还有 8.8 亿盎司的白银是国内新产白银。由于财政部对新产白银的收购价高于市场价格,所以几乎所有的国产白银全部流向财政部;而美国白银使用者的需求则由国外白银满足。这一情况一直持续到 1955 年。此后直到 1961 年 11 月,财政部停止出售白银,市场价格与支持价格相近;白银使用者不仅吸收了当时的白银产量,而且还购买财政部的库存白银。财政部对国内新产白银的收购价格在每盎司 64.6464 美分至 90.5050 美分之间变动(对应 30% 的铸币税)。1935 年 4 月,白银市场价格超过了 64.6464 美分,并在 4 月末达到了超过 81 美分的顶峰;其间,财政部两次调高银价,先是调整到略高于每盎司 71

美分的水平(对应45%的铸币税),然后调高到每盎司77.5757美分(对应40%的铸币税)。此后,白银市场价格回落,特别是在1935年年末发生了剧烈下降,到1936年年初降至每盎司45美分的水平,但财政部的收购价格仍维持在每盎司77.5757美分的水平,直到1937年12月才又回落到每盎司64.6464美分的早期水平。总统批准在该价格水平下购买白银的公告于1939年6月终止之后,1939年7月6日又通过另一个法案。该法案命令在国内购买白银须支付45%的铸币税。在美国参战后不久,财政部的白银收购量几乎缩减为零。截至1945年年末,白银的市场价格已上升至每盎司71美分以上,因此1946年7月31日通过了一项法案,将铸币税降至30%(实际上是将国内新产白银的购买价格确定为每盎司90.5美分),并授权财政部部长以不低于每盎司90.5美分的价格将非货币用途(含铸币税或未含铸币税)的白银卖给国内产业。[64]如上所述,到1955年白银的市场价格上升到与财政部支持价格相近的水平。此后至1961年11月,财政部销售库存白银,从而将白银的市场价格固定在财政部支持的价格水平。同年11月28日,财政部发布公告,宣布将停止白银销售。而一旦财政部停止销售,白银的市场价格立即上升到财政部的支持价格以上。[65]

财政部其余购买的白银约有22亿盎司,主要是以市场价从国外市场购入的。从1933年12月31日至1961年年中,财政部用于购买白银的总支出约为20亿美元。

虽然财政部收购了20亿美元的白银,并以硬币、通货或财政部持有的形式拥有6倍于其实物数量的白银,但是美国的白银计划从未接近实现1934年《白银购买法案》所设定的目标:白银市价等于其1.2929美元的货币价值,或是货币性白银和货币性黄金的存量比例达到1:3。1960年,白银市价约为每盎司91.4美分,达到1934年以来的最高水平。[66]白银价格从1932年年末每盎司25美分开始的上涨幅度大于同期总体批发物价的上涨幅度,但是涨幅差距不大。1960年的白银价格是1932年年末白银价格的3.7倍,而批发物价是1932年年末的2.9倍。在1934年1月黄金官方价格上升之前,以名义货币价值表示的货币性白银和货币性黄金的存量比才超过1:5;黄金价格的变化使这一比率又降至1:9;至1936年年初,白银的大规模购买使这一比率回升至1:5的水平;直到第二次世界大战之前,持续的白银购买仅仅是平衡了黄金存量的增长,因此上述比率围绕1:5的水平波动。从那时起,该比率的变动开始为黄金存量的变化所主导。1949年,黄金存量达到了战后的最高点,此时该比率达到1:7。到1960年年底,黄金外流使这一比率上升到1:4。

就其国内影响而言,白银购买计划同黄金购买计划一样,更适合被视为对某种特定商品的价格支持计划,或是一种价格支持计划和贮藏计划的结合。与黄金相比,白银如同小麦一样,只能有效地维持其国内产出的价格;另一方面,与小麦相比,如同黄金一样,购买的白银可以是国内生产的,也可以是来自国外的产量及存量。事实上,从国外购买的白银数量是其国内产量的2.5倍。此外,如同黄金和小麦一样,白银计划强有力地证明了贮藏产品具有较大的供给弹性,因此政府购买计划难以大幅改变此类产品的相对价格,即使政府的购买量远远大于最初的产量。自1933年12月21日总统公告发布到1937年12月31日,在公告有效的这4年内,国内白银产量是原来的三倍还多——从每月不足200万盎司上涨到每月近600万盎司。

同黄金购买计划一样,白银购买计划中一个重要的国内货币因素是白银购买和货币发行授权之间自动建立的联系。对新采白银征收的大量的铸币税以及国外白银市价和其货币价值之间的差异,意味着白银购买扩大了政府发行货币的权力,政府因此发行的货币比其用于购买白银的货币多得多。在实践中,财政部显然只发行了与购买白银支付额相等的银元券,并将超过部分的货币价值视为杂项预算收入。

评价白银购买计划的单纯的国内货币效应并非易事。这涉及总额超过20亿美元的额外银元券的印发,货币存量被大幅提升。但是,联储一直在采取政策抵消这一直接影响,并且如我们将要看到的,白银购买在一定程度上减少了黄金的流入。因此,可以简单地将额外的银元券视为联邦储备券的替代物,其印制代替了额外联邦储备券的印制。考虑到联储在1937年年末(白银购买量最大)之前总体上的被动行为,实际情况可能介于两个极端之间,白银购买计划很有可能使货币存量的增长稍快于其本应发生的增长。无论如何,不管是相对于货币存量的增长总额还是相对于同期的黄金流入,这一增加量均是较小的。

除货币影响外,白银购买计划对美国其他方面的影响有两点:第一,该计划涉及为贮藏产品而发生的公共支出,因此会增加联邦政府的支出(不是指预算账户上的支出,而是就经济效应而言)。相对于政府预算,这一开支并不算大。从1933年年末至1937年,用于白银购买的支出最高,达到年均2.2亿美元(国内外白银购买金额的总和);与之相比,联邦政府支出为年均70亿美元。但是,与至少是部分受益于白银消费的行业的支出相比,白银购买支出还是非常高的。1934—1937年间美国国内的白银总产出,即使按照财政部所支付的价格进行估价,也仅仅处在年均4 000万美元左右的水平。[67]当然,这一价值超出所用资源的机会成本的部分就更小了。因此,作为"援助"白银生产者(不仅包括生产白银的企业,还包括提供生产白银所需的劳动和其他资源的个人)的一项措施,即使就从白银购买计划中得到的即期收益来说,白银生产者获得每1美元的收益需要超过5美元的财政总支出,支出甚至会达到25美元或更高[68],尽管据下一段分析的原因,这可能过分夸大了该计划的成本。由于白银购买计划减少了世界其余地方白银的货币性用量(我们将在下文中讨论),其长期影响一定会抵消掉即期收益的一大部分,甚至最终结果可能是造成了损失。

除对货币存量的直接影响外,白银购买计划对美国的第二个影响是对国际收支余额的影响。如同黄金购买一样,白银购买实际上是供给美元来获得外汇(以购买国外白银),因此有助于资本流入美国。如果没有白银购买,美国的潜在收支盈余将会更大,从而进一步增加黄金的流入。因此,给定我们的黄金政策,白银购买在一定程度上是对黄金购买的替代。这种替代既降低了白银购买计划的净成本,也降低了因实施白银购买计划而导致的货币存量的增加。

白银购买计划最重要的影响并不是上述国内效应(尽管就白银产业而言,其影响很大,但就整个经济而言,其影响是相对微小的),而是对其他国家的影响。白银购买计划形象地说明了下列过程:一国出于本国考虑采取了一项措施,该措施对本国相对无效;但是,如果它影响到其他国家的货币媒介,将会对那些国家产生深远的影响。

中国所受的影响最大。当时中国实行银本位制,但在小额交易中也使用本地铜镍铸币。铜镍铸币以白银表示的价值不时发生变动。[69]由于白银对黄金的比价相应变化,中国可以免受世界范围大萧条的最初影响。虽然当时的世界物价水平在下降,但由于中国货币相对于其他国家货币出现了贬值,从而维持了国内价格的相对稳定。1931年年末英国货币贬值,1933年美国又脱离了金本位制,此后中国的情况发生了剧烈的转变:中国货币升值,国内出现通货紧缩的压力,经济面临多方面的困难。最初的国内压力主要由净出口的下降引起。国际收支的潜在赤字要通过白银的输出弥补,而白银的输出必然会减少国内的货币供给量。由于价格相对于银币可以变动的小额铜镍铸币的存在,中国国内通货紧缩的压力在一定程度上得到缓解,但这种抵消作用有多大仍有待考察。

美国的白银购买计划加剧了中国所面临的压力。正如我们所看到的,从1933年年初至当年年末,白银的市场价格上升了近75%;截至1935年年中,在白银购买计划的影响下,银价已是其最初价格的3倍。为了使我们更好地理解白银购买计划对中国国际贸易地位的影响,我们用读者更为熟悉的数据加以解释。20世纪20年代,英国与美国均实行金本位制。在此期间,由于美国的金价变动,而英国出售黄金的英镑价格没有发生任何变化,并且影响英国买卖产品供需的内外部环境也没有发生实质性变化,因此英国经历了一次历时两年的英镑升值过程——英镑对美元的汇率由4.68美元/英镑上升至15.00美元/英镑。当然,白银购买计划的结果是中国的白银大量流失。中国政府为了抵消其货币升值导致的不良后果而对白银实行了相当于出口禁运的措施。但是,预料之中的是,对白银出口的法律限制并没有发挥作用。走私出口带来的白银外流速度并不逊于之前通过合法出口引起的白银外流速度。[70]最终,1935年11月,中国将流通中的白银收归国有,实行法币改革,正式放弃了银本位制并代之以有管理的信用本位制。这一新的本位制明确指出,发钞银行将持有部分白银储备,但是不允许公众以白银赎回票据或存款。[71]

当然,白银的所有者可以从高额的银汇兑价格中获益。如果白银仅仅是一般商品,那么美国的白银购买计划在很大程度上可以完全被视为一种恩惠,它使白银持有者能够以出人意料的高价卖出其所持有的白银。但是,由于白银是中国的货币基础,那一时期的学者一致认为,上述恩惠远远小于白银购买计划导致的消极影响,即给中国带来的巨大的通货紧缩压力和随之产生的经济混乱。当然,除经济影响外,通货紧缩的压力及经济混乱也对中国的政治稳定带来了不利影响。政府有限的能力首先用在了阻止白银出口的徒劳努力上,后来又用在了1935年全面的货币"改革"上。此外,中国从实物本位制过渡到纸币本位制,这一所谓的改革使通过通胀性的纸币发行来为后来的战争支出融资变得更加便捷,也更有吸引力。在战争给养及随后革命的压力之下,中国可能无论如何都不得不放弃银本位制而采取纸币发行政策并承受恶性通货膨胀的后果。但是,美国的白银政策对中国货币结构的影响无疑提高了上述事件发生的可能性,并加速了其进程。

虽然中国的经历是最引人注目的,但中国绝不是唯一受到白银购买计划影响的国家。作为重要的白银生产国及使用国,墨西哥由于白银购买计划的出台导致比索的白银价值高于其货币价值,被迫于1935年4月宣布进入银行歇业期。所有铸币必须兑换为纸币,并禁止银币出口。1年半以后,即世界银价下降以后,墨西哥才再次恢复银币铸造。[72]类似的事件在世界上的其他很多国家均有发生。美国财政部于1935年5月发布的关于禁止外国银币进口的命令显然未发挥任何作用。这仅仅意味着银币将在其他国家熔为银块后运往美国,而之前的银币是直接运往美国,然后在纽约熔化。

为了促进"将一种持久的涵盖金银的价值度量作为世界本位"(引自 1934 年 5 月 22 日罗斯福总统发表的白银公告[73]),美国政府制订了一个更为广泛的计划。作为该计划一部分的白银购买计划,大大降低了白银在世界范围内的货币性地位。

8.2.3 货币的构成

有关 1932—1960 年美国货币构成的数据(见表 21)部分记录了前几节所论及的变化的影响。流通中的黄金由最初占总通货量的 1/6 下降到几乎可以忽略不计的数量,其中包括以下几种情况:金元券随着时间流逝不断毁损,人们将其作为钱币收藏,或者是非法持有。表中数据不包括流通中的硬币。虽然美国自 1955 年起取消了对金币持有的限制,所有种类的金币均被指定为稀有铸币(见本章注释[45]),但是仍有一些这样的金币存在。在白银购买计划的鼎盛时期,白银从占总通货量的 1/8 上升到 1/4,此后在绝对数量方面仍保持上升态势,但上升的速度远低于总通货量的增长速度,因此其所占比例又回到了最初水平。1932 年曾占总通货量 1/8 的国民银行券,自 1935 年之后开始逐渐退出流通,现在仅占总通货量的极小部分。"财政部其他通货"下的各类项目(包括低值硬币、美国流通券和联邦储备银行券),像白银一样,其绝对数量处于上升状态,但占总通货量的比重却从 7% 降至 3%。联邦储备券在流通中逐步取而代之,其占流通中总通货量的比重由 1932 年的 51% 上升到 1960 年的 84%,从而见证了持续的货币权力集中化以及美国从准实物本位制到信用本位制的过渡。[74]

表21 1932—1960 年在财政部及联储银行以外流通的美国货币构成(部分年度)

6月底	总计	金币	金元券	白银[a]	国民银行券[b]	财政部发行的其他通货[c]	联邦储备券
				数量(百万美元)			
1932	5 408	166	716	640	701	406	2 780
1933	5 434	34	265	647	920	508	3 061
1938	6 461	0	78	1 612	217	438	4 114
1945	26 746	0	52	2 565	120	1 142	22 867
1960	32 065	0	30	3 917	56	968	27 094

(续表)

6月底	总计	金币	金元券	白银[a]	国民银行券[b]	财政部发行的其他通货[c]	联邦储备券
				分布(百分比)			
1932	100	3.1	13.2	11.8	13	7.5	51.4
1933	100	0.6	4.9	11.9	16.9	9.3	56.3
1938	100	0	1.2	24.9	3.4	6.8	63.7
1945	100	0	0.2	9.6	0.4	4.3	85.5
1960	100	0	0.1	12.2	0.2	3	84.5

a 包括标准银元、银元券、1890年国库券以及白银辅币。

b 在1935年8月之后,国民银行券成为财政部的负债,享有与"财政部发行的其他通货"同等的地位。

c 包括低值硬币、美国流通券以及联邦储备银行券。在1935年3月之前,联邦储备银行券是发行银行的负债。

资料来源:*Circulation Statement of United States Money*:1932—1938,*Banking and Monetary Statistics*,p.409;1945年数据来自 *Federal Reserve Bulletin*,Aug.1946,p.889;1960年数据来自 *FRB*,Aug.1960,p.883。

注释

[1] 在罗斯福总统宣布银行歇业期时,联邦政府具有对非成员银行的管辖权。后来通过1933年12月30日发表的一项声明,总统放弃了该项权力。

[2] 1933年3月11日财政部部长对各州立银行主管的讲话,*Federal Reserve Bulletin*,Mar.1933,p.128。

[3] "在获得许可证重新开业的银行中,支付日期被延长至原先预期的时间之后"的存款在1933年6月总计1.03亿美元,1934年6月总计5.5亿美元,1935年6月为零(国民银行及非国民银行的总额数据,来自 Comptroller of the Currency,*Annual Report*,1933,pp.420,629;1934,pp.523,755)。

[4] 复兴金融公司经《紧急银行业法案》及其修正案的授权可以购买银行的优先股和资本债券。它投资的银行大部分是那些最初获准在有限取款基础上重新开业的银行(Jesse H. Jones[with Edward Angly],*Fifty Billion Dollars*,New York,Macmillian,1951,p.21)。为了避免因为RFC投资而使人们认为该银行实力不足,一些实际不需要新资本的实力较强的银行仅仅卖给了RFC适量的优先股或资本券。Jones认为,在RFC实际投资的超过6 000家银行中,只有不到20家实际上不需要新资本(p.34)。上述投资通过银行扣除支付RFC的股利或利息之后的净收入的一半来收回。RFC投资允许银行冲销其损失。截至1939年2月近51%的投资被收回(RFC,*Seven-Year Report to the President and the Congress of the*

U. S., February 2, 1932, to February 1, 1939, p. 5)。

〔5〕贷款总额，参见 RFC, *Seven-Year Report*, pp. 4,6。从 1932 年 2 月 2 日到 1933 年 3 月 3 日的 RFC 贷款，参见 RFC, *Summaries of the Activities of the RFC and Its Condition as of December 31,1935*, GPO, Jan. 1936, p. 14。相对来说，为关闭银行提供的用来支付存款的贷款在银行歇业期之前要少一点，因为最初的 RFC 法案将其贷款总额限制在 2 亿美元内。在 1933 年 6 月 14 日的修正案中删除了此限制。相对来说，为开业银行提供的贷款在银行歇业期后更少一点，因为 RFC 以资本购买取代了贷款。

〔6〕本章注释〔3〕中提到的在获许可证的银行中的限制性存款已被包括在表 A-1 中。未获许可证的银行中的非限制性存款的数据，只有在 1933 年 6 月到 1934 年 12 月的国民银行报告日（call date）的才能查到（Comptroller of the Currency, *Annual Report*, 1933, p. 649; 1934, p. 776; 1935, p. 806）。记录在案的非限制性存款的最大值是 1933 年 6 月的 0.77 亿美元，占冻结存款的 8%。这一绝对量随着在未获许可证的银行中冻结存款的下降而下降，前者对后者的比例一直保持在 1∶10 左右。

429n 〔7〕对于银行歇业期之前提款限制程度的讨论，参见 *Federal Reserve Bulletin*, Dec. 1937, p. 1206。

对存款支付的限制，早在 1931 年就在东、北、中部的各州使用过，1932 年开始更广泛地用来应对存款的不断流失。这些对存款提取的限制往往是通过"储户协议"延迟存款支付，在一段时期（最长 5 年）内每年可以提取不同的比例。第一年年末可提取一定的比例，其他部分分别在以后几年的年末提取。新开展的业务不受这种限制。不幸的是，没有详细的数据说明有多少银行获得了存款延期协议，我们也无法得知此类延期协议涉及多少存款量，但从我们掌握的信息来看，在 1931—1932 年间许多州都实施了这项协议。

另一种银行存款延期偿付在这段时期变得普遍起来，特别是在东、北、中部的各州。这就是通过让储户放弃或让渡一定比例的存款而实现的银行重组。在一些情况下，某些存款人完全放弃了在银行的存款，但是通常情况下，为了存款者的利益，通过签订信托协议对延期储户的资产进行隔离，根据信托协议，储户一般在 2—5 年的时间中有权在银行中替换资产。目前，我们无法得到相关数据来估算由这些陷入困境银行的重组而造成的存款人的损失。

1932 年，许多地方的市政府宣布进入"银行歇业期"，许多银行被暂时关闭了。第一批州范围的银行歇业期是 1932 年 11 月初在内华达州宣布的。最初的歇业期只有 12 天，后来被延期。1933 年年初，更多的城市权力机构宣布当地进入银行歇业期，一些已经实行歇业期的地方则延长了歇业期，以允许银行获得存款延期协议或弃权协议，使银行有机会筹集资金并进行必要调整，从而可以继续履行偿债义务。

433n 〔8〕替代性估计中公众持有的通货数量也存在高估。表 A-1 把从 1933 年 3 月开始未获许可证的银行中的库存现金看做公众持有的现金，因为未获许可证的银行未被算作银行。我们估计在当月底未获许可证的银行中的库存现金量达到 50 000 000 美元，之后随着未获许可证的银行的存款下降而下降。严格地说，包括未获许可证的银行存款在内的货币存量的替代性估计应该把这些银行中的库存现金从公众持有的通货中扣除。

〔9〕参阅第 7 章注释〔32〕。

〔10〕对于未获许可证的银行中非限制性存款量的相关信息，参阅上文注释〔6〕。

第 8 章　新政时期银行结构和货币本位的变化　439

对于第二个缺陷,因为在 2 月中旬到 4 月中旬没有相关的公开数据,所以无法获得插值因子来估计报告日之间的非成员银行存款。2 月底和 3 月底的插值因子是从 2 月到 4 月的数据中直接获得的。成员银行的月度数据不存在这个问题,因为数据项之间的差额是可以根据获得的离月底最近的周三的周报制成员银行数据补平的。参见我们即将出版的合著"Trends and Cycles in the Stock of Money in the United States, 1867—1960"(一项国民经济研究局的研究项目)。

〔11〕 FDIC, *Annual Report*, 1950, pp. 63–67. Clark Warburton 的信对我们的帮助很大,这封信总结了联邦存款保险的详细由来。参阅第 7 章注释〔27〕。

〔12〕 Jones(*Fifty Billion Dollar*, pp. 45–46)断言罗斯福总统反对存款保险并且要求国会反对 Vandenberg 修正案。参见 Arthur M. Schlesinger, Jr., *The Coming of the New Deal*, Boston, Houghton Mifflin, 1959, p. 433; B. N. Timmons, *Jesse H. Jones*, New York, Holt, 1956, pp. 184, 195。

Carter H. Golembe 指出:

……这是在新政著名的"一百天"中唯一重要的立法,既不是新当局要求通过的,也没有得到当局的支持。

存款保险纯粹是国会的产物。近五十年来,国会成员一直努力通过立法实现这一目标,但没有成功;一些州有关银行存款保险制度的尝试可以追溯到一百多年以前。1933 年全国范围内存款保险的实行得益于以下因素:时间、住宅银行和货币委员会的主席(Henry B. Steagall)的坚持、立法得到了之前有着不同目标和利益的两大集团的支持——一方决心结束由银行破产引起流通中介受损的局面,一方希望保存现有银行体系。("The Deposit Insurance Legislation of 1933", *Political Science Quarterly*, June 1960, pp. 181–182.)

〔13〕 Golembe, "Deposit Insurance Legislation", p. 198, 注释〔23〕。在 1933 年纽约联邦储备银行的董事会议上,存款保险遭到了 Harrison 和 Eugene Black 的强烈反对,他们当时分别是联邦储备委员会的委员和纽约联邦储备银行的管理委员会成员。提出的主要替代方案是在自由贷款机构下的 RFC 贷款,可能与 10(b)节下联储对成员银行的贷款相结合。由联邦政府保证联储不会在贷款上遭受损失。另一个替代方案是放松成员银行的申请资格。该方案说明,存款保险遭反对的理由更多的是因为存款保险公司绕过了联储,并且会成为联储的潜在竞争者,而不是因为政府将成为存款的最终负责人(George L. Harrison 关于联邦储备体系的论文, Columbia University Library, Harrison, Notes, Vol. III, Apr. 10, May 25, June 1, 1933, pp. 153–156, 197–200, 205–206;对此论文的详细描述参阅第 5 章注释〔41〕和相应的正文)。

〔14〕 尽管这些限制给人的印象是存款保险是为了保护小储户,但是就像早期实行存款保险的目的一样,对流通中介的保护才是存款保险立法的重中之重。为了支持这个看法,Golembe 指出了这样一个事实:"原定在 1934 年 6 月 30 日实施的最初保险计划中,保险范围涵盖所有类型的存款账户,为每个储户都设立了最大限额,数目都非常大……只有在预计实行 6 个月的临时计划中,对每个储户有一个 2 500 美元的限额。然而,最初的计划并没有实施。在对临时计划进行几次延期之后,对每个储户的保险额度扩大到 5 000 美元……这可以使超过 98% 的储户得到全额保障。"此外,联邦存款保险公司在帮助参保困难银行的过程中可以保护所有存款,并且立即支付受保存款,而不是等一段时间以银行接管者股利的形式

发放,这说明保护流通中介免受银行破产的影响是存款保险最重要的职能。

〔15〕对临时存款保险基金的成员,费率是合格受保存款的0.5%。结果只有一半保费用于赔付,另一半在临时性基金运作结束时尚未使用的保费返还给了银行。在永久体系下,费率变为存款总额的1/12个百分点,每半年支付一次。1950年9月21日的《联邦存款保险法案》又一次改变了存款保险计费的基础。现在每半年的保险费的计算是建立在两个日期的报告平均值,而不是6个月的日平均数据的基础上;在决定计费基础时,从存款中扣除了包括现金在内的其他项目。此外,法案规定,参保银行所交的保费,扣除存款保险公司的经营费用、损失,以及为弥补当年预期损失而计提补充到保险基金的部分,其3/5按比例计入有关参保银行账户,作为下一年参保银行应付的保费的一部分支付。1960年7月14日的一项修正案将这一比例提高到2/3。

〔16〕此外,大量清算所协会也会对其成员银行进行一定的监督。形式繁多的监管协议已经成为监管机构自身需要长期关注的一个问题,监管机构的一个重要活动就是协调各机构之间的检查和不同的标准(参见 Board of Governors of the Federal Reserve System, *Annual Report*, 1938, pp. 11–18; and FDIC, *Annual Report*, 1938, pp. 61–79)。也可参见 Clark Warburton, "Co-ordination of Monetary, Bank Supervisory, and Loan Agencies of the Federal Government", *Journal of Finance*, June 1950, pp. 161–166。Warburton 指出,联邦储备委员会应该放弃诸如对成员银行日常监管之类的职责,这些应当由关注各银行日常事务的机构来执行,如货币监理署、州立银行委员会和联邦存款保险公司。

434n

〔17〕战争时期的增加是因为1943年7月1日125家纽约州互助储蓄银行成为联邦储备体系的成员。它们和其他互助储蓄银行在1934年6月退出了临时存款保险计划。它们认为保险费率应该考虑它们的低风险因素,而且它们相信储蓄银行自己的保险机构可以比任何一家联邦机构更好地保护储户。纽约的互助储蓄银行在1934年7月1日创建了它们自己的保险基金。互助储蓄银行在新英格兰的两个州也组织了州范围内的保险计划。1943年,纽约计划及支持它的观点被摒弃,人们转而支持加入FDIC。人们认为在真正的突发情况发生时,州范围的保护是不够的,往往需要联邦援助。(A. A. Berle, *The Bank that Banks Built: The Story of Savings Banks Trust Company, 1933—1958*, New York, Harper, 1959, pp. 65, 71–73。)也可参见 FDIC, *Annual Report*, 1960, pp. 91, 93。

442n

〔18〕参阅 Milton Friedman, "Why the American Economy is Depression-Proof", *Nationalekonomiska Föreningens*, sammantrade den 28 April 1954, pp. 59–60。为了避免误解,我们必须说明存款保险只是避免银行体系发生危机的方法之一。我们并不是想说明其他方式没有存款保险好。避免危机的另外一种方法,参阅 Friedman, *A Program for Monetary Stability*, New York, Fordham University Press, 1960, pp. 65–76。

〔19〕每个国民银行把它的流通票据的负债通过存超额的基金的形式转嫁给财政部,即超过财政已经持有的5%的流通票据偿还基金。这些存款缩减了成员银行的准备金,但财政部用于赎回已通知赎回债券的资金又恢复了准备金。从1935年开始,当国民银行券从流通中退出时,联储银行将其交财政部收回。购买这些票据的资金通过财政部的账户支付给联储银行。财政部用其所有的已拔备的联储银行金元券存入自身账户,从而补充账户。这部分金元券来自政府从美元贬值中的获利的部分(参阅下文注释〔53〕)。

〔20〕这个总额包括已经丢失或者损毁的数额、作为货币收藏品的票据和作为通货仍在使用的票据。通过未付的总额已经下降的比例判断,也许未付的总额中有一半迟早会被偿付

并退出流通。如果我们忽略因为货币收藏而持有的数额,这说明大约有0.3亿美元的国民银行券已经丢失或损毁了。尽管绝对数量很大,但暗含的年均损失率却很小。从1864年到1960年的97年间,流通的国民银行券的平均数额是3.69亿美元。丢失或损毁的推测数额大约是这个平均数的10%或者大约每年0.1%。

这个估计说明,每年每1000美元纸币中会有1美元丢失或损毁。

[21] 此外,《1933年银行法》规定,成员银行如果过度使用银行信贷"来投机性地持有或者交易股票、房地产、商品或用于其他任何与合理的贷款使用不相符的目的",就会受到严厉的惩罚。对于不合作的银行,储备银行有权终止其"使用联邦储备体系的信贷便利"。联邦储备委员会有权规定每个区的"单个银行以股票担保的贷款所代表的资本和公积金比例"。成员银行如果不听从官方警告,继续增加该种贷款,储备银行就会要求这些违规银行立即还清其以自有银行券为抵押的储备银行的90天贷款,并停止其再贴现的权利。

[22] L. W. Mints, *A History of Banking Theory*, University of Chicago Press, 1945, pp. 141,185,209,234-235. 这个建议早在联邦储备体系建立之前就提出了——当时定期存款和活期存款之间还没有明显的区别——该建议主要禁止对银行间的账户余额支付利息,此账户余额至少在很大程度上可以随时根据需求取出。在《1933年银行法》的讨论中以下观点被再次提出:无论活期存款是否是银行间账户余额,都反对对其支付利息。从 O. M. W. Sprague (*History of Crises Under the National Banking System*, National Monetary Commission, 1910, p. 21) 得到的引言很好地总结了反对对存款支付利息的一般立场:

进行利息支付的银行不能保证大量的储备,同时也无法运用吸收到的资金获得利润。特别是当这种资金的积累只是暂时性的时候,情况尤其如此。多余的贷款供给压低了利率,同时,当利率下降时,银行需要借出更多的资金,甚至贷款利率会降到与银行吸收资金的利率相等。

这当然是寻求"卡特尔"权力的私人集团的典型观点;例如,在20世纪30年代支持控制医药行业准入的观点认为,收入过低的内科医生可能会作出"不道德"的行为。例如,参阅 A. D. Bevaln, The Overcrowding of the Medical Profession, *Journal of the Association of Medical Colleges*, Nov. 1936, pp. 377-384; Milton Friedman and Simon Kuznets, *Income from Independent Professional Practice*, New York, NBER, 1945, p. 12; 以及注释[18]中引用的参考文献。

无论对活期存款支付利息与否,都没有改变银行家使用资产实现收益最大化的动机,这里收益的定义既包括非货币部分又包括货币部分。禁止付息只是一种政府强制性的固定价格协议。如果这项禁令有效,如果它在最初增加了现存银行的收益,如果银行业可以自由进入,那么效果可能变成通常情况下的公开市场效应:会存在比没有此禁令时更多的银行,每一个都只能发挥部分功能,并且竞争将使最初的超额利润消失,直到银行领域技术和资本的投资收益和在其他领域相同为止。由于银行业不可以自由进入,因为要得到银行监管部门的许可,结果很可能是上述情况与完全禁止进入情况下的预期结果的折中:银行股票拥有更高的市场价值,对投入的技术和市场价值每一美元资本的回报也更高些。

当然,上述结论假设银行无法规避该禁令,但银行至少可以通过改变向存款者提供的服务数量来部分地规避这个禁令。

[23] 在禁止对活期存款支付利息的禁令生效之后,出现了另外一个支持禁令的理由。在临时的存款保险计划中,计费基础只是受保存款;在提出的永久性计划中,计费基础是存款总额。城市银行抱怨说,在永久性的计划中,这样的做法会造成对小的乡村银行的补贴,因为

城市银行的总存款相对于其保险存款来说大得多,而乡村银行的总存款相对于其保险存款来说大得不多。之后人们注意到,由于禁止对活期存款支付利息,银行费用——主要是城市银行的费用——的降低,抵消了其由于计费基础改变而增加的成本。(*Banking Act of 1935*, Hearings before a subcommittee of the Senate Committee on Banking and Currency on S. 1715, 74th Cong., 1st sess., 1935, part 1, pp. 29-30; part 2, pp. 433,490-492.)

445n　[24] 规范定期存款利率的联储委员会Q条例规定,如果州立银行监管机构规定的对定期存款支付的最高利率低于联储委员会的规定,则这些州内成员银行支付的定期存款利率的上限就是相对较低的州利率。

[25] 名称的改变标志着实权最终由储备银行转移到联邦储备委员会。在此以前,储备银行的首席执行官都是银行总裁(governors),该头衔通常授予中央银行运作的执行者。只有联邦储备委员会的行政领导才能被授予此职位并被以此相称。其他的成员只是联邦储备委员会的成员,并没有被授予职位。从此以后,联邦储备委员会的成员在正式称呼上与实际中都是总裁(governor),银行的执行领导成了主席(president)。

根据 Marriner Eccles,Glass 议员坚持财政部部长不应该再作为当然成员:"'当我是财政部部长的时候,'Glass 说,'……我对联邦储备委员会的影响力很大,并且……自从财政部部长对联邦储备委员施加过多影响时……我就经常怀疑这样的做法是否合适,我认为他不应该
446n　在委员会里。'"(*Beckoning Frontiers*,New York,Knopf,1951, p. 216)Eccles 说 Glass 议员并没有反对货币监理署署长的当然委员资格,但是财政部部长 Morgenthau 很生气,因为是他的一个下属而不是他将成为联邦储备委员会的一员,因此为了平息其怒气,货币监理署署长的当然委员资格也被废除了。如同我们在第5章已经看到以及在第10、11章将看到的那样,财政部不需要实际的委员会代表资格就可以对委员会行为施加影响。

每一个联邦储备银行的首席执行官在《1935年银行法》中第一次被任命为主席(早期称为总裁),而不是董事会主席(又称为联储代表)。每个银行的董事会选举主席和第一副主席都要经过联邦储备委员会的同意。从1942年开始,储备银行中每年选举出的联邦公开市场委员会的五个代表必须是储备银行的主席或者副主席。自从《1935年银行法》之后,联储代表监管联邦储备券发行的作用大大降低了。

[26] 联邦公开市场委员会是根据《1933年银行法》成立的,由所有储备银行的总裁组成。在银行发生紧急情况时,它有权在一定范围内用自身账户购买政府债券(Federal Reserve Board, *Annual Report* for 1933, p. 302)。Harrison 试图说服联邦公开市场委员会(根据《1935年银行法》组建)采用类似的条款,但没有成功。在第一轮投票中,他的动议以6:5通过,包括所有的银行主席和一个联邦储备委员会的成员投票赞成(那时只有6个委员会成员;从1955年开始才变成7个人)。动议最终在一场平局投票中失败,因为那个委员会成员改变了他的投票,虽然他仍然支持该动议,但他认为该动议不应该在没有得到广泛支持的情况下实施(Harrison, Miscellaneous, Vol. Ⅳ, letter, dated Jan. 19, 1937, Harrison to Eccles; also Harrison, Open Market, Vol. Ⅳ, minutes of meeting, Jan. 26, 1937)。

根据《1935年银行法》制定的联邦公开市场委员会章程,委员会中的银行代表不能服务于选举他们的那些银行,也不能听从这些银行的指挥。Eccles 说:"公开市场委员会应该完全作为一个公共机构……储备银行只能通过一个咨询委员会才能参与决策,银行不知道委员会下一步要做什么,但是有机会通过委员会发表自己的意见"(Harrison, Notes, Vol. Ⅶ, July 16, 1936; Vol. Ⅶ, Mar. 5, 1936)。

章程禁止联邦公开市场委员会中的银行主席向其董事泄露会议内容。Eccles 说:"由于

储备银行拥有政府债务,因此来自这些银行的董事不应该掌握任何可以使其所在银行受益的信息"(ibid., Vol. Ⅶ, July 16, 1936)。他说他并不认为所有董事都会利用职权,但"在国会中持这种观点的人很多"。Harrison 为"联邦储备体系委员会对储备银行官员和董事的钳制"而感到痛心(ibid., Nov. 12, 1936)。

〔27〕1948 年 8 月国会授予委员会提高《1935 年银行法》中规定的最高准备金率的临时权力(活期存款可提高 4 个百分点,定期存款可提高 1.5 个百分点)。该权力于 1949 年 6 月 30 日失效。

1959 年 7 月委员会被授权将库存现金作为成员银行的储备。1959 年 12 月,中央储备银行和城市储备银行库存现金高出活期存款 2%、乡村银行库存现金高出活期存款 4% 的部分,可以计入储备。事实上,1960 年 8 月 25 日,乡村银行的这一比例变为 2.5%;1960 年 9 月 1 日,中央储备银行和城市储备银行的这一比例变为 1%。从 1960 年 11 月开始,所有的库存现金都被算做成员银行储备的一部分。

1959 年 7 月通过的法案要求联储委员会在 3 年之内消除中央储备城市的等级制。截至 1960 年 12 月 1 日,中央储备城市和储备城市的准备金要求没有任何区别,存在了近一百年的中央储备城市等级制度成为历史。

1959 年 7 月,委员会允许私人银行在中央储备城市和储备城市中持有更低准备金的权力也被扩大了。

〔28〕最初只有"买空"证券交易才适用保证金制度。1937 年 11 月 1 日,委员会将卖空也划入保证金规定的范围内,卖空的保证金为 50%,买空的保证金从 55% 降低到 40%。内战之后,买空和卖空的保证金要求得到了统一。到 1936 年 4 月 1 日,变化的保证金比例得以固定,保证金要求随着证券价格的上升在限定范围内上升。从那时起,保证金要求变成了价格的一个固定比例。

〔29〕Warburton 提到了相同的差别,称其介于"货币控制"和"贷款控制"之间,参阅"Monetary Control under the Federal Reserve Act", *Political Science Quarterly*, Dec. 1946, pp. 513-516。

〔30〕*All-Bank Statistics*, p. 35.

〔31〕此处故意没有说明收益之间应该如何比较,即是以收益率还是以收益之差(利差)作比较。关于用哪个指标来判断资产相对吸引力的变化更为合适,是一个公开的问题,对此并没有一致的看法。我们认为,这个问题的答案并不是一刀切的:有时候这个指标更合适,有时候那个指标更合适,尽管基于我们现有的目的,利差看起来更合适一些。幸运的是,对我们讨论的时期而言,如何回答这个问题没有任何差别。除了现金资产(参阅注释〔32〕),利差和相对收益率的主要走势是相同的。

〔32〕单独根据利率得出的观点可以解释其他资产但是不能解释现金资产。当然,这并不意味着相对于在银行资产组合中重要性上升的其他资产而言,对现金资产的偏好没有变化。相反,我们认为确实发生了这样的变化,相应改变了供给条件,从而大大提高了现金资产在银行资产组合中的重要性。

表 17 中现金资产的收益从一个较小的正值跌落到零。这个正值来自银行间账户余额支付的利息。其他资产收益与现金资产收益的比例从一个有限数上升到无穷。然而,其他资产收益和现金资产收益之间的利差作为一个整体毫无疑问减小了。因为银行体系作为一个整体而言,不重复计算的总现金资产(即高能货币持有量)的收益始终为零,所以现金资产与其

他资产之间的收益比保持不变,而利差却下降了。因此,供给变化使得以现金形式持有的资产比例增加。

455n 〔33〕应该注意到,客户贷款利率与表35的其他利率不一样,它不是市场利率,也许是这个原因使得误差更大。此外,贷款的其他因素(如抵押条件、借款人补偿账户的规模等)可能比市场利率贷款的变化更大。

〔34〕毫无疑问,短期证券相对于长期证券的需求增长部分是由利率上升的预期导致的。在相同的利率下,或是在早些时候没有这种预期时两者的利率差下,这样的预期可能会使长期证券不如短期证券更具吸引力,或者在早期这样的预期不存在时使得利率产生差异。David Meiselman 颇具说服力地证明了1年期和更长期的公司债利率的价差变化可以通过上述预期效应产生的相对需求的变化解释(参阅 David Meiselman, *The Term Structure of Interest Rates*, Englewood Cliffs, N. J, Prentice-Hall, 1962)。Meiselman 并没有详细考察期限在一年以内的公司债的利率,而这在我们的分析中是至关重要的。

当然,这些预期效应不能解释相同期限、风险大小不同投资之间逐渐扩大的利差;这一变化肯定反映了由其他原因引起的对低风险偏好的转移。像文章中指出的,相对于其他机构,银行预期利率在短期内上升速度会更快,在这种情况下,预期效应就可以解释政府证券在银行和其他机构分布的变化。

虽然 Meiselman 的结论对于1年期或者1年期以上的利率是正确的,并且其对更短时期利率的正确解释不会严重影响本文的结论——因为它们并不取决于偏好变化的原因——但我们并不认为他的结论可以扩展到我们最为关注的很短期的利率。正如我们所看到的,银行在某些资产的市场上发挥着主导作用,因此同期的利率走势主要取决于银行偏好的变化。我们用来解释银行现金资产显著增加的证据也有力支持了下面的观点:是1929—1933年的经历,而不是预期利率会上升,使银行更重视能够根据需要在短期内转换为确定数额现金的资产。比其他资产持有者更痛苦的经历使它们更希望避免不确定性;而它们的负债结构意味着为避免不确定性,它们必须转向短期证券,实际上它们也是这样做的。

因此,是银行偏好的变化,而非对未来利率的预期,可以简单而直观地解释下列现象:(1)不仅超短期利率与长期利率之间的利差大幅增长,而且超短期和1年期利率之间的利差也大幅增长;(2)银行资产组合构成的显著变化;(3)政府债券在持有者之间份额的变化;(4)"超额准备金"行为。预期假设可以作为上述解释的补充,并且成为更长时期利率和其他持有者行为的主要解释。

一份关于利率期限结构周期走势的最新研究中,Reuben Kessel 发现把预期假设和流动性考虑相结合,与单独使用其中任一个因素相比,可以更好地解释1年期以内以及1年期以上证券的经验数据。尽管这个发现并没有证明流动性偏好的变化起到了我们所说的主要作用,但这也许使得我们的解释比以前更具有说服力(参阅他即将发表的 The Cyclical Behavior of the Term Structure of Interest Rates,一项国民经济研究局的研究项目,准备中)。

357n 〔35〕*Report on the Availability of Bank Credit in the Seventh Federal Reserve District*, submitted to the Secretary of the Treasury, GPO, 1935, pp,3 and Ⅵ.

〔36〕参阅 "Liquidity Preferences of Commercial Banks", unpublished Ph. D. dissertation, University of Chicago, 1962。

358n 〔37〕也可参阅 Phillip Cagan 即将出版的自1875年以来美国货币存量变化的决定因素及影响的专著,一项国民经济研究局研究项目,第5章。

〔38〕参阅第 2 章第 4 节、第 3 章第 3 节、第 4 章第 6 节。另外,参阅注释〔37〕中提到的 Cagan 即将出版的专著,以及注释〔36〕中提到的 Morrison 的研究。

〔39〕Woodlief Thomas,"Monetary Controls", *Banking Studies*, Board of Governors of the Federal Reserve System, 1941, reprinted 1947, pp. 341-342; Allan Sproul,"Changing Concepts of Central Banking", *Money, Trade, and Economic Growth*, in Honor of J. H. Williams, New York, Macmillan, 1951, pp. 297-298; R. A. Gordon, *Business Fluctuations*, New York, Harper, 1952, pp. 398-399. 一个与我们的解释本质上相同的解释,参见 Paul A. Samuelson, "Fiscal Policy and Income Determination", *Quarterly Journal of Economics*, Aug. 1942, p. 594。

〔40〕参阅 Board of Governors of the Federal Reserve System, *Annual Report*, 1936, p. 15; 1937, p. 2; E. A. Goldenweiser, *Monetary Management*, New York, McGraw-Hill, 1949, pp. 57-59; and idem, *American Monetary Policy*, New York, McGraw-Hill, 1951, pp. 175-182。

〔41〕联储内部的观点可能不如政府对于采取措施的辩解那么教条和绝对,但是它们的主旨是相同的。自 1934 年起,纽约联邦储备银行制订了一系列关于超额准备金的备忘录,显然为准备金要求加倍(参阅第 9 章第 4 节)提供了最初的基础。这些备忘录,以及银行官员在其处理超额准备金的大量积聚和所应采取的应对措施这一具体问题时向纽约董事会、联邦公开市场委员会和委员会所作的陈述,基本上阐述了上述基本观点。例如,1935 年 11 月 7 日的一项备忘录"信贷控制计划"阐述了"假如没有黄金流入,储备体系所创造的超额准备金现在恐怕已经被法定准备金的增长完全吸收了(作为存款膨胀的结果)"——这句话暗示了即使储备以较慢的速度增长,存款的膨胀还是一样的(Harrison, Notes, Vol. Ⅵ; Harrison, Special, no. 9, p. 2)。与此同时,同样的超额准备金水平可能对其成员银行扩大其盈利资产的意愿产生不同的影响,这种认识也恰巧证明了上述观点的合理性,对此我们将在下文中用不同的分析框架作进一步的陈述。例如,Harrison 主席在 1936 年就准备金要求第一次提升发表评论时提出,它"在一定程度上减轻了成员银行利用多余资金投资的压力",也就是说,它具有紧缩效应(Harrison, Open Market, Vol. Ⅳ, unrevised minutes of meeting, Nov. 19, 1936)。联储观点中两个因素的协调取决于其差别的大小。

我们精读 Harrison 的论文,得出的结论是,纽约联邦储备银行的官员十分明确地认识到银行已改变的流动性偏好,以及从 1930 年到 1934 年(或 1935 年)为满足该偏好,对超额准备金的需求(参阅第 7 章第 5 节),但是他们不能接受此后的超额准备金的大量积聚是这种偏好变化的结果,因此才产生了认为超额准备金没有建设性影响的观点。

〔42〕对于这一年中所采取措施的详细年表及描述,参阅 J. D. Paris, *Monetary Policies of the United States, 1932—1938*, New York, Columbia University Press, 1938, pp. 12-32 and 118-120。对于该事件的不同叙述,参阅 F. A. Pearson, W. I. Myers, and A. R. Gans, "Warren as Presidential Adviser", *Farm Economics*, New York State College of Agriculture, Cornell University, No. 211, Dec. 1957。

〔43〕*Federal Reserve Bulletin*, Apr. 1933, pp. 213-214.

〔44〕*Federal Reserve Bulletin*, 1934, p. 80.

〔45〕Pearson, Myers, and Gans, "Warren", p. 5647. 1933 年 2 月底,当时的联储统计数据估计财政部及联储银行以外的金币和金元券总额为 12.2 亿美元,其中金币 5.71 亿

美元、金元券 6.49 亿美元(FRB, Feb. 1934, p. 95)。统计数据表明,财政部及联储银行以外的金币和金元券总额在 1933 年 3 月末(在要求金币转让的第一个行政命令发布之前)已下降到 3.67 亿美元,在 4 月末降到了 3.35 亿美元;此后其数额逐渐下降,到 12 月末降到了 3.11 亿美元,到 1934 年 1 月末降到了 2.87 亿美元(资料来源同上)。1934 年 1 月 31 日,仍在外流通的金币被从月流通结算表别除。虽然一些未知数量的金币被私人非法持有,但人们认为金币减少主要是因为其丢失、损毁及未记录在案的出口,或是用于钱币的收藏。鉴于 1934 年 6 月至 1960 年 6 月财政部以每盎司 20.67 美元所购回的金币及金元券总额不足 1200 万美元,或许由此可以推断出 1934 年 1 月之后仍在外流通的金币的数量并不大。

464n 　　然而,注释[20]对国民银行券的分析表明,毁损额只是 1934 年 1 月末仍在外流通的 2.87 亿美元中的一小部分。无论 1907—1933 年间发生了多少可能的毁损,1907 年铸币局局长提出修订后的流通中金币的估计值时都考虑了 1873—1907 年的可能毁损。1907—1933 年所记录的流通中金币均值为 4.9 亿美元。推断的金币毁损率远远低于国民银行券的毁损率。在这 26 年的时间里,即使国民银行券的毁损率约为每年 0.1%,那也仅意味着损失了 1270 万美元金币。

　　截至 1934 年 1 月末,未记录的黄金出口是否占 2.87 亿美元的公众未让渡金币的大部分?我们认为答案是否定的。在 1934 年前,未被记录的黄金出口有两条主要渠道:移民汇款及旅游支出。为了评估这种出口的大致规模,我们用 1873—1900 年间黄金修正量与该时期收支余额的比率,乘以那些项目在 1907—1933 年间的收支余额数据。所得到的估值为 8000 万美元,但是这可能有所高估:(1) 1873—1900 年的黄金修正量仅是部分地——虽然可能是大部分地——可归因于未记录的出口;(2) 1873—1900 年的旅游支出仅限于旅客的交通费用和旅行费用,但是在 1907 年以后,还包括进口运费的支付。

　　如果 1934 年后财政部收购的金币中还包括黄金损失和未记录黄金出口的估值,那么我们所能解释的部分尚未达到 2.87 亿美元的一半。因此我们得出这样的结论:1934 年 1 月,2.87 亿美元的大部分仍被私人非法持有。出于这个原因,我们将 2.87 亿美元加回黄金存量和黄金流通量的数据中,尽管联储在公布的 1914—1933 年间的原始数据中减去了这部分。由于自 1934 年 1 月 31 日起,金币不再是货币存量的一个组成部分,我们的数据序列自那时起就排除了 2.87 亿美元。

　　在 1954 年 7 月 14 日前,美国公民只能以稀有铸币的形式按每种铸币样式两枚的标准合法地持有金币。财政部部长的一个规定(Federal Register, XIX, No. 135, July 14, 1954, p. 4331)取消了对在 1933 年 4 月 5 日前铸造的金币的持有限制,指定所有该类铸币均可以收藏。

　　虽然自 1933 年开始公众持有金元券是非法的,但是因为其可以与金币兑换,所以已发行的未清偿金元券数量自 1934 年 1 月后并没有从月流通结算表中剔除。但是,在 1934 年 1 月末所记录的 1.78 亿美元的已发行未清偿金元券开始显著下降。1960 年年末,据报道,仅有 3000 万美元的金元券仍在流通中,其大部分可能并未被财政部收回。用 1880—1933 年国民银行券的毁损率乘以该时期流通中金元券的平均数量,可以得出这 53 年间可能有 2400 万美元的金元券毁损。但是,这多半是被高估的,因为金元券的毁损率肯定要小一些。这是因为:与国民银行券相比,金元券具有更高的币值,并且其未清偿数量中有相当大的比重为银行金库所持有。

465n 　　[46] 参阅 Pearson, Myers, and Gans, "Warren", pp. 5636, 5645-5647。

　　[47] 参阅 Pearson, Myers, and Gans, "Warren", p. 5646。

〔48〕举一个特定的例子,可能有助于阐明这一点。假定对法国香水实施购买计划,那么,给定法国国内的货币状况,这些以法郎标价的香水价格将会上升,以法郎标价的其他法国出口商品价格将会下降(由于美元的贬值,对于以美元支付的美国购买者来说,其价格变得更加昂贵,因此在前述法郎价格水平下的需求量将降低),同时法国从美国进口货物的法郎价格也会趋于下降(由于美元贬值将降低与上述美元价格等价的法郎价格)。我们无法判断法国国内其他商品的价格,一些可能保持不变,一些下降,一些上升,这取决于它们对其他进出口消费品和生产品的替代性。

现在我们对黄金实施购买计划,这个计划可以是每月用固定美元数额购买黄金,也可以是每月按以美元表示的市场价购买固定盎司的黄金,还可以是以高于先前市价的固定美元价格购买向其供给的任意数量的黄金,或者是上述计划的任意组合。假设法国实行金本位制,并且是唯一实行金本位制的国家。首先,假设法国采取任何必要的措施以保护其黄金储备不受损失,并由此迫使所有的美国黄金购买都在其他地方进行。这可以通过法国所有价格的普遍下降实现,这种贬值要足以使美元对法郎的贬值大于美元对其他(非金本位制国家)货币的贬值,因此黄金以法郎表示的固定价格乘以法郎的美元价格,得出的黄金的美元价格高于(或至少等于)以其他货币表示的黄金市场价格乘以美元表示的其他货币价格。那么,对美国来说,以其他货币购买黄金要比按固定的法郎价格从法国购买黄金便宜。法国将会以通货紧缩为代价来避免其黄金储备的流失。但是,即使我们忽略了紧缩的成本,它所涉及的调整也超乎了合适的范围。法国处在较低的名义价格水平上,所以之前的黄金储备用货物和服务衡量的话,现在的价值增加了。因此对于法国来说,部分调整应通过减少黄金储备以盎司计算的数量来进行。

从最后一点出发,我们可以得出当全世界只有美国不实行金本位制时,调整是如何发生的。美国对黄金的额外需求可以通过两种渠道来满足:新采黄金和其他国家黄金储备的减少,这种减少与世界上其他国家以黄金表示的价格水平的下降一致。

如果若干国家实行金本位制,或者除美国外的其他国家都实行金本位制,那么对于美国来说,其主要影响是会改变美元对其他货币贬值的程度。因为美元的贬值不只要足以抵消购买计划产生的"实际"供求变化,也要抵消世界其他国家以黄金表示的物价水平的下降。如果选择的计划是每月用固定美元数额购买黄金,那么上述假设还会产生一个附带的影响,即支付相同的美元会购买不同数量黄金。

〔49〕法院支持国会取消私人、州和城市债务中的黄金条款,但不支持取消美国政府债务的黄金条款。但是法院驳回了一个原告对其所持 1 万美元美国政府债券要求取得 16 931.25 美元法定通货的诉讼请求,这是因为该原告不能证明自己遭受了任何与购买力相关的损失。

〔50〕该信息的副本参阅 Paris, *Monetary Policies*, pp.166-167。

〔51〕1934 年 1 月 5 日总统在给国会的咨文中要求通过该立法。他建议将美国所有黄金的归属权交给政府,这基于以下三个原因:(1) 为了结束黄金的支付媒介职能;(2) 为了限制用于国际支付结算的黄金转移;(3) 美元含金量的降低导致黄金存量产生了额外的美元价值,为了赋予政府对该价值的所有权。

同一天,一项规范外汇交易的行政命令重申了 1933 年 4 月 20 日命令中的内容,要求所有以外汇结算的交易、美国国内与国外银行间的信用交易以及从美国输出的任意法定通货,均需要财政部的许可证。但是以下外汇交易活动则不需要许可证:正常的商业用途、合理的旅行支出,1933 年 5 月 9 日前已存在的合同的履行,以及美国本土银行及其下属银行之间的信用交易。该命令再次确定了财政部及其代理机构(联邦储备银行)要求每笔外汇交易的完整信息的权力,就像财政部有权禁止不被许可的交易机构一样。

1934年1月16日,收购国内黄金的职能从RFC转移到联储银行。1934年1月31日总统公告规定的美元的含金量为15.238+格令的0.9纯度标准黄金(或13.714+格令纯金),这是以前所规定的25.8格令0.9纯度标准黄金(或23.22格令纯金)的美元含金量的59.06%。一盎司等于480格令。黄金的新价(每盎司35美元)由480除以13.714+得到,正如每盎司黄金20.67美元的旧价是由480除以23.33得到一样。

470n 〔52〕法律上的表象确实产生了一个问题,即无法按货币当局的资产分类对高能货币进行经济学意义上的划分。一个从经济学角度看有意义的划分方法是将高能货币分为商品货币(货币性黄金存量)与信用货币(余额)。只要金价不变,这一划分就相当清楚和有意义。但是如果金价变动,问题就出现了。如果按新价格重估黄金,这种算法将使金价的上涨体现为高能货币中商品货币的突然增长和信用货币的减少。但是实质上两者并没有发生变化。因此我们在按货币当局的资产分类对高能货币进行分类时,是从成本的角度衡量黄金存量数据的。这就意味着将账面利润视为高能货币中信用货币的一部分,而随后在更高价格上购入的黄金则全部纳入商品货币。参阅第5章,原书第209—212页。

〔53〕在账面利润的余额中,有6.45亿美元用于国民银行券的赎回,这只不过是信用货币从一种形式转变为另一种形式;有2700万美元转移给了联储银行,用于发放工业贷款;有200万美元用于支付熔化金币发生的损失;还有1.41亿美元以综合基金现金余额的形式保留(参阅Paris, *Money Policies*, p. 29)。

473n 〔54〕"直接"这个词是为了提醒读者不要简单地将特定支出与特定收入对应起来。

〔55〕如果将后两者描述为以付息方式借入和以不付息方式借入可能更加有意义。更为根本地,货币创造本身就是借入(如果价格没有因此而上升)或课税(如果价格上升)。参阅Friedman, "Discussion of the Inflationary Gap", *Essays in Positive Economics*, University of Chicago Press, 1955, p. 257;也可参阅第2章注释〔64〕,第5章注释〔35〕。

475n 〔56〕如果美国继续实行其1933年的浮动汇率政策,并且不固定其购买世界黄金的价格水平,那么资本外逃将会导致美元相对于其他货币升值,这将抑制美国的出口而刺激其进口。结果就会产生不利的贸易余额,这是资本输入在实物贸易上的反映,同时也会妨碍新政政策的国内目标之一,即相对进口增加出口以达到刺激就业的目的。相反,如果美国和其他有关国家都按19世纪货币品种采用金本位制,那么将黄金转移至美国将会增加美国的黄金储备,而不会引起黄金的美元价格上升,同时将会降低别国的黄金储备。这将成比例地增加美国的货币存量并因此促进国内价格和收入的上升,还会降低别国的货币存量并因此促进外国价格和收入的下降。这些变化将与在浮动汇率制假设下的美元升值一样,对相对价格和不利的贸易余额产生完全相同的影响。

为了避免误解,我们应该明确地指出,浮动汇率和固定汇率下经济调整的实际结果可能是(我们也认为是)有很大区别的。其原因参见Friedman, "The Case for Flexible Exchange Rates", *Essays in Positive Economics*, pp. 157-203。不过,所需调整的特征是相同的,区别——并且从某种意义上说是本质区别——在于调整机制的效率。

476n 〔57〕注意,如果美元汇率贬值,这与美国物价绝对水平的上升一致。

477n 〔58〕参阅 *Balance of Payments*, 1949—1951, Office of Business Economics, 1952, pp. 115-117。问题是应将错误和遗漏主要视为未记录资本项目还是未记录贸易和服务项目。如果是前者,则第1行的估算应该更为准确;如果是后者,则第2行的估算应该更为准

第 8 章 新政时期银行结构和货币本位的变化 449

确。应特别提到的是,我们倾向于接受后一种解释,这与广泛流行的观点相反。

[59] 在本节及上一节,我们大量引用了 Paris, *Monetary Policies* 的内容。 483n

[60] 1 盎司等于 480 格令。因此,1 盎司白银的价值 =480/371.25 美元 =1.2929 美元。 484n

[61] 1920 年,财政部开始购买白银以弥补第一次世界大战期间运往印度的银条。财政部内外的银币及银元券存量从 1920 年的 2.7 亿美元上升到 1928 年的 5.4 亿美元,并在 1933 年 12 月白银购买计划启动前一直保持在这一水平。流通中的银元券随着公众对货币需求量的变动而波动。白银辅币的存量以及流通中的数量在 1929—1933 年大萧条前一直增长。

[62] 1962 年 1 月 22 日,肯尼迪总统要求国会废除《白银购买法案》,该法案要求政府以每盎司 90½ 美分的固定价格收购向其供应的全部新产白银。他还呼吁取消白银转让税,该税种使政府可以从白银交易中获得 50% 的利润。1963 年 6 月 4 日,包含了肯尼迪总统上述要求的立法获准通过。 485n

[63] 两者的一个重要区别在于:流通中的金币被召回,而流通中的银币未被召回。这是由于银币的含银量即使像银币一样在名义上足值,但其市场价格仍小于其面值,而白银辅币的含银价值一定小于其面值(在银价为每盎司 1.2929 美元的前提下,1 银元的含银量就是其面值——1 美元。因此,对于面额更小的银币来说,其含银价值小于其面值)。

[64] 第二次世界大战期间,由于工业用银的需求上升,财政部为了满足工业需求及菲律宾造币的要求,根据 1943 年 7 月 12 日的《格林法案》,从综合基金的非货币用途白银中售出了近 1.7 亿盎司。该法案于 1945 年 12 月 31 日终止。此外,另有 9 亿盎司的白银以临时贷款的形式提供给与战争有关的产业,以满足非消费性的电力需求。约 4.1 亿盎司的白银租借给了印度及其他国家,将在 1952 年 4 月《日本和平协定》签订后的 5 年内收回。除了 0.15 亿盎司的白银,其他白银到 1961 年年底为止都被收回。 486n

根据 1946 年的法案,财政部向工业企业出售了 1.38 亿盎司的白银,其中大部分发生在 1958 年以后。财政部所持有的非货币化白银从 1958 年末的近 2 亿盎司降到了 1961 年白银销售终止时的 0.22 亿盎司。减少的白银中一部分销售给工业企业,另外一部分用于银辅币的铸造。

[65] 在中止白银销售的命令发布后的几周内,白银市价上升至每盎司 1.04¾ 美元。在 1962 年年初略微下降后,市价于同年 8 月达到自 1920 年 8 月以来的最高点——每盎司 1.09 美元,当时财政部正在市场上购买白银以收回《彼特曼法案》凭证(参阅第 6 章注释 [60])。截至 1963 年 6 月(本书出版时),白银市价围绕其 1.2929 美元的货币价值以 1.5 美分的幅度浮动。只要白银市价达到其货币价值,根据现存的法案,财政部就会通过赎回银元券(只要财政部的白银存量足够多),或者熔化银币把白银市价固定在货币价值的水平上。

[66] 1957—1961 年间,世界白银的货币性及非货币性的消耗量以每年 4% 的速度增长,而世界白银产量仅以每年约 1.5% 的速度增长。毋庸置疑,如果美国政府未以支持价格出售白银,白银的价格及产量将处于更高水平。自财政部终止白银销售后,预计世界白银产量将以更快的速度增长,以适应白银市价的上涨。 484n

[67] *Historical Statistics of the United States*, *Colonial Times to 1957*, Bureau of the Cencus, 1960, p. 351, Series M-36. 488n

[68] "高于5美元"是由以下数据得出的:财政部用于白银购买的最高年均支出2.2亿美元除以国内白银年均产量4 000万美元。"可能等于或高于25美元"是这样一种推测:4 000万美元减去那些生产白银所需资源的机会成本,差额不到1/5。

[69] 参阅 Arthur Salter, *China and Silver*, New York, Economic Forum, 1934, pp. 46-47,56-57。

[70] 参阅 Paris, *Monetary Policy*, p. 66。

[71] 参阅 Frank M. Tamagna, *Banking and Finance in China*, New York, Institute of Pacific Relations, 1942, pp. 142-150。

[72] Paris, *Monetary Policies*, p. 71.

[73] 再版自 Paris, pp. 187-188。

[74] 1961年11月的命令中止了财政部非货币用途白银的销售,该命令要求财政部用白银代替银元券,包括那些作为辅币的以及那些随后被联邦储备券替换后退出流通的。这一命令只对面额为5美元、10美元的银元券产生了影响。1962年1月,总统要求国会赋予联邦储备体系发行面值为1美元、2美元联邦储备券的权力,以保证其相应面额的银元券逐步退出流通。上述授权被纳入1963年6月4日的法案,该法案废除了《白银购买法案》。

第9章

★★★

周期性变动
（1933—1941）

正如我们所看到的,严重的经济紧缩往往随着强劲的复苏而终止。1929—1933年间的紧缩也不例外。从1933年至下一个周期的顶峰1937年,以当前价格和不变价格计算的国民生产净值的上涨幅度分别不低于76%和59%,年平均增长率分别为14%和12%(见图37),增长速度非常快。只有另外两个四年期内以当前价格计算的收入增长率高于此,但都处于战争时期。其中一个时期的收入增长随着第一次世界大战的结束而终止,另一个时期则处于第二次世界大战期间。除此之外,在有年度数据记录的1869—1960年间再没有其他的四年期内以不变价格计算的收入有如此高的增长率。

9.1 货币、收入、价格和流通速度的变化

尽管经济复苏如此强劲,1937年的货币收入比8年前的经济周期顶峰还要低17%,而实际收入也只增加了3%,这可以用来衡量前一时期经济紧缩的严重程度。这段时间人口增长率约为6%,因此事实上1937年这个经济周期顶峰时的人均产出要低于前一个经济周期顶峰时的人均产出。在所记录的1895—1910年的年度数据里,只有1895年和1910年两个经济周期顶峰时的人均产出低于之前的顶峰时期,即1892年和1907年的人均产出。此外,1937年之后的紧缩虽然不是特别长,但却十分严重而且发展异常迅速,是我们记载中唯一的一场严重萧条之后另一场严重萧条接踵而至的情况。

因此,1933年后经济复苏的最显著特征不是复苏的速度很快,而是其不彻底性。在复苏过程中,失业率仍然较高。甚至在1937年的经济周期顶峰,经过季节性调整后的失业人数仍为590万。到13个月后的经济周期谷底,近5400万劳动人口中失业人数已经上升到1060万。

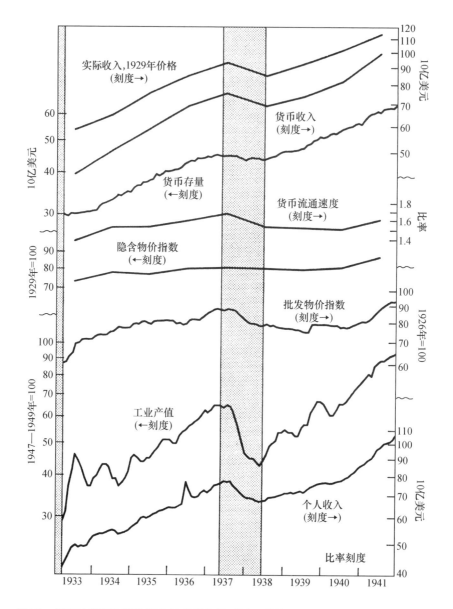

图37 经济扩张期和紧缩期中的货币存量、收入、价格和货币流通速度,个人收入和工业产值,1933年3月—1941年12月

注:阴影部分代表经济紧缩期,非阴影部分代表经济扩张期。

资料来源:工业产值和图16的来源相同,个人收入和图28的来源相同,其他数据和图62的来源相同。

复苏的初始阶段既不稳定也不均衡。银行重新开业后，个人收入与工业产量迅速增长（见图37）。随着人们对颁布《国家工业复兴条例》（National Industrial Recovery Act, NIRA）（于1933年6月16日通过）的预期增强，这种增长趋势被强化，因为该法律预计会提高工资率和物价水平，事实上也的确如此。在1933年下半年的经济回落之后是1934年早期另一次强劲的增长以及一次更深的回落，直至1934年后期收入和产出持续稳定的增长才步入正轨，同时前后对比可以看出，不均衡性集中体现在非耐用品、服务和政府采购物品等的产量上。在1937年经济周期顶峰，非耐用品工业产量成分指数比1929年周期顶峰时高21%，而耐用品产量成分指数则较1929年低了6%。这种差异显著反映出私人资本形成水平非常低，净私人投资在1936年仍为负值。在1936年和1937年早期该值转为正值，但其中很大部分是增加的存货。[1]在1937年早期的最高点，私人部门的比例只有20世纪中期峰值时的1/3。

在Kenneth Roose对复苏的详尽分析中，他倾向于将当时异常低迷的私人投资水平主要归因于政府政策的影响。这些政策使得利润变得相对较低。NIRA法令最初促进了工资提高，随后当1935年该法令被宣布违反宪法时，则通过颁布《国家劳工关系法》（National Labor Relations Act, NLRA）和最低工资条例来促进工资提高。政府制定的各种新税种，特别是社会保障税推动了劳动力成本的上升。后者于1935年颁布，在1936—1937年开始施行，此外还有失业补偿和用于养老保障支出的联邦准备金。1936年颁布并实施的《未分配盈余税法》（The Undistributed Profits Tax Law）则减少了税后净利润。或许更为重要的是，原本由于1929—1933年的局势而对未来经济获利有所动摇的信心，由于以下政策而变得更为脆弱：诸多业务管制，比如《1933年证券法》和《1934年证券交易法》，将投资银行从商业银行中分离出的《1933年银行法》，以及1935年颁布的对公共事业机构持有公司的限制条例等；政府介入并拓展的很多领域大多不向私人企业开放，比如成立于1933年的田纳西河流局，成立于1935年的重建管理部门（Resettlement Administration）和农村电力管理部门（Rural Electrification Administration），1935年成立的社会保障董事会（Social Security Board），1933年成立的房产所有者贷款公司（Home Owners Loan Corporation），以及1934年成立的联邦农场抵押公司（Federal Farm Mortgage Corporation）；还有其他一些影响到私人合约与产权安全的因素（如取消黄金保值条款和金银国有化）。另外一些因素，如刻意维持不平衡的预算、总统和其他管理部门发言人对"经济保皇主义者"和"垄断"的抨击，以及总统关于重组最高法院的建议等，则进一步加深了这些限制措施的影响。产业工会联合会（Congress of Industrial Organization）的建立、静坐罢工的举动、劳工困境的广泛宣传加剧了社会的紧张局面——从另一方面而言——自由联盟(Liberty League)的建立和由罗斯福新政的反对者建立的类似机构,都加剧了社会紧张。结果则是一场"关于政治、社会和经济生活的理想的方式和目标的极为情绪化的争论",以及"对新政及其政策、理念意见的苛刻的区分",这难以形成一种有益于建立强大企业和增强对风险信心的积极氛围。[2]

投资需求异常低迷,造成长期利率水平下降;反过来,低利率水平事实上也更加证明了资金需求的低迷。在20世纪20年代,高等级公司债券投资收益率为4.5%—5%,在之后的30年代,其收益率为3%—3.5%。虽然高低等级债券之间的收益差距在扩大,但低等级债券的收益仍在降低,这表明储蓄者,例如企业,不愿意承担风险。同样的现象有助于解释长期利率与短期利率差距的扩大,以及短期利率空前的低水平。商业票据利率在1934年后半期下跌至0.75%,并一直持续至1937年年初。国库券利率在1934年4月至1936年年末间在0.125%附近波动,在1937年短暂上扬后跌落至更低水平。正如我们所看到的,银行对流动性的需求是导致短期利率下跌的重要原因(见图35)。

利率水平不仅维持在低位运行,而且在1933—1937年的经济扩张周期中还有下滑。这种与通常的经济周期走势相反的现象主要是由于前文所讨论的大量国外资本的流入,促成可贷资金的供应急剧增加,强化了资金需求低迷对利率水平的影响,并且毫无疑问确实在需求方面抵消了经济扩张。

与产出一致,批发物价在1933年年初也迅速上扬,部分是由于与上述相同的原因,即对NIRA法令的预期,部分则是由于美元汇率贬值的刺激。在接下来至1937年中期之前的大部分时间内,批发物价又以更温和的步伐稳步上涨,仅在1936年有一次小幅下跌。整体来说,从1933年的谷底到1937年的顶峰,批发物价指数上涨约50%,生活成本的上升无疑要小一些,约为13%。建立在年度数据基础上的综合指数能反映国民生产净值的库茨涅兹紧缩,该指数1937年仅比1933年高了11%。由于批发物价指数比生活成本指数或隐含指数涵盖的范围更大,两者的差异也就比以往更明显。这种差异部分反映了贬值对外贸商品不同程度的影响,这些商品在批发物价指数中的权重大于在其他指数中的权重。但同时也有另一种可能,那就是这种差异部分反映了生活成本指数和隐含指数对价格上涨的低估;这些指数包括了批发物价指数未包括的许多产品,其价格比实际价格更稳定。

在我们之前研究的各个时期中,货币存量的大幅波动与收入的大幅波动是一致的。根据记录,货币存量从1933年4月起至1937年3月周期顶峰上涨了53%,平均每年上涨近11%,4年内有如此大幅上涨的情形也只发生在下列时期:金本位制重建的4年(1879—1983)、19世纪90年代初应对大萧条的4年

(1897—1901)以及两次世界大战之间。但是1933—1937年间的货币存量同货币收入一样没能重回1929年的平均水平。货币存量在1929年和1933—1937年间的差额要远小于货币收入在这两个时期间的差额。货币流通速度尽管在4年内上升了约20%,但仍比1929年的水平低15%,因而1929年与1937年间货币存量有2%的差额,而货币收入有17%的差额。1937年周期顶峰之后的一段时间发生了异常严重的货币和收入紧缩。我们知道,一般来说货币存量在紧缩时会上升,但是上升幅度相比之前的扩张时期要小。只有在异常严重的紧缩中货币存量的绝对值才会下降很多。货币存量在1937年是绝对下降的。尽管从精确的顶峰到精确的谷底时点,货币存量仅下降了3%,但这是货币存量在19世纪90年代后在两个连续的经济紧缩中的首次下降。

1933—1937年经济扩张中一个极为有趣的现象是货币存量上升和价格上升之间的关系。我们可从早期的两个周期性扩张中获得比较的标准,这两个时期都是大萧条的反应过程,并且这两次大萧条持续的时间与1929—1933年的紧缩具有可比性,即1873—1979年紧缩之后的1879—1882年间,以及1891—1896(或1897)年大萧条之后的1896(或1897)—1899年间。如果我们采用年度数据来分析这三个时段(只有第三个时段能够提供月度数据),货币存量在1879—1882年间上涨了53%,在1896—1899年间上涨了41%,而在1933—1937年间上涨了46%,三个时段中隐含物价指数的上涨幅度同样呈现相似的大小顺序,即分别为10%、6%和11%。但第三个时段的批发物价则显著增长:1879—1882年间每年平均上涨20%,1896—1899年间为12%,1933—1937年间则为31%。如果以周期谷底前后三个月至周期顶峰前后三个月来衡量,则1879—1882年间批发物价的增幅为28%,1897—1900年间为26%,1933—1937年间为45%。[3]

尽管面临比前两个扩张时期更大的失业压力和开工不足,为什么1933—1937年间的批发物价能够显著上涨呢？一个原因是前文已经提到的贬值时批发物价的不同影响,另外一个原因是政府鼓励和协助实施的推动价格和工资上升的措施,特别是《联邦工业复兴条例》《古费煤炭法案》《农业价格支持计划》和《联邦劳工关系法》这四项法规。前两个条例的颁布违法了宪法并被禁止,但在施行期间产生了一定的影响;第三个被最高法院部分否决并修订,但在扩张期内一直发挥着作用;第四个以及它所反映的当时的舆论氛围,在扩张末期变得最为重要。

最近几年关于使用工资-价格螺旋上升或价格-工资螺旋上升来解释第二次世界大战后价格变动的讨论有很多。我们对于价格和工资自主的变化调整在当时扮演的重要角色很不确定。对我们而言,似乎存在一个用工资-价格或价格-工资螺旋上升来解释1933—1937年情况的强有力的例证。事实上,这是我们所考察的近一个世纪内这一解释唯一可以被证明的时期。在这些年份中存在推动工资或价格上涨的自主压力。[4]对工资-价格螺旋上升(现象)最常见的分析如下:因为货币当局承诺充分就业政策并因此愿意增加货币存量从而减少因工资和价格上涨导致的失业,所以人们认为工资-价格螺旋上升的货币性障碍已被清除,因此工资和价格的上涨不会遇到货币性障碍或者造成失业人数的绝对增加。这并非是1933年到1937年的情形,造成货币存量增加的不是货币当局而是黄金流入。尽管这种意外的黄金流入与货币当局起到的作用一样,但其发生并不是由于工会、商业机构和政府推动价格上涨的行为所致。

如果这种分析是正确的,则表明如果没有工资和价格推动,1933—1937年间的物价将比实际上涨的幅度更小,产出则会更大幅度地增加,而且这一趋势将因货币存量的间接影响而进一步增强。国内物价较小的涨幅意味着维持了更大规模的有利的贸易盈余,因此将促使更多的黄金流入。政治和经济形势的改变将会引起投资需求迅速增加、利率小幅降低或者升高,以及商业银行存款-准备金比率较快下跌。因此,如果有下述两个条件:一是高能货币能增加更多,二是货币存量对高能货币比率下降较小,则货币存量上升的可能性会更大。而如果有如下两个条件:一是由产出增加引起的货币收入增长的部分更大,二是货币收入本身增长得更多,则产出的增长同样也会更大。

9.2 引起货币存量变化的因素

图38有助于我们更具体地考察货币存量的变化及其解释因素。高能货币是这整段时期内货币存量变化以及1933—1941年间货币存量小幅波动的最重要的数据性解释因素。货币存量在1933年3月到1937年5月的经济周期顶峰时期增长了51%,同期高能货币增长了60%。这一时期存款-通货比率也同步上升,这本应使货币存量上升的速度比高能货币上升的速度更快,但存款-准备金比率的下降部分抵消了存款-通货比率的上升。存款-通货比率的变化十分平稳:从1933年至1935年迅速上升,在此期间其推动货币存量上升的作用达到顶峰,随后缓慢下降至1940年,之后大致趋于平稳。而存款-准备金比率的变动较不规则,特别是在1934年和1936年。存款-准备金比率在这两年内的不规则变动抵消了高能货币的不规则变动,减弱了后者对货币存量产生的影响。

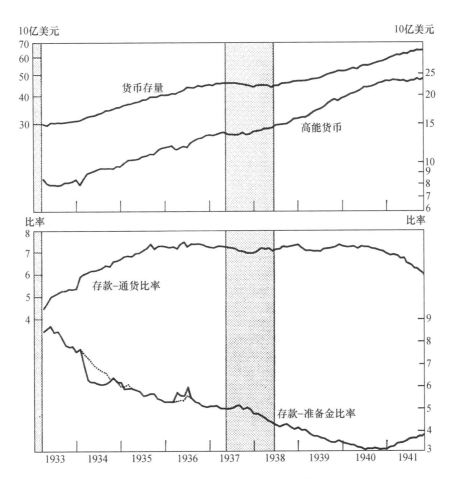

图 38 货币存量及其直接决定因素,1933 年 3 月—1941 年 12 月
注:阴影部分代表经济紧缩期,非阴影部分代表经济扩张期。
资料来源:表 A-1 列(8)和 B-3。存款-准备金比率的虚线部分对曲线进行了平滑(见图 44 和对应的文章)。

从 1937 年到 1940 年中期,货币和高能货币尽管变动状况相似,但两者在迅速收敛靠近:这种收敛源于存款-准备金比率持续加速降低,该比率在此期间未受到存款-通货比率变化的抵消或推动。从 1940 年中期至 1945 年(见图 46),两个存款比率变化的走势相反,存款-通货比率下降而存款-准备金比率上升,因此它们再次相互抵消,货币存量和高能货币量大致成同比例变动。

1933—1940 年增加的高能货币的构成,即公众和银行持有的高能货币资产,从货币当局负债的角度考虑与从货币当局账簿中与负债对应的资产角度考虑是有差别的。从公众和银行的角度看,增长部分主要是联邦储备货币(图 39

的 A)，大部分是以联邦储备存款的形式存在的。国库通货有少量增加(主要是银币数量的增长超过了国民银行券到期的数量)。由于持有黄金被宣布为违法，记录在案的黄金数量下降至零。此外，在货币当局的合并报表中，高能货币

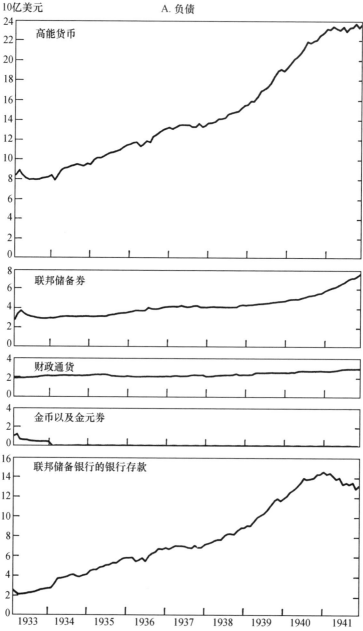

图39 1933—1941年的高能货币，按财政部和联邦储备银行的资产与负债分类

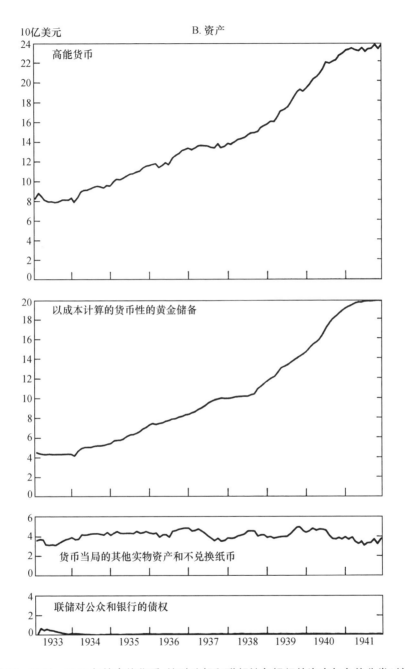

图39 1933—1941年的高能货币,按财政部和联邦储备银行的资产与负债分类(续)

注:联邦储备券、财政通货、金币以及金元券都指代流通于财政部和联邦银行之外的概念。

资料来源:和图19相同,但是从经季节性调整的官方黄金储备中扣减了累积贬值的部分。1934年1月31日及之前的贬值数额,来自 *Banking and Monetary Statistics*, p.538;之后每月的年度贬值数额,来自 *Annual Report* of the Secretary of the Treasury, 1940, pp.634-635, and 1941, p.428。

现，联储对公众和银行的债权下降至零,联储体系所持有的可承兑汇票数量也非常少。资产的其他项目——我们指的是实物资产和法定货币——在小范围内波动。其中,主要的波动反映了财政部在1937年和1938年的对冲黄金和反向对冲黄金的操作,下文将对此进行具体分析。对冲对应着用黄金替代法定货币(从负债的角度来看,如果是通过借款融资,就是付息债务替代了不付息债务;如果资金来源为预算盈余,则是直接抵减债务)。反向对冲的操作正好相反。

1933—1940年的情况与20世纪20年代和1929—1933年的紧缩存在着非常有趣的反差。首先,存款-通货比率从积极、重要的角色转变为消极、次要的角色。在20年代,存款-通货比率的稳步增长是同期货币存量增长的主要因素;1930—1933年,该比率的再次下降预示了流动性危机的再度开始。1933年之后,该比率最初的快速升高一定程度上是虚假现象,反映了我们在第8章第1节中货币量估计的缺陷,该比率的快速升高源于对未许可银行存款的重新分类。这种重新分类提高了存款-通货比率。[5]将这种影响考虑进去,则存款-通货比率从1933年的低点到1935年中期是逐步增长的。之后,该比率在1940年之前都极为稳定,1940年之后开始下降。1933—1935年的上升显然是对此前下降的一种反映,正如1930—1933年比率下降是由于公众对银行存款失去信心一样,此次上升意味着公众对银行恢复了信心,再次愿意持有存款而不是现金。然而,该比率在1935—1940年间仅在7.20的水平上下波动,远远低于1929年顶点时所达到的11.57。这一水平大致与1921年的水平相当,而后者则略低于紧邻第一次世界大战之前年份的水平。Cagan对存款-通货比率的具体分析表明,1935—1940年间的较低水平主要可归因于持有存款的成本高于早期——活期存款利率被取消,同时又不得不支付服务费用。[6]我们认为1940年之后存款-通货比率的下降与战时经济有关(见第10章)。

第二个更有趣的反差体现在联邦储备体系所采用的政策工具以及联储与财政部的相对关系上。在20世纪20年代,高能货币变动和黄金储备变动几乎没有联系,如果从比较宽松的角度来看,30年代早期也是如此,这是因为黄金储备变动与联邦储备的信贷余额之间有显著的反向运动关系(见图25)。特别是在20年代,联邦储备体系利用其权力对黄金变动进行对冲,避免高能货币在短期内剧烈波动。而1933年之后,联储的信贷余额几乎没有变化,从1934年早期到1937年中期贴现率也没有变化(见图41)。正如我们所看到的,高能货币的变动主要反映了黄金储备的变化。而高能货币变动和黄金储备变动之间的偏差反映了财政部的对冲措施,这些措施改变了其持有的现金和在联储的存款。这种反差不仅体现在年度变化上,也体现在季节变化上。在 20 世纪 20 年代和 30 年代早期,联储的信贷余额有明显的季节性变动,与财政部和储备银行之外的通货变化一致(见图 26)。在 1933 年之后,通货仍与之前一样具有相同的季节性变动,但联储的信贷余额实质上已经没有季节性变动了。联储体系几乎放弃了它在 20 年代所承担的所有角色和当时使用的政策工具。在 1933—1935 年所从事的活动中,联储启用了新的工具——控制证券的法定保证金要求和成员银行的法定存款准备金要求。

第三个密切相关的反差体现在高能货币变动和存款-准备金比率变动的关系上。在 20 世纪 20 年代,两者均有上升,尽管高能货币的上升在 1925 年几乎停滞了,但存款-准备金比率在整个 20 年代都持续、稳步地上升;同时,两者在短期内的变动都高度稳定。1930 年之后,两者的变动开始相反,高能货币仍在上升,而银行尝试增强其流动性使得存款-准备金比率开始下降。这种大致相反的变动在 1933 年之后仍在继续,同时存款-准备金比率短期内的不规则变动对高能货币相应不规则变动的抵消作用越来越明显。这两个变量在数年内大致相反的变动与短期内的逐月抵消之间的区别值得多加关注,下文将另有分析。短期变动趋势与我们所说的前一个反差有关。联储不再平滑高能货币的小幅不规则波动,故银行必须适应这种波动。因此,银行方面对高能货币短期不规则变动的被动反应可以恰当地解释存款-准备金比率的短期不规则波动,这形成了这样一种观点,即存款-准备金比率的长期下降——体现了上文所述的超额准备金的增加——同样也是对高能货币增加的被动反应。前文已讨论和驳斥了这种观点(参见第 8 章第 1 节)。

第一个反差无须过多讨论。关于另外两个,下文将考虑高能货币变动的解释因素(第 3 节);联储的政策行为(第 4 节);存款-准备金比率的变动(第 5 节);最后,通过总结上述部分,讨论货币政策在 1937—1938 年间的紧缩和随后的复苏中扮演的角色(第 6 节)。

9.3 高能货币的变动

如图 39B 所示,按照货币当局对资产的分类,在对高能货币进行分解的过程中将财政部和联邦储备体系的账户进行了合并。尽管这对于分析货币当局对货币存量的综合影响较为合适,但却隐藏了两个独立机构各自的角色,因此无法证明我们的结论,即财政部已成为一个积极的货币当局。基于此,我们需要区分出那些由财政部直接控制的项目:现金和在联邦储备银行的存款。由于这些存款是储备银行的负债,它们在财政部和联储的账户合并时就被抵消了。

当财政部购买黄金时,它用其在某家联邦储备银行账户上的支票进行支付。然而,与此同时,它可以发行与此等额的金元券,或者增加现金余额,或者存入储备银行。因而这种交易意味着高能货币的增加等于所购黄金的价值,且财政部库存现金和储备银行存款不变。正如我们所看到的,这种交易解释了1933—1941年间高能货币的主要变动。这一点可以从图40显示的有关货币黄金量的走势与图39B以成本价计算的走势略有不同再次得到证明。前者以官方牌价表示,并在1934年1月底黄金官方牌价上升时突然发生变动。我们在图中使用官方牌价以使黄金走势与财政部的现金加储备银行存款的走势具有可比性,这在图上有所体现。

黄金走势比高能货币走势更平滑。主要原因是财政部的现金和联邦储备银行存款的变动改变了黄金储备的影响,而且这几乎可以完全解释高能货币和黄金储备变动的差异。尽管改变财政部的现金和储备银行存款不一定会影响高能货币,但当时确有影响。财政部可以通过各种簿记操作来改变其现金和在储备银行的存款,如印刷已经许可但尚未发行的财政通货,或者注销其所持有的财政通货,或者向储备银行售出或购入债券。这些操作都不会影响高能货币。然而,例外情况是,1933—1941年间财政部却没有进行上述任一操作。其他改变财政部的现金和储备银行存款的操作使高能货币变动了同等规模,但方向相反,因为这些操作意味着来自公众或银行的现金或在储备银行的存款向财政部转移,或者与此相反。[7]

在前一章中我们认为不必明确考虑财政部的现金及其在联邦储备银行的存款,原因有两个:首先,财政部的现金和存款在20世纪20年代的波动显著小于此后时期的波动。其次,在20年代和30年代早期,联储就审慎地试图抵消财政部持有的现金和储备银行存款的季节性变动以及其他能造成高能货币总量不规则波动的短期因素。1933年以后,联储显然放弃了熨平短期波动的任何尝试。结果,高能货币的月度波动在1933年后比1933年前更为剧烈(可比较图38、图23和图31)。

综合考虑黄金储备以及财政部的现金与储备银行存款的变动后,高能货币的变动中仍有一部分无法解释,这部分在图40中显示为残差曲线。它列示了高能货币与黄金储备及国库现金和储备银行存款总和之间的差额,从而也反映

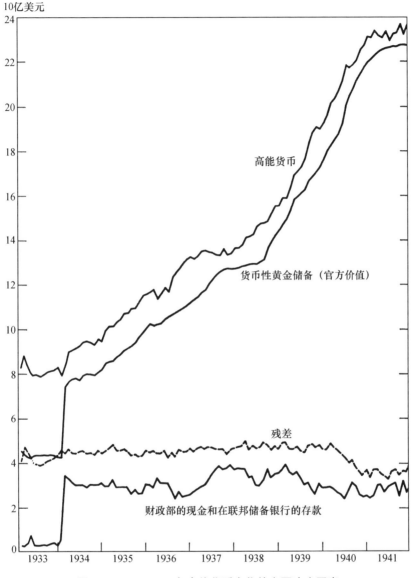

图 40　1933—1941 年高能货币变化的主要决定因素

资料来源:高能货币,参见表 B-3;货币性黄金储备,与图 19 的来源相同;国库现金和存款,参见表 A-3;残差,参见正文。

了其他所有的因素。残差变化微小,其中有些是由财政部的簿记操作造成的,这些操作使得国库现金和储备银行存款的变化不能准确地反映财政部对高能货币的影响,只有 1933 年和 1937 年早期残差的变动以及 1940 年的迅速下降可以由联储而非财政部的行为得到合理的解释:1933 年的变动是联储在银行歇业期进行操作的结果;1937年早期的变动也是由联储的操作引起的,这些操作伴随着存款准备金要求的变化;1940年的变动反映了联储由于公开市场出售而发生的信贷余额的减少(见第10章)。

尽管1934年1—2月间黄金储备最初的剧烈波动主要是由黄金价格重估引起的,但部分也是由于黄金价格上升,外国人纷纷出售,从而引起了大规模的黄金进口。1934年1月31日,新的黄金价格被确认为官方价格,黄金立刻迅速流入美国。从2月1日至3月14日的6个星期内,黄金进口量超过5亿美元(按新的价格计算)。同时,除去重估黄金价格带来的收益,国库现金和储备银行存款却在减少。上述两点可以解释1月末至3月末期间高能货币的急剧上升——相比最初水平增加了10亿美元(增长了12.5%)。这两个月的变动幅度是1907—1960年间(可获得的高能货币月度数据中)最大的。

在黄金进口造成的最初冲击过后,直到1937年年底,黄金储备仍以相当平稳的速度上升。在1936年后期法国的黄金耗尽之前,美国的黄金进口约有一半来自法国。第二年法国成为美国的黄金净进口国而不再是净出口国。1937年的最后一个季度,有传言称美国正在考虑采取反周期策略使美元进一步贬值,随后便引发了大范围的国外短期账户资金的撤出。[8]从净额上看,美国的黄金储备从1937年10月至1938年2月都在减少。欧洲短期资金在1938年7月才停止从美国撤出。这种反向变动大致抵消了美国黄金持续流入的压力,因此总的黄金储备在1937年秋至1938年秋基本维持稳定。之后,慕尼黑事件引发了欧洲的资本流动和黄金流入速度的突然上升。战争的爆发又维持了黄金的流入速度。1940年早期法国战败后,英国战场局势进入白热化,并且其希望从美国获得如在第一次世界大战中一样的战争物资供应,结果造成了黄金流入的进一步增加。最后,1941年早期《租借法案》的实施缓解了英国和其盟国为军事采购融资获取美元的压力,也终止了美国黄金储备的快速上升。

财政部所持现金和储备银行存款的微小波动(见图40)可以从高能货币的相应变动中看出来,这种波动反映了财政部巨大的季节性收支差额。尽管趋势已经经过季节性调整,但联邦政府的收支变化如此显著,以至于统计性的调整可能无法完全剔除所有的季节性因素。

仍有如下一些矛盾之处值得探讨:

(1)高能货币在1936年上半年显著的不规则变动反映了3月份起所得税和赠与税的增长,更为重要的是,中长期国债的发行引起财政部在联邦储备银行存款的非正常增加。

(2) 高能货币的变动之所以在 1937 年的前 9 个月无法反映黄金储备的增长,是由于财政部在 1936 年 12 月实施的对冲黄金货币的政策。这段时期内,财政部对于所购买的黄金用借入款支付,而不是用为黄金开立的现金账户支付,因而黄金的购入都伴随着储备银行中的现金与存款的增加(见图 40)。

以上措施在经济意义上和 20 世纪 20 年代联储的对冲行为是一致的,当时联储在公开市场卖出国债以抵消由于黄金进口所带来的高能货币可能的增长,不同之处在于这次是由财政部而非联储出售债券而启动了对冲黄金货币的政策。我们将会看到,该政策生效的时间,与联储第二次提高存款准备金要求的时间相同。对冲政策明显加强了存款准备金增长带来的货币紧缩的影响:存款准备金的增长导致了对高能货币需求的增长;同时,财政部的操作事实上中止了高能货币的增长,而高能货币从 1933 年起就一直在不断增长,仅有过几次短暂的中断。

(3) 1938 年上半年高能货币增长快于黄金储备增长反映了如下相反的过程:财政部反向对冲黄金的政策,即发行与财政部"非交易"的黄金相对应的金元券;这些金元券存于储备银行,并用于政府支出或赎回债务。此外,这种操作实质上是一种公开市场购买,只不过是由财政部主动实施的。

1937 年 9 月,当联储委员会要求财政部从非交易黄金账户中释放 3 亿美元时,反向对冲的过程开始了。[9] 当然,从技术上讲,联储委员会毫无疑问能够通过购买 3 亿美元的政府债券来达到相同的经济效果。财政部从账面划出了联储所需的总量。然而,之后购买的黄金却仍然被对冲,该月总量已达 1.74 亿美元,因此在 1937 年 9 月财政部持有的非交易黄金仅下降了 1.26 亿美元。这些操作以及其他影响财政部账户的交易的净效应是国库现金和在联储的存款下降了 1.36 亿美元。这个规模相当于 9 月份增长的高能货币(由财政部操作造成)与当月黄金储备增长之间的差额。

1938 年 1 月 1 日,财政部规定任一季度非交易黄金账户的增加量不能使黄金购买总量超过 1 亿美元,1938 年 4 月 19 日取消了非交易黄金账户,当时账户内的总量达 1.2 亿美元。这主要是一个簿记操作,其经济影响必须通过同时考虑同期财政部其他账户的变动来进行判断。最初,非交易黄金仅仅是简单地从国库现金账户转移至财政部在联邦储备银行的账户,并未产生直接的货币效应。在正式对冲的一年多之后才开始进行反向对冲。在此期间,财政部持有的现金和储备银行存款总量下降了约 7.5 亿美元,随后又增加了约 10 亿美元,1939 年 2 月之后开始下降到对冲操作实施之前的水平(见图 40)。

（4）1941年高能货币显著的月度不规则变动反映了当年财政部余额的不规则增长,还有部分原因在于1940年6月25日和10月8日颁布的《收入法》带来的税收收入增加,以及税收收入的季节性顶峰时一系列债券的发行。20世纪20年代后期,联储曾经试图熨平类似的不规则运动,效果也很显著。

9.4 联邦储备政策

在我们考察的这一时期,联储基本上没有使用其1933年前主要依赖的两种工具来改变高能货币量:一是公开市场操作,如我们在第6章分析的,公开市场操作在20世纪从一种获利的手段变为货币调控的主要方法;二是再贴现,再贴现最初被视为联储政策的首要工具,之后由于公开市场操作的启用而成为联储依赖的两种主要工具之一。除极少数例外情况外,联储频繁进行公开市场买卖,其目的是保持整个组合的完整或改变其构成,从而影响收益率结构,而不是改变联储信贷余额的总量。如同Harrison主席1939年描述的那样,联储在那些年中,将其注意力从"信贷控制"转向了"市场控制"。[10]

联储信贷余额在1933年经历了先下降后上升,从1934年到1940年中期几乎保持不变。(1941年经历了一次剧烈下降到达一个新水平,这将在第10章讨论。)图41中显示的唯一一次规模显著的变化是第二次世界大战爆发时联储信贷余额经历的先上升后下降的过程。对比图41、图23、图33可知,和先前相比,差别是多么显著。1934—1938年的5年中,联储信贷余额在1.77亿美元的区间里变动。单独看1924—1930年的每一年,变动幅度都更大,并且7年中任意6年的变动幅度都大于两倍。

如图41所示,纽约的再贴现率在1933年3月上升,此后,在1933年后期以及1934年早期再次下降,在之后的3年半内,纽约的再贴现率维持在1.5%的水平,然后在1937年8月,即当年5月周期顶峰后的3个月下降到1%。再贴现率在1%的水平上维持了5年多。之前保持稳定的最长时间是19个月——1915—1916年以及之后的1918—1919年。

即使是这一证据也仍然低估了联储在我们考察的这一时期和之前时期使用这些货币政策工具之间的差别。联储信贷余额发生的所有波动基本上来自"浮动"的变化(对成员银行在途项目账户的借贷差额)以及买入和贴现的票据量的变化。从1934年1月到1937年3月,联储持有的政府债券月末波动的幅度为1700万美元;在接下来的每个周三,波动幅度为400万美元;而在170周

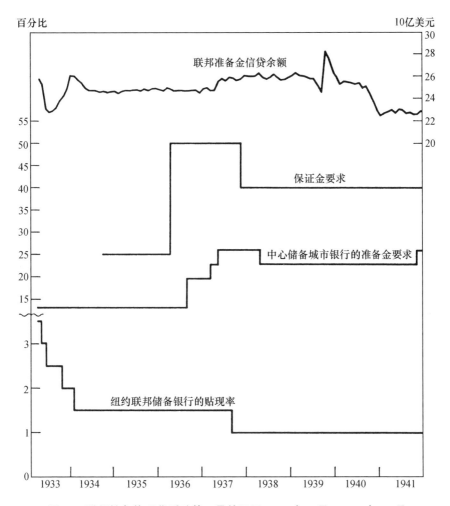

图 41　联邦储备体系货币政策工具的运用,1933 年 3 月—1941 年 12 月

资料来源:联邦准备金信贷余额,月末数据来自 *Banking and Monetary Statistics*, pp. 376-377,使用 Shiskin-Eisenpress 方法进行季节性调整(见图 21 资料来源)。另见,*Banking and Monetary Statistics*, pp. 400,441-442,504。

的 133 周中精确的波幅达到 24.3 亿美元。1937 年早期,货币市场紧缩以及准备金上调引发了对短期利率的严重恐慌,联储购买了 9 600 万美元的债券。之后半年的时间内联储持有的政府债券数量保持不变,1937 年 11 月又买进 3 800 万美元的债券,并将这一水平维持到了 1939 年中期。日复一日地使用公开市场操作来影响联储信贷余额已经不再是联储的持续行为。

联储对贴现工具的弃用不仅仅表现在贴现利率的恒定上。在早期,贴现率很少高于短期公开市场利率。举例来说,纽约的贴现率在 1919—1931 年的任

514 何一周内从未高于基于 4—6 个月商业票据的平均公开市场利率。从 1934 年开始,贴现率几乎从未低于短期公开市场利率。纽约 1934—1941 年的 8 年间的任何一周的贴现率从未低于 4—6 个月的平均商业票据利率。结果当然是再贴现工具几乎停用。从 1918 年到 1933 年 8 月,每个月贴现的票据的平均数额从未低于 1931 年 8 月的 1.55 亿美元,而且通常是数倍于该金额;从 1933 年 8 月到 1941 年 8 月,贴现数额从未超过 1.38 亿美元;1934 年 6 月后,从未超过 2 400 万美元,并且大多数情况下都低于 1 000 万美元。

联储反复提及其政策是"宽松的货币政策",并且倾向于把短期和长期利率的同时下降归功于自己——甚至,人们也赞同这一点。就联储使用的传统工具而言,我们很难接受这一观点,并且如我们将要谈及的,联储使用的新工具——控制准备金要求以及证券投资的保证金要求——完全被当做紧缩手段。至于公开市场操作未能降低联储持有的证券,其实是一种自我约束的行为,这一行为允许黄金流入以充分影响高能货币。但是,没有理由认为黄金流入应该支撑高能货币月复一月的适度增长。而且,联储官方尽管反复在联邦公开市场委员会的会议上表达对黄金流动通货膨胀效应的担忧,但却倾向于将产生抵消影响的公开市场操作留给财政部,自己则使用改变准备金要求的新工具。

至于贴现政策,联储错误地倾向于将重点放在强调贴现率的绝对水平上,而不是强调贴现率与市场利率的相对水平。此前和之后它又多次犯过这样的错误。20 世纪 30 年代的贴现率和以前时期的贴现率相比较低,但是,如我们看到的,相比市场利率,贴现率比从前要高出许多。用相关性标准衡量,贴现政策过于紧缩,而非宽松。联储认为银行不使用贴现是其超额准备金大量积聚因而缺乏调整需求的反映。这一观点毫无疑问在一定程度上是正确的,但也可以从其他方面加以理解。由于贴现率相对于市场利率非常高,即使是满足流动性的暂时需要,贴现也是一种昂贵的方式。因此,银行依靠其他流动性来源,包括积聚超过正常水平的准备金。[11]

515 考虑到黄金大量流入,采用相对紧缩的贴现政策可能在该时期的大多数时间是正确的。除了 1937 年,这一时期的货币存量都是稳步上涨的,直至 1937 年财政部实施对冲黄金政策,同时准备金要求也加倍,货币存量的上涨才中断。而且,正如我们所看到的,货币存量的增长率较高。这绝不是说应该有更高的增长率,即使应该如此,鉴于商业银行的态度,通过公开市场购买向它们提供更多的准备金也可能是比鼓励贴现更好的选择。因此我们的观点绝不是说贴现政策是一个错误,仅仅是说这一政策不应被视为促进了货币政策的"宽松"。

至少直到1914年,不管是什么原因造成了利率水平偏低并且呈下降趋势,联储政策显然不是其中的原因之一。正如我们所看到的,联储相对于市场利率过高的贴现率,以及准备金要求的提高可能促使银行求助于短期票据而非贴现作为次级准备金来源,因此在整个20世纪30年代,短期利率相对于长期利率而言都过低。但是长期利率的低位运行以及下降的趋势显然是其他原因导致的。我们已经表达过这样的观点,即认为最重要的因素可能是私人资本形成资金需求降低,以及欧洲资本进入导致美国资金供给增加。除此之外,对未来短期利率水平预期的逐渐下调的修正毫无疑问有助于缩小20世纪30年代中期之后短期和长期利率水平的差距。

联储政策发生根本性变化的另一个证明是,联邦储备信贷余额的季节变动缺乏明显的规律性(见图42)。正如我们所看到的,20世纪20年代联邦储备信贷的季节性变动——和在财政部以及联储银行之外流通货币季节性变动的幅度和模式大致相同——很大程度上使得成员银行在联储银行的存款免受通货需求的季节性变化影响(见图26)。20世纪30年代,通货的季节变化和从前大致一样,联储银行的国库存款至少是先前数量的10倍,并经历了大规模的季节变化。但是30年代联储信贷的季节性变动幅度几乎可以忽略不计,并且对上述因素几乎没有抵消作用。因此,成员银行在联储银行的存款经历了大幅度的季节性波动。

《1934年证券交易法》和《1935年银行法》赋予联储两项永久权力:证券交易保证金要求的控制权,以及提高或降低成员银行的准备金要求的权力,联储可使准备金要求在1933年之前的法定水平和两倍于这一水平的区间里变动。[12] 两项权力仅归联邦储备委员会所有。图41显示了其对该权力的使用。该项权力一被授予,保证金要求立刻生效,并在1936年年初大幅提高,此时委员会正日益关注潜在的通货膨胀,之后在1937年年末萧条时期保证金要求又有一定程度的下降。该项权力的授予和使用都源自20世纪20年代末委员会的经历,当时的委员会和其他许多机构一样,都在关注股票市场的牛市并对制止投机感到力不从心。在我们看来,这些要求的施加及其变动对货币运动的影响微乎其微,在我们的研究中可以忽略。但改变准备金要求的权力则不同。这是一种极其有力的控制,并且现在看来联储使用这一项的方式十分剧烈,即在9个月的时间里允许分三步使准备金翻番,达到最高水平。联储因此弃用了原有的工具——公开市场操作和再贴现——为实现早期目标积极地启用了新工具。然而,即使使用如此猛烈的新工具也不能推翻这一观点,即联储基本采取了消极

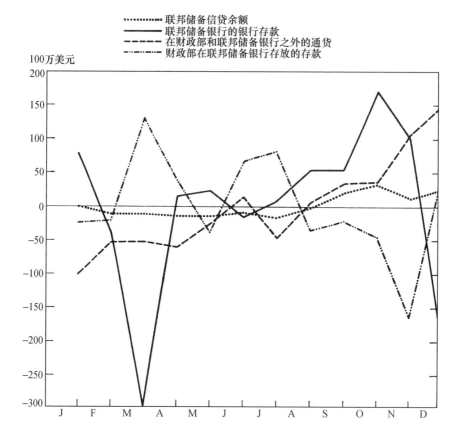

图 42　1933—1941 年受联邦储备政策影响的季节性模式

注：由于 1933 年之后没有观测到显著的季节性变化，因此没有标示国库现金。

资料来源：联储信贷余额、联储银行的银行存款，和图 26 的来源相同；通货，和图 26 的来源相同，使用了从 1934—1941 年数据计算的季节指数；联储银行的银行存款，和图 26 的来源相同，使用了原始数据以及表 A-3 中经季节性调整的数据计算的财政部在 1934—1943 年的季节指数。

政策。准备金上调的首要目标不是影响当时的环境，而是使联储能够控制其所担心的由于大量超额准备金引发的未来的局势动荡。

联储忽视货币因素的季节性变动和其他短期变动，保持其持有的政府债券，僵化贴现率，翻番准备金要求，均源于成员银行超额准备金的大幅增长以及联储对于超额准备金意义的理解。

在 1933 年银行业危机之后以及美元贬值之前，超额准备金最初积累到了 8 亿美元。回想起来，这种最初的积累是深受欢迎的，因为人们认为早年的经历改变了商业银行的态度,即同一笔准备金在 1929 年之前可能是扩张性的,在 1934 年却可能是紧缩性的。[13]然而,当超额准备金数量累积之巨大,使任何先前的数量水平都难以匹敌时,人们的看法就发生了改变。一份 1935 年 12 月 13 日由纽约联邦储备银行准备的内部备忘录指出:"超额准备金的数量如此巨大,当达到某一点时,其未来的进一步增长可能不会再有建设性的作用了。"[14]超额准备金是闲置的资金,几乎没有经济功能,而且仅仅反映了贷款需求或投资机会的缺乏,这一观点逐渐被接受并几乎被所有人视为是理所当然的——尽管偶尔也会有人为此稍微进行一下争辩。

如果这种观点成立,那么试图抵消季节和其他短期变动似乎是无意义的。如我们即将看到的,超额准备金能够并且确实在很大程度上缓和了那些变动的影响。相似地,贴现率的变化也不会影响信贷环境。如果商业银行是被动的,愿意提供贷款或购买债券,并且仅仅是由于缺乏需求而无法开展这些业务,那么即使令商业银行以更为低廉或昂贵的价格获取更多的准备金,它们也无法获得业务。

这一说法也解释了 1933 年 11 月后联储不再大量购买政府债券的现象。既然超额准备金因黄金的流入迅速扩张,又无法对当前的经济运行发挥作用,那为什么还要增加其数量呢?这一说法无法解释为什么联储保持其持有的债券数量不变。当然,1935 年中期以后,人们认为黄金流入导致超额准备金过快膨胀并且增加了未来通货膨胀的风险。显然,对策应当是卖出政府债券从而抵消黄金流入的影响。最初,联储没有采用这一措施,因为其不想在经济极度萧条时采取可能被解读为紧缩的措施,当时还存在反复出现的采取法律行动的威胁,该法律行动被联储中的许多官员视为"绿钞主义",联储自认为处于政府和国会之间一种微妙的境地,财政部拥有稳定基金,可以抵消联储可能采取的任何行动的影响。之后,这些顾虑又由于对收入的关注进一步加强。随着超额准备金的增加,卖出债券会使准备金降至合适的水平,同时也会使联储银行的收入减少到可以忽略不计的水平。据称 Harrison 主席曾在 1935 年 9 月告诉他的董事们"他意识到中央银行不能将收入问题放在首位,但是……他也意识到他们必须拥有一些资金以维持运转"。[15]

结果就是联储陷入了严格保持其持有的政府债券不变的政策之中。联储不想购买债券,又觉得不应该卖出债券。在纽约联邦储备银行董事会以及联邦公开市场委员会的会议上,与会者屡次强调需要通过卖出部分债券或使部分债券退出市场来实现联储债券组合的灵活性,并且这一观点也被在场的几乎每一个人认同。联储感觉自身被严重束缚,并且急切地想获得自由。然而前文提及的种种顾虑屡次阻碍了它的行动。并且,维持持有债券总量不变的时间越长,阻碍债券出售的力量当然也就越强,因为不变的债券组合成为公开的象征,如果发生改变就可能被理解为政策发生重要变化的信号。必须强调的是,周复一周地保持债券总量恒定不是一件轻松的工作,因为债券到期时必须进行置换。我们已经描述了联储的政策是消极的——如果以持有的债券总量来衡量确实如此——但是维持总量不变也需要不懈的努力及丰富的经验。

债券总量不变的同时,债券到期日的分布是不断变化的。债券组合的合理结构引起了广泛关注,并且操作者一直尝试改变组合的结构去培育政府债券的"有序市场"。考虑到政府债券的地位日益重要、大量的联邦赤字需要融资以及财政部对债券市场关注的不断增加,这一目标逐渐成为联储的首选。从 1935 年早期开始,这个问题得到了广泛的关注。联储一致赞成不能使用钉住政府债券价格的方法"操纵"市场,并几乎一致赞成应该保持一个有序市场。但是当考虑如何区分两者,如何防止由其中一种情况退化为另一种情况时,问题随之产生了。维持有序市场的交易当然主要是在纽约进行,因此纽约联邦储备银行必须考虑上述问题并且对其进行完整、明确的表述。Harrison 将纽约联邦储备银行的运营原则描述为"我们在市场中的竞标操作一定不能引起陷阱和混乱",该操作与"设置下限"或钉住制完全不同。[16] 如我们将在第 10 章看到的,一旦美国参战,政策将迅速由保持有序市场转变为钉住政府债券价格。

1936—1937 年准备金要求的提高显然来自纽约联邦储备银行的建议。从 1934 年早期开始,银行全体职员准备了一系列内部备忘录,其中一些也传到了联邦公开市场委员会。备忘录中银行研究了超额准备金的问题,强调了其存在的潜在危险,并考虑了控制超额准备金的可选方案。在一份关键的备忘录中(1935 年 12 月 13 日,我们已经引用过),纽约联邦储备银行认为,由于超额准备金的巨大规模,公开市场操作将成为无效的手段,而由于借款的缺乏,贴现率政策也将无效。因此,改变准备金要求是合理的措施,不连续的政策工具无法充分适应连续的短期调整,但固定超额准备金却是合理的手段,并且由此还可以创造一个能够灵活进行公开市场操作的环境。而且,有人认为超额准备金的积聚本身就是不连续的手段——美元贬值的后果。备忘录中写道,"难道我们没有认识到,作为超额准备金大量积累能够实现的必要条件,对准备金要求进行基本的再调整需要伴随美元的贬值",或者如同 Harrison 向他的董事们指出的,"现存的超额准备金的大部分是政府操作的结果,在控制权回到中央银行手中之前有必要修正政府行为"。[17]。

在1935年12月的备忘录中,作者认识到提高准备金要求以及过快采取该行动的可能危害。他认为应该"等到产出回到正常水平,或至少等到恢复正常的趋势明朗时"再采取行动。货币政策的操作者通常都不够谨慎。在1935年12月31日和董事们的一个会议上,Harrison指出如果他是个独裁者,他将立即把准备金要求上调25个百分点;一周之后,他又提出将分两步将原有准备金要求提高50个百分点。[18]联邦公开市场委员会在1935年10月22—24日的一次会议上通过了一项决议,极力主张优先选择提高准备金要求的方式减少超额准备金数量。决议中还写道:"提高准备金要求难免也有风险。这种控制方法是新的且未曾尝试过的,而且可能最终对此次银行信贷的进一步积极扩张产生过度紧缩的影响。"决议包括了一项建议,即委员会应该研究超额准备金的分布情况以及提高准备金要求的影响。[19]

两个月后,1935年12月17—18日,联邦公开市场委员会的会议上,上述专业备忘录被作为背景文件之一,提高准备金要求一事再次受到广泛关注。大多数成员银行的行长(联邦公开市场委员会还没有根据《1935年银行法》重组,因此仍然由所有银行的执行总裁构成,他们的行长头衔保留到1936年3月1日)都赞成联储固定超额准备金,但在采取何种措施上没有达成一致。一些人希望出售债券,另一些人则极力敦促联储委员会提高准备金要求。结果是敦促委员会提高准备金要求的决议以7:5被否决。Harrison于是起草了修正的决议,明确表示,赞成公开市场出售的投票者,相对于不采取行动而言,还是同意提高准备金要求的。因此该决议以8:4得以通过。

圣路易斯银行行长William McChesney Martin在向联邦公开市场委员会的陈述中总结了反对者的观点。他说:"没错,联储拥有的30亿美元超额准备金产生了形势失控的可能,但我们不应该误将这种可能性夸大……目前的情况没有显示出立即出现失控的可能。现在采取的任何行动都会威胁到经济复苏……"[20]

详细的记录显示,除那份专业备忘录中提及的方法外,还有两个因素促使Harrison和其他行长赞成改变准备金要求而放弃公开市场操作。其一,上文已经提及,是收入的问题。其二,更微妙并且较模糊的是联邦储备银行和联邦储备委员会之间的持续冲突。委员会独自享有改变准备金要求的权力。Harrison希望做一个一次到位的调整然后不再反复。如果让准备金要求升至法定限度,委员会单独行使的主要货币权力将随着超额准备金而固定。公开市场操作(联邦储备银行和委员会共享这一权力)和贴现率(由联邦储备银行设立,委员会检查)将重新成为货币政策的持续工具。[21]

先不考虑采取何种手段,在时间上为什么选择那个时候固定准备金?用Martin的话说,为什么不等到上述可能性变为现实再采取措施呢?假设变动准备金要求的赞成者没有预期到准备金要求的提高会产生重大影响,因此将其视为没有危害,那么,为什么不等到提高准备金的需求更清晰呢?严格意义上有政治方面的一个原因,这一原因同时解释了专业备忘录的作者和Harrison之间在时机选择上的分歧。联储委员会当时正在按照《1935年银行法》重组联储。Harrison认为如果不在1935年年底执行计划,可能一整年都无法执行了——在他看来,等待的时间太久了。

执行提高准备金要求计划的技术原因在1935年12月的备忘录中公开。"在此时(当继续增加超额准备金没有进一步的建设性影响时)超额准备金可能蕴藏了危机……(1)可能造成银行投资政府债券的失衡……(2)银行可能以之后无法维持的价格获得政府债券和其他债券……(3)由于货币如此随意可得,州、市及国家政府,以及其他借款者,可能受诱导而过度借贷……(4)许多市民怀有普遍的害怕心理,认为当时超额准备金的数额迟早会造成通货膨胀,如果不在其积累到一定程度之前加以处置,可能会无法控制……(5)存在如此不同寻常的大量超额准备金的事实,导致国外对投机环境的良好预期,加剧了黄金流入,而黄金流入正是我们问题的真正根源。"

在上述原因中,(1)—(3)三种技术原因及由缺乏合适的贷款和投资使得超额准备金成为闲置资金而累积的表面解释是不一致的。它们显然涉及超额准备金对银行资产以及对整个银行信贷扩张速度的影响。然而,它们并没有和实际上有些混淆的联储的解释不一致,后者也包括如上文所述般模糊抑或明确的认识,即将超额准备金视为完全没有影响的闲置资金是过于简单化了。上述理由正确反映了联储体系的当务之急是处理货币政策的"信贷"效应而非货币存量效应。根据Harrison的文件记载,在1930—1940年间纽约委员会会议的所有讨论中,我们发现只有一次明确讨论到和货币政策有关的货币数量和流通速度——由1934年11月任命的联储委员会主席Mariner Eccles提出,Black已在8月辞职。[22]一般情况下,由于和法定准备金有关而且是商业银行信贷变化的反映,活期存款数量的变动有时会被提及;流通中货币的变化由于对银行准备金有影响并且是联储信贷需求的来源,也被纳入考虑范围。而联储从未系统地或不系统地考虑过将总的货币存量视为联储过去或现在应该控制的指标,也没有考虑过将存量的变化视为衡量联储影响力的因素。联储的作用被视为专属于货币市场,例如贷款和投资市场。

技术原因(5)是其中最奇怪的一个,因为它恰好和1931—1933年高潮时期反复表达的观点相反。1931—1933年的观点是担心美国国内通货膨胀导致国外投资者撤出黄金;现在,则变成了担心导致黄金流入。一个能够前后一致的解释是:早期的国外账户余额主要由政府以固定美元形式持有,现在流入的资本主要来自私人部门并且已经或能够流向股权投资——但是我们没有证据说明这种解释是正确的或是令人信服的。更有可能的是,前后的不一致仅仅反映了联储体系人员构成的不同。人们很自然地将联储体系视为一个整体,认为它总是持有一致的或至少一脉相承的观点,这种看法大体上是正确的。这使得联储处于这样一种位置,即在众多成员机构中显得引人注目,而联储自己也在不知不觉中逐渐接受并最终形成这一形象。但这一解释其实并不完全正确。联储从1933年开始就发生了人事变动,而其理念也并不是深入人心的。

技术原因(4)是唯一公布的1936年8月以及1937年3月和5月提高准备金要求的理由。1937年年报中写道:"委员会的行为本质上是一种阻止未来信贷扩张失控的预防措施。"[23]委员会当时坚信这一举措不是对联储宽松货币政策的逆转。在采取这一措施之前联储进行了广泛的研究,从而确保超额准备金在区域和银行间广泛分布,因此绝大多数银行能够满足更高的准备金要求而不存在技术难题。而后联储否认——并且自从那时起一直否认——这一举措当时产生了重要的影响。[24]

当联邦公开市场委员会在1935年年底建议提高准备金要求,甚至在1936年8月第一次实施时,显然都无意施加紧缩的影响。到1937年1月,后两次提高准备金要求计划排定时,情况稍微有了一些不同。在1937年1月26日的联邦公开市场委员会的简报中,Goldenweiser(在继续担任委员会研究主管的同时被任命为联储的经济学家)说:"采取措施抑制投机进一步发展的最佳时机是这些现象发生的早期且形势仍在可控范围内时,目前的迹象表明这一时刻已经到来,当前的市场形势也有利于措施的执行,而且相对于长期利率,短期利率已经过度偏低并且某种程度上适度提高短期利率是合乎需要的,此时应该采取措施吸收超额准备金。"John H. Williams(1933—1952年担任纽约联邦储备银行的经济顾问,1936—1947年担任副总裁,1937年担任联邦公开市场委员会的助理经济学家)在谈及商业和经济环境时说:"在某些方面即将偏离正常状态。"他与Goldenweiser都赞成进一步提高准备金要求。[25]在1937年1月纽约联邦储银行委员会的讨论中，Harrison 阐明了他的观点，即提高准备金要求将会产生紧缩作用，而他本人也认为紧缩是必要的。大多数董事表示同意。[26]

1937 年早期需要紧缩货币是完全可以理解的。经济扩张持续了四年的非常规发展，之后的两年较为平稳；从 1933 年 3 月开始批发物价大约上升了 50%；1935 年到 1936 年年底股票市场价格大约翻了一番。Harrison 和联储的其他成员强烈感到，过去联储总是反应滞后；按照其对利率绝对水平的标准，货币市场是异常宽松的。如我们将看到的，导致联储决策失误的是，联储没有估计到 1936 年 8 月提高准备金要求的迟滞影响，并且过于积极地使用了这一无法进行灵敏控制的工具；接着又没有迅速认识到措施已经无效因而需要相反的政策。这些失误在相当大的程度上是对超额准备金的意义及其影响的错误解释导致的。

尽管 1937 年早期采取紧缩措施的迫切愿望是可以理解的，但是对专业备忘录中的争论，以及委员会明确表达的理由是难以理解的：仅仅将减少超额准备金作为"阻止未来失控的信贷扩张的预防措施"是不可取的。即使委员会认为这一措施不会产生即期影响的观点是正确的，那么如果不需要即期的影响，为什么不等到过度的信贷扩张开始时再采取准备金措施呢？是什么使这种未来的扩张"失控"？委员会唯一的理由是超额准备金多于联储持有的所有政府债券，提高准备金要求将使超额准备金减少到证券总量水平之下。即使这种比较是相关的，推迟准备金要求的提高也会有相同的影响。Harrison 早前关于重组委员会将导致迟滞的主张（见上文）对于提前行动显然是一个站得住脚的理由。但是到委员会采取措施的时候，重组已经完成，因此这一理由就没有任何意义了。

综上所述，我们的结论是提高准备金要求确实有重要的即期影响。比较提高准备金要求的时间和货币存量改变的时间从细节上证明了这一结论。第一次提高准备金要求的决定在 1936 年 7 月宣布，8 月生效。在接下来的 5 个月中，从 1936 年 7 月底到 12 月底，由于银行试图恢复其超额准备金头寸，银行的存款-准备金比率急剧下降。尽管高能货币在这 5 个月的增长远远高于之前的 7 个月，但货币存量的增长幅度还不到之前的一半。[27] 月度对比的数据更加明显。它们显示，货币存量在 1936 年 4—6 月高速增长，之后增长率显著下降。1937 年 1 月 30 日联储宣布第二次提高准备金要求，并分两步产生效力，分别是 3 月 1 日和 5 月 1 日。与此同时，财政部通过对冲黄金政策持有的高能货币量大致恒定。货币存量在 3 月达到绝对顶峰后除短暂的几次中断外一直下降到当年年底。经济周期扩张在 1937 年 5 月达到顶峰。[28] 3 月和 5 月准备金要求的提高也伴随了市场收益率的总体提高。短期国库券、长期政府债券以及许多私人债券的价格急剧下跌,联储不得不进行少量的公开市场购买以抵消上述影响。

上述少量的公开市场操作是在一系列广泛的讨论之后实施的,这些讨论反映了联储内部的意见分歧,也在一定程度上反映了对财政部压力的回应。在 3 月准备金要求提高之后,伴随着市场异动,委员会召开了一次会议,讨论是取消 5 月提高准备金要求的计划,还是通过公开市场购买抵消准备金要求提高的影响。Harrison 和大部分联邦储备银行总裁反对采取任何措施。他们认为联储的政策是减少超额准备金,债券市场的恐慌不构成政策改变的充分理由。在他们看来,最应该做的是促进一个有序市场的发展,而不是钉住市场或阻止政府债券价格的下降,政府债券市场总体上是令人满意的。主席 Eccles 几乎是联邦公开市场委员会成员中唯一持相反观点的人。他赞成大规模购买债券或取消最后的准备金要求提高计划。如 Williams 在一份备忘录中总结的,他的立场是"通过相对笨拙的工具提高准备金要求,使得超额准备金大量减少,然后通过富有弹性和可调整的公开市场操作工具部分地影响准备金的增长,从而促进有序的交易过程,这并不矛盾"。当然,这是联储后来逐渐采用的技巧。当时最终的妥协结果中包括了购买适量的政府债券,但所有人都不满意。大多数人之所以同意这一方案,不仅是对 Eccles 的服从,也是因为财政部部长 Morgenthau 的强硬观点,他将债券市场的波折完全归咎于准备金要求的提高。[29]

尽管本轮经济周期扩张的顶峰是 1937 年 5 月,尽管接下来的紧缩是有记载的最严重的一次,但显然直到 8 月或 9 月,联储的专业人员才开始密切关注当时的商业状况并开始指出扩张政策的可取之处。在 1937 年 9 月 11 日联邦公开市场委员会的一次会议上,Goldenweiser 报告称,仅仅是"有可能这种不确定的状况……会导致商业活动减少以及未知程度的萧条"。Williams 在报告中写到他正在改变想法:"可能会产生萧条。"基于这些报告,公开市场委员会决定请财政部反向对冲 2 亿或 3 亿美元黄金,并指导执行委员会购买债券以满足季节性需要。[30] 正如我们所看到的,联储在 1937 年 11 月购买了 3800 万美元债券,之后直到 1939 年年中都没有再采取措施进一步改变债券总量。

直到 1938 年 4 月,也就是在 1938 年 6 月经济周期谷底的两个月前,准备金要求才降低。新的准备金要求水平仅仅消除了早先提高准备金要求导致的综合影响的 1/4。尽管 Harrison 反对,委员会还是采取了这一行动。准备金要求一直维持这一新水平到1941年1月1日。[31]

尽管准备金要求的变化、货币市场的波动以及随后的经济紧缩在时间上有紧密联系，但Harrison和其他提高准备金要求的主要赞成者坚持认为它们彼此之间没有联系。他们认为联储之外持与其相反主张的经济学家仅仅是孤陋寡闻，仍然反对采取扩张的货币政策抗击紧缩。在1937年9月11日的联邦公开市场委员会会议上，Harrison"感到当时可能应该采取的是非货币性措施，因为经济的不利发展在本质上是非货币性的"。他在12月向其他董事指出"大多数联储的行政官员认为，不管萧条的原因是货币性的还是非货币性的，货币政策都无法缓解当前的经济困境，但是行政当局的调控措施更可能促进经济环境的好转"[32]。

具有讽刺意味的是，此时Harrison反对公开市场购买的论据和他1930年极力主张公开市场购买的论据几乎是完全相同的。他现在赞成的观点恰恰是他当时极力反对的观点。当然，差别在于他当时处于攻势，不存在与之前观点的冲突，而现在他处于守势。当超额准备金以他之前采用的标准衡量显得数额巨大时，如果他赞成超额准备金的增加，就意味着颠覆了他曾经信奉多年的观点。他的处境在许多方面都和1930年其反对者的处境一致。他的经历很好地解释了——在实际事务、政治、产业、科学或艺术方面——无论一个人如何有能力且公正无私，如果处于Harrison如此不寻常的境地，要想改变一个长期坚持的立场是多么困难。

从经济学的角度，1937—1938年与1920—1921年有惊人的相似。在这两个时期，随着货币存量的快速增长，联储使用未经检验的工具采取了激进的政策，结果导致货币存量增长率的显著停滞，随后很快导致了货币存量的绝对下降。在这两个时期，联储的政策都伴随了经济增长的短暂停止，随之而来的是非常剧烈但短暂的下降。在这两个时期，开始时联储在认识紧缩上都存在时滞，并且即使其已经认识到紧缩，有时也因受到限制而没有进行反向政策操作。在这两个时期，都是在经济周期谷底开始的两个月前联储才实行有效的扩张政策，每一次都使用与最初的紧缩政策相同的工具——1921年是降低贴现率，1938年是降低准备金要求。在这两个时期，联储都被强烈指责导致或纵容了紧缩效应，而联储都坚信货币政策和紧缩的时间关系纯粹是巧合，问题在于非货币因素。

两个时期的对比在图43中显示出来，其中列示了货币存量的收缩、存量逐

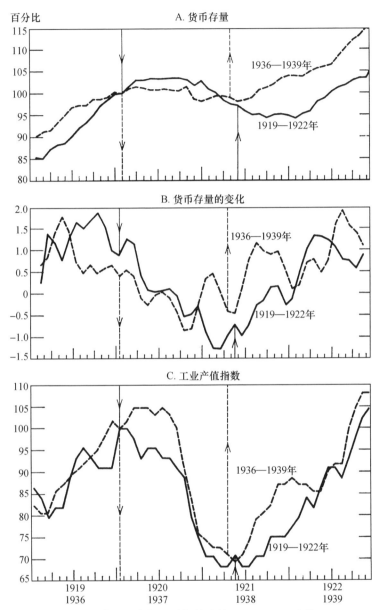

图43 联邦储备体系历史上两个相似时期的比较:1919—1922年和1936—1939年的货币存量、货币存量的变化以及工业产值及其叠加的图形

注:图A和图C中,月度数据以基准月份的百分比来表示,1920年1月或1937年1月为基准月份——标志着联储压力的开始。

图B中,货币存量的逐月变化以1920年1月或1937年1月的货币存量的百分比表示,百分数使用三期加权移动平均法进行平均(权重分别为1、2、1)。

标示向下箭头的垂直线表示联储压力开始的各时期的月份;标示向上箭头的垂直线表示联储开始采取宽松政策的月份。

资料来源:货币存量,表A-1第8列;工业产值指数,与图16的来源相同。

月的变化以及工业生产指数。1920年联储实行激进的紧缩政策的月份显然是1月,此时贴现率急剧上升。对应的1937年的情况则不那么明显。我们认为与1920年对应的是1937年1月,即下一次准备金要求提高的消息宣布时,而不是3月或5月当政策产生效力时。之所以选择1937年1月是因为消息的宣布促使银行为下一次的准备金要求上调而做准备,即使没有要求立刻执行,就像1920年1月贴现率的上调促使银行减少贴现,也没有要求立刻执行一样。因此,我们将1920年1月的紧缩和1937年1月的紧缩中的货币存量和工业产量表示为100,在绘制序列时把这两个月叠加在一起。逐月的变化率表示为用1920年1月或1937年1月作为基数月的货币存量的百分比,并用三期移动平均进行平滑(权重分别为1、2、1)。向下的箭头标记了实行激进的紧缩政策的月份,向上的箭头标记了实行反向操作货币政策的月份。

每对曲线之间都有惊人的相似之处。主要的区别在于1919年货币存量增长的速度快于1936年,凭借这种势头前者远远超过了100,之后的下降幅度更大,持续的时间更长。这一差异没有反映在工业产量指数上,而是反映在批发物价上,批发物价在1919年的上涨快于1936年,1920年后的下跌幅度(45%)大于1937年后的幅度(15%)。在后一次紧缩中,货币存量变化率最初的下降反映了1936年8月准备金要求的上调。

1936—1937年也是一个值得反思的实例,即货币工具的技术缺陷是如何加剧由错误分析导致的政策失误,并如何独立发挥作用的。[33]如果联储没有变动准备金要求的权力,它就会采用公开市场操作减少相同数量的超额准备金。假设对于超额准备金的分析不变,联储最初采用公开市场操作从而导致相同程度的通货紧缩影响,关键的缺陷在分析上而不在于贯彻分析结果的某一特定工具。然而,就算是对量值的粗略计算也反映出这种推测是错误的,即使我们完全不理会联储几乎完全弃用作为货币政策主要工具之一的公开市场操作。准备金要求的第一次上调于1936年8月生效,减少了大约15亿美元的超额准备金,第二次和第三次上调分别于1937年3月和5月生效,又减少了大约15亿美元的超额准备金。根据联储的分析,准备金不仅在法定意义上超标了,而且在经济意义上也超标了,而要通过公开市场操作达到相同的效果,就需要在相应的日期卖出相同数量的债券。相对于当时的其他指标,这一数量异常巨大。分三步减少的30亿美元的超额准备金总计超过了联储持有的政府债券总额的1/5,累计达到高能货币总额的近1/4。即使联储的投资组合中有足够的政府债券,也难以想象联储在几周之内就卖出了 15 亿美元的债券,并在时隔仅仅 7 个月之后在 2 个月内又再次卖出 15 亿美元的债券。即使联储如此行事,它也未必认识到了整个操作的本质。即便结果日趋明显,一旦宣布调整准备金要求,整个进程也还是很容易被颠覆。因此,使用的这项政策工具不仅实施了有缺陷的货币政策,而且也在实质上影响了最终效果。

我们已经解释了联储在 20 世纪 30 年代的消极状态以及由其对超额准备金的解释引发的一个明显的例外情况。但是,很大程度上,这是一个表面上的解释。为什么联储愿意采用这一解释或者让这一解释去谴责其不作为?例如,为什么联储多次请财政部采取措施而这些措施联储同样也可以实行?

首先,消极状态部分反映了人的本性,尤其是政府机构倾向于以权力有限为借口逃避责任。早前联储所抱有的极大希望的破灭使得当时它的这种倾向尤其强烈。认为传统的货币政策工具对 1929—1933 年的萧条无能为力的思想——主要是为自己的失败寻找理由——很大程度上造成了它在 30 年代后期对货币政策的忽视。

其次,联储中权力集中的变化以及当权者的变化对联储在萧条中的表现起了非常重要的作用(见第 7 章),也助长了消极的政策。1930 年,当其他联邦储备银行和委员会成功限制了纽约联邦储备银行采取行动的自由时,纽约联邦储备银行在联储中的主导地位就被削弱了。罗斯福新政标志着权力由纽约联邦储备银行转向华盛顿,而不是转向其他联邦储备银行。委员会支配性的地位通过《1935 年银行法》被正式化,之后这种权力的转移再也没有受到阻碍。

权力从处于活跃金融中心的金融机构向处于活跃政治中心的政治机构的转移助长了政策的变化,从每天连续地关注市场活动,连续地参与市场活动,在经济活动中扮演活跃的交易商和参与者,转变为不连续地宣布或执行立法或条例,从事政治活动。这一变化以 1929 年关于如何处置投机行为的意见分歧为前兆。纽约赞成采用客观的货币约束的定量技术直接影响市场中操作者的利益;华盛顿赞成在对每个借款个案检查时采取劝诫或管理的手段,间接影响市场中的操作者。在委员会接管之后,差异更微妙地反映在能影响持有量的连续和逐日的公开市场操作的实质性缺位上,反映在对诸如变动准备金要求等非连续政策工具的依赖上,尤其是对公开公告的依赖上。

最后,上述因素的影响由于对经济问题的学术和政治意见氛围的变化而加强。在具体经济活动中接受政府干预进一步得到了认同,从而助长了对如下政策的依赖,如保证金要求、银行监管以及债券发行控制。在我们看来,更重要的是,重心从货币政策转向了财政政策。人们广泛认为,20世纪20年代和30年代早期,货币政策表现出明显的不同。"货币无关紧要"的观点甚嚣尘上,对货币机构和政策安排的学术研究与分析可能在整体的经济学研究中跌入了空前的低谷。重心转向了财政政策,通过政府支出和税收影响经济活动。赤字支出、刺激经济的政府投资以及公共建设工程——而非中央银行政策——被广泛地视为有助于实现经济复苏。财政部成为货币政策的活跃中心也就不足为奇了。[34]

经济理论中的凯恩斯革命(Keynesian revolution)昭示并助长了这一趋势。但是在1937年之前甚至更晚一些时候,这一革命在我们上文描述的货币发展过程中几乎没有起作用。其后凯恩斯理论的促进低息资金政策被采用,导致了这样一种观点,即联储1937年以前就一直积极采取低息资金政策。我们已经看到事实并非如此。凯恩斯方法使强调的重点从货币政策的"货币"影响(即对货币存量的影响)转向"信贷"影响(即对利率的影响)。正如我们所看到的,联储一直强调利率和信贷的作用,而非货币影响。然而,1937年之后联储发生了转变,即从通过改变成员银行的准备金试图间接影响信贷环境,转向试图通过改变债券组合的构成在政府债券市场上进行买卖直接影响信贷环境。[35]

Marriner Eccles 从1934年11月到1948年4月担任联邦储备委员会主席(1936年以前任联储委员会理事),并且直到1951年7月都是委员会成员,在其论文中集中生动地描述了其部分观点。他强调:(1)《1935年银行法》及其在将正式权力集中到委员会方面的重要作用——他认为自己引导国会通过该法案也许是他最主要的成就,并且其重要性可与建立联储体系相提并论;(2)成功协调了不同的监管部门对银行的检查,并采用了可以产生反周期影响的检查政策;(3)为实现经济复苏实行财政赤字的重要性。他强调自己对财政赤字的支持早于他了解凯恩斯的著作,他的政策立场基本没有借鉴凯恩斯的理论。他将1937—1938年的萧条几乎全部归因于政府收支差额的变化,而且认为准备金要求和货币存量的变化基本与萧条无关。[36]

9.5 存款-准备金比率的变动

我们在上文已经提到存款-准备金比率的短期变动与长期变动的原因不同。短期变动主要是对高能货币和存款短期不规则变动的临时性适应,反映了与银行所能接受的预期存款-准备金比率的偏差,这或是因为银行认为不规则变动短期内会反转,或是因为银行需要时间来适应意外的变动。存款-准备金比率变动和高能货币变动之间的反向关系是调整过程的基本特征。长期变动则反映了存款-准备金比率有效地调整到适合银行的水平,该水平与银行借款、贷款和维持流动性的利率水平一致。相应地,银行对流动性的估值取决于它们对自身在需要时能从联储或别的银行筹集现金能力的信心。当预期的存款-准备金比率有所改变时,银行并不能立刻进行有效的调整,这种调整是按其合适的速度进行的,就像一个人对资产组合模式的偏好突然改变时,也需要一定的时间去调整其投资组合一样。我们在考察期内观察到的存款-准备金比率与高能货币两者的长期变动之间的反向关系是一种巧合,而非调整过程中的本质特征。20世纪20年代和40年代,两者之间出现的正向关系证明了这一点。

有两点短期的不规则变动需要引起我们的注意:(1) 1934年1—3月存款-准备金比率大幅下降,3—7月进一步温和下降,7—10月上升;(2) 1936年年初的不规则变动。

1934年年初的显著下跌与同期发生的高能货币上升一样在我们的数据序列中是前所未有的。自1907年能够搜集到月度数据以来,没有任何两个月之间发生过如此大幅度的下跌。这段下跌似乎十分清晰地表明了2月和3月间黄金的大量进口;随后的变动则反映了银行体系对此采取的逐步调整并回复到合适的水平。黄金的进口对存款-准备金比率有两个直接影响:首先,当黄金存入进口方的银行账户时,增加了银行的存款;其次,当接收银行将其所收到的财政部要求用以支付黄金的财政部支票存入联邦储备银行时,增加了准备金。因此黄金进口的数量效应就体现在存款-准备金比率的分子和分母的绝对数有相同的增长。由于该比率大于1,分子的增加幅度小于分母的增加幅度而使比率趋向于减小。准备金的增加促进了银行的扩张,但这需要时间,时间长短则取决于变动规模的大小、意外程度以及时间和地理上的集中度。

在我们所提到的1934年的例子中,波动的幅度前所未有,并且在发生时间和地点上都相当集中,其中大部分发生在纽约市,时间是从1月31日至3月14日的六周。在这六周内,正如我们所看到的,主要受黄金储备、财政部所持现金和在储备银行存款波动影响的高能货币增加了8.55亿美元,成员银行在储备银行的存款增加了8亿美元,增幅为30%。[37]我们可以获得公众持有的存款的周数据,以及纽约市内银行与外地那些每周报告成员银行的细目分类。在这六周内,所有每周报告的联储成员银行的存款增加了7.2亿美元,而它们的活期存款净额为6.5亿美元。纽约的银行占了所有储备银行存款增长额和所有公布周数据成员银行活期存款净增加额的大约60%,尽管它们最初在活期存款净额中只占46%,在联储银行的存款中只占近40%。在这六周内,纽约市内所有发布周报告的联储成员银行的存款增加了56%,并且是发生在一年中存款和准备金趋于季节性下降的时期里。几乎可以肯定的是,存款-准备金比率首先受到了影响,银行需要时间去适应准备金的增长。

在这种解释中,存款-准备金比率在1934年3月至7月期间缓慢降低,随后在10月上升,这主要反映了银行面对准备金增加做出的调整;同时,也反映出高能货币一直到7月份的持续增长和至10月前的大致稳定。这意味着调整期大约为7个月,而这看起来并不是没有道理的。存款-准备金比率在10月末的水平远低于1月份的水平。然而,如果我们的解释是正确的,那么区别之处不在于对黄金流入的被动应对,如1—3月的下跌,而在于1933年的持续降低趋势,反映了存款-准备金比率调整到银行所需水平的过程。

通过假设黄金储备增量更加均匀,我们可以得到高能货币剧烈变动对存款-准备金比率影响的大致表述。图44中的虚线就是以这种方式计算的结果:假设1934年1月至1935年3月间高能货币每月增长的绝对数量相等;高能货币实际量与这种假设量间的差额在存款和银行准备金中减去。虚线是上述两个假设结果的比率。可以看到,存款-准备金比率延续了1933年的趋势,并且自1934年10月之后与实际比率非常接近。在我们的解释中,这条虚线就是对银行试图达到的长期存款-准备金比率的估测。

第二次值得关注的存款-准备金比率的短期异常变动发生在1936年上半年。我们已经注意到高能货币的波动主要是由财政部在联邦储备银行存款的超常积累和波动引起的。如果采用类似于1934年的方法熨平波动,即用2月和7月实际值之间的直线插值来代替这期间高能货币的实际值,结果就是图44中的虚线。这种计算方式消除了3月份的剧烈下降,但并没有消除6月份的明显峰值。后者反映了大量通货进入流通,也反映了同期发生的存款-通货比率的下跌(见图38),与6月下旬总计8亿美元的调整过的公共事业债券赎回相关。[38]。

图44中存款-准备金比率更长期的变动可以很容易地用我们以前的分析来解释(第8章第1节)。1933年5月,在对银行业危机的迅速重新调整后,存

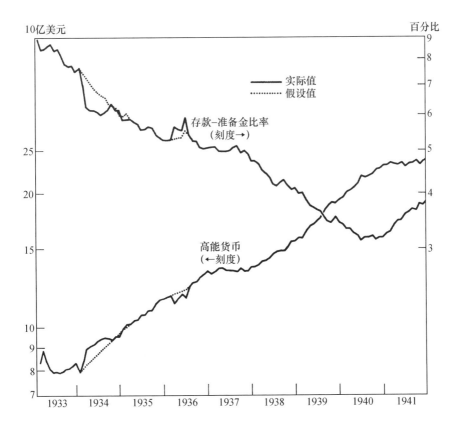

图44 存款-准备金比率,1933年3月—1941年12月,以及假定高能货币每年等值增长的假设比率,1934年1月—1935年3月及1936年2—6月
资料来源:实际值,见表B-3;假设值,见正文。

款-准备金比率开始下降。考虑到刚才谈到的短期波动,如果用图44中的虚线表示的假设值代替实际值,同时如果把注意力集中到整个1936年6月,则存款-准备金比率看起来在以一个稳定的速度下降,并且在1936年早期,存款-准备金比率达到一个相当稳定的水平。在官方于7月份第一次宣布提高存款准备金要求时,存款-准备金比率同时开始再次下降,但是速度非常温和。后来的准备金要求提高对这个比率没有产生直接的影响,比率一直稳定,直至1937年8月,其后以大致相当于1933年中后期的速度下降,直到1940年它又恢复稳定。

在我们看来,这种行为的原因可以解释为银行对准备金偏好的两次变化,以及偏好变化引起的对资产组合的调整。第一次变化的发生是由于1929—1933年的经历,银行调整期持续了大约三年,从1933年至1936年。第二次变化的发生是由于存款准备金要求的连续增加,严重萧条的出现强化了这一趋势,而萧条是早期残酷经历的暗示。银行适应这次准备金调整大约花了相同的时间,从1937年到1940年。[39]在两个过程中,银行的适应期都发生在利率不断下降的情况下,当时即使在稳定的偏好下也会使银行倾向于持有更多的准备金。1933—1936年银行偏好的转变是短期利率与长期利率比值显著下降的一个因素;因为银行需要用现金来代替短期证券形式的次级准备金,准备金的增加反过来又促使短期利率暂时上升。1937—1940年银行偏好的转变则导致了美国证券短期利率与长期利率比值的下降,1937年后期的下降比1933—1936年更剧烈。尽管如此,相对于市场利率的高贴现率,使银行不愿意(由1929—1933年的经验造成)为了流动性而向联邦储备银行借款,这导致它们转而依靠超过法定准备金的现金准备和短期债券。[40]

按照这种解释,银行第二次偏好转变应该发生在1936年年底或1937年年初。按照图44所示存款-准备金比率的本身变动,第二次偏好的转变很可能发生在1937年年底或1938年年中。如果是这样的话,它可以解释为对1937—1938年紧缩的反应,而与存款准备金要求的提高无关。从1936年年底到1937年8月的大致稳定可以解释为第一次偏好转变调整期的最后阶段。我们之所以否定这一解释,主要原因是它没考虑到财政部黄金对冲政策的影响,该政策保证了高能货币从1936年12月到1937年年底的大致稳定。

正如1934年早期高能货币异常迅速的增长暂时降低了存款-准备金比率,下降的调整期可能维持了大约7个月,而1937年的对冲政策肯定产生了相反的影响。

假设银行偏好未受准备金变化的影响,这种由于黄金对冲造成的已经维持三年多的高能货币上扬趋势突然中止,可能会使存款准备金要求出现一个暂时的高峰,并在稍后恢复到合适的水平。若与1934年要求的7个月调整期相同,这个暂时的高峰可能要到1938年的六七月份,即大概在高能货币重新开始上涨后的7个月后才会消失。而存款准备金要求并没有出现绝对的高峰,反而在1937年趋于平稳,如同持续到1938年中期的暂时性高峰和下降的长期期望水平叠加可能会产生的效果一样。此高峰和假设期望水平的最大差异出现在1937年8月,也就是当国库账户中"非交易黄金"的数额达到它的最大值时。

尽管我们将存款准备金要求从1937年到1940年的变动解释为银行对偏好变化(偏好的改变主要源于准备金要求的提高)所采取的适应性措施以及黄金对冲的影响,但我们并未排除1937—1938年萧条的作用,它极可能是银行偏好低水平的存款准备金要求的另一个因素。

正如我们讨论的,如果银行最初关心的是超额准备金,那么1938年4月准备金要求的降低应该能在一定程度上满足它们对流动性的要求。但是这次降低并未对记录的存款-准备金比率有显著的影响。这会诱导我们推断1938年7月前及9月以后的存款-准备金比率趋势,并将这种差距解释为存款准备金要求降低的滞后反应。但这是仅凭数据得出的结论,只有通过比目前更深刻细致的研究才能得出结论。

存款-准备金比率到1940年跌入谷底,此后一直上扬到1946年,尽管1943年年中之后的上升速度比1940—1943年要缓和得多。从1942年年初开始的上升,毫无疑问是由于当时联储官方支持国库券及其他政府债券的收益率(见第10章)。因为联储保证固定价格,政府债券等同于现金,并且能获得收益,所以没有任何理由为了流动性目的而持有超额准备金,因此超额准备金很快降到了一个比较稳定的较低水平上。

更有趣的问题是为什么存款-准备金比率在1940—1942年间上升。若1940年的水平达到了期望的流动性头寸,是什么导致了1940年后的上升呢?

一个因素无疑是高能货币走势的剧变。1941年年初,由于黄金进口大幅度下降,高能货币突然从快速增长转为大致不变。这就形成了另一个短期不规则变动,人们预计银行最初会消化这一变动,继而在相当长的滞后期后做出反应。然而,我们倾向于怀疑银行对变动所采取的措施是否能够解释存款-准备金比率的整体上升,因为这一解释意味着1941年全年没有任何调整,然而之前的证据则表明有7个月的滞后期。[41]

第二个因素可能是其他资产收益率的提高,这就使持有现金变得更加昂贵,导致银行在给定流动性偏好下选择持有较少的现金。然而,利率的表现与此观点相矛盾。私有债务,包括银行的商业贷款利率,从1940年到1942年年初基本保持平稳;长期政府债券的收益率稍有降低;利率唯一上升的是国库券,因此长期和短期政府债券的利差有所减少(见表22),但这种减少表明,短期利率的上升是流动性偏好降低的结果,而非沿着原流动性偏好曲线的变动。正如银行在早期更偏好于流动性,从而使利差扩大,反方向的变动则会缩小利差。

因此我们倾向于认为,1940年至1942年早期的存款-准备金比率的上升一定程度上反映了银行偏好与1933—1937年的相反变动。我们已经解释为什么这种变动是合理的。联邦存款保险公司的经验积累和没有严重银行业危机的7年时间可能能够使推动1929—1933年流动性的力量发生反向的变动。前一次不太严重的银行业危机之后是较为相似但更为缓和的存款-准备金比率的变动。

作为对存款-准备金比率曲线分析的一个副产品,这一解释估计了银行体系的反应时间,以及在自身限度下对利率的反应时间,特别是应对联储采取货币政策措施时的时滞分析。我们认为,银行需要花费大约7个月的时间来调整它们由于实际头寸的变化导致的实际的和合理的准备金头寸之间的非预期差额,需要大约3年的时间彻底调整由预期头寸变化引起的实际头寸改变。

第9章 周期性变动(1933—1941)

表22 特定资产的平均利率或收益，1940年6月—1942年3月

	4—6个月的最佳商业票据		90天的银行承兑汇票	19个城市的商业银行的商业贷款		40—50年的公司债的基本收益率	未到期的美国债券以上(含12年)12年以上的可赎回债券	3个月的国库券	(7)-(8)
	NBER (1)	FRB (2)	(3)	变动权数 (4)	恒定权数 (5)	(6)	(7)	(8)	(9)
1940年6月	0.81	0.56	0.44	2.59	1.9	2.68	2.39	0.071	2.319
1941年6月	0.69	0.56	0.44	2.55	2.1	2.65	1.91	0.089	1.821
1942年3月	0.69	0.63	0.44	2.48	2.0	2.65	2.00	0.212	1.788

(1) 和图35的来源相同。
(2—4,7—8) *Banking and Monetary Statistics*, pp. 451, 460, 464; *Federal Reserve Bulletin*, Aug. 1942, p. 825. 第4列的利率按照每一利率水平下发生的新贷款金额加权计算。
(5) *FRB*, Mar. 1949, p. 231. 4组贷款的利率按照1946年11月20日每组的贷款余额加权计算。
(6) 年度数据间的直线插值，*Historical Statistics*, 1949, p. 279。

9.6　1937年紧缩及随后复苏过程中货币性因素的角色

前文已经分析了能够解释1933—1941年间货币存量变动的因素。在我们结束本章之前,还需对货币存量变动带来的对经济行为的一些影响作进一步明确说明。这个问题引起了广泛的争议,特别是关于1937年的紧缩,因为在接近5月份周期顶峰时存款准备金在短期内迅速增加,很多评论家认为它部分或完全地导致了随后的紧缩。但联储则认为这些变动并未产生影响,因为它们仅仅吸收了超额准备金。并且,自20世纪30年代以来经济分析家们认为政府的财政措施比货币变动更为重要的观点,也使得学者们认为同期政府预算由赤字向盈余的转变比货币政策措施更重要。Kenneth Roose 在对那段时期的深入研究中总结道:

> 大致而言,某些相关的因素会降低因果联系……1937年1月政府对收入的净贡献已显著降低……
>
> 同时……联储在超额准备金上的操作使短期政府债券走弱,并因此形成了一系列反应,这些反应导致了资金成本的增加和证券市场的疲软,而商业预期对此又非常敏感,特别是在美国。未分配利润税的政策除影响商业预期外,也减少了许多公司甚至是大公司的现金头寸。资金供给的减少和其增加的成本使借款人更难借入资本。然而最重要的是,从1937年第一季度开始投资收益率在降低。这主要是由于成本的增加,其中主要是劳动力成本的上升……利润率迅速降低及由此形成的未来利润预期的显著下降,是解释衰退的发生及发生时间的重要原因。[42]

这种明智的、折中的表述片面强调了货币政策中的"信贷"方面而忽视了整个"货币"方面,这是我们之前提到过的学术界观点变化的先兆。John H. Williams 在为纽约联邦储备银行准备的一份备忘录草案中,在回答存款准备金的变动是否导致了1937—1938年的衰退的问题时,也有相同的表述。Williams 在本质上强调了与 Roose 相同的原因,不同的是,他认为联储在其中发挥了更小的作用,首先,在1937年6月之前,"银行存款或银行资产没有缩减";其次,"如果对存款准备金的操作在某种程度上导致了经济衰退,那也是由于其对利率的影响","相比于初期,1937财政年度末货币利率只有很小的改变,并且在整个年度……都维持在一个反常的低水平上"。[43]

货币政策对货币存量的影响强化了货币性变动的重要角色,即货币性变动是增强衰退程度和可能促成其提前发生的重要因素。正如我们所看到的,货币存量在1933年6月至1936年6月的连续三年内增长迅速——年增长率分别为9.5%、14%和13%。这种迅速增长的原因是黄金价格重估和资本向美国流入导致的黄金流入,而绝不是同期的经济扩张;经济增长能显著增加货币存量的唯一途径是银行减少其持有的准备金,而事实正好相反。货币存量的迅速增长无疑促进了同期的经济扩张。

存款准备金要求的提高和——同样重要的——财政部黄金对冲政策的联合冲击首先降低了货币存量的增长率并使其转而减少。从1936年6月到1937年6月,货币存量以每年4.2%的速度持续增长,而在随后的一年内下降为2.4%,货币存量的绝对值波峰出现在1937年3月;谷底出现在1938年5月,尽管1937年12月也差不多低到这个程度。[44]记载的周期顶峰为1937年5月,谷底为1938年6月。正如我们所看到的,不论是货币存量的增速放缓还是随后的存量降低——不再有先前的快速增长——都不能归因于当期的经济形势;它们是由抵消黄金的持续性扩张影响而制定的政策所引起的。货币存量增长率的显著减缓必定是经济增长的制约因素,而存量的减少则是加剧紧缩的因素。尽管在绝对数量上减少的规模并不大,但也是我们所记录的数据中的第三大周期性缩减,仅次于1920—1921年和1929—1933年的减少。

货币存量上升后经济开始复苏。1938年6月至1941年6月的三年间货币存量年连续增长率上升到7.8%、13.1%和12.1%,这仍然主要是因为黄金的持续流入,尽管存款准备金要求的提高造成了直至1940年存款-准备金比率的持续降低。"慕尼黑事件"和欧洲战争的爆发是决定那些年美国货币存量的主要因素,就像1934—1936年间希特勒和淘金狂潮带来的影响一样。其他因素无疑有助于复苏的来临和其步伐的加快,但货币存量的快速增长对经济复苏丝毫没有帮助。

1933—1936年间和1938—1941年间的扩张期内货币存量的增长率非常高,这使高失业率伴随着通货膨胀危险的担忧更加可信。失业率之所以如此之高,主要在于之前前所未有的大衰退。平均而言,1929—1941年这12年间货币存量增长率低于每年2.1%,实际产出增长率则低于每年2%——均低于美国历史上的长期平均水平。1941年,库兹涅茨隐含物价指数比1929年的水平低了13%,批发物价大约比1929年低8%,尽管在1940—1941年受战争繁荣期第一阶段的影响上升了10%。如果货币存量以2.5%的平均水平稳定增长,而不是先在1929—1933年间下降1/3,然后在1933—1944年间翻倍,则这关键的十多年的历史将会有多大的不同,更不用说以较高的长期历史水平增长了。

注释

495n 〔1〕见 K. D. Roose, *The Economics of Recession and Revival*, Yale University Press, 1954, pp. 45-47, Roose 描述了这种非计划性的存货积累(第186页)。

496n 〔2〕引自 Roose, *Economics of Recession*, p. 61。

498n 〔3〕上述周期内的指定日期为:

谷底	顶峰
1879年6月	1882年8月
1897年6月	1900年3月
1933年2月	1937年4月

499n 〔4〕工资-价格螺旋上升或者价格-工资螺旋上升常被认为是因为存在强大的工会组织或强大的垄断生产者,其足以启动自动推动工资和价格上涨的机制。这种观点并不正确,混淆了"高位"和"上涨"之间的区别,这是经济问题中常见的谬误。强大的工会组织和强大的垄断生产者仅仅意味着工会组织内劳工的工资和垄断产品的价格高于工会组织外劳工的工资和其他产品的价格,但并不能解释这些工资和价格持续上涨的趋势。这种自动上涨的压力被认为仅仅来自不断强大的工会和垄断组织,它们不断推动工资与物价的上涨,以与其新获得的垄断力量一致。

在1933—1937年,形势显然对工会十分有利。其规模和实力都有较大增长。从1933—1937年,工会成员增长了2.5倍,同期占非农雇工的比例恰好翻番(*Historical Statistics of the United States, Colonial Times to 1957*, Bureau of the Census, 1960, D-743和 D-745, p. 98)。对生产者集团而言,上文提及的立法产生了同样的效果,增强了其制定价格的能力,使价格接近于对垄断者而言更为合适的水平。

504n 〔5〕我们的估计中将未获许可证银行的库存现金视为公众持有现金的一部分。因此,之前未获许可证银行的开业或者与已注册银行的合并增大了存款-通货比率的分子而减少了分母。重新分类同样使存款-准备金比率降低。我们的估计把未获许可证银行在联邦储蓄银行的存款视为全部银行准备金的一部分,因此把它们计入存款-准备金比率的分母中。之前未获许可证银行的开业或者与许可银行的合并使该比率的分子增加了全部释放出的存款部分,而分母只增加了库存现金部分。

〔6〕Phillip Cagan, *The Demand for Currency Relative to the Total Money Supply*, New York, NBER, Occasional Paper 62, 1958, pp. 20-22.

〔7〕当国库现金或储备银行存款增加时,这些操作包括财政部以现金或储备银行支票的形式从公众或银行那里获得的收入,这些收入来自其出售证券、税收和其他方式收入之和与其赎回债券或满足当期支出的差额,但这意味着公众和银行将其部分高能货币转移给财政部。由于我们展示的仅仅是财政部和联邦储备银行之外的高能货币的走势,因此高能货币减少的数量与国库现金和储备银行存款增加的数量相等;当然,如果是由财政部转移至公众和银行,则情况刚好相反。实际上,最初通常都是由公众转向财政部在商业银行的账户,然后财政部将其在商业银行的存款转移至储备银行。

〔8〕1934年1月30日,总统授权的黄金储备法规定了任何场合下黄金含量为美元原重量的50%—60%。在他宣布贬值的第二天,黄金含量大约为美元原重量的59%,因此他仍有权改变黄金的购买价格或美元重量。贬值的权力在1943年终止,但事实上,财政部部长仍能按照黄金储备法,在总统的许可下"在某一比率或其能为公众谋取利益的情况下"买入或售出黄金,从而仍能合法地产生贬值的效果。

然而,M. A. Kriz 也指出,财政部部长改变黄金市场价格的权力受到美国作为国际货币基金组织成员责任的约束,还受到1945年7月31日《布雷顿森林协定》中条款的约束,即规定任何对美元币值的调整都须经过议会的法律程序("Gold in World Monetary Affairs Today", *Political Science Quarterly*, Dec. 1960, p. 504 n)。

〔9〕Board of Governors of the Federal Reserve System, *Annual Report*, 1937, p. 9.

〔10〕George Leslie Harrison 关于联邦储备体系的论文,见 Columbia University Library, Harrison, Notes, Vol. Ⅶ, Dec. 7, 1939。关于该论文的完整描述,请见第5章注释〔41〕和相应的正文。

〔11〕如我们在上文分析的,联储关于1930—1931年货币政策"宽松"的观点反映了对贴现率解释的同样的谬误,并且,如我们将在第11章看到的,20世纪50年代在政策讨论中对于"自由准备金"的强调也是如此。该谬误和采取钉住政府债券价格做法的谬误是一样的,联储花了很长时间才完全认识到后者的谬误。

〔12〕1948年8月,国会授予委员会一项暂时的权力,即在《1935年银行法》下将活期存款的准备金要求上限提高了4个百分点,定期存款的准备金要求上限提高了1.5个百分点,该权力在1949年6月30日终止。

〔13〕见1935年12月13日联邦公开市场委员会会议关于超额准备金的备忘录,以及1936年1月23日 Harrison 和其董事在一次会议中的表述(Harrison, Open Market, Vol. Ⅱ; Notes, Vol. Ⅵ)。然而,导致超额准备金积累的公开市场购买计划的最初目的却并非如此,Harrison 在1933年4月的一次行长会议中提到,"不赞成执行另一项超额准备金计划",但银行行长赞成为满足财政部要求而购买政府债券;纽约联邦储备银行赞成大会对此的决议(Notes, Vol. Ⅲ, Apr. 24, 1933)。一个相似的观点在1933年4月22日的公开市场政策协会会议中也被提及,该协会批准执行委员会购买总价值10亿美元的政府债券,"从而满足财政部要求"。来自芝加哥的副行长 Mckay 投票反对这一决议。委员会认为授权过于狭窄,并且赞成该不局限于"满足财政部要求"的建议(Open Market, Vol. Ⅱ, minutes of meeting;

518n　telegram, dated May 12, 1933, Board—signed Chester Morrill—to Harrison)。购买直到5月23日之后才开始,此时正是行长 Black 被任命接替 Eugene Meyer 成为委员会的管理者一周之前,他和公开市场政策协会的执行委员一起召开了会议。纽约的观点是超额准备金的增加在当时是可取的,但不应超过5亿美元(Open Market, Vol. Ⅱ, minutes of executive committee meeting; Notes, Vol. Ⅲ, May 15, July 6, 1933)。

早在8月,当超额准备金达到5.5亿美元时,协会的执行委员会就建议停止购买,并在9月和10月超额准备金继续增加时又提出建议。然而由于管理层压力,购买持续到1933年11月15日——总量达到6亿美元。在参议员 Thomas 和国会其他人的坚持下,委员会曾被警告,停止购买"可能……通过绿钞的发行立即且必然地加速通货膨胀"(Conversations, Vol. Ⅱ, Sept. 16, 1933, 与管理者 Black 的谈话)。然而, Owen D. Young 认为,相对于发行绿钞,通过公开市场购买使超额准备金超过现有水平没有好处——1933年5月12日《农业调整法案》的《托马斯修正案》规定发行绿钞不超过30亿美元(Notes, Vol. Ⅲ, Sept. 7, 1933)。

〔14〕这一备忘录是早前版本的修订版,标示的日期是1935年9月19日(Notes, Vol. Ⅵ)以及1935年10月22日(Open Market, Vol. Ⅲ),1935年12月17—18日的会议之前在联邦公开市场委员会的成员间传阅。

519n　〔15〕Harrison, Notes, Vol. Ⅵ, Sept. 26, 1935. 以下文献列示了销售政府债券首次失败的原因:Office, Vol. Ⅳ, Oct. 16, 1935; Notes, Vol. Ⅴ, memorandum, dated Mar. 15, 1934, another dated Mar. 16, 1935, on excess reserves; ibid., minutes of directors, meetings, Jan. 24, Feb. 21, Mar. 7, 21, Sept. 26, Oct. 6, 1935; Open Market, Vol. Ⅲ, minutes of meetings, Oct. 22—24, and memorandum, dated Dec. 13, 1935. 其他提及的原因有赋予银行和公众持有政府债券可清算的风险以及委员会反对销售的可能。Burgess 显然由于1933年1月卖出债券遭受的损失而心存疑虑。他说:"……我们在1933年1月尝试实现债券组合的灵活性,但却弄得一团糟。"(Notes, Vol. Ⅳ, Mar. 8, 1934; also the same view in Notes, Vol. Ⅴ, Jan. 24, 1935.)

520n　〔16〕Harrison, Conversations, Vol. Ⅲ, Apr. 2, 1937; Office, Vol. Ⅴ, memorandum, dated Mar. 16, 1938, Harrison to Burgess.

除对联储账户执行操作之外,纽约联邦储备银行继续作为财政部在政府债券市场的代理。Harrison 评价"……财政部在某种程度上扮演了长期投资者的角色,总是或多或少将资金投入政府债券,而公开市场委员会则扮演了市场稳定者的角色"。(Notes, Vol. Ⅵ, Feb. 4, 1937.)

521n　〔17〕该备忘录见 Harrison, Open Market, Vol. Ⅲ; Harrison 的评论见 Notes, Vol. Ⅵ, Sept. 26, 1935;也可参见他在1935年9月19日董事会议上的评论。更早的关于超额准备金的备忘录的日期:1934年3月15日和1935年3月6日(Harrison, Notes, Vol. Ⅴ);1935年3月21日(Open Market, Vol. Ⅲ);1935年9月19日(Notes, Vol. Ⅵ);1935年10月22日(Open Market, Vol. Ⅲ);1935年11月7日(Notes, Vol. Ⅵ, and Special, no. 7)。

〔18〕Harrison, Notes, Vol. Ⅵ. 非常有趣的是,纽约联邦储备银行董事会主席 Owen D. Young 基于以下看似正确的原因,反对立刻提高准备金要求:"采取这种措施仅仅作为预防手段是没有意义的,这样可能适得其反;应该等到确实有必要时再采取措施。"(ibid., Nov. 7, 1935.)

[19] Harrison, Open Market, Vol. Ⅲ.

[20] Harrison, Open Market, Vol. Ⅲ, Statement, 由 Martin 行长在 1935 年 12 月 17 日的会议上宣读。

[21] Harrison 在一次声称讨论超额准备金和联储政策的特别会议上(1935 年 12 月 16 日)告诉其他董事:"如果我们增加准备金要求,我们将把联储推向这样一种位置,即其可以通过公开市场操作和贴现率的改变获得控制局面的机会。如果我们先出售政府债券,将会使控制权留在联储委员会的手中,使其具有单独增加或减少准备金要求的权力。"(Harrison, Notes, Vol. Ⅵ, Dec. 16, 1935.)

[22] 讨论发生在和纽约董事讨论《1935 年银行法》的长时间的会议过程中(Harrison, Notes, Vol. Ⅴ, Feb. 18, 1935)。也可参见第 7 章的注释[93],以及第 11 章的第 3 节。

[23] Board of Governors of the Federal Reserve System, *Annual Report*, 1937, p. 2.

[24] Board of Governors of the Federal Reserve System, *Annual Report*, 1936, pp. 2, 14–15; 1937, p. 2; M. S. Eccles, *Beckoning Frontiers*, New York, Knopf, 1951, pp. 289—293; and E. A. Goldenweiser, *American Monetary Policy*, New York, McGraw-Hill, 1951, pp. 176–179.

[25] Harrison, Open Market, Vol. Ⅳ, minutes of meeting, Jan. 26, 1937.

[26] Harrison, Notes, Vol. Ⅵ, Jan. 7, 14, 21, 28, 1937.
Clark Warburton 提到,委员会对银行满足更高准备金要求的能力的广泛研究(见注释[24])遗漏了影响中的一个重要因素,即由于其他银行从其相应的账户余额中提出资金导致中心储备城市银行准备金减少("Monetary Difficulties and the Structure of the Monetary System", *Journal of Finance*, Dec. 1952, pp. 543–544)。这一因素在 1937 年 1 月的纽约联邦储备银行董事会上得到讨论,但没有改变 Harrison 的观点。银行家 G. W. Davison 建议仅用部分的剩余权力提高准备金要求,指出"一些中心储备和储备城市银行将会感受到准备金要求提高'两方面'的冲击;除了要增加它们自身的准备金,它们还将遭受周边银行提款的影响"(Harrison, Notes, Vol. Ⅵ, Jan. 21, 1937)。委员会显然受到了劝告的影响,将其提高准备金要求的要求仅限于中心储备和储备城市银行。如果州立银行体系的准备金要求非常低,建议地方银行放弃联储成员资格。然而,Goldenweiser 认为,准备金要求不是决定银行是否能成为会员的重要因素,而且,地方银行"作为一个群体有大量累积的超额准备金和相关者的超额资金,能够轻易地达到增加准备金的要求"(Open Market, Vol. Ⅳ, minutes of meeting, Jan. 26, 1937)。他没有提及从中心储备城市银行提取那些余额的影响。

[27] 即便是这种说法也低估了差别,因为高能货币前 7 个月的大部分增长到该时段结束时才发生,因此或许可以被视为产生了时滞影响。1936 年 6 月到 7 月的增长是 1935 年 12 月到 1936 年 7 月底增长量的 6/7。

[28] 1938 年 1 月 27 日,关于"准备金要求的提高会导致大萧条吗"的备忘录的第一次草稿中,Williams 分析了银行资产负债的变化,得出了否定的结论。Williams 仅仅从活期存款的绝对变化——从 1936 年 6 月 30 日到 1936 年 12 月 31 日显著增长,从 1936 年 12 月 31 日到 1937 年 6 月 30 日仅仅下降了 3 亿美元——而没有对比之前的变化,就得出了他的结论。显然,他没有认识到判断一个特定变化的重要性需要与之前的趋势比较,这一变化是代表了趋势的延续还是根本的转变。Williams 的备忘录通篇强调对信贷市场的影响。他仅

仅在论证商业银行生息资产总额时提及了活期存款的变动(Harrison, Special, no. 22, 应FOMC要求准备的备忘录)。

[29] Harrison, Conversations, Vol. Ⅲ, memorandum, dated Apr. 14, 1937, Williams to Harrison; ibid., Harrison's reports of conversations with Morgenthau, Eccles, and other Board members, Mar. 31, Apr. 2, 9, 14, 15, 16; another memorandum, dated Apr. 14, 1937, by Williams, and one, dated Apr. 23, 1937, by Allan Sproul; and Open Market, Vol. Ⅳ, minutes of executive committee meetings, Mar. 13, 22, and 23, and of FOMC, Apr. 3 and 4, 1937.

[30] Open Market, Vol. Ⅳ, minutes of meetings, Sept. 11 and 12, 1937.

[31] Open Market, Vol. Ⅳ, minutes of meeting, Apr. 29, 1938.

[32] Notes, Vol. Ⅶ, Sept. 16, Dec. 9, 1937.

[33] 关于变化的准备金要求作为货币政策工具之一的缺陷的讨论,见 Milton Friedman, *A Program for Monetary Stability*, New York, Fordham University Press, 1960, pp. 45-50。

[34] Harrison 对委员会 1938 年的年报持批评意见,年报中写道,"在目前的状况下财政部影响成员银行储备的能力强于联储"(第 5 页)。他说"报告贬低了委员会控制信贷的权力,同时过分强调了财政部控制信贷的能力"(Harrison, Notes, Vol. Ⅶ, Feb. 2, 1939)。

[35] 例如,"这一变化(公开市场政策)反映了使用公开市场操作重心的转移,从影响成员银行储备到直接影响资本市场"(Board of Governors of the Federal Reserve System, *Annual Report*, 1939, p. 2)。

[36] Eccles, *Beckoning Frontiers*, pp. 166-174; 202; 221-228; 266-268; 272-278; 130-132; 293-295; 309-320。Eccles 声称他的初衷是(第 272—273 页),使联邦存款保险公司的代表、货币监理署以及联储走到一起,在联合的银行检查政策上达成一致,并忽略联邦存款保险公司的冲击力。他将财政部和州立银行监查官以及其他机构视为妨碍议事进行者,因为他们反对联储在检查程序上的政策。检查程序的变化实际上并没有产生反周期影响,因为其他监管机构不认同联储的观点,即检查过程应该从属于货币政策的观点(见第 8 章注释[16])。

[37] 高能货币周数据是按表 B-3 计算月度数据的方法得到的。

[38] 根据总统反对但仍通过的 1936 年 1 月 27 日的《修正补偿法》的条款,6 月 15 日超过 15 亿美元的额外债券发给了参加过第一次世界大战的老兵,这些 9 年期的付息债券可随时转换成现金。

[39] Philip Cagan 分析了因法定要求变化而调整的准备金比率——按照他的术语就是可用准备金比率。到 1938 年可用准备金比率已经回到 1936 年的水平。他不确定银行是否愿意比 1936 年持有更多的可用准备金,但又不能对 1938—1940 年可用准备金上升给出其他的解释(见他后来关于美国货币存量变动的决定因素和影响的专论)。

[40] 1936 年和 1937 年,存款准备金要求的提高伴随着成员银行持有政府债券总量的减少。减少量集中在中短期国债,银行主要通过在储备银行的存款来代替。结果,成员银行持有的长期政府债券在政府债券总量中的比例从 1936 年的 45% 上升到 1941 年的 74%,

由于国库券转换为现金的压力,9个月的国库券收益率从1936年11月的大约每年0.1%上升到1937年5月1日的超过0.7%,此时最后一次存款准备金上调生效。当此压力减弱之后,银行又开始需要国库券。但是在联储外的供给是如此之小,以至于为满足它们的要求只能将短期国债收益率降到一个接近于零的水平——大部分时间低于每年0.01%——这促使银行仍持有现金或中期国债来代替。的确,国库券收益率在1940年偶尔为负,因为价格是由那些想在短期内将现金转为其他资产以减少税务负担的购买者抬高的。

1937年8月26日在纽约联邦储备银行董事会上贴现率从1.5%降到1%,并于第二天生效,Harrison报告了一个他与商业银行家们的讨论,讨论的结果是得出了如果需要额外储备,"从联储借款比卖掉证券可能更好"的结论。他的话被银行家G.W.Davision打断,他说他对"Harrison关于纽约联邦储备银行家观点的提法感到很震惊,因为这与他从某些银行家接触中获得的印象有本质上的不同"。Davision说银行家更偏好处理他们手上的银行承兑票据和国库券,而不是向联储银行借款。他与其他银行家争辩,认为联储不会每天改变存款准备金,同时他们"当然也不想联储购买更多的政府债券,更不想财政部放弃黄金对冲政策,因此向联储银行借钱是提供所需的季节性储备的合理方式"。Harrison回应说"如果银行想回复到正常的银行间关系,那为什么它们不愿意采用向联储借款的方式来处理问题"(Harrison, Notes, Vol. Ⅶ, Aug.26, 1937)。

〔41〕从1940年12月至1941年12月高能货币的增长比率与1939年12月至1940年12月相同,这本可以使高能货币增加45亿美元。若此值同时加上1941年12月的存款和准备金,得出的存款-准备金比率几乎和1940年12月的实际值相同。

〔42〕Roose, *Economics of Recession*, pp. 238–239.

〔43〕Harrison, Special, no.22, draft of memorandum, dated Jan.27, 1938.

〔44〕我们测算从1936年6月到1937年3月的顶峰以及随后到1938年5月的谷底的货币存量的变化,得出的年连续增长率分别为6.3%和−2.9%。

第10章

★★★

第二次世界大战时期的通货膨胀（1939—1948）

1939年9月第二次世界大战（以下简称"二战"）在欧洲爆发，美国陷入通货膨胀。同样，伴随着美国内战和第一次世界大战（以下简称"一战"），美国也曾发生过通货膨胀，但是二战引发的通货膨胀持续了更长的时间。战争开始的9年后，也就是1948年8月，物价达到了二战后的最高峰。在这9年间，批发物价上涨了1倍多，隐含物价平减指数也几乎翻了一番，货币存量增长了将近2倍，而货币收入则增长了1.5倍还要多（见图45）。比较货币存量和货币收入可以看出，在这段时期，货币流通速度总体上是下降的。1939—1942年，货币流通速度有所加快，但随后开始大幅下降，一直延续至1946年，从1946年到1948年基本是缓慢上升的。年度数据显示，批发物价平均每年增长8.2%，隐含物价平减指数增长6.5%，货币存量增长12.3%，货币收入增长10.7%，实际收入增长4.2%，货币流通速度下降1.7%。[1]可以看出，这些指标的变化幅度是很显著的，但是货币存量的增长速度却比一战期间稍慢一些，大约是内战时期增长速度的1/2；价格的上升速度还不到一战期间的3/5，仅仅是内战期间的1/3。[2]

　与一战时期的状况类似，二战爆发伊始，批发物价出现了大幅度的上升。在之后约一年的时间里，批发物价基本保持不变，一年后又恢复了上升的势头。与美国积极参战时期相比，参战前和参战后的物价上升速度要快得多，至少从已知的各类指数来看是这样的。一战时期的情况也是如此。同样与一战相类似的是，在战争的三个典型阶段，即美国中立时期、积极参战时期和战后时期，导致货币存量增加的因素发生了明显的变化。表23记录了这三个阶段物价和货币存量的变动状况，以及引起货币存量变动的各个因素。

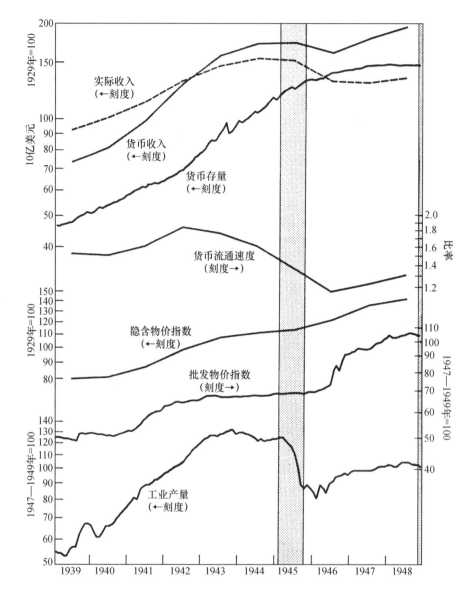

图45 1939—1948年经济扩张期和紧缩期中的货币存量、价格、货币流通速度以及工业产值

注:阴影部分代表经济紧缩期,非阴影部分代表经济扩张期。
资料来源:工业产量的数据来源,同图16的注释;其他数据的来源,同图62。

表23 三个阶段的价格和货币存量的变动,以及引起货币存量变动的因素,1939年8月—1948年8月

	阶段划分					
	美国中立时期	战争赤字时期		至战后的价格高峰时期		整个时期
	1939年8月—1941年11月	1941年11月—1945年8月	1941年11月—1946年1月	1945年8月—1948年8月	1946年1月—1948年8月	1939年8月—1948年8月
时间长度(月)	27	45	50	36	31	108
变化率(%):						
1. 批发物价	23	14	16	55	53	118
2. 货币存量	29	102	107	14	11	197
3. 高能货币	29	80	83	7	5	149
年变化率(%):						
4. 批发物价	9	4	4	15	16	9
5. 货币存量	11	19	18	4	4	12
6. 高能货币	11	16	15	2	2	10
对货币存量变化的贡献率(总和=1)						
7. 高能货币	0.99	0.84	0.83	0.53	0.49	0.84
8. 商业银行存款对联邦储备银行库存现金及存款的比率	0.16	0.39	0.38	0.01	-0.02	0.31
9. 商业银行存款对公众持有现金的比率	-0.15	-0.15	-0.14	0.46	0.52	-0.09
10. 各比率间的相互作用	-0.01	-0.07	-0.07	0	0	-0.05
对高能货币变化的贡献率(总和=1)						
11. 货币黄金储备	1.15	-0.14	-0.14	1.15	1.58	0.26
12. 联邦储备体系对公众及银行的债权	0.02	0.04	0.03	0	0.03	0.03
13. 货币当局的其他实物资产及信用货币	-0.17	1.10	1.11	-0.15	-0.61	0.71

注:由于四舍五入,各比率相加可能不为1。

资料来源,按行

1、4行:*Continuation of Historical Statistics*, pp.47,48;

2—3、5—13行:从1942年起,11—12行的原始数据来源于《联邦储备公告》,其余部分与表10中相应行的数据来源相同。无论黄金储备是否经过了成本的调整(减去累计贬值收益),11—13行的结果数据都不会发生改变。

10.1 美国中立时期(1939年9月—1941年11月)

从政治角度来看,我们可以明确地划分出美国保持中立的时期,但是从经济角度来看,这种界限却并不明显。在战争刚开始的几个月,也就是所谓的"伪战争"阶段,美国的经济几乎没有受到任何影响。1939年第四季度,产量、就业和个人收入曾出现了一次短暂的投机性上升,之后一直到1940年5月,它们基本上都处于下降趋势。但是纳粹对低地国家*的袭击和随后法国的沦陷使美国经济出现了巨大的转机。英国及其盟友开始在美国大量订购战争物资。前面的章节已提到,在1940年中期,由于黄金被运往美国用来支付战争物资,美国的黄金流入速度大幅上升,同时美国还启动了一项大规模的防御工程。这些举措引发了工业产量、就业和个人收入的快速增长。由于存在大量失业人口和闲置的工业资源,批发物价起初保持稳定,到1940年秋天才开始上升。综上所述,从经济角度来看,对作为中立者的美国而言,说战争开始于1940年5月也许更为合适,因为经济所受战争的影响那时才表现出来。

相对于1940年12月初美国向德国和日本宣战而言,1941年3月《租借法案》(原文为Lend-lease,指Lend-Lease Act)的生效也许更能标志着美国经济上中立时期的结束,以及积极参战的开始。在《租借法案》生效之前,英国为了支付战争购买费用,向美国输出了20亿美元的黄金,动用了2.35亿美元外汇余额,并且出售了3.35亿美元的美国证券。其中,后两者中的很大一部分是英国向国民征用的。[3]《租借法案》生效后,美国政府无偿向英国供应大部分的战争物资,名义上是用来交换英国为美国提供的服务。《租借法案》事实上相当于二战期间美国向其一战中的盟友提供贷款。至二战结束,美国通过《租借法案》共支出了500亿美元。《租借法案》通过后的一个月内,黄金储备的快速增长势头得到遏制,这种增长始于1938年,并在法国沦陷后开始加速。

在美国保持中立的这段时期——从欧洲战争爆发前的1939年8月至"珍珠港事件"前的1941年11月(表23所用的日期),或者前文刚提到的从1940年5月到1941年3月——无论采用哪组日期,货币存量的增加都完全可以归因于当时黄金储备的相应增长(见表23第7行和第11行,对应第一组的日期)。美国在一战中的中立时期,黄金储备的增长也扮演了同样的角色,货币存量80%的增长都可以归因于它;在二战中的中立时期,货币存量增长了29%,高能

---

* 指荷兰、比利时、卢森堡三国。——译者注

第 10 章　第二次世界大战时期的通货膨胀(1939—1948)　507

货币量也增长了 29%,黄金储备增长略高于 29%,其增量中多于高能货币量增量的部分正好被联邦储备银行拥有的债权和法定货币的减少所吸收。

由于银行纷纷减少超额准备金,商业银行的存款-准备金比率上升。尽管该比率的上升可以增加货币存量,但这种影响却被存款-通货比率的同期下降所抵消(见图 46 及表 23)。整个战争期间,这两个比率一直向相反的方向运动。这与一战中大部分时期的情况类似。

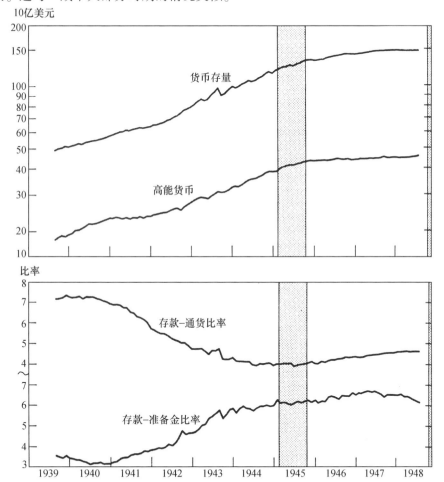

图 46　货币存量的变化及其直接决定因素,月度数据,1939 年 8 月—1948 年 8 月
注:阴影部分代表经济紧缩期,非阴影部分部分代表经济扩张期。
资料来源:表 A-1 列(8)以及表 B-3。

在一战中的中立时期,联邦储备体系由于没有盈利资产可以出售,从而无力熨平黄金流入引起的货币存量波动。而二战期间,从技术角度看,联邦储备体系所处的形势更为有利。它拥有超过 20 亿美元的政府债券组合可以随意出售。当然,即使卖出全部债券组合,也难以抵消1939年8月至1941年11月期间黄金流入量的一半。但是,财政部可以采用对冲操作来抵消另一半——或者可以抵消全部甚至还有余力。在1936年年末至1937年年初,财政部曾采用过这种对冲操作,当时它出售债券并用所得收入来购买黄金,而不是通过印发金元券来支付。因此,在出售债券和购买黄金的过程中,财政部和联邦储备体系可以从技术上控制高能货币量的变动(见图47,该图分为货币当局的资产和负债两部分)。

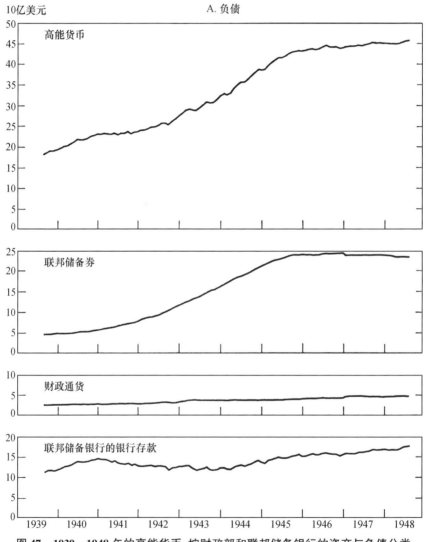

图47　1939—1948年的高能货币,按财政部和联邦储备银行的资产与负债分类

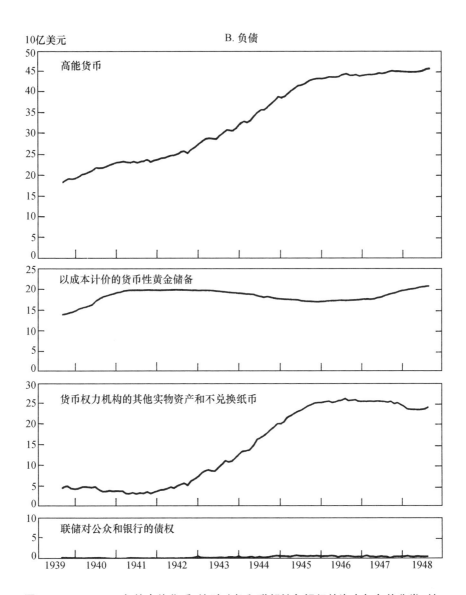

图 47　1939—1948 年的高能货币,按财政部和联邦储备银行的资产与负债分类(续)

注:联邦储备券以及财政通货是在财政部和联邦储备银行之外的。大约 4 000 万—6 500 万美元的金元券被召回但未上缴,这部分包含在高能货币中,但是没有在负债项目中反映出来。

资料来源:根据 1942—1949 年《联邦储备公告》中的信贷余额以及货币性黄金储备,以及财政部年报,对图 39 进行了贬值收益的调整。

价格的变动使我们有必要关注一下货币存量的增长。从 1939 年 8 月到 1941 年 11 月，批发物价上涨了 23%，每年上涨 9 个百分点。我们前面提到，几乎全部的物价上涨都发生在中立时期的最后 15 个月内，批发物价上涨了近 20%，而货币存量增长了 16% 还要多。然而，从下面的图 49 中可以清楚地看到，联邦储备体系并未广泛地开展公开市场操作。在 1939 年 9 月战争爆发后的 3 个星期内，它购买了大约 4 亿美元的政府债券用来平抑美国政府债券价格的大幅下跌。[4] 在其后的几个月内，联储又全部出售了这些债券。因此到 1939 年年末，它的政府债券持有量仍处于战前水平。在 1940 年 6 月到 12 月期间，财政部又出售了大约 3 亿美元的债券。之后直到美国参战，联储的政府债券持有量没有发生任何变化。可以看出，关于公开市场操作和黄金流入方面的政策，联邦储备委员会基本上延续了其自 1933 年以来的风格。

在中立时期，财政部跟联储一样，没有采取任何措施对冲黄金的流入。它的现金和联储存款的周余额出现了剧烈的波动，最低额约为 24 亿美元，最高额则达 34 亿美元。10 亿美元的波动范围大约是联储信贷余额变动范围的 1.5 倍。因此，相对于联储的公开市场操作，财政部的操作行为对货币存量的影响更为重要。但财政部收支余额的波动不是执行货币政策的结果，与货币因素也没有系统性的联系，而是国库收支波动和政府债券的发行、到期偿还的自然结果。

面对价格和货币存量的快速上升，除了在公开市场上出售证券外，联邦储备委员会还在 1940 年下半年采取了两项措施。这两项措施都是在中立时期末实行的，并且与 20 世纪 30 年代的大部分政策一样，涉及新的操作工具的使用。

1941 年 9 月 1 日，经总统的行政命令（1941 年 8 月 9 日下达）授权，联邦储备委员会对消费者信贷实行控制，在 W 条例中规定了其列出的某些特定商品分期付款的最低首付限额以及贷款的最长期限。由于耐用消费品之后不久就变得十分稀缺，"珍珠港事件"后消费者信贷规模迅速下降。所以，消费者信贷控制在战争期间变得几乎没有意义。但是有两点值得注意：首先，它标志着特殊信贷控制原则向新领域的延伸，最初这个原则只适用于证券贷款；其次，它注定会在战后发挥更大的作用。

联邦储备委员会的另一个措施是：在 1941 年 11 月 1 日将准备金要求提高至法律允许的最高限度，从而取消了其 1938 年 4 月降低准备金要求的政策。[5] 这项措施使得 47 亿美元超额准备金中的 12 亿美元转化为法定准备金。然而银行的态度较之以前已经有所改变，它们不再试图重新补充超额准备金（1936

年、1937年准备金要求提高后,银行纷纷补充超额准备金),而是继续减少它们剩余的超额准备金。9月23日,联邦储备委员会发布了提高准备金要求的通告,其效果仅仅表现为存款-准备金比率的上升速度从10月份开始有所下降。1942年4月,联邦储备委员会称国库券利率保持不变,随后存款-准备金比率又开始上升,其速度比提高法定准备金要求之前的上升速度还要快。具有讽刺意味的是,这次提高法定准备金要求,原本旨在紧缩货币环境和控制银行负债的扩张,但效果甚微;而之前提高法定准备金要求的政策,只是作为一个预防措施,并没有打算发挥直接的影响,结果却产生了十分强烈的紧缩效应。

10.2 战争赤字时期(1941年12月—1946年1月)

1940年开始的防御工程以及1941年早期生效的《租借法案》使政府支出大幅增加。一段时期内,税率的上升和税收收入的增加弥补了支出的扩大。但是到1941年年初,赤字开始迅速上升。1941年,政府现金支出比现金收入多出了100亿美元,几乎占总支出的1/2。[6]"珍珠港事件"大大加强了赤字扩大的趋势。1941年到1942年,政府支出几乎增长了两倍;1942年到1943年,支出又增长了50%;1944年达到了顶峰——近950亿美元。税收收入也有所增长,但速度要慢得多,税收比例也没有提高。结果,现金赤字无论按绝对数量还是按占国民收入的比重,都达到了空前的水平:1942年将近400亿美元,1943年超过500亿美元,1944年超过450亿美元,1945年超过350亿美元,其总和大约相当于当时国民生产净值的30%。战争结束后,政府支出迅速下降,而税收收入却居高不下。同一战的情况类似,在战争结束后的6个月内,政府收入大于支出,因此在1946年1月,战争赤字时期便结束了。

二战赤字时期经济上的这些变化,同一战时一样,其实是对已有趋势的一种继续和加强。经济资源在1940年早期已经开始由和平生产向战时生产转移。从实物生产的角度来看,毫无疑问,二战时期这种趋势的增强比一战时期强烈得多。美国在二战的中立时期相对一战时要短,而积极参战的时间相对长些。因此,二战时经济向"完全战争"模式的转变要彻底得多。从金融角度来说,情况恰恰相反。在二战期间,美国的积极参战并没有使战争资金的来源发生太大的变化,这要归因于《租借法案》的生效。

10.2.1 价格变化趋势

与一战时的情形相同,美国的积极参战伴随着价格指数上升速度的减缓,而战时赤字的结束则伴随着价格指数的加速上升。如表23所示,批发物价在战争赤字时期以每年4%的速度上涨,而在赤字时期前的上涨速度为9%,赤字时期后的上涨速度为16%。这些二战时的数据在解释当时的价格变化趋势方面不如一战时的数据可靠。因为在1942年早期政府开始普遍实行价格管制,到1946年中期才取消。在价格管制阶段,价格主要以隐蔽的方式上升,例如商品或售后服务质量的下降、折扣的取消,或者集中生产那些价格上限相对较高的商品。此外,有效的价格管制导致了商品的"短缺",比如那些由政府定量配给的商品,像石油、肉类以及一些其他的食物。这样就迫使消费者放弃其比较偏好但无法得到的商品,而购买其他容易得到却不太喜欢的商品,这样消费者所承受的压力就等同于价格上升所带来的压力,只不过这种价格的上升没有在价格指数中体现出来。最后,这种情况下必然存在着许多合法规避价格管制的措施或违反价格管制的非法手段,"黑市"恐怕仅仅是其中较明显而又最不重要的一种。因此,在价格管制阶段,相对于价格指数而言,任何真正经济意义上的价格上升幅度都要大得多。1946年取消价格管制后,价格指数出现了跳跃式的上升,这种上升并不是因为价格的同步上涨;相反,它在很大程度上反映了之前潜在价格上涨的公开化。如果考虑到价格指数作为价格变动测度的上述弊端,毫无疑问可以得出比表23中的数据更高的战时价格上升速度和更低的战后价格上升速度。这就造成价格指数反映的战前、战时和战后的价格上升速度之间的差异会更小。但是,即使考虑到这些,也很难改变一个定性的结论,即战时价格的上升速度要比战前、战后慢得多。

一战时期,价格变动速度的差异伴随着货币存量变动速度的差异:战时货币存量的上升速度不如战前、战后快。在二战时期,情况正好相反:与战前、战后相比,战时货币存量的上升速度要快得多。这对应着1942—1946年间货币流通速度的下降,以及随后的上升,正好与1917—1918年及此后货币流通速度的变化方向相反。

10.2.2 货币流通速度的变动

很难说清楚哪些因素可以解释二战时期货币流通速度的变动。1940—1942年,流通速度上升了1/5——略低于1915—1918年间的上升程度——此后到 1946 年下降了 1/3 还要多。1946—1948 年,它上升了 13%,但仍远低于 1939 年的水平(见图 45)。国民收入的季度数据和个人收入的月度数据表明,货币流通速度在 1942 年第四季度达到了最高点,在 1945 年第四季度或 1946 年第一季度降到了最低点。

货币流通速度最初的加快并不意外。经测算,流通速度一般在经济扩张阶段加快,而在经济萧条阶段减慢。1940—1942 年,经济的扩张富有活力,1940 年中期以后,经济的扩张伴随着价格的急剧上升,而价格的上升可能会打击人们持有货币资产的积极性。

需要解释的是 1942 年之后货币流通速度的减慢。1942 年早期实行的价格管制阻碍了价格的上升,使其未能在价格指数中体现出来。有人可能认为,价格指数上升的停滞会让人们之前由于价格上升而产生的减持货币资产的动机消失。但是即使假定价格指数可以真实地记录价格的变化趋势,而价格的变化趋势可以决定公众愿意持有的(相对于收入的)货币余额,价格上升趋势的中止最多也只能使货币流通速度下降到 1940 年的水平,而不可能使其下降更多。即使这样也高估了价格指数变化对货币流通速度的影响,因为这种影响的前提是货币流通速度可以针对之前的价格上升速度作出充分的调整,但是前面的章节已得出结论:货币流通速度对价格变化的调整是非常缓慢和滞后的。

看起来,与 1942 年战时停产造成的汽车等耐用消费品的短缺以及建筑业和私人资本形成所受的限制相比,价格管制的任何直接影响都是次要的。[7] 消费者和工商企业都无法运用其资金购买他们认为可以增加财富的物品,这部分物品以前会占用他们收入增量中的一大部分,尤其是短期收入增量。由于这些消费的渠道被阻断,消费者和工商企业不得不增加其他资产的持有——尤其是货币和政府债券——从而使得这些资产数量的增加相对于收入水平要高得多。

与流动资产的积累相对应,收入账户上的个人储蓄也达到了前所未有的高水平。由于充分就业和战争繁荣带来的高水平收入,个人储蓄的规模无论如何也会很大。但是实际储蓄的规模之大远非收入增加可以单独解释的。其中一个重要的原因是,消费者以流动资产的方式积累了大量资金,他们本来可以用这些资金来购买汽车、其他耐用消费品和住房,现在由于物品的短缺将其转为储蓄。而重新兴起的债券发行通过唤起人们的爱国情绪对高储蓄率也产生了一定的推动作用,但是我们怀疑这种作用并不突出。如果确实有影响的话,那么它可能影响了储蓄持有的方式——使政府债券相对于其他资产要多一些。由于债券的替代物之一是货币,债券发行使得货币流通速度的下降比其应有的速度要缓慢一些。[8]

当然,货币和政府债券的名义价值都是固定的,因此如果持有者预期实物资产会迅速贬值,它们便不再是理想的持有财富的方式了。在这个逻辑推论中,有两点是很重要的:首先,持有这些资产的目的是在未来某个时刻购买某种特定商品——如前所述,尤其是当时无法获得的耐用消费品。公众预期这些商品的价格下降是完全合理的,按常理说,因为商品目前的价格实际上是无限高的,所以价格必定会下降。同类二手商品价格的迅速上升也强化了人们的这种预期。就这类商品而言,人们会预期持有货币到战后能获得更多的价值。其次,几乎可以肯定,当时最普遍的预期是战后价格将下降——虽然在事后看来,我们认为这种预期根本站不住脚。20 世纪 30 年代大萧条中形成的观点加强了人们对一战后价格迅速下降的记忆,而盛行的"专家"预言——战争的结束必然伴随着一场经济大萧条——则进一步强化了这种观念。

这些关于战后的预期很重要,不仅因为它们关系到人们用何种方式来持有他们的储蓄,而且对未来极不确定的预期也使人们更加重视对货币等流动资产的积累。人们预期的价格变化意味着持有流动资产将比现在花掉它们获得更大的收益;而未来的不确定性则意味着,当给定某种收益时,人们更偏好流动资产。因此,这两种预期都使得货币流通速度减慢,并且任何给定的货币存量的增加必然与价格上涨相关(见第 12 章中对货币流通速度,以及对将来经济不稳定程度的预期对流通速度影响的更为详尽的分析)。

在商品的可得性和对战后价格和收入的预期方面,一战和二战的情况有很明显的差异。一战时的"短缺"和"管制"远没有二战那么广泛,并且没有任何一种主要的民用生产完全停止。一战前的近二十年里,价格基本上处于上升状态,因此当时人们普遍认为生产具有无限的潜力,而没有想过会发生经济动荡。

1945 年战争一结束,耐用商品重新出现在市场上,人们便开始利用手中的流动资产来购买这些商品。这使得价格和收入上升,而流动资产对收入的比率下降。这与我们前面分析的货币流通速度在 1946 年早期开始上升完全一致。可能让人们感到意外的是,流通速度一开始上升的幅度虽然非常小,但是持续的时间却非常长。我们将在下文对此进行解释(本章第 3 节及第 12 章)。

战争赤字时期,货币流通速度的下降和产出的增加解释了为何当时价格的上升远远慢于货币存量的增加。现在我们将对决定货币存量增加的各种因素进行分析。

10.2.3 决定货币存量增加的直接因素

如表 23 所示,与中立时期的情况相似,战争时期货币存量的增加从数学角度看主要是由于高能货币的同步增加造成的。但是,与一战类似,高能货币增量的来源与中立时期相比有了很大的不同。在两次战争的参战时期,高能货币的增加是由于联邦储备信贷余额的变化,而不是因为黄金的流入。联邦储备委员会又一次在本质上成为财政部出售债券的窗口,其货币权力的行使基本上都是为了实现这一个目的。

在两次世界大战期间,联邦储备体系扮演的角色基本上相同,但也有所差别。一战时,联邦储备体系通过对由政府债券担保的成员银行票据进行再贴现来增加自身的债权,而其自身持有的政府债券却自始至终很少。在二战期间,再贴现业务的规模一直很小,联邦储备体系主要通过购买政府债券来增加信贷余额。用我们的术语说,就是法定货币增加了。这一般会导致高能货币的增加,增量部分分布在通货和银行准备金上。一战时期,两部分的比例大致相等;二战时期,大约6/7在现金上,1/7在银行准备金上。当然,银行准备金的增加使得银行存款扩张了数倍。商业银行资产的相应增加在一战期间表现为贷款的增加,而在二战期间则表现为持有政府债券的增加。[9]但是同样,这种区别只是形式上的。一战时,银行贷款大约一半的增量都由政府债券担保;而在二战时,则是由银行直接购买政府债券。由于人们对一战时联邦储备体系的行为有所不满,它不得不放弃使用一战时期的形式。但是由于面临同样的政治和经济压力,它采取的措施在本质上又必然是相同的。以下数字说明了这些操作的规模:从1941年11月到1946年1月,美国政府和联邦储备体系外的政府债务增加了1780亿美元,其中690亿美元由商业银行获得,公众持有的现金增加了170亿美元,商业银行的存款增加了520亿美元,而联邦储备体系的信贷余额增加了220亿美元。

在1942年4月,联邦公开市场委员会宣布,把国库券[10](大部分的期限为90天)的年利率固定在0.375个百分点,并承诺会购买或出售任意数量的国库券来维持该利率水平。[11]一直到1947年6月该利率都保持不变。委员会没有对其他的政府债券利率作如此严格的承诺,但也为它们建立了一套有效的价格体系——1年期公债的利率大概为0.875个百分点,13个月的债券的利率大概为0.9个百分点,4.5年期的债券的利率为1.5个百分点,长期债券的利率为2.5个百分点。[12]联储承诺,必要时购买任意数量的这些债券来阻止其收益率的上升,但当其收益率下降时,联邦储备体系没有义务通过抛售来阻止其下降。二战时相对固定的政府债券利率体系其实类似于一战时相对固定的贴现率。

这个利率支持计划将所有的债券变成了货币等价物。由于利率体系从20世纪30年代晚期开始实行,反映了对流动性的过高估价,因此联邦储备银行倾向于持有国库券,其次是 1 年期公债,再次是中期国债,最后是长期国债;而银行的偏好顺序则正好相反,其偏好程度从长期国债、中期国债、1 年期公债到国库券依次递减。当国库券的利率保持绝对固定时,其他债券的利率体系要维持稳定须满足以下两个条件之一:(1) 财政部通过调整国库券发行,使其供应量比国库券持有人在相应利率水平上的需求量小;(2) 联邦储备体系通过出售长期债券,或购买快要到期的国库券等其他短期债券,把财政部最初发行的债务工具结构转变为持有者偏好的结构。财政部并不反对长期利率的下降,而且,当联邦储备体系的长期债券组合减少时(到战争结束时,联邦储备体系持有的长期债券只有 10 亿美元,而其持有的政府债券总共有 230 亿美元,见图48),其他持有者抛售短期债券而购买长期债券的行为使得长期债券的收益率在 1944 年开始下降。这些持有者的行为被称为"操纵利率体系"。

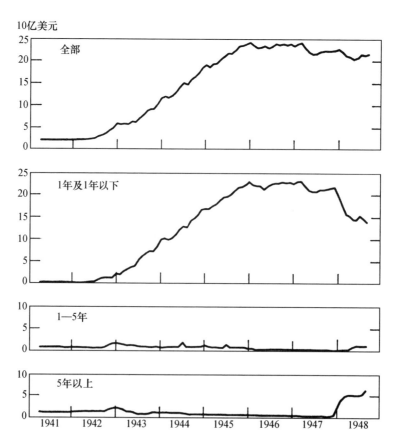

图 48　联邦储备银行持有的政府债券,1941 年 3 月—1948 年 8 月

资料来源:*Federal Reserve Bulletin*.

在1942年年末,由短期政府债券担保的贷款的贴现率下降到0.5%(见图49)。但是,这个下降几乎没有意义,因为如果银行持有这样的短期债券,对它们而言,通过出售收益率为0.375%的债券来获得所需准备金要比用这些债券为抵押以0.5%的利率借款更划算。也是在1942年,联储降低了中央储备城市银行的准备金要求。[13]

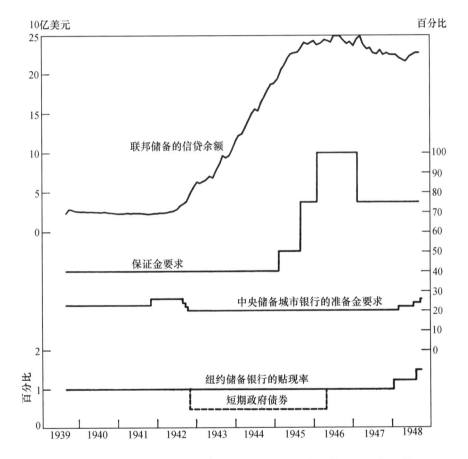

图49 联邦储备体系货币政策工具的运用,1939年8月—1948年8月
注:给出贴现利率的短期政府债券一般在1年或1年以内到期,或者可赎回。
资料来源:同图41,1942—1948年的数据来源于联邦储备银行。

既然政府债券的价格得到了支持,银行也就没有持有超额准备金的动力了;相反,它们可以通过持有收益性债券来满足流动性需求。超额准备金的减少以及刚刚提到的法定准备金的减少,使得银行的存款-准备金比率从1941年11月的不足4∶1持续上升到1946年1月的6∶1还要多。假定存款-通货比率没有发生变化,那么存款-准备金比率的上升将使货币存量的增长率达到高能货币增长率的1.75倍。但是,存款-通货比率从1941年11月的6∶1持续下降到1946年1月的4∶1,这使得多出来的0.75的一半都被抵消掉了。在关于存款-通货比率的详尽分析中,Cagan认为其在战争时期的下降有以下原因:人们增加了现金的使用而减少了存款的使用,由此来避免收入税的增加;黑市活动、军队的扩张以及人口流动性的提高都增加了现金的使用。[14]

在两次世界大战期间,两种存款比率变化的方向是相同的,但是,两种存款比率变化的相对重要性却大相径庭。在一战时,存款-通货比率的下降对货币存量产生的影响约是存款-准备金比率上升的影响的2—3倍;在二战时,这种相对重要性正好相反。

银行购买债券可能产生某种意义上的"膨胀",而其他主体的购买则不会产生这种效果。基于这样的观点,二战期间的债券发行很小心地避免将债券出售给商业银行。某些债券不允许银行购买,而其他类型的债券也尽量出售给特定的团体。但是接下来采取的其他政策却与该政策产生了冲突。联邦储备体系鼓励银行购买政府债券,称这可以保证银行能够比较容易地获得准备金。如其1942年年报中所言,"联邦储备机构努力促使银行更充分地利用它们现有的准备金,并且不时地为银行提供所需准备金以购买提供给它们的政府债券"[15]。另外,财政部提供的很大一部分债券的利率无法吸引非银行投资者。[16]

联邦储备体系之所以努力避免将债券出售给商业银行——该努力并没有达到目的,部分是因为当时实施的冲突性政策是基于一个错误的认识,即没有将向储备银行的债券出售和向商业银行的债券出售区分开。联邦储备将债券出售给储备银行就相当于创造基础货币。给定存款-准备金比率和存款-通货比率,每增加1美元的高能货币就意味着增加了几美元的货币供给——著名的货币乘数理论。但是,给定高能货币量,债券购买者的身份,尤其是商业银行或者其他购买者,仅仅在可以影响到其中一个存款比率时,才能对货币存量产生影响,但是我们很难看到这会对两种存款比率产生明显的作用。[17]

更为基本的是,与前面的章节一样,我们在这里有必要区分刚才所说的货币存量在数学意义上的变化,以及在经济意义上的变化。由于联储采取的货币政策须支持几乎固定的政府债券利率体系,故它所创造的高能货币量必须使得利率保持在固定水平,联邦储备体系无法对高能货币量进行有效的控制。我们在描述货币创造的过程时,为了方便,往往从高能货币的增加开始,通过存款-现金比率和存款-准备金比率的作用,最后导致货币存量增加。尽管如此,事实上当时的传导机制却恰好相反——为了同特定利率体系及其他经济条件相一致，需要货币存量有所增加，然后才有导致货币存量增加的高能货币的增加。如果没有某种明显的定量配给机制，任何主体都无法同时控制一种商品的数量和价格。这一最基本的经济学原理，同样适用于货币市场。如果价格是固定的，那么数量必须能够变化以与价格相适应，反之亦然。

如果当时的政府债券能够提供一个更高的回报率以吸引非银行投资者，联邦储备就可以成功地避免把债券出售给银行。但是这就要求钉住的利率体系发生变动，而这个变动可能会产生深远的影响。为了支持一个比实际更高的利率体系，货币存量增加的幅度应该较小，高能货币量也会如此，因为较高的利率将使得持有债券比持有货币更有吸引力。这样产生的一个后果就是货币流通速度也会加快。

10.2.4 决定货币存量增加的基本因素

在联邦储备支持的利率体系下，是什么决定了货币存量的增加量呢？很难用抽象的专业术语来回答这个问题。要进一步补充具体细节或者说明为什么增加量是这个数字而不是另外一个，就更是难上加难了。因此我们不会在这方面耗费精力。为了达到我们的目的，出于一些其他考虑，我们假定政府使用的资源数量是一定的——当然，从更根本的意义上说，如果当时面临的通货膨胀的压力水平完全不同的话，这个资源的数量很可能会改变。政府使用的资源数量必须与社会成员所释放的资源数量相匹配。社会成员得到的收入与整个社会所使用的资源总量相一致。政府通过说服、引导或强制等方式使社会成员失去对一部分相应资源的处置权，而这部分资源就是政府使用的资源。社会成员所释放的资源在财政上对应于缴纳的税收，或者对政府债权的积累，后者以付息的政府债券或政府无息债券形式持有。三者的总和在任何时期都等于政府的支出。货币存量的增加量必须使得这三者之和等于政府的支出。货币供应的增加量中，一部分以政府发行的货币形式存在，一部分以私人创造货币的形式存在（在那个时代，银行存款与准备金的增加并不成比例）。私人创造货币有存在的必要性，它可以为公众提供他们需要的存款-通货比率，为银行提供它们需要的存款-准备金比率。

应该强调的是，所有这些都是同时被决定的。我们假定政府使用的资源数量固定，而政府支出并不固定。如果在整个过程中价格不变的话（毋庸置疑，这里的价格是"正确"测量的价格，而不是不完善的价格指数反映的价格），货币的任何发行都对应着"自愿储蓄"。这意味着公众愿意以政府无息债券方式来增加其实际资产,我们称这种债务为货币。[18]相反,只有当公众愿意以收益性或非收益性的债务方式来增加其实际资产,且其增加量等于给定价格水平下政府收支差额的时候,价格才能保持不变。如果在这个过程中价格上升了,发行的货币一部分对应于"自愿储蓄"——这里说的是货币供应的实际价值的增加,而不仅仅是名义价值的增加——另一部分对应于货币余额的税收。为了保持货币的实际供应量不变,可以将增加的名义供应量看做记录货币余额税收支付的一种票据。[19]在任何情况下,政府只需要通过征税(部分是显性税收,部分是对货币余额征收的隐性税收),或者借款(部分采用非收益性的形式)来获得实际资源。税收与借款的分配比例则取决于两个因素:法律规定的税收水平和公众对于"自愿储蓄"的偏好。[20]

因此,影响货币存量增长数量的主要政府行为包括:向战争中投入的实际资源数量、法定的税率水平、影响自愿储蓄的措施,以及影响个人愿意持有的现金(相对于储蓄)比率的措施。在战争赤字时期,整个联邦支出的45%以上都是通过显性税收的形式募集的。与一战相比,这个比例很高。但是因为这次战争的规模更大,相对于国民收入而言,它也造成了一个更大的赤字。我们在前面已经指出,某些耐用商品的停产使得自愿储蓄的水平提高。其他商品的定量配给以及另外一些商品的限制供应都具有类似的效果。除政府的措施外,人们对战后萧条的普遍担忧也起到了同样的作用。政府债券的固定利率体系也对自愿储蓄的水平有所影响——较高的利率会使人们储蓄的动机更强,较低的利率作用则弱一些——但是它的作用更多体现在影响人们持有储蓄的方式上。一战时期政府债券的利率水平要高于二战时期,在一战时期,非银行公众每增加1美元的现金储蓄就会增加3美元的政府债券,而二战时期该比例是1∶1.5。这种差异有可能是利率水平的差异造成的。

通过对两次世界大战进行比较,两者的一个显著区别是,尽管二战时战争支出更庞大,赤字持续时间更长,赤字占国民收入的比例也更大,但是其价格上升的速度却比一战时要慢。在整个战争阶段,无论是从战争开始到战后价格顶峰,还是在战争赤字时期情况都是如此。其中可能有两个原因,这两个原因都与政府政策的制定没有太大关系。首先,在二战期间人们储蓄的愿望大大增强,在货币方面就表现为货币流通速度的减慢。其次,由于二战期间的货币流通速度慢于一战期间,故二战期间的通货膨胀税(由于货币过度创造而对货币余额征收的隐性税收)比一战时多得多(见表24第3行)。货币余额占每年国民收入的比重在 1914—1920 年平均为 45%,在 1939—1948 年平均为 69%。如果我们忽略税收对货币余额征税的反作用,对货币余额征收的 1 个百分点的税收所产生的收入在一战期间是国民收入的 0.45%;在二战期间是国民收入的 0.69%,约为一战期间的 1.5 倍。

表24 两次世界大战中的通货膨胀时期的货币创造比较

	通货膨胀时期	
	第一次世界大战 1914—1920 年	第二次世界大战 1939—1948 年
政府创造的货币占年平均国民生产净值的比例		
1. 总计	0.050	0.146
2. 年平均	0.008	0.016
平均的货币流通速度		
3. 平均的国民生产净值÷平均的货币存量	2.205	1.445
政府创造的货币占平均货币存量的比例		
4. 总计	0.110	0.211
5. 年平均	0.018	0.023
货币系统的扩张系数		
6. 政府创造货币每增加 1 美元,所增加的高能货币量	1.377	1.357
7. 高能货币每增加 1 美元,引起的货币存量的增加量	5.027	3.492
货币存量的增加占货币平均存量的比例		
8. 总计	0.762	0.998
9. 年平均	0.127	0.111
货币存量的增加占年平均国民生产净值的比例		
10. 总计	0.346	0.690
11. 年平均	0.058	0.077

注:货币存量、高能货币以及黄金储备的数据均采用每年 6 月 30 日的年平均数据。在计算上述平均值时,1914 年、1920 年、1939 年和 1948 年的平均值均按 1 年半来计算。

政府创造的货币等于高能货币减去黄金储备。

从上面的计算中,可以判断出社会货币存量增加的重要性。还有一个问题就是,在货币存量增加的部分中,有多少是由政府直接创造的,有多少是由银行创造的。换句话说,在政府和银行之间,税收收入是如何分配的?潜在的分配格局决定了,当货币供应总量每增加 1 美元时,政府需要发行多少货币?或者说,在政府为赤字融资时,需要发行多少货币、多少债券,有多少债券必须直接或间接进入银行?同样,在这方面,两次世界大战的情况也存在重大差异。

在一战的通货膨胀期间(1914—1920),政府创造的货币(高能货币减黄金储备)每增加 1 美元,货币供应总量增加 6.92 美元;而在二战的通货膨胀期间(1939—1948),后者只增加 4.74 美元。造成该差异的主要原因是存款-准备金比率发生了变化:在一战的通货膨胀期间,银行的准备金每增加 1 美元,其存款会增加 14.16 美元;而在二战的通货膨胀期间,后者只增加 10.47 美元。还有一个次要的原因是,存款增量与现金增量之间的关系发生了变化——在一战期间,公众持有现金每增加 1 美元,其存款会增加 6.91 美元;而在二战期间,后者只会增加 3.89 美元。

我们将整个战争中的通货膨胀时期作为一个整体,在表 24 中总结了上述差异所产生的影响。如该表所示,货币流通速度变化和货币乘数变化的共同作用,使得政府通过直接的货币创造所获得的收入占年均国民收入的比例增加了 1 倍(1.6 个百分点,一战时为 0.8 个百分点,见第 2 行),而直接的货币创造导致的货币存量的年增长率仅为一战时的 7/8(11.1 个百分点,一战时为 12.7 个百分点,见第 9 行)。反过来,总货币存量中这个比较小的增量在年均国民收入中所占的比重却较大(7.7 个百分点,一战时为 5.8 个百分点,见第 11 行),因此可以看出,无论直接的还是间接的货币创造,对于政府获得资源来说显然都是更为有效的工具。

战争赤字时期联邦政府的支出中,48% 是通过显性税收收入获得的;7% 是通过政府直接的货币创造获得的;14% 是由私人的货币发行获得的,它可以被视为政府创造货币的间接效应,但是名义上是付息的,不同于不必付息的政府债务;31% 是靠发行付息政府债券获得的,该债券发行与货币创造不存在比例关系。如果我们认为批发物价指数准确地反映了战争期间的物价变化,那么大约 1/5 的货币创造可以被看做对货币余额的征税,4/5 被看做包含在无息货币资产里面的自愿储蓄。[21] 这也就意味着,从整体来看,政府支出的一半以上是靠税收来融资的,其中大约 1/10 的税收是货币余额税收,而物价指数的缺陷意味着这些数字可能低估了税收占整个支出的比例,也低估了货币余额税收占整个税收的比例。

10.2.5 战争债券发行的影响

在我们关于战争赤字时期的讨论中,最后需要注意的一点是货币存量变动的一个细节。在图 46 中值得注意的是,在 1944 年、1945 年,尤其是 1943 年,货币存量的波动与这些年前后相比,表现出更大的无序性。其中的原因在于,政府通过一系列债券发行活动发行了大量的政府债券——从 1942 年 11 月到 1945 年 12 月,7 次战争债券的发行和最终的胜利债券的发行(之间相隔 5 个月)。事实上,有 3 次债券发行发生在年末,而有 2 次发生在年中,这就意味着它们都具有季度波动的特点,从而会呈现出一些类似的特征。因此,在图 46 中,经过季节性调整的序列在一定程度上消除了季节波动的影响。这也是在我们的货币序列中,债券发行所导致的不规律性波动在 1943 年比在 1944 年和 1945 年更为剧烈的主要原因。

图 50 可以让我们更详细地研究债券发行的影响。图中数据仅限于存款,因为债券发行对现金的影响很小。另外该图也仅考察了成员银行的情况,因为我们只能得到它们每日数据的月平均值或半月平均值,无法得到全部商业银行的该类数据。它所描述的数据没有经过季节性调整,这样可以避免我们不慎消除债券发行的影响。图 50 下方的折线是公众持有的活期和定期存款,不包括政府存款。上方的折线是公众持有的活期和定期存款加上政府存款。阴影部分是实施债券发行的时期。

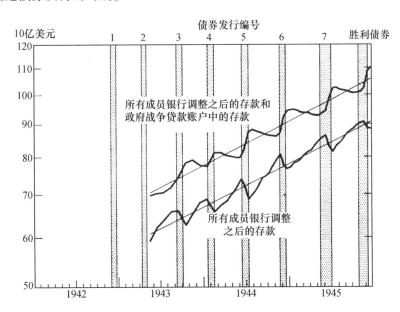

图 50　1942—1945 年战争债券发行时期成员银行的存款,包括政府战争贷款账户中的存款以及扣除政府战争贷款账户中的存款,月度和半月度平均数据,未经季节性调整
注:阴影部分代表债券发行时期。
资料来源:数据来自联邦储备银行,是日数据的月平均值或半月平均值,未经季节性调整。经调整的存款总额等于调整后的活期存款加定期存款。债券发行时期的数据,来自 1946 年财政部年报的第 507 页。

每次债券发行的过程中,债券的购买者将存款转移到财政部在商业银行的战争贷款账户中。政府将其存款从战争贷款账户转移到联邦储备银行,然后再通过政府支出转移到公众手中,这样,政府的存款通过转移又回到了公众的私人账户中。这个过程在图中被清晰地显示了出来。每次债券发行期间,上方的折线上升而下方的折线下降;而在两次债券发行间隔期内,情况正好相反。

1943年4月以后,政府持有的战争贷款账户是免交准备金的,因此任何向该账户的资金转移首先就会降低法定准备金。如果银行持有的准备金稳定增加,同时又能充分利用释放出来的准备金,那么债券发行期间的法定准备金也会像在间隔期内一样增长,银行就可以保持图50中下方的折线不受债券发行的影响。假设每次债券发行期间,银行把收益性资产的总量增加到与转移到战争账户中的存款量相等,当战争账户中的存款减少时,银行就会减少它们的收益性资产。在这样的假设条件下,我们的货币存量就会像图中下方的折线一样,可以不受债券发行的影响。所有的影响都将反映在上方的折线中。

相反,如果银行持有的准备金稳定上升,而银行不对存款转移过程中释放的准备金进行任何方面的运用,那么法定准备金在债券发行期间就会下降,在间隔期内就会上升。这样,银行就可以保持图50中上方的折线不受债券发行的影响。所有的影响将反映在下方的折线里。

当时实际发生的情况介于上述两个极端之间。我们从图中可以看出,两条反映变化趋势的折线的波动幅度没有太大的差别。

第一个极端之所以没有发生,有以下三个原因:(1)准备金的实际变化不符合我们上面的假设。在几次债券发行期间,尤其是第2—5次(1943年4—5月至1944年7—8月),联邦储备体系通过减少其信贷余额抵消了存款转移的部分影响。所以,在某种程度上,图50中下方的折线的下降反映了可以获得的准备金的变化。(2)充分利用释放出来的准备金需要支付很高的交易成本,因为这意味着随着政府战争贷款账户存款的增加和减少,银行必须首先获得这些存款,然后再处置这些存款。(3)毫无疑问,银行需要时间认识到在债券发行前或发行期间采取增加存款的可能性,而不是在运动后其影响在超额准备金上显现出来时再采取行动。随着时间的推移,银行可以进行更充分的调整来适应债券发行。图50为此提供了佐证。在图50中,上方的折线相对于其中心直线的波动幅度变得越来越大,而下方的折线的波动幅度却变得相对较小。一些粗略的计算也可以证明这一点。[22]

10.3 战争结束到价格高峰时期(1945年8月—1948年8月)

当战争接近尾声的信号越来越明显时,经济活动也在1945年年初达到了它在战时的顶峰。国民经济研究局把周期顶峰日期定在了1945年2月。在欧战胜利日(1945年5月8日)之后,二战同盟国军队开始遣散军人,1945年9月2日日本正式投降后遣散速度加快,随之而来的是政府支出的急剧减少和工业产量的迅速下降。但是,这种萧条是短暂的,而且相对比较温和,人们普遍害怕的严重失业的现象也没有出现。这段时期的经济周期谷底(国民经济研究局将其日期定在1945年10月)后是一个充满活力的扩张时期。尽管政府对商品和服务的购买从1945年的830亿美元下降到1946年的300亿美元,但是产量从战时到和平时期的迅速变化弥补了政府购买的下降。1945年经季节性调整的失业人数一直没有达到250万,并且在1945年之后一直低于这个水平,直到1948年11月扩张结束。

批发物价指数在1945年第三季度停止上升,不久就又恢复了上升的趋势,并且在1946年中期价格管制取消后迅速地跳跃上升,对此我们前面也提到过。从1946年1月到1948年8月批发物价指数每年上升16.4%,该百分比严重高估了这段时期实际的价格上升速度。但是很明显,价格的上升幅度确实很大。价格和收入的增长主要反映了我们之前提到的货币流通速度的加快,而不是货币存量的增加。从战争结束到1948年8月,货币存量只增加了14%,而从1946年1月到1948年8月,只增加了11%,平均每年的增长率只略高于4%。[23]

从数学的角度来看,1946年1月到1948年8月的货币存量自身的增长主要归因于高能货币的增加。与一战后的相应时期形成强烈对比的是(当时黄金储备量下降,高能货币的增加主要来自于联邦储备对公众和银行债权的快速增加),这次高能货币的增加主要是由于黄金储备的增加,其中大约1/3的黄金储备增加量被法定货币的减少抵消(如表23和表10)。尽管美国加入了联合国善后救济总署(United Nations Relif and Rehatilitation Administration,UNRRA)——甚至在《租借法案》到期前就得到了认可——之后又有对英国的贷款,以及"马歇尔计划"(Marshall Plan)的实施,但黄金仍旧流入了美国。尽管这些单方面转移支付满足了许多遭到战争破坏的国家的迫切需求,但是其他需求以及中立国家对战时短缺商品的需求仍导致了黄金向美国的流入。

在对货币增量的影响方面,存款-通货比率的上升所扮演的角色同高能货币的增加同样重要。随着战争的结束,战争时期影响通货需求的因素不再发挥作用,与手中持有现金相比,公众更愿意增加他们的存款。但是,存款-通货比率上升中的一小部分被存款-准备金比率的轻微下降抵消了。

关于战后货币变化的描述仍需要通过发生在这段时期的一些事件进行进一步的补充。存款-准备金比率的轻微下降是1946年1月到1947年5月该比率上升以及之后到1948年下降的最终结果,后一时期的下降幅度没有超过其在1946年到1947年最终的上升幅度。存款从储备银行和中央储备城市银行向乡村银行的转移,造成了存款-准备金比率从1945年8月到1947年4月一直在变动,因为储备银行和中央储备城市银行的法定准备金要求较高;在这之后,存款-准备金比率最初出现了下降,其中的原因我们无法解释。但是1948年2月后该比率的加速下降很清楚地反映了接下来的七个多月里法定准备金要求的提高。

高能货币的增加主要集中在从1945年8月到1946年7月的11个月内(增加了19亿美元),以及从1947年5月到1948年8月的15个月里(增加了11亿美元,见图46)。1948年8月底的高能货币量比1945年8月底增加了31亿美元,但是只比1946年7月底增加了12亿美元。从1946年7月到1947年5月,法定货币的下降正好抵消了黄金储备的增长,因此高能货币量基本上保持不变(见图47续)。

高能货币量最初和最后的增加所扮演的货币角色有很大的区别。前者是货币扩张的源泉;而后者则不是,它更像是对其他货币政策的一个反应。

在1947年5月到1948年8月期间高能货币11亿美元的增量中,大部分都是对准备金要求变化作出的反应(见图49)。中央储备城市成员银行的活期存款的准备金比率提高了4个百分点,造成这些银行的准备金增加了10亿美元。该项措施在1948年2月27日和6月11日分两步实施,力度相同。为了满足增加的准备金要求,银行出售了政府债券,在利率支持体系下,联邦储备体系有义务购买这些政府债券。购买这些债券增加了联邦储备体系的信贷余额。(9月份,准备金要求第三次提高,这次提高影响到了所有的成员银行,范围包括定期存款和活期存款,使法定准备金又增加了20亿美元。结果,成员银行将政府债券出售给了联邦储备体系,储备银行的信贷余额又一次增加——见第11章。)

形成对比的是,1945年8月到1946年7月期间高能货币的增加使银行准备金以外的储备净值得到了增长。货币存量在这一阶段大幅度增加了111亿美元;而1946年7月到1947年5月高能货币量基本保持不变的这段时期,货币存量仅增加了53亿美元;在高能货币量增长的最后阶段,货币存量也仅增加了18亿美元。[24]因此,货币存量在3年间的前11个月内的增长比接下来的25个月内的增长多得多。货币存量在1948年1月达到了绝对的顶峰,在接下来的12个月内开始缓慢地下降,这些都预示着将要来临的价格高峰和1948年到1949年的衰退。我们以前曾得出这样的结论:货币政策的变化总是先于经济状况的变化,这便是又一个例证。

战后初期阶段的第一个货币之谜是,为什么货币存量没有以一个更快的速度增长。这与一战后货币存量的变化有很大的不同。一战的赤字时期一结束,货币存量便开始以极快的速度增长。而这两个时期的货币政策其实并没有什么本质的区别。两次战争后,联邦储备体系都继续执行战时的政策,即以固定的利率提供社会上需要的高能货币:一战时的方式是保持再贴现率不变,二战时则是靠支持政府债券价格水平不变来实现的。此外,黄金的流向也发生了变化,从一战后的黄金外流转变为二战后的黄金流入。这个变化本应该使二战后的货币扩张速度更快。

联邦储备体系的声明中充分表达了对大规模货币存量所带来的通货膨胀危险的担心,并认为很有必要避免货币存量的进一步扩大。但是,直到1947年中期,联邦储备体系的行动仅限于要求获得更大的权力[25];再贴现率的变化没有任何意义(因为联邦储备体系继续支持其战时0.375个百分点的国库券利率和0.875个百分点的1年期公债利率,因此对银行而言,为了满足准备金要求,出售它们持有的大量政府债券比贴现更划算)[26];1946年1月购买证券的保证金要求增加到了100%,但随后又在1947年2月降到75%(见图49)。消费者信贷控制持续至1947年11月1日,国会在这一天终止了联邦储备委员会控制该类信贷的权力。随着耐用消费品生产的扩张,信贷控制不再像战时那样形同虚设,而是与经济息息相关。信贷控制可能在某种程度上限制了这类信贷的增长,但是很难认为它是影响整体货币存量增长的一个主要因素。

从1946年中期起,货币存量的增长速度迅速下降。联邦储备银行承诺支持政府债券价格,这导致了债务无法进行广泛的货币化;相反,联邦储备的信贷余额在1946年基本保持不变,在1947年春天开始迅速下降。长期政府债券的收益在1946年全年及1947年上半年一直低于支持水平,因此联邦储备体系本来可以出售长期债券而不会违反其支持政策。但是,联邦储备体系并没有这样做,而且很明显它也不可能通过这样做来发挥重要的作用,因为它持有的长期债券总量还不足10亿美元。它持有的证券主要是国库券和1年期公债,而在当时的支持价格下,这些债券的需求很小(见图48)。

在战争期间,联邦储备体系承诺保护的2.5%的长期债券利率低于货币存量决定的利率水平。为了维持这一利率水平,需要持续创造更多的高能货币——这类似于一战战争活跃阶段的3%—4%的再贴现率,以及其后约18个月内相等或更高的利率。形成对比的是,二战战争活跃阶段过后的不到一年的时间里,同样2.5%的利率已经高于货币存量决定的利率水平了,要严格地维持该水平,必须减少高能货币量。

在战后初期以及其后的一段时间内,联邦储备体系并没有质疑,至少没有公开质疑支持政府债券价格的必要性。[27]但是它的确倾向于提高国库券和1年期公债的支持利率。1947年7月10日,联邦储备体系终止了一直沿用的0.375个百分点的国库券的购买利率,并取消了国库券出售者的回购权,但是保留了1年期公债0.875个百分点的钉住利率。据称,财政部最初并不愿意改变原有的利率体系,但是1947年4月23日财政部接受了联邦储备体系将联邦储备银行大约90%的净收益支付给它,从而抵消了财政部因短期债务成本上升造成的损失。最终,财政部同意提高短期债务的利率成本。[28]

1947年8月8日,联邦公开市场委员会在提高支持利率的计划中采取了进一步的措施,即不再继续支持0.875个百分点的1年期公债的购买利率。财政部逐渐提高新发行的1年期公债的利率,直到它在1947年12月达到1.125%。同时,国库券的利率也上升到1%。直到1948年第四季度价格顶峰过后,财政部才把1年期公债的利率提高到1.25%,把国库券的利率提高到大约1.125%的水平。

除这些措施外,财政部还通过提高长期债务对短期债务的比率改变了债务结构。如果联邦储备体系有长期债券可以出售的话,那么它通过出售长期债券同时购买短期债券也可以达到改变债务结构的效果。[29]收益率开始稳定上扬,从1947年10月中旬的2.26%上升到11月中旬的2.37%。从这时开始,联邦储备体系和财政部开始着手避免收益率的进一步上升,也就是说,避免债券价格的下跌。联邦储备体系在11月和12月购买了20亿美元的长期债券,财政部为投资账户购买了9亿多美元的长期债券。12月24日,联邦公开市场委员会制定了一个新的长期债券的较低价格支持水平,使其收益率上升到2.45%。1948年3月联邦储备体系又购买了30亿美元的长期债券,长期债券的价格在1948年一直保持在该水平上。

由于国库券和1年期公债的利率上升,短期利率和长期利率之间的利差大幅度缩小,这使得短期债券对持有者更有吸引力,从而促使他们调整其资产组合的结构,调整方向正好与联邦储备体系资产组合结构的调整方向相反(见图48)。正是这种调整而不是债务的货币化造成了刚才提到的联邦储备体系对长期国债的购买。从1947年11月到1948年3月,它总共购买了50亿美元的长期债券,同时,它持有的短期政府债券减少了大约60亿美元。因此,联邦储备体系的信贷余额在1948年3月底比1947年10月底减少了10亿美元以上。所以,将公布的利率体系看做一个整体,它仍高于货币存量决定的利率水平。由于当时的利率体系已经生效,而在这之前实际利率已经低于公布的利率,因此在1948年已经出现了货币紧缩的现象。

当时人们并没有意识到这个情况。人们仍在焦虑地关注着通货膨胀,尽管回过头来看当时的情况其实已经很明显:通货膨胀的压力很快消失,而紧缩的苗头已经出现。1947年11月,联储承认了自己的无能为力(现在这几乎成为它们的传统),而求助于道德规劝,由银行监管机构联合发表的一份声明要求银行立即停止经营非必需的贷款业务。1948年1月,所有储备银行的贴现率提高到了1.25%,在8月提高到1.5%。但是由于当时国库券和1年期公债的市场收益率更低,因此这两个贴现率并没有产生实质的效果。更为重要的是前面已提到的法定准备金要求的提高。由于乡村银行和储备城市银行的准备金都处于以前的法定最高限,国会在1948年8月通过的法案暂时提高了法定最高限(1949年6月又回到了原来的水平),在此基础上,1948年9月(价格顶峰过后的一个月),所有银行的法定准备金要求进一步提高。[30] 在1948年8月,国会又重新赋予联邦储备体系对消费者信贷的控制权,直到1949年6月,这个控制权再一次被终止使用。

1946—1948年,货币存量的增长相对较小,与此相对应,货币流通速度的加快也相对较小。我们已经知道,货币流通速度在1942—1946年期间下降了1/3还要多。从1946年到1948年的上升幅度不足以抵消这次下降的1/4,这使得1948年的货币流通速度比1942年的3/4还要低,仅为1939年货币流通速度的7/8。从历史上看,1939年的货币流通速度本身已经是比较低的了。然而,人们可能认为对战时积累的流动资产的"使用"以及价格的上升都会使货币流通速度加快,因为价格上升使得人们持有货币余额的成本变得非常高,而货币流通速度的加快无疑又会进一步使价格上升。考虑一下流动资产的持有情况:1939年二战在欧洲爆发,公众持有的货币余额大约相当于8个月的收入,持有的互助和邮政储蓄存款、储蓄借贷联盟股权、政府债券三者的总和相当于5个月的收入，因此这些流动资产的总额相当于 13 个月的收入。到 1946 年，货币余额超过了 10 个月的收入（此时的收入水平已大大提高），而广义的流动资产的总额相当于 21 个月的收入。在接下来的两年里，尽管公众之前由于商品短缺受到抑制的需求得到了释放，再加上经济充满活力的扩张，但他们也只是适度调整了这些余额：货币余额降低到相当于 9 个月的收入，大约位于战前和战后初期水平的中间；广义的流动资产总额降低到相当于 18 个月的收入，只相当于战前水平的 3/8。

公众希望持有固定名义价值的流动资产的意愿，与货币流通速度的变化有着一定的联系。这种联系有助于我们弄清楚，为什么货币存量的缓慢上升与货币流通速度的轻微加快只是同一个现象的两个不同的方面。这两个方面都反映了公众愿意持有相对大量的货币和很低利率的政府债券。尽管这看起来有些矛盾，但是货币存量的缓慢增加反映了公众愿意持有大量的货币，并将之视为他们持有流动资产的一部分。相反，如果公众愿意把他们持有的流动资产多处理掉一部分的话，就会使政府债券的价格降低，从而使收益增加，反过来，这又使联储为了维持其利率支持体系，不得不购买政府债券，从而增加高能货币量和货币供应总量。

在经济扩张和价格上升时期，如果长期政府债券的利率水平要与稳定的货币存量保持一致，那么 2.5% 的利率水平显然是比较高的；或者说，在这个利率水平上，相对于公众的收入水平，他们将愿意持有过多的名义美元资产。这是为什么呢？

其中一个原因就是，政府在 1946 年到 1948 年之间拥有大量的财政盈余：在 1946 年——对货币存量来说，这也是一个出现转折的年份——现金盈余的名义值只有 0.4 亿美元，1947 年达到 57 亿美元，1948 年为 80 亿美元。我们在讨论数学意义上的货币存量的变化时，已经考虑到了相关债务准备要求对货币数量的影响。[31] 无论如何，只要联储坚持其支持利率体系的政策，该段时期的货币存量就将同战时一样，不得不同所支持的利率体系保持一致，而另一个直接的决定因素——实践中首先是高能货币量——也不得不通过调整来创造出这样的货币存量。因此，我们可以在其他方面发现财政盈余的重要影响。正如战时联邦政府的超额财政支出不得不对应着公众持有的政府债务的增加，无论是付息的还是无息的，战后联邦政府的盈余也不得不对应着政府债务的减少。换句话说，在战争期间，联邦政府的支出大于其税收收入，所以公众的支出不得不小于他们的收入。价格的上升将使公众减少支出，而货币存量的增加则是他们积累未花费收入的一种形式。战后，联邦政府的税收收入大于其支出，因此公众的花费大于他们的收入。价格上升的幅度小于以往促使公众增加支出所需的规模,而货币存量的缓慢上升正是公众过度消费的结果。

由于公众手中积累了大量的流动资产和战时被抑制的需求,他们在战后想方设法使支出大于收入,但是如果联邦政府不实施财政盈余政策,公众就不可能实现这样的愿望,因为一方的支出是另一方的收入。但是,公众试图加大支出的过程将使价格和收入上升,并且通过通货膨胀机制降低流动资产对收入的比例。另外,该过程势必使利率有提高的趋势,从而造成债务的货币化,使价格进一步上升。然而,事实上,联邦政府实施了盈余的政策,这就使得流动资产与收入的比例在没有通货膨胀的情况下实现了下降。换句话说,在可贷资金市场中,财政部的盈余增加了可贷资金的供给,从而降低了在任何给定的价格水平上使市场出清的利率,正如战时的财政赤字增加了可贷资金的需求,从而使利率有上升的趋势一样。财政部在战前、战后所施加的影响的变化可以帮助我们解释:为什么同一个利率支持水平,在战争期间低于货币存量决定的利率水平,而在1946年或1947年后却又高于这个水平。

财政盈余只在很有限的程度上解释了为什么在债券价格支持计划下,公众可以降低其持有的货币及流动资产占收入的比例,而并没有对价格和货币扩张产生通货膨胀压力。但是它无法解释为什么公众不更多地减少其手中持有的货币和流动资产,而只是略大于上述有限降低的程度。这里需要引入我们认为很重要的第二个原因,那就是,公众仍担心会出现大的萧条,并且认为价格一定会下降。价格的上升通过对公众预期施加影响,对人们愿意持有的货币余额产生完全相反的效果。如果人们认为初期的价格上升是价格继续上升的前奏,那么它就会增加人们持有货币的预期成本,从而使人们保持比其他情况下更低的货币余额对收入的比例。在我们看来,1950年及1955—1957年的价格上涨就起到了这样的作用。相反,如果人们认为价格的上升是短暂的,并且上升趋势很快会逆转并出现下降,那么它就会降低人们持有货币的预期成本,使人们保持比其他情况下更高的货币余额对收入的比例。在我们看来,这正是1946—1948年价格上升的效应。一个重要的论据就是普通股票和债券收益率的比较。如果人们的普遍预期转向价格将会以更快的速度上升,那么股票的收益率相对于债券的收益率就会下降,因为股票的套期交易提供了避免通货膨胀损失的保值方式。1950—1951年及1955—1957年这两个时期就发生了这样的情况。如果人们的普遍预期转向价格将会下降或者将以更快的速度下降,那么结果正好相反——1946—1948年出现的情况就是如此。[32]

尽管公众和政府官员都十分担心会发生通货膨胀,但是从1946年到1948

年间,公众的行为却让人们觉得他们预期将发生的是通货紧缩。其实,这并不存在真正的矛盾。当时,人们对通货膨胀的担心主要不在于通货膨胀本身带来的灾难——尽管这些毫无疑问也起了一定的作用——而是人们普遍认为价格上升后必定会有下跌,而且当时价格上升得越高,紧接着价格下跌得也会更为严重。在我们看来,这种对通货膨胀之后将会发生萧条和价格下降的担心或预期使人们只愿意适度地降低其持有的流动资产对收入的比例,这使其持有的实际货币余额要比其他情况下愿意持有的大一些。这样就导致战后的价格上升比较温和。因此,在两次世界大战结束时,人们的预期是完全不同的。如前所述,二战结束后,不同于一战结束后,人们普遍的预期是价格将会下降。

为了避免误解,虽然我们认为战后初期最令人费解的难题是,考虑到随后采取的货币政策,为什么价格和货币存量的上升幅度如此之小,但这并不意味着我们对这些货币政策持赞成态度,也不意味着我们认为价格和货币存量的上升幅度更大一些才好。货币存量相对较小幅度的增长并不是以此为目标的货币政策的产物,恰恰相反,当时实施的政策放弃了控制货币存量的任何努力。货币存量相对较小幅度的增长主要是财政盈余和预期价格即将严重下跌的结果。这些预期在一定程度上是1929—1933年大萧条的产物,它使人们相信大萧条即便不是和平时期的规律,也是和平时期的巨大隐患。此外,在一定程度上,这些预期也是1920—1921年价格崩溃的产物,这次价格崩溃使人们认为大规模战争的结束总是伴随着通货紧缩和萧条。当然,如果这些因素不能使实际实施的货币政策与货币存量较小的上升幅度保持一致,采取的政策可能也会发生变化,就像货币政策随后因为受到朝鲜战争的影响而被调整一样。

回想起来,在1946—1947年期间,若价格和货币存量上升速度更缓慢一些则会更受欢迎。采取不同的货币政策——允许或者强迫政府债券利率上升——会达到这个效果,但是,很难说这是否会像1920年那样引发超调。"事后诸葛亮"总比预测要容易得多。人们事后可能会理解事情发生的过程,但这并不意味着当时的货币当局能够准确地使货币存量发生"正确"的变化。

10.4 收支余额

二战同一战类似,都伴随着巨额的资本输出(二战时包括单方面转移),其水平无论是在绝对数量还是在占国民收入的比例方面,都是任何和平时期无法比拟的。两次世界大战期间,资本输出的方式十分相似(见图51)。1914—1917年资本输出迅速增加,而1940—1944年的增长更为剧烈(在图中表现为下降,曲线描述的是资本流入,因此资本输出为负值)。之后在一战中资本输出出现了一个持续四年的下降,二战中资本输出下降的持续时间为一年。二战后,美国以各种方式广泛援助遭到战争破坏的国家,这使资本输出在两年的时间内继续增加,然后在接下来的三年内下降到了一定的水平,之后的几年内资本输出

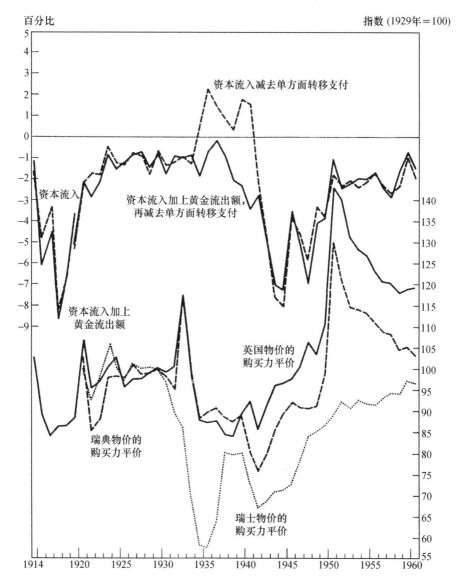

图51　1914—1960年美国国际资本流动净额占国民收入的比重及购买力平价
注:资本流入减去单方面转移支付为正值,黄金流出额为正值。
资料来源:表A-4。

一直围绕着该水平波动。一战后,资本输出在1918年开始下降,并持续到1923年。随后一直到1933年,资本输出一直以一个几乎不变的水平为中心波动。

资本输出的最高水平,以其占国民生产净值的比例表示的话,在二战和一战时是基本相同的——1944年为8.0%,1917年为8.2%——但是就资本输出保持超高水平所持续的时间来说,二战时期更长一些,持续了9年,而一战时期只持续了6年。资本输出最高水平的相似有些令人意外,因为二战的战争消耗更大;资本输出超高水平持续时间上的差异是由于二战的持续时间更长一些。

两次世界大战结束,资本输出的狂潮退去之后,其水平仍高于之前和平时期的一般水平。从1907年到1914年,美国资本收支基本上处于平衡状态,既没有资本输出也没有资本流入;从1923年到1932年,总的来说,美国的资本输出水平大约等于国民生产净值的1%;从1950年到1960年,大约等于国民生产净值的2%。但是,在两个战后时期,输出资本变动的来源是不同的:一战后较高水平的资本输出和单方面转移来自私人的国外贷款;而二战后较高水平的资本输出来源于政府的贷款和赠与——英国贷款、"马歇尔计划"、其他国外援助支出,以及通过进出口银行、世界银行和其他类似机构发放的贷款。

二战期间美元对英镑的汇率变化起初同一战期间截然不同。一战一爆发,英镑就迅速升值,随后就回到了战前的平价,在其后的战争阶段,英镑汇率一直在接近战前平价的水平上固定不变;而二战一爆发,英镑就迅速贬值。从1931年英镑不再承诺与黄金挂钩后,英镑就一直没有官方的平价。1932年年末,英镑首次剧烈贬值到当月的最低点3.28美元;在1934年年初美国重新对黄金估值后,英镑又回升到一个较高的水平5.15美元。从1934年到1938年中期,英镑围绕着略低于5.00美元的水平波动。慕尼黑会议和欧洲加速的资本外流使英镑在1939年8月又跌至略高于4.60美元的水平。二战一爆发,英镑就急剧贬值,先贬至4.00美元,后来在法国战败后又贬至3.27美元。

从那时起,一战的模式又开始重演。英国官方将英镑的汇率固定在4.035美元的水平,实施远比一战时更为严格、涉及面更广的外汇管制,并且征用国民手中的外国证券和外汇。该官方汇率在1940年秋天生效,之后一直保持在该水平。1941年《租借法案》的通过,缓解了英镑承受的大部分压力,这类似于一战时美国加入战争并开始为同盟国融资后的情形。

尽管图51中描述两次战争中资本输出的两条曲线表现出相同的形状,但描述美国和英国相对价格的曲线(该曲线经过汇率变动的调整)却不相同。在一战时,伴随着美国资本输出的迅速增加,美国对英国的相对价格剧烈下降,而伴随着资本输出的下降,价格比率上升。我们在第5章指出,一战时价格变动和资本流动之间的关系同战前表现出来的关系基本一致。在二战时,图中的价格曲线反映了几乎相反的关系,从1941年到1947年,价格都明显地上升,并没有受到资本输出上升或下降的影响。

为什么在之前的70年里资本流动基本上都会影响到相对价格,而这次资本流动却没有在相对价格上得到反映呢?我们首先想到的一个因素就是英国在二战期间采用的外汇管制政策比一战时更严格。但是,这个因素的作用并不能对该现象作出解释。我们在第5章指出,如果汇率水平不变,外汇管制会使英国商品的价格高于没有管制时的价格;或者如果本国和国外的价格水平保持不变,英镑对美元的汇率会比没有管制时更高。但是无论汇率不变还是商品价格不变,外汇管制都会使图51中的价格比率比没有管制时更低,因为该比率是经过汇率调整的。但是,难以解释的是为什么该比率如此之高。只有当美国也实施比一战时更为严格的外汇管制时,外汇管制才能有效地解释这个问题,但是美国并没有这么做。

那么,我们能提供的唯一的解释就是,价格比率的超常变化反映的不是外汇管制而是国内的价格管制。价格管制使得用来计算价格比率的价格指数存在严重缺陷,从而不能在某种更广泛的意义上作为衡量"价格"的标准。英国实施的价格管制和定量配给制远比美国严格,因此英国的价格指数可能比美国的价格指数更偏离理想的价格衡量标准。[33]

图51中关于瑞士和瑞典的价格比较提供了一些支持该解释的论据。尽管战争期间瑞士和瑞典的价格在很大程度上也受到了管制,但与英国和美国相比,程度却要轻得多。此外,两个国家所承受的通货膨胀压力也较小。因此,用美国的价格和瑞士及瑞典的价格作比较,价格因受管制而出现的偏离方向应该与美英两国价格比较时偏离的方向相反。[34]

如表20所示,1931年英镑贬值使国际价格结构出现了剧烈的分化,1936年金本位制国家的货币贬值,价格结构的分化基本终止。战争前夕,1937年到1939年,英国、瑞士和瑞典的价格比率曲线比1930年以来更为接近,因此为这三个国家的价格比率提供了一个相当一致的起点。在临近战争结束的那些年,唯一出现的一次官方汇率调整就是1946年夏天瑞典克朗约升值16%,从而使该年的瑞典价格比率曲线出现了下降。

在战争期间,从瑞士和瑞典的比较中得出的结论都可以从资本流动和单方面转移的变化与相对价格变化的早期关系中推测出来。从1939年到1941年,美国的价格相对于这两国的价格都下降了,之后对瑞典的价格比率一直上升到1950年,而对瑞士的价格比率的上升则持续到1951年。最初的下降基本与美国资本输出和转移增加的时期一致,而之后的增加则与资本输出和转移减少的时期一致。此外,美国购买力平价的下降和上升幅度与资本输出和转移变化的幅度之间的关系也与之前的年代相同。[35]

因此,瑞士和瑞典价格之间的比较验证了我们的假设:使美英价格比率同英国价格变动之间的关系在二战期间及战后与战前有所不同的原因是,国内的价格管制及其导致的价格指数的缺陷。[36]

注释

[1] 为了与一战时的数据保持一致,1942—1945年的收入数据在Kendrick的国民生产净值的"国家保障版本"(见第5章注释[16])的基础上,根据Kuznets的估计进行了一些修正。

[2] 关于价格和货币存量,三次战争之间的比较如下:

	二战	一战	内战
战争爆发	1939年9月[a]	1914年7月[b]	1861年4月
物价顶峰	1948年8月	1920年5月	1865年1月
	年增长率(%)		
货币存量	12.1	12.9	24.0[c]
批发物价	8.7	15.3	24.5

a 从1939年8月开始计算,见表23。
b 从1914年6月开始计算,见表16。
c 从1861年6月到1865年6月每个财政年度之间。这些年度的数据来自Milton Friedman, "Price, Income, and Monetary Changes in Three Wartime Periods", *American Economic Review*, May 1952, p. 624.

这些二战的数据与正文中的数据有些出入,因为这些数据是通过月度数据而不是通过年度数据计算出来的。

[3] 见 *International Transactions of the United States During the War*, 1940—1945, Economic Series No. 65, Office of Business Economics, Dept. of Commerce, 1948, pp. 112-115。引用的是从1939年9月到1940年12月这段时期的数据。

[4] 联邦储备委员会认为这些操作脱离了过去的操作模式,因为这些操作的目的不是影响成员银行的准备金和债务的规模。之所以采取这些操作,是基于以下两点:(1) 它们直接影响了政府债券的价格和收益,间接影响了公司债券的价格和收益率,从而促进了整个经济

第 10 章　第二次世界大战时期的通货膨胀(1939—1948)　537

的复苏;(2)保证成员银行持有的不断扩大的政府债券组合避免"不必要的大幅剧烈波动"。(Board of Governors of the Federal Reserve System, *Annual Report*, 1939, pp. 5-6.)1937年年报(第6—7页)中谈到关于联储在 1937 年 4 月的债券购买时,第一次提到了维持"有秩序的市场环境"。但是,我们在第 9 章中已指出,有关维持"有秩序的市场环境"的说法至少可以追溯到 1935 年。早期关于维持有秩序的政府债券市场的看法与后来二战时的看法有两处明显的不同:(1)在 1939 年,货币当局声称政策的目标是保护成员银行的资产组合不受损失以及保证资本市场的有序,而不是保护财政部作为借款者的利益,并将这一目标作为整体经济复苏的一个条件;(2)在 1939 年,货币当局仅仅考虑到要加大对政府债券价格扶持的力度,防止其价格的大幅波动,而没有考虑到建立一个严格的价格支持体系。

〔5〕1940 年 12 月 31 日,联邦储备委员会、储备银行的主席们和联邦咨询委员会向国会联合递交了一份特殊的报告,报告对大规模的超额准备金表示了担忧(*Federal Reserve Bulletin*, Jan. 1941, pp. 1-2)。在他们所提交的报告的众多观点中包括要求国会将法定准备金的最低要求提高到《1935 年银行法》规定的最高限,并要求允许联邦公开市场委员会(而不是联邦储备委员会)把最低准备金要求提高 1 倍。　554n

需要提醒读者的是,1940 年之后,我们无法得到像 Harrison Papers 那样的联邦储备委员会的内部文件,也无法得到像 Hamlin 日记那样的内部人的报告。因此,与早些年相比,我们对联邦储备政策的研究可能在细节方面比较欠缺,而且也没有什么文件可以作为依据。联储体系应该为该时期的学者们提供一些类似的文件,以便研究。

〔6〕现金赤字(盈余)与预算赤字(盈余)的区别在于,前者将社会保障和信托基金的账户与其他政府机构的账户合并到了一起。所以,在讨论政府行为对经济其他部分的影响时,现金赤字(盈余)对我们来说是一个更为合适的指标。

〔7〕1941 年夏,供给品优先分配委员会(战时生产委员会的前身)第一个发布了限制法令,限制产成品的产量,并且最终停止了汽车、卡车、冰箱、洗衣机、电器等的民用生产。非军用汽车的禁产令在 1942 年 2 月 1 日生效,到 9 月份,许多其他的耐用消费品也停止了生产。　559n

〔8〕为了避免误解,应该指出,文中的论述并非旨在提供一个对造成战时高储蓄水平的因素的全面分析。许多其他的因素毫无疑问也起着作用。见"A National Survey of Liquid Assets Distribution According to Income", *Federal Reserve Bulletin*, July 1946, pp. 716-722; Michael Sapir, "Review of Economic Forecasts for the Transition Period", *Studies in Income and Wealth*, Vol. 11, New York, National Bureau of Economic Research, 1949, pp. 312-314; Lenore A Epstein, "Consumers' Taxable Assets", *ibid*., Vol. 12, 1950, pp. 440-453。　560n

〔9〕从 1941 年 7 月到 1945 年 7 月,商业银行持有的美国政府债务增加了 640 亿美元,占到该时期商业银行资产增加量的 90%。从 1917 年 7 月到 1919 年 7 月,商业银行提供的贷款总量增加了 42 亿美元,占该时期商业银行资产增加量的 44%。　561n

〔10〕国库券是按不同折价发行的债券,到期时间不定,最长为 12 个月。在战争期间,它们每周发行 1 次,期限通常为 3 个月,到期面值从 1000 到 1 000 000 美元不等。　562n

〔11〕1942 年 8 月 7 日,联邦公开市场委员会命令联邦储备银行给予出售者回购权,使其能以相同利率回购相同数量的同种债券,并且把这项出售和回购的权利也赋予了证券交易者、公司和流动资产的其他持有者。

[12] 1 年期公债是一种法定期限为一年的政府债券,价格为面值加上累计利息,到期时支付利息。1934 年以来,财政部在 1942 年 4 月首次发行了 1 年期公债。战争赤字时期,期限通常为 11—12 个月。最多的时候,1 年发行了 10 期。通常在月初发行,面值从 1 000 到 1 000 000 美元不等。从 1942 年 11 月起,利率为 0.875 个百分点。到期日相同的债券通常被兑换成新的 1 年期公债或兑换成 13 个月期的债券,以避免这两种债券在同一天到期。

中期国债的期限为 1 年到 5 年。它们的价格为面值加上累计利息。它们的战时利率根据期限不同而改变:13 个月到期的债券的利率为 0.9 个百分点;3 年期的利率为 1.25 个百分点;4.5 年期的利率为 1.5 个百分点。在战争赤字时期,除 13 个月的债券外,共发行了 7 次中期债券。13 个月的债券的市场交易与 1 年期公债相似。

可流通长期国债的期限一般在 5 年以上。战时大部分债券的期限都在 10 年到 25 年之间。它们的价格为面值加上累计利息。下表中是不同期限债券的不同利率。

期限(年)	财政部可赎回的期限(年)	债券利率(%)
10	8	2
15	12	2.25
25	20	2.5

563n [13]《1935 年银行法》首次规定了差别准备金率的管理办法,详细说明了对所有的中央储备和储备城市银行实行统一的调高(低)准备金要求,对所有的乡村银行实行统一的调高(低)准备金要求。1942 年 7 月,才允许对中央储备城市不同级别实行不同的准备金要求。

564n [14] 见 Phillip Cagan's forthcoming volume on determinates and effects of changes in the U.S. money stock,1875—1955, a National Bureau study。

566n [15] Board of Governors of the Federal Reserve System, *Auunual Report*, 1942, p. 9.

[16] 见 Clark Warburton, "Monetary Policy in the United States in World War Ⅱ", *American Journal of Economics and Sociology*, Apr. 1945, pp. 377-389; idem, "A Hedge Against Inflation", *Political Science Quarterly*, Mar. 1952, pp. 5-8。

[17] 见 Friedman, *A Program for Monetary Stability*, New York, Fordham University Press, 1960, pp. 53-55 and 107, footnote 1,进一步研究了对商业银行出售政府债券的货币影响。

568n [18] 当货币的发行采用私人创造货币的形式时,政府实质上是与商业银行共享无息证券发行的垄断权。从政府的角度来看,它发行的有息债务是与假设的"自愿储蓄"相对应的。

[19] 当货币的发行采用的是私人创造货币的形式时,政府实际上是与商业银行共享对货币余额的征税收益(见 Friedman, "Price, Income, and Monetary Changes", pp. 619-625)。

[20] 为了进行更全面的分析,请参照 Friedman, "Discussions of the Inflationary Gap", n *Essays in Positive Economics*, University of Chicago Press, 1955, pp. 251-262; also Martin Bailey, "The Welfare Cost of Inflationary Finance", *Journal of Political Economy*, Apr. 1956, pp. 93-110; Armen A. Alchian and Reuben A. Kessel, "Redistribution of Wealth through Inflation", *Science*, Sept. 4, 1959, pp. 537-539; Ralph Turvey, "Inflation as a Tax in World War Ⅱ", *Journal of Political Economy*, Feb. 1961, pp. 72-73; and

Friedman, "Price, Income, and Monetary Changes", loc. cit. See also above, Chap. 2, footnote 64, and Chap. 5, footnote 35。

〔21〕从1941年12月到1945年12月(基本上是我们在测算战争赤字时期的联邦政府支出时涵盖的时间段)批发物价上涨了14%。如果令货币余额保持在1941年12月的实际水平,那么货币在1941年12月到1945年12月间的名义增加量应该为其实际增加量的13%;如果令货币余额保持在1945年12月的实际水平,那么货币在该时期的名义增加量应该为其实际增加量的24%。假设价格增长率是准确的,那么准确的数字应该介于两者之间,我们估计为20%。

为了简单起见,我们将直接货币创造和间接货币创造合并在一起考虑,并且忽略了商业银行对税收收益的分配。更为精确的分析,见 Ralph Turvey, "Inflation as a Tax in World War II", *Journal of Political Economy*, Feb. 1961, pp. 72–73。

〔22〕例如,下表中给出了一连串战争债券发行中上方的折线的上升程度对下方的折线的下降程度的比率。

债券发行编号	比率
3	1.30
4	1.28
5	1.46
6	1.68
7	1.55
8	3.51

如果进行更为复杂的计算的话,可以考虑文中的第1个原因。更为复杂的计算,以及一般意义上对战争债券发行影响的更为细致的研究是很有趣的,例如,它可能会提供当时银行系统应对环境变化作出调整所需时间的额外论据。

George Morrison 曾指出,我们在早些时候的版本中使用的经季节性调整后的数据,导致我们得出的关于银行对债券发行反应的结论是错误的。我们在此表示感激。

〔23〕1948年货币存量包括的范围与1945年和1946年并不具有严格的可比性(见附录A)。1948年,公众持有的现金包括了其存在国内银行和所属银行及美国互助储蓄银行的现金;而这样的现金并没有包括在早期公众持有的现金中。同样,互助储蓄银行在美国商业银行的活期存款余额也包含在了1948年经过调整的存款中,而在早期的统计中并没有包含其活期存款余额。但是,通过修正1945—1946年的货币存量使两者具有可比性,并不会影响文中的变化率数据。1945—1946年被排除项总计为1.65亿—1.70亿美元,比剔除该项后的货币存量的0.1个百分点稍微多一些。

〔24〕见本章注释〔23〕。

〔25〕联邦储备委员会建议(1945年年报的第7—8页),联储体系应该再享有以下三方面的权力:

1. 限制商业银行持有的长期国债数量,使其与活期存款净额保持一定的比例;
2. 除使商业银行持有针对活期存款净额的高能货币准备金之外,还要求其持有财政部的国库券和1年期债券作为二级准备;
3. 在一定范围内,可以要求任何商业银行提高活期存款净额准备金,以应付任何商业银行的净存款需求。

〔26〕1946年4月末,所有的储备银行对由政府直接债务担保的向非成员银行的贷款不再使用1%的优惠贴现率。之后,个人、合伙企业和公司的贷款利率(到1948年年末利率的变动区间为2.5%—2.75%)适用于非成员银行的贷款。1946年四五月,所有储备银行对由1年到期或可赎回的政府债券担保的成员银行的贷款不再使用0.5%的贴现率,普遍使用的1%的贴现率适用于由各种期限的政府债券担保的贷款。

578n 〔27〕见 statements in *Annual Report*, p. 7; 1946, p. 6; 1947, p. 8; 1948, pp. 2,4, 20; 1949, pp. 7-8; 1950, p. 2; 1951, pp. 3,4,95,98。

578n 〔28〕《联邦储备法》第16章赋予了联邦储备委员会对未被金元券冲抵的联邦储备银行券征收利息税的权力。1933年以前,每家联邦储备银行在提取完数额等于资本金的公积金之后,必须向政府缴纳其净收益的90%作为特许税。这个条款在修订《联邦储备法》时被废除。《1933年银行法》包含了该条款,并将特许税用于建立联邦存款保险公司。国会要求每家储备银行认购联邦存款保险公司的股份,认购数额等于1933年1月1日银行公积金的1/2。由于认购股份导致银行的公积金减少,联邦储备银行不再缴纳特许税。1933—1944年这段时期的收益使银行的公积金仅仅恢复到不足其认购资本金的75%。但是,在1945年及1946年,收益使其公积金大于银行的资本金总和。

上述关于银行收益的措施与0.375%的买入利率的废除存在一定的关系,这种关系在联邦公开市场委员会的报告中有所暗示,该报告披露了其与财政部代表关于这些条款的讨论内容(Board of Governors of the Federal Reserve System, *Annual Report*, 1947, pp. 90-92)。*Commercial and Financial Chronicle* (July 10, 1947, p. 20(124))中认为,联邦储备收益向财政部的转移其实是财政部默认的由于利息成本上升而提出的交换条件。

〔29〕从1947年4月到10月,财政部出售了其投资账户上的18亿美元的长期债券,10月份发行了一种新的非流通的债券,利率为2.5%。

580n 〔30〕对活期存款净额的新的准备金要求的最高限:中央储备城市银行为30%,储备城市银行为24%,乡村银行为18%;对定期存款来说,所有的银行均为7.5%。9月份,规定的活期存款准备金率分别为26%、22%和16%;定期存款准备金率为7.5%。

581n 〔31〕在1946年,财政部运用其巨额的综合基金余额(来自胜利债券借入过多的部分)
582n 来偿还债券的本息。这是一个簿记式的操作,涉及战争贷款账户(银行对政府的负债,没有准备金要求)上存款的减少,以及银行持有债券(政府对银行的负债)的减少。(1946年12月31日发布的"总统声明"结束了二战对立时期,因此1947年6月30日成员银行不再享受战争贷款账户免除准备金要求的权利。)

关于运用盈余收入来偿付债务所产生的货币影响,尤其是偿还不同持有者所持有的债务所产生的影响,一直以来都有很多讨论。战争时期人们认为商业银行持有债券具有特殊的意义。这种讨论其实是对该观点的一种延续。如果其他条件不变,通过转移商业银行中财政部的存款来偿还联邦储备持有的政府债券,则会导致高能货币的减少,从而对货币存量产生紧缩效应。通过转移商业银行中要求提取准备金的财政部存款偿还商业银行持有的债券,最初会导致要求提取准备金的存款同等数量的减少,同时以政府债券方式存在的银行资产也会减少。在部分准备金制度下,偿还债券会释放一些超额准备金,从而使银行的存款和资产恢复到最初的水平,因此这种行为在货币效应方面是中性的。运用财政部存款(要求交纳准备金)偿还非银行机构持有的债务仅仅是存款所有权的转移,不会对存款或准备金产生直接的影响。

但是,其他条件发生了变化。以利率支持计划为例,无论是债券的数量,还是债券的份额实际上都是由持有者来决定的。两者所形成的利率结构必须与计划所支持的利率结构保持一致。例如,如果财政部使用盈余收入来偿还公众持有的长期债务,在固定的利率水平上,当公众希望持有长期债券而卖出短期债券时,结果就是短期利率有上升的趋势,而长期利率有下降的趋势。这反过来会导致联邦储备为了维持利率体系出售长期债券而购买短期债券。因此,导致的结果恰恰与财政部最初偿还短期债券的结果相同。对于财政部的其他操作和公众的偏好,情况也是类似的。财政部的操作只决定一个特定的持有者是从财政部、联邦储备或其他持有者手中获得债券,还是将手中的债券转让给这些人。

〔32〕感谢 David Meiselman 为我们提供下面这组数据。

季度		Baa 级公司	125 家工业普通股的收益率		公司债券收益率减去 125 家工业普通股的收益率	
		债券的收益率	股息率	企业利润率	股息率	企业利润率
			价格下降预期			
I	1946	2.97	3.46	2.64	-0.49	0.33
IV	1948	3.52	6.56	15.18	-3.04	-11.66
			价格上升预期			
III	1950	3.25	6.49	15.93	-3.24	-12.68
III	1951	3.50	6.13	8.75	-2.63	-5.25
I	1955	3.47	4.14	8.25	-0.67	-4.78
IV	1957	5.04	4.46	6.78	0.58	-1.74

资料来源:债券的收益率和股息率是每个季度的各月数据的平均值,季节性波动不明显。企业利润率是由每股收益除以每股价格得到的季度平均数,并且经过了季节性调整。数据来自 Commercial Statistics,初始来源是 Moody's Investors Service。

为了保持债券和股票的风险基本一致,我们使用了 Baa 级债券。但是,使用 Aaa 级债券不会改变三个时期收入差异变化的方向。Aaa 级债券收益率减去股息率为 -0.96、-3.74、-3.86、-3.24、-1.16、-0.46(倒数第 2 列)。Aaa 级债券收益率减去企业利润率为 -0.14、-12.36、-13.30、-5.86、-5.27、-2.78(最后 1 列)。

〔33〕在考察图 51 中价格变动和资本流动之间的关系时,应该指出,从时间序列起点(1871 年)开始,资本流动的数据与价格比率相比在长期有下降趋势。这就意味着,给定一定数量的对美国的资本输入,从长期来看这同美国相对于英国更高的价格水平是一致的;或者换句话说,给定一定的价格比率,资本输入的数量会更少一些(或者资本输出会更多一些)。对这样一个结果最清晰的解释是,美国对英国的比较优势越来越明显,这可能是由美国技术增长率的提高和资本积累速度的上升导致的。这样一个日益增长的比较优势是人们用来解释所谓战后"美元短缺"的最为流行的一个例证(见 John R. Hicks, "An Inaugural Lecture", *Oxford Economic Papers*, June 1953, pp. 121-135)。

〔34〕一个对二战时期瑞典的最新研究为我们提供了瑞典货币和价格方面的资料,可以用来与美国类似的战时数据变化作比较。

变动百分比，1939年第二季度至1945年第二季度	瑞典	美国
1. 现金加调整后的活期存款	110	203
2. 货币存量（第1项+商业银行的定期存款）	93	163
3. 消费者物价指数	49	30
4. 批发物价指数	80	39

瑞典货币规模的上升幅度要比美国小得多，这意味着瑞典的通货膨胀压力要小一些。这是由于以下两个原因，但未必是决定性的因素。(1) 战时贸易的中断对瑞典生产潜力的影响可能比对美国的影响更为严重。(2) 瑞典在1939年的潜在闲置资源要比美国少。

瑞典价格指数的上升幅度要比美国大，尽管其货币规模的增加幅度要小一些。这似乎清楚地证明了瑞典的价格管制对价格上涨的压制要小一些。但是，从1942年第三季度到1945年第二季度，价格管制更为严格，瑞典的价格没有上升，而货币总量又增加了30%。也许这就是1942年以后，美英价格比率与美国、瑞典价格比率差距缩小的原因，而美英价格比率与美国、瑞士价格比率的差距却持续扩大，一直到1945年。

关于瑞典的数据资料，见Daniel J. Edwards, "Process of Economic Adaptation in a World War Ⅱ-Neutral Country: A Case Study of Sweden", unpublished Ph. D. dissertation, University of Virginia, 1961, pp. 144–145, 163–164。感谢Edwards提供他的论文。

590n　〔35〕二战期间的运输和金融体系出现了如此严重的紊乱，以至于和平时期资本流动和相对价格之间的关系难以再维持下去了。当然，如果战争期间这些关系被完全扭曲了，也有可能从根本上改变两者在和平时期的关系。但是，在一战时期，这些关系所受的影响比较小。因此，一战时的情况已经不复存在了。

无论在战争时期，还是在和平时期，美国居民愿意消费、投资、放弃或持有的外国货币与非美国居民为相应目的愿意放弃外国货币而获得的美元数量是相等的，因为实际发生的收支总量是相等的。但是，在战争时期和在和平时期有两点区别：(1) 各方需要持有或放弃的总量发生了变化（外汇的需求和供给曲线发生了移动）；(2) 为了消除计划差额，更为广泛地使用了直接控制手段。考虑到(1)，曲线移动的净效果我们并不清楚。人们可能认为，对于中立国家来说，外汇的供应和需求都将因为贸易受到威胁而减少（贸易的危险性事实上会提高进口的平均价格，同时减少出口的平均收入）。考虑到(2)，如果不通过管制就可以保持当时的汇率水平的话，那肯定是因为汇率调整后的相对价格与保持汇率平价的相对价格是接近的。

那么，维持相对价格和资本流出之间关系的是什么机制呢？部分答案可能是二战期间资本流出对相对价格的调整程度大于和平时期的调整程度。例如，中立国家的居民可能更愿意积累美元余额。在和平时期，如果人们消除实际或潜在的余额，那么将会使经过汇率调整的相对价格与合适的资本流动相一致。在战争时期，这种消除行为就会发生暂时中断，一方面是因为中立国家的居民和美国人一样，为了在战后获得短缺物品，希望持有更多的美元余额；另一方面是因为中立国家或美国的外汇管制会暂时冻结这些余额。无论是哪种情况，美元余额的积累（不论是自发的还是被迫的）都会造成资本的流入，从而弥补了美国对其同盟国的资本自动输出。但是就已发生的事实而言，资本输出实际上是随着相对价格的变动而调整的，因为美国较高的相对价格会造成较多的抵消性的资本流入，而较低的相对价格会造成较少的抵消性的资本流入。

但这并不是全部原因。由于中立国家积累的美元余额超过了合适的水平，它们试图获得本币,而实行固定汇率的政府机构则必须提供这种货币,因此在国内产生了类似黄金流动的效应。这种机制与和平时期的机制从根本上来说是一样的。

最后,汇率总是时刻准备着在必要时接受调整。但是我们在前面已经提到,一直没有这种调整的必要,这就意味着前面的调整机制已经足够充分了。

〔36〕如果想对这个假设作更为准确的检验,就需要计算更为长期的瑞士和瑞典的价格比率,并且需要对之前年度资本流动和价格比率之间的定量关系进行检验。

图 63 总结出的对这种关系全面详尽的研究对我们而言十分有价值。尽管图 63 是基于价格和资本流动的原始数据作出的,但是它准确地揭示了理论中提出的关系,这种关系至少从内战结束后的十年一直持续到二战时期。

第11章

★★★

货币政策的复苏
(1948—1960)

在 1948 年物价达到顶峰后的 12 年间,货币方面最显著的特征是货币存量不同寻常的稳步增长(见图 52)。在这方面,这一时期大体可以与早先那些相对稳定的时期——1882—1892 年、1903—1913 年和 1923—1929 年相提并论。在早先的时期中,货币存量的相对稳定增长伴随着产出和物价的稳步上升(见图 52 和表 25)。[1]但是,在 1948—1960 年间,货币存量变化率比产出和物价变化率的稳定性更为显著。货币存量年度百分比变动的标准差只相当于其他三个稳步增长时期最低值的 3/5,也比从 1869 年来的任何相似时间跨度的其他时期中的数值都要低,但这种情况却没有出现在产出和物价上。尽管 1948—1960 年货币流通速度比任何一个价格波动时期都要稳定得多,但却比其他三个时期中的另外两个都要低。在此时期存在一个有趣的问题,那就是为什么流通速度如此不稳定。

一个纯统计因素或许可以用来解释这一时期货币存量标准差较低的原因,那就是数据质量的提高,但我们始终怀疑这个因素是否是主要的原因。如果与 1923—1929 年的数据比较,这个因素显然不是主要原因,因为数据质量的变化主要发生在 1914 年前后。

货币存量均衡而稳定的增长,与关于货币政策的作用以及它与这一时期其他经济政策关系的争论形成了鲜明的对比。朝鲜战争带来物价的猛涨显著地表现出货币当局在阻止通货膨胀压力方面所表现出的无能,只要他们仍然试图维持政府债券的价格,就必然会引发通货膨胀。在物价上涨的同时,联邦储备体系和财政部之间展开了半公开的论战,这一辩论后来为 1951 年 3 月的所谓"协议"的出台所终结,两年多后,政府明确放弃了债券价格支持政策。在美国货币史上,很少有这样能同时引起议会和学术界的注意的事件。[2]随后,联邦公开市场委员会作出了对短期政府债券公开市场操作进行限制的决定,认为短期国库券更可取(即所谓"仅存短期国库券"主义),但这一决定遭到了纽约联邦

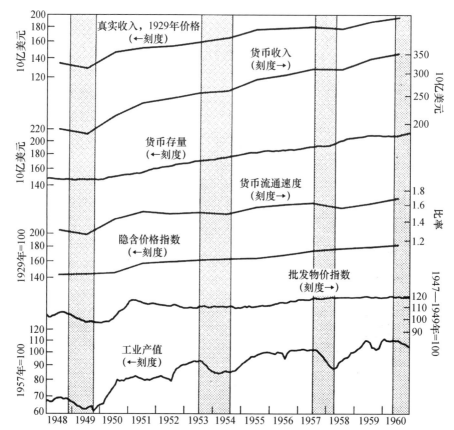

图52 1948—1960年经济扩张期和紧缩期中的货币存量、收入、价格和货币流通速度，以及工业产值

注：阴影部分代表经济紧缩期，非阴影部分代表经济扩张期。

资料来源：1948—1951年批发物价指数来自 *Continuation to 1952 of Historical Statistics of the United States, 1789—1945*, Bureau of the Census, 1954, p.47；1952—1960, *Business Statistics*, 1955, 1957, 1961, Office of Business Economics。其他数据与图16和图62的来源相同。

表25 1869—1960年价格相对稳定时期和价格波动时期货币存量和其他变量变化率的稳定性的比较

时　期	年度百分比变化的标准差					
	货币黄金存量 (1)	高能货币 (2)	货币存量 (3)	货币流通速度 (4)	批发物价 (5)	真实收入 (6)
1869—1882	20.3	5.7	6.9	8.1	7.0	7.8
1882—1892	**4.4**	**2.0**	**3.7**	**3.4**	**4.6**	**3.7**
1892—1903	8.8	4.6	7.1	5.6	5.5	6.9
1903—1913	**3.5**	**2.7**	**3.7**	**5.3**	**4.7**	**7.4**

(续表)

时 期	年度百分比变化的标准差					
	货币黄金存量 (1)	高能货币 (2)	货币存量 (3)	货币流通速度 (4)	批发物价 (5)	真实收入 (6)
1913—1923	10.1	8.9	6.9	9.9	20.3	8.7
1923—1929	**5.5**	**1.4**	**2.8**	**4.3**	**3.7**	**2.5**
1929—1939	8.6	6.2	10.6	9.4	9.6	12.1
1939—1948	8.8	6.8	6.8	10.6	7.2	8.9
1948—1960	**4.4**	**2.9**	**1.7**	**4.7**	**3.9**	**4.7**

注：黑体字表明经济相对稳定时期。除了二战开始的1939年，其余日期均是每年国民经济研究局年表中的参考周期峰值。

资料来源：如果没有具体标明，数据是以每年6月30日为中心的平均值。

货币黄金存量

1869—1878年6月30日的数据来自 *Annual Report* of the Secretary of the Treasury，1928，p. 552，减去假定的黄金损失（1872年之前的数值是我们估计的，之后的数据来自 Director of the Mint，*Annual Report*，1887，p. 86，and 1907，pp. 87 and 92），按照步骤法取得近似值。根据步骤法，若一个偶数月份介于两个已知数值的月份之间，那么第一个已知月份的数值向前移半个月，第二个已知月份的数值向后移半个月。如果月份数值是奇数，那么中间月份的数值取两个已知月份的平均值，中间数则是其他已知月份的均值。

在1878年6月以后，数据是按月份统计的——整个1946年是月末数据，此后是每日数据的月平均值。

1878年7月—1907年6月，Report of the Treasurer in *Annual Report* of the Secretary of the Treasury，1891，pp. 159 ff.；1898，pp. 109 ff.；1903，pp. 205 ff.；1909，pp. 190 ff.；and 1915，pp. 339 ff.，减去铸币局估计的黄金假设损失。

1907年7月—1913年12月，*Circulation Statement of U. S. Money*，U. S. Treasury Dept.

1914年—1934年1月，*Banking and Monetary Statistics*，Board of Governors of the Federal Reserve System，1943，pp. 536-537。不完全证据显示，联邦储备体系假设用来恢复黄金储备的2.87亿美元已经损失了（*ibid.*，p. 407，and present text，Chapter 8，footnote 45）。

1934—1941年，*Banking and Monetary Statistics*，pp. 537-538。在计算从1933年到1934年的货币黄金储备的变化时，28.06亿美元的贬值利润被从1934年的数据中剔除了，尽管它被包括在计算从1934年到1935年的变化的过程中。因此，1929—1939年黄金储备的变动没有受到贬值引起的增量的影响。

1942—1960年，*Federal Reserve Bulletin*。

高能货币

1869—1978年，利用表B-3的数据，运用步骤法，计算出年度平均值。

从1878年6月起，年度平均值从月份数据计算得到；1878年6月到1907年4月，与表B-3的来源相同；1907年5月到1960年12月，表B-3。

货币存量

1869—1907年，年度平均值根据表A-1第8列，通过步骤法计算得出。从1907年5月，年度平均值从月份数据中计算得出，同上。

货币流通速度

表A-5。

批发物价

Historical Statistics of the United States from Colonial Times to 1957，Bureau of the Census，1960，Series E-1，E-13，and E-25，pp. 115-117；and *Business Statistics*，1961，p. 36.

真实收入

与图62相同。

储备银行主席的公开反对,并成为议会的批判对象,特别是在与财政部可以发行的长期政府债券利率法定上限问题牵扯到一起以后。

人们关于政府在经济事务中所扮演角色的观念发生了巨大的转变,而关于货币政策的广泛讨论本身就是这种转变的一部分。大萧条和罗斯福新政留下了两个重要影响:一是人们对经济活动的波动更加敏感;二是政府对于保持充分就业负有直接责任的观念被广泛认同,并在1946年的《雇佣法案》(Employment Act)中得到体现。随着统计信息的改进,公众对知识的传播和对经济动向的敏感度逐渐提高,而在以往统计信息不充分的时代,这种经济动向除了研究经济周期的学者会在事件发生很久后研究一下,其他人几乎是不会关注的。

财政政策,即改变政府支出和税收收入的政策,最初被认为是政府履行职责的主要手段。但随着时间的推移,特别当朝鲜战争和随后的冷战在决定政府预算方面起了重要作用的时候,政府支出与税收无法随经济环境的改变而适时地进行反周期运动。并且,国内外的经验在一定程度上恢复了人们对货币政策功效的信心。结果,货币政策作为促进充分就业和价格稳定的手段被进一步强调。

11.1 货币、收入、价格和货币流通速度的变动

如图52所示,国民经济研究局认定的1948年11月开始的经济紧缩是短暂和相对温和的,并在1949年10月达到谷底。我们从前面的章节了解到,在达到谷底之前,货币存量从1948年1月开始缓慢下降,并且物价从1948年8月开始下降。货币存量和物价的下降一直贯穿紧缩的整个过程。货币存量的谷底出现在周期谷底1个月之后,物价的谷底出现在其3个月之后。货币存量总共下降了大约1.5%,其中3/5是周期顶峰之前发生的;物价下降了大约8%。

货币存量的下降幅度虽然很小,但却不具有代表性。更大幅度的周期性货币存量下降在之前仅仅发生过6次(如果包括1867年1月至1868年1月的下降则为7次),并且,每次下降都伴随着经济的剧烈紧缩。其中,1937—1938年下降最少,降幅为3%,是1948—1949年降幅的2倍。然而,在以往的温和收缩期,货币存量一般是以递减的速度持续增长的。那为什么1948—1949年的紧缩是个例外呢?为什么货币存量1.5%的下降没有伴随着收入和物价更加急速的下降呢?

第 11 章 货币政策的复苏(1948—1960) 551

　　原因并不难发现。从内战到第二次世界大战的整个时期内,货币流通速度几乎是一直下降的,而在经济周期的紧缩阶段,下降得更迅速。所以,即便是货币存量相对温和的下降,例如 1937—1938 年紧缩期 3% 的货币存量下降率,都会带来收入的显著减少。在 1948—1949 年,作为对战争期间大幅下降的反应,货币流通速度的潜在趋势是急剧上升的。因此,相对于这种趋势,货币流通速度的周期性下降仅导致流通速度绝对下降了 3.5%,并导致在货币存量绝对下降的同时,收入只是温和地下降。

　　经历了 1949 年 10 月经济谷底之后的复苏是强有力的。到 1950 年 4 月左右,经济活动达到先前的峰值水平,并且伴随着货币流通速度的提高和货币存量的增长(从个人收入和货币存量的月份比率得出,并没有在图 52 中显示),但是商品的批发物价却几乎没有变动。1950 年 6 月朝鲜战争的爆发更是将强势复苏转变为投机性繁荣。批发物价开始以类似于 1941 年的速度上升,从 1950 年 6 月到 1951 年 2 月共上升了 16%。这并没有导致货币存量增长率发生变化,但却使货币流通速度增长率有所提高。

　　我们先前已经表明,在战争结束后,公众预期物价在未来将大幅下降,但是 1948—1949 年的衰退非常温和,并且物价比战后的水平下降甚小,这淡化了人们的预期,朝鲜战争的爆发更是给了这种预期致命的一击。相反的情况是,担心再度发生战时短缺和物价上涨的恐慌出现了。相对于流动资产,生产者和消费者都更努力地囤积短缺商品,增加实物商品。

　　在 1949 年中期到 1951 年中期的两年中,相对于收入,公众大量减少他们持有的流动资产,减幅超过 1946—1948 年的水平,并且此时的基数也较低。公众持有的现金、互助和邮政储蓄存款、储蓄和贷款份额以及政府债券的总额相当于 1939 年 13.3 个月的国民收入,而这一数额在 1946 战后高峰曾达到 21.4 个月的国民收入,但在 1948 年又回落到 18.4 个月的国民收入,在 1949 年上升至 19.3 个月的国民收入,并且在 1951 年下降至 15.8 个月的国民收入。货币和广义流动资产的表现是一样的。货币存量从 1946 年的相当于 10.3 个月的国民生产净值下降到 1948 年的 9.2 个月国民生产净值,并从 1949 年的 9.5 个月下降到 1951 年的 7.9 个月国民生产净值,第二次下降意味着货币流通速度从 1949 年到 1951 年上升了 20%。

　　因大众预期变动而导致的货币流通速度的快速提高,而非货币存量的快速增长,是物价上涨的主要动力。并且这次物价上涨是推动货币当局制定 1951 年 3 月的《财政部-联邦储备体系协议》的主要动力。关于这个协议,在第三部分我们将会作进一步的讨论。

协议反过来又有助于终止批发物价和货币流通速度的上涨,它的出台恰逢两者的峰值。尽管上涨源于货币流通速度的上升,但是如果没有货币存量的扩张,上涨就难以为继。这个协议以近似自动的方式阻止了货币存量的扩张。此外,协议也通过降低政府债券流动性的方式增加公众愿意持有的货币余额的水平,从而导致货币流通速度的温和下降。到1950年,公众货币持有量与收入的比值从1946年的水平以约18%或19%的速度下降,降幅与其他流动资产占收入的比重相同。1950—1951年,货币占收入的比率比其他流动资产占收入的比率下降的速度要慢,大约是6%:10%;然而1951—1952年,货币占收入的比率上升了2%,而同时其他流动资产占收入的比率却下降了2%。这就是为什么从1950年6月到1951年2月货币存量以每年3%的速度上涨时,物价快速上涨,而1951年2月到1952年6月货币存量以每年5.1%的速度上涨时,物价却温和下降。

在1951年年初物价达到顶峰后的两年里,随着批发物价的缓慢下跌,经济活动持续保持在较高的水平。1951年年初物价缓慢上涨,预期的物资短缺并没有发生——协议宣布的效应以及引发的争论可能加强了这一现象——显然削弱了被广泛认同的物价飞涨不可避免的信念,而同时也没有产生类似之前物价注定下跌的预期。1951—1953年的货币流通速度稳定在1951年的高水平,而非1948年和1949年的低水平,这证实了我们的结论。债券和股票收益差异的变化也能支持我们的结论。收益差距可以解释为价格预期变化率的指数,该指数从1950—1951年迅速扩大[3],并在随后的两年中基本保持相同的水平(债券收益率减去股票收益率)或者差距在持续缓慢拉大(债券收益率减去分红收益率)。同样,公众对有关价格预期问题所作的直接回答也支持了我们的结论。[4]然而,所有这些证据都只具有参考价值。我们对货币流通速度理解的精确程度并不足以让我们排除其他对货币流通速度稳定性的解释。以往,仅仅股票债券收益差异有时并不是价格预期完全可靠的指标,并且人们对问题的回答可能也不是实际行为的反映,无法成为预期的可靠指标。即便人们言行一致,单靠数人头也难以对主宰某种经济活动的力量作出合理解释。

从1953年开始,货币当局开始关注通货膨胀的压力,并展开了一系列的限制行动。我们将在下文进一步描述这些限制行动带来的货币市场的猛烈紧缩以及1933年以来最类似于货币市场危机的事件。限制行动和随之而来的货币政策预期的改变,以及最终的债券市场危机,这三者或许在决定经济周期顶峰时间是1953年7月而不是更迟上发挥了重大作用。如果是这样的话,债券市场危机本身可能就是最后一根稻草,因为我们知道,这样的事件发挥效果是需要时间的。然而,债券市场危机仅仅比商业周期顶峰早两个月。也有可能货币事件并非决定性的,而是其他潜在因素推动了扩张,并且加强了所采取货币措施的紧缩效果。无论哪种情况,货币市场的波动都是经济形势转变之前货币政策变化的原因。这一货币政策变化与货币当局面对经济低迷时通常存在的行动迟滞有所不同,货币政策的及时逆转可能提供了合适的外部环境,使得衰退更加温和。

从1954年8月的低谷反弹后,物价是相对稳定的。从1955年开始,批发物价开始上升。从历史的角度来看,这次上升的幅度并不大。从1867年12月到1954年8月,在非战争时期的经济扩张期中,批发物价年均上升9%;而从1954年8月到1957年7月的扩张期中,仅上升了7%。然而,物价在经过1957年7月的周期顶峰后仍然持续增长,而后经历了短暂的紧缩期,并在1958年4月跌入谷底。在二十多年中,公众经历了几次物价大幅上涨期,而并未经历物价下跌期,因此处在对经济变动高度敏感的环境中,温和的物价上涨引起了对长期通货膨胀的广泛忧虑。这种忧虑很好地解释了为什么在1951—1954年货币流通速度下降了2.5%,而1954—1957年增长了10%。这样大幅度的增长在和平时期只低于在前面提到的三个扩张时期:1932—1937年,该时期的货币流通速度的大幅增长是对大萧条时期下降的反应;1946—1948年,该时期的大幅增长是对战争时期下降的反应;1949—1953年,则是对朝鲜战争时期投机性繁荣的反应。人们对通货膨胀的关注也可能解释了债券和股票收益差异进一步扩大的原因(参见第10章注释〔32〕)。

货币当局对1957年7月开始的经济紧缩反应强烈。在经济周期顶峰之后的一个季度,货币存量达到了一个绝对顶峰,但是其增长只是暂时停止。从1957年年底开始,货币存量又迅速增长,尤其是在1958年上半年,而后在1958年下半年增长有所放缓。1958年整年货币存量年增长率为6.5%,是1946年以来年增长率最高的一年。在1958年4月紧缩结束时,经济活动迅速复苏。在过多讨论了严重崩溃的危险之后,随着黄金大量流出的迅速逆转,货币当局认为它们过度使用了扩张性的货币政策,并且通货膨胀仍然是主要危险。在1959年9月,货币存量达到绝对顶峰,随后到1960年6月降低了1.1%。这是我们的记录中货币存量在经济扩张期的最大降幅,之前仅在1928—1929年和1948年发生过。

1959年下半年愈演愈烈的钢铁行业工人罢工,使得这个时期的经济活动很难理解。当罢工导致了工业产值的急剧下降时(见图52),已经有一些信号表明充满活力的扩张期已经过去了,且经济已趋于稳定。当罢工在1959年11月结束后,经济并未恢复有力的扩张。经济活动一直保持在一个比较稳定的水平,直到1960年5月经济周期顶峰的到来,而这是在货币存量达到顶峰的8个月后——这与我们发现的之前许多周期性的货币存量变化率持续的时间相似。

这次经济扩张仅仅维持了两年零一个月,几乎是战后最短的经济扩张期。其间批发物价大体保持恒定,尽管消费物价上升了2.3%。就业人数迅速上升,失业率虽然从1958年中期的水平开始下降,但还是相对较高的。从1955年1月到1957年11月,经季节性调整的城市劳动力的失业率从未高于5%,而在1959年和1960年,失业率仅有一个月低于5%。从1958年到1960年真实收入每年上升4.7%,这个比率与一般经济扩张期的水平相比并不高。总之,这次扩张期不仅时间较短,也相对温和。

从1958年到1960年货币流通速度每年增长3.8%,对于周期性扩张来说是比较温和的,但公众并没有形成物价进一步上涨的普遍预期。

考虑到以往的情况,特别是与严重紧缩相联系的货币存量的绝对下降的趋势,有理由把这次扩张期的短暂和温和归因于在扩张的初期货币存量停止增长和随后的大幅绝对下降。1960年年初,由于越来越多的证据表明,将要到来的是紧缩而不是有力的复苏,货币当局采取了相应的措施来逆转货币存量的下降趋势。从1960年6月到1961年6月,货币存量以每年6.5%的速度增加,几乎达到了1958年年初的增长速度。

11.2 导致货币存量变化的因素

如图53所示,1948—1960年的阶段性特征是,高能货币的运动方向与存款-准备金比率的上升趋势截然相反,存款-通货比率也保持了类似的上升势头。从1948年8月到1960年5月,货币存量有所增加,高能货币的增长、存款-准备金率的提高以及存款-通货比率的提高分别贡献了23%、40%和30%。

高能货币与存款-准备金比率反向变动很大程度上是成员银行准备金要求变化的结果。准备金要求在1948年提高,在1949年降低,1951年再次提高,又于1953年、1954年、1958年、1959年和1960年再次降低(见图54)。[5]联邦储备银行几乎都不持有超额准备金,而是在准备金要求改变的情况下迅速地对准备金进行调整,这种变化每次都反映在存款-准备金比率上。除了1953年和1960年,每次准备金要求的变化都伴随着联邦储备信贷余额(每日数据的月份平均值)相同方向的变化,这意味着联邦储备信贷余额倾向于抵消准备金要求的变化对货币存量的影响。直到1951年,联邦储备信贷余额的变化都是债券支持政策的结果;在此之后,作为审慎政策,联邦储备体系利用公开市场操作去分散非连续准备金要求变化的效应。

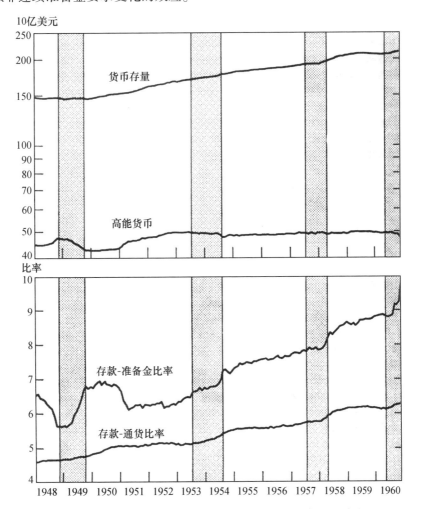

图53　1948—1960年的货币存量及其直接决定因素,月度数据
注:阴影部分代表经济紧缩期,非阴影部分代表经济扩张期。
资料来源:表A-1第8列和B-3。

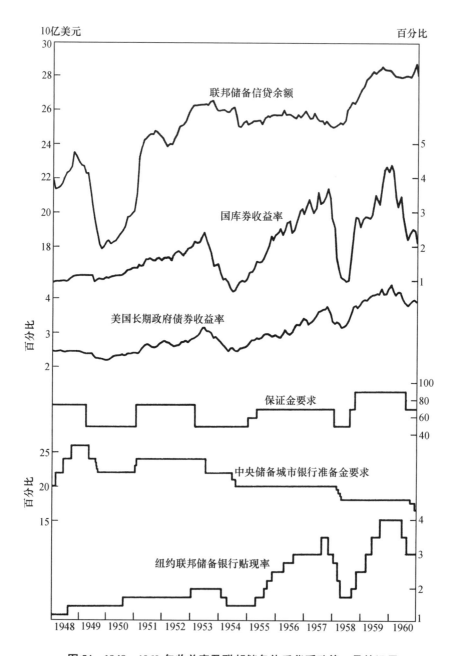

图54 1948—1960年收益率及联邦储备体系货币政策工具的运用

资料来源：国库券（新发行的国库券）收益率，来源于 *Federal Reserve Bulletin*，经国民经济研究局季节性调整；美国长期债券收益率（应税债券少于10—15年的，既不支付也不可赎回），无须季节性调整；其他数据与图41和图49的来源相同。

11.2.1 货币存量的下降(1948年1月—1949年11月)

我们注意到1948年1月、6月和9月准备金要求的提高。前两次提高只涉及中央储备城市的银行。最后一次提高涉及所有的银行,并且在数量上是最重要的,它导致存款-准备金率更急速下降。对于中央储备城市以外的银行,法定准备金要求达到了1941年以来的最大值,并且最后一次提高的法案是在1948年8月由杜鲁门总统召集的寻求通货膨胀对策的议会特别会议通过后才得以实施的——这是该会议通过的极少数几项政策之一。法律授权联邦储备委员会到1949年6月才可以提高最高准备金率。[6]在这种情况下,联邦储备委员会毫无疑问地感受到了使用新权力的压力。否则,联邦储备委员会根本不会提高准备金率,因为正如我们所看到的,货币存量在1948年1月已经下降,并且价格在8月已经达到了峰值。议会特别会议通过另一措施赋予联邦储备体系控制分期信贷的新权力,这一权力同样在9月被使用过。

准备金要求增加的直接影响是成员银行开始出售政府债券来充实其货币准备金。理所当然地,联邦储备体系在政府债券价格支持政策下承担购买债券的义务。准备金要求的增量大约有20亿美元——联邦储备体系在9月购买政府债券的数量。高能货币的数量仍然是联邦储备体系支持政府债券收益率的结果,而不是联邦储备体系控制下决定货币存量的独立变量。

若准备金要求变化的影响超越了主要成员银行以付息政府负债交换非付息政府负债(在储备银行的存款)影响的数量范围,则一定是它降低了成员银行发放贷款或购买非政府债券的意愿。这一效果增强了1947年短期政府债券收益率提高的作用,并在1948年中期再一次发挥作用,此时,短期国库券收益率被允许随贴现率的提高而提高(见图54,此图给出了国库券和长期债券的收益率)。正如我们已经看到的,直到1948年1月联邦储备体系维持的收益模式一直与货币存量的下降保持一致。1948年中期收益率的提高和9月准备金要求的提高增强了使货币存量趋于减少的力量——主要是财政盈余及价格下降预期对货币需求的影响(见前面的章节)。

货币存量的减少无疑导致了1948年11月开始的经济紧缩,而这次紧缩反过来也是导致货币存量下降的一个因素。在债券价格支持政策下,联邦储备体系被迫在1948年的大部分时间里大量购买长期政府债券,以使其收益率不跌至2.5%之下。在1949年早期,非联邦储备体系购买者所需要的债券数量多于在这一价格水平上非联邦储备体系出售者卖出的债券数量。因此,在无联邦储备体系干涉的情况下,价格会显著上升。尽管联邦储备体系仅承担维持债券价格下限的义务,而不是钉住价格或者阻止价格上升,但是联邦储备体系显然感觉到这一市场状况的逆转只是暂时的。不管是这一原因还是其他原因,事实上,联邦储备体系在1949年上半年出售超过30亿美元的政府债券,这近乎于钉住价格。结果是联邦储备信贷余额从1948年11月的周期顶峰到1949年4月准备金下降前夕降低了超过20亿美元。少量的黄金流入和联邦储备银行国库存款的大幅下降抵消了联邦储备信贷收缩的1/3。这些变化显示在图55中,与图40相类似。被标示为"余额"的曲线表示了高能货币减去黄金存量、国库现金及储备银行存款之差,并因此分离了主要由联邦储备体系行为所造成的变化。(余额变化的区域,在图55中比图40中宽,反映出在高能货币变动方面,

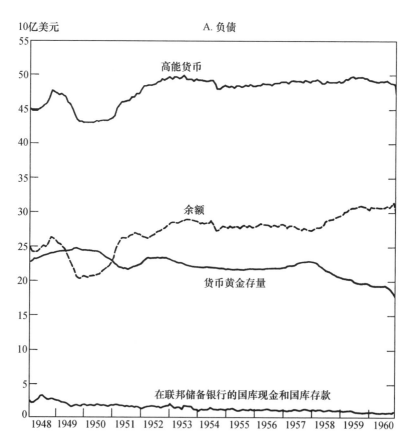

图55 1948—1960年高能货币变化的主要决定因素,月度数据

资料来源:与图40的来源相同。

第 11 章 货币政策的复苏(1948—1960) 559

联邦储备体系在战后发挥了比财政部在 20 世纪 30 年代更大的作用。)存款-通货比率的提高进一步阻止了联邦储备体系出售政府债券对银行准备金的影响,但是成员银行的准备金余额从 1948 年 11 月到 1949 年 4 月下降了 9 亿美元(见图 56 的 A 表,商业银行在联邦储备银行的存款的季节性调整)。

尽管联邦储备体系对紧缩的反应相对缓慢,但仍不至于像 1920 年那样滞后。当时,联邦储备体系的第一次行动是在周期转折后的第 16 个月。在 1949 年 3 月和 4 月,也就是周期顶峰的 4—5 个月后,信贷控制就放松了,并且担保贷款的保证金要求也减少了。比以上两点更重要的是,在 5 月 1 日和 9 月 1 日之

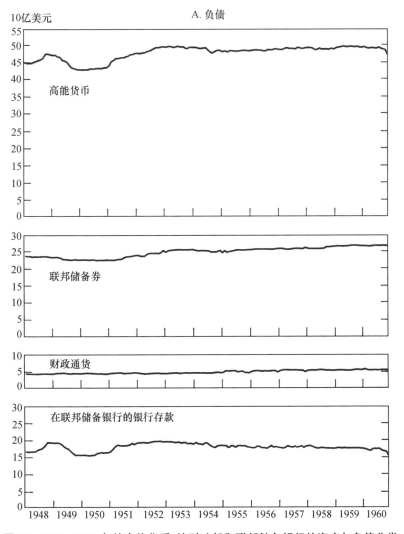

图 56　1948—1960 年的高能货币,按财政部和联邦储备银行的资产与负债分类

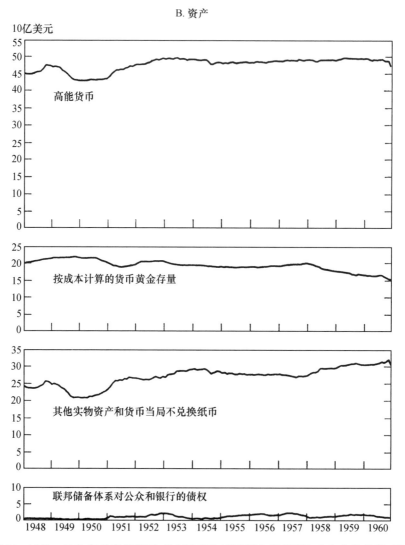

图 56　1948—1960 年的高能货币,按财政部和联邦储备银行的资产与负债分类(续)

注:联邦储备券和财政通货不属于财政部和联邦储备银行。高能货币包括 2 500 万—5 000 万美元赎回但没有取得的金元券,没有在负债部分显示。

资料来源:对图 47 运用 Annual Report of the Secretary of the Treasury,1950—1960 的数据在贬值利润方面进行了扩展。

间,准备金要求的连续六次下调减少了将近 40 亿美元的准备金。[7] 最重要的是,6 月,联邦储备体系宣布,不再试图阻止债券价格上升。7 月,长期债券收益率相应下降并且短期债券收益率也有所下降(见图 54)。随着时间的推移,联邦储备体系从政府债券收益率钉住政策的束缚中解脱出来,并重新获得对信贷余额的一些控制权。债券价格下限的隐性承诺仍然发挥着作用。因此，债券仍是一种更为安全的投资，并且收益率更低，但联邦储备体系至少可以在一定程度上决定买卖数量。9月1日准备金要求最后一次降低之后，联邦储备体系通过使信贷余额保持不变来保持年度平衡，并延续到1950年前半期，以此避免抵消放松准备金的扩张性作用。正如我们已经看到的，货币存量的谷底在1949年10月经济活动谷底一个月之后到来。

二战中，货币存量的顶峰提前于价格的顶峰到来，而一战时两个顶峰几乎是同时到来的；二战时货币存量的下降更加温和，下降幅度是1.5%而不是9%，但是时间长度是22个月，比一战时的16个月更长。联邦储备体系更加迅速的政策转向无疑是二战时期货币存量下降相对缓和的重要因素，但是其他几个因素或许更为重要。

首先，1920年货币存量下降之前及其初始阶段都伴随着黄金外流，黄金外流加剧了联邦储备体系限制性行动的影响；然而1948年货币存量下降之前及其过程中都伴随着黄金流入，黄金流入抵消了联邦储备体系限制性行动的影响。

其次，联邦储备体系在早期采取了更有力的限制性措施：当联邦储备体系的借款大大超过成员银行的准备金余额时，贴现率在8个月内从4%提高到7%。而在后期，联邦储备体系的行动仅限于将国库券的收益率从0.375%先后提高到1%和1.25%，将长期政府债券的收益率从约2.25%提高到约2.5%；尽管效果不显著，但贴现率还是从1%提高到了1.5%。1948—1949年，联邦储备体系的紧缩力度很小，我们甚至可以推测货币存量的下降也可能是由其他因素引起的，比如在上文讨论过，市场条件的变化可以促使原先符合通货膨胀水平的收益率演变为只有通过减少货币存量才能维持的收益率。

最后，战时和战后联邦储备体系创造高能货币的方法不同，这种不同对两个时期都存在的货币存量扩张可能并无影响——对其后的行为的影响可能更大。在一战中，联邦储备信贷余额的增加主要通过向成员银行提供贷款的形式，创造出的货币通过银行及其客户购买政府债券的方式来供政府使用。联邦储备体系获得的资产和创造的货币几乎完全成为成员银行的负债，并且成员银行利用相应资金的成本由贴现率直接决定。因此，贴现率上升首先会直接影响银行。在二战中，联邦储备信贷余额主要以购买政府债券的形式增加，也就是说，如果我们合并联邦储备体系和财政部的账户，即以直接为政府创造货币的形式，没有私人债务作为中间步骤，可以消除账面干扰。当银行获得资金去增加储备时,相应的债务是银行对公众的存款债务,它的成本不受贴现率或政府维持的债券收益率的影响。联邦储备体系允许债券短期收益率提高的操作在更广的范围内产生了影响,并且不一定会引起银行的紧缩行为。

11.2.2 朝鲜战争时期

正如我们所注意到的,1950年6月朝鲜战争的爆发极大地改变了公众对未来的预期并且引发了一次投机繁荣。随之而来的利率上升将收益率拉升至联邦储备体系承诺支持的政府债券价格水平,并且联邦储备体系内外都担忧债券价格支持政策将会成为巨大而又无法控制的货币存量扩张的引擎。

1950年8月,联邦储备委员会批准了提高贴现率和旨在允许提高政府债券收益率的公开市场操作政策,并对其影响进行了公告。[8] 财政部很早就提前通过公告作出反应,提出它将在1950年9月到10月的偿付中维持现存的收益率。尽管联邦储备体系购买大部分替换融资债券(refunding issue)*,但同时出售少量其他债券并允许债券收益率小幅提高。图54显示,在1950年年末联邦储备信贷余额快速增长,其中大部分是以购买偿付债券的形式。然而,问题的关键不在于财政部某次发行的详细情况,而是所采取的维持利率的模式。由于利率模式得到维持,加上投机繁荣的影响,联邦储备体系持有的债券组合不可避免地要进行扩张。

总体来说,从1950年6月到年末,联邦储备体系持有的政府债券增长了24亿美元,联邦储备信贷余额增长了35亿美元。尽管联邦储备信贷余额快速增长,然而货币存量仅适度增长。从1949年12月到1950年6月,货币存量以每年4.5%的速度增长,而在1950年6月到1950年12月之间,以每年低于3%的速度增长。从图55中可以明显地看出,其主要原因是联邦储备信贷余额增长被大量的黄金流出大幅抵消。黄金大量流出是因为美国进口需求的快速增长,而进口需求的增长一定程度上来源于人们试图增加原材料库存。此外,存款–准备金比率在上半年温和提高,在下半年温和下降,以及存款–通货比率下半年的增幅比上半年更低,也是货币存量适度增长的原因。

货币流通速度的加快与投机繁荣意味着,即使货币存量以相对温和的速度增长也伴随着收入的快速增长。从1949年12月到1950年6月个人收入以每

---

* 这一债券品种是发行人为了替换旧债而发行的债券,收入用于购买国债,国债产生的现金流用于偿付被替换的旧债。——译者注

年11%的速度增长;从1950年6月到1950年12月个人收入增速增加了近一倍。工业产值始终保持快速增长,直到1950年8月受到了生产能力的限制才有所减缓。在1950年上半年批发物价以每年将近8%的速度增长,而在下半年则以22%的速度增长。

扩张步伐的加快,以及通货膨胀临近的威胁,给联邦储备体系限制货币扩张施加了持续的压力,增强了联邦储备体系从支持政府债券利率特殊模式的责任中解脱出来的愿望,并且使政府部门认识到现实中存在的危机。结果是1951年3月的《财政部-联邦储备体系协议》——在下面的第三部分我们将更全面地讨论——终结了联邦储备体系以钉住价格支持政府债券的责任。

在1月和2月协议公布之前,准备金要求有所提高,银行通过向联邦储备体系出售政府债券获得了20亿美元超额准备金中的一半以上。这是准备金要求最后一次变动,在这次准备金调整中,高能货币的抵消运动是近似自动的,不受联邦储备体系的控制。协议公布之后,长期债券价格被允许下调:年初维持在100.75美元、年收益率2.5%的长期债券,下半年的价格为97美元。由于政府停止了对短期债券市场的积极支持,短期利率在贴现率附近或低于贴现率的水平上波动(见图54)。

从协议公布的1951年3月到艾森豪威尔(Eisenhower)上任的前1个月,即1952年12月,货币存量持续稳定增长。事实上,增长率达5%,比从1949年11月货币存量的谷底到协议达成的这16个月3.5%的年增长率更高。正如我们之前看到的,放弃政府债券价格支持政策所产生的流动性变化,加上预期的改变,使货币存量的增速进一步加快,同时使价格从快速增长转变为温和下降。

由于两个存款比例保持相对稳定,所以货币存量的增长在数学意义上是由于高能货币的增加所造成的(见图53)。联邦储备体系保持贴现率和准备金要求不变(见图54)。高能货币的增加一部分归因于黄金储备的增长——国外价格相对国内价格上升得更多并刺激了黄金流入——另一部分是由于法定货币的增加(见图56B)。1952年12月的最后一个周三联邦储备体系持有的政府债券比协议达成时多出13亿美元,但是联储的这些买入行为并不足以阻止政府债券收益率的大幅提高——短期国库券收益率从1951年的约1.4%上升到1952年年末的2%,长期债券从不足2.5%上升到2.75%。

11.2.3　1953年年初的危机

尽管1951—1952年批发物价相对稳定，但在1953年年初联邦储备体系开始关注通货膨胀，原因可能是银行贷款、分期付款信贷余额和抵押贷款的快速增加，以及1952年下半年股票价格的上升。在1953年1月，所有的联邦储备银行将贴现率从1.75%提高到2%。联邦储备体系直接向成员银行施加压力以减少它们的借款——因为1952年中期成员银行借款额普遍超过了超额准备金——同时也限制其贷款数量的增长。[9] 3月，联邦公开市场委员会正式而明确地放弃了政府债券价格支持政策，并在财政部融资时期采取了"不干预"政策。[10]

1953年1月，财政部的高层领导发生变动，并自愿接受了联邦储备体系不对其偿付给予援助的决定。新的领导层致力于"稳健货币"并延长了联邦政府债务的期限结构。4月，财政部发行了新的期限为25—30年、利率为3.25%的债券，这是自1941年10月以来发行的期限最长的债券；5月由FHA（Federal Housing Administration，联邦住宅管理局）提供保险、VA（Veterans Administration，退伍军人管理局）担保的抵押贷款利率上升到4.5%。联邦储备委员会主席William McChesney Martin, Jr.在5月6日的一次演讲中建议，商业银行不应该指望联邦储备体系为其提供衰退周期所需要的准备金，而应该使用自有资金。市场推断这是管制即将变强的信号。对政府债券的抛售使得债券价格创出新低，新发行的利率为3.25%的债券的价格跌破面值，市场利率提高。当联邦储备体系面临比预想更多的困难时，货币政策迅速逆转。[11] 这始于5月13日联邦储备体系开始购买短期国库券。当月联储买入了3.7亿美元国债，并在6月又买入了5亿美元国债。在本轮周期的顶峰7月，联邦储备体系降低了准备金要求。

从某种意义上说，债券市场危机是因祸得福。它使得联邦储备体系在历史上第一次提前于或同步于周期顶峰采取了宽松政策，因此联邦储备体系成功地运用货币力量，缓和了即将到来的经济紧缩。

1953年7月准备金要求的降低对货币存量发挥了全面影响，考虑到季节性变化，联邦储备信贷余额基本保持稳定。1954年政府采取了进一步的措施，在1954年2月和4—5月调低贴现率，并在1954年6月和7—8月再次调低准备金要求，而7—8月标志着周期谷底的到来。

11.2.4　1954—1960年时期

1954年以后,联邦公开市场委员会的会议记录中经常变换着语言描述联邦储备政策:从"积极宽松"政策到1954年年底的一次"宽松"政策,从"宽松"政策到1955年"抑制通货膨胀"政策。1956年1月加上了一个关于"避免通货紧缩趋势"的限定条件。这个限定条件在3月取消,在5月时重新出现,在8月时又再次被取消。在1957年的大部分时间里,公开市场账户操作者所接受的指引都未发生变动。尽管公开市场委员会在1957年的会议上反复讨论经济衰退的可能性,但直到11月,即国民经济研究局记录的7月经济周期顶峰的4个月之后,委员会才明确承认衰退正在来临并且改变了其指引的措辞。

与语言上的变化——被一些市场参与者称为"开口政策"相比,各种衡量货币操作的指标并没有发生明显变化。从1953年6月到1954年6月货币存量上升了2.8%,并且在以后三年里分别上升了3.9%、1.9%、2.9%。尽管货币存量增长的稳定性反映了高能货币的相对稳定,但货币存量的增长与高能货币的变化无关。高能货币数量在1953年中期达到顶峰,其后直到1954年第三季度都保持缓慢而平稳的下降,然后在1957年8月恢复到略微低于1953年6月的水平。高能货币到1954年的下降主要反映了联邦储备信贷余额的下降,而随后高能货币的上升则主要反映了黄金的流入。然而,所有这些变动都是相当温和的。事实上,货币存量增长的源头是两个存款比率的稳步增长。存款-准备金比率的提高一方面反映了1953年中期和1954年中期准备金的下降,另一方面反映了定期存款相对于活期存款的增长。后者的增长与20世纪20年代的情况非常近似,两者都是成员银行准备金面临压力的时期。1957年1月联邦储备委员会允许提高定期存款的最高利率,促进了1953—1957年商业银行定期存款相对于活期存款更快的增长。存款-通货比率的提高则是战后增长趋势的继续,并很可能在一定程度上反映了收入的增长。

除了公开市场操作,联邦储备体系所采取的措施还包括贴现率的一系列调整:纽约的贴现率通过1955年4月、8月、9月、11月以及1956年4月和8月每次0.25%的六次调整,从1.5%增长到3%;1957年8月,在周期顶峰的一个月之后,最终从3%增长到3.5%。因为贴现率没有跟上这一时期短期市场利率的大幅增长,所以贴现率的增长不能被认为是由其自身决定的。短期债券利率从1954年中期的约0.75%上升到1957年年末的超过3.5%。结果,贴现率在1954年中期比短期债券利率高0.75%,而在1956年7月仅比短期债券利率高出 0.375%，在 1957 年 10 月反而比短期债券利率低 0.125%。贴现率与市场利率保持同步增长的情况，很可能是货币存量 1956—1957 年比 1955—1956 年增长更快的一个原因。[12] 尽管高能货币的数量在 1956 年到 1957 年基本保持不变，并且联邦储备信贷余额实际上下降了，但是相对较高的市场利率导致银行存款相对于准备金有所增加，其中部分是通过使定期存款更具吸引力的措施实现的。这是从 1956 年到 1957 年货币存量比以往年份更快增长的主要根源。

1957 年 11 月，周期顶峰的四个月之后，联邦储备体系改变了政策。贴现率下降到 3%，并且其 1 月、3 月和 4 月的进一步下降使得利率在 1958 年 4 月降低到 1.75%。[13] 除此之外，准备金要求在 2 月、3 月和 4 月分四步减少。从 1958 年 3 月开始一直到 1959 年 9 月，公开市场购买增加了联邦储备信贷，从而抵消了 1958 年 2 月开始的持续三年下降的黄金储备的影响（见图 54 和图 55）。政策有意的急速逆转，可能是自联邦储备体系对 1931 年英国脱离金本位制作出反应后最剧烈和有力的一次，两种境况无疑促进了这种逆转：人们普遍担心衰退将导致一场大范围的紧缩；公众对联邦储备体系批评的原因是贴现率的最终提高——据说提高贴现率的决议与经济顾问委员会和财政部部长的建议不符——以及没有及时逆转政策。不管联邦储备体系的动机如何，政策的逆转导致了货币存量的急剧变化。尽管货币存量在 1957 年的最后五个月内没有实质性的改变，但在 1958 年的前六个月内，它上升了 4.1%，即以每年 8% 的速度增长。六个月内货币存量增速如此之快的情形只在 1946 年发生过。在 1958 年的后六个月，货币存量又增长了 2.4%，使得全年共上升了 6.5%。

在诸多变化因素的共同作用下，1959 年年初的货币政策和货币存量又一次发生剧烈逆转。首先，在 1958 年 4 月经济活动到达谷底，尽管像往常那样，直到许多月份以后谷底才被清楚地意识到。收缩的短暂性——挫败了广泛传播的可怕预言——以及 4 月后工业产值上升的有力步伐使得货币层面的反应看起来比要求的更强烈，并且使得联邦储备体系重新强调通货膨胀的危险而不是通货紧缩的危险。其次，如上文所述，从 1958 年开始持续了数年的大规模黄金流出引起了政府内外的广泛关注。20 世纪 30 年代早期对黄金变动的不对称反应——在不影响国内政策的情况下愿意接受黄金流入，但是对黄金流出却敏感得多，事实证明这种不对称反应是灾难性的——再次出现，尽管是以更隐蔽的形式，并且此时金融体系处于抵抗震荡的强势状态下。最后，通过对早期政策的回顾，联邦储备体系认识到在 1954—1957 年的扩张中实施宽松政策的时间过长了。在 1954 年或 1955 年早期，宽松的货币政策被调整时，联邦储备体系在 1955 年中期本应该采取严厉的限制性措施。[14]因此联邦储备体系决定不再重蹈覆辙。

上述结果清楚地反映在联邦储备体系的行动中。在 1958 年和 1959 年的前九个月,联邦储备体系完全抵消了大规模黄金外流的影响并保持高能货币总量稳定(见图 55)。货币存量的快速增加由两个存款比率的增长促成,存款-准备金比率的增长很大程度上是 1958 年 2 月到 4 月准备金要求下降的结果;存款-通货比率提高是因为定期存款利率的提高(见图 53)。1958 年 9 月,联邦储备体系提高了纽约联邦储备银行的贴现率,以应对市场利率的上升[15],随后在 1958—1959 年间四次提高贴现率,最后在 1959 年 9 月达到 4% 的水平。在 1959 年 9 月之后,联邦储备信贷余额下降,增强了黄金持续外流对高能货币的影响;存款-通货比率温和下降;存款-准备金比率的增长逐渐停止。结果,货币存量的增长放慢并且货币存量在 1959 年 9 月达到了一个绝对顶峰。

前面提到的钢铁行业工人罢工使工业产品从 1959 年 7 月开始急剧下降。公众广泛认为下降仅是短暂的,并且一旦罢工结束,经济扩张会像 1958 年到 1959 年那样有力地继续下去。但这些预期都落空了。1959 年 11 月罢工结束后生产的恢复使工业产品在 1960 年 1 月仅比 1959 年 6 月略有增长;其后,一直到年中,工业产值一直围绕着一个固定水平波动。

或许未实现预期的最明显迹象以及这次经济扩张的一个最非同寻常的特征就是利率的变动(见图 54)。在经济扩张时期,利率通常是上升的:在 1857 年到二战的周期中,利率通常在经济周期顶峰的几个月后下降;从二战开始,利率的周期恰好与经济周期同步。在 1958 年到 1960 年的扩张中,1958 年中期到整个 1959 年的利率上升没有超过 1929 年年末或 1930 年年初以来的水平,随后利率在 1960 年 5 月周期顶峰到来的四五个月前,即 1960 年年初开始剧烈下降。短期利率下降得尤其剧烈,比如,4—6 个月商业票据利率从 1960 年 1 月 5.12% 的高点下降到 8 月 3.58% 的低点;新发行的 3 个月短期国库券收益率从 1959 年 12 月的 4.19% 下降到 1960 年 7 月的 2.47%。在我们有记录的扩张时期中,没有一次商业票据利率的变动能够领先经济周期顶峰如此之久;在 1857 年后也仅有两个这样的周期,其中商业票据利率的逆转领先于周期顶峰,并且仅领先一个月。这是我们记录的第一个具有如下特征的扩张期,其顶峰时期三个月的利率比后 1/3 扩张时期的利率还低。

利率的上述表现不是货币政策的结果。相反,纽约联邦储备银行的贴现率在 1959 年提高了三次,最后一次发生在 9 月,并且联邦储备体系允许高能货币从1959年9月到1960年4月——扩张期的后1/3——下降,希望在这两个因素作用下利率能够上升而不是下降。利率的表现,或者更恰当地说是造成这一结果的可贷资金需求的下降,对货币变化产生了影响。这意味着联邦储备体系政策的紧缩程度比预期的更严重,也就是说不像1956年到1957年时期,当时贴现率的提高没有与市场利率的提高同步,以至于预期紧缩的货币环境相对有所放松。这一次,1959年9月贴现率的顶峰在市场利率下降之后持续了半年,使得联邦储备体系的措施甚至比预期的更为紧缩。

上述因素导致了货币存量从1959年9月的最高点下降了1.1%,并在1960年6月跌至最低点。尽管联邦储备体系努力逆转这一趋势,但下降最终还是发生了。从1960年3月初到1960年11月,联邦储备体系通过公开市场购买政府债券向成员银行提供准备金。纽约联邦储备银行的贴现率在1960年6月和8月两次降低。在9月1日这个周末,准备金要求净减少了6亿美元,在12月1日这个周末减少了13亿美元。这是中央储备银行和储备城市银行准备金之间对净活期存款准备金要求差异缩小的结果,也是允许作为准备金的库存现金增加的结果。[16]

考虑到以往的经验,从1959年9月到1960年6月货币存量的下降幅度是相当大的,仅略微低于过去主要的经济紧缩时期(将1893—1897年作为一个收缩期),并且几乎不低于1948年到1949年11月的降幅。此外,货币流通速度的大体变化趋势不再像1948—1949年货币存量下降时期那样是急剧上升的。因此货币存量下降的潜在影响更严重。

联邦储备体系很早就试图逆转这一变化,大概在周期顶峰的两个月之前——联邦储备体系历史上第二次在周期顶峰前采取宽松的货币政策。这与1953年的情况有些相似,在这两个时期中政策的较早逆转一定程度上反映了联邦储备体系的行动带来的紧缩效果比预想的更为强烈。但是两者也明显有所不同。在后一时期中,联邦储备体系更清楚地意识到应该提前采取行动,并由于在1959年后期维持被普遍认为过紧的政策而遭到了更激烈的批评。因此,从联邦储备体系有意在周期之前提前采取行动来看,1959年是比1953年更好的案例。

11.3 货币政策的发展

在战争和战后初期,尽管联邦储备体系认识到通过稳定政府债券价格对货币政策施加影响的局限性,但仍强烈赞同这一政策——当然是在目前我们所掌握的所有的官方文件中及非正式情况下。毕竟,财政部自1933年以来就开始积极地制定货币政策,利用货币政策的权力为政府融资提供便利是自然而然的事。这不仅是联邦储备体系在一战时采取的行动方针,也是各国央行凭借着重要性的提升,在战争期间屡屡选择的路线。联邦储备体系在其年报、《联邦储备公告》(*Federal Reserve Bulletin*)以及委员会成员和雇员或银行官员的讲话与文章中,都一再为自己承担维护政府债券市场秩序和稳定性的责任而辩护,并在1947年年报中,描述了"政府债券市场无序"将对整个经济造成的影响。[17] 毫无疑问,联邦储备体系在战后需要某种不同的利率模式——比战争期间更高的国库券和票据收益率。结果是,财政部不同意这一观点。但是,联邦储备体系的主要目标是通过某种方法使其对政府债券市场的支持与对货币市场的调控相协调。为了实现这种协调,联邦储备体系反复提出了立法建议,而实际上,即使这些建议全部或部分被采纳,能否实现此目标尚未可知。[18]

在与财政部协商之后,联邦公开市场委员会在1949年6月发布了公告,宣称它在今后的操作中将"主要考虑全面的商业和信用条件",同时将继续采取"维持政府债券市场秩序和投资者对政府债券信心的政策"。尽管对于这份公告有不同的解读,但一些人认为这份公告标志着联邦储备政策的重大转变。[19] 在1949年年末,联邦储备体系与财政部在目标上的分歧日益明显。这种冲突与其说是反映了两者对联邦储备体系应发挥作用观念上的不一致,倒不如说是双方在联邦储备体系应维持的政府债券收益率水平这一问题上无法达成一致。[20]

11.3.1 《财政部-联邦储备体系协议》

1950年朝鲜战争的爆发激化了财政部和联邦储备体系之间的冲突:一方面,战争带来了投机繁荣,提高了市场利率,并且再一次意味着如果将政府债券维持在以前的水平,那么必将导致货币存量扩张到联邦储备体系无法控制的程度;另一方面,战争也带来了严重赤字的可能性,这使财政部对政府债券市场的状况高度敏感。

正如我们所看到的,尽管联邦储备体系持有的政府债券迅速增加,货币存量却没有大幅增长。而且,也没有出现巨额的财政赤字,税收和支出以同一增长率增长。但是,这两个事实在当时都不清晰,急剧加速的经济扩张和物价上涨并不是经济前景明显的特征。

9月、10月间的再融资将两者的冲突推向阶段性的高潮；虽然当时联邦储备体系作出相应公告，但依然不得不购入大量债券以防止最终的失败。双方达成协议：联邦储备体系将不会进一步提高短期利率和对成员银行准备金的要求，直到1950年12月15日和1951年1月1日财政部再融资完成后；财政部同意发行五年期利率为1.75%的中期债券来替代即将到期的债券，这是自1945年胜利债券发行以来两个期限最长的政府债券之一（另一个是在1950年3月发行的利率为1.5%的五年期票据）。这一新票据的发行并不成功，大部分即将到期的债券被联邦储备体系购买或者不得不由财政部用现金赎回。

财政部认为这一结果表明了联邦储备体系与它们的合作不够。在随后的1月、2月的会议中，杜鲁门总统、财政部和联邦储备体系的官员、国会的两个银行业委员会的主席以及经济报告联合委员会的主席都出席了。3月初，双方达成了一个协议，联邦储备体系不再承担以钉住价格维持政府债券市场的责任。在这一协议下，4月财政部以利率为2.5%的债券替换了利率为2.75%的债券。在这一交易中，联邦储备体系虽然持续地购买债券，但是购买价格却是逐渐下降的；在交易之后，整个6月联邦储备体系只通过少量买入来制止无序状况；在后半年中，几乎没有购买长期债券，对短期债券市场的积极维持也停止了。

联邦储备体系较早预计到放弃维持刚性价格将产生可怕的结果，而一些非官方的评论员也预测到这一结果，但是达成协议之前和之后都没有发生这种情况。[21] 在不存在金融危机的情况下，市场会快速调整以适应政府债券价格波动。理所当然地，对刚性价格维持的放弃改变了政府债券的性质，使其货币替代性减弱。结果，正如我们所发现的那样，公众资产组合的结构发生了变化，政府债券比例相对于货币轻微下降。

在推动协议达成的事件中，公众和个人的角色使这一时期呈现出机构间直接冲突的特征，给我们留下了这些机构各有其特殊责任和自身问题的印象。从这一角度来说，联邦储备体系成功地摆脱了以前财政部给予它的束缚，重新获得了它一直期望拥有的独立性。尽管这一夸张的观点有一定的真实成分，但它却从根本上错误地描述了当时的形势。在日常操作的过程中，联邦储备体系的货币政策受到政府债券价格支持计划的严重限制，所以希望有更大的操作空间。而对于财政部而言，日常债务管理的紧迫任务和筹资偿付到期债券的需要，甚至不得不以融资弥补赤字的可能都使它无法忽视可靠的债券投资者和低利率的好处。然而，正如我们所看到的那样，债券价格支持计划一定程度上是由对这一计划全力支持的联邦储备体系发起的。协议达成的几年之后，财政部成为一个反对维持政府债券市场的有力倡导者,它主张利率应由市场决定,而不是以货币存量扩张为代价来压低利率。同时,除协议以外,我们无法确定联邦储备体系是真的试图放弃维持计划,还是在维持的水平上作一些微小的调整。直到协议达成的两年后,联邦储备体系才明确放弃将支持政府债券价格作为政策目标。[22]是事件的内在逻辑,而不是联邦储备体系所拥护的原则,使协议成为放弃债券支持计划的第一步。

世界上大部分地区的类似事件进一步证明,改变了协议所象征的货币政策角色的因素是更为基本的,而不仅仅是部门之间的冲突。在战争结束时,美国和国外的主流观点认为货币政策是次要的。大萧条和凯恩斯革命在经济学思想上的广泛成功,以及战时调控对货币余额积累的成功抑制,使"货币无关紧要"的观点被广泛接受。这一观点认为货币自身会消极地适应经济变动,并且其发挥的作用微不足道。此外,人们普遍认为战后的主要问题是抑制通货紧缩和萧条,而不是抑制通货膨胀。战时流动性的积累被认为是为战后提供了充足的购买力,此时货币政策的任务是保持利率的低水平,从而为投资提供便利,或者说不要阻碍投资。不仅联邦储备体系认同这一观点,大多数西方国家也这样认为。[23]如同在美国所起的作用一样,这一观点导致了战后世界范围内的低利率货币政策——低息贷款政策——尽管国与国之间政策的具体形式不同。

然而,事实证明人们的预期是错误的。一个国家接着一个国家受到通货膨胀的重创,美国比大多数国家的情况要好一些。在通货膨胀压力之下,学术观点和政策都发生了改变。维持低息贷款政策的国家继续遭受通货膨胀的折磨,而一些放弃这一政策的国家——像1947年的意大利和1948年的德国——却成功地抑制了通货膨胀。货币政策处于更加重要的位置,而低息贷款政策也失去了它的吸引力。一些经济观点对凯恩斯主义者分析得出的极端结论提出质疑,进一步加剧了这种趋势。[24]在美国国内,1948—1949年的衰退演变为严重的经济萧条,使货币政策重获重视,联邦储备体系在维持政府债券价格时,明显无力采取有效的措施抑制伴随朝鲜战争出现的通货膨胀,这一事实更加刺激了货币政策的崛起。随后物价上升幅度有所下降,同时人们所担心的政府支持债券价格政策终止所带来的严重后果并没有发生,这进一步巩固了货币政策的威望,使其地位不断提升。

11.3.2 替代维持政府债券价格的货币政策标准

严格维持政府债券的价格显然是一个有缺陷的货币政策标准。但在实际操作中,它具有确定、精确、政策行为相对具体以及不易自行裁决的优点。放弃维持价格要求联邦储备体系必须形成显性或隐性的判断标准以引导货币政策。货币政策重要性的提升更加剧了这一要求的紧迫性。联邦储备体系面临的形势在很多方面与 20 世纪 20 年代早期并无两样。并且与当时一样,财政融资已经不再具有特殊优势,黄金头寸有更大的回旋余地,并几乎不是短期政策考虑的因素。

基于联邦储备体系年报、议会证词以及其他一些公开发表文件中的一些暗示,我们推断出政府或多或少地考虑了两个标准,这两个标准相互结合成为 20 世纪 50 年代大部分时间的主要货币政策指引。直到这一时期末,黄金问题开始暴露,控制黄金外流也成为主要政策目标之一。

一个标准是货币存量长期而合理地增长。在 1952 年年报中,委员会为联邦储备体系制定的目标是"为了满足经济增长的要求,限制银行信贷和货币的扩张"。在同一份年报中指出:"1952 年联邦储备信贷政策的目标是限制银行信贷的扩张,使之与无通货膨胀的高速经济增长保持一致。"这一原则在 1954 年 1 月的总统经济报告中被再次强调:"货币供给的增长要与产品及贸易的实际经济增长保持一致,这是减轻通货紧缩压力、维持股权价值以及保持美元购买力稳定所必需的。"[25]

尽管这一观点表面上看无关痛痒或者是老生常谈,但事实上并非如此。它代表了一种近似于改革的转变。到目前为止,我们已经能够从公开发表的文献——Hamlin 日记、Goldenweiser 论文集或者 Harrison 论文集中发现,联邦储备体系虽然从未官方地或者非官方地将货币存量的变化作为直接的政策标准,但是某些体系内部的人员事实上已经这样做了。如同我们多次注意到的那样,联邦储备体系过去只是专门考虑货币政策操作的信贷方面——对利率、市场资金的可得性以及贷款的成本和可得性的影响——而从不关注货币存量的变化。从这一点来看,维持债券价格政策与联邦储备体系早期的政策是一回事,不同之处在于前者的严格性。早期的情况是:合理的利率及信用市场状况根据一些因素不时变动,而这些因素的净影响只能由主观的"判断"决定。

联邦储备体系之所以一直担心活期存款和流通中通货需求的显著变化,主要是由于它们对储备银行信贷需求以及成员银行储备头寸的影响,同时也因为这反过来又会影响货币市场(如贷款和投资市场)的松紧。在两次世界大战期间,联邦储备体系对货币存量的大幅扩张感到失望,并坚持反对"绿钞主义者"。因此,在这些背景下,它清楚地认识到了货币存量与物价之间的联系。但这样

第 11 章 货币政策的复苏(1948—1960)　573

的担心与将货币存量的变动作为直接相关的货币政策标准有着天壤之别。这些都与我们以前认为的联邦储备体系的中心原则保持一致：如果货币市场被有效地管理，在确保生产性信贷可得性的同时，避免产生非生产性信贷，则货币存量将正常运转并自我调节。[26]

联邦储备体系一直延续到近期的对货币存量统计数据的忽视，证明它认为货币存量变动产生的作用很小。尽管联邦储备体系从建立初期就开始大量公布每月甚至每周的产量、价格、利率等数据，但直到 1944 年才开始统计公布较为全面的月度货币存量数据，到 1955 年才开始公布季节性调整数据。[27]

据我们所知，联邦储备体系首次在年报中披露货币存量变化是在 1948 年。这种披露可以被解释为货币存量的数量变化对联邦储备政策十分重要，而不仅仅是简单地作为信用市场状况的间接反映。[28]在 William McChesney Martin,Jr.担任主席以后，类似 1952 年年报中的声明已经开始有规律地发布。他们认为，与长期产出增长率相匹配或适应的货币存量的平均增长率，尽管不能决定短期政策，却可以成为联邦储备体系的长期目标。[29]

提到货币存量，联邦储备体系主要使用的概念——公众持有的通货总和以及调整后的活期存款量——比我们定义的范围要窄。这一狭义的总量是从 1955 年 3 月到 1962 年 8 月以季节性调整的形式唯一公布的数量。之后一个月，联邦储备体系开始以经季度调整的形式公布调整后的商业银行定期存款数量。1962 年的《联邦储备公告》没有公布经季节性调整的公众持有的通货与商业银行定、活期存款之和——这是我们对货币存量的定义——而它现在可以从这一来源中直接获取。[30]

在提及货币存量合理的长期增长率时，通常没有详细说明这个增长率该是多少或者是如何决定的。Martin 主席曾经赞同联邦储备体系以 3% 的狭义货币总量增长率供给货币，但不久他就声明使用这一数字是不明智的。[31]

决定短期政策的第二个标准是联邦储备体系应着眼于制造反周期的信用波动和货币存量变动，即应为"逆风向调节"，在经济扩张时期采取紧缩性政策，在经济紧缩时期采取扩张性政策。这一标准是更加传统的，它是联邦储备委员会《第十个年度报告》的主基调之一，尽管常常在实施中被违反，却通常被认为是一条规则。现在，这一标准比以往任何时候都突出，几乎掩盖了同在《第十个年度报告》中的"贸易需求学说"的光芒。[32]在 20 世纪 50 年代，反周期学说被普遍认为可以避免通货膨胀和通货紧缩，货币存量的变化得到明显的重视，而不是像以前那样，联邦储备体系只强调信贷市场的变化。[33]

尽管很多公开言论认为联邦储备体系的政策是"逆风向调节",但几乎没有关于政策具体内容的讨论,例如,实质上并没有关于如何决定风向的讨论。但联邦储备体系显然认识到,所谓的风向并不是当下的情形,而是采取措施后的情形,正如我们反复看到的,目前采取的政策措施影响的是几个月之后的事情。同时,也没有任何关于何时开始逆风向调节的讨论。然而,当风向首次从衰退转变为扩张时,联邦储备体系想要助长而不是遏制它。对此有越来越多的言论出现,但几乎没有任何一种言论专门探讨逆风向调节的困难性。联邦储备体系的政策测度都是定量的,并且可以使用或大或小的测量标准。从联邦储备委员会第十期年报中可知,联邦储备体系认为决策是对各种难以权衡因素的平衡,应交由见多识广的负责人作有根据的"判断",而不能明确地形式化。[34]

当黄金存量在1958年开始下降以后,特别是在1960年年末的下降被认为是资本外逃的一部分以后,早期的情形再次出现:像1920年和1931年那样,阻止黄金流出被赋予了极大的关注,并有一种把其他货币政策目标都作为从属目标的倾向。但是相对于黄金流出,这一时期其他目标得到了更多或相同的重视。同样重要的是,联邦储备体系完全不受政治影响的自治性有所减弱。这两点都反映了同一种现象:充分就业成为总体经济政策的主要目标之一,并且政府担当起了这个责任。

11.3.3 "仅存国库券"政策或者"国库券偏好"政策

1953年,联邦储备委员会和联邦储备银行特别是纽约银行之间展开了一场有关公开市场操作策略的争论。联邦公开市场委员会3月份的会议对公开市场操作的程序进行了大量修改,包括"在目前的情况下,联邦储备体系账户操作应限制在短期市场(不包括无序市场的纠正)"[35]的条款。在6月的会议上,这个条款被从操作准则中剔除,投票结果为联邦储备银行总裁的5票对联邦储备委员会成员的4票,委员会的其他两名成员缺席。[36]9月,该条款被重新颁布[37],只有两家银行的总裁投了反对票,其中一位是纽约银行的Allan Sproul。

随后联邦储备体系采取了这一政策并一直持续到1961年2月。尽管在1960年联邦储备体系发言人强调它实质上是一个"国库券偏好"政策,但这一政策被称为"仅存国库券"政策。[38]联邦储备体系支持这一政策的理由在于,国库券市场相比其他政府债券市场更为广阔和完善,而且把公开市场操作限制在这一市场可以最少地干预债券市场的运作。通过将其买卖操作限制在一种债券上,联邦储备体系仅需要决定"购买多少",而不需要考虑"购买哪种"的问题。联邦储备体系认为购买何种债券的决策将使其不得不决定利率的市场结构,这是一种非常类似于战时维持利率模式的行为。联邦储备体系通过宣称债券市场流动性和关联性过强,以至于市场上任何买卖行为的影响将会很快传播到市场的其余部分,来为自己辩护,从而免于受到短期国库券操作限制隐性地决定利率结构的指责。但是,这当然也意味着利率结构不会因背离"仅存国库券"政策而受到影响,并避免了该教条支持者及反对者之间的争论。此外,它还认为这一政策主要影响银行准备金,进而影响总的货币存量,它同时还认为联邦储备体系买卖债券对利率模式的影响要小于银行为适应其准备金变化而买卖资产对利率模式的影响。[39]

首先,正如联邦储备体系说的那样,联邦储备体系的公开市场操作对货币存量的影响中最关键的仅是它创造的高能货币的数量,而这取决于公开市场操作的规模,而不是债券的种类。买卖债券的种类对货币存量产生影响的唯一途径是,通过利率市场结构的改变影响银行试图达到的存款-准备金比率。如果"仅存国库券"政策仍然引起了严重的争议,则很大一部分原因是部分经济学家和其他一些人倾向于强调货币政策对"信用"的影响,而不是对"货币"的影响,即对利率结构的影响而不是对货币存量的影响。对"仅存国库券"政策的主要批评是,联邦储备体系否认自身是一个影响经济活动,即影响长短期债券相对收益率的工具,批评者认为这种工具实际上是很有力的。

实际上,由"仅存国库券"政策引起的主要问题是不同政府权力机构之间的内部责任划分,这主要由联邦储备体系和财政部在债务管理责任上的主观随意地划分——但并不意味着这不重要——所引起。由于财政部在发行证券的期限方面没有受到任何约束,"仅存国库券"政策也根本不限制财政部和联邦储备体系可以共同进行的活动。假设当局想要通过减少公众手中的长期债券来增加高能货币,由于"仅存国库券"政策,联邦储备体系不能通过简单地购买长期债券单独完成,而是改为购买国库券,然后财政部将出售相同数量的国库券,并利用出售所得赎回长期债券。相反,假设当局希望通过增加公众持有的长期债券减少高能货币,在"仅存国库券"政策下,联邦储备体系不会直接向公众出售这样的债券,而是会出售国库券,然后财政部出售相同数额的长期债券并利用出售所得收回国库券。在每一种情况下,联邦储备体系和财政部合并的资产负债表以及联邦储备体系与公众——包括商业银行和其他金融机构——合并的资产负债表都是相同的,不管市场操作是由联邦储备体系单独完成,不受"仅存国库券"政策的限制,还是在"仅存国库券"政策下由联邦储备体系和财政部共同引导。在这些情况下,"仅存国库券"政策将分散债券期限的责任赋予财政部——一个看似十分合理的责任分配。

当然,财政部发行债券的条件是有一定限制的。自1918年立法以来,最重要的也是备受争议的根本问题是,财政部发行5年期或以上期限有价证券时4.25%的法定利率上限。这一限制是针对"仅存国库券"政策的争论愈演愈烈的根本原因,尽管争论中一些参与者可能还没有认识到或看清两者之间的联系。在二战后的10年,这一法定利率高于市场利率,因此没有实际作用。然而,1956年后利率的快速上涨改变了这一局面。到1959年9月,政府长期债券的利率超过了票面利率的法定上限。财政部反复要求议会取消这一限制,但屡次遭到议会的拒绝。[40]然而,1960年2月以后,市场利率开始下降,提高或取消票面利率的法定上限的压力减轻了。但这一年年底,"仅存国库券"政策在总统竞选时成为一个政治问题。在政府换届之后不久,联邦储备体系放弃了这一政策,并且财政部宣布,如果必要的话,它将通过折价发行息票率为法定利率的5年期以上债券来废止利率上限。[41]

在不存在"仅存国库券"政策的情况下,长期政府债券的利率上限可以通过联邦储备体系和财政部的共同行动规避,不需要利用折价出售债券的办法。假定货币当局想要发行一种长期债券,其利率必须高于法定的4.25%,那么财政部可以发行一个法律许可范围内的债券,通过市场中介直接或间接地将它们平价出售给联邦储备体系,联邦储备体系可以随后以市场价格再将其出售,或者从它的投资组合中售出类似的债券。联邦储备体系记录的资产损失只是一个用来抵减从联邦储备体系收入中支付给财政部数额的簿记项目;考虑到财政部和联邦储备体系的资产负债表和收入账户,两者的合并账目应该与财政部进行直接操作的账目相同。

面对议会的反对,联邦储备体系和财政部无奈之下使用折价发行来废除利率上限。因此,"仅存国库券"政策实质上通过明确地取消两者合作的借口,使对债务管理的法律限制真正产生了效力——这正是该项政策受到猛烈抨击的真正原因。

1961年"仅存国库券"政策的废除与黄金外流的恐慌有关。阻止黄金外流需要用高利率诱使外国人持有美元,而国内经济紧缩需要采用扩张的货币政策,联邦储备委员会希望有一个可以协调这两个互相矛盾的政策,即改变利率结构:保持短期国库券的高利率,鼓励持有美元;保持长期债券的低利率,刺激国内经济扩张。联邦储备体系通过买入长期债券和卖出短期债券,放弃了"仅存国库券"政策,转而采取新政策;而财政部为了实现同一目标,也调整了其所发行的债券的期限结构。

11.4 为什么货币存量保持稳定增长

对于细节的过分专注会导致只见树木,不见森林,无法解决在本章开始时提出的问题。为什么货币存量的变化率如此稳定呢?这仅仅是一个巧合吗?

尽管我们不否认有巧合因素,或许它还发挥着重要的作用,但是其他的两个因素也可能对这一结果有一定的影响,尽管我们不肯定它们是否能提供一个令人完全满意的答案。其中一个因素是之前提到的从1944年开始的货币存量月份数据的可得性。这说明货币存量的变化被联邦储备体系纳入了考虑范围,尽管它显然只是联邦储备体系考虑的众多因素之一。

有一种观点是:在实施债券维持计划的1942年和达成协议的1951年之间,货币存量不受联邦储备体系的控制,因此这一时期数据的可得性并不重要。然而,这一观点似乎过于肤浅。如果货币存量、价格或者其他经济指标的大幅变化早于实际发生的时间,放弃刚性债券维持计划的强大压力也会提前到来。这种压力直到1950年才出现也许是一个巧合,但是不能认为1951年之前的货币稳定状态都是巧合。假定这种压力提前到1948年或1949年出现,主要的影响可能仅仅是联邦储备体系更早地放弃债券价格支持计划,而货币存量的稳定程度应大致相同,而且,导致货币存量从1951年起相对稳定的因素很可能更早出现。

另一个起作用的因素是货币当局对自身作用和行动结果的不确定以及公众对经济事件高度关注的共同影响。这意味着货币当局和其他经济当局面对公众的监督并且被要求达到很高的标准——也许是不可能达到的高标准。这一共同影响导致了当局在任一政策方向上行动都较为迟缓,声明比行动更为有力。同时,数据的可得性提高意味着货币存量的急剧变动不会像从前那样长时间地不被发现。

这一因素的重要性在以后几年的变化中得到了证实。随着时间的推移,联邦储备体系和见多识广的公众更加重视货币变动的作用,并且联邦储备体系对自身行动所可能导致结果的预测也更有把握了。于是,联邦储备体系开始更积极地采取行动。图52中的货币存量序列显示了货币存量的变动幅度随时间而扩大。我们的数据显示,货币存量增长率在1952—1953年和1956—1957年下降的幅度几乎相同,而1959—1960年比1952—1953年下降的幅度更大;1958年的扩张幅度比1954年要大,而1960年和1958年几乎一样。因此有迹象表明,货币存量变化率的高度稳定可能已经成为历史了。

尽管更大的变动率主要反映了联邦储备体系对货币变动效力更有信心,但同时也在一定程度上反映了货币政策行动和效果之间的时滞导致的累积因素及其影响,而这种因素容易被忽略和积累。从1954年开始上升的货币增长率直到1955年和1956年才发挥出它的全部影响。当这些影响以物价上涨的形式表现出来的时候,联邦储备体系不得不通过降低货币存量增长率来应对。联邦储备体系第一次的反应就过度了,导致第二次反应更加过度。但是,这些影响直到1957年和1958年才再一次开始显露,并且在1958年以货币存量高速增长的形式产生了更大的反应。这种增长再一次导致1959年联邦储备体系的剧烈反应,并缩短了经济周期的扩张阶段。反过来,这次扩张的中断造成了1960年3月货币政策的迅速逆转。联邦储备体系的这些举动阻止了由于过早中止1958—1960年经济扩张所造成的漫长的经济紧缩。实际上,这次紧缩非常短暂和温和,仅仅从1960年5月到1961年2月。

如果这一解释有其合理性,那么它将引出有些自相矛盾的结论,即20世纪50年代对货币政策功效的信心与货币稳定性成反比例关系,联邦储备体系对货币政策效力的信心增强将会增加货币存量的不稳定。但愿这一过程并不剧烈而是可以自我约束的。

注释

592n　　〔1〕除了1939年,表25中的各个时期均以经济周期的高峰为始末。排除1939年是为了把第二次世界大战时期分离出来。为了剔除经济周期因素导致的偏差,我们选取了包含完整经济周期的时间段。用经济周期的顶峰而不用谷底来标注时间段起讫,反映出我们多次发现的这样一种现象:在一个大规模的收缩之后,往往是一个具有相当规模的经济扩张,反之却不成立(参见我们即将出版的 *Trends and Cycles in the Stock of Money in the United States, 1867—1960*)。相对于谷底到谷底的时期,顶峰到顶峰的时期之间的独立性更强。

595n　　〔2〕国会的两项调查很大程度上集中在财政部与联邦储备体系的关系上,并得出了关于货币政策广泛的、有价值的大量证据。1949—1950年 Paul H. Douglas 参议员领导下的调

第 11 章 货币政策的复苏(1948—1960) 579

查,将公众的注意力集中到重建"联储为了稳定经济而限制信用和提高利率的自由"(见下面的报告,第 2 页)的重要性上。该报告共出版了三卷(Joint Committee on the Economic Report, Subcommittee on Monetary, Credit, and Fiscal Policies, *Monetary, Credit, and Fiscal Policies*, Statements to the subcommittee and Hearings, 81st Cong., 1st sess., 1949; and Report prusuant to S. Con. Res. 26, 81st Cong., 2d sess., S. Doc. 129, 1950)。1951—1952 年在 Wright Patman 代表领导下的小组委员会的调查,包含了许多和 Paul H. Douglas 的调查相同的内容,并特别提及了协议前后的相关事件。小组委员会发布了一项听证:一本两卷的问卷回答情况概要——问题根据被调查者的不同而有所变化——这则概要提交给了财政部、联储委员会主席、联邦公开市场委员会主席、联邦储备银行主席、经济建议委员会主席、联邦和州立银行审查当局、复兴金融公司、经济学家、银行家、寿险公司主管和美国政府债券经销商。小组委员会还发布了一篇报告,这个报告在货币政策角色的问题上不如 Paul H. Douglas 领导的报告直接(Joint Committee on the Economic Report, Subcommittee on General Credit Control and Debt Management, *Monetary Policy and the Management of the Public Debt*, Replies to Questions, Hearings, and Report, 82d Cong., 2d sess., 1952)。

这个时期的书籍包括:Marcel Rist, *La Federal Reserve et les Difficultés Monétaires d'Après Guerre, 1945—1950*, Paris, Amand Colin, 1952; J. S. Fforde, *The Federal Reserve System, 1945—1949*, Oxford, Clarendon Press, 1954; William E. Bensel, *Federal Reserve Open Market Operations in the Postwar Period, 1946—1954*, New Brunswick, N. J., American Bankers Association, 1955; Lester V. Chandler, *Inflation in the United States, 1940—1948*, New York, Harper, 1951。

[3] 参见第 10 章注释[32]中的数据。

599n

[4] Michigan 调查研究中心对 1950—1953 年公众物价预期的调查提供了进一步的证据:

消费物价的预期变化	在××年早期占消费额的百分比			
	1950	1951	1952	1953
上升	15	76	53	17
不变	36	16	30	43
下降	41	4	7	31

其余部分是不确定的或者被调查者的答案无效。见 *Federal Reserve Bulletin*, July 1952, p.742; June 1953, p.592; George Katona and Eva Mueller, *Consumer Attitudes and Demand, 1950—1952*, Ann Arbor, University of Michigan, 1953, pp. 25-26。

[5] 1959 年,联邦储备体系自 1917 年以来第一次允许成员银行用它们的一部分库存现金满足法定准备金要求,并在 1960 年 9 月提高了这一部分所占的比重。在 1960 年 11 月之后,所有的库存现金都可以算做准备金。除了 1959 年,文中提到的其他年份的准备金要求的变动,都是按保留准备金占净活期或定期存款的百分比列示的。

604n

[6] 参见第 10 章注释[30]。

[7] 这些措施从 1948 年 9 月开始有效地降低了准备金要求,对中央储备城市、储备城

607n

市和乡镇银行,准备金要求分别从活期存款的26%、22%、16%降到了22%、18%、12%,从定期存款的7.5%降到了5%。相比1949年6月30日委员会临时提高准备金要求的权力到期时的自动调整,这是更大幅度的降低。

610n 〔8〕此外,8月银行承兑汇票的购买率上升,并且银行监管机构要求贷款者自动合作以限制信贷规模。11月,银行再次被要求限制非必需的信贷扩张。1951年3月到5月,所有的金融机构都被要求参加1950年9月的《军需品法案》(Defense Production Act)规定的自愿信贷限制项目中。在此法案下,消费信贷在1950年9月得到了控制,并且在10月份控制进一步加强。对住宅和某些商业建筑的房地产信贷也在1950年10月、1951年1月和2月受到限制。保证金从1951年1月市场价值的50%增加到75%。

613n 〔9〕然而,1953年2月20日,购买股票的保证金要求从75%降到了50%,因为当时股票市场看似并未出现通货膨胀的迹象。

〔10〕1953年3月,联邦公开市场委员会同意对联邦储备体系账户操作作如下改变(Board of Governors of the Federal Reserve System, *Annual Report*, 1953, p. 88):

> 在政府债券市场上支持任何价格和收益模式不是委员会目前的政策,对政府债券市场的干涉仅是为了实现货币和信用政策目标(包括整顿无序市场)。
>
> 在委员会进一步研究和行动之前,应在财政部融资时限制购买:(1)可兑换的到期债券;(2)发行中的债券;(3)剩余期限与可兑换品种一致的债券。

〔11〕1953年3月末总统经济顾问Arthur F. Burns认为,1953年年初的事件"并不是一个对温和信贷紧缩的典型反应。最重要的是这些事件反映出金融界的不知所措,它们已经习惯于稳定利率并忘记了限制性信贷政策如何运行。政府官员们本来能够忽视别人的批评:收紧银根带来了工业衰退,这一点是在1953年中期就显现出来的。他们其实有许多人都明
613n 白这一点。但是他们无法逃避错误判断了金融市场心理状态的事实。可以理解,这次窘迫的记忆让他们在下一次遇到经济扩张的时候变得更加小心"。(*Prosperity Without Inflation*, New York, Fordham University Press, 1957, p. 56.)

615n 〔12〕这一点在这一时期非常重要,因为联邦储备体系非常重视所谓的"自由准备金",并将其作为决定公开市场买卖的近似标准。自由准备金被定义为成员银行的超额准备金和向联邦储备体系借款的差额,或者,等价于成员银行的准备金余额与法定准备金和向联储借款的差额。联邦储备体系官方和联邦储备体系关联人士半官方的声明表明,自由准备金可以被认为是货币政策松紧的指标。公众广泛认为联储体系把近似目标定位在它们努力实现的自由准备金头寸上。因此,作为体现联邦储备体系意图的指标,自由准备金的真实水平每周都受到监测。自由准备金在1956年和1957年的大部分时间是负的,1956年4月平均为−5.33亿美元,1957年1月异常地上升至1.17亿美元,并于1957年6月下降至−5.08亿美元。

616n 在数学意义上,任何给定的自由准备金变动水平或变动方式,几乎都与总货币存量变动水平或变动方式一致。例如,当货币存量快速上升和下降时,自由准备金可以维持在任何水平,或正或负。只要总准备金余额减去以相同速率变化的借款变动等于要求的准备金即可。

从经济学上说,在一定时间内,任何银行都期望维持一定的自由准备金水平。在这个水平上,它们不会试图用变现资产增加自由准备金或购买资产来减少自由准备金。如果联邦储备体系试图维持的自由准备金水平比银行希望的要高,银行将使用这一部分准备金增加贷款和投资,这将增加货币存量和法定准备金,并且减少自由准备金。联邦储备体系可以创造更

多的高能货币,使货币存量持续增长,从而阻止银行这样做。相反,如果联邦储备体系想维持一个比银行期望更低的自由准备金水平,它只有强制降低货币存量。只有通过增加货币存量,政府才能维持比银行期望更高的自由准备金水平,反之亦然。原则上讲,当货币存量稳定时,每一个自由准备金水平和期望水平的差额,都对应一个特定的货币存量的变动率。一定水平的自由准备金是否包含货币扩张或者紧缩不仅取决于它的绝对规模,还取决于它与银行期望水平之间的关系,并且预期水平反过来必须严格依赖于贴现率与市场利率的关系。如果市场利率高于贴现率,银行将充分利用它们的资源并从联邦储备体系借款,也就是说,它们将努力维持(平均来看)负的自由准备金;如果市场利率低于贴现率,银行将没有动力向联邦储备体系借款,它们将努力维持正的自由准备金。维持零自由准备金将首先产生货币扩张,然后是货币紧缩。

平均的自由准备金在1956年和1957年这两年的前8个月中水平相当,但是,因为贴现率在后一时期比前一时期相对于市场利率能够更低,所以同样水平的自由准备金在后一时期也"更为宽松"或者更具扩张性。

一个针对自由准备金与货币供给变化率关系的理论和统计方面的详细分析,见A. J. Meigs, *Free Reserves and the Money Supply*, University of Chicago Press, 1962。

[13] 联邦公开市场委员会的政策指导在1957年11月改变为要求公开市场操作"缓解准备金压力以促进持续的无通货膨胀经济增长",并且在12月再次更改为"缓冲调整和减轻经济的衰退趋势"。该指导政策到1958年3月一直有效,在此之后,它被更改为"进一步通过宽松货币政策来恢复经济的稳定增长"。

617n

[14] 见the testimony of Chairman Martin, *Employment, Growth, and Price Levels*, Hearings, part 6A, Joint Economic Committee, 86th Cong., 1st sess., July 24—30, 1959, pp. 1309 - 1310; also Ascher Achinstein, *Federal Reserve Policy and Economic Stability, 1951—1957*, Senate Committee on Banking and Currency, 85th Cong., 2d sess., S. Rept. 2500, Oct. 10, 1958, pp. 52-55。

618n

[15] 在6月中旬财政部的一次大规模融资之后,1958年7月市场利率急剧逆转,并且引发了反对政府债券投机的呼声,结果导致了联邦储备体系和财政部的广泛调查。见 *Treasury-Federal Reserve Study of the Government Securities Market*, part I, July 1959, parts II and III, Feb. 1960。也可见本章的注释[38]。

[16] 对于乡村的成员银行,1960年11月24日法定准备金相对于活期存款净值有所提高,提高的这一部分抵消了当局授权所有库存现金作为准备金所追加的准备金。但是,在缺乏进一步证据的情况下,我们应当注意,当局将库存现金作为准备金对银行的影响并不能等同于相同数量准备金要求的下降或上升。见本章的注释[12]、第9章的第4节、第5节以及Milton Friedman, "Vault Cash and Free Reserves", *Journal of Political Economy*, Apr. 1961, pp. 181-182。Haskel Benishay对Friedman结论的评价是不恰当的("Free Reserves Up or Level", *ibid.*, Aug. 1962, p. 403)。当法定准备金总额不变时,当局授权把库存现金作为准备金的政策降低了联邦储备银行的准备金要求,正是基于这种降低,Fiedman得出了正确的结论,即期望的自由准备金将增加。

620n

[17] 第3页和第8页,另见第10章的注释[27]。

621n

[18] 见Board of Governors of the Federal Reserve System, *Annual Report*, 1945, pp. 7-8; 1946, pp. 6-7; 1947, pp. 7-11; 1948, pp. 4-7;另见第10章注释[25]。

[19] 参议员 Paul H. Douglas 认为,1949 年 6 月的公告没有指出财政部将来会赞成联邦储备体系公开市场操作的灵活性。见 1949 年 12 月 3 日参议员 Douglas 对联邦储备体系主席 Thomas B. McCabe 的询问(*Monetary, Credit, and Fiscal Policies*, Hearings, pp. 493-494)。

> 参议员 Douglas:我是这么看的,难道那个公告或者决定在其发布时(1949 年 6 月)——适逢一次经济紧缩或者存量调整——不正意味着联邦储备体系将不会出售债券并因此倾向于抑制或压低利率吗?财政部难道不乐于接受这一结果吗?然而仅仅因为财政部这次投了赞成票就能推断,它在其他阶段也会主要考虑普遍的商业和信用状况吗?
>
> 如果我们处在一个通货膨胀时期并执行这一政策,这可能意味着——在某种程度上将意味着联邦储备委员会行使其权力——出售证券、提高利率和降低政府债券的价格。
>
> 换句话说,当萧条时期两种目标之间没有冲突时,您选择的合作的例子从财政部的角度来说是非常合适的,但是这一合作在通货膨胀时期还会继续吗?
>
> McCabe 先生:参议员,当您在将来必须面对危机状况时,合作关系将面临严峻考验。我继续这样的假设,即这是一个有判断力和良好意愿的人制定的协议并且它是有效力的。
>
> 参议员 Douglas:这不是说政策的期限是不确定的,而是在语言上是不确定的;但可以肯定的是,不管它意味着什么,它并不意味着两个部门的利益是一致的。
>
> McCabe 先生:对于联邦储备体系来说,它意味着灵活性。
>
> 参议员 Douglas:这是不是说,在通货膨胀时期,利率将被提高,并且如果必要的话,政府债券的价格会被压低?
>
> McCabe 先生:公开市场操作将是灵活的……
>
> 参议员 Douglas:在两方面都灵活?
>
> McCabe 先生:并且将使经济与我们面对的情况相适应。
>
> 参议员 Douglas:在两方面都有灵活性吗?
>
> McCabe 先生说:两方面都灵活。
>
> 参议员 Douglas:您认为财政部也是这样理解它吗?

[20] 在 1949 年年底,联邦公开市场委员会决定提高短期利率以表明宽松的货币政策已经变成了温和的限制政策。财政部在它对 1952 年 2 月 12 日关于货币和信用管理作用问卷的回复中给出了对这一问题的看法,由经济报告联合委员会发布:

> 联邦储备委员会认为它应当立即作出反应以应对经济状况的改变。在 1950 年 1 月上旬它建议再次提高短期利率——14 个月期的票据利率从年利率 1.125% 提高到 1.25%。财政部无法确定这究竟是否可取,认为需要谨慎对待。经济刚开始增长就压制,可能不是明智之举。但是财政部同意逐渐提高票据利率。2 月 1 日财政部采纳这一建议是决策的第一步。
>
> 财政部也不确定在这一时期对长期债券市场施压是否明智,比如联邦储备体系卖出债券。联邦储备体系在 1949 年把政府债券持有量减少了 37.5 亿美元。在 1950 年早期,财政部不确定长期债券市场能承担多大的额外卖出压力。我们对上半年的分析显示长期机构投资者对政府证券没有产生大量的净需求。联邦储备体系出售的债券主要由从短期债券市场转来的非银行投资者购买。无论怎样,联邦储备体系在 1950 年上半年出售了 16 亿美元长期债券,但是增持了超过 10 亿美元的短期债券,从而使联邦储备体系的总投资组合减少了近 6 亿美元(*Monetary Policy and the Management of the Public*

第 11 章　货币政策的复苏(1948—1960)　583

Debt, Replies to Questions, Part 1, pp. 65-66)。

纽约联邦储备银行总裁 Allan Sproul 评论：

> 财政部显然认为市场知道了我们约束信用的观点，并且造成了政府债券价格下降、收益率上升的压力。从另一方面说，我们观察到财政部采取了一种方法，即提前几周而不是几天公布债券发行，因此实际上是向我们保证，如果证券发行成功，就继续维持现存市场状况(Monetary Policy, Hearings, p. 519)。

623n

[21] 1950 年 1 月 Douglas 所在的小组委员会报告总结了以下官方观点：

624n

> 财政部和联储官员已经提出了许多在通货膨胀情况下降低收益率和维持政府债券价格的原因：(1) 这一政策能够降低联邦清偿债务的成本……(2) 保持政府债券价格相对稳定有助于维持公众对信用的信心，同时便于财政部以新融资和偿还为目的的债券销售……(3) 能够稳定证券价格以保护投资者，并且防止价格严重下跌导致的对金融机构包括银行在内的公共信心的丧失。(4) 任何政府债券市场价格的下跌都将被传导到信用市场的其他部分，阻碍新发行的私人证券的流通，从而造成失业和通货紧缩。(5) 作为反通货膨胀措施，政府债券收益率的上升将因得不偿失而无效(Monetary, Credit, and Fiscal Policies, Report, p. 26)。

非官方评论家的预言总是基于以上反对取消价格支持政策理由的某一个方面。例如，Seymour E. Harris 说："利率增长 2%—4% 可能达成一个很好的交易；但是令人怀疑的是，认为由于投资者等待价格的进一步下降和利率的上升，利率增长 0.25%—0.5% 将导致比债券市场部分受挫更严重的结果的结论是否站得住脚。("The Controversy over Monetary Policy", Review of Economics and Statistics, Aug. 1951, p. 181.) Alvin H. Hansen 说："如果联邦储备体系放弃它对'有序市场'的所有支持，长期债券可能会下降到一个很低的水平。但是，证券价格的剧烈下跌会带来一个令人恐慌的前景，所以我们可以很确定实际上任何负责任的货币当局(联邦储备体系和财政部结合)都不会袖手旁观。"(ibid., p. 192.) James Tobin 说："因此有效的货币政策将需要利率快速大幅地增长，所以对于流动资产持有人，这种随之而来的资本损失与通货膨胀本身一样是令人不快的。"(ibid., p. 198.) Roy Blough(后为经济咨询委员会成员)说："我个人认为，从长远角度来说，这是高储蓄、低利率经济……但是为什么这一状况得到关注？为什么没有我们想要的合适的利率？困难在于过去的利率没有及时向下调整来适应需求变化……另一个避免高利率的原因是，持续上涨的利率使政府以高于市场的价格买入债券，必然导致公众最终持有比保持低利率时更少的债券……"(testimony, Mar. 14, 1952, Monetary Policy, Hearings, p. 253.)

625n

[22] 见本章注释[10]。这一行动发生在协议达成后两年，并且是第一个针对放弃支持政策的官方声明。因此进一步证明，它既不一定是协议表明的意思，也没有被联邦储备体系作为此意思解释。

主席 Martin 于 1956 年 1 月 27 日宣布，直到 1953 年 9 月 24 日(时值本章注释[10]的第二个条款被联邦公开市场委员会于 1953 年 1 月 11 日取消之后重新被执行)"我们已经到了我们希望的不必直接支持政府债券的时候了"；从协议生效日直到 1953 年 9 月，"我们在朝这个方向逐渐开展工作。正如您所见，它是一个改革过程"。(Senate Committee on Banking and Currency, Nomination of William McChesney Martin, Jr., Hearings, 84th Cong., 2nd sess., p. 15.)

[23] 时任联邦储备委员会研究主管的 E. A. Goldenweiser 在一个关于战后问题和政策

的演讲中清晰地阐述了这一观点,这篇演讲发表在 1945 年 2 月的 *Federal Reserve Bulletin* (pp. 112-121)上。Goldenweiser 将通货膨胀看做"我们想在战后时期摆脱的"一种事物,并且指出"一个更为严重和持续的问题……将是那些从服务业和军事工业释放出来的人的就业问题"。考虑到货币政策,他说:"……我们必须首先保持政府债券的价值……这是金融的基石之一……这个国家必须把利率调整到 2.5%,来作为安全的、长期货币的收益,因为这段时期原始资本的收益不再像以前那样是无限制的。"

[24] 特别是,这一趋势导致所谓"庇古效应"(Pigou effect)被认可。见 G. Haberler, *Prosperity and Depression*, 3rd ed., Geneva, League of Nations, 1941, pp. 242, 403, 491-502, and idem, "The Pigou Effect Once More", *Journal of Political Economy*, June 1952, pp. 240-246; A. C. Pigou, "The Classical Stationary State", *Economic Journal*, Dec. 1943, pp. 343-351 and idem; "Economic Progress in a Stable Environment", *Economica*, n. s., Aug. 1947, pp. 180-188; J. Tobin, "Money Wage Rates and Employment", in *The New Economics*, Seymour Harris, ed., New York, Knopf, 1947, pp. 572-587, esp. 584-585, and idem, "Asset Holdings and Spending Decisions", *American Economic Review*, Papers and Proceedings, May 1952, pp. 109-123; D. Patinkin, "Price Flexibility and Full Employment", *American Economic Review*, Sept. 1948, pp. 543-564, reprinted in a revised version in *Readings in Monetary Theory*, F. A. Lutz and L. W. Mints, eds., Philadelphia, Blakiston for American Economic Association, 1951。

[25] Board of Governors of the Federal Reserve System, *Annual Report*, 1952, pp. 1, 2; *Economic Report of the President*, 1954, p. 6.

[26] 也可以参见第 9 章第 4 节对这个话题的讨论。

[27] *Banking and Monetary Statistics*, Published in 1943, made available comprehensive figures for two dates a year, 1923—1941, for June dates, 1892—1922 (pp. 34-35)。但是这些数据也仅是追溯的,它们以前没有定期公布。

[28] Board of Governors of the Federal Reserve System, *Annual Report*, 1948, pp. 18-20; 1949, pp. 22-24; 1950, pp. 21-23; 1951, pp. 19-21.

[29] 例如,见联邦储备委员会主席 Martin 在向国会委员会的声明中的各种陈述。

在 1954 年 2 月 3 日,他说:"……在货币供应中存在某些因素必须时刻进行调整……经济中存在增长的因素,有关增长已经有很多言论,将 3% 或 4% 作为近似的增长数据……我们得到了一些关注,因为我们确实在春季规划中使用了 3% 这一数据,这些被媒体公布了出来。尽管公布这些没有坏处,但是那并不意味着我们将在其他时间遵循这个特定的百分率。"(Joint Committee on the Economic Report, *January 1954 Economic Report of the President*, Hearings, 83d Cong., 2d sess., pp. 122-123.)

1956 年 1 月 20 日,在提名他任职 14 年的听证会上,他说:"在国家经济增长的情况下,我们不得不扩大货币供给。"(*Nomination of William McChesney Martin, Jr.*, p. 3.)

1956 年 12 月 11 日,他被参议员 Joseph C. O'Mahoney 质问(Joint Economic Committee, Subcommittee on Economic Stabilization, *Monetary Policy: 1955—1956*, Hearings, 84th Cong., 2d sess., p. 127)。

参议员 O'Mahoney:我正在夜以继日地全力查明,但很遗憾没有成功,问题是应该用什么标准来衡量货币的合理发行量?

Martin 先生：嗯，标准——并不存在一个固定的标准，但是我们已经观察了经济以 2%、3%、4% 这一系列比例的正常增长，并不存在任何确定的公式，并且我们为此目的增加了货币供给。

1957 年 8 月 14 日，Martin 告诉参议院金融委员会，"我认为我们对经济增长负有责任，我们应该为经济增长增加货币供给"。（Senate Committee on Finance, *Investigation of the Financial Condition of the United States*, Hearings, part 3, 85th Cong., 1st sess., p.1301.）

1959 年 7 月 29 日，在对联合经济委员会的公开宣言中，他说："在对（联邦储备体系的经历及其行动对市场和银行体系的影响）的回顾中，我们自然考虑到联邦储备体系的特殊任务，即按经济需要约束货币供给的增长……"（*Employment, Growth, and Price Levels*, Hearings, part 6A, p.1235.）

[30]《联邦储备公告》也定期公布了比我们的定义更广义的货币总额及其组成部分——除我们的货币定义的部分之外，还包括在互助储蓄银行和邮政储蓄体系的定期存款——但仅仅是非季节性调整的形式。在本书写作期间，即 1962 年 8 月，货币总量还未被公布，公布的仅是更广义的总量——除了刚刚列出的项目，还有外国银行存款和美国政府资金余额（与表 A-3 的表头项目类似）——也仅是非季节性调整的形式。

变量的个数可能反映了下面 Martin 的陈述："……我的生活离不开货币供给，我们雇员的生活离不开货币供给，并且我发现了解它的真正组成部分以及它如何变化是非常困难的。我认为在我们能够肯定而精确地说明究竟是什么构成了货币供给之前，所有的人都必须进行更多的研究。"（Joint Economic Committee, *January 1961 Economic Report of the President and the Economic Situation and Outlook*, Hearings, 87th Cong., 1st sess., Mar.7, 1961, p.483.）

[31] 见 House Ways and Means Committee, *Public Debt Ceiling and Interest Rate Ceiling on Bonds*, Hearings, 86th Cong., 1st sess., June 10—12, 1959, p.173; *Employment, Growth, and Price Levels*, Hearings, part 6A, p.1330。

[32] 关于贸易需求学说的唯一痕迹就是关于"投机"和"以投机为目的的银行信贷使用"的零星表达。见 *January 1954 Economic Report of the President*, Hearings, p.125; Board of Governors of the Federal Reserve System, *Annual Report*, 1961, p.5。

[33] 例如，在 1957 年 8 月 Martin 被问及近来联邦储备体系为抑制通货膨胀做了什么时，他回答说："我们测度了经济中的增长率，并且我们认为增长率通常应该在 3% 到 4% 附近，我们认为如果超过那个限度就太高了。我们已经使得货币供应——当然，这些数据有时被改变，因为您将定期存款加入活期存款中，但是我们通常把定期存款从数据中减去——使货币供应量的增长率降低到约 1%。除货币流通速度、货币周转率之外，我们已经在 3% 的增长上产生了 2% 的余额，并且我们已经感到那大致是正确的，尽管我有时认为或许我们在让货币流通速度——这很难衡量——超过现在情况所允许的限度方面有一点错误。"（*Investigation of the Financial Condition of the United States*, Hearings, part 3, pp.1306-1307.）

[34] 见 Martin 主席的陈述："我们的目的是逆着通货紧缩或通货膨胀的风向，不管它朝哪吹……"（*Nomination of William McChesney Martin, Jr.*, p.5）；"我们不得不逆着这股风，不管这风朝哪个方向吹"（Senate Committee on Finance, *Investigation of the Financial*

Condition of the United States, Hearings, part 6, 85th Cong., 2d sess. Apr. 23, 1958, p. 1929)。关于认识到准备金政策应用中的时滞,参见上面所提到的文献,第 1949 页;关于判断的重要性,参见上面所提到文献,第 3 部分,第 1261 页("为了对经济走势保持敏感,联邦储备体系需要进行持续研究并作出判断……")

〔35〕Board of Governors of the Federal Reserve System, *Annual Report*, 1953, p. 88. 关于会上所采纳的另外两个运作程序上的改变,见本章的注释〔10〕。

〔36〕本章注释〔10〕引用的文献第二段中的条款也被剔除了。

〔37〕同样参见本章注释〔10〕。

〔38〕见 R. A. Young and C. A. Yager, "The Economics of Bills Preferably", *Quarterly Journal of Economics*, Aug. 1960, pp. 341-373。联邦储备体系首次在 1955 年 11 月背离了它的"仅存国库券"政策,并分别于 1958 年 7 月和 1960 年 11 月再次背离。1955 年,它购买了 1.67 亿美元 1 年期财政部公债,并且在联邦公开市场委员会授权的基础上,本应再次进行数量翻番的买入操作。"收购财政部公债而不是短期国库券的特殊情况,是为了方便大规模的财政部再融资运作,当财政部决定再融资时并没有预见到货币市场资金短缺。"(Board of Governors of the Federal Reserve System, *Annual Report*, 1955, p. 8.)

另外,见参议员 Paul H. Douglas 对 Martin 主席在一段时间中的交互质询(*Nomination of William McChesney Martin, Jr.*, pp. 6-25)。Douglas 关注买入操作,而不关注期限,批评 Martin 和其他八个为购买投赞成票的联邦公开市场委员会成员,以此来回应财政部的要求——尽管当时的货币政策是限制性的。

1958 年 7 月,公开市场委员会"得出市场状况变得混乱的结论,并决定临时干预政府债券市场的中长期债券部分"(*Annual Report*, 1958, p. 7)。干预伴随着对 1958 年 7 月发行的、1965 年到期的利率为 2.625% 的债券投机活动的失败。联邦储备体系当时购买了 11 亿美元的利率为 1.625% 的 1 年期国库券——这些是 163 亿美元再融资的一部分,这次再融资是针对 1958 年 8 月发行的三只债券的赎回而进行的——1.1 亿美元到期债券的"权利",并且还有一些除短期国库券之外的债券。

在 1960 年 11 月 9 日前的两周内,联邦储备体系在它的投资组合中又追加了 12 亿美元的政府债券,包括短期国库券之外期限不超过 13 个月的债券(*ibid.*, 1960, pp. 5, 69)。

〔39〕见 Deane Carson, "Recent Open Market Committee Policy and Technique", *Quarterly Journal of Economics*, Aug. 1955, pp. 335-341; W. L. Smith, "Debt Management in the United States", Study Paper no. 19, *Employment, Growth, and Price Levels*, Joint Economic Committee, 86th Cong., 2d sess., Jan. 28, 1960, pp. 118-134。也可参见 W. W. Riefler, "Open Market Operations in Long-Term Securities", *Federal Reserve Bulletin*, Nov. 1958, pp. 1260-1274。

〔40〕参议员 Douglas 在 1949—1950 年领导的调查对终结政府债券支持计划起了极其重要的作用,并且他也是政府债券支持计划坚决的反对者。但具有讽刺意味的是,他在 1959 年首先反对取消财政部出售长期债券的利率限制,这一限制逻辑上等同于政府债券支持计划。Douglas 对其观点的合理性进行了阐述,他认为对利率设计上限是没有合理依据的,市场利率由于不适宜的货币政策,实际上仅会等于或高于法定上限,而"仅存国库券"政策就是一个例子;同时,他认为反对取消利率上限是迫使货币当局修订政策的有效措施。参议员 Douglas 1959 年 7 月 8 日在参议院的演讲中反对当局提高长期美国债券利率上限的要求,

参见 *Congressional Digest*, Nov. 1959, pp. 267, 269, 271。

[41] 约翰·F. 肯尼迪在竞选总统期间发表了反对"仅存国库券"政策的声明。联邦储备体系在1961年2月放弃了这一原则。按照这个声明,联邦储备体系"在国内经济情况和美国与其他国家的国际收支平衡已经变化的条件下",作出了重新发行不同期限债券的决定,并且决定债券的购买将"被最优价格,即最低价格掌控"。(*New York Times*, Feb. 21, 1961, pp. 49,58, and Board of Governors of the Federal Reserve System, *Annual Report*, 1961, p. 43.)

财政部引用了首席检察官的解释作为权威依据,即认为将提前偿还作为发行新的收益率超过4.25%的长期国库券的方法是合法的。财政部在艾森豪威尔执政期间使用了该方法,但是不存在超过名义利率上限的债券。

第12章

★★★

战后货币流通速度上升

对于研究货币的学者来说,战后最显著的一个特征,同时也是吸引讨论最多的一个现象,就是在第11章第1节提到并在图52中记录的货币流通速度出现猛烈上升的趋势。货币流通速度从1946年空前的低点1.16,上升到战后1960年的高点1.69,而这一高点自1930年以来,只在战争早期的1942年和1943年曾经达到过,这与以前的情形形成强烈对比。从我们所能获得的数据来看,自1869年到1960年九十多年的时间里,货币流通速度的总体趋势是在长期内以平均每年略高于1%的速率下降(见图57)。我们倾向于把这种长期下降趋势归因于同期发生的人均实际收入的上升,也就是说,将货币余额产生的服务视为对其需求量的增加快于收入的同比上涨的"奢侈品"[1],而战后收入也继续增加。如果依此推断,货币流通速度长期的下降趋势没有理由不延续下去,但实际并非如此。

从长期的角度看,如图57所示,有两个时期惊人地相似。这两个时期后半段货币流通速度的变化都与各自前半段的变化不同,而战后货币流通速度上升位于这两个时期中的第二个时期。1929—1932年货币流通速度的空前下跌大致对应1942—1946年的相似的下跌;1932—1942年的货币流通速度上升(在1937—1940年中断),大致对应1946—1960年的上升(在1951—1954年中断)。如图58所示,尽管第二个时期的运动比第一个时期持续了更长时间,但两个时期不仅在总体形状以及上升、下降的幅度方面相似,甚至在某些细微的运动形态方面也相仿。尽管两个时期的货币流通速度在下降趋势上显示出重叠性,但后者所处的总体水平要低于前者。

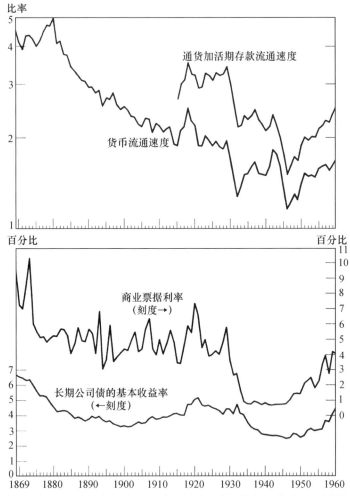

图57　1869—1960年利率和两种货币流通速度的关系曲线，年度数据

资料来源：货币流通速度，表A-5。到1937年1月的商业票据利率数据，是利用月度数据进行年度平均得出的，数据来自 F. R. Macaulay, *Some Theoretical Problems Suggested by the Movements of Interest Rates, Bond Yields and Stock Prices in the United States since 1856* (New York, NBER, 1938), pp. A145-A161；此后，利用周数据进行月度平均得到，数据来自 Bank and Quotation Record of *Commercial and Financial Chronicle*。

1899年之前的长期利率年度均值是通过Macaulay第A145—A152页第5列的铁路债券收益率月度数据计算而得的，各平均值加上0.114%即形成了后一个阶段的利率水平。从1900年开始，30年到期的公司债券的基本收益数据来自：1900—1942, David Durand, *Basic Yields of Corporate Bonds, 1900—1942* (NBER, Technical Paper 3, 1942); 1943—1947, Durand and W. J. Winn, *Basic Yields of Bonds, 1926—1947: Their Measurement and Pattern* (NBER, T. P. 6, 1947), 1948—1951, *The Economic Almanac, 1953—1954* (National Industrial Conference Board), p. 119；1952—1958, Durand, "A Quarterly Series of Corporate Basic Yields, 1952—1957…" (*Journal of Finance*, Sept. 1958), p. 349; 1959—1960, unpublished estimates by Scudder, Stevens & Clark。

第12章 战后货币流通速度上升 593

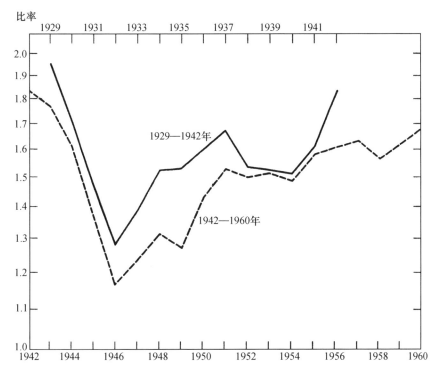

图 58　1929—1942 年与 1942—1960 年的货币流通速度及其叠加的图形

资料来源：表 A-5。

从这个角度看，战后货币流通速度的上升似乎主要是对之前下降的反应，就如同 1932—1937 年或 1942 年的上升似乎是对 1929—1932 年的下降的反应。但是，为什么 1929—1932 年以及 1942—1946 年货币流通速度的下降如此剧烈，为什么复苏耗时又如此之长？在这期间，为什么 1955—1960 年货币流通速度"如此之高"，而这之前的 25 年货币流通速度又如此之低且多变？相对而言，后一个问题更令人困惑。

尽管长达 1/4 个世纪不寻常的货币流通速度现象始于对 1929—1933 年周期性经济紧缩的强烈反应，但其后的商业周期中很少见到货币流通速度的异常表现；货币运动之所以异常，在于这种不寻常的货币流通速度现象延续了数个周期。如同我们在早期观察到的那样，一般经济扩张期流通速度上升，经济紧缩期流通速度下降。1929 年之前的货币流通速度呈现出长期剧烈的下行趋势，意味着它在经济萧条期的下跌幅度大于在经济扩张期的上升幅度，而且即使是在经济扩张期，货币流通速度也往往没有出现上升，而仅仅是其下降速度低于平均下降速度。自1932年以来，除1942—1945年二战时期经济扩张的后几年货币流通速度出现剧烈下降外，可以观测到货币流通速度与早期的变化模式类似，即在经济扩张期货币流通速度相对于其长期趋势有所上升，而在经济紧缩期相对于其长期趋势有所下降，而它与早期的主要差别仅仅在于周期性的反应是叠加在长期显著上升的运动趋势上，这导致其上升幅度一定大于其下降幅度。货币流通速度伴随商业周期在1937年、1948年、1953年、1957年和1960年达到绝对峰值，在每一次峰值之后，随即在经济紧缩期下降。当然，图57和图58的年度数据只是判断周期运动的粗略工具。然而，它们所隐含的结论——自1932年以来货币流通速度的周期运动，包括战前和战后，与早期的运动没有什么不同——已通过可获得的季度和月度数据得到了证实。

除了战后时期，货币流通速度和实际收入在周期内的关系和其与实际收入在长期内的关系截然相反。周期内，货币流通速度与人均实际收入同向变动。从长期看——至少到二战时为止——两者反向变动。在我们另外的一份研究报告中，我们指出，假定公众希望持有的货币数量由收入和价格的长期预期或永久水平决定，而不是像统计学家测量的那样由当期收入和价格决定，那么，货币流通速度和实际收入在周期内和长期内的差异就能得以解释了。[2] 根据这种解释，货币流通速度的长期下降是对长期预期的或永久性的人均实际收入上升的反映。正如统计学家测量的那样，周期性的上升和下降反映了当期收入和价格围绕长期预期水平的波动，而不是这些长期变量自身的周期性变化。

假设货币持有者，不论是个人还是企业，不是根据他们当期的收入或当期的价格调整持有量，而是根据他们预期的未来较长一段时期内的收入和价格水平进行调整。这种差异对于长期数据没有太大的意义，经过几十年的时间，预期或永久的水平会和测量到的水平同向运动。但是这种差异对于周期内货币流通速度的变化非常重要。在周期扩张阶段，假定测量到的收入的上升明显高于永久收入的上升。货币存量的上升可能因此多于按比例对应的永久收入上升的数量，如同长期内发生的情况，而少于按比例对应的测量到的收入上升的数量，如同周期内发生的情况。

对1870—1954年包含测量到的水平和永久水平之间差别的数据统计关系的计算，非常成功地再现了货币流通速度周期内和长期内的变动情形。如同对图58的隐含结论进行的讨论，统计关系在成功再现了早期周期性变动的同时也成功再现了战后周期性的变动，但是却没有成功地再现战后货币流通速度变动的总体趋势。延伸到1960年的统计关系显示的是长期下降趋势的延续，而没有显示出实际流通速度清晰上升的趋势。如何解释这种不一致性就是本章要解决的问题。

在我们对战争时期的讨论中,我们提及那个时期若干特殊的情况,作为战争时期货币流通速度下降的理由。战争后期消费者耐用商品的缺乏导致居民存储流动性资产作为替代。战后这些耐用商品的有效价格显然是下降的,因为它们在战时的价格实质上是无穷高的。因此,这成为存储货币和其他流动资产用以在日后购买目前无法获得的商品的诱因。对战后总体价格下降的预期和对战后严重萧条的恐惧起了同向的作用。战时高度流动的人口和经常性的获取所需商品的困难导致了出于此目的而产生的对货币余额的需求比平时更高,而且其已不仅仅作为未来消费的价值存储。假设其他影响因素仍然与战时环境一样,那么预期战后会立刻出现整体过剩的流动性资产余额下降,尤其是货币余额下降(见第10章)。令人迷惑的是,为什么这种反应经历了如此长的时间。货币流通速度到1948年,甚至到1951年的上升也许可以沿着这个思路得到解释,但是随后货币流通速度没有长期下降而是持续上升的现象却无法得到解释。为什么货币流通速度反而持续增长?或者说,为什么以相应的月度收入表示的货币余额会持续下降?

货币余额的持有有时会产生直接成本:对现金——意外损失、偷盗、安全存款费;对存款——服务费以及由银行违约导致的损失。货币余额也可能以货币的形式或简单地以货币项表示的形式产生直接收益,如利息[3]、银行给予存款者的服务——如清算支票、对贷款的获取提供隐性或显性的担保,或是鼓励借款者购买存款者的产品。如果视收益为正而成本为负,则每美元上述各项的代数和就是货币的直接净收益。直接净收益可能为正——此时平均起来货币产生了货币收益;也可能为负——此时平均起来货币产生了货币成本。除这些直接成本和收益以外,货币还会产生非货币性服务——这是个人和企业愿意持有货币,而不是持有那些能产生更高收益的其他资产的原因。个人和企业愿意持有的货币数量(以实际值计算),即它们选择购买的货币性服务量,一方面取决于货币所附加的货币性服务的价值,以及这种服务的成本,另一方面取决于直接成本——如果收益和成本之和为负——和牺牲持有可能产生更高收益的其他形式资产的机会导致的间接成本。

多数试图解释战后货币流通速度持续上升现象的学者将其原因归结于以下两种情况之一:一是可替代资产收益的增加大于货币净直接收益的增加,因此人们牺牲货币持有量的增加而获取货币性服务;二是由于制度变化创造了比以往更为相似的货币替代物或拓展了获取这些准货币的渠道——其中尤为突出的是储蓄和贷款协会*股权和短期政府债券,因而导致货币性服务附加的价值减少。正如我们将看到的那样,尽管这些因素也许能够合理解释战后货币变动,但它们无法解释1932—1942年货币流通速度相似的上升趋势。不仅如此,若要合理解释战后时期的货币变动,就需要假定与早期几十年相比,上述因素在战后对货币流通速度的影响更大。因此,我们倾向于认为以上原因至多只解释了战后货币变动的一小部分,而选择接受第三种解释——由于货币持有者对未来可能的经济稳定程度预期发生变化导致货币性服务的附加值降低。

12.1　替代资产收益率的变化

财富以货币形式持有还是以其他资产形式持有的回报率当然取决于供选择的特定资产。两种宽泛的分类必须要加以区别:名义数量固定的资产,如政府付息债券或私人固定美元债务;实物资产,如不动产或者商品或公司权益。对这两类资产,收益都包括两部分:(1)以债券利息、股票红利、不动产租金等形式存在的直接货币收益;(2)资产价格的变化率,可正可负。第二部分对许多固定美元债券并不重要,主要对违约风险相对较大的长期债券或评级较低的债券有意义。然而,对实物资产来说,价格的变化率可能是两部分收益中更为重要的部分,尤其是在总体价格水平迅速变化的时期。当然,资产选择的相关收益不是实际收益而是预期收益。实际收益仅仅在它们影响预期时才相关。在战后,两种类型的可替代资产的收益上涨明显高于货币的直接收益。[4]固定美元债券的利率迅速上升。同时,禁止支付活期存款利息和商业银行定期存款利率上限管制的法律约束——均来自《1933年银行法》(对成员银行有效),以及1934年联邦存款保险公司的监管和《1935年银行法》(对参加保险的非成员银行有效)——阻止了货币利息任何完全补偿性的上涨。正如第11章第1节提到的,战后的预期经历了从普遍认为价格会剧烈下降到普遍认为价格会持续上升的转变。这两个变化当然不是独立的。相对于股票当前净收益率的固定美元债务利率的迅速上升也许直接反映了对商品价格可能的变动的预期变化。

---

* 储蓄和贷款协会于19世纪30年代诞生于美国的宾夕法尼亚州,是一种由会员拥有、服务于会员的金融机构;会员作为股东有权参与机构的管理和分享利润,同时承担相应的有限责任;拥有会员资格意味着可以获取资金和收益,具有行为能力的美国人均可按照机构的章程成为会员。——译者注

图 59 记录了 1929—1960 年长期债券收益率、商业票据利率、债券收益率和股票收益率的差异,这被视为预期的价格变化率的粗略指数[5];货币流通速度,以及通货加上调整后的活期存款的流通速度是我们将要讨论的概念。

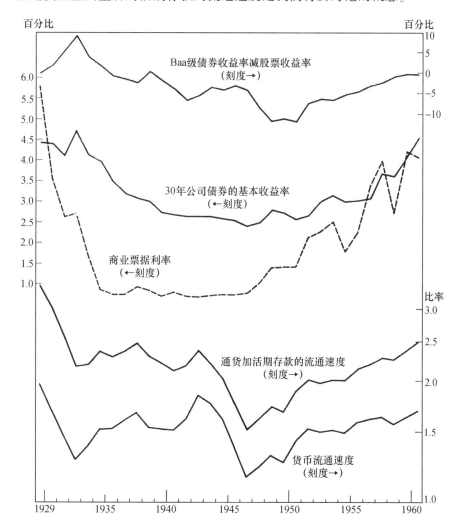

图 59　1929—1960 年相对于持有货币,其他可选资产的收益率以及两种货币流通速度的测量

资料来源:债券收益率减股票收益率,即 125 只工业普通股票的收益价格比率的数据,来源于 Moody's *Industrial Manual*, *1961*(New York, Moody's Investors Service 1961), p. a26,从 Baa 级工业债券的年收益率中扣减,同上,第 a21 页,其他数据和图 57 的来源相同。

单就战后而言,图 59 总结的证据和许多作者表达的观点完全一致,即通过促使货币持有者缩减货币余额,而使替代资产的收益率上升,是战后货币流通速度上升的主要原因。[6] 从1946年开始,货币流通速度的上升伴随着短期和长期利率的同时剧烈上升,从1950年开始又伴随着债券和股票收益率差异的显著扩大。

然而,即使对于战后时期,这一解释也存在严重的缺陷:它解释得过头了。如果利率可以解释战后晚期货币流通速度的上升,那么它们应该对战后早期有相似的影响。但是战后早期的货币流通速度上升,如我们已经分析过的,仅仅是对非正常的战时低水平的恢复,因此仅用利率进行解释是过量的。

整体地看这一时期,以上解释有相互矛盾的缺陷:它不能解释1932—1942年早期货币流通速度的上升,因为那段时期利率水平较低甚至在下降,同时商品价格有些许上涨,债券和股票收益率的差异并没有显示出与货币流通速度变化的紧密联系。利率也许可以解释1929—1932年流通速度的最初下降,但它们显然与1942—1946年的下降没有关系。结果,如果采用替代资产的收益率来解释战后货币流通速度的变化,就必须找到一些其他解释来说明早期货币的变动现象。

现在我们转向对战后货币流通速度上升和替代资产收益率变化之间的关系进行更详细的分析。在分析中,我们将分别分析利率和价格变化率。

12.1.1 利率

如果战后货币流通速度的变化主要是对利率变化的反应,那么,流通速度或货币需求量对利率应该高度敏感。从1946年到1960年,流通速度上升了45%;长期政府债券的收益率从略高于2%上升到略高于4%;长期公司债券的基本收益率涨幅相同;商业票据的收益率从低于1%上涨到4%多,增长了大约3.5%。如果货币流通速度的变化是对利率变化的反应,那么长期利率每增加1%,货币流通速度增加大约22.5%;而短期利率每增加1%,货币流通速度增加大约13%。当然,这些可能是高估了的数字,因为它们没有把战后对战时货币流通速度下降的反应计算进去;另一方面,它们也可能被低估,因为它们没有考虑战后收入的增加,而根据之前的经验,收入增加可能会造成货币流通速度的下降。按照目前考虑的解释,这一下降的影响大于同时发生的利率上升的抵消作用。

从我们拥有的数据来看,在更长的时段内,利率变化和流通速度之间显然不存在十分敏感的关系,这是显而易见的,甚至在图57标出的利率和流通速度的时间序列中也很明显。更系统的证据来自我们所计算出的以恒定价格水平表示的货币需求量、实际收入和多种利率数据之间的多重相关性,这些数据包括了跨度达 90 多年的周期平均数据和年度数据。在一些相关分析中,长期债券收益率的统计相关性最强,另一些相关分析中,商业票据的短期利率显示了更强的统计相关性。然而,这两者中任何一种的影响在量值上都过小以至于无法解释战后流通速度的上升。按长期平均数据计算,债券收益率或商业票据利率每上升 1 个百分点,货币需求量下降 3—4 个百分点,而并非合理解释战后货币变动所需要的 13—22.5 个百分点,这一结论 Selden 在关于流通速度决定因素的文章中也提出过。[7]

Latané 的一项研究[8]是我们所知唯一不仅将战后货币流通速度的变化归因于利率变化,而且通过实证支持这样的结论,即战后与战前的关系相同的研究。Latané 使用了比我们定义的"货币"更窄的货币总量分析流通速度。他定义的更窄的货币总量,只包括通货和调整后的活期存款。从 1909 年到 1958 年,Latané 发现流通速度和利率间存在非常密切的关系,这一关系在这段时期内似乎没有变化。他认为没有必要引入实际收入水平作为额外的变量。单独的利率足以作为通货加调整的活期存款流通速度波动的大部分原因。

为了调和 Latané 和我们的研究结果间的不一致性,我们在图 57 和图 59 中标出了以通货和调整的活期存款计算的口径更窄的货币总量的流通速度数据。[9]我们从 1914 年 6 月开始才分开估计活期存款和定期存款,这就是为什么图 57 中标出的通货加调整的活期存款流通速度是从 1915 年开始的。从图 57 中可以清楚地看到通货加调整的活期存款的流通速度曲线平行于对应的货币流通速度曲线。考虑到这种运动趋势,这两个定义货币总量的概念的作用是可替换的,并且对于货币流通速度的任何解释都同样对通货加调整的活期存款流通速度有意义。特别地,由于测量收入和永久收入的差异可用来解释货币流通速度的周期性变动,它也同样可以解释通货加调整的活期存款流通速度的周期性变动。两种流通速度的主要差异在于 20 世纪 20 年代、30 年代以及 50 年代的运动。在 20 年代,通货加调整的活期存款流通速度呈上升趋势,货币流通速度呈下降趋势。30 年代,1932 年之后,情况则相反:通货加调整的活期存款流通速度呈水平或下降趋势,货币流通速度呈上升趋势。1946 年之后,两者都呈上升趋势,但是通货加调整的活期存款流通速度的上升曲线更为陡峭。

上述背道而驰的情况很容易解释。20 世纪 20 年代的差异是由于联邦储备体系第一次对定期存款规定了低于活期存款的法定准备金要求,从而导致存款供给发生变化而造成的。银行因此乐于提高定期存款的吸引力,结果是成员银行的定期存款相对于活期存款有所增长。正如我们在第6章里看到的,银行使用某种方法减少了活期和定期存款在实际运行中的区别,这一变化引起了联储体系的忧虑。

30年代两者的差异具有相同的解释,只是方向相反。相对银行出于谨慎考虑而期望保留的准备金,法定准备金要求的重要性下降,这反映在被称为超额准备金的惊人积累上。同时,银行从其资产上可挣得的利息下降。这都使得银行在整个30年代逐渐降低了它们支付定期存款的平均利率,导致银行的定期存款吸引力相对减小。尽管1933年之后禁止支付活期存款显性利息起了相反的作用,但是这种支付规定最初主要在银行间结算时使用,而公众持有的活期存款则被排除在外,正如我们测算的一样。禁止支付同时伴随着对定期存款利息额设立上限。由于银行持有的很大一部分存款——如果不是绝大部分的话——从未支付显性利息,因此以提供免费服务的形式对活期存款支付利息仍然是一种可能的和通常的做法。

从1946年开始,货币流通速度和通货加调整的活期存款流通速度的上升趋势的斜率发生偏差的主要原因是利率的急剧上升,并伴随着银行准备金偏好的变化。利率的上升又一次使得活期存款和定期存款之间的法定准备金要求的差异对银行变得重要。银行有动力为存款(包括活期存款和定期存款)提供更高的收益,但是吸收定期存款的动力更大。而且,禁止对活期存款支付利息在经济上第一次产生了作用,限制了银行在这一受限制的类别上吸引活期存款的能力,尽管银行愿意在这一类别上支付显性利息。虽然对定期存款设置利息上限施加了相似的约束,然而,由于最初的限制值设置得很高,以至于设限没有效果。随后上限又提高了(见本章第2节),其结果是,战后商业银行对定期存款支付的利率急速上升(见图61),导致商业银行定期存款对活期存款比率的大幅上升,因此,货币流通速度的上升慢于通货加调整的活期存款的流通速度的上升。[10]

正如后来的评论所指出的,至少在战后,通货加调整的活期存款的流通速度可能比货币流通速度对利率更敏感。其他资产收益率的变化可能更完全反映在定期存款支付的利率上,较少反映在活期存款大量支付的隐性利率上,而完全没有反映在通货的收益上。甚至在禁止对活期存款支付利息之前一个类似的现象也是可解释的。如上文提到的,由于大多数的活期存款(除去银行间存款)没有支付显性利息,因此战时和战前,上升的利率导致通货向定期存款转移以及下降的利率导致反向的转移似乎是合理的。Latané发现利率和通货加调整的活期存款流通速度之间比我们所论述的利率和货币流通速度之间具有更为紧密的关系,这两者在结论上没有冲突,只是对不同问题的一致答案而已。

Latané 作了更深入的研究。他认为通货加调整的活期存款的流通速度从 1909 年开始的所有变化,尤其是整个战后流通速度的上升,可以在排除随机扰动的前提下,完全由利率解释。而这一点和我们的结论不一致。首先,如图 57 所示,从 1915 年开始通货加调整的活期存款的流通速度的长期变动和货币流通速度的变动一致。我们将货币流通速度的变动主要归因于实际收入的变化,Latané 将通货加调整的活期存款的流通速度的变动完全归因于利率变化。其次,从 1951 年开始,定期存款相对于收入上升并由此引发了货币流通速度的下降,因此整个货币流通速度的上升归因于通货加调整的活期存款流通速度的上升。如果利率能够完全解释后者(即通货加调整的活期存款流通速度)的上升,那么它也可以解释前者(货币流通速度)的上升;然而我们对它们分别进行研究后发现,这种解释行不通。调换一下次序,让我们首先考虑一下利率对货币流通速度的作用。

我们提出两个主要的理由来论证战后利率的上升作为对战后货币流通速度上升的完整解释是不能令人满意的:利率的变化不能解释自 1929 年以来的货币流通速度的其他主要变化,利率对于图 57 所覆盖的更长时期缺乏足够强有力的影响。这些理由对通货加调整的活期存款的流通速度也同样成立吗?

图 59 给出的对自 1929 年开始的现金加调整的活期存款流通速度变化的解释没有利率变化对货币流通速度变化的解释那么清楚和确定,但总体来说是一样的。利率无法解释通货加调整的活期存款流通速度在 1942—1946 年的剧烈下降,或 1932—1937 年的上升。1935—1942 年的货币流通速度与商业票据利率之间的不一致并没有出现在通货加调整的活期存款流通速度中,因为这些年中后者的流通速度和商业票据的利率大致保持平行运动的趋势。尽管如此,从 1929 年到 1960 年,对两个流通速度而言,只有最初的下降和最后的上升清晰地显示出与相应的利率变化相同。这些对两个流通速度而言都是相当大的变化,然而它们至多只构成与图 59 所覆盖的剩余时期内不规律的反向关系不一致的两个观察点。

对于更长的时期,我们对 1915 年以前的通货加调整的活期存款的流通速度没有估计。然而,我们拥有的证据足以肯定地证明这一流通速度从 1880 年到一战期间剧烈下降,因此通货加调整的活期存款的流通速度应该与货币流通速度经历了相同的长期运动。[11] 从 1915 年开始,利率尤其是商业票据利率,与通货加调整的活期存款的流通速度以及货币流通速度呈现出大体相同的长期运动趋势。然而，这一关系无法支持从1880年到1915年的货币流通速度的变化趋势，同样无法支持通货加调整的活期存款的流通速度的变化趋势（如果后者的数据能够在图上标出）。我们因此得出结论，对于通货加调整的活期存款流通速度，如同货币流通速度，更长期的证据无法支持货币余额对利率变化具有充分弹性，因此无法将整个战后通货加调整的活期存款流通速度的上升归因于战后利率的上升。

在分析收入的作用时，更长时期的比较似乎具有决定性的意义。我们刚才提到，利率的变化无法解释货币流通速度及通货加调整的活期存款的流通速度从1880年到1915年的下降。但是如果实际的人均收入的上升可以对这些下降作出解释，如同我们之前提出的它确实可以解释，那么没有理由认为实际的收入在1915年或1915年前后突然停止产生任何影响。似乎更合理的是，1915年之后如同之前，人均实际收入的增加几乎独立地造成了财富持有者对通货加调整的活期存款以及更宽泛的货币总量（我们定义为货币）的实际需求量更大幅度的上升；这一影响大于20世纪20年代定期存款和活期存款间吸引力差异扩大导致的对较狭义的货币总量抵消的影响，如我们在前文中提到的那样。人均实际收入的影响在30年代又由于利率的剧烈下降增强，这一影响在二战结束的一段时期由于利率的上升得到了某种程度的抵消。[12]

同利率一样，收入对货币总量的每一组成部分可能产生不同程度的影响。可以预见，定期存款提供的服务相对于通货加活期存款提供的服务具有更多"奢侈"的特征，因此对定期存款货币服务的需求的收入弹性大于单独的通货加活期存款的服务的收入弹性。同样可以预见，自1915年以来任何这样的差异都比之前更为重要。然而，基于迄今为止的证据，我们并不确定这种差异是否大到足以证明通货加调整的活期存款流通速度独立于人均实际收入水平。

总而言之，Latané的结论和我们的结论没有不可调和的矛盾。分歧的出现首先来自两种分析的时间跨度不同，其次来自两种不同的货币总量的运用。如果我们也仅仅分析Latané研究的时间段，我们应该也会认为利率变化更重要，而收入变化没有我们分析的那么重要；相反，我们猜测，如果相关数据可得，从而使Latané能分析我们研究的时期，他也应该会认为收入变化更重要，而利率变化没有他分析的那么重要。这些差异由于货币总量的差异而有所增强。尽管没有被证明，但似乎合理的是：(1)通货加调整的活期存款对其他资产的利率的需求弹性在绝对值上大于以上货币总量加商业银行定期存款相应的需求弹性；(2) 通货加调整的活期存款对实际人均收入的需求弹性小于其对定期存款的需求弹性，并因此小于其对货币需求的弹性。[13] 因此，不论对于哪一时期，相对于解释货币流通速度的变化，在解释通货加调整的活期存款的流通速度的变化上，利率可能承担了更重要的作用而收入变化承担了较少的作用。

如果单一的解释被应用于整个时期，那么，不管是对通货加调整的活期存款的分析还是对我们定义的货币的分析，收入和利率运动都不能单独解释战后流通速度的上升。战后两种口径货币流通速度的上升与收入的变动不相符，并且上升的速度也高于利率单独作用时可能达到的水平。

战后货币需求对利率的变动比战前更具敏感性是有可能的。有两点原因支持这种说法：(1) 禁止对活期存款支付利息以及商业银行定期存款利率的上限阻止了银行直接给予存款者更高的利息。这就意味着，尽管可能有异议，但利率的上升造成的存款利息和其他资产利息的差异确实大于早先时期可比的利率上升造成的差异。(2) 公司的现金管理制度发生变化，公司比从前更加重视节省货币余额。这一变化的一个原因是我们在接下来的部分要考察的因素：以短期国库券和其他短期证券形式出现的更接近货币的替代物，代替了具有高度流动性的货币，与以前相比，它们具有灵活的利率定价方式、良好的流通性和大得多的规模，并已形成一个更加广阔、更加健全的市场。这些替代物的可得性不仅减少了在任何给定利率条件下货币的需求量——下一部分考虑的影响——同时也增加了货币需求量对变化的利率反应的敏感度。

这些因素也可能有助于增加货币流通速度对利率变化的敏感度。然而，令人质疑的是它们单独作用能否产生战后货币流通速度上升所需的足够的驱动力，有两个原因：(1) 在早期的一些研究中，研究者尝试过把存款利息作为变量引入，以此来测算货币的机会成本，即其他资产收益率与货币收益率之间的差异。在我们了解的研究中，考虑存款利息整体上会产生更松散而不是更紧密的关系，说明存款利息影响非常小，以至于被利息估计量的误差覆盖。[14] 这些结果是不确定的，因为研究涉及的都是1919年之后的时期，因此只覆盖了银行可以自由决定支付利率的部分年份。也许，1919年以前，存款利率的波动幅度更大，并且对市场利率的变化反应更快。然而，如同我们已有的证据一样，这种定性的证据无法证明上述情形的真实性，它只是说明，与后来一样，存款支付的利率相对于市场利率的变化非常缓慢。而且，在二战后的时期，银行能够将资产获利中增长的部分给予活期存款持有者，某种程度上是通过服务费用的变化，包括在总体成本上升的情况下没有提高服务费用。此外，货币流通速度上升主要发生在定期存款利率的法律限制在经济上变得有意义和有效前。(2) Selden 在对分开的经济部门货币流通速度的测算中提出了一个与公司现金管理制度变化的作用相关的确定性证据。根据这些测算,基于现金流数据,消费部门的货币流通速度上升大于公司部门,同时制度变化显示出的货币余额对利率更高的敏感度似乎局限于公司部门。[15]

总结对于利率的讨论:如果二战前利率和货币流通速度的关系和战后一样,那么战后利率的上升至多只能解释货币流通速度增加的6%—8%。没有令人信服的证据能够说明货币流通速度对利率的敏感度确实增加了。因此,战后利率的上升至多只能解释1946—1960年货币流通速度上升45%中的一小部分。

12.1.2 价格变化率

我们所知道的试图找出美国货币需求量和当前商品价格变化率或者加权平均的过去的价格变化率(被视为对将来价格变化率的预期值)之间的系统关系的尝试都以失败告终。[16]然而 Cagan 发现,其他国家在这段时期存在以显著的价格变动为标志的紧密关系。[17]我们认为,上述差别最可能的原因是,美国除战争时期外,价格的变化程度都较小。结果,尽管美国也存在价格变化和货币流通速度的显著关系,但其他影响货币需求的变量的变化很容易掩盖这种关系。我们希望得出的关系可能由于量值太小以至于无法通过诸如多重相关性分析或引入过去价格变化的加权平均作为预期因子的简单预期模型等粗糙的工具得以揭示。我们在第4章表达过这一观点,即不同的预期价格变动趋势也许是导致货币流通速度在1902—1907年没有1885—1891年下降得快的一个原因(见表6和相应的讨论)。

战后对价格变动预期的变化可能大于我们掌握的数据所涵盖的之前的任何一个时期。[18]因此我们不能排除这一变化起到重要作用的可能性。为了获得一些关于其影响大小的启发,我们利用了 Cagan 关于其他国家的研究结果。一种方式是给定 Cagan 得出的其他国家货币流通速度和预期价格变化的关系,寻找价格变动的预期要发生多大的变化才能解释观察到的货币流通速度的变化。利用 Cagan 对一组7个严重通货膨胀国家的估算可知,以即期的年变化率表示的价格变化率的预期值,必须变化95%——例如从预期价格以每年45%的变化率下降到预期价格以每年50%的变化率上升——来解释1946年到1960年的货币流通速度的上升。[19]这几乎可以确定是对货币需要的预期变化的高估,因为有充分的理由使我们相信货币需求对非常低的预期价格变化率比

Cagan 等式所显示出的更为敏感。[20]然而,即便对这一结论进行合理的修正,也无法给出一个有说服力的价格变化估值来解释流通速度的变动,以便描述 1946—1960 年间的预期变化。

因此我们得出结论,如同利率的变化,预期价格变化率的变化至多只能解释战后流通速度上升的一小部分;而且,这两个因素的影响不能叠加。到目前为止,由于战后利率的变化反映了价格预期的变化,又由于这对我们判断利率影响的时期也成立,因此利率变化显示的影响包括了变化的价格上升预期的影响。类似地,用来计算 Cagan 等式的价格变化率的变化可能伴随了对应的利率变化,因此他的估算也隐含了利率变化的影响。

12.2 货币替代物的发展

上文提到,人们认为,战后货币流通速度上升的第二个主要原因是准货币替代物的发展,他们认为这造成了对货币本身需求的减少。通常所指的主要的替代物是短期政府债券及储蓄和贷款协会的股权,两者的数量增长都比货币存量的增长快得多。[21]

为评价上述观点,我们必须区别造成战后货币替代物的持有量增长的四个不同原因。

第一个原因是替代物产生的收益率提高导致持有货币更加昂贵,并因此导致个人和企业持有更多的付息资产。货币持有数量的减少从这个意义上说仅仅是沿着理想的货币存量-利率的需求曲线移动。前面已对此进行了充分的讨论,这里不再展开。

第二个原因是影响货币需求的其他变量的变化,在本章第 4 节将予以讨论,比如,对经济稳定的预期导致个人希望以货币形式持有的资产在他们的资产中占更小的比例。这也是沿着一个适当定义的货币需求曲线的移动,它所对应的将是增加持有除货币以外的其他资产,包括我们考虑的货币替代物和众多的其他资产。这里,持有的货币替代物的增加是货币流通速度上升的一个结果,而不是原因。

第三个原因是货币替代物相对于其他资产而非货币的吸引力发生了变化。这个原因显然值得重视,因为这似乎不是战后特有的现象,而是已经存在了相当长的一段时间,并且是金融中介长期快速增长的主要原因。像农业,或许还有独立的非农商业,相对于工业和贸易以及企业的重要性下降,相同的情况还有个人直接拥有的实物资产相对于他们的总体财富的重要性下降。因此,财富持有者逐渐在他们的财富中持有更多以多种债权形式存在的资产。

增持货币替代物的第四个可能的原因是,制度性的变化产生了从前没有的新型货币替代物,或更广泛使用货币替代物的新的调整形式。这些发展导致了货币需求曲线的移动,因此在与之前存在的资产利率相同、其他影响货币需求量的变量值相同的情况下,需要的货币存量比从前少。这是和本节相关的一个原因。考察公司和其他持有货币的企业,其主要变化是短期政府债券更加容易获得以及这些债券市场的制度发生了变化。这种变化或许更重要,但我们对此表示怀疑。短期政府债券已经存在了很长时间。此外,20世纪20年代以及在此之前,通知存款为资金的短期投资提供了同样安全方便的途径。由于这种短期投资被废止,然后又以政府投资的形式再次流行,因此将这种变化解释为对利率先下降后上升的反应,而不是解释为对新的金融工具出现的反应似乎更合理。短期政府债券数量的增长不是政府债务的净增长而是对长期债务的替代。替代伴随着短期收益相对长期收益的上升,这说明资产持有者只是在更高的收益吸引下才以一种资产代替另一种资产;也说明发生的变化主要是政府债券种类的变化,任何从货币向政府债券的转变仅仅是对更高的利率的反应。

可以获得的关于企业持有多种类型资产的估计,使我们更加怀疑新金融工具或其调整形式对战后货币流通速度上升的重要性。以公司为代表的非金融商业部门持有的政府债券在战争结束之后迅速减少,从1945年年底的220亿美元降到1947年年底的140亿美元。在随后的几年,持有量显著上升,在1951年达到近210亿美元。这之后的数年,持有量剧烈波动,1955年高达235亿美元,而1954年以及1956—1957年又下降到190亿美元,但没有显示稳定的上升趋势;相反,在这段时期这一部门的通货加活期存款余额以更稳定的速率上升。对本节的讨论更重要的是:债券持有量并没有沿着与通货和存款变化相反的方向变化,但如果债券和现金、存款是相近的替代物,应该有上述现象发生。相反,两类资产趋向共同变动。[22]尽管众多金融文献对于所谓的短期国库券替代公司货币余额的观点青睐有加,但我们更倾向于认为这个因素对战后货币流通速度的上升没有明显的影响。[23]

对于非公司货币持有者,有两点变化需要注意:美国储蓄券的出现以及储蓄和借贷股权的增长。首次出现于1935年的美国储蓄券,为个人提供了一种具有货币尤其是储蓄存款许多特点的资产形式——在事先约定的名义价值下的可赎回性。然而,这种金融工具显然对战后货币流通速度的上升没有帮助;

如果有,也是抑制了流通速度的上升。储蓄券持有量的增长主要发生在战争时期。持有量在1950年达到顶峰,从那之后显著下降。储蓄券的收益率大部分时间维持不变[24],与此同时其他资产的收益率上升,包括商业银行定期存款的收益率。1952年之前、1956年,以及1959—1960年,商业银行定期存款的利率实际超过了将E系列债券持有一年的收益,尽管将E系列债券持有到期的收益率确实始终超过了商业银行定期存款的利率。[25]因此,可能有一些资金从储蓄券转向了商业银行定期存款。如果是这样,那么这种变化就限制了货币流通速度的上升。

储蓄和借贷股权不同。如图60所示,储蓄和借贷股权的增长远比其他形式的储蓄存款快,尽管所有形式的储蓄存款增长快于通货加活期存款的增长。储蓄和借贷股权从1945年年底的70多亿美元,到1960年年底达到600多亿美元,增加了八倍多。1945年,储蓄和借贷股权的数量仅仅是货币存储总量的1/20多一点儿,不到互助储蓄存款总量的1/2;1960年,储蓄和借贷股权的数量是货币存量的1/4多,几乎达到互助储蓄存款总量的1.75倍。

所有形式的储蓄存款的快速增长也许反映了它们收益率的上升。但从图61中可以明确地看出,储蓄和借贷股权比其他形式的存款更快的增长速度不能由相对的收益率上升来解释。尽管自始至终储蓄和借贷股权的收益率都高于其他形式的储蓄存款,但如果说在此期间有什么变化的话,那就是两者的差异在缩小。

储蓄和借贷股权与互助储蓄存款间的利率差异的缩小量大于储蓄和借贷股权利率与商业银行定期存款利率之间差异的缩小量。尽管相对于互助储蓄银行利率,商业银行利率受到了更严格的限制,但储蓄和借贷股权的利率和商业银行定期存款利率之间的差异也缩小了。[26]显然,战后的前几年,商业银行储蓄存款获准的最高2.5%的利率[27]远高于相应的市场利率,因此没有实际意义。从商业银行和互助储蓄银行的定期存款的相对变化情形来判断,利率限制在1954年年末首次变得重要起来。在此之前,这两类存款以近似的速率上升(见图60)。从1954年年末开始,商业银行定期存款上升的速度明显低于互助储蓄存款。当商业银行定期存款可支付的最高利率在1957年1月1日达到3%时,反应立刻出现了。商业银行定期存款开始以更快的速度上升,到1958年中期,已经超过了先前定期存款与互助储蓄存款的比例。商业银行的定期存款从1959年年中到1960年年中没有持续快速增长显然是对联储实行紧缩货币政策的反应,而不是利率限制再次有效的信号。确实如上述推断,商业银行的定期存款在1960年下半年重新开始快速增长。

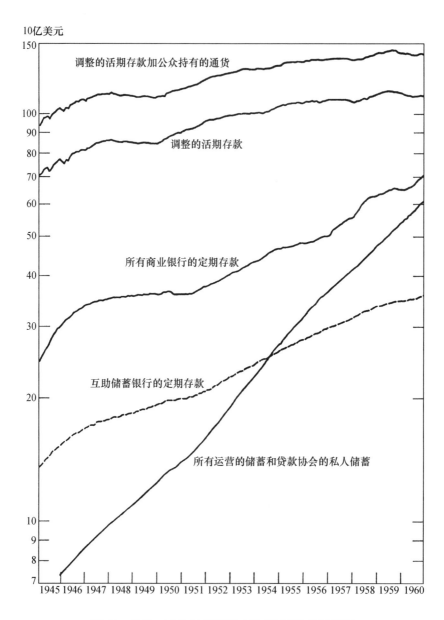

图60 1945—1960年货币存量组成和可选的准货币

资料来源:存款和通货,见表A-1。所有运营的储备和贷款协会1945—1958年12月的原始数据来源于 *Trends in the Savings and Loan Field, 1958* (Federal Home Loan Bank Board, Nov. 1959);其他月份的数据来源于 Table 1 in *Selected Balance Sheet Data, All Operating Savings and Loan Associations* (attached to 1955—1959 Dec. issues of FHLBB release, *Savings, Mortgage Financing and Housing Data*) and from the Dec. 1960 and Sept. 1961 issues of the same table published separately,所有均用移动总量比例法进行了季节性调整。

我们的研究显示:1954—1958 年的情况很有趣,因为它不仅非常清楚地显示了利率限制的影响,而且给出了不同种类存款之间替代性的一些证据。储蓄和借贷股权的快速增长——其原因我们还不确定——主要原因可能是战后流通速度上升,如果资产持有者认为该类资产是我们称之为货币的准替代物的话。然而,1954—1958 年的存款运动情形说明,不管是互助储蓄存款还是储蓄和借贷股权都不是商业银行定期存款的高度准替代物,至少短期内不是。商业银行定期存款 1954 年年底到 1956 年年底增长的显著放缓以及后来从 1957 年早期到 1958 年年中的快速增长对互助储蓄存款或储蓄和借贷股权都没有留下可察觉的影响(见图 60)。活期存款在这段时期的变化更活跃,在 1954—1956 年迅速增长,从 1957 年早期到 1958 年年中增速放缓,此后又以比 1954—1956 年更快的速度增长。这些变化中或许有些可以被解释为替代作用的反应,即从资产持有者的角度,以活期存款代替商业银行的定期存款。然而,即使对活期存款,影响也是轻微的,这段时期的温和影响可以解释为供给关系而非需求关系变动的结果。一个清楚的证据是,提高利率上限后商业银行定期存款的增长主要以各种其他形式的资产持有减少为代价的。[28]但替代关系是对称的。如果商业银行定期存款不是储蓄和借贷股权的准替代物,那么储蓄和借贷股权也不是商业银行定期存款的准替代物。因此这一证据说明,战后储蓄和借贷股权的扩张主要是以财富持有者资产组合中除货币以外的其他资产的减少为代价的。

当然,那一时期只是提供了不同形式存款替代性的一个例证。[29]它当然没有排除长期内储蓄和借贷股权增长的另一种可能,即其一定程度上是以货币数量(按照我们的定义)相对于收入本应的增长为代价的。

储蓄和借贷股权引人注目的增长对供需两方面的解释都提出了疑问。需求方面的问题在于,尽管图 61 显示出储蓄和借贷股权与其他资产间的收益差别明显减小,但为什么资产持有者仍然愿意持有如此大量的该种资产份额。[30]供给方面的问题在于:储蓄和贷款协会为何能够不顾负债的大规模扩张,而持续支付高于其他储蓄机构支付的利率? 显然,储蓄和借贷股权的需求和供给曲线都显著右移。

在需求方面,最合理的解释似乎是,联邦政府为储蓄和贷款协会股份提供保险致使其特征发生了变化。联邦储蓄和贷款保险公司(Federal Savings and Loan Insurance Corporation,FSLIC)建于 1934 年[31],和联邦存款保险公司开始为银行保险在同一年。尽管所有储蓄和贷款协会持有的总股权已经从 1930 年

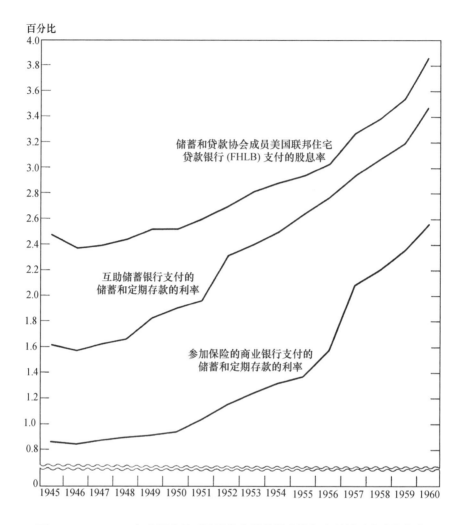

图 61　1945—1960 年定期存款以及储蓄和贷款协会股权支付的利率或股息率

资料来源：储蓄和贷款协会，股利除以 12 月 31 日股本的平均数，均来自 Combined Financial Statements（Federal Home Loan Bank Board，FHLBB），1948，1954，1955，1958，1959；"Advance Highlights-1960：Combined Financial Statements，Member Savings and Loan Associations"（FHLBB，Washington，no date）。互助储蓄银行支付的储备和定期存款 1945—1959 年的利率来自 *Mutual Savings Banking：Basic Characteristics and Role in the National Economy*，National Association of Mutual Savings Banks，Prentice-Hall for Commission on Money and Credit，1962，p.87；1960 年的原始数据来自 NAMSB，personal communication；参加保险的商业银行支付的储蓄和定期存款的利率均来自 *Annual Report*，FDIC，1953—1958，1960。

的 63 亿美元下降到 1933 年的 48 亿美元，但在接下来的几年中仍然继续下降，到 1939 年年底大约只有 41 亿美元。[32] 尽管加入 FSLIC 的协会成员快速增加，以至于参加保险的协会的账户规模从 1935 年年底的不到 5 亿美元增加到 1939 年年底的 18 亿美元，但是参加保险的协会持有的储蓄和借贷股权规模仍然不到当时全部储蓄和贷款规模的一半。战争期间，整个储蓄和借贷股权的规模增长加速，而参加保险的协会成员也持续增加，以至于到 1945 年年底，股权总量超过 70 亿美元，大约 70% 都为参加保险的协会成员持有。在接下来的 5 年里，总股权大约翻了一番，达到 140 亿美元，被保险部分上升到 81%。

考虑到大萧条期间股东较高的投资失败率和巨额损失率，联邦公司对储蓄和借贷股权的保险显然降低了持有这类股权的风险。[33] 这一考虑很重要，因为保险增加了个人对商业银行存款的信心，所以它无疑使储蓄和借贷股权成为对持有者更有吸引力的资产，并且作为资产，其在某种程度上更像是"货币"。然而，直到 1950 年，储蓄和贷款协会的保险条款都没有商业银行的存款保险灵活，前者使得在发生违约事件时，储蓄者可能不得不等上 1—3 年才能以现金偿付的形式获得他们大部分的债权。[34] 也许这一差别削弱了储蓄和借贷股权相对于商业银行存款或通货的吸引力，同时也削弱了两者之间的替代性。

1950 年，储蓄和借贷股权违约的保险条款发生了变化，变得与适用于联邦存款保险公司保险的商业银行存款一致。[35] 尽管 FSLIC 和联邦存款保险公司之间仍然有些差别，如对违约的定义、融资来源的规定以及两个公司的最终追索权[36]，但这些对实际操作并不太重要。1950 年变化的结果显然使储蓄和借贷股权更像商业银行存款和通货。

伴随着保险条款的变化，储蓄和借贷股权继续更加快速地增长。从 1945 年到 1950 年，储蓄和借贷股权以每年 13% 的比率增长，从 1950 年到 1955 年以 16% 的比率增长，尽管从那以后增长率逐渐降低，然而 1955 年到 1960 年仍然达到平均每年 13% 的增速。同时，参加保险的协会成员中的储蓄和借贷股权继续上升，1960 年年底达到 90% 多，此时储蓄和借贷股权的总量超过 600 亿美元。

由于保险导致的储蓄和借贷股权质量的提高，加上资产持有者对需求的调整所花的时间以及储蓄和借贷股权对供给调整所花的时间，似乎能在很大程度上解释资产持有者为什么愿意持有数量如此快速增长的储蓄和借贷股权，尽管其收益与定期以及储蓄存款的差异在缩小。

在供给方面，对于储蓄和借贷股权的增长没有伴随着收益率剧烈下降的解释似乎是清楚的。这些协会成员专门经营房屋贷款——尤其是住宅建筑——

而战后是住宅建筑和住房所有权的高速增长期。因此它们的股份是以强有力的不断扩展的市场作支撑的。相似的快速增长还发生在 20 世纪 20 年代房地产高速发展时期。

解释战后货币流通速度的变动,关键问题是储蓄和借贷股权的增长在多大程度上能被视为以"货币"减少为代价,这不是因为它们比之前产生了更高的利息,而是因为它们是货币的近似替代物。一些关于货币余额及储蓄和借贷股权对利率的敏感度以及储蓄和借贷股权对货币替代程度的变化的其他独立证据仍然悬而未决,没有完全令人满意的答案,但是至少可以获得一些变化幅度数量级的概念。[37]

首先必须估计出能反映因质量提高而增长的储蓄和借贷股权部分,因此无须考虑利率或其他因素的变化。在某种程度上,这部分或许应该被视为货币需求函数曲线整体的移动而不是沿着曲线本身的移动。我们首先想到的是,也许能通过比较战后这段时期和 20 世纪 20 年代作出粗略的估计;由于 20 世纪 20 年代的储蓄和借贷股权质量没有变化,故它和战后这个周期具有较好的可比性。不过如果说这样的比较具有什么实际意义的话,那就是说明战后的快速增长也根本不会造成任何问题:在 1920—1929 年的 9 年里,以不变价格计算的人均储蓄和借贷股权以每年 14% 的速度增长,或者说是 1945 年到 1960 年对应指标年增长率的 1.5 倍;而 20 世纪 20 年代的流通速度并没有出现明显异动。为了得到在质量不发生变化的情况下储蓄和借贷股权增长率更适当的估计,我们计算了它们在 20 世纪 20 年代和 20 世纪 30 年代以不变价格表示的年人均水平,从 20 世纪 20 年代到 20 世纪 30 年代的增长率是每年 4.9%。

因此,我们用这个数字作为假定的战后"正常"增长率的估计,以 1945 年的水平为起始点,按此推算,该估计值比 20 世纪 30 年代的以不变价格表示的人均储蓄和借贷股权的平均水平低了约 10%。因此,我们把从二战以来超过 20 世纪 20—30 年代的储蓄和贷款协会股份的超额增长率全部归因于质量的提高——这的确是一个极其武断的办法。我们唯一的理由是这种对正常增长率的估计是必需的,通过大量的试验得到的其他推断促使我们相信我们对于正常增长率的估计比较保守,因此会高估储蓄和借贷资本增长中归于质量改进的部分。根据这一估计,1960 年年均 580 亿美元的储蓄和借贷股权有 290 亿美元可以看做质量改进的结果。

接下来的问题是 290 亿美元的储蓄和借贷股权的货币累积效应在多大程度上减少了货币需求。当然它最多只能以 1 美元对 1 美元的幅度减少,因为作为货币性质的资源,1美元的储蓄和借贷股权显然不能完全等价于1美元的通货或商业银行存款。或者换一种说法,至少增加持有的储蓄和借贷股权中的一部分替代了除货币以外的资产,如美国储蓄券、互助储蓄存款以及诸如此类的资产。按极端情况计算,290亿美元的储蓄和借贷股权替代290亿美元的货币将使1960年的货币流通速度上升大约14%,因此按此极限计算,储蓄和借贷股权至多可以解释战后货币流通速度上升的1/3,而这种极端估计可能至少是实际影响的4—5倍。[38]

12.3　以上考虑因素的综合效果

如果我们把上述各项考虑因素进行综合,即使全部加总,似乎也不能解释战后货币流通速度上升45%的一半,也许最重要的因素是战后对战时因耐用品缺乏而引起的货币累积效应的反应。其他因素——利率上升、价格预期变动,以及储蓄和贷款协会股份质量的提高——似乎不太重要。而且,预期收入增加本来就会造成货币流通速度的下降,其他因素也是如此,其中包括:(1)美国储蓄券相对吸引力的下降,造成的影响可能与储蓄和借贷股权增长的吸引力一样——只是方向相反;(2)联储取消对可出售的政府债券收益率的支持,造成的影响可能和利率上升一样——只是方向相反。这种债券在收益率有保证的时候比价格由市场自由决定时更像货币的替代物,因此取消对债券收益率的支持增加了货币的需求,并产生了降低货币流通速度的趋势。[39]这样,战后货币流通速度变动的大部分原因仍有待解释。

从某一方面来说,结论在理论上是令人高度满意的。到目前为止,考虑的因素都是针对战后时期的。它们和1929—1942年货币流通速度的螺旋上升几乎无关,因此,如果它们能全面解释战后货币流通速度的变动,我们就必须寻找更特别的理由来解释早期的变动。找到这两个如此相似时期的共同点是很有吸引力的。

12.4　稳定性预期

两个时期的一个可能的根本共同点是对经济稳定性变化的预期。当其他方面保持不变时,非常合理的解释是当个人和企业预期经济状况稳定时,他们愿意以货币形式持有资产,以货币准替代物的形式持有的资产会少于他们预期经济动荡和不稳定状况下的持有量。毕竟,现金作为资产的主要优点是其用途广泛。它在应付紧急事件以及利用良机时能提供最少的约束和最大限度的灵活性。未来越不稳定,这种灵活性的价值就越大,因此对货币的需求可能就会越大。定性地判断,从这个角度解释货币流通速度的变动与1929—1942年以及1942—1960年货币流通速度的变动是吻合的。

以现在的观点来看,1929年后的经济紧缩无疑瓦解了人们认为可能出现的长久而持续稳定的"新纪元"的信念,导致20世纪20年代后期货币流通速度超过它本该达到的水平。经济紧缩反过来使人们逐渐变得过分恐惧于经济的持续不稳定、不景气的风险以及可能的周期性失业。从这一点看,上述结果导致对货币需求的急剧增长,解释了为何1929—1932年货币流通速度大幅下降。因为货币流通速度通常在周期性紧缩时下降,反映了——或如我们的研究所揭示的——货币持有者根据长期或永久收入而非当前收入(如统计学家测量的那样)调整其账户的趋势,人们预期货币流通速度下降,但是实际的下降大于以这种方式计算的结果。[40]

1932年后观测到的货币流通速度的变化小于当期收入增长对货币流通速度的周期影响。在整个20世纪30年代的其他时段,尽管从1932年的低点有了一些恢复,但货币流通速度仍然保持相对的低水平。假定1933—1937年快速但不完全的复苏伴随着通常的周期性力量导致了到1937年信心的部分恢复,这有助于解释货币流通速度的上升,然而,1937—1938年的剧烈紧缩显然又使得预期经济不稳定的恐惧再次出现。1937—1938年货币流通速度的下降是通常的周期性反应,1938—1940年的持续下降则不是。它发生在货币流通速度通常上升的经济扩张期。直到欧战爆发、战争繁荣到来后,货币流通速度才真正恢复并回到基于长期历史数据可以预期的水平。

美国参战后,尤其是整个战争发生转折以及距战争结束渐行渐近时,对战后前景的高度不确定感出现了。在恢复到非战时的经济目标的转换过程中,许多经济转轨措施显然是必需的,与此同时,伴随着大量的讨论(大萧条的余悸)——都在谈论发生战后经济崩溃的危险。1942—1943年货币流通速度的温和下降以及1943—1946年的剧烈下降可以被视为这一预期的产物。1946—1948年货币流通速度的复苏以及1948—1949年的下降都是通常的周期反应,但是随之而来的1949—1951年的上升幅度大于单独的周期性反应产生的结果。根据我们当前的解释,这一现象反映了对战后崩溃恐惧的减少以及对未来经济稳定性增长的信心,这使得来自朝鲜战争进一步的刺激和1948—1949年的萧条没有发展成为大紧缩。尽管1951—1953年持续高水平的经济运行本应增加公众对未来经济稳定的信心,但货币流通速度的上升在1951—1954年中断。我们倾向于把1951—1953年的中断归于两个特殊因素:第一,政府债券收益支持计划的不复存在增加了对货币的需求;第二,伴随着朝鲜战争早期阶段的价格快速上升时期结束了。1953—1954年货币流通速度的下降是通常的周期性下降。

1953—1954年温和而短暂的萧条大大加深了1948—1949年的萧条给人们带来的教训,进一步减少了对大规模经济不稳定的恐惧。1954—1957年货币流通速度的显著上升——显著大于单独周期作用的预期值——可以被视为对未来经济稳定增长的信心的直接反映。1957—1958年短暂的萧条也许进一步加强了人们对经济稳定的信心,但显然,每一个这样同方向反应的时期的影响必然越来越小,因此我们或许可以认为到1960年预期趋于平稳。如果这一猜测属实,如果当前的解释正确,且如果经济不稳定的程度没有剧烈变化,或许我们可以预期货币流通速度的上升将结束,而长期的下行趋势将再次出现。

这一定性解释似乎是合理的,但是仅给出结论似乎难以让人信服。这需要用定量分析加以补充,从而说明对经济稳定性看法的变化可以解释货币流通速度变化的规模。尽管我们对此分析作了一些尝试,但到目前为止仍没有获得令人满意的结果。我们的初步发现既不能清晰地支持定性分析,也没有明确地与定性分析冲突。它们还不是很充分。

如果这一解释经证实有效,对于除货币以外的资产,它会给我们提供一些启示。首先,对经济趋于不稳定的预期导致货币需求下降,这说明资金除以货币形式被持有外,还应该被配置于广泛多样的其他资产上;似乎没有理由将资产集中于近似的货币替代物上。其次,类似的考虑适用于其他出于预防性动机需要的高度流动性的资产。因此,我们可以预计准货币对其他资产的比率,以及货币对其他资产的比率,相对于它们的长期趋势或相对于基于其他考虑的预期比率应该下降。不过,我们还没有深入研究这一分析的结论。

这一部分的结论是高度试验性的。要得出确定的结论还需要进一步的证据。然而,在目前我们已经检验过的因素中,经济稳定性预期的变化是对战后货币流通速度变动最为合理的解释。

注释

639n 〔1〕货币流通速度和实际收入的长期趋势并不是这种解释强有力的证据,因为这种趋势主要发生在单一方向上,因此只构成单向的现象。两者可能有各自独立的解释,而它们反向的变动只是一种巧合。我们对文章中的结论的信心来自其他证据显示的趋势与上述关系的一致性,特别是各年内各州人均存款和人均收入的关系(该类关系在芝加哥大学 Edward Feige 正在准备的博士论文中得到详细的分析),以及除美国之外各国间及各国一段时期内货币流通速度和收入的关系。

642n 〔2〕Milton Friedman, *The Demand for Money: Some Theoretical and Empirical Results*, National Bureau of Economic Research, Occasional Paper 68, 1959.

644n 〔3〕一些活期存款在1933年之前支付利息,定期存款一直支付利息,甚至通货也时常支付利息,如同内战时发行的5%利率的中期国库券(W. C. Mitchell, *A History of the Greenbacks*, University of Chicago Press, 1903, pp. 174-175)。

645n 〔4〕人们已经习惯将替代资产的收益率和货币的收益率(正或负)之间的代数差视为"持有货币的成本"或"货币服务的成本"。这里的成本和通常使用的术语"成本"是完全不同的。当我们说机动车出行的成本时,我们指的是每英里路程的绝对花费,而不是这种花费和以其他形式出行每英里路程的花费之间的差异。通常意义上,货币服务的成本是我们所说的货币的直接净收益的相反数,考虑到大多数商品和服务的需求,其他资产的收益与替代性、互补性或既非替代性也非互补性的资产和服务的成本是可比的。

646n 货币的这种特殊用法有两部分的原因:第一,通常直接收益和直接成本可以忽略不计,故货币服务的直接价格或货币收益为零,因此,通常意义上的货币成本是一个恒量并且通过分析被略去。第二,现在使用理论模型的一个普遍趋势是将所有资产分为两类——货币和债券,或三类——货币、债券和实物资产,其他相关资产只有一个或两个价格。第二种趋势对应于所说的特定利率趋势。

为避免混淆,我们将用"机会成本"指代其他资产收益与货币收益的差异。

〔5〕见第11章的论述,第428—429页。

〔6〕见 H. A. Latané, "Cash Balance and the Interest Rate—A Pragmatic Approach", *Review of Economics and Statistics*, Nov. 1954, pp. 456-460; also "Income Velocity and Interest Rates—A Pragmatic Approach", *Employment, Growth, and Price Levels*, Joint Economic Committee, Hearings, part 10, 86th Cong., 1st sess., pp. 3435-3443 (reprinted with minor changes in the *Review of Economics and Statistics*, Nov. 1960, pp. 445-449); J. G. Gurley, "Liquidity and Financial Institutions in the Postwar Period", Study Paper No. 14, Study of *Employment, Growth, and Price Levels*, Joint Economic Committee, 86th Cong., 1st sess., Jan. 25, 1960, GPO, 1960, pp. 3-57; James Tobin, "The Interest-Elasticity of Transactions Demand for Cash", *Review of Economics and Statistics*, Aug. 1956, pp. 241-247。

649n 〔7〕Richard T. Selden, "Monetary Velocity in the United States", *Studies in the Quantity Theory of Money*, Milton Friedman, ed., University of Chicago Press, 1956, pp. 195-205.

在最近的一份研究中(*The Postwar Rise in the Velocity of Money*, New York, NBER,

Occasional Paper 78, 1962, reprinted from the *Journal of Finance*, Dec. 1961, pp. 506, 522), Selden 提出,假设可贷资金的成本是持有货币的机会成本的合适估值,1951—1957 年银行支付短期商业贷款的利率的变化"完全可以解释实际的流通速度上升的顺序"。然而,Selden 并没有提供那一时期或更长时期的任何证据来支持他的观点。

[8] 见本章注释[6]。

[9] 支持更狭窄的总量观点的人通常认为,只有这一概念包含的条目才是交换媒介,而商业银行的定期存款只有它们首先被转化成通货或活期存款时才可以用来支付。关于这一观点有两点需要指出:(1) 选择适用于术语"货币"的总量的隐性标准根本不合适。货币绝不是一个仅仅指交换媒介的术语,以我们更为基本的观点,它是购买力的暂时保留,它使执行购买的行为区别于销售行为。究竟应在哪里画线来区分被视为货币的资产和被视为准货币的资产或简单的"其他资产"不能够也不应该一概而论或仅基于文字考虑,它依赖于特定目标以及具体环境中对此目标特定特征的实证相关性,也就是说,要基于实证的稳定性以及选择的总量和其他变量之间关系的规律来决定。(2) 尽管广义上正确,但上面提出的区分事实上并不严格准确。定期存款在许多情况下通过支票来转移。实际上通货的某些组成部分在最初没有转变为其他通货或活期存款的情况下不能成为交换媒介,如 1 万美元的账单。两个总量中都不包括的条目也被作为交换媒介,如美国运通旅行支票、证券市场经纪人的借方余额(见第 6 章)。 650n

我们的观点是,定义的问题不是原则问题,只是出于便利考虑,书中基本的问题是避免由于同一个词在不同场合使用而不可避免地引起混淆和误解。某一个被称为货币的总量概念中存在的关系也许和有相同名称的另一个总量概念中的关系并不一样。这种差异也许并不反映实质性的冲突,仅仅是术语上的差异。这就是为什么我们试图使用"货币"这个词指代全书相同的概念,而使用不同的词指代其他概念。

[10] 我们对所谓的货币总量的兴趣主要来自财富持有者对这部分资产的需求。我们猜测部分原因是这里以及前两段讨论的供给环境的改变深刻影响了活期存款和定期存款之间的划分,以至于我们发现所谓的货币总量和其他经济指标之间的关系比通货和调整的活期存款的总和与类似的经济指标之间的关系更稳定。 652n

[11] 1914 年,商业银行定期存款量不到货币存量的 30%,因此通货加调整的活期存款的流通速度是 3/7,或 43%,高于货币的流通速度。一种极端的可能性是两种流通速度的变化产生最大限度的差异。假设 1875—1880 年的商业银行定期存款为零,那么那一时期的通货加调整的活期存款的流通速度将和货币流通速度一样。即使按这种极端假定,1875—1880 年的通货加调整的活期存款流通速度将大于 4,而 1910—1914 年大约是 3,下降了大约 1/3。 653n

在讨论长期变动时,Latané 参考了 Kuznets 1869—1889 年的年均国民生产净值的数据,以保证自己逐年数值的准确性。他把这些数值作为货币流通速度数据的比率的分子("Income Velocity and Interest Rates," *Review of Economics and Statistics*, Nov. 1960, pp. 447–448)。然而,用逐年的数据误差作为速度长期下降的可能解释显然是不恰当的。如果 1869—1899 年大约 50% 的速度下降是用错误的国民生产净值数据解释的,那么这说明 Kuznets 1869 年的数据是本来正确数据的两倍。不仅这样大的一个错误是不合理的,而且,正如我们在第 2 章第 2 节分析的,任何错误几乎必然造成反向作用。统计的缺陷造成对 1869 年收入的低估,而 1869—1879 年 Kuznets 数据的形式有力地说明了 1869 年的估计值是低估的数字(worksheets underlying Simon Kuznets, *Capital in the American Economy: Its*

Formation and Financing, Princeton for NBER,1961），因此我们的判断是图 57 的序列保守估计了整个时期货币流通速度下降的程度。

然而，向上调整早年的国民生产净值数据将从一方面改善数据和 Latané 解释的一致性，如其表示的，1869—1879 年的货币流通速度大体平稳，这一时期长期利率剧烈下降。调整了低估的收入后，货币流通速度在那段时期将可能下降，尽管对那段时期货币流通速度下降的调整幅度和随后的几十年一样，而且似乎这种调整大于合理的水平。

相对于后来趋势的追溯式推断，对 19 世纪 70 年代实际低水平的货币流通速度的另一种解释参见本章第 4 节。

〔12〕Selden 在他关于流通速度的文章中用了几节的篇幅提出收入的影响仅限于家庭。事实可能是这样的。然而，这一点并不完全清晰。货币余额可能是产量的一个因素，边际产量相对于其他因素的上升是个体单位和整体经济规模扩张的结果。Selden 个人关于不同规模公司的横截面数据说明货币余额有这一性质（见 Selden, *Postwar Rise in the Velocity*, pp. 500-502, and 524, footnote 24；也可见 Friedman, *The Demand for Money*, p. 8）。

〔13〕为和我们的分析一致，相关的收入概念是永久收入而不是测量到的收入。

〔14〕见 Selden, "Monetary Velocity", pp. 199-203。James Ford（在芝加哥大学 1961 年货币和银行研讨会上报告的一项研究中）也计算了这一相关关系并得到了相似的结果。

〔15〕见 Selden, *Postwar Rise in the Velocity*, pp. 488, 492。Selden 特别提到，高收入家庭和个人信托可能对长期免税证券和短期国库券的收益敏感，高收入和中等收入家庭对流通的固定债权的收益敏感，中等和低收入家庭对消费和抵押信贷成本敏感（第 527—528 页）。

〔16〕见 Selden, "Monetary Velocity", pp. 202-203。在我们的研究中，我们用这些变量进行了试验但没有成功，James Ford 也是如此。

〔17〕见 Phillip Cagan, "The Monetary Dynamics of Hyperinflation", *Studies in the Quantity Theory of Money*, Milton Friedman, ed., pp. 25-117。John Deaver 也获得了相似的结果，"The Chilean Inflation and the Demand for Money", unpublished Ph. D. dissertation, University of Chicago, 1961。

〔18〕Cagan 没有找出他研究的欧洲国家在 7 次严重通货膨胀之前的战争时期价格变动和货币需求量之间存在任何紧密关系（"Monetary Dynamics of Hyperinflation", p.61），然而这段时间上述欧洲国家的价格上升速度总体高于当时美国的水平。他的证据说明实际的价格上升和普遍预期价格的进一步上升之间存在很长的时滞。

因此，社会公众对战时和战后经历的推断并不是假设美国国内预期发生巨大变化的理由，而是前一章提及的一点，即一战之后的经验和大萧条产生的对战后价格下降的广泛预期，这一预期被没有下降反而上升的价格引发的反向预期取代。

〔19〕Cagan 使用了下列货币需求曲线：

$$\ln \frac{M}{P} = -\alpha E - \gamma$$

其中 M 是名义货币存量，P 是价格水平，E 是预期的即期价格变化率，α 和 γ 是参数。假设不同时期的两点（例如，以下标 0 和 1 表示）满足这一等式。那么有等式

$$\ln\left(\frac{M}{P_1}\right) - \ln\left(\frac{M}{P_0}\right) = -\alpha(E_1 - E_0) = -\alpha\Delta E$$

假设用这个等式来解释 1946—1960 年货币流通速度的上升，那么等式左边的值为 0.37

(速度比率的自然对数)。Cagan 估计当 E 是月变化率时,用所有 7 个严重通货膨胀国家的数据得出的 α 值为 4.68 个月("Monetary Dynamics of Hyperinflation",p.45),即当 E 为年变化率时,α 的值为 0.39 年。此时 ΔE 的赋值是 0.37/0.39 或 0.95。作为单次严重通货膨胀的 α 的最小值和最大值分别为 2.30 和 8.70 个月(ibid.,p.43),分别对应 ΔE 的两个极限值 1.93 和 0.51。

[20] Martin J. Bailey 在"The Welfare Cost of Inflationary Finance"(*Journal of Political Economy*, Apr. 1956, pp. 98-99)一文中指出,如将 Cagan 等式赋值 $E=0$,它将产生比早先"正常"年份价格保持相对稳定时实际的货币存量少的数值,这正说明了文中表述的结论。

[21] 另一经常被引用的条目是定期人寿保险的增长(Walter Williams,"The Availability of Term Life and of Health Insurance as Factors Affecting the Demand for Money", *Journal of Political Economy*, Apr. 1961, pp. 187-191)。

[22] *Federal Reserve Bulletin*, Aug. 1959, p. 1058; 1960, p. 942; 1961, p. 996, Table 8: Sector Statements of Financial Assets and Liabilities. Selden 也指出 1951—1957 年公司部门速度的上升不是货币转向政府部门的结果(*Postwar Rise in the Velocity*, pp. 518-519);也可参见 Clay Anderson,"Managing the Corporate Money Position", *Business Review of the Federal Reserve Bank of Philadelphia*, Mar. 1961。

[23] *Employment, Growth, and Price Levels*, Joint Economic Committee, Staff Report, Dec. 24, 1959, 86th Cong., 1st sess., GPO, 1959, pp. 349-351; George Garvy, *Deposit Velocity and Its Significance*, Federal Reserve Bank of New York, Nov. 1959, pp. 62, 68-72; C. E. Silberman,"The Big Corporate Lenders", *Fortune*, Aug. 1956, pp. 111-114。

[24] **1945—1960 年 E 种债券到期收益率**

时期(月份/年份)	收益率(百分比)
8/45—4/52	2.9
5/52—1/57	3.0
2/57—5/59	3.25
6/59—	3.75

资料来源:*Annual Report* of the Secretary of the Treasury, 1959, p. 226。如果没有持有到期,则储蓄券的收益率低于上面给出的数字。

[25] 见 George Hanc, *The United States Savings Bond Program in the Postwar Period*, NBER, Occasional Paper 81, 1962, Chart 3, p. 27。

[26] 如同在第 8 章第 2 节提到的,联邦储备体系在 Q 条例中规定了成员银行对储蓄存款和定期存款支付利息的上限。加入保险的非成员银行支付的最高利率由联邦存款保险公司限定,并且那些对成员银行的作用一样。为确定它们的股息率,互助储蓄银行可以申请监管其运营的州立银行当局的许可,在纽约州就是如此。在另外一些州法律中明文规定了最高额度,有一些因为额度过高而没有效果。所有参加保险的储蓄和贷款协会经由法律规定要计提损失准备金,直到这一准备金额度和未分配利润相当于资产的 10% 或 15%,这取决于监管银行执行的州或联邦法律。净利润余额可以分配给股东,没有股息率的最高限额。

[27] 也适用于6个月或更长期的定期存款支付。90天到6个月的定期存款利率支付的最高限额为2%，不到90天的定期存款的最高限额为1%。定期存款被归为定期储蓄存款或定期存款，包括存款凭证和往来账户定期存款。往来账户定期存款主要由公司、机构和外国人持有，只有个人和非营利性机构允许持有商业银行定期储蓄存款。在5个赎回日中的4个，所有的成员银行中关于个人、合伙人和公司的定期存款的细分目录是可以得到的（1940年6月、1957年、1958年和1960年），定期储蓄存款占定期存款总额的85%—90%。在剩下的一个赎回日（战时），上述比例是95%（*Federal Reserve Bulletin*, Apr.1958, pp. 422-426, and *Member Bank Call Report*, June 15, 1960）。

[28] 为解释规模大小，考虑利率上限变化前后各种类型存款和公众持有的通货的变化：

	年均百分比变化		(2)-(1) (3)	对应增长率差异的年度变化绝对值 （10亿美元）(4)
	1954年12月至 1956年12月 (1)	1956年12月至 1958年6月 (2)		
商业银行定期存款	3.6	13.0	+9.4	+4.4
互助储蓄银行存款	6.6	6.2	-0.4	-0.1
储蓄和借贷股权	15.6	12.5	-3.2	-0.9
调整的活期存款	1.8	0.9	-0.8	-0.9
公众持有的通货	1.4	0.5	-1.0	-0.3

对储蓄和贷款协会股权，图60中不同的增长率只是反映了凹陷的下降趋势，而没有反映出较晚时期商业银行定期存款更快的增长率。然而，即使所有增长率的差异都被视为资产持有者选择商业银行定期存款为替代物的结果，这些差异也只能解释定期存款变化的绝对值的一半。

对通货和调整的活期存款，这些变化不能仅仅被视为资产持有者替代的结果。供给状况将通货和活期存款的名义数量和定期存款的名义数量以这样一种方式联系起来，即后者数量的高增长率，不管什么原因，一定意味着给定供给条件下前者较小的增长率（如给定高能货币量和银行准备金率）。例如，假设资产持有者希望用商业银行定期存款代替它们持有的政府债券。为简化这个复杂的过程，我们假定其直接将政府债券转移到商业银行并获得等值的定期存款信用。商业银行根据负债确定的准备金比从前少。为恢复它们的准备金头寸，它们会抛售资产并采取一系列的相应措施，从而减少公众持有的通货和活期存款的数量。另外，为简化整个过程，假设额外的定期存款的初次获得没有进一步的影响，除了向政府债券转移之外，定期存款的小部分将通过通货和活期存款的减少而获得。（1954年12月的普遍情况是，定期存款每增加1美元，需要公众持有的通货减少3美分、活期存款减少11美分。由活期存款减少释放出的3美分的通货和大约2美分的准备金将提供每1美元定期存款所必需的5美分准备金，而这些比例将保持活期存款对公众持有的通货的比率不变。）

由于机械的供给关系，对以上列表中的那些名义数字的分析并不是令人满意的需求替代的指示器。出于这个原因，我们必须看一看实际规模。因为如果商业银行定期存款和通货加调整的活期存款间的反向运动仅是机械的供给关系的结果，影响将是价格的不同运动情形，因此通货加活期存款的实际值的变动将对定期存款的变动没有影响。遗憾的是，为将名义值转化为实际值，需要使用比我们现有的多得多的令人满意的步骤来进行分析。

另一个可选的指示器或许可以由通货和活期存款间的差异运动来提供。到目前为止，由于仅仅涉及机械的供给关系，其影响应该也对通货和活期存款的影响一样。而作为需求方的替代物，如果定期存款是比通货更接近的对活期存款的替代物，那么活期存款所受的影响会大于通货所受的影响。上面列表中的数字没有显示这种更强烈的影响：活期存款的年增长率下降了 0.8 个百分点，通货的年增长率下降了 1.0 个百分点。基于这些数据，通货是比活期存款更接近的定期存款的替代物（尽管两者之间的差异很小），活期存款增长的下降或许可以归因于机械的供给关系。定期存款对活期存款的替代，用零估值作为下限，用列表里第 4 列数值的 20% 作为上限。

我们要感谢 John R. Culbertson 提醒我们注意机械的供给关系的重要性。

〔29〕商业银行定期存款的利率上限的变化（1962 年 1 月 1 日有效）——1 年期或更长的定期存款的利率从 3% 变为 4%，不到 1 年的定期存款的利率从 3% 变为 3.5%——将及时地为另一时期提供证据。

〔30〕图中标出的数据是国家平均水平。互助储蓄银行的地理分布相对集中，因此比较相同地理区域收益率的进一步研究可能会产生不同的结果。

〔31〕见 1934 年 6 月 27 日的《国家住房法院》（P.L.479）。

〔32〕*Trends in the Savings and Loan Field*, 1958, Home Loan Bank Board, Washington, Nov. 1959.

〔33〕在 1930—1933 年的 4 年中，每年总的储蓄和借贷股权的平均损失大约是 0.5%，而在之前的 10 年，损失则可以忽略不计，大约是 0.01%。仅仅是 1930—1933 年，储蓄和借贷股权的损失接近一半，和商业银行的存款损失相当。然而，那主要是因为违约的储蓄和贷款协会的清算花费了较长时间。1930—1939 年的 10 年，储蓄和贷款协会及商业银行每年的损失大约相当。储蓄和贷款协会的清算慢于商业银行可能有助于解释储蓄和借贷股东的信心恢复明显慢于商业银行存款者。（储蓄和借贷股权的损失，来自 *Savings and Loan Annuals*, U.S. Savings and Loan League, 1946, p. 187；关于储蓄和借贷股权的百分比计算，来自图 60 列示的注释的来源；关于商业银行存款的损失，见表 16。）

〔34〕1934 年《国家住房法案》的第 4 章第 405 节指出，一旦参加保险的储蓄和贷款协会发生违约，FSLIC 会给予参加保险的股东两种补偿方法，在未发生违约的机构开立新的保险账户，要么转移等价金额的资金到新账户，要么由股东选择，一年内以现金形式转移其账户的 10%，剩下的 50% 为可转让公司无息债券，余额以同样的形式自违约日起 3 年内转移。

〔35〕1950 年 9 月 21 日通过的一个联邦存款保险公司法案的补充法案第 5 节（P.L.797）指出，一旦发生参加保险协会成员违约事件，FSLIC 会尽快支付投保账户，或偿付现金或为其在另一个参加保险机构开设与违约协会成员账户金额相等的账户。这一规定和 FDIC 的规定一致。两家公司的投保上限均为 10 000 美元。

〔36〕股东发出提款通知后，若储蓄和贷款协会在 30 天或 60 天等待期结束时没能履行支付，不构成违约；而若商业银行不能支付活期存款，则构成违约。在联邦储蓄和贷款保险制度生效之前，参加保险协会成员必须由合适的公共监管当局或法院宣布违约，这取决于联盟的执照来源。

直到近几年，FSLIC 的资产占参加保险的储蓄和贷款协会股权的比例显著高于联邦存款保险公司的资产占参加保险的银行存款的比例。FSLIC 中的资产占参加保险的储蓄和贷款协会股权的比例一直在下降,而1934—1960年联邦存款保险公司的比例相当稳定。结果自1956年开始,FSLIC的这一比例略低于联邦存款保险公司。

671n 〔37〕我们只知道一篇研究直接对储蓄存款和活期存款间的替代性进行了数量估计,作者是 Roy Elliott("Savings Deposits as Money", unpublished paper prepared for the Workshop in Money and Banking, University of Chicago, 1960)。Elliott 用各州的抽样数据估计了人均活期存款加人均储蓄存款的一部分 s 和人均实际收入之间的关系。他发现 s 的倒数是最合适的选择,即在提供货币服务时多少美元的储蓄存款相当于 1 美元的活期存款。他估计的 s 值在不同年份大约在 0.25 到 0.6 之间变化。由于这一估计针对所有的储蓄账户(商业银行定期存款加互助储蓄银行存款加储蓄和借贷股权),假定储蓄和借贷股权对活期存款的替代关系不如商业银行定期存款紧密,s 的倒数高估了仅存在储蓄和借贷股权时合适的倍数。

672n 〔38〕本章注释〔28〕讨论的影响的上限是 20%。Elliott 的分析(注释〔37〕)也和这个上限一致。

〔39〕在协定颁布之后的一年,货币存量上升了 6%,价格没有上升,而历史上,伴随着稳定价格的是货币存量每年大约上升 3%—4%。这说明由于联储支持的终结,货币需求增长了大约 2% 或 3%(见 Friedman, *A Program for Monetary Stability*, New York, Fordham University Press, 1959, pp. 107-108, footnote 5)。

673n 〔40〕而且,银行 1931—1932 年间自身的倒闭可能是预期货币流通速度上升的一个因素。它们使得商业银行的存款作为财富持有的一种形式的吸引力下降。当然,存款吸引力的下降,反映在资金向通货以及可能的其他资产转移的尝试上。加拿大 1929—1933 年流通速度变动的证据支持这一观点(见第 7 章第 3 节)。如果不是美国的银行倒闭,货币流通速度可能会有更剧烈的下降,由此甚至会有更大部分由增加的不确定性得以解释。

第13章

★★★

总 论

自美国内战以来一个世纪的时间里,美国货币史经历了一个丰富多彩、跌宕起伏的过程。沿着它曲折的轨迹我们可以发现,对以下问题进行深入的研究是非常必要的:国内政治、国际经济政策安排、大型管理机构的功能、管理者个性在事件形成中的作用,以及看起来毫无关系的其他因素。由于美国货币史跌宕起伏的特点,其百年的经验对研究经济变动的学者来说,有着非常特殊的价值。虽然学者们不能控制现实事态的发展,但是他们可以通过对各种完全不同的情况下货币运行状况的观察,从偶然现象中提炼出共性,并确信这些共性在其他环境下仍然适用。

通过对近百年来美国货币史的详尽剖析,我们可以得出以下结论:

1. 货币存量的变化与经济状况、货币收入以及价格的变化密切相关。
2. 货币状况的变化与经济状况的变化的相互关系一直是高度稳定的。
3. 货币状况的变化通常有其独立的原因,这些变化并不是对经济运行状况变化的简单反映。

正如这些货币实践的共同因素可以解释我们过去发生的情况一样,它们同样可以用于预测货币在未来的发展特点。除此之外,我们还可以期待未来货币的发展特点正如过去一样,能够为下面这一不够具体(缺乏实证支持的结论)的概括提供进一步的例证:

4. 在货币问题上,表象是具有欺骗性的,这些重要的相互关系通常与我们所看到的现象恰恰相反。

13.1 货币存量与其他经济变量之间的相互关系

从1867年至1960年的93年中,我们对货币存量进行了估计。这段时间主要经历了两个价格膨胀时期:1914—1920年以及1939—1948年。这两个时期分别处于两次世界大战的战时和战后,而且价格平均上涨到了先前水平的两倍以上。而在两次世界大战期间,货币存量也上涨到了先前水平的两倍以上。货币存量在如此短的时间内经历了如此大规模的增长,这在其他任何历史时期都是从未出现过的。

在和平时期,只发生过一次大规模长期持续的价格上涨:1897—1914 年。在该时期,价格水平上涨了 40%—50%。除两次世界大战之外,1897—1914 年货币存量的年平均增长率高于其他任何时期。人们普遍担心,二战后,价格将会再次经历长期的持续增长。但是事实证明,这种现象到 1960 年为止并未发生。1945 年以来主要的价格上涨,要么是二战的遗患,要么与朝鲜战争有关。

在这 93 年中,有四个阶段显示出了经济相对高度稳定的状态:1882—1892 年、1903—1913 年、1923—1929 年、1948—1960 年。在此期间,货币存量的逐年变化也表现出了高度的稳定性;而在其余的时期,货币及国民收入的逐年变化则表现出了较大的不稳定性。

在这 93 年中,曾经有六个经济严重衰退的时期引发了广泛的贫困和失业。这些经济衰退时期是由研究商业周期的历史学家按照衰退的程度划分而来的,它们与平均大约四年发生一次的、较为温和的衰退有所不同(如果这些衰退并非在种类上有所不同)(见图 62,插页 2)。其中,最严重的衰退发生在 1929—1933 年。其他几个经济衰退时期分别为:1873—1879 年,1893—1894 年(或者应该说是 1893—1897 年整个时期,这一时期有两个衰退时期,其间仅包含一个短暂且不充分的扩张时期),1907—1908 年,1920—1921 年,1937—1938 年。在这些严重的衰退时期中,每一个时期都伴随着明显的货币存量的下降,其中下降幅度最大的一次发生在 1929—1933 年。只有整个时间序列的第一年——1867—1868 年的货币存量下降程度可以与这六个时期相提并论,这一时期是美国内战期间一些货币代用品可以流通的最后阶段。在这 93 年中,只有两个时期(1948—1949 年和 1959—1960 年),货币存量在短暂的几个月里发生了轻微的下降。然而,与上述六个严重衰退时期中的任何一个相比,这两个时期货币存量的下降程度无疑都较小。其他的衰退时期给人们留下的印象是:货币存量并非是绝对量上的减少,而是其增长速度小于扩张时期的增长速度。

在这六个严重的衰退时期当中,有四个是以较大的银行波动或货币波动为特征的:1873—1879 年的波动是由关于绿钞与恢复铸币支付的争论,以及 1873 年的银行业危机而引发的;19 世纪 90 年代的波动是由关于白银作用的争论、1890 年的银行业危机及 1893 年更为严重的银行业危机(该银行业危机与银行对存款兑现进行限制有关)引发的;1907—1908 年的波动是由银行业危机引发的(这一次的银行业危机也与限制有关);1929—1933 年的波动则归因于银行系统的崩溃,当时银行系统的崩溃波及了 1/3 的银行,它们因破产或合并而消失,并以为期一周的全国范围内的银行歇业以及银行活动的完全停滞而告终。在严重程度方面,唯一能够企及这四次危机的另一次银行业危机也发生在这一时期,即 1884 年的银行业危机。这是在我们所研究的期间内,持续期位列第三的衰退时期(1882—1885)中的一个插曲,它处在两个严重衰退时期的分界线上。

在另外两个严重的衰退时期,即 1920—1921 年和 1937—1938 年,货币存量的下降是联邦储备体系政策措施不当的结果:在 1920—1921 年,联邦储备体系于 1920 年年初突然上调贴现率,且在大约四个半月后再次大幅上调;在 1937—1938 年,联邦储备体系分别于 1936 年和 1937 年年初将存款准备金率上调一倍。在这两个时期,货币存量的下降都伴随着严重的经济衰退,但是这两个时期都没有引起银行业危机。

以上证据反映的相互关系中,货币存量长期和周期性的变动,与名义收入和价格水平的相应变动之间的关系最为密切。因为实际收入与名义收入有相同的运动周期和运动方向,所以我们还观察到了货币存量与实际收入或商业活动的周期变动之间的紧密关系。而相比之下,货币存量长期变动与实际收入长期变动之间的关系就没有那么密切了。在前面所提到的四个稳定时期内,实际收入的增长速度都大致相同。然而,货币存量与价格却以截然不同的速度增长——价格在某个时期可能每年下降 1%,而在另一个时期则可能每年上升 2%。显而易见,只要实际收入的增长过程与货币存量的增长过程都相当平稳,那么决定实际收入长期增长率的因素大致上会独立于货币存量的长期增长率。但是,货币存量显著的不稳定始终伴随着经济增长的不稳定。

13.2 货币关系的稳定性

货币和其他经济变量之间的关系不仅十分密切,而且在形式和特点上也高度稳定。根据美元与英镑之间的汇率变动得出的美国与英国的相对价格变动情况,是基本经济关系稳定的一个有力例证。关于这一点,我们可以参照自 1871 年以来较为连续的资料数据(见图 63)。从图 63 中我们可以看出,在 1871—1949 年这 79 年中,美国的经济结构与发展、英国在世界经济中的地位、

628　美国货币史：1867—1960（精校本）

美国和英国各自的国内货币结构，以及将它们联系在一起的国际货币安排等方面，都发生了很大的变化。然而，尽管发生了上述变化，且经历了两次世界大战，加之物价指数的数据存在一些统计上的误差，但是79年中，以1929年为基期(=100)的调整后购买力平价，基本都在84至111这个范围内波动。唯一的例

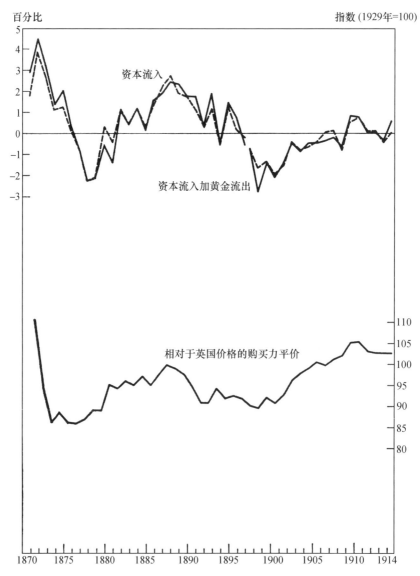

图63　1871—1960年美国国际资本流动净额占国民收入的
比重及购买力平价

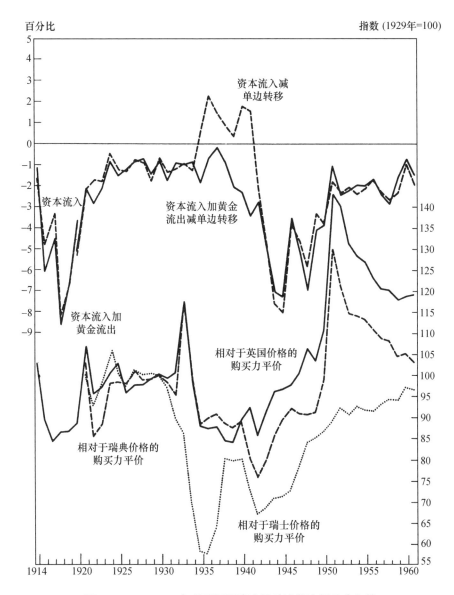

图63 1871—1960年美国国际资本流动净额占国民收入的比重及购买力平价(续)

注:图中所示年度为日历年。每一财政年度的变动均标在每一日历年的起始点。资本流入减去对外国的单向转移支付,记作"加";黄金流出记作"加";这两项指标的财政年度的跨度为1871—1897年,日历年的跨度为1897—1960年。资本的流动以1871—1878年的黄金价值表示。1919年以前的单向转移支付没有从资本流入中扣除,因为其数量很小,所以背离贸易支付差额的常规处理方法似乎没有必要。

资料来源:表A-4。

外发生在1932年,这反映了1931年秋天英镑贬值之后的国际货币关系的混乱,使得英国在英镑货币区以外、美国贸易所及的地区暂时失去了代表性地位。一年之内,该比率又恢复到了早先的幅度范围。而且,在最初的10年中,购买力平价在该幅度范围的极值几乎都曾出现过：在这一时期,这一数值由1871年的111变为1876年的86。继1949年秋天英镑贬值后,该数值在1950年迅速上涨并突破了先前的水平,这与1932年发生的情况相似；但是这次上升的幅度更大,达到了143。这一次偏离所持续的时间较长,在一定程度上是由于英国在世界经济中的地位有所下降,但我们相信,更主要的是由于在抑制价格上涨或计算价格指数方面更为有效的方法的发展。然而,物价指数逐年下降,一直下降到1958年才停止,这时购买力平价为118,略微超出了原先的变化幅度。直到1960年,这一数值仍然大致保持在这一水平上。

尽管我们习惯于将美国看做一个自给自足的国家,但是由于当时整个西方经济的一体化程度已经足够高,所以当用同一种货币计价时,美国的价格水平相对于外部价格水平几乎不具有灵活性。与两者最终的价格关系如何的问题相比,如何形成这种价格关系的问题存在更大的灵活性——是通过内部价格的变动,还是通过汇率的变动。关税的大幅变动、主要的黄金购买计划、资本流向的大规模变动(见图63),或者我们的贸易伙伴实施的大范围的外汇管制——这些因素均未从根本上改变为获得某种国际收支均衡所必需的价格关系。

能够反映社会持币偏好的货币流通速度,为基本货币关系的稳定提供了又一例证。由于美国民众的实际收入增加,并且银行机构的普及使存款变得更为便利,于是社会会持有相对于国民收入更多的货币量,也就是说,货币流通速度下降了。1869年,货币存量总额小于3个月的国民收入；但是在1960年,货币存量总额超过了7个月的国民收入的水平。因此,货币流通速度的数值发生了相当大的变化。但是,这种变化经历了一个相当平稳的过程：在19世纪80年代以及19世纪90年代初,价格水平持续下降,这使持有货币更具吸引力,所以这一时期货币流通速度变化较快；而在1897—1914年,价格水平持续上升,货币流通速度则变化较慢。唯有两次例外：第一次发生在20世纪30年代的经济大萧条期间和之后,货币流通速度先大幅下降,然后又迅速回升；另一次发生在二战期间和战后,货币流通速度也是先大幅下降,然后在战后迅速反弹回升。与周期性波动相对应,货币流通速度表现出了系统性和稳定性的变动趋势,即在经济扩张时期上升,在经济萧条时期下降。甚至在大萧条时期,货币流通速度的大幅变动仍部分符合这一模式。这一时期货币流通速度的变化幅度如此之大,部分原因就是其周期性波动幅度本来就非常大。

到 1960 年为止的 90 年中,货币流通速度以平均每年略高于 1% 的速度下降。在经济扩张时期,货币流通速度的增减幅度一般不会超过 1%;但是在经济紧缩时期,货币流通速度的减少幅度一般会超过这个比率。货币流通速度的周期性上升或下降幅度往往随着经济活动周期性波动幅度的变化而变化。因为许多经济活动的周期性波动幅度大致相同,所以货币流通速度的周期性波动幅度也基本相同。虽然存在长期的变化趋势、一致的周期性变化模式以及估计值相当大的误差,但是从 1869 年(我们所用的货币流通速度数据的起始年份)至 1960 年的 91 年中,所观测的货币流通速度的年际变化幅度有 78 年小于 10%。在 13 次较大的波动中,有半数以上发生在经济大萧条时期和两次世界大战期间,且最大的一次波动幅度达到了 17%。用某种长期变化趋势的百分比来衡量,有 53 年货币流通速度处于 90 至 110 之间,有 66 年货币流通速度处于 85 至 115 之间。在其余的 26 年中,有 12 年是在自 1869 年起的 15 年里,这些年份的国民收入数据是严重缺失的,而且有 7 年是在大萧条期间及两次世界大战期间。

另一种高度稳定的货币关系,是货币存量变化与经济活动周期性变动之间的相互关系。总体上,货币存量的增长速度要大于名义国民收入的增长速度,这从另一个侧面反映了货币流通速度长期下降的趋势。这种增长在周期性扩张时期快于平时的增长速度,而在经济衰退时期则慢于平时的增长速度。货币存量的增长速度恰好会在商业周期到达峰顶之前减慢,而在商业周期到达谷底之前加快。无论是从我们数据所涉及的最早期的商业周期看,还是从最近的商业周期看,这一模式的主导地位都贯穿始终。

另外,细心的读者还会发现许多反映货币稳定关系的详细例证,它们对上述这些概括性的例证形成补充,如 1878 年为准备恢复铸币支付以及 1933 年以后为提高国内价格而实行的两次黄金购买计划所具有的类似影响;将存款–通货比率作为流动性问题预警信号的可靠性;在两次世界大战初期,美国批发物价水平起初类似的波动——起初的变动方向都与后来占主导地位的方向相反,等等。

尽管货币安排发生了根本性的变革,但是这些货币关系的一致性依然持续。从 1862 年到 1879 年,美国货币是独立的,它既不能以任何固定比率兑换黄金、白银,也不能以任何固定比率兑换任何他国货币。因此,这一时期的货币存量可以由国内形势决定。从 1879 年至 1914 年,美国货币可以按照法律限定的且在实践中所维持的固定比率同黄金进行兑换。从而,货币存量及国内价格不得不处在维持国际收支大致平衡,同时不引发异常黄金流动的水平上。当然,尽管在短期内存在一定的灵活性,但是货币存量仍是一个因变量,而不是一个自变量。从1879年前后一直到联邦储备体系建立的这段时间里,美国的单一银行体系分为国民银行和非国民银行,两者大约各占存款总额的一半。两者均不受中央的控制,只是财政部偶尔承担中央银行的职责。

1914年到1933年,美国货币仍然严格与黄金挂钩,但是能够与黄金维持固定兑换比率的他国货币逐渐减少。于是,美国在世界经济中的地位显著提高,而且国际贸易在美国经济中所占的比重已经变小。因此,与早年相比,美元与国际贸易之间的联系更为松散。另外,《联邦储备法》不仅确立了对大部分银行系统的中央控制机制,而且提供了一个可以有计划地进行干预,从而改变甚至扭转国际收支与国内货币存量之间相互关系的机构。

1933年年初,美国货币脱离了与黄金严格的挂钩关系。一年后,这种挂钩关系以一个不同的比例再次确立起来。然而,那时重新建立起来且从此在法律上占主导地位的金本位制完全不同于1933年以前的金本位制。从那时起,黄金逐渐退出流通领域,私人持有黄金为法律所禁止,因此货币不能再以固定比率自由兑换成黄金。其他国家也削弱了货币与黄金之间的联系,随之也削弱了货币与国际贸易之间的联系,许多国家甚至在完全割裂本国货币与黄金之间的联系方面走得更远。如今,黄金主要以价格固定的商品的形式出现,而不再是世界货币体系或美国货币体系的基础。然而,历史的延续性及黄金作为固定汇率工具的用途,使得黄金仍然具有任何其他政府限定价格商品所不具备的货币性。

1934年,由于联邦存款保险制度的实行,美国银行系统发生了一次重大的变革。联邦存款保险制度达到了《联邦储备法》未能实现的目标:它使公众对某些银行丧失信心情况的迅速增加不会扩大为银行业危机,而这种银行业危机是由于公众普遍试图挤兑现金。

货币政策安排的变化显著改变了货币存量的决定力量,从而也改变了货币存量的变化情况。例如,在1914—1960年的46年中,当某一政府机构对货币存量的变化负有明确的职责时,货币存量的年度变动比之前的35年更加剧烈,因为在之前的35年中,货币存量的变化是由金本位制的准自动均衡机制决定的。此外,自二战结束后,货币存量的年度变动比之前任何一个等长时段都要稳定(见表25)。

不断变化的货币安排以不同的方式影响了三个变量(我们发现将这三个变量视为货币存量的数学决定因素非常有助于分析):高能货币存量、公众存款与公众持有现金之间的比率,以及商业银行系统的存款负债与其准备金的比率(我们将准备金定义为商业银行系统持有的高能货币总量)(见图64,插页3)。

从数学上讲,高能货币存量是决定货币存量变化的主要因素。然而,高能货币数量的变化在不同时期是由不同力量决定的:在绿钞时期,主要由政府信用发行方面的变化促成;1879—1914年,尽管某种程度上也是由为交换白银而发行的国民银行券以及通货方面的变动所引发的,但主要还是由黄金的流动引起的;1914—1960年,主要是联邦储备信贷余额的变化造成了高能货币数量的变化,但显然,1934—1940年除外,因为该期间高能货币数量的变动主要是由黄金的流动引起的。

在发生金融危机期间,存款-通货比率变得尤为重要。每当金融危机发生时,人们就会对银行失去信心,从而争相将存款兑换成现金,由此会导致存款-通货比率锐减,并对货币存量产生强烈的下行压力。人们曾寄希望于联邦储备体系的建立能够基于货币意义消除存款-通货比率的波动;当公众要将存款兑换成现金时,不必加倍地减少存款,而是由联邦储备体系来提供一种能够使公众可持有现金的绝对数量增加的方法。但实践表明,联邦储备体系并未成功地实现这个目标。在1867—1960年的93年中,存款-通货比率发生的最剧烈的一次波动是在1930—1933年。在这3年里,存款-通货比率下降到不及初始水平的一半,而且仅在3年的时间里,该比率的下降便将其之前30年的长期增长化为乌有。尽管公众持有现金的绝对数有所增加,但是这种增加却是以存款更大幅度的减少为代价的,两者共同作用的结果是货币总存量减少了1/3。1934年,联邦存款保险制度的建立最终决定性地扭转了存款-通货比率的下降趋势。从那以后,该比率在短期内从未遭受剧烈的波动,估计在未来也不会发生。

由于一般情况下存款-准备金比率在经济扩张时期上升,在经济紧缩时期下降,因此其更持续地发挥着次要作用,尽管如此,存款-准备金比率与存款-通货比率一样,在金融危机发生时显得尤为重要。一旦公众试图降低存款-通货比率而表现出对银行的不信任,银行就会通过增加其准备金数量加以应对。经过短暂的时间,银行就能成功地做到这一点,也就是说,它们成功地降低了存款-准备金比率,从而进一步加强了货币存量的下降压力。

从长期趋势来看,存款-准备金比率也会随着货币安排的变化而变化。在绿钞时期,由于国民银行的成熟及非国民银行相对重要性的提高,存款-准备金比率显著上升。在1897—1907年这10年中,存款-准备金比率再次上升,部分原因是财政部准备承担更广泛的中央银行职能。美国联邦储备体系建立后,存款-准备金比率再次上升。其原因在于联邦储备体系既降低了法定存款准备金率,其最后贷款人的角色又增加了商业银行的信心。然而,1930—1933年发生的货币危机彻底改变了这种情况。在此期间,存款-准备金比率呈下降趋势。短短10年的时间里,存款-准备金比率就从1929年空前的最高水平,下降到仅略高于1867年的水平。1930—1933年的经验使银行认识到,依靠联邦储备体系来解决流动性问题是行不通的;银行用了3年时间来根据自身流动性偏好方面的相应变化来调整其准备金。1936—1937年,法定存款准备金率的连续提高,使银行资产流动性的需求再次发生变化,同样地,这次调整也经历了大概3年的时间。从那时起,存款-准备金比率一直保持上升趋势。这主要是因为银行认识到存款保险能够消除银行的挤兑风险,而且早期经历的影响也逐渐消失。如果调整是针对法定准备金要求的变动而作出的,那么这一比率会回到它在20世纪20年代后期的水平。

尽管在影响货币存量的因素方面存在这些显著的变化,但正如我们看到的,货币存量方面的变动与其他经济变量的变动之间的相互关系一旦确定下来,就很少再发生变动。影响货币存量的那些外部力量已经发生了根本性的变化。与此同时,货币存量的变动对经济其他方面的影响似乎一直是高度稳定的。

13.3 货币方面的变动的独立性

货币存量变化与其他经济变量变化之间的紧密关系本身,既不能说明引发变化的原因,也无法说明变化影响的方向。货币方面的变动可能随着其他经济变量独立产生的变化而变化,国民收入和价格也可能随着货币方面独立产生的变化而变化。这两者可能是相互作用的,且每一方的变化都可能存在一些独立的因素;或者,两者可能都受到第三种因素变化的影响而相应地发生变化。分析货币历史上非常重要的、范围广泛的定性证据具有非常高的价值,因为这样可以对已有统计数据的这些可能性解释加以辨析。至少在某些情况下,我们可以超越这些数字本身,对引起这种特殊变化的先前情况加以辨析,而当我们通过计算机处理这些特殊变化的统计数字后,其特殊性将不复存在。

从我们之前的论述来看,可以充分肯定的一点是,货币方面的变动实际上常常是独立的,因为货币方面的变动通常不是商业情况同期变化的直接或必然结果。

最明显的例子可能要数 1897—1914 年的货币扩张。这次货币扩张是全球性的,且反映了黄金产量的增加。黄金产量的增加一定程度上是前几十年价格水平下降的结果,因此,也可以说其反映了货币变动与经济变动之间的相互作用。但是很明显,这次货币扩张并不是由同期国民收入和价格水平的上升所引起的。因为单纯的国民收入和价格水平的上升,一般会引起世界范围内黄金产量的下降,并且在金本位制下,国民收入和价格水平的上升会引起黄金从个别国家流出。如果货币和国民收入的共同变动并非完全一致,那么影响的方向必定是从货币到国民收入。

一战和二战期间,货币存量经历的两次主要增长几乎同样明显。在两次世界大战的早期阶段,由于参战国用其所有可以迅速调用的资源来购买美国的战争物资,黄金大量流入美国,这一时期货币存量的增长反映了这一事实。因为黄金的流动在 1914 年以前就已经存在了,所以这一时期黄金的流入不是国内外经济活动同期变动的副产品,而是两次世界大战爆发的结果,是交战国政治当局有计划的政治决策的结果。在两次世界大战的晚期,美国货币存量的增加反映了美国当局为战争费用开支筹集资金的政治决策。这些政策包括实现高能货币数量的大扩张,也延续了以黄金流入为开端的货币存量的增长。这再次说明,如果货币存量、名义国民收入和价格水平的变动不一致,也不是由某一共同原因造成的,那么影响的方向必定是从货币到国民收入。

铸币支付的恢复以及白银时期反映了货币方面变动巨大的独立性,也反映了货币变动与商业变动之间相当复杂的作用与相互作用。19 世纪 70 年代对恢复铸币支付的各种赞成与反对压力,以及 19 世纪 90 年代银币的自由铸造压力,是决定事件发展的主要因素。尽管这两种主要因素并不独立于经济的长期发展进程,但是两者在某种程度上都独立于同期的经济活动进程。这两者也受到了这些事件进程很大的影响:反对恢复铸币支付的压力以及赞同银币自由铸造的压力,都或者因为商业活动步伐的减慢或下降,或者因为农产品价格的下降而得到加强。更为重要的是,国内外的农业收成情况、19 世纪 70 年代铁路部门的发展,以及 19 世纪 90 年代伦敦货币市场的发展等此类同期事件,对那些由政治压力引起货币价值波动的特定时期有着重大的影响,而这些波动又反过来作用于商业状况和政治立场。

联邦储备体系的建立为研究货币问题的学者提供了一种为确定影响方向而进行的控制性实验的替代方法,这种替代方法比社会学家通常可以使用的替代方法更为近似。有时,联邦储备体系只是其他力量借以发挥作用的一种途径——两次世界大战期间,以及20世纪30年代的大部分时间里,联邦储备体系大体上处于消极被动的状态;而且二战以后,联邦储备体系支持政府债券价格的政策,使其几乎失去了发挥独立能动性的余地。但是,联邦储备体系的建立使一小部分人具有了某种权力,并且这种权力被他们反复行使,通过一个深思熟虑的过程,以重大、明确的方式改变事件的进程——这里所描述的过程与控制性实验的方法相类似。的确,货币当局的行动会极大地受到它们行使权力的社会舆论和认知程度的影响。货币当局的态度、它们所进行的实验,以及它们对实验结果作出的诠释等,在很大程度上取决于同期事件的发展势态以及对货币现象的认知程度。对于自然科学家决定进行何种实验以及根据以前的实验和同期的知识体系对实验结果进行说明而言,这一点同样成立。在这两种情况下,体系并没有改变实验在科学上的独立性,即独立于控制性变量变动中的早期或同期的事件进程。在这两种情况下,上述说法的含义仅仅在于,后来的学者可以根据改变了的知识体系对这些实验结果重新作出诠释,并得出与最初的实验者不同的结论。

实际上,要确定货币当局的措施所产生的准确影响总是很困难的,而且通常是不可能的。货币当局的措施通常是在多种其他因素交错中采取的,所以很难搞清楚观察到的结果究竟是由货币当局的措施所引起的,还是由某些环境因素所引起的。对于自然科学家的实验来说,这一点同样是成立的。没有任何实验是完全受控的,而且大部分实验对已经通过检验并得到证实的知识体系更新来说,贡献甚微。恰恰是那些少有的决定性实验使实验课题豁然开朗——使我们免受那些较为不重要的然而在决定性实验作出之前又十分必要的实验的干扰。

联邦储备体系建立以来的货币历史记录中,存在着三次与这种决定性实验相对应的措施。在这三种情况下,联邦储备体系都曾经有计划地采取大规模的政策措施,而这些政策措施不应被视为名义收入与价格的同期变动的必然经济结果。同自然科学家的决定性实验一样,这些措施的结果是如此一致和明确,以至于其解释不容置疑。这三次措施实行的日期是:1920年1月至6月、1931年10月、1936年7月至1937年1月。这是联邦储备体系实行具有极强约束力的职务行为的三个时期(而且这也是仅有的三个时期):1920年1月,联邦储体系将贴现率由4.75%提高到6%,1920年6月,当成员银行向联邦储备银行的借款超过它们法定准备金余额的总和时,联邦储备体系又进一步将贴现率提高到了7%;1931年10月,当倒闭的浪潮像前一年一样再次席卷商业银行,导致商业银行对联邦储备体系的负债不断增加时,仅在两个星期的时间里,联邦储备体系就将贴现率由1.5%提高到3.5%;1936年7月至1937年1月,当财政部实行黄金对冲时(这相当于大规模紧缩性的公开市场业务操作),联邦储备体系宣布将法定准备金要求提高一倍,分三个阶段进行,最后一次于1937年5月1日生效。除了这三个时期,联邦储备体系的历史上没有任何其他时期曾采取过具有明确紧缩性的及类似规模的措施——我们甚至无法举出类似的例子。

与这些措施相联系的紧缩性货币变动同样剧烈且显著。1920年及1936—1937年采取的措施,造成了几个月之后货币存量的急剧下降,1931年采取的措施随即带来了联邦储备体系历史上12个月内货币存量的三次急剧下降,其下降幅度分别为9%(1920年)、14%(1931年)及3%(1937年)。而且对于第一次和第三次的下降来说,这些数字低估了货币反应的严重程度。在1919年及1936年,货币存量飞速增长,所以接下来的下降意味着从一个超乎寻常的增长速度到一个超乎寻常的下降速度的转变。1931年的下降——这三次下降中绝对下降幅度最大的一次——从下降速度来说却是最温和的一次;由于前一年的货币存量一直以较低的速度下降,所以从1931年10月开始,该年度下降比率仅增加了大约1%。

与这些货币政策措施相联系的经济变动也同样剧烈且显著。1920年及1936—1937年期间,在货币变动发生的几个月以后,工业生产急剧紧缩;而且1931年的货币变动立即带来了工业产值的急剧萎缩。这三次变动在12个月内的下降幅度分别为30%(1920年)、24%(1931年)及34%(1937年)。此外,仅有两次发生了同样严重的工业产值的下降:一次发生在1929—1931年,我们后面会对该问题进行进一步论述;另一次发生在1945年,这次的急剧下降表明战后的产品构成从军用产品转向其他产品,而不是像其他四个时期那样体现了经济活动的全面紧缩。其他指标也证实了这一点。无论从批发物价、货运量、普通股股票价格,还是从百货商店销售额等方面来看,伴随着这三次货币政策而产生的下降,都是联邦储备体系历史上最严重的大幅下降(1929—1931年的下降除外)。[1]

或许通过类比,这三次准控制实验所提供证据的有力程度会变得更为清晰。假设我们有42对夫妇的医疗记录(与联邦储备体系1919—1960年42年的历史相对应,一战不包括在内,因为一战期间联邦储备体系尚不能有效地控制局面)。假设其中有3个男子及4个女子患有某种特殊的疾病,且假设这4个女子中有3个被发现是患有同种疾病的那3个男子的妻子。那么这种疾病具有传染性的推论毫无疑问是很有说服力的——如果第四个女子的丈夫被发现是唯一的患有一种与此种疾病具有生物联系但并非同种疾病的人,那么这一推论将更具说服力。同理,前面描述的三个事件得出了同样具有较强说服力的推论,即这些经济变动是有计划地采取货币政策的结果,因而,我们对货币存量与国民收入之间密切的协变关系的发现,反映了从货币到国民收入的某种影响确实存在。当然,从某方面来说,因为没有考虑事件发生的时间顺序,这一类比使证据的有力程度大打折扣。[2]

经济变动是货币变动的结果这一推论,由对1929—1931年的紧缩所作的检验而得到了强有力的验证。1929—1931年的经济衰退,与联邦储备体系明确的紧缩性政策并不相关。这次衰退可能比任何其他经历更能说明这一观点,即货币根据商业的起伏变化而变化。其原因在于,联邦储备体系事实上并没能阻止货币存量下降1/3——这至少是1893—1943年在周期性紧缩过程中所发生过的最大幅度的下降——也没能阻止经济活动的相应紧缩。联邦储备体系声明其无能为力,并明确指出,导致紧缩的非货币力量是如此强大和猛烈,以至于联邦储备体系无力阻止这一势头;而且还隐晦地指出,货币存量的下降幅度取决于商业活动的下降幅度,这与我们前面的例证所表明的情况恰恰相反。其他许多人虽然对货币在经济事务中的作用各持不同的见解,但是鉴于货币当局的良好愿望及该体系中许多人的能力,仍然接受了联邦储备体系的托词。此外,具有不同起源、认为货币政策并非如此重要的一场经济理论革命,提出了这样一种理论结构,该理论结构既合理地说明了货币政策的这次失效,又在学术上为这一经济崩溃提供了令人满意的另一种解释。

从某种角度来看(而且就我们所知,仅存在这样一种角度),可以说货币存量下降是经济衰退的结果。因为这一角度主要依赖于心理因素及政治因素,所以其与我们力求理解经济关系这一主要任务并不相关。联邦储备体系当时是在这样一种社会舆论氛围中运行的,这种社会舆论氛围将主要的经济衰退与萧条视为恢复时期,认为它们是消除主体经济早期的过度不良影响所必需的。这一普遍流行的观点还混淆了货币与信用之间的界限,混淆了货币存量的一个组成部分相对于另一组成部分的弹性与货币存量总体弹性之间的界限;该观点还认为货币存量应该对贸易需求作出反应,在贸易需求扩张时期货币存量上升,在贸易需求紧缩时期货币存量下降;该观点还认为保持金本位制及汇率稳定比维持国内经济稳定具有更重要的意义。这些态度反映的不仅仅是金融界(特别是联邦储备体系)的意见,其中绝大部分还是多数公众的看法。在这种社会背景下,可以说联邦储备体系实行相关政策是不可避免的。不能指望联邦储备体系能够阻止 1930 年货币存量的大规模下降,其原因在于联邦储备体系以及其他机构都将这一下降视为是对早期投机性过剩的一种合理回调;而且,1930 年后期,当银行开始大规模倒闭,以及公众争相将存款兑换成现金的情况发生后,联邦储备体系未能作出强有力的反应。这反映了当局旨在清理"坏"银行,"顺其自然",而不是"人为地"支持金融系统。毫无疑问,优先保持金本位制的任务,是继英国脱离金本位制及美国黄金外流之后,贴现率在 1931 年 10 月急剧上升的最直接的原因——如上所述,这项紧缩措施是联邦储备体系的决定性实验之一。

这一说明准确地反映了当时情况的一个重要侧面。它有助于解释那些能力非凡、热心公益的人是怎样行动的,而现在回想起来其行动却似乎是误入歧途。为什么在联邦储备体系之外,经济方面的治国人才是如此匮乏,以至于没有持续对联邦储备体系施加有见识的压力,从而使其采取不同的行动?但是,即便如此,这一解释也是非常不完善的。我们倾向于认为,联邦储备体系实施这一特殊行动,与当时的社会舆论氛围关系不大——尽管社会舆论毫无疑问是一个必要条件——而较多地归因于一系列或多或少的偶然性事件,以及联邦储备体系内部对权力的长期纷争。1928 年 Benjamin Strong 的去世,使争斗进入了白热化阶段。这场争斗左右了整个 1929 年的货币政策,使联邦储备委员会与纽约联邦储备银行——作为所有联邦储备银行的领导者——之间,在面对股票市场暴涨所应采取的适当政策问题上陷入了僵局。结果产生了这样一种政策:在我们看来,对于打压牛市而言太宽松,而对于促进经济扩张又太僵化。这一权力上的纷争,再加上联邦储备体系的其他成员对纽约联邦储备银行就 1929 年 10 月股票市场崩溃而采取的独立(且有效的)措施所作的反应,间接地导致了公开市场业务操作权力的转移。由纽约联邦储备银行控制的 5 人委员会被由 12 个联邦储备银行理事组成的 12 人委员会取代,其中纽约联邦储备银行的地位有所下降。这一变动在形势上有利于无为和放任自流的政策。

我们与 Carl Snyder 的观点一致。Carl Snyder 多年来一直是纽约联邦储备银行的统计学家与经济学家。他认为,如果 Benjamin Strong 能再多保持 12 个月精力旺盛的健康状态,那么我们或许可以在 1930 年结束经济衰退,并因此结束对以后的政治发展影响深远的、持续时间长久的世界危机。[3]事实上，Strong在纽约联邦储备银行的接班人George L. Harrison，在1930年曾极力拥护扩张性措施，但却没能最终压倒联邦储备委员会及其他联邦储备银行行长的联合反对。1931年，在联邦储备委员会新主席Eugene Meyer的支持下，Harrison再次主张扩张性措施，但此时僵化与无为的局面已然形成。直到1932年，在国会的压力下，这一局面才暂时得以打破。虽然存在普遍的社会舆论，但是纽约联邦储备银行的全体专业人员——有必要回想一下在Strong领导期间，纽约联邦储备银行几乎完全控制了联邦储备体系的政策——一致赞同一些政策，这些政策我们现在回想起来似乎是应该被采纳的。

无论如何，我们现在的目的既不是进行褒贬评价，甚至也不是对联邦储备体系面临困境时采取行动的原因进行全面的解析。在当时的情况下，即使联邦储备体系的行为从心理上或政治上来说都是不可避免的，那也只能说明为什么要进行准控制性实验，而并不能说明实验的结果。有一个问题仍然存在，即货币方面的变动是否是经济变动不可避免的结果，也就是说，如果联邦储备体系不作为中介，那么某种其他机制也必定导致了同样的货币变动；或者，货币方面的变动是否可以视为一种经济上独立的变量，因为它充分地衡量了经济方面的变动。这个问题的答案几乎毋庸置疑。在整个1929—1933年的经济紧缩期间，联邦储备体系本可以采取多种政策阻止货币存量的下降，甚至还可以以任何期望的比率增加货币存量。这些政策都不是根本性的创新。它们都是联邦储备体系在早期曾经实施过且经其创办人深思熟虑过的措施，其目的就是应对类似1930年年末发生的银行业危机。如果当时的政府结构或权力分配稍有不同，或者甚至当权者的个性稍有不同，那么这些实际上已被提出的措施就很可能得到采纳。我们认为即便到1931年年末，这些可供选择的政策与保持金本位制之间也并不存在任何冲突。直至1931年9月，反复困扰联邦储备体系的问题仍然是如何使黄金的流入得到控制，而不是相反的问题。

再来考虑另一种情况：如果1914年以前的银行系统（而不是联邦储备体系）在1924年仍然存在，那么货币存量的下降几乎肯定不会像实际发生的那样严重。如果将早期银行系统下发生的1907年银行业危机，与1930年年末发生的非常类似的流动性危机进行比较，则可以为上述论断提供强有力的证据。如果早期的银行系统处于有效的运行状态，而且直到1930年12月其他方面的情况都与现实的发展状况相同，那么1907年的经验强烈表明，对银行倒闭的初始反应本应该比1930年实际发生的严重得多，而且银行可能会一致实施对存款与现金可兑换性的限制性措施。与1930年年末、1931年年初对银行系统的持久性压制相比,这一限制可能会对恶化经济衰退产生更为严重的初始影响。但是,这一限制也可能会缩小危机波及的范围,防止银行破产激增,并使经济有可能在几个月后得以复苏(正如1908年所产生的效果一样)。

因此,在这些情况下,联邦储备体系在1929—1933年的措施也许是可以理解的,甚至在心理或政治上都是不可避免的。这一紧缩是证明货币方面变动具有经济独立性的又一力证,它证明了货币方面的变动独立于国民收入与价格的同期变动,即使在经济衰退早期阶段的1929—1931年也是如此。当时,货币存量的下降并不是联邦储备体系采取的明确的限制性措施的结果。这确实可以被视为第四个决定性实验,它使得独立的货币下降与随之而来的经济下降之间的匹配数为4:4。[4]

货币对国民收入有重要的独立性影响,这说明了我们之前已提及的一项对比,即我们所研究的近一个世纪时间里货币安排方面的变动,与货币的变动和其他经济变量的变动之间相互关系稳定性的对比。如我们所知,货币安排的变动已经引致货币本身的相应变动。但是,即使影响的主要途径是从货币到经济,我们也没有理由认为货币安排方面的变动一定会改变货币变动与经济变动之间的相互关系,因为这一相互关系主要是由货币影响经济活动的途径所决定的。只要这些途径保持不变(正如它们已经明显表现出来的一样),那么货币与经济之间的相互关系也应该保持不变。

然而,假定影响的主要途径是从经济活动到货币。这样一来,由于在不同的货币安排下经济方面的变动对货币存量的影响不同,所以货币制度方面的变化将不仅会影响货币的变动,而且还会影响货币与其他经济变量之间的相互关系。例如,在1914年以前的金本位制下,美国的经济扩张使国际收支产生逆差,接着又致使黄金外流,从而使货币存量产生下降的压力。这一系列特殊联系被联邦储备体系在20世纪20年代以及财政部在20世纪30年代部分时间里采取的黄金对冲政策严重割裂,并且被1914年后其余时期内金本位制性质的变化极大削弱。无论是1914年之前还是之后,经济扩张都使利率上升并刺激了银行业的扩张。然而,在1914年以前,利率的提高只有通过存款-准备金比率的提高或者从国外吸引资本从而吸引黄金,才能使货币存量增加。1914年以后,利率的提高还可以通过促使银行更多地向联邦储备体系借款来增加货币存量。如果最主要的影响方向是从经济到货币,那么经济活动与货币之间的这种联系或其他联系上的变化,将很可能使1914年前后两者变动的联系明显不同,而且如果对这些时期作进一步的细分,情况可能依然如此。

虽然从货币到经济活动这一方向的影响是主要的,但同时也显著存在反向的影响,尤其是在与商业周期相联系的短期变动中。存款-准备金比率的周期模式就是一个例子。铸币支付的恢复及白银时期、1919年的通货膨胀,以及1929—1933年的经济衰退,都清楚地反映了经济活动对货币其他方面的反作用。所以,货币存量的变动不仅是名义收入与价格变动的根源,还是名义收入与价格变动的独立结果(尽管货币存量一旦发生变动,它就会反过来对国民收入和价格产生进一步的影响)。这是一种相互的作用,但是在较长期的波动以及主要的周期性波动当中,货币的作用明显更大;而在较短期的波动及较温和的波动当中,两者的作用相当——这就是我们的证据所给出的概括性总结。

13.4 表象的欺骗性

货币是一个引人入胜的研究课题,因为它充满了神秘与自相矛盾。对于纸来说,印有图案的一张绿色纸片与同样大小的、从报纸或杂志上撕下来的一张纸片几乎没有什么区别,但是前一张纸可以使其持有者得到一定数量的食物、饮料、衣服及其他生活必需品,而另一张纸只能用来引火。区别在何处呢?就在于这张绿色的纸上面印着"美利坚合众国将向其持有者立即支付……美元",或者印着其他具有该作用的文字,此外还加上这是一种"法定货币"的声明。但是,在目前的情况下,这种承诺仅意味着一张绿色纸片可以与一张或几张其他绿色纸片相互兑换,或者可以与铸币相互兑换,而这些铸币如果被熔化并在市场上作为金属出售,其所得将少于它们可以兑换的纸币数量。法定货币的身份仅意味着政府在对其债权的清偿中接受这些纸,而且法院将把这些纸的支付视为对以美元表示的债务进行的清偿。为什么在私人的产品与服务交易中,这些纸也能被私人接受呢?

一个简单而正确的答案是,每个人都接受这些纸,是因为他坚信别人也会接受这些纸。这些绿色的纸具有价值,是因为每个人都认为它们具有价值;而每个人都认为它们具有价值,是因为在人们的经历中它们之前已经具有了价值。如果没有一个共同的、被人们普遍接受的交换媒介,那么我们的经济甚至可能超不过现有生产力水平的一小部分;然而,这一共同的、被人们普遍接受的交换媒介,本质上却是一种社会惯例,这种社会惯例的存在完全归功于人们对一种可以说是虚构之物的广泛接受。

这种社会惯例,或者说虚构之物,或者任由你称呼,并不是脆弱的。相反,一种公共货币的社会价值是如此之大,即使在极端的刺激之下,人们仍将坚持持有这种东西——当然,货币发行者从通货膨胀中得到的部分收益正来自于此,从而通货膨胀的动机也部分来自于此。但是,这种东西也不是坚不可摧的:这种绿色纸数量的极端变动,正如美国革命战争时期或各国在一战及二战之后经历的恶性通货膨胀时期所发生的情况,或者这种绿色纸数量上的温和变动再加上法律上与现实中对名义价格所作的最高限制,如二战以后的德国,会使先前作为货币发挥作用的这种纸一文不值,并促使人们去寻求替代品,如香烟与法国白兰地酒,二战后它们在德国一度成为交换媒介。

货币不过是一层面纱。"实际起作用的"力量是人们的能力、人们的勤奋与才智、人们所掌握的资源、人们的经济组织模式与政治组织模式,等等。正如 John Stuart Mill 在一个多世纪以前所阐述的那样:

> 简而言之,在社会经济当中,没有任何在本质上比货币更微不足道的东西了;当然,货币作为一种节省时间与劳动的发明所具有的特性除外。它是一种可以使事物更快、更方便地运行的机制,而当货币不存在时,事物将进行得较为缓慢且不方便,而且,同许多其他机制一样,当它出现失常时,会产生属于它自身的独特且独立的影响。[5]

这一说法完全正确。然而也存在某些误导,除非我们能够认识到这一点,即几乎不存在一种为人类所拥有的发明,当其出现差错时,其对社会造成的危害比货币更大。

每个人都认为他可以决定货币在其财富中的份额;然而,所有人可以持有的货币总量,却并非所有货币持有者能够控制的。每家银行都认为自己可以决定其资产中有多少份额分别以现金和联邦储备银行存款的形式持有,以满足法定准备金要求和应急之需;然而,所有银行能够持有的货币总量却并非它们能够共同控制的。如果某一家银行的现金数量增加,那么它可以借此获得最多与这一增量相等的其他非现金资产;然而,如果所有银行的现金数量一起增加,那么银行系统可以借此得到相当于这一增量若干倍的其他资产。

在我们的分析过程中,表象的这种欺骗性反复出现。在美国内战期间,以绿钞表示的黄金价格随战争局势的变化而一天天发生波动;但是,战争的局势仅在很小的程度上影响了这些波动——除非战争局势影响到外国人持有绿钞或以绿钞表示的有价证券的意愿。这一影响更多地反映在棉花出口的大量减少，以及通过发行货币为战争筹集资金时北方内部价格的上涨上。

为促进铸币支付的恢复而采取的一项措施，即提高以外国货币表示的美元价值，与富兰克林·D.罗斯福为达到完全相反的目的而采取的降低以外国货币表示的美元价值的措施是完全一致的。在这两种情况中，财政部都从国外购买黄金。罗斯福新政的经济学思想至少在这一方面是正确的，所以在绿钞时期，采取这一相同措施意味着，从国外购入黄金的机制，使得铸币支付的恢复更为困难，而并非更为容易。

虽然在15年的时间里，铸币支付的恢复是一个主要的政治问题，但铸币支付的成功恢复却很少归因于在其名义下采取的那些措施。政府的主要贡献是少量减少高能货币的数量——必须承认，鉴于扩大绿钞发行的压力，其在纯粹的政治方面毫无建树。铸币支付的恢复取得了成功，原因在于尽管货币存量温和上涨，但产出的迅速增长使价格水平下降了一半。对铸币支付的恢复产生最大影响的政府措施，不是那些明确的货币政策，而是那些促进了产出迅速增长的失职行为。

"稳健货币论"对自由铸造银币的倡导者进行攻击的理由在于，银币的自由铸造将导致货币存量的过度迅速扩张，从而造成价格膨胀。人们之所以谴责财政部对白银的限制性购买政策，是因为他们相信这些购买过度地增加了货币存量，从而成为引发无限制购买政策能够释放的通货膨胀的先兆。事实上，假定金本位制没有被废除，那么由这场白银骚动带来的主要经济危害也只是它使货币存量的增长率过低，从而导致了通货紧缩。它产生这种影响的原因在于，人们对美国将放弃金本位制的恐慌减少了资本的流入，否则资本的流入会更多；或者说，这种恐慌造成了资本外逃。相应地，这些情况要求美国国内的价格要低于根据美国与外国的黄金官价所确定的汇率下，为平衡国际收支所必需的水平。

1896年Bryan的竞选失败标志着这场白银骚动的最高潮。其之所以成为最高潮，并不是因为Bryan的雄辩失去了威力，也不是因为"稳健货币论"的倡导者通过争论说服了银币自由铸造的倡导者，而是因为黄金的发现以及黄金开采与冶炼技术的改进，使黄金成为推行通货膨胀的有效工具，而这正是Bryan及其追随者试图通过白银来获得的。

1907年的银行业危机，产生了明显不可抗拒的银行改革压力。然而，我们有理由相信，至少对付这次恐慌的最后措施，即银行对存款与现金兑换的一致限制，是一项治疗良策，它中止了这场流动性危机，从而避免了好银行倒闭且成为大规模恐慌的牺牲品。而且,它仅以严重但短暂的困境为代价,在短期的紧缩之后便迎来了经济的复苏与扩张。

联邦储备体系最终实施的改革措施,目的是防止未来发生任何此类的恐慌或兑换限制,但事实上,它并没能阻止美国经济史上最严重的恐慌、最严厉的兑换限制以及银行系统的崩溃(这些灾难发生在1930—1933年,截止于1933年3月的银行歇业期)。旨在促进货币稳定性的同一项改革,带来了为期约30年的货币存量相对更大的不稳定性,其不稳定程度高于任何我们数据所及的、联邦储备体系存在之前所经历的水平,甚至高于整个美国历史所经历的任何水平(美国独立战争时期除外)。

股票市场的繁荣以及一战期间通货膨胀的阴影致使人们普遍相信,20世纪20年代是一个通货膨胀时期,而1929—1933年的经济崩溃则是对此作出的反应。但事实上,应该说20世纪20年代是一个相对通货紧缩的时期:从1923年到1929年——通过比较商业周期的高峰年份来避免周期性影响的干扰——批发物价以每年1%的速度下降,而货币存量以每年4%的速度增长,货币存量的增长率大体上是产出扩大所要求的增长速度。在1927—1929年的商业周期性扩张中,批发物价出现了下降,这是1891—1893年以来首次出现的批发物价在扩张期间的下降(虽然只是少量的下降),而此后再也没出现过这样的情况。

1929—1933年的货币崩溃,并不是之前所发生情况的一个不可避免的结果,而是这一期间所实行的政策措施的结果。正如我们前面已经提到的那样,在这一期间,本可以通过各种政策的实施来制止这场货币崩溃。尽管联邦储备体系宣称,它们所实行的是一种宽松的货币政策,但事实上,它们所实行的是一种非常紧缩的货币政策。

罗斯福新政的支持者强烈支持宽松的货币政策。而且,在20世纪30年代末出现了迅速的货币扩张,这主要是由两方面的因素造成的,即黄金价格的上涨及希特勒权力的扩张,它们促进了资本向美国流动。这一迅速的货币扩张只归因于黄金价格的上涨,而与货币政策无关。尽管这一上涨产生了所预期的直接影响,但与此相伴的一些措施——尤其是黄金的国有化、黄金条款的取消,以及货币政策以外的新政计划——却因阻碍了商业投资而产生了相反的影响。在这一时期,联邦储备体系获得新权力后所采取的一项主要的货币措施,就是于1936年及1937年将法定准备金率提高一倍。这一措施的采取并不是为了立即带来显著的通货紧缩影响,而主要是作为一项"预防性"的措施。联邦储备体系满足于这样一种超额准备充足且分布广泛的状态。在这种情况下,再加上财政部的黄金对冲政策,联邦储备体系的这项措施就产生了严重的通货紧缩效应。

从表面上看,20 世纪 30 年代的白银购买计划的目标是,提高白银在国家货币储备中的比例,将其由 1/6 提高到 1/3,但实际上其主要目的却是援助白银矿工。该项计划在 1933—1960 年间的总支出为 20 亿美元,即为使美国的一个白银矿工得到 1 美元的收益,至少需支出 5 美元。然而,使白银比例增加到 1/3 的目标却从来没有实现过。但是,20 世纪 30 年代的这一白银购买计划却着实使中国经受了几年严重的通货紧缩,使中国永远地脱离了银本位制(墨西哥也暂时脱离了银本位制),并且它也可以被视为在经济及政治上削弱中国的一个主要因素。

人们曾普遍认为二战将伴随着严重的失业。联邦储备体系曾准备迎接这一结果,并且欣然接受债券支持计划,因为联邦储备体系认为该计划将与战后所需的宽松的货币政策一致。在这种情况下,通货膨胀(而非通货紧缩)突然降临,成为更大的危机,而且在朝鲜战争带来的通货膨胀的额外推动下,联邦储备体系最终被迫放弃债券支持计划。

在美国发生的事情同样也在国外发生了。人们曾普遍认为:货币数量对经济产生的影响很小,除非对货币数量的控制能够成为这样一种手段,即可以使长期利率保持在低于不存在控制时的水平;这种对货币数量的控制反过来或许能使总需求水平有所提高,如若不能,那么这一总需求水平将是不完善的。宽松的货币政策是几乎一成不变的药方,而通货膨胀则是几乎一成不变的结果。只有放弃宽松的货币政策,通货膨胀才能够被终止。由此再次得出的一个结论是,一般而言,货币对经济是有一定作用的。

与百年货币史前 3/4 个时期当中货币流通速度的下降相对比,几乎在整个战后期间,货币流通速度一直持续上升。这种上升大部分明显是对战时货币流通速度下降所作出的修正。但是,由于这一上升的规模太大,且持续的时间太长,以至于我们不能仅仅以此作为解释。人们曾经给出了无数的解释:从货币替代物更为广泛的可得性和更为良好的特性,到利率的提高,再到人们对通货膨胀的恐惧。然而我们倾向于相信,尽管这些因素可能都曾发挥过某种作用,但是对战时货币流通速度下降作出超调的那部分货币流通速度的上升,主要是由于全体公众对经济稳定运行的信心增强。与这一解释相一致,我们预期下降趋势在长期内将会得以恢复。但是,我们过于相信这些表面现象,以至于我们根本无法确定它们的欺骗性何在。在对这些解释进行最终的区分前,我们将不得不等待实践来揭示真相。

然而,我们对一件事是确信无疑的,那就是货币的发展将继续为其未来进程的见证人带来变数——而研究货币的学者及政治家们将一如既往地忽视这些变数,并自食其果。

注释

A Monetary History of The United States, 1867-1960 ★ ★ ★

[1] 除了这三次紧缩性政策,联邦储备体系实行的三次扩张性政策(联邦储备体系在两次世界大战期间实行的政策除外)都与剧烈的货币和经济的相应变动密切相关。

货币政策	货币存量的相应变化	工业产值的相应变化
1923年12月—1924年10月,联邦储备体系买入5亿美元政府债券	1924年2月—1925年2月,增加19%	1924年7月—1925年7月,增加22.5%
1932年4月—8月,联邦储备体系买入10亿美元政府债券	1932年4月—1933年1月,从年下降14%变为年增长1.75%	1932年7月—11月,增加14%
1958年3月—12月,联邦储备体系买入30亿美元政府债券,联邦储备体系贷款增加46亿美元	1957年12月—1958年12月,增加6.6%	1958年4月—1959年4月,增加23%

我们认为这些情况并没有书中引用的例子显著,因为这些情况引起的货币和经济的相应变动与书中的例子相比更缺乏代表性,例如,1933年6月—1936年6月期间,在联邦储备体系没有采取任何行动的情况下,货币存量增加了44%,且工业产值增加了31%。

[2] 这反映了这个类比有一个不当之处。时间是连续性的,我们没有理由将一年(而不是一个季度或两年)作为分析的单位,也没有理由将42个离散的观测值与42年整个时间序列所涵盖的信息等同起来。我们根本不清楚合适的序列数究竟应该大于还是小于42。这些连续年份的序列相关性倾向于一个更小的序列数——10年,这是在1919年5月—1961年2月所涉及的完整的循环周期。但是,因为从离散且没有规律的数据中很难得到连续性的数据,所以按月确认顺序和时间关系的可能性要求更大的序列数。

如果将4个患病的妻子和3个患病的丈夫随机分布在42个妻子和42个丈夫中,那么这3个患病丈夫娶这4个患病妻子中的3个的概率是1/2870。同理,相同数量的患病妻子和丈夫在10对夫妇中分布的概率是1/30。

[3] Carl Snyder, *Capitalism the Creator*, New York, Macmillan,1940, p. 203.

[4] 在42对夫妇中,4个患病丈夫和4个患病妻子能够在随机组合的情况下结为夫妻的概率为1/111 930。在总共有10对(见前面的注释[2])夫妇的情况下,1929—

1931 年和 1931 年 10 月不能被视为两个分离的观测结果,因为两者都处在同一个区间内,故有必要改变病人的数量。最简单的办法,就是假设在 10 对夫妇中,有 3 个患病丈夫和 3 个患病妻子。在该假设前提下,患病丈夫和妻子在随机组合的情况下结为夫妻的概率为 1/120。

697n 〔5〕*Principles of Political Economy*(1948), Ashley Ed., New York, 1929, p. 488.

附录A 基本表格

A Monetary
History
of The
United States,
1867–1960

"附录A 基本表格"的内容可识别以下二维码阅读：

附录B 名义货币存量的主要决定因素

A Monetary
History
of The
United States,
1867–1960

"附录 B 名义货币存量的主要决定因素"的内容可识别以下二维码阅读：

理事评论

A Monetary
History
of The
United States,
1867–1960

　　国民经济研究局赋予理事们一种特权,即对经过批准同意出版的原稿提交"持反对或保留意见的备忘录"。但我所提交的既不是反对意见也不是保留意见,而是一份质疑性的评论。我先后两次阅读过原稿,一次是最初的草稿,一次是最终的校样。我热切盼望着该书的正式出版,到时表格将以文字和图的形式展示出来,从而去除为使人信服的烦琐内容(圣保罗对信仰的解释为"所望之事的实底,未见之事的确据"*),这样读起来更加令人愉快。如果我的判断没错的话,那么本书将成为国民经济研究局出版的最伟大的著作之一。其涉及范围之广、分析工具使用之敏锐(运用分析工具提出、剖析,甚至在某种意义上,重现了近一个世纪的美国货币史)已经创造出完美的产物。对于这样的一本著作,我将带着愉悦的心情反复阅读,并且确信为此而耗费的时间都是非常有价值的。我的质疑并不涉及书中精彩表述的逻辑性,而是关于一个基本假设。我将主要就1929—1933年这段时期简要地发表意见。在对这段时期的总结里,作者们描述:"从某种角度来看(而且就我们所知,仅存在这样一种角度),可以说货币存量下降是经济衰退的结果。由于这一角度主要依赖于心理因素以及政治因素,所以其与我们力求理解经济关系这一主要任务并不相关。"(原书第

---

*　出自《圣经·新约·希伯来书》。——译者注

691 页）

  我们都不可避免地在不同程度上受到自身阅历和周围环境的影响。对于作者们承认的"心理因素和政治因素"的影响，我自身的背景与所处的环境迫使我对这些因素更为重视。我是一名职业商人，同时是一名业余经济学家。很惭愧，我的经济学博士学位在过去的将近半个世纪里一直搁置在那儿；我在大学里为数不多的几年教学生涯也很久远了；自1926年起，我一直从事实业和金融结合的竞争性业务。对我来说，生意仅仅是做出决策并且承担经过计量的风险。决策并不总是轻松的，而且风险承担是真实的。由于竞争对手们的错误，我幸存下来了——如果他们犯的错误比我犯的错误少，那么我可能早就不再是商人了。有句话给我留下了不可磨灭的印象：货币政策最终要作用在人的身上，而人的行为是不可预测的；货币政策发挥作用的环境既不是真空的，也不是一个其他所有因素都保持不变的世界。

  关于预测经济政策影响的难度，在英国价格、生产力和收入委员会（British Council on Prices, Productivity and Incomes）的《第三报告》（Third Report）（该报告通常被认为由Dennis Robertson 爵士撰写）中有充分的表现。[1] 报告的作者用了大约72段的篇幅试图对当时形势进行分析并权衡各种可能性，最后却写道："但是不可能准确判断所有因素的平衡状态；经济抑制和激励措施影响的是人们的意识，而这种影响的效果我们是无法准确预测的；而这些经济措施发挥作用的环境也在不断变化。"凯恩斯勋爵，在这里作为一个决策的制定者，在1931年投资信托年会（当时凯恩斯任主席）上说道："我不情愿地得出结论，没有东西比在一个非理性的世界使用一个理性投资政策更具毁灭性"（凭回忆引用，未确认精确措辞）。他还在他的《货币论》（Treatise on Money）中提道："试图在不同环境下准确地判断形势，并且达到精确的平衡，有时可能超出了人的才智范围。"[2] 最后一个例子：Henry Clay 爵士在《诺曼勋爵》（Lord Norman）传记[3]中描述到，英格兰银行的行长身体状况恶劣但仍觉得国际货币体系暂时还处于控制之下，于是听从了医生的命令，开始了一次短暂的地中海旅行，而当他进港时欢迎他的却是英国脱离金本位的消息！

  本书的作者们在讨论白银的形势（1893—1897）时认识到了心理和政治因素的重要性，他们提道："有关白银的这一部分是一个极好的例证，证明了人们对某种货币的看法是多么重要。由于害怕白银会带来通货膨胀而使美国脱离金本位制，人们便采取了严苛的紧缩政策以保持金本位制。"（原书第133页）

  我曾经常希望Taussig 教授在我学过的经济学教材中加入一章有关经济形

势的影响力的内容。我在课本上学到的观点是，价值是决定性的长期因素，而价格与价值的背离都是短期的并且会自我纠正。我研究过在1929—1933年期间公众恐惧心理产生的螺旋式向下的经济势头，并且经历过1962年春信心危机和股市崩盘期间的类似经济过程。J. M. Barker(大学教师、银行家、西尔斯·罗巴克百货公司高级雇员)在1936年美国中西部银行家会议前递交了一篇论文，里面阐述了关于1929—1933年时期心理状态的非统计观点，现在我引述如下：

> 当一群人在同一时间思考同一问题时，就会出现一种世界上最难以控制的情绪动机。思考该问题的人越多，你就越容易受到不理智的、情绪化的公众心理动机的支配，这可能会导致可怕的经济后果……假如你思考一下最近一次经济繁荣末期普遍的狂热投机，你将会发现这个国家的人们是多么彻底地受到不理智的、贪婪的公众心理的影响。更别说整个世界人们的公众心理了。当危机来临，贪婪变成不理智的、情绪化的、普遍的恐惧……在危机的初期阶段，各个城市的商人们在股市受到了沉重的打击，甚至已经一贫如洗。但是他们却仍旧每天关注行情，看事态如何发展下去。他们看到市场不断跌，跌，跌。他们日复一日地在情绪的影响下做出决策，这种情绪的形成仅仅来自他们对不断下跌的证券价格的观察。他们难道没有怀疑过这种决策的正确性吗？

作者们对于美联储的政策持强烈批评态度。他们以充分的证据说明了体系内部联邦储备委员会、联邦公开市场委员会以及各个储备银行之间存在的持续冲突。他们回想起易卜生(Ibsen)戏剧中的一句台词："当恶魔决定让你们一事无成时，他任命了第一个委员会。"作者们判断："促进经济活动的目标与限制股票市场投机的愿望之间的冲突在牛市中愈演愈烈。在1928年及1929年，由于联邦储备体系采取了货币政策，冲突得以解决，然而该货币政策并不足以中止牛市的发展，而对于促进经济扩张却显得太过猛烈。"(原书第297—298页)因此他们的结论是联邦储备委员会不应使自己成为"证券投机或价值的仲裁者"，也不应直接干涉股票市场的繁荣(原书第291页)。对于这样的结论，我不敢苟同。借由控股公司间的相互持股、"其他"项下超过10亿美元的通知贷款，以及自加强式的经济势头，本可以"促进经济扩张"的宽松货币政策反倒很可能使经济上的失调累积，这种失调的修正是有时滞的。就像事实上发生的那样，"在联邦储备体系时代之前，(当崩溃来临时) J. P. 摩根公司通过组建资金池……承担起领导重建有序市场的责任",然而"到股市暴跌后的第二周,这种有组织的救市行动就宣告结束了"(原书第 305 页注释)。这是另外一种萧条。

在我看来,作者们选择的基本工具可能是高能货币的概念。当然我这种看法可能有些过于简单化。作者们对高能货币进行了可靠的、精辟的深入分析。但有一点困扰了我。它的数学验证是没有问题的。如果美联储增加高能货币,同时不会引起其他因素的变化(这种变化的原因和强度都不可预测),那么我将无保留地表示同意。但是我无法同意上述假设。这并不是一个可以令高能货币增长而同时维持其他因素不变的可控试验。"据说纽约城市银行不愿意向储备银行借款,原因之一就在于,银行担心欧洲人会将这种借款解读为银行经营不善的信号。"(原书第 317 页注释)"储户担心银行的安全性,他们非常细致地审阅银行的资产负债表,以便找出接下来哪家银行要倒闭",此时银行对借款的反感就会更加强烈。(原书第 318 页)从复兴金融公司借入资金被视为银行的死亡之吻:"银行名称出现在借款人名单上会被视为该银行经营不善的信号,因此往往会导致银行挤兑的出现。"(原书第 325 页)今天人们很难想象"联邦储备体系和整个社会当时对维持金本位制的重视程度,并认为外部稳定重于内部稳定"(原书第 363 页)。总的来说,用凯恩斯勋爵的话讲就是:"假设我们考察一个封闭体系,该系统只要满足内部均衡即可,那么适当的货币政策总是能够阻止任何对现状的严重干扰发展下去……但是如果我们必须同时实现外部均衡,那么就不会有货币政策能够消除对内部系统的干扰了。"[4] 看看 Chandler 教授的《本杰明·斯特朗》[5]以及《诺曼勋爵》就会发现,我们考察的绝不是一个封闭体系。新投放的高能货币的侵蚀程度成了"对内部系统干扰"的一种测度。而这种"对内部系统的干扰"我难以轻松视之,虽然我无法回答如何证明的问题。

作者们问道:"为什么货币政策如此无能?"并且回答道:"我们相信,根据本章前几节的内容,本节标题中用来描述 1929—1933 年危机期间货币政策的形容词——无能,会强烈地震撼我们的读者,正如那段时期的真实历史过程给我们带来的震撼一样。在本可以避免的情况下,货币体系却崩溃了。"(原书第 407 页)货币政策确实是不成功的,称其"无能"也并不冤枉。至于最后一个观点,认为货币体系的崩溃是可以避免的,我却认为缺乏论证。在我看来,高能货币的每一次变动都蕴涵了一个可计算的风险。假如它对人们意识的影响是正面的,或者即使它是中性的,那么作者主张的数学结果绝对是正确的,如同黑夜连着白昼。就这一点而言,前面已经引用了英国价格、生产力和收入委员会报告中的陈述。如果那些变动被认为具有通胀倾向和"不正确的",那么结果则会与预期完全不同。在那个时期,害怕贬值的公民可能选择黄金而不是纸币,而且黄金的国际流动(寻求保值)是难以预期的,就像是在波涛汹涌的海面颠簸的战舰上的放枪一样。作者们的观点很可能是对的;他们都是杰出的货币经济学家——但是相对于货币体系的崩溃是"无疑"可以避免的论断,我还是觉得用"可能"或是"大概"更好些。

如果我记得没错,1931 年 9 月到 1932 年 1 月这段时期的例子最为突出地说明了高能货币的潜力。在那 5 个月里存款下降了 57.27 亿美元。"如果用 4 亿美元额外的高能货币来应付通货漏出,在不减少银行准备金的情况下,本可以防止大约 60 亿美元的存款下降。"(原书第 346 页)从数学的角度,这是有可能的。但是回顾那段时期的美国经济,以及英国和中欧的经济形势,我不认为理论中的"本可以"发生的事情,会在实际中"真正"发生。

大萧条中先后出现过三个关键时期:(1) 1930 年 1 月到 1930 年 10 月底;(2) 1931 年 1 月到 1931 年 8 月底;(3) 1931 年 9 月到 1932 年 1 月底。作者们假设在其中的任何一个时期将 10 亿美元额外的高能货币注入经济,并且对这样做的结果进行了详尽的分析。但假如一家劳合社能够为假定潜在的经济周期转折承保,那我可能会更安心。如果能够以通俗的市场术语来衡量投放高能货币的收益,那么毛收入和净收入还是有很大差异的。不仅在这个国家,在世界上的每个货币中心,这种差异都是由人们意识上的反应所决定的。假如这种反应是有利于该政策的,那么作者们的假设就站得住脚。相反,假如人们认为这是对金本位的通胀威胁,那么(投放高能货币的)"成本"(即对那些高能货币的侵蚀)会减少"净收入",以至于推翻作者们很有把握的预测结果。同样,我对此没有肯定的答案,我仅仅是在质疑。

在得克萨斯的克尔维尔,查尔斯·舒雷纳不动产银行(Bank of the Charles E. Schreiner Estate)由九十多岁的路易斯·舒雷纳(Louis Schreiner)经营,这家银行由他的父亲老舒雷纳上尉创立,并以他的名字命名。老舒雷纳放弃"要求还贷的时间要在放贷前确定"的规则,结果在差不多一个世纪的时间里,无论行市好坏,那家银行都不曾通知过一笔贷款。在监管实体明智的管理下,高能货币可以实现更多收益,就像作者们指出的那样。但它无法完成它不可能完成的任务——对我来说,这似乎类似于凯恩斯勋爵的遗憾评论:"没有东西比在一个非理性的世界使用一个理性投资政策更具毁灭性。"相比于陷入危机后寄望于高能货币政策可以扭转人们的情绪波动,我更希望它能使我们置身于危机之外。

我无法保证我的"质疑性评论"都是正确的。在我上大学的时候,我没有投入太多精力在心理因素和政治因素上,但是长时间的商业生涯已经改变了我的观点。有这样一个故事:在阁僚嘲弄完某几个他们称之为无法估量的因素之后,俾斯麦得出了结论:"先生们,无法估量的事物才有吸引力。"他的结论是否正确我无法判断,同样,我也无法判断我对无法估量的事物所给予的重视程度是否正确。我的评论发自于谦卑,因为由于不谦卑,我已经犯了太多的错误。

总的说来,我非常欣赏《美国货币史(1867—1960)》一书。

Albert J. Hettinger, Jr.
拉扎德投资银行(Lazard Freres & Co.)合伙人

注释

[1] London, H. M. Stationery Office, July 1959, p. 25, paragraph 73.

[2] New York, Harcourt, Brace, 1930, Vol. I, p. 255.

[3] *Lord Norman*, London, Macmillan, 1957.

[4] *A Treatise on Money*, Vol. I, p. 349.

[5] Lester V. Chandler, *Benjamin Strong*, Washington, D. C., Brookings, 1958.

主题词索引*

A Monetary History of The United States, 1867–1960

说明：索引中的页码为英文原书页码，标于正文边际处。黑体标注的页码表示表格和图。

Acceptances, bankers'（bills） 银行承兑汇票 193n
  bought by F. R. 联邦储备银行买入 215，271，388
  buying rate on, of N. Y. F. R. bank 纽约联邦储备银行的买入利率 227n
    above market rates, and decline in F. R. holdings 高于市场利率，联邦储备银行持有债券数量下降 404
    Board control over, question of 联邦储备委员会对买入利率的控制问题 256
    Board delay in approving lowering of, 1930 1930年联邦储备委员会延迟批准降低贴现率 367

    changes in, Feb.-Mar. 1933 1933年2—3月间买入利率的变化 390—391
    if below market rates, effect on free gold 若低于市场利率，对自由黄金的影响 404n
    inadequate declines in, after Oct., 1931 1931年10月和之后的不充分下降 383
    preferential, proposed 优惠利率，提议~ 227n，264n
    raised, Jan.-Mar. 1929, Mar. 1933 1929年1—3月、1933年3月提高贴现率 289，326
    reduced, Aug. 1927, Aug. 1928 1927年8月、1928年8月降低贴现率 264，288，290，344
  rise in F. R. holdings and 联邦储备银

---

* 页码后的"n"表示注释，"ff."表示"该页及其后"。

行持有债券数量上升 289—290, 344

changes in F. R. holdings, 1931—1932 联邦储备银行持有债券数量在 1931—1932 年间的变化 346

decline in F. R. holdings, 1933—1940 联邦储备银行持有债券数量在 1933—1940 年间下降 501

Adjusted Compensation Act 《修正补偿法》 538n

Agricultural Adjustment Act, 1933 《1933 年农业调整法案》

Thomas amendment to 《托马斯修正案》 447, 465, 470, 518n

authorized President to devalue dollar 授权总统使美元贬值 465

granted President powers over silver 授予总统白银控制权 483

Agricultural Credits Act 《农业信用法案》 233n

Aldrich-Vreeland Act 《奥德利奇-瑞兰法案》 9, 170, 172

amendments and provisions of ~的修订和条款 170—171

currency 通货

device to increase high-powered money 增加高能货币量的办法 441

success of 1914 issue 1914 年的成功发行 192, 196

success of, probable, if issued in 1930 若 1930 年发行, 成功的可能性 172

pattern for National Credit Corporation 国民信用公司的模式 320

"Alliances" 联盟 116

American Bankers Association 美国银行家协会 117, 170

American Bimetallic League 美国复本位同盟 117

Assets, fixed-dollar vs. real, direct return on, postwar rise in 固定美元资产与实物资产、直接收益、战后增长的对比

645

Austria, failure of Kreditanstalt and standstill agreement with 奥地利, 私营信贷银行倒闭和暂缓还款协议 314

Balance of payments 国际收支

China, pressure of U. S. silver purchases on 在美国白银购买的压力下中国的国际收支状况 489

gold-bloc countries, and U. S. gold pressures and capital flight to U. S. 黄金集团成员国家, 美国黄金购买压力和美国资本流入 474—476

U. S. 美国的国际收支 58, 66, 85, 101, 140, 198, **478**, 481, 585, 679, 683, 694, 785

active vs. passive gold flows and 活跃的黄金流动与被动的黄金流动 98—99, 141

deficit tendency as result of Treasury gold purchases 财政部购买黄金导致的赤字倾向 124, 466

forces underlying 潜在动力 58

purchasing-power parity and 购买力平价与国际收支 98, 100

similarity of, 1923—1929 and 1930—1933 1923—1929 年间和 1930—1933 年间国际收支情况的相似性 480

under gold standard 金本位下的国际收支 141—142

U. S. prices consistent with equilibrium in 国际收支均衡状态下的美国物价 78, 98, 100, 140, 588n

Balance of trade, U. S. 美国的贸易收支

and capital flight to U. S., 1934—1940 1934—1940 年间美国的资本流入 475, 476—477, 480—481

estimated directly, accuracy of 对 ~ 的直接估计, 准确度 476, **478**

as percent of national income 占国民收入的比例 **478**

estimated indirectly from capital movements, accuracy of 依据资本流动对~的间接估计的准确度 476, 478

as percent of national income 占国民收入的比例 478

gold purchases, 1934—1940, increased 黄金购买在 1934—1940 年间的上升 475—477, 480—481

gold purchases and capital flight to U. S., effect of 黄金购买和美国资本流入对~的影响 481

rise in, larger, if no wage-price spiral, 1933—1937 若没有工资价格的螺旋上升, 1933—1937 年间~会更大幅度的上升 499

shift in level of, 1896—1898, accuracy of 1896—1898 年间~的变化, 准确数字 140

Baltimore Plan 巴尔的摩计划 117—118

Bank assets 银行资产

 composition of, all banks 所有银行的资产构成 450, 561

  investments 投资 450

   in government bonds, 1914—1929 1914—1929 年的政府债券投资 245

  loans 贷款 450, 542

   to brokers and dealers for account of N. Y. C. banks 由纽约市的银行向经纪人和交易商发放的贷款 306

   to brokers and dealers for account of others 由其他机构向经纪人和交易商发放的贷款 305n, 306, 335—337

   commercial, decline in, 1914—1929 1914—1929 年间商业贷款的下降 244

   on government bond collateral 政府债券抵押贷款 220, 245

  change in, 1929—1940 1929—1940 年间银行资产构成的变化 450

  interpreted as evidence of change in bank liquidity preferences ~被认为是银行流动性偏好变化的证据 461

  ratio of cash assets, rise in 现金资产比率上升 449, 453, 457, 458, 460

  ratio of investments, rise in, and shift to short-term 投资比率上升, 并且转向短期投资 449ff., 453

  shown by member bank cash ratio minus required reserves 成员银行现金比率减法定存款准备金率所显示的~ 459, 460

 change in, 1929—1960 1929—1960 年间银行资产构成的变化 450

 ratio of cash assets and rise in reserve requirements 现金资产比率, 以及法定存款准备金的增加 459

 ratio of investments and change in supply conditions 投资比率, 以及供给情况的变化 459

 composition of, member bank 成员银行的资产构成

  cash, 1929—1960 1929—1960 年间的现金 460

   as percentage of total 现金在总额中所占的比率 460

  loans 贷款 191, 191n, 193

 decline in value of, and bank suspensions, 1929—1933 1929—1933 年间银行资产下降, 以及银行停业 355—356, 355n

 dumping of 抛售银行资产 315ff.

  preventable, if enough high-powered money 如果有足够的高能货币, 可以避免~ 357

 examiners' valuation of 监管者对银行资产的评估 319, 330, 358

 more restrictive effect of 1919—1920 discount rises than of 1947—1948 yield rises 1919—1920 年间的贴现率上升比 1947—1948 年间的收

益率上升对银行资产产生更多限制性的影响 610
N. Y. list of legal investments 纽约市允许投资的项目 319n, 380
quality of 银行资产质量
　change in, and 1929—1933 contraction 银行资产质量的变化，以及1929—1933年间的紧缩 248, 354—357
　immaterial, when dumped in search for liquidity 当为寻求流动性而抛售时，银行资产的质量状况无关紧要 355
　ratio of bonds under support program, wartime rise in 利率支持计划下的债券比例在战时上升 563
　wartime rise in 银行资产在战时上升 561
Bank capital 银行资本
　intact, if open market purchases made and RFC invested in, 1930—1933 ~原封不动，如果进行公开市场购买和RFC投资，1930—1933年 330
　liquidity crisis and shrinkage in 流动性危机和~的缩水 319
　overstatement of ~的高估 330
　RFC investments in RFC投资于~ 427n
　return to, under cartel arrangement 在卡特尔安排下~的收益 444n
　shrinkage in ~缩水 317n, 330, 356
　　preventable, if enough high-powered money 如果有足够的高能货币，可避免~缩水 357
　valuation of, rulings on ~的估值，支配 319, 330n, 356
Bank examinations 银行监管 534
Bank failures 银行倒闭，见Bank suspensions
Bank for International Settlements 国际结算银行 381n
Bank of England 英国银行
　curtailed American finance bills ~减持美国金融票据 156
　discount rate ~的贴现率 98, 156, 315n, 395
London clearing banks' cash ratio and 伦敦清算银行的现金比率 118n
　private deposits at ~的私人存款 777n
　reserves ~的准备金 98, 153
Bank of France 法国银行
　uncertain of U. S. adherence to gold ~对美国保持金本位的不确定 397
　urged to repatriate U. S. short-term balances ~被迫将短期余额从美国撤出 397n
Bank of the United States 美国银行 19, 44, 299—300
Bank of United States 美国银行 168, 309ff., 357, 376
　attempts to prevent failure of ~防止（银行）倒闭的努力 309n
　good payout record of ~良好的支出记录 311, 355
　possible impairment of assets of ~资产可能产生的损失 355
　rise in member bank borrowing after failure of ~倒闭后成员银行借款上升 343
Bank suspensions 银行停业 8, 10, 56, 101n, 104, 105n, 108—109, 148, 167, 235, 240, 249, 278, 299, 308, 324, 344, 351ff.
　accelerated liquidation sought 寻求加速变现 319
　by Bank of U. S., impact of 美国银行对~的影响 309—311
　before and after FDIC FDIC成立前后的~ 438—439
　capital loss vs. decline in money stock caused by ~引起的资本损失与货币存量的下降 351—352
　causes of ~的原因 353—357
　concentrated among small, nonmember banks ~主要集中在小的、非成员银行 358—359
　deposit liabilities of ~的存款负债 166, 308, 316, 345

deposit ratios and 与存款比率 278, 347

effects of, direct and indirect separable ~的直接和间接分离影响 353

limited by restriction of payments 支付限制的约束 109—110, 167, 311, 316

loss to depositors 存款人损失 166

money stock and 与货币存量 357, 435n

offsetting effects on demand for vs. supply of money ~对货币需求与货币供给的抵消效应 353, 673n

open market purchases, 1932, effect of, on 1932年公开市场购买的效果 323

origin of, question of ~问题的起源 353ff.

private efforts to limit 进行限制的私人努力 311—312

quality of credit, decline in, a minor cause of 信贷质量下降的一个次要原因 355

as ratio to number of banks ~占银行总数的比率 166

reported number in 1837, questionable 1837年公布的停业银行数量令人质疑 329n

as result of declining bond prices 由债券价格下降引起~ 312

rise in, due to F. R. tight money, 1931 ~数量上升, 由1931年联储紧缩的货币政策引起 317

System views on 联邦储备体系对~的观点 269—270, 357—358

vs. losses on stock market ~与股票市场损失的比较 351

Banking Act of 1933 《1933年银行法》 443n, 495, 534, n

prohibited interest payments on demand deposits ~禁止对活期存款支付利息 444

temporary and permanent deposit insurance plans in 临时存款和永久存款保险计划 434

Banking Act of 1935 《1935年银行法》 422, 532, 563n

permanent deposit insurance plan in 永久存款保险计划 435

prohibited interest payment on demand deposits 禁止对活期存款支付利息 444

provisions of, extending System's powers 条款, 扩大联邦储备体系的权力 447—448

Banking crises 银行业危机

1930 1930年银行业危机 308

effect on arithmetic determinants of money stock 对货币存量数量决定因素的影响 342

return of confidence after ~之后信心的恢复 312, 343

1931 1931年银行业危机 313ff.

compared with 1907 与1907年的比较 346

effect on arithmetic determinants of money stock 对货币存量数量决定因素的影响 343

international events leading to 导致~的国际事件 314

measures to relieve 缓解~的措施 319n

1930—1933 1930—1933年银行业危机

differences between 不同点 349—350

increasingly severe 严重性加剧 342—350, 391

Banking holidays 银行歇业期

1933 1933年银行歇业期 11, 299, 328, 421, 698

compared with 1907 restriction of payments 与1907年的支付限制相比较 167

gold and foreign exchange dealings prohibited during ~期间禁止黄金和外汇交易 462

vs. earlier panics 与之前的恐慌相比较 11

vs. earlier restrictions of payments 与之

前的支付限制相比较 328
declared by states　各州发布的声明
　1907　1907年发布的声明　161n
　1932—1933　1932—1933年发布的声明　324—325
　by N. Y. and others　由纽约和其他城市发布的声明　327
　effect of　声明的影响　325—326
　types of　声明的类型　325n
Banking panics　银行业危机
　1873　1873年银行业危机　8, 42, 46n, 47, 56, 678
　　railroad difficulties and　~与铁路困境　77—78
　　timing relation to cyclical peak　~在发生时间上与经济周期顶峰的关系　42
　1884　1884年银行业危机　8, 100, 122, 123, 678
　1890　1890年银行业危机　123, 678
　1893　1893年银行业危机　8, 108, 116, 122, 123, 678
　　political effects of　~的政策性影响　110
　1907　1907年银行业危机　9, 138, 156ff., 159, 678
　　deposit ratios, effect on　存款比率对~的影响　122—123, 158
　　internal vs. external drain, and　~与内部及外部(黄金)流失　108n
　　led to banking reform　~引起银行改革　168, 698
　　N. Y. banks in, criticized　纽约市银行受到的批评　164
　　restriction of payments and　与支付限制　163, 311
　1933　1933年银行业危机　163, 324ff., 331, 349ff., 389ff., 421, 678
　　events leading to　引发~的事件　324, 330—331
　　and Aldrich-Vreeland currency issue　~与奥德利奇-瑞兰通货发行　196

　　deposit ratios and　存款比率与~　123
　　FDIC and prevention of　FDIC与~的防范　11, 437, 440
　　fractional reserve banking system and　~与银行部分存款准备金制度　16, 419
　　gold inflows and　~与黄金流入　110
　　as intensifier of business cycle contraction　比经济周期性紧缩更剧烈　163, 311
　　measures to prevent　防范~的措施　164
　　as way of financial adjustment under gold standard　作为金本位下的一种金融调节方式　111
Banking reform, drive for, 1907—1914　1907—1914年间的银行改革的推动力　138, 168ff.
Banking structure　银行结构
　changes under New Deal　罗斯福新政下~的变化　420ff.
　　emergency　紧急状况　421ff.
　　reform　改革　420
　　　deposit insurance　存款保险　434
Banks, commercial　商业银行
　defined　定义　4n, 777
　deposit-reserve ratio and　存款准备金比率与~　52—53, 697, 785—786
　fiduciary functions of　~的信用功能　4n, 245
　growth after Civil War　美国内战后的增长　7
　lag in response to F. R. monetary measures　对联储货币政策的滞后反应　543
　licensed and unlicensed　获许可证的和未获许可证的~　422—423, 426, 427—428
　liquidity preferences　流动性偏好
　　and asst composition change　~与资产构成的变化　449ff., 453, 457
　　and bank credit availability　~与银行信用可获得性　356—357
　　deposit-reserve ratio and high-powered

money change 存款-准备金比率和高能货币的变化 505

excess reserves, restoration of 超额准备金及其恢复 458

FDIC, effect of, on FDIC 对商业银行流动性偏好的影响 458

interest rates, evidence of, on 利率，证据 453—455

shifts in 商业银行流动性偏好变化 461, 538—541

member banks 成员银行

New Deal changes affecting 罗斯福新政变化对~的影响 443

N. Y., effect of currency drain on, 1933 纽约市 1933 年通货紧缺对~的影响 326

reopening of, after banking holiday 银行歇业期之后重新营业 421

vs. nonmember, supervision of 与非成员银行监管的比较 196

monetary obligations of, types of 商业银行的货币负债类型 776, 780

national 国民银行 4n

deposit-reserve ratio and 国民银行存款准备金比率 56, 87

New Deal changes affecting 罗斯福新政的变化对国民银行的影响 443

N. Y., in 1907 panic 纽约市 1907 年银行业危机 160n

reopening of, after banking holiday 银行歇业期之后国民银行重新营业 421

reserve city classes of 储备城市（国民银行的）分类 22n, 123n, 160n, 194n

restricted 对国民银行的限制 421

as Treasury depositories 作为财政部的存款行 19

vs. nonnational ~与非国民银行的比较 16—19

competition in chartering 两者在特许经营权方面的竞争 245

nonnational 非国民银行 3, 16—19

deposit-reserve ratio and 存款-准备金比率与~ 65, 87

notes of ~票据 22—23

tax on 对~的征税 7, 18—19

revival of, 1866 1866 年~的复苏 7, 19

number of, changes in 银行数量及其变化

passive adjustment by, to short-term high-powered money changes 银行的被动调整，适应短期高能货币变化 505

security affiliates of 证券（承销与发行）附属机构 245

也可参见 Bank assets; Bank capital

Banks, mutual savings 互助储蓄银行 4n, 575n

in banking panic, 1907 在 1907 年银行业危机期间的~ 160

deposit insurance and 存款保险与~ 437

Baring Brothers 巴林银行 104, 105n

Bills bought by F. R., see Acceptances, bankers'; Bills only 联邦储备银行购买的票据，见银行承兑汇票、"仅存国库券"政策

Bills discounted by F. R. 联邦储备银行贴现的票据，参见 Discounting

Bills only "仅存国库券"政策

abandoned 1961 1961 年废止~ 635—636

credit vs. monetary effects of 对信用以及货币方面的影响 634

and debt management, responsibility for ~与负债管理，职责 634—635

and interest coupon ceiling ~与息票上限 635

and open market operations other than ~与公开市场操作 632

System justification of 联邦储备体系对~的辩护 633—634

Bimetallism　复本位制　49
　　advocates of　~的提倡者　49，117
　　international negotiations on　~的国际谈判　49
　　Republican party on　共和党对~的态度的作用　118—119
Bland-Allison Act　《布兰德-埃里森法案》100n，108，116，132
Board of Governors of F. R. System　联邦储备理事委员会
　　compared with F. R. Board　与联邦储备委员会的比较　415
　　consumer credit, control of by　对消费信贷的控制　553ff.，577，580，604
　　margin requirements for security loans, control of　对证券贷款的保证金要求的控制　577
　　　vs. direct pressure　保证金要求与直接施压的比较　516—517
　　powers　~的权力
　　　classified　权力的种类　448
　　　request for additional　请求额外的权力　577n，621
　　　regarded by Board as inferior to Treasury's　委员会认为其权力小于财政部　533
　　real estate credit, control of by　对房地产信贷的控制　448，611n
　　reserve requirements, power of to change　改变法定准备金的权力　516，556，576，580，604
　　　use of　法定准备金的用途　517
　　也可参见 Federal Reserve Board
Boer War　布尔战争　145—146
Bonds, corporate　公司债券
　　lower-grade, dumped by banks in search for liquidity, 1930　1930年银行为寻求流动性而抛售低级别的~　312
　　quality changes, bias in measurement of　~的质量变化，度量方面的偏差　246n
　　yields on　~的收益

Aaa　Aaa级~　454
Baa　Baa级~　304，454
Baa minus stock earnings　Baa级债券收益减去股票收益　647
　　long-term　长期收益　454，542，640
　　decline on government bonds vs. rise on lower-grade　政府债券收益下降而低级别债券收益上升　312，315，318
Borrowing, member bank　成员银行借款
　　aversion to　反对~　318，325—327
　　deflationary effect of, 1931—1932　1931—1932年间~的通货紧缩影响　318
　　discount rate changes, effect of　贴现率的变化对~的影响　235，539
　　eligible paper for, distribution of　~的合规票据分布　405n
　　in excess of member bank reserves　超过成员银行储备的~　222，232
　　crucial role of F. R. policy and　~与联储体系政策的决定性作用　237
　　F. R. policy and　~与联储政策　405，406n
　　tradition against continuous, unknown in 1920　非连续性的惯例，1920年（情况）未知　232
　　也可参见 Discount rates；Discounting
Bretton Woods Agreement Act　《布雷顿森林协定》509n
　　on duration of cycles under F. R. S.　对在联邦储备体系下周期持续时间的看法　412n
　　opposed rise in N. Y. discount rate, Oct. 1931　1931年10月，反对纽约提高贴现率　381
Business cycles　经济周期
　　banking panics and　~与银行业危机　677—678
　　contractions　经济周期紧缩
　　　1920—1921　1920—1921年紧缩　231—239
　　　severity of　紧缩的严重性　157—

158，231—232，237，242
  transmitted by U. S. to world 紧缩由美国向世界传递 236—237，360
1929—1933 1929—1933 年紧缩 163，299ff.
  Canadian experience during 紧缩期间加拿大的经验 352
  change in, with rise in bank failures 伴随着银行倒闭的增多，1930 年紧缩的变化 10，311
  compared with other periods ~与其他时期的比较 167，299—300，360
  contemporary views on causes of 当时紧缩原因的观点 408—409，691—692
  distinguished from banking crisis 紧缩与银行业危机的区别 409
  double bottom of 紧缩的双重底 324
  effects of 紧缩的影响 11，300，585—673，691
  international aspects of 紧缩的国际方面 359—361
  and money stock decline 紧缩与货币存量下降 10，300—301
  phases of, according to monetary events 根据货币事件划分的紧缩阶段 10—11，305
  quality of bank assets, role of changes in 银行资产质量变化的作用 248
  revival, signs of 复苏的迹象 305，313，343，393
  severity of 紧缩的严重性 157—158，306
1937—1938 1937—1938 年紧缩 493
  doubled reserve requirements, banks' reaction to 银行对法定准备金要求翻番的反应 462
  monetary aspects of, not emphasized by F. R. 紧缩的货币方面，不被联邦储备体系重视 544
  severity of 紧缩的严重性 528—529
  timing of peak 顶峰时期 527，543
duration of expansion per month of contraction 扩张月份相当于紧缩月份的倍数 173
expansions 扩张
  1894—1895, low peak output of 1894—1895 年间产出的小高潮 111
  1897—1899, 1900—1902, reasons for rebound during 1897—1899 年间和 1900—1902 年间反弹的原因 139
  1927—1929 1927—1929 年扩张
    atypical constancy in money stock 货币存量中的非典型稳定状态 298
    atypical decline in wholesale prices 批发物价的非典型下降 291，298，699
    F. R. restrictive action in early 1928 1928 年年初联邦储备体系的限制性措施 289
  1933—1937 1933—1937 年扩张 525
    rebound during 反弹 493
    revival 复苏 433—434，494—495
    and wage-price spiral 工资价格螺旋上升 499
  international 国际方面
    as effect of gold flows 黄金流动的影响 98，99n，102，156
    see-saw movement in 拉锯式变动 98，102，153
  inventory theory of, and F. R. policy 商业周期存货理论，以及联储政策 297
  and quality of credit standards 商业周期与信用等级的质量 248
  severity of 严重性
    F. R. actions and 联邦储备体系的行动与~ 288，296，678
    measured by decline in money stock 用货币存量的下降来衡量~ 677

Call loans　短期贷款
　　rates on　~的利率　69, 71, 293, 293n
　　decline in, after 1933　1933年后~的下降　445
Canada　加拿大
　　exchange rates vs. U. S. and Britain　美国和英国汇率的比较　362
　　money stock decline, 1929—1933　1929—1933年间的货币存量下降　352
　　no bank failures in, 1929—1933　1929—1933年间，没有银行倒闭　352, 458
　　ratio of bank assets in 1930's　20世纪30年代的银行资产比率　458
　　velocity, 1929—1933　1929—1933年间的货币流通速度　352, 673
Capital movements, international　国际资本流动　74
　　change in, vs. change in U. S. foreign investments　~的变化与美国外国投资变化的比较　146n
　　and exchange depreciation, 1861—1864　1861—1864年间汇率贬值与~　70
　　as indirect estimate of trade balance　~是贸易余额的间接估计　477
　　inflows, U. S.　美国的~流入　67n, 69n, 70, 75—77, 86, 102, 107, 173—174
　　decline in, effect of, on high-powered money　~下降对高能货币的影响　131—132, 698
　　flight to U. S., 1934—1940　1934—1940年间~涌入美国　474—475
　　foreign demand for government vs. railroad bonds　政府债券与铁路债券国外需求的比较　76—77, 86
　　matched with relatively high U. S. prices　伴随相对较高的美国物价　199—200
　　minus unilateral transfers　减去单边转移　201, 478, 482, 586, 681, 769—771
　　plus gold outflows　加上黄金外流　103, 201, 482, 586, 681, 769—771
　　short-term, 1872—1873, and exchange depreciation　1872—1873年间的短期~，以及汇率贬值　77, 86
　　silver purchases, indirect effect on　白银购买对~的间接影响　131, 698
　　interest rates, and　利率与~　70, 99n, 102, 147
　　long swings in　~的长期波动　188
　　outflows, U. S.　美国的（国际资本）流出　79, 142ff.
　　in 1907—1914, 1923—1932, 1950—1960　1907—1914年、1923—1932年和1950—1960年美国的国际资本流出　587
　　Baring crisis, British economic conditions and　巴林危机，英国的经济情况与~　105n
　　domestic monetary effects of, 1914—1919　1914—1919年间美国~对本国货币的影响　199
　　enigma of, 1896—1960　1896—1960年间（美国国际资本外流）之谜　142ff.
　　exchange depreciation, 1873—1878, and　1873—1878年间的汇率贬值与~　77
　　and gold outflows and inflows　与黄金流出和流入　102n
　　to Great Britain, 1899—1902　1899—1902年间（美国国际资本）流向英国　145
　　matched with gold inflows and low U. S. prices, 1914—1919　1914—1919年间伴随黄金的流入和美国的低物价水平　199
　　monetary uncertainty and　货币方面的不确定性与~　102, 104, 107
　　plus gold inflow　~加黄金流入　202n, 482, 586, 681, 769—771
　　purchasing-power parity and decline in　购买力平价与~下降　152

speculative, 1896, and action to block 1896年的投机,以及阻止措施 112—113

U.S. bank failures and 美国银行的倒闭与~ 105n

vs. decline in monetary uncertainty, 1897—1901 1897—1901年间~与货币方面的不确定性降低 146

World Wars Ⅰ and Ⅱ compared 第一次和第二次世界大战~的比较 585ff.

as ratio to NNP ~与国民生产净值(NNP)的比率 **103**,**201**,**680—681**,**769—771**

derivation of ~的原因 772—773

relative prices and 相对价格与~ 588,590n

schedule of, shift in ~变动的时间表 102,105n,147

in World War Ⅰ 第一次世界大战期间的~ 199

Cash management, corporate 公司现金管理

call money investments, 1920's 20世纪20年代的通知存款的投资 660

and postwar institutional changes 与战后制度上的变化 661

rise in velocity, effect on 对货币流通速度上升的影响 656—657

China 中国

on fiduciary standard 中国的信用本位制度 490,699

on silver standard 中国的银本位

advantages of, 1929—1931 1929—1931年间~的优势 134n

deflationary effects of U.S. silver purchases on 美国购买白银对~的通货紧缩影响 699

international trade and money supply of 国际贸易与货币供给 489—490

effect of Britain's 1931 departure from gold on 1931年英国脱离金本位制对~的影响 362,489

insulation from world decline, 1929—1931 ~与1929—1931年间全球性的萧条相隔离 361—362,489

Civil War 美国内战

currency created during ~期间的货币创造 20

exchange depreciation during, size of ~期间的汇率贬值规模 67

financing of ~融资 4,18,59n,70

inflation during ~期间的通货膨胀 135

Clearing House Association, N.Y. 纽约清算所协会 22n,101n,151n,159—160

balances, Treasury settlement practices 余额,财政部(清算所余额)结算惯例 106n

and Federal Reserve Board, agreement with ~与联邦储备委员会的协议 224n

in panic of 1907 在1907年危机期间的~ 159

actions of, criticized ~的措施受到的批评 161n,164

refusal to assist Knickerbocker Trust, Bank of U.S. 美国银行拒绝援助Knickerbocker信托公司 159,310n

reserve requirements for trust companies, 1903 1903年对信托公司的准备金要求 159n

State banking holiday, attitude towards, 1933 对1933年全国银行歇业期的态度 327

Clearing house certificates 清算所凭证 110

defined 定义 160n

Clearing house loan certificates 清算所贷款凭证 101n,172

defined 定义 160n

Coinage Act of 1873 1873年《造币法案》 49

Commercial paper 商业票据

rates 利率 71,**304**,**454**,**542**,**640**,**647**

liquidity crisis and rise in, 1931—1932 1931—1932年流动性危机，以及~利率的上升 319

relative to F. R. discount rate ~利率与联邦储备贴现率的比较

stable differential, 1931 1931年，稳定的差距 315

fall below discount rate, 1932 1932年，下降到贴现率之下 323

rediscounting of ~的再贴现 189n

Congress, U. S., political composition of, 1876 1876年美国国会的政治构成 48—49

Congress of Industrial Organizations 产业工会联合会 496

Construction 建设

in 1873—1879 contraction 1873—1879年衰退期间的~ 43n

residential, postwar boom in, and rate of return on savings and loan shares 住宅建筑战后的高增长，以及储蓄和借贷股权的收益率 670

Cotton 棉花

exports ~出口 66

prices ~价格 62n

Credit 信贷

attempt at control by direct pressure 试图通过直接施压控制信贷 263ff.

control of, quantitative vs. qualitative means 用定量与定性的方法控制信贷 222—223, 254, 257

reform 信贷改革 192n

Credit controls, F. R. direct 联邦储备银行的直接信贷控制

consumer loans 消费者贷款 448, 555, 580, 604, 611n

minor effect on growth of money 对货币量的增长影响较小 577—578

real estate loans 房地产贷款 448, 611n

security loans, margin requirements on 证券贷款的保证金要求 448, 577, 611n

Credit unions 储蓄互助社 4n

"Crime of 1873" "1873罪案" 113—114, 116

Currency 通货

held by banks 银行所持有的~，参见 Vault cash

held by public, facing 公众所持有的~ 4, 4—5, **17**, 20ff., 172, **302**, **704—722**

actual and hypothetical changes in, 1930—1932 1930—1932年间公众所持有~实际和假设的变动 393—394, 399

after 1907 panic 1907年恐慌之后的~ 163

composition of 公众持有~的构成 20

coverage, change in, 1948 1948年，~包括的范围以及变化 575n

"dearth of," during panics 恐慌期间的"通货荒" 110, 161, 326

demand for gold vs. other currency, 1933 1933年对黄金及其他通货的需求 326, 350

derivation of data 数据来源 722—725

inelasticity of ~无弹性 168—169

interconvertibility with deposits ~与存款的转换

plans to assure 保证~与存款转换的计划 169—172

under F. R. Act 在联邦储备法案下 192

as part of high-powered money 作为高能货币一部分的~ 50, 776ff.

premium on, during panics 恐慌期间~的溢价 110, 161—162

rise in, during panics 恐慌期间~的上升 169, 311, 324, 346, 349, 685

and stock market crash 与股市崩盘 306

substitutes for, during panics 恐慌期间~的替代物 110, 162, 324, 326, 433

主题词索引　669

held by Treasury　财政部所持有的～, 参见 Treasury cash

outside Treasury and F. R. Banks　财政部与联邦储备银行之外的～

　composition of　财政部与联邦储备银行之外的～构成　17, 129—130, 179, 181, 210, 280, 336, 492, 502, 554, 608

　elasticity of　财政部与联邦储备银行之外的～弹性　189, 192n

　differentiation of F. R. notes and deposits　联邦储备券与存款的弹性区别　194

　need for　～需求的弹性　292, 691

　pre-1914 money market seasonal movement and　1914年以前货币市场上的季节性变动　292

　seasonal pattern in　季节性模式　293, 293n, 516

　narrower before 1914 than after　季节性模式1914年之前比其后变化更小　292—293

　similar to Reserve Bank credit pattern, 1920's　季节性模式与20世纪20年代联邦储备银行信贷模式类似　292, 505, 515

　也可参见 High-powered money

other U. S., issue and retirement of　其他美国通货的发行和退出流通　17, 25, 54

stock, of　～存量　17, 131, 179—180

Customs duties　关税　27

Davison, G. W.
　On 1973 reserve requirements rise　在1973年～建议提高准备金要求　525n
　On sale of assets　通过出售资产　539n

Deflation　通货紧缩　41, 111, 167

Democratic party　民主党　45, 118

Deposit-currency ratio　存款-通货比率　7, 19, 51—52, 55, 109, 119—120, 123, 158, 174—175, 178, 204—205, 235, 273, 333, 500—501, 552, 575, 602, 612, 615, 684, 799—808

changes in　～变动
　actual vs. hypothetical　实际与假设的～变动　392—394, 399
　and defects of money stock estimates　与货币存量估测的误差　433—434
　and F. R. high-powered money changes　与联储高能货币的变动　274
　money stock, effect on　对货币存量的影响　119—120, 288—289
　offset by deposit-reserve ratio, 1933—1937　1933—1937年～变动被存款-准备金比率抵消　500—501
　rises in, reasons for　～上升的原因　137, 163, 178, 236, 278
　seasonal　～的季节性变动　292
　time pattern of, and open market purchases　～变动的时间变化趋势与公开市场购买　275n

contribution to change in money　～对货币量变动的贡献　51, 54, 121, 176, 183, 206—207, 334, 548, 786—788
　major, 1922—1933　1922—1933年, ～是货币量变动的主要因素　501ff.
　minor, 1934—1960　1934—1960年, ～是货币量变动的次要因素　12, 501

cyclical behavior of　～的周期性变动　177, 292

decline in, panic-induced　恐慌引致的～下降　311, 324, 342, 353, 399, 685
　1908 and 1914 contrasted　1908年与1914年～下降的对比　176—177
　money stock, effect on　恐慌引致的～下降对货币存量的影响　164, 332—333, 684
　not offset by rise in high-powered

money，1929—1933 1929—1933 年间，~下降未被高能货币的增长抵消 236

steeper in 1931 than in 1930 banking crisis 1931 年 ~ 的下降比 1930 年银行业危机时更加陡峭 344

System's failure to respond to, question of 联邦储备体系未能对 ~ 下降问题作出反应 691—692

timing lead over deposit-reserve ratio ~ 的下降提前于存款-准备金率下降 345

vulnerability of banks to 银行对 ~ 下降的脆弱性 164，339，346—347

decline in, wartime ~ 战争期间的下降

deflationary effect of 战争期间 ~ 下降的通缩效应 219，221

offset by deposit-reserve ratio, 1940—1945 1940—1945 年战争期间 ~ 的下降被存款-准备金率抵消 505，551

reasons for 战争期间 ~ 下降的原因 218—219

World Wars I and II compared 一战与二战 ~ 下降对比 564—565

derivation of data 数据来源 808

desired vs. actual 期望与实际的 ~ 788

effect on ~ 影响因素

of banking panics 银行业危机 8—9，56，122，124，158，177，684，788

of deposit insurance 存款保险 441，685

of F. R. System 联邦储备体系 278，684—685

of growth of banks 银行扩张 56，87，122

of restriction of payments 支付限制 165—166

of Treasury cash, changes in 库存现金变动 127

form of, reasons for ~ 的形成原因 788

formula for sharing money creation 货币创造分割的规则 219n，569—570

level of, 1935—1940 1935—1940 年 ~ 的水平 504

as measure of confidence in banks 作为对银行的信心的衡量 122，158，683—684

at peak level, 1930 1930 年 ~ 的最高水平 340

rate of change in ~ 的变化率 54，121，176，334

under contrasting monetary standards 在不同的货币本位制度下的 ~ 787—791

Deposit guaranty 存款保险制度

federal bills to provide 提供联邦存款保险的议案 321，434

under state plans 在各州计划之下的 ~ 434

也可参见 Federal deposit insurance

Deposit-reserve ratio 存款-准备金率 50—52，55，119—120，123，158，174—175，178，204—205，209，273，311，333，500—501，537，552，575，602，612，615，684，799—808

changes in ~ 的变动

actual vs. hypothetical 实际与假设的 ~ 393—394，398

long-term, due to deliberate bank adaptation to changed liquidity preferences 长期的 ~，这是由于银行有意地适应流动性偏好的变化 505

declines, 1933—1936, 1937—1940 1933—1936 年、1937—1940 年 ~ 的下降 538—540，685

rises and declines in preferences 银行流动性偏好的增强和减弱 123—124，164—165，176，178，180，276，505，540—541，685

long term, relation to high-powered money 长期 ~ 与高能货币的关系

inverse 反向关系 505，535，602，604
　　parallel 同向关系 535
　　national vs. nonnational 国民银行与非国民银行的~ 57，87，178
　　seasonal, pre-1914 1914年以前的季节性~ 294
　　short-term 短期~ 505，535
　　　　irregularity, 1934 1934年~的不规则变动 535—537
　　　　irregularity, 1936 1936年~的不规则变动 537—538
　　constancy of, 1914—1917 1914—1917年~保持稳定 209，341
　　contribution to change in money 稳定的~对货币量变动的贡献 51，**54**，**121**，**176**，183，**206—207**，**334**，**548**，785—786
　　cyclical behavior of ~的周期性变动 119，123—124，685
　　contracyclical declines ~的反周期性下降 544—545
　　as passive response to business rise and fall ~的周期性变动是对商业繁荣和衰退的消极反应 158，695
　　decline in, panic-induced 恐慌引致的~下降 340
　　　　and deposit contraction ~下降与存款收缩 346
　　　　from 1929 all-time high, to level of ~从1929年的最高值下降到
　　　　　　1867, by 1940 下降到1940年，相当于1867年的水平 685
　　　　　　1912, by 1933 下降到1933年，相当于1912年的水平 342
　　　　lag in decline vs. deposit-currency ratio decline ~下降时滞与存款-通货比率下降时滞的比较 123—124，163，177，345，685，786
　　　　money stock, effect on ~下降对货币存量的影响 183，333，685
　　　　offset by deposit-currency ratio, 1933—1937 1933—1937年~下降被存款-通货比率抵消 500—501
　　derivation of data 数据来源 808
　　desired vs. actual 期望与实际的~ 786
　　effects on ~的影响因素
　　　　of banking panics 银行业危机 57，123，158，177
　　　　of 1937—1938 contraction 1937—1938年的紧缩 540
　　　　of Federal Reserve Act 《联邦储备法》 195，239，276
　　　　of financial uncertainty, 1914 1914年金融环境的不确定性 209
　　　　of gold inflows, 1914—1917 1914—1917年的黄金流入 209
　　　　of gold-sterilization program 黄金对冲计划 540
　　　　of high-powered money constancy, 1940—1942 1940—1942年间高能货币相对稳定 541
　　　　of reserve requirement changes 准备金要求的变动 56，123
　　　　1936—1937 doubling 1936—1937年~翻番 526
　　　　1938 reduction, question of 1938年~下降，问题 540
　　　　of restriction of payments 支付限制 166
　　　　of 1940—1942 shift in bank liquidity preferences 1940—1942年银行流动性偏好的转变 541
　　　　of Treasury cash changes 国库现金的变动 125，127
　　　　of Treasury deposits at commercial banks 商业银行的国库存款 792
　　form of ~的形成 786
　　formula for sharing money creation 货币创造分割的规则 219n，569—570
　　1917—1919 1917—1919年的~ 221
　　interest rate and 利率与~ 178
　　member bank, N. Y. vs. other 纽约成员银行与其他银行的~比较 338—339

rate of change in ~的变化率 **54**,**121**,**176**,**334**

reserves, and desired excess 超额准备金要求 123, 158

under contrasting monetary standards 在不同货币本位制下的~ 785—791

vulnerability of banks due to rise in 由于~的上升而造成的银行脆弱性 165, 346

World Wars I and II compared 一战与二战期间~的对比 564—565

Deposits, commercial bank 商业银行存款

changes in ~变动 4, 16—17, 50, **302**, **704—722**

vs. currency and near-moneys, 1954—1958 商业银行存款变动与1954—1958年间通货和准货币的比较 666

and F. R. tight money, 1931 1931年联储收缩银根与~变动 317, 346, 349, 382

and war loan drives 战争债券发行与~变动 572—573

by classes of banks 不同银行存款

member, compared with total plus government 成员银行的存款与公众总存款加上政府存款的对比 572

member vs. nonmember 成员银行与非成员银行存款的比较 276—277

national vs. state and private 国民银行与州立和私人银行存款的比较 17, 19

demand, adjusted ~的需求调整

changes in ~的需求变动 5, 302, 663, 708—722

currency and postal savings, attempts to convert into 试图转化为通货和邮政储蓄存款 308

derivation of data 数据来源 725—729

growth of, relative to time ~的增长趋势 275, 615, 651, 788n

interest paid on, before 1933 1933年以前~支付的利息 4, 443n

interest payments on, prohibited 禁止向~支付利息 443

as price-fixing agreement 固定价格协议 444n

and reserves, excess, growth of 超额准备金的增长 458

and loans for others 其他贷款 305—338

substitutability of, for savings 储蓄的替代性 670n

derivation of data 数据来源 731—732

gold 黄金 26

decline in gold premium and 黄金升水的降低 29

fractional reserves and 部分准备金制度 28, 28n

gold reserves, equal in value to 等值的黄金准备 28, 29n

greenback value of, estimate 绿钞价值的估测 28, 29n

government 政府 4n, 128, 792

in 1907 banking panic 在1907年的银行业危机中 159

changes in 变动 145n, 148n, 149n, 150n, 155n, 162n, 182, 749—765

related to national bank note increase 与国民银行券的增长相关 151

customs receipts in 关税收入 156n

derivation of data 数据来源 766—768

interest payable on 利率支付 171n

reserve requirements against 准备金要求 151, 171n

greenback 绿钞 26, 28, 28n

guaranty of 担保 170, 321, 434

in 1867 and 1960 1867和1960年的~ 4, 16

interbank 银行间存款 4n, 20

and prohibition of interest payments 禁止对银行间存款支付利息 444

rise in, Oct. 1929 1929年10月银行间存款上升 338

losses on, and savings and loan share losses 储蓄和贷款股权损失 669n
during panics, depreciation and reduced usefulness of 恐慌期间，~折价和用途降低 110, 158
restricted 对~的限制 428—429
suspended 歇业银行的存款 306, 309
 vs. decline in operating bank deposits 与营业银行存款规模下降的比较 317
time 定期~
 changes in 定期~的变动 5, 302, 663, 708—722
 and currency and postal savings 与通货和邮政储蓄 308
 derivation of data 数据来源 729—731
 growth of, relative to demand 定期~与需求相关的增长 276, 615, 651, 788n
 interest payments on, regulated 对定期~利率的支付管制 431, 445, 448
 substitutability of 定期~的替代物 666
 transferable by check, before 1933 1933年以前通过支票转账 4
 why included in money stock 为什么将定期~包含在货币存量中 650n
 vs. mutual savings deposits, 1954—1960 1954—1960年定期~与互助储蓄存款的比较 665
Deposits, Federal Reserve 联邦储备存款 194—195
 commercial bank 商业银行的~
  changes in 商业银行~的变动 210, 280, 336, 502, 554, 608, 737—744
  derivation of data 商业银行~的数据来源 748
  equivalent to currency 货币等价物 190
  differentiation in F. R. Act 《联邦储备法》中的差别 194—195
  as high-powered money 作为高能货币 190
  as percent of high-powered money 商业银行~在高能货币中所占的比重 278
  reserve requirements against 准备金要求 194, 471
  suspension of requirements, 1933 1933年商业银行~准备金要求的暂时取消 326—327
  seasonal patterns of 季节性模式 219, 516
 Treasury 财政部的~ 507, 606
  seasonal pattern of 财政部~的季节性模式 516
Deposits, mutual savings bank 互助储蓄银行存款 663, 704—722
 vs. commercial bank time, 1954—1960 1954—1960年~与商业银行定期存款的比较 665
 derivation of data 数据来源 732—734
 interest rates paid on 对~支付的利息 664
Dingley Tariff 关税 142, 148
Discount rates, F. R. Banks 联邦储备银行贴现率
 changes in 变动 213—214, 227, 229, 234, 326, 613—616
 banks, effect on 对银行的影响 232—233, 610
 discounting, effect on 对贴现的影响 272
 price collapse following 1920 1920年之后的价格崩溃 233
 relative to market rates 与市场利率相比的~ 323, 341, 347, 514, 539, 615, 619
  at or above, after Accord 协议之后~等于或高于市场利率 612
  always below, 1919—1931 1919—1931年的~总是低于市场利率 513—514
  below, 1917—1919, 1957 1917—1919年、1957年的~低于市场利率

222，615

　　and free reserves, level of desired by banks　银行要求的自由准备金　615n

　　less than rise in market rates, 1928　1928 年的~低于市场利率的上升幅度　289

　　relative to sales of assets as source of funds　~与作为资金来源而出售的资产相比　563，577，580

rise in　~上升

　　controversy over Jan. 1920 rate　对于 1920 年 1 月上调~的争议　230

　　criticized, Aug. 1957　1957 年 8 月~上升受到批判　617

　　deterrents to, 1919　1919 年阻止~上升　224n

　　maintained too long, 1920—1921　1920—1921 年~上升持续的时间过长　360

changes in, arguments for　~变动的争论

　　if below government bond yield　如果~低于政府债券收益率　406n

　　rise in　~上升的争论　225，610

　　reductions in　~下降的争论　341

　　control of credit by　运用~控制信贷　257

　　controversy over, 1921　1921 年对~的争议　234

　　as curb on speculation　运用~抑制投机　225—226，263

　　and 1920—1921 deflation　1920—1921 年通货紧缩与~　255

　　F. R. Treasury conflict over, 1919　1919 年联储与财政部针对~的冲突　226

　　given level of, expansionary or contractionary　在给定的联邦储备银行贴现率下扩张或紧缩　233，514—515，539，563

　　New York　纽约的贴现率　214，279，282，287—288，305，317，334，344，391，513，565，603，618

　　Board's delays in approving reductions　委员会在批准~降低过程中的时滞　367

　　constancy of, 1933—1937, 1937—1942　1933—1937 年、1937—1942 年~保持稳定　505，512，514

decline in　~下降

　　after 1930 banking crisis　1930 年银行业危机之后　343

　　approved by Board conditionally　委员会有条件地批准下调~　364，367

rise in, Oct. 1931　1931 年 10 月~上升

　　and intensified domestic financial difficulties　加剧国内的金融困境　318

　　if open market purchases made　如果进行公开市场购买　398—399

　　pre-Oct. 1931 level not restored, 1932—1933　1932—1933 年没有恢复到 1931 年 10 月以前的~水平　400n

　　wide support for　对调高~广泛的支持　381

　　rise to 6% in Aug. 1929　1929 年 8 月~上升至 6%　264，289，**334**

　　offset by decline in bill rate　被票据利率的下降抵消　264，290，334

　　political aspects of　政治方面　260n

　　vetoed by Board, Feb.-Aug. 1929　1929 年 2—8 月被委员会否决　258—259，289

as penalty rate　~作为惩罚利率

　　and rate on secondary reserves　~与二级准备的利率　267

　　demand curve for discounting and　贴现的需求曲线与~　269

　　tradition against continuous borrowing and　反对连续借款的传统与~　268

preferential rates　优惠贴现率

　　on agricultural paper, 1928　1928 年对农业票据的优惠贴现率　264n

　　on commodity paper, 1929　1929 年对商品票据的优惠贴现率　264

　　on government obligations, 1923　1923 年

对政府债券的优惠贴现率
   opposed by Strong   遭到 Strong 的反对   226, 287
   supported by Treasury   受到财政部的支持   226, 277n, 287
rate structure, changes in   贴现率结构的变动   226—227, 230—231
   progressive rate schedule, 1920—1921   1920—1921 年间渐进的贴现率计划   233n
security speculation and   证券投机与 ~   254
single rate achieved, 1919   1919 年实现了 ~ 的统一   227
timing of   ~ 调整的时机
   1919, earlier rise desirable   1919 年应更早地提高 ~   222—223
   1919 rise, Strong's doubts about   Strong 对 1919 年上升的质疑   228
   June 1920 rise   1920 年 7 月上升   232—233
   1929 rise, Harrison's doubts about   Harrison 对 1929 年上升的质疑   228
as tool of monetary policy   作为货币政策工具   268—269
   discarded, 1934—1941   1934—1941 年 ~ 被抛弃   513, 517
   vs. bill rates   与票据利率的比较   289—290
World Wars I and II compared   一战与二战时 ~ 的对比   607—609
Discounting (bill discounted)   贴现（票据贴现）   215, 271, 338
   analysis of   对 ~ 的分析   250
   decline of, after 1933   1933 年后 ~ 下降   501
   F. R. misinterpretation of   联储对 ~ 的曲解   514
   expensive, 1934—1941   1934—1941 年 ~ 是一种昂贵的方式   514, 539
   tradition against continuous borrowing and   反对连续借款的传统与 ~   269
   vs. open market operations   ~ 与公开市场操作的比较   251, 269, 272, 296, 347
Dollar, devaluation of   美元贬值
   in 1934   1934 年 ~   469
   powers of Treasury over, limited   财政部的权力受到约束   509n
   rumored, 1933   1933 年传言   326, 332, 350
   rumored, 1937, as countercyclical step   1937 年传言将采取反周期策略使 ~   509
Dollar shortage,   美元荒   80, 558n
Economy, U.S.   美国经济
   growth of   ~ 增长   13, 35, 92, 138, 153, 156, 240
      monetary policies and   货币政策与 ~ 增长   42n
      monetary uncertainty and   货币政策的不确定性与 ~ 增长   93
      price trend, effect on   ~ 增长对价格趋势的影响   93, 184—187, 242
   stability of   ~ 的稳定性
      as goal of monetary policy   将保持 ~ 稳定作为货币政策目标   240
      lack of, 1929—1941   1929—1941 年 ~ 缺乏稳定性   545, 678
      monetary growth and, 1879—1897 vs. 1897—1914   1879—1897 年与 1879—1914 年货币存量增长情况以及经济稳定性的比较   92
      periods of, compared   经济稳定性的时期对比   242
Eligible paper   合规票据
   defined   定义   400
   holding of, 1932   1932 年持有的 ~   405
   rediscounting of   ~ 的再贴现   191
   supply of, and tradition against borrowing   ~ 供给，传统的抑制借贷的手段   269

System concern with 联邦储备体系对~的关注 193
Emergency Banking Act, 1933 1933 年《紧急银行业法案》 331, 421—422, 427n, 462
　　Provisions of ~的条款 328, 341
Emergency Relief and Construction Act, 1932 1932 年《紧急救济和建设法案》 320n, 325n
Employment, "full," monetary policy for 货币政策作为充分就业的手段 596
Employment Act of 1946 1946 年《雇佣法案》 596
Examinations, bank, by different agencies 银行受到不同机构的检查 436
Exchange rates, foreign 汇率
　　cable transfers and 电汇与~ 26
　　Canadian vs. U. S. and British 加拿大与美国和英国的~比较 352
　　capital movements and 资本流动与~ 67
　　　　flight to U. S. vs. gold purchases, 1934—1940 1934—1940 年美国的资本流出与黄金购买的比较 475
　　changes in, 1867—1879, 1929 1867—1879 年、1929 年~的变动 7, 340n
　　in Civil War 美国内战期间的~ 86
　　controls over ~管制
　　　　British, World Wars Ⅰ and Ⅱ 一战与二战期间英国的~管制 200, 588
　　　　French 法国的~管制 200, 203
　　　　U. S., 1933 美国 1933 年的~管制 462
　　　　wartime, effect on relative prices and capital movements 战争期间~管制对相关价格与资本流动的影响 200—203, 588, 590n
　　currency premium and rise in dollar-sterling 通货溢价和美元对冲的增加 162n
　　dollar, appreciation of, aim of, 1877—1878, 84—85 1877—1878 年、1884—1885 年以美元升值为目标 468, 697
　　dollar, depreciation of 美元贬值
　　　　aim of New Deal gold purchases 罗斯福新政通过黄金购买实现美元贬值 468, 697
　　　　capital inflow and, 1861—1864, 1871—1873 1861—1864 年、1871—1873 年的资本流入与美元贬值 67, 75, 86
　　　　limited, 1873—1878 1873—1878 年有限的美元贬值 78
　　　　speculative sales in 1933 and 1933 年投机性抛售与美元贬值 466
　　　　terms of trade and 贸易条件与美元贬值 75
　　dollar, devaluation of 美元贬值 474
　　dollar-franc 美元兑法郎
　　　　cyclical turns and 周期性反复与美元兑法郎汇率 362
　　　　during World War Ⅰ 一战期间美元兑法郎汇率 200—201
　　dollar-sterling 美元兑英镑
　　　　1862—1878 1862—1878 年的美元兑英镑 58—59, 85
　　　　high level of, 1914—1919, and capital movements 1914—1919 年美元兑英镑的高水平及相应的资本流动 202
　　　　during World Wars Ⅰ and Ⅱ 一战和二战期间的美元兑英镑 200, 587
　　dollars, demand for, and 美元需求
　　　　growth of, 1879—1881 1879—1881 年美元需求的增长 97
　　　　speculative pressure on 美元的投机性压力 111—113
　　　　easing of 1879—1881 1879—1881 年外汇压力减轻 97
　　factors determining 汇率的决定因素 61, 80
　　fixed 固定汇率 105, 359
　　　　maintained by stabilization funds 通过稳

定基金维持固定汇率 471
maintained by World War Ⅱ controls 二战期间通过管制维持固定汇率 472
speculative capital flows under 固定汇率条件下的投机性资本流动
 Britain vs. U. S., 1891—1897 1891—1897 年英国与美国投机性资本流动的比较 105
 post-World War Ⅱ 二战后的投机性资本流动 105
 spread of 1929—1933 contraction by 1929—1933 年固定汇率加剧紧缩的蔓延 359, 361
flexible (floating) 弹性(浮动)汇率 236
 and depreciation of dollar, 1933 ～与 1933 年美元贬值 466—467
 effect of capital flight to U. S., 1934—1940 if 1934—1940 年美国资本外逃的影响 475n
 insulation from cyclical decline by ～使免受周期性衰退影响 361
 U. S., 1933—1934, compared with 1862—1878 美国 1933—1934 年与 1862—1878 年汇率对比 465
 gold and sterling blocs, incompatibility of 金本位集团和英镑集团的不相容性 469
 stabilization fund, U. S., and 美国的稳定基金与汇率 471
Expectations 预期
 about future economic stability 对未来经济稳定性的～
  in 1942—1948 在 1942—1948 年对未来经济的预期 585, 673, 674
  effects on ～的影响
   liquid assets holdings, 1942—1945 1942—1945 年持有流动性资产 560
   ratios of money and of near-moneys to other assets 货币与准货币占其他资产的比率 675

measurement, question of 对经济稳定性预期的定量分析 675
post-World War Ⅱ decline anticipated 二战后衰退预期 560, 699
and secular decline in velocity, deviations from 流通速度的长期下降与恒久收入预期的背离 645, 673, 675
about prices 关于价格的预期
 anticipated decline, 1946—1948 1946—1948 年预期价格下降 597, 646
 and rise in stock yield relative to bond yields, 1946—1948 1946—1948 年股票收益率相对于债券收益率上升 583—584
 anticipated inflation, 1950—1951 and 1955—1957 1950—1951 和 1955—1957 年的通货膨胀预期 583—584, 598—599, 646
 anticipated stability 预期价格稳定 600
 effect on liquid assets holdings, 1942—1945 1942—1945 年价格预期对持有流动性资产的影响 560, 583
 measurement, question of 对价格预期的定量分析 599
 post-World War Ⅱ decline anticipated 二战后价格下降的预期 560, 584, 597, 626
 shift in, size of 价格预期的变化幅度 658
 in World Wars Ⅰ and Ⅱ, compared 一战和二战价格预期的对比 560
Exports, commodity 商品出口 35
 Civil War, effect on 美国内战对～的影响 66n
 dollars, demand for, and, 1879—1881, 1891—1892 1879—1881 年、1891—1892 年对美元的需求与～ 98, 107
 grain, increase in, 1897—1898 1897—1898 年农作物出口增加 140

growth of, 1897—1906　1897—1906年的~增长　142
value of, U. S. to Europe, 1897—1909　1897—1909年美国对欧洲出口商品的价值　140

Farmers　农民
　and resumption　~与恢复铸币支付　44
　and silver agitation　~与银元运动　116

Federal Advisory Council　联邦顾问理事会
　and expansionary monetary policy, 1930　~与1930年扩张性的货币政策　373
　recommendations of　~的建议
　　on discount rates, 1919, 1929　1919年、1929年~对贴现率的建议　227n, 259—260
　　on distinction between demand and time deposits　~对活期存款与定期存款的区别的建议　277n
　　on earnings needs as basis for open market operations　~对作为公开市场操作基础的收益需求的建议　252n
　　on open market committee　~对公开市场委员会的建议　256n

Federal deposit insurance　联邦存款保险
　act to amend　补充法案　669n
　coverage, extent of, 1934—1960　1934—1960年~的覆盖范围　436—437
　effects of　~的影响
　　on bank failures, reduction in　银行倒闭减少　11, 437
　　on bank liquidity preferences　银行流动性偏好　541
　　on banking panics, prevention of　防止银行业危机　440
　　on convertibility of deposits into currency　存款和通货的转换性　441
　　on deposit-currency ratio　存款-通货比率　685
　　on monetary stability　货币稳定性　434, 435n, 442
　　and possible large decline in money stock　~与货币存量可能大幅下降　441
　provisions of Banking Act of 1933 for　《1933年银行业法》的许可　435
　success of, after 1934　1934年之后~的成功之处　11
　temporary plan　临时性计划　434—435, 435n
　terms of, changing　条件的变化　435

Federal Deposit Insurance Corporation　联邦存款保险公司　4n, 166n, 435, 458, n
　bank examinations by　银行接受~的检查　436
　compared with F. S. L. I. C.　~与联邦储蓄和贷款保险公司的比较　669—670

Federal Farm Loan Act　《联邦农业贷款法案》　244n

Federal Farm Mortgage Corporation　联邦农场抵押公司　495

Federal funds market　联邦基金市场　278

Federal Home Loan Bank Act　《联邦住房贷款银行法案》　321—322

Federal Home Loan Banks　联邦住房贷款银行　300

Federal Open Market Committee　联邦公开市场委员会　519—521, 524, 562, , 621
　bills only policy of, 1953—1961　1953—1961年~的"仅存国库券"政策　632
　　criticized in and outside System　联邦储备体系内外对~的批判　595—596
　bylaws of　~的章程　446n
　directives by, changes in　~指引的变动　614, 616n
　gold desterilization by Treasury requested, 1937　1937年~应财政部要求反向对冲黄金　528
　government securities market, and　政府债券市场与~
　　orderly market announced　有序市场的公告　607, 621

pattern of rates established, 1942　1942年政府债券利率模式的确定　562

bonds, support level for, lowered, 1947—1948　1947—1948年债券支持利率水平降低

support rate discontinued, 1953　1953年放弃支持利率　613

Treasury bills, commitment to purchase or sell, with repurchase option　承诺购买或出售国库券，赋予出售者回购权　562

Treasury bills, rate raised and repurchase option dropped, 1947　1947年国库券利率上升且终止回购权　578

stabilizer of, as　作为稳定器　520n

membership of　~的成员　**445**

and reserve requirements rises　~与提高准备金要求　521—522, 527

也可参见 Open market entries

Federal Reserve Act　《联邦储备法》　4, 9, 138, 171

amendments to　~的修正案　244

discounting, role of　贴现的作用　192

events leading to　导致~出台的事件　163

gold-standard conditions and　金本位制适用环境与~　189, 192—193

and liquidity crisis　与流动性危机　407—408, 693

purposes of　~的目的　189, 192

and real bills doctrine　~与真实票据说　193

reserves required, changes in under　准备金要求的变动　205, 208

Federal Reserve agents, change in status of　联储专员地位的变化　466n

Federal Reserve Bank of N.Y.　纽约联邦储备银行

bank liquidity preferences, change in, 1930—1934　1930—1934年银行流动性偏好的变动　461n, 517

and Bank of France　与法国银行　397n

and Bank of U.S., failure of　~与美国银行的倒闭　310n

conflicts with Board　~与委员会的冲突

over bill rate changes　在票据利率变动问题上　265, 365

over bills only　在"仅存国库券"政策上　632

over control of security speculation　在证券投机管制上　241, 256—257, 298, 692

over discount rates　在贴现率上　254—255, 257, 298, 362

over open market purchases for own account　在利用自有账户进行的公开市场购买上　339, 362—365, 374

discounting, increase in, Oct. 1929　1929年10月~贴现率上升　339

international monetary relations of　~的国际货币关系　269

monetary relations, awareness of　~对货币问题的认识　374, 415

open market operations, for own account　~自有账户的公开市场操作

authority, question of　运用自有账户进行公开市场操作的授权问题　364, 374, 446n

in Oct. 1929　在1929年10月　339, 362—265

in Mar. 1930　在1930年3月　368

in Dec. 1930　在1930年12月　376

to forestall Congressional action, Apr. 1932　1932年4月阻碍国会的行动　384

without Chicago and Boston participation, 1932　1932年没有芝加哥和波士顿的参与　387

open market operations, System　联邦储备体系的公开市场操作

purchases urged by, Nov, 1929, 1930, 1931, 1932　1929年10月、1930年、1931年、1932年要求进行公开

市场购买 362，364，369，379，383，385

reliance on own bill purchases as alternative to 依赖于单独购买票据作为公开市场操作替代方案 369，383，390

personnel, technical ～的人事、技术

favored expansionary policy, 1929—1933 年 ～主张扩张性政策 374，387，693

understood relation between bank failures and deflation ～理解银行倒闭与通货紧缩之间的关系 358

position of, in System ～在联邦储备体系中的地位

dominant, under Strong 在Strong时期的主导地位 415，693

in System international monetary relations 联邦储备体系中的国际货币关系 380

loss of leadership, after Strong's death Strong去世后失去主导地位 413，416

reserve requirements, changes in ～的准备金要求的变化

favored rise 主张提高准备金 520—521

proposals to raise, 1934—1936 1934—1936年提议提高准备金 520

reserves, excess, member bank, 1935—1937, views on 1935—1937年成员银行在超额准备金方面的观点 461n，517n

reserves of, drain on, Mar. 1933 1933年3月准备金耗尽 327

security speculation, effort to curb ～抑制证券投机的努力

direct pressure, examples of 直接施压的例子 260

in answer to Board's letters, 1929 1929年～对委员会警告信的回应 259，262

in Harrison's meetings with Board Harrison与委员会的交锋 256—257

rise in seasonal credit demands and, 1929 1929年季节性信贷需求增加 263

也可参见 Discount rates；Open market operations

Federal Reserve Bank notes 联邦储备银行券

emergency issues authorized, 1933 1933年批准紧急情况下发行～ 328，421

issued to replace silver certificates 为替代银元券而发行 217n

retirement of ～退出流通 279n

Federal Reserve Banks 联邦储备银行

advances to member banks 贷款给成员银行 422，447—448

criticism of 1919—1920 policy 1919—1920年政策的批判 228

executive officers, designation of 执行官被任命 446n

F. R. money, creation of 联邦储备货币的创造 190

franchise tax on net earnings of ～对净收益征收特许税 578n

gold buying function of ～收购黄金的职能 470n

governors' opposition to expansionary monetary policy, 1930 1930年委员会对扩张性货币政策的反对 371—373

independent role of, curtailed 独立地位动摇 190

non-bank discounts by, authorized ～允许非银行贴现 321n

open market operations of ～的公开市场操作

for own account, power to engage in eliminated 取消利用自有账户从事交易的权力 446

sales shunned, 1930's and relation to low

earnings　20 世纪 30 年代低收益阻碍出售　519
rediscount operations of　~的再贴现操作　213—214
role of directors　~作为管理者的作用　466n
也可参见 Deposits, Federal Reserve; Federal Reserve System

Federal Reserve Board　联邦储备委员会
　bill rate changes, power to approve　~批准票据利率变动的权力
　　conflict with N. Y. over　~与纽约联邦储备银行的冲突　256, 365
　　delay in approving reductions　批准降低贴现率的时滞　367
　discount rates, veto power over　对贴现率的否决权　416
　　approval of 1919—1920 rise　批准 1919—1920 年贴现率的上升　229
　　order to Chicago Bank to reduce, 1927　1927 年 ~ 命令芝加哥银行降低贴现率　413n
　　power to initiate, question of　发起的权力, 问题　227n, 231n
　　reductions in 1929—1930, delays in approving　1929—1930 年批准贴现率下调的时滞　367
　　reductions in, 1921, reluctance to approve　不情愿地批准 1921 年下调贴现率　234
　　rise in, 1918—1919, reluctance to approve　不情愿地批准 1918—1919 年提高贴现率　222—223
　　rise in, 1929, repeatedly vetoed　1929 年提高贴现率, 反复否决　254—255, 259, 298, 365
　ex officio members of, influence of　当然成员, 影响　416
　Federal Reserve money, creation of shared with Banks　与联邦储备银行共同行使创造联邦储备货币的职能　190
　governors and members of　~的委员和成员　255n, 416, 417n
　leadership, effective, lack of, 1929—1933　1929—1933 ~ 缺乏有效领导　416
　moral suasion, reliance on　依赖道义劝告　223
　N. Y. Clearing House Association, agreement with　与纽约清算所协会的协议　224n
　and open market operations, power over　公开市场操作的权力　252n, 365
　open market purchase recommendation of O. M. P. C., Apr. 1933　1933 年 4 月公开市场政策委员会对公开市场购买的建议　517n
　policy role of vs. that of N. Y. Bank　~的政策地位与纽约联邦储备银行的比较　374, 380n
　power centralized in　权力集中于 ~　190, 255, 534
　security speculation, efforts to curb　抑制证券投机的努力
　　by direct pressure　通过直接施压　254—255, 258n, 298, 416, 448
　　conflict with N. Y. banks　与纽约联邦储备银行的冲突　260
　　in dispute among members of　成员之间的争论　265
　　in Feb. and May 1929 letters to Banks　1929 年 2 月和 5 月给纽约联邦储备银行的信　259, 261—262
　　in press statement　发布声明　258, 290
　　rise in seasonal credit demands, 1929　1929 年季节性贷款需求增加　263
　Treasury, supported by, 1919　1919 年财政部对 ~ 的支持　227n
　也可参见 Board of Governors of F. R. System
Federal Reserve notes　联邦储备券　5, **210**,

280, 336, 492, 502, 554, 608
  conditions of issue 发行环境
    collateral requirements for 担保要求 191, 194, 400, 471
    gold reserve requirements for 黄金储备要求 194, 471
    F. R. deposits and differentiation of ～与联邦储备存款的不同 195
    F. R. power over 联储对～的权力 150n
    as high-powered money 作为高能货币 190
    interest charge imposed on notes not covered by gold certificates 对未被金元券冲抵的联邦储备券征收利息税 578n
    issuance for gold 为黄金而发行的～ 191
    as per cent of, in F. R. tills 占联邦储备备用金的百分比 396n, 401, 404
    role of, under F. R. Act ～在《联邦储备法》中的作用 192
Federal Reserve System 联邦储备体系
  actions of, independent of current conditions 独立于现有环境的行为 324, 688
  balance sheet of, combined with Treasury balance sheet ～的资产负债表与财政部的资产负债表合并 797
  and Bank of U. S., failure of ～与美国银行倒闭 310n, 357
  and bills only policy ～与"仅存国库券"政策 636
  and Britain's departure from gold, 1931 ～与1931年英国脱离金本位制 10, 317, 363
  claims on public and banks 对公众和银行的债权
    changes in 对公众和银行的债权变动 211, 281, 337, 503, 555, 609
    as source of change in high-powered money 对公众和银行的债权作为高能货币变动的原因 207, 549
    in accord with Keynesian approach 与凯恩斯的方法相一致 534
    direct, after 1937 1937年以后直接的信贷影响 534, 552n
    indirect, before 1937 1937年以前间接的信贷影响 534, 552n
    in raising reserve requirements, 1936—1937 1936—1937年提高准备金要求 527n
  conflicts within over 内部冲突
    bills only "仅存国库券"政策 596, 632—636
    direct pressure as means of curbing speculation 以直接施压手段抑制投机 254—266
    discount rate reduction, 1921 1921年降低贴现率 234
    discount rate rise, 1919 1919年提高贴现率 226—228
    discount rate rise, N. Y., 1929 1929年纽约联邦储备银行提高贴现率 255, 258—259, 388n
    open market operations, control of 对公开市场操作的控制 251n, 363—366, 368—369, 446
    open market purchases, 1932 1932年的公开市场购买 384—389
    open market purchases vs. sales, 1930—1931 1930—1931年的公开市场买卖比较 370—380, 692
    reserve requirements rises, 1936—1937 1936—1937年提高准备金要求 517—527
  excess reserves, effects of 超额准备金的影响
    discount rates, constancy of 贴现率保持稳定 512, 514, 517
    government securities portfolio, constancy of 政府所持有的投资组合保持稳定 512, 517
    high-powered money, neglect of short-term movements in 忽略高能货币的短期变动 511, 517

monetary tools, neglect of traditional 忽视传统的货币政策工具 532
passive role of F. R. 联储的被动地位 12,504,505,511,532
reserve requirements, doubling of 准备金要求翻番 514,517,526
financing of world wars 世界大战融资 10,216,223—224,561
gold flows 黄金流动
 actions by, effect of 通过黄金流动采取的措施的影响 474
 concern over inflows, 1934—1941 关注1934—1941年的黄金流入 514,553—556
 outflows, 1958—1961 1958—1961年黄金流出 628,632
 outflows, deflationary in response to 黄金流出导致的通货紧缩 229,284,297,317—319,380—382
 powerless to offset inflows, 1914—1917 1914—1917年无力抵消黄金流入 199,213,239,551
  proposals to authorize security issues by 提议授权~发行债券 213n
 with Treasury able to offset inflows, 1939—1941 1939—1941年财政部有能力抵消黄金流入 551
gold reserves of 黄金储备
 ample, 1931, and possibility of increase in 1931年充足,且有可能增加 396
 for deposits vs. notes 对于存款与票据 194—195,471
 and French balances, earlier withdrawal of, 1932 法国账户余额,1932年被提前提取 398
 influence of 黄金储备的影响 471
 ultimate ratio to currency 黄金储备与通货之间的最终比率 195n
gold standard 金本位
 effect of 金本位的影响 9,282—287,683
 external stability under 金本位制下的外部稳定性 9,284,380—382
government securities, pattern of rates on 政府债券的利率模式 12—13,620—621
 abandoned, 1953 1953年脱离 700
 controversy over 对政府债券的利率争议 13,595,610—612,620—625
 excess reserves, decline in, 1942, and 与1942年超额准备金下降 540—541
 during Korean War, attempt to limit 朝鲜战争期间试图限制政府债券的利率 610—611
 money stock, and loss of control over 丧失对货币存量的控制 12—13,566—567
 Treasury bills, rise in support rate on, 1947 1947年国库券支持利率上升 578
 unquestioned by 无异议的 578,620—621,699
 vs. relatively fixed discount rates, World War I 政府债券利率与第一次世界大战时相对固定的贴现率相比较 223,563
high-powered money, control by ~对高能货币的控制
 altering supply of, discarded policy, 1934—1941 1934—1941年改变高能货币供给,放弃之前的政策 511
 deposit ratios, offset to 存款比率,抵消高能货币的变动 274
 inadequate supply of, and 1929—1933 collapse 高能货币供给不足,以及1929—1933年的崩溃 441,698
 loss of, in wartime 战争期间丧失对高能货币的控制 223,566
inflation 通货膨胀
 feared, 1953, actions to counteract 1953年担心~,进行操作 612—613
 feared effects of 担心~的影响 524

post-World War Ⅱ, attempts to control 第二次世界大战后试图控制~ 577

interest rates, low, stress on 强调低利率 626, 700

international cooperation of ~国际合作 10, 269, 344n, 381

and leadership, 1929—1933 1929—1933 年的领导地位 391, 414

money stock and 与货币存量

 broad control over by 主要被联邦储备体系控制 9, 474

 regained after Accord 协议后恢复 593, 625, 700

 surrendered in wartime 战争期间放弃 12—13, 566—567

 changes in, assigned minor role 货币存量的变化被赋予微小的作用 629

 criteria for size of 货币存量数量标准

  under F. R. Act, 1913 在 1913 年《联邦储备法》下的货币存量标准 193

  since Accord 协议之后的货币存量标准 628—632

 data on, F. R., recency of 联储对货币存量数据的更新 629

 stability of change in, 1920's 20 世纪 20 年代货币存量变动的稳定性 10, 241—242

 stability of change in, 1948—1960 1948—1960 年货币存量变动的稳定性 637

 vs. role as affecting credit ~与信贷影响作用的对比 524, 543, 628

organization of 组织 193

panic within, Mar. 1933 1933 年 3 月内部的恐慌 332

policy alternatives 替代政策

 if earlier discount rate rise, 1919 如果 1919 年贴现率更早上升 237

 if gold sterilization applied, 1931 如果 1931 年采取黄金对冲操作 395—396

 if less or more restrictive, 1928 如果 1928 年或多或少地限制 291

 if more high-powered money provided, 1929—1933 如果 1929—1933 年提供更多的高能货币 301, 392—394, 398—399, 693, 699

 if no discount rate rise, 1920—1921 如果 1920—1921 年贴现率没有上升 237

 if open market sales, 1936—1937 如果 1936—1937 年公开市场出售 532

power shift within ~内部权力转移

 to Board and Banks, from N. Y., 1929—1933 1929—1933 年从纽约联邦储备银行转向委员会和其他银行 414—417, 532

 to Board and Banks, under New Deal 罗斯福新政下转向委员会和其他银行 445n, 532

powers of ~的权力

 adequate to prevent 1929—1933 collapse 足够阻止 1929—1933 年的崩溃 11, 408, 693

 additional, after 1929—1933 collapse 1929—1933 年崩溃以后更多的权力 300, 445—446

 monetary, compared with Treasury's 与财政部相比~对货币的权力 150, 532—533

 use of, 1929—1933 1929—1933 年对其权力的运用 411, 418, 419, 492

reserve ratio of 准备金率

 comparison of 1919 and 1931 1919 年与 1931 年准备金率的对比 396n

 and decline in 1919—1920, policy effect of 1919—1920 年准备金率下降的政策作用 237—238

 effect on, if 1931 gold outflow sterilized 如果 1931 年对黄金外流实施对冲对准备金率的影响 398

 efforts to keep down, 1922—1929

主题词索引 685

　　1922—1929 年降低准备金率的努力　249n

　　rise in, and lag in discount rate reduction, 1921　1921 年准备金率上升以及下调,贴现率的滞后　234

　　reserve requirements, suspension of　临时性的中断准备金要求　238, 327

　　and restriction of cash payments　限制现金支付　311

　　salary structure, Board vs. Banks　工资结构,委员会与银行的比较　416n

　　silver purchases possibly offset by　白银购买可能被抵消　488

　　Strong's influence on　Strong 对 ~ 的影响　412

　　tools of　~ 的工具

　　　　discounting vs. open market operations　贴现与公开市场操作的比较　251, 269, 515

　　　　discount rate changes vs. reserve requirement changes　贴现率与准备金要求变动的比较　529

　　　　open market operations vs. reserve requirement changes　公开市场操作与准备金要求变动的比较　531—532

　　　　reserve requirement changes and centralization of reserves in　准备金要求的变动和准备金集中　195

　　　　research on, by F.R.　联储对政策工具的研究　10, 240—241, 296

　　　　use of new, after 1933　1933 年后新工具的启用　12, 505, 511—512, 517

　　　　也可参见 Monetary policy, F.R.

Federal Savings and Loan Insurance Corporation　联邦储蓄与贷款保险公司　668—670

Fiscal policy　财政政策　533—534, 596, 626

Foreign investments of U.S.　美国的国际投资

　　change in, 1914—1919　1914—1919 年 ~ 的变化　199

　　vs. change in capital flows, 1897—1908　1897—1908 年间 ~ 与资本流动变化的比较　146n

Fowler Bill　《福勒议案》　170

Fractional currency, U.S.　辅钞,美国　17, 25, 27n

France　法国

　　dollar devaluation, effect of, on　美元低估对 ~ 的影响　474

　　franc devaluation by　法郎被低估　476

　　gold demand by, 1928—1933　1928—1933 年 ~ 的黄金需求　362

　　short-term balances in U.S., withdrawal of　~ 提取在美国的短期账户余额　396—398

　　U.S. gold purchases, effect of　美国黄金购买对 ~ 的影响　467

Free banking system, N.Y.　纽约自由银行体系　18n

Free reserves　参见 Reserves, free

Free silver　参见 Silver, free

Germany　德国

　　British assets, freezing of, 1931　1931 年 ~ 冻结英国资产　314

　　capital flows　~ 的资本流动

　　　　1920—1922, and purchasing-power parity　1920—1922 年的购买力平价　76

　　　　flight from, 1934—1940　1934—1940 年 ~ 的资本外逃　474—475

　　foreign exchanges, control of　~ 的外汇管制　314

　　hyperinflation in, after World War I　第一次世界大战后 ~ 的恶性通货膨胀　75

　　standstill agreement with　暂缓还款协议　314

　　world decline, insulation from, 1920—1921　1920—1921 年 ~ 与世界性的衰退隔离　362

bills for bank reform introduced by　~提出银行改革法案　321, 331
exchange with Harrison　~与Harrison的交流　388
opposed deposit insurance　~反对存款保险　321, 434
reaction to devaluation　~对贬值的反应　332n
real bills advocate　真实票据的鼓吹者　338n
Glass-Steagall Act　《格拉斯-斯蒂格尔法案》　191n, 363, 384, 391, 403n, 404, 405n, 406, 418n, 422, 447
　eligible paper ample despite　即使有充足的合规票据　405n
　and free-gold problem　自由黄金问题　404n
　monetary policy unchanged after　~后货币政策没有变化　406
　provisions of　~的条款　321, 400
Gold　黄金　17, 129—131, 179—181, 210, 280, 336, 492, 502
　bullion, holdings of, made illegal　持有金块不合法　12
　　estimated loss of　估计~的损失　464n
　　held by F. R. Banks　联邦储备银行持有的~　470
　　issues of　发行
　　　acts of 1863 and 1882　1863和1882年法案　25n
　　　to keep down reserve ratio, 1922—1929　1922—1929年为降低准备金率　249n
　　　suspension of　暂时取消黄金发行　107n
　　retirement of, by substituting F. R. notes, 1931—1932　1931—1932年黄金退出流通,被联邦储备券替代　350
　coin　铸币　25
　　estimated amount lost　估计丢失的数量　463n
　　held illegally　非法持有　501
　　holding of, made illegal　使持有铸币非法　12, 469, 471
　　public's preference for, 1932—1933　1932—1933年公众对~的偏好　350
　　unsurrendered, and F. R. assumption of loss　联储估计的未收回损失　463n
　　withdrawn from circulation　游离于流通之外
　　　World War I　第一次世界大战　217n
　coinage of, discontinued, 1933　1933年停止铸造黄金　12, 469—470
　demand for　对黄金的需求
　　increase in, 1866—1890　1866—1890年对黄金的需求增加　137
　　rise in, 1877—1879　1877—1879年对黄金的需求上升　79
　discoveries of　发现黄金
　　wholesale prices, U. S., effect on　发现黄金对美国零售物价的影响　8, 135, 137
　　world price level, effect on　发现黄金对世界价格水平的影响　91, 137
　dollar devaluation and fiat increase　美元低估和法币增加　469—470
　domestic hoarding of　国内贮藏黄金　350
　in domestic payments, 1862—1878　1862—1878年国内支付　26—27
　equivalent to foreign exchange　等同于外汇　7, 26
　free　自由黄金　379, 384, 391, 400
　　concern over　关注~　403—404
　　defined　~的定义　400
　　first O. M. P. C. reference to　公开市场政策委员会首次提到~　379
　　insignificant in determining F. R. policy　~对联储的政策没有显著影响　403—406
　　not a problem, Oct. 1931, Feb. 1932　在

1931年10月、1932年2月，~不是一个问题 383—384

reduced by open market purchases via reductions of discounts 通过降低贴现进行公开市场购买减少~ 400

reference to, in System sources 在联邦储备体系的资料中提及 401ff.

shortage of, alleged 声称~不足 400—402

supply of ~供给 401—402, 404, 406

vs. excess gold reserves ~与超额黄金储备的比较 400

held for speculation 投机性持有黄金 61

hoarding of, executive order forbidding 行政命令禁止贮藏黄金 463

nationalization of 黄金的国有化 495, 699

output 黄金产出 84

 cheap, 廉价黄金 91

 long swings in 长期摆动 188

 price of gold and, 1862—1879 1862—1879年黄金价格 79n

 price level and, U.S. vs. world, 1933—1960 1933—1960年美国与世界黄金价格水平的比较 473

 reduced by Boer War 黄金产出由于布尔战争而降低 145

 rise, 1897—1914 1897—1914年黄金产出增加 686

 vs. output and price level, 1870—1914 与1870—1914年黄金产出和价格水平的比较 8

premium (price of gold in greenbacks) 黄金溢价（黄金的绿钞价格） 26, 85

 and capital inflows, speculative 投机性的资本流动 70, 86

 changes in ~变动 7, 27, 58, 68

 discrepancies between, and purchasing-power parity ~与购买力平价的差异 76, 86

 as dollar price of sterling 以美元计价的英镑价格 58, 59, 61, 85

 expectations about future price of 对未来黄金价格的预期 70, 72, 75, 86

 and expectations of resumption 重建金本位制的预期 58

 explained 对~的解释 58

 and interest rates ~与利率 67, 71—72, 74

 mainly accounted for by purchasing-power parity ~主要由购买力平价说明 64, 85, 697

 minor relationship to domestic supply and demand ~与国内供求之间的关系是次要的 60, 697

 ratio to purchasing-power parity ~与购买力平价的比率 61, 64, 78

price of, fixed daily by Treasury, 1933 1933年每日黄金价格由财政部决定 465

purchases 黄金购买

 domestic, reduced U.S. supply of exports, 1930's 20世纪30年代美国国内的出口供给降低 466

 exchange rate, foreign, and 外汇汇率

  dollar decline sought 寻求美元汇率的下降 468, 683

  dollar rise sought 寻求美元汇率的上升 84—85, 468, 683

 financing of 购买黄金的融资

  by borrowing 通过借款 83—84, 111n, 468, 510

  by money creation 通过货币创造 473

 foreign, increased U.S. demand for imports, 1930's 购买国外黄金，20世纪30年代美国的进口需求增加 466

 vs. if other commodities bought 与如果购买其他商品的对比 467

 international effects of, 1930's 20世纪

30年代购买黄金的国际影响
- on foreign trade and relative price, U.S. 对美国的对外贸易和相关价格的影响 476,480
- on gold-producing countries 对黄金生产国的影响 472
- on gold-standard and other countries 对金本位制和其他国家的影响 467,472,474
- prices of world-market commodities raised by 购买黄金提高了世界市场的商品价格 465—466
- by R. F. C., 1933—1934 1933—1934年复兴金融公司购买黄金 465

reserve against gold deposits 黄金存款的准备金 28n

role in U. S. 在美国的作用 12,472,684

source of change in high-powered money 高能货币变动的来源 128,180

Treasury 财政部
- accumulations of, 1877—1879 1877—1879年,累积黄金 83,84
- partiality toward 财政部趋向于部分使用黄金 106n
- under fiduciary standard, 1862—1878 vs. 1934—1960 1862—1878年与1934—1960年信用本位制下的比较 789
- on West Coast, 1862—1878 1862—1878年,西海岸使用黄金 27

Gold clause 黄金条款
- abrogation of 废除~ 468,469,495,699
- introduction after 1865 1865年以后引入~ 71n

Gold Exchange, N. Y. 纽约黄金交易所 25n

Gold exchange standard 金汇兑本位制 359

Gold flows, international 黄金的国际流动
- active vs. passive 主动与被动~ 99
- changes in 变动 103,126
- controls on, U.S., 1933 1933年美国对~的管制 462

inflows 黄金流入
- arranged by banks, 1906 1906年,由于银行的安排 155—156
- balance of payments and, 1896—1899 1896—1899年,国际收支与~ 141
- capital, European, flight of 欧洲的资本外逃 12
- changes in ~的变动 82,102,152,156,162,199,499,509,575
- despite U. S. unilateral transfers, 1946—1948, 1918—1920 1946—1948年、1918—1920年尽管美国单方面转移 575
- 1946—1948, eased F. R. restrictions, 1948—1949 1946—1948年的~缓解了1948—1949年联储政策的紧缩效应 607
- enlarged ~扩大 475
- gold devaluation and 黄金低估与~ 12,472ff.,508ff.
- halted by lend-lease, 1914 1914年《租借法案》终止了~ 509,551
- high-powered money, 1914—1917, effect of on 1914—1917年~对高能货币的影响 216
- incomplete price adjustment and, 1905—1907 1905—1907年不充分的价格调整与~ 152
- increase in, via change in balance of payments 通过国际收支的变动使~增加 169
- monetary effects of, 1914—1919 1914—1919年货币的影响 199
- money stock changes and 货币存量变动与~ 12,141,173,212—213,251
- offset to decline in deposit ratios, 1931 1931年对存款比率下降的抵消 314
- on outbreak of World War Ⅱ 在第二次

世界大战爆发时 509
during panics 恐慌期间的~ 110
prices, effect of on ~对价格的影响 98
as result of ~的原因
 currency premium 通货的溢价 161—162
 high interest rates 高利率 162
 U. S. price decline 美国物价下降 237, 360
sterilization of 对冲黄金流动 291
 creation of major 1931 movement and 1931年大规模的黄金流动与黄金对冲 284, 297
 damaging effect on gold standard of 对冲黄金对金本位制的破坏性后果 283
 instability of gold stock changes and, 1923—1929 1923—1929年黄金存量的不稳定变动 284—285
 offsetting of minor movements only 对冲只能抵消小规模的流动 283, 297
 to promote internal stability 为促进内部稳定 297, 343, 375, 396, 617, 632
 by F. R. 通过联储的对冲 504, 510, 695
 international effects of, 1929—1931 1929—1931年对冲黄金的国际影响 361
 by Treasury, 1937—1938 1937—1938年通过财政部的黄金对冲 501, 510—511, 528, 649
System concern with, 1930 1930年联储体系关注黄金流入 392
ways of offsetting, 1914—1917 1914—1917年抵消黄金流入的方式 212—213
interest rates, relation to 与利率有关的黄金流入 99n
outflows 黄金流出

bank reserves effect of on, 1931 1931年~对银行准备金的影响 316
changes in ~的变动 67, 78, 106, 107, 111, 112, 141, 156, 222, 237, 345—346, 478, 509
embargo on, U. S., lifted, 1919 1919年美国解除~禁令 192, 220, 222
to France, F. R. concern about, 1931 1931年联储关注向法国的~ 397
1919—1920, intensified F. R. restrictive actions, 1920—1921 1920—1921年~强化了1919—1920年的紧缩措施 607
monetary uncertainty and 货币的不确定性 102, 107
percentage of national income, 1923—1939 1923—1939年~占国民收入的比率 478
policy of high bill rates to stem, 1961 1961年国库券高利率政策阻止~ 636
as result of ~的原因
 Britain's departure from gold, 1931 1931年英国脱离金本位制 380
 rise in money stock, 1891—1892 1891—1892年货币存量增加 128
 silver purchases 白银购买 128
 U. S. price rise, 1919—1920 1919—1920年美国物价上升 237, 360
seasonal changes in, and in money stock 货币存量的季节性变动 294
sterilization not applied to 没有采取对冲操作 617
 hence deflation required, 1920—1921, 1931 由此造成1920—1921年和1931年的通货紧缩 283
 1959—1960 vs. 1920—1921 1959—1960年与1920—1921年的比较 632
Gold monetary reserves, U. S., as percent of

world 美国的黄金货币储备占世界的比重 89n
Gold Reserve Act 《黄金储备法案》 465, 469, 509n
Gold standard 金本位制
    adoption of, by other countries 其他国家采用~ 7—8, 64, 137
    assumed in F. R. Act 在《联邦储备法》中假定的~ 189
    capital flows under ~下的资本流动 104, 199—200
    changes in, after 1933 1933年以后~的变化 100, 471
    damaging effect of F. R. gold-sterilization policy 联储黄金对冲政策的破坏性影响 284
    deflation under ~下的通货紧缩 133—134, 697—698
    departures from, by 脱离~
        Great Britain, 1931 1931年英国脱离金本位制 10, 284, 315ff., 345ff., 362, 380ff.
        effect on China and Canada of 对中国和加拿大的影响 362
        effect on U. S. money stock of 对美国货币存量的影响 345
        other countries 其他国家脱离金本位制
            during World War I 第一次世界大战期间 192
            during and after World War II 第二次世界大战期间及战后 12
            and U. S. gold sterilization 与美国的黄金对冲 284, 315n
        U. S., 1933 1933年美国脱离金本位制 90
    distrust of U. S. maintenance of, 1891—1897 1897—1897年对美国维持~的怀疑 104—107
    expansionary monetary policy, 1930, no threat to 1930年扩张性的货币政策没有威胁到~ 392
    F. R. policy after World War I and 第一次世界大战后联储的政策与~ 193
    gold points under ~下的黄金输送点 59, 80
    monetary powers, Treasury vs. F. R., effect of, on ~对财政部与联储货币权力的影响 151n
    monetary stability, internal, and 与国内的货币稳定性 10, 283—284, 363
    money stock, dependent variable under 货币存量,~下的非独立变量 785
    panics as device for maintenance of 为维持~而导致的恐慌 111
    re-establishment of, in 1920's 20世纪20年代~的重新确立 269
    F. R. gold-sterilization policy 联储黄金对冲政策
        Invalid after ~之后无效 283, 297, 360—361
        Valid before ~之前有效 282—283
    return to, by 恢复~
        Great Britain 英国恢复~
            F. R. open market purchases and, 1925 1925年联储的公开市场购买与~ 288n
            pound overvalued in, 1925 1925年在恢复~中英镑高估 284
        U. S., 1934 1934年美国恢复~ 471
    rules of, abandoned in World War I ~的规则在第一次世界大战中被放弃 192—193
    rules for size of money stock under ~下货币存量规模的规律 191—192
    silver agitation as threat to 银币运动对~的威胁 104
    silver purchases as threat to 白银购买对~的威胁 128, 131, 133, 698
    Treasury control of gold dealings under ~下财政部对黄金交易的控制 469—470
        in U. S., 1917—1918 1917—1918年美国的~ 220
    U. S. economic importance and 美国经济

的重要性以及~ 89—90, 785
U. S. suspension of, voluntary, 1933 1933 年美国主动中止~ 462—463
Gold Standard Act, 1900 1900 年《金本位制法案》 119, 148, 182
Gold stock, U. S. 美国的黄金存量
  changes in ~的变化 8, 89n, 98, 137, **211**, 279, **282**, 314, 316—317, 337, 347—348, 473, **503**, **507**, 508, 555, **606**, 609
    chief source of change in high-powered money 高能货币变化的主要原因 279
    contribution of, to ~变化的影响 **207**, 549
    instability of, 1923—1929, and sterilization of gold inflows 1923—1929 年~变化的不稳定性，以及对黄金流入的对冲 284—285
    U. S. vs. world 美国与世界黄金存量相比 1891—1914, 137
  devaluation of dollar and flat increase in 美元贬值以及~的平稳增长 212, 469—470, 798
  effect on high-powered money offset ~对高能货币冲销的影响 282, 504
  expressed in official values ~体现在官方牌价上 1933—1941, 506
  at historical peak, Sept. 1931 1931 年 9 月~达到历史最高点 396
  inverse to Reserve Bank credit, 1923—1929 1923—1929 年~与储备银行信贷（的增减方向）相反 279, 297, 504
  rate of growth of, decline in, 1879—1897 1879—1897 年~的增长率下降 91
  standard deviation of percentage changes in ~百分比变化的标准差 285, 594
  U. S. increase with unchanged deposit ratios, 1897—1914 1897—1914 年~的增长伴随着存款比率的恒定 137

Goldenweiser, E. A. 418n, 424—425
  U. S. as percent of world 美国黄金存量占世界总量的比重 89n
  vs. money stock change, 1897—1914 1897—1914 年~与货币存量变化的对比 137
Gold stock, world 世界黄金存量 8, 89n, 188
  rate of growth of, 1866—1914 1866—1914 年间~的增长率 137
  on direct pressure 直接施压 265n
  on rise in reserve requirements, 1936—1937 1936—1937 年间准备金要求提高 524—525
Goldsborough Bill, hearings on 关于 Goldsborough 议案的听证会 386n, 389n
Government 政府
  borrowing 政府借款
    for gold purchases 为黄金购买借款
      by R. F. C. 由复兴金融公司借款购买黄金 468
      by Treasury 由财政部借款购买黄金 83, 85, 468
    interest rates and, 1861—1865 1861—1865 年间的利率与政府借款 70
    vs. borrowing via money creation ~与通过货币创造借款相比 51, 59n, 81, 216, 219n, 221, 473n, 567—568
  deposit ratios and 存款比率与~ 55, 81
  taxation 政府税收
    explicit and implicit, World War II 第二次世界大战期间显性的和隐性的政府税收 571
    vs. implicit tax on money balances 货币余额基础上征收的隐性税收 568
Government debt 政府债务
  bank shift to short-term after 1929—1933 banking crises 1929—1933 年的银行业危机以后银行偏好转向短期 452

bond market crises in 债券市场危机 613
changes in, 1941—1946 1941—1946年~的变化 562
composition and yields changed by Treasury, 1947 1947年财政部改变其债务结构和收益率
composition of ~构成
   marketable bonds 可交易债券 **454**, **542**
   as cover for national bank notes 替代国民银行券 23n, 348, 781
   in demand as collateral for loans from F. R. 因为可以作为向联邦储备银行贷款的抵押资产而受到欢迎 315
   described 对可交易债券的描述 562n
   effect of wartime sales on savings, velocity, asset holdings 战时销售债券对储蓄、货币流通速度、资产持有的影响 559
   F. R. policy and prices of, 1919 1919年联储的政策和债券的价格 224
   F. R. World War Ⅱ sales to commercial banks 第二次世界大战期间联储向商业银行销售债券 565—567
   gold yield on, vs. railroad bond yield 黄金收益率与铁路债券收益率的对比 74
   held by member banks, 1928—1941 1928—1941年间成员银行持有的政府债券 451
   liquidity crisis and rise in rates on, 1931—1932 1931—1932年流动性危机以及债券利率的上升 319
   national bank demand for 国民银行对债券的需求 76
   pledge of payment in specie 铸币支付的保证 45n, 74
   and price-support program 债券价格支持计划 223

prices, decline in, 1931—1932 1931—1932年债券价格下降 356
prices, effect of Treasury-F. R. Accord on 《财政部-联邦储备体系协议》对债券价格的影响 624
prices, F. R. support of, 1942—1947 1942—1947年联储对债券价格的支持 562
proposal for payment in green-backs 以绿钞偿还债券的提案 45
repatriation of 回流 77n, 82
sale of, for gold 销售债券以购买黄金 83, 111n, 162n
savings bank demand for 储蓄银行的债券需求 76
as security for government deposits 作为政府储蓄的抵押 19, 23, 155—156
sold by syndicate, 1895 1895年由辛迪加承销的债券 111n, 117
Victory Loan 胜利债券 218n
viewed as gold bonds, 1867—1878 1867—1878年被视为黄金债券 74
viewed as greenback bonds, 1862—1867 1862—1867年被视为绿钞债券 45n, 72—73
war loan drives, banks' reaction to 银行对战争贷款运动的反应 573
yields on 胜利债券的收益率 68—69, 72—74, 304, 312, 315, 319, 323—324, 603, 607
Series E bonds, yield to maturity E债券系列的到期收益率 662n
Treasury bills 短期国库券 595, 614
   described 对~的描述 562n
   F. R. support prices of 联储支持的~价格 562, 578
   held by member banks, 1928—1941 1928—1941年成员银行持有的~ **451**
   postwar substitution of, for money 战

后的货币替代物　661
　　yields on　～的收益率　457，539n，**542**，**603**
Treasury certificates of indebtedness　政府1年期公债
　　described　对～的描述　562n
　　F. R. support prices of, 1942—1947　1942—1947年联储支持的～价格　562
Treasury notes　国库券
　　described　对～的描述　562n
　　F. R. support prices of, 1942—1947　1942—1947年联储支持～的价格　562
　　held by member banks, 1928—1941　1928—1941年成员银行持有的～　**451**
　　dispute over payment in gold　关于以黄金支付的争论　27
　　distribution of varying maturities　不同到期时间债券的分布　456
　　held by F. R.　联邦储备体系持有的债券　215，271，338，564
　　orderly market in　有序市场
　　　　as condition of general economic recovery　作为总体经济恢复的条件　553n，621
　　　　as F. R. objective　作为联储的目标　520，553n，621，625
　　　　June 1949 announcement on　1949年6月对有序市场的公告　621，625
　　　　pegging of prices of　钉住债券价格　520
　　　　to protect member bank vs. Treasury interest　保护成员银行与财政部的利益　553n
　　　　as Treasury objective　作为财政部的目标　625
　　prices of　债券价格
　　　　declined after Treasury-F. R. Accord　在《财政部-联邦储备体系协议》之后债券价格下降　612

　　F. R. support of, 1942, and decline in excess reserves　1942年联储支持债券价格，以及超额准备金的下降　540—541，563
　　similar to relatively unchanged discount rate, World War I　第一次世界大战时与相对固定的贴现率类似　223，563，577，578
　　narrowing of spread between long- and short-term, 1940—1942　1940—1942年长短期债券之间的价格差异减小　541
　　and relation to market rates　与市场利率的关系　515n
　refunding of　债券赎回　15n，77，82
　retirement of, and national bank note decline　退出流通，并且国民银行券减少　127，132
　use of Treasury surplus to retire　利用财政盈余赎回债券　581n
　yields on, F. R. support level of　债券收益率，联储支持的水平
　　consistent with fall in money stock, 1946—1947　1946—1947年与货币存量的减少一致　578，605
　　consistent with rise in money stock, 1942—1945　1942—1945年与货币存量的增长一致　578
　　rise in, 1947　1947年债券收益率上升
Governors conference　总裁会议
　on higher N. Y. discount rate, 1929　1929年更高的纽约银行贴现率　259，264
　statement on bank failures　对银行破产的声明　270
Great Britain　英国
　bonds　英国债券　146
　cyclical trough of 1932　1932年英国的周期性经济低谷　315n
　devaluation of pound　英镑贬值　41
　exchange crises, post-World War II, 1891—1897　第二次世界大战后，1891—

1897年~汇率危机 105—106
gold standard and 金本位制与~ 26, 41
international credits to, 1931 1931年向英国提出的国际贷款 314
monetary policy of, 1931—1932 1931—1932年~的货币政策 315n
and price controls ~以及价格管制 588—591, 679
也可参见 Prices, British
Great Contraction, 1929—1933 1929—1933年大萧条,参见 Business cycles
Green Act 《格林法案》 486n
Greenback period 绿钞时期
　economic expansion during 经济扩张 35
　and loans vs. deposits payable in gold 以黄金支付的存款与贷款的对比 29n
　manufacturing during ~的制造业 35
　monetary changes in, independence of 货币方面变动的独立性 687
　role of gold in 黄金的作用 7, 26
Greenbackism 绿钞主义 8, 519
　spread of, after 1873 1873年后绿钞主义的盛行 48
Greenbacks 绿钞
　agitation for 动摇 48
　attempts to expand 试图扩大~的发行 47
　Civil War issue 美国内战期间~的发行 4, 24
　constitutional as legal tender 符合宪法的法偿货币 46—47
　fluctuations in amounts of 1867—1879年~的数量波动 77, 54
　issue of, $3 billion authorized, 1933 1933年授权发行30亿美元~ 447, 465, 470, 548n
　legal maximum, 1875 1875年~达到法定的最大值 24
　retirement of ~退出流通 24, 44—45, 49, 54
　right to reissue 重新发行~的权利 46
　statutory limit on amount of ~的法定数量限制 169n
　stock of ~的存量 17, 129, 130—131, 179—181
Gresham's law, misapplication of 格雷欣法则的误用 27n
Growth rate, computation of 增长率的计算 5n

Hamlin, Charles 417n
　favored direct pressure 赞成直接施压 265
　favored rise in discount rates, Oct. 1931 1931年10月倾向于提高贴现率 381n
　on relevance of earnings needs to open market operations 对于公开市场操作,收益需求至关重要 252n
Harding, W. P. G. 224, 226ff, 230, 225n
　not reappointed 没有继任 229
　transfer to Boston Bank 调任到波士顿联储银行 229n
　Bank of U. S., attempt to save 试图挽救美国银行 309n
　direct pressure, views on 对直接施压的见解 258n
　easy money conditions denied by, Apr. 1931 1931年4月反对放松银根 378
　efforts to conciliate System 在安抚联邦储备体系方面的努力 369, 374, 377, 386—388
　on excess reserves, correction of 对超额准备金的修正 521
　exchange with Glass ~与Glass的信件往来 388n
　and expansionary monetary policy ~与扩张性货币政策 369
　favored 赞成
　　earlier and larger reductions in discount rates, 1930 1930年及早并较大幅度地降低贴现率 341
　　expansionary action, 1930, 1931 1930

和 1931 年的扩张性政策 370，378，692
nationwide bank holiday 全国性的银行歇业期 327
purchases, Jan. 1932 1932 年 2 月购买 383
raising reserve requirements, 1935 1935 年提高准备金要求 521
rise in discount rates, Oct. 1931 1931 年 10 月提高贴现率 381—383
foreign developments, concern over, July 1931 1931 年 7 月担心国外的事态发展 379
on free gold 对自由黄金的看法 403n
French urged by him to withdraw short-term U. S. balances 催促法国人提走在美国的短期存款余额 397n
on government securities market 对政府债券市场的看法 520
intention to ease market, 1929 1929 年意图放松银根 290
and Jan. 1933 System portfolio 1933 年 1 月联邦储备体系的债券组合 389—390
limited influence on System 对联邦储备体系的影响有限 369，414，692
loans to buy gold, attitude toward 对贷款购买黄金的态度 350n
member bank borrowing, hesitation to encourage 在鼓励成员银行借款问题上举棋不定 406n
N. Y. Bank's authority to purchases for own account 纽约银行以自有账户进行购买的权力
conflict with Gov. Young over 与主席 Young 的观点相冲突 364
reasons for N. Y. purchases, Oct. 1929 1929 年 10 月纽约银行公平市场购买的动机 366
view of other governors on 其他官员对此看法 366—367
O. M. I. C. and O. M. P. C. compared 公开市场投资委员会与公开市场政策委员会相比 369n

opposed 反对
deposit insurance, 1933 1933 年存款保险 435n
gold sterilization, 1930—1931 1930—1931 年黄金对冲 378
open market purchases to offset 1937 rise in reserve requirements 公开市场购买以抵消 1937 年准备金要求的提高 527，529
open market sales, 1935 1935 年公开市场卖出 522
purchase in 1932 without Chicago and Boston Banks' participation 1932 年在没有芝加哥和纽约银行参与的情况下公开市场买入 387
reduction in reserve requirements, 1938 1938 年准备金要求的降低 528
Hedging against change in gold premium 对冲黄金升水的变化 26，29
High-powered money 高能货币
actual and hypothetical changes 真实的和假设的~变化 393—394
adequate supply, need of, 1929—1933 1929—1933 年对~充足供给的需要 408n，441
bank reserves as 银行准备金 50
breakdown of ~的构成 180，209，212，216，220—221，278
derivation of ~的来源 796—798
changes in ~的变动 55，120，124，128—129，**130**，137，158，174，**175**，176—177，**179**，**204**，**210**—**211**，222，232，235，236，273—274，**273**，**280**—**282**，287，288，290，**333**，**336**—**337**，340，342，345，500，**500**，**502**—**503**，**507**，509，**537**，**552**，**554**—**555**，576，602，**602**，**606**，**608**—**609**，612，614—615，**678**，799—808
opposite in direction to money stock,

1930—1933 1930—1933 年间 ~
　　与货币存量的变动方向相反 332
Treasury cash and 与库存现金 124，
　　182
unrelated to changes in gold stock，1923—
　　1929 1923—1929 年与黄金储备
　　的变动无关 279—282，504
contribution of，to change in money 在
　　货币变动方面的作用 **54**，86，
　　119，**121**，**176**，**206**—**207**，275—
　　276，**334**，499—500，548，684
contribution of Treasury to 财政部对 ~ 的
　　作用 132—133
created by government bond sales to F. R.
　　Banks only 只有将政府债券出售
　　给联邦储备银行才能创造 ~ 566
decline in ~ 的减少
　　due to decline in Reserve credit 由于联
　　　　邦储备信贷的减少 340，347
　　and gold outflow 与黄金外流 618
　　largest since 1867，1920—1921 1920—
　　　　1921 年减少幅度达到自 1867 年以
　　　　来的顶峰 236
　　offset in part by rise in deposit currency
　　　　ratio 减少部分被存款-通货比率
　　　　的上升抵消 235
defined 定义 50
dependent on gold flows under gold standard
　　金本位制下 ~ 依赖于黄金流量
　　124
derivation of data，1867—1960 1867—
　　1960 年 ~ 数据的来源 808
destabilized by Treasury cash 库存现金造
　　成的 ~ 的不稳定性 125
during banking panic of 1933 1933 年银行
　　业危机期间的 ~ 349
effect on，of ~ 的影响因素
　　domestic forces 国内因素 124
　　gold-sterilization program 黄金对冲计
　　　　划 511
　　silver purchases 白银购买 128
erratic movements in ~ 的不规则波动

not smoothed by F. R. ~ 的不规则波动
　　未能被联储熨平 508，511
smoothed by F. R.，1920's 20 世纪 20
　　年代 ~ 的不规则波动被联储熨平
　　279—282，504
F. R. loss of control over 联储失去对 ~ 的
　　控制 566，605，612
F. R. power to create，1914—1917 1914—
　　1917 年联储创造 ~ 的权力 213
fiduciary vs. nonfiduciary components of ~
　　中信用成分和非信用成分的比较
　　209，211，219，796
gold as percentage of 黄金在 ~ 中的比重
　　279
with higher pattern of rates，smaller increase
　　in ~ 较小的增长，伴随着较高的
　　利率 567
hypothetical，1934，1936 1934 和 1936 年
　　假定的 ~ 536—538
hypothetical change in， 1914—
　　1920 1941—1920 年间假定的 ~
　　变化 238—239
inverse to changes in Treasury cash and F. R.
　　deposits ~ 与国库现金和联储存
　　款反向变动 506—508
　　exception during gold sterilization 黄金
　　　　对冲期间例外 510
opposite movements in deposit-reserve ratio
　　and，1948—1960 1948—1960 年
　　间 ~ 与存款准备比率的反向变动
　　602，604
panic rises in 1908 and 1914
　　contrasted 1908 年 ~ 的恐慌性增
　　长与 1914 年的对比 176
plus Treasury cash ~ 加上库存现金 792
possible F. R. changes in，1921—1929
　　1921—1929 年联邦储备体系 ~ 的
　　可能的变动 274—275
rate of change in ~ 的变化率 **54**，**121**，
　　176，**206**—**207**，**334**，548
rate of growth of，1917—1919 vs. 1914—
　　1917 1917—1919 年间与 1914—

1917 年间 ~ 的增长率的对比　218
reflected mainly changes in gold stock, 1933—1937　1933—1937 年间 ~ 反映黄金存量的主要变动　505
rise in　 ~ 的增长
 different sources of, 1945—1948 vs. 1918—1920　1945—1948 年间与 1918—1920 年间不同的 ~ 增长来源的对比　575
 due to gold inflow　 ~ 增长的原因在于黄金流入　212—213, 344, 551
 due to gold purchases　 ~ 增长的原因在于黄金购买　473, 506
 exceeded gold stock rise due to desterilization, 1938　1938 年,由于反向对冲, ~ 的增长快于黄金储备的增长　510
 halted by gold sterilization, 1936—1937　1936—1937 年,由于黄金对冲 ~ 暂停增长　510
 inadequate to prevent bank failures　 ~ 的增长不足以阻止银行倒闭　356
 rise in bills discounted, Jan.-Sept. 1920, and　1920 年 1 月到 9 月贴现票据的增加　232
 sharp, Jan.-Mar. 1934　1934 年 1—3 月 ~ 急剧增加　509
 smaller than currency drain, 1931—1932　1931—1932 年 ~ 增长小于通货外流　346
 as source of monetary expansion, or not　 ~ 增长是否是货币扩张的根源　576
 wartime, distribution between currency and reserves　战争时期 ~ 增长在通货与准备金之间的分配　561
 short-term inelasticity of　 ~ 在短期内缺乏弹性　168—169
 size of Treasury surplus and　国库盈余的规模与 ~ 　127
 sources of change in　 ~ 变化的来源　54, 86, **206—207**, 549, 684

gold inflows　黄金流入　158, 345, 561
 national bank note increase, 1932—1933　1932—1933 年间国民银行券的增加　348
 rise in discounts and other Reserve credit　贴现量和其他联储信贷的增长　346, 561
 Treasury cash, 1879—1897　1879—1897 年间的国库现金　124
 standard deviation of percentage changes in　 ~ 百分比变化的标准差　**285**, 594
 under F. R. System　联邦储备体系下的 ~ 　189—190
 under various monetary standards　不同的货币本位下的 ~ 　51, 789—793
Home Owners Loan Corporation　房产所有者贷款公司　495
Hoover, Herbert　255n, 260n, 378, 469
 debt moratorium, and　延期偿付债务　314, 378
Immigrants, remittances of, and capital exports　外来移民的汇款以及资本输出　143, 148
Immigration　外来移民　35, 153
Imports, commodity, U.S.　美国进口商品　77n
 effect of Civil War on　美国内战对美国进口的影响　66
 tariff restraints on, 1897—1906　1897—1906 年间关税对美国进口的影响　142
 value of, 1897—1909　1897—1909 年间进口商品的价值　140
Income, national　国民收入　5n
 money　货币收入
  adjustment of wartime estimates　战时货币收入估计值的调整　198n, 546n
  changes in　货币收入变化　30, 36, **94—95**, 96, **136**, 153, 196, **197**, 232, 299, 301, 493, **494**, 546, 547, **593**, 678

cyclical reaction to changes in money stock 货币收入对货币存量变化的周期性反应 682
lower at 1937 than at 1929 peak 1937年货币收入的峰值比1929年的峰值要低 493
influence of money on 货币对货币收入的影响 690
rate of growth of 货币收入增长率 37, **37**, **39**, **185**, **243**
personal 个人收入 **303**, 305, **494**
real 实际收入
adjustment of wartime estimates 战时实际收入估计值的调整 198n, 546n
changes in ~的变化 **30**, 36ff., 37, 41, 42, 43, **94—95**, **136**, 139, 153, 173, 196, **197**, 205, 222, 241, 299, 301, 493, **494**, 546, **547**, **593**, **678**
determinants of long-run rate of growth of ~长期增长率的决定因素 678
during periods of monetary uncertainty or contraction, rebound, and stable growth 在货币的不确定性期或紧缩期、反弹期和稳定增长期的~ 186, 242
growth of, rate of ~的增长率 37, **39**, 96, 97, **185**, **243**
dating of periods compared 不同时期~增长率的对比 93
mild, 1958—1960 1958—1960年间~的温和增长 601
instability of, and instability of money ~的不稳定性,以及货币的不稳定性 678
lower at 1895 than at 1907 peak 1895年的~比1907年的峰值低 493
lower in 1933 than in 1916 1933年的~比1916年低 301
lower at 1937 than at 1929 peak 1937年的~比1929年的峰值低 493
percentage decline, U. S. and Canada,

1929—1933 1929—1933年间美国和加拿大~降低的百分比 352
rise in, 1933—1937, larger if no wage price spiral 1933—1937年间如果不存在工资价格的螺旋上升,~的增长幅度会更大 499
standard deviation of percentage changes in ~百分比变化的标准差 **285**, **594**
variability in, and money stock ~的可变性,以及货币存量 286
real, per capita 人均实际收入
commodity 商品 38n
during periods of monetary uncertainty or contraction, rebound, and stable growth 在货币的不确定性期或紧缩期、反弹期和稳定增长期的人均实际收入 242
growth of, rate of ~的增长率 5, **37**, **39**, **185**, **243**
same in 1908 and 1933 1908年的~与1933年相同 301
secular rise in ~的长期增长 639
Independent Treasury System 独立财政体系 19, 127, 300
Indianapolis Monetary Commission 印第安纳波利斯货币委员会 118
Inflation 通货膨胀
curbing of, by monetary restraint 通过货币控制抑制~ 13, 626, 700
feared as cause of 对引发~原因的担忧
gold inflow, 1935 1935年的黄金流入 524
gold outflow, 1931—1933 1931—1933年的黄金流出 396—398, 407, 524
F. R. concern over 联储对~的关注 577, 580, 584
gold 黄金 205
post-World War I 第一次世界大战以后的~ 221—231
and postwar cheap money policies in most countries ~与第一次世界大战后

多数国家的低息货币政策 626，700

World War I, 1917—1919, factors slowing 第一次世界大战，1917—1919 年～减缓的因素 218n

Inflation Bill, 1896 1896 年《通货膨胀法案》 47

Interaction of deposit ratios 存款比率间的相互影响 54n，121，176，206，334，549，794—795

Interest, payment of 支付利息
  on currency 对通货～ 644n
  on deposits 对存款～
    demand, bankers' balances, prohibited 禁止对银行间的活期账户余额～
      cartel argument for 卡特尔对～的观点 443n
      as offset to deposit insurance ～的成本下降抵消对存款保险的成本 443n
    demand, prohibited 禁止对活期账户～ 447，644n
      first restrictive in 1950's 20 世纪 50 年代首次限制～ 447，646，651
      free services on, 1930's, in lieu of 20 世纪 30 年代以免费的服务代替～ 651
    difference between, and yield on other assets, effect of 存款利率与其他资产间收益率的差别所产生的影响 656
    postwar rise in 战后存款利率的增长 646
    time, commercial 商业定期存款利率 644n
      average rate on 定期存款的平均利率 651，**664**
      ceiling on 定期存款的上限 443，445，448，615，646，651，665，668n
      rates of return on 定期存款的收益率 662—663
      return on vs. yield on Series E bonds 定期存款收益率与 E 种债券的对比 662
    time, mutual savings, average rate on 定期、互助储蓄存款的平均收益率 **664**

Interest rates 利率 247n
  atypical decline before May 1960 peak 1960 年 5 月峰值以前～反常的下降 619
  banking crises, effect on, of ～对银行业危机的影响 312，315
  capital movements and 资本流动与～ 67，99，102，144n，146，147
  change in structure of, before and after 1933 1933 年之前及之后利率结构的变化
    greater fall of short-term and high-grade investments 短期利率和高等级债券投资利率更大幅度的下跌 455
  changes in velocity of currency and demand deposits and positive relation of, 1909—1958 1909—1958 年间通货和活期存款流通速度的变化，以及与利率变化的正向关系 649
  changes in velocity of money and inverse relation of, 1932—1942, 1942—1946, 1929—1932, 1948—1960 1932—1942 年、1942—1946 年、1929—1932 年和 1948—1960 年货币流通速度的变化，以及其与利率变化间的反向关系 648
  contracyclical decline in, 1933—1937 1933—1937 年间利率反经济周期的下降 496
  cyclical behavior of 利率周期性波动 307
  decline in market rates, relative to F. R. discount rates, 1929—1930 1929—1930 年间市场利率相对于联邦储备贴现率下降 341
  determination of, during Civil War 南北战

争期间利率的决定 67，70
gold flows and 黄金流动与利率 99n
government borrowing, 1861—1865, and 1861—1865 年间的政府借款与~ 70
on government securities in two wars 两次世界大战期间政府债券的利率 569
liquidity crisis, and rise in, 1933 1933 年流动性危机，以及利率的上升 326
liquidity preference theory of 利率流动性偏好理论 92n
　shift in bank preferences vs. preferences of others 银行流动性偏好的变化与其他偏好的对比 456n
　vs. expectations hypothesis 与预期假说的对比 455n
long-term, decline in, 1933—1937 1933—1937 年间长期利率的下降 496
low level of, 1933—1941, not result of F. R. "easy" money 1933—1941 年利率的低水平，不是联储放松银根的结果 515
no rise in but narrowed spread, 1940—1942 1940—1942 年间没有增长，但长短期利差减小 541
open market purchases, effect of 公开市场购买对利率的影响 323
paid by FHLB member savings and loan associations, 1945—1960 1945—1960 年间，储蓄和借贷协会成员美国联邦住宅贷款银行（FHLB）支付的股息率 **664**
pre-1914 seasonal changes 1914 年以前利率季节性的变化 294，297
price rise, 1861—1865, and 1861—1865 年间物价的上升与~ 70
"real" vs. money "实际"利率与名义利率的对比 92n
rise in 利率上升
　associated with doubling of reserve requirements, 1936—1937 1936—1937 年利率上升与准备金要求翻番相关 527
　and narrowing of spread between short and long 长短期利差缩小
　short-term, and rise in reserve requirements, 1937 短期利率上升，以及 1937 年准备金要求增加 539
　and shifts in bank liquidity preferences, 1933—1936, 1937—1940 1933—1936 年、1937—1940 年银行流动性偏好的变化 539
short vs. long, 1862—1864 1862—1864 年短期与长期利率的对比 71
spread 利差
　how to measure 如何度量利差 453n
　liquid and less liquid assets narrowed, 1940—1960 1940—1960 年间高流动性与低流动性资产之间的利差缩小 461
U. S. vs. foreign 美国与国外利率的对比 69，147
velocity of money, effect on 利率对货币流通速度的影响 648ff.
　not related, 1880—1914 1880—1914 年间利率与货币流通速度无关 654
International Monetary Fund 国际货币基金组织 509n

Joint Congressional Commission of Agricultural Inquiry 农业调查联合会议委员会 228

Keynesian economics 凯恩斯主义经济学
　analysis of 1929—1933 contraction in ~ 对 1929—1933 年间衰退的分析 691
　conclusions of, questioned 对~结论的质疑 626—627
　little role in F. R. monetary policy until 1937 1937 年以前~在联储货币

政策中的影响甚微 533—534
Knickerbocker Trust Co. Knickerbocker 信托公司 159, 164, 166, 311
Korean War 朝鲜战争 13, 610ff.
  price rise in ~期间物价上涨 135n

Labor 劳动力
  costs in New Deal era 罗斯福新政时期~的成本 495, 498—499
  resumption and 重建与~ 44
Latin Monetary Union, adoption of gold standard by 拉丁货币联盟采用金本位制 64, 137
Lawful money 法定货币 21
  defined ~的定义 781n
    for national banks 国民银行 781—782
    for state banks 州立银行 781
Legal Tender Acts 《法偿货币法案》 46, 47
Lehman, Herbert H. 327
  attempt to save bank of U.S. 试图挽救美国的银行 310n
Lend-lease, U.S. gold exports halted by 《租借法案》,美国的黄金出口因此而暂停 550—551
Liquid assets 流动资产
  accumulation in World War Ⅱ 第二次世界大战中积累的~ 559
  effect of postwar expectations on 战后预期对~的影响 560
  ratio to income 与收入的比率 581, 597—598
    effect of Accord on 《财政部-联邦储备体系协议》对~的影响 1950—1952, 598, 625
    sharp decline in, 1949—1951 1949—1951 年间的急剧下降 597—598
    small decline in, 1946—1948 1946—1948 年间的小幅下降 581
Liquidity crisis 流动性危机
  financial leadership crucial to halting of 金融体系的领导层对制止~至关重要 418
  remedy for 制止~的措施
    applied if Strong had lived 如果 Strong 仍健在,(阻止流动性危机的措施)将会及时得到应用 412—413
  restriction of payments, 1930 1930 年的支付限制 316, 693—694
Loans, commercial 商业贷款
  rapid decline in, 1920—1921 1920—1921 年~迅速下降 235
  rate on, 1928—1939 1928—1939 年的~利率 454
  rate on, vs. market rate ~利率与市场利率的对比 455
London Economic Conference 伦敦经济会议 483
Long cycles, alternative interpretations of 对长周期的可能的解释
  as cyclical process 周期过程 187
  as reaction to monetary shock 对货币事件的反应 188
Manufacturing 制造业 93
Marshall Plan "马歇尔计划" 575
Massachusetts Banking Act of 1858 1958 年《马萨诸塞州立银行法案》 18n
McDougal, James 384n, 385n, 386, 387, 389
  on member bank borrowing 对成员银行借款的看法 384
  on open market sales, Oct. 1931 对 1931年 10 月公开市场出售的看法 382, 383n
  pressure by, to stop 1932 purchases 施压以停止 1932 年的公开市场买入 387
  on 1932 purchase program 对 1932 年购买计划的看法 385n
McFadden Act 《麦克法登法案》 244
McKinley Tariff Act 《麦肯里关税法案》 106
Medicine, control over entry 控制医药行业

准入 443
Meyer, Eugene 327, 348n, 363, 376—378, 380—381, 384—386, 389, 403n, 416, 417n, 692
 favored 赞成
  expansionary program, Feb. 1932 1932 年扩张性计划 384
  larger purchases, 1931 1931 年更大规模的购买 378—380, 692
  rise in discount rates, Oct. 1931 1931 年 10 月提高贴现率 381
 first bout with F. R. "hard-money crowd," 与联储"硬通货派"的第一次较量 377n
 opposed to 反对
  gold sterilization 黄金对冲 379
  open market sales, Jan. 1931 1931 年 1 月公开市场出售 377
 as RFC chairman 作为复兴金融公司主席 325n, 416
 urged System to do more, to forestall Congressional action 督促联储体系更多地去阻止议会的行动 385, 388—389
Mexico, 1935 bank holiday 1935 年银行歇业期时的墨西哥 491, 699
Miller, Adolph 230, 254, 257n, 265—266, 341, 357, 364n, 377, 417n
 on countering internal drain 对内部流失的计算 396n
 direct pressure advocate 提倡直接施压 265—266
 on expansionary program, Feb. 1932 1932 年 2 月对扩张性计划的看法 384
 on F. R. Board's control of open market operations 对联邦储备委员会对公开市场操作控制的看法 251n
 on N. Y. Bank's unauthorized purchase, Oct. 1929 1929 年 10 月对纽约银行未授权购买的看法 364n
 opposed to open market sales, Jan. 1931 1931 年 1 月反对公开市场出售 377
real bills, no belief in 不相信真实票据 266
 on rise in discount rates, Oct. 1931 1931 年 10 月对贴现率上升的看法 381n
Mining 矿业 35
Minor coins 低值硬币 113n
 seigniorage and 铸币税与~ 125n
Monetary authorities 货币当局
 cash balances of ~的现金余额 779—780
 and consolidation of accounts 与账户合并 782, 783
 currency obligations of, types of ~的现金负债类型 776
 defined ~的定义 777
 deposit obligations of, held by public 公众持有的~的存款负债 783
 monetary obligations of, types of ~的货币负债类型 776
 physical assets and fiat of ~的实物资产和不兑换纸币 **211, 281, 377, 503, 555, 609**
 contribution of, to high-powered money 对高能货币的作用 **207, 549**
Monetary policy, F. R. 联邦储备货币政策
 active, 1920's 20 世纪 20 年代积极的~ 411
 of altering high-powered money discarded 改变高能货币的~被放弃 511
 of altering structure of rates 改变利率结构的~ 636
 and bank liquidity preferences, in 1930's 20 世纪 30 年代~与银行的流动性偏好 461
 of bills only, 1953—1961 仅存国库券的~, 1953—1961 年间 632—636
 confidence in efficacy of 对~效果的信心
  changes in, 1914—1960 1914—1960 年间对~效果信心的变化 250n
  vs. stability of changes in money stock

对~效果信心与货币存量变动的稳定性的比较 638
conflicting criteria for ~相互冲突的标准
 business expansion vs. restraint of speculation 经济高涨与抑制投机 297
 external vs. internal stability 外部稳定与内部稳定的对比 297, 691
 gold-standard vs. gold sterilization 金本位制与黄金对冲的对比 297
 real bills vs. inventory theory of business cycles 真实票据论与商业循环存货理论 297, 373n
criteria for, 1951—1960 1951—1960年~的标准 627ff.
 appropriate secular growth of money stock 货币存量的长期适度增长 628—631
 countering cyclical changes in credit and money stock 存款与货币存量的反向周期性变化 631—632
 prevention of gold outflows 防止黄金外流 628, 631
criticism of, 1920—1921, 1936—1937 1920—1921年、1936—1937年对~的批判 529
during internal and external drain, 1931—1932 1931—1932年在内部流失和外部流失期间的~
 and Bagehot's prescriptions to ease internal drain Bagehot提出的减轻内部流失的建议 395
 free-gold problem as defense of 以自由黄金问题作为借口 399—400
 restrictive 限制性的 395—396
 and System policy to sterilize gold outflow abandoned 联储对冲黄金外流的政策被放弃 395—396
of ease 宽松的~ 275, 288, 599, 600, 620
 claimed, 1929—1933, 1934—1937 1929—1933年、1934—1937年声称的宽松的~ 514, 533—534, 699
 sharp reversal of earlier policy, 1957—1958 1957—1958年初期政策的急剧转向 617
 stock market boom, 1927, and 1927年股票市场的繁荣以及~ 291
effect of tool used on 所使用工具的作用 531—532
of expansion 扩张性的~
 external constraints on, and use of qualitative credit controls ~的外部限制，以及定性信贷控制的使用 266
 of facilitating Treasury financing, 1917—1917, 1919—1920 1917—1917年、1919—1920年~便利财政部融资 216—224
failure of, 1929—1933 1929—1933年~的失灵 300, 691
of holding constant government securities portfolio 持有不变的政府债券组合的~
 1933—1937 512, 517, 519
 1940—1941 533
of holding discount rates constant, 1934—1940 1934—1940年保持贴现率不变的~ 512, 514, 517
lag between action and effect of ~行动与效果之间的时滞 239, 413n
lag in System reaction to need for change in 联储体系对于改变~需要的反应时滞 525, 529, 600, 606—607, 616, 617
 exception at 1953 peak 1953年的峰值例外 600, 614
 exception at Mar. 1960 peak 1960年3月的峰值例外 620
of maintaining Reserve credit unchanged, 1934—1940 1934—1940年间维持储备信贷不变的~ 512
of more than sterilizing gold inflows, 1930 1930年不仅仅是对冲黄金流入的~ 375

of neglecting short-term movements in high-powered money, 1934—1940　1934—1940年忽视高能货币的短期波动的~　511, 517

of not replacing decline in discounts, 1929—1930　1929—1930年没有取代贴现金额下降的~　340—341, 375

of offsetting seasonal changes in reserves and currency, 1920's　20世纪20年代抵消储备和通货的季节性变化的~　292, 297

　　discarded, 1933—1941　1933—1941年放弃抵消季节性变化的~　504—505, 508, 511, 515

　　only slightly restrictive, 1948—1949　1948—1949年轻微紧缩的~　607—609

of open market purchases　公开市场购买的~　323, 411

　　1926—1927 vs. 1929—1931　1926—1927年与1929—1931年的公开市场买入对比　411

opposed to seasonal easing, 1930　1930年反对季节性的放松　374

passive, hesitant, 1929—1933　1929—1933年被动的、迟疑不决的~　411

passive under New Deal, but banking structure and monetary standard greatly changed　罗斯福新政下的被动~，但银行结构和货币本位发生了巨大的变化　420, 465—466

principles of, in 1921, 1923 *Annual Reports*　~的基本原则，出自1921年、1923年的年度报告　249—254

　　to promote economic stability, 1921—1929　1921—1929年间促进经济稳定　240, 241

of providing unlimited high-powered money at fixed rate　以固定利率提供无限的高能货币

　　abandoned after Accord　在《财政部—联邦储备体系协议》之后放弃~　593, 625, 700

　　committed System to buy securities from banks, 1948, 1951　1948年、1951年迫使联邦储备体系从银行那里购买债券　604, 612

　　differences with Treasury over details　在细节上与财政部的差异　611, 621, 625

　　if not offset by earlier change in surplus and expectations of price decline, 1946—1948　1946—1948年，若不能被早期的财政盈余变化和价格预期下调抵消　585

　　F. R. attempts to limit during Korean War　朝鲜战争期间，联邦储备体系试图限制~　610

　　and high-powered money　与高能货币　578, 583

　　offset by public's desire to hold money and not spend, 1946—1948　1946—1948年~被公众持有而不支出货币的愿望抵消　581

　　relative to changing market conditions　相对于变化着的市场条件　578

　　same after both world wars　两次世界大战后均采取~　577

　　unquestioned by F. R., 1945—1951　1945—1951年联邦储备体系没有质疑该政策　578, 620—621, 625

of purchasing earning assets, 1914—1917　1914—1917年购买收益性资产　213—214

of restoring its reserve ratio, 1920—1921　1920—1921年恢复原有准备金比率　229—230, 332—334

of restraint, 1923, 1926　1923年、1926年限制性的~　287

of restriction　限制性的~　289, 317, 600

　　after gold drain, 1931　1931年黄金外流以后　317

　　decline in bond prices and rise in bank

failures 债券价格下跌以及银行倒闭增加 383

wide support for 获得广泛支持 363, 382

contribution to severity of 1920—1921 contraction 对 1920—1921 年严重衰退的作用 237, 360, 419, 607

F. R. disclaimer of effect on 1920—1921 U. S. decline 联邦储备体系否认限制性政策对 1920—1921 年美国衰退的影响 236—237, 419

international aspects of 1920—1921 decline 1920—1921 年衰退的国际视角 236—237, 360

opposed by Treasury, 1928 1928 年的限制性政策遭到财政部的反对 289n

sharp reversal of earlier policy, 1959 1959 年初期政策的急剧转向 619

timing of peak and, early 1953 1953 年年初决定了顶峰的时间 599

with new tools, 1936—1937 1936—1937 年新的限制性政策工具 514

role of foreign vs. domestic factors in 国外与国内因素在 ~ 中的作用 269

of seasonal adjustment ~ 的季节性调整 294

of sterilizing gold flows 对冲黄金流动的 ~

burden on rest of world of, 1929—1931 1929—1931 年对冲黄金流动对世界其他国家的负担 360—361

synchronous with cycle turns ~ 与周期变化同步

effect on 1923 Annual Report 对 1923 年年度报告的影响 288

tight, 1930 1930 年紧缩的 ~ 375

too easy to stem bull market, 1929 1929 年 ~ 太宽松以至于不能遏制牛市 265, 290, 298, 692

tools of, refinement in 1920's 20 世纪 20 年代 ~ 工具的改进 296

Treasury domination after 1933 1933 年后财政部控制 ~ 12, 505

Monetary standard 货币本位

changes in U. S. 美国的 ~ 变化 420, 683—684

dual 双重本位 27

during panics 恐慌期间的 ~ 15n, 110

fiduciary 信用本位

money stock independent variable under 信用本位下货币存量为独立变量 89

U. S., 1862—1878 vs. 1934—1960 1862—1878 年与 1934—1960 年美国信用本位的比较 7, 15, 85, 789

mixed fiduciary and specie 混合信用本位与铸币本位 790ff.

specie 铸币本位 784ff.

uncertainty about 对货币本位的不确定性 7, 8, 44, 87, 91, 107, 132n, 184

banking holiday of 1933 and 与 1933 年的银行歇业期 331

capital outflows and 与资本外流 102, 107, 143, 146n

dating of periods 分为不同的时期 184

decline in, and price rise, 1900—1902 1900—1902 年间 ~ 与价格上升 148

end of, 1897 vs. 1879 1897 年与 1879 年 ~ 终止的比较 139, 184

public's preference for gold in 1933 and 与 1933 年公众对黄金的偏好 350

rebound from 不确定性反弹 185, 242

reduction in 不确定性减弱 146

U. S. since 1934, as discretionary fiduciary 美国 1934 年以来自由决定的信用本位 474

也可参见 Gold standard

Money 货币

change in ideas about, after 1933　1933 年以后观念的改变　12
　　fiscal policy assumed superior to　财政政策优先于货币政策　533, 543
　　greater importance assigned to direct credit controls　赋予直接信贷控制更多的重要性　533
　　public interest in, as result of support policy　公众对货币的兴趣，由于债券支持政策　596, 626
　　worldwide changes in ideas about, after 1948　1948 年后，世界范围内观念的改变　596, 626, 700
Money creation　货币创造
　　as borrowing at zero rate　通过零利率借款　60n, 219n, 473n
　　by government, as fraction of average annual NNP　政府的 ~ 占年均国民生产净值的比例　570
　　as implicit tax　隐性税收　59n, 66n, 219n, 221n, 473n
　　as sharing arrangement between banks and government　银行和政府间共享收益的安排　219n, 568n, 570
　　as "voluntary saving" or implicit tax　"自愿储蓄"或隐性税收　568
Money market　货币市场
　　seasonal strain in, Treasury easing of　季节性的紧缩，财政部放松银根　128, 145n, 148n, 149ff. ,151, 154—156
　　Treasury intervention in　财政部干预 ~　128
Money stock, U.S.　美国的货币存量　3, 4, 10, 12, 13, 29—30, **30**, 32, 44, **55**, 94—95, 112, 119, 120, **136**, 137, 138, 163, 174, **175**, **197**, 197—198, 204, **204**, 205, 217—218, 222, 241, **273**, **302**, **333**, **432**, **494**, **500**, **530**, 546, **547**, **552**, **593**, 600, 601, **602**, 612, 617, **678**, **684**
　　affected by changes in high-powered money　受高能货币变化的影响　182—183
　　agitation for expansion of　寻求 ~ 扩张的运动　91
　　appropriate secular growth of　~ 适度长期增长　628, 630—631
　　atypical constancy in, 1927—1929　1927—1929 年的反常稳定　298
　　atypical fraction of years of decline in, 1867—1879　1867—1879 年部分年份的反常下降　31, 86
　　balance of payments as ultimate determinant of　以国际收支差额作为最终的决定因素　51, 99
　　wartime modifications of　战时对决定因素的修正　198
　　balances, demand for　货币存量余额，需求
　　　effect of end of F. R. support program on　联储债券支持计划的结束对 ~ 的影响　598, 612, 672, 674
　　　effect of holdings of close money substitutes on　持有准货币替代物对 ~ 的影响　659ff.
　　　expected rates of price change and greater sensitivity to, 1948—1960　1948—1960 年预期的价格变化率和对 ~ 更高的灵敏度　658
　　　postwar decline in　战后 ~ 的下降　644
　　balances vs. other assets　货币存量余额和其他资产的对比　644
　　"luxury" value attached to services of　依附于 ~ 服务的"奢侈品"价值　679
　　basic economic determinants of wartime rise in　决定战时货币存量增长的基本经济因素　566ff.
　　behavior of, as criterion of F. R. monetary policy since Accord　自《财政部-联邦储备体系协议》以后货币存量的变动成为联储货币政策的准绳　628—631
　　behavior of interest rates and, 1879—1897

与1879—1897年间利率的变动 92n
changes in　货币存量变动
　　in close, stable relation to other economic variables　与其他经济变量有紧密、稳定的联系　676, 686, 694
　　contribution of determinants to　各决定因素的作用　51n, **54**, 101, 119ff., **121**, 174ff., **176**, 218, 222, 270ff., 232, 332ff., 449ff., 561ff., 601ff., 684ff., 687, 794—796
　　determined externally under gold standard　金本位制下~由外部决定　119
　　domestic influences on, role of　国内因素对~的影响,作用　119
　　independent origin of　~的独立来源　676, 686
　　price changes and　与价格的变化　145, 242—244
　　vs. changes in gold stock, 1897—1914　1897—1914年间与黄金储备变动的对比　137
classification of types　货币存量类型的划分　776ff.
comparison of　货币存量对比
　　1882—1893 and 1903—1913　1882—1893年与1903—1913年对比　187
　　World War Ⅱ and Civil War　第二次世界大战和美国内战对比　546n
countercyclical change as System aim　以"逆风向调节"作为联储目标　631
cyclical change in deposit-reserve ratio and　~与存款-准备金率的周期性变动　119
cyclical elasticity of　~的周期弹性　295
cyclical rise in as response to business change　与经济变动相应的~周期性上升　695
cyclical vs. seasonal movements in　~周期性与季节性变动的对比　295
data on, availability of　~数据的可得性 637
decline in　货币存量下降
　　absolute, and severe contraction　绝对的下降,以及严重的衰退　31, 677
　　but mild rather than sharp income decline　温和而不是急剧的收入下降　597
　　atypical, in expansion　扩张时期~的反常下降
　　due to F. R. credit decline, 1929—1930　由于1929—1930年联储信贷下降 340—342, 375
　　but no distrust of banks　但并没有对银行的不信任　307—308
　　probably not preventable with conceptions of time　从时间的概念上讲可能是不可避免的　407, 691
　　due to F. R. tight money policy, 1931　1931年由于联储紧缩的货币政策　317—318, 345
　　effect of System actions, 1929—1933　1929—1933年联储采取行动的影响　693
　　effect on business cycle contraction, 1948—1949　1948—1949年对经济周期性衰退的影响　605
　　income decline compared with, 1929—1933　1929—1933年与收入下降的比较　301—302
　　preventable, 1929—1933　1929—1933年可以避免的~
　　　with adequate high-powered money　有足够的高能货币　357
　　　with deposit insurance　有存款保险 441
　　　with knowledge then available　当时可以获取的知识　407—408, 693
　　question of, Jan.-Mar. 1933　1933年1—3月存在的问题　349
　　as result of F. R. monetary restriction, 1928—1929　1928—1929年联储货币紧缩的结果　241

result or cause of contraction, 1929—1933 1929—1933年衰退的结果或原因 691

and severity of 1929—1933 contraction and bank suspensions 1929—1933年衰退和银行歇业的严重性 352

under pre-1914 banking system, 1929—1933 1929—1933年，在1914年以前的银行体系下的～ 693—694

definition of 货币存量的定义 4

alternative, including restricted deposits, 1933—1935 1933—1935年包括限制性存款的另一种定义 430—431

broader alternative 另一种广义的定义 4, 630, **704—722**

narrower alternative 另一种狭义的定义 4, 630, **708—722**

question of 狭义定义的问题 650n

used here 这里所使用的定义 277, 650n, 652n, **704—772**, 779n

dependent variable under gold standard 金本位制下的非独立变量 89

deposit insurance designed to prevent decline in 为防止下降而设计的存款保险 435n

different growth of, and high-powered money ～与高能货币不同的增长 576

during periods of monetary uncertainty or contraction, rebound, and stable growth 在货币的不确定性或紧缩、反弹和稳定增长时期的～ 242

economic stability and, 1879—1897 vs. 1897—1914 经济稳定与～，1879—1897年与1897—1914年的对比 92n

effect on, of 货币存量的影响

bank failures 银行倒闭 351

banking crisis, 1931 1931年银行业危机 314—315

changes in Treasury cash 国库现金的变动 127

debt redemption 债务偿还 128

deposit ratios 存款比率 50, 87

expansionary actions of monetary authorities 货币当局采取的扩张性政策 689n

F. R. System 联邦储备体系 189, 198, 213, 691

gold flows 黄金流动 89

high-powered money 高能货币 53—54, 86, 119

open market purchases, 1932 1932年的公开市场购买 323

public attitudes 公众的态度 133

restrictive actions of monetary authorities 货币当局的紧缩政策 688

silver purchases 白银购买 128

stock market crash 股票市场暴跌 306

war loan drives 战争债券发行 571—572

elasticity of ～的弹性 192

F. R. concern with 联储对～的关注 193

vs. currency elasticity 与通货的弹性的比较 168—169, 192

estimates of 货币存量的估计值 3

before and after 1933 panic, defects of 1933年恐慌前后～的缺陷 428—429

error in nominal value of 名义估计值的误差 29, 33

fictitious rise in, Mar.-Sept. 1933 1933年3—9月的虚假上升 433—434

including restricted deposits, after Mar. 1933, defects of 1933年3月后包括限制性存款的～的缺陷 429

possible error in, 1867—1879 1867—1879年可能的误差 41

gold stock as ratio to, 1929—1933 1929—1933年黄金储备占～的比例 361, 463

greater rise after World War I than World War II ～在第一次世界大战后比

第二次世界大战后更多的增长 577

high-powered money and 高能货币与货币存量 50

 major determinant of, 1933—1937, 1940—1945 1933—1937 年、1940—1945 年主要的决定因素 499—500

 hypothetical change in, 1914—1920 1914—1920 年假定的 ~ 变化 238—239

increase in 货币存量增加

 as fraction of average stock and annual NNP ~ 占平均存量和年度国民生产净值的比例 570

 vs. increase in fiduciary high-powered money, 1917—1919 与 1917—1919 年信用高能货币增长的比较 221

independent variable under fiduciary standard 信用本位下的独立变量 89

influence on economic stability of greater variability in ~ 更高的可变性对经济稳定的影响 286

influence on FDIC of possible decline in ~ 可能的下降对联邦存款保险公司的影响 441

instability of, related to instability of economic growth ~ 的不稳定与经济增长的不稳定相关 678

insulated from gold flows, 1923—1929 1923—1929 年 ~ 未受黄金流动的影响 282, 286, 695

larger rise during than before or after World War Ⅱ ~ 在第二次世界大战期间比第二次世界大战前后更大幅度的增长 558

months of income held as 以货币形式持有收入的月数 6, 682

 effect of Accord on, 1950—1952 1950—1952 年协定的影响 598

 sharp decline in, 1946—1951 1946—1951 年急剧下降 598

small decline in, 1946—1948 1946—1948 年小幅下降 581

"needs of trade" and "交易需求"与 ~ 169

panic of 1907 and availability of monthly data 1907 年危机和月度数据的可得性 157

percentage change in Sweden and U. S., 1939—1945 1939—1945 年间瑞典和美国 ~ 百分比的变化 **589**n

percentage decline in U. S. and Canada, 1929—1933 1929—1933 年美国和加拿大 ~ 下降的百分比 **352**

as political issue 作为政治问题 113ff., 117

prices and 价格与 ~ 32, 34n, 139, 148, 286, 497—498

rate of change in 货币存量的变化率 **185, 206—207, 243, 530, 548**

 before and after doubling of reserve requirements, 1936—1937 1936—1937 年准备金要求翻番前后的 ~ 526—527

 comparison of 1937—1938 with 1920—1921 1937—1938 年间与 1920—1921 年间的比较 529

 decline in 货币存量下降 347, 544—545, 578, 581

 despite F. R. policy of providing unlimited high-powered money 尽管联邦储备体系有无限制提供高能货币的政策 585, 605

 even lower rate preferable, 1946—1947 更低的增长率更受欢迎 585

 factors offsetting F. R. policy, 1946—1948 1946—1948 年间抵消联邦储备体系政策的因素 585, 605

 highest, 1931—1933 1931—1933 年间 ~ 的幅度最大 318, 345

 mild, 1948—1949, vs. sharp, 1920—1921 1948—1949 年间 ~ 温和下降与 1920—1921 年间急剧下降的

比较 607—610
effect of level of discount relative to market rates on 与市场利率相比的贴现水平对~的影响 615—616
instability of, 1929—1941 1929—1941 年~的不稳定性 545
lead of rise and decline in 上升和下降的导火索 32n, 173, 186, 324, 527, 576, 600
lower in mild contractions than in expansions ~在轻微衰退时期比在扩张时期要低 31, 497, 677
reduced rather than increased by silver purchases 通过白银购买减少而不是增加~ 132, 698
rise in, 1933—1936 1933—1936 年间~上升 544, 699
unusually stable, 1948—1960 1948—1960 年反常的稳定 592, 684
variability greater after 1914 than before 1914 年之后的可变性比 1914 年之前要强 684, 698
real income and 真实收入与货币存量
close relation to cyclical changes in 与~的周期性变化密切相关 678
variability compared 比较而言的可变性 286
reference to, in System discussions 联邦储备体系的讨论中将~作为参考 370—371, 523, 629
returns on, vs. costs of holding 收益与持有成本的比较 644
seasonal changes in ~的季节性变化 295n
trend, 1867—1960 1867—1960 年的走势 3
也可参见 Velocity of Money
Money substitutes 货币替代物
availability to corporations of new types of 新类型~对企业的可得性 660—661
postwar increase in holdings of 战后~持有量的增长 659—660
savings and loan shares as 储蓄和借贷股权作为~的比例 662, 670
Monopolies, producer, 1933—1937 1933—1937 年垄断的生产者 498—499
Moral suasion as means of monetary control 道德劝说作为货币控制的手段 223, 225—226, 580
National bank notes 国民银行券 213n
bond security for ~的债券担保
broadened eligibility, 1932 1932 年放宽担保债券的资格 348
use of Treasury surplus to retire 使用财政盈余收回 132
offset by silver purchases 被白银购买抵消 131
changes in ~的变化 4, **17**, 128, **129—131**, **179—181**, 348n, **492**
conditions of issue ~的发行条件 20, 169n, 182, 781
estimated loss of 估计~的损失 463n
as lawful money 作为法定货币 21, 56, 781—782
maximum aggregate issue of 总计发行~的最大限度 21, 23, 781n
maximum individual bank issue 私人银行发行~的最大限度 21
net return on ~的净收益 23n
plans to reform issue of 发行~改革计划
Baltimore Plan Baltimore 计划 117
Carlisle's plan Carlisle 计划 117n
Eckels' plan Eckels 的计划 117n
Shaw's proposals Shaw 的建议 150n
redemption of 赎回~ 22n
before and after 1874 1874 年前后赎回~ 21—22, 22n
fund for 赎回~基金 21, 781n
if bank of issue failed 如果发行银行倒闭 21
retirement of ~退出流通 442, 471n, 501

as source of rise in high-powered money, 1897—1914 1897—1914 年高能货币增长的根源 180

Treasury-sponsored increase in 财政部发起的~增加 151n, 162n

uniform in value with other currency, exception before 1874 ~与其他通货在价值上统一, 1874 年以前例外 21, 781

as U. S. indirect liabilities ~是美国的间接负债 21, 23, 50n, 781

National Bimetallic Union 国民复本位联盟 117

National Bureau of Economic Research 国民经济研究局

reference chronology 经济周期年表 5—6, 37, 42, 44, 87, 139, 151, 152, 156, 183, 184, 196, 222, 231—232, 289, 574, 596

annual vs. monthly dates 年度数据与月度数据 184—186

dating of, question of 日期确定问题

Oct. 1873 peak 1873 年 10 月的顶峰 42

Mar. 1879 trough 1879 年 3 月的谷底 87

June 1897 trough 1897 年 6 月的谷底 89

National Credit Corporation 国民信用公司 320, 381, 403n

Aldrich-Vreeland Act as pattern for 以《奥德利奇-瑞兰法案》的模式 320

National Currency Association 国家货币协会 170n

National Housing Act of 1934 1934 年《国家住房法案》 669n

National Industrial Recovery Act, codes of 《联邦工业复苏条例》 493

National Monetary Commission 国家货币委员会 9, 157n, 171

National Recovery Administration 国家复兴部 465

National Silver Committee 国民白银委员会 117—118

National Sound Money League 国家稳健货币同盟 117

Net national product, in constant (1929) prices 以 1929 年不变价格衡量的国民生产净值 5n, 93

accuracy of estimates 对~估计的准确性 36, 38, 87, 244

distribution of error between 1869 and 1879 对 1869 年和 1879 年~之间的误差加以区分 40

error in 误差

annual estimates, 1869—1889 1869—1889 年年度估计~ 653n

rate of growth of, 1869—1879 1869—1879 年~增长率误差 38—39, 87

vs. atypical rise in velocity, 1875—1879 与 1875—1879 年流通速度的反常增长的对比 40—41

independence of monetary estimates of ~货币测算的独立性 38—39

rapid growth of, 1869—1879 1869—1879 年~快速增长 39, 87

也可参见 Income, national, real

New Deal 罗斯福新政

controversy over policies of 关于~政策的争论 496, 699

passive monetary policy 被动的货币政策 420

New York Reform Club 纽约改革俱乐部 17n

New York Stock Exchange, closing of 1873, 1914 1873 年、1914 年纽约证券交易所关闭 46n, 172

Norris, George W., support of real bills criterion for monetary policy George W. Norris 支持货币政策中的真实票据标准 373n

Northern Pacific "corner" 垄断北太平洋股票 149

Open Market Investment Committee　公开市场投资委员会　267, 339
 directive by Oct. 1929　1929年10月~的指令　363
 establishment and operation of　~的成立和运营　251n
 and F. R. Board control of　联邦储备委员会对~的控制　251n, 255—256
 recommendations for purchase of government securities, Nov. 1929　1929年11月~对购买政府债券的建议　364, 366
 reluctance to purchase, 1930　1930年~不愿购买　368
 role of earnings vs. general considerations in　收益的重要性与整体考虑　252n
Open market operations　公开市场操作
 to alter structure of rates, 1961　1961年改变利率结构　636
 and changes in reserve requirements, 1948—1960　1948—1960年改变准备金要求　604
 confined to bills only　"仅存国库券"政策的限制
  abandoned, 1961　1961年，放弃~政策　635—636
  assignment of responsibility for debt management to Treasury　赋予财政部负债管理的责任　634—635
  credit vs. monetary effects of　~的信用与货币性影响　634
  dispute between Board and Banks over departures from　联邦储备委员会与联邦储备银行间关于废止~的争论　632
  legal ceiling on interest coupon on long-term Treasures issues and　财政部发行的长期证券的法定息票利率上限　635
  System justification of　联邦储备体系支持~的理由　633—634
 coordination of　公开市场操作的协调　251n, 296
 F. R. purchases to acquire earning assets, 1914—1917　1914—1917年联储购得营利性资产　213
 money market effects of, and relation to discounting　~对货币市场的影响，以及与贴现率的关系　251, 296
 N. Y. Bank's arguments for expanding, 1930—1931, 1932　1930—1931、1932年纽约联邦储备银行主张采取扩张性的~　362, 267n
Meyer's support of　Meyer支持~　363
purchases　公开市场购买　188, 306, 314, 322ff, 614
 1932　1932年的公开市场购买
  Burgess' summary of results　Burgess对~成效的总结　386
  Congressional pressure for　议会对~施压　322, 344, 347ff, 363, 406, 419, 692
  end of　结束　348, 389
  high-powered money, effect on　对~高能货币的影响　322—323
  money stock decline slowed by　货币存量下降放缓　347
  partly offset by gold outflow and deposit ratio declines　~部分被黄金外流和存款比率下降抵消　347
  pressure to stop, by Chicago and Boston　停止~的压力，源于芝加哥和波士顿　386—387
 due to administration pressure, May-Nov. 1933　1933年3—11月由于管理层压力　518n
 by F. R. Bank of N. Y., 1931　1931年纽约联邦储备银行进行的~　344
 gold outflow offset by, 1958—1959　1958—1959年黄金外流被~抵消　617
 needed to offset gold and currency drain, 1931　1931年补偿黄金和通货的

缺口 318
  opposed by Governor Young, June 1931 1931 年 7 月主席 Young 反对 ~ 378
  and reserve requirement rise, 1937 与 1937 年准备金要求的提高 527
  unauthorized, by F. R. Bank of N. Y. Oct. 1929 1929 年 10 月,纽约联邦储备银行未经授权进行 ~ 339, 362—364
 sales 公开市场卖出 287
  F. R. reasons for shunning in 1930's 20 世纪 30 年代联储回避的原因 518—519
  offset by gold inflow and decline in Treasury deposits ~ 被黄金流入和国库存款的下降抵消 1949, 605
  money market effects of, and relation to discounting ~ 对货币市场的影响,以及与贴现率的关系 251, 289, 296
  not tool of monetary policy, 1934—1940 1934—1940 年 ~ 不再是货币政策工具 252, 296, 511—512, 517
  by Treasury 财政部进行的 ~ 128
Open Market Policy Conference 公开市场政策委员会 252n, 312n, 318, 319, 356, 357, 358, 381, 517n
  Board's session with, change in timing of 联邦储备委员会与 ~ 会议时间的变化 380
  composition of ~ 的组成 268, 414, 416, 692
  directives by ~ 指令 376, 378, 383
   division in, Jan.-Feb. 1932, over 1932 年 1—2 月指令的构成 383—384
   to purchase, broadened by Board Apr. 1933 1933 年 4 月联邦储备委员会授权加大购买 517n
   to reduce System portfolio, Jan. 1933 1933 年 1 月减少联邦储备体系的债券组合 390
  executive committee ~ 执行委员会 382
   and opposition to purchases 反对公开市场买入 379
   recommendation to buy or sell, Oct. 1931 1931 年 10 月买入或售出的建议 379—380, 383
   recommendation to sell, Jan. 1931 1931 年 1 月建议售出 377
   rejection of Harrison purchase recommendation 对 Harrison 公开市场买入建议的否决 369
   role of 执行委员会的作用 368, 414
   no meeting, Feb. 1933 1933 年 2 月(几乎不可能召开的)会议 390
  purchase programe of 1932 1932 年的公开市场买入计划 384—388
Overman Act 《奥弗曼法案》 228
Phelan Act 《费伦法案》 233n
Pittman Act 《彼特曼法案》 217n, 279n
Population, U. S. 美国人口 5, 139
 growth of ~ 的增长 34,37,92,493
 rate of change in, 1869—1879 1867—1879 年 ~ 的变化率 37
Populist party 人民党 115n
  bond syndicate, 1895, and platform of 1895 年,辛迪加债券,以及 ~ 纲领 112n, 116, 118, 173
Postal Savings System 邮政储蓄体系
 beginning of ~ 的开端 173
 deposits of,1911—1960 1911—1960 年 ~ 的存款 707—722
  derivation of data 关于 ~ 的数据来源 734
  ratio to mutual savings deposits ~ 存款占互助储蓄存款的比例 173n
 importance of, 1929—1933 1923—1933 年 ~ 的重要性 173,308n
 populist demand for 平民党对 ~ 的需求 173
Price control 价格管制 557

Price stability, monetary policy to obtain 通过货币政策实现价格稳定 596
Prices 价格
  British commodity 英国商品价格
    effect on accuracy of indexes of wartime control of 对战时~管制下的价格指数准确性的影响 588
    general 一般~ 64n, 98, 100, 102
    and purchasing-power parity, 1871—1960 1871—1960 年~与购买力平价 586, 680—681, 769—771
      derivation of data ~的数据来源 772
    relative to U. S. 相对于美国价格 202
    trend in vs. rate of growth of output 趋势与产出增长率 41
    wholesale 批发价格
      Board of Trade index 交易所批发价格指数 98n, 135
      economist index 经济学家批发价格指数 63n, 64—65n, 67n, 80n
      Sauerbeck index Sauerbeck 批发价格指数 63, 67n, 80
      Sauerbeck vs. economist index Sauerbeck 批发价格指数与经济学家批发价格指数的比较 63n
  Swedish commodity 瑞典商品价格
    and purchasing-power parity, 1920—1960 与 1920—1960 年购买力平价 **586, 681, 770—771**
      derivation of data ~的数据来源 772
  Swiss commodity 瑞士商品价格
    and purchasing-power parity, 1920—1960 与 1920—1960 年购买力平价 586, 681, 770—771
      derivation of data ~的数据来源 772
  U. S. commodity 美国商品价格
    changes in ~的变化
      change in money stock and 货币存量的变化 242—244, 531, 677
      decline in ~的下降 32, 42, 81, 85—88, 91n, 102—103, 111, 232, 289, 291, 298, 698—699
      during monetary uncertainty and stable growth period 在货币不确定性和稳定增长时期的~ 186, 242
      money stock variability and 货币存量的变化 286—287
      rise in ~的上涨 13, 86, 135, 218n, 222, 236, 497—498, 546n, 561, 569, 574—575, 600, 698
      stability of initial wartime 在战争初期稳定的~ 196, 546, 683
      standard deviation of year-to-year percentage, 1869—1929 1869—1929 年~每年百分比变化的标准差 285
    Civil War peak vs. post-World War I peak in ~在美国内战时期与第一次世界大战后顶峰时期的对比 238
    Collapse of, 1920—1921 1920—1921 年~崩溃 234
      transmitted by U. S. to world 由美国传导到世界范围 236
    consumer price index 消费物价指数 33n, 497
      change in, 1948—1960 1948—1960 年~的变化 135n
      percentage change in, Sweden and U. S., 1939—1945 1939—1945 年瑞典与美国~变化的百分比 589n
    domestic vs. internationally traded goods 国内及国际的贸易商品价格 62n
    effect on 对~的影响
      exchange rates, foreign 汇率 62, 80
      gold discoveries, 1890—1914 1890—1914 年黄金大发现 137
      gold flows 黄金流动 98
    farm vs. nonfarm, 1920 1920 年农产品与非农产品~的对比 235n
    hypothetical change in, 1914—1920, in

absence of F. R. Act 假设《联邦储备法》未通过,1914—1920 年间 ~ 的变化 238—239
implicit 隐含物价
  changes in ~ 的变化 30, 64n, **94—95**, 100n, 135, 136, 152—153, **197**, 299, **494**, 497, 546, **547**, **593**, **678**
  rate of change in ~ 的变化率 37, 154, 185, 243
  over long-term 长期 ~ 78, 588n
  relative to British 相对于英国的 ~ 63, 80, 98, 100, 102, 138—139, 152, 174, 199, 202, 588
  effect of gold flows on 黄金流动对 ~ 的影响 98
  failure to rise, 1897—1901 1897—1901 年 ~ 没能上升 141
  stability of changes in ~ 变化的稳定性 679
    也可参见 Purchasing-power parity
  relative to Swedish and Swiss 与瑞典和瑞士相比的 ~ 590
  secular trends in ~ 的长期趋势 91
  severity of contraction and, 1873—1879 1873—1879 年的严重紧缩与 ~ 42
  if stable, monetary growth required 与 ~ 稳定相适应的货币增长 103, 153
  trend of, vs. rate of growth of output ~ 趋势与产出增长率的对比 5, 15, 41, 88, 187, 242
  wartime controls and accuracy of indexes 战时价格控制和 ~ 指数的准确性 557, 574—575
  wholesales 隐含批发物价
    changes in ~ 的变化 13, **30**, 32, 33, **94—95**, **96**, 135, 136, 138—139, 152, 153, 174, 196, **197**, 205, 217—218, 221—222, 241, 298—299, **303**, 305, **494**,
496, 546, **547**, 593, **678**
  defects of index as measure of, 1867—1879 1867—1879 年作为测量指标的缺点 33
  differential effect of devaluation on 贬值对 ~ 的不同影响 478—479
  percentage change in U. S. and Sweden, 1939—1945 1939—1945 年美国和瑞典 ~ 百分比的变化 589n
  rate of change in ~ 的变化率 91—92, 185, 206—207, 243, 548
  rate of rise, per cent per year ~ 的年增长率 546n
  vs. consumer prices 与消费价格的对比 33, 496—497
  vs. implicit 与隐含(价格)的对比 242, 496—497
U. S. stock market 美国股票市场价格
  Boom in, 1928—1929 1928—1929 年 ~ 繁荣 242
  changes in ~ 的变化 109, 160, 305
  collapse in, 1902—1903 1902—1903 年 ~ 的暴跌 151
  crash, Oct. 1929, effect on money stock 1929 年 10 月 ~ 崩盘对货币存量的影响 305
  decline in share value, size of, 1929 1929 年股票价值下降的规模 351
  effect on U. S. capital flows ~ 对美国资本流动的影响 143—144
  Standard and Poor's index of common, 1929—1933 1929—1933 年标准普尔普通股价指数 **304**
world commodity 世界商品价格
  British, representative of 英国的商品价格,具有代表性 64
  but not in 1929—1933 1929—1933 年例外 482—483, 589
  decline in, 1891—1897 1891—1897 年英国商品价格下跌 104, 111

secular decline and rise, 1879—1914 1879—1914年英国商品价格长期的下降与上升 91, 104, 111
Production 产出
  agricultural 农业产出 35, 98, 107, 140
    expansion of, 1880—1910 1880—1910年~扩张 93
    in greenback period 绿钞时期的~ 35
  industrial 工业产出 305, 618
    conversion from wartime to peacetime, 1945 1945年由战争时期向和平时期转变 574
    F. R. Board index of 联邦储备委员会发布的工业产出指数 197, 302, 494, 530, 547, 593
    Growth, 1867—1879, 1921—1923 1867—1879年、1921—1923年工业产出增长 35, 87, 241
Public 公众
  defined ~的定义 3, 777
  deposit-currency ratio and ~与存款-通货比率 52—53, 56, 122, 787, 788
  money-assets ratio and ~与货币资产比率 52—53
Public Credit Act 《公共信用法案》 27n
Public works 公共建设工程 533
Purchasing-power parity 购买力平价 61ff
  capital flows and 资本流动与购买力平价 148, 174, 477, 769—771
  parallel 同步 102
  peacetime vs. wartime relationship 和平时期与战争时期~的关系 590n
  sensitive to effects of gold purchases and U. S. capital inflows, 1934—1940 1934—1940年对黄金购买和美国资本流入的影响敏感 477—478
  unrelated to capital plus gold movements, 1941—1947 1941—1947年与资本和黄金的运动无关 588
  changes in ~的变化 103, 201, 203, 479, 428
  choice of Britain as base of comparison 选择英国作为比较的基准 64
  comparisons, 1934—1939 1934—1939年~的比较 480
  derivation of data, 1871—1960 1871—1960年购买力平价的数据来源 771—773
  index number problem for 指数数量问题 63n
  international vs. domestic products for index 国际产品指数与国内产品指数的对比 63n
  divergence between, and capital movement 与资本流动 482—483
  greater effect of gold purchases on 黄金购买对~的重大影响 477—478
  largely result of capital plus gold movements, 1914—1916 1914—1916年资本和黄金流动在很大程度上解释了~ 203
Quality 质量
  of bank loans 银行贷款质量 108
  improvement of, and maintenance of gold standard ~的改善,对金本位制的维持 111
  of credit 信贷质量
    changes in, 1920—1929 1920—1929年~的变化 245—246, 248, 354
    level of vs. size of capital market ~与资本市场规模 247, 354
    possible decline in and offset to ~可能的下降和抵消 248, 354
    possible decline in vs. decline in high-powered money, 1929—1930 1929—1930年~可能的下降与高能货币数量的下降的对比 354
    urban mortgages, ex post vs. ex ante data on 城市抵押贷款的~,事前与事后的数据 248n
    vs. compensation for risk ~与风险补偿

的对比 247，354

Railroads 铁路
 bonds of 铁路债券
  efforts to reduce pressure in prices, 1931—1932 1931—1932 年减小~价格压力的努力 319—320
  European purchases of 欧洲购买~ 71，77n，100
  yields on ~的收益率 68，69，71，73—74
 difficulties of, 1902—1903 1902—1903 年铁路的困难 151—152
 gross capital expenditures of 铁路的总资本支出 43n
 linking of coasts by 铁路联接各口岸 35
 number of miles of 铁路里程 43n
 strike on 铁路罢工 116

Real bills doctrine 真实票据说
 in 1923 Annual Report 在 1923 年年度报告中的~ 253
 elasticity of currency and 通货弹性与~ 191，192n
 in F. R. Act 在《联邦储备法》中的~ 169
 held by some Board members 一些委员会成员支持~ 266
 on effective limit to total money stock 对总货币存量的有效限制 191，193
 in Norris memorandum, 1930 1930 年 Norris 备忘录中的~ 373n
 World War I changes in F. R. standards and 第一次世界大战期间联邦储备本位制的变化与~ 193

Reconstruction Finance Corporation 复兴金融公司 300，330，421
 authorized to invest in bank capital 被授权投资于银行资本 331
 bank capital, investments of 对银行资本的投资 421，427n
 bank loans, and needed capital 银行贷款与所需的资本 427n

disclosure, effect of 披露，影响 325，330—332n
gold purchases of 购买黄金 465
inability to prevent panic, 1913 1913 年未能阻止恐慌 208n
role in restoring banking system ~在银行体系重建中的作用 427

Redemption fund 偿债基金 21，57n，781n
exclusion from legal reserves, 1913 1913 年~从法定准备金中剔除 208n

Rediscounting 再贴现，参见 Discounting
Reichsbank, discount rate 德国国家银行的贴现率 156
Republican party 共和党 45，118
Reserve Bank credit 联邦储备银行信贷
 actual and hypothetical changes in, 1930—1932 1930—1932 年~实际的和假设的变化 392，394，398
 almost constant 几乎不变 1933—1937，504
 changes in 联储银行信贷的变化 214，222，**271**，279，282，314，334，338，348，373n，384，386，504，513，565，603
 dominated by offsets to gold flows, 1923—1929 1923—1929 年为抵消黄金流动的措施所主导 287
 during 1931 banking crises 在 1931 年银行业危机期间的~ 344
 during 1933 banking panic 1933 年银行业危机期间的~ 326
 inadequate to offset internal and external drains, 1931 1931 年的~不足以补偿内部和外部的缺口 318
 possible had deposit ratios differed, 1921—1929 1921—1929 年的~可能引起存款比率的变动 275
 reserve requirement changes offset by, 1948—1960 1948—1960 年的~抵消了准备金要求的改变 604
 as result of 1932 purchases 由于 1932 年的公开市场购买 386

composition of　联储银行信贷的构成　215，271，338，513
 bills vs. government bonds　票据与政府债券的对比　266—267
 discounts vs. rest　贴现与其他（票据和政府债券）的对比　267
 importance of　～的重要性　266—267
 self-defeating F. R. changes in　联邦储备体系自我防卫性的～变动　267
 and control by direct pressure or other qualitative means　通过直接施压或其他定性标准控制　265—266
decline in　联储银行信贷减少
 despite loss of F. R. control over, 1946—1947　1946—1947年尽管联邦储备银行对～丧失了控制权　578
 due to decline in discounts, 1920—1921　1920—1921年由于贴现量的减少　235
 far greater than increase in gold stock, 1930　1930年～远大于黄金储备的增加　375
 and in money stock, 1930　与1930年的货币存量　374—375
 partly offset by gold flows, 1920—1921　1920—1921年～在一定程度上被黄金流动抵消　235
 reinforced gold outflow, 1959—1960　1959—1960年～增强了黄金外流的影响　618
 return in confidence offset by, 1931　1931年信心的恢复被～抵消　313
 defined　～的定义　270
 during banking panic of 1933　在1933年银行业危机期间的～　349
 effect on high-powered money　～对高能货币的影响　270，279
F. R. private claims　联储私人债权　220
 increase in, 1917—1919, and World War II　在1917—1919年及第二次世界大战期间～的增加　220，561—562

government securities held, changes in composition of　政府所持～构成的变化
 after 1937, to influence credit market directly　1937年后直接影响信贷市场　534，552—553n
 determination of F. R. portfolio　联邦储备资产组合的决定　563，578—580
 constancy of total, 1934—1939　1934—1939年总体保持不变　512
 decline in, 1948—1949　1948—1949年的下降　605
 increase in, 1942—1948, vs. 1917—1919　1942—1948年的增加与1917—1919年的增加相比　561
 mainly long-term, 1947—1948　1947—1948年～主要由长期债券构成　—580
 mainly short-term, 1942—1947　1942—1947年～主要由短期债券构成　563
 structure of rates of return, 1934—1940　1934—1940年～的收益率结构　519—520
inadequate offset to decline in discounts, 1930　1930年～不足以抵消贴现量的下降　375
influenced by rediscount rate　～受再贴现率的影响　512
inverse to changes in gold stock, 1923—1929, 1923—1929年间～与黄金储备成反方向变化　279，297，505
needs of trade vs. countercyclical doctrine　贸易需求及逆周期原则　253
rise in　联储银行信贷上升
 due to rise in discounts, 1931—1932　1931—1932年由于贴现量的上升　346
 during Korean War　朝鲜战争期间的～　611
 far below decline in reserves, Jan.-Feb.,

1933　1933 年 1—2 月～远远低于准备金的下降　390

gold outflow offset by, 1958—1959　1958—1959 年～抵消了黄金外流的影响　618

minor, in 1930 banking crisis　在 1930 年的银行业危机中小规模的～　342

scissors effect of discounting and, 1928　1928 年贴现的剪刀效应　389

seasonal pattern of　联储信贷余额的季节性模式

affected by F. R. policy　受联邦储备政策的影响　293, 516

none, 1933—1941　1933—1941 年无季节性变动　505, 515

uses, control of　运用、控制～

by direct pressure　通过直接施压　254

by distinguishing discounts, bills, government securities　通过区分贴现、票据、政府债券　266

held possible by F. R. Board　联邦储备委员会可能持有的观点　290

Reserve requirements against bank notes　银行券的准备金要求　20—21, 56, 57, 81

Reserve requirements against deposits　存款准备金要求

government　政府的存款准备金要求

Aldrich-Vreeland Act exemption of, 1902—1908　1902—1908 年《奥德利奇-瑞兰法案》的豁免　171n

in Banking Act of 1935　《1935 年银行法》中的～　447

exemption of, 1943—1947　1943—1947 年免除～　573

N. Y. Clearing House inclusion of, 1902—1908　1902—1908 年纽约清算所包括了～　151n

Treasury exemption of, 1902—1908　1902—1908 年财政部免除～　151

member banks　成员银行的存款准备金要求

central reserve city banks　中央储备城市银行的～　513, 563, 565, 603

central reserve vs. reserve city banks, 1960　1960 年中央储备银行和城市储备银行～的对比　619—620

changes in　成员银行～的变化　123n, 199n, 459, 528, 556, 580, 602, 604, 607, 614, 617

computation of, 1935　1935 年计算成员银行的～　447n

legal maximum and minimum　成员银行～的法定上限和下限　194, 447

offset by open market operation, 1948—1960　1848—1960 年成员银行～的变化被公开市场操作抵消　604

demand vs. time　活期与定期～的比较

difference of minor importance of 1930's　20 世纪 30 年代～的重要性下降产生的差别　651

not distinguished before 1914　1914 年之前无明显区分　4, 443n

role of difference　不同的作用　651, 787n

under F. R. System　联邦储备体系下的～　208, 276

doubled, 1936—1937, in three steps　1936—1937 年分三步使存款准备金要求翻番　12, 459, 461, 520

banks' restoration of excess reserves and　银行恢复超额准备金　458

deflationary current effects of　～的紧缩性影响　524, 526—528, 543, 669

due to F. R. interpretation of excess reserves　由于联储对超额准备金的解释　461, 517

and halt in rise in high-powered money　～与高能货币增长的中止　510, 699

impact offset by open market purchases

~的影响为公开市场购买所抵消 527

impact on central reserve banks overlooked by F. R. 联储忽视了~对中央储备银行的影响 525n

Martin's argument against raising, 1935 1935 年 Martin 反对提高 ~ 的论断 522

published argument for raising, 1936 1936 年公布提高 ~ 的理由 524, 526

tightening effect of second step in rise approved 批准进一步提高 ~ 的紧缩性效果 524—525

unpublished argument for raising, 1935 1935 年未公布提高 ~ 的理由 523

as enhancing deposit convertibility 提高存款的可兑换性 195

proposal to raise, Dec. 1916 1916 年 12 月提议提高 ~ 213n

proposal to raise legal maximum, 1940 1940 年提高法定准备金上限的建议 556n

proposal to repel legal requirements 废除法定准备金要求的建议 118n

rise in 提高存款准备金要求

due to fear of inflation, 1948 1948 年由于对通货膨胀的恐惧 604

effects of, 1941—1942 1941—1942 年 ~ 的影响 556

higher bank cash ratio and, 1929—1960 与 1929—1960 年较高的银行现金比率 459

to offset, partially, 1960 authorization to count all cash as reserves, question of effects on country member banks 对于乡村的成员银行,1960 年 ~ 抵消了当局授权所有库存现金作为准备金所追加的准备金影响 620n

substituted noninterest-bearing government debt in bank assets, 1948 1948 年取代银行资产中的无息政府债券 576, 605

vs. open market sale 与公开市场出售的对比 522, 531—532

national banks 国民银行的存款准备金要求 56—57, 205—208, 459

Shaw' proposal to vary Shaw 对于变动 ~ 的建议 150n

of New York Clearing House 纽约清算所的存款准备金要求 159n

state laws governing 国家法律管理 57n, 123n

statutory vs. customary 法定的与惯例的存款准备金要求的对比 118n

Reserve, excess 超额准备金

changes in ~ 的变动 313—314, 390

decline in, 1942 1942 年 ~ 下降 541, 563

effect of reduction in 减少 ~ 的效果 531—532

effects of, mixed opinions of System on 联储对 ~ 混淆的观点产生的影响 461—462, 523

F. R. concern over, 1940—1941 1940—1941 年联邦储备银行对 ~ 的关注 556n

growth of ~ 的增长 517

inexpensive relative to discounting, 1934—1941 1934—1941 年 ~ 相对于贴现而言更便宜 514, 539

interpreted as evidence of ~ 作为证据以说明

changes in bank liquidity preferences 银行流动性偏好的变化 461

easy money and lack of demand for credit 宽松的货币和信贷需求的缺乏 518

negligible, 1929—1930 1929—1930 年的 ~ 可以忽略不计 308, 342, 392

not passive accumulation, 1933—1941 1933—1941 年 ~ 非被动的增加 461, 505

and open market purchases, 1932 与 1932

年的公开市场购买 386，388—389

but open market sales shunned, 1930's 20世纪30年代避免公开市场销售 518—519

reliance on, vs. discounting, 1932—1942 1932—1942年对~的依赖与贴现的对比 323

restored by banks 银行恢复持有~ 458，538—539，556

significance of, legal vs. prudential, 1932 1932年法定的和谨慎持有~的重要意义 348

vs. interbank balances 与银行间拆借的对比 458

Reserves, free 自由准备金

absolute level of, misinterpreted by F. R. 联储对~的绝对水平的谬误 514n

actual vs. desired levels of 实际的和要求的~水平的对比 616n

defined ~的定义

level of as index of monetary policy 作为货币政策松紧的指标 615n

relationship to market rates and "easy" or "tight" level of ~与市场利率以及"宽松"或"紧缩"（利率水平）的关系 272

Reserves held 持有的准备金

commercial banks 商业银行持有的准备金 57n，735—744

actual and hypothetical changes in, 1930—1932 1930—1932年实际和假设的~的变化 393，394，399

if additional available, 1929—1930 1929—1930年如果额外的~可利用 341，392

decline in "prudential", 1897—1914 1897—1914年"审慎"准备金的减少 178

defined ~的定义 20，50

demand for, and inclusion of vault cash 对~的需求，包括库存现金 620n，

783

desired level of 合意的准备金水平 123—124

drain on 准备金的流失

fear of, and restriction of payments 担心~与支付限制 160

internal vs. external, fear of 内部及外部对~的担忧 108n，316，326，349

not offset by increase in high-powered money, 1933 1933年~没有被高能货币的增长抵消 318

pre-1914 seasonal changes in, eliminated by F. R. System 1914年前~的季节性变动被联邦储备体系消除 294

tendency to trim, in 1920's 在20世纪20年代~有调整趋势 278

as unduplicated assets of banking system 银行系统中不可复制的资产 779

member banks 成员银行持有的准备金

country banks, withdrawal of interbank balances from N. Y. 乡村银行，从纽约的银行间余额中提款 160

decline in, 1949, due to open market sales 1949年由于公开市场销售~下降 605—606

entirely borrowed, 1918—1921 1918—1921年完全依赖借入 222

F. R. changes in, before 1937 在1937年之前联邦储备银行改变~ 534，552n

N. Y. vs. others, Oct. 1929 1929年10月纽约和其他城市的~ 338—339

released, wartime adjustment to 战时调整释放的~ 573

required reserves of, 1929—1960 1929—1960年的准备金要求 460

seasonal pattern in 成员银行持有准备金的季节性模式

absence of ~的消失 292，297，515

wide, 1934—1939　1934—1939 年~的幅度加大　515
Resettlement Administration　重建管理部门　495
Restriction of cash payments　现金支付限制　101，111，124
　in 1907 vs. 1933 banking holiday　1907 年和 1933 年银行歇业期的~　167
　averted in 1914 by Aldrich-Vreeland issue　1914 年随着《奥德利奇-瑞兰法案》的颁布~转变　172
　avoidance, after fall in deposit ratios, question of　在储蓄率下降后避免~的问题　164
　if avoided　如果得以避免　164
　bank activities during pre-1933 instances of　1933 年前银行的业务活动情况　328—329
　and clearing house loan certificates　与清算所贷款凭证　160n
　likely in 1929, 1930, or 1931 under 1907 banking system　在 1907 年银行系体系下可能在 1929 年、1930 年或 1931 年出现的~　167—168，172，311，316，693—694
　and limited bank suspensions　抑制银行倒闭　329
　and limited decline in money stock　抑制货币存量的下降　328—329
　penalties for, laws for relief of　缓解惩罚的立法　328n
　possible avoidance of, before fall in deposit ratios　在储蓄率下降之前可能避免~　164
　as protection against runs on banks　作为银行运营的保护措施　167，311，698
　by N. Y. banks, 1907　1907 年纽约银行实施~　160
　as remedy for banking panic　作为应对银行业危机的方法　164，311，698
　as solution to panics　作为应对恐慌的途径

defects of　~的缺陷　329—330
deposit insurance and　存款保险与~　441
Sprague's views on　Sprague 关于~的观点　168
vs. suspension of specie payments　与铸币暂停支付的对比　110n，330
Resumption Act of 1875　1875 年《恢复铸币支付法案》　21n，24，48，54，81—82，85，468
　attempt to repeal　试图撤销~　49
　effect on confidence and speculation　~对信心及投机活动的影响　83
　provision of　~的条款　48
　sales of bonds, under, effect on gold premium and monetary base　~下卖出债券对于黄金溢价和货币基础的影响　83—84
Resumption of specie payments　恢复铸币支付　7，44ff，79—80
　act of 1873 and　1873 年《恢复铸币支付法案》　114
　business views on　商业关于~的观点　45，48
　foreign exchange rates, effect on　~对外汇汇率的影响　84
　made more difficult by Treasury gold purchases　财政部对黄金的购买增加了~的难度　84，697
　made possible by U. S. price decline　美国物价下降使~成为可能　80—81，697
　as political issue　作为政治事件　45，81，86
　political measures required for　借助政治手段　89
　Populist views on　人民党关于~的观点　115n
　at pre-war vs. higher parity　以战前, 更高的平价~　80，82n
　repatriation of government securities and　政府债券的抛售　83

role of government in 政府在~中的作用 81, 697
speculative dollar balances and 投机性美元余额 97
success of ~的成功 97, 98n
U. S. relative to British prices and 美国相对于英国的物价 80
Revenue Acts of 1940 1940年《收入法案》 511
Revolutionary War, inflation during 独立战争期间的通货膨胀 135
Royal Bank of Canada 加拿大皇家银行
 on U. S. liquidity crisis 对美国流动性危机的观点 409n
 urged F. R. expansionary monetary policy, 1930 1930年敦促联邦储备银行实施扩张性货币政策 373—374
Run on banks 银行挤兑 77n, 108, 124, 159, 160
 early restriction of payments to end 较早地实行支付限制以避免~ 166, 311, 698
 fall in deposit-currency ratio and 通货-存款比率下降 109
 prevented by deposit insurance 通过存款保险避免~ 440
 self-justifying 自我实现 356n
Rural Electrification Administration 农村电力管理部门 495

Sabath, A. J. on 1930 liquidity crisis A. J. Sabath 关于1930年的流动性危机的观点 409
Savings, personal, high wartime level of 战时高水平的个人储蓄 559, 569
Savings and loan association shares 储蓄和贷款协会股权 4n
 changes in volume of ~份额的改变 663, 668
 effect of federal insurance on demand for 联邦保险制度对于~需求的影响 668—670
 housing boom and rate of return on 住宅建筑的繁荣与~的收益率 670
 losses on, compared with losses on deposits ~损失,与存款损失相比 669n
 rate of growth, 1945—1950 1945—1950年~的增长率 670, 671
  at expense of assets other than money, 1954—1958 1954—1958年以货币之外的其他资产的减少为代价 668
  not due to rise in relative rate of return 不能由相对收益率的上升来解释 662
Seasonal movements 季节性波动
 in bank deposits at F. R. 联邦储备银行的银行存款的~ 293, 516
 in currency outside Treasury and F. R. Banks 财政部和联邦储备银行之外的通货的~ 293, 516
 in deposit-currency ratio 通货-存款比率的~ 294
 in money market 货币市场的~ 128, 145n, 148n, 149ff, 151, 154—155
 pre-1914 1914年前的~ 292
 in money stock, and F. R. policy, 1922—1929 1922—1929年货币存量的~和联储政策 292
 in reserve bank credit 储备银行信贷的~ 293, 516
 in Treasury cash 国库现金的~ 182n
 in Treasury deposits at F. R. Banks 在联邦储备银行存放的财政部存款的~ 516
Second Bank of the United States 美国第二银行 19
Securities, corporate 公司债券
 decline in foreign holdings of 国外持有~数量的下降 107n
 yields as measure of price expectations ~的收益率作为对物价预期的度量 584n, 600
Securities Act of 1933 《1933年证券法》

495

Securities Exchange Act of 1934 《1934 年证券交易法》 448, 495, 515

Seigniorage 铸币税 125n, 484, 488, 787, 788

Sherman Silver Purchase Act 《谢尔曼白银购买法案》 106, 116n, 133

 effect of, on confidence ～对信心的影响 128

 repeal of 废除～ 108, 116

Silver 白银 129—131, 179—181

 agitation, as threat to gold standard 关于～对金本位制的威胁的争论 105n

 bill for coinage of seigniorage 铸币税形式的造币法案 116

 bullion, British purchase from U. S. Treasury of, 1918—1920 1918—1920 年英国从美国财政部购买的～ 279n

 certifications 银元券

  issue of, after 1893 1893 年后发行～ 169n

  not lawful money, 1879—1882 1879—1882 年～作为非法定货币 782n

  retirement of, after 1893 1893 年后～退出流通 492n

  withdrawn from circulation during World War I 一战期间从流通中收回～ 217n

 coinage of 银币铸造 169n, 182

  agitation for 关于～的争论 48

  demand for free 要求银币自由铸造 8, 117

  legal-tender power of 银铸币法偿能力 113n

  subsidiary 白银辅币 113n

 compared with other price-supported commodities 与其他商品的价格支持政策比较 487

 currency growth as offset to national bank note decline 通货的增加抵消国民银行券的减少 131

 demonetization of 白银的非货币化 49, 113, 115

 dollar 银元

  coinage of, 1921 1921 年～的铸造 279n

  increase in ～的增长 132—133

  monetary vs. market value of 货币价值与市场价值 485n

 free 自由白银 8, 49, 104, 115

 gold outflow, effect on 白银对黄金外流的影响 108n

 in gold standard countries 金本位制国家的白银 64n

 as high-powered money 作为高能货币 128

 legislation 白银立法

  act of 1873 1873 年法案 113

  act of 1934 1934 年法案 484—485

  act of 1939 1939 年法案 486

  act of 1946 1946 年法案 486

  Bland-Allison Act 《布兰德-埃里森法案》 115—116, 132

  repealed, 1963 1963 年废除～ 485n

  Sherman Silver Purchase Act 《谢尔曼白银购买法案》 106

  Thomas amendment 《托马斯修正案》 483

 nationalization of 白银国有化 495—496

 nonmonetized 白银非货币化 486

 opponents of 白银反对者 117

 output 白银产出

  domestic, 1933 1933 年国内的～ 37, 487, 489

  world, 1957—1961 1957—1961 年世界的～ 487n

 political aspects of 白银的政治问题 86, 113—114

 premium on 白银溢价 114n

 price of 白银价格

  monetary vs. market, 1834—1933 1834—1933 年白银货币价格与市场价格的比较 483—484

  secular decline in 白银价格长期的下

降 114
U. S. support, for newly mined domestic 美国对国内新产白银的价格支持 484—486
purchases 白银购买
  balance of payments, effect on ～对国际收支的影响 102, 489
  financing of 为～融资 488
  international effects of ～的国际影响 485
    on China 对于中国 489—491, 699
    on Mexico 对于墨西哥 491, 699
  monetary effects of, 1934—1960 1934—1960 年～的货币效应 488
  monetary uncertainty created by 产生的货币不确定性 128, 131, 698
  silver industry, effects on 对白银工业的影响 488, 699
  social costs vs. gains of 社会成本与收益 132n
  stockpiling vs. circulation of （原料）储备与流通 132
sales by Treasury from nonmonetized stock 财政部从非货币化白银储备中售出 486n, 492n
seigniorage 铸币税 125n, 484, 488, 787—788
  as source of rise in high-powered money, 1897—1914 1897—1914 年作为高能货币增加的来源 181—182
speculation in 白银投机 116n
stock of 白银储备
  change in ratio to monetary gold stock, 1934—1960 1934—1960 年～与货币性黄金储备比率的变化 487
  monetary vs. market value, 1933 1933 年,～的货币价值与市场价值的比较 484
  purchases to raise value of 通过购买提高～的价值 485
subsidiary coinage 辅币铸造 5, 25, 27n, 492n

monetary vs. market value of 货币价值与市场价值的比较 485n
trade dollar 贸易美元 113n
Silver purchase Act, 1934 1934 年《白银购买法案》 484—485
Silver standard 银本位制 134
  China's experience with 中国实行～的例子 361—362
  effects, if U. S. had adopted 如果美国采纳～会带来的影响 134n
Social Security Board 社会保障董事会 495
Spanish-American War 美西战争 144—145
Specific Contract Act 《特别合同法案》 27n
Speculative dollar balances 投机性美元余额 97n
Sproul, Allen, opposed bills only Allen Sproul 反对"仅存国库券"政策 632
State bank notes 州立银行券 17
  tax on, plan to repeal 计划废除对～的征税 18, 118
Sterling area 英镑区 315n
Stock market 股票市场
  boom ～繁荣 245, 254, 698
    F. R. attempts to curb 联邦准备银行试图遏制～繁荣 253—257
  crash Oct. 1929 1929 年 10 月～崩溃 305ff., 334ff., 363ff.
    absence of panic following 没有随之出现恐慌 339
    attempts to halt 试图遏制～崩溃 305n
    effects of ～崩溃的影响 306—307
    and money stock decline, Oct.-Dec. 1929 与 1929 年 10—12 月,货币存量减少 340
    temporary shift of loans to N. Y. C. banks and 贷款暂时转移到纽约城市银行 334—335, 339—340
  fears of revival of speculation, 1930 1930

年担心投机势力卷土重来 375n
Strong, Benjamin 225, 226ff, 234, 255, 287n, 411, 416, 692
 central role in System in 1920's 20世纪20年代~在联邦储备体系中的中心作用 411
 conflict with Treasury ~同财政部的冲突 226
 death of ~去世 413—414, 692—693
 on lag in monetary policy ~对货币政策时滞的看法 413n
 on open market purchases to stop a panic ~对通过公开市场购买遏制恐慌的看法 412
 opposed to discount rate cuts, 1921 1921年~反对贴现率下调 234
 on purchases for own account by N. Y. Bank in emergency ~对非常时期纽约银行利用自有账户进行购买的看法 412
Supreme Court 最高法院
 attempt to reorganize 试图重组~ 496
 greenbacks and 与绿钞 47n
 injunction vs. Debs 对Debs的禁令 117
Suspension of convertibility of deposits 暂停存款转换,参见 Restriction of cash payments
Suspension of specie payments 暂停铸币支付 59n
 vs. restriction of cash payments 与现金支付限制的比较 110n, 330
Sweden 瑞典 589n
Switzerland 瑞士
 Dollar devaluation, effect on 美元贬值对~的影响 474
 franc devaluation, 1936 1936年~法郎贬值 476
 World war II price controls compared with U. S. and British 第二次世界大战期间瑞典和美国与英国价格管制的对比 589

Tennessee Valley Authority 田纳西河流域当局 495
Traveler's checks of nonbank issuers, as money 非银行机构发行的旅行支票,作为货币 777n
Treasury Department, U. S. 美国财政部
 assigned responsibility for debt management under bills only 在"仅存国库券"政策下被赋予债务管理的责任 634—635
 balance sheet, combined with F. R. balance sheet 资产负债表,与联邦储备银行资产负债表合并 797
 bond sales 公债出售 144—145, 162n
 cash 国库现金
  arithmetic determinants of money stock and 货币存量的计算公式 791
  changes in ~的变动 46n, 84, 120, 123—124, 125ff, 126, 130, 133, 155, 175, 180, 182, 507, 509, 606, 749—765
  decline in, and debt redemption, 1883—1893 1883—1893年,~的下降,债务偿还 128
  and deposits at F. R. 与在联邦储备银行的存款 506—510
  derivation of data, 1867—1960 1867—1960年~的数据来源 757—766
  effect on high-powered money ~对高能货币的影响 125, 182
  government deposits and 与政府存款 182
  money stock and 与货币存量 125
  rise in, 1893—1896 1893—1896年~上升 128
  seasonal changes in ~的季节性变化 182n
  seigniorage and 与铸币税 125n
  silver as net addition to 白银作为净增量 100n, 132
  vs. working balance of 与营运余额的比较 162n

central-banking activities of　财政部的中央银行行为　128，145n，148n，149ff，151，154—155
　　farmers' request for, 1920　1920年农民的要求　235n
　　growth of government deposits and　政府存款的增长　182
　　qualified success of, 1902—1903　1902—1903年当之无愧的成功　152
　　rise in deposit-reserve ratio and　存款-准备金比率上升　178—180
　　size of working balance and　营运余额的规模　162
　　contribution to high-powered money　对高能货币的贡献　132—133
currency　财政通货
　　change in　~的变化　210，126，280，336，492，501，502，554，608
　　composition of　~的构成　1921—1929，179n
deficit　财政赤字　106，107，133，155
　　as increase in demand for loanable funds, 1942—1945　1942—1945年对可贷资金需求的增加　582
　　size of, 1931—1932　1931—1932年~的规模　319
deposits at commercial banks　财政部在商业银行的存款　17，19，749—765
　　customs receipts prohibited in　关税收入不能存入　19
　　deposit-reserve ratio, minor effect on　存款-准备金比率，次要影响　792
　　derivation of data　~的数据来源　765—768
　　Independent Treasury System and　独立的财政体系　19，127
　　for pledge of gold imports　保证黄金输入　155
　　Shaw's transfer of funds in Treasury　Shaw将财政部的资金转移　155n
　　usually small　~通常较少　19

deposits at F. R. Banks　财政部在联邦储备银行的存款　150，752—765
　　derivation of data　~的数据来源　768
　　wide seasonal pattern in, 1934—1941　1934—1941年~大幅度的季节性波动　515
　　and devaluation profits　与贬值利润　470
　　differences with F. R. over support policy　与联邦储备银行在债券价格支持政策上的区别　611，621
　　foreign exchanges, easing of, 1879—1882, and　与1879—1882年的外汇　97
　　gold purchases by　财政部购买的黄金　124，462—483
　　gold reserves of　财政部的黄金储备　105n，106—107，111—112
　　gold sterilization and desterilization by　黄金对冲和反向对冲　510—511
　　legal ceiling on interest coupon on long-term marketable issues　长期可交易证券息票率的法定利率上限　635—636
　　national bank notes and　与国民银行券　23，124，127，781
　　operating balances vs. monetary authority balances of　营运余额与货币管理余额　777
　　powers of　~的权力　9，12，112
　　　compared with F. R. System　与联邦储备体系相比的~的权力　150
　　　incident to debt management　趋向于债务管理　150n
　　　increased, 1930's　20世纪30年代~的权力提高　533
　　refunding and, 1877—1879　1877—1879年~的再融资　15n，82
　　role of　~的作用
　　　in government securities market　财政部在政府债券市场上的作用　520
　　　under gold standard　金本位制下财政部的作用　122
　　silver and　与白银

price-support program of　白银价格支持计划　483—491

purchases by　购买白银

repealed, 1963　1963 年废除 ~　485n

vs. government expenditures, vs. value of silver output, 1934—1937　1934—1937 年白银产出按照政府支出进行估价　488—489

seigniorage on　铸币税　125n, 484, 488, 787—788

stabilization fund　稳定基金　471, 519

Surplus, and debt retirement　~盈余与偿还债务　127, 581n, 582—583

Treasury-Federal Reserve Accord　《财政部-联邦储备体系协议》　13, 612, 623ff

abandonment of support policy and　放弃债券价格支持政策　13, 593, 625

effect on public's demand for money　~对公众货币需求的影响　598, 625, 672n, 674

events leading to　~的主要动力　598, 611—612, 623

less rigid support policy and, 1951—1953　1951—1953 年债券价格支持政策不那么僵化　13, 593, 625

predicted and actual results of　~的预期和实际结果　624—625

price and velocity rises curtailed by　物价和货币流通速度的上涨被~减缓　598

result of change in views about money　对货币的观点改变的后果　626

terms of　~的条款　624

Treasury notes of 1890　1890 年国库券　106, 125n, 128, 129—131, 179—181

Tripartite Monetary Agreement　三方货币协议　476

Trust companies　信托公司　149, 159

Undistributed profits tax law　《未分配盈余税法》　495

Unemployment　失业　43n, 301, 493

measures to combat, 1931—1932　1931—1932 年应对~的措施　322

Unions, labor, increasingly strong, 1933—1937　1933—1937 年工会和劳工不断壮大　498—499

UNRRA　联合国善后救济总署　575

U. S. Monetary Commission　美国货币委员会　49

U. S. notes　美国流通券，参见 Greenbacks

Vault cash　库存现金

changes in　~的变化　17, 735—744

derivation of data　~的数据来源　744—748

as high-powered reserves　作为高能储备　50, 209n

as legal reserves　作为法定准备金　194n, 447n, 604n

effect on desired free reserves　对要求的自由储备金的影响　620n

of unlicensed banks　未获许可证银行　432n, 504n

Velocity　流通速度

of currency and deposits　通货和活期存款的~

changes in　~的变动　640, 647, 774

interest rate changes and　利率改变与~　649, 652—654

derivation of data　~的数据来源　774—775

of money　货币流通速度　205

atypical rise in, vs. error in NNP, 1875—1879　1875—1879 年~反常增长和国民生产净值中的误差　40—41

changes in　~的变动　30, 94—95, 136, 197, 302, 307, 494, 497, 546, 547, 570, 593, 601, 620, 640, 641, 647, *facing* 678, 774, 678, 774 possible error in, 1879—1889 1879—1889 年可能的误差 40，87

as response to change in expected price trends 对预期价格趋势改变的反应 154，658—659

compared with velocity of currency and adjusted demand deposits 与通货和调整地活期存款流通速度比较 649ff.，652

comparison of fall and rise in, 1929—1942, 1942—1960 1929—1942，1942—1960 年货币～下降与上升的比较 639ff.，641

cyclical behavior of ～的周期性变动 34，40

 amplitude like that of income and money ～的变化幅度与收入和货币相似 302—303

 attributed to changes in current measured income and prices 由于当期收入和价格 642，682

 mild decline in, 1948—1949 1948—1949 年～温和下降 597

 percentage decline, U. S. and Canada, 1929—1933 1929—1933 年美国和加拿大～下降的百分比 352，353

 typical, 1940—1942, 1929—1960 1940—1942 年、1929—1960 年典型的～ 558，642，674

defined ～的定义 34

derivation of data ～的数据来源 774—775

desired changes in ～期望的变化 294

during stable growth periods 稳定增长时期的～ 186，592

effect on 对～的影响

 of dual monies 两种货币 29n

 of monetary uncertainty 货币不确定性 34n

 of price changed 价格改变 34n

 of spread of money economy 货币经济的扩张 34n

expectations about future economic stability and 未来经济稳定性的预期与～ 141，645，673—675，700

higher in wartime if higher yield pattern 战时较高的收益率体系将加快～ 567

hypothetical change 假定的～变化 238—239

interest rate changes and 利率变化 29n

postwar rise in 战后货币流通速度的增长

 and corporate cash management 与公司现金管理 656—657

 expectation and 与预期 14，645

 greater for consumer than corporate sector 消费者部门～大于公司部门 657

 interest rate changes, effect of 利率变化对货币～的影响 655—656

 money substitutes, effect of 货币替代对～的影响 659ff

 offset by holdings of Series E bonds 持有 E 种债券对～的抵消 661—662

 reaction to 1942—1946 fall in 对 1942—1946 年～下降的反应 641，672，700

 vs. secular decline in 长期的～下降 639ff.，700

rapid rise, 1949—1951, as major cause of price rise 1949—1951 年作为价格上涨的主要原因，～快速上升 598

rate of change in ～的变化率 14，639，653n，

rise in, 1946—1948 1946—1948 年～上升 561

secular decline in ～长期的下降 14，639，653n

 attributed to rise in per capita real income 归因于人均实际收入的上

升 639，679—682
  conjecture of resumption of 下降趋势得以恢复的预期 700
  stability ~的稳定性 682
  slow adjustment to price change 对价格变动的缓慢调整 559
  standard deviation of year-to-year percentage changes 每年~百分比变化的标准差 285，594
  wartime decline in ~的战时下降 558ff
    countereffect of bond drives on 债券运动对~的反向影响 559
    and expectations of postwar price and economic decline 对战后物价和经济下降的预期 560，643
    minor effect of price control on 价格控制对~的次要影响 558—559
    and unavailability of consumer durables 耐用消费品的不可得性 559，643

Wage-price spiral 工资-价格螺旋
  case for 1933—1937 1933—1937年的情况 499
  doubtful, post-world war Ⅱ 第二次世界大战后对~的怀疑 498
Wage rates 工资率 42，43n，234
  autonomous rise in, 1933—1937 1933—1937年~自动上升 494—495，498
War Finance Corporation, 1921 1921年战争金融公司 235n
Willis, H. Parker 411
  opposed open market purchases 反对公开市场购买 407n
  real bills advocate 支持真实票据 408n
World Monetary and Economic Conference, reasons for failure of 世界货币与经济会议失败的原因 469
World War Ⅰ 第一次世界大战
  deposit-currency ratio decline during ~期间存款-通货比率下降 218—219
  financing of government expenditures 为政府支出融资 216ff.
    by borrowing 通过借款 221
    by fiduciary high-powered money issue 通过发行高能信用货币 219n
    high price of Allied exports and 协约国出口商品的高价格 200
    by money creation and taxes 通过货币创造和税收 221
    vs. Civil War 与美国内战的对比 59n
  financing of U. S. exports 应对美国出口的融资 198—199，216
  monetary changes during 第一次世界大战期间货币存量的变化
    peak coincided with price peak, 1920 1920年货币存量与价格同时达到波峰 607
    period of U. S. neutrality 美国中立时期 205
    period of wartime deficits 战争赤字时期 216—218
    postwar inflation 战后通货膨胀 222
    reasons for sharpness of decline, 1920—1921 1920—1921年大幅下降的原因 607ff
  outbreak of, and Aldrich-Vreeland issues 第一次世界大战爆发，颁布《奥德利奇-瑞兰法案》 172，196
  prices 第一次世界大战的价格
    constant, 1914—1915 1914—1915年价格稳定 196
    inflation, 1915—1920 1915—1920年通货膨胀 135，217—218
World War Ⅱ 第二次世界大战
  financing of government expenditures 为政府支出融资 568—569
  financing of U. S. exports 应对美国出口的融资 550
  government expenditures, during 第二次世界大战期间的政府支出 556
  monetary changes 第二次世界大战期间货币存量的变化

主题词索引 731

1945—1948　1945—1948 年　574ff.
　　decline, 1948—1949, mildness of　1948—1949 年货币存量温和下降　607ff.
　　during period of wartime deficits　战争中赤字时期的货币存量　556ff.
　　during U. S. neutrality, dating of　美国中立期间开始于　550
　　peak, led price peak, 1948　1948 年货币存量先于价格达到波峰　607
　　rise during wars compared　战争期间同样上升　546
　　sources of change in　导致货币存量变化的因素　550
　prices　第二次世界大战时的价格
　　constant, 1939—1940　1939—1940 年价格稳定　546
　　inflation, 1940—1948　1940—1948 年通货膨胀　135, 546ff
　　rise during wars compared　战争期间价格上升的比较　546, 557, 575
　velocity　第二次世界大战时的流通速度　558

Young, Owen D.　365, 382, 403n
　efforts to secure Chicago participation, 1932　1932 年保证芝加哥参与的努力　387—388
　favored purchases with Oct. 1931 discount rate rise　赞同公开市场买入以抵消 1931 年 10 月的贴现率上升　382
　hesitate to encourage member bank borrowing　犹豫是否鼓励成员银行借款　406n
　on open market purchases vs. greenback issues　公开市场采购与发行绿钞的对比　518n
　opposed immediate rise in reserve requirements, 1935　1935 年反对立刻提高准备金要求　521n
　conflict with Harrison　同 Harrison 的冲突　364ff.
　power of on O. M. P. C. executive committee　公开市场政策执行委员会的权力　376
　opposed　反对
　　direct pressure　直接施压　256, 265, 267
　　open market purchases　公开市场购买　377
　　purchase program, 1932　1932 年购买计划　385n
　　pressure to stop 1932 purchases　停止 1932 年购买的压力　377
　real bills advocate　支持真实票据　267
　transfer to Boston Reserve Bank　调至波士顿储备银行　229n

第一版译后记

A Monetary
History
of The
United States,
1867–1960

在 2006 年年底向北京大学出版社提交 1976 年诺贝尔经济学奖获得者弗里德曼的经典巨著《美国货币史》的译稿时,全球金融市场还一片繁荣,中国股市也同样处于一个空前的大牛市的中场。那个时候,阅读和翻译《美国货币史》更多的是看重这本经典著作所具有的对金融理论史的怀旧和总结,以及对经济史进行跟踪研究的价值。

两年之后,在北京大学出版社完成了相关的编辑校对程序,即将正式将该书付梓之时,一场席卷全球的金融危机正从华尔街迅速扩散到世界各个国家和地区。从纽约、伦敦到香港、上海,环球同此凉热,大家都把这次金融危机称为"金融海啸",都沿用格林斯潘先生等对于此次危机的判断——"百年一遇"。

既然是百年一遇,自然只有美国历史上的"大萧条"可以媲美;而对于"大萧条",从金融方面分析得最为透彻的经典著作,大概应首推弗里德曼的《美国货币史》了。

在百年一遇的危机面前,人们必然会像在此前的多次危机中一样,感到迷茫、困惑,在这个时期往往也空前关注历史的分析与比较,试图从历史的比较中寻找方向感。全球的资产管理行业在危机中似乎也都呈现出一个有趣的类似特点:在大牛市中,大型资产管理公司的基金经理往往是十分年轻、新锐、激进的专业人士,因为只有这些精英人士才可以最大限度地攫取牛市中的利润;而在大的调整时期,全球资产管理行业最受欢迎的,则往往是经历了多次市场波动的资深专业投资家,因为他们在大的动荡中更具有历史感和方向感。

《美国货币史》洋洋大观,其主旨,以金融研究界的共识,就是"货币很重要":货币是一个对经济有着重大影响的独立而可控的力量。在经济史上,可能很难找到比当前席卷全球的次贷危机更好的案例来分析和印证"货币很重要"这个观点了。如果说此前的经济周期基本上是从实体经济的投资和消费活动扩散到金融市场的话,那么,当前的次贷危机可以说是第一次全球意义上从货币金融市场的动荡迅速传导到实体经济的新的经济周期,货币金融因素成为经济波动的最为关键的因素。主导这场全球金融海啸的,是以华尔街为代表的金融机构制造出来的、被高杠杆扩散到全球的"有毒资产",是华尔街自己制造出来的"货币魔鬼"。货币从这个层面再次证明了其自身的重要性。

美国一些金融界人士一度认为,美国不幸之中的万幸,是在这场金融危机中,以研究大萧条著称的伯南克教授,正好担任美联储的主席,这使得此前只能代表伯南克研究水准的关于大萧条的专业成果,能够迅速成为美联储的力度很大的具体政策举措。如果从通常的教科书意义上,伯南克及其领导下的美联储在危机中采用了种种政策措施,在传统的中央银行学中多数是"非典型的货币政策",但是其基本思路来自伯南克对于大萧条的研究。而在对于大萧条的种种深刻的研究中,弗里德曼的《美国货币史》是其中的权威著作,说伯南克的研究和当前的政策深受弗里德曼《美国货币史》的影响,并不是一个很夸张的说法,读者可以从本书的分析脉络中找到当前美联储和全球央行救市政策的理论上的蛛丝马迹。

这样,在种种机缘之下,弗里德曼的《美国货币史》本来是一本有点晦涩的、专业的经济金融专业著作,现在因为次贷危机和全球金融海啸的关系,竟然更像是一本专业著作中的畅销书了:无论是决策者还是投资者,都可以从中寻找理解当前金融危机走向的历史经验和理论的启迪。

因此,在即将付梓之前,我特地对两年前的后记进行了补充和修订,向读者解释这本原本很专业的金融史著作,却因为时势关系可能变成畅销读物的种种原因。

实际上,在 2005 年与北京大学出版社签订《美国货币史》的翻译出版合同时,我心中已经知道这是一项非常艰巨的工作。如此经典的巨著,如此广泛的影响,为什么一直没有中译本?当然有许多特定的原因,例如难度过大,翻译工作过于艰苦,等等。但是,对于大多数中国的金融学习者和研究者来说,中译本的意义显然是重大的,我自身也深刻体会到当年上学时商务印书馆、三联书店等出版的一系列翻译名作给我带来的思想上的震撼。鉴于此,我以"聊发少年狂"的心态,组织了我的多位研究生,开始了这项艰苦的翻译工作,期望通过自己的努力,让国内的中文读者尽快获得一个能够大致掌握弗里德曼教授思想全貌的机会,尽管在这个过程中会有这样那样的不足与瑕疵。不少业界同仁知悉我在组织翻译这本名著时,都多次询问此书的中译本何时可以出版,我一直以"不能着急、慢慢来"回应,现在我终于可以回复他们说,已经由北京大学出版社出版了。

翻译过程中的辛苦自不待言,当然这是研究中的本来组成部分。我想,通过适当的渠道,或许可以联系到多次来中国考察的弗里德曼先生为他的这本成名作的中文版写一个序言。本着这样的心情,我一直在这两年来的多数时间,随身带着这本书的英文版和中文译稿。正当全书的翻译工作接近收尾、进入全面的统稿阶段时,我当时正在德国法兰克福参加欧洲金融周,突然听到了弗里德曼先生辞世的消息。震惊之余,我们加快了统稿的进度。

2006年年末我们完成了统稿,书稿也提交给了北京大学出版社,同时也陆续在境内外媒体上见到了不少悼念的文字。如同任何一位伟大的思想家的辞世一样,媒体在很短的时间内广泛报道,然后开始寻找新的热点。

但是,对于我们来说,对于已经投入了两年多的时间进行翻译的全体翻译成员来说,弗里德曼不一样。除了我们自己以前阅读中的学习,这一次的翻译,让我们感觉到似乎与弗里德曼先生有了两年的交情,反复地揣摩,反复地斟酌,尽管翻译的质量未必高,缺陷未必少,但是态度是虔诚的,我们自己是得益的。现在我再次修订后记时,时间又过去了两年,前前后后、断断续续投入了四五年的时间。

弗里德曼辞世已经两年,种种的喧嚣已经过去,反过来再看当时的种种悼念文章,当我看到早年以《佃农理论》等著作成名、近年来在国内知名度依然很高,但是因为种种原因饱受争议的张五常先生的悼念文章时,我就觉得,其中的一段,确实表达了我们参与翻译者的心声,我当时就保存了那篇文章,决定在后记中引用,张五常教授这样写道:

> 我们不容易想象一个比佛利民(弗里德曼)更伟大的人生。生于一九一二,他度过的日子是人类历史上最具争议性的大时代。科技猛进,战争

无数,什么主义都出现过。上苍有眼,看中了一个长得不高的人,把所有应付这些大争议需要的天赋都给了他。他于是站起来,寸步不移地为人类的生活与自由辩护,到死为止。

二十世纪的主义之争,不是因为佛利民(弗里德曼)的存在而起,但却因为他的存在而消散了。他站在那里没有谁不知道,我想,既然大家知道,他会永远地站在那里的。

在中国人的观念体系中,立德、立功、立言是重要的大事。左丘明在《左传·襄公十四年》揭示先秦儒家人生理想时说:"太上有立德,其次立功,再次立言。经久不废,此之谓三不朽。"从这三个方面来衡量弗里德曼教授的一生,可谓立德、立功、立言均备。对于这样的不朽,生命的存在与否,实际上反而变得不重要了。在经济发展史上,在金融思想史上,弗里德曼总是在那里,后来者是绕不过去的。

在金融危机席卷全球的时候,在主流的经济思想似乎又开始向政府干预方向转弯的时候,弗里德曼的重要性再次体现出来。

很荣幸的是,我和我的一帮研究生,竟然如此机缘巧合,承担了这一翻译的重任。

作为一名研究者,弗里德曼的这本著作早就拜读过,但是在细致翻译之后才发现,粗略的作为阅读者,得其大意可也;但是作为翻译者,需要对原作者负责,也需要对翻译的阅读者负责,不容易。对于我陆续带领参加翻译的博士生和硕士生来说,我更多的是把这本巨著作为经典教材,整个翻译过程,就是一门经典金融文献的阅读课程,是美国货币金融史的研讨课程,也是专业英语的钻研课程。我多次组织不同的同学,就不同的章节,分头组织讨论,大家分别发言,共同探讨。因此,最终要署名的话,可能很难分清楚,究竟哪些部分完全是由哪一个人完成的,实际上是反复讨论、交叉修订的产物。

因此,当我们经过几年来的翻译、讨论、反复校订和斟酌以及近期的集中再次修订,本书终于将与读者见面时,我们只能说,我们在这段翻译的时间内尽力了。

我们当然知道,作为译者,特别是弗里德曼的《美国货币史》这样的经典著作的译者,实际上与读者互动学习的过程可能从译著出版之日才真正开始,因而翻译时如履薄冰的心情始终不敢有所放松。

关于翻译有许多戏谑之辞,例如有人说"真正的文学就是被翻译所遗漏了的那部分",尽管大家都知道翻译需要达到"信、达、雅"的境界,但是,经过自己亲身参与,方才明白语言本身的真实准确传达已属不易,语言之外的意境更是难以描述的,彼时的风云变幻往往难以仅仅通过语言本身让读者也感同身受,据说语言学上,这叫作"语言的痛苦"。也才明白翻译著作绝不是简单的字符转换,否则金山快译软件足矣;翻译的难度和资源投入远甚于自己著书,因为好的翻译往往包含了再创作的艰难过程。即便如此,每年仍有为数不少的译作出版,我相信多数译者同我一样,初衷是希望有更多的读者能有机会接触经典,并在翻译中投入了大量的时间和精力。但由于能力所限,结果往往是不可控的,加之读者的英文水平显著提高,翻译著作也日渐成为一件费力难讨好的工作。著名翻译家萧乾先生曾说,翻译是一根救命的稻草。然而,哪怕最终可能是读者觉得翻译的版本质量欠佳无法阅读,转而翻阅英文原版,也就姑且自我安慰,认为是从另一个角度推动了经典的普及吧!

  本书的翻译从2005年下半年开始,到2006年年底完成初稿,经过出版社两年的编辑整理,我们又在最后阶段由巴曙松、王劲松和牛播坤集中对全书进行了再次的校订。初稿翻译的参与人员分别为(根据参与翻译的顺序):巴曙松、刘先丰、吕国亮、方磊、程晓红、刘润佐、牛播坤、矫静、郝婕、尹竹青、陈华良、向坤、王凡、王淼。其间,王劲松、伍刚做了许多有益的协调工作。之后两个月组织了相互校译,在2006年年中完成的初稿中发现仍有诸多不足,特别是庞大的翻译团队加大了语言风格的统一以及对全局把握的难度,随即组织了几位进行集中校对,包括巴曙松、王劲松、刘孝红、伍刚、王凡、牛播坤。此次校对主要集中在语句和措辞的修正上,但限于校对者之间缺乏必要的沟通,我发现往往还是不能保证翻译的准确。在参与翻译同学的提议下,我们尝试对各章采取了小组集中讨论的形式,即由我来主持,一名同学负责主要修订,其他同学讨论前也需认真阅读并提出校对意见。不仅从语言上确保用词的准确性,还可以在相互讨论中理顺作者演绎货币历程的基本思路,深化对该书的理解,以求完整传达作者的表述。在此期间,我们组成了三个讨论小组,并在小组内设置了审读员。审读员均是之前未参加过翻译的同学,只负责从中文的行文习惯上考察翻译的可读性。三个小组的成员构成及其负责的章节分别为:第一组,吕国亮、程晓红、方磊、李晶(审读员);第二组,牛播坤、刘润佐、矫静、张旭(审读员)、赵晶(审读员);第三组,向坤、王凡、郝婕、王俊(审读员)。经过此轮集中校订,翻译质量有了较为明显的改善,遗留的个别难句由巴曙松、王劲松、刘孝红、牛播坤负责。随后,我又进一步组织了小组间的交叉校订,并由上一轮的小组负责人审定此轮所做修改。附录部分的校对由王淼、向坤、王凡、谢国良、李辉雨、王琳璘、张铮和任杰等同学参与。在最后阶段的统稿和协调方面，张旭和王凡协助我做了大量的工作。前后大约五至六次的校订中，我们时时提醒自己承担了一项意义重大的工作，尽可能地查漏补缺，唯恐辱没经典，希望能以程序的繁复和巨大的投入弥补我们自身水平的有限。不足之处，恳请各位读者批评，以便我们在下一步的校订中继续提高改进，也便于读者更好地理解这部经典著作。

在弗里德曼教授的众多著作与成就中，这本《美国货币史》我认为是最有代表性的一部。一位经济学家说过：在经济学家常用的数量、逻辑与历史三种分析工具中，如果要让他去掉一个，他会去掉数量；再让他去掉一个，他会去掉逻辑；无论如何，他要保留历史。从个人的偏好看，我也认同这种选择。

中国的金融业正处于快速的发展变革过程中，美国的金融发展历程能够给我们一些参照、一些案例、一些思考。发端于美国的这次金融危机，再次给我们提供了一个百年一遇的研究案例。我们一直在事实上把欧美金融体系作为中国金融业改革发展的重要参照之一，现在这些重要的参照出现了重大的问题和危机，中国金融业的发展路径只能更多地依靠深入分析欧美金融业发展的轨迹和中国自身的金融需求来寻找。因此，如果这本书的翻译能够在一定程度上发挥这个引导作用，则希望读者能够原谅我们在翻译过程中可能出现的错误，把更多的注意力放在全书分析框架与基本理念的把握之上。

巴曙松
2008 年 12 月于北京玉渊潭公园